DICCIONARIO DE RELACIONES INTERCULTURALES. DIVERSIDAD Y GLOBALIZACIÓN

DICCIONARIO DE RELACIONES INTERCULTURALES. DIVERSIDAD Y GLOBALIZACIÓN

ASCENSIÓN BARAÑANO, JOSÉ L. GARCÍA,
MARÍA CÁTEDRA y MARIE J. DEVILLARD (eds.)

uCm EDITORIAL COMPLUTENSE

Agradecemos la ayuda de:

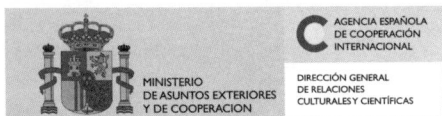

MINISTERIO
DE ASUNTOS EXTERIORES
Y DE COOPERACION

AGENCIA ESPAÑOLA
DE COOPERACIÓN
INTERNACIONAL

DIRECCIÓN GENERAL
DE RELACIONES
CULTURALES Y CIENTÍFICAS

MINISTERIO
DE CULTURA

Colaboradora: Débora Ávila
Traducción: Ascensión Barañano, Débora Ávila y Pedro Dono

Donoso Cortés, 63 - 4.ª planta. 28015 Madrid
Tel.: 91 394 64 60/1. Fax: 91 394 64 58
ecsa@rect.ucm.es
www.editorialcomplutense.com

Primera edición: marzo de 2007

ISBN: 978-84-7491-814-4
Depósito legal: M-14.728-2007

Fotocomposición: MCF Textos, S. A.

Impresión: Top Printer Plus

Diseño de cubierta: La Fábrica de Diseño

Impreso en España-*Printed in Spain*

Índice

Introducción IX

Notas biográficas XI

Relación de términos agrupados temáticamente XXI

Diccionario 1

Índice de temas citados 373

Índice de autores, entidades y organismos citados 405

Introducción

Recibimos la propuesta de Cristina Peña-marín de elaborar un "Diccionario de las relaciones interculturales" para la Editorial Complutense con gran interés y enseguida vimos que había de ser un trabajo de gran envergadura, por la trascendencia que para todo el campo de las disciplinas y las actividades implicadas en estas cuestiones tendría este libro. Se trata, en efecto, de la primera obra que, en castellano, recoge, sistematiza y aúna los conceptos y acepciones nuevos que están surgiendo de los estudios sobre el contacto intercultural. Este emergente ámbito de la vida social y académica genera en nuestros días análisis, reflexiones y conceptualizaciones que cuestionan y renuevan el acervo de las ciencias sociales. Pero tan significativas aportaciones se encontraban dispersas y fragmentadas en las obras de sus estudiosos más relevantes. Este libro supone un importante avance en las ciencias sociales en tanto proporciona un marco conceptual, sintético y básico, un espacio transdisciplinar común para los estudios y los trabajos implicados en el análisis y la teoría social, la comunicación, la elaboración jurídica, entre otros ámbitos que se encuentran inmersos en las relaciones con la alteridad, la diversidad, la globalización cultural, etc. Hemos tenido la fortuna de contar con muchos de los estudiosos de muy diferentes países y disciplinas que en nuestra idea inicial debían estar en este proyecto y cuya relevancia es uno de los principales valores de esta obra, al que hay que sumar el entusiasmo y la disponibilidad con que sus cincuenta autores han abordado este trabajo.

Diccionario, según la Real Academia Española, es un "libro en el que se recogen y explican de forma ordenada voces de una o más lenguas, de una ciencia o de una materia determinada". Así de simple y así de complicado, sobre todo si se trata de ordenar los contenidos de una ciencia o deslindar alfabéticamente un campo temático. Aunque un requisito esencial de un diccionario es el orden alfabético marcado por los términos, al desmenuzar una materia en categorías léxicas se corre el peligro de introducir en el conjunto un cierto desorden temático. Y éste es precisa-

mente el problema de una tarea como la que aquí se persigue: la de ordenar alfabéticamente palabras, en el contexto de las ciencias sociales, dando cuenta de la problemática de las diferencias culturales y de las relaciones interculturales en el mundo globalizado.

Hablando, en primer lugar, de las palabras, no ha sido fácil reducir a categorías léxicas la temática de la interculturalidad. Se ha mantenido abierta esta cuestión hasta poco antes de entregar a la imprenta los textos de los distintos autores. El planteamiento inicial consistió en la elaboración de un catálogo de categorías y subcategorías relacionadas que sirviesen de base para delimitar campos de estudio especializados dentro del ámbito de la interculturalidad. Cada una de estas unidades fue, en principio, encomendada a un mismo autor, con la intención de que su desarrollo tuviese una cierta coherencia y al mismo tiempo para que en el proceso de elaboración se fijase definitivamente el conjunto de categorías y subcategorías que deberían conformar cada bloque temático. El resultado de este proceso, que va desde la planificación inicial al texto terminado por cada autor, es el que el lector encontrará en las páginas de este libro. El índice de autores y la relación de temas, territorios y grupos tratados por cada uno de ellos pretende dar pistas sobre la estructura interna de cada una de las unidades de análisis. En algunos casos, para asegurar la relación entre los distintos temas y una vez elaborados los materiales, ha sido necesario recurrir al procedimiento de enunciar la categoría general y repetirla con sus correspondientes subtítulos, para que así el orden alfabético no separase materialmente en el diccionario lo que temáticamente debería ir junto. Así ocurre, por ejemplo, con la categoría Migraciones. Redes sociales, con Violencia política. Tipos, o con Relaciones y procesos informales políticos. Conscientes, sin embargo, de que con estos procedimientos generales no se da cuenta de todas las relaciones implícitas en el orden alfabético de los términos, hemos elaborado un amplio índice de referencias cruzadas –véase además– en el que se explicitan, tras cada definición y desde una palabra clave resaltada con un asterisco, los nexos categoriales del conjunto de los textos del diccionario. En el mismo sentido también adjuntamos, a continuación de esta breve introducción, el índice jerárquico de las voces troncales –con mayúscula– y secundarias a éstas –en minúscula– que se definen en el diccionario. Por último, en relación con la selección de categorías, se ha puesto especial cuidado en la incorporación de términos habituales en los discursos científicos sobre la interculturalidad que o bien no se recogen en otras publicaciones o requieren, desde nuestro punto de vista, una actualización.

En segundo lugar, hemos tratado de movernos en el ámbito de las ciencias sociales. Ésta es una tarea compleja porque los problemas que tratamos no son abordados de la misma manera en los espacios académicos de cada una de ellas. La antropología, la sociología, el derecho, la economía, la psicología social, las ciencias de la información, la lingüística y la politología son las áreas de conocimiento de las que provienen los autores de los textos que se incluyen en este libro. Si pensamos que las fronteras científicas están construidas en buena medida partiendo de convencionalismos académicos, no tenemos más remedio que pasar por alto las diferencias circunstanciales de los planteamientos y declarar nuestra convicción de que la diversidad de los análisis es un ingrediente constitutivo del conocimiento integrado de cualquier problema social. Con todo, las tradiciones académicas de los autores están bien reflejadas en las breves referencias biográficas que se incluyen en el libro, y el lector puede a través de ellas conocer los contextos académicos en los que se elaboraron los diferentes textos.

Y por último, están los problemas relativos al mismo campo temático sobre el que se plantearon los textos: un espacio complejo y de difícil fragmentación, si se tiene en cuenta que la interculturalidad, en el contexto de la globalización, lejos de ser una problemática parcial relativa a las sociedades modernas, constituye la forma social integral en la que la mayoría de los seres humanos tienen que desarrollar actualmente su vida cotidiana. Incluso limitándonos expresamente a la problemática convencionalmente reconocida como tal

en el mundo académico, no hay que olvidar que, por la naturaleza de las mismas ciencias sociales, las opiniones divergentes sobre lo mismo no son, ni mucho menos, acontecimientos excepcionales. Además, si, como es el caso de este libro, se pretende salvaguardar al máximo la libertad de cada autor para abordar el tema de la manera que él mismo considera más adecuada, el objetivo último de este diccionario no puede ser otro que el de situar al lector en la línea fronteriza en la que la orientación y la información objetiva dejan paso a la reflexión y a la investigación inacabada del tema. Sólo cabe una observación más para enmarcar esta cuestión: cualquier científico social sabe que las tradiciones académicas tienen ineludibles configuraciones territoriales. El diccionario ha tratado de recoger las tradiciones europeas –España, Portugal, Francia, Gran Bretaña, Alemania y Suecia– y americanas –México, Estados Unidos, Brasil, Argentina y Colombia–, incorporando autores que por su campo de investigación pudieran representarlas de forma destacada. Finalmente, la limitación del número de referencias bibliográficas sobre cada tema tratado tiene el objetivo de orientar al lector de modo conciso y eficaz sobre la ruta que debería seguir para realizar esta tarea complementaria.

No podemos terminar esta introducción sin el reconocimiento debido a los numerosos autores que han hecho posible con su disponibilidad y sus aportaciones la edición de este diccionario en el breve tiempo que necesitaba la Editorial Complutense. No menos valiosa ha sido la colaboración de Débora Ávila, repasando y coordinando nuestro trabajo, traduciendo textos, completando referencias y acortando la batalla contra el tiempo. Nuestra gratitud también a la Editorial Complutense por brindarnos la oportunidad de realizar una obra que, sin duda, resultará muy útil para estudiantes y profesionales de la interculturalidad. Asimismo queremos agradecer los apoyos recibidos por la Dirección General de Cooperación y Comunicación Cultural del Ministerio de Cultura y de la Agencia Española de Cooperación Internacional (Dirección General de Relaciones Culturales y Científicas) del Ministerio de Asuntos Exteriores y de Cooperación.

Los editores
Diciembre de 2006

Notas biográficas

Gonzalo Abril Curto

COMUNICACIÓN, Información

Doctor en Filosofía y catedrático de Periodismo en la Facultad de Ciencias de la Información de la Universidad Complutense de Madrid, ha sido docente en numerosas universidades de España y América Latina. Su actividad investigadora versa sobre semiótica, cultura y comunicación. Entre sus últimas publicaciones destacan: *Análisis del discurso. Hacia una semiótica de la interacción textual* (1999, en col.); *Cortar y pegar. La fragmentación visual en los orígenes del texto informativo* (2003); *Presunciones II. Ensayos sobre comunicación y cultura* (2003), y *Teoría General de la Información. Datos, relatos y ritos* (2005).

Ana Aliende Urtasun

Etnicidad, IDENTIDAD, Nacionalismo

Es profesora del Departamento de Sociología de la Universidad Pública de Navarra. Investiga sobre globalización y modernidad, cambio social, diferencia y desigualdad y estrategias de investigación social. Ha publicado recientemente: *Elementos fundantes de la identidad colectiva navarra. De la diversidad social a la unidad política (1841-1936)* (1999); "¿Es Pamplona una ciudad ociosa? Estudio sobre ocio y tiempo libre en los barrios de Pamplona" (2000); *Las transformaciones sociales en el mundo contemporáneo. Una aproximación desde la sociología* (2004), y "Diversidad cultural y patrimonio en el Caribe. Una aproximación desde la República Dominicana" (2004). ana.aliende@unavarra.es.

Jesús Azcona Mauleón

Etnicidad, IDENTIDAD, Nacionalismo

Doctor en Antropología por la Universidad de Friburgo, es catedrático de Antropología Social en la Universidad del País Vasco, donde además es coordinador de la Cátedra Baroja. Investiga sobre etnicidad e identidad y temas políticos relacionados con ambos temas en el País Vasco. Asimismo trabaja sobre cultura, historia de la antropología, construcción de límites sociales y procesos internos de colonización. Ha publicado recientemente: *Teoría y práctica de la antropología social* (1996); *Memoria y creatividad. Estudios barojianos* (2000, dir.); *Tiempos y culturas* (2002, dir.), y "Dioses antiguos, gentes nuevas. Tradición y modernidad en los Baroja" (2002).

Ascensión Barañano Cid

PATRIMONIO

Conservadora del Instituto del Patrimonio Histórico Español y profesora del Departamento de Antropología Social de la Universidad Complutense de Madrid, investiga sobre patrimonio cultural, interculturalidad, antropología visual y campesinado. Su trabajo de campo discurre en la región de Madrid y Murcia. Ha publicado: *Campesinos y capitalismo en el agro madrileño del siglo XX* (2002); *Culturas en contacto. Encuentros y desencuentros* (2003, coord., en colaboración); y "La representación del poder y el poder de la representación" (2005, en colaboración). asbar@cps.ucm.es.

Margarita Barañano Cid

Modernidad, Modernización

Doctora, con Premio Extraordinario, por la Universidad Complutense de Madrid, es profesora de Sociología en esta Universidad, de la que además es vicerrectora. Fue *Visiting Scholar* en la Universidad de Cambridge, participa desde 2003 en el Proyecto *Glocalidad e Inmigración Transnacional*, y desde 2004 dirige el Equipo de la Universidad Complutense *Social Regulation of European Transnational Companies*. Ha publicado recientemente: *Los fundamentos de la teoría social en Thorstein B. Veblen* (2002); "Escalas, Des/Reanclajes y Transnacionalismo" (2005), y *Globalización, Inmigración Transnacional y Reestructuración de la Región Metropolitana de Madrid* (2006, en col.).mbaranan@ccee.ucm.es.

Joelle Ana Bergere Dezaphi

DESARROLLO

Es profesora titular en la Facultad de Ciencias Políticas y Sociología de la Universidad Complutense de Madrid. Ha sido docente en las universidades de Malta, Rabat, Tours, Saint-Joseph y AUB de Beirut, y UASD de la República Dominicana. Investiga sobre participación y gestión local, desarrollo civil y político en varios países árabes y movimientos sociales. Ha publicado recientemente: "Actitudes de las mujeres marroquíes inmigrantes hacia la emigración y la percepción social de las actitudes de la población española hacia la inmigración y los inmigrantes" (1999); "La femme Arabo-Africaine Face aux Défis du Développement" (2000), y "La categorización social de los marroquíes a través de la literatura de viajes" (2002). jo.an.berde@cps.ucm.es.

Carmen Bernand Muñoz

INDIGENISMO

Nacida en París de padres españoles, estudió Antropología en la Universidad de Buenos Aires donde se especializó en el mundo andino. Miembro del Institut Universitaire de France, es profesora emérita en la Université de Paris X y ha enseñado Antropología histórica y contemporánea en varias universidades de Europa y América. Entre sus catorce libros en español y francés sobre América colonial, mestizaje y esclavitud, se hallan: *Descubrimiento, conquista y colonización de América a quinientos años* (1994, comp.); *Historia de Buenos Aires* (1999); *Negros esclavos y libres en las ciudades hispanoamericanas* (2001), y *Un Inca platonicien: Garcilaso de la Vega, 1539-1616* (2006). 4, Villa Lourcine, 74014 Paris.

José Jorge de Carvalho

Acciones afirmativas, Criollización, Discriminación positiva, HIBRIDACIÓN, Mestizaje, Sujeto intercultural

Es profesor del Departamento de Antropología de la Universidad de Brasilia. Fue investigador de la Fundación de Etnomusicología y Folklore de Venezuela y docente invitado en numerosas universidades americanas. Investiga sobre etnomusicología, negritud, religiones y religiosidad, mito, ritual y exclusión énica. Entre sus publicaciones destacan: *Hacia una estética de la sensibilidad musical contemporánea* (1995); "O holgar etnográfico e a voz subalterna" (1999); "An Enchanted Public Space. Religious Plurality and Modernity in Brazil" (2000); "The Mystic of the marginal spirits" (2001); "Estéticas de la opacidad y la transparencia" (2002), e *Inclusão Étnica e Racial no Brasil. A questão das cotas no ensino superior* (2005). jorgedc@terra.com.br.

Wenceslao Castañares

COMUNICACIÓN, Esfera mediática

Es profesor titular de Teoría General de la Información y de Análisis e Investigación en Comunicación en la Facultad de Ciencias de la Información de la Universidad Complutense de Madrid. Sus trabajos de investigación se han centrado fundamentalmente en el campo de la semiótica y la comunicación de masas. Dentro del campo de la semiótica, sus trabajos sobre C. S. Peirce han contribuido de forma notable al conocimiento de este autor en España y Latinoamérica. Entre sus obras cabe citar: *De la interpretación a la lectura* (1994); "Signo y representación en las teorías semióticas" (2002); "La vida en directo: el último espectáculo televisivo" (2003), y *Televisión y valores* (en prensa).

María Cátedra Tomás

MINORÍAS

Doctora en Antropología por la Universidad de Pennsylvania y Tinker Visiting Professor en la Universidad de Chicago, es catedrática de Antropología Social en el Departamento de Antropología Social de la

Universidad Complutense de Madrid. Investiga entre los vaqueiros de alzada asturianos y en las ciudades de Ávila y Évora sobre la muerte, antropología urbana y simbólica. Destacan entre sus obras: *La muerte y otros mundos* (1989); *This World, Other Worlds* (1992); *Un santo para una ciudad* (1997), y *La Mirada cruzada en la Península Ibérica* (2001, ed.). mcatedra@cps.ucm.es.

Matilde Córdoba Azcárate

MOVILIDAD, Nomadismo y turismo, Viajes y sistemas de movilidad

Profesora ayudante del Departamento de Antropología Social de la Universidad Complutense de Madrid, sus áreas de investigación son los discursos y las políticas de desarrollo en relación a la actividad turística. Ha realizado estudios de caso en la península de Yucatán y España. Recientemente ha publicado: "¿Y después del posdesarrollo?" (2002); "Entre parientes de dos mundos" (2002), y "Between Local and Global, Discourses and Practices: Rethinking Ecotourism Development in Celestún (Yucatán, México)" (2006).m.cordoba@cps.ucm.es.

Josepa Cucó i Giner

Espacio de los flujos, Espacio red, ESPACIO-TIEMPO, Global y local, Localidades fantasmagóricas y desanclaje, Megalópolis, Multilocal, Revolución técnico-comunicativa

Es catedrática del Departamento de Sociología y Antropología Social de la Universidad de Valencia. Su línea de investigación, centrada desde hace tiempo en los grupos informales y las asociaciones voluntarias, se ha ampliado en los últimos años a otros campos transversales o contiguos como los estudios de género, el urbanismo y los movimientos sociales y políticos. Ha publicado recientemente: *La amistad. Perspectiva antropológica* (1995); *La rosa de las solidaridades. Necesidades sociales y voluntariado en la Comunidad Valenciana* (1999, en col.); *Modelos emergentes en los sistemas y relaciones de género* (2001, en col.), y *Antropología urbana* (2004). Josepa.Cuco@uv.es.

Luis Cunha

FRONTERA, Frontera geográfica y administrativa, Fronteras económicas, Fronteras políticas y religiosas, Fronteras simbólicas

Doctor en Antropología por la Universidad do Minho, es investigador del Centro de Antropologia Social del ISCTE (Lisboa). Investiga los procesos de construcción de la identidad nacional, principalmente en relación al Estado Nuevo portugués, y sobre la raya luso-española, incidiendo en el papel de la memoria social y la narrativa en la construcción de las representaciones sociales en torno a la frontera. Ha publicado recientemente: "A nação nas malhas da sua identidade" (2002); "A estética e o sentido: modos de representar o negro na Banda Desenhada portuguesa contemporánea" (2006, en col.), y *Memória Social em Campo Maior. Usos e percursos da fronteira* (2006 en col.). lmcunha@ics.uminho.pt.

Manuela Ivone Cunha

DIFERENCIA Y DESIGUALDAD, Diferencias naturales y diferencias sociales, Diferencias sociales y diferencias culturales

Doctora en Antropología, es profesora en la Universidad do Minho y miembro del NEA, CEAS –Portugal–, y del IDEMEC en Francia. En 2002 obtuvo el Prémio Sedas Nunes Para as Ciências Sociais. Investiga sobre prisiones e instituciones integrales, criminalidad y economías informales; etnicidad, género, política de la identidad; cuerpo, y vacunación. Entre sus publicaciones destacan: "Malhas que a reclusão tece. Questões de identidade numa prisão feminina" (1994); "Corpo Recluído: Controlo e Resistência numa Prisão Feminina" (1996), y *Entre o Bairro e a Prisão: Tráfico e Trayectos* (2002). micunha@ics.uminho.pt.

Marie José Devillard Desroches

Ciudadano, Extranjero, Naturalización

Catedrática del Departamento de Antropología Social de la Universidad Complutense de Madrid, investiga sobre antropología económica, parentesco y familia, salud, minería, reproducción social y construcción de identidades. Su trabajo de campo discurre en Salamanca, Asturias, Madrid y Rusia. Entre otras publicaciones, destacan: "De 'lo mío' a 'lo de nadie'. Individualismo, colectivismo agrario y vida cotidiana" (1993); *Los niños españoles en la URSS. Narración y memoria* (2002, en col.), y *Españoles en Rusia y rusos en España. Las ambivalencias de los vínculos sociales* (2006). mj.devillard@cps.ucm.es.

Gunther Dietz

Comunidad transnacional, Comunitarismo,
INTEGRACIÓN, Integración religiosa,
MULTICULTURALISMO,
Multiculturalismo en los estudios culturales,
Multiculturalismo en los estudios étnicos

Máster y doctor en Antropología por la Universidad de Hamburgo, es profesor titular de Antropología Social en la Universidad de Granada y profesor-investigador titular en la Universidad Veracruzana de México. Investiga sobre indigenismo, educación intercultural, etnicidad, diversidad religiosa y sociedad civil. Su etnografía transcurre en Michoacán y Andalucía. Publicó recientemente: *Multiculturalismo, interculturalidad y educación* (2003); "Frontier, Hybridization or Cultura Clash?" (2004); *From Emigration to Immigration to Transmigration?* (2004, coedición), y *Muslim Women in Southern Spain* (2005, en col.). gdietz@ugr.es. gdietz@uv.mx.

Jean-Yves Durand

Diferencias sociolingüísticas y desigualdad,
SABER Y SABERES

Doctor en Antropología por la Universidad de Provenza y máster en Literatura Comparada por la Universidad Estatal de New York en Binghamton, es profesor de Antropología en la Universidad do Minho, miembro del NEA en Braga, del CEAS en Lisboa y del IDEMEC en Aix-en-Provence. Investiga en el sur de Francia, Portugal y Estados Unidos sobre saberes y técnicas cotidianos, comunicación interlingüística, mercantilización de la cultura y vacunación. Ha publicado recientemente: "Des bulles dans le calcaire: les images locales d'une montagne" (2002); "A diluigco do consenso" (2003), y *Vila verde: uma Etnografia no Presente* (2004, en col.). jydurand@yahoo.com.

Anna Estrada Alsina

Multilingüismo

Es profesora de Teoría de la Comunicación y de la Información de la Universitat Oberta de Catalunya y Técnica del Departamento de Investigación, Estudios y Publicaciones del Consell de l'Audiovisual de Catalunya –CAC–. Ha publicado recientemente: *Teoría de la Comunicación y de la Información* (2003, en col.); "La interculturalidad en el campo de la comunicación en Catalun-

ya. Estado de la opinión" (2004, en col.); "Lo audiovisual y la educación: el caso del Consejo del Audiovisual de Catalunya" (2006, en col.), y "La pantalla, ni amiga ni enemiga, sino todo lo contrario" (2006).

James W. Fernández McClintock

ESTEREOTIPOS
Y ESENCIALIZACIÓN

Catedrático emérito de Antropología, desde 1986 enseña en la Universidad de Chicago, tras su estancia en la Universidad de Princeton. Su experiencia etnográfica ha tenido lugar en África, entre los Fang, Zulu y Ewe-Fon, y recientemente ha investigado en el occidente de Asturias. Entre sus últimas obras se encuentran: *Beyond Metaphor: The Theory of Tropes in Anthropology* (1991); *En el dominio del tropo: imaginación figurativa y vida social en España* (2006), y "Rhetoric in the moral order" (en prensa). jwfl@uchicago.edu.

Adela Franzé Mudanó

DISCRIMINACIÓN Y
EXCLUSIÓN SOCIAL

Licenciada en Antropología Social por la Universidad de Buenos Aires, es profesora del Departamento de Antropología Social de la Universidad Complutense de Madrid y miembro del grupo de investigación Antropología de las Políticas Públicas y Culturales. Investiga en Madrid y la bahía de Cádiz sobre antropología y etnografía de la educación, procesos de desigualdad, sistemas de edad, interculturalidad e inmigración. Ha publicado recientemente: *Lengua y Cultura de origen* (1999, ed.); *Lo que sabía no valía* (2002), y "Discurso experto, educación intercultural y patrimonialización de la 'cultura de origen'" (2005). adelafranze@cps.ucm.es.

Jorge Freitas Branco

COLONIALISMO Y
ANTICOLONIALISMO, Derecho de
injerencia, Neocolonialismo, Poscolonialismo

Profesor de Antropología Social en el Instituto Superior de Ciências do Trabalho e da Empresa de Lisboa. Investiga en Portugal, Alemania, Guinea-Bissau, Amazonia y Madeira sobre folklorismo, museología etnográfica, sociedades campesinas, cultura popular y ritualización de la laicidad. Entre sus últimas publicaciones destacan: *Ao Encontro do Povo I: A Missão* (1993, en col.); *Ao Encontro do*

Povo II: A Colecção (1994, en col.); *Vozes do Povo: A folclorização em Portugal* (2003, en col.); *Estrada Viva? Aspectos da Motorização na Sociedade Portuguesa* (2003), y *Máquinas nos campos. Uma visão museológica* (2005). jorge.branco@sapo.pt.

Jonathan Friedman

GLOBALIZACIÓN, Globalización y antiglobalización, NUEVOS MOVIMIENTOS SOCIALES

Es director de Estudios en el EHESS de París y catedrático de Antropología Social en la Universidad de Lund en Suecia. Investiga en el Sudeste asiático, Oceanía y Hawai sobre procesos sociales de cambio, movimiento hawaiano, movimientos sociales indígenas, perspectivas sistémicas globales y, durante las dos últimas décadas, desarrollo de una antropología de los sistemas globales. Entre otras publicaciones, destacan: *Cultural Identity and Global Process* (1994); *Globalization the State and Violence* (2002, ed.), y *Hegemonic Declines: Present and Past* (2005, coedición). jonathan.friedman@soc.lu.se.

Joan Frigolé Reixach

GENOCIDIO, Etnocidio

Es catedrático de Antropología Social en el Departament d'Antropologia Cultural, Història d'Amèrica i Àfrica de la Universitat de Barcelona. Ha realizado trabajo de campo en Murcia, Almería y el Pirineo catalán. Ha publicado, entre otras obras: *Un hombre. Género, clase y cultura en el relato de un trabajador* (1997); *Llevarse la Novia. Estudio comparativo de matrimonios consuetudinarios en Murcia y Andalucía* (1999, 3.ª edición); *Cultura y genocidio* (2003), y *Dones que anaven pel món. Estudi etnogràfic de les trementinaires de la vall de la Vansa i Tuixent* (2005). frigole@trivium.gh.ub.es.

Néstor García Canclini

ALTERIDAD

Dirige el Programa de Estudios sobre Cultura Urbana en la Universidad Autónoma Metropolitana de México. Ha sido profesor en las universidades de Austin, Duke, Stanford, Barcelona, Buenos Aires y São Paulo. Ha recibido la beca Guggenheim, el Premio Casa de las Américas y el Book Award de la Latin American Studies Association por *Culturas Híbridas* (1990), considerado en 1992 el mejor libro sobre América Latina. Entre sus otras obras destacan: *Consumidores y ciudadanos* (1995); *La globalización imaginada* (1999), y *Diferentes, desiguales y desconectados: mapas de la interculturalidad* (2004).

Javier García Castaño

Integración educativa

Profesor de Antropología Social de la Universidad de Granada, es coordinador desde su creación en esta universidad del Grupo de Investigación: Laboratorio de Estudios Interculturales. Impulsor de los estudios de antropología de la educación en España, ha coordinado varios proyectos de investigación sobre la escolarización de población inmigrante extranjera en España y Andalucía. Entre sus publicaciones más recientes destacan: *Lecturas para educación intercultural* (1999); *Interculturalidad y Educación en los noventa: un análisis crítico* (2000), y *La inmigración en España: contextos y alternativas* (2003, ed.). fjgarcia@ugr.es.

José Luis García García

Aculturación, Contracultura, CULTURA, Interculturalidad, Transculturación

Es catedrático de Antropología Social en la Universidad Complutense de Madrid. Ha realizado trabajo de campo en Asturias, en la comarca occidental de Los Oscos y en las cuencas mineras centrales. Temáticamente se ocupa de problemas relacionados con la construcción discursiva de la homogeneidad cultural. Entre sus publicaciones destacan *Antropología del Territorio* (1976); *Rituales y proceso social* (1991, en col.); *Prácticas Paternalistas: un estudio antropológico sobre los mineros asturianos* (1996), y *Los últimos mineros. Un estudio antropológico sobre la minería en España* (2002, en col.). jlgg@cps.ucm.es.

Fernando J. García Selgas

POSMODERNIDAD

Es profesor titular en el Departamento de Sociología V –Teoría sociológica– de la Universidad Complutense de Madrid. Ha sido investigador invitado en las universidades de Cambridge, Berkeley y Los Ángeles. Investiga sobre teoría social contemporánea, filosofía de las ciencias sociales, sociología del cuerpo y teoría de la fluidez social. Ha publicado: *Teoría Social y Metateoría. El caso de Anthony Giddens* (1994); *Retos de la Postmodernidad* (1999, coedición); *Globalización, Riesgo y Reflexividad* (1999, en col.), y *El doble filo de la navaja: Violencia y representación* (2006, en col.). fgselgas@cps.ucm.es.

Jesús Leal Maldonado

Megalópolis, Segregación

Es catedrático del Departamento de Sociología II –Ecología Humana y Población– de la Facultad de Ciencias Políticas y Sociología de la Universidad Complutense de Madrid. Investiga sobre sociología urbana, vivienda y morfología social urbana. Ha publicado recientemente: "Retraso de la emancipación juvenil y dificultad de acceso de los jóvenes a la vivienda" (2002); *Housing and Welfare in Southern Europe* (2004, en col.); *Informe sobre la situación demográfica en España* (2004); "Segregation and social change in Madrid metropolitan region" (2004), y *Características del parque de viviendas en la Comunidad de Madrid* (2005). jleal@cps.ucm.es.

Enrique Luque Baena

VIOLENCIA Y POLÍTICA, Violencia política. Tipos

Doctor en Derecho por la Universidad de Granada y graduado en Antropología Social por la Universidad de Manchester, es catedrático en el Departamento de Antropología Social de la Universidad Autónoma de Madrid. Anteriormente fue profesor en las universidades de Granada, Complutense de Madrid y Salamanca. Ha sido también Visiting Fellow en la Universidad de Chicago. Su trabajo de campo se realiza en Granada, Cáceres y León e investiga sobre antropología jurídica y política, en especial violencia, lenguaje y comunicación políticos. Ha publicado recientemente: "De la palabra al silencio: Variaciones en el tiempo" (2002); "Historia y significación" (2003), y "Autoritat i poder en la societat tradicional" (2004). enrique.luque@uam.es.

Ana Rosas Mantecón

CONSUMO CULTURAL

Profesora e investigadora del Departamento de Antropología de la Universidad Autónoma Metropolitana en México, investiga sobre políticas culturales urbanas, recepción artística, representaciones del patrimonio arquitectónico en centros históricos y públicos de museos, cine, televisión, video y salones de baile y rock. Coordina un Grupo de Trabajo del Consejo Latinoamericano de Ciencias Sociales sobre consumo cultural. Ha publicado: *La ciudad de los viajeros. Travesías e imaginarios urbanos* (1996, en col.); *Consumo cultural y recepción artística* (2000, comp. En col.), y "De capital nacional a ciudad global" (2002, en col.). anarosasm@hotmail.com.

Ubaldo Martínez Veiga

MIGRACIONES, Migraciones. Redes sociales, Migraciones. Teoría macro, Migraciones y economía, Migraciones y racismo

Catedrático de Antropología en el Departamento de Antropología Social y Cultural de la UNED, investiga sobre antropología económica y ecológica, etnicidad e identidad, grupo doméstico y, más recientemente, pobreza, exclusión social e inmigración extranjera en España. Ha realizado trabajos de campo en Sri Lanka, Madrid, León, Galicia y Andalucía. Ha publicado: *Antropología económica* (1990); *La integración social de los inmigrantes extranjeros en España* (1997); *El Ejido. Discriminación, exclusión social y racismo* (2001), y "La integración cultural de los inmigrantes en España: el multiculturalismo como justicia social" (2006). ubaldo.martinez@uam.es.

Susana Narotzky

RELACIONES Y PROCESOS INFORMALES, Relaciones y procesos informales económicos, Relaciones y procesos informales políticos

Doctora por la Universitat de Barcelona y la New School for Social Research de Nueva York, es catedrática del Departament d'Antropologia Cultural, Història d'Amèrica i Àfrica de la Universitat de Barcelona. Investiga en Cataluña, Valencia, Galicia y el norte de Italia –Brianza– sobre economía informal, prácticas de consumo, procesos de reciprocidad y responsabilidad, políticas de la memoria y formas de producción del conocimiento antropológico. Sus últimos libros son: *New Directions in Economic Anthropology* (1997); *La Antropología de los Pueblos de España* (2001), e *Immediate Struggles. People, Power and Place in Rural Spain* (2006, en col.). narotzky@ub.edu.

Beatriz Nates Cruz

Centro-Periferia, Desterritorialización, Espacios locales, Lugar y no-lugar, TERRITORIOS

Doctora en Antropología por la Universidad Complutense, es profesora de la Universidad de Caldas en Manizales, tras su estancia en París como profesora invitada en la Universidad de la Sorbonne e investigadora invitada en La Maison des Sciences de l'Homme y en el CEMCA. Es investigadora asociada del Centre de Recherche et Documentation sur l'Amérique Latine, de la Universidad de la Sorbonne. Ha publicado: *Territorialidades reconstituidas* (2001, en col.); *De lo bravo a lo manso* (2002); *Más allá de la historia* (2004, en col.), y *La desgeneralización del mundo* (2004, comp. En col.). beatriz.nates@ucaldas.edu.co.

Javier Noya Miranda

Nacionalidad, Plurinacionalidad

Es profesor titular del Departamento de Sociología V –Teoría Sociológica– de la Universidad Complutense de Madrid e investigador principal del área de Imagen Exterior y Opinión Pública del Real Instituto Elcano de Estudios Internacionales y Estratégicos. Ha publicado, entre otras obras: *Actitudes y comportamientos hacia el medio ambiente en España* (1999, en col.); *El ciudadano de las dos caras: ambivalencias en las actitudes ante la igualdad y el Estado de bienestar en España* (2003), e *Igualitarismo y legitimación del Estado de bienestar: España en perspectiva comparada* (2004). javiernoya@yahoo.com.

Juan Brian O'Neill

Esclavitud, EXPLOTACIÓN SOCIAL

Brian Juan O'Neill, norteamericano de origen irlandés, puertorriqueño y andaluz –black Irish–, realizó investigación antropológica en Galicia, Portugal y Malasia. Catedrático del ISCTE, Lisboa, fue profesor visitante en las Universidades de Santiago de Compostela, Tarragona y Paris X –Nanterre–. Ha publicado: *Social Inequality in a Portuguese Hamlet* (1987), *Antropología Social-Sociedades Complejas* (2006) y diversos artículos sobre la comunidad criolla portuguesa de Malaca. Recibió –ex aequo– el Premio

Raymond Firth (1979) en la London School of Economics y –por la versión portuguesa de su libro de 1987– el Premio Internacional de Estudios Etno-Antropológicos (1985) en Italia. bbb.oneill@sapo.pt.

Álvaro Pazos

Apartheid

Es profesor de Antropología Social en la Universidad Autónoma de Madrid. Estudia el tema del cuerpo como objeto de investigación en ciencias sociales, las representaciones sociales y la construcción social del cuerpo. También investiga los problemas derivados del estudio de la subjetividad en sociología y antropología social. Ha publicado recientemente: *Los niños españoles en la URSS. Narración y memoria* (2002, en col.); "El tiempo pasado. Formas discursivas y usos sociales del recuerdo" (2002), y "Lisa y su vida. Narrativa y subjetividad" (2004). alvaro.pazos@uam.es.

Cristina Peñamarín Beristain

COMUNICACIÓN, Sociedad de la información y del conocimiento

Doctora en Historia, es catedrática de Teoría de la Información en la Facultad de Ciencias de la Información de la Universidad Complutense de Madrid y directora de la Editorial Complutense. Investiga, enseña y escribe sobre semiótica, comunicación y estudios de género. Ha publicado, entre otras obras: *Los melodramas televisivos y la cultura sentimental* (1995, en col.); *El análisis del discurso. Hacia una semiótica de la interacción textual* (1997, en col.); *Comunicación y conflicto intercultural* (2004, en col.), y "Políticas informativas y subjetivación colectiva: la guerra de Irak en la televisión global" (2004).

Leonor Pires Martins

COLONIALISMO Y ANTICOLONIALISMO, Derecho de injerencia, Neocolonialismo, Poscolonialismo

Doctoranda en Antropología en el Instituto Superior de Ciências do Trabalho e da Empresa de Lisboa y profesora de Literatura Comparada en la Facultad de Letras de la Universidad de Lisboa. Investiga sobre literatura portuguesa de temática africana y prácticas informales de naturaleza etnográfica en el contexto de las antiguas colonias portuguesas de África. Ha publicado recientemente: "Mário Moutinho. O Indígena no Pensamento Colonial Português, 1895-1961" (2001); "Menina e moça nas colónias. Maria Archer e a literatura colonial portuguesa" (2005), y "Ossos do ofício. Antropometria e etnografia no norte de Moçambique, 1916-1917" (2006). leonorpmartins@sapo.pt.

Joan Prat i Carós

ESTIGMA

Catedrático de Antropología Social en el Departament d'Antropologia, Filosofia i Treball Social de la Universitat Rovira i Virgili de Tarragona, es profesor distinguido de esta entidad (2004). Medalla Narcís Monturiol al mérito científico y tecnológico (2003), dirige la colección *Temes d'Etnologia de Catalunya*. Ha publicado recientemente: *El estigma del extraño: un ensayo antropológico sobre sectas religiosas* (1997); *Investigadores e investigados: literatura antropológica en España desde 1954* (1199, coord.); *Vida, memoria i oblit* (2003, coord.); *"I... això és la meva vida". Relats biogràfics i societat* (2004, coord.). joan.prat@urv.es.

Carlos Prieto Rodríguez

TRABAJO

Doctor en Sociología por la Sorbonne, es profesor de Sociología de las Relaciones Laborales en la Facultad de Ciencias Políticas y Sociología de la Universidad Complutense de Madrid. También es director de *Cuadernos de Relaciones Laborales* y miembro del Consejo de Redacción de *Travail et Emploi* y del Consejo de Orientación de *Sociologie du Travail*. Ha publicado, entre otras obras: *Trabajadores y condiciones de trabajo* (1994); *Las relaciones de empleo en España* (1999, en col.); *La crisis del empleo en Europa* (1999); *Collective bargaining and the social construction of employment* (2001, en col.); "Teoría social del trabajo" (2003), y "Teoría sociológica moderna" (2003). cprieto@cps.ucm.es.

Miquel Rodrigo Alsina

Multilingüismo

Es catedrático de Teoría de la Comunicación en la Universidad Autónoma de Barcelona. Ha impartido docencia en distintas universidades españolas y extranjeras, siendo también investigador en el Research Center for Language and Semiotic Studies –Universidad de Indiana–, en el Centre d'Études sur l'Actuel et le Quotidien –Universidad René Descartes, Paris V– y en el Center for the Study of Communication and Culture –Universidad de Saint Louis–. Ha publicado últimamente: *La comunicación intercultural* (1999); *Identitats i comunicació intercultural* (2000); *Teorías de la Comunicación* (2001), y *La construcción de la noticia* (2005).

María Rubio Gómez

Integración educativa

Es diplomada en Magisterio por la Universidad de Córdoba y licenciada en Antropología Social por la Universidad de Granada. En la actualidad desarrolla su tesis doctoral sobre escolarización de población inmigrante extranjera en España como investigadora del Laboratorio de Estudios Interculturales de la Universidad de Granada. mariarubio@ugr.es.

María José Sánchez Leyva

COMUNICACIÓN, Traducción

Es profesora de Teoría de la Información y de Semiótica de la Comunicación de Masas en la Universidad Rey Juan Carlos de Madrid. Forma parte del Grupo de Investigación de la Universidad Complutense de Madrid: Sociosemiótica de la Comunicación Intercultural, y del Instituto de Investigaciones Feministas de esta misma universidad. Investiga sobre feminismo, ciudadanía, migraciones y semiótica. Ha publicado recientemente: "Representaciones del amor y relatos sentimentales. ¿Prisioneras de lo rosa?" (1999); "La construcción discursiva del espacio público: sentido, argumentación y consenso" (2003, en col.); "Argumentar los límites. Las palabras públicas como lugares del acuerdo social" (2004).

Francisco Serra Giménez

CIUDADANÍA

Fue profesor de Filosofía del Derecho Moral y Político en la Facultad de Derecho de la Universidad Complutense de Madrid y en la actualidad es profesor de Derecho Constitucional en la Facultad de Ciencias Políticas y Sociología de esta misma universidad. Es autor, entre otras obras, de: *Derecho y política* (1997); *Historia, política y derecho en Ernst Bloch* (1998); "Problemas políticos, jurídicos de la democracia electrónica" (2002), y *El principio esperanza: escrito en Estados Unidos entre 1938 y 1947: revisado en 1953 y 1959* (2006, ed.). fserra@cps.ucm.es.

M. Lourdes Soto Páez

Integración educativa

Licenciada en Filología Inglesa por la Universidad de Granada y catedrática de Inglés en el IES Alba Longa de Armilla, Granada, estudia y documenta el fenómeno de la escolarización de la población inmigrante extranjera en las escuelas andaluzas. Es miembro del Laboratorio de Estudios Interculturales de la Universidad de Granada. Ha construido el portal web dedicado al Alumnado de Nueva Incorporación —ANI—. http://ldei.ugr.es/ani. lourdessotopaez@telefonica.net.

Terence S. Turner

DERECHOS HUMANOS, ELITES, Elites cosmopolitas, Pluralismo sincrónico

Catedrático emérito de Antropología de la Universidad de Chicago, investiga sobre derechos humanos, luchas indígenas, teoría antropológica, etnografía y etnohistoria de Sudamérica, ética profesional y activismo, nuevos movimientos sociales y globalización. Su trabajo de campo se ha desarrollado entre los kayapó, del centro de Brasil. Además de colaborar en la realización de diversas películas etnográficas, ha escrito, entre otras obras: *Anthropology and Multiculturalism* (1994); *Social Body and Embodied Subject* (1995), y "The Elementary Structure of Practically Everything" (en prensa). tst3@cornell.edu.

John Urry

MOVILIDAD, Nomadismo y turismo, Viajes y sistemas de movilidad

Es catedrático de Sociología y director del *Centre for Mobilities Research* —CeMoRe— en la Universidad de Lancaster, donde actualmente dirige un máster en Turismo, así como la Revista *Mobilities* y varios grupos de inves-

tigación. Sus estudios más recientes se centran en la naturaleza cambiante de la movilidad y la teoría de la complejidad. Sus publicaciones en estos campos son numerosas e incluyen, entre otras: "Global Complexity" (2003); "Automobilities" (2005); "Mobilities, Geographies, Networks" (2006, en col.), y "Mobilities" (en preparación). j.urry@lancs.ac.uk.

María Valdés

Etnocentrismo y relativismo cultural, Racismo y neoracismo, Xenofobia y xenofilia

Estudió Filosofía y Antropología en la Universitat Autònoma de Barcelona, donde es profesora titular en su Departamento de Antropología Social y Cultural. Especializada en Historia de la Antropología, investiga también sobre raza y cultura y textos etnográficos. Ha publicado, entre otras obras: "Inmigración y racismo. Aproximación conceptual desde la antropología" (1991); "Los textos etnográficos como textos disciplinarios" (1996); *El pensamiento antropológico de L. H. Morgan* (1998), y *El pensamiento antropológico de F. Boas* (2006). Maria.Valdes@uab.es.

Fernando Villaamil

Homofobia y heterofobia

Profesor en el Departamento de Antropología Social de la Universidad Complutense de Madrid, cursó estudios de Sociología y Antropología en esta universidad y en las de Konstanz y Berkeley. Especializado en Antropología Médica y en la socioantropología de las sexualidades, investiga en Madrid y San Francisco sobre comunidades gays y bisexuales y la prevención del VIH. También colabora con las asociaciones gays madrileñas desde la investigación y el activismo. Ha publicado recientemente: "Llevar los tacones por dentro. Identidad, ironía y resistencia" (2003), *La transformación de la identidad gay en España* (2005), y "Masculinidad, homofobia y clase. Un enfoque socioantropológico de la experiencia gay" (2005). villamil@cps.ucm.es.

Relación de términos agrupados temáticamente

ALTERIDAD, 7
Etnocentrismo y relativismo cultural, 132

CIUDADANÍA, 15
Ciudadano, 21
Extranjero, 143
Nacionalidad, 263
Naturalización, 271
Plurinacionalidad, 299

**COLONIALISMO Y
  ANTICOLONIALISMO,** 24
Derecho de injerencia, 53
Neocolonialismo, 274
Poscolonialismo, 301

COMUNICACIÓN, 33
Esfera mediática, 100
Información, 190
Multilingüismo, 258
Sociedad de la información
  y del conocimiento, 333
Traducción, 350

CONSUMO CULTURAL, 38

CULTURA, 47
Aculturación, 5
Contracultura, 43
Interculturalidad, 205
Transculturación, 352

DERECHOS HUMANOS, 54

DESARROLLO, 62

DIFERENCIA Y DESIGUALDAD, 67
Diferencias naturales y diferencias sociales, 71
Diferencias sociales y diferencias
  culturales, 74
Diferencias sociolingüísticas
  y desigualdad, 76

**DISCRIMINACIÓN Y EXCLUSIÓN
  SOCIAL,** 82
Acciones afirmativas, 1
Apartheid, 10
Discriminación positiva, 78
Homofobia y heterofobia, 178
Racismo y neorracismo, 307
Segregación, 330
Xenofobia y xenofilia, 369

ELITES, 89
Elites cosmopolitas, 93

ESPACIO-TIEMPO, 106
Espacio de los flujos, 102
Espacio red, 104
Global y local, 162
Localidades fantasmagóricas
  y desanclaje, 209
Megalópolis, 213
Multilocal, 259
Revolución técnico-comunicativa, 319

ESTADO-NACIÓN, 111

**ESTEREOTIPOS
  Y ESENCIALIZACIÓN,** 119

ESTIGMA, 124

EXPLOTACIÓN SOCIAL, 136
Esclavitud, 97

FRONTERA, 147
Frontera geográfica y administrativa, 148
Fronteras económicas, 150
Fronteras políticas y religiosas, 153
Fronteras simbólicas, 155

GENOCIDIO, 159
Etnocidio, 136

GLOBALIZACIÓN, 166
Globalización y antiglobalización, 170

HIBRIDACIÓN, 175
Criollización, 44
Mestizaje, 216
Sujeto intercultural, 336

IDENTIDAD, 183
Etnicidad, 128
Nacionalismo, 267
Pluralismo sincrónico, 296

INDIGENISMO, 185

INTEGRACIÓN, 192
Integración educativa, 196
Integración religiosa, 203

MIGRACIONES, 219
Migraciones. Redes sociales, 222
Migraciones. Teoría macro, 229
Migraciones y economía, 232
Migraciones y racismo, 234

MINORÍAS, 237

MOVILIDAD, 244
Nomadismo y turismo, 275
Viajes y sistemas de movilidad, 355

MULTICULTURALISMO, 250
Comunidad transnacional, 34
Comunitarismo, 36
Multiculturalismo en los estudios
culturales, 255
Multiculturalismo en los estudios
étnicos, 256

**NUEVOS MOVIMIENTOS
SOCIALES,** 279

PATRIMONIO, 289

POSMODERNIDAD, 303
Modernidad, 242
Modernización, 243

**RELACIONES Y PROCESOS
INFORMALES,** 312
Relaciones y procesos informales
económicos, 313
Relaciones y procesos informales
políticos, 317

SABER Y SABERES, 323

TERRITORIOS, 341
Espacios locales, 108
Desterritorialización, 65
Centro-Periferia, 13
Lugar y no-lugar, 210

TRABAJO, 345

VIOLENCIA POLÍTICA, 358
Violencia política. Tipos, 360

A

Acciones afirmativas

La expresión acción afirmativa se pone en circulación a comienzos de los años sesenta del siglo pasado en Estados Unidos para definir un conjunto de políticas públicas centradas en la población negra, con la finalidad de acelerar el proceso de combate a las *desigualdades raciales provocadas por siglos de *esclavitud y por el *racismo posesclavista. Inmediatamente pasó a designar también las políticas compensatorias para las naciones indígenas norteamericanas, igualmente víctimas de siglos de *genocidio y *discriminación. Desde entonces el término viene siendo usado internacionalmente y en diversos países del mundo para definir políticas específicas, compensatorias y de inclusión *étnica y racial en general. A la práctica de la acción afirmativa se la denomina en muchas ocasiones *discriminación positiva. Otro concepto relacionado directamente con la noción de acciones afirmativas es el de reparación, sobre todo para los pueblos africanos y afroamericanos en las Américas y el Caribe, vinculado a los daños sufridos durante los siglos de esclavitud y *colonialismo; daños que, aún hoy en día, afectan a esas poblaciones. La idea de reparación se extiende también a las poblaciones originarias de las Américas, que reciben el nombre genérico de indígenas por los colonizadores europeos. Cuotas, discriminación positiva y reparaciones conforman actualmente el gran tema de las acciones afirmativas a escala internacional.

Una de las primeras medidas, que llamamos de acción afirmativa en Estados Unidos, fue el acceso preferente de los estudiantes negros e indígenas a las universidades y también a los puestos de *trabajo del servicio público. En la medida en que se trataba de una política de Estado, destinada a provocar un cambio profundo en la sociedad como un todo, el gobierno norteamericano también empezó a estimular, con incentivos fiscales y facilidades para contratar la realización de servicios públicos, a las empresas que dieran preferencia a la contratación de negros e indígenas.

A pesar de la hegemonía ideológica del Estado norteamericano en el momento presente, el paradigma de universalismo e igualitarismo en el espacio europeo y de Norteamérica aún es el modelo de Estado francés, constituido bajo la égida de la Ilustración, y que decretaba la triple unidad: una nación, un pueblo, una lengua. El Estado norteamericano también operó con este credo igualitario abstracto hasta que la *violencia racial y étnica condujo a la sociedad a una situación tan enormemente explosiva –afectó incluso a su imagen internacional– que las políticas de *segregación tuvieron que incluir a la fuerza mecanismos de preferencia de admisión para negros e indígenas. Fueron estos mecanismos los que recibieron el nombre, difundido ampliamente por el mundo, de acciones afirmativas.

Sin embargo, en sentido contrario a las ideas que se difunden en los países occidentales, las acciones afirmativas no fueron inventadas en Estados Unidos. En realidad, fue la India el primer país en romper con la lógica universalista y colocar derechos diferenciados directamente en su Constitución. La Constitución india, que entró en vigor en 1949, garantizó cuotas para los llamados *dalits* o intocables, que pertenecían a las castas más bajas y discriminadas del país. La lucha a favor de cuotas para los *dalits* comienza en los años veinte del siglo pasado y la lidera el gran intelectual y político *dalit* B. R. Ambedkar. Durante más de dos décadas, Ambedkar defiende la necesidad de acciones afirmativas para los intocables, incluso rivalizando con Mahatma Ghandi, que era un acérrimo opositor a las cuotas de acuerdo con los principios de las constituciones liberales occidentales. Ambedkar argumentaba que los *dalits* habían sido discriminados a lo largo de tres mil años y que era totalmente injusto aprobar una Constitución para un nuevo país, recién salido del colonialismo, pensando en una igualdad ficticia entre aquéllos y las demás castas. Ambedkar acabó por ser el redactor de la Constitución de la India, que garantiza cuotas para *dalits* en la educación y en el servicio público hasta la actualidad. A despecho de la intensa polémica que el sistema de cuotas ha provocado hasta el momento actual, los datos oficiales revelan que éstas han supuesto una mejora considerable de las condiciones sociales de los *dalits*. En 1950 éstos ocupaban únicamente el 1% de los cargos más importantes del país, a pesar de que representaban el 17% de la población. Hoy en día ocupan el 12% de estos cargos. Por consiguiente, el gran constructor y defensor, a escala mundial, de las propuestas de acción afirmativa es el pensador indio B. R. Ambedkar.

Otro país que ha implantado un sistema de cuotas étnicas a escala nacional es Malasia, en este caso desde 1971. Las acciones afirmativas pretendían corregir una desigualdad histórica sufrida por el grupo étnico nativo de Malasia, conocido como los *bumiputeras* –los malayos o hijos de la tierra–. A pesar de ser demográficamente mayoritarios en el país, estaban totalmente *excluidos de las posiciones de poder y de la riqueza nacional, concentradas en manos de las *minorías india y china. Al igual que en el caso de la India, se instituyeron cuotas en las universidades y en el servicio público malayo, dentro de un plan de *desarrollo económico y social más amplio. Después de treinta años ininterrumpidos de cuotas, la igualdad étnica en Malasia ha mejorado muy sensiblemente y aquella política centrada en la acción afirmativa puede dar lugar ahora a reglas universalistas de competencia entre los individuos con independencia de su adscripción étnica o racial. De la misma forma que ocurrió en la India o en Estados Unidos, también aquí hubo siempre polémica y reacciones protagonizadas por los grupos poderosos, que sintieron la pérdida de muchos de sus privilegios. Otra experiencia, más reciente, de acciones afirmativas es la de Sudáfrica, donde la población negra representa el 75% del total del país y aún se encuentra en condiciones de exclusión extrema, social y económica. A partir de 1994 se pone en marcha un plan nacional de de-segregación de las universidades y de acceso al poder de la población negra del país. Sudáfrica fue más allá en su modelo cuando en 2004 el gobierno presentó un plan de objetivos para que en 2010 las industrias del país, actualmente aún predominantemente blancas en los puestos más importantes, contaran con un 25% de negros en todas las categorías profesionales.

Es necesario aclarar que, conceptualmente, las cuotas son una modalidad de acciones afirmativas. El modelo norteamericano, en rigor, no trabaja con cuotas, como el brasileño, el indio o el malayo, y sí con otras discriminaciones positivas, como la puntuación y los planes de objetivos generales de inclusión a medio y largo plazo. La diferencia entre acción afirmativa y cuotas es de posición ideológica. Las acciones afirmativas son un conjunto de estímulos, generalmente *traducidos a un idioma de puntuación sobre un conjunto de indicadores asociados a los miembros de las minorías, a las que se pretende beneficiar con accesos a cargos o licenciaturas universitarias. Según este modelo, las acciones afirmativas no garantizan que una cantidad definida de negros o de las demás minorías ingresen en las universidades y en el servicio público. Se trata de un movimiento general hacia la inclusión cuyo ritmo no está predeterminado. En el caso de las instituciones privadas, ni siquiera el Estado puede obligarlas a la *integración racial. Lo máximo que puede hacer es premiarlas, ateniéndose a su predisposición hacia la integración, o castigarlas, de acuerdo con la lógica capitalista de los contratos, por su eventual negativa o no a la aceptación de los procesos integradores.

En el caso brasileño, la lucha actual a favor de las cuotas en las universidades públicas cuestiona las bases de la construcción del propio Estado. Brasil fue el último país en abolir la esclavitud, en 1888, y la República, instaurada en 1889, abandonó a su suerte a los antiguos esclavos, sin contemplar ningún proyecto de reparación o de apoyo para que pudieran disponer de un mínimo de bienestar en su nueva condición de *ciudadanos libres. La igualdad manifestada en la Constitución de 1891 era solamente formal y, como resultado de su universalismo, los negros brasileños estuvieron durante el siglo XX prácticamente excluidos de las universidades y de todos los puestos clave de la sociedad, tanto políticos como económicos.

A pesar de la poderosa retórica del mito de la democracia racial, que estuvo en vigor en el país durante todo el s. XX, el porcentaje de estudiantes negros en las universidades públicas brasileñas no pasa, por término medio, del 12% respecto a una población compuesta en un 48% por negros. Asimismo el porcentaje de docentes negros en las universidades más importantes no llega al 1%. En las universidades más poderosas, como las de São Paulo, la Estadual de Campinas y la Federal do Rio de Janeiro, el porcentaje es inferior al 0,5%. Este paradigma de exclusión social ya se arrastra desde hace un siglo y diversas proyecciones de tipo estadístico indican que no se modificará a lo largo de todo el s. XXI sin una intervención drástica en el sistema de cuotas para docentes negros e indígenas.

En esta atmósfera de elevada exclusión social surge en la última década el movimiento a favor de las cuotas para negros en las universidades públicas. La primera propuesta de cuotas se presentó en la Universidad de Brasília en 1999. El movimiento crece a partir de la *III Conferencia Mundial contra el Racismo, la Discriminación Racial, la Xenofobia y las Formas Conexas de Intolerancia*, que tuvo lugar en Durban –Sudáfrica– en 2001. La Universidade do Estado do Rio de Janeiro y la Universidade do Estado da Bahia instituyen las cuotas en 2002 y la Universidade de Brasília fue la primera institución universitaria federal en aprobarlas durante 2003. A finales de 2006, más de treinta universidades públicas brasileñas, estatales y federales, ya habían aprobado cuotas para negros e indígenas. El porcentaje de cuotas para negros supone generalmente el 20% del total de las plazas existentes en todas las licenciaturas. Esta proporción es mucho más baja para los indígenas. En general, solamente representa el 1 o el 2% de las plazas ofertadas. Téngase en cuenta, no obstante, que los indígenas suponen sólo un 0,4% de la población brasileña.

Aunque no presente los aspectos externos de violencia racial, que caracterizaron las movilizaciones por los derechos civiles en Estados Unidos y las luchas contra el *apartheid en

Sudáfrica, el movimiento a favor de las acciones afirmativas en Brasil ha provocado grandes tensiones políticas e ideológicas en la estructura del poder nacional y una enorme crisis de legitimidad en las Ciencias Sociales y en las Humanidades, visible en todos los grandes centros académicos del país. Una vez más, mientras las realidades de *opresión de los *dalits*, en la India, y de los negros, en Estados Unidos y en Sudáfrica, estaban reconocidas y difundidas internacionalmente, la ideología brasileña de la democracia racial y del *mestizaje consiguió proyectar una imagen internacional de buena convivencia racial, sobre todo en base a la música popular, como la samba, y a las grandes fiestas populares, como el carnaval. La mayoría de los textos canónicos sobre la *identidad brasileña refuerzan este mito de una convivencia pacífica entre las razas.

El movimiento en favor de las cuotas, la parte silenciada y censurada de esta imagen de convivencia se proyecta internacionalmente desde la universidad, y empieza a ser debatido de manera abierta y teorizado en profundidad, poniendo en jaque los argumentos de los universitarios blancos que se habían difundido hasta el último rincón del planeta y que reforzaban los *estereotipos de la democracia racial brasileña. La crisis de la elite universitaria nacional alcanzó tal grado de polarización que en 2006 un grupo de científicos sociales e intelectuales de renombre redactó un *Manifiesto contra la Ley de Cuotas y contra el Estatuto de la Igualdad Racial*. Ambos manifiestos se encuentran en debate actualmente en el Congreso brasileño. Acto seguido el frente multirracial de universitarios y activistas negros en favor de las cuotas lanzó un manifiesto a favor de la *Ley de Cuotas y del Estatuto*. Tal y como ocurrió en los países antes mencionados, la discusión de las cuotas ha provocado una polarización general de la sociedad, lo que resulta indicativo del interés teórico y conceptual del tema.

Aparte de Brasil, otros países de la Diáspora Afroamericana en América Latina, como Colombia, Uruguay y Venezuela, estimulados igualmente por los movimientos negros que se construyen en torno a la *Conferencia de Durban*, han comenzado a valorar y discutir propuestas de acciones afirmativas y de cuotas para el acceso de los negros a las universidades. Se abre de este modo un capítulo muy importante en el proceso de descolonización de las Américas Negras. En paralelo, las luchas recientes de afirmación de los pueblos originarios de los países andinos, liderados por los *movimientos indígenas de Bolivia y Ecuador, también reivindican acciones afirmativas para el acceso de indígenas a las universidades. Por consiguiente, el tema de las acciones afirmativas, que hasta el momento se había asociado sobre todo a Estados Unidos y a Sudáfrica, pasa hoy por un periodo de gran efervescencia en el conjunto del espacio iberoamericano.

Desde un punto de vista político-ideológico, las acciones afirmativas se vienen concibiendo hasta el momento presente como una lucha por la afirmación de minorías discriminadas dentro de la sociedad nacional, sin llegar a cuestionar, sin embargo, las bases de la constitución del Estado. En este sentido han sido objeto de crítica política por gran parte del pensamiento de izquierdas, desde donde se consideran medidas reformistas, que no consigue subvertir la desigualdad de clase que estructura las sociedades capitalistas, tanto las *centrales, caso de Estados Unidos, como las periféricas, caso de Brasil. Sin embargo, desde un punto de vista conceptual, no parece pertinente limitar la idea de acción afirmativa a un paradigma político de tipo liberal, como si su única función fuera la de preparar a las minorías étnicas y raciales discriminadas para enfrentar el universo individualista y competitivo del capitalismo. El desafío que se plantea a muchas corrientes teóricas y políticas de las acciones afirmativas, desarrolladas en Brasil y América latina, es precisamente cómo sacarlas del marco liberal capitalista que fue su modelo hegemónico en el mundo occidental.

Otra cuestión conceptual importante, derivada de las acciones afirmativas en Brasil y otros países de América latina, es de qué manera se puede identificar al individuo susceptible de ser beneficiario de las cuotas, dado el mestizaje de la población. En Estados Unidos, por ejemplo, declararse negro implica la pertenencia a una categoría legalmente definida. Se trata de todo individuo que pueda probar que posee al menos un octavo de ascendencia negra. En la India no se puede ocultar la condición de *dalit* y en Malasia no resulta posible disimular la identidad malaya. Por otra parte, en el caso brasileño, y también en el colombiano, surge un nuevo problema que no se registraba en el proceso indio, malayo o norteamericano de las acciones afirmativas: quién es negro, e incluso indio, en Brasil o en Colombia. Hasta el momento, la teoría de las acciones afirmativas se había construi-

do en el contexto de las sociedades explícitamente segregadas. Se abre ahora un nuevo campo teórico y político al iniciarse el proceso de las acciones afirmativas en las sociedades del mestizaje.

Bibliografía

AMBEDKAR, Bhimrao Ramji (2002): *The Essential Writings of B. R. Ambedkar*. Oxford: Oxford University Press.

AROCHA, Jaime (2004): *Utopía para los Excluidos. El Multiculturalismo en África y América Latina*. Bogotá: Universidad Nacional de Colombia.

BOWEN, William; BOCK, Derek; LOURY, Glenn (2000): *The Shape of the River*. Princeton: Princeton University Press.

CARVALHO, José Jorge de (2001): "As Propostas de Cotas para Negros e o Racismo Acadêmico no Brasil". *Revista Sociedade e Cultura*, 4 (2): 13-30.

— (2003): "Ações afirmativas para negros na Pós-graduação, nas bolsas de pesquisa e nos concursos para professores universitários como resposta ao racismo acadêmico", en Petronilha Silva, Beatriz Gonçalves, Valter R. Silvério (Orgs.), *Educação e Ações Afirmativas*. Brasília: Inep/MEC, 161-190.

— (2005): *Inclusão Étnica e Racial no Brasil*. São Paulo: Attar Editorial.

CARVALHO, José Jorge de; SEGATO, Rita Laura (2002): *Uma Proposta de Cotas para Estudantes Negros na Universidade de Brasília*. Brasília: Departamento de Antropologia. Universidade de Brasília, Série Antropologia, 314.

EMERSON, Renato; LOBATO, Fátima (eds.) (2003): *Ações Afirmativas. Políticas Públicas contra as Desigualdades Raciais*. Rio de Janeiro: DP&A.

KHALKANI, Akil Kokayi (2005): *The Hidden Debate: The Truth Revealed About the Battle over Affirmative Action in South Africa and the United States*. New York: Routledge.

MABOKELA, Reitumetse Obakeng (2000): *Voices of conflict: desegregating South African universities*. New York: Routledge, Falmer.

MARX, Anthony (1998): *Making race and nation: a comparison of South Africa, the United States and Brazil*. Cambridge: Cambridge University Press.

SEGATO, Rita Laura (2003): *Uma Agenda de Ações Afirmativas paras as Mulheres Indígenas no Brasil*. Brasilia: Dpto. de Antropología, Universidade de Brasília. Série Antropologia, 326.

SILVA, Petronilha; GONÇALVES, Beatriz; SILVÉRIO, Valter Roberto Silvério (orgs.) (2003): *Educação e Ações Afirmativas*. Brasília: Inep/MEC.

José Jorge de Carvalho

Véanse además Centro-periferia, Ciudadano, COLONIALISMO Y ANTICOLONIALISMO, Comunitarismo, DERECHOS HUMANOS, DESARROLLO, DIFERENCIA Y DESIGUALDAD, Diferencias sociales y diferencias culturales, Discriminación positiva, DISCRIMINACIÓN Y EXCLUSIÓN SOCIAL, ELITES, Esclavitud, ESTADO-NACIÓN, ESTEREOTIPOS Y ESENCIALIZACIÓN, Etnicidad, EXPLOTACIÓN SOCIAL, GENOCIDIO, IDENTIDAD, INTEGRACIÓN, Mestizaje, MINORÍAS, NUEVOS MOVIMIENTOS SOCIALES, Racismo y neorracismo, Segregación, Sujeto intercultural, TRABAJO, Traducción, VIOLENCIA POLÍTICA.

Aculturación

Aculturación en sentido estricto significa la pérdida o transformación de algunos aspectos culturales en situaciones de contacto entre culturas *diferentes. En un sentido más amplio, invade el terreno de otros conceptos como los de *asimilación, *transculturación, intercambios y préstamos culturales, *sincretismo o cambio cultural. Incluso Bastide (1972) habla de *aculturación planificada* para referirse a programas de *desarrollo. Esta complejidad expresa bien a las claras la imprecisión de un concepto, que se ha gestado en la encrucijada formada por las experiencias *coloniales y las contingencias de las teorías antropológicas integracionistas. En contextos de dominación no es difícil hablar de agentes y pacientes. Los sujetos que pierden sus tradiciones son damnificados pasivos del proceso y a ellos se aplicaba inicialmente el concepto de aculturación, expresión problemática que ni siquiera se aceptó en todas las tradiciones académicas. Fue en la antropología americana donde tuvo un mayor seguimiento. Con todo, resulta difícil sostener actualmente los dos pilares epistemológicos sobre los que se asienta la delimitación de su significado; contactos entre *culturas y consistencia estructural de la cultura. En principio, las situaciones de dominación política acrecientan la percepción de que las culturas, como bloques homogéneos, son los agentes

activos y pasivos en los procesos de contacto y que los individuos quedan subsumidos en esa dinámica colectiva. En el *Memorandum* sobre la aculturación, de Redfield, Linton y Herskovits (1936), se utiliza el término para expresar "aquellos fenómenos que se producen cuando grupos de individuos que tienen diferentes culturas entran en contacto directo continuo, con los subsecuentes cambios en las pautas originales de uno o de los dos grupos". Puestas así las cosas, es evidente que en la mayoría de los casos son las culturas dominadas las que pierden sus características, asumiendo las más rentables "pautas de cultura" de los dominadores.

La valoración actual del concepto debe tener en cuenta los cambios producidos en la noción de cultura, de la que, al fin y al cabo, es un derivado, e integrar teóricamente las conclusiones extraídas del estudio de las relaciones *interculturales que se están produciendo en las sociedades complejas. Si la cultura no es la homogeneidad estructurada de la que se hablaba en la época del *Memorandum*, sino una organización de una diversidad de sujetos, los procesos de aculturación entre individuos provenientes de distintos grupos no tienen por qué diferir cualitativamente de los que se producen entre diferentes sujetos del mismo grupo. Aculturación y enculturación no aparecen en este sentido como realidades opuestas, sino como procesos equivalentes. Tanto más si se tiene en cuenta, como ya había demostrado de forma brillante Linton (1937) en un breve texto sobre la cultura americana, que todas las culturas son de una u otra forma mezclas.

Se ha dicho que la aculturación hace referencia a los cambios en las conductas culturales y la *asimilación* a los cambios sociales (Gordon, 1964). Esta visión de los hechos se adapta mal a las experiencias del mundo moderno. El conocimiento cultural es acumulativo a diferencia de las adaptaciones físicas sujetas a la evolución biológica, que son sustitutivas. Los sujetos adquieren constantemente en los grupos sociales nuevas competencias, que coexisten con las antiguas, y que estratégicamente son seleccionadas, reactivadas y reinventadas según contextos para ajustarse a las circunstancias que más les puedan interesar. Pero estas formas sólo tienen sentido en sus contextos de ejecución, y fuera de ellos no son más que recursos textuales almacenados en la memoria. Por ello los cambios en las conductas culturales sólo se dan cuando las circunstancias sociales lo exigen. Esto es tan válido para las situaciones de dominación colonial como para los contactos entre personas provenientes de diferentes dominios culturales cuando se encuentran como *marginados en el mundo occidental. Por ello la llamada aculturación puede considerarse tanto una respuesta estratégica al entorno social como una cuestión referida a los procesos cognitivos. Olvidar algo en lo que uno fue competente tiempo atrás no tiene por qué considerarse una tragedia si el olvido se debe a la inutilidad de las prácticas derivadas de ese conocimiento, cuando el contexto ha cambiado. "La salvaguarda de la cultura popular", por sí misma, puede ser un contrasentido si lejos de favorecer a las *minorías las sume de manera directa en la marginación. Por lo demás, las estrategias que guían el olvido y el aprendizaje cultural pueden ser muy diferentes según las protagonicen individuos aislados o integrados en grupos de la misma procedencia. En este caso las colectividades emergentes funcionan como nuevos contextos en los que los *recursos culturales pueden permanecer e incluso perder su significado original y transformarse en elementos reivindicativos. Estas reivindicaciones pueden afectar a cuestiones pragmáticas relacionadas con la vida cotidiana, o a otras más complejas e ideológicas, entre otras a aquéllas que afectan a los *derechos políticos de las minorías (Scott, 1985).

Si considerado desde el punto de vista de los procesos culturales alterados en los grupos dominados o en las minorías descontextualizadas, el concepto de aculturación es problemático, no lo es menos en su aplicación a los contextos internos de los grupos dominantes. El trasvase cultural nunca es tan simple como se sugiere en el *Memorandum*: una cultura se pierde porque se adquieren elementos de otras: se pasa de vivir en una cultura a vivir en otra. Si las culturas no son todos integrados y homogéneos, sino complejos heterogéneos organizados, las formas sociales de los encuentros pueden ser muy variadas, y la tendencia a tipificar las situaciones de contacto, partiendo de los lugares de origen de los protagonistas de los encuentros, debe ser muy matizada, pues los contextos sociales en los que se ubican los procedentes de un mismo país pueden generar situaciones radicalmente diferentes: las diferencias internas son tan transcendentes en la mayoría de los casos como las externas. Son los individuos y sus redes sociales, y no los grupos sociales abstractos, los protagonistas de los contactos e intercambios culturales.

Por último, no se debe olvidar que en las sociedades complejas los contextos conductuales son tan novedosos para los individuos desplazados como para los sujetos originarios. A lo largo de la vida cualquier individuo recorre espacios culturales nuevos que le obligan a ser constantemente selectivo en relación con sus recursos culturales. Aprender, olvidar, rememorar, poner en práctica o simplemente textualizar los conocimientos culturales son ejercicios propios de cualquier proceso cultural. No cabe duda de que hay algunas dimensiones del proceso que implican competencias generales que son más fácilmente disponibles para los nativos que para los extraños, como, por ejemplo, el dominio de la lengua, pero la capacidad de aprendizaje de los seres humanos hace que estos condicionantes no sean obstáculos absolutos, sino simplemente requisitos que, igual que tantos otros a los que nunca acceden los de dentro de su propio grupo, configuran contextos especializados, que están en la base de las diferencias sociales en general.

Bibliografía

BASTIDE, Roger (1972): *Antropología aplicada*. Buenos Aires: Amorrortu.

GORDON, Milton (1964): *Assimilation in American life. The role of race, religion and national origins*. New York: Oxford University Press.

LINTON, Ralph (1937): "One hundred percent American". *American Mercury*, 40: 427-429.

REDFIELD, R.; LINTON R.; HERSKOVITS, M. J. (1936): "Memorandum for the study of acculturation". *American Anthropologist*, 38 (1): 149-152.

SCOTT, James C. (1985): *Weapons of the weak*. New Haven: Yale University Press.

José Luis García García

Véanse además COLONIALISMO Y ANTI-COLONIALISMO, Criollización, CULTURA, DERECHOS HUMANOS, DESARROLLO, Diferencias sociales y diferencias culturales, DISCRIMINACIÓN Y EXCLUSIÓN SOCIAL, ESTEREOTIPOS Y ESENCIALIZACIÓN, Etnocentrismo y relativismo cultural, Etnocidio, Fronteras simbólicas, GENOCIDIO, HIBRIDACIÓN, INDIGENISMO, INTEGRACIÓN, Integración educativa, Interculturalidad, MINORÍAS, PATRIMONIO, Sujeto intercultural, Transculturación.

Alteridad

Se designan con este término desde la antigüedad las experiencias de la *diferencia y lo extraño. Es uno de los conceptos que más largamente ha organizado las preguntas por lo otro y los otros, lo ajeno o la diversidad. No se refiere a cualquier tipo de fenómeno desconocido o distinto; no se aplica a los paisajes, climas o músicas que sorprenden. Su uso habitual se reserva para la otredad humana: la que se experimenta al conocer otras culturas en los viajes o al recibir a extranjeros, al conocer información sobre otras lenguas, costumbres, modos de pensar y sentir. Por eso varios autores consideran a la alteridad el objeto de estudio o la categoría central de la antropología.

El análisis inicial de esta noción se desarrolló en la filosofía. El problema del Otro, del prójimo, del conocimiento que puede alcanzarse de él y de cómo actuar en relación con sus diferencias, recorrió el pensamiento griego y medieval, y se complejizó en la *modernidad con los "descubrimientos" de nuevos continentes y la creciente información sobre maneras de vivir y pensar radicalmente distintas de las europeas u occidentales. La mayoría de los filósofos, aun los modernos, elaboraron sus preguntas sobre la alteridad en un contexto intersubjetivo, es decir, en la relación de un sujeto con otros. Para no caer en el subjetivismo o el solipsismo, cada individuo debe considerar no sólo lo que es verdadero para sí mismo; la preocupación por la objetividad, por lo que sería universalmente válido, lleva a interrogarse por los modos en que otros configuran sus juicios.

Este interés por el otro rara vez desemboca en un saber feliz. Prevalecen más bien las dudas sobre la posibilidad de conocer la alteridad, comunicarse con los diferentes y actuar en forma significativa en relación con ellos. Desde Hegel a Max Scheler, desde Alfred Schuetz a Jean-Paul Sartre, la intersubjetividad es un espacio de incomprensiones y conflictos. Si bien no todos son tan críticos y suspicaces como Sartre en su célebre afirmación de que "el infierno son los otros", la distancia entre sujetos –aun en la misma cultura– muestra la alteridad como una de las experiencias más desafiantes para cualquier pretensión de afirmar una *identidad propia.

La mayoría de los filósofos tratan estos problemas gnoseológicos y malentendidos prácticos como relaciones entre sujetos individuales o entre sujetos trascendentales, no empíricamente individualizables, pero con problemáticas concebidas desde la perspectiva singular de cada ser humano –o de una humanidad abstracta–. Las ciencias sociales, en cambio, han destacado que la alteridad no es sólo una cuestión intersubjetiva, sino de individuos situados: en lenguas colectivamente codificadas, en historias sociales y en culturas estructuradas que preceden a cada persona. Además de examinar la alteridad como diferencia y confrontación entre sujetos singulares, es necesario verla como contraposición entre tradiciones, formas de vida y sistemas simbólicos de estructuración colectiva. Las posibilidades y dificultades de comunicación y comprensión entre diferentes implican modos socialmente constituidos de hacer, pensar y decir. Lo propio y lo extraño son, más que resultados de elecciones individuales diversas, producto de historias sociales paralelas, instituciones y reglas que forman a los individuos para pertenecer y actuar en una sociedad específica, y, por tanto, para ver como raros a los demás y tener problemas para encontrarse con ellos.

Distintas corrientes antropológicas han caracterizado lo que sucede cuando nos encontramos con los otros como "contacto cultural", "*etnocentrismo", "*interculturalidad", "relaciones interétnicas", "*colonialismo" o "*poscolonialismo". Si bien, como dijimos, las descripciones de las ciencias sociales se distinguen de las filosóficas en el propósito de historizar la alteridad y situarla en condiciones sociales específicas, algunas tendencias dan visiones más neutrales, como las que hablan de "contacto". Otras, en cambio, marcan el enfoque teórico y la etnografía con la selección de un tipo de otredad –la *étnica– o con una perspectiva peculiar de conocimiento-desconocimiento del diferente –por ejemplo, el producido por la interacción colonial.

La alteridad se desenvuelve en una historia de redefiniciones. Se exhibe diversa según se la fue configurando en las miradas asombradas de los europeos hacia los "orientales" o "los africanos" o "los americanos", en las descripciones que los viajeros o antropólogos de estas *otras* regiones les devolvieron, o en la visión de los urbanos sobre el campo o de los campesinos hacia las ciudades. Las distintas formas de heterogeneidad social y cultural de cada continente, cada nación y aun cada ciudad generan perspectivas diversas sobre los otros y conceptualizaciones discrepantes.

En las últimas décadas comenzaron a escribirse balances históricos e interculturales sobre los estudios de la otredad (Appadurai,

1996; Augé, 1995; Bartra, 1996; Clifford, 1999; Hannerz, 1996; Warnier, 2002). Esta producción antropológica ha influido en la construcción de una perspectiva multifocal e intercultural en la filosofía (Habermas, 1999; Ricoeur, 1996). Últimamente, el avance de la investigación antropológica en todos los continentes y la incipiente formación de "antropologías mundiales" (Lins y Escobar, 2006) va construyendo una conversación teórica multicentrada, a escala planetaria, que comienza a indicar caminos por los cuales podría superarse el etnocentrismo euronorteamericano, la simple refutación anticolonialista y los demás "cosmopolitismos provincianos" en la reflexión sobre la alteridad. En vez de buscar un único paradigma universal, para capturar su sentido, las preguntas son cómo podría fertilizarse la alteridad con el cruce de modos diversos de concebirla y estudiarla. Se aspira a una visión epistémica polifónica.

Esta reformulación incluye una nueva mirada sobre el pasado. Las épocas lejanas, y a veces las próximas, de la propia cultura son escenas extrañas. Suele ocurrir que las comprendamos tan mal como a nuestros contemporáneos distantes. Sin embargo, las reinterpretaciones antropológicas e históricas de "nuestros antepasados primitivos", del Medievo y del Renacimiento, por ejemplo, replantean lo que veníamos entendiendo por alteridad (Krotz, 2002).

El pensamiento *posmoderno, por su parte, al criticar el evolucionismo unilineal que consagraba una supuesta teleología progresista occidental y descartaba a las sociedades que no encajaban allí, hizo visible una heterogeneidad compleja de la historia: la libertad que el posmodernismo dio a las artes y a la arquitectura para retomar estilos de distintas épocas y combinarlos, también contribuyó a volver próximos –a veces superficialmente– búsquedas formales y relatos diversos.

La etapa globalizadora que vivimos desde inicio de los años ochenta del siglo xx cambia aún más radicalmente las diferencias entre lo familiar y lo extraño. Cada vez menos personas pueden afirmar, como en tiempos de las etnias y las naciones autocontenidas en un territorio, que pertenecen a un solo lugar; únicamente les interesa conocer y convivir con sus semejantes o hablar una sola lengua. Advertimos con frecuencia, en palabras de Julia Kristeva, que somos "extranjeros para nosotros mismos". Ya sea por las experiencias de múltiples sociedades que tenemos como migrantes o turistas, por la convivencia con otras lenguas y costumbres en la propia ciudad o porque la mayor parte de mensajes masivos que vemos proceden de culturas distintas, somos habitados por voces y gustos heterogéneos. Vivimos en una época intercultural y somos interculturales en nuestro propio interior.

Siguen siendo importantes las etnias y las naciones como marcos de pertenencia y, por tanto, como delimitación de lo otro. Ser indio o afrodescendiente, ser español, turco o brasileño, y obviamente ser hombre o mujer, continúan diferenciando a vastos sectores poblacionales y oponiéndolos a quienes tienen otras identidades. Pero en muchísimos casos las interdependencias generadas en la globalización, o los deslizamientos identitarios, los mestizajes e hibridaciones, relativizan los perfiles de cada grupo. La afirmación de identidades y la confrontación con los diferentes aparece aún con fuerza en múltiples procesos actuales, y es a veces fuente de un "esencialismo estratégico", de la defensa de reivindicaciones por la dignidad o contra la injusticia, en los grupos más explotados, discriminados o vulnerables. Sin embargo, crecen las situaciones de intercambios *multiculturales, la apropiación heterogénea de bienes y mensajes diversos.

Se vuelve así una realidad cotidiana el desdibujamiento de las fronteras entre lo propio y lo ajeno, como filósofos y científicos sociales vienen mostrando en investigaciones desde hace décadas. La identidad y la alteridad son construcciones ficcionales, leíamos ya en el estudio de Benedict Anderson sobre las naciones como comunidades imaginadas, o en las investigaciones psicoanalíticas y en la antropología posmoderna. Decir que son ficcionales no implica atribuirles falsedad; alude al carácter construido, no esencial, de lo propio y lo extraño.

Reconocer que la otredad es en gran medida imaginada no puede hacer olvidar tampoco que la humanidad está dividida por diferencias empíricamente observables. La alteridad sigue manifestándose consistentemente en cualquier confrontación política, cultural o económica. Tan cierto como que solemos proyectar en los desconocidos aspectos inconscientes o rechazados de nosotros, es que hay diferencias –no sólo imaginadas– de piel, lenguaje, etnia o gustos. Los otros gustan comidas que rechazo, se visten de maneras que no me atraen, proponen modos de relacionarse que no comparto. La diferencia no es únicamente invención y proyección.

A las históricas diferencias étnicas, de género, y otras biológicas y culturales que persisten, se agregan las nuevas producidas por los intercambios globalizados. Además de relativizar las formas tradicionales de diferenciación, la interdependencia mundial –en el comercio, en los viajes y las migraciones, en la comunicación cultural industrializada– genera nuevos agrupamientos y *exclusiones: por un lado, quienes acceden a los bienes y a la información estratégicos o novedosos; por otro, los que quedan fuera.

Hasta la primera mitad del siglo XX, la diversidad cultural se configuraba casi exclusivamente dentro de cada sociedad, subordinando las diferencias étnicas y regionales en espacios educativos y políticos nacionales monolingües. La interconexión de todas las clases y muchas etnias ocurre desde finales del siglo XX a escala transnacional, y las industrias culturales se han convertido en agentes clave en la gestión globalizada de las diferencias. Es necesario considerar entonces cómo reorganizan la diversidad estas industrias, especialmente a través de los medios audiovisuales.

Por supuesto, las nuevas modalidades de diferenciación y alteridad no están desvinculadas de las tradicionales. Las diferencias provocadas por la brecha digital entre quienes tienen acceso a las tecnologías y quienes están excluidos se combinan con diferencias étnicas de los grupos subalternos o marginados derivadas de formas anteriores de desigualdad. Las modalidades antiguas de diversidad cultural no pueden descuidarse, en tanto que no son suprimidas por la homogeneización o por las comunicaciones que hacen posible las innovaciones tecnológicas. Las reflexiones sobre la *sociedad del conocimiento –no sólo de la información– necesitan retomar los análisis precedentes sobre la conversión de diferencias en desigualdades a causa de la discriminación lingüística, la marginación territorial y la subestimación de *saberes tradicionales o su baja legitimidad jurídica (García Canclini, 2004). En las ciudades, y sobre todo en las generaciones jóvenes, encontramos a menudo que se sigue afirmando la pertenencia étnica, grupal y nacional, y a la vez crece el acceso a los repertorios transnacionales difundidos por los medios masivos de comunicación. Por eso la noción de alteridad se replantea en las culturas juveniles: la conjunción de pantallas televisivas, ordenadores y videojuegos está familiarizando a las nuevas generaciones con un imaginario transnacional y con modos digitales de experimentar el mundo, con estilos y ritmos de innovación propios de esas redes, en suma, con la conciencia de pertenecer a una región más amplia y heterogénea que el propio país.

Un obstáculo para este aprendizaje es que la desigual participación en las redes de información se combina con la desigual distribución mediática de los bienes y mensajes de aquellas culturas con las que estamos interactuando. Los circuitos transnacionales en los que circulan músicas de más países que en cualquier otra época, pese a que simulan representar a todos, como sugiere el nombre *world music*, dejan fuera a centenares de millones de creadores y audiencias, y "ecualizan" los estilos melódicos y las variaciones tímbricas que pueden mostrar una alteridad demasiado desafiante para las culturas hegemónicas en los mercados artísticos (Carvalho, 1995). Tampoco hay condiciones de efectiva mundialización de las formas del conocimiento y representación expresadas en las películas árabes, indias o latinoamericanas, si están casi ausentes en las pantallas, incluso de los países vecinos: ni siquiera circulan en ciudades del primer mundo –Los Ángeles, Nueva York, Berlín– donde habitan millones de migrantes de esas regiones que serían públicos "naturales".

Algo semejante sucede con las ofertas musicales y fílmicas en televisión, videos y en las páginas de Internet. La enorme capacidad de unas pocas megaempresas de manejar combinadamente los circuitos de distribución en estos medios, en todos los continentes, les permite controlar la casi totalidad de los mercados en beneficio de sus producciones. Se convierten de este modo en administradores privilegiados de la diversidad y la alteridad.

Como conclusión, puede decirse que –si bien la alteridad continúa siendo una figura significativa en todo desarrollo social– está produciéndose un desplazamiento de la *diversidad* y la *alteridad* a la *interculturalidad* como núcleo de las experiencias humanas. Si se entiende el énfasis en la diversidad y la alteridad como la valoración de la capacidad de cada nación, etnia o grupo para expresar su cultura en su espacio propio, no puede negarse su vigencia. Pero en un mundo tan interconectado la simple afirmación de la diversidad puede conducir al aislamiento, y finalmente a la ineficacia. También se ve necesario trabajar en los espacios globalizados a favor de una *interculturalidad democrática*: el problema no es apenas que a cada uno le permitan hablar su lengua con su grupo, educarse de acuerdo con sus tradiciones y administrar en forma autónoma el territorio propio. El desarrollo cultural y político pone en juego qué significa convivir entre nativos y migrantes, entre distintas religiones, gustos y concepciones de la familia, en medio de conflictos transnacionales. Las preguntas no se refieren sólo a cómo reivindicar lo propio. Una política contemporánea de gestión más equitativa de la alteridad requiere, por ejemplo, que la escuela y los medios de comunicación nos ayuden a descubrir el valor de lo diferente, a reducir la desigualdad que convierte las diferencias en amenazas irritantes y a generar intercambios constructivos a distancia. Se hace necesario trabajar, además de los derechos a la diversidad, sobre los derechos interculturales.

Bibliografía

APPADURAI, Arjun (1996): *Modernity at large: cultural dimensions of globalization*. Minneapolis/London: University of Minnesota Press.

— (2001): *La modernidad desbordada. Dimensiones culturales de la globalización*. México: Ediciones Trilce-FCE.

AUGÉ, Marc (1995): *Hacia una antropología de los mundos contemporáneos*. Barcelona: Gedisa.

CARVALHO, José Jorge de (1995): *Hacia una etnografía de la sensibilidad musical contemporánea*. Brasil: Universidad de Brasilia. Departamento de Antropología.

GARCÍA CANCLINI, Néstor (2004): *Diferentes, desiguales y desconectados: mapas de la interculturalidad*. Barcelona: Gedisa.

HANNERZ, Ulf (1995): *Transnational connections*. London/New York: Routledge.

HABERMAS, Jürgen (1999): *La inclusión del otro: estudios sobre teoría política*. Barcelona: Paidós.

KROTZ, Esteban (2002): *La otredad cultural entre utopía y ciencia: un estudio sobre el origen, el desarrollo y la reorientación de la antropología*. México: FCE-UAM.

LINS RIBEIRO, Gustavo; ESCOBAR, Arturo (comps.) (2006): *World anthropologies: disciplinary transformations within systems of power*. New York: Berg.

RICOEUR, Paul (1996): *Sí mismo como otro*. Madrid: Siglo XXI.

Néstor García Canclini

Véanse además Ciudadano, COLONIALISMO Y ANTICOLONIALISMO, COMUNICACIÓN, Comunidad transnacional, CONSUMO CULTURAL, CULTURA, DIFERENCIA Y DESIGUALDAD, Diferencias naturales y diferencias sociales, Diferencias sociales y diferencias culturales, Diferencias sociolingüísticas y desigualdad, DISCRIMINACIÓN Y EXCLUSIÓN SOCIAL, Esfera mediática, Espacios locales, ESTEREOTIPOS Y ESENCIALIZACIÓN, ESTIGMA, Etnicidad, Etnocentrismo y relativismo cultural, EXPLOTACIÓN SOCIAL, Extranjero, Fronteras políticas y religiosas, GLOBALIZACIÓN, HIBRIDACIÓN, IDENTIDAD, Información, INTEGRACIÓN, Integración educativa, Integración religiosa, Interculturalidad, Mestizaje, MINORÍAS, Modernidad, MOVILIDAD, MULTICULTURALISMO, Multiculturalismo en los estudios étnicos, Multilocal, Nacionalidad, Nacionalismo, Nomadismo y turismo, NUEVOS MOVIMIENTOS SOCIALES, PATRIMONIO, Pluralismo sincrónico, Poscolonialismo, POSMODERNIDAD, Racismo y neorracismo, SABER Y SABERES, Sociedad de la información y del conocimiento, Sujeto intercultural, Xenofobia y xenofilia.

Apartheid

En lengua *afrikaans*, *apartheid* significa "*desarrollo separado*". El término se refiere, en líneas generales, a un régimen de organización de la *diversidad social que desarrolla al límite la separación para el mantenimiento de *identidades diferenciadas, y la oposición a la *hibridación o mestizaje. Se asocia, además, al *racismo, por cuanto basa la definición de los grupos sociales y la justificación de la articulación social global en la noción biologicista de raza. Este sistema de *segregación racial funcionó en Sudáfrica desde 1948 hasta principios de los años noventa, aunque arraiga en prácticas anteriores y sus fundamentos ideológicos habría que buscarlos en las nociones religiosas y colonialistas de los bóers.

El *apartheid* no debe entenderse sólo como un régimen de articulación de la diversidad social, sino, y esto es más importante, como un mecanismo de legitimación y de reproducción de un sistema de *explotación económica; en este sentido, su consideración es imprescindible si se quiere entender la génesis del capitalismo en Sudáfrica y el papel del *Estado en este proceso.

Históricamente, el *apartheid* es el producto de la extensión y la organización sistemática de las políticas *segregacionistas de los gobiernos blancos en África del Sur durante el periodo *colonial. El carácter de estas políticas se refleja claramente en la *Native Land Act* de 1913, que prohibía a los negros adquirir tierras fuera de las reservas que se les habían asignado, tras la guerra entre los boers y el imperio británico de 1899 a 1902. En 1948 el Partido Nacional gana las elecciones. Tras esta victoria, el sistema del *apartheid* se constituye progresivamente a través de una cadena de leyes durante los años cincuenta y sesenta; esta legislación incluye desde la prohibición de matrimonios mixtos o de relaciones sexuales interraciales hasta posteriormente la separación cotidiana de grupos en medios de transporte, lugares de ocio, centros sanitarios y otros servicios, escuelas, etc. La *Population Registration Act* de 1950 obliga a la población a registrarse en cuatro grupos: blancos, negros, indios y mestizos. Esta diferenciación racial activa una *separación geográfica que se expresará plenamente en la *Groupe Action Act*, aprobada el mismo año. Esta última ley, que se puede ver como el elemento nuclear del *apartheid*, obliga a vivir en zonas prefijadas a cada uno de aquellos grupos. Como consecuencia de ello, los negros ocuparon un 13,7 % del territorio, consistente éste, por lo demás, en zonas pobres en los márgenes de las áreas industriales: los *homelands* o bantustanes.

Para encontrar las bases ideológicas del *apartheid* hay que apuntar, en primer lugar, a la reformulación que hacen los bóers, en la segunda mitad del s. XIX y en una situación de aislamiento y presión desde el exterior –imperio británico, colonia autónoma de El Cabo, bantúes...–, de la antigua idea de un pacto entre Dios y el pueblo bóer –como pueblo elegido–. El calvinismo sudafricano de origen holandés está, por tanto, en la raíz del "desarrollo separado"; más concretamente, las teorías puritanas sobre la diversidad inherente a la creación divina, diversidad que implica, en el orden sociopolítico, la separación de pueblos y naciones.

El *apartheid* es deudor igualmente de la ideología de la superioridad del "hombre blanco" y de la cultura occidental, sustentadora de la empresa colonialista de conquista y civilización. En este sentido es deudor de nociones, avaladas y alimentadas por el darwinismo social y por otras aportaciones científicas, sobre las diferencias y las jerarquías morales de raza.

La segregación cotidiana, quizá el rasgo más evidente y espectacular del sistema, refleja de manera muy nítida el núcleo ideológico y la aspiración última del *apartheid*: la racialización, o la definición completa de la población de acuerdo a criterios raciales. El *apartheid* resulta ser así el prototipo de la discriminación racista; no tanto por ser el extremo de una gradación, sino porque funciona como modelo revelador de los elementos estructurales de todo racismo tal y como en la actualidad lo entendemos. En esta línea, Balibar (1997) afirma que el *apartheid* mezcla estrechamente las tres formas de las que se deriva nuestra noción de racismo: el nazismo, el colonialismo y la esclavitud de los negros en EE. UU. Es cierto, en cualquier caso, que el *apartheid* expresa paradigmáticamente una constante del imaginario moderno occidental: la fundamentación naturalista del orden social y político. Funciona, por tanto, como justificación ideológica, ya que oculta y deniega la entidad y complejidad reales de los grupos, las problemáticas, los procesos y el orden sociales.

Pero el *apartheid* no es sólo un conjunto de representaciones y prácticas destinadas a la legitimación de un sistema. De manera más radical, hay que entenderlo como un dispositivo institucional crucial en la organización de la producción económica. A diferencia de las aproximaciones liberales, tendentes a interpretar el *apartheid* como resultado de actitudes y prejuicios que constituirían una especie de entidad política e ideológica autónoma, algunos autores marxistas han subrayado su imbricación orgánica en la génesis y el desarrollo del capitalismo en Sudáfrica. Esta imbricación sería en rigor el centro estructural del sistema. Por ello que el *apartheid* cotidiano –el llamado *petty apartheid*–, es decir, la separación racial de servicios públicos, ocio, educación, recreo, prohibición de matrimonio, etc., fuera ligeramente modificado y reducido a mediados de los años ochenta, debido a las presiones internacionales de diverso tipo, en absoluto supuso –ni podía derivar en– una quiebra del régimen, basado en realidad en un tipo de organización del *trabajo y en la exclusión política de la población negra. Desde este ángulo, la segregación racial es un modo de integración en el orden productivo. Por ello Wallerstein (1997) dice que el *apartheid* no puede ser total: nunca puede llegar a anular su auténtica función, que es constituir y reproducir una fuerza de trabajo racializada.

El progreso del capitalismo en Sudáfrica, ligado al desarrollo de la minería, ha dependido del control, a través de la legislación del *apartheid*, de la fuerza de trabajo; se trataba de asegurar la incorporación de mano de obra barata, restringiendo la capacidad de competencia de los agricultores negros, impidiendo el desarrollo autónomo de las reservas y forzando las *migraciones desde las comunidades aldeanas a los campamentos mineros. En consecuencia, la industrialización ha supuesto en este caso una progresiva racialización de la clase obrera, de manera que se constituye un proletariado no homogéneo sino dual: cualificado y con derechos uno –blanco–, descualificado y sin derechos el otro –negro–. En esta perspectiva la institucionalización, a partir de 1948, del *apartheid* se interpretaría como una respuesta a problemas específicos de desarticulación de las condiciones de la reproducción humana. Los bantustanes resultarían un dispositivo que, manteniendo unos rasgos "tribales" o "culturales", e impidiendo en su seno la propiedad privada de la tierra y la constitución de relaciones sociales de producción capitalistas, aseguraría la reproducción de fuerza de trabajo. Esta lógica explica las decisiones políticas de independización forzada de los bantustanes (*Black Homeland Citizenship Act* de 1970): al negar a sus miembros la *ciudadanía sudafricana y ligarlos sólo laboralmente en tanto que "trabajadores *extranjeros", se arrojaba también al exterior la carga económica de la reproducción y las contradicciones del sistema.

Como ha subrayado Meillasoux (1975), el *apartheid* tiene un carácter modélico, pues revela en todos sus detalles un procedimiento y una función de explotación más difundidos o generales que en otros lugares donde no resultan tan evidentes. Sudáfrica es un buen ejemplo del modo en que el colonialismo y la explotación de toda *periferia por un centro no descansa en unas condiciones de intercambio, sino en la intervención directa en los sistemas de producción dominados. Por lo de-

más, sean abiertamente racistas o no, en Sudáfrica ayer o en la actualidad en Europa, las condiciones de empleo de trabajadores migrantes son del mismo tipo. El *apartheid* representa entonces el paradigma de una situación *global; una situación presidida por la división mundial del mercado de trabajo.

Bibliografía

BALIBAR, E.; WALLESTEIN, I. (1997): *Race, nation, classe. Les identités ambigües.* Paris: La Découverte.

MEILLASOUX, C. (1975): *Femmes, greniers et capitaux.* Paris: Maspero.

POSESL, D. (1991): *The Making of Apartheid, 1948-1961. Conflict and Compromise.* London: Clarendon Press.

WOLPE, H. (1972): "Capitalism and Cheap Labour-Power in South Africa: from Segregation to Apartheid". *Economy and Society*, 1, 4: 425-456.

WORDEN, N. (1998): *The Making of Modern South Africa. Conquest, Segregation and Apartheid.* London: Blackwell.

Álvaro Pazos Garciandía

Véanse además Centro-periferia, CIUDADANÍA, COLONIALISMO Y ANTICOLONIALISMO, DESARROLLO, DIFERENCIA Y DESIGUALDAD, DISCRIMINACIÓN Y EXCLUSIÓN SOCIAL, Esclavitud, ESTADO-NACIÓN, EXPLOTACIÓN SOCIAL, Extranjero, Frontera geográfica y administrativa, GLOBALIZACIÓN, HIBRIDACIÓN, IDENTIDAD, Mestizaje, MIGRACIONES, Neocolonialismo, Racismo y neorracismo, Segregación, TRABAJO.

C

Centro-Periferia

El término de centro se registra en lengua castellana alrededor de 1729 y el de periferia hacia 1780. El centro-periferia, al igual que lo rural-urbano o lo *local-global, debe explicarse en su estrecha relación, sin querer por ello negar sus propias naturalezas conceptuales y sociales. El centro-periferia es una de las materializaciones más marcadas de la territorialidad. Esta relación participa de lo que podemos llamar una doble gramática del *territorio: una centrada y otra cartesiana. Es una gramática centrada en la medida en que los territorios que componen la localidad contribuyen fuertemente a la toma de conciencia de sí del ser y del tener. Y es una gramática cartesiana, puesto que esos territorios definen las estructuras socioespaciales más o menos constantes, espacios de mesura y de acción, que hacen que la pertenencia se transforme gradualmente en apropiación y que ésta se convierta in-sensiblemente en pertenencia.

El centro-periferia, como lo entendemos de forma general en la actualidad, ha sido un aporte efectuado por los estudiosos de las *desigualdades y del *desarrollo, particularmente desde 1970. Samir Amin en su obra *Le développement inégal* (1973) ha planteado que centro-periferia son conceptos en mutua interdependencia. Originariamente los primeros autores en presentar esta relación centro-periferia son quizá Werner Sombart, en 1902, y Carlos Marx desde su exposición *campo/ciudad. Sin embargo, el análisis relacional entre forma, función, estructura e interacciones nos conduce a examinar el cen-

tro-periferia más allá de la relación clásica entre desarrollo y desigualdades. Esta relación de conceptos también implica considerar los niveles de escala geográfica; por ejemplo, el centro-periferia dentro de los límites establecidos de pueblo, *ciudad, región, *país, etc. Éstos no son *lugares o sitios *marcados fijamente; pueden ser zonas contiguas alrededor de un centro o una *red de lugares en conexión que conforman una periferia con relación a un centro que puede igualmente ser eso, redes o zonas. Tanto en el caso del modelo de desarrollo/desigualdad como en el de los niveles de escala geográfica, la dimensión cultural tiempo y el acceso a los *recursos ejercen una definición básica. Muchas son las regulaciones ejercidas en la interacción social de centros-periferias a partir de la relación distancia-tiempo-acceso a recursos, a lugares, a sitios en concordancia con actividades tanto esporádicas –diversión, gestiones administrativas, adquisición de bienes, etc.– como regulares –especialmente *trabajo.

La posición de lugar entre el centro-periferia implica que hay un centro dominante y una periferia subordinada, pero también al contrario; es decir, que no debe verse sólo desde la perspectiva de un modelo vertical de imposición, sino igualmente como un modelo explicativo que puede ser de tipo fractal u horizontal donde se domina y se subordina recíprocamente. Como ha señalado Yi-Fu Tuan (1977): no por estar fundado sobre desigualdades se puede omitir la noción de intercambio que soporta la relación centroperiferia. Es un intercambio dinámico, aunque desigual, donde hay una mutua dependencia entre el centro-periferia-centro. Se debe evitar la idea de quietud de dos partes que en masa actúan la una sobre la otra. Por el contrario, los medios de intercambio son bien variados y constantes, puesto que en cuanto una periferia esté solo "a la espera" de la subordinación, ésta desaparece, pues lo que la mantiene es su sentido de *movilidad y, en ciertos casos, hasta la búsqueda de beneficio de su condición.

Cuando se instrumentaliza metodológicamente la articulación del medio territorial y sus producciones aparece la vigencia de las escalas en la representación del territorio, donde el centro-periferia se ubica más allá del reducido sentido de *concentricidad* como una posición lineal de radiaciones dentro del juego social, y se manifiesta como posibilidades correlacionales que permiten superar los poderes unívocos y dominantes. Este tipo de problemáticas ubican dos tipos de escalas dentro de la relación centro-periferia: por un lado, las escalas con relación a la dimensión política de la *cultura, y por el otro, las escalas respecto al poder simbólico. En el primer caso hacemos referencia a un escenario político –país, región…– y en el segundo a una fuerza política –nación, república…–. El escenario como la fuerza política se define a través de estructuras, límites, *fronteras y márgenes que actúan como interconexiones de relaciones que generan conjunto de sentidos en el espacio social local –la estructura–; como el producto de una imposición de dichas relaciones –*límites–, y como figura que materializa la acotación de las acciones –margen.

Para ir más allá de la idea de dominadores y dominados, que de por sí evoca el concepto de centro-periferia, se debe trascender la doble tipificación de la relación centro-periferia como distribución de criterios (objetivados en rasgos culturales) en un espacio neutral o como un *estereotipo territorial explícito que se dispone en un área. Estos dos aspectos son polos clave para la constitución de lo llamado *céntrico y periférico* pero, por lo mismo, deben ser utilizados más como datos, discursos o eventos dentro de lo macro, llámese país, nación, república o estado. En segundo lugar, la definición no debe desconocer que el centro-periferia es en gran parte un trabajo de un sector dominante en alguna instancia, pero a la vez debe reconocer este dato como punto de partida, en parte producto y en parte causa, del fenómeno mismo de lo céntrico-periférico, aunque no como una explicación.

En la actualidad son varias las estrategias de los países industrializados para dar la imagen de cambio del centro-periferia, deslocalizando centros de poder y administrativos para manejar de modo distinto este modelo de desarrollo. Estos *movimientos son posibles siempre y cuando se establezcan en el interior de un mismo país o en las jurisdicciones territoriales para antiguas *colonias, transformadas en "departamentos de ultramar" como lo hace Francia. Lo que están haciendo cada vez más países, como los Estados Unidos (Raymond, 2005), es mover ciertos espacios administrativos hacia las periferias para marcar flujos más cercanos de control e intentar cambiar así la imagen horizontal del centro-periferia. El crecimiento *metropolitano se establece a partir de los *suburbs* que se extienden hacia los condados no-metropolitanos. En consecuencia, un número importante de condados, clasificados no-metropolitanos en los años setenta, son considerados estadísticamente en la actualidad como metropolitanos. Después de la Segunda Guerra Mundial y hasta comienzos de los años setenta, los procesos de redistribución de la población en los Estados Unidos eran sobre todo sinónimos de concentración de las zonas metropolitanas y de la desconcentración de sus centros. Las *migraciones de la población de los centros de las ciudades y del campo hacia las periferias han contribuido a la recomposición del espacio. La extensión de sus espacios periféricos parece empujar cada vez más lejos la "frontera" rural/urbana. Sin embargo, las cosas no son tan simples o fragmentadas. Los Estados Unidos crean nuevos polos urbanos, los "Edge Cities" –centros de empleo, decisión y poder– localizados en el extremo periférico de las grandes aglomeraciones, imponiendo una redefinición de los espacios polarizados. Logran así revertir los flujos cotidianos domicilio-trabajo que iban tradicionalmente de la periferia –de los *suburbs* donde dominaba la vocación residencial– hacia los centros de las ciudades, reversando y renovando por ese mismo paso la función residencial de los centros-ciudades tradicionales –*Core Cities*–, y atribuyendo entonces a los *suburbs* un rol primordial en materia de empleo. Se forman igualmente nuevas ramificaciones con las ciudades o pueblos no-metropolitanos que pudiendo estar muy alejados de las áreas metropolitanas de los centros, se enlazan directamente con los centros por medio de personas activas que van a trabajar cotidianamente. Esos espacios no-metropolitanos toman generalmente el nombre de *exurbs*, que actúan muchas veces de espacios residenciales a la manera de pueblos-dormitorio.

Por todo ello no sería riguroso utilizar el vocablo centro-periferia en el sentido corriente, que no hace más que distinguir lo que está en el medio de lo que se halla en el exterior. Sería pertinente tratar con cuidado las representaciones en círculos que pueden designar tanto simples etapas sucesivas, reparticiones de fenómenos de naturalezas diferentes según un parámetro de distancia, como una oposición entre lugares dominantes y dominados.

Bibliografía

AMIN, S. (1973): *Le développement inégal*. Paris: Éditions de Minuit.

MARX, C.; ENGELS, F. (1979): *La ideología alemana. Tomo 1, Capítulo 1*. La Habana: Editorial Política La Habana.

NATES CRUZ, B.; VILLOTA GALEANO, F. (coord.) (2004): *La desgeneralización del mundo. Reflexiones sobre procesos de globalización*. Manizales: Editorial Universidad de Caldas.

POCHE, B. (1996): *L'espace fragmenté: éléments pour une analyse sociologique de la territorialité*. Paris: L'Harmattan.

RAYMOND, S. (2005): "Des risques de marginalisation aux risques de gentrification: espaces ruraux convoités et inégalement accessibles", en Samuel Arlaud, Yves Jean y Dominique Royoux, *Rural-Urbain, nouveaux liens, nouvelles frontières*. Rennes: Presses Universitaires de Rennes, 12 p.

REYNAUD, A. (1979): *Le concept de classe sociospatiale*. Reims: Éditions TIGR.

SAHLINS, P. (2002): "Repensando Boundaries", en Alejandro Grimson (comp.), *Fronteras naciones e identidades: la periferia como centro*. Buenos Aires: Ediciones Picus–La Crujía, 41-49.

SLATER, D. (2001): "Repensar la espacialidad de los movimientos sociales: fronteras, cultura y política en la era global", en Arturo Escobar, Sonia Álvarez y Evelina Dagnino (orgs.), *Política cultural y cultura política; una nueva mirada sobre los movimientos sociales latinoamericanos*. Bogotá: Taurus-ICAN, 411-435.

SOMBART, W. (1902): *Der moderne Kapitalismus*. Leipzig: Duncker y Humblot.

TUAN, Y. F. (1977): *Space and place: The perspective of experience*. Minneapolis: University of Minnesota.

Beatriz Nates Cruz

Véanse además Acciones afirmativas, *Apartheid,* COLONIALISMO Y ANTICOLONIALISMO, Criollización, CULTURA, DESARROLLO, DIFERENCIA Y DESIGUALDAD, ESPACIO-TIEMPO, Espacio red, Espacios locales, ESTADO-NACIÓN, ESTEREOTIPOS Y ESENCIALIZACIÓN, Etnicidad, EXPLOTACIÓN SOCIAL, FRONTERA, Frontera geográfica y administrativa, Fronteras políticas y religiosas, Fronteras simbólicas, Global y local, HIBRIDACIÓN, Integración religiosa, Lugar y no-lugar, Megalópolis, MIGRACIONES, Migraciones. Teoría macro, MOVILIDAD, Multiculturalismo en los estudios culturales, Nacionalidad, NUEVOS MOVIMIENTOS SOCIALES, PATRIMONIO, Pluralismo sincrónico, Plurinacionalidad, Poscolonialismo, POSMODERNIDAD, RELACIONES Y PROCESOS INFORMALES, Revolución técnico-comunicativa, Segregación, TERRITORIOS, TRABAJO, Violencia política. Tipos.

Ciudadanía

El concepto de ciudadanía es considerado como uno de los elementos esenciales de la conformación de la vida política en el mundo contemporáneo; sin embargo, ya desde el comienzo ha estado cargado de ambigüedades y ha sido tanto una categoría que facilita la *integración del individuo y de los grupos en la *ciudad como una forma de *exclusión de aquellos que no reúnen determinadas características. De ahí que los problemas que actualmente plantea no constituyen, en sentido estricto, una novedad, sino que son reflejo de algo que está inscrito en la propia naturaleza del concepto, que parte de la existencia y del reconocimiento de ciertos derechos, pero al mismo tiempo puede generar *desigualdades, puesto que no representa en forma alguna una garantía de una sociedad democrática basada en la participación plena de todos aquellos que habitan la ciudad. Del mismo modo que lo que llamamos democracia es difícilmente conciliable con lo que en sus orígenes recibió el nombre de tal, la ciudadanía, según aparece en la *pólis* griega, constituye sólo un remoto antecedente de la forma actual de considerar esta categoría, aunque las actuales constataciones de su insuficiencia no son tanto el resultado de una modificación sustancial que se haya venido produciendo en los tiempos más recientes como de las últimas manifestaciones de una dinámica permanente entre inclusión y exclusión. Ésta se halla en la raíz profunda de la categoría de ciudadanía.

Cuando la oración fúnebre de Pericles a los muertos, en la *Historia de las Guerras del Peloponeso*, alude a lo que constituye el valor de aquellos que componen la comunidad, no está haciendo referencia tanto a un concepto jurídico como a una categoría ética. Es la posibilidad de participación en el gobierno lo que se halla en el origen de la pertenencia a esa comunidad y esa implicación en la vida política, que constituye el núcleo de lo que lleva aparejada la ciudadanía, descansa sobre la existencia de toda una serie de actividades realizadas por hombres y mujeres que quedan excluidos de esa condición, pero que posibilitan el fatigoso ejercicio de las labores que conlleva la ciudadanía. La existencia de un "gobierno de leyes y no de hombres" supone la participación en el proceso por el que se efectúa la elaboración de aquéllas y la sumisión a la autoridad que se deriva de esa capacidad de tomar parte en la asunción de decisiones. Esa noción de ciudadanía no flota en el vacío, sino que es el resultado de la combinación de diferentes requisitos, que son los que permiten la configuración de una comunidad: un requisito económico, derivado de la propiedad sobre determinados bienes; un requisito ético, vinculado a la capacidad para ser autosuficiente y, en consecuencia, disfrutar de la condición de "ser libre", y un requisito político, que se deriva de la participación en el gobierno. La ciudadanía que así se configura es una "categoría privilegiada", que es la única que permite la plena inserción en la comunidad política, fuertemente limitada por la pertenencia a un determinado orden derivado del nacimiento y por ello imposible de generalizar, de tal forma que la extensión a los "*extranjeros" está restringida a supuestos excepcionales y permanece como una categoría cerrada, de imposible universalización.

En lo relativo a la ciudadanía, como a muchas otras categorías de la vida política, la aportación de Roma consiste en definirla en relación con elementos jurídicos. La extensión cada vez mayor de los *territorios y poblaciones sometidas al control del poder de Roma llevaba aparejada la necesaria concesión de la ciudadanía a grupos cada vez más numerosos, pero sin que ello supusiera una mayor participación en la toma de decisiones. Ser *ciudadano significaba ser sujeto de derechos y ahí se asentó, primero, la posibilidad de una cada vez mayor consideración como ciudadanos, de los *grupos dirigentes provinciales y, luego, la universalización de la ciudadanía civil, pero sin que eso supusiese una

mayor capacidad de participación en el gobierno. En Roma, la ciudadanía constituye el resultado de una "concesión", es algo a lo que se permite que todos puedan acceder, pero desde la base de su carácter abstracto, pues la toma de decisiones está reservada a los grupos oligárquicos. La ciudadanía es teóricamente universal, pero el ejercicio práctico de todo lo que antes llevaba ésta aparejada queda reservado a las clases privilegiadas. El orden jurídico opera en un nivel abstracto de consideración igual que, lo mismo que en una sociedad profundamente *desigual, no supone más que el reconocimiento de una situación jurídica que no se plasma en expectativas políticas reales.

La lógica de la fragmentación del final de la Antigüedad tardía llevará a la paulatina desaparición de la ciudad, como el espacio en el que se produce la participación política, y será sólo al término del largo período en el que asienta la sociedad estamental cuando volverá a emerger la ciudad como el lugar en el que se despliegan todas las potencialidades de los individuos que buscan una vida basada en la libertad y la autorrealización. "El aire de la ciudad hace libre" y son las ciudades las que están en el origen de ese mundo nuevo, en el que sus habitantes nutren la clase social en ascenso, la burguesía, que va incorporándose a la formación de nuevas vías económicas y políticas. Pero si algo resulta propio del Renacimiento, desde sus primeras caracterizaciones en la historia intelectual, no es el poder de la ciudad, sino la construcción del "*Estado como obra de arte". La categoría de la "ciudadanía" no vendrá ahora asociada tanto a ese espacio limitado, que presupone la "ciudad", sino a la integración en esa comunidad superior, en la que la "comunidad de los ciudadanos" debe establecerse sobre una "*identidad" determinada. La consecución de esa nueva forma política será el resultado de un largo proceso, que conocemos como la época de las Revoluciones y que alcanzará su máxima expresión en el imaginario colectivo con la Revolución Francesa, aunque no sea sino la última manifestación de algo más complejo: la búsqueda de un orden político basado en la "constitución" de una comunidad política. Lo que tiene de ejemplar el proceso que representa la Revolución que se produce en Francia es que lleva a sus últimas consecuencias lo que sólo parcialmente se había manifestado con anterioridad en Inglaterra y en los Estados Unidos de América, donde la Constitución había sido alcanzada a través de una larga evolución, que culminaría en una "gloriosa Revolución" –Inglaterra– o era el fundamento de la formación de un nuevo Estado –Norteamérica– y donde todavía la persistencia de los elementos aristocráticos era palpable. La radicalidad de la Revolución Francesa hacía posible que entre los espectadores del proceso, que más allá de las *fronteras del país asistían a los acontecimientos, pudiera producirse el "entusiasmo" derivado de que un pueblo tomara el poder en sus manos y, por eso, como decía Kant, independientemente de que triunfara o fracasara, constituía un hecho que no se olvidaría jamás.

Ya desde sus inicios la Revolución Francesa aportó uno de los textos más bellos y, a la vez, más indicativo de todas las ambigüedades de la nueva concepción de la ciudadanía. Por eso la *Declaración de los derechos del hombre y del ciudadano* representa la máxima expresión de los ideales y también de las limitaciones del nuevo orden político. Para que pueda producirse la correcta "constitución" del pueblo francés debe establecerse una garantía de los derechos y una separación de poderes, en las que culmina ese complejo sistema de "pesos y contrapesos" en que se había cifrado el buen éxito del nuevo orden burgués derivado de las Revoluciones. Pero ya el propio título de la *Declaración* expresaba la dualidad que caracterizaba a los ideales revolucionarios: "el hombre" se contrapone al "ciudadano"; y poco años después Marx pudo ver en esa antinomia la máxima expresión del contradictorio legado de la Revolución Francesa: los derechos del hombre no son necesariamente los derechos del ciudadano y el capitalismo podía convertirse en el "paraíso de los derechos", sin que eso supusiera una necesaria transformación social. Los hombres nacen y permanecen "libres e iguales en derechos", pero el orden del derecho no es automáticamente equivalente al de la comunidad política. Entre los derechos reconocidos hay uno que es calificado como "inviolable y sagrado", la propiedad, y de ahí que se convierta en el derecho esencial a la hora de "constituir" la comunidad política. Lo que diferencia al ciudadano de la Revolución Francesa frente al de la *pólis* griega es la forma de considerar la participación en la vida política, porque la democracia, que ahora se consagra, no está basada en la igual intervención en la toma de decisiones, sino en la creación de un cuerpo de representantes de la *Nación que se encargan de elaborar esas leyes que son "expresión de la voluntad general". La democracia representativa aparece como elemento determinante para la "constitución" de la comunidad y la representación no podrá estar basada sino en ese derecho "sagrado", el "terrible derecho", que es el que cualifica para participar en la elección de aquellos que deben tomar las decisiones esenciales para la colectividad. De ahí derivan la prohibición del mandato imperativo y la restricción del sufragio en los primeros momentos de la nueva conformación política. Pero representan a la Nación, y el nombre, que aparece para designar a la nueva forma de identidad, refleja cómo se lleva a cabo la inserción de los ciudadanos en la comunidad: la defensa de la colectividad exige que todos participen en ella y el ciudadano es el que debe participar en el cuerpo armado encargado de asegurar su existencia. Los ciudadanos se convierten en soldados, constituyen el "pueblo en armas", antes incluso de poder participar en la toma de decisiones.

La formación de la "comunidad de los ciudadanos" representa la consagración de la moderna idea de Nación, basada en la existencia de una identidad colectiva y en el reconocimiento de un conjunto de derechos que, progresivamente, se van a ir extendiendo a todos los que forman parte de esa comunidad. Pero esos "derechos del ciudadano", aplicables a todos los que forman esa comunidad y que, finalmente, se reflejan en la posibilidad de participación en la vida política a través de la paulatina extensión del sufragio, siguen contraponiéndose a los "derechos del hombre". El texto fundamental sobre "derechos" en el s. XX es la *Declaración Universal de Derechos Humanos de las Naciones Unidas* y ya su propia denominación marca la diferencia entre la *Declaración*, más representativa de la Revolución Francesa, y esta última *Declaración*, que es considerada como la máxima expresión de la "conciencia jurídica de la Humanidad". Se reconocen derechos a todos los seres humanos, aunque la escisión que había puesto de relieve la Revolución Francesa, ahora permanece vigente bajo nuevas formas: los "derechos humanos" son propios de todos los hombres, pero sin que su reconocimiento suponga una garantía efectiva. La teoría jurídica actual diferencia entre "derechos humanos" y "derechos fundamentales", reservando esta calificación para aquellos dotados de auténtica protección ante los tribunales. Esto supone que se reconocen derechos a todos los seres humanos más allá de la existencia de Estados nacionales, pero la garantía efectiva queda limitada a algunos de ellos y sólo es posible, dentro de los límites de un Estado determinado, para el que es considerado como "ciudadano" de ese Estado. Así se inicia una nueva caracterización de la categoría de ciudadanía como forma de exclusión. La "ciudadanía" se opone a la "extranjería", a la existencia de seres humanos que poseerán ciertos derechos, en cuanto hombres, pero a los que les serán negados otros, en cuanto que "extranjeros". La desigualdad de las condiciones de existencia en el mundo actual llevará a que se produzca un continuo *movimiento por los habitantes de los Estados menos *desarrollados para intentar acceder a las condiciones de vida más favorables de los Estados desarrollados. La extensión de este fenómeno migratorio reproduce en los Estados nacionales del mundo desarrollado la misma escisión que había tenido lugar en los momentos iniciales en los que se aplica el concepto moderno de ciudadanía: se utiliza esta categoría como forma de exclusión y discriminación de aquellos que se han visto marginados del proceso de desarrollo; y se intenta convertir en límite y *frontera para que quienes pretenden acceder a esa situación se vean impedidos de alcanzar ese objetivo. El resultado es que la ciudadanía, que consistía en ser considerado "sujeto de derechos", se convierte en una forma de limitar las posibilidades de aquellos que no pertenecen a un determinado Estado nacional. De ahí que en la teoría jurídica actual se plantee la posibilidad de la "eliminación" del concepto de ciudadanía, categoría que, si bien ha cumplido una función positiva en otro tiempo como forma de inclusión de los individuos en la colectividad, se habría convertido en excluyente, en elemento de discriminación y exclusión. De manera menos tajante, también se preconiza la sustitución de la "ciudadanía nacional" por una "ciudadanía cosmopolita", en la que se identifique ciudadanía con la propia consideración como ser humano. Sin embargo, el concepto *moderno de ciudadanía está asociado a los Estados nacionales y su sustitución por una consideración diferente de esa categoría no deja de ser problemática. En último extremo, el resultado de la aparición de nuevas formas de considerar la ciudadanía no hace más que plasmar todas las ambigüedades presentes desde el inicio en la propia idea de ciudadanía, que no es necesariamente identificable con una sociedad democrática, ya que, según ha sucedido a lo largo de la mayor parte de la historia, puede ser compatible con sociedades oligárquicas. No en vano se trata de una categoría abstracta, en la que es el conjunto de la conformación de la comunidad política el que la dota de un contenido concreto.

En realidad, la crisis del concepto de ciudadanía no puede desligarse de la crisis del Estado nacional y, paradójicamente, la extensión de la categoría de la ciudadanía a toda la comunidad y la concreción de su abstracto contenido jurídico en la posibilidad de plena participación política son las que han llegado a mostrar su carácter en esencia formal. Los derechos del ciudadano nunca han llegado a convertirse en derechos del hombre y cada momento de extensión de la ciudadanía ha coincidido con un vaciamiento de su contenido concreto. El lenguaje jurídico no ha venido más que a reflejar esta situación y el pleno reconocimiento de los "derechos" ha ido paralelo a la limitación de sus posibilidades concretas de actuación: al reservar la categoría de "derechos" a los derechos fundamentales se pone de relieve el carácter puramente "formal" de su reconocimiento. Desde este punto de vista, más allá de los "derechos fundamentales", no hay más que "derechos morales", que no serían más que pura plasmación de valores, de exigencias éticas, pero sin efecto jurídico alguno —y, en cierta medida, serían expresión de una auténtica contradicción, ya que lo que ha caracterizado al Derecho moderno ha sido precisamente su delimitación y diferenciación respecto de la moral—. La referencia a una "ciudadanía social", caracterizada por el reconocimiento de derechos económicos y sociales, mostraría su auténtico sentido como mera coartada ideológica, en la medida en que no supondría una verdadera plasmación de esas aspiraciones en "derechos" exigibles ante un tribunal, sino en un establecimiento de "principios rectores de la política económica y social", pero sin garantías reales. Con todo, lo característico de esa "ciudadanía social" es que posibilita la denominación del Estado como Estado "social". En él se considera elemento determinante de la propia caracterización del Estado el establecimiento de una esfera de protección de los ciudadanos, que forman parte de la comunidad política, que no responde a una concesión, sino que constituye una auténtica exigencia, derivada de la propia condición de la ciudadanía. Aunque sólo algunos de esos derechos sociales sean realmente entendidos como "derechos fundamentales", su propia existencia constituye un "reconocimiento" de la necesidad de inclusión de los ciudadanos no sólo en la esfera política, sino también en la vida social y económica. El resultado de esa transformación del Estado liberal en Estado "social", pese a todo, no resuelve el problema de conciliar una forma de entender al Estado, que no pretende más que ser una articulación de una sociedad que se autodirige con una consideración del Estado como conformador de la misma. En esta articulación se establecen límites a la autodirección de la sociedad y el Estado es el que define objetivos y, en último extremo, marca la línea de actuación de aquélla. De ahí que la definición del Estado social se superponga a su consideración como Estado de derecho y Estado democrático, estableciendo tres formas de calificar al Estado difícilmente conciliables. Del mismo modo, la ciudadanía "social" se superpone a la ciudadanía "civil" y a la ciudadanía "política", creando tensiones difícilmente superables, ya que los principios definitorios de cada una de ellas presentan elementos antagónicos con los de las demás. De esta manera, la conocida diferenciación, establecida por Marshall, entre distintos periodos de extensión de la ciudadanía se correspondería con tres formas diferentes de caracterización del Estado: la "ciudadanía civil" se asociaría con la idea del Estado de derecho, en la que lo más relevante es el puro reconocimiento del individuo como sujeto de derechos, mientras la "ciudadanía política" aludiría esencialmente a los procedimientos que se utilizan para la toma de decisiones, es decir, la noción de un Estado democrático, en el que no se busca más que la legitimación que nace de una cierta forma de participación política. El carácter puramente abstracto de esa noción de la democracia, que ya pudo ser denunciada por el joven Marx como ajena a la "verdadera democracia", llevaría a tomar en consideración la necesidad de que esa ciudadanía, para "materializarse", se convirtiera en "ciudadanía social" y de que el Estado, que se convierte en el aspecto central de su determinación, se califique como Estado "social". En la práctica, todas esas etapas en la extensión de la ciudadanía se corresponderían con diferentes fórmulas utilizadas para caracterizar al Estado, pero en las que el que desempeña el papel fundamental es la categoría de "ciudadanía civil", que representa el núcleo esencial del Estado de derecho. La "ciudadanía política", en último extremo, sólo puede concretarse en una determinada "política" que se plasma en determinadas directrices "económicas", ya que en el Estado "social" la política se reduce a ser "política económica". De esta forma, la "economía política" que había surgido a partir de categorías éticas, desgajada de las enseñanzas de la "filosofía moral", se transforma en "política económica".

La transformación de las condiciones económicas ha llevado a que se sustraiga a los Estados nacionales la posibilidad de dirección de esa política económica y a que los principales instrumentos, a través de los cuales el Estado "social" llevaba a cabo la protección "social" de los ciudadanos, no puedan actuar al margen de una economía actualmente caracterizada por la *globalización. La existencia de este marco *global torna difícil la realización de una política social en el marco de los Estados nacionales y pone en cuestión el pleno desarrollo de un Estado "social", en el que, además, se convierte la ciudadanía "social" en una *barrera para intentar impedir el acceso a aquella protección de quienes no pertenecen a ese Estado nacional. En consecuencia, se intenta limitar el acceso a la ciudadanía a aquellos que son "extranjeros", que no forman parte de ese Estado nacional, y se vuelve a convertir a la "ciudadanía" en una barrera, en una forma de exclusión para el acceso a determinados derechos que ahora quedan sujetos a las cambiantes condiciones de la vida económica. Más allá de la retórica política, los derechos sociales que constituirían el contenido de la "ciudadanía social" se caracterizan por su inestabilidad y porque, aun siendo en ocasiones todavía denominados "derechos", pierden su determinación jurídica y se evita reconocerlos carácter jurídico pleno para convertirlos en "principios" que "deben" regir la política económica y social.

Además, la distinción de diferentes periodos en el desenvolvimiento de la categoría de ciudadanía se correspondería con las llamadas generaciones de derechos: derechos civiles, políticos y económico-sociales. La referencia a un nuevo tipo de derechos, llamados de última generación y que se encontrarían en relación con la "contaminación de las libertades" propias de las sociedades tecnológicas avanzadas, permitiría aludir al surgimiento de una supuesta "ciudadanía postsocial", en la que se recogerían las nuevas exigencias del mundo contemporáneo. La falta de realización siquiera de aquellas formas previas de "ciudadanía" y el vaciamiento de esos derechos llevan a que esa nueva categorización de la "ciudadanía" muestre aún más su carácter puramente ficticio y a que, en último término, la que se ponga en cuestión sea la primera de esas caracterizaciones. Se trata de la que afecta de forma más destacada a la propia existencia del "sujeto de derechos": la "ciudadanía civil", que se torna nuevamente en vía de exclusión de aquellos a los que se les niega esa condición.

La crisis de los Estados nacionales viene también determinada por la existencia de líneas de fractura dentro de los propios Estados, que pasarían de ser "comunidades de ciudadanos", caracterizados por una identidad común, a constituir "comunidades" en las que se entrecruzan diferentes identidades. En este sentido, la existencia de esa "política de la diferencia" lleva al establecimiento de Estados fragmentados, en los que aparecen formas diferentes de integración de la comunidad. A los Estados nacionales, basados en la homogeneidad y la identidad común, los sustituyen Estados en los que coexisten culturas heterogéneas, a veces difícilmente asimilables, lo que lleva a plantearse desde otro punto de vista la idea de ciudadanía para dar cabida a formas de "ciudadanía multicultural". A nivel jurídico esa pluralidad de formas de integración y diferenciación sugiere la posibilidad de la existencia de "derechos colectivos", susceptibles de ser ejercitados por grupos de "ciudadanos" con identidad propia dentro del Estado nacional. Así, en la "ciudadanía *multicultural" desaparece el carácter abstracto igualitario de la categoría de ciudadanía para disgregarse en la existencia de colectivos que fragmentan la identidad en elementos diferenciales, difícilmente integrables en la identidad colectiva. La superposición de identidades que llevaría consigo la "ciudadanía multicultural" encuentra difícilmente acomodo en una "comunidad". De esta forma, la "comunidad de los ciudadanos" termina convirtiéndose en la "comunidad de las comunidades".

Por otra parte, la crisis de los Estados nacionales lleva también al intento de establecimiento de unidades políticas superiores en las que pudieran integrarse esas comunidades. En concreto, el proceso de integración europeo ha llevado a la creación de una "ciudadanía europea", que se pretende superponer a la existencia de la ciudadanía de los propios Estados nacionales. Pero esa "ciudadanía europea" apenas supone una ampliación de la esfera de actuación de la "ciudadanía nacional" y, además, no incide en ese ámbito de "ciudadanía social" que se ha vuelto problemático ante las nuevas condiciones económicas y sociales. Fundamentalmente, la ciudadanía europea, más que una vía para un mayor reconocimiento de derechos, lo que representa es una forma de exclusión de aquellos que no pertenecen a los Estados nacionales que forman parte de la Unión Europea. Lo que se pretende al crear esa nueva forma de ciudadanía, la "ciudadanía europea", es intentar aprovechar la carga simbólica que lleva consigo la categoría de ciudadanía para constituir una forma de comunidad que englobe a los Estados nacionales. En lugar de crear, primero, esa nueva forma de organización política y, después, definir el carácter de la pertenencia a ella y lo propio de esa "ciudadanía", se pretende utilizar lo que este concepto ha representado en el imaginario colectivo de los que pertenecen a los Estados nacionales como un instrumento para facilitar la conformación de esa unión. Es una unión que se ha constituido antes como una forma económica –mercado– que como una organización política.

En definitiva, el *constructo* moderno de ciudadanía, al término de este proceso, acaba poniendo de relieve todas las posibilidades que mostraba en el momento de su aparición: desde el comienzo estaba ligado a un cierto concepto de Nación y a una determinada forma de entender la democracia representativa que, llevada al extremo, podía conducir a que, después de extenderse para convertirse en un modo de inclusión, se transformaría en una forma de exclusión, tanto de los individuos como de los grupos que se integraban en la comunidad nacional. Con todo, el concepto moderno de ciudadanía ha actuado en paralelo con el reconocimiento y la ampliación de la esfera de los derechos, y lo que resulta deseable no es su eliminación como una cáscara vacía y su sustitución por categorías que supongan una mayor limitación y exclusión, sino su extensión y la conversión de su abstracto carácter jurídico-formal en un concreto reconocimiento de "derechos" efectivos y jurídico-reales para todos los miembros de la comunidad. Se trata de una comunidad que ya no es pensable en los límites del Estado nacional, sino como una *comunidad transnacional.

Bibliografía

ABENDROTH, W.; FORSTHOFF, E.; DOEHRING, K. (1986): *El Estado social*. Madrid: Centro de Estudios Constitucionales.

BAUBÖCK, R. (1995): *Transnational Citizenship. Membership and Rights in Internacional Migration*. Aldershot: Elgar.

CRICK, B. (ed.) (2001): *Citizenship: Towards a Citizenship Culture*. Oxford: Blackwell.

FERRAJOLI, L. (1999): *Derechos y garantías*. Madrid: Trotta.

KYMLICKA; W. (1996): *Ciudadanía multicultural*. Barcelona: Paidós.

KYMLICKA, W.; NORMAN, W. (2000): *Citizenship in diverse societies*. Oxford: Oxford University Press.

MARSHALL, T. H.; BOTTOMORE, T. (1998): *Ciudadanía y clase social*. Madrid: Alianza.

SCHNAPPER, D. (2001): *La comunidad de los ciudadanos. Acerca de la idea moderna de nación*. Madrid: Alianza.

— (2004): *La democracia providencial. Ensayo sobre la igualdad contemporánea*. Buenos Aires: Homo Sapiens.

VV. AA. (2001): *Anthropos*, 191. Monográfico sobre "Ciudadanía e interculturalidad", coordinado por R. Zapata.

Francisco Serra

Véanse además *Apartheid,* Ciudadano, Comunidad transnacional, CONSUMO CULTURAL, Derecho de injerencia, DESARROLLO, DIFERENCIA Y DESIGUALDAD, Diferencias naturales y diferencias sociales, Diferencias sociales y diferencias culturales, Discriminación positiva, DISCRIMINACIÓN Y EXCLUSIÓN SOCIAL, ELITES, Elites cosmopolitas, Esclavitud, ESTADO-NACIÓN, Etnicidad, EXPLOTACIÓN SOCIAL, Extranjero, FRONTERA, Frontera geográfica y administrativa, Fronteras políticas y religiosas, Global y local, GLOBALIZACIÓN, IDENTIDAD, Información, INTEGRACIÓN, Integración religiosa, Interculturalidad, Megalópolis, Mestizaje, MIGRACIONES, MINORÍAS, Modernidad, MULTICULTURALISMO, Multiculturalismo en los estudios étnicos, Nacionalidad, Naturalización, PATRIMONIO, Pluralismo sincrónico, Plurinacionalidad, Relaciones y procesos informales económicos, Relaciones y procesos informales políticos, SABER Y SABERES, Sociedad de la información y del conocimiento, TERRITORIOS.

Ciudadano

La categorización es un proceso cognitivo, un hecho *cultural y también una necesidad política. Así, en tanto que forma institucionalizada de reconocimiento social en el ámbito público, la *ciudadanía es una categoría, si no unificadora propiamente dicha, a la que se encomienda al menos constituir –retomando la expresión de Elias– una "sociedad de individuos" por encima de los particularismos. La ciudadanía como *constructo* simbólico y criterio de organización sociopolítica clasifica y *diferencia al ciudadano del que no lo es, sea nativo o de origen *extranjero, independientemente de su procedencia, trayectoria y características personales o grupales. Desde un punto de vista formal, sus modalidades de concesión en base a unos criterios variables, según los momentos históricos y los países, permiten, pues, la eventual incorporación de personas foráneas a la *nación como ciudadanos, confiriéndoles iguales derechos y obligaciones –también variables: civismo, laicidad...– que a los demás. En consecuencia, la posición del ciudadano dentro de un campo sociopolítico, caracterizado por el pluralismo social y cultural, estaría definido dentro de unos márgenes marcados simultáneamente por una doble defensa –de la igualdad civil y de la diversidad cultural–, y un doble rechazo –tanto del "universalismo" como del "particularismo".

Sin embargo, el universalismo republicano que los conceptos "ciudadanía" y "ciudadano" pretenden *traducir e instaurar tiene poco que ver con la experiencia cotidiana. "¿Cómo [se puede] estar *excluido y encarnar lo universal?", pregunta Khosrokhavar incisivamente (1997: 97). En la práctica, no se da la homogeneidad deseada entre los beneficiarios, ni los excluidos están en pie de igualdad –según lo demuestra el trato *diferencial frecuentemente reservado a las personas que presentan rasgos fenotípicos *distintos–, ni la ciudadanía asegura a los individuos el no ser considerados y/o tratados como "extranjeros", ni tampoco todos los ciudadanos por nacimiento se sienten como tales. Además, las multipertenencias, el hecho de que la ciudadanía no defina por sí sola la posición, junto a la presencia simultánea de grupos sociales diferentes que reivindican ser reconocidos como sujetos de derechos y de obligaciones distintivos –bien sea a nivel individual o grupal–, constituyen verdaderos desafíos que cuestionan no sólo los vínculos históricos entre la institución de la "ciudadanía" y la "nación", sino también las relaciones simbólicas entre el "individuo" y la "igualdad".

El pequeño texto de Taylor (1992), *Multiculturalism and "the Politics of Recognition"*, ayuda a despejar la ambigüedad que genera la confrontación del marco ideal con la práctica. El autor parte de los dos grandes cambios que han marcado la historia *moderna de las ideas y las formas de abordar las relaciones sociales: centra el primero en torno al abandono de la noción de "honor" –del grupo– en favor de la de –igual– "dignidad" –del individuo–, en base a la defensa universalista de la "igualdad"; el segundo, apoyado en el desarrollo de la noción de *identidad personal, deriva hacia una "política de la diferencia". Sobre todo recalca el común fundamento universalista de ambos planteamientos como una fuente principal de equívocos. Esta misma distinción entre lo universal y lo particular que, en antropología social ha derivado sobre definiciones divergentes de la Cultura y, en las discusiones en torno a los "*derechos humanos", ha enfrentado posturas opuestas sobre lo que define al Hombre –¿lo común o lo diferente?; ¿qué es lo común, y lo diferente?...–, es, a su vez, fundamental para los desarrollos subsiguientes y el entendimiento de las divergencias sobre la posición del ciudadano en una sociedad caracterizada por el pluralismo social y cultural. Según subraya Taylor, mientras "la política [del reconocimiento] de igual dignidad… instituye un conjunto idéntico de derechos y obligaciones…, la política de la diferencia insta a reconocer la identidad única del individuo o del grupo, lo que les distingue de los demás". Pero, en ultima instancia, "la política de la diferencia –sigue– crece orgánicamente a partir de la política de la dignidad". Sin embargo, tanto la una como la otra dan lugar a apreciaciones y medidas políticas que tienen consecuencias, a menudo, contradictorias o ambivalentes: tan pronto la "política de la dignidad" genera desigualdades como, por el contrario, la "política de la diferencia", bastión ideal de la no discriminación, introduce nuevas causas de exclusión social. El hecho de que todas las políticas –orientadas por el universalismo humanista o el relativismo social– topen con fuentes potenciales de discriminación –y eventual marginación– individual o colectiva muestra que no se pueden dar respuestas unívocas y generalizables. Según recuerda Taylor, al llamar la atención sobre la dimensión inevitablemente "dialógica" del *multiculturalismo, lo que se presenta a menudo como rasgos sustantivos, heredados, particularistas, no es aislable del contexto relacional que mueve a reivindicarlos. En este sentido podría resultar provechoso situar al ciudadano mediante la figura utilizada por

Wieviorka (2005) al diseñar lo que llama el "triángulo de la diferencia". Como la construcción de ésta en un ámbito *intercultural, el hecho de ser o considerarse "ciudadano" se presenta como un objeto en juego dentro de unos espacios donde intervienen –de diferentes modos y con desigual impronta según los momentos, contextos e intereses– el "individuo" –moderno–, el "sujeto" –reflexivo– y el "grupo" –con sus distintas configuraciones y modalidades de intervención–. Sin olvidar su carácter fundamentalmente ideal, el modelo presenta no sólo el interés de no reducir los procesos a dinámicas dicotómicas y fijas, sino de plantear la cuestión en términos de "tensiones" fluctuantes entre distintos componentes simbólico-sociales. En la práctica, ser ciudadano o no serlo, sentirse y ser reconocido o no como tal por los otros –sea por los demás conciudadanos del Estado-nación o por los del grupo de pertenencia–, no se construyen objetiva y subjetivamente en base a principios abstractos o marcos legales, sino, cotidianamente, en función de los objetivos y del espacio social.

Mientras, desde un punto de vista abstracto, la ciudadanía está basada en la diferenciación entre el ámbito de acción privado y el público, y entre el individuo y el colectivo, en la práctica social, los derechos y los deberes, que en principio otorga, topan con toda una serie de limitaciones que replantea su alcance, así como, muy directamente, la posición y el nivel de *integración efectivos del ciudadano en la sociedad. A este respecto, los grupos dominados –en particular los inmigrantes y sus descendientes– no son sólo las principales víctimas de los conflictos generados por la dominación política y la interacción social multicultural, sino también los exponentes más claros de las contradicciones que afectan al individuo confrontado simultáneamente a varios campos sociales, caracterizados habitualmente por la desigualdad política, social y económica. Destacan varios tipos de incidencias que, al concernir al agente social de diferentes maneras, conllevan distintos niveles de implicación o compromiso del ciudadano.

Sobresale el contraste entre dos maneras diferentes de construir la pertenencia y, por lo tanto, la participación social. En efecto, al carácter *heredado* y/o impuesto de los vínculos sociales, más claramente asociados a los grupos corporativos de las sociedades tradicionales, se opone el fundamento *electivo* –característico del individualismo– de los lazos que, al fundamentar la ciudadanía moderna, definen al ciudadano. Las diferencias entre estos modos de adhesión se aprecian claramente al comparar las actitudes y las prácticas de los *inmigrantes y de sus descendientes nacidos en el país de acogida. En este sentido, es sumamente relevante la advertencia contra el hecho de atribuir al "*comunitarismo" unos fenómenos que no proceden de él sino, por el contrario, del "individualismo". Así, Schnapper (1994) señala la incidencia simultánea de dos movimientos: uno que afecta más específicamente a las personas que experimentan dificultades de integración debidas a su inserción en una sociedad ajena, y el otro que abarca a todos por igual porque es consecuencia de la evolución de los vínculos sociales desde lo político hacia lo socioeconómico, volviéndose la ciudadanía "menos cívica y más utilitarista".

Socializados –y a menudo nacidos– en la antigua metrópoli, los hijos de inmigrantes son mucho más proclives a incorporar formas de ser y de hacer aceptadas en ésta que sus parientes, y a utilizar en provecho propio –frente al exterior y dentro del grupo– los recursos que su incorporación como ciudadanos de pleno derecho les proporciona. La ciudadanía abre una brecha entre el ciudadano que es del Estado-nación y el miembro que también es de una colectividad articulada a partir de otros principios de afiliación. Sin embargo, la realidad dista de ser tan simple. De un lado, esta afinidad ideológica no se convierte en una afinidad social que iguale a los ciudadanos entre sí. Por otro lado, la afirmación del sujeto que vive a caballo entre varios mundos se precia de imponerse como ser reflexivo y goza de un cierto nivel de autonomía, no desemboca necesariamente en el repliegue sobre sí mismo ni sobre la negación de sus orígenes. Más bien al contrario, los estudios evocan varios errores, debidos a una mala apreciación de las divisiones internas y del juego existente entre los valores individualistas y las relaciones grupales preestablecidas. Así, se contradice la visión común de los inmigrantes, mostrando que numerosos vínculos asociativos actuales y sus reivindicaciones –erróneamente atribuidas al supuesto tradicionalismo, sectarismo o incluso fundamentalismo– implican en realidad unas rupturas muy profundas, tanto ideológicas como generacionales y sociales, que dividen transversalmente a las comunidades de origen extranjero. Resulta significativo que Khosrokhavar apunte que, para los jóvenes musulmanes franceses de la segunda y tercera generación, "el Islam [al

que el autor califica de "neocomunitarista"] no remite a una pertenencia étnica en el marco de la sociedad de origen de los padres, sino a la construcción de una identidad específica en el seno de la sociedad francesa" (1997: 61). También señala que, contrariamente a lo que cabría pensar, "el refugio de los excluidos consiste en replegarse sobre lo particular, lo no-universal y lo indecible, no por exceso de particularismo, sino por la incapacidad de participar de lo universal" (1997: 97). No es sorprendente que estas personas se sientan a menudo como ciudadanos de segundo orden. A falta de una política de integración capaz de combinar la igualdad tanto con la equidad como con la diferencia, la realidad parece haber evolucionado a menudo en sentido contrario a las expectativas de asimilación del ciudadano. En este sentido, la evocación de la *hibridación de la cultura y de unos "*sujetos interculturales" no permite entender toda la complejidad y ambivalencia de las dinámicas sociales vigentes en un contexto de multiculturalidad. Si bien tiene la virtud de llamar la atención sobre la naturaleza plural –y a veces "mestiza"– de las formas de ser y de hacer de los ciudadanos, así como de la propia subjetividad, no pone a salvo de un planteamiento culturalista.

De forma inversa a lo que sugiere el vínculo privilegiado del ciudadano con la nación, tampoco se reduce el espacio social concernido al país receptor de inmigrantes en el que éstos son residentes habituales. La incorporación como ciudadano, al igual que la búsqueda de *trabajo o la petición de asilo, constituye un objeto en juego dentro de un marco *plurinacional y pluricultural. El énfasis excesivo en las dimensiones electivas e individualistas corre el riesgo de hacer caso omiso de los marcos más amplios y colectivos en los que se inserta la decisión, por muy personal que parezca. La doble ausencia –o también el hecho de hablar de dos semiidentidades en vez de "doble identidad"– evocada por Sayad (1999) para referirse a la ambigüedad fundamental que generan las migraciones, expresa claramente los efectos desestabilizadores del proceso y las consecuencias que éste tiene tanto sobre los individuos como sobre la comunidad que han dejado. Aunque permanezca un inmigrante en la nación de acogida, a pesar incluso de tener el estatus de ciudadano, arrastra duraderamente su situación de emigrante con respecto al país de origen, es decir, de ciudadano que no está en situación de igualdad con los residentes. Este autor muestra no sólo cómo en Francia la llamada naturalización ha cambiado de sentido social y político en función de los distintos contextos históricos que han seguido a la descolonización, sino sobre todo que no es una decisión neutra, reducible a sus dimensiones instrumentales de acto administrativo: está, en ambos sitios, sobrecargada simbólicamente y tiene consecuencias personales y sociales no siempre fáciles de superar. No en balde Sayad alude también a la "doble conciencia": según pone de manifiesto, el problema no concierne única e unívocamente a la adquisición de la *nacionalidad, sino también a cómo las fuerzas que articulan los propios campos sociales afectan a las representaciones del sujeto sobre sí mismo. Subjetivamente, estas circunstancias se traducen frecuentemente en fuentes de malestar personal y/o colectivo que la nacionalidad y/o la ciudadanía no permiten aliviar debido a que su posesión arrastra promesas o expectativas no cumplidas. Sufrimientos, contradicciones, incomprensiones y conflictos, reales o potenciales, tanto dentro del grupo –intergeneracionales– como con los demás –dentro y fuera del país de origen–, se entretejen sobre este trasfondo cognitivo y social, nacional e internacional.

Bibliografía

DUBET, F. (1987): *La galère: jeunes en survie*. Paris: Fayard.

FAVRE, A. (2003): *Globalisation et métissage. Approche comparée de la population antillaise en France et en Grande Bretagne*. Paris: L'Harmattan.

JENNINGS, J. (2000): "Citizenship, Republicanism and Multiculturalism in contemporary France". *British Journal of Political Sociology*, 30: 575-598.

KHOSROKHAVAR, F. (1997): *L'islam des jeunes*. Paris: Flammarion.

NAÏR, S. (1988): "L'immigration maghrébine: quelle intégration? Quelle citoyenneté?", en C. Whitol de Wenden (ed.), *La citoyenneté*. Paris: Edilig-Fondation Diderot, págs. 259-279.

SAYAD, A. (1999): *La double absence. Des illusions de l'émigré aux souffrances de l'immigré*. Paris: Seuil.

SCHNAPPER, D. (2003): *La communauté des citoyens*. Paris: Gallimard.

TAYLOR, C. (1992): *Multiculturalism and "the Politics of Recognition"*. Princeton: Princeton University Press.

WIEVIORKA, M. (2005 [2001]): *La différence. Identités culturelles: enjeux, débats et politiques*. Paris: Éditions de l'Aube.

Marie José Devillard

Véanse además Acciones afirmativas, CIUDADANÍA, COLONIALISMO Y ANTICOLONIALISMO, Comunitarismo, CONSUMO CULTURAL, CULTURA, DERECHOS HUMANOS, DESARROLLO, DIFERENCIA Y DESIGUALDAD, Diferencias naturales y diferencias sociales, Diferencias sociales y diferencias culturales, Discriminación positiva, DISCRIMINACIÓN Y EXCLUSIÓN SOCIAL, ELITES, Elites cosmopolitas, Espacio red, ESTADO-NACIÓN, Etnicidad, Extranjero, HIBRIDACIÓN, IDENTIDAD, INTEGRACIÓN, Interculturalidad, Megalópolis, MIGRACIONES, MINORÍAS, Modernidad, MULTICULTURALISMO, Multiculturalismo en los estudios étnicos, Nacionalidad, Nacionalismo, Naturalización, Nomadismo y turismo, NUEVOS MOVIMIENTOS SOCIALES, PATRIMONIO, Plurinacionalidad, RELACIONES Y PROCESOS INFORMALES, Relaciones y procesos informales políticos, SABER Y SABERES, Sujeto intercultural, TRABAJO, Viajes y sistemas de movilidad, Violencia política. Tipos.

Colonialismo y anticolonialismo

En la Conferencia de Berlín (1884-1885) las potencias europeas implicadas en la expansión ultramarina se repartieron África, dándose inicio al colonialismo *moderno. La independencia de las diferentes colonias portuguesas de África (1974-1975) marca el final de la era imperial del colonialismo de Occidente.

Hasta el s. XIX las grandes naciones coloniales habían sido Gran Bretaña –posesiones en América, Asia, África, Australia–, Francia –América, África, Pacífico–, Países Bajos –Indias Orientales y Caribe–, España –subcontinentes americanos, Pacífico y Caribe– y Portugal –primero Brasil, después amplios territorios de África–. Con posterioridad se incorporan países como Alemania –África y Pacífico–, Italia –África–, Estados Unidos, que se apropia de las colonias españolas de Asia y el Caribe –Filipinas, Cuba, Puerto Rico–, Bélgica –crea el Estado Libre del Congo– y Japón –Corea y China–, esta última como única potencia no occidental. En vísperas de la Primera Guerra Mundial, casi un 85% de la superficie del planeta pertenecía a las naciones colonizadoras. El colonialismo fue un agente de uniformización del mundo a imagen de Occidente.

Quedaban atrás siglos de contactos entre europeos y otros pueblos, en su mayor parte iniciados con las navegaciones oceánicas quinientistas de las naciones ibéricas. La búsqueda de *conocimientos implicó aceptar dominios, ofrecer resistencias o establecer consensos. Hasta finales del siglo XVIII predominaron las *exploraciones marítimas, que permitieron el reconocimiento de las franjas costeras de los continentes. En el s. XIX se producirán los grandes viajes terrestres para el descubrimiento y la ocupación del *hinterland* (Wolf, 1982).

La toponimia mantiene viva esta experiencia secular en la memoria de colonizadores y colonizados. Regiones —Tierra de Baffin, Rodesia, Franja de Caprivi—, islas —Nueva Guinea, Nueva Bretaña—, relieve —Mount Hagen—, ríos —Stanley Pool—, lagos —Victoria—, ciudades —Lourenço Marques, Batavia, Pretoria, Brazzaville, Léopoldville, Nova Lisboa— y espacios urbanos —Praça do Império, en Lisboa— remiten a sucesos y figuras enaltecidos por unos y rechazados por otros. La expansión y ocupación coloniales significaron la inmortalización del nombre de los conquistadores, navegantes, pacificadores y exploradores europeos. Una vez conseguida la independencia, el ímpetu de los movimientos anticoloniales favoreció la nativización de las referencias territoriales. Es el momento de rebautizar lo que supone la ocultación de las antiguas denominaciones, por ejemplo, las ciudades de Maputo, Kinshasa, Yakarta o Huambo.

El siglo de colonialismo moderno consta de dos periodos. El primero acaba en los años inmediatamente anteriores a la Segunda Guerra Mundial y se caracteriza por la consolidación continuada de los regímenes coloniales. En el segundo emerge con fuerza el movimiento de liberación de los pueblos colonizados, con lo que se producen las primeras independencias: la India se separa de Gran Bretaña —1947—, Indonesia de los Países Bajos —1949— y Vietnam de Francia —1945-1954—. En la década de los sesenta será la vez del continente africano, con el surgimiento de decenas de nuevas *naciones. La emancipación de los pueblos colonizados se convirtió en un factor determinante en las relaciones internacionales.

Imperios ultramarinos: la construcción de *espacios

Durante la segunda mitad del s. XIX se redujeron los espacios en blanco en el mapa de África. Fue el periodo de los grandes viajes de exploración terrestre que pretendían atravesar tierras aún no cartografiadas, localizar las cabeceras de las principales vías fluviales y definir potenciales *fronteras que reivindicar en un reparto del continente que se avecinaba.

En la acción de los exploradores se confunden ciencia, política y aventura. Richard Burton (1821-1890) y John Speke (1827-1864), llegan al lago Tanganica en febrero de 1858. Meses más tarde éste último encuentra el lago Victoria. Entre los años 1849 y 1871, el escocés David Livingstone (1813-1873), misionero en África del Sur, reconoce el río Zambeze, descubre las cataratas Victoria y los lagos Ngami y Chilwa. En 1874 el periodista británico Henry M. Stanley (1841-1904), al que el *New York Herald Tribune* había encargado que localizase al entretanto desaparecido Livingstone, parte de Zanzíbar y explora el África ecuatorial desde la costa este hasta el litoral oeste. Más tarde, al servicio del rey Leopoldo II de Bélgica, que ansiaba administrar una colonia en África, explora el Congo. También el alemán Hermann von Wissmann (1853-1905), que entre 1881 y 1882 había explorado con Paul Pogge (1838-1884), el río Kasai y sus afluentes con el patrocinio de la *Deutsche Afrika Gesellschaft*, trabajaría para el monarca belga en la exploración del Congo comandando dos expediciones, 1884-1885 y 1886-1887. Verney L. Cameron (1844-1894), alcanzó celebridad por ser el primer europeo que cruzó África desde la costa este —Zanzíbar— hasta el oeste —Benguela— entre 1873 y 1875.

Los viajes por el interior del continente africano permitieron acumular conocimientos sobre antropología, botánica, hidrología, meteorología y topografía. En tiempos de la "carrera por África", las pruebas que demostraban el conocimiento de una región explorada las proporcionaban las informaciones científicas compiladas. Constituían una pieza fundamental en la competición entre las potencias con intereses coloniales. A finales del s. XIX, el derecho colonial se basaba en el principio de la demostración de la presencia previa en un determinado territorio, lo que garantizaba el derecho de ocupación y la soberanía. El interés simultáneo de varias potencias en la empresa colonial obligó a una concertación.

La Conferencia de Berlín, celebrada entre el 15 de noviembre de 1884 y el 26 de febrero de 1885, pretendía regular el comercio europeo en el continente africano –teniendo en cuenta los grandes ríos como el Congo o el Níger– y definir futuras ocupaciones de territorio. Se acordó el principio de libre comercio y libre circulación en las cuencas de aquellos dos ríos. Se estableció, además, que cualquier país que ocupara una región costera o constituyera un protectorado debería notificárselo a los restantes signatarios del acta final de la Conferencia para obtener una ratificación. Las negociaciones diplomáticas ocurridas en los bastidores de la Conferencia dictaron el reparto de África. Alemania, país anfitrión, vio reconocido por los restantes trece plenipotenciarios –Austria, Bélgica, Dinamarca, España, Estados Unidos, Francia, Gran Bretaña, Italia, Países Bajos, Portugal, Rusia, Suecia y Turquía– el derecho de administrar el Sudoeste africano –actual Namibia–, Tanganica –integrado en Tanzania– y en 1890 también Ruanda, en la costa este, Camerún y Togo, colonias éstas que perdería al final de la Primera Guerra Mundial. Bélgica salió igualmente victoriosa del encuentro, una vez que Leopoldo II se convirtió en propietario del Congo, con una extensión mayor que Inglaterra, Francia, Alemania, España e Italia juntas, que pasó a llamarse Estado Libre del Congo. España e Italia también estaban representadas en África: la primera administraba dominios en la costa norte y oeste del continente –plazas en Marruecos, Río de Oro, Guinea Ecuatorial– y la segunda ocupaba las actuales Libia y parte de Somalia. Sin embargo, fueron Francia y Gran Bretaña las que compartieron la hegemonía de la presencia colonial europea en el continente a partir de la última década del siglo XIX: África Austral y casi toda la costa este se hallaban bajo dominio británico, mientras que parte del norte de África –Marruecos, Argelia–, África Ecuatorial y África Occidental, además de la isla de Madagascar, estaban bajo administración francesa. Portugal pretendía apoderarse de una amplia franja de territorio que uniera Angola y Mozambique. La expedición realizada por H. Capelo (1841-1917), y R. Ivens (1850-1898), entre 1884 y 1885 tenía como objetivo encontrar el mejor paso entre las dos colonias. El éxito de la travesía fue importante para la afirmación del sentimiento *nacionalista portugués frente a la competencia de rivales más poderosos. Portugal no logró imponerse a Gran Bretaña, que en 1890 da un ultimátum a Lisboa con el que se esfuman las aspiraciones expansionistas lusitanas.

Gobernar y conocer

En tiempos del colonialismo moderno la expresión imperio colonial, relativa a una nación en exceso (Richards, 1993), pretendió imponer "comunidades imaginadas" consideradas la comunión entre el espacio de una metrópoli y los territorios de sus colonias. En Portugal la constitución republicana de 1911 establecía el principio de la "nação una" que se reconocía en su proyección mucho más allá de las *fronteras europeas, alcanzando dominios geográficamente tan remotos como Timor. Esta concepción justificaría que J. M. Norton de Matos (1867-1955), militar y gobernador de la colonia de Angola en la década de 1920, considerara cualquier iniciativa de invasión de las posesiones ultramarinas como si de un intento de "ocupar Lisboa" se tratara. Con ocasión de la *I Exposição Colonial Portuguesa* –Oporto, 1934–, aquella noción se tradujo al ámbito cartográfico, a través de una manipulación de la realidad física en la que aparecían las colonias superpuestas al mapa de Europa. Eficaz desde un punto de vista propagandístico, este mapa tenía como objetivo contrariar, según la leyenda, la percepción de que Portugal era "un país pequeño" y difundir nuevas formas de imaginar la nación.

Compuestos por territorios geográficamente distantes entre sí, los imperios coloniales resultaron desafíos administrativos para las potencias coloniales europeas (Richards, 1993). Era difícil garantizar la soberanía sobre espacios en discontinuidad territorial con la metrópoli y entre ellos mismos, mantener controladas áreas mayores que la metrópoli –casos de Angola, el Congo, la India o Argelia– e imponer la voluntad de una *minoría de colonos a la aplastante mayoría que constituían las poblaciones indígenas. Para solucionar estos problemas, los regímenes europeos intentaron diferentes respuestas: desde la concesión privada de territorio hasta la incorporación de las estructuras tradicionales de poder en la administración colonial –*indirect rule*.

La naturaleza megalómana de la empresa colonial europea incentivó la realización de esfuerzos ambiciosos de producción de saberes sobre esas realidades. La recogida y acumulación de datos sobre las colonias –*información que se sistematizó en forma de memorias, estadísticas, gráficos y mapas, o a través de su organización en museos, archivos, bibliotecas y departamentos universitarios– se convertía en conocimiento puesto al servicio de las administraciones coloniales. Se creó así un dispositivo para ejercer el poder imperial, en virtud del carácter estable, combinable y comparable de la documentación reunida (Thomas, 1994). B. Cohn (1996) interpreta la subyugación británica de la India como una conquista del conocimiento. La creación de reservas de caza en África, en la primera mitad del s. XIX, ilustra cómo el conocimiento científico puede ser usado en provecho del control político de las poblaciones. La delimitación de áreas protegidas en este continente se basó en el presupuesto de que las prácticas cinegéticas locales eran nocivas, por lo que se introdujo una gestión de los espacios naturales regulada por los principios científicos admitidos por el colonizador. Esta concepción justificó prácticas de reorganización de los espacios inspiradas en los cotos de caza europeos, con el consiguiente desplazamiento de poblaciones fuera de sus tierras (Neumann, 1998). La colonia debía ser una réplica de la metrópoli.

*Violencia

Occidente legitimó el colonialismo como una práctica civilizadora que se desencadena a escala mundial. La imposición de ese nuevo orden se basó en un método de gobierno que tutelaba a las poblaciones con la coerción. Recurriendo a la violencia, se aplastó resistencias y se *incorporó a las poblaciones a un marco de vida concebido para monetarizar las economías nativas, al tiempo que se creaban mercados protegidos para las metrópolis. El proceso colonial consistió en la sumisión de cuerpos y mentes a un espíritu llegado e impuesto desde el exterior.

La divulgación de situaciones de terror ejercidas sobre poblaciones se debió a la acción de figuras públicas comprometidas en causas políticas y de escritores. En el primer caso se encuentra sir Roger Casement (1864-1916), diplomático británico de origen irlandés y defensor de la causa nacionalista, lo que le supuso ser condenado por traición y ejecutado; entre los escritores figuran Joseph Conrad (1857-1924), y André Gide (1869-1951). Mientras los dos primeros denuncian la situación en el Estado Libre del Congo, Gide recorre entre 1926 y 1927 el Congo francés, publicando a su regreso una denuncia de la realidad observada en forma de diario de viaje. Demuestra que la apropiación colonial del

territorio dependía de la circulación de los bienes transaccionables para los europeos. En las condiciones entonces vigentes esto implicaba el reclutamiento compulsivo de hombres como porteadores y mano de obra en las plantaciones y en la ejecución de obras públicas necesarias para la administración blanca. El incremento de las exportaciones suponía la disponibilidad de mayores contingentes de porteadores para dar salida a las cosechas y a las materias primas. Se apartaba a los hombres durante largos periodos de su ámbito doméstico. Para escapar a los reclutamientos y a la represión de los agentes gubernamentales, las poblaciones huían de las aldeas, lo que se tradujo en la desorganización de la vida económica y social de muchas regiones por el abandono de los campos, la ausencia de cosechas y la consiguiente hambruna.

Otra consecuencia del sistema colonial fue la adopción del impuesto pagado en dinero, lo que obligaba al colonizado a la posesión de moneda, algo que sólo podía conseguir recogiendo caucho u otro producto impuesto y vendiéndolo a las autoridades. El colonizado oponía resistencia a las imposiciones del colonizador, a lo que seguía una represión sistemática y la transformación de las *sociedades locales. El recurso generalizado a la violencia física extendió el terror por las aldeas —ejecuciones sumarias, secuestros—. Las grandes compañías concesionarias, que disponían de jurisdicción propia, no modificaron en nada la esencia opresiva de la relación establecida entre europeos y africanos: la autonomía de la que disponían estas empresas favoreció los abusos contra las poblaciones por su endeudamiento permanente, una vez que estaban obligadas a aprovisionarse en los almacenes de la compañía.

En 1912 la opinión pública occidental conoce la denuncia de una cultura del terror (Taussig, 1987) instaurada en la selva amazónica, que en aquel tiempo se presentó como un Congo en el Nuevo Mundo. La revelación, una vez más, está asociada al cónsul sir Roger Casement que, destinado entonces en Brasil, es enviado al Putumayo —noroeste amazónico que comparten Colombia y Perú— para verificar las acusaciones realizadas contra una empresa peruana de caucho participada por capital británico. El informe enviado a las autoridades de Londres confirma los rumores con hechos presenciados. En pocos años la citada empresa se había apoderado de un territorio inmenso y ejercía un control absoluto sobre los nativos y los escasos colonos. Había instaurado un régimen *esclavista y obligaba a las poblaciones a la recogida de látex bajo amenaza permanente de tortura, secuestro o ejecución sumaria, lo que, por otra parte, les impedía producir su propio sustento. Esta situación recibió tratamiento literario en *La Vorágine* (1924) del colombiano José Eustacio Rivera y en *A selva* (1930) del portugués Ferreira de Castro. La tradición oral de los huitoto perpetúa el recuerdo de la prepotencia y del exterminio vividos durante el ciclo del caucho.

Las denuncias realizadas por figuras públicas contemporáneas deben interpretarse como una crítica a los excesos practicados por agentes de la administración colonial sin preparación y no como un cuestionamiento de la misión civilizadora que los europeos se habían atribuido. Civilizar era un designio que englobaba gentes y paisajes: los avances técnicos permitirían someter selva, estepas, sabanas y desiertos a los imperativos de la modernidad. El tren y el automóvil permitirían acabar con el reclutamiento compulsivo de porteadores, lo que aseguraría al poder colonial un mejor control sobre la totalidad de los territorios ocupados. Al mismo tiempo, estas infraestructuras garantizarían el flujo regular y previsible de materias primas, lo que supondría una explotación más racional, en términos capitalistas, de los recursos existentes. Civilizar era sinónimo de un compromiso moral en el que la aceptación del progreso conllevaba la emancipación.

La violencia surge, una vez más, como el precio que deben pagar los colonizados por una liberación que se les imponía. La introducción de la modernidad en la selva afectó a territorios coloniales –África, Asia– y a otros espacios de frontera –en las dos Américas– en forma de proyectos internacionales de grandes obras. Son casos conocidos la construcción de los canales de Suez –1859-1869–, y de Panamá –1881-1889, 1894-1898, 1904-1914–, de la vía férrea de penetración en el Congo Belga –Matadi-Léopoldville, 1890-1898, 366 km.– y después en el francés –Congo-Océan, de Punta Negra a Brazzaville, 1921-1934, 510 km.–, y la línea Madeira-Mamoré –1878-1879 y 1907-1912, 400 km.– que uniría Bolivia con el Atlántico por el río Amazonas. Al estudiar esta última situación, que pretendió desbravar parte de aquel *far west* brasileño sometiéndolo a la fuerza del acero y del vapor, Francisco F. Hardman (1988) veía en aquellos lugares cementerios internacionales de obreros. En las diversas obras trabajaban muchos miles de hombres simultáneamente y en cada una de ellas sucumbieron millares de personas entre trabajadores y personal dirigente. Para mantener semejante demanda de mano de obra era necesario disponer de un sistema de reclutamiento compulsivo que no reparaba en fronteras, creencias, razas o continentes. La violencia no conocía límites nacionales.

Por el consumo de vidas que supusieron estos proyectos técnicos desmedidos constituyeron un sacrificio colectivo. Afectó tanto a las colonias formales como a los territorios, de hecho, coloniales por la realidad en ellos instaurada. La violencia física sistemática y el trabajo en régimen de servidumbre no conllevaron la liberación. Fueron productos del capitalismo en una época de triunfos: fe en el progreso, confianza en la técnica, espíritu de aventura, búsqueda del beneficio inmediato y obsesión por domesticar por la fuerza lo salvaje tanto en la naturaleza como en la sociedad; aspecto éste que Werner Herzog abordó en la película *Fitzcarraldo* (1982), rodada en la selva peruana.

Una economía a escala planetaria

J. Gledhill (2000) resume tres tipos de sistemas económicos coloniales: a) economía-mundo –esclavitud–, b) compañías concesionarias, y c) intervención directa de la administración colonial.

La economía-mundo es el marco dominante en la época anterior al colonialismo moderno. Se caracteriza por recurrir a mano de obra esclava, capturada en África y desplazada hacia las plantaciones de las Américas. Ocupar territorio no constituía todavía el objetivo determinante, una vez que lo que interesaba era acceder al potencial humano como fuerza de trabajo. En el periodo imperialista, la captura de esclavos resulta un fenómeno marginal que subsiste en pocas regiones, aunque hay singularidades en la costa occidental africana: la creación de Liberia, a comienzos del siglo XIX, tiene como objetivo acoger afroamericanos libres, y la vecina Sierra Leona, bajo tutela británica, es el destino para los esclavos interceptados por los navíos ingleses que los ponen en libertad en la capital, Freetown.

A partir de la Conferencia de Berlín, las potencias europeas inician la ocupación efectiva de territorios, aunque no disponen de los recursos necesarios –financieros, científicos, técnicos y administrativos– para su aprovechamiento desde una racionalidad capitalista. Una forma de eludir esta dificultad fue atribuir concesiones a sociedades privadas para que explotaran áreas determinadas. Como sustitutos de la administración, estas empresas crearon un mundo propio, al margen de cualquier tipo de control jurídico, en el que someten a las poblaciones afectadas por sus intereses y se originan los abusos descritos más atrás. La explotación incontrolada de mano de obra empujaba a huir a los implicados, con lo que acechaba la amenaza de la despoblación y la imposibilidad de mantener la actividad económica al nivel deseado.

La tercera modalidad consistía en la explotación directa conducida por la administración colonial. Fue la opción más generalizada en las políticas de varias potencias coloniales. Se manifestó en la explotación minera, en la agricultura dirigida por colonos europeos y en las agriculturas practicadas por las poblaciones nativas sometidas a cultivos obligatorios –cash crops.

Estos sistemas de organización económica transformaron las sociedades afectadas. La imposición de nuevas reglas económicas y de otras actitudes frente al trabajo no se produjo de forma persuasiva, sino por la fuerza. Se instalaron administraciones coloniales que históricamente significaron introducir el modelo occidental de Estado en sociedades que no disponían hasta aquel momento de esa instancia. Se pusieron de manifiesto los dispositivos militares destinados a asegurar la pacificación interna. La administración representaba el poder blanco y la occidentalización forzada de los comportamientos: la monetarización por la introducción de impuestos pagados en dinero, con el objetivo de que el colonizado pasara a depender del consumo. El reclutamiento implicaba recibir un salario, lo cual permitiría el pago del impuesto y la desarticulación de los sistemas productivos nativos.

El proceso colonial se deriva del dominio blanco y de las formas de resistencia a la opresión ejercida. Se populariza el consumo de productos tales como el café, el té o el cacao, las imágenes de la publicidad de esos insumos, la visión de las *culturas exóticas transmitida por los museos etnográficos y los jardines zoológicos de las metrópolis, el cosmopolitismo en boga en las clases urbanas, patente en canciones y en estilos de baile –las canciones de K. Weill y B. Brecht *Youkali* y *Surabaya-Johnny* son ejemplo de este espíritu–. A todo ello lo acompañan la creciente dimensión y capacidad de los fletes como expresión material de la industrialización

de los viajes transoceánicos. Se trata de un sistema de intercambios diferidos: a los consumos del colonizador le corresponden los del colonizado –cristianismo, alfabetización–. Hay apropiaciones múltiples de bienes materiales y de sistemas de creencias (Thomas, 1994).

Conversiones

El colonialismo europeo se autolegitimó invocando un espíritu de misión que pretendía la transformación del modo de vida de poblaciones consideradas inferiores, pero capaces de alcanzar un estadio superior de civilización. Este presupuesto, basado en una concepción *etnocéntrica de la diversidad cultural, predominó en diferentes esfuerzos de colonización. La evangelización llevada a cabo por los misioneros constituyó el resultado práctico más efectivo (Beidelman, 1982). Es más, John y Jean Comaroff (1991) consideran que, de entre todos los colonizadores, los misioneros fueron aquellos que más se empeñaron en revolucionar la visión del mundo y de la cultura africanas. La reorganización de los espacios locales, por medio de la construcción de asentamientos misioneros y de la fijación de poblados a su alrededor, fue una forma de control de las poblaciones.

La relación entre misioneros y administradores coloniales no siempre estuvo pautada por el equilibrio de intereses. Las misiones religiosas tuvieron que convivir con la resistencia de las poblaciones, con la competencia de un Estado que establecía unas instalaciones laicas –también interesadas en promover la enseñanza y los cuidados médico-sanitarios– y con la rivalidad confesional –congregaciones católicas y sociedades protestantes.

Indolencia, embriaguez, prácticas paganas, tosquedad de las vestimentas y de las viviendas, sexualidad disoluta, lenguaje y corporalidad excesivas son características atribuidas a las poblaciones indígenas de las colonias que los misioneros consideraron que era necesario erradicar o, cuando menos, disciplinar. Así, además de la conversión religiosa, las diferentes congregaciones misioneras cristianas que se instalaron en África, Asia, el Pacífico y las Américas procuraron valorizar el *trabajo y la familia monógama, domesticar los usos del cuerpo, introducir hábitos de higiene y, en general, imponer los sistemas de valores de sus lugares de origen. Según N. Thomas (1994), la clasificación racial no fue el único criterio de representación negativa de los africanos, de los asiáticos o de los amerindios. En la literatura medieval y renacentista se llama la atención sobre figuras monstruosas y sobre los paganos. Si bien a partir del siglo XIX la idea de raza gana fuerza en los discursos hegemónicos sobre la *diferencia, en las representaciones de los misioneros evangélicos sigue prevaleciendo la caracterización del *otro como pagano, en detrimento del color de la piel.

Se puede calificar la naturaleza de las prácticas evangelizadoras llevadas a cabo en el contexto del colonialismo como proyecto de transformación ontológica con el que se pretende la reconstrucción de la subjetividad y de la moralidad de las poblaciones, la transformación de sus cuerpos y de sus mentes (Beidelman, 1982; Comaroff y Comaroff, 1991). Se trataba, a fin de cuentas, de un programa de reformulación de las *identidades, individual y colectiva, que se lleva a cabo por medio de la conversión religiosa y de la modificación de prácticas y comportamientos considerados desviados y antisociales. A la luz de esta idea, Thomas O. Beidelman (1982) defiende que las misiones cristianas desempeñan el papel más *ingenuo* y etnocéntrico de los proyectos coloniales. Mientras que administradores, comerciantes y terratenientes tenían en mente objetivos pragmáticos –mantenimiento del orden, obtención de beneficios, conseguir mano de obra barata, eficacia en la tributación–, los misioneros ansiaban transformaciones profundas y radicales en lo que se refiere a creencias y comportamientos de las poblaciones, practicando una colonización del espíritu y del cuerpo.

Con el objetivo de difundir mejor la doctrina religiosa, muchos misioneros se ocuparon de estudiar concienzudamente las lenguas y culturas de muchos pueblos de todo el mundo, rivalizando o confundiéndose con el trabajo desarrollado por los antropólogos. Es digna de mención la actividad desarrollada por el francés Maurice Leenhardt (1878-1954), que permaneció más de dos décadas en Nueva Caledonia, entre 1902 y 1926, donde fundó y dirigió un asentamiento protestante. De su experiencia misionera entre los kanak resultó una producción etnográfica relevante –*Do Kamo, La personne et le mythe dans le monde mélanésien,* 1947, versión inglesa de 1979, alemana de 1984, y española de 1997– en la historia de la antropología. En la biografía intelectual que le dedica James Clifford se destaca, a propósito de la actividad del biografiado, la complejidad de las relaciones entre misiones religiosas y poderes coloniales, a menudo discordantes en su consideración de las prácticas indígenas y de los objetivos de la colonización.

Los encuentros coloniales no sólo fueron escenarios de resistencia y dominación, con poblaciones indígenas y colonizadores irremediablemente antagonizados. La respuesta indígena osciló entre el rechazo explícito y la adhesión a las ideas religiosas llevadas por los misioneros, pasando por la apropiación y transformación de los mensajes evangélicos. En este sentido hay que referir el surgimiento y la difusión de los movimientos mesiánicos, tales como los cultos de la carga en Melanesia. En este caso, es la religión llevada y enseñada por los blancos la que proporciona los argumentos para resistir a la opresión colonial.

Colonialismo como cultura

Al estudiar el África francesa en el periodo final de la presencia colonial, Georges Balandier caracteriza así la situación colonial: presencia extranjera que, por medio del uso de la fuerza militar y de la instalación de una administración, impone la pacificación; a esta presión exterior le suceden reacciones internas que modifican el equilibrio de fuerzas anterior; se definen nuevas alianzas regionales en función del dominio blanco; el control político sobre los colonizados va a promover la aparición de sentimientos nacionalistas (Balandier, 1971).

La situación colonial se sintetiza en una cultura *híbrida en la que convergen dominadores y dominados. La curiosidad se revela en la voluntad de observación y de conocimiento mutuos, patentes en la cultura material que se produce en tales circunstancias. A la minucia en la representación de detalles físicos, del vestuario, del estatus, de la actividad ejercida o del estado de ánimo, los artistas europeos no conseguían corresponder con el mismo grado de detalle en relación a los "salvajes". La apropiación desigual y desincronizada del otro por medio de los artefactos producidos sólo se ha valorado convenientemente en estudios recientes.

El contraste con la cultura llevada por el colonizador permite al colonizado apropiarse de herramientas intelectuales para resistir y actuar. Frantz Fanon (1925-1961), psicoanalista y escritor –*Les damnés de la terre*, 1961– nacido en Martinica, sensibilizado tempranamente por el movimiento literario de la *négritude* y que más tarde apoyó la lucha anticolonial en Argelia, fue una figura destacada entre los intelectuales que surgen en la situación colonial para combatirla.

La reflexión sobre la situación colonial desde un punto de vista simultáneamente interior y exterior caracteriza la biografía de Amílcar Cabral (1924-1973). Pasa su infancia y adolescencia en la Guinea portuguesa –actualmente Guinea-Bissau–. En 1945 se desplaza a Lisboa para estudiar agronomía. Su estancia en Portugal y el medio académico en el que se mueve le permitieron conocer realidades más amplias –como la *négritude*–, convivir con intelectuales y nacionalistas de las demás colonias portuguesas y familiarizarse con los movimientos de liberación. De vuelta a su país organiza la resistencia política al colonialismo y más tarde la transforma en guerra de liberación nacional. A. Cabral destacó no sólo como dirigente, sino también como teórico de la lucha anticolonial. Defendió la vía del partido único, que desempeña el papel de vanguardia en el combate y en la posterior construcción del Estado, y considera a la clase asalariada y a la pequeña burguesía urbana negras las bases sociales de la lucha de liberación nacional (Andrade, 1975).

Las formas de adquisición y el uso que se da a los conocimientos disponibles se constituyen en indicadores de la relación entre colonizador y colonizados. La reconstrucción de la operación *Oiseau bleu*, desencadenada en Cabilia, muestra algunos de estos aspectos (Lacoste-Dujardin, 1997). Un año después del inicio de la guerra de Argelia, 1954-1961, las autoridades coloniales desarrollaron un plan para la pacificación de los iflissen. Ganando su confianza, se pretendía separarlos de los núcleos insurgentes y promover su organización en grupos de autodefensa articulados con las fuerzas militares francesas. Se organizó una ceremonia pública, previamente preparada, para consagrar la colaboración con el poder colonial. Ante una asistencia de miles de personas, se distribuyó armamento. Pasados algunos días, de madrugada, un grupo de presunta autodefensa constituida simula que su aldea está siendo atacada por los nacionalistas del FLN –Frente de Liberación Nacional– y pide socorro a las fuerzas militares. Durante el trayecto la columna militar cae en una emboscada, que se salda con un muerto y varios heridos, entre ellos el oficial que la comandaba. Esta acción había sido llevada a cabo por fuerzas del FLN con las armas y el material recibido de las autoridades

francesas. Como consecuencia, se siguieron acciones punitivas de gran envergadura: el incendio de la aldea "traidora" y casi doscientos rebeldes muertos. Para esta zona montañosa del litoral argelino supuso su implicación total en la guerra de liberación. Referido el contexto, resta indagar las razones de este desaire político sufrido por el gobierno colonial. Por el estudio de C. Lacoste-Dujardin, ya citado, se sabe que en la planificación de la contrainsurgencia el mando militar francés contó con la orientación de Jean Servier (1918-2000), un antropólogo buen conocedor de la zona. Los acontecimientos no confirmaron sus opiniones sobre la índole predominante de la población. Camille Lacoste-Dujardin, al comparar su experiencia sobre el terreno con la de aquél, concluye que su predecesor compartía con la mayoría de los colonos franceses la opinión que éstos tenían de la población argelina: gentes dominadas por puntos de vista tradicionalistas. Se olvidaba de que los cabileños de aquellas montañas situadas al este de Argel no vivían aislados, sino que desde hacía mucho tiempo estaban habituados a *emigrar. Sin embargo, transmite a los militares la idea de que los iflissen eran una población aislada, sin interés por el exterior, herederos y perpetuadores de ritos transmitidos desde la antigüedad mediterránea. Lacoste-Dujardin acusa a Servier de no haber sabido interpretar los factores de la dinámica histórica reciente: la resistencia armada a la presencia turca y a la conquista francesa en el s. XIX, y la emigración. Aunque Servier recorrió toda Argelia durante cinco años con un cuestionario sobre prácticas de ritos agrícolas, matrimoniales y funerarios y preguntaba a los ancianos, no permaneció más que algunos días en cada aldea y no convivía con la gente. Tanto C. Lacoste-Dujardin como J. Servier habían crecido en el seno de familias de colonos, pero ante la experiencia colonial asumieron posturas opuestas.

Permanece abierto el debate sobre las relaciones entre gobierno, ciencia y el empeño personal en el contexto colonial. Varios trabajos abordan la investigación realizada por encargo de las autoridades coloniales y la postura del científico que la desarrolla (Stocking Jr., 1991). J. Goody (1995) recuerda que las autoridades coloniales sospechaban de los antropólogos de la llamada escuela británica en cuanto a sus verdaderas intenciones en el terreno. La independencia financiera de la que disponían –los fondos provenían de instituciones privadas norteamericanas– le lleva a concluir que, en sus décadas doradas, carrera académica en antropología social y *British Empire* en África siguieron caminos paralelos y sólo ocasionalmente convergentes.

Herencias

En el libro de Georges Balandier citado más arriba, cuya primera edición es de 1955, no se abordan los temas clásicos de la antropología imperial, tales como el parentesco y la hechicería, sino la conquista militar, la explotación económica y la ideología racista característicos de los proyectos coloniales europeos. Pasadas algunas décadas desde el final de los imperios coloniales, la propuesta de G. Balandier no pierde actualidad. Se asiste a la proliferación de reflexiones académicas sobre el colonialismo y estudios de caso sobre sociedades coloniales. Este interés se explica por el reconocimiento de que las sociedades coloniales son parte de Europa y de su historia, y viceversa. Las colonias europeas no fueron espacios vacíos construidos a imagen de Europa y de sus intereses, ni las potencias colonizadoras estaban cerradas sobre sí mismas. Hubo relaciones, contactos, intercambios y tensiones múltiples, por medio de las cuales Europa y las colonias se fueron construyendo.

La renovación del interés académico por el fenómeno colonial se deriva también de la presencia de intelectuales y escritores originarios de ex colonias en las universidades e instituciones literarias occidentales –caso de Salman Rushdie, Chinua Achebe, V. S. Naipaul, Amitav Gosh, Gayatri Spivak, Homi Baba–, lo que ha posibilitado la divulgación de otras maneras de ver la experiencia colonial.

Bibliografía

ANDRADE, Mário de (1975): *A guerra do povo na Guiné-Bissau*. Lisboa: Sá da Costa.

BALANDIER, Georges (1971): *Sociologie actuelle de l'Afrique noire. Dynamique sociale en Afrique centrale*. Paris: PUF.

BEIDELMAN, T. O. (1982): *Colonial Evangelism. A Socio-Historical Study of an East African Mission at the Grassroots*. Bloomington: Indiana University Press.

COHN, Bernard (1996): *Colonialism and its Forms of Knowledge. The British in India*. Princeton: Princeton University Press.

COMAROFF, Jean; COMAROFF, John (1991): *Of Revelation and Revolution. Christianity, Colonialism, and Consciousness in South Africa*. Volume One. Chicago, London: The University of Chicago Press.

GLEDHILL, John (2000): *El poder y sus disfraces. Perspectivas antropológicas de la política*. Barcelona: Bellaterra.

GOODY, Jack (1995): *The Expansive Moment. The Rise of Social Anthropology in Britain and Africa, 1918-1970*. Cambridge: Cambridge University Press.

HARDMAN, Francisco Foot (1988): *Trem fantasma. A modernidade na selva*. San Pablo: Companhia das Letras.

LACOSTE-DUJARDIN, Camille (1997): *Opération oiseau bleu. Des Kabyles, des ethnologues et la guerre d'Algérie*. Paris: La Découverte.

NEUMANN, Roderick P. (1998): *Imposing Wilderness: Struggles Over Livelihood and Nature Preservation in Africa*. Berkeley: University of California Press.

RICHARDS, Thomas (1993): *The Imperial Archive. Knowledge and the Fantasy of Empire*. New York: Verso.

STOCKING, George W. Jr. (ed.) (1991): *Colonial Situations: Essays on the Contextualization of Ethnographic Knowledge*. Madison: University of Wisconsin Press.

TAUSSIG, Michael (1987): *Colonialism, Shamanism and the Wild Man. A Study in Terror and Healing*. Chicago: University of Chicago Press.

THOMAS, Nicholas (1994): *Colonialism's Culture. Anthropology, Travel and Government*. Cambridge: Polity Press.

WOLF, Eric R. (1982): *Europe and the People without History*. Berkeley: University of California Press.

Jorge Freitas Branco
Leonor Pires Martins

Véanse además Acciones afirmativas, Aculturación, ALTERIDAD, *Apartheid*, Centroperiferia, Ciudadano, Criollización, CULTURA, Desterritorialización, DIFERENCIA Y DESIGUALDAD, Discriminación positiva, ELITES, Esclavitud, Espacios locales, ESTADO-NACIÓN, ESTEREOTIPOS Y ESENCIALIZACIÓN, Etnicidad, Etnocentrismo y relativismo cultural, EXPLOTACIÓN SOCIAL, FRONTERA, Frontera geográfica y administrativa, Fronteras simbólicas, GENOCIDIO, GLOBALIZACIÓN, Globalización y antiglobalización, HIBRIDACIÓN, IDENTIDAD, INDIGENISMO, Información, INTEGRACIÓN, Interculturalidad, MIGRACIONES, MINORÍAS, Modernidad, MOVILIDAD, Multiculturalismo en los estudios culturales, Multiculturalismo en los estudios étnicos, Nacionalidad, Nacionalismo, Naturalización, Neocolonialismo, NUEVOS MOVIMIENTOS SOCIALES, Poscolonialismo, POSMODERNIDAD, SABER Y SABERES, Sujeto intercultural, TERRITORIOS, TRABAJO, Viajes y sistemas de movilidad, VIOLENCIA POLÍTICA, Violencia política. Tipos.

Comunicación

El limitado modelo de la comunicación –emisor-mensaje-receptor– propuesto a mediados del siglo XX por la teoría matemática de la información gozó de gran éxito e inspiró aproximaciones a la comunicación desde diversas disciplinas. Sin embargo, gran parte de los estudios modernos sobre comunicación y *cultura se han desarrollado a partir de presupuestos, no siempre explícitos, de *interculturalidad: en EE. UU., G. Bateson entiende la comunicación desde el cruce de la cibernética y la antropología; en Francia, R. Barthes la enfoca desde la semiótica y el malestar por los conflictos de la descolonización; en los estudios culturales británicos se abren paso perspectivas de clases subalternas y provenientes de la diáspora intelectual *poscolonial, como S. Hall; y el pensamiento feminista introduce la *diferencia y la subjetivación en la agenda de estudios comunicativos. Surge con estos pioneros una mirada "extrañada" respecto de las propias culturas y de la precedente distribución disciplinaria: un nuevo paradigma en el que son centrales las aportaciones de estudiosos rusos –como R. Jakobson o J. Lotman, quien entiende la comunicación como un juego de complejos sistemas y dinámicas culturales– y de U. Eco, para quien los procesos culturales y sociales han de verse como procesos comunicativos que implican siempre diversos sistemas de significación.

Estas perspectivas abordan la comunicación como un juego de estrategias, una relación social en la que se genera y se negocia el sentido, mientras inevitablemente se definen los participantes y su tipo de relación. Otro ruso, M. M. Bajtin, afirma que la comunicación transcurre siempre en el territorio del otro: todo comunicar es diálogo, posicionamiento, previsión, anticipación, presunción, implicación. Un proceso en el que todos devenimos otros al tratar de aproximarnos al lenguaje y los sistemas de sentido de nuestro interlocutor.

Con la noción de mediación se trata de contrarrestar la idea simplista de la comunicación como transmisión: los medios de comunicación no *transmiten* contenidos, sino que *median* las relaciones humanas, el conocimiento, la experiencia y la sensibilidad. Como dice Martín-Barbero (2002), al mediar la producción de los imaginarios que integran la experiencia de los ciudadanos, los medios son constitutivos del espacio de lo público y fuente de los recursos sociales de sentido. Así, un objeto central de los estudios sobre la comunicación se encuentra en las mediaciones e interconexiones por las que los productos de las industrias de la comunicación y de la cultura proporcionan las matrices de la organización –y de la des- y reorganización– de la experiencia social, de las *identidades y las subjetividades.

Observar la comunicación como mediación implica indagar los conflictos y las negociaciones en que las diferencias de posición, culturales, afectivas, de poder, se traducen en discursos, objetos y expresiones simbólicas. Desde el último tercio del s. XX, hablar de comunicación es hacerlo de cultura de masas, la cual ha dejado de considerarse como una unidad. Desde la antropología, autores como R. Rosaldo o G. Lipsitz han mostrado cómo las diferentes comunidades culturales tratan polémicamente de establecer los hitos de referencia masivos y de definir su sentido. En el ámbito del mercado de las audiencias, estas dinámicas de lucha por el espacio simbólico, configurado por las producciones culturales más o menos masivas, disputan su hegemonía omnímoda a los grandes poderes sociopolíticos y mediáticos. En la *sociedad de la información, la cultura de masas es también la base de una reflexividad social difusa en la cual emergen las pautas y las normas de la acción, las formas de identificación y de reconocimiento recíproco de las comunidades de pertenencia –que algunos consideran una única comunidad globalizada y homogeneizada en *una* cultura de masas.

Los sujetos sociales, de acuerdo con sus diferentes pertenencias, procedencias, competencias y opciones, activan lenguajes y enciclopedias distintos que se relacionan polifónicamente en la comunicación intercultural. Y toda comunicación es intercultural, pues implica sistemas y procesos de significación diversos que han de intertraducirse. El sentido se alcanza siempre en un proceso de *traducción –apunta A. J. Greimas– de un sistema de sentido o un lenguaje extraño a otro más próximo, más implicado o más sugerente. De un *interpretante* a otro, el sentido se realiza como permanente aplazamiento y desplazamiento, señala C. S. Peirce. Incluso la relación consigo mismo implica el *plurilingüismo y la pluralidad de perspectivas necesarios para observarse desde los puntos de vista de los otros.

Bibliografía

BAJTIN, M. (1989): *Teoría y estética de la novela*. Madrid: Taurus.

BARTHES, R. (1980): *Mitologías,* Madrid: Siglo XXI.

CASTAÑARES, W. (1996): "El efecto Peirce: sugestiones para una teoría de la comunicación". *Anuario Filosófico*, 29: 1313-1330.

ECO, U. (1977): *Tratado de semiótica general*. Barcelona: Lumen.

FABBRI, P. (1995): *Tácticas de los signos*. Barcelona: Gedisa

LOTMAN, I. M. (1996): *Semiosfera*. Madrid: Cátedra.

MARTIN-BARBERO, J. (2002): *Oficio de cartógrafo. Travesías latinoamericanas de la comunicación en la cultura*. México: FCE.

MATTELART, A.; MATTELART, M. (1997): *Historia de las teorías de la comunicación*. Barcelona: Paidós.

PEIRCE, C. S. (1988): *El hombre, un signo*. Barcelona: Crítica.

PEÑAMARÍN, C. (1995): "La sensibilidad comunicativa". *Revista de Occidente*, 170-171: 25-44.

Gonzalo Abril Curto
Wenceslao Castañares
Cristina Peñamarín Beristain
María José Sánchez Leyva

Véanse además ALTERIDAD, CONSUMO CULTURAL, CULTURA, Derecho de injerencia, DESARROLLO, DIFERENCIA Y DESIGUALDAD, Diferencias sociolingüísticas y desigualdad, Elites cosmopolitas, Esfera mediática, Espacio de los flujos, Espacio red, ESPACIO-TIEMPO, Espacios locales, Global y local, IDENTIDAD, Información, Integración educativa, Interculturalidad, Localidades fantasmagóricas y desanclaje, Megalópolis, Migraciones. Redes sociales, MINORÍAS, MOVILIDAD, Multiculturalismo en los estudios culturales, Multilingüismo, Nomadismo y turismo, Poscolonialismo, Pluralismo sincrónico, Revolución técnico-comunicativa, SABER Y SABERES, Sociedad de la información y del conocimiento, Traducción, Viajes y sistemas de movilidad, Xenofobia y xenofilia.

Comunidad transnacional

En el campo emergente e interdisciplinario de los estudios de *migraciones, el concepto de "comunidad transnacional" se ha comenzado a acuñar por dos motivos básicos. En primer lugar, la noción misma de comunidad refleja una crítica cada vez más abiertamente expresada al uso excesivo de modelos económicos, a menudo economicistas, en las teorías sobre migraciones. Estos modelos explican las migraciones contemporáneas a partir de decisiones individuales de actores atomizados, pero completamente racionales en sus cálculos y decisiones migratorias –el "modelo neoclásico" que reduce las decisiones migratorias a factores *push-pull*–, o considerando a los migrantes víctimas colectivas de factores económicos subterráneos como la división internacional del *trabajo, la segmentación de los mercados laborales y las dependencias económicas y políticas de los países emisores respecto a los receptores –los modelos marxistas y dependentistas (Malgesini, 1998)–. Frente a estas teorías polarizadamente opuestas, el pionero estudio de Massey *et al.* (1987) logra demostrar que los procesos migratorios se articulan y estructuran a través de lazos, *redes y/o comunidades que agrupan, socializan e interrelacionan a emigrados, retornados y futuros migrantes procedentes de una determinada región.

En segundo lugar, los estudios migratorios tienden aún a reproducir la lógica *nacionalista, detectable también en las políticas de "*integración de inmigrantes", que distingue nítidamente entre fenómenos y sujetos emigrantes *versus* inmigrantes. Desde los orígenes del nacionalismo, las migraciones –seguramente una de las constantes antropológicas por excelencia– son percibidas por el *Estado-nación como un "problema", dado que la *movilidad humana desafía no sólo la capacidad del Estado de controlar, disciplinar y sedentarizar a la *ciudadanía, sino también el principio mismo de territorialidad, eje de la "soberanía nacional" y de la "inviolabilidad" de sus *fronteras (Joppke, 1998). La misma terminología adoptada por las instituciones nacionales y reproducida por la academia refleja el intento de territorializar un fenómeno que parece no ser territorializable: durante décadas, las legislaciones y las investigaciones acerca del fenómeno migratorio han girado en torno a la distinción entre factores de "inmigración" *versus* factores de "e-migración", como si de fenómenos distintos se tratara.

Frente a este tipo de proyección nacionalista hacia el "*otro*", varios estudios empíricos de las migraciones contemporáneas cuestionan el mito de la linealidad del proceso migratorio –supuestamente divisible en fases premigratorias, migratorias y posmigratorias–, que aún reflejan los mencionados modelos "clásicos" de la emigración e inmigración más o menos definitiva. Conforme en la época posindustrial las migraciones se van *informalizando, terciarizando y precarizando (Guarnizo y Smith, 1999), se requiere de enfoques menos mecanicistas, más etnográficos y "multisituados" (Marcus, 1995). Gracias a este giro teórico y metodológico, las migraciones aparecen como fenómenos a menudo circulares y no lineales, en cuyo transcurso las "redes migratorias" –entendidas como "los vínculos de carácter transnacional que se establecen entre las sociedades de origen y de destino" (Colectivo IOE, 1996: 48)–, que en condiciones de precarización e "ilegalización" como las actuales proporcionan la protección necesaria, sobre todo en la primera etapa de llegada y orientación, tienden a estabilizarse y perpetuarse (Kearney, 1986, 1995).

Los lazos parentales, residenciales y/o *étnicos que así vinculan a migrantes, emigrados, retornados y aún-no-emigrados, constituyen frecuentemente "familias transnacionales", "hogares transnacionales" que, a su vez, comienzan a articular "campos" o "espacios sociales transnacionales" (Pries, 1999). Éstos trascienden el principio de territorialidad nacional y/o étnico-regional y, como tales, desencadenan procesos de transnacionalización *identitaria.

En aquellos casos en los cuales los cíclicos "transmigrantes" (Glick, Basch y Szanton, 1999; Pries, 1999), como protagonistas que articulan este nuevo espacio social, logran mantener un vínculo simbólico y afectivo entre sus miembros, las redes transnacionales se convierten en comunidades transnacionales. Este nuevo tipo de "comunidad" *desterritorializada es el que –incluso literalmente– más se asemeja a la noción de "comunidad imaginada", originalmente acuñada por Anderson: carentes de una dimensión territorial, el sen-

tido comunitario y su correspondiente identidad compartida se cultivan desde *diferentes y dispersas *multilocalidades asentadas en una gran variedad de países. Básicamente se distinguen dos tipos de comunidades transnacionales:

– Por una parte, las regiones fronterizas entre dos Estados-naciones tienden a albergar a comunidades transnacionales que se constituyen como núcleos transfronterizos de migraciones cíclicas (Pries 1999). Dos factores contribuyen a esta transfronterización: en primer lugar, el debilitamiento de la capacidad de los Estados-naciones limítrofes de "controlar" sus fronteras y, en segundo lugar, la existencia de ventajas comparativas entre ambas regiones fronterizas que conviertan la transmigración en una actividad "rentable" a largo plazo.

– Por otra parte, una variante específica de las comunidades transnacionales son las diásporas históricas que, debido a una experiencia colectiva de dispersión a menudo *violenta, mantienen y cultivan una distintiva identidad étnica, nacional y/o religiosa que procura equilibrar la promesa del mítico "retorno" y rearraigo con la permanencia de la condición y la *cultura diaspóricas (Brah, 1996).

Este segundo uso del concepto de las comunidades transnacionales, como diásporas ya no históricas, sino emergentes a raíz de la constitución de espacios migratorios transnacionales, es el que parece generalizarse. Mientras que algunos critican el uso indiscriminado del concepto, acuñado para determinados casos históricos como la diáspora judía, armenia y palestina, otros perciben procesos generalizables de "diasporización" (Cohen, 1997). Es precisamente en la confluencia del surgimiento de espacios transnacionales y de la *globalización tecnológica y del incremento de "interconectividad" en el que –a diferencia de épocas anteriores– las comunidades migrantes pueden, simultáneamente, articular identidades a diferentes niveles. La resultante multidimensionalidad identitaria desencadena y promueve nuevos procesos de *hibridación cultural, que desafían al Estado-nación de forma mucho más profunda y radical que los discursos identitarios étnicos y/o regionalistas formulados a nivel subnacional (Dietz, 2004). La transnacionalización no sólo disminuye ostensiblemente la capacidad de las instituciones nacionales de controlar, educar y/o "ciudadanizar" a las poblaciones migrantes, sino que pone en entredicho el principio mismo en el que se basa toda política pública, sea del nivel gubernamental que sea: el principio de discrecionalidad y delimitabilidad de competencias en función del criterio territorial.

Indicios de una tendencia hacia la desterritorialización, inducida por las comunidades transnacionales, se encuentran antes que nada en el ámbito del asociacionismo migrante. Mientras que las "clásicas" organizaciones y asociaciones surgidas de las migraciones europeas de la posguerra están fuertemente orientadas hacia la participación política, sindical y vecinal dentro del contexto de la sociedad de "acogida", el nuevo asociacionismo migrante y su relación con las asociaciones y organizaciones no-gubernamentales, procedentes de la sociedad mayoritaria, indican una creciente hibridación y transnacionalización de las pautas organizativas, las reivindicaciones y los intereses que se articulan, así como de los polifacéticos destinatarios a los que se dirigen (Dietz, 2004).

Es evidentemente el ámbito jurídico-político sobre todo el que más "preocupado" se muestra ante la diasporización y transnacionalización de las comunidades, sus lealtades y sus identidades colectivas. Las implicaciones normativas de una futura "ciudadanía posnacional" (Habermas), reflejada no sólo en las comunidades transnacionales, sino también en la vigorización de las instituciones multilaterales transnacionales, desafiará la noción intrínsecamente "*moderna" de la legitimidad del Derecho y de su vinculación normativa a la democracia territorializada bajo la forma consuetudinaria del Estado-nación, se declare éste *multicultural o monocultural.

Bibliografía

BRAH, Avtar (1996): *Cartographies of Diaspora: contesting identities*. London, New York: Routledge.

COHEN, Robin (1997): *Global Diasporas: an introduction*. London: University College London Press.

COLECTIVO IOE (1996): *Marroquíes en Cataluña: ¿nuevos catalanes?* Barcelona: Institut Català d'Estudis Mediterranis.

DIETZ, Gunther (2004): "Frontier Hybridization or Culture Clash? Trans-national migrant communities and sub-national identity politics in Andalusia, Spain". *Journal of Ethnic and Migration Studies*, 30 (6): 1087-1112.

GLICK SCHILLER, Nina; BASCH, Linda; SZANTON BLANC, Cristina (1999): "From Immigrant to Transmigrant: theorizing trans-national migration", en L. Pries (ed.), *Migration and Transnational Social Spaces*. Aldershot: Ashgate, 73-105.

GUARNIZO, Luis Eduardo; SMITH, Michael Peter (1999): "Las localizaciones del transnacionalismo", en G. Mummert (ed.), *Fronteras fragmentadas*. Zamora, Mich.: Colegio de Michoacán, 87-112.

JOPPKE, Christian (1998): *Challenge to the Nation-State: immigration in Western Europe and the United States*. Oxford: Clarendon.

KEARNEY, Michael (1986): "From the Invisible Hand to Visible Feet: anthropological studies of migration and development". *Annual Review of Anthropology*, 15: 331-361.

— (1995): "The Local and the Global: the anthropology of globalization and transnationalism". *Annual Review of Anthropology*, 24: 547-565.

MALGESINI, Graciela (1998): "Introducción", en G. Malgesini (comp.), *Cruzando fronteras: migraciones en el sistema mundial*. Barcelona, Madrid: Icaria, Fundación Hogar del Empleado, 11-40.

MARCUS, George E. (1995): "Ethnography In/Of the World System: the Emergence of Multi-Sited Ethnography". *Annual Review of Anthropology*, 24: 95-117.

MASSEY, Douglass *et al.* (1987): *Return to Aztlan: The Social Process of International Migration from Western Mexico*. Berkeley: University of California Press.

PRIES, Ludger (1999): "New migration in transnational spaces", en L. Pries (ed.), *Migration and Transnational Social Spaces*. Aldershot: Ashgate, 1-35.

Gunther Dietz

Véanse además ALTERIDAD, CIUDADANÍA, Desterritorialización, DIFERENCIA Y DESIGUALDAD, ESTADO-NACIÓN, Etnicidad, FRONTERA, GLOBALIZACIÓN, HIBRIDACIÓN, IDENTIDAD, INTEGRACIÓN, MIGRACIONES, Modernidad, MULTICULTURALISMO, Multilocal, Nacionalismo, Naturalización, NUEVOS MOVIMIENTOS SOCIALES, RELACIONES Y PROCESOS INFORMALES, TERRITORIOS, TRABAJO, VIOLENCIA POLÍTICA.

Comunitarismo

Desde la clásica distinción sociológica entre "comunidad" –*Gemeinschaft*– y "sociedad" –*Gesellschaft*–, acuñada de forma paradigmática a finales del siglo XIX por Ferdinand Tönnies (1979), los ámbitos comunitarios ocupan un destacado lugar no sólo en las ciencias antropológicas, sino en toda una corriente interdisciplinar de los "estudios de comunidad". El énfasis en la esfera *local y en la interacción "cara a cara" entre los miembros de una comunidad localizada y *territorializada, como lo propone la llamada Escuela de Chicago para análisis sociales de corte funcionalista, sin embargo, no se limita a enfoques teóricos y/o empíricos. Desde inicios de los años ochenta son sobre todo propuestas normativas surgidas en el seno de la filosofía política los que recuperan y reivindican "lo comunitario" no como una unidad de análisis social, sino como una propuesta política de reorganización de las sociedades contemporáneas.

En debate estrecho y enfrentado con la tradición liberal e individualista de la filosofía política anglosajona, que se remonta a John Stuart Mill, los autodenominados "comunitaristas" constatan y critican un exceso de individualismo y un creciente debilitamiento de lazos "comunales" entre los miembros de las sociedades occidentales. Charles Taylor (1993), Michael Walzer (1993) y otros reivindican las interacciones cotidianas, las *identidades colectivas y las solidaridades suprafamiliares como fuentes de valores humanos antiindividualistas. Ante lo que ellos diagnostican la pérdida decisiva y dramática de valores comunitarios tradicionales a lo largo de los choques *modernizadores e individualizadores, que implica el sistema económico y político internacional, la "vida en comunidad" constituiría una estrategia alternativa, que pudiera trascender el antiguo binomio ideológico entre "más *Estado" y "más mercado", entre el fortalecimiento del Estado benefactor y protector de tipo keynesiano, por un lado, y el desmantelamiento progresivo del Estado en aras del neoliberalismo, por otro (Rauch, 2000; Etzioni, 2004).

El resultante "comunitarismo" aboga por la recuperación no de las comunidades tradicionales en cuanto tales, sino de los valores localmente compartidos y transmitidos y de las unidades sociales que, como las familias y las asociaciones, organizaciones e instituciones locales, se dedican a transmitir y se rigen por dichos valores en sus quehaceres cotidianos (Etzioni, 1996, 2003). Para demostrar la importancia práctica del énfasis en estos lazos, interacciones y valores localmente compartidos, Robert Putnam (2000) analiza el impacto que tiene el paulatino descenso del "capital social" –relaciones intra e intercomunitarias que se mantienen a nivel local– en la vida comunal de diversas *localidades estadounidenses en comparación con otras, por ejemplo, italianas. El mensaje de estos autores es a menudo alarmista: la comunalidad vecinal, residencial y asociativa, como núcleo de relaciones que amalgama cualquier sociedad, se está diluyendo en el caso de las relaciones supuestamente cada vez más individualizadas y atomizadas de las *ciudades estadounidenses contemporáneas.

Este "déficit de comunalidad", producto de la pérdida paulatina de capital social, es el eje de la propuesta política comunitarista que –sobre todo a partir de la red internacional *The Communitarian Network* creada y promovida por Amitai Etzioni (http://www.communitariannetwork.org/)– considera la comunidad una forma de organización local alternativa, que se independiza tanto del excesivo control del Estado vigilante como del mercado polarizador y que combina la autonomía individual y familiar con la necesidad de un orden social compartido. Esta propuesta indirectamente recupera la centralidad de la sociedad civil, concebida en Estados Unidos desde los pioneros análisis de Alexis de Tocqueville como una red asociativa basada en organizaciones de *ciudadanos voluntarios que sirven a la vez de "talleres" de democracia local, cogestión y participación política (Etzioni, 2004).

La crítica al comunitarismo se centra en dos aspectos (Rauch, 2000). Por una parte, la supuesta recuperación y revitalización de las prácticas comunitarias, ya completamente enajenadas en gran parte del espacio público de las ciudades estadounidenses, a menudo se identifican como un anhelo "romántico" y "conservador" de las clases medias acomodadas en sus *gated communities* que proliferan por los suburbios semirrurales contemporáneos. Por otra parte, la reivindicación esencialista de "la comunidad" también se critica por su implícito riesgo de neoautoritarismo: los espacios comunales no sólo sirven para cultivar prácticas solidarias y participativas, sino que asimismo pueden reproducir viejos modelos de roles sociales –caciquismo rural, paternalismo y patriarcado autoritario–. A esta crítica, sobre todo, Etzioni (2003) responde distinguiendo dos tipos de comunitarismo: el "asiático", autoritario y paternalista, practicado y fomentado en cuanto ideología oficial en países como Singapur o Malaysia, frente al "sensible" –*responsive communitarianism*–, que combina la libertad individual de "tradición occidental" con la cultura compartida por una "comunidad de valores".

Aunque esta definición "culturalista" de la comunidad acerca el comunitarismo a otras propuestas políticas que reivindican el valor de la *diferencia cultura y/o *étnica, Etzioni enfatiza lo que separa el comunitarismo propagado por él del *multiculturalismo, particularmente de su vertiente estadounidense: su noción, a menudo esencialista y reduccionista, de lo comunitario, su insistencia en crear y mantener *fronteras discretas entre los grupos que componen una sociedad y su preferencia por políticas de "*acción afirmativa" y de "*discriminación positiva" a favor de unos grupos y en detrimento de otros. Contra este concepto de lo comunitario, el autoproclamado "comunitarismo sensible" aboga por una noción múltiple y *heterogénea de los espacios comunales que reivindica; según Etzioni, las comunidades sólo serán incluyentes si admiten afiliaciones que se solapan, pertenencias diversas y afinidades múltiples.

A diferencia de esta delimitación explícita frente al multiculturalismo, Taylor (1993, 1994), por su parte, busca la cercanía y complementariedad de ambos enfoques políticos, el comunitarista y el multiculturalista. Es en el campo del reconocimiento político, oficial, de las *minorías étnicas, *culturales y/o religiosas donde, según este autor, se da dicha confluencia: sólo a través de la delimitación nítida entre comunidades será posible reconocer, proteger y fortalecer –"empoderar"– minorías *marginadas y discriminadas mediante la codificación de derechos colectivos compartidos y disfrutados colectivamente por la minoría en cuestión. En este sentido, el "multiculturalismo de la diferencia", que insiste en la necesidad de empoderar comunidades para prevenir y revertir las discriminaciones históricas ejercidas por la sociedad mayoritaria, se convierte en una de las vertientes del pensamiento comunitarista.

Bibliografía

ETZIANI, Amitai (1996): *The golden Rule: community and morality in a democratic society*. New York: Basic Books.

— (2003): "Communitarianism", en Karen Christensen y David Levinson (eds.), *Encyclopedia of Community: from the village to the virtual world*. London: SAGE, 1, 224-228.

— (2004): *From Empire to Community*. New Cork: Palgrave Macmillan.

KYMLICKA, Will (1996): *Ciudadanía multicultural: una teoría liberal de los derechos de las minorías*. Barcelona: Paidós.

PUTNAM, Robert (2000): *Bowling Alone: the collapse and revival of community in America*. New York: Simon & Schuster.

RAUCH, Jonathan (2000): "Confessions o fan Alleged Libertarian (and the virtues of 'soft' commmunitarianism)". *The Responsive Community*, 10 (3).

TAYLOR, Charles (1993): *El multiculturalismo y la política del reconocimiento*. México: FCE.

— (1994): *La ética de la autenticidad*. Barcelona: Paidós

TÖNNIES, Ferdinand (1979 [1987]): *Comunidad y asociación: el comunismo y el socialismo como formas de vida social*. Barcelona: Península.

WALZER, Michael (1993): "Comentario", en Charles Taylor (ed.), *El multiculturalismo y la política del reconocimiento*. México: FCE, 139-145.

Gunther Dietz

Véanse además Acciones afirmativas, Ciudadano, CULTURA, DIFERENCIA Y DESIGUALDAD, Diferencias sociales y diferencias culturales, DISCRIMINACIÓN Y EXCLUSIÓN SOCIAL, Discriminación positiva, ESPACIO-TIEMPO, IDENTIDAD, Espacios locales, ESTADO-NACIÓN, Etnicidad, FRONTERA, Global y local, Lugar y no lugar, MINORÍAS, Modernización, MOVILIDAD, MULTICULTURALISMO, Plurinacionalidad, Racismo y neorracismo, TERRITORIOS.

Consumo cultural

El consumo cultural es en la actualidad un tema clave para comprender las relaciones que entablamos en este mundo *globalizado. El contacto y el intercambio entre las *culturas han sido parte de la historia de la humanidad, pero, a partir del momento en que las sucesivas revoluciones industriales dotaron a los países *desarrollados de máquinas para fabricar productos culturales y de medios de difusión de gran potencia, apareció una situación completamente novedosa que les permitió divulgarlos masivamente. Los bienes y mensajes que circulan ahora por todo el planeta intensifican los encuentros y las conexiones. Es justamente la crítica a la forma profundamente *desigual en la que este proceso se está dando la que ha catapultado al consumo cultural al centro de las discusiones sobre la mundialización de la cultura. A las barreras económicas y educativas de *diferentes sectores sociales para acceder a las ofertas culturales, se suman ahora otros obstáculos, estructurados por los *flujos disímiles de la globalización: la desigual expansión económica y *comunicacional de las industrias culturales no beneficia equitativamente a todos los países ni a todas las regiones, por lo que la producción cultural de la mayoría de las naciones difícilmente tiene acceso a los canales, vitrinas, repisas, escenarios o pantallas locales, regionales y globales. Por lo anterior, el *ciudadano medio no cuenta con una verdadera diversidad de bienes y servicios culturales a su disposición para escoger, consumir, disfrutar y crear. Basta como ejemplo el caso de la exhibición cinematográfica a nivel mundial: de los más de 4.300 largometrajes que se producen anualmente, un porcentaje mínimo llega a las pantallas, compitiendo desventajosamente con las cintas norteamericanas que, apoyadas por millonarias campañas de publicidad y un deformado mercado de la distribución, le arrebatan las preferencias de los auditorios incluso en los países con cinematografías de larga tradición.

La comprensión plena del encuentro de los públicos con las ofertas culturales de los medios de comunicación y de espacios localizados, como los museos, los teatros, los salones de baile, los cines, las bibliotecas, el arte público, sigue planteando para las ciencias sociales un reto teórico y metodológico. Para empezar, la definición misma del concepto consumo cultural es problemática. Desde una perspectiva antropológica todo consumo es un proceso productor de sentido y de simbolizaciones, independientemente de que a la vez cumpla funciones prácticas –tal como lo ha mostrado Roland Barthes con el concepto de *función-signo*–, y esto nos ubica en un universo ilimitado de objetos de estudio. Para evitar el colapso de la especialidad puede acotarse la noción sólo al consumo de aquellos bienes u objetos que han sido producidos específicamente para significar o en los que prevalece la función simbólica sobre los valores de uso y de cambio, o donde al menos estos últimos se configuran subordinados a aquélla (García Canclini, 1993). Otra alternativa es considerar al consumo cultural como aquel que se produce a partir del momento en que surgen industrias, instituciones o agentes sociales que transforman la cultura en productos y/o en mercancías, que los ponen en escena para diversos públicos, generando un mercado, y que transforman las prácticas culturales en espectáculo –si bien el inicio emblemático de las industrias culturales es el invento de los tipos móviles por Gutenberg en el s. XV, se trata en realidad de un fenómeno característico de la industrialización según empezó a desarrollarse a partir del siglo XVIII–. Se incluyen así tanto a las industrias culturales clásicas –cine, libros, revistas y folletines, televisión, música, fotografía, publicidad– como a todas aquellas que, de una u otra manera, se vinculan a la industria del entretenimiento y del espectáculo –turismo, deporte empresarialmente organizado–. La categoría consumo cultural también ha sido cuestionada por su génesis económica, que pareciera reducir el papel del sujeto-consumidor al de cliente o comprador en el mercado –ya sea de bienes o servicios culturales–, por la pasividad que sugiere así como por su restringida visión como simple deglución de lo que es en realidad una práctica productora de sentidos. Recibe el mismo cuestionamiento el concepto recepción –igual que la denominación del sujeto que se relaciona con las ofertas culturales como consumidor, receptor, espectador o audiencia– y se han propuesto como alternativas términos que buscan reconocer la dimensión activa de la práctica: apropiación, negociación, interacción o pacto. El término consumidor cultural, al igual que el de industria cultural, fue acuñado por Max Horkheimer y Theodor Adorno en 1947, ambos pertenecientes a la Escuela de Frankfurt, preocupada por el papel de las industrias culturales como atrofiadoras de la imaginación y por el empobrecimiento que suponían en relación con el arte no masivo, porque se dirigían a un mercado pasivo de consumidores, al que no se ofrecía nada más que imitación y estandarización. En América Latina la discusión se desarrolló con un fuerte acento político de denuncia del imperialismo cultural, con estudios –como el de Armand Mattelart– que generalmente deducían del análisis de la estructura y lógica de los medios, lo mismo que sus mensajes, el impacto que tenían en las audiencias. Desde los años setenta, se dio una intensa reacción a lo que fue una amplia tradición de investigaciones sobre los efectos de los mensajes de los medios sobre sus audiencias y surgieron las investigaciones sobre los usos de los mensajes por parte del público, que cuestionaban la visión del espectador como ente pasivo o simple receptor. Si bien fue crucial para la investigación el reconocimiento del carácter activo del acto de consumo, se dieron extremos en esta reacción que tendieron a ofrecer una versión romántica del rol del receptor, concentrándose en el estudio de las llamadas resistencias de sectores, grupos o individuos, y en los procesos de apropiación, resignificación y resemantización. Con una lectura excesivamente optimista o incluso simplificadora de Michel de Certeau, la valoración de la resistencia de las audiencias como actividad central se volverá hegemónica en la descendencia norteamericana de los estudios culturales, especialmente en torno a figuras como Lawrence Grossberg y John Fiske. Stuart Hall y David Morley, del Centro de Estudios Culturales Contemporáneos de la Universidad de Birmingham, permitieron reposicionar nuevamente la reflexión, mostrando que, aunque el contenido de los medios es polisémico, es decir, está abierto a la interpretación, dicha polisemia no significa que no obedezca a una estructura. Los públicos no ven en un texto sólo lo que quieren ver en él, y ello en la medida en que no se trata de una ventana abierta al mundo sino de una construcción. Los mecanismos significantes que pone en juego promueven ciertas significaciones y suprimen otras, ya que todo mensaje conlleva elementos directivos respecto de la clausura del sentido, imponiendo las *significaciones preferenciales* de las cuales ha hablado Hall. Además, según ha señalado Morley, el consumo se realiza dentro de estructuras de poder determinadas, lo que permite acotar el posible margen de actividad del receptor. Ésta es una de las ricas vetas abordadas por éste y otros autores en *En busca del público*, compilado por Daniel Dayan (1997).

Otra limitante para el entendimiento del fenómeno radica en la dificultad de delimitar el inicio y término de la experiencia de consumo: el contacto con una oferta cultural nunca es inaugural, es precedido e influido por el acercamiento a otros discursos y otras ofertas, continúa y se transforma al paso del tiempo. La intertextualidad de la experiencia nos ubica ante consumidores múltiples, cuya comprensión requiere la convergencia de diversas disciplinas —antropología, comunicación, sociología, historia, semiótica, estética de la recepción, estadística, psicología social, etc.—, un enfoque transversal de las prácticas de lectura de los objetos culturales y el estudio de sus posibles articulaciones (Piccini, Mantecón y Schmilchuk, 2004), según lo emprendiera Norbert Elias al estudiar los comportamientos de los públicos con una perspectiva multidimensional, e interesarse por los cambios de largo plazo ocurridos en la estructura de la personalidad social y en la naturaleza del goce.

También demanda un acercamiento multidisciplinario el hecho de que el encuentro de los públicos con las ofertas culturales está regulado por racionalidades diversas —económicas, políticas, psicosociales, simbólicas—, íntimamente vinculadas a la amplia gama de prácticas que engloba. Al consumir nos relacionamos directamente con una oferta buscando entretenimiento, *información, una experiencia estética, etc., pero al mismo tiempo satisfacemos otras necesidades —de *identificación grupal, regional, nacional o multinacional; sociabilidad; búsqueda de un espacio propio; independencia; ritualidad; distinción; apropiación del espacio público; participación política; inclusión social, etc.—; las cuales, pese a no ser siempre conscientes, pueden llegar a alcanzar mayor relevancia que la relación con la oferta cultural específica. El reconocimiento de la compleja trama de actividades que engloba la práctica del consumo cultural ha llevado a determinados investigadores, como Néstor García Canclini y Jesús Martín-Barbero, a trascender el análisis de la dimensión comunicativa y/o estética, y a ubicar la práctica del consumo en su contexto sociocultural, para entender no sólo la recepción de un producto particular, sino el conjunto de procesos que atraviesan y condicionan la recepción. Además de las propias características identitarias del sujeto receptor, el consumo está mediado por una amplia gama de variables, factores, instituciones, situaciones y disposiciones, tanto de índole individual como social. Estas reflexiones han conducido a la crítica de la visión reduccionista del proceso de la comunicación: no es sólo un asunto de emisión/recepción, sino que lo *mediático se rearticula con procesos mayores de producción de sentido.

Junto con el abandono del concepto tradicional de audiencia, compuesta por una masa de individuos pasivos, se desistió de la supuesta homogeneidad de su reacción. Hay públicos de la cultura, en plural: las *diferencias sociales, de género, etarias y regionales son patentes no sólo en el acceso a determinados equipamientos u ofertas culturales, sino también en los usos que se realizan de ellos. Con frecuencia se piensa que las ofertas culturales atraen de manera natural. Sin embargo, aquellos que logran llegar a los espacios culturales situados —librerías, bibliotecas, museos, teatros, salas de concierto, etc.– y constituirse en públicos, son los vencedores de una larga carrera de obstáculos: han recorrido la distancia geográfica que separa estos lugares, alejados del ámbito cotidiano de las mayorías; pagaron su traslado y el precio del boleto, en los casos en que no podían gozar de alguna exención, y dejaron el abrigo de sus hogares, venciendo la poderosa atracción que ejerce la oferta mediática. Lo pudieron hacer porque adquirieron, en su familia y/o en la escuela, determinados hábitos de estructuración del tiempo libre y, lo más importante, un capital cultural concreto, un conjunto de disposiciones estéticas y habilidades que les permiten identificar, evaluar y disfrutar ciertas prácticas y productos culturales. Una vez que traspasan el umbral de los recintos culturales, es posible que los que no forman parte del público implícito deban enfrentar barreras en los dispositivos de comunicación e información, incluso en el trato que les brinda el personal de custodia. Este público implícito en cualquier oferta cultural convoca a los elegidos, esto es, crea sus propias audiencias a partir de una oferta de comunicación que busca su recepción ideal. Wolfgang Iser lo llamó *lector implícito,* y Umberto Eco, *lector modelo*. La oferta mediática no tiene muchos de los inconvenientes de la situada y logra llegar, en el caso de la televisión y la radio, a la mayor parte de los hogares. Las diferencias en el equipamiento doméstico se dan en términos de calidad y variedad: televisión abierta o de pago, aparatos de dvd, tipos de ordenadores y de acceso a Internet. La democratización del acceso a los medios, sin embargo, presenta paradojas. De acuerdo con la investigación de la CEPAL, Organización Iberoamericana de Juventud, una tensión que afecta a todos los grupos de edad, pero con mayor intensidad a los jóvenes de Iberoamérica, es la creciente desproporción entre consumo cultural y material. Es cierto que el acceso a símbolos, mensajes, imágenes, información y conocimiento ha aumentado de manera exponencial para los jóvenes en las últimas décadas, sobre todo por el crecimiento del consumo audiovisual y la conexión a redes virtuales. Pero esta tendencia no tiene una contraparte proporcional en el acceso a los bienes materiales, dado que el desempleo juvenil aumentó durante la década de los noventa y los ingresos de los jóvenes ocupados se mantuvieron muy por debajo del ingreso medio de los adultos. De esta manera, gran parte de los jóvenes ven pasar las oportunidades de movilidad social por la vereda de enfrente, sea porque el mercado laboral demanda aún más formación, sea por falta de acceso a redes de promoción (Hopenhayn, 2005: 9).

Las posibilidades de que ciertos públicos se acerquen a determinadas ofertas culturales se ven favorecidas o limitadas por las propias comunidades a las cuales pertenecen. Las actividades de consumo cultural no se dan de manera aislada: encuentran o dejan de encontrar su lugar dentro de una constelación de otras prácticas y actividades que les dan sentido (Petit, 1999: 108). Si reconocemos que el consumo no es algo "privado, atomizado y pasivo", sino "eminentemente social, correlativo y activo", no un "artefacto de los caprichos o necesidades individuales", sino "un impulso socialmente regulado y generado" (Appadurai, 1991: 48-49), entenderemos el desinterés de ciertos sectores por determinadas ofertas culturales; éste no se debe sólo al débil capital simbólico con que cuentan para apreciarlas, sino también a la fidelidad a los grupos en los que se insertan. Son sus contextos familiares, de barrio y de trabajo los que controlan la homogeneidad y las desviaciones (García Canclini, 1993). Los usos o apropiaciones que hagan los diversos públicos de las ofertas culturales dependen de las condiciones y posibilidades con que cuentan para aprovechar las potencialidades de una oferta, y están atravesados por diferencias culturales, sociales, etarias, de género, etc. El reconocimiento de las dinámicas de inclusión y *exclusión que atraviesan los consumos culturales nos lleva a otro tema clave, la relación de dichas prácticas con la desigualdad social y con otros procesos de diferenciación. Los análisis tradicionales acerca de los modos de dominación y resistencia de las clases sociales ven al consumo exclusivamente como el lugar de reproducción de la fuerza de trabajo y expansión del capital. Por el contrario, Pierre Bourdieu mostró magistralmente cómo se construyen las diferencias de clase también a partir de las dinámicas de distinción que se generan con la constitución del gusto y de los estilos de vida en diversos sectores sociales. Igualmente influyente fue la obra de Mary Douglas y Baron Isherwood que, al plantear que las mercancías "sirven para pensar", ayudó a entender al consumo como un espacio de comunicación, relación y clasificación social.

El consumo cultural se presenta entonces como un lugar clave para sustentar la necesidad de la intervención pública frente a las insuficiencias e inequidades del mercado. Los públicos no nacen como tales, sino que son constantemente formados y transformados por la familia, la escuela, los medios, las ofertas culturales comerciales y no comerciales, entre otros agentes, que influyen –con diferentes capacidades y recursos– en las maneras en que se acercan o se alejan de las experiencias de consumo cultural. De modo creciente, niños y jóvenes de todo el mundo se forman como públicos fundamentalmente por Internet, la televisión y la radio comerciales, así como en la frecuentación de centros comerciales y en la adquisición de productos piratas. Lo podemos corroborar en las encuestas realizadas a escala nacional o en diferentes ciudades de Estados Unidos, Canadá, Colombia, Argentina, Chile, Uruguay, México, Brasil o Francia, o en las estadísticas españolas de la Sociedad General de Autores y las portuguesas del Observatório das Actividades Culturais, entre otras fuentes. En este contexto, "la asimetría de mercados y la abstención de los *Estados respecto a las industrias culturales ha sido una doble alianza formadora de gusto", según ha señalado Jesús Martín Barbero, para quien "las políticas públicas continúan mayoritariamente siendo cómplices del empobrecimiento de la producción endógena y de la desigual segmentación de los consumos culturales" (Martín Barbero, 2004). Los poderes públicos se tornan actores insustituibles para estimular, apoyar y reforzar la distribución de bienes y servicios culturales en cada nación y entre los países de las regiones, asegurándose de que los ciudadanos de cada territorio tengan acceso a una verdadera diversidad de ofertas y estimulando la formación de los actuales y futuros ciudadanos. Asumir esta responsabilidad implica desarrollar políticas que impulsen en los públicos un alfabetismo integral múltiple: formación de ciudadanos capacitados para la lectura, la escucha, la escritura y el dominio de la visualidad. Es visible la recuperación de varias de las dimensiones políticas del consumo cultural con su actual vinculación al tema de la ciudadanía cultural y la ampliación de la noción de derechos culturales, conforme lo planteara la Agenda 21 de la Cultura, impulsada en Barcelona por más de 300 gobiernos locales en el 2004 (www.agenda21cultura.net/agenda21/castellano/default.htm). Desde esta perspectiva, el acceso al universo cultural y simbólico en todos los momentos de la vida y la participación cultural –estimulados por las políticas de generación y ampliación de públicos y, de manera muy desigual, por el mercado– constituyen elementos fundamentales de formación de la sensibilidad, la expresividad, la convivencia y la construcción de una *ciudadanía plena.

Bibliografía

APPADURAI, Arjun (ed.) (1991): *La vida social de las cosas. Perspectiva cultural de las mercancías*. México: Grijalbo/Consejo Nacional para la Cultura y las Artes.

BOURDIEU, Pierre (2002): *La distinción. Criterios y bases sociales del gusto*. Madrid: Taurus.

DAYAN, Daniel (comp.) (1997): *En busca del público*. Barcelona: Gedisa.

ELIAS, Norbert (1992): *Deporte y ocio en el proceso de la civilización*. México: Fondo de Cultura Económica.

GARCÍA CANCLINI, Néstor (coord.) (1993): *El consumo cultural en México*. México: Consejo Nacional para la Cultura y las Artes.

HOPENHAYN, Martín (2005): "Tensiones y paradojas en América Latina". *TodaVía*, 10: 4-9.

MARTÍN BARBERO, Jesús (2004): *Políticas de interculturalidad*. Conferencia sin editar presentada en el *Seminario sobre Comunicación y Diversidad*. Barcelona: Forum Mundial de Barcelona.

PETIT, Michele (1999): *Nuevos acercamientos a los jóvenes y a la lectura*. México: Fondo de Cultura Económica.

PICCINI, Mabel; MANTECÓN, Ana Rosa; SCHMILCHUK, Graciela (coords.) (2000): *Recepción artística y consumo cultural*. México: Juan Pablos/CENIDIAP/Consejo Nacional para la Cultura y las Artes INBA.

SUNKEL, Guillermo (coord.) (2006): *El consumo cultural en América Latina*. Bogotá: Convenio Andrés Bello.

Ana Rosas Mantecón

Véanse además ALTERIDAD, CIUDADANÍA, Ciudadano, COMUNICACIÓN, CULTURA, DESARROLLO, DIFERENCIA Y DESIGUALDAD, Diferencias naturales y diferencias sociales, Diferencias sociales y diferencias culturales, DISCRIMINACIÓN Y EXCLUSIÓN SOCIAL, Elites cosmopolitas, Esfera mediática, ESTADO-NACIÓN, GLOBALIZACIÓN, IDENTIDAD, Información, MOVILIDAD, NUEVOS MOVIMIENTOS SOCIALES, PATRIMONIO, SABER Y SABERES, Sociedad de la información y del conocimiento, TRABAJO.

Contracultura

El concepto de contracultura fue acuñado para dar cuenta del conjunto de valores y formas de vida alternativos propuestos en los años sesenta por grupos juveniles, que cuestionaban así los convencionalismos culturales de las mayorías. Afectaban, entre otras cosas, a la organización económica de la sociedad, a las relaciones sexuales, a las manifestaciones estéticas, al uso de estupefacientes y, en general, a todas aquellas conductas que, de una u otra forma, rechazaban los fundamentos de la sociedad capitalista. Esta limitación temporal del concepto es, sin embargo, circunstancial. Más allá de los movimientos de los años sesenta, todavía relativamente próximos como para que sigan formando parte del imaginario social, los cuestionamientos de las formas de vida mayoritarias por *minorías insatisfechas y combativas han sido una constante a lo largo de la historia de la humanidad. Es, pues, necesario trascender las circunstancias originarias del concepto de contracultura y analizar sistemáticamente las constantes de este tipo de movimientos, y su sentido. En cualquier organización social coexisten los intereses individuales y los convencionalismos sociales, es decir, la posibilidad del conflicto es una constante de la vida social. Hay conflictos individuales que se dirimen directamente en el ámbito de las relaciones personales, y otros que tienen que ver con el conjunto de prácticas estructurales que organizan la convivencia. Los conflictos contraculturales son siempre de tipo estructural. Como la estructura es colectivizante, los conflictos contraculturales suelen serlo también, es decir, se plantean como soluciones colectivas a problemas colectivos. Aunque puede haber personajes carismáticos que los impulsan, los movimientos contraculturales tienen todas las características que atribuye Turner a la *communitas*, concepto tomado de la vieja distinción de Tönnies entre sociedad –*Gesellschaft*– y comunidad –*Gemeinschaft*–. La sociedad es estructural, la comunidad antiestructural. Y éste es el paradigma en el que se generan a lo largo de la historia este tipo de movimientos. No en vano en su libro *El proceso Ritual*, Turner ejemplifica el concepto de *communitas* aludiendo a la alternativa *hippy* de los años sesenta: "se *marginan del orden social basado en el *status* y hacen suyos los *estigmas de los inferiores, se visten cual si fuesen vagabundos, son itinerantes en sus hábitos, folk en sus gustos musicales y des-

empeñan empleos ocasionales humildes. Dan más importancia a las relaciones personales que a las obligaciones sociales, y consideran la sexualidad más como un instrumento polimórfico de la *communitas* inmediata que como el fundamento de un vínculo social, permanente y estructurado" (Turner, 1988: 119).

Este tipo de *comunidades* antiestructurales ha sido frecuente a lo largo de la historia. Muy posiblemente muchos aspectos de las transformaciones sociales son derivados de movimientos de esta naturaleza. En Occidente pueden considerarse contraculturales una buena parte de los movimientos políticos y religiosos formados en situaciones de dominación política o de revitalización religiosa. La paradoja de todos ellos es que su continuidad y crecimiento es incompatible con la condición antiestructural de sus orígenes, y tarde o temprano acaban organizándose estructuralmente para subsistir.

La contracultura debe entenderse, pues, como un proceso inherente a cualquier organización social y por ello hay que ser precavido al analizar estos movimientos como plasmaciones intelectualistas derivadas de unas filosofías determinadas. Es frecuente referirse a la trascendencia de algunos autores de tradición marxista, como Gramsci, o a la escuela de Frankfurt, en general, para explicar los movimientos contraculturales de los años sesenta. Sin duda alguna, el marxismo y sus reformulaciones internas, la teoría crítica de la sociedad, y también las aportaciones de Freud sobre la cultura, son pilares importantes del pensamiento del s. xx. Pero, sin duda también, estas teorías nunca se hubiesen formulado sin la constatación empírica de las prácticas sociales sobre las que reflexionan.

Bibliografía

FEIXA, Carlos; COSRA, Carmen; PALLARÉS, Joan (2002): *Movimientos juveniles en la Península Ibérica: graffitis, grifotas, ocupas*. Barcelona: Ariel.

GRAMSCI, Antonio (1977): *Cultura y literatura*. Barcelona: Península.

HAROUEL, Jean Louis (1994): *Culture et contreculture*. París: PUF.

MARCUSE, Herbert (2001): *El hombre unidimensional*. Barcelona: Ariel.

ROSZAK, Theodore (1984): *El nacimiento de una contracultura*. Barcelona: Cairos.

TURNER, Víctor (1988): *El proceso ritual*. Madrid: Taurus.

José Luis García García

Véanse además DISCRIMINACIÓN Y EXCLUSIÓN SOCIAL, ESTIGMA, MINORÍAS.

Criollización

La primera fuente de referencia del término criollo en español, *crioulo* en portugués, *créole* en francés y *creole* en inglés, viene de la lingüística. El concepto de lengua criolla adquirió inicialmente la noción peyorativa de una lengua vernácula, hablada sólo en las *colonias y construida por medio de una *combinación supuestamente aleatoria y precaria de elementos gramaticales y léxicos extraídos de las lenguas europeas –francés, inglés, holandés, español y portugués– y de las lenguas africanas que hablaban los *esclavos procedentes de dicho continente –en algunos casos, la combinación se daba también entre lenguas europeas y lenguas indígenas–. Hasta hace poco, las lenguas criollas en las Américas no se consideraban idiomas con el mismo *estatus lingüístico que los idiomas europeos. Para el poder académico hegemónico, serían sólo "dialectos" o hablas criollas, es decir, formas secundarias e incluso provisionales de expresión lingüística. En este sentido disminuido del término se crearon lenguas criollas en la mayoría de las islas del Caribe y esta misma designación se transfirió a sus equivalentes en diversas partes del mundo, aunque ello sucedió siempre fuera del espacio propiamente europeo. Una de las más famosas hablas criollas, la haitiana, ha alcanzado recientemente el estatus de lengua nacional. Al habla criolla de las islas holandesas –Aruba, Curaçao y Donaire– se le llama *papiamento*. En diversas islas francófonas y en la Guayana francesa, al *créole* local se le llama *patois*. También muchas islas del Caribe de lengua inglesa han desarrollado *créoles* propios.

La connotación lingüística de este término ha contribuido de manera muy importante a apartarlo de su otra acepción, más biologizante, de mezcla racial, como si el criollo fuese el tipo racial legítimo de la colonia, resultado del cruce de los europeos –blancos– con los negros y los indígenas. La acepción de criollo como *mestizo racial entró en declive ya durante el periodo colonial en casi todas las colonias de las Américas y del Caribe, a excepción de Brasil, donde la palabra *crioulo* siempre tuvo un sentido ligado exclusivamente a la condición racial de los no blancos. *Crioulo* es un eufemismo –con carácter peyorativo– de negro y no ha sido resignificado políticamente como símbolo de afirmación de una *identidad negra. Por este motivo, no puede decirse que exista una ideología del "criollismo" en Brasil como ocurrió en la América hispánica y que tan importante resulta en el mundo caribeño.

Además de definir la lengua, el término de criollo explica también una tradición culinaria regional, como la comida criolla –o *créole food*, en el Caribe de lengua inglesa–. Es más, puede referirse asimismo a todo un estilo de vida y de *tradiciones culturales, como el *cajun* de Luisiana, que es al mismo tiempo comida, música, dialecto y manera de vestir. Así están implícitas dos ideas importantes en el concepto de comida –y *cultura– criolla: la noción de mezcla y de carácter *local. Esta condensación de la mezcla y de lo local convierte al concepto de lo criollo en una cuestión emblemática del momento actual, marcado por el debate de la *interculturalidad.

En paralelo con su importancia como diacrítico lingüístico para diferenciar europeos hegemónicos y no europeos subalternizados, los términos de criollo en español y *crioulo* en portugués surgieron ya en el primer siglo de la colonización de las Américas para designar a los colonos blancos nacidos en el Nuevo Mundo. Con este término se marcaba una *diferencia de estatus y de referencia histórica que distinguía a los nativos –blancos y no blancos– de los blancos nacidos en Europa y radicados en las colonias. En este sentido se dice que el fenómeno de formación de las poblaciones locales en el Nuevo Mundo fue un proceso de criollización del espacio colonial, que implicó un proyecto de afirmación de una versión local de la sociedad y de la cultura occidental. La trayectoria del término refleja la historia de las diversas posiciones de proximidad y distanciamiento entre Europa y las Américas. La experiencia de vida en las colonias se veía desde la *metrópoli como destierro, exilio, caída; en suma, como un distanciamiento de la fuente plena de significado, prestigio y "civilización". Por otra parte, la condición de criollo significaba un embrutecimiento, una aproximación a los salvajes o nativos de las islas o de tierra firme.

Esta connotación peyorativa de la voz *criollo* sigue vigente hoy en día y funciona como una estructura de relación no sólo política o social, sino también simbólica y cultural entre la metrópoli y la periferia. Al alejamiento del centro se le han atribuido efectos de *disminución, carencia, simplificación, rudeza y falta de cultura. El criollismo como ideología apuntó, en primer lugar, a la idea de una versión local o copia posible, existente sólo en la colonia, de la forma metropolitana de vida.

Por consiguiente, la genealogía inicial, desde el punto de vista de la descolonización, del término criollización o criollismo evoca el significado atribuido a lo largo de los siglos al encuentro colonial, *violento y conflictivo, entre los europeos, por una parte, y los indígenas y africanos esclavizados en el Nuevo Mundo, por otra. En la América hispánica el término criollismo tuvo un sentido *nacionalista, de afirmación de la elite local antiespañola contra las *elites españolas o locales favorables al dominio español. Para enaltecer las sagas de las elites locales en su empresa de "civilizar" las tierras incultas de las Américas con sus salvajes y esclavos se desarrolló una tradición literaria y de artes plásticas de estética criollista. En esta afirmación de lo local, desde la perspectiva de la elite, el criollismo siguió marcando una *separación en relación a las expresiones culturales y a los modos de vida propios de los indígenas y de los negros. Se trataba de desarrollar una versión criolla de la cultura occidental y no de afirmar las culturas no occidentales. La estética criollista consistía en incorporar elementos culturales de los pueblos oprimidos –negros e indígenas– sin romper con el canon y los valores, considerados indiscutiblemente superiores, de los países europeos colonizadores. Esta acepción de criollismo en las artes abrió lentamente el camino para una afirmación descolonizadora, bastante más compleja y sofisticada, del proceso de criollización en las Américas.

Sin embargo, donde se ha exaltado y teorizado más la condición criolla ha sido en el Caribe. Para el poeta jamaicano Edward Brathwaite, el proceso de criollización permitió la generación de una manera de vivir y sentir completamente nueva, propia del espacio caribeño. Su definición del término lo aproxima al concepto sociocultural de *hibridación: "la 'criollización' es un proceso cultural –material, psicológico y espiritual– basado en el estímulo y la respuesta de los individuos, en el interior de una sociedad, a su nuevo ambiente y entre ellos mismos". Esta concepción de criollización del poeta Brathwaite recuer-

da mucho la noción de *transculturación formulada tres décadas antes por el cubano Fernando Ortiz. También se asemeja al concepto de hibridación definido, entre otros, por Néstor García Canclini.

La exaltación del mundo caribeño como el universo de la cultura criolla, de la criollidad o de la *créolité* ha generado una rica tradición artística y literaria en el archipiélago antillano, muy especialmente en las islas de colonización francesa, donde la teorización de la condición de *créolité* consiguió gran proyección internacional. Entre los teóricos francófonos se destaca el martiniqueño Édouard Glissant, que considera que la actitud generada por la *créolité* resulta positiva, inclusiva y abierta, definiéndola como una poética de la relación y no de la oposición.

Para Glissant, la vida de relación se inspira en la circulación constante que siempre ha existido entre las islas caribeñas. Ello le lleva a concebir las formas antillanas de pensar como un "pensamiento archipiélago", opuesto a las ideas de los colonizadores europeos, acostumbrados a cerrar y delimitar territorios con pretensión de control y dominación. Esta teoría de la *créolité* pretende afirmarse como una alternativa cultural y política frente a la poderosa propuesta de la *negritud*, desarrollada desde los años treinta del siglo pasado por grandes intelectuales caribeños y africanos, tales como los también martiniqueños Aimé Césaire y Frantz Fanon y el senegalés Leopold Cédar Senghor. La negritud, movimiento que tanto ha contribuido a las luchas *antirracistas y anticoloniales en África y en todas las regiones de la *Diáspora afroamericana, es rechazada por Glissant al considerarla cerrada, *excluyente, polarizadora y, llevada al extremo, endurecedora de posiciones raciales, políticas y culturales.

Teniendo en cuenta la larga historia de minusvaloración del término de criollo, recuperarlo como un atributo positivo de los subalternos caribeños ha resultado una estrategia eficaz de resistencia y autoafirmación, equivalente a la recuperación positiva que los negros norteamericanos han hecho del término *nigger*. Si lo criollo se define como un término negativo, su utilización simbólica por los no blancos representa sus procesos de autoidentificación y funciona como un mecanismo capaz de desarmar los prejuicios introducidos en esa expresión racista.

Al tiempo que Brathwaite defiende el proceso de criollización como una manera diferente de definir la hibridación cultural, los teóricos antillanos francófonos apoyan la *créolité* como una identidad o forma característicamente caribeña de estar en el mundo. Y, desde este punto de vista, la definen diacríticamente como una condición de movimiento, fusión y cambio constantes. Según Glissant, *créolité* es "esa capacidad de transformarse de una manera continua sin perderse". Paradójicamente, pese a que la condición de *créolité* se define como algo estable, desde el momento en que se ejerce de modo constante y colectivamente, lo que supuestamente la distingue de otras condiciones o maneras de estar en el mundo es justamente su inestabilidad. Esta paradoja, aunque secundaria, parece síntoma del peligro, apuntado por Stuart Hall entre otros autores, de que la criollización como actitud de apertura, absorción y entrega a la circulación se convierta en criollismo, ideología de distinción y singularidad tan problemática como las ideologías/identidades que subyacen tras el mestizaje y el hibridismo. Lo criollo en su acepción de criollismo puede caer en la misma polarización y en el mismo maniqueísmo político y simbólico que precisamente se propuso criticar: la sociedad criolla es más flexible en la convivencia, la cultura criolla resulta más híbrida y la identidad criolla se halla menos sujeta a caracteres fijos. Obviamente, el reverso de esta plasticidad ejemplar se encuentra en la condición no criolla, que en este contexto sólo puede ser la europea: rígida, inflexible y cerrada social, política y culturalmente.

Una de las novedades de Glissant es introducir la dimensión de la apertura como un aspecto más de la manera criolla de fundirse y mezclarse. Por otra parte, tanto él como los demás teóricos de la *créolité* tienden a minimizar otras dimensiones, igualmente constitutivas del proceso de criollización: el conflicto y las disparidades de poder. No se puede ejercer una apertura constante en un mundo desigual sin enfrentarse en algún momento a las disparidades de poder. Otro problema del criollismo o de lo criollo como ideología es eliminar, aunque sea inadvertidamente, la dimensión del carácter local de la expresión criolla, tratándola como una singularidad que de alguna manera podría exportarse o generalizarse.

Con el objetivo de ofrecer una alternativa para la superación de las paradojas que presenta esta concepción de lo criollo, Stuart Hall propone entender el proceso de criollización como la generación de un "tercer espacio" –que es el mismo "entrelugar" híbrido, teorizado por Homi Baba–: "un espacio vernáculo 'nativo' o indígena, marcado por la fusión de elementos culturales extraídos de todas las culturas originarias, resultando una configuración en la que estos elementos, aunque en ningún caso iguales, ya no pueden desagregarse o reconducirse a sus formas originales, pues ya no existen en un estado 'puro' al haber sido '*traducidos' permanentemente".

En la aproximación de Hall hay que resaltar el carácter provisional, tenso y no programado, de la convivencia, del acuerdo y de la expresión de tipo simbólico implícitos en la actitud del criollismo. En estos términos se puede encontrar un punto común entre las posiciones de Edward Brathwaite, Édouard Glissant y Stuart Hall, y de este modo mantener vivo el poder interpretativo e inspirador de la idea de criollización.

Bibliografía

ALI, Suk (2003): *Mixed-Race, Post-Race: Gender, New Ethnicities and Cultural Practices*. Oxford: Berg.

ALUND, A. (2003): «Ethnicity, social subordination and cultural resistence». *Comparative Social Research*, 22: 245-261.

ASHCROFT, Bill; GRIFFITHS, Gareth; TIFFIN, Helen (eds.) (1998): *Key Concepts in Post-Colonial Studies*. London: Routledge.

ASSUNÇAO, M. R. (2005): «Brazilian popular culture or the curse and blessings of cultural hybridism». *Bulletin of Latin American Research*, 24, 2: 157–66.

AUDINET, Jacques (2005): *The Human Face of Globalization: From Multiculturalism to Mestizaje*. Lanham: Rowman & Littlefield. Translated by Chele Frances Dal.

BRATHWAITE, Edward Kamau (1971): *The Development of Creole Society in Jamaica, 1770-1820*. Oxford: Oxford University Press.

GLISSANT, Édouard (1990): *Poétique de la Rélation*. Paris: Gallimard.

— (2005): *Introdução a uma Poética da Diversidade*. Juiz de Fora: Editora da Universidade de Juiz de Fora.

GRANDIS, Rita de; BERND, Zilá (eds.) (2000): *Unforseeable Americas: Questioning Cultural Identity in the Americas*. Amsterdam: Rodopi.

HALL, Stuart (2003): «Creolité and the Process of Creolization», en Okwi Enwenzor, Caros Basualdo, Ute Meta Bauer *et al.* (eds.), *Creolité and Creolization. Documenta 11. Platform 3*. New York: DAP/Distributed Art Publishers, 27-41.

JUNIOR, Benjamin Abdala (ed.) (2004): *Margens da Cultura*. São Paulo: Boitempo.

YOUNG, Robert (1995): *Colonial Desire. Hibridity in Theory, Culture and Race*. London: Routledge.

José Jorge de Carvalho

Véanse además Aculturación, Centro-periferia, COLONIALISMO Y ANTICOLONIALISMO, CULTURA, DESARROLLO, DIFERENCIA Y DESIGUALDAD, Diferencias naturales y diferencias sociales, Diferencias sociales y diferencias culturales, Diferencias sociolingüísticas y desigualdad, DISCRIMINACIÓN Y EXCLUSIÓN SOCIAL, ELITES, Esclavitud, Espacio local, Etnicidad, HIBRIDACIÓN, IDENTIDAD, INTEGRACIÓN, Interculturalidad, Mestizaje, MIGRACIONES, MINORÍAS, Nacionalismo, PATRIMONIO, Racismo y neorracismo, Segregación, Traducción, Transculturación, VIOLENCIA POLÍTICA.

Cultura

El concepto académico de cultura, de por sí confuso –como se puede constatar en la discusión de la ingente cantidad de definiciones recopiladas ya por Kroeber y Kluckhohn en 1952–, ha incrementado su complejidad en la medida en que ha pasado, de forma generalizada, del mundo académico al lenguaje cotidiano, asumiendo significados no menos complejos e irreductibles. Se habla de cultura como conjunto de características aprendidas, eruditas o tradicionales, de las personas y de los colectivos; pero también como una forma estructurada de comprender y ejecutar comportamientos temáticamente *diferenciados: éste es el sentido que tienen expresiones como cultura del deporte, cultura de la violencia, cultura política, cultura del ahorro y del despilfarro... y cultura de casi todo lo que a uno se le pueda ocurrir. Su origen metafórico está en el fondo de la bifurcación del significado del concepto. Ya desde el s. XVIII cultura viene del verbo latino *colere* cuya significación se relaciona con el cultivo de la tierra. Los productos cultivados contrastan con los que se originan de forma natural, adquieren el valor añadido del trabajo humano, pertenecen a un espacio determinado y tienen dueño. Si ese dueño es la humanidad, el concepto de cultura, de acuerdo con la tradición ilustrada, se equipara con el de civilización; si por el contrario, como proponían los románticos y más concretamente Herder, el dueño es el pueblo,

la cultura se hace tradicional y popular, destacando entre sus características más determinantes su capacidad de conformar el *Volksgeist*, o espíritu del pueblo. La incipiente Antropología del s. XIX, impulsada por otros condicionantes académicos, mantiene bajo paradigmas evolucionistas la equivalencia entre civilización y cultura. La cultura marca el camino recorrido por la humanidad para llegar a la civilización. En este trayecto los productos culturales se hacen cada vez más perfectos y elaborados. A nivel temático Tylor, en una de las definiciones más citadas desde el s. XIX, habla de cultura –o civilización– como de "un todo complejo que incluye conocimiento, creencia, arte, moral, leyes, costumbres y cualquier otra aptitud y hábito adquiridos por el hombre como miembro de la sociedad" (Tylor, 1971: 19). La cultura humana aparece aquí como un conjunto de fenómenos objetivos, susceptibles de ser utilizados por los sujetos sociales y de progresar, aunque en este proceso siempre afloren *reminiscencias* del pasado. La alternativa más próxima a esta definición de los evolucionistas estuvo marcada por el intento, iniciado por Boas, de particularizar la cultura y ponerla, según hicieron los románticos, en relación con los grupos sociales *diferenciados, entendiendo el concepto en un sentido más acorde con lo que se estaba configurando como objeto de estudio de la Antropología Social y Cultural: las diferencias culturales. En su artículo sobre la voz «Anthropology» en la *Encyclopedia of the Social Sciences,* Boas escribe que "la cultura incluye todas las manifestaciones de los hábitos sociales de una comunidad; las reacciones de los individuos en cuanto están afectadas por los hábitos del grupo en el que viven, y los productos de las actividades humanas en la medida en que están determinadas por esos hábitos" (1930: 74). Boas, sin embargo, a pesar de estas determinaciones de los individuos dentro de sus grupos, era perfectamente consciente del carácter flexible y cambiante de las culturas humanas y de la importancia que tenían en todas ellas las aportaciones y préstamos culturales externos.

Con todo, la alternativa inicial en las definiciones antropológicas de la cultura, es decir, la posibilidad de entenderla como correlato de toda la humanidad o un referente de cada uno de los grupos que la componen, no es el problema fundamental del concepto, pues esta cuestión se puede resolver fácilmente aludiendo, según hace Goodenough, al "punto de vista": nada impide teóricamente hablar de la cultura como característica de los seres humanos y de la Cultura de una sociedad –con mayúscula– como "el sistema global de culturas públicas mutuamente ordenadas pertenecientes a todas las actividades que se desarrollan dentro de la sociedad" (1975: 238).

Resulta mucho más problemática la cuestión de la naturaleza de la cultura: dilucidar si estamos ante una realidad mental y subjetiva de carácter psicológico o si, por el contrario, es un fenómeno social que, siguiendo las exigencias de las *Reglas del Método Sociológico* de Durkheim, puede ser tratada como si fuera una cosa, estructurada por sus propias leyes. En las orientaciones subjetivistas tuvieron un importante papel las pautas marcadas por los estudios lingüísticos de Sapir, quien dio las pistas para que los discípulos de Boas –él era uno de ellos– llegasen a equiparar literalmente la cultura y sus efectos con el lenguaje. Según Sapir, el lenguaje configura profundamente a los que lo hablan y hablar distintos lenguajes significa vivir en mundos diferentes. De hecho, los discípulos de Boas unieron rápidamente la problemática de la cultura con la psicología colectiva, y la llamada Escuela de Cultura y Personalidad partía del supuesto de que la cultura era configuradora de formas de pensar y de conductas colectivas. Conceptos como los de *pautas culturales, personalidad modal, personalidad de base, carácter nacional* –que tienen reminiscencias del viejo *Volksgeist*– son derivados de estas equiparaciones. Ruth Benedict (1989) desarrolló temáticamente este paralelismo entre lenguaje y cultura. Para ella la cultura era un todo pautado, es decir, codificado que, al igual que el lenguaje, se produce por selección de algunos elementos del gran arco de formas posibles, que se combinan primero y se integran después en conjuntos estructurados. Los mismos elementos formales se diferencian en sus funciones y significados según pertenezcan a uno u otro conjunto. Lo más probable es que los seres humanos que tienen diferentes culturas no puedan entenderse, a no ser que ejecuten un difícil ejercicio de *traducción entre sus respectivos mundos: *fronteras del significado, *fronteras del comportamiento y fronteras en sus formas de ser. En este contexto, según una definición prototípica dada por Barnouw en su libro *Cultura y Personalidad*, la cultura es el sistema de vida de un grupo de personas; la configuración de todas las normas más o menos *estereotipadas de comportamiento aprendido que son transmitidas de

una generación a la siguiente por medio del lenguaje y de la imitación.

Esta definición implica que los miembros de una cultura comparten un mundo peculiar, que les homogeneiza. Desde este punto de vista, la cultura es fundamentalmente normativa y su eficacia en la configuración de los sujetos sociales es, como recalcaba Margaret Mead en la Introducción a su obra *Desde los Mares del Sur*, "muy, muy fuerte". Esta forma de entender las cosas enlaza directamente con las concepciones mentalistas que se siguen manteniendo hasta nuestros días. Goodenough argumenta que la dificultad para entender la cultura proviene de no haber sido capaces de cargar con las consecuencias del hecho de que la cultura es algo que se aprende, y de que lo que se aprende son fundamentalmente percepciones, conceptos, recetas, normas y habilidades para hacer cosas. Todo ello forma parte del *propiospecto* de los sujetos humanos y, al margen de las relaciones existentes entre los diferentes individuos que componen un grupo, los fenómenos aprendidos deben distinguirse claramente de los objetos materiales derivados de la puesta en práctica de ese aprendizaje. Distingue, pues, la cultura, como realidad mental, de los artefactos culturales, que son manifestaciones materiales de lo que se aprende (1975: 190 y ss.).

El punto de vista objetivista considera la cultura como una propiedad de la sociedad, más que de los individuos particulares. Incluso para muchos antropólogos, sobre todo británicos, el estudio de los fenómenos sociales por sí mismo explica mejor las peculiaridades de los grupos humanos que su abordaje desde el concepto más abstracto de cultura. El hecho de que en las distintas tradiciones académicas se hable de Antropología Social o de Antropología Cultural, para referirse a la misma disciplina, es una consecuencia evidente de estas discrepancias en la consideración de la cultura. Si en la tradición durkheimiana, precursora del punto de vista sociológico que seguiría, por ejemplo, Radcliffe Brown, se pensaba que los fenómenos sociales, coactivos y transindividuales, deberían ser susceptibles de estudio en términos sociales, otro discípulo de Boas hizo en América una propuesta paralela para el estudio de la cultura: los fenómenos culturales deben estudiarse en términos culturales. Esta formulación de Kroeber se concreta en la consideración de la cultura como una realidad superorgánica, diferente de los hechos naturales y de los orgánicos. Kroeber analiza fenómenos históricos como las invenciones paralelas o las oscilaciones pautadas de la moda para poner de manifiesto la fuerza coactiva y transindividual de la cultura. Leslie White coincide con Kroeber en el carácter superorgánico –extrasomático, dice él– de la cultura y, emulando a Comte, hace una jerarquización de las ciencias, en función de su complejidad, en la que la *culturología* ocupa el lugar superior. Siguiendo explícitamente a Durkheim, habla de esta ciencia como del estudio de la cultura en términos de cultura, es decir, de un proceso simbólico, continuo, acumulativo y progresivo: "El lego ve gente que bebe leche de vaca, evita las suegras, practica la poliginia y la inhumación y forma los plurales por el agregado de afijos. Nota que otro grupo aborrece la leche de vaca, se asocia libremente con las suegras, practica la monogamia y la cremación y forma los plurales por repetición. La pregunta no es ahora ¿quién bebe la leche, la gente o la cultura? El culturólogo sabe quién bebe la leche tan bien como sus oponentes 'realistas'. La pregunta es: '¿a qué se debe que haya gente que aprecie la leche como una bebida agradable y nutritiva, en tanto que a otra le despierta repugnancia?'" (1964:145).

Lo que, sin embargo, mantienen tanto los defensores de la perspectiva objetivista como los de la subjetivista es el carácter integrado de la cultura y su papel determinante en los comportamientos de los sujetos sociales. Con ello se entroniza el papel homogeneizante de la cultura y su naturaleza integrada. Desde cualquiera de las dos perspectivas se puede hablar de la cultura como atributo exclusivo de un grupo social, y desde ahí sostener una visión etnicista de ella, como generadora de fronteras, marcadora de límites sociales y diferenciadora, más o menos fuerte, de los grupos humanos.

La alternativa a este punto de vista la defiende bien Wallace, representante de la última etapa de la Escuela de Cultura y Personalidad, para quien la cultura son "las formas de conducta o técnicas de resolución de problemas que, por tener mayor frecuencia y menor dispersión que otras formas, puede decirse que tienen una alta probabilidad de ser utilizadas por los miembros de una sociedad" (1972: 15).

En esta definición los procesos *normativos* se transforman en procesos *normales*. Los términos incluidos en la definición son básicamente estadísticos. Se habla de frecuencia y de dispersión. Todo ello apunta a una visión

de la cultura en la que los individuos que la protagonizan son en principio diferentes entre sí, pero por el hecho de vivir en proximidad, compartir un espacio físico, someterse a unas condiciones ecológicas similares y moverse en un mundo dotado de unos recursos materiales bien delimitados, tanto en su consistencia como en la forma de acceder a ellos, tienen grandes probabilidades de mantener una cierta *equivalencia* en sus conductas y en sus formas de pensar. Sin duda existen reglas y normas culturales, pero su función no es otra que organizar la diversidad de los sujetos sociales. La cultura, en términos de Wallace, es una organización de la diversidad.

No son pocas las consecuencias teóricas de esta forma de entender la cultura. La cultura, al contrario de lo que postulaban los configuracionistas, incluye alternativas conductuales y formas de pensar diferentes. Desde esta nueva perspectiva las viejas polémicas sobre la naturaleza objetiva –superorgánica– o mental de la cultura pierden mucho sentido. Resulta evidente que si la cultura sólo puede ser predicada estadísticamente de los individuos de un grupo social, es porque tiene mucho de opcional, y porque en sentido estricto no crea ningún determinismo psicológico en los sujetos que la practican. Esta desmentalización de la cultura se puede documentar bastante bien desde los estudios cognitivos y por la forma en que desde ellos se explica la naturaleza de los modelos culturales. La naturaleza cultural de los contenidos cognitivos, es decir, de los esquemas cognitivos estructurados que sirven para organizar las experiencias, carece de normatividad, y se activa, de forma conexionista y en versiones a veces diferentes en los mismos sujetos, cuando se dan determinadas circunstancias en ciertos contextos. La idea de que tales esquemas están de forma permanente interiorizados, lejos de ser una propuesta científica, responde a lo que Andrade llama modelo popular de la mente (1995), en el que se recurre a la metáfora del contenedor para visualizar el proceso mental del aprendizaje. Sin duda, los mentalistas sucumbieron a estas apariencias cuando trataban de buscar un lugar interior para ubicar la cultura. Pero tampoco el otro extremo de la disyuntiva tiene mayor consistencia: la cultura objetivada en la vida social supone una exteriorización del problema que da permanencia estructurada a lo que sólo aparece cuando los sujetos actúan. También la metáfora del contenedor opera aquí para salvar un abismo todavía más abstracto: el de la sociedad que guarda en un inmenso cajón de sastre los recursos culturales de los que nos servimos. En ambos casos, la etnificación y psicologización de la cultura han dado por supuesto que los sujetos humanos están siempre abocados a moverse por el mundo con sus inevitables bagajes culturales. El estudio de los procesos cognitivos, aplicando modelos epistemológicos conexionistas a la explicación de las conductas culturales, diferencia claramente los esquemas culturales y los significados culturales (Andrade, 1995; Strauss y Quinn, 1997). Los primeros son organizaciones flexibles, recursos emanados de las experiencias que los sujetos sociales pueden describir prototípicamente. Los segundos son activaciones de los esquemas, de naturaleza exclusivamente individual. Para resolver este problema, Bourdieu (1991) desarrolla una visión bastante similar cuando se refiere al *habitus* como una estructura estructurada y estructurante, que no está nada más que allí donde se activa. Dicho esto, se puede concluir que los significados culturales son fundamentalmente individuales y contextuales: no están en ninguna parte, pero se activan en los contextos apropiados. No tiene mucho sentido hablar de la cultura –o de los procesos culturales– de un sujeto social que ha cambiado de contexto, como si esa cultura fuese una propiedad que le acompaña de forma permanente.

Una consecuencia de esta forma de ver las culturas tiene relación con la consistencia cultural de los grupos humanos. Desde los planteamientos configuracionistas se ha dado por supuesto que las culturas están sustentadas por individuos más o menos homogéneos, o en el peor de los casos, como postulaba el mismo Wallace, equivalentes en sus formas de actuar y entender las cosas. Sin embargo, si la cultura en funcionamiento es una heterogeneidad organizada, la diversidad interna es siempre el fundamento de esa organización. Y esto no sólo es así en el mundo moderno, sino también en las culturas habitualmente tildadas de tradicionales.

Este planteamiento sugiere inmediatamente la pregunta sobre las diferencias entre la heterogeneidad intra e *intercultural, que se evidencia en las experiencias del mundo moderno. Los contactos culturales y las *mezclas nos permiten contrastar diariamente en distintos ámbitos sociales hasta qué punto los orígenes resultan irrelevantes para explicar similitudes y diferencias. Las diferencias entre los del mismo lugar contrastan

en ocasiones con la experiencia de gentes de distintos orígenes que se *comunican en la misma lengua, que se organizan eficazmente en un trabajo común, que cumplen de las misma manera requisitos burocráticos e incluso que participan sin ningún tipo de disonancia en los rituales colectivos, templos en otro tiempo de las *identidades incluyentes y excluyentes. Esto no es óbice para que unos y otros, más allá de esta coexistencia organizativa, mantengan vivas las fronteras de su privacidad. Se puede vivir sin ningún problema utilizando estratégicamente recursos de varios procesos culturales, sin que ello suponga contradicciones o traumas especialmente virulentos. En este contexto resulta relevante la distinción entre lo público y lo privado. La esfera pública se define básicamente desde la dimensión organizativa de la diversidad. Esta dimensión pública aúna potencialmente a un número heterogéneo de sujetos sociales, sean nativos o foráneos. La esfera privada funciona igualmente como exponente de diversidad. Que las diferencias sean intraculturales o interculturales no tiene una trascendencia especial en el ámbito de la esfera privada.

Si estas consideraciones son ciertas, parece evidente que la magnificación de las diferencias culturales no se deriva de la realidad de los hechos a los que habitualmente nos referimos al hablar de la cultura, sino de fenómenos sociales de otra naturaleza, especialmente de aquellos que se generan a partir de los discursos sociales. Los discursos esencialistas sobre la cultura propia y de los *otros son fácilmente desmontables en su referencialidad, desde el punto de vista teórico, con los argumentos que se acaban de esbozar, pero lo que no es fácilmente eludible es su performatividad. Son discursos socialmente eficaces que afectan a aspectos muy relevantes de las relaciones sociales.

La cultura constituye una realidad representada por ser una representación construida y divulgada en los discursos homogeneizantes y no por la traducción referencial de los hechos a la esfera del conocimiento. La construcción discursiva de las categorías colectivas se genera básicamente en el ámbito de la retórica y como tal incluye habitualmente una intencionalidad persuasiva. Son precisamente los discursos políticos, en todas sus variedades, los que manejan más reiteradamente este tipo de categorías. La cultura se trata habitualmente en este contexto como un correlato de la identidad colectiva y, en este ejercicio de delimitación identitaria, se construyen y se divulgan simultáneamente las identidades referidas a las culturas de los otros. Los mecanismos de construcción discursiva de lo colectivo son bastantes simples: anulan diferencias internas y generalizan rasgos supuestamente distintivos. Y el resultado es una esencialización del producto. Una simple lectura lógica de estos discursos descubriría fácilmente la inconsistencia retórica de considerar más próximos, en el ámbito de las mentalidades, a un creyente y a un ateo de la misma tradición cultural, que a dos creyentes de religiones diferentes; por ejemplo, a un cristiano y a un musulmán. Otra de las constantes discursivas sobre la que se apoya la construcción de la categoría integrada de cultura es su delimitación territorial: resulta extravagante considerar más afín culturalmente a un antepasado "colectivo" de varios siglos atrás, nacido en el mismo territorio, que a un coetáneo de otro país, con el que teóricamente se podría establecer contacto e incluso convivir. La retórica de la elaboración territorial es uno de los pilares de la construcción cultural, en detrimento de las virtualidades reales de la convivencia temporal. Desde este punto de vista los discursos cultural-identitarios pueden reforzar las diferencias entre los seres humanos incluso cuando plantean objetivos de salvaguarda y respeto a las culturas de los demás.

En relación con esta construcción de la categoría colectiva de cultura, no menos importantes han sido los discursos académicos, sobre todo el antropológico. Todo el proceso de investigación disciplinar conduce, casi inexorablemente, a apuntalar la categoría colectiva de cultura. Ello ocurre porque la cultura misma es el objetivo teórico de la disciplina y, desde este punto de vista, al definir clara y unitivamente el concepto que maneja la disciplina, se corre el peligro de construirlo. Pero, en segundo lugar, sucede porque la especialización de la Antropología Social en el análisis de las diferencias y en el proceso que lleva a estudiarlas, desde el trabajo de campo hasta su explicación teórica, conduce casi ineludiblemente a hablar de los pueblos como de entidades culturalmente consistentes, con instituciones coherentes y peculiares que los diferencian entre sí. Rara vez los antropólogos se fijan en las diferencias internas de los grupos que estudian y casi nunca renuncian a la generalización de las coincidencias.

Así pues, las culturas pueden considerarse recursos abiertos, susceptibles de ser utilizados por nativos y extraños. Lo fundamental es la vinculación de esos recursos a determina-

dos contextos. Lejos de ellos, las culturas, si se les dota de unidad y coherencia y se les atribuyen dueños, se convierten en textos retóricos. No dejan de tener razón los que postulan un sentido adjetivo para la cultura (Appadurai, 1996:12). Es más real hablar de instituciones, conductas y modelos culturales que de culturas cerradas y específicas en las que la gente vive.

Bibliografía

ANDRADE, Roy d' (1995): *The development of cognitive anthropology.* Cambridge: Cambridge University Press.

APPADURAI, Arjun (1996): *Modernity at large: cultural dimensions of globalization.* Minneapolis: University of Minnesota Press.

BENEDICT, Ruth (1989): *El hombre y la cultura.* Barcelona: Edhasa.

BOAS, Franz (1930): "Anthropology", en *Encyclopedia of the Social Sciences.* New York: Macmillan, vol. II: 74-86.

BOURDIEU, Pierre (1991): *El sentido práctico.* Madrid: Taurus.

GOODENOUGH, Ward H. (1975): "Cultura, lenguaje y sociedad", en J. S. Kahn (ed.), *El concepto de cultura. Textos fundamentales.* Barcelona: Anagrama, 157-248.

KROEBER, Alfred (1917): "The superorganic". *American Anthropologist,* 19: 163-213.

KROEBER, Alfred; KLUCKHOHN, Clyde (1952): *Culture. A critical review of concepts and definitions.* Cambridge: Papers of the Peabody Museum of Archeology and Ehnology, 47, 1.

STRAUSS, C.; QUINN, N. (1997): A *cognitive theory of cultural meaning.* New York: University Press.

TYLOR, E. B. (1971 [1871]): *Cultura primitiva.* Madrid: Ayuso.

WALLACE, Anthony F. C. (1972): *Cultura y personalidad.* Buenos Aires: Paidós.

WHITE, Leslie A. (1964): *La ciencia de la cultura: Un estudio sobre el hombre y la civilización.* Buenos Aires: Paidós.

José Luis García García

Véanse además Aculturación, ALTERIDAD, Centro-periferia, Ciudadano, COLONIALISMO Y ANTICOLONIALISMO, COMUNICACIÓN, Comunitarismo, CONSUMO CULTURAL, DERECHOS HUMANOS, DESARROLLO, Desterritorialización, DIFERENCIA Y DESIGUALDAD, Diferencias sociales y diferencias

culturales, DISCRIMINACIÓN Y EX-
CLUSIÓN SOCIAL, ELITES, Elites cos-
mopolitas, Esclavitud, Esfera mediática,
Espacio de los flujos, Espacio red, ESTADO-
NACIÓN, ESTEREOTIPOS Y ESEN-
CIALIZACIÓN, Etnicidad, Etnocentrismo
y relativismo cultural, EXPLOTACIÓN
SOCIAL, Extranjero, FRONTERA, Fron-
tera geográfica y administrativa, Fronteras
políticas y religiosas, Fronteras simbólicas,
Global y local, GLOBALIZACIÓN, Globa-
lización y antiglobalización, HIBRIDA-
CIÓN, IDENTIDAD, INTEGRACIÓN,
Integración educativa, Integración religiosa,
Interculturalidad, Localidades fantasmagó-
ricas y desanclaje, Mestizaje, Migraciones.
Redes sociales, Migraciones. Teoría macro,

Migraciones y racismo, MINORÍAS, MO-
VILIDAD, MULTICULTURALISMO,
Multiculturalismo en los estudios culturales,
Multilocal, Nacionalidad, Nacionalismo,
Naturalización, Neocolonialismo, Nomadismo y turismo, NUEVOS MOVIMIENTOS
SOCIALES, PATRIMONIO, Pluralismo
sincrónico, Plurinacionalidad, Poscolonialismo, Racismo y neorracismo, Relaciones y
procesos informales económicos, Revolución
técnico-comunicativa, SABER Y SABE-
RES, Segregación, Sociedad de la información y del conocimiento, Sujeto intercultural, TERRITORIOS, Traducción, Transculturación, Viajes y sistemas de movilidad,
Violencia política. Tipos, Xenofobia y xenofilia.

D

Derecho de injerencia

La caída del "Muro de Berlín" puso fin a la "Guerra Fría" –1948-1989–. Se configura un nuevo orden en las relaciones internacionales. Termina la rivalidad entre las dos grandes potencias y el mundo deja de estar dividido en dos esferas de influencia. Mientras la URSS se disolvía, Estados Unidos pasaba a ser la potencia hegemónica.

El ascenso del neoliberalismo –Escuela de Chicago: Milton Friedman, 1912-2006– abre el camino a la liberalización del comercio internacional y de la circulación financiera, lo que supone la supresión en la práctica de las *fronteras nacionales. En el ámbito tecnológico, la revolución digital transforma nuestro día a día –internet, teléfonos celulares–, proporcionándonos así una *comunicación planetaria *sin barreras. La *globalización –*mundialización* en los países francófonos– resulta de la convergencia de estos factores.

Estas transformaciones en los sistemas sociales ponen en cuestión las reglas en las que se basaba la convivencia internacional. Los principios y los propósitos de intervención se anteponen a la soberanía y a la autodeterminación de los pueblos o naciones. Se invocan *los derechos humanos y se apela a un derecho de injerencia uni-, bi- o multilateral. Los principales conflictos armados posteriores a la "Guerra Fría" –1989, Panamá; 1990-1991, Irak; 1993, Somalia; 1999, Kosovo; 2001, Afganistán; 2003, una vez más Irak, y 2004, Haití– se produjeron por iniciativa o bajo liderazgo norteamericano en sucesivas alianzas con otros países u organizaciones –OTAN–. La ONU pierde influencia como actor en el tablero internacional. La intervención humanitaria justifica operaciones armadas en países soberanos, aunque no se haya formulado una petición de asistencia. Occidente proclama sus valores –democracia multipartidista, garantía de las libertades individuales, respeto por los derechos humanos– como los mejores, con lo que se convierten en imperativos en las relaciones internacionales.

Los *críticos de la globalización consideran que la falta de regulación de los circuitos financieros transnacionales es la causa de la crisis social que afecta a los países y no sólo a los del llamado Tercer Mundo. Se caracteriza por la precarización del *trabajo –se forma una nueva clase social, el *precariado* dependiente, término construido sobre proletariado– y por el desmantelamiento de los sistemas públicos de educación, salud y seguridad social. Aparecen movimientos alterglobalizadores que luchan por una sociedad con menos *asimetrías. Expresan su descontento frente a la injusticia económica instituida por medio de iniciativas con impacto *mediático, eclipsando las cumbres del FMI, del G8, de la OMC y del Banco Mundial –ATTAC: *Association pour une taxation des transactions financières pour l'aide aux citoyens*.

Las operaciones de injerencia han conducido a la degradación de los *Estados –*failed states*–, sobre todo en África –Congo, Somalia, Liberia, Sierra Leona–, pero también en Asia –Afganistán, Irak– y en el Caribe –Haití–. En otros casos, la intervención no se debe a la acción de un gobierno *extranjero, sino a la iniciativa de organizaciones clandestinas –narcotráfico–. La situación de Colombia es paradigmática. El conflicto armado interno –guerrillas estabilizadas– que asola al país desde hace décadas no ha podido derrotar al poder instituido y éste tampoco ha conseguido neutralizar a la insurgencia. De este *impasse* se deriva la actual erosión progresiva del Estado, de la economía y del tejido social, así como también la reducción de los espacios democráticos (Pizarro, 2004).

En una agenda de la investigación en materia de injerencia debe figurar la producción de etnografías de terrenos globalizados/mundializados por intervenciones externas –no confundir con la antropología de intervención o *actions anthropology* de los años sesenta–. Revisamos a continuación algunos de los aspectos sujetos a mayor visibilidad. La militarización del espacio (Lutz, 2001) por las fuerzas de ocupación comprende diversos aspectos. La presencia más o menos prolongada de tropas –norteamericanas, occidentales o multinacionales– conduce a una norteamericanización o, al menos, occidentalización de hábitos, de consumos, de la organización de la vida *cívica, de la gestión humanitaria –poblaciones *desplazadas– y del funcionamiento de las instituciones, al tiempo que se constituye en un factor fundamental para la creación de empleo. Al ponerse en circulación una moneda extranjera, bien en exclusividad o como medio de pago alternativo –algunos países de los Balcanes adoptaron el marco alemán y actualmente el euro; en Sudamérica, Ecuador introdujo el dólar como billete–, se está supeditando o abandonando un atributo de la soberanía. Relacionadas con los símbolos se encuentran las iniciativas políticas de vencedores y vencidos. Una vez más el caso colombiano sirve para la realización de un estudio sobre las dificultades del retorno a la vida civil de guerrillas desmovilizadas (Londoño y Nieto, 2006).

Partiendo de procesos políticos –injerencia, conflicto armado, ocupación, desmovilización, organización de la sociedad civil– es importante construir etnografías dedicadas a los efectos culturales generados (Cowan, Dembour y Wilson, 2001).

La imposición de un derecho de injerencia y las implicaciones prácticas de su aplicación conducen a que nos preguntemos por el papel que se reserva al Estado en la configuración actual de las sociedades globalizadas: ¿nos enfrentamos al fortalecimiento, el debilitamiento o la reformulación de esta institu-

ción? ¿Permanecerá el Estado como entidad soberana, asistida o en vías de extinción, según pronosticó Friedrich Engels?

Bibliografía

COWAN, J.; DEMBOUR, M. B.; WILSON, R. A. (2001): *Culture and Rights. Anthropological Perspectives*. London: Cambridge University Press.

FRIEDMAN, Jonathan; CHASE-DUNN, Christopher (eds.) (2005): *Hegemonic Declines: Present and Past*. Boulder: Paradigm Press.

LONDOÑO, Luz María; NIETO, Y. F. (2006): *Mujeres no contadas. Procesos de desmovilización y retorno a la vida civil de mujeres ex combatientes en Colombia, 1990-2003*. Medellín: La Carreta Editores.

LUTZ, Catherine (2001): *Homefront. A Military City and the American Twentieth Century*. Boston: Beacon Press.

PIZARRO LEONGÓMEZ, Eduardo (2004): *Una democracia asediada. Balance y perspectivas del conflicto armado en Colombia*. Bogotá: Grupo Editorial Norma.

Jorge Freitas Branco
Leonor Pires Martins

Véanse además CIUDADANÍA, COMUNICACIÓN, DERECHOS HUMANOS, Desterritorialización, Esfera mediática, ESTADO-NACIÓN, Extranjero, FRONTERA, Fronteras políticas y religiosas, GLOBALIZACIÓN, Globalización y antiglobalización, TRABAJO.

Derechos humanos

La idea de derechos humanos, que hunde sus raíces en la filosofía política antigua, el liberalismo ilustrado, la Revolución Francesa y la Revolución Industrial inglesa, se convirtió en un renovado foco de importancia política y de debate teórico tras la Segunda Guerra Mundial y, más recientemente, con el surgimiento de la centralización global del capital en los inicios de la década de los setenta (Bobbio, 1996: 32-46; Cowan, Dembour y Wilson, 2001: 1-26; Turner, 1979: 279-285). Por razones que reflejan su historia intelectual y su papel en los escenarios políticos y sociales contemporáneos, la discusión en torno a cuestiones teóricas y pragmáticas asociadas con los derechos humanos que se desarrolló en el periodo posterior a la Segunda Guerra Mundial estuvo dominada por abogados, filósofos, científicos políticos, ideólogos políticos y activistas de los movimientos sociales. Los antropólogos, hasta hace relativamente poco tiempo, apenas tuvieron nada que decir al respecto. Y este poco, repito sólo recientemente, estuvo cargado de reservas bastante críticas, que se extendieron en casos importantes a un rotundo rechazo al hecho de que unos derechos humanos universales pudiesen realmente existir.

Acercamientos desde la Antropología a los derechos humanos: ¿un nuevo paradigma teórico?

Mientras que los antropólogos han mantenido opiniones variadas y discrepantes respecto a los derechos humanos en la pasada mitad de siglo, se ha producido un brusco cambio de posición en las últimas dos décadas dirigido al reconocimiento de que el concepto de derechos humanos entraña importantes cuestiones de tipo antropológico y de que los derechos humanos de los sujetos de las investigaciones antropológicas, así como de los antropólogos mismos, son temas que convocan a la discusión y acción por parte de los antropólogos como activistas y de las asociaciones profesionales de antropología. A raíz de ello ha tenido lugar una renovada producción de pensamiento y publicaciones sobre la materia, a la par que las asociaciones profesionales han desarrollado importantes intervenciones en casos de derechos humanos que implicaban cuestiones de derechos de pueblos indígenas y de *mujeres. En algunos casos han llevado a cabo declaraciones formales sobre los derechos humanos que han involucrado a la antropología. Sin ánimo de minimizar la existencia de desacuerdos dentro de la profesión sobre, por ejemplo, lo adecuado o no de que la antropología como disciplina científica se vea envuelta en temas tan política y éticamente marcados como los derechos humanos, puede decirse que ha emergido un consenso en torno a varios puntos entre la mayoría de los antropólogos que han trabajado en el área que hace posible definir una perspectiva antropológica contemporánea de los derechos humanos.

Este consenso surge de ideas específicamente antropológicas, debates teóricos y cuestiones pragmáticas por las que han luchado los antropólogos como trabajadores de campo, etnógrafos y activistas, y contiene marcadas diferencias críticas respecto a algunas de las principales ideas y posiciones que caracterizan el actual discurso sobre los derechos humanos. Una de estas divergencias se sitúa en el significado mismo del término "humano": como ciencia dedicada al descubrimiento del sentido general de lo humano a través del estudio comparativo de las *diferencias humanas —culturales, sociales, políticas, históricas, lingüísticas y biológicas—, la antropología debería de tener algo que decir sobre el significado del primero de los dos vocablos que componen la expresión "derechos humanos", e igualmente acerca de las implicaciones que este significado tiene sobre el segundo término. ¿En qué sentido puede afirmarse que los derechos son humanos y, de ser así, cómo y en qué grado pueden ser considerados universales? Una segunda cuestión sería cómo reconciliar esta concepción de la humanidad como presuntamente universal con la gran diversidad de formas de existencia humana en todos los sentidos mencionados anteriormente. Muchos antropólogos han argumentado que la diversidad de culturas humanas es incompatible con cualquier noción de una naturaleza humana universal. Otros han sostenido que, si bien las diferencias culturales existentes excluyen la posibilidad de generalizaciones de tipo universal sobre las formas y contenidos específicos de las categorías culturales —incluyendo entre éstas "humanidad" y "derechos"—, sigue siendo posible distinguir rasgos uniformes en los procesos a través de los cuales estos conceptos y aquellos que los sustentan son producidos. Dicho de otro modo, los procesos por los que las culturas, las relaciones sociales y las personas son producidas en toda su variedad deben comprender en sí mismos toda una serie de uniformidades que podrían ser fundamento de derechos universales. No obstante, incluso si esto último pudiera ser afirmado, una tercera cuestión de gran importancia se plantea con respecto a la definición de la unidad que sustenta los mencionados derechos universales: ¿individualidad biológica?, ¿grupos sociales del tipo de familias o corporaciones?, ¿categorías colectivas de personas definidas en función del género o lo étnico?, ¿culturas?, ¿o todos ellos en función del contexto en el cual se reivindican o niegan estos derechos?

En las últimas décadas han surgido nuevas formas de activismo antropológico a favor de los derechos de las *minorías culturales, indígenas y de mujeres y niños de regiones en las que sufren cualquier tipo de opresión que han venido a sumarse a la serie de perspectivas desde las cuales los antropólogos tratan de resolver todas las cuestiones mencionadas anteriormente. En este punto puede afirmarse que, aunque la antropología no ha producido un consenso o una perspectiva unificada en la materia, sí ha generado un vigoroso debate interno que ha quedado expresado tanto en literatura experta como en contextos políticos institucionales y activistas. Con el crecimiento de una literatura antropológica centrada en los derechos y con el aumento de experiencias prácticas en defensa y apoyo de ellos, los antropólogos han alcanzado una comprensión cada vez más sofisticada de la complejidad de los temas relacionados con los derechos humanos. Una característica común al pensamiento antropológico más reciente ha sido el énfasis en antonimias tan transcendentes como principios de derechos universales *versus* relativismo cultural, derechos individuales *versus* grupales, categorías teóricas abstractas *versus* procesos y acciones contextualizadas. El dialogo desarrollado entre relativistas culturales y los defensores de principios universales de derechos humanos, que ha enmarcado históricamente gran parte de los enfoques antropológicos en el tema de los derechos humanos, ejemplifica claramente el proceso descrito.

Relativismo cultural *versus* "derechos humanos" universales: ¿contradicción o compatibilidad?

El rechazo en 1974 por parte de la Asociación de Antropología Americana –en adelante AAA– a la Declaración Universal de los Derechos, proclamada por Naciones Unidas, fue representativo de todas las reacciones críticas generadas al respecto por los antropólogos tanto en esos momentos como desde que se formuló el concepto de derechos humanos universales (American Anthropological Association, 1947: 539-43). Dicho rechazo resume lo que muchos sentían incompatible: unos principios abstractos sobre la universalidad de los derechos, es más, sobre la naturaleza humana, frente al principio antropológico del relativismo cultural, en el que la declaración de la AAA –cuya autoría pertenece a Melville Herskovits– basa su repudio a la Declaración de Naciones Unidas. La declaración de Herskovits estaba formulada en términos muy categóricos que negaban la posibilidad de cualquier tipo de formulación universal tanto en lo que respecta a los derechos como al significado del adjetivo "humano". Argumenta que "supone una violación de su integridad

cultural y un acto de imperialismo cultural el hecho de imponer el concepto ajeno –occidental– de unos derechos o naturaleza humana universales", puesto que muchas culturas adolecen de conceptos explícitos de derechos o de nociones universales de humanidad común, que incluyan otras culturas o grupos étnicos en pie de igualdad con ellos mismos. Merece la pena enfatizar que Herskovits enmarcó la cuestión del relativismo exclusivamente en términos de lo ilegítimo de imponer valores específicamente occidentales sobre otras culturas. No consideró la posibilidad de referirse a formulaciones teóricas basadas en criterios culturalmente neutros y cohibidos en lugar de a una concepción específicamente occidental, pese a que queda razonablemente claro por sus otros escritos que consideraría un producto "occidental" a cualquier otro tipo de formulación teórica general y, por tanto, sujeta a la misma objeción desde el relativismo cultural.

No todos los antropólogos aceptaron esta postura relativista. En los momentos inmediatamente posteriores a la Segunda Guerra Mundial, justo cuando tuvo lugar el debate en torno a la Declaración de Naciones Unidas, sostuvieron que defender el relativismo cultural significaba aceptar las acciones e ideologías nazis y fascistas sobre la base de sus propios valores. Para aquéllos, comprometidos con la idea de una antropología como ciencia o disciplina filosófica situada dentro de la tradición del humanismo liberal ilustrado, ésta forma parte del proyecto ilustrado encaminado a descubrir atributos humanos universales, capaces de orientar esfuerzos colectivos más eficaces a la hora de alcanzar el conocimiento de cualidades humanas innatas. Esta visión quedó condensada en la concepción ilustrada de los derechos humanos; en palabras de Thompson (1997: 790): "El discurso liberal sobre los derechos humanos es, por tanto, un argumento moral que las sociedades necesitan para establecer las condiciones en las cuales los potenciales humanos que conduzcan al florecimiento personal puedan prosperar y florecer."

Muchos relativistas culturales identificaron también su batalla en pro de una igualdad de derechos entre todas las culturas con este programa idealista, afirmando que las culturas, consideradas entidades cerradas e internamente homogéneas, representan el equivalente funcional o al menos moral de la realización del potencial humano en este sentido. Esta línea argumental sobre los derechos de las culturas, entendidas como una colectividad de individuos, proviene de la tradición de Herder y del idealismo romántico germánico que se desarrolló en oposición al liberalismo ilustrado. Mientras que la concepción romántica de cultura influyó enormemente los acercamientos antropológicos hacia esta noción, especialmente entre los relativistas culturales americanos como Herskovits, ha recibido crecientes críticas por los antropólogos en las últimas décadas. Estos ataques han tenido implicaciones directas en la concepción antropológica de los derechos humanos.

Las críticas procedentes de la antropología se han centrado en la tendencia del discurso del relativismo cultural a reificar la noción de *cultura como un sistema de ideas, significados y valores internamente uniforme y consistente, compartido por todos los miembros de una sociedad, y por su propensión a abstraer los conflictos sociales internos y externos provenientes de la desigual distribución del poder y de los valores sociales entre personas y grupos en el seno de su propia cultura. Esta tendencia a esencializar las culturas como entidades homogéneas ha sido común, no sólo en antropología entre los relativistas culturales, sino también entre los escritores jurídicos, filósofos y politólogos que han abordado el tema de los derechos culturales. "La tendencia de los sistemas jurídicos a demandar categorías claramente definidas y contextualmente neutras –incluyendo las categorías de *identidad y pertenencia–, para ser capaces de clasificar a las personas y tratar con ellas sobre la base de estas categorías; en otras palabras, la tendencia a la esencialización de la legislación contribuye en gran medida a la estrategia de esencializar grupos culturalmente definidos" (Cowan, Dembour y Wilson, 2001: 10-11; véase Gellner, 2001: 177-200).

Frente a la estrategia esencializadora de esta clase de discursos, los autores argumentan que investigar sobre la base de este tipo de asunciones puede tener efectos de retroalimentación, conduciendo a los grupos a distorsionar sus propios discursos y prácticas para adaptarlos a aquellos que sostienen gobiernos y abogados de derechos con el objetivo de lograr una defensa de los mismos. Defienden una concepción de cultura como una "ficción sociológica", que sirve para ofrecer una representación cómoda del "desordenado campo social de prácticas y creencias conectadas entre sí que se producen fuera de la acción social". Aunque es un error atribuir esta ficción "a ningún tipo de representación

independiente o a disposiciones propias", las concepciones de la cultura que se desprenden de estas líneas enfatizan, no obstante, "procesos, fluidez y contestación... que podrían esclarecer las cuestiones en torno a la idea de derechos, incluyendo aquellas que tienen como objeto a una cultura concreta, mucho más que una postura que niegue o menosprecie estos aspectos" (Cowan, Dembour y Wilson, 2001: 14).

Otra línea de crítica a los desafíos planteados por el relativismo cultural respecto a los principios de derechos universales ha sido su fracaso en buscar soluciones a los distintos modos en los que las comunidades culturales oprimen o niegan los derechos –entendidos en términos universales– de sus propios miembros. Según ha subrayado Zechenter, en una representativa crítica esgrimida desde este punto de vista bajo el título "En el nombre de la cultura: Relativismo Cultural y los abusos del individuo", no se trata de una cuestión meramente teórica: Los resultados del debate entre los defensores de los derechos humanos universales, representados en la Declaración de Naciones Unidas, y la defensa desde el relativismo cultural de regímenes políticos y religiones concretas que abusan de ellos "tendrán consecuencias prácticas para millones de personas en todo el mundo" (Zechenter, 1997: 319-348). Zechenter ilustra su punto de vista con un análisis del "modo en que las distintas formulaciones de la noción de derechos influye en las respuestas internacionales dadas a los abusos de género, perpetrados contra las mujeres, o respecto a la negación de derechos políticos a las personas que viven en sociedades no occidentales". (Zechenter, 1997: 319). Su idea central es que las entidades colectivas –esencializadas o no–, tales como culturas o comunidades que se definen a sí mismas por el hecho de compartir una determinada religión o identidad cultural, no deben ser reconocidas como portadoras de una serie de derechos que las capacite a anular los derechos de sus miembros individuales. Dicho con otras palabras: el individuo debe ser reconocido como portador irreductible de derechos humanos.

Las críticas de Zechenter y muchos otros pensadores y activistas, desde la antropología y otras disciplinas de las ciencias sociales, convergen en la postura de politólogos como Donnelly, que insiste en la idea de que el término "derechos humanos" sólo puede ser aplicado a individuos, nunca a grupos, culturas o comunidades sociales. Donnelly sintetiza la cuestión en la siguiente definición: en mi opinión, solo los individuos son "humanos", por consiguiente colectividades compuestas por una pluralidad de individuos no pueden poseer "derechos humanos" como tales (Donnelly, 1989: 19-21, 90-100, 143-158). "Si los derechos humanos son aquellos derechos que uno tiene simplemente por el hecho de ser un ser humano, entonces sólo los seres humanos pueden tener derechos humanos: si uno no es un ser humano, por definición no puede tener derechos humanos" (Donnelly, 1989: 20).

Esta formulación engañosa y simplificadora evita la cuestión de cuál es la cualidad o cualidades específicas que hacen a un "ser humano" "humano"; sin duda, la cuestión clave cuando se intenta identificar una propiedad común, potencialmente universal, subyacente a las distintas formulaciones culturales de los derechos humanos. En consonancia con la discusión mantenida por Cowan, Dembour y Wilson, citada anteriormente, y con la Declaración Antropológica sobre los Derechos Humanos adoptada por la AAA, sugiero que el pensamiento antropológico contemporáneo desarrollado sobre esta materia debe partir de la base de dos relevantes características de lo "humano". La primera es que la "humanidad" no se da como una propiedad del individuo, considerado independientemente de sus relaciones sociales con otros seres humanos, sino que constituye una cualidad construida y limitada por esas relaciones. En segundo lugar, no se trata de una cualidad que se manifieste de forma fija en patrones de actividad y conciencia, sino de una capacidad impredecible de transformación de cualquier patrón específico. Dicho de otro modo, el atributo esencial de lo "Humano" es el proceso social a través del cual los individuos desarrollan su capacidad de producir y transformar patrones de acción y conciencia en formas sociales y culturales. Los derechos humanos, por consiguiente, como derechos a ser humano, deben ser definidos como protectores de la facultad de los individuos, en su calidad de agentes sociales, para desarrollar esta capacidad: convertirse en humano. La manera de llevarlo a cabo es transformando capacidades y habilidades innatas mediante los patrones de relación y conducta que se interiorizan a partir del contexto de relaciones sociales en el que los individuos son formados, y ejercitando estas capacidades humanizadas en función de limitaciones sociales que garanticen que en este ejercicio no se impida a los otros hacer lo mismo. Un último punto crucial: esta secuencia transformadora de llegar a ser humano no sólo es un proceso intrínsecamente social, sino que el ejercicio personal de las capacidades humanas está en sí mismo dirigido y constreñido por las relaciones con los otros. La "humanidad" que es objeto de "derechos humanos" es así un modelo de interacciones sociales, ceñido por otras relaciones sociales. De ello se desprende que los derechos humanos deben ser entendidos esencialmente como relaciones sociales, en lugar de meros atributos de individuos en un sentido presocial o asocial.

Trasladar la definición de "humano" de una simple cualidad de individuos corpóreos a un proceso por el cual los individuos se convierten en humanos implica conceptualizar los seres humanos y sus derechos humanos como compuestos por relaciones sociales. Esta afirmación vuelve a plantear la pregunta sobre si es posible decir que las relaciones o grupos que contribuyen a este proceso son sujeto de "derechos humanos".

Las relaciones con otras personas a través de familias, instituciones y comunidades son una parte esencial en este proceso o deben contribuir, si no de una forma esencial, sí al menos constructiva. ¿Debería esta capacidad ser definida como un derecho "humano"? De acuerdo con los criterios anteriores, sí; pero este derecho no viene dado como grupo que aporta, sino como individuos que se producen a sí mismos en calidad de seres humanos a través de las relaciones grupales. Los individuos deberían tener el derecho humano de participar en los grupos si éstos son necesarios para permitirles producirse a sí mismos como seres humanos definidos por sus propias sociedades y culturas. En este sentido, debe considerarse que los individuos tienen el derecho humano a ser alimentados por la familia, remunerados adecuadamente por los empleadores, educados por la comunidad o protegidos por el Estado-nación. Sin embargo, estas entidades sociales no experimentan en sí mismas las transformaciones hacia la humanización, propias de las personas individuales —por mucho que contribuyan a ellas—, y es precisamente este proceso de cambio, como característica fundamental de lo humano, el que es fuente y objeto de derechos "humanos". En suma, dichas entidades no pueden considerarse humanas en sí mismas, al menos no en un sentido adecuado, y, por consiguiente no pueden pensarse, en términos de colectividad, como poseedoras de derechos "humanos". El análisis teórico presentado no se sostiene en la idea de derechos humanos como derechos grupales sino, según argumenta Donnelly, en que los grupos en cuestión deben demandar otro tipo de derechos (Donnelly, 1989: 149-154).

Sin embargo, este supuesto teórico no es capaz de ofrecer respuestas suficientes para una de las formas más comunes de negación de los derechos humanos: aquella que afecta a grupos completos o a categorías de personas a causa de cualidades supuestas o reales de los grupos a los que estas últimas pertenecen. Si bien debe aceptarse que los grupos o las categorías sociales no pueden tener derechos humanos como tales, debe contemplarse el hecho de que éstos puedan ser la base para la negación de los derechos humanos de sus miembros. En estos casos, los grupos o categorías en cuestión –tales como los grupos indígenas y su territorio, o grupos étnicos o raciales concretos– deben convertirse, en un sentido pragmático, en portadores colectivos de los derechos humanos de sus miembros. La negación de derechos humanos a los miembros de un grupo por el mero hecho de su identificación con él, debería otorgar a éste un derecho colectivo que sea, en un sentido analítico, la suma total de los derechos de sus miembros.

Otra implicación del acercamiento al concepto de derechos humanos desarrollado en estas líneas es la necesaria interdependencia mutua entre las formulaciones universalistas y las del relativismo cultural. El proceso transformador de dar a la capacidad genérica de convertirse en humano una forma específica social y cultural, que he afirmado como el denominador común y universal de todas las formulaciones culturales específicas de humanidad y, por tanto, *a fortiori*, de los derechos humanos, solamente puede llevarse a cabo dentro de unas formas culturales específicas. Se trata, por consiguiente, de un universal que requiere lógica y pragmáticamente un nivel complementario de formas culturales concretas y diversas para su realización material.

No hay duda de que los derechos conllevan una gran diversidad de formas y contenidos en las distintas sociedades y culturas. En uno de los extremos de este *continuum* de variaciones, muchas sociedades sin Estado adolecen claramente de nociones específicas de "derechos", entendidos como reclamaciones concretas a favor o en detrimento de otros miembros de la sociedad o de la sociedad en su conjunto, y de los mecanismos de diferen-

ciación social para hacerlos respetar. Ésta es una de las razones por la que los esfuerzos para descubrir un principio o principios de derechos humanos universales y transculturales, a través de una exploración comparativa de los derechos concretos reconocidos por todas las culturas del mundo, según defendió, por ejemplo, Renteln (1985, 1990), fueran incapaces de dar resultados. Sin embargo, las reclamaciones específicas de derechos deben ser interpretadas como implícitamente –y en muchos casos explícitamente– basadas en principios más generales de imparcialidad, derecho, justicia o equidad. Dichos principios generales deben ser compartidos por todas las sociedades y culturas con distintas formulaciones de derechos, incluso aunque carezcan de una concepción de derechos en el sentido estricto del término. Las distintas formulaciones culturales de derechos probablemente deban ser entendidas como extrapolaciones dentro de diferentes condiciones contextuales de estos principios comunes y transculturales de derecho, equidad o justicia. Esto debe ser interpretado como consecuencia de un aspecto o de aspectos genéricos del ser humano; esto es, en sentido antropológico, la endoculturación como miembros de una sociedad concreta y la *integración en su sistema de relaciones sociales. Ésta es, en definitiva, la línea argumental propuesta.

Derechos humanos y diferencias humanas: un principio antropológico de derecho

Los últimos desarrollos históricos que han afectado al sistema mundial, al Estado-nación y a la sociedad civil han convergido con los temas apuntados por los activistas antropológicos de derechos humanos y los movimientos proderechos humanos en el Tercer Mundo para la transformación de los contextos sociales, políticos y culturales que siguen empleando la definición que el liberalismo ilustrado proporcionó respecto a los derechos humanos; definición que continúa presente, con apenas cambios significativos, en la tradición que domina en la actualidad las discusiones en torno a los derechos humanos. Como resultado de estas transformaciones históricas, las cuestiones de diferencia cultural y étnica y los derechos colectivos han sido puestos de relieve a la par que el nexo axiomático entre derechos humanos y *Estado ha sido puesto en cuestión. Estos temas se han incorporado de una manera destacada al discurso teórico sobre derechos humanos en antropología y otras disciplinas por la vía de la experiencia práctica de los activistas de derechos humanos, que se han visto obligados a introducir respuestas pragmáticas en su trabajo (Turner, 2003a, 2003b).

Fue resultado de la experiencia práctica de los miembros del Comité pro-Derechos Humanos de la AAA, como activistas en lucha contra las violaciones de los derechos de los pueblos indígenas y otras minorías culturales, que las cuestiones de diferencia pasaran a ocupar un papel principal en el borrador de Declaración de Derechos Humanos preparado por el Comité. En casos de violación de derechos humanos, la Asociación prevé que este borrador actúe como definición de trabajo que pueda sentar las bases para la acción. El fragmento clave de la declaración del Comité, al que me he referido en las líneas anteriores, dice lo siguiente: "La Antropología como disciplina académica estudia las bases y las formas de la diversidad y unidad humana; la antropología como práctica persigue aplicar este conocimiento a la solución de los problemas humanos. La AAA, como organización profesional de antropólogos, ha estado, y debe continuar estando, implicada siempre que la diferencia cultural sea esgrimida como motivo de la negación de derechos –donde lo "humano" es entendido en todos sus sentidos, tanto desde el punto de vista cultural como social, lingüístico y biológico" (American Anthropological Association, Commission for Human Rights; en *Anthropology Newsletter*, 1993; las cursivas son mías). La Comisión pasó a llamarse "Comité pro-Derechos Humanos" en 1996.

En los términos del documento, "diferencia humana" es criterio de derechos humanos, ya que incluye la especificidad concreta en función de la cual los seres humanos, individual y colectivamente, se han hecho a sí mismos evolutiva, social y culturalmente. Según se usa en el texto, el concepto de "diferencia" se refiere a características culturales, sociales, lingüísticas o biológicas específicas que contrastan, en tanto que variables y contingentes, con las aptitudes humanas universales que posibilitan su producción: en una frase ya familiar en antropología, la "capacidad humana para la cultura". La "capacidad para la cultura" es fundamentalmente la facultad de producir existencia social, y determina, por tanto, su significado y forma social. La "diferencia", como principio de derechos humanos, es el resultado del desarrollo de esta capacidad. Es de esta forma un principio esencial de empoderamiento.

La "diferencia" aparece en la declaración como un principio más general que el concepto de "derechos". Estos últimos, aunque no se definen directamente, son abordados por su implicación en reivindicaciones relativamente más específicas. Si bien la noción de diferencia sólo se cita explícitamente en tanto que base inadecuada de negación de derechos más que como principio positivo de derecho en sí misma, lo que en definitiva se deduce es que resulta precisamente el derecho a la diferencia lo que debe constituir la base efectiva para unos derechos humanos transculturales.

En el criterio de "diferencia humana" como derecho humano fundamental –según queda explícito en los párrafos citados anteriormente de la declaración– está implícito que dicha diferencia se halla presente por igual entre todos los grupos humanos e individuos. Por tanto, resulta incoherente cualquier reivindicación individual o grupal del derecho a desarrollar identidades o valores propios a expensas de otros grupos o individuos diferentes o impedir a estos últimos un desarrollo autónomo y distinto. Evidentemente, tampoco autoriza a los gobiernos estatales a actuar, en nombre de un supuesto "derecho al desarrollo" colectivo, con vistas a la supresión de las diferencias culturales entre grupos comunitarios o individuos, según han sostenido ciertos regímenes asiáticos –Malasia, Singapur, Indonesia–. De hecho, proporciona una base conceptual incuestionable para la promoción del derecho, tanto individual como colectivo, a la autoproducción mutua. Al mismo tiempo, el criterio de diferencia es impredecible: implica no sólo el derecho a identidades distintas producidas en el pasado, sino a aquellas que se producirán en el futuro. Como tal, no apunta a un concepto de cultura entendido como estructura sincrónica y ahistórica, compuesta por características o cánones esencializados, sino al proceso histórico activo de crear cultura, significados, identidades y formas –sociales y lingüísticos.

En opinión de los autores de las Directrices del Comité pro-Derechos Humanos de la AAA, los criterios de diferencia emergen de la necesidad de un principio común o regla general de consulta, que oriente la acción en los casos presentados ante la Comisión o aquellos a los que han tenido que enfrentarse los antropólogos en el campo. En contraste con la concepción del liberalismo ilustrado de la idea de una naturaleza humana universal, personificada en individuos concebidos como autónomos y presociales, la formulación del

Comité respecto a las diferencias humanas se ha llevado a cabo sobre una base sensible a los diferentes contextos, que surge de una percepción pragmática de los contrastes entre identidad social y práctica. Enfatiza a la par tanto la dimensión colectiva como la individual de "lo humano". Dicho en otras palabras: las diferencias colectivas se tratan como "humanas" en el sentido de diferencias individuales, al tiempo que se considera que los derechos individuales implican una dimensión colectiva. Al mismo tiempo, el criterio de diferencia humana adoptado por el Comité trata de combinar lo universal con el reconocimiento, desde el relativismo cultural, de la importancia fundamental de las diferencias culturales, sociales y humanas.

Diferencia, derechos y conflictos: principios, políticas y pluralismo

Decir que los sujetos tienen derecho a ser diferentes, según afirma la declaración de la AAA, no implica, por otra parte, el derecho a imponerse sobre los otros ni forzarles a adaptar sus valores y prácticas sociales a expensas de la realización de los suyos propios. El desarrollo en condiciones de igualdad de los distintos valores, formas sociales e identidades tampoco implica como resultado la consecución de una sociedad armónica y libre de reclamaciones de derechos que enfrenten a diferentes partes. Por el contrario, es de esperar que estos conflictos sean producto de las relaciones sociales de cooperación y competencia entre las distintas partes en las actuaciones encaminadas a la satisfacción de distintas necesidades y valores sobre la base de diferentes capacidades. Desde esta perspectiva, el criterio de diferencia humana implica una nueva conceptualización del rol de las prácticas sociales e instituciones, tales como el Estado, en su papel de mediadoras, árbitros y reguladoras de las múltiples, divergentes y potencialmente conflictivas identidades culturales.

La defensa de los derechos humanos afecta de lleno a la compleja lucha en pro de una educación plural, con sus intrínsecos corolarios políticos de adaptación y compromiso, una vez que las batallas por los derechos fundamentales se han vencido. Así la defensa del derecho a la diferencia lleva a una continuidad fundamental en la defensa de derechos y en las luchas políticas por lograr el empoderamiento, la liberación y la educación. El último e inútil intento de aislar los derechos humanos del contexto político y de los aspectos sociales de los conflictos que aquéllos generan supone que el movimiento proderechos humanos y, sobre todo, los antropólogos como teóricos y activistas de los derechos humanos deben esforzarse por integrar en la teoría y en la práctica las dimensiones políticas y conceptuales de su compromiso con el sujeto.

Bibliografía

AMERICAN ANTHROPOLOGICAL ASSOCIATON (1947): "Statement on Human Rights, submitted to the United Nations Commission on Human Rights". *American Anthropologist* (new series), 49, 4: 539-543.

AMERICAN ANTHROPOLOGICAL ASSOCIATON, COMIMSSION FOR HUMAN RIGHT (1993): "Report". *Anthropology Newsletter*, 34, 3: 1-5. (1995): *Guidelines for a permanent Committee for Human Rights within the American Anthropological Association* (Memoria en la página web de la AAA www.anthronet.org).

BOBBIO, Norberto (1996): *The Age of rights*. London: Blackwell.

COWAN, Jane K.; DEMBOUR, Marie-Bénédicte; WILSON, Richard A. (eds.) (2001): *Culture and Rights: Anthropological Perspectives*. Cambridge: Cambridge University Press.

DONNELLY, Jack (1989*)*: *Universal Human Rights in theory and practice*. London: Cornell University Press.

GELLNER, David N. (2001): "From group rights to individual rights and back: Nepalese struggles over culture and equality", en Jane K. Cowan, Marie-Bénédicte Dembour y Richard A. Wilson (eds.), *Culture and Rights: Anthropological Perspectives*. Cambridge: Cambridge University Press, 177-200.

RENTELN, Alison D. (1985): "The unanswered challenge of relativism and the consequences for human rights". *Human Rights Quarterly*, 7-4: 514-540.

— (1990): *International human rights: universalism vs. relativism*. Newbury Park, California: Sage.

THOMPSON, Richard H. (1997): "Ethnic minorities and the case for collective rights". *American Anthropologist*, 99-4: 789-798.

TURNER, Terence (1997): "Human rights, human difference: Anthropology's contribution to an emancipatory cultural politics". *Journal of Anthropological Research*, 53-3: 273-292.

— (2003a): "Clase, cultura y capitalismo. Perspectivas históricas y antropológicas de la globalización", en José Luis García y Ascensión

Barañano (coords.), *Culturas en contacto: Encuentros y desencuentros*. Madrid: Ministerio de Educación, Cultura y Deporte, 65-110.
— TURNER, Terence (2003b): "Class projects, social consciousness, and the contradictions of globalization", en Jonathan Friedman (ed.), *Violence, the state and globalization*. New York: Altamira, 35-66.
ZENCHENTER, Elizabeth M. (1997): "In the name of culture: Cultural relativism and the abuse of the individual", en Carole Nagengast y Terence Turner (eds.), *Journal of Anthropological Research*, 53-3: 319-348.

Terence S. Turner

Véanse además Acciones afirmativas, Aculturación, CIUDADANÍA, Ciudadano, CULTURA, Derecho de injerencia, DESARROLLO, DIFERENCIA Y DESIGUALDAD, Diferencias naturales y diferencias sociales, Discriminación positiva, ELITES, Elites cosmopolitas, ESTADO-NACIÓN, IDENTIDAD, INDIGENISMO, INTEGRACIÓN, MINORÍAS, MULTICULTURALISMO, Naturalización, NUEVOS MOVIMIENTOS SOCIALES, PATRIMONIO, Racismo y neorracismo.

Desarrollo

Si la polisemia constituye un rasgo característico de los conceptos científico-sociales, en el caso que nos ocupa la multiplicidad de significados resulta aún más relevante. Esta particularidad no es ajena a la naturaleza pluridisciplinar de la definición del vocablo a y la pluralidad de los enfoques, tanto teóricos como aplicados y centrados en la intervención social, que se han ido generando desde varias décadas.

Ciertamente, entre los modos de abordar el desarrollo destacan doctrinas y prácticas que han privilegiado y siguen anteponiendo la dimensión económica a otros aspectos, dando lugar a lo que, en el campo de la economía, se designa como desarrollismo, es decir, la ideología que propugna el desarrollo meramente económico como objetivo prioritario. Cabe señalar que esta concepción del desarrollo subyace en varias acepciones de la palabra que remiten a la noción de mayor o menor grado de crecimiento o aumento de la importancia de la riqueza, y ello desde un punto de vista cuantitativo que desestima la dimensión cualitativa de cualquier mejora económica o evolución progresiva de la economía que apunte hacia mejores niveles de vida.

Esta perspectiva es sin duda el punto débil de las propuestas de quienes abogan por el desarrollo "sostenible" y que han sido percibidas como la prolongación lógica de una definición superficial del desarrollo, sin que se aprecie, en definitiva, una diferencia sustantiva entre las dos tendencias que se inscriben dentro de esta corriente. En efecto, mientras que para la primera de ellas el desarrollo se restringe al ámbito económico limitándose finalmente al crecimiento económico, concretamente al del producto interior bruto, para la segunda, el carácter sostenible del desarrollo, que implica la conservación del medio ambiente, se refiere a políticas locales que no cuestionan las pautas de comportamientos de consumo —o consumismo— y la producción de bienes y residuos, ni el impacto que tienen estas conductas sobre el medio ambiente. A fin de cuentas, aunque se mencionen ciertas consideraciones sobre el impacto ecológico del desarrollo, se subordinan los problemas medioambientales a aspectos económicos, infravalorando la participación social como medio *ad hoc* para garantizar la "sostenibilidad" y menospreciando el alcance del proceso político para reforzar el desarrollo.

En respuesta a estas formulaciones que descartan la posibilidad de otorgar un papel activo a las comunidades en los procesos de toma de decisión, lo que convierte a éstas en meros receptores pasivos de prestaciones impuestas desde fuera, se contrapone una perspectiva alternativa del desarrollo apoyada en la idea de sustentabilidad. Con ella se supera el reduccionismo economicista de las propuestas anteriores ampliando significativamente el ámbito definicional del desarrollo al incluir dentro de éste nuevas dimensiones relacionadas con el desarrollo de la equidad —distribución del PIB, existencia de oportunidades económicas, búsqueda de una mayor igualdad y mejora del bienestar humano—, las oportunidades *laborales —que ofrecen un trabajo productivo y salarios adecuados—, el acceso a diferentes categorías de bienes —como tierras, infraestructuras materiales o créditos y sobre los cuales debe velar el *Estado—, los gastos sociales —para atender los servicios básicos—, la igualdad de género —para garantizar a las mujeres un mejor acceso a la educación, medios financieros y al trabajo—, la buena gobernación y la sociedad civil activa.

Los debates definicionales en torno a lo "sostenible" y lo "sustentable", que son particularmente abundantes en el mundo hispanohablante —véase, entre las numerosas definiciones que nos brindan autores españoles y latinoamericanos, el análisis propuesto por Cortés, 2001–, lo cual contrasta con la aparente unanimidad de opiniones en el ámbito anglosajón, por lo menos en lo que atañe a la unicidad lexicológica –la lengua inglesa sólo admite los nombres sustantivo y adjetivo *sustainability* y *sustainable*, restando especificidad significativa al desarrollo–, no se ciñen a ingeniosos juegos malabares, sino que obedecen a una exigencia de precisión conceptual y práctica que conduce ineludiblemente a un refinamiento semántico y a un perfeccionamiento terminológico. Así, la noción de desarrollo sustentable, a diferencia de la de desarrollo sostenible, no sólo incorpora los aspectos cualitativos del crecimiento económico, sino que da prioridad al cómo inherente a la realización del desarrollo y a la redistribución de la riqueza, sobre el crecimiento. Este planteamiento entraña el reconocimiento de la existencia de varios tipos de crecimiento que pueden ser inclusivos o *exclusivos, equitativos o, por el contrario, causantes de polarización, y destructivos o respetuosos con los ecosistemas. En resumidas cuentas, la sustentabilidad que descansa sobre tres pilares, a saber, la sustentabilidad medioambiental, la sustentabilidad social, focalizada en la erradicación de la pobreza y la consolidación de la justicia social, y la sustentabilidad económica, requiere acciones en los campos ecológico, económico, social, político y técnico-científico.

Las perspectivas citadas previamente se hallan subsumidas en otra definición del desarrollo que enfatiza la naturaleza multidimensional del mismo: el desarrollo integral, el cual alude a la articulación entre varias esferas que son la económico-laboral, la social, la política y la *cultural. Hay que advertir que esta interconexión afecta igualmente a otras nociones ligadas a cada una de las esferas señaladas. En este sentido sirva de ejemplo la significación del concepto de democracia que reclama de los analistas una aprehensión global de este último, ya que conlleva connotaciones de diversa índole, más allá de su significado estrictamente político.

Este enfoque enlaza con otra propuesta que pone de relieve la interacción de varios componentes en la participación y los comportamientos políticos vinculados al desarrollo, cuya caracterización se expresa en términos de espacios de participación y *locus* de comportamiento –formalizados y no *formalizados, públicos y privados– y tipos de participación o conducta –individual *versus*

colectiva–. De este modelo se deriva una configuración compleja de la participación que se expresa y traduce, por medio de un cuadrinomio, en acciones *cívicas, individuales, sociales y colectivas (Sandoval, 1997).

Amén de la atención prestada a los modos de articulación entre esferas y componentes, las últimas contribuciones al análisis del desarrollo integral hacen hincapié en varias problemáticas que se distinguen por el notable interés que suscitan entre expertos teóricos, practicantes, instituciones gubernamentales y organismos internacionales.

La primera de ellas radica en los efectos de los nuevos procesos de *globalización que, en comparación con fenómenos pretéritos de mundialización, generan transformaciones desconcertantes de signos contrarios –para tratar el tema de las transformaciones producidas por los procesos de globalización y los retos que éstas envuelven para impulsar el desarrollo integral se ha utilizado, entre otros documentos, el informe publicado por la CEPAL, 2000–. Entre los cambios positivos inducidos por la globalización destaca la progresiva generalización de ideas y valores con vocación universal que incentivan, entre otras organizaciones, las Naciones Unidas. Esta tendencia se plasma en el reconocimiento de las sucesivas generaciones de *derechos humanos constituidas por los derechos civiles y políticos, y los derechos económicos, sociales y culturales, que, de un modo u otro y en un sentido amplio, abarcan el derecho al desarrollo. Ahora bien, estos avances, junto con otros progresos muy variables en el terreno macroeconómico y el ámbito de las políticas aplicadas al gasto social público, los espacios locales, la incorporación de las mujeres a diferentes áreas sociales, la gestión de recursos naturales y la democratización, son fácilmente quebradizos, máxime habida cuenta de los cambios negativos de la globalización que se hacen patentes en la inestabilidad económica y las crisis financieras, la deslocalización de los mercados de trabajo y la subsiguiente precarización laboral, así como en la fragilización de la cohesión social y la dualización y la exclusión sociales, circunstancias todas ellas que hacen peligrar la gobernabilidad en muchos países y regiones.

De estas transformaciones se infieren otras problemáticas entre las que hay que subrayar la tocante a la necesidad de velar por la indivisibilidad de los derechos y la ciudadanía. A ésta se suman las relacionadas con la adopción de medidas encaminadas a recomponer y fortalecer el tejido social, a evitar la reproducción de estructuras fuertemente segmentadas –sean económicas o de relaciones entre clases u otras categorías sociales, o de género, de índole intergeneracional o *étnicas– y a potenciar programas de desarrollo que entramen las diferentes políticas en sus distintos niveles de espacios de intervención. Este último asunto reconduce a la inseparabilidad de las esferas y al carácter integral de todas las políticas involucradas en el desarrollo. Con otras palabras, ello quiere decir que del mismo modo que las políticas en materia económica no pueden prescindir de las políticas sociales, culturales y las propias de la gobernación, las políticas sociales integrales no pueden ejecutarse al margen de las demás que operan en los campos sociales, culturales y políticos. Por otro lado, las políticas específicas no pueden ser parciales. Así, retomando el ejemplo de las políticas económicas, se entiende que éstas no deben perseguir únicamente la *movilidad de capitales, bienes y servicios, sino que tienen que redundar también en beneficio de la movilidad de mano de obra, es decir, a la postre, de las personas en busca de un puesto de trabajo, y ello a fin de reequilibrar las tendencias *asimétricas de la globalización. En última instancia, todos estos aspectos demandan la coordinación de políticas a distintas escalas: local, regional, nacional e internacional.

Otra noción que se desprende de las observaciones anteriores es la de red sobre la que se sostienen todo el edificio conceptual y la *praxis* ligados al desarrollo integral y las políticas que lo definen. Este concepto, polisémico por antonomasia, merece varios comentarios. En primer lugar, cabe insistir en su ligazón con la idea de capital social que, a pesar de presentar un campo definido marcado por características dicotómicas, apunta la existencia de "sinergias entre capital humano, capital social, capital político, capital productivo, etc." y asimismo entre el capital material y el capital simbólico. Estas dicotomías, tanto metodológicas como epistemológicas e ideológicas, oscilan, respectivamente, entre el holismo funcional estructuralista y el individualismo metodológico, el enfoque deductivo y el enfoque inductivo, y el paradigma cartesiano y el paradigma sistémico (Hopenhayn, 2003). A tenor de este paradigma de la complejidad que, intrincadamente fundido en el enfoque sistémico, atraviesa todas estas categorías y las diversas desigualdades relacionadas con ellas, las acciones de lucha contra estas últimas deben promover simultáneamente la equidad material y la simbólica que se extienden a la equidad por adscripción para grupos más vulnerables –entre otros, los constituidos por mujeres, *minorías étnicas y poblaciones asentadas en hábitats o *territorios aislados o marginales– y sometidos a una discriminación que arranca de culturas excluyentes.

De los planteamientos anteriores se deduce una intervención desde varias instancias, que atienda a las distintas facetas de la igualdad y la distribución de bienes varios (CEPAL, 2000, 302-307). Entre éstas se encuentra la igualdad social que debe revertir en el aminoramiento de la desigualdad material y productiva mediante la distribución, por un lado, del acceso al bienestar dispensable por cada sociedad y, por otro, de la distribución del empleo y recursos productivos y de la capacitación profesional. A dicha igualdad le sigue la igualdad simbólica cuya implementación pasa por la distribución del acceso a la educación, al *conocimiento, a la *información y a la *comunicación. Otros aspectos que vienen a perfeccionar la igualdad son la igualdad "volitiva", referida a la capacidad de decisión, influencia y gestión de los grupos o comunidades para controlar e intervenir en la situación y los proyectos que los afectan, y la igualdad vinculante con la que se procura la distribución del acceso a redes sociales que, como elemento esencial del capital social, contribuyen al empoderamiento y la promoción de los grupos desfavorecidos. Finalmente, tales igualdades que impulsan la nueva ciudadanía tienen que conjugarse con otras formas complementarias que consisten en la igualdad política y la igualdad *identitaria que piden, respectivamente, un mejor reparto y mayor presencia de las expresiones plurales de la opinión pública, y el reconocimiento del derecho a manifestar valores y prácticas culturales dentro de un espacio público dialógico y, por lo tanto, abierto a la libertad de expresión de los mismos.

Ahora bien, con respecto a las explicaciones previas, hay que guardarse de adoptar interpretaciones y políticas de desarrollo que privilegian cualquier aspecto de la igualdad sobre los demás, so pena de que se opte por una intervención de tipo parcial o sectorial. Esta advertencia se extiende también a los espacios que sostienen el desarrollo integral y conforman la triangulación entre sociedad civil, Estado, es decir, lo público y el mercado, pues, como recalca Emmanuelle Barozet

(2003) –en un proyecto dirigido por Vicente Espinoza–, las experiencias más exitosas de desarrollo local en cuanto al alcance de la participación *ciudadana son las que mejor articulan los espacios antes señalados.

Por último, los logros que se obtengan en el análisis y la *praxis* del desarrollo no dependen sólo de la toma en consideración de los enunciados ya formulados, o de la capacidad para vencer concepciones particularistas y deterministas alimentadas desde la economía, la antropología, la psicología social, la sociología, la historia, la politología, etc., sino también de la facultad para reflexionar sobre el proceso de retroalimentación entre teoría y *praxis* haciendo uso de metodologías y epistemologías dialécticas abiertas (Villasante, 2002). En cualquier caso, los resultados no pueden estar supeditados a criterios teleológicos que desembocan en prácticas que justifican cualquier medio para alcanzar el fin propuesto. Como bien señala R. Villasante (2002, 118-119), los estilos práxicos y reflexivos suponen, entre otras cosas, una ética. Este componente ético es otra vertiente del desarrollo contenida en las distintas formas de la igualdad y que algunos autores encuadran dentro de un proceso más amplio: el de la "revolución ética". (Sobre este necesario proceso de transformación, véase la aportación de Núñez Hurtado, 2001.)

Bibliografía

BAROZET, E (2003): "Análisis de experiencias de desarrollo integral del Programa Ciudadanía y Gestión Local: el mercado como sustento de redes complejas entre sociedad civil y sector público". *Serie Seminarios y conferencias del CEPAL*, 31: 193-204.

CEPAL (2000): *Equidad, desarrollo y ciudadanía*. Chile: CEPAL.

CORTÉS RAMOS, Alberto (2001): "Desarrollo sustentable, pobreza y calidad de vida". *Ambientico*, 92 (www.ambientico.una.ac.cr/EAambientico.htm).

HOPENHAYN, M. (2003): "Disyuntivas epistemológicas y políticas tras la noción de capital social: debate en curso". *Serie Seminarios y conferencias del CEPAL*, 31; Capital social: potencialidades analíticas y metodológicas para la superación de la pobreza (en prensa).

NÚÑEZ HURTADO, Carlos (2001): *La revolución ética*. Xátiva: Diálogos, L'Ullal Edicions.

SANDOVAL, Salvador A. M. (1997): "O Comportamento Político como Campo Interdisciplinar de Conhecimento: A Reaproximação da Sociologia e da Psicologia Social", en L. Lhullier, L. Camino y S. Sandoval, *Estudos sobre Comportamento Político*. Florianópolis: Letras Contemporáneas, 13-23.

VILLASANTE, T. R. (2002): *Sujetos en movimiento. Redes y procesos creativos en la complejidad social*. Construyendo ciudadanía/4. Montevideo, Editorial Nordan-Comunidad.

Joelle Ana Bergere Dezaphi

Véanse además Acciones afirmativas, Aculturación, Apartheid, Centro-periferia, CIUDADANÍA, Ciudadano, COMUNICACIÓN, CONSUMO CULTURAL, Criollización, CULTURA, DERECHOS HUMANOS, DIFERENCIA Y DESIGUALDAD, Diferencias sociales y diferencias culturales, DISCRIMINACIÓN Y EXCLUSIÓN SOCIAL, ELITES, Elites cosmopolitas, Esfera mediática, ESPACIO-TIEMPO, Espacio red, Espacios locales, ESTADO-NACIÓN, Etnicidad, EXPLOTACIÓN SOCIAL, Extranjero, Fronteras económicas, Fronteras simbólicas, Global y local, GLOBALIZACIÓN, IDENTIDAD, INDIGENISMO, Información, Integración educativa, Megalópolis, Migraciones, Redes sociales, Migraciones, Teoría macro, MINORÍAS, Modernidad, Modernización, MOVILIDAD, Nacionalidad, Neocolonialismo, Nomadismo y turismo, NUEVOS MOVIMIENTOS SOCIALES, Pluralismo sincrónico, POSMODERNIDAD, RELACIONES Y PROCESOS INFORMALES, Relaciones y procesos informales económicos, Revolución técnico-comunicativa, SABER Y SABERES, Sociedad de la información y del conocimiento, Sujeto intercultural, TERRITORIOS, TRABAJO, Viajes y sistemas de movilidad, Violencia política. Tipos Xenofobia y xenofilia.

Desterritorialización

La implantación de nuevas naturalezas y sentidos es una de las estrategias de desterritorialización más contundentes. La definición de desterritorialización resulta problemática en la actualidad por el hecho de su reducción en los discursos que asumen este concepto como un pretexto para explicar las relaciones norte-sur en los procesos de *globalización contemporáneos. Algunos autores como Daniel Mato (2001) prefieren hablar de *transterritorialidad, multiterritorialidad* o *reterritorialización*, invitando con ello a un debate hacia la importancia y significación que diversos referentes *territoriales poseen para específicos procesos *transnacionales y globales. Otros autores como Néstor García Canclini (1990) definen la desterritorialización como la pérdida de relación de la *cultura con los territorios, y la reterritorialización como ciertas relocalizaciones territoriales que pueden ser relativas parcialmente a viejas y nuevas producciones *simbólicas.

Cuando la producción de territorio, es decir, la territorialidad, se da desde fuera del control *local o *estatal, el proceso suscitado es el de la desterritorialización. Por tanto, definimos la desterritorialización como la pérdida de los *linderos territoriales que se han creado a partir de códigos culturales que llenan de orgullo a sus sustentadores, aunque en ocasiones resulten inaceptables para otros grupos. Por ello la desterritorialización forzada por circunstancias no buscadas (catástrofes naturales, guerras, imposiciones económicas de cambio social impuesto, entre otros factores), al provocar un desvanecimiento de los límites, tiende a producir una suerte de *esquizofrenia cultural*; es decir, un detrimento de las fronteras de la *identidad *étnica, social o *nacional, por el hecho de estar expuesto al *tráfico de infinidad de influencias y subordinado constantemente al saqueo y al consumo visual o material de todo.

La desterritorialización puede darse especialmente bajo dos circunstancias: 1) al producirse una imposición de recursos y decisiones sobre éstos desde organismos o instituciones externas; 2) cuando se da una imposición de decisiones sobre recursos propios. En el orden local, estas circunstancias pueden estar propiciadas por entes macro de los Estados-nación, y en el orden estatal por organismos externos. Montáñez y Delgado (1998) consideran que los procesos de desterritorialización producen redes complejas, expresadas en la *transnacionalización, la globalización y la fragmentación. Los nuevos contextos, producidos por los procesos de desterritorialización en cualquiera de sus formas, darán como resultado verticalidades y horizontalidades territoriales. Las verticalidades territoriales las imponen quienes pretenden ampliar su control territorial y con ello enajenar los distintos poderes locales. Esto puede darse bajo el consumo *desigual y desmesurado de cosas materiales o bien, en otras circunstancias, como imposiciones económicas y de transformación territorial de multinacionales, entre otras mediaciones. Ejemplo sugerente de ello son las guerras, las factorías o empresas mul-

tinacionales expropiando o cualquiera de las formas sin control de los llamados fenómenos globales. Las horizontalidades territoriales tienen lugar cuando la desterritorialización se produce por factores o actores sociales colectivos internos; esto es, cuando el fenómeno no es producido desde manejos o políticas que vienen del exterior, sino por distintas circunstancias y momentos sociopolíticos que ejercen transformaciones territoriales profundas, *desplazando o eliminando a sus "mismos". Son muestra de ello el desplazamiento forzado interno en Colombia o los refugiados de la guerra de Uganda. Por lo tanto, la desterritorialización puede darse por escalas —locales, estatales, globales— o por dimensiones —económicas, *religiosas, políticas, de educación, etc.

Tanto las verticalidades como las horizontalidades territoriales tienen en común el hecho de ocasionar desarraigos —separación— o desalojos —destierro— según la naturaleza del impacto que produzca la desterritorialización.

Pero ¿qué sucede cuando es el grupo social mismo desde dentro quien decide desterritorializar? En estos casos la desterritorialización implica deshacer el uso material espacial de origen, para permitir al grupo social una nueva actividad igualmente espacial, y liberarlo de lo que lo oprime; es decir, se desterritorializa para desalinearse (Deleuze y Guattari, 1972). Esto sucede a menudo en casos de *colonización. Cuando el colonizador o invasor se ha marchado, se des-hacen los territorios y se les da una nueva significación, se dan otros usos y manejos y se intenta, al tiempo, re-inventar la vida; es el caso de los argelinos o de los campesinos e indígenas del Macizo Colombiano —maziceños—. Los argelinos lo han hecho desde estrategias que trazan lazos estrechos entre la política y la religión. Los maziceños, por su parte, han recurrido a los mitos: frente a una historia de fundación de territorios está el relato del mito que sirve como mecanismo a través del cual la memoria colectiva *refunda* sus pueblos. Los pobladores del Macizo Colombiano no recuerdan su historia en los periodos de la Conquista y la Colonia, por más que se imparta en las escuelas de educación pública. Esta historia no ha llegado a ser significativa para ellos porque, para los efectos sociopolíticos buscados con esta legitimación, no basta una historia aprendida; es sobre la historia vivida donde se apoya su memoria. En la actualidad no se reconoce a los conquistadores españoles la creación de estos pueblos, puesto que los indígenas y campesinos han reescrito oralmente la historia de estas fundaciones a favor de sus propias comunidades. Empleando la figura de ciertas imágenes católicas como reaparecidas, éstas se transforman en "Santos Remanecidos" que sirven como símbolo a los nativos actuales para recobrar políticamente el poder de sus antepasados y desterritorializar los territorios colonizados; son ellos los que ejercen control social sobre lo que podríamos llamar la apropiación política del territorio. Así los nativos relatan cómo el origen de cada uno de sus pueblos data de cuando algún campesino o indígena encontró en el monte o en el bosque lejano una estatuilla de algún santo o virgen, no considerados católicos, sino una divinidad de los antepasados. De este modo se dio a conocer a los demás, y todos se congregaron en torno a un territorio común bajo la tutela de estas imágenes, puestas en casas especiales hechas de paja o materiales sencillos, que son –según sus narraciones– el verdadero origen de sus poblados (Nates Cruz, 2001; Nates Cruz et al., 2003).

Otra ilustración la podemos encontrar en lo que, hacia 1956, cuenta Margaret Mead sobre cómo los pobladores de Manus, en el sur del Pacífico, al entrar en contacto directo con los estadounidenses durante la Segunda Guerra Mundial, tuvieron acceso a nuevos sistemas de comportamiento y nuevas maneras de organizar la sociedad. Los manus a partir de esta experiencia desterritorializaron lo que quedaba y reterritorializaron organizando una nueva sociedad que estaba más acorde con el mundo exterior. "No esperaron a que el cambio les alcanzara, ni fueron desplazándose en grupos pequeños hasta desaparecer entre los hombres blancos. Se reunieron y esbozaron una sociedad desde sus cimientos. Esto lo hicieron al parecer cambiando cosas que representaran una franja relativamente superficial alrededor de un núcleo más estable y persistente" (Hall, 1989: 99).

Bibliografía

DELEUZE, G.; GUATTARI, F. (1972): L'Anti-Oedipe. Paris: Éditions de Minuit.

FOUCAULT, M. (2004): Sécurité, territoire, population. Paris: Éditions Gallimard-Seuil.

GARCIA CANCLINI, N. (1990): Culturas híbridas. Estrategias para entrar y salir de la modernidad. México: Editorial Grijalbo.

GEIGER, P. (1996): "Des-territorialização e espacialização", VV. AA., Território: Globalização e

Fragmentação. São Paulo: Editora HUCITEC, 233-246.

HALL, E. T. (1989): El lenguaje silencioso. Madrid: Editorial Alianza.

MATO, D. (2001): "Producción transnacional de representaciones sociales y cambio social en tiempos de globalización", en Daniel Mato (coord.), Globalización, cultura y transformaciones sociales. Buenos Aires: Consejo Latinoamericano de Ciencias Sociales, 127-160.

MEAD, M. (1956): New lives for old, cultural transformation (Manus 1928-1953). New York: William Morrow.

MONTAÑEZ GÓMEZ, G.; DELGADO MAHECHA, O. (1998): "Espacio, territorio y región: Conceptos básicos para un proyecto nacional". Cuadernos de Geografía, Revista del Departamento de Geografía de la Universidad Nacional de Colombia, VII (1-2): 120-134.

NATES CRUZ, B. (2001): "Reapropiación y articulación sociocultural de santos y vírgenes católicos en los Andes Colombianos". Les Archives des Sciences Sociales des Religions, 113. www.assr.revues.org

NATES CRUZ, B.; JARAMILLO SALAZAR, P.; HERNÁNDEZ PULGARIN, G. (2003): Más allá de la historia. Sentidos de pertenencia, socialización y economía en el concepto de pueblo. Manizales: Editorial de la Universidad de Caldas.

Beatriz Nates Cruz

Véanse además COLONIALISMO Y ANTICOLONIALISMO, Comunidad transnacional, CULTURA, Derecho de injerencia, DIFERENCIA Y DESIGUALDAD, Elites cosmopolitas, Esclavitud, Esfera mediática, Espacio red, ESPACIO-TIEMPO, Espacios locales, ESTADO-NACIÓN, Etnicidad, FRONTERA, Fronteras económicas, Fronteras políticas y religiosas, Fronteras simbólicas, Global y local, GLOBALIZACIÓN, IDENTIDAD, MIGRACIONES, MOVILIDAD, Nacionalidad, Naturalización, Nomadismo y turismo, PATRIMONIO, TERRITORIOS, Traducción.

Diferencia y desigualdad

Diferencia y desigualdad son dos términos que no se sitúan conceptualmente en el mismo plano. Ambos son de carácter relativo y comparativo, presuponen la confrontación de elementos entre sí; pero el criterio en el que se basa la comparación no es el mismo en los dos casos. Para pensar estas nociones, así como las ecuaciones existentes entre ellas, podemos comenzar por invocar el par de términos ante el que se colocan en una relación de antonimia. Así, " 'igual' no se opone a 'diferente' sino a 'jerarquizado'; 'diferencia' no se opone a 'igualdad' sino a 'idéntico', a 'similitud' " (San Román, 1996: 134). Aquí se prestará atención a los criterios implicados en algunos usos de estos términos y, en segundo lugar, se atenderá a las articulaciones existentes entre ellos, una vez que "así como la similitud no supone necesariamente igualdad, así las diferencias no son todas generadoras de desigualdades" (opus cit., 1996: 135).

Estratificación y clases sociales

Con la palabra desigualdad se hace referencia a derechos, a la distribución del poder y de la riqueza, al acceso a recursos y recompensas materiales o simbólicas. En este sentido, la idea de desigualdad se ha expresado sobre todo a través de las nociones de estratificación social –o de jerarquía, cuando este término se emplea como sinónimo de aquél– y de clases sociales. En la teoría social la noción de estratificación tiende a ser más descriptiva, ordenando las diferentes posiciones sociales de manera vertical en función de indicadores y criterios simples como, por ejemplo, ingresos, profesión u ocupación, estilo de vida y, a veces, de otros aún más específicos: tiempo libre o cuidados médico-sociales... Tal como sugiere el propio recurso a la metáfora geológica de "estrato", al caracterizar a una sociedad como un conjunto de capas sobrepuestas, las teorías de la estratificación, de raíz estructural-funcionalista, tienden a conceptualizar la desigualdad de forma estática y a encararla como un dato, un aspecto constitutivo de cualquier contexto social que presente alguna diferenciación de funciones (Parsons, 1949; Merton, 1996; Bell, 1973). La noción de clase, por su parte, se deriva de perspectivas que destacan su carácter histórico y el conflicto o las contradicciones subyacentes a ella, lo cual suele asociarla a un cuestionamiento de los propios fundamentos de las estructuras de desigualdad (Silva, 2006). En el concepto de clase se utiliza tanto su acepción de raíz marxista, como más weberiana. Las aproximaciones de tradición marxista ponen más énfasis en el lugar que los individuos ocupan en la esfera económica de la producción, concretamente en relación al control de los medios de producción, mientras las orientaciones weberianas privilegian, como criterio de clasificación y definición de

las clases, la situación de las personas por su posesión y control de recursos. Así, además de contemplar en la dimensión económica la esfera de la distribución y del consumo, aparte de la productiva, la perspectiva weberiana la articula también con factores sociales y políticos como los de estatus, autoridad y poder, considerando estos ámbitos convertibles entre sí. Las credenciales escolares y políticas o la cartera de conocidos, por ejemplo, pueden convertirse en poder adquisitivo (Weber, 1978; Dahrendorf, 1959; Parkin, 1979). Se trata de una visión amplia y polifacética de las desigualdades de clase, que se establecerían en función de diversos criterios, tales como la propiedad, el poder adquisitivo, la formación académica, las relaciones sociales o el prestigio. Ante la creciente complejidad de las estructuras de desigualdad en el sistema capitalista –por ejemplo, a través de la ascensión de capas de la nueva pequeña burguesía, protagonizada por personajes como ejecutivos, técnicos, intelectuales, etc.–, los teóricos neomarxistas incorporan también en su lectura de las clases sociales dimensiones extraeconómicas, destacadas por Weber (Althusser, 1972; Poulantzas, 1975; Wright, 1989), abriendo el camino a otras perspectivas de síntesis sobre la desigualdad –es el caso de Pierre Bourdieu (1979, 1989), por indicar uno de los más sobresalientes.

Pero las nociones de estratificación y de clase social no se han distinguido entre sí sólo desde estos aspectos analíticos. También se las ha puesto en correspondencia con sociedades reales, según el esquema dicotómico de la "gran división": Nosotros/Otros, primitivo/*moderno o simple/complejo. Por un lado, se perfilarían las sociedades sin *Estado, con una estratificación social elemental, basada en *desigualdades "naturales" de edad y sexo; por otro, las sociedades con Estado, jerarquizadas en clases. A partir de los años sesenta, los antropólogos marxistas vinieron a relativizar esta oposición que hacía corresponder categorías analíticas a tipos de sociedad. Al desplazar el eje del análisis de las relaciones sociales, descentrándolo de la esfera de la producción y ampliándolo a la de la reproducción (Terray, 1969), identificaron antagonismos de clase en sociedades "simples"; por ejemplo, entre los miembros de mayor edad de los linajes, por un lado, y los jóvenes y las mujeres, por otro. En consecuencia, entre grupos de sexo y edad también se podría constatar un reparto desigual de los medios de producción y de las relaciones de *explotación, susceptible de configurar relaciones de clase –para un debate sobre esta cuestión, véanse, entre otros, Meillassoux, 1975; Bonte, 1976; Rey, 1977–. Así el estudio de sociedades exóticas ha contribuido a una reformulación de la propia categoría marxista de clase como cuadro comparativo que necesitaba ajustarse a la lectura de sociedades no capitalistas.

Jerarquía y casta

Otra de las nociones a través de la que se expresa la idea de desigualdad ha sido también objeto de asociación, en la teoría antropológica, a una sociedad concreta, a un lugar: se trata del concepto de jerarquía y de su asociación a la civilización india (Appadurai, 1988). Pero en el sistema de castas, que el concepto de jerarquía vino a caracterizar, se puso de relieve la alteridad de este fenómeno en relación a formas de desigualdad "occidentales", lo cual llevó a que la casta fuese considerada como algo más que una forma de estratificación social llevada al extremo. Louis Dumont (1966) consideró el sistema de castas sobre todo un sistema de valores, basado en la oposición entre puro e impuro y en la interdependencia entre estas dos categorías, que estarían encarnadas por brahmanes e intocables como polos simétricos de un trayecto jerárquico. Pero esta oposición era de naturaleza religiosa, y la jerarquía que de ella se deriva estaba disociada de las materialidades del poder: el poder no se localizaría en la cima de la jerarquía de castas, sino en su centro, en los escalones intermedios. El pensamiento jerárquico y la ideología holística de la que se derivaba el sistema de castas, en el que la totalidad se sobrepone a los elementos constituyentes, fueron contrastados por Dumont con los valores igualitarios y con el individualismo prevalecientes en la ideología "occidental" moderna.

De acuerdo con esta perspectiva, el concepto de casta estaba vinculado a una realidad particular y era abusivo emplear este término a propósito de cualquier tipo de manifestación rígida y acentuada de desigualdad, como a veces sucede en el discurso coloquial y en los medios de comunicación. Esta posición, según la cual el término casta describía mal otras realidades y no podía ser usado como equivalente del exponente máximo de algo universal –la desigualdad–, fue también la de Edmund Leach (1960), pero por razones diferentes. El criterio que otorga su especificidad al

fenómeno casta no era tanto de orden cultural –la religión, los valores–, ya que, por ejemplo, los cingaleses budistas, de religión no hindú, y otros grupos culturales próximos a la India también se organizaban en castas. Ese criterio era más bien de orden estructural. Como fenómeno de morfología social, el fenómeno panindio de las castas presentaba características específicas que lo distinguían de las sociedades de clases y de las aristocracias, tales como la interdependencia orgánica, las modalidades de competencia –intra y no intercasta– y las lógicas de la endogamia y otras estrategias de cierre –que estaban en vigor en todos los grupos y no sólo en los superiores frente a los inferiores.

La reflexión sobre la casta como expresión de desigualdad fue de esta manera suscitando diversos debates. Como ocurre en muchos otros casos, la dificultad reside en conseguir identificar las especificidades de un fenómeno sin caer en la exotización, que hace de las diferencias en relación a otras sociedades el único eje de comparación, no atendiendo suficientemente a las semejanzas. Este error y el de brahmanocentrismo son precisamente el objeto de una de las críticas dirigidas a Dumont y a otros indianistas. No había una, sino varias visiones de la jerarquía ligadas a la *identidad de cada casta. Ninguna casta se consideraba intrínsecamente inferior a otra o parte de una jerarquía englobante en la que cada una participaba en el sustentamiento del sistema como un todo (Gupta, 2005). Esta lectura se derivaba muy probablemente de una sobrevaloración de la versión brahmánica de la jerarquía que, en efecto, privilegia el criterio de la pureza y de la contaminación. Pero las justificaciones brahmánicas de superioridad e inferioridad no eran de naturaleza diferente, ni sociológicamente más válidas que las narraciones míticas de otras castas que invocan un pasado glorioso y reivindican a partir de él su propia superioridad. Según esta visión crítica, lo que ocurre es que habían sido ésas las versiones privilegiadas por los estudiosos indianistas. A fin de cuentas, se trataba de tensión y competición políticas y no de concordancia o de aquiescencia ideológica por las castas más bajas en su papel subalterno.

Sin embargo, hay que considerar otras razones para esta invisibilidad de las discordancias relacionadas con el orden jerárquico, más allá de eventuales problemas de perspectiva implicados en los estudios indianistas. Tales razones tienen que ver también con una mutación histórica, con las transformaciones económicas y políticas ocurridas en la India contemporánea. Si la invisibilidad de la contestación ha prevalecido durante mucho tiempo, eso se debe asimismo al hecho de que las relaciones entre las castas se procesaban exclusivamente dentro de los límites de una economía rural de aldea cerrada, que no dejaba a las castas subalternas margen de maniobra. La disolución de esta economía, el *éxodo rural, los cambios jurídicos para promover una mayor igualdad consagrados en la Constitución de la India independiente, la multiplicación de organizaciones de casta, entre otros factores, se conjugaron para permitir la expresión de la competición en ámbitos abiertos y de mayor proyección, sin miedo a ofender a los superiores y a los poderosos. Es en este contexto en el que autores como Dipankar Gupta (2005) alegan que la casta se manifiesta ahora más como identidad que como sistema. Ello quiere decir que, al colapso del sistema de castas, según existía en la economía cerrada de la aldea, le habría correspondido el ascenso ruidoso de las identidades de casta en el ámbito político nacional. También es así porque la participación de las castas en la política no se dio en el sentido de eliminar la casta, sino en el de usarla como un instrumento de cambio social. Esto es, la democracia ha proporcionado una afirmación sin complejos de la casta, pero no ha conducido a la contestación de la propia categoría "casta". Por el contrario, la ordenación vertical de las castas en la jerarquía de la pureza ha sido sustituida por una consolidación horizontal de estas categorías.

Bibliografía

BONTE, Pierre (1976): "Marxisme et Anthropologie. Les Malheurs d'un Empirisme". *L'Homme*, XVI (4): 129-136.

BOURDIEU, Pierre, (1979): *La Distinction, Critique Sociale du Jugement*. Paris: Minuit.

DANRENDORF, Ralf (1959): *Class and Class Conflict in Industrial Society*. London: Routledge and Kegan Paul.

DUMONT, Louis (1966): *Homo Hierarchicus. Le système des Castes et ses Implications*. Paris: Gallimard.

GUPTA, Dipankar (2005): "Caste and Politics: Identity Over System". *Annual Review of Anthropology*, 21: 409-207.

LEACH, Edmund (1960): "Introduction: what should we mean by caste?", en E. Leach (ed.), *Aspects of Cast in South India, Ceylon and North-West Pakistan*. Cambridge: Cambridge University Press.

MEILLASSOUX, Claude (1975): *Femmes, Greniers et Capitaux*. Paris: Maspero.

MERTON, Robert (1996): *On Social Structure and Science*. Chicago: The University of Chicago Press.

POULANTZAS, Nicos (1975): *Classes in Contemporary Capitalism*. London: NLB.

SAN ROMÁN, Teresa (1996): Los *muros de la separación. Ensayo sobre alterofobia y filantropía*. Barcelona: Tecnos-Universitat autònoma de Barcelona.

TERRAY, Emanuel (1969): *Le Marxisme Devant les Sociétés Primitives. Deux Études*. Paris: Maspero.

WEBER, Max (1978): *Economy and Society. An Outline of Interpretative Sociology*. Berkeley: University of California Press.

WRIGHT, Erik Olin (1989): "The Comparative Project on Class Structure and Class Conscience: An Overview". *Acta Sociologica*, 32 (1): 3-22.

Manuela Ivone P. da Cunha

Véanse además Acciones afirmativas, ALTERIDAD, *Apartheid,* Centro-periferia, CIUDADANÍA, Ciudadano, COLONIALISMO Y ANTICOLONIALISMO, COMUNICACIÓN, Comunidad transnacional, Comunitarismo, CONSUMO CULTURAL, Criollización, CULTURA, DERECHOS HUMANOS, DESARROLLO, Desterritorialización, Diferencias naturales y diferencias sociales, Diferencias sociales y diferencias culturales, Diferencias sociolingüísticas y desigualdad, Discriminación positiva, DISCRIMINACIÓN Y EXCLUSIÓN SOCIAL, ELITES, Espacio red, Espacios locales, ESTADO-NACIÓN, ESTEREOTIPOS Y ESENCIALIZACIÓN, ESTIGMA, Etnocentrismo y relativismo cultural, EXPLOTACIÓN SOCIAL, Extranjero, FRONTERA, Frontera geográfica y administrativa, Fronteras económicas, Fronteras políticas y religiosas, Fronteras simbólicas, GENOCIDIO, Global y local, GLOBALIZACIÓN, Homofobia y heterofobia, IDENTIDAD, INDIGENISMO, Información, INTEGRACIÓN, Integración educativa, Integración religiosa, MIGRACIONES, Migraciones. Redes sociales, MINORÍAS, Modernidad, Modernización, MOVILIDAD, MULTICULTURALISMO, Multiculturalismo en los estudios culturales, Multiculturalismo en los estudios étnicos, Multilingüismo, Multilocal, Nacionalismo, Naturalización, Neocolonialismo, NUEVOS MOVIMIENTOS SOCIALES, PATRIMONIO, Pluralismo sincrónico, POSMODERNIDAD, Racismo y neorracismo, RELACIONES Y PROCESOS INFORMALES, Relaciones y procesos informales políticos, Revolución técnico-comunicativa, SABER Y SABERES, Segregación, Sociedad de la información y del conocimiento, Sujeto intercultural, TERRITORIOS, TRABAJO, Traducción, VIOLENCIA POLÍTICA, Violencia política. Tipos, Xenofobia y xenofilia.

Diferencias naturales y diferencias sociales

Las diversas formas de *desigualdad enumeradas en DIFERENCIA Y DESIGUALDAD se encuentran interseccionadas con categorías de diferencia que pueden configurar por sí mismas tipos específicos de desigualdad, no totalmente reductibles a las primeras. Es el caso de las categorías "raciales", de edad y género. Estas categorías vienen a segmentarlas –a una misma inserción de clase, por ejemplo, pueden corresponderle desigualdades de poder entre hombres y mujeres– y al mismo tiempo son segmentadas por ellas –la experiencia de las mujeres no es uniforme, difiriendo según las inserciones de clase–. En consecuencia, la similitud no implica igualdad. Este primer conjunto de categorías de diferencia hace referencia a características *naturales. Sin embargo, esto no quiere decir que se deriven naturalmente de éstas. No todas las diferencias naturales se revisten de significado –se convierten en socialmente visibles– ni todas son generadoras de desigualdad. Es lo que ocurre en el caso histórico, en lo que se refiere a la formulación de las clasificaciones "raciales", de la racialización de ciertas características físicas y no de otras, no menos prominentes pero que han permanecido socialmente neutras. En consecuencia, la propia visibilidad de la apariencia física puede ser más el resultado de una construcción ideológica que un dato inmediato (Wade, 1993). En muchas ocasiones lo que está en juego no es la naturalidad de las diferencias, sino la naturalización de las desigualdades sociales como forma de legitimarlas y perpetuarlas (Stolcke, 1993). En cualquier caso, las diferencias naturales no se

piensan ni se movilizan de la misma manera en diferentes contextos culturales.

Una vez recorrido el camino de desnaturalización analítica de algunas desigualdades, es decir, desmontada la base natural de las diferencias consideradas como fuente de desigualdades sociales, cabrá preguntarse en qué medida este tipo de ejercicio es susceptible de ser puesto al servicio de las reivindicaciones *cívicas de igualdad de derechos. Aunque sea evidente su utilidad para promover una perspectiva distanciada y crítica sobre lo que de otro modo tiende a pasar por ineluctable, al mismo tiempo corre el riesgo de convertirse en una trampa si se esgrime imprudentemente en la esfera pública: situar los debates *ciudadanos, de carácter eminentemente político, en continuidad directa con el conocimiento sobre la naturaleza y así reforzar inadvertidamente la idea de que es ésta el árbitro último de las discusiones sobre lo que pueden y deben ser los derechos y deberes de personas, categorías y grupos. La igualdad, por tanto, sólo sería legítima siempre que la desigualdad no tuviera base natural alguna. En este sentido sería consecuentemente indispensable el *imprimatur* legitimador de la ciencia. Pero ¿y si, por mera hipótesis, la ciencia viniera a sostener lo contrario, que la esencia de las desigualdades sociales se encuentra en las diferencias naturales? ¿Hasta qué punto sería aceptable, en consecuencia, la revisión de principios democráticos? Los riesgos del cientifismo aquí implícito pueden ilustrarse con el caso de la militancia antirracista en nombre de la ciencia, que en el presente –pero no en el pasado– afirma la unicidad genética del género humano y la inexistencia de "razas". Este combate cívico, si se desarrolla únicamente sobre esta base, incurre en una simetría peligrosa, pues acaba por reflejar las tesis racistas que hacían derivar la desigualdad social de las diferencias biológicas y queda cautivo del discurso genético, al cual por principio trasciende.

Edad

La edad es un modo de evaluación relacionado con el desarrollo físico del individuo y con la sucesión de etapas socialmente significativas en las que aquél se manifiesta. Como objeto demarcado culturalmente que es, la referencia a la edad resulta variable y sus modalidades son múltiples. Tanto puede situar al individuo, considerado en su existencia particular, como servir de base para la definición de categorías sociales y la constitución de grupos; tanto puede implicar la periodización de etapas del ciclo de vida, de la infancia a la vejez, como las posiciones relativas de individuos entre sí. En este sentido pueden existir desigualdades fundadas sobre principios de senioridad y ancestralidad, como es el caso en varias sociedades de linajes, es decir, basadas menos en la edad cronológica *per se*, en términos absolutos, y más en la proximidad genealógica entre vivos o con los muertos. En las sociedades de linajes los vínculos de los mayores con los más jóvenes son también, en general, una relación de autoridad y de dependencia que pasa por el importante control que los primeros atesoran sobre la reproducción y la circulación e, indirectamente, sobre la reproducción cuando este control tiene implicaciones en las compensaciones matrimoniales debidas por los más jóvenes.

En algunas de estas sociedades la edad puede convertirse en un principio organizador central de la vida social, condicionando de manera global no sólo los principales acontecimientos de la existencia del individuo, sino que también puede definir estatus, cargos políticos, funciones, derechos y obligaciones. En estos contextos la vida social y económica está regulada por la transición sincronizada de un conjunto de personas de una etapa a otra. Se trata de los sistemas de clases de edad, que combinan un principio jerárquico, relacionado con las diferencias etarias, con un principio igualitario que gobierna las relaciones de copertenencia a una misma clase de edad (Bernardi, 1985; Hábeles y Collard, 1985; Stewart, 1977). Sin embargo, hay que precisar que normalmente estos grupos comprenden sólo individuos del mismo sexo. En el caso de esta configuración social, constatada en diversas regiones del globo, pero con presencia destacada sobre todo en varios países del África oriental —en parte porque aquí una determinada clase de edad gana presencia mucho más allá del nivel *local, proyectándose a escala *nacional—, las categorías colectivas definidas con base en el factor edad tienen, pues, verdaderamente una expresión institucional, lo cual no ocurre con la noción de generaciones. Se entiende por clase de edad un grupo de individuos nacido en un mismo intervalo de tiempo, periodo éste variable y socialmente determinado. Puede tratarse del intervalo comprendido entre dos rituales colectivos de iniciación de adolescentes. Pero este criterio de coiniciación pubescente, popularizado por el conocido caso de

los masai en Tanzania y Kenia, no es el único modo de constitución de clases de edad; otro criterio es de orden generacional, en la medida en que lo decisivo es la pertenencia de padre e hijo a clases de edad distintas. La edad genealógica prevalece en este caso sobre la cronológica. Teniendo en cuenta que cada clase de edad va progresando a lo largo de su existencia por diversos grados, que enmarcan diferentes funciones sociales desempeñadas por los individuos, la conciliación de estos dos aspectos puede resultar más compleja de lo que se podría suponer.

Sexo y género

La desigualdad también puede formularse en relación al género. Invirtiendo la perspectiva de esta formulación, el género ha sido definido, de hecho, como una forma de desigualdad, por lo que el estudio del género sería por inherencia un análisis de las relaciones de poder asimétrico (Ortner y Whitehead, 1981; Collier y Yanagisako, 1987). En la actualidad, esta consideración no implica, como en tiempos conllevó, el presupuesto simple de la dominación universal de las mujeres por los hombres, ni el de la universalidad de las nociones de género que afirman la superioridad masculina y la inferioridad femenina. Esta subordinación, como llegó a pensarse, se derivaría de la capacidad reproductora de las mujeres, que induciría en todas las épocas y en todos los lugares a una desvalorizante asociación simbólica con la naturaleza y la esfera privada o doméstica. Los hombres, por su parte, representarían universalmente la cultura y la esfera pública (Rosaldo y Lamphere, 1974). Una perspectiva comparativa más atenta a las diferencias culturales y sociales vino a evidenciar, no obstante, no sólo una mayor complejidad y diversidad de formas en este ámbito, sino también que esos dos presupuestos están en parte estrechamente ligados a construcciones ideológicas y esquemas "occidentales" de pensamiento. Se trata de esquemas dicotómicos tales como cultura/naturaleza, público/privado, producción/reproducción. Es más, esas dicotomías se encuentran organizadas siempre de manera asimétrica: la cultura figura en ellas como superior a la naturaleza, la esfera pública masculina engloba el ámbito doméstico femenino. En este marco, el pensamiento sobre la diferencia de género sería, pues, en principio jerarquizador e incapaz de reconocer, según los contextos, la igualdad entre los géneros, lo mismo que admite la desigualdad; de identificar semejanzas, a la vez distingue diferencias. El problema de la desigualdad es también indisociable de la cuestión de la representación de las mujeres y desde luego está inscrito en ella, como la antropología feminista ha destacado. No sólo se ha descuidado a las mujeres en cuanto objeto de atención etnográfica, quedando sus actividades invisibles o subevaluadas, sino que tampoco se las representaba como actores plenos de la vida social, habiendo permanecido durante mucho tiempo sin voz.

Ahora bien, la dicotomización que ha estructurado la representación del género está lejos de ser universal. Además, la cuestión de la subordinación de las mujeres no se plantea en los mismos términos en las sociedades igualitarias (Leacock, 1978), sin jerarquía política, donde el poder no se concibe como fuerza coercitiva y las mujeres controlan su *trabajo y lo que de él resulta. Como han destacado diversos antropólogos, el conjunto de dicotomías referido más arriba es menos una característica de los universos culturales estudiados que del discurso desarrollado sobre éstos. Es el caso de la oposición entre producción y reproducción, que se basa en la tendencia "occidental" a marcar la distinción entre la producción de personas y de cosas (Collier y Yanagisako, 1987) y a radicar en esa diferenciación la idea de la "naturalidad" de la división sexual del trabajo. Es más, la conceptualización naturalista de las mujeres con la que se relaciona ha estado en la base de un análisis económico distorsionado del trabajo de aquéllas –y, en consecuencia, de la producción en su conjunto– al privilegiar las tareas reproductivas que desempeñan en detrimento de otras (Mathieu, 1991). En cuanto a la dicotomía público/privado, no todas las sociedades la elaboran y se puede situar históricamente (Leacock, 1978). De la misma forma, este binomio no recubre uniformemente las mismas realidades –la noción de privado puede referirse a la persona, no a un grupo doméstico; la idea de público no siempre se puede reducir a la de político–; tampoco corresponde necesariamente a una distribución de actividades masculinas y femeninas, ni a una jerarquización que revaloriza unas –las de las mujeres– y devalúa otras –las de los hombres– (Overing, 1986). Se impone, no obstante, una precisión en este punto. Una cosa es revelar el *etnocentrismo y el androcentrismo presentes en las propias categorías analíticas utilizadas, y otra subestimar, con un

relativismo un tanto simétrico, la ideología androcéntrica en sociedades diferentes por considerar que las mujeres tendrían un poder real, aunque discreto, por detrás del poder visible, pero superficial de los hombres. En este caso la cuestión es saber si las mujeres detentan, sobre los hombres y la sociedad, el poder de decisión global que éstos muchas veces tienen sobre las mujeres y la sociedad, o si ellas poseen poder esencialmente en el dominio que se les atribuye (Mathieu, 1991). Finalmente, el par binario naturaleza/cultura, y su asociación a un contraste entre los sexos, han visto cuestionados su contenido y universalidad, una vez que también han sido considerados una particularidad "occidental" imputada a otras visiones del mundo (MacCormack e Strathern, 1980). Lo mismo sucede con el alineamiento simbólico de las mujeres con la naturaleza, de las mujeres con la reproducción y de ésta con la naturaleza: ninguna de estas asociaciones culturales se puede generalizar universalmente. Así lo señalan Collier y Rosaldo (Ortner y Whitehead, 1981).

El modo en que el binomio naturaleza/cultura está presente en la propia articulación entre sexo y género es menos lineal de lo que se pensaba en un principio. El término "género" fue introducido por los estudios feministas para designar la construcción social de la diferencia entre hombres y mujeres –por ejemplo, sus respectivas actividades y comportamientos o aquello que se entiende por "masculino" y "femenino"–, y para distinguirla de la diversidad biológica entre ambos, referida con el término "sexo". El género como construcción simbólica sería culturalmente variable, frente al hecho universal de las diferencias naturales de sexo. Sin embargo, las categorías de género "masculino" y "femenino" no son necesariamente simples comentarios o prolongaciones culturales de las diferencias biológicas entre hombres y mujeres, ni las diversidades de sexo son forzosamente la base universal a partir de la cual se generan las distinciones de género (Collier y Yanagisako, 1987). En otros contextos culturales, las diferencias de género también pueden naturalizarse o radicarse en el cuerpo, pero de manera diversa y sin que esa naturalización corresponda a la agregación específica de ingredientes que componen la noción occidental de sexo –una construcción que aglomera en una misma unidad aspectos diversos, tales como elementos anatómicos, funciones biológicas, y que produce categorizaciones sexuales binarias–. A pesar de reconocidas, las diferencias genitales y de papeles reproductivos entre hombres y mujeres pueden ser menos relevantes, en las categorizaciones sexuales emprendidas por otras sociedades, que otros aspectos de la fisiología del cuerpo. Es lo que ocurre, por ejemplo, con la carne y el hueso, entendidos como femenino y masculino, entre los khumbo de Nepal (Diemberger, 1993). Pero en este caso, en lugar de realzar diferencias entre cuerpos, las nociones de distinción sexual subrayan aspectos diferentes contenidos en cada cuerpo. Desde esta perspectiva se argumentó más tarde que, en último término, la distinción analítica entre sexo y género tal vez fuera innecesaria –e incluso reedite, a otro nivel, el tipo de naturalización que en un principio sirvió para cuestionar–, pues la noción de "sexo" en sí misma está modulada por construcciones culturales particulares (Collier y Yanagisako, 1987; Butler, 1999).

Bibliografía

BERNARDI, Bernardo (1985): *Age Class Systems*. Cambridge: Cambridge University Press.

BUTLER, Judith (1990): *Gender Trouble: Feminism and the Subversion of Identity*. London: Routledge.

COLIER, Jane F.; YANAGISAKO, Sylvia J. (eds.) (1987): *Gender and Kinship. Essays Toward a Unified Analysis*. Stanford: Stanford University Press.

DIEMBERGER, Hildegard (1993): "Blood, Sperm, Soul and the Mountain. Gender Relations, Kinship and Cosmovision among the Kumbo", en T. del Valle (ed.), *Gendered Anthropology*. London: Routledge, 88-127.

LAECOCK, Eleanor (1978): "Women's Status in Egalitarian Societies: Implications for Social Evolution". *Current Anthropology*, 19: 247-75.

MacCORMACK, Carol; STRATHERN, Marilyn (eds.) (1980): *Nature, Culture and Gender*. Cambridge: Cambridge University Press.

MATHIEU, Nicole-Claude (1991): *L'Anatomie Politique. Catégorisations et Idéologies du Sexe*. Paris: Côté Femmes.

MOORE, Henrietta (1988): *Feminism and Anthropology*. Cambridge: Polity Press.

ORTNER, Sherry; WHITEHEAD, Harriet (eds.) (1981): *Sexual Meanings. The Cultural Construction of Gender and Sexuality*. Cambridge: Cambridge University Press.

ROSALDO, Michelle; LAMPHERE, Louise (eds.) (1974): *Woman, Culture and Society*. Stanford: Stanford University Press, 67-88.

STEWART, Frank Henderson (1977): *Fundamentals of Age-Group Systems*. New York: Academic Press.

STOCKLE, Verena (1993): "Is Sex to Gender as Race is to Ethnicity?", en T. del Valle (ed.), *Gendered Anthropology*. London: Routledge.

Manuela Ivone P. da Cunha

Véanse además ALTERIDAD, CIUDADANÍA, Ciudadano, CONSUMO CULTURAL, Criollización, DERECHOS HUMANOS, DIFERENCIA Y DESIGUALDAD, Diferencias sociales y diferencias culturales, Discriminación positiva, Espacios locales, ESTADO-NACIÓN, ESTEREOTIPOS Y ESENCIALIZACIÓN, ESTIGMA, Etnocentrismo y relativismo cultural, Global y local, Homofobia y heterofobia, INTEGRACIÓN, Integración educativa, Interculturalidad, Migraciones. Teoría macro, Migraciones y racismo, MINORÍAS, ESTEREOTIPOS Y ESENCIALIZACIÓN, Etnocentrismo y relativismo cultural, Naturalización, Nomadismo y turismo, Plurinacionalidad, Racismo y neorracismo, RELACIONES Y PROCESOS INFORMALES, Relaciones y procesos informales económicos, SABER Y SABERES, Viajes y sistemas de movilidad.

Diferencias sociales y diferencias culturales

De la misma manera que algunas *desigualdades han sido *naturalizadas, otras han sido *culturalizadas, esto es, se atribuyó a diferencias culturales aquello que muchas veces se debe, sobre todo, a disparidades sociales. La lógica esencialista es la misma en ambas conversiones, tal como el efecto de escamoteo de estructuras de desigualdad. Éste es uno de los tres principales problemas que pueden afectar al análisis de las relaciones entre diferencias sociales y culturales. La confusión entre estos dos planos se ha manifestado, por ejemplo, en la tendencia a exotizar la pobreza, atribuyendo a una inserción *étnica o a una opción cultural aspectos del modo de vida tales como las condiciones precarias de vivienda de una comunidad dada en barrios de chabolas (Bourdieu, 1993; Cunha, 2002). La distancia social se ve también amplificada y transformada en inconmensurabilidad, cuando se suprime del abanico de las motivaciones posibles de un comportamiento los factores socioeconómicos y se lo reduce desde un principio a una mentalidad *"otra" o a rasgos psicosociales específicos, como puede ser la "orientación hacia el presente".

Éste fue uno de los problemas que afectó a la noción de "cultura de la pobreza", una construcción que también ilustra un segundo tipo de equívocos analíticos que rodean esta cuestión: aquel que consiste en desconectar por completo los procesos culturales de los económicos y políticos. Según Oscar Lewis (1966), que propuso tal concepto, se habría generado un conjunto particular de comportamientos, valores e ideas como respuesta adaptativa a la *marginalidad económica y, una vez constituida, esa cultura se perpetuaría de forma autosostenida, inmune al cambio y condenando por sí misma a los pobres en la miseria. A despecho de las intenciones de Lewis, la "cultura de la pobreza" abrió un camino a la exclusiva responsabilización de los pobres de su subalternidad, dados los valores contraproducentes por los que se regirían, llegándose a juzgar inútil cualquier intervención en el sentido de mejorar su condición, por ejemplo, a través de programas sociales. El tipo de apropiación de la que esta noción ha sido objeto ilustra perfectamente la polarización ideológica existente en torno a los estudios sobre la pobreza, especialmente en el caso de EE. UU. Esta noción también entronca con la propia organización de las categorías culturales a través de las cuales la diferencia tiende a ser pensada *ahí*, y con el modo en que *ahí* se establecen las *identidades sociales, donde sobresale la tendencia a subsumir la identidad de clase en étnico-"racial" y a que la condición de clase sea el último factor invocado para explicar la pobreza y la impotencia social (Ortner, 1998). Cuando no lo es, adquiere a veces un carácter *sui generis*, como en la noción de *underclass* (Wilson, 1987), desarrollada para caracterizar al subproletariado de los guetos urbanos americanos, afectados por la desindustrialización y por el paro, por la descomposición de las estructuras familiares y, sobre todo, por el aislamiento social. En esta noción se subrayan los aspectos colectivos de la exclusión social y simbólica que caracteriza al gueto como un todo, al igual que, siguiendo a Lewis, los aspectos culturales de la organización de la supervivencia que en él emergen como reacción a esa exclusión. La centralidad asumida en este contexto por el concepto de *underclass* ilustra una tradición anglosajona

de abordaje de la cuestión, en la que los pobres figuran menos como un conjunto estadístico de individuos que como una categoría social con contenido ontológico.

En el extremo opuesto se sitúa otro tipo de equívocos en los que incurrieron precisamente algunos de los críticos de Lewis (Valentine, 1961; Leeds, 1971), al encarar la reproducción de las relaciones de clase únicamente como un efecto mecánico, directo y sobredeterminado de las estructuras de desigualdad. Varias etnografías han demostrado que no es así, al poner de relieve los procesos de carácter cultural implicados en esa reproducción (Howe, 1990; Willis, 1977). Es más, la antropología abandonó hace mucho tiempo la noción cosificante de cultura que orientó la idea de "cultura de la pobreza" y que la distinción analítica entre "cultura" y "respuesta situacional" –una primera tentativa de resolver los problemas que tal concepto implicaba– no había contribuido a superar. Más bien había creado una falsa dicotomía, una vez que la cultura no debe entenderse como un arcano núcleo fijo de valores, sino como un proceso ligado a la actividad social, por lo que, en consecuencia, también es en buena medida contextual y recreada continuamente en la práctica. Teniendo esto en cuenta, estudios recientes han procurado analizar modos de vida ligados a la pobreza como algo que representa más que una respuesta pasiva a constreñimientos estructurales, y que es susceptible de exacerbar una marginalidad social impuesta por esos constreñimientos (Day, Papataxiarchis y Stewart, 1999). La recuperación de la idea de "orientación hacia el presente" es central en esos abordajes, aunque los riesgos de cosificación y de sociocentrismo, identificados hace mucho tiempo por Elliot Liebow (1967), no estén definitivamente apartados (Cunha, 2002). En todo caso, están atentos al tercer riesgo analítico referido, es decir, reducir las diferencias culturales a las sociales.

Otro dominio en el que ha sobresalido la tendencia a prestar atención a la dimensión social en detrimento de la cultural es el ámbito de la salud y de la enfermedad. Con todo, es precisamente la dimensión cultural la que puede permitir comprender diferencias de conducta de las que no da suficiente cuenta la dimensión propiamente sociológica. No supone ceder a un culturalismo estéril, ni esto implica obliterar los aspectos sociales e históricos, el reconocer la importancia de esta dimensión, donde se incluyen, por ejemplo, los valores y las representaciones vehiculadas por el origen religioso, que marcan comportamientos en ámbitos tan variados como la relación con el cuerpo, la enfermedad, los médicos y los medicamentos, según informan la relación con la escritura, el *saber y la autoridad (Fainzang, 2001). Es así como es posible dar cuenta de divergencias significativas constatadas en el seno de un mismo medio social, o en marcos sociales equivalentes, entre individuos asociados a categorías culturales diferentes, de la misma forma que se pueden descubrir tendencias semejantes, verificadas por recurrencias en el interior del mismo ámbito cultural, que son transversales a una población heterogénea desde un punto de vista socioeconómico, educativo, profesional o de medio rural/urbano.

Bibliografía

CUNHA, Manuela Ivone P. da (2002): *Entre o Bairro e a Prisão: Tráfico e Trayectos*. Lisboa: Fim de Século.

DAY, Sophie; PAPATAXIARCHIS, Evyhymios; STEWART, Michael (eds.) (1999): *Lilies of the Field. Marginal People Who Live For the Moment*. Boulder, Co. Westview Press.

FAINZANG, Sylvie (2001): *Médicaments et Société*. Paris: PUF.

HOWE, Leo (1990): *Being Unemployed in Northern Ireland: An Ethnographic Study*. Cambridge: Cambridge University Press.

LEEDS, Anthony (1971): "The Concept of the Culture of Poverty: Conceptual, Logical, and Empirical Problems, with Perspectives From Brazil and Peru", en E. Leacock (ed.), *The Culture of Poverty: A Critique*. New York: Simon and Schuster, 226-284.

LEWIS, Oscar (1966): *La Vida. A Puerto Rican in the Culture of Poverty*. New York: Random House.

LIEBOW, Elliot (1967): *Tally's Corner. A Study of Negro Streetcorner Men*. Boston: Little, Brown and Company.

ORTNER, Shirley (1998): "Identities: The Hidden Life of Class". *Journal of Anthropological Research*, 54 (1): 1-17.

VALENTINE, Charles (1966): *Culture and Poverty. Critique and Counter Proposals*. Chicago: The Chicago University Press.

WILLIS, Paul (1977): *Learning to Labour: How Working Class Kids Get Working Class Jobs*. London: Saxon House.

WILSON, William Julius (1987): *The Truly Disavantaged*. Chicago: The Chicago University Press.

Manuela Ivone P. Da Cunha

Véanse además Acciones afirmativas, Aculturación, ALTERIDAD, CIUDADANÍA, Ciudadano, Comunitarismo, CONSUMO CULTURAL, Criollización, CULTURA, DESARROLLO, DIFERENCIA Y DESIGUALDAD, Diferencias sociolingüísticas y desigualdad, Discriminación positiva, DISCRIMINACIÓN Y EXCLUSIÓN SOCIAL, ELITES, ESPACIO-TIEMPO, Etnicidad, Etnocentrismo y relativismo cultural, EXPLOTACIÓN SOCIAL, Extranjero, FRONTERA, HIBRIDACIÓN, Homofobia y heterofobia, IDENTIDAD, INTEGRACIÓN, Integración educativa, Integración religiosa, Interculturalidad, Megalópolis, Migraciones. Teoría macro, MINORÍAS, MOVILIDAD, MULTICULTURALISMO, Nacionalidad, Nacionalismo, Naturalización, Nomadismo y turismo, NUEVOS MOVIMIENTOS SOCIALES, Pluralismo sincrónico, Plurinacionalidad, Racismo y neoracismo, Relaciones y procesos informales económicos, Revolución técnico-comunicativa, SABER Y SABERES, Segregación, Sujeto intercultural, TRABAJO, Viajes y sistemas de movilidad, Violencia política. Tipos.

Diferencias sociolingüísticas y desigualdad

Una población puede manifestar una variedad de prácticas lingüísticas que informan y son informadas por *diferencias sociales y culturales, que se toman como causas o justificaciones de diversas desigualdades (Barman, 2003; Schieffelin *et al.*, 1998). Mientras la unidad genética de la especie humana es algo que se ha venido aceptando con dificultades, nos encontramos habitualmente con la idea de la existencia de una lengua original que se habría ramificado. Ahora bien, es plausible que las familias de lenguas hayan tenido múltiples orígenes, instancias diversas de realización de una universal capacidad humana para el lenguaje. Sea como sea, la variedad que representan los varios miles de lenguas de la humanidad es patente. En este sentido las estimaciones varían según los criterios que se tengan en cuenta, como, por ejemplo, la distinción lengua/dialecto, cuyos usos políticos pueden ilustrar la jerarquización social de las diferencias lingüísticas.

Basadas en esta proliferación de la diferencia interlingüística sincrónica, las teorías del *relativismo lingüístico más destacadas se encuentran en las ideas de Wilhelm von Humboldt y en la hipótesis Sapir-Whorf, según las cuales, por decirlo en pocas palabras, la lengua de un individuo determina su visión del mundo. Estas ideas, controvertidas y, en sus versiones más radicales, desmentidas particularmente por la posibilidad de la traducción, tienen equivalentes en diversos lugares comunes. De la misma manera que el racialismo escapa difícilmente al *racismo, es poco habitual que estos lugares comunes no sean jerarquizadores. Ponderar la "musicalidad" de un idioma o la aptitud para la filosofía de otro supone trazar los límites de una *alteridad de la que, según el sentido común o las teorías sustancialistas de la *etnicidad, la lengua es un marcador importante. De esta manera, una leve diferencia basta para traicionar la xenidad de un hablante: según la Biblia (Jueces, 12), la pronunciación de la palabra *shibboleth* con una [s] inicial denunció a 42.000 hombres de Efraín ante los galaaditas, que los ejecutaron. Y los griegos aplicaban el término onomatopéyico "bárbaro" a los que no hablaban su lengua: a diferencia del color de piel, elemento privilegiado por el racismo, la lengua puede ser "*extranjera" y así motivar una *exclusión. Algunos sociolectos pretenden reforzar desigualdades de estatus: la jerga procura ser discriminadora. Por el contrario, un idioma artificial de vocación universal —volapük, esperanto, etc.— tiene como objetivo la indiferenciación, confiando en la incidencia de los factores lingüísticos sobre los hechos sociales.

El sentimiento de enraizamiento *identitario en la lengua materna, efectivo a nivel individual y colectivo, la ve a menudo de un modo estático y acompañada de una ilusoria homogeneidad lingüística del grupo que el hablante considera como el suyo. Sin embargo, el estudio del contacto lingüístico (Weinreich, 1953) ha demostrado que el monolingüismo homogéneo es muy poco frecuente, concretamente al analizar las sociedades *multilingües de Asia, la formación de los criollos, el *code-switching*, la interiorización por parte del hablante de la imagen negativa de un idioma socialmente dominado. La noción ampliada (Fishman, 1967) de diglosia (Ferguson, 1959) designa el estatus desigual de dos lenguas usadas dentro de un mismo grupo. La intensificación de los movimientos *migratorios hace más visibles estos fenómenos en el mundo occidental. Son situaciones que se articulan con diferencias intralingüísticas —de *clase, de género, de edad, regionales, contextuales, etc.— que la sociolingüística ha convertido en su objeto de estudio principal, sobre todo bajo el impulso de Labov y, en un principio, en contextos monolingües, prestando atención a las correlaciones existentes entre variación lingüística y estratificación social.

En su hipótesis del déficit, Bernstein (1971) considera que el fracaso escolar de determinados niños negros de las clases populares norteamericanas se debe a que reciben de sus padres un código restringido diferente del código elaborado, utilizado por los profesores, o que, en el caso de que dispongan de este último, no lo emplean. Estas ideas, que a veces alimentan prejuicios racistas, podrían llevar a la conclusión de que esta "carencia verbal" comporta una deficiencia cognitiva para tratar la abstracción, y su aceptación ha dado lugar a acciones de compensación educativa. De hecho, la política lingüística procura intervenir sobre las diferencias sociales y culturales: definir una lengua oficial; exigir su dominio; apoyar o reprimir una lengua dominada; controlar la innovación léxica, y, sobre todo, promover la *integración de la norma hablada y la escrita —el alfabeto puede diferenciar lenguas próximas, como el servio y el croata, o marcar una opción ideológica: la elección, contra el islam, del alfabeto latino por parte de Turquía—. Ahora bien, el analfabetismo es un factor de desigualdad social debido al valor instrumental que le concede a la escritura el modelo técnico-económico dominante, y no a diferencias esenciales entre la escritura y la oralidad. Además, la evolución fonética conlleva una inadecuación progresiva de la ortografía, cuyo aprendizaje, en sus aspectos funcionales caducos, se convierte a su vez en criterio de selección escolar. La lingüística ha tardado en ver en la escritura algo más que una representación de la oralidad. Pero si Goody (1977) abordó el efecto de la representación gráfica en los procesos cognitivos, lo hizo sin considerar las aptitudes propias de las lenguas con escritura o puramente orales, de la misma forma que las teorías relativistas no jerarquizan. Discernir el alcance cognitivo inherente a los diferentes códigos de una lengua procede del sociocentrismo de las clases medias: los alumnos que no *alcanzan* la norma del código elaborado presentan un déficit. Labov (1957) demostró que estos niños usan sin ningún problema conceptos abstractos en discursos formulados en código restringido. La diferencia lingüística no es por sí misma la causa de la desigualdad escolar.

Lo que sí es cierto es que a diferentes orígenes de clase corresponden, según los contextos, distintos relaciones con el repertorio de códigos e incluso con el *habitus* lingüístico. En consecuencia, la etnografía de la *performance* *comunicativa, de la "agencialidad", y la sociolingüística de la interacción son necesarias, en articulación con una crítica social de la lengua y de sus usos como actos de identidad (Le Page y Tabouret-Keller, 1985). La economía de los intercambios lingüísticos no es más igualitaria que la de otros bienes simbólicos (Bourdieu, 1982). Además, las ciencias sociales encuentran aquí una oportunidad para la reflexividad: traducciones, citas, prisa o reticencia en relación a la adaptación de conceptos –como, actualmente, *agency*– demuestran el papel de las diferencias lingüísticas en la administración de los desiguales capitales simbólicos de las diversas "escuelas" nacionales en el campo disciplinario mundial.

Bibliografía

BAUMAN, Richard (2003): *Voices of Modernity: Language, Ideologies and the Politics of Inequality*. Cambridge: Cambridge University Press.

BERNSTEIN, Basil (1971): *Class, Codes, and Control*. Vol. 1. London: Routledge and Kegan Paul.

BOURDEU, Pierre (1982): *Ce que parler veut dire. L'économie des échanges linguistiques*. Paris: Fayard.

FERGUSON, Charles (1959): "Diglossia". *Word*, 15 (2): 325-340.

FISHMAN, Joshua (1967): "Bilingualism with and without diglossia; diglossia with and without bilingualism". *Journal of Social Issues*, 23 (2): 29-38.

GOODY, Jack (1977): *The Domestication of the Savage Mind*. Cambridge: Cambridge University Press.

LABOV, William (1972): "The Logic of Nonstandard English", en W. Labov, *Language in the Inner City: Studies in the Black English Vernacular*, Philadelphia: University of Pennsylvania Press, 201-240.

LE PAGE Robert; TABOURET-KELLER, Andrée (1985): *Acts of Identity: Creole-Based Approaches to Language and Ethnicity*. Cambridge: Cambridge University Press.

SCHEIEFFELIN, Bambi; WOOLARD, K.; KROSKRITY, Paul (eds.) (1998): *Language Ideologies: Practice and Theory*. Oxford: Oxford University Press.

WEINREICH, Uriel (1953): *Languages in Contact: Findings and Problems*. New York: Linguistic Circle of New York.

Jean-Yves Durand

Véanse además ALTERIDAD, COMUNICACIÓN, Criollización, DIFERENCIA Y DESIGUALDAD, Diferencias sociales y diferencias culturales, Discriminación positiva, DISCRIMINACIÓN Y EXCLUSIÓN SOCIAL, Etnicidad, Etnocentrismo y relativismo cultural, Extranjero, IDENTIDAD, INTEGRACIÓN, Integración educativa, MIGRACIONES, Migraciones y racismo, Multilingüismo, Racismo y neorracismo, Traducción.

Discriminación positiva

El término de discriminación positiva es otra de las designaciones que reciben las políticas de *acción afirmativa, de cuotas o de reparaciones, formuladas para apoyar legalmente a aquellos grupos sociales que son *discriminados y excluidos de los bienes de la ciudadanía a causa de sus *diferencias, ya sean étnicas, raciales, lingüísticas, de género y edad, por incapacidad física o de otro tipo.

La discriminación positiva supone, pues, un cuestionamiento profundo de la lógica universalista subyacente a la mayoría de las Constituciones de los países occidentales y latinoamericanos, que garantizan el deber del Estado de tratar a todos de forma igualitaria. En los dos modelos más influyentes de *Estado-nación del conjunto del mundo occidental –Estados Unidos y Francia–, la Constitución vino a establecer una igualdad absoluta entre todos los *ciudadanos, como garantía de que las desigualdades sociales y políticas anteriores –propias de regímenes feudales y monárquicos anteriores–, así como las de origen religioso, quedaran absolutamente eliminadas. Este paradigma, a pesar de poseer un carácter "revolucionario" en el marco del s. XVIII, "decreta", por así decirlo, como eliminadas o inexistentes diversas desigualdades que se habían acumulado hasta ese momento –es el caso, por ejemplo, del acceso desigual a los recursos materiales y a las más altas esferas del poder político y militar que caracterizaba a los diferentes grupos étnicos que componían las naciones fundadas por aquel entonces–.

Al mismo tiempo, relega otros tipos de diferencias que marcaban a los ciudadanos, como lo ocurrido con las lenguas, las aptitudes físicas desiguales y los *patrimonios simbólicos específicos de los diversos grupos sociales.

En el caso particular de Estados Unidos, la igualdad manifestada en la Constitución no eliminó el *racismo, ya que este texto resultó manifiestamente excluyente para la población negra y favorable a la blanca. En esta propuesta constitucional, que pretendía teóricamente la universalidad de la ciudadanía, no se contempló a los esclavos. Por consiguiente, éstos y sus descendientes se vieron sometidos a un trato desigual, basado en una discriminación y en una segregación claras en los espacios públicos. En el caso francés, las minorías étnicas se vieron asfixiadas y las lenguas diferentes del francés fueron censuradas, conforme ocurrió con el vasco, el catalán o el bretón. En la actualidad, tanto en Francia como en otros países europeos, el credo universalista se encuentra en una gran crisis, provocada por un racismo creciente contra los *inmigrantes africanos, asiáticos y musulmanes. Este nuevo proceso de discriminación, producido en un periodo de pos-*descolonización, está poniendo en jaque el pacto universalista fundador de esos Estados. Por primera vez el problema de la discriminación positiva se presenta para los grupos sociales no blancos como una medida compensatoria y restauradora de un nuevo pacto nacional de convivencia no racista.

Las distintas luchas anticoloniales, antirracistas y de afirmación étnica a lo largo del s. XX llevaron a un cuestionamiento de aquel universalismo, que impidió que la sociedad se conociera en su diversidad y diferencia. Esta supresión de la diferencia se ve ahora cuestionada desde el nuevo discurso que introduce un conjunto complejo de argumentos históricos, jurídicos, sociológicos, antropológicos y lingüísticos. De este modo, una política de afirmación de la diferencia contra cualquier forma de discriminación ha conducido a la formulación de diversas propuestas de discriminación positiva. En consecuencia, podemos definir discriminación positiva como un conjunto de derechos que determinadas personas o grupos humanos adquieren, como reparación, compensación o redistribución justa, debido a sus condiciones de desventaja –intrínseca, crónica o provisional– frente a los sujetos no discriminados.

En un sentido contrario al universalismo formal, que acata las desigualdades de origen y es indiferente a su reproducción futura, desde la discriminación positiva se considera a la sociedad como un complejo sistema de negociación de ventajas, relativas e interrelacionadas, para ciertos grupos específicos. Se desvanece la visión de un individuo universal, abstracto, incorpóreo, sin género, ni edad, ni aptitudes físicas diversas. Cambia igualmente la concepción de justicia, que deja de ser la aplicación uniforme de un mismo conjunto de leyes y deberes universales para convertirse en un tipo de justicia redistributiva, capaz de adaptar los principios legales a las condiciones específicas de determinados grupos e incluso de individuos en el interior de la sociedad.

Habida cuenta del hecho histórico y sociológico de que no somos iguales y de que muchas personas son discriminadas o excluidas socialmente a causa de su diferencia, la discriminación positiva requiere la activación del principio de tratar desigualmente a los que son desiguales. La lógica subyacente a esta noción de justicia es sumamente clara: si tratamos igualmente a los desiguales, no haremos otra cosa que perpetuar su desigualdad. Por otra parte, tratar desigualmente a los desiguales está justificado legal y moralmente desde el punto de vista de la justicia redistributiva, siempre y cuando este tratamiento desigual contribuya de una manera positiva y no *violenta a la construcción de una igualdad futura entre todos los ciudadanos. Un principio general que justifica la discriminación positiva, más allá de la *discriminación racial, es la *Convención Internacional para la Eliminación de Todas las Formas de Discriminación*, aprobada por las Naciones Unidas en 1966 y ratificada por ochenta y cuatro países en 1969. En ella se afirma, en su artículo 1, párrafo 4, que: "No serán consideradas discriminación racial las medidas especiales tomadas con el único objetivo de garantizar el progreso adecuado de ciertos grupos raciales o étnicos o de individuos, que necesiten la protección que pueda ser necesaria para proporcionar a dichos grupos o individuos igual disfrute o ejercicio de *derechos humanos y libertades fundamentales, siempre que dichas medidas no tengan como consecuencia la persistencia de derechos separados para diferentes grupos raciales y no prosigan después de haber sido alcanzados sus objetivos".

Las cuotas destinadas a la población negra en la enseñanza superior, que actualmente se encuentran en intenso proceso de implantación en Brasil, son una modalidad de discriminación positiva, que se entiende como una medida de emergencia y, en consecuencia, temporal. El papel de las cuotas consiste en acelerar el proceso de inclusión de los negros en las universidades hasta el momento en que estén presentes dentro del mundo académico en la misma proporción que define su presencia demográfica como un todo en la sociedad brasileña. Puede decirse que en este sentido no se abandona el horizonte universalista que está detrás de la formulación de las cuotas, sino que únicamente esta perspectiva se proyecta hacia el futuro con el apoyo de un plan de objetivos para la construcción de la igualdad racial. Si concebimos las cuotas como un tipo de discriminación positiva destinada a combatir el racismo que produce la discriminación negativa, se espera que en algún momento futuro habrá de cesar la exclusión racial. A partir de ese momento, las cuotas habrán cumplido su función. Si la discriminación racial deja de producirse, podrá instalarse por fin la regla de la igualdad; si la discriminación racial continúa existiendo, será posible tomar otras medidas antirracistas, diferentes de las cuotas. Por lo tanto, las cuotas forman parte de la lucha antirracista. Existe una relación causal compleja, no lineal, entre exclusión racial y práctica racista. La experiencia de los países que han adoptado acciones afirmativas demuestra que éstas no tienen el poder de eliminar el racismo, pero provocan una disminución en uno de sus principales efectos: impedir a las minorías étnicas y raciales discriminadas el acceso igualitario a los recursos económicos, políticos y simbólicos de la sociedad como un todo. La discriminación positiva y la acción afirmativa son en este sentido instrumentos de políticas de inclusión muy diversas en el campo étnico, racial, de género o de otra índole.

Sin embargo, existen tipos de discriminación positiva, según resulta constatable en el caso de las diversas acciones afirmativas destinadas a los individuos con necesidades especiales, que ni se construyen con el criterio de la temporalidad ni se entienden como medidas de emergencia. Dado que se trata de condiciones constitutivas de algunos seres humanos, discriminaciones positivas, diseñadas de acuerdo con el tipo y grado de necesidad, pasan a constituirse en derechos perennes de esas personas. Se construye de esta forma una tercera posición, distinta de la postura universalista anticuotas y también de la posición diferencialista de emergencia, que posterga el momento de la igualdad para el futuro. En esta situación, la discriminación positiva para los individuos con necesidades especiales es una acción que pretende perpetuar la compensación de una particularidad. De manera similar, las diversas medidas de protección y excepción destinadas a niños, adolescentes y ancianos siguen este mismo modelo desde el momento en que estabilizan la intervención en favor de la diferencia que genera desventaja y desigualdad. Consecuentemente, universalismo y diferencialismo no son incompatibles en la lógica de la discriminación positiva, dada la diversidad de desigualdades y diferencias y la multidimensionalidad de la propia idea universal de igualdad.

Una de las principales resistencias provocadas por las medidas de discriminación positiva llevadas a cabo respecto a las minorías en India, Malasia, Estados Unidos, Sudáfrica y Brasil tiene que ver con el principio de mérito. Según los adversarios de las acciones afirmativas, la discriminación positiva de reservar plazas para los discriminados puede conducir a otra discriminación negativa, en este caso contra personas que tengan más méritos que los beneficiados por las acciones positivas y que pese a ello serán rechazados. Resulta emblemático de esta tensión e incomodidad constante el famoso caso Bakke contra la Universidad de California, de 1977, cuyas consecuencias teóricas exploró Ronald Dworkin. Ocurrió que un estudiante, suspendido en el examen de ingreso a la licenciatura que otorgaba la Facultad de Medicina, procesó a la universidad alegando que había sido rechazado debido al trato de favor que se dispensó a un candidato negro con una puntuación menor que la suya. El Tribunal Superior del Estado ordenó a la Facultad de Medicina que lo matriculara, al tiempo que prohibió a las universidades de California que tuvieran en cuenta la raza en decisiones futuras sobre la admisión de estudiantes. Esta decisión del Tribunal dio lugar a una compleja discusión sobre la universalidad del mérito académico y en qué medida éste debe ser capaz de armonizarse respecto a inveteradas desigualdades raciales, teniendo en cuenta a la vez la escasez de plazas en las Facultades de Medicina; todo ello en el marco de la función social de la profesión médica. Después de una larga disputa, la Universidad de California pudo retomar su sistema de discriminación positiva para individuos negros por medio de la puntuación por razas.

Al igual que sucede con las cuotas y las acciones afirmativas, la mayoría de las discusiones sobre discriminación positiva tiende a asumir el carácter estrictamente liberal formulado en las políticas de Estado. Además, muchas teorías sobre este asunto inciden en la oposición entre igualdad y diferencia sin cuestionar la hegemonía mundial del capitalismo contemporáneo, que transforma algunas diferencias en desventajas y exclusiones, y sin evaluar las alternativas planteadas por el socialismo o por otras propuestas y movimientos de tipo autonomista. Recordemos que la antigua Unión Soviética y China también diseñaron políticas desde la dimensión de la discriminación positiva al construir el pacto comunista entre naciones y regiones autónomas, unas experiencias sobre las que se ha discutido escasamente.

Por último, hay que resaltar el momento particularmente rico que atraviesan en América Latina las discusiones sobre el tema de la discriminación positiva. Los movimientos negros antirracistas, en pro de la inclusión y de las reparaciones de la Diáspora africana y las luchas de las poblaciones nativas, lideradas por los *movimientos indígenas de Bolivia, México y Ecuador, cuestionan radicalmente los siglos de *colonización, *esclavitud y *genocidio producidos por los blancos europeos. Simultáneamente, rechazan la continuidad de un sistema capitalista dependiente que marcó el siglo XX en América Latina. Sus modelos de autonomía, horizontalidad en el entendimiento y ejercicio del poder y justicia redistributiva apuntan propuestas de renovación del socialismo, que incluyen una dimensión de discriminación positiva para los grupos étnicos y raciales y para todos los demás colectivos sociales excluidos de los bienes de la ciudadanía, reservados a las elites blancas del continente.

Bibliografía

CARVALHO, José Jorge de (2001): "As Propostas de Cotas para Negros e o Racismo Acadêmicono Brasil". *Revista Sociedade e Cultura*, 4 (2): 13-30.

— (2003): "Ações afirmativas para negros na Pósgraduação, nas bolsasde pesquisa e nos concursos para professores universitários como resposta aoracismo acadêmico", en Petronilha Silva, Beatriz Gonçalves, Valter R. Silvério (orgs.), *Educação e Ações Afirmativas.* Brasília: Inep/MEC, 161-190.

— (2005): *Inclusão Étnica e Racial no Brasil.* São Paulo: Attar Editorial.

CARVALHO, José Jorge de; SEGATO, Rita Laura (2002): *Uma Proposta de Cotas para Estudantes Negros na Universidade de Brasília.* Brasília: Departamento de Antropología. Universidade de Brasília. Série Antropologia.

DWORKIN, Ronald (1986): "The *Bakke* Case: are quotas unjust? & What did *Bakke* really decide?", en Ronald Dworkin, *A Matter of Principle.* Cambridge: Harvard University Press.

EMERSON, Renato; LOBATO, Fátima (eds.) (2003): *Ações Afirmativas. Políticas Públicas contra as Desigualdades Raciais.* Rio de Janeiro: DP&A.

GOMES, Nilma Lino (2004): *Afirmando Direitos. Acesso e Permanência de Jovens Negros na Universidade.* Belo Horizonte: Autêntica.

MUNANGA, Kabengele (org.) (1996): *Estratégias e Políticas de Combate à Discriminação Racial.* São Paulo: EDUSP/Estação Ciência.

ONU (1969): *International Convention on All Forms of Racial Discrimination. Resolution 2106, in Accordance with Article 19.* ONU, 4 January.

SANTOS, Boaventura de Souza (2003): "Introdução: para ampliar o cânone do reconhecimento, da diferença e da igualdade", en Boaventura de Souza, *Reconhecer para Libertar: Os Caminhos do Cosmopolitanismo Multicultural.* Rio de Janeiro: Civilização Brasileira.

SEGATO, Rita Laura (2003): *Uma Agenda de Ações Afirmativas paras as Mulheres Indígenas no Brasil.* Brasilia: Dpto. Antropologia, Universidade de Brasília. Série Antropologia, 326.

— (2007): "Racismo, Discriminación y Acciones Afirmativas: Herramientas Conceptuales", en Juan Ansión *et al.* (eds.), *Acción Afirmativa e Interculturalidad. Reflexiones a partir de la Experiencia.* Lima: Pontificia Universidad Católica del Perú.

SILVA, Petronilha; GONÇALVES, Beatriz; SILVÉRIO, Valter Roberto Silvério (orgs.) (2003): *Educação e Ações Afirmativas.* Brasília: Inep/MEC. III CONFERENCIA MUNDIAL DE COMBATE AO RACISMO, DISCRIMINAÇÃO RACIAL, XENOFOBIA E INTOLERÂNCIA CORRELATA - DECLARAÇÃO DE DURBAN E PLANO DE AÇÃO. s.a. Brasília: Fundação Cultural Palmares.

José Jorge de Carvalho

Véanse además Acciones Afirmativas, CIUDADANÍA, Ciudadano, COLONIALISMO Y ANTICOLONIALISMO, Comunitarismo, DERECHOS HUMANOS, DIFE-

RENCIA Y DESIGUALDAD, Diferencias
naturales y diferencias sociales, Diferen-
cias sociales y diferencias culturales, Dife-
rencias socio-lingüísticas y desigualdad, DIS-
CRIMINACIÓN Y EXCLUSIÓN SOCIAL,
Esclavitud, ESTADO-NACIÓN, Etnicidad,
EXPLOTACIÓN SOCIAL, GENOCIDIO,
Mestizaje, MIGRACIONES, MINORÍAS,
MULTICULTURALISMO, Multicultura-
lismo en los estudios étnicos, NUEVOS MO-
VIMIENTOS SOCIALES, PATRIMO-
NIO, Racismo y neorracismo, Segregación,
TRABAJO, VIOLENCIA POLÍTICA.

Discriminación y exclusión social

Desde que comenzara a ser utilizada en
Francia en los años setenta del siglo pasado
–en el contexto del debate sobre el crecimiento económico y la persistente pobreza– hasta
la actualidad, la noción de exclusión social se
ha constituido en un paradigma dominante.
Generalizada en el campo político, de la acción social, mediático, también académico, e
integrada al lenguaje cotidiano, esta noción
debe en gran parte la amplia difusión actual a
su incorporación a las agendas de los altos organismos internacionales y nacionales y a su
conformación como categoría de acción pública. La fuerza de convicción y el poder de legitimidad que extrae especialmente de las
aplicaciones institucionales no puede, sin embargo, ocultar las ambigüedades e indeterminaciones que comporta ni menos aún las
dificultades y obstáculos que engendran, para
la comprensión sociológica, las imágenes que
encierra y evoca. Resulta pertinente, pues, someter a interrogación el tratamiento de la exclusión social –y el modelo de *integración,
explícito o implícito, sobre el cual se edifica–
en el ámbito de los discursos y políticas puestos en juego por organismos internacionales y
los saberes expertos. Esto obedece además,
por una parte, a que ellos constituyen el instrumento principal de construcción de iniciativas y líneas de acción públicas y privadas y,
por otra, a que cumplen un rol fundamental en
la solidificación y homogenización de categorías de interpretación de la realidad a través del
conjunto de acciones materiales y simbólicas
que se emprenden en nombre de la lucha contra la exclusión –o en favor de la integración.

De los principales debates dentro de la
Unión Europea, encuadrados en la preocupa-

ción por la extensión de la pobreza, el aumento de los riesgos de polarización social, el "debilitamiento de la cohesión social" y el
creciente "*multiculturalismo" emerge una
concepción "mutidimensional" de la exclusión. Se pretende con ella sustituir y "comple-
jizar" la noción de "pobreza", para evitar la
reducción de estos fenómenos a una dimensión meramente distribucional. Desde esta
óptica, la exclusión se define por una combinación –y retroalimentación– de privaciones
que dificultan el acceso a los individuos y grupos sociales– a diversos ámbitos; fundamentalmente, al mercado de *trabajo, la salud, la
educación, la vivienda, la *cultura, los servicios sociales y al ejercicio pleno de los
derechos. Las situaciones de exclusión no
remitirían sólo a un déficit en el acceso a recursos, sino además a la eventual ruptura
de los lazos sociales que unen a individuos y
grupos con la sociedad a la cual pertenecen
–familiares, amistosos, comunitarios, institucionales, etc.–. En un contexto marcado por la
retirada del *Estado en materia de regulación
general de la vida económica y por el repliegue del Estado del Bienestar, estos planteamientos incentivan el diseño de políticas de
integración dirigidas a conciliar la "competitividad", la "flexibilidad" y la "solidaridad".
La idea general que los preside es que la *globalización y la *sociedad del conocimiento
ofrecen grandes oportunidades a quienes poseen mayores capacidades de adecuación, pero
sitúan en riesgo de exclusión a los individuos y
grupos que encuentran obstáculos y carecen de
"habilidades", "competencias" o "cualificacio-
nes" suficientes para adaptarse a los cambios.
Estos principios se traducen en la aparición de
formas y dispositivos de intervención de carácter individualizador –movilización de las "capacidades" del sujeto, individualización de
trayectorias a través del análisis del "potencial
y de las necesidades individuales", diseño de
"itinerarios de formación e inserción", etc.–. Se
trata de estrategias prioritariamente enfocadas
a demarcar objetos de intervención, dirigidas a
categorías de individuos o grupos "acotados",
cuyas situaciones de "vulnerabilidad" lo justifican –inmigrantes, parados, hogares "deses-
tructurados", niños en riesgo, etc.

La exclusión social: consideraciones críticas y aportes en perspectiva antropológica

Numerosos son, por emplear los términos
de Robert Castel (2000) –Las trampas de la ex-

clusión–, los motivos para examinar esta categoría con el fin de extraer las dinámicas sociales que en ella se expresan y a la vez se disimulan. Las categorías "exclusión" y "excluido" evocan la idea de exterioridad, un estar "fuera de lo social", inexistente en el absoluto. Es una imagen que invita a concebir estos "fenómenos" y los grupos sociales afectados, como si estuvieran al margen del sistema de relaciones sociohistóricas del cual forman parte y de los campos específicos en los que se desarrollan las interacciones excluyentes. La oposición excluido/integrado tiende así a oscurecer la naturaleza específica de las estructuras y mecanismos de dominación y *desigualdad en que se sustenta: las lógicas a partir de las cuales se construye la asimetría de posiciones en el espacio social, se atribuyen las dignidades o indignidades sociales, y las formas ordinarias con arreglo a las cuales las dialécticas de la inclusión/exclusión tienen lugar en las sociedades contemporáneas. Los usos faltos de rigor y equívocos han propiciado no pocos debates e intentos de precisión. El propio Robert Castel (2000) se ha inclinado por restringir el concepto a aquellas prácticas pasadas o presentes de erradicación total de la comunidad –expulsión–, de reclusión en espacios cerrados en el seno de la comunidad –manicomios, prisiones, *ghettos*–, o de atribución de un estatuto especial a ciertas categorías de población, sea que las prive de ciertos derechos –*apartheid*– o las haga beneficiarias de políticas específicas –por ejemplo, de discriminación *positiva como eventuales fuentes de *estigmatización–. Las nociones de desafiliación y vulnerabilidad introducidas en su lugar refieren, en el primer caso, a los procesos que conducen al aislamiento social –a una manera de ser y que le hace a uno inútil para la sociedad y de saberlo– y, en el segundo, a la amenaza de desafiliación que recae sobre sectores de población plenamente "integrados" con anterioridad –parados, etc.–. Ambos procesos no pueden comprenderse más que en el contexto contemporáneo del declive de las instituciones, de la crisis del empleo, de la individualización y descolectivización y de la quiebra de las redes sociales. Otros autores, como Wacquant y Bourdieu (2001), han elaborado una crítica radical de los fundamentos teóricos y de las condiciones sociales de producción y circulación de un sistema de categorías afines entre sí: exclusión –y su análoga estadounidense *underclass*– multiculturalidad, *etnicidad, etc. Resituadas en el espacio de los "lugares

comunes" –nociones con las cuales se *argumenta*, pero sobre las cuales jamás se *argumenta*–, estarían destinadas a funcionar según la lógica de la *alodoxia*, aportando más "beneficios" ideológicos que conceptuales, al encubrir con una pátina científica los discursos de las *elites dominantes sobre la agudización de las desigualdades y profundización de la pobreza.

En cualquier caso, el creciente pluralismo sociocultural de las sociedades contemporáneas, y en particular las *migraciones internacionales, exigen poner en relación la noción de exclusión con las políticas de *ciudadanía. Los criterios restrictivos de acceso a ella –variables según los conceptos de *nacionalidad y el *desarrollo histórico de los Estados-nación– conllevan para amplios sectores de inmigrantes y sus descendientes considerables limitaciones en el acceso a diversos derechos –en particular políticos, además de civiles y sociales, según momentos históricos y lugares–, conformando uno de los fundamentos de las condiciones de vulnerabilidad y desigualdad. No obstante, una consideración legal de la ciudadanía no es suficiente para comprender los sutiles mecanismos de producción y reproducción de las desigualdades inscritos en las prácticas cotidianas, como lo demuestra la extensa historia de marginación de los gitanos europeos, o de los afroamericanos, o la aún dificultosa trayectoria de otros colectivos desde la igualdad formal a la real –mujeres, homosexuales, discapacitados, etc.–. En el caso de las poblaciones inmigrantes, aquellos mecanismos no pueden desligarse, de una parte y más allá, de los efectos jurídico-formales de la ciudadanía, de las distinciones que en tanto construcción sociosimbólica ésta instaura –reforzadas a su vez por las políticas de gestión de *flujos–. Asociada a la noción de pertenencia –a la *nación– constituye una potente categoría demarcadora entre "interiores" y "exteriores" imponiendo, como indica Sayad (1999), una "condición", una marca sociocultural mucho más durable que la situación jurídica. Simultáneamente, y de otra parte, es preciso considerar la aportación de los discursos culturalistas contemporáneos a las dialécticas cotidianas de inclusión/exclusión. Estos discursos enfatizan las diferencias *identitarias, presentándolas como entidades autocontenidas de rasgos particulares y propician la imagen de la unicidad grupal y del sujeto –comunidad "cultural", costumbres, tradiciones, religiones, lenguas, memoria histórica, estilos de vida...–. Al hacerlo actúan reforzando y *naturalizando aquellas distinciones, aportándoles el sustento de las –seudo– teorías que postulan la adhesión primordialista al grupo. El culturalismo asume una de sus manifiestas expresiones en las "nuevas retóricas de la exclusión" (Stolcke, 1995), discursos que propagan la incompatibilidad cultural apelando a una *amalgama y superposición entre lo étnico, lo cultural, racial y la identidad nacional para fundamentar la pertenencia exclusiva al Estado-nación y/o la participación exclusiva –excluyente– en sus recursos materiales y simbólicos. Pero la positivación contemporánea de las *diferencias culturales –étnicas, "raciales", de orientación sexual, etc.–, propugnada por cierto multiculturalismo junto a su reivindicación de políticas de la diferencia, confluye y se confunde con el anterior, pues ambos pueden considerarse tributarios de un mismo reduccionismo sociológico procedente de un planteamiento sustantivo de las categorías sociales. Si bien el multiculturalismo ha puesto de manifiesto las contradicciones del universalismo en la conquista de la igualdad, las categorías de apreciación y división de lo social, inscritas habitualmente en los discursos y acciones que promueve –públicas, privadas, oficiales o espontáneas–, fomentan la proliferación de visiones *estereotipadas donde la cultura atribuida al "grupo" conforma la clave principal de interpretación, orientación valorativa y acción. Paradójicamente nutren así, en términos de Chebel (1998), un sociocentrismo negativo que redunda en el conjunto de prejuicios en circulación, actualizando las –alterofobias y "*racismos" cotidianos, renovando y justificando las fuentes de discriminación y *segregación.

En las visiones dominantes en torno a la exclusión se combinan ambiguamente la responsabilización del individuo y del grupo, así como una representación en negativo carencial y problematizada de las categorías sociales a las cuales "afecta". A esta perspectiva, imputable fácilmente por sus componentes estigmatizadores, puede reprochársele una doble y más fundamental insuficiencia: aquella que deriva de la dificultad de comprender, simultáneamente, la agencialidad de los sujetos sociales y los marcos más amplios en los que ésta se desarrolla. El complejo conjunto de estrategias –culturales, económicas, sociales, políticas...– de "adaptación" a la precarización y discriminación, puestas en práctica por los individuos y grupos dominados para "negociar" la distribución y apropiación de los "recursos" y el poder –según las circunstancias, contextos y estados de las relaciones de fuerza–, así como las condiciones y constricciones sociopolíticas, económicas, jurídicas –también variables– que son constitutivas de aquéllas, dista mucho de sujetarse a tal simplificación, como lo han evidenciado numerosos estudios, algunos ya clásicos (entre otros, Dubet, 1995; San Román, 1997; Wacquant, 2004). Por otra parte, la representación sustantiva y "diferencialista" facilita una interpretación de los obstáculos para la "integración" como consecuencia de una adhesión al grupo y del repliegue comunitario, e, inversa pero simétricamente, el abandono de los marcos referenciales del "grupo" como una condición necesaria para la "integración". El análisis procesual y dinámico de las identificaciones étnicas duraderas o emergentes, de la "etnicidad" o del "etnicismo" –u otras formas de identificación/reivindicación grupal-cultural–, muestra, por el contrario, que ellas no pueden comprenderse al margen de las condiciones contextuales históricas y de los mecanismos sociales generales que las producen y potencian; entre otras, las imposiciones estructurales y simbólicas que asignan a los grupos y a los individuos una posición desigual en la sociedad con arreglo a la "etnia" –pero también a la clase, al genero, a la opción sexual, etc.–. Se desvela así el carácter instrumental de los "repliegues" identitarios, entre otras cosas, como reacción misma a las formas de exclusión, respuesta al cierre de alternativas y/o expresión de la pugna por el reconocimiento negado –social, político, etc.–. Aunque la deriva "diferencialista" actual remita, erróneamente, a una lógica de yuxtaposición entre totalizaciones socioculturales abstractas contenidas para el caso de las poblaciones inmigrantes y las *minorías "étnicas" dentro de los límites del territorio/nación/pueblo, los análisis evidencian la inexistencia de tal homogeneidad. Al contrario, las rupturas y contradicciones son moneda corriente, como lo demuestra el caso de los jóvenes franceses de las *banlieues,* de "segunda" y "tercera generación", quienes a un tiempo objetan la autoridad y el modelo social de sus padres, se identifican como franceses y se rebelan contra unas instituciones y estructuras sociales que no les dan cabida como *ciudadanos de pleno derecho. En este sentido no puede eludirse la pregunta sobre cuánto hay de común, por ejemplo, entre los parados y solicitantes de empleo o entre los habitantes de los barrios segregados, con independencia de su "procedencia" nacional-étnica, en la medida en que buena parte de su "condición" se debe a las transformaciones estructurales en las relaciones entre lo económico y lo político. Asimismo, cabe indagar en lo que la noción de exclusión consiente en homogeneizar –los excluidos son definidos básicamente sobre la base de la "privación"–. Resulta relevante, pues, preguntarse con Castel (2000) si al identificarlos de tal modo, dentro de un mismo paradigma "desocializado" –y "deslocalizado"–, no se diluye la especificidad de situaciones dispares, y se pasan por alto las trayectorias diferenciales individuales –aunque sociales– de quienes no tienen ni el mismo pasado, ni el mismo presente, ni probablemente el mismo futuro. En esta línea no puede obviarse el hecho de que la vida de los individuos se desenvuelve en torno a la participación –simultánea– en diversos campos sociales –por ejemplo: laborales, educativos, habitacionales, espaciales, etc.–. Desde el punto en que las lógicas particulares de los campos, sus "reglas de juego" y principios de legitimación, difieren, las formas de inclusión/exclusión que los caracterizan no funcionan con arreglo a idénticas modalidades, ni involucran estrategias sociales equivalentes, ni, menos aún, enfrentan a los agentes sociales a las mismas –ni homogéneas– experiencias constituyentes de las subjetividades. El análisis *situado* de las dialécticas de la "exclusión/inclusión", anclado en las condiciones específicas de los espacios sociales, supera con creces la constatación de "carencias" y "dificultades", para poner en evidencia la articulación de los macro y microprocesos en la producción y reproducción de las relaciones de dominación, así como la sustantiva intervención de las prácticas cotidianas a través de las cuales aquéllas se actualizan.

Políticas y prácticas discriminatorias

La constatación de la contribución innegable de políticas y prácticas discriminatorias a los procesos de exclusión, marginación, segregación u otras formas de dominación –en las cuales éstos encuentran buena parte de sus fundamentos– no ha de ser óbice para poner de relieve los distintos niveles de concreción de la noción de "discriminación".

La sociología y la psicología social acostumbran a distinguir los conceptos de estereotipo y prejuicio del de discriminación, sobre la base de un énfasis en el orden ideológico/cognitivo y en el de las actitudes –o de la acción–, respectivamente. Así –en su expresión negativa– en la noción de discriminación quedan comprendidas las actitudes, conductas y políticas –de *jure* o de *facto*– que confieren un trato sistemático de inferioridad, perjudicial y/o agraviante a determinadas personas o grupos sociales. Los estereotipos y prejuicios constituirían los componentes cognitivos/ideacionales subyacentes, que motivan, justifican e inspiran las conductas discriminatorias. No obstante, por diáfana que resulte tal distinción, puede alegarse que, en tanto se sustenta en formas de pensamiento binario –objetivo/subjetivo; exterior/interior; material/inmaterial, etc.–, induce a concebir una línea de corte entre representaciones y acción, así como una secuencialidad lineal entre aspectos de la realidad cuya comprensión, sin embargo, no puede darse mas que en su simultaneidad y trabazón práctica. Dicha distinción opera así una doble reducción. Por una parte, invita a pensar que los principios de discriminación –de diferenciación y valoración– se encuentran contenidos en configuraciones preponderantemente "ideacionales": concepciones, juicios, valores, opiniones, creencias... Por otra, como nos recuerda Bourdieu (1991), incita a sustituir el sentido práctico por el modelo teórico elaborado para dar cuenta de él, despojando a las prácticas sociales de su "temporalidad", concreción y localización. En consecuencia, se las hace aparecer como meras ejecuciones de un proyecto, de un plan o de un programa mecánico, y, más aún, se tiende a captarlas a través de sus expresiones manifiestas, fundamentalmente declarativas o discursivas. Se olvidan así, entre otras cosas, las múltiples formas y materiales a través de los cuales, como nos recuerdan los análisis de las inscripciones espaciales de las relaciones sociales –por ejemplo, de los espacios urbanos segregados–, se representan y objetivan las propiedades negativas –en la calidad, estructura y disposición de los bienes en el espacio, así como en las modalidades de utilización que tal ordenamiento posibilita...–. Estos sistemas de diferencias cualitativas objetivadas en el espacio son expresión de las divisiones sociales y actúan a un tiempo como fuente de inculcación e interiorización de las jerarquías. La reiteración de los análisis centrados en los discursos –de los medios de comunicación, las elites, la "opinión pública", etc.– desde el punto de vista de sus contenidos ideológicos –racistas, *xenófobos, sexistas, *homófobos, etc.– dan cuenta de un tipo de aproximación que, como señala

San Román (1996), sólo contribuye a revelar un aspecto de una realidad mucho más compleja y "multifocal". En la primacía otorgada, en la lucha contra la discriminación, a los programas de "sensibilización" o de "educación en valores" pueden advertirse presunciones derivadas de planteamientos similares: la "disolución" de prejuicios y estereotipos operaría a través de una acción directa sobre el campo de las "ideas" y "valores" –una suerte de "conciencia" generalizada– al margen de las relaciones sociales mismas, de las posiciones y trayectorias de los agentes involucrados.

Las prácticas discriminatorias, incuestionablemente, hunden sus raíces en procesos sociales de clasificación: en modos de visión, división y apreciación, a través de los cuales, en cada tiempo y lugar, se trazan líneas demarcadoras entre grupos sociales, se establece una distinción –y adscripción– jerárquica entre "nosotros" y "ellos", "yo" y el "otro". Los diversos modos que asume la discriminación –las formas y grados de "hetero" o "alterofobia", desde las más explícitas a las más sutiles, desde la violencia física, a la simbólica– se sustentan sobre la construcción de una *alteridad radical, constituida en función de complejas mixturas de marcadores –físicos, culturales, religiosos, sexuales, lingüísticos, etc.–, la esencialización y negativización de los individuos y el grupo "marcados". Pero la comprobación de aquellos principios generales de orden "cognitivo" no exime considerar las condiciones históricas particulares –sociales, políticas, económicas– que hacen posible y dan lugar al procesamiento mismo de la diferencia, a su constitución en factor de discriminación/dominación y a su articulación –variable y sujeta a indeterminaciones– en lógicas prácticas concretas. Contra la idea común –sustancialista y, finalmente, naturalizadora– de que en la diferencia misma se encuentra el germen de los eventuales rechazos, cabe recordar la mutabilidad en tiempo y espacio de los grupos susceptibles de alteridad, la transformación de los marcadores de la dignidad/indignidad social y que cualquier diferencia no se constituye en factor de discriminación –y dominación–. Por último, hay que considerar que no puede comprenderse la configuración de un otro "intolerable" con independencia del canon desde el cual se construye –del "nosotros"– ni de la regulación de las relaciones sociales específicas a las que sirve. Una perspectiva meramente cognitivista/ideológica podría llevar a pensar igualmente en la coherencia sistemática entre creencia/discurso –"alterófobo"– y comportamiento. Aun cuando se comprueben constantes históricas generales respecto a ciertos grupos *alterizados* –judíos, moros, gitanos, negros...–, la investigación pone en evidencia el carácter no estático y relativo –a las posiciones, trayectorias y escenarios sociales– de las relaciones mayoría/minoría, y las ambigüedades y contradicciones que se producen en función de encuentros y situaciones específicas y campos sociales concretos. Las variadas estrategias de distanciamiento, retraimiento o jerarquización interna –entre otras–, elaboradas por los grupos alterizados y discriminados para recuperar la dignidad social, reafirmar la legitimidad de su estatus y "resistir" a la dominación, ponen en entredicho, complementariamente, el efecto homogéneo de la discriminación sobre los grupos a los cuales afecta. Por otra parte, la preponderancia del diferencialismo cultural –y su parcial sustitución del "racialismo"–, el impacto de los *nuevos movimientos sociales, las políticas de discriminación positiva, las transformaciones legales respecto a las anteriores formas institucionales directas de discriminación y exclusión, etc., constituyen actualmente un marco para la redefinición de las relaciones entre mayorías y minorías, cuyos efectos y consecuencias no son los mismos según los diferentes ámbitos de la vida social. La emergencia de prácticas discriminatorias más implícitas, indirectas y menos abiertas –aunque no menos eficaces– invita a considerar, entre otras cosas, las dispares situaciones y contextos de interacción social y el modo en que las relaciones de fuerza entre "segmentos" de la sociedad se resuelven en ellos.

Por todo ello resulta conveniente resituar el análisis en la relación entre grupos, en los arreglos estructurales e institucionales que posibilitan y dan cobertura a su reconocimiento como tales, e igualmente en las funciones y rendimientos materiales y simbólicos que la alterización –y dominación– proporciona tanto en contextos *globales como locales.

Bibliografía

BOURDIEU, P. (1991 [1980]): *El sentido práctico*. Madrid: Taurus.

CASTEL, R. (2000): "Cadrer l'exclusion", en Karsz, S. (dir.) *L'exclusion, définir pour en finir*. Paris: Dunod.

CHEBEL D'APPOLLONIA, A. (1998): *Los racismos cotidianos*. Barcelona: Bellaterra.

DUBET, F. (1995): *La galère: jeunes en survie*. Paris: Fayard.

MUNCK, R. (2005): *Globalization and Social Exclusion*. Bloomfield: Kumarian.

SAN ROMÁN, T. (1996): *Los muros de la separación. Ensayo sobre alterofobia y filantropía*. Barcelona: Tecnos.

— (1997): *La diferencia inquietante. Viejas y nuevas estrategias culturales de los gitanos*. Madrid: Siglo XXI.

SAYAD, A. (1999): *La double absence. Des illusions de l'immigré aux souffrances de l'immigré*. Paris: Seuil.

STOLCKE, V. (1995): "Talking culture: New Boundaries, New Rethorics of Exclusion in Europe". *Current Anthropology*, 36, 1: 1-24.

WACQUANT, L. (2004): "Decivilizing and Demonizing: Remaking the Black American Ghetto", en Steven Loyal y Stephen Quilley (eds.), *The Sociology of Norbert Elias*. Cambridge: Cambridge University Press, 95-121.

WACQUANT, L.; BOURDIEU, P. (2001): *Las argucias de la razón imperialista*. Madrid: Paidós.

Adela Franzé Mudanó

Véanse además Acciones afirmativas, Aculturación, ALTERIDAD, *Apartheid*, CIUDADANÍA, Ciudadano, Comunitarismo, CONSUMO CULTURAL, Contracultura, Criollización, CULTURA, DESARROLLO, DIFERENCIA Y DESIGUALDAD, Diferencias sociales y diferencias culturales, Diferencias sociolingüísticas y desigualdad, Discriminación positiva, ELITES, Elites cosmopolitas, Espacios locales, ESTADO-NACIÓN, ESTEREOTIPOS Y ESENCIALIZACIÓN, ESTIGMA, Etnicidad, Etnocentrismo y relativismo cultural, Extranjero, Global y local, GLOBALIZACIÓN, HIBRIDACIÓN, Homofobia y heterofobia, IDENTIDAD, INDIGENISMO, INTEGRACIÓN, Integración educativa, Integración religiosa, Interculturalidad, Mestizaje, MIGRACIONES, Migraciones y racismo, MINORÍAS, MOVILIDAD, MULTICULTURALISMO, Multiculturalismo en los estudios étnicos, Nacionalidad, Nacionalismo, Naturalización, Nomadismo y turismo, NUEVOS MOVIMIENTOS SOCIALES, PATRIMONIO, Pluralismo sincrónico, Plurinacionalidad, Polarización de clase, Poscolonialismo, Racismo y neorracismo, SABER Y SABERES, Segregación, Sociedad de la información y del conocimiento, Sujeto intercultural, TERRITORIOS, TRABAJO, Violencia política. Tipos, Xenofobia y xenofilia.

E

Elites

Los cambios acontecidos a escala mundial en las esferas económica y política, interrelacionados entre sí, acelerados a comienzos de los años setenta y expresados con el cómodo y abreviado término de "*globalización", han originado toda una serie de transformaciones en la conciencia, la organización y los valores sociales. Destaca entre todas ellas el proceso de acentuación de la polarización de clase que ha conllevado una fragmentación de las formaciones de clase existentes y el surgimiento de nuevas elites. Como corolario de dichas transformaciones encontramos un debilitamiento del *Estado-nación en su papel de marco fundamental de la vida social y política, en parte a consecuencia de la reorientación de las nuevas elites que, de estar identificadas con los *ciudadanos de sus naciones de origen, pasan a participar cada vez más en las relaciones económicas y políticas transnacionales. Este proceso ha estado acompañado por los correspondientes cambios en la conciencia social. Las nociones *modernistas de progreso, entendido éste como un *desarrollo temporal lineal que culmina en la creación de un Estado-nación *étnicamente homogéneo y que representa el fin —en ambos sentidos— de la historia, han sido sustituidas —al menos entre las elites o estratos más elevados de la población nacional— por una visión a-histórica de la sociedad, concebida como una serie *heterogénea de diferentes grupos *identitarios entre los que no es posible encontrar una línea de desarrollo orientada hacia una mayor homogeneiza-

ción. En esta nueva y antiestructural estructura de la conciencia social, los mecanismos reversibles del mercado sustituyen al Estado-nación como marco de organización de la vida social. Los mencionados cambios en la conciencia, los valores y las relaciones sociales han quedado reflejados en la construcción de nuevos conceptos y aproximaciones por las ciencias sociales en busca de una explicación capaz de dar cuenta del proceso. Entre estas construcciones teóricas e ideológicas, aquéllas que abordan los cambios en los roles y atributos de las *elites —asociándolas en general con actitudes, estilos de vida y formas *culturales "cosmopolitas"— y el proceso de sustitución de las nociones modernistas de progreso y de asimilación de las *diferencias étnicas y culturales dentro del marco del Estado-nación por las ideas neoliberales de supremacía del mercado y de las políticas de identidad *multicultural, que he denominado "*pluralismo sincrónico" (Turner, 2002, 2003a, 2003b), son precisamente las que mejor personifican el carácter ideológico del emergente orden social y cultural de la globalización.

Las elites en el sistema de clases del capitalismo globalizado

Según han señalado muchos autores, el sistema de intercambio de productos y rasgos culturales a escala *global existe, en sus distintas variantes, desde hace al menos cinco mil años (Friedman, 1994). La "globalización" no sería en este sentido un fenómeno nuevo. De hecho, la economía mundial de las tres décadas anteriores al estallido de la Primera Guerra Mundial –el último periodo más significativo de globalización– habría alcanzado unos niveles de intercambio transnacional de mercancías y de *circulación financiera muy próximos a los que encontramos en el comienzo del siglo XXI. Pese a ello, resultan especialmente importantes las diferencias constatables entre el presente periodo de globalización –posterior a 1970– y las épocas anteriores de comercio transnacional, como la situada en los inicios del s. XX. Una de las principales diferencias radica en que, mientras en el periodo anterior a la Primera Guerra Mundial, el Estado-nación y sus posesiones políticas –bajo la forma de *colonias territoriales– continuaban siendo el principal marco dentro del cual quedaban organizadas y reguladas las actividades económicas transnacionales, en la fase contemporánea de globalización asistimos al debilitamiento y desmantelamiento parcial del Estado-nación como marco político y económico y a la par, el control imperial de las relaciones políticas y económicas transnacionales se ejerce ahora a través de un sistema de alianzas y bases militares que funcionan como extensiones del poder militar de Estados Unidos –convertido en garante de la estabilidad de un sistema global consistente en uniones económicas regionales, pactos de mercado y transferencias de capital que se sostienen por medio de entidades reguladoras supranacionales e instituciones financieras.

Un efecto ampliamente reconocido de la última oleada globalizadora ha sido el aumento de la polarización de clase (Friedman, 1994, 2003; Gill, 1994; Turner, 2002, 2003a, 2003b). En los países capitalistas más avanzados, la clase media –que había crecido y progresado en las tres décadas siguientes al fin de la Segunda Guerra Mundial– se ha polarizado de tal forma que la mayoría de sus miembros –especialmente los vinculados a funciones administrativas y económicas interiores– han descendido socialmente o se han mantenido en su estatus, mientras que una reducida parte de aquélla ha ascendido hacia la elite que participa en asuntos económicos y políticos transnacionales y le ha ido mucho mejor (Friedman, 2003; Lasch, 1995; Turner, 2003a). Las políticas sociales del bienestar, desarrolladas en el periodo posterior a la Segunda Guerra Mundial como políticas de compromiso de clase que habían sostenido el ascenso de gran parte de la clase trabajadora a las clases medias, quedaron limitadas o abandonadas en las décadas de los años setenta y ochenta bajo las presiones que llevaron a cabo

las relaciones comerciales y financieras transnacionales con el objetivo de mantener una paridad monetaria sólo alcanzable con la abolición de las políticas sociales inflacionistas. Las *migraciones de trabajadores procedentes de países relativamente pobres hacia las principales naciones capitalistas, así como la exportación de manufacturas y empleos del sector servicios de los últimos territorios a los primeros, han contribuido también al retroceso social de las clases trabajadoras y medias bajas de los Estados más avanzados en el contexto del crecimiento de sus economías. Mientras tanto, las ascendentes elites empresariales y financieras han usado sus conexiones con el sistema transnacional como palanca para forzar una redistribución a su favor de los ingresos, en detrimento del resto de las clases y los segmentos de clase. En contraste con la última fase de globalización –que debe mucho a las políticas de los gobiernos del Estado y de los Bancos Centrales–, la actual, posterior a 1970, está siendo dirigida por estas elites empresariales y financieras, cuyas operaciones transnacionales implican la exención de impuestos y regulaciones antes establecidos por los gobiernos nacionales, es decir, suponen el fin de sus obligaciones *ciudadanas (Friedman, 2003; Gill, 1994; Lasch, 1995; Turner, 2002). Según ha subrayado Lasch, dichas elites, alejadas por su propia voluntad de las responsabilidades políticas y económicas vinculadas a su inserción como ciudadanos en las sociedades nacionales –que ha sido sustituida por políticas encaminadas a una participación de tipo personal y corporativo en los beneficios de la economía transnacional– tienen mucho más en común con sus homólogos de otras naciones que con los conciudadanos de sus mismos países de origen. Reich ha sido uno de los encargados de llamar la atención sobre esta "secesión de analistas simbólicos", según denomina a los nuevos segmentos de elite de las clases medias. Alude a este hecho como el lado más oscuro de [su] cosmopolitismo. El propio Lasch cita la formulación de Reich como el principal ejemplo de lo que designa "la rebelión de las elites" en la actual era de la globalización (Reich, 1992; Lasch, 1995: 46-47).

Wilfredo Pareto, el sociólogo italiano cuya producción se concentra en las primeras décadas del s. XX –y a quien debemos el concepto de sociedad como un sistema inestable pero que tiende hacia la búsqueda de equilibrio–, desarrolló su teoría de la "*circulación de las elites" para tratar de explicar la inestabilidad intrínseca a los sistemas sociales. Así lo enuncia en su *Trattato di Sociologia Generale*, publicado en 1916. Según dicha teoría, las clases dominantes tenderían a polarizarse en segmentos de elites opuestos, que Pareto apoda como "leones" y "zorros". Los "leones" serían las elites conservadoras, tendentes a enfatizar la jerarquía social y a adherirse a políticas militaristas y represivas. Los "zorros" se identificarían con los liberales igualitarios, que abogan por las reformas, el sufragio abierto y la libertad de mercado. Cada tipo de elite, cuando se encuentra en una posición de poder, tiende a forzar sus políticas hasta un punto en el que desembocan en crisis, de forma que queda abierto el camino para la sustitución de dicha elite por otra del tipo opuesto. La más influyente aplicación del modelo de Pareto en antropología es la llevada a cabo por Leach en su trabajo *Political Systems of Highland Burma*, publicado en 1954, en donde de la descripción de la alternancia entre las formas *gumsa* y *gumlao* de la sociedad Kachin se corresponde con la circulación entre "leones" y "zorros", respectivamente. En un importante desarrollo del análisis de Leach, Friedman mostró cómo la rotación entre *gumsa* y *gumlao* es, en gran parte, consecuencia de las relaciones político-económicas y ecológicas establecidas entre las distintas comunidades dentro del marco del sistema social Kachin considerado en su totalidad (Friedman, 1975). Dicho en otras palabras, el tipo de elite o sistema político dominante en una comunidad dada depende de las relaciones históricas de dicha elite con el sistema político y de las relaciones económicas entre éste y otras comunidades. Este desarrollo teórico no está exento de relevancia en el estudio del desenvolvimiento de las elites en el sistema mundial contemporáneo, donde las dominantes y leoninas corporaciones transnacionales y elites financieras y político-militares se encuentran continuamente acosadas, cuando no sorteadas, por una variopinta colección de activistas en pro de los *derechos humanos, ecologistas, anarquistas, movimientos *indígenas y académicos críticos, con el apoyo variable de una ciudadanía inquieta.

Los fundamentos de la "globalización" quedaron instaurados en la "Guerra Fría", con sus guerras calientes intermitentes en Corea y Vietnam, cuando el sistema de alianzas militares establecido por los Estados Unidos —fundamentalmente por la OTAN— pasó a garantizar la seguridad del universo capitalista, constituido por el Occidente de la posguerra —Estados Unidos y Europa— y Japón. Los motores económicos de este sistema fueron suministrados básicamente por los inmensos presupuestos de defensa estadounidenses y por la metástasis del "complejo militar-industrial", que pasó a convertirse en el principal canal de inversión pública de la economía empresarial de Estados Unidos. Los eurodólares, obtenidos de los préstamos solicitados por Estados Unidos para la guerra de Vietnam, proporcionaron la mayor parte del capital necesario para el despegue del crecimiento explosivo de las transacciones financieras económicas. Este crecimiento fue inmediatamente posterior al colapso del control estatal sobre las transacciones financieras transnacionales, derivado de los acuerdos de Bretton Woods establecidos en los inicios de la década de los años setenta (Turner, 2002). La construcción de este complejo militar de producción armamentística, fuerzas militares permanentes y alianzas colectivas, funcionó como escudo protector para el desarrollo de economías capitalistas nacionales y transnacionales bajo hegemonía americana. Con el derrumbe de la Unión Soviética y su imperio a finales de la década de los ochenta, Estados Unidos, secundado por el Reino Unido y el resto de países de la OTAN, trató de expandir este sistema de seguridad colectiva de forma que abarcase al mundo entero, alegando una continua necesidad de defensa frente a las amenazas militares procedentes de nuevas categorías de adversarios tales como los Estados "desviados" y de "terror". Este proyecto militar ha tenido un papel determinante en la perpetuación de la hegemonía de las elites políticas y de poder que han dominado la política norteamericana y de la OTAN —así como gran parte de las economías domésticas— bajo la forma de un complejo militar-industrial. Asimismo ha constituido una parte esencial del proceso de construcción de un nuevo orden mundial globalizado y, como tal, ha desempeñado un papel fundamental en el contexto de la formación de unas elites transnacionales que han desarrollado, y continúan ejerciendo, un rol hegemónico en el universo global (Wood, 2003).

Este periodo, que data de la década de los años setenta, se extiende hasta la actualidad y se caracteriza por movimientos globales no regulados de finanzas y capitales productivos y por migraciones masivas de trabajo a los que se suma la hipertrofia de las corporaciones transnacionales ha sido, a la par, testigo del surgimiento de nuevas formas de conciencia social. La hegemonía ideológica y el dominio político y económico del mercado globalizado han conducido a una polarización de la clase media entre, por un lado, una elite directamente asociada al capital transnacional y a los acuerdos políticos y militares que buscan garantizar su estabilidad y, por otro, la inmensa mayoría de los profesionales y gerentes junto con las clases medias bajas, que permanecen identificados preferentemente con las economías y políticas internas de sus respectivos Estados (Hiwatari, 2002; McMichael, 2000; Turner, 2002; Schoppa, 2002; Zunz, 2002). Dado que la soberanía se ha redistribuido entre los Estados, las corporaciones transnacionales, las instituciones reguladoras multilaterales, los bloques comerciales regionales y las alianzas militares, la clase media –base original del *nacionalismo– ha quedado dividida y enfrentada entre sí. Las nuevas elites globalmente orientadas, que constituyen el segmento hegemónico dentro de la clase media, no necesitan su identificación con el Estado –ni mucho menos con el resto de la nación– para obtener la legitimación de su dominio político y económico. El nacionalismo, bajo estas circunstancias históricas cambiantes, se ha convertido, consecuentemente, en un lenguaje que constituye el último recurso de los *perdedores sociales y grupos marginales, tanto con el objetivo de reclamar al Estado una mejora de su situación marginal como para alejarse completamente del mismo con vistas a la fundación de pequeños e independientes Estados-nación (Turner, 1999).

Así pues, la nueva era de la globalización ha estado acompañada por un proceso de formación de nuevas elites políticas, culturales y sociales y por el realineamiento de las relaciones entre las anteriores. Cualquier intento de entender la dinámica de la formación de nuevas elites y de sus relaciones en el contexto global contemporáneo debe tener presente la heterogeneidad y pluralidad características de dichas elites y la inestabilidad propia de los vínculos entre éstas. La tendencia que Pareto denominó "circulación de las elites" funciona como elemento clave dentro de dicha inestabilidad, y debe ser puesta en relación con las expansiones y contracciones cíclicas, así como con las fragmentaciones y consolidaciones de las unidades estructurales de la organización política –comunidades, regiones, Estados, alianzas militares, bloques comerciales o redes imperiales– (Friedman, 1994, 2003).

Bibliografía

FRIEDMAN, Jonathan (1975): "Dynamique et transformations du système tribal: l'exemple des Katchin". L'Homme, XV, 1: 63-98.

— (1994): *Cultural Identity and Global Process*. London: Sage.

— (2003): "Los liberales del champagne y las nuevas *clases peligrosas:* reconfiguraciones de clase, identidad y producción cultural", en J. L. García y A. Barañano (coords.), *Culturas en contacto. Encuentros y desencuentros*. Madrid: Ministerio de Educación, Cultura y Deporte, 161-197.

GILL, Stephen (1994): "Structural Change and Global Political Economy: Globalizing Elites and the Emerging World Order", en Y. Sakamoto (ed.), *Global Transformation: Challenges to the State System*. Tokyo: United Nations University Press, 169-199.

HIWATARI, Nobuhiro (2002): "Disinflationary Adjustment: the Link between Economic Globalization and Challenges to Postwar Social Contracts", en O. Zunz, L. Schoppa y N. Hiwatari (eds.), *Social Contracts under Stress: The Middle Classes of America, Europe and Japan at the Turn of the Century*. New York: Russell Sage Foundation, 281-318.

LASCH, Christopher (1995): *The revolt of the elites and the betrayal of democracy*. New York: Norton.

McMICHAEL, Philip (2000): "Globalization: Trend or Project?", en R. Palan (ed.), *Global Political Economy: Contemporary Theories*. London: Routledge, 100-114.

REICH, Robert B. (1991): *The Work of Nations*. New York: Alfred A. Knopf.

SCHOPPA, L. (2002): "Globalization and the Squeeze on the Middle Class: Does any Version of the Postwar Social Contract Meet the challenge?", en O. Zunz, L. Schoppa y N. Hiwatari (eds.), *Social Contracts under Stress: The Middle Classes of America, Europe and Japan at the Turn of the Century*. New York: Russell Sage Foundation, 319-344.

TURNER, Terence S. (1999): "Indigenous and Culturalist Movements in the Contemporary Global Conjuncture", en F. F. del Riego *et al.* (eds.), *Las identidades y las tensiones culturales en la modernidad*. Santiago de Compostela: VIII Congreso de Antropología, Federación de Asociaciones de Antropología del Estado Español, 53-72.

— (2002): "Shifting the frame from nation-state to global market: Class and social consciousness in the advanced capitalist countries". *Social analysis: The International Journal of Social and Cultural Analysis*, 46, 2: 56-80.

TURNER, Terence S. (2003a): "Clase, cultura y
capitalismo. Perspectivas históricas y antropológicas de la globalización", en J. L. García y
A. Barañano (coords.), *Culturas en contacto.
Encuentros y desencuentros*. Madrid: Ministerio
de Educación, Cultura y Deporte, 65-110.

— (2003b): "Class projects, social consciousness,
and the contradictions of 'globalization' ", en
J. Friedman (ed.), *Globalization, the state, and
violence*. Walnut Creek: Altamira Press, 35-66.

WOOD, Ellen M. (2003): *Empire of capital*. New
York, London: Verso.

ZUNZ, Olivier (2002): "Introduction: Social Contracts under Stress?", en O. Zunz, L. Schoppa
y N. Hiwatari (eds.), *Social Contracts under
Stress: The Middle Classes of America, Europe
and Japan at the Turn of the Century*. New
York: Russell Sage Foundation, 1-20.

                                    Terence S. Turner

Véanse además Acciones afirmativas, CIUDADANÍA, Ciudadano, COLONIALISMO Y ANTICOLONIALISMO, Criollización, CULTURA, DERECHOS HUMANOS, DESARROLLO, DIFERENCIA Y
DESIGUALDAD, Diferencias sociales y diferencias culturales, DISCRIMINACIÓN Y
EXCLUSIÓN SOCIAL, Elites cosmopolitas, Espacio de los flujos, ESTADO-NACIÓN, Etnicidad, Global y local, GLOBALIZACIÓN, Globalización y antiglobalización, IDENTIDAD, INDIGENISMO,
Mestizaje, MIGRACIONES, Modernidad,
MOVILIDAD, MULTICULTURALISMO, Nacionalismo, Neocolonialismo, Nomadismo y turismo, NUEVOS MOVIMIENTOS SOCIALES, PATRIMONIO,
Pluralismo sincrónico, Plurinacionalidad,
Polarización de clase, Relaciones y procesos
informales económicos, Relaciones y procesos
informales políticos, Revolución técnico-comunicativa, Segregación, Sujeto intercultural, TERRITORIOS, TRABAJO.

Elites cosmopolitas

La misma dinámica que opera en el desarrollo de las elites transnacionales en el orden *global mundial. Las elites rentistas,
empresariales y financieras especializadas,
que han prosperado en la nueva oleada *globalizadora, orientan cada vez más sus políticas y actividades hacia la participación en el
comercio y los mercados financieros y de
*trabajo transnacionales, a expensas de su
contribución –mediante impuestos, políticas

de trabajo y otras formas de participación– a
las economías y sistemas sociales de sus países
de origen. Los gastos estatales improductivos
y las *transacciones financieras, a las que deben esas *elites gran parte de su riqueza, son
fundamentalmente resultado de las políticas
del Estado diseñadas para lograr una estabilidad monetaria nacional y evitar toda política
social inflacionista, incompatible con las exigencias de las agencias reguladoras transnacionales. Las nuevas elites tienden, por tanto,
a mostrar absoluta indiferencia –incluso hostilidad– ante las necesidades sociales e intereses económicos de aquellos *conciudadanos
que no pertenecen a los segmentos elitistas
(Gill, 1996). Hasta tal punto llega esta orientación global, que el control obtenido por las
elites de la política social y económica *nacional ocasiona un debilitamiento de las
responsabilidades estatales en materia de
*ciudadanía igualitaria y soberanía popular
(Sassen, 2001a). La distribución de importantes áreas de soberanía –relacionadas con las
políticas sociales y monetarias– a las agencias
reguladoras transnacionales y a los bancos de
*desarrollo multilateral generando la crisis
de soberanía del Estado contemporáneo (Sassen, 1996, 1998, 2001a, 2001b).

Todos estos aspectos político-económicos
e ideológicos que acompañan al desarrollo de
las nuevas y no tan nuevas elites contemporáneas han sido largamente eludidos por la mayoría de los antropólogos dedicados al estudio
de la globalización, en especial por los denominados teóricos transnacionales, que han
celebrado a las nuevas elites como *consumidoras cosmopolitas de formas y bienes culturales procedentes de distintas *culturas,
cuando no como participantes directas, por su
idiosincrasia viajera, de los *flujos de personas y modas culturales a través de las *fronteras políticas y *geográficas y comprometidas
en la construcción de imaginarios culturales
*híbridos.

Hemos de tener en cuenta que el término
de antropólogos "transnacionales" se aplica a
un grupo de analistas de la globalización
cuyas perspectivas teóricas derivan fundamentalmente de los estudios culturales *poscoloniales y *posmodernos, los de Appadurai
(1996), Babha (1994), Gupta y Ferguson
(1997).

La concepción "transnacionalista" del carácter cosmopolita de las elites globales y de la
condición híbrida de las formas culturales del
imaginario global se encuentra íntimamente
conectada con sus ideas acerca de cómo la glo-

balización ha convertido a los *lugares específicos e igualmente a los sistemas sociales y culturales delimitados de todo tipo, en entidades que han dejado de ser relevantes. Desde su perspectiva, los flujos de personas, bienes y formas culturales a través de las fronteras regionales y estatales, unidos a la posibilidad de una *comunicación inmediata gracias a los nuevos medios de comunicación, han dado lugar a una fusión de culturas y sociedades aisladas en un popurrí de formas culturales híbridas y fluidos movimientos sociales de *migrantes, viajeros comerciales o turistas. Las unidades políticas y sociales que se sitúan entre el Estado-nación y las comunidades rurales o las sociedades indígenas –tan estrechamente ligadas a la teoría antropológica y a las preocupaciones etnográficas– se interpretan como una categoría *residual dentro de las reliquias en proceso de desaparición, cuando no se afirma directamente su disolución. La movilidad global de las elites cosmopolitas y de los migrantes fundadores de comunidades diaspóricas, y las continuas transformaciones de los imaginarios culturales híbridos –catalizados por los nuevos medios de comunicación– se consideran efectos de la transcendencia en todas sus consecuencias de las conexiones espaciales y fronterizas y, por lo tanto, de todas las estructuras sociales y culturales (Appadurai, 1996; Gupta y Ferguson, 1997). Las elites cosmopolitas se convierten de esta forma para los "transnacionalistas" en el valor hegemónico de una nueva era liberadora –teórica e imaginariamente, cuando no en un sentido práctico– para la sociedad, la cultura, el sistema, la estructura y, finalmente, para la antropología, al menos respecto a las épocas preglobalizadas anteriores a la aparición de los estudios culturales.

Varios malentendidos parecen estar implícitos en estas afirmaciones. El hecho de que las *fronteras puedan cruzarse no las convierte en realidades pasadas de moda o irrelevantes. Las fronteras, tanto estatales como de *ciudades o enclaves culturales, siguen siendo instrumentos para regular selectivamente el paso entre los espacios que delimitan y los situados más allá de ellos, es decir, funcionan como dispositivos que confieren significados específicos al tránsito de un *territorio a otro. Las sociedades y las culturas han asimilado desde siempre los elementos procedentes de más allá de sus fronteras, y el proceso a través del cual lo llevan a cabo constituye uno de los modos más comunes de definición del estatus de las elites. Típicamente, las elites se constituyen a sí mismas al controlar el paso, en el espacio o en el tiempo, a través de áreas fronterizas, fases o niveles de organización. Dicho en otras palabras, gobiernan sobre tales interfaces, por lo que poseen un interés especial en el mantenimiento de los límites o fronteras que median y, en cierto sentido, trascienden. Dicha trascendencia y la *identidad de elite que ella confiere dependen, tanto desde un punto de vista lógico como práctico, de los límites que rebasan, sin los cuales carecerían de sentido.

De los argumentos lógicos expuestos se derivan implicaciones políticas y pragmáticas tanto para el proyecto de las elites, globalmente orientadas, de liberarse de una identificación ideológica con sus conciudadanos, que conlleva toda una serie de responsabilidades sociales y económicas con ellos como para el *constructo* teórico "transnacionalista", que considera al cosmopolitismo la expresión ideológica de dicho proyecto. Según han destacado numerosas críticas realizadas desde la antropología y la sociología sobre las elites globalizadas contemporáneas, la búsqueda de valores cosmopolitas mediante la atenuación o el rechazo de la ciudadanía común conduce, paradójicamente, a una forma distinta de parroquianismo. En su polémica contra lo que denomina "la rebelión de las elites" –es decir, su dejación de las responsabilidades que implica la ciudadanía–, Lasch alude a Robert Reich –en otro sentido, un defensor de la que Lasch denomina una nueva elite global de "analistas simbólicos"– al explicar el "lado oscuro" de su cosmopolitismo: "la desnacionalización de las empresas de negocios tiende a producir una clase de cosmopolitas que se ven a sí mismos como ciudadanos del mundo, pero sin aceptar... ninguna de las implicaciones que, desde el punto de vista político, suele acarrear la noción de ciudadanía. Sin embargo, el cosmopolitismo de estos pocos favorecidos, puesto que resulta ajeno a la práctica de la ciudadanía, conduce a una forma profunda de parroquianismo. Las nuevas elites invierten su dinero en la mejora de sus propios enclaves autoaislados en vez de en el mantenimiento de los servicios públicos... [Su caso] proporciona... un llamativo ejemplo de la rebelión de las elites contra los constreñimientos del *tiempo y del lugar" (Lasch, 1995: 47; citado por Reich, 1992: 309-11).

Las implicaciones políticas e ideológicas de los análisis de Lasch y Reich son evidentes. El dominio político, económico y cultural de las elites en el sistema global actual –debido a su compromiso con los intercambios transnacionales de mercancías, las transacciones financieras, la diplomacia, las alianzas militares y los pactos comerciales– ya no se basa en su rol como mediadoras entre los sistemas políticos y económicos internos de sus países de origen y los sistemas transnacionales. Su capacidad de controlar y encauzar las actividades sociales, políticas y económicas de sus compatriotas es precisamente de donde se deriva su facultad de tener un papel de elite en el escenario transnacional. La búsqueda de un nuevo programa neoconservador, que atenúe sus responsabilidades con los conciudadanos de sus Estados-nación originarios, conlleva paradójicamente el estrechamiento y, con ello, la socavación de las bases políticas e ideológicas de su hegemonía.

La concepción "transnacionalista" del sistema global como un espacio libre de fronteras en el que actores "*desterritolizados" y flujos no estructurados de migrantes, mercancías y formas imaginarias circulan libres del constreñimiento de los anticuados paisajes de la *modernidad, caracterizados por Estados-nación y comunidades perfectamente delimitados, que constituye la base de la noción "transnacionalista" del carácter global de las elites, resulta inadecuada en cuanto se examina la producción de mercancías, películas, medios de transporte y comunicaciones, y la infraestructura inmaterial de las comunidades diaspóricas que incluye el contenido de su imaginario global. Los bienes, servicios y personas que constituyen los flujos transnacionales –y que se incluyen en la noción "transnacionalista" de cosmopolitismo– deben ser producidos, según destaca Sassen, en un proceso cada vez más complejo que comprende un conjunto de redes de lugares que son frecuentemente transnacionales (Sassen, 1996, 1998, 2001b). Más allá de esto, insiste Sassen, la organización de dichas redes de producción y distribución bajo condiciones de globalización genera en sí misma una categoría especializada de superespacios: "las ciudades globales". La "ciudad global" es un tipo de espacio producido por el sistema global, cuyas relaciones entabladas con otros "superespacios" poseen una estructura propia. Ambos hechos entran en obvia contradicción con los argumentos de los teóricos "transnacionalistas", que defienden que la globalización ha disuelto los lugares y los ha sustituido por un conjunto de flujos no estructurados que conforman las estructuras

sociales y culturales. Cada ciudad global funciona como interfaz entre las regiones interiores y los sistemas de comunicación e intercambio transnacionales originados por el sistema global (Sassen, 2001b). Las ciudades globales actúan, por tanto, como centros culturales cosmopolitas: son a la par formas culturales y estructuras sociales de localización fija, que sirven de nudos espaciales para la organización de espacios intra- y transnacionales. En este sentido dentro del espacio macrosocial representan un rol análogo al de las elites en la organización política, económica e ideológica del orden social.

Estos flujos de mercancías, turistas y mano de obra migrante suceden dentro de un orden espacialmente articulado de unidades políticas, sostenidas por el ejercicio del poder que en su extremo –en el caso del sistema global entendido como un todo– protagonizan política y militarmente el Estado imperial dominante y sus aliados. La hegemonía de las elites en el actual orden global está directamente vinculada con la gestión de los flujos de poder dentro de este sistema de lugares espacialmente delimitados. Para dichas elites, el sistema global es una compleja jerarquía de espacios delimitados.

La explicación "transnacionalista" de la globalización como enemiga de "lugares" y "fronteras" es, en suma, completamente incorrecta: engañosa desde una perspectiva lógica, teóricamente equivocada y etnográficamente errónea. Por consiguiente, la idea de un carácter cosmopolita, propio de las elites globales y formas culturales globalizadas, es igualmente desacertada. Esto no significa afirmar que la globalización no haya producido nuevas clases de cosmopolitismo, elites especializadas y formas culturales consagradas a sus valores. Las transformaciones de la estructura de clase y de las representaciones ideológicas del Estado-nación producidas por la globalización han estimulado, no obstante, el nacimiento de nuevas elites de carácter implícitamente –y, frecuentemente, explícitamente– transnacional y cosmopolita: los denominados *nuevos movimientos sociales se hallan comprometidos con valores de carácter universal. Ya que las políticas de tipo nacional han tendido a la fragmentación en identidades subnacionales y grupos *étnicos, las identidades y los grupos étnicos recientes se inclinan e interesan por los valores universales –*derechos humanos, medio ambiente, paz, etc.– que transcienden al Estado y a su ideología nacional. Dichos valores y causas universales funcionan como fuente de legitimidad superior a la otorgada a los estados y las ideologías nacionales en la política convencional y las instituciones legales (Keck y Sikkink, 1998; Laraña, 1994; Offe, 1985; Turner, 1997). Los vehículos sociales y defensores de estos valores universales suelen ser movimientos nacionales o transnacionales para la defensa de los derechos de las *minorías y de determinadas categorías sociales tales como mujeres y niños, derechos culturales y territoriales de los pueblos indígenas y reivindicaciones medioambientales. Dicha tendencia supone una reorientación del concepto de derecho desde las normas proclamadas e impuestas estatalmente de acuerdo con principios sostenidos –independientemente de los Estados– por la opinión global, las organizaciones no gubernamentales y, en ocasiones, instituciones intergubernamentales como Naciones Unidas: es decir, por formas e instituciones cosmopolitas. Los grupos identitarios y movimientos sociales que defienden dichos valores universales están formados frecuentemente por miembros con una proyección internacional que colaboran entre sí en acciones políticas, manifestaciones y campañas que atraviesan las fronteras estatales, dando lugar al desarrollo de redes o alianzas de movimientos con una orientación transnacional. Los activistas que forman estas redes y sus causas de carácter universal constituyen una auténtica contraelite cosmopolita, comprometida en la lucha contra las políticas de las elites político-militares y empresariales, transnacionalmente orientadas, que intentan en la actualidad consolidar su control del mundo y sus recursos naturales (Turner, 2004).

En resumen, en contra de la perspectiva monista defendida por la mayoría de los teóricos "transnacionalistas", las dinámicas de la globalización no han dado lugar a una sola elite, sino a múltiples. Friedman ha denominado a estas elites culturales –tan celebradas por los teóricos "transnacionalistas"– los "liberales del champagne". Dentro del mismo estilo metafórico, podríamos entender el universo cultural y político del orden mundial globalizado como una lucha alcohólica entre los "liberales del champagne", "los conservadores del whisky" y los "habituales del vino" activistas internacionales, que cuentan con la lealtad política de los "trabajadores cerveceros" y, más dudosamente, con la de "los trabajadores migrantes del tequila". También, en el idioma zoológico de la teoría de la circula-

ción de las elites de Pareto, podemos entender que los tipos de elites cosmopolitas son proclives a la formación de grupos opuestos que constituyen una reminiscencia de los "leones" y "zorros", y que los "liberales del champagne" ocupan una posición intermedia, quizá dentro del rol zoomórfico de los pollos de corral criados en libertad. Sigue pareciendo como si las luchas de los "zorros" con los, en el presente, hegemónicos "leones" pudieran encarnar la visión de Pareto "circulando" a la posición hegemónica que deja vacante el orgullo desintegrado de unos fallidos leones.

Bibliografía

APPADURAI, Arjun (1996): *Modernity at large: Cultural dimensions of globalization*. Minneapolis: University of Minnesota.

BABHA, Homi (1994): *The location of culture*. London: Routledge

GILL, Stephen (1996): "Globalization, Democratization and the Politics of Indifference", en J. M. Mittelman (ed.), *Globalization: Critical Reflections*. Boulder: Lynne Rienner, 205-227.

GUPTA, Akhil; FERGUSON, James (1997): "Culture, power, place: Ethnography at the end of an era", en A. Gupta y J. Ferguson (eds.), *Culture, power, place: Explorations in critical anthropology*. Durham: Duke University Press, 1-46.

KECK, M.; SIKKINK, K. (1998): *Activists Beyond Borders: Advocacy Networks in International Politics*. Ithaca, NY: Cornell University Press.

LARAÑA, Enrique; JOHNSTON, Hank; GUSFIELD, Joseph R. (1994): *New Social Movements: From Ideology to Identity*. Philadelphia: Temple University Press.

LASCH, Christopher (1995): *The revolt of the elites and the betrayal of democracy*. New York: Norton.

OFFE, C. (1985): "New Social Movements: Challenging the Boundaries of Institutional Politics". *Social Research*, 52: 817-868.

REICH, Robert B. (1991): *The Work of Nations*. New York: Alfred A. Knopf.

SASSEN, Saskia (1996): *Losing Control? Sovereignty in an Age of Globalization*. New York: Columbia University Press.

— (1998): *Globalization and its discontents: Selected Essays 1984-1998*. New York: New Press.

— (2001a): "Cracked Casings: Notes towards an Analytics for Studying Transnational Processes", en L. Pries (ed.), *New Transnational Spaces: International Migration and Transnational Companies in the Early Twenty-First Century*. London: Routledge, 187-208.

— SASSEN, Saskia (2001b [1991]): *The global city: New York, London, Tokyo*. Princeton: Princeton University.

TURNER, Terence S. (1997): "Human Rights, Human Difference: Anthropology's Contribution to an Emancipatory Cultural Politics". *Journal of Anthropological Research*, 53, 3: 273-292. Special Issue: C. Nagengast and T. Turner (eds.), *Universal Human Rights versus Cultural Relativity*.

— (2004): "Anthropological Activism, Indigenous Peoples and Globalization", en C. Nagengast y C. Vélez-Ibáñez (eds.), *Human Rights: The Scholar as Activist*. Oklahoma City: Society for Applied Anthropology, 83-119.

Terence S. Turner

Véanse además CIUDADANÍA, Ciudadano, COMUNICACIÓN, CONSUMO CULTURAL, CULTURA, DERECHOS HUMANOS, DESARROLLO, Desterritorialización, DISCRIMINACIÓN Y EXCLUSIÓN SOCIAL, ELITES, Etnicidad, ESPACIO-TIEMPO, ESTADO-NACIÓN, FRONTERA, Frontera geográfica y administrativa, Fronteras políticas y religiosas, Global y local, GLOBALIZACIÓN, Globalización y antiglobalización, HIBRIDACIÓN, IDENTIDAD, Lugar y no lugar, MIGRACIONES, MINORÍAS, Modernidad, MOVILIDAD, Nacionalismo, Nomadismo y turismo, NUEVOS MOVIMIENTOS SOCIALES, Poscolonialismo, POSMODERNIDAD, TERRITORIOS, TRABAJO, Viajes y sistemas de movilidad.

Esclavitud

Cuando abordamos el tema de la esclavitud social —una de las formas más complejas de experiencia humana que podemos identificar a lo largo de la Tierra— nos enfrentamos a un caso especial de *explotación social que merece atención particular, debido a que implica una gran multiplicidad de facetas compuestas por factores interrelacionados. A primera vista aparenta ser un modo de explotación de *fuerza de trabajo predominantemente económico, por el cual los representantes del poder *colonial —normalmente europeos— someten a enormes cantidades de población, de origen africano en su mayoría, dentro de los sistemas de plantaciones o minas desarrollados en el Nuevo Mundo. No obstante, la práctica institucional de la esclavitud también incluye dimensiones diversas de la esfera *cultural, política, psicológica e incluso sexual de la vida social. La investigación acerca de la esclavitud que desarrollen las ciencias sociales —y que con anterioridad se había llevado a cabo fundamentalmente dentro del ámbito de la economía, la historia o las ciencias políticas— no puede, dentro de nuestro mundo *globalizado e *intercultural, seguir por más tiempo concentrada sólo en los dos ejemplos espacio-temporales que hasta el momento han centrado la atención: el tráfico trasatlántico que estableció el sistema colonial europeo y americano en las Américas y el Caribe (Genovese, 1972), junto con su predecesor en el universo grecorromano de la antigüedad (Finley, 1980).

En los contextos clásicos, el esclavo era un individuo que ocupaba una posición subordinada desde el punto de vista *étnico al que por la fuerza se le llevaba de su sociedad de origen a otra, en la que su trabajo físico se "usaba" de forma no remunerada para la producción de cosechas a gran escala —tales como azúcar (Mintz, 1985), café, tabaco o algodón—. De esta forma, se arrancaba al esclavo de una cultura para *insertarlo en otra, despojándole de su anterior *identidad social para atribuirle otra nueva, basada en la servidumbre, la inferioridad jerárquica y la reducción de los derechos *civiles —si es que, de hecho, se conservaba alguno—, y con el fantasma de ser intercambiado o vendido como si se tratase de una especie de propiedad "humana". Normalmente, este tipo de control económico y social iba acompañado de sanciones sumamente fuertes, lo que no impedía que contara con el respaldo de formas jurídicas e incluso *violentamente coercitivas de hegemonía y dominación. En muchos casos, el esclavo era considerado como subhumano, una no "persona" en sentido estricto, despojado de los más mínimos elementos de libertad y elección, y arrojado a una nueva identidad social tendente a anular o al menos ocultar sus características lingüísticas, religiosas y culturales previas. En consecuencia, el esclavo es un ser deshumanizado, despersonalizado y *desplazado en un proceso que algunos especialistas han denominado "muerte social" (Patterson, 1982). Al constituir fundamentalmente un recurso de tipo económico —apropiado como una fuente de mano de obra barata o no pagada de gigantescas proporciones—, las poblaciones esclavizadas constituyen ejemplos extremos de explotación social, en los que el uso de personas —individual o colectivamente— revela poco de procesos de disimulo o suavidad, y mucho de lo que puede considerarse una explotación abierta, directa, ostensible o violenta.

Las investigaciones antropológicas han aportado tres puntos adicionales más allá de esta reducida escena euroamericana. En primer lugar, los modelos de esclavitud desarrollados dentro de contextos ajenos al mundo clásico afroamericano muestran complejas situaciones respecto a los tránsitos de individuos de una cultura a otra. A través de determinadas formas de "adopción" o de residencia de larga duración, los esclavos quedaban frecuentemente incorporados como parientes dentro de los sistemas de vida familiar preexistentes. Los sistemas de esclavitud africanos o asiáticos no sólo eran diferentes de los europeos, sino que lo eran también entre sí. Como ha argumentado Watson (1980) –un experto en la materia–, en general, los contextos de esclavitud africanos implican abundantes recursos en tierras, dando lugar a formas más "abiertas" en las que la riqueza se concentra en las personas más que en las propiedades materiales. Por el contrario, los sistemas asiáticos no desarrollan estos sistemas de incorporación de individuos como cuasiparientes o miembros adoptados en la familia. En segundo lugar, en la mayoría de los casos no-europeos, los esclavos podían desempeñar diversos roles sociales: desde ser criados, guerreros, burócratas o comerciantes hasta sirvientes domésticos, amantes o cónyuges; situaciones que ponen en duda la posibilidad de "exportar" los conceptos europeos de libertad, propiedad o explotación a otros contextos culturales de naturaleza diferente. En resumen, en otros lugares los esclavos no sufrieron la subyugación y dominación extremas que fueron características de las situaciones coloniales clásicas. En tercer lugar, el proceso de transformación identitaria experimentada por los esclavos necesita de un enfoque más amplio: no en todas partes los esclavos se convirtieron en "cosas" para ser vendidas o intercambiadas –de hecho, ¿se puede aplicar el significado occidental del término identidad en otros contextos no europeos?–. En algunas ocasiones, es posible encontrar una limitada posibilidad de ascenso social; en otras, las formas mayoritarias de integración social de esclavos no implicaron violencia ni coerción evidentes.

A pesar de estas perspectivas críticas, siguen manteniendo su vigencia dos dimensiones más de la esclavitud en su sentido clásico: a) los procesos históricos de su abolición, y b) las nuevas y más modernas formas de lo que en la actualidad se denomina como tal.

Entre 1761 –fecha en la que el marqués de Pombal abolió la esclavitud dentro del Portugal continental– y mediados del s. XX, numerosos países han abolido formalmente la esclavitud como institución. Sin embargo, los primeros intentos por sacar a debate público el dilema de los individuos y poblaciones esclavizadas datan de fechas anteriores: ya a principios del s. XVII, los cuáqueros protagonizaron una de estas tentativas en Gran Bretaña. Hacia 1830, el movimiento abiertamente abolicionista había ganado ya mucho terreno. La variedad de fechas –entre los siglos XIX y XX– en las que se van produciendo las sucesivas aboliciones en los distintos continentes es reflejo de las diversas historias que componen el periodo moderno de esclavitud. En fechas tan tempranas como mediados del siglo XV, Portugal ya transportaba esclavos africanos a Europa, mientras que España practicaba distintas modalidades de trabajos forzados en el Caribe y América Latina usando a las poblaciones indígenas; todo ello *antes* del posterior comercio trasatlántico de esclavos africanos dominado por Gran Bretaña, Francia, Holanda y los citados países ibéricos. No debemos olvidar, además, que dentro de los modelos clásicos de interpretación marxista de la historia, la esclavitud constituye un modo de producción independiente en y de sí mismo. Son varias las fechas que podemos destacar como significativas en el proceso de abolición de la esclavitud desde el punto de vista global: 1885 –la Conferencia de Berlín–, 1890 –el Acta de Bruselas–, 1926 –Convención Internacional sobre Esclavitud–, 1948 –Declaración Universal de los Derechos Humanos, aprobada por Naciones Unidas–, 1956 –Convención de Naciones Unidas– y 2004 –al declarar la Asamblea General de Naciones el Año Internacional de Conmemoración de la Lucha contra la Esclavitud y de su Abolición–. Pese a todo, tal y como muchos especialistas han destacado, la liberación legal de los esclavos –manumisión– es un proceso complejo e intrincado, que implica años si no décadas de reajustes judiciales, sociales y culturales. En algunas ocasiones, se trata simplemente de modificaciones en definiciones burocráticas, detrás de las cuales persisten formas ocultas o *informales de esclavitud. De hecho, no está completamente claro si los factores que sostuvieron la abolición de la esclavitud en determinados países y regiones fueron fundamentalmente de tipo económico, o si prevalecieron motivaciones de tipo ideológico y humanitario –derivadas en su mayoría de la Ilustración y la Revolución Francesa–. Por todo esto debemos concluir que la esclavitud –práctica social extremadamente compleja tanto en su naturaleza como en su distribución global a lo largo del tiempo y del espacio, de la historia y la geografía– no es menos compleja que su propia desaparición.

A propósito de esto último surge una cuestión final: ¿Realmente ha desaparecido la esclavitud en nuestro mundo contemporáneo y supuestamente *multicultural? La respuesta debe ser negativa. ¿Cómo definir de otro modo el estatus de la mano de obra infantil o de los trabajadores de regiones subdesarrolladas a los que se embauca o engaña para que firmen contratos que claramente no les favorecen? ¿Cómo definir entonces las distintas modalidades de tráfico de personas, raptos o el contrabando de mujeres y niños desarraigados de un continente y llevados a otro generalmente en barcos? ¿Dónde situar la línea que separa el trabajo doméstico de la explotación sexual? ¿Dónde está la frontera entre la *inmigración legítima y la clandestina?

Resulta imposible dar una respuesta a estas cuestiones sin acudir a una nueva definición contemporánea de la diferencia entre la esclavitud tradicional y las formas que en la actualidad perduran de esclavización social y laboral. Es importante recoger al respecto las afirmaciones de un especialista como Phillips: "La esclavitud continúa existiendo hoy en día. Podemos encontrarla entre las prostitutas del Sureste asiático, los empleados domésticos de África y del mundo islámico y los trabajadores explotados en las industrias de Los Ángeles y Nueva York" (1996: 127). Una de las publicaciones que cita Phillips es el estudio de Dorthy Q. Thomas de 1993, titulado *A Modern Form of Slavery: Trafficking of Burmese Women and Children into Brothels in Thailand*, en el que se subrayan dos factores clave de la esclavitud actual: el tráfico transnacional de seres humanos y las formas específicas de esclavitud sexual. Esto no significa que esta dimensión haya sido ignorada en estudios más tempranos. En su extenso análisis de la obra de Patterson de 1982, en la que se aborda la esclavitud como una forma de muerte social o "alienación natal", Davis subraya el papel de los eunucos políticos en contextos reales al servicio de los emperadores en las sociedades bizantinas y chinas (Davis, 1983: 21). Éstos eran esclavos de diferente orden, pese a que su condición sexual fuese profundamente ambigua. Otro ejemplo lo hallamos en la exhaustiva narración autobiográfica escrita por una mujer ex esclava en 1861, en la que describe los numerosos episodios de explotación sexual sufridos a mano de su propietario, un doctor local (Jacobs, 1861). Nacida en el norte de California en 1813, Harriet Jacobs –una mulata– consiguió escapar al norte de los Estados Unidos tras permanecer escondida durante siete años, donde fue liberada por compra en 1853. Jacobs, que murió en 1897 a los ochenta y cuatro años de edad, nos dejó un relato sumamente original de sensaciones, sentimientos y estados psicológicos experimentados en primera persona por un ser humano atrapado dentro de la institución de la esclavitud. En dicho relato, la cuestión de la explotación sexual se evidencia más allá de las clásicas dimensiones de subordinación económica y apropiación del trabajo.

Para concluir, podemos afirmar que la esclavitud constituye "uno de los mayores crímenes de la historia" (Genovese, 1972: XVI) y quizá la forma más extrema conocida de explotación social directa y deshumanizante. Uno de los trabajos recientes más estimulante sobre la esclavitud es el estudio de Paul Gilroy (1993), en el que ahonda en la *doble conciencia* de los negros inmersos en un universo histórico y cultural triangular que conecta, por un lado, Europa con África y, por otro lado, el Caribe y América Latina. Los negros eran –y siguen siendo– a la vez "americanos" y "africanos", a la par que han existido dentro –y fuera– de la Europa occidental durante varios siglos. Al tener que hacer frente a la tortura física, la humillación social e incluso el terror racial, la opción por la muerte en lugar de continuar viviendo como esclavo constituyó de hecho una solución para algunos esclavos en determinadas situaciones y lugares. La subyugación, dominación y reducción del esclavo a un estado más cercano al animal dan lugar a una situación anómala, en la que la muerte es considerada en sí misma una solución menos dolorosa y negativa (Gilroy, 1993: 68). En nuestro mundo moderno este tipo de conclusión parece totalmente anacrónica. El dilema actual parece situarse –dentro de las ciencias sociales y humanas– en la necesidad de documentar con cuidado y precisión aquellas situaciones en las que la esclavitud informal continúa existiendo escondida, disimulada u oscurecida, con el objeto de denunciar dichos casos y prevenir –a través de las organizaciones humanitarias nacionales e internacionales– toda forma de explotación o esclavización de seres humanos.

Al final de este breve texto, humanamente doloroso, es necesario plantear una pregunta incluso más dramática, que nos sitúa en el papel de abogados del diablo. En el trabajo o en "casa", ¿ha sido –usted o alguien cercano– esclavizado hoy de algún modo?

Bibliografía

DAVIS, David Brion (1983): "Of Human Bondage". *The New York Review of Books*, 17 February: 19-22. Review of Orlando Patterson: *Slavery and Social Death: A Comparative Study*.

FINLEY, Moses I. (1980): *Ancient Slavery and Modern Ideology*. New York: Viking Press.

GENOVESE, Eugene D. (1972): *Roll, Jordan, Roll: The World the Slaves Made*. New York: Random House/Vintage Books.

GILROY, Paul (1993): *The Black Atlantic: Modernity and Double Consciousness*. London: Verso.

JACOBS, Harriet A. (1987 [1861]): *Incidents in the Life of a Slave Girl, Written by Herself*. Cambridge, Massachusetts: Harvard University Press. Edited by Lydia Maria Child. Introduction by Jean Fagan Yellin.

MINTZ, Sidney W. (1985): *Sweetness and Power: The Place of Sugar in Modern History*. New York: Viking Penguin.

PATTERSON, Orlando (1982): *Slavery and Social Death: A Comparative Study*. Cambridge, Massachusetts: Harvard University Press.

PHILLIPS, William D. Jr. (1996): "Slavery in Space and Time: Continuities", en Alberto Vieira (coord.), *Slaves With or Without Sugar: Registers of the International Seminar*. Funchal/Região Autónoma da Madeira: Atlantic History Study Centre & Regional Tourist and Culture Office, 127-42. Colecção Memórias, 13.

THOMAS, Dorthy Q. (1993): *A Modern Form of Slavery: Trafficking of Burmese Women and Children into Brothels in Thailand*. New York: Human Rights Watch.

WATSON, James (ed.) (1980): *Asian and African Systems of Slavery*. Oxford: Basil Blackwell.

Brian Juan O'Neill

Véanse Acciones afirmativas, *Apartheid,* CIUDADANÍA, COLONIALISMO Y ANTICOLONIALISMO, CULTURA, Desterritorialización, Discriminación positiva, ESTADO-NACIÓN, ESTIGMA, Etnicidad, EXPLOTACIÓN SOCIAL, GLOBALIZACIÓN, IDENTIDAD, INTEGRACIÓN, Interculturalidad, MIGRACIONES, Migraciones y racismo, Mestizaje, MULTICULTURALISMO, Nomadismo y turismo, Plurinacionalidad, RELACIONES Y PROCESOS INFORMALES, Sujeto intercultural, TRABAJO, VIOLENCIA POLÍTICA.

Esfera mediática

Los medios de comunicación constituyen un poderoso factor de cambio en la Edad Moderna. En sí mismo considerado éste no es, sin embargo, un hecho específico. Los medios de comunicación han sido siempre un factor de cambio social y cultural. Como han mostrado los estudios sobre los efectos de la escritura y de la imprenta, la introducción en una cultura de nuevos medios de comunicación afecta profundamente a las relaciones que los hombres mantienen entre sí, a las que mantienen con la naturaleza e incluso a su propia percepción como sujetos. De ahí que quizá sea más exacto decir que lo que se produce desde los inicios de la *modernización es una "mediatización de la cultura" que produjo una transformación sistemática de la sociedad.

El efecto más evidente de la "tecnificación" de la comunicación es que altera profundamente las condiciones espaciotemporales y da lugar a un fenómeno, también no específico, pero muy característico de la modernidad: el "desanclaje" o "despegue" de las relaciones de los contextos locales de interacción social (Giddens, 1999). Esta reorganización del espacio y del tiempo fue aún más profunda cuando aparecieron los medios que se basan en la electricidad. El efecto más inmediato del primero de ellos, el telégrafo, es verdaderamente revolucionario: el transporte de la información se independiza del transporte físico. Si la invención de los relojes mecánicos había facilitado la concepción abstracta del tiempo, la introducción de los medios electrónicos hace posible una distinción conceptual de gran importancia: el lugar –el asentamiento o localización física– y el *espacio –abstracto–. Esta dislocación ha hecho habitual algo en otros tiempos inimaginable: la "simultaneidad desespacializada" (Thompson, 1998), es decir, la experimentación simultánea de acontecimientos en lugares espacialmente alejados. De esta manera el espacio de la comunicación se ensancha mientras que el espacio físico parece reducirse. Correlativamente, la experiencia misma del "ahora" cambia también de sentido porque los nuevos medios de comunicación e información se organizan en redes que permiten la comunicación inmediata por muy alejado que se esté en el espacio. Este achicamiento del espacio físico en beneficio del espacio de la comunicación es una de las manifestaciones de ese fenómeno más amplio que conocemos como "globalización", expresión desde luego ambigua, pero que permite describir, entre otros, el hecho de que la información y la comunicación pueden llegar a cualquier rincón del espacio humano.

Al dislocar el espacio y el tiempo, la comunicación mediática introduce nuevas formas de relación. La escritura o bien difiere la respuesta del interlocutor –la carta– o bien la hace prácticamente imposible –el libro, el periódico–. Otro medios –el telégrafo, el teléfono, las nuevas tecnologías– permiten la interlocución, pero reduciendo en gran medida los canales y los sistemas semióticos asociados a la copresencia física. Como ocurre con todo tipo de tecnologías, algo se gana y algo se pierde. Los medios monológicos han encontrado procedimientos para llegar a una multitud de destinatarios. La imprenta primero, la radio, el cine y la televisión después, se convirtieron en medios "masivos": ponen a disposición de un público muy numeroso una gran cantidad de *información. La imprenta fue el primer medio capaz de *producir* grandes cantidades de *bienes de consumo simbólicos. La venta de libros y "noticias" –los primeros periódicos nacen en el s. XVII– constituye el comienzo de un proceso que en el siglo XIX adquiere un impulso decisivo y en el siglo XX un alcance global. Los medios se vinculan a la industria y al mercado para ser así más eficaces en la producción, la difusión y el consumo de productos simbólicos.

Para describir este proceso, Adorno y Horkheimer utilizaron el concepto de "industria cultural". Desde una perspectiva crítica, ponen de manifiesto que la producción de bienes culturales se somete a la racionalidad técnica de una producción industrial que conforma todo el proceso comunicativo: impone procedimientos estandarizados para la producción, unos canales institucionalizados de distribución, y da lugar a productos que obedecen a modelos –géneros, series, formatos– que anticipan y determinan una recepción y un consumo que anula la autonomía de los individuos. Otros autores, como H. Schiller, han puesto de manifiesto que la industria cultural no puede ser examinada al margen del proceso de *globalización que ha llevado a la difusión mundial de los contenidos y a una concentración de los medios.

Estas teorías no pueden ser totalmente desligadas de una concepción que ha considerado a los medios y a la comunicación que llevan a cabo como "de masas". Sin embargo, en la actualidad se piensa que los presupuestos subyacentes en la expresión "comunicación de masas" yerran en una cuestión fundamental: el papel de los receptores y consumidores. Contrariamente a lo que esta concepción supone, los consumidores de los productos culturales no se comportan ni como átomos aislados ni pasivamente, sino que la apropiación de sentido es una actividad, muchas veces creativa, realizada por individuos que viven en lugares y en momentos históricos determinados, que tienen señas de *identidad individual y colectiva peculiares, que poseen competencias enciclopédicas diferentes y què interaccionan unos con otros en su vida cotidiana. En definitiva, si *la difusión es global* e implica desterritorialización, *la recepción es local* y exige una reterritorialización que da lugar a interpretaciones diferentes según contextos culturales diversos. Estudios de recepción sobre cómo han sido interpretados conocidas series y programas de televisión americanas en otras culturas, como los llevados a cabo por Liebes y Katz o J. Lull, avalan esta posición.

La complejidad del proceso de producción e interpretación de los productos mediáticos ha producido consecuencias contradictorias. Si la producción y difusión globalizada de unos bienes simbólicos favorece la homogeneización cultural, los procesos de reapropiación del sentido se hacen en contextos culturales muchas veces fragmentados, cuando no individualizados, en los que se encuentran unos sujetos que recurren a reglas de interpretación y *traducción muy diversas y que *usan* los medios según criterios no previstos. La fragmentación es un fenómeno que se deriva tanto de la cantidad de productos culturales como de las nuevas prácticas introducidas por las nuevas tecnologías de la comunicación. La individualización es el resultado tanto de la accesibilidad como de la proliferación de nuevas tecnologías: muchos de los medios están concebidos para ser usados individualmente y obstaculizan las relaciones inmediatas con los más próximos para favorecer las relaciones mediatizadas con los que están alejados. Los nuevos medios son, gracias a la digitalización, "multimedia", es decir, permiten integrar diversas sustancias expresivas –sonido, imagen, palabra–, y, gracias a una estructuración en red, a la facilidad y rapidez con que transmiten los datos, están reestableciendo una capacidad de interacción aparentemente semejante a la de la comunicación cara a cara. La "simultaneidad desespacializada" ya no es un obstáculo para una comunicación dialógica –unas veces entre individuos, otras entre grupos, *chats*, foros de discusión, *blogs*, etc.– pero profundamente transformada por la mediación tecnológica: los medios unen al tiempo que separan. La fragmentación y la individualización cohabitan con la formación de nuevas "comunidades hermenéuticas", constituidas por individuos localizados en lugares alejados pero que comparten los mismos intereses, gustos, aficiones, referencias simbólicas, o que, simplemente, coinciden en los nuevos lugares "virtuales" que han construido las redes.

Los medios han producido cambios sustanciales que afectan tanto a las sociedades como a los individuos. Si bien es cierto que, contra lo que algunos auguraban, no han terminado con las tradiciones, las han desarraigado para reelaborarlas y re-arraigarlas cuando no re-crearlas. Fue W. Benjamin quien nos puso en la pista de los cambios operados por las tecnologías comunicativas –imprenta, fotografía, cine– en la experiencia, tal como antes se vivía, y el advenimiento de otro tipo de experiencia: la del que interpreta una narración novelada o contempla desde la desatención una obra de arte reproducida mecánicamente.

Los nuevos medios no hacen sino acentuar esas tendencias. Su reestructuración del espacio y del tiempo construye un nuevo tipo de realidad, la "virtual", y, consecuentemente, nuevas formas de experiencias todavía no suficientemente exploradas. Finalmente, los instrumentos no sólo modifican la experiencia, sino el órgano al servicio del que aparentemente estaban: la sensibilidad.

No menos importancia han adquirido los medios como procuradores de nuevos materiales simbólicos que los individuos utilizan en la organización reflexiva del yo, aunque al precio de hacerlo de forma más fragmentaria, dispersa y descentralizada, y, consecuentemente, menos unitaria y coherente.

Bibliografía

ABRIL, G. (1997): *Teoría general de la información*. Madrid: Cátedra.

GIDDENS, A. (1999): *Consecuencias de la modernidad*. Madrid: Alianza Editorial.

GOODY, J. (1990): *La lógica de la escritura y la organización de la sociedad*. Madrid: Alianza Editorial.

MARTÍN BARBERO, J. (1987): *De los medios a las mediaciones. Comunicación, cultura y hegemonía*. México: Gustavo Gili.

MORIN, E. (1967): *El espíritu del tiempo*. Madrid: Taurus.

THOMPSON, J. B. (1998): *Los media y la modernidad. Una teoría de los medios de comunicación*. Barcelona: Paidós.

Wenceslao Castañares

Véanse además ALTERIDAD, COMUNICACIÓN, CONSUMO CULTURAL, Derecho de injerencia, Desterritorialización, ESPACIO-TIEMPO, Espacios locales, Espacio red, FRONTERA, Global y local, GLOBALIZACIÓN, IDENTIDAD, Información, INTEGRACIÓN, Modernidad, Modernización, Multilingüismo, Nomadismo y turismo, Pluralismo sincrónico, Revolución técnico-comunicativa, Sociedad de la información y del conocimiento, TERRITORIOS, Traducción.

Espacio de los flujos

Manuel Castells parte de la premisa central de que el espacio es la expresión de la sociedad (2001: 488). Puesto que las sociedades contemporáneas están sufriendo un cambio estructural, cree razonable que tal cambio haya provocado también el surgimiento de nuevas formas y procesos espaciales. La dinámica espacial de nuestra sociedad, afirma, surge y se alimenta de la síntesis histórica del informacionalismo y del capitalismo que aparecen a partir de los años ochenta, para transformar el paisaje urbano y la geografía regional.

La *sociedad de la información, afirma este sociólogo español, está construida en torno a *flujos –de capital, información, tecnología, interacción organizativa, imágenes, símbolos, etc.– que son la expresión de los procesos que "dominan" la vida económica, política y simbólica. La dimensión espacial de la sociedad no puede escapar a su poderosa influencia; de ahí deriva su tesis de una nueva forma espacial característica de la sociedad red: el espacio de los flujos. Entendido como "la organización material de las prácticas sociales en tiempo compartido que funcionan a través de los flujos" (2001: 489), el espacio de los flujos es la forma de articulación espacial del poder y de la riqueza en nuestro mundo. "Conecta a través del globo flujos de capitales, gestión de multinacionales, imágenes audiovisuales, informaciones estratégicas, programas tecnológicos, tráfico de drogas, modas *culturales y miembros de una *elite *cosmopolita que gira, gira, crecientemente despegada de cualquier referente cultural o *nacional" (Castells, 1995: 18).

La abstracción de este concepto se comprende mejor cuando se especifica su contenido, integrado, según Castells, por la combinación de tres capas de soportes materiales: la red de *comunicación electrónica, los nodos y ejes del espacio de los flujos y la organización espacial de las elites gestoras dominantes. El primero está formado por un circuito de impulsos electrónicos –microelectrónica, telecomunicaciones, procesamiento informático, sistemas de radiodifusión, etc.– que constituyen la base material de los procesos cruciales en la sociedad red y se estructuran en la red de comunicación, que es la configuración espacial fundamental. Según ilustra el propio autor, la infraestructura tecnológica que conforma dicha red define el nuevo espacio de modo muy parecido a como los ferrocarriles definieron regiones económicas y mercados nacionales en la economía industrial. Los *lugares no desaparecen, pero su lógica y significado quedan absorbidos en la red.

El segundo soporte material del espacio de los flujos lo constituyen sus nodos y ejes. Aunque su base sea una red electrónica, el espacio de los flujos conecta lugares específicos que poseen características sociales, culturales, físicas y funcionales bien definidas. Algunos lugares son ejes de comunicación, que desempeñan un papel de coordinación; otros son los nodos de la red, en donde se ubican funciones, actividades y organizaciones estratégicamente importantes –las *ciudades *globales–. Tanto los nodos como los ejes están organizados de forma jerárquica, según su peso relativo en la red; tal jerarquía puede cambiar, sin embargo, dependiendo de la evolución de las actividades procesadas a través de la red.

Mientras que los soportes anteriores se traducen en redes de comunicaciones, sistemas financieros informatizados, ciudades globales y en el nuevo espacio industrial de la alta tecnología, el tercer soporte material del espacio de los flujos está constituido por la organización espacial de las elites dominantes, que ejercen las funciones directrices en torno a las que se articula ese espacio. ¿Cómo manifiestan espacialmente su dominio las actuales elites dominantes? Para Castells, la articulación de las elites y la segmentación y desorga-

nización de las masas son los mecanismos gemelos fundamentales de dominación social en nuestra sociedad. En esos mecanismos el espacio desempeña un papel esencial, porque el poder domina mediante flujos, mientras que la gente vive en lugares. De hecho, señala, "hasta las democracias pierden poder frente a la habilidad del capital para circular *globalmente, de la información para transferirse secretamente, de los mercados para ser penetrados o abandonados, de las estrategias planetarias de poder político-militar para ser decididas sin el conocimiento de las *naciones, y de los mensajes culturales para ser comercializados, empaquetados, grabados y difundidos en las mentes de la gente... No existe una opresión tangible, ni un enemigo identificable, ni centro de poder alguno que pueda ser responsabilizado de problemas sociales específicos" (1995: 484-485).

Mientras que la vida y la experiencia del común de la gente está arraigada en lugares, las elites son cosmopolitas. Pero para reproducirse socialmente y conservar su poder, las elites no pueden convertirse ellas mismas en flujos. Deben, por el contrario, desarrollar un conjunto de reglas y códigos culturales que marquen nítidamente las *fronteras de su comunidad cultural y política. Para ello utilizan dos tipos de estrategias. La primera consiste en formar su propia sociedad, constituyendo comunidades simbólicamente aisladas que se atrincheran tras la barrera material del precio de la propiedad inmobiliaria. Estas comunidades de elite, que Castells define como "una subcultura ligada al espacio y con conexiones interpersonales", le llevan a plantear una interesante hipótesis que da concreción –o, si se quiere, permite ponerle nombres y apellidos– al abstracto espacio de los flujos: sugiere que está compuesto por "microrredes personales que proyectan sus intereses en macrorredes funcionales por todo el conjunto global de interacciones del espacio de los flujos". Se trata de un fenómeno bien conocido en el mundo financiero: las decisiones estratégicas se toman en comidas de negocios celebradas en restaurantes exclusivos, o en fines de semana pasados en casas de campo, al igual que ocurría antaño. Pero estas decisiones, añade, "serán ejecutadas en procesos de toma de decisión inmediatos sobre ordenadores telecomunicados que pueden provocar sus propias decisiones para reaccionar a las tendencias del mercado" (2001: 494).

La segunda estrategia consiste en crear un estilo de vida e idear formas espaciales tendentes a unificar el entorno simbólico de las elites en todo el mundo. Así, uniendo los distintos ejes y nódulos del espacio de los flujos, se construye por todo el mundo un espacio –relativamente– aislado y homogéneo compuesto por hoteles internacionales, salas para VIP en los aeropuertos, servicios secretariales, etc., que recrean una sensación de familiaridad con el mundo interior, mantienen la distancia frente a la sociedad exterior y conservan la unidad de un reducido círculo de la elite empresarial a través de sensaciones, ritos y experiencias similares en todos los países. Paralelamente, entre la elite de la información también se está gestando un estilo de vida desvinculado de la especificidad histórica de cualquier sociedad específica e integrado por diversos símbolos –como el uso regular de instalaciones de hidromasaje, la práctica del *jogging,* el ubicuo ordenador portátil, la combinación de ropa formal y de deporte, el estilo de ropa unisex, etc.– que, crecientemente, se relacionan con la pertenencia a los círculos gestores de la economía informacional global.

Esta cultura internacional y homogeneizadora que transmite el espacio de los flujos se refleja también en la tendencia hacia la uniformidad arquitectónica que distingue a los lugares que constituyen los ejes y nodos de cada red a lo largo del mundo. De este modo, "la arquitectura escapa a la historia y la cultura de cada sociedad y queda capturada en el nuevo mundo imaginario y maravilloso de posibilidades ilimitadas que subyace en la lógica transmitida por el multimedia: la cultura de la navegación electrónica, como si se pudieran reinventar todas las formas en un lugar, con la sola condición de saltar a la indefinición cultural de los flujos de poder" (Castells, 2001: 495).

Junto a este dominante, expansivo, fluido y global espacio de los flujos persiste el *espacio de los lugares*, en el que se construye y practica la experiencia cotidiana de la gran mayoría de personas. Para Castells, éste es un espacio cuya tendencia evolutiva tiende a convertirlo en algo "cada vez más local, más territorial, más apegado a la *identidad propia, como vecinos, como miembros de una cultura, una *etnia, una nación... [donde] se recupera la tradición histórica y afirma la geografía de las culturas, pero también a veces degenera en tribalización, fragmentación y *xenofobia" (1995: 18). Es un espacio que el propio Castells explorará más tarde bajo el filtro único del crisol identitario (1998). Es precisamente este espacio el que, desde una perspectiva crítica, reivindicarán autores como Arturo Escobar (2000) –quien destaca la necesidad de reafirmar los lugares y la cultura local no capitalista frente a la dominación del espacio, del capital y de la *modernidad– y tantos otros estudiosos que, distanciándose de las visiones dicotómicas, apuestan por el enfoque de la glocalización (Barañano, 2005).

Bibliografía

BARAÑANO Cid, M. (2005): "Escalas, des/reanclajes y transnacionalismo. Complejidades de la relación global-local", en A. Ariño (ed.), *Las encrucijadas de la diversidad cultural*. Madrid: CIC, 425-451.

CASTELLS, M. (1995 [1989]): *La ciudad informacional. Tecnologías de la información, reestructuración económica y proceso urbano-regional*. Madrid: Alianza.

— (1998 [1996]): *La era de la información: economía, sociedad y cultura, Vol. 1, El poder de la identidad*. Madrid: Alianza.

— (2001 [1997]): *La era de la información: economía, sociedad y cultura, Vol. 2, La sociedad red*. Madrid: Alianza.

ESCOBAR, A. (2000): "El lugar de la naturaleza y la naturaleza del lugar: globalización o posdesarrollo", en A. Viola (comp.), *Antropología del desarrollo*, Barcelona, Buenos Aires, México: Paidós, 169-217.

Josepa Cucó i Giner

Véanse además COMUNICACIÓN, CULTURA, ELITES, ESTADO-NACIÓN, Etnicidad, FRONTERA, Global y local, GLOBALIZACIÓN, IDENTIDAD, Información, Lugar y no lugar, Migraciones. Redes sociales, Modernidad, MOVILIDAD, Nacionalismo, Nomadismo y turismo, Sociedad de la información y del conocimiento.

Espacio red

Desde los años setenta casi todas las regiones metropolitanas del mundo han experimentado unos cambios tan intensos que a menudo es imposible reconocer lo que existía en ellas hace sólo tres décadas. Los especialistas consideran que esas transformaciones son el resultado de un nuevo proceso de urbanización que se hace efectivo en diversos niveles interconectados –*territorial, económico, social y *cultural–. En el núcleo de los cambios se halla la economía *global, organizada en torno a *centros de mando y de control, con capacidad para coordinar, innovar y gestionar las actividades de las redes empresariales. El resultado es un modelo espacial reticular caracterizado por su dispersión y concentración simultáneas. La dispersión obedece a que el automóvil, la separación entre áreas de servicio, *trabajo y residencia, la *migración y la deslocalización industrial, la expansión del *turismo y el auge de las segundas residencias provocan una gran *movilidad que abarca un territorio cada vez más extenso y complejo, dando lugar a una urbanización agresivamente expansiva y a un uso despilfarrador del territorio (Borja, 2003). Y ello ocurre al tiempo que los servicios avanzados –finanzas, seguros, inmobiliaria, consultoría, servicios legales, relaciones públicas, publicidad, diseño, mercadotecnia, seguridad, gestión de los sistemas de información e innovación científica–, convertidos en el eje de todos los procesos económicos, aumentan de forma considerable sus tasas de empleo e inversión en la mayoría de países y centros metropolitanos del mundo.

Simultáneamente, en algunos centros urbanos de unos cuantos países se produce una concentración espacial de los niveles superiores de las referidas actividades, que se distingue por su ordenación jerárquica y cambiante. En la cúspide se sitúan las tres *ciudades globales por excelencia: Nueva York, Londres y Tokio, que conjuntamente dominan las finanzas y la mayoría de los servicios avanzados internacionales. Tras ellas se ubican otras *metrópolis que también son nodos importantes de la economía internacional, como Hong Kong, Osaka, Los Ángeles, San Francisco, Frankfurt, Zurich, Amsterdam, París o Milán, a las que siguen otros centros regionales como Buenos Aires, São Paulo, México D. F., Moscú o Madrid, los cuales, en un acelerado proceso, se incorporan con rapidez a esta cada vez más tupida red mundial. Lo característico del proceso, como destaca Castells (2001: 458-459), es que no se limita a los pocos núcleos urbanos situados en el nivel superior de la jerarquía, sino que implica a los centros de producción, los servicios avanzados y los mercados de una red de alcance mundial. A ella se conectan a diferente escala y con distinta intensidad ciudades, regiones y áreas metropolitanas de todo el mundo, *desarrolladas y menos desarrolladas, según la importancia relativa de las actividades allí ubicadas respecto a la red global. La jerarquía es inestable, cambiante y está sometida a una feroz competencia entre las ciudades y a la aventura de las inversiones financieras e inmobiliarias de alto riesgo. La arquitectura de redes se reproduce en el interior de cada país, de manera que, al tiempo que sus centros regionales y locales quedan interconectados a escala internacional, entran también en la espiral de dependencia y vulnerabilidad ante los cambiantes flujos globales.

Pero la *globalización no sólo comporta no existencia de territorios tendentes a la unificación económica y política en ámbitos supraestatales, sino que, según enfatiza Jordi Borja (2002), conlleva también la revalorización de las entidades subestatales –ciudades, comarcas y regiones–, como ámbitos socioeconómicos y espacios significativos de autogobierno y de cohesión social y cultural. A más globalización, destaca este autor, más se relativiza el "soberanismo" de los Estados, más oportunidad tienen las regiones y las ciudades para fortalecerse. Y más necesitan los *ciudadanos tener poderes políticos próximos y ámbitos significativos de *identificación cultural.

La nueva revolución urbana afecta de una manera particular a las ciudades (Cucó, 2004). Representativa de los cambios que acarrea, la carencia de *límites distingue a las grandes aglomeraciones urbanas actuales, que ya no presentan la imagen compacta y continua del municipio central y sus periferias, sino que ofrecen, por el contrario, otra imagen de carácter discontinuo y reticular, donde se suceden elementos de centralidad y de baja densidad, que incluye a ciudades pequeñas y medias. En su insaciable expansión, las grandes urbes van devorando y/o englobando a otras localidades próximas hasta formar una densa red interconectada. Tal es el caso, por ejemplo, de México D. F., cuyo vertiginoso crecimiento, demográfico y espacial, de los últimos cincuenta años ha supuesto la incorporación en la zona metropolitana de nada menos que 27 localidades vecinas; pero no se trata sólo de que el territorio de esta ciudad cubra en nuestros días unos 1.500 km² y que sus habitantes hayan pasado de poco más de un millón y medio en 1940 hasta los 20 millones actuales, sino que tales cambios han hecho imposible la interacción real de sus diferentes partes y han disuelto su imagen física global.

Pero, al tiempo que las prácticas urbanas se reorganizan fragmentariamente, los medios de comunicación de masas recomponen las prácticas en materia de *información y de ocio, restableciendo con ello la significación de la metrópoli. Este tipo de reorganización es el que conduce a García Canclini (1997: 388) a plantear la necesidad de complementar la caracterización socioespacial de la ciudad con una nueva definición que tenga en cuenta el *rol estructurante de los mass-media* en su desarrollo. En ese sentido, en mayor o menor medida, en la ciudad *posmoderna siempre se deja sentir el impacto de dos procesos simultáneos: uno pone en peligro el apego y los vínculos que unen los *lugares y las comunidades de personas —*desterritorialización*—; el otro crea nuevas formas y combinaciones de identidad territorial —*reterritorialización*.

La combinación de dispersión espacial e *integración global otorga, según Saskia Sassen (1991: 3-4), un nuevo papel estratégico a las principales ciudades del mundo, que funcionan de cuatro nuevas formas: como centros de poder en la economía mundial; lugares clave para los servicios avanzados; centros de producción, incluida la innovación en los sectores punta, y mercados para los productos. Paralelamente, los impactos de la globalización tienden a fomentar en las metrópolis posmodernas una preocupación casi obsesiva por la competitividad. En una acelerada carrera por renovar su economía y ocupar un lugar destacado en la cambiante jerarquía territorial que diseñan los flujos globales, los gobiernos *locales y regionales tienden a apostar por un único caballo ganador: el que representa la renovación de la oferta urbana como motor de transformación de la base de actividades. Siguiendo esta lógica, actúan como empresarios, y pugnan por atraer capital y gente con el mejor instrumento de que disponen: la planificación de las infraestructuras y del espacio urbano (Prytherch, 2001), que corre paralela a la espectacularización mediática de la ciudad.

Un último elemento a destacar del espacio red es la *implosión y explosión simultánea de la escala de las ciudades*. A un nivel, cualquier centro urbano tiende a contener cada vez más en su interior toda la complejidad del mundo, creando unos espacios culturales tan *heterogéneos como jamás pudimos imaginar. En otro nivel, el mundo entero se está urbanizando rápidamente, dado que el impacto espacial de las culturas, economías y sociedades basadas en la ciudad se está expandiendo por todo el planeta. De esta forma, como concluye Edward Soja (2000: 152), "la posmetrópoli puede representarse como un producto intensificado del proceso de globalización a través del cual lo global se localiza y lo local se globaliza".

Bibliografía

BORJA, J. (2002): *Ciudadanía y urbanismo*. Madrid: Alianza Editorial.

— (2003): *La ciudad conquistada*. Madrid: Alianza.

CASTELLS, M. (2001 [1997]): *La era de la información: economía, sociedad y cultura,* Vol. 1, *La sociedad red*, Madrid: Alianza.

CUCÓ, J. (2004): *Antropología urbana*. Barcelona: Ariel.

GARCÍA CANCLINI, N. (1997): "Cultures urbaines de la fin du siècle: la perspective anthropologique". *Revue internationale des sciences sociales*, 153: 381-392. Monográfico sobre "Anthropologie-problématiques et perspectives: I. Franchir les anciennes frontières".

PRYTHERCH, D. (2001): "El paisaje ideológico: la huerta, la globalización y la modernidad valenciana. Una mirada norteamericana". www.uv.es/metode/anuario2001/131_2001.html.

SASSEN, S. (1991): *The Global City. New York, London, Tokyo*. Princeton: Princeton University Press.

SOJA, E. W. (2000): *Postmetropolis. Critical Studies of Cities and Regions*. Oxford: Blackwell.

Josepa Cucó i Giner

Véanse además Centro-periferia, Ciudadano, COMUNICACIÓN, CULTURA, DESARROLLO, Desterritorialización, DIFERENCIA Y DESIGUALDAD, Esfera mediática, ESPACIO-TIEMPO, Espacios locales, FRONTERA, Global y local, GLOBALIZACIÓN, IDENTIDAD, Información, INTEGRACIÓN, Lugar y no lugar, Megalópolis, MIGRACIONES, MOVILIDAD, Nomadismo y turismo, POSMODERNIDAD, Sociedad de la información y del conocimiento, TERRITORIOS, TRABAJO.

Espacio-tiempo

Existe un acuerdo unánime en que se está produciendo un cambio fundamental en los referentes que han constituido el mundo, al menos desde la Segunda Guerra Mundial. Lo distintivo no parece ser tanto la *globalización *per se* como la intensificación de un proceso histórico cuya última fase vendría desarrollándose en los últimos treinta años. Dicha fase difiere cualitativa y cuantitativamente de las anteriores por la conjunción masiva de procesos *globales que implican la fluida *circulación de capitales, bienes, mensajes y personas a través de estructuras reticulares en expansión. El trastocamiento –separación y compresión– de las coordenadas espacio-temporales, la *revolución técnico-comunicativa y la *fusión-confusión entre lo global y lo local serían algunas de las novedades fundamentales de este periodo. A ellas cabría sumar la proliferación de riesgos y peligros mundiales; el mantenimiento y la agudización de las *desigualdades sociales planetarias; la mediatización, transnacionalización e individualización de las relaciones sociales; la retroalimentación entre los modos de reflexividad y el aumento de complejidad social; la coexistencia ambivalente e interconectada de procesos de *desterritorialización y reterritorialización cultural, de destradicionalización y retradicionalización, y un etcétera no demasiado más largo.

La primera novedad mencionada alude al problema de la génesis e imbricación de las categorías espacio y tiempo en la vida social contemporánea, que se tornaron teóricamente relevantes a partir de los años ochenta del pasado siglo, cuando el cúmulo de transformaciones ocurridas –económicas, tecnológicas, políticas, etc.– tendió a despojarlas de su contenido tradicional, propiciando el surgimiento de nuevas articulaciones espacio-temporales cuyas variadas facetas pretenden aprehender conceptos tales como los de *localidades fantasmagóricas, procesos de desanclaje (Giddens, 1990) y espacio de los flujos (Castells, 1995, 2001), pero también los de desterritorialización o deslocalización.

La segunda novedad hace referencia a las transformaciones que se derivan del cambio tecnológico. La idea de globalidad significa básicamente que es mucho más sencillo que antes *comunicarse de un punto al otro del planeta y enviar mensajes, personas y mercancías. Las nuevas tecnologías de la *información y la comunicación representan un fenómeno paralelo a lo que la revolución energética significó en siglos pasados. No obstante, existen diferencias significativas entre ambas: mientras en la primera la reducción de costes se producía en múltiplos de diez, en la segunda se mide en múltiplos de cien mil, o incluso de un millón; mientras la revolución energética se produjo a lo largo de dos siglos, la de la microelectrónica tan sólo ha necesitado dos décadas. En esta última, además, la retroalimentación acumulativa entre la innovación y el uso que se hace de ella es mucho más rápida (Hernández, 2005: 188). Al igual que ocurrió con la industrialización, la revolución técnico-comunicativa ha precipitado el surgimiento de nuevas formas de organización social que han sido conceptualizadas de formas distintas, como las de *sociedad informacional que emplea Manuel Castells (2001). Dicha revolución impone nuevas interdependencias que transforman todas las interacciones sociales e inaugura una nueva fase en las relaciones de vecindad, incluso entre los que se hallan separados por grandes distancias. Algunos autores, como Marshall McLuhan (1996), se avanzaron a su tiempo y sobrestimaron las implicaciones *comunitarias del nuevo orden comunicacional al calificar este mundo como aldea global. Otros, como Arjun Appadurai (2004), han destacado la transformación de las subjetividades cotidianas que los referidos factores provocan; gracias a su impacto, la imaginación se convierte en un hecho colectivo y en un carburante esencial para la acción social.

La globalización implica la extensión progresiva de una red de flujos y movimientos que cubre paulatinamente el mundo y genera una trama crecientemente densa de interconexiones e interdependencias. Este cúmulo de procesos provoca el surgimiento de nuevas formas espaciales (Cucó, 2004: 45 y ss.), como el denominado *espacio red, al tiempo que diluye las distinciones y *fronteras entre los ámbitos global y local. Las redes hacen referencia a los conjuntos de nodos interconectados, y están conformadas por las interacciones entre agentes, actividades y/o núcleos de poder. Los flujos aluden a los artefactos físicos, personas, símbolos e información que se movilizan a través del espacio y del tiempo. La conectividad generada por las redes de flujos es compleja y selectiva, lo que significa que no todo el mundo se conecta de la misma manera, ni con la misma intensidad, ritmo y recursos iguales.

Con la aceleración de la globalización, el capitalismo se reestructura y el *Estado-nación se transforma, el primero en clave global, el segundo en clave transnacional. La reestructuración del capitalismo, de la que habla Castells (1995: 45 y ss.), significa la quiebra de la antigua economía capitalista internacional y de su distintiva división espacial del trabajo, básicamente asentada en los Estados-nación, y la ascensión del capitalismo global o transnacional, desregulado y flexible, articulado por las grandes corporaciones multinacionales ligadas a potencias occidentales, cuyos flujos traspasan ampliamente las *fronteras nacionales. La globalización del capital constituye una de las caras más conocidas del capitalismo global, al igual que lo es la globalización del *trabajo. La primera afecta a las economías nacionales y pone en peligro, según algunos autores, la autonomía e incluso la continuidad del Estado-nación. La segunda da lugar a *movimientos a gran escala de trabajadores hacia los centros de producción industrial, ahora más numerosos que antes.

Las reordenaciones espacio-temporales mencionadas trastocan los objetos de estudio de las ciencias sociales, de la sociología y la antropología pero también de la historia, suscitando a estas disciplinas nuevos retos teórico-metodológicos, a los que se responde con nuevos planteamientos. Así, frente los excesos de las tesis hiperglobalistas y los sesgos de las visiones dicotómicas, surge el enfoque de la glocalización (Barañano, 2005) que acuña términos como glocal, localismos globalizados o globalismos localizados, para denotar la fusión actual de ambas dimensiones. Igualmente, frente al *movimiento continuo de personas, bienes, significados y cosas, se afianza la idea del campo de estudio *multilocal (Marcus, 1995; Hannerz, 2003).

Bibliografía

APPADURAI, A. (2004 [1996]): *Dimensões Culturais da Globalizaçâo*. Lisboa: Teorema.

BARAÑANO, M. (2005): "Escalas, des/reanclajes y transnacionalismo. Complejidades de la relación global-local", en A. Ariño (ed.), *Las encrucijadas de la diversidad cultural*. Madrid: CIC, 425-451.

CASTELLS, M. (1995 [1989]): *La ciudad informacional. Tecnologías de la información, reestructuración económica y proceso urbano-regional*. Madrid: Alianza.

— (2001 [1997]): *La era de la información: economía, sociedad y cultura*, Vol. 1, *La sociedad red*. Madrid: Alianza.

CUCÓ, J. (2004): *Antropología urbana*. Barcelona: Ariel.

GIDDENS, A. (1990): *The Consequences of Modernity*. Cambridge: Polity Press. (Edición castellana 1994. Madrid: Alianza).

HANNERZ, U. (2003): "Several Sites in One", en T. H. Eriksen (ed.), *Globalisation. Studies in Anthropology*. London, Sterling, Virginia: Pluto Press, 18-38.

HERNÁNDEZ I MARTÍ, G. M. (2005): *La condición global. Hacia una sociología de la globalización*. Vol. 2. Valencia: Editorial Germania.

MARCUS, G. E. (1995): "Ethnography in/of the World System: The Emergence of Multi-sited Ethnography". *Annual Anthropological Review*, 24: 95-117.

McLUHAN, M. (1996 [1964]): Comprender los medios de comunicación. Barcelona: Paidós.

Josepa Cucó i Giner

Véanse además Centro-periferia, COMUNICACIÓN, Comunitarismo, Desterritorialización, Diferencias sociales y diferencias culturales, Elites cosmopolitas, Esfera mediática, Espacio red, Espacios locales, ESTADO-NACIÓN, FRONTERA, Fronteras políticas y religiosas, Fronteras simbólicas, Global y local, GLOBALIZACIÓN, HIBRIDACIÓN, Información, Integración religiosa, Localidades fantasmagóricas y desanclaje, Lugar y no-lugar, Megalópolis, MIGRACIONES, MOVILIDAD, Multilocal, Nomadismo y turismo, PATRIMONIO, Pluralismo sincrónico, POSMODERNIDAD, Revolución técnico-comunicativa, Sociedad de la información y del conocimiento, TERRITORIOS, TRABAJO, Viajes y sistemas de movilidad.

Espacios locales

Las relaciones con actores de otros países –ya sean las prácticas de estos actores de alcance local, regional o *global– no son de suyo ni "malas" ni "buenas". Lo provechoso de las relaciones para el avance hacia formas de organización social más justas en cada sociedad local o *nacional no depende de su carácter "local" o "*extranjero", sino de los contenidos específicos de las representaciones, políticas y programas de acción promovidos por los actores, así como de la información y conciencia que los actores "locales" tengan de esas relaciones y de su autonomía y capacidades de aprendizaje creativo en un mundo cada vez más interrelacionado, y en este sentido cada vez más *globalizado (Mato, 2001).

Resulta pertinente entender primero el concepto de espacio para abordar el concepto de espacio local. El concepto de espacio aparece por vez primera en el léxico castellano hacia 1732. Podemos definir el espacio a través de propiedades como la *delimitación, la ubicación y la referenciación –intersección entre delimitación y ubicación–. La *diferencia y la demarcación de espacio y *territorio se encuentran en la formalización de las lógicas y los sentidos que adquieren mediante *conceptos o clasificaciones que hacen individuos o grupos sociales. Cuando hacemos referencia a espacio debemos distinguir entre espacio *geográfico y espacio *social. El primero alude a un conjunto muy variado de datos de orden natural, histórico –*patrimonio, por ejemplo– y orgánico –economía, sociedad, política–, y el segundo se refiere a escenarios en un juego de fuerzas permanentes. El espacio social en dicha relación influye y dosifica la *alteridad, y es donde la dimensión política del territorio garantiza la especificidad, la permanencia y la reproducción sociocultural de los grupos humanos que lo ocupan.

El espacio local es tanto geográfico como social y debe ser entendido en su morfología y su distribución. El espacio local tiende a ser definido por *delimitaciones geográficas como un espacio localizado, lo que da la sensación de sedentarismo social y físico. Sin embargo, un espacio local puede estar definido por la acotación de varios territorios con dinámicas distintas, pero bajo una misma definición de grupo social o *étnico. Así sucede en el caso de los kurdos en Turquía, o de los indígenas paeces en Colombia, que, ocupando territorios discontinuos, los definen como uno solo por el control político, *religioso o propiamente étnico que ejercen. La dimensión geográfica sirve al espacio local como punto de referencia para la interacción; éste representa un enlace de dispositivos organizados desde distintas dimensiones sociales. Lo local puede resultar siendo un barrio, una aldea, una *metrópoli, una comuna, una *ciudad, una provincia, una microrregión, una comarca y cuantas acotaciones de este tipo podamos definir. No obstante, bien por el relieve histórico o por la naturaleza de las alianzas, el peso social y político es siempre constante en la definición del espacio local. Entre los inuit esa importancia social y política está basada en distintas figuras históricas. El espacio local es propio de las *anécdotas* que configuran el mapa del espacio frecuentado por cada subgrupo –una familia…–; en suma, del espacio vivido. Como opuesto, lo nacional corresponde a narraciones de *mitos* y de ciertas *leyendas* que proponen una explicación del universo y de la vida humana compartida por el grupo en conjunto. Lo regional, por su parte, se define por los relatos de tipo *legendario* e *histórico*, cuyo contenido geográfico refleja la lectura del territorio propio del grupo que los produce (Collignon, 1996).

El análisis del espacio local como una de las formas del espacio social puede ser abordado desde su carácter –representación– y desde su estructura –organización/disposición–:

1. Desde su carácter, el espacio local se define mediante procesos de tradicionalización y creación. La tradicionalización implica explorar y determinar el sentido de cómo los sujetos aprehenden de manera localizada y con sentido histórico; esto es, determinan desde dónde el sujeto fabrica su *identidad con respecto al espacio. En cuanto a los procesos de creación podemos establecer como un ejercicio metodológico tres modalidades de acceso (Di Méo, 1991) al espacio local: A) Las *modalidades de la cognición* cuando se trata de la percepción y representación del espacio. Desde este punto de vista podemos abordar los códigos culturales y las ideologías y desde allí las inclusiones, *discriminaciones y deducciones, o examinar cómo se controlan, verifican o seleccionan con la ayuda o no de reglas lógicas las pertinencias sociales. B) Deben considerarse también las *modalidades de la acción* cuando se trata de la producción de espacio. Es una ejecución sobre producciones como los paisajes, la región, las *vías de comunicación terrestres o acuáticas construidas, los campos, las oficinas, las fábricas, los puertos o las líneas. C) Y además hay que pensar en las *modalidades de la existencia humana* cuando hacemos referencia a la vivencia del espacio. En esta dimensión podemos abordar lo frecuentado y recorrido por cada uno con un mínimo de regularidad, los nudos alrededor de los cuales se cristaliza la existencia individual de trabajo, esparcimiento, recreación, reencuentro y entre los que surgen los corredores de *circulación. La conjunción de estas tres modalidades evidencia ciertos énfasis en el estudio del espacio local. La tradición de la morfología social pone su acento en que el comportamiento social no depende de los espacios dentro de los cuales se desenvuelve, sino sólo de las formas de organización social que los engendran. Y asimismo incide en la proclamación de la forma en que los fenómenos sociales se distribuyen sobre el mapa social y las contradicciones que sobresalen de esta distribución. Pero desde el primer énfasis o desde el segundo, es su articulación el eje de las grandes dimensiones de las relaciones propias de cada grupo localizado, a saber: las dimensiones históricas, identitarias, económicas, políticas, semánticas, de uso y de manejo público y privado.

2. En las condiciones sociopolíticas y culturales actuales es poco viable explicar lo local fuera de los procesos globales o, en su defecto, abordar un espacio local como aquel que está sujeto a imposiciones globales. En la contem-

poraneidad los espacios locales pueden ser definidos a partir de continuidades o discontinuidades, debido a las múltiples formas de *comunicación y de control sociocultural y político. En esta medida, podemos distinguir espacios locales mantenidos a través de interacciones directas o de interacciones definidas y fortalecidas por procesos más globales, como los que se dan en el espacio virtual, lo que produce sociedades interdependientes en la relación espacio-tiempo, aumentando así las posibilidades de la acción espacial y de su impacto en la construcción de nuevas formas de territorialidad. Los espacios locales y sus criterios de delimitación de mundos, regiones y comunidades son en sí mismos la base para imputar identidades y mecanismos de identificación que ya tienen muchas veces filiaciones profundas con ciertos patrones previamente establecidos: tan profundas que tienden a diluir el punto social de su origen y de su funcionamiento; o a eliminar la manera en que grupos humanos concretos han expresado o expresan, durante su cotidianeidad, sus relaciones de hegemonía o subalternidad ante la presencia de esos "otros" que, por invasión, *colonización, intercambio o mera coexistencia, llegan a incorporarse dentro, junto o sobre el espacio ocupado. Por esto el problema de una perspectiva espacial ampliada obligaría, al igual que en el caso del tiempo, a un reconocimiento del carácter plástico y ambiguo de cualquiera de sus criterios de caracterización. Esto implica no dar por sentado que la mera adscripción de un criterio de identidad –personal, local, regional o general– obliga a una absoluta identificación de grupo o comunidad.

Por ello el espacio local debe ser considerado en su estructura como sistema cerrado o abierto. En este tipo de sistemas interviene el poder y el *desarrollo local como la concreción del perfil sociopolítico inherente a la definición de esta clase de espacios. Definir el espacio local desde sistemas cerrados implica definirlo a partir de una interdependencia totalmente localizada de personas que habitan, trabajan y comparten un mismo espacio. Esta forma de definir el espacio local ha sido aplicada a espacios rurales o a definiciones clásicas de comunidades supuestamente aisladas. Sin embargo, en el mundo actual difícilmente podemos pensar en sociedades sin interacción; por tanto, la tendencia de abordar el espacio local desde su estructura de sistema abierto es cada vez más frecuente. El sistema abierto puede ser definido como el de las

sociedades que a partir de un referente espacial acotado interactúan a través de distintos medios con otras sociedades. Esta interacción puede darse desde el *flujo de personas que viven en ese espacio dado, pero que trabajan en otros, y desde personas que inmigran, aunque mantienen fuertes relaciones con su espacio de origen: relaciones económicas de comercio, de producción y consumo de bienes.

En este tipo de sistemas las decisiones internas de un llamado espacio local ya no dependerán solamente de quienes permanezcan en él bajo todas sus normas, sino también de factores externos. Para los dos tipos de sistema es necesario entender que las dinámicas propias del espacio local se producen en un ambiente ecológico y social con sus distintas dimensiones económicas y políticas a partir de las cuales se establecen normas y valores de funcionamiento y relación con sistemas externos al espacio local. Estas normas y valores producen y, al mismo tiempo, fortalecen el poder y desarrollo locales como instrumentos que permiten mantener la legitimidad y autonomía del espacio local, especialmente en el caso de los sistemas abiertos. El fortalecimiento del poder y del desarrollo local es lo que, en definitiva, permitirá a este tipo de espacios una existencia distintiva y diferenciada en la apropiación del hábitat, de la *circulación, la explotación –o producción– y la administración –o gestión–. Esta existencia varía de un espacio local a otro según las organizaciones, los fines y recursos.

2.1. El poder local lo definimos como un medio de origen institucional y organizacional por medio del cual se establecen relaciones horizontales entre un gobierno subsiguiente a la referencia del espacio local, por ejemplo, un gobierno municipal o regional y las organizaciones político-sociales del espacio local. La finalidad de este tipo de relaciones de poder es producir beneficios locales que responden a intereses, aspiraciones y necesidades básicas –bienestar físico, seguridad, fines lúdicos, crecimiento...–, instrumentales –renovación del aparato cultural, control de la conducta, organización de las relaciones de fuerza y de sentido...– y simbólicas –formas de control intelectual y emocional, ritmo de convergencia comunal...–, para quienes allí conviven o dependen de esos espacios. De ahí que en la práctica social sea importante en los espacios locales crear, cualificar y mantener los movimientos sociales de base y las organizaciones ciudadanas que materializan el poder local.

2.2. También definimos el desarrollo local en estrecha interrelación con el poder local, como un proceso fundamentado en negociaciones de alianzas tanto desde el interior como hacia el exterior con la finalidad de estimular e inducir cambios que posibiliten mejoras en el bienestar sociocultural colectivo.

Podemos hablar de la relación espacio local-desarrollo local-poder local, cuando, al igual que productos, hay producción de valores. Es precisamente la valoración del espacio local de una sociedad territorial lo que genera desarrollo local. Tal desarrollo y autonomía del espacio local debe tomar en cuenta los recursos existentes y sus potenciales tanto en personas como en productos, en modos y formas culturales. La autonomía y vivencia de un espacio local pueden estar fuertemente posibilitada por líderes, chamanes, sabedores y personajes de distinta importancia, que tanto en sistemas abiertos como encerrados –del espacio local– tienen conocimientos profundos de la configuración y dinámicas locales, pero también de sus interlocutores exteriores. Este tipo de actores sociales puede hacer posible en un espacio local el reconocimiento efectivo de la historia vivida, pero también generar disposición a las transformaciones y al cambio sociocultural en un marco coherente con la identidad y la territorialidad.

Bibliografía

COLLIGNON, B. (1996): *Les Inuit: ce qu'ils savent du territoire*. Paris: L'Harmattan.

CONDOMINAS, G. (1977): "Pour une définition anthropologique du concept de espace social". *Asie du Sud-est et monde insulindien*. 8 (2): 5-54.

DI MÉO, G. (1991): *L'homme, la Société, l'Espace*. Paris: Éditions Anthropos.

GIDDENS, A. (1988): "Time, Space and Regionalization", en D. Gregory y J. Urry (eds.), *Social relations and spatial structures*. London: MacMillan, 1-23.

HALL, E. T. (1973): *La dimensión oculta, un enfoque antropológico del uso del espacio*. Madrid: Nuevo Urbanismo.

LEFEBVRE, H. (1972): *La vida cotidiana en el mundo moderno*. Madrid: Alianza Editorial.

LINDÓN, A. (2000): *La vida cotidiana y su espacio temporalidad*. Barcelona: Editorial Anthropos.

MASSEY, D.; TEES, P. (eds.) (1995): *A Place in the World?: Places, Cultures and Globalization*. Oxford: Oxford University Press/Open University.

MATO, D. (2001): "Sobre la fetichización de la 'globalización' ". *Revista Venezolana de Análisis de Coyuntura*, 5 (1): 147-178.

PAUL-LÉVY, F.; SEGAUD M. (1983): *Anthropologie de l'espace*. Paris: Centre Georges Pompidou-Centre de Création Industrielle.

Beatriz Nates Cruz

Véanse además ALTERIDAD, Centro-periferia, COLONIALISMO Y ANTICOLONIALISMO, Criollización, COMUNICACIÓN, Comunitarismo, DESARROLLO, Desterritorialización, DIFERENCIA Y DESIGUALDAD, Diferencias naturales y diferencias sociales, DISCRIMINACIÓN Y EXCLUSIÓN SOCIAL, Esfera mediática, Espacio red, ESPACIO-TIEMPO, ESTADO-NACIÓN, Etnicidad, Extranjero, FRONTERA, Frontera geográfica y administrativa, Fronteras económicas, Fronteras políticas y religiosas, Fronteras simbólicas, Global y local, GLOBALIZACIÓN, Globalización y antiglobalización, HIBRIDACIÓN, IDENTIDAD, Información, Localidades fantasmagóricas y desanclaje, Megalópolis, MIGRACIONES, MOVILIDAD, MULTICULTURALISMO, Multilocal, Nacionalidad, NUEVOS MOVIMIENTOS SOCIALES, PATRIMONIO, POSMODERNIDAD, Relaciones y procesos informales económicos, Relaciones y procesos informales políticos, Revolución técnico-comunicativa, SABER Y SABERES, TERRITORIOS, Viajes y sistemas de movilidad, Violencia política. Tipos.

Estado-nación

Estado y nación son vocablos de génesis dispar, trayectoria separada durante bastante tiempo y destino entrelazado en los últimos siglos. Estado designa, en sentido lato, cualquier tipo de organización política de la sociedad. En sentido estricto, en cambio, se refiere a un tipo específico de organización: aquella caracterizada por la centralización de funciones políticas y por algún grado de control o jurisdicción duraderos sobre un *territorio delimitado y una población asentada en el mismo de manera estable. Más específicamente aún, Estado *moderno y contemporáneo son nociones circunscritas a procesos históricos desarrollados en el ámbito europeo a partir del siglo XV, si bien extendidos luego hasta abarcar en la actualidad la práctica totalidad del planeta.

Nación, por el contrario, es término que tarda en adquirir claras connotaciones políticas. Fraguadas éstas al calor de las revoluciones europeas que se iniciaron con la francesa de 1789, no se identifica plenamente con país regido por un mismo gobierno hasta finales del s. XIX –según el Diccionario de la Real Academia Española de 1884–. Y ello pese al voluntarismo del texto constitucional de 1812, que sí emplea *nación española* en sentido político, si bien con alcance, personal y territorial muy diferente al que luego tendría. Sin embargo, cuando el Estado moderno ofrecía ya perfiles bien deslindados en el s. XVI, la nación apenas se desligaba de sus significados originarios –raza, nacimiento– para adquirir tintes polémicos en las confrontaciones religiosas de la época. Tal es el caso del *Discurso a la nobleza cristiana de la nación alemana*, lanzado por Lutero más de trescientos años antes de que Alemania existiera como entidad política.

Se analizarán, por tanto, primero uno y otro término por separado; a continuación, su evolución paralela; y, por último, sus vicisitudes más recientes.

Del Estado medieval al Estado-nación

Según Naef, en la baja Edad Media el Estado ofrece ya algunas características de fases posteriores, sobre todo lo relativo a la fuerza de cara al exterior y al mantenimiento de la paz y el orden en su ámbito externo, pero con dos importantes limitaciones que afectan a su contenido y al control del poder. Respecto a lo primero, ni el bienestar espiritual ni el material de los súbditos, salvo en mínima parte, competen a la esfera estatal. De ellos se ocupan otras instituciones y asociaciones: monasterios, municipios, gremios y señoríos. Por otra parte, el poder estatal se ve constreñido por la diversidad de jurisdicciones –señoriales, municipales, eclesiásticas– y por la variedad de inmunidades y privilegios de que están dotados determinados individuos y grupos. Además, si el Estado se ve limitado dentro de su propio territorio por esa pluralidad de competencias, también lo está más allá de sus *fronteras, ya que el contorno supraestatal lo ocupan en gran medida la Iglesia de Roma y el Sacro Imperio. El proceso que conduce al Estado moderno se apoya precisamente en la lucha contra esos obstáculos, infra y supraestatales: creciente intervención en la economía, recorte brusco o paulatino de jurisdicciones señoriales o municipales –donde subsisten, se reducen a funciones bien subsidiarias, bien ornamentales y casi irrelevantes–, aliento y defensa de las nuevas iglesias nacionales o intentos, más o menos exitosos, de control del papado –según se trate de reinos donde triunfa la Reforma o de aquellos otros que se suman a, o lideran, la Contrarreforma.

Este proceso va perfilando las etapas de la evolución estatal, desde aquella primera donde el Estado lucha o negocia con los viejos controles internos o externos hasta la que culmina con la eliminación o recorte de los mismos, esto es, el Estado monárquico absoluto, para abocar al Estado que hereda las cada vez más amplias competencias estatales y las acrecienta en todas las esferas sociales. Éste último, el Estado surgido de la Revolución francesa, se fundamenta en el individuo y en sus derechos, única garantía que resta frente a las atribuciones del Estado una vez eliminadas o en declive acentuado las antiguas instancias intermedias.

En el desarrollo que se acaba de esbozar no cuentan exclusivamente el crecimiento y la ampliación de las competencias del Estado. En ese proceso también han sido decisivos tanto la evolución del armamento y de las defensas como las estrategias bélicas. Ésta es la base de la argumentación de Philip Bobbitt. Para este autor, el Estado moderno se originó cuando el gobierno y los atributos de los príncipes medievales se transfirieron a "entidades jurídicas separadas de –y a veces en oposición a– la sociedad civil" (Bobbitt, 2002: 81). De ese modo, características netamente individuales –legitimidad, personalidad, continuidad, integridad y, sobre todo, soberanía– se confirieron al Estado. Éste debió contar a partir de entonces, tanto con una burocracia civil permanente para la toma de decisiones como con una estructura militar que pudiera respaldarlas con la fuerza en caso necesario. Pero la naturaleza de los ejércitos y de la guerra fue cambiando y con ella la configuración del Estado.

Así, los Estados principescos –los reinos hispanos, los británicos, las ciudades-Estado italianas– se caracterizaron por el predominio de ejércitos mercenarios y por el nuevo diseño de fortalezas, capaces de resistir los embates de la artillería que había inaugurado la toma de Constantinopla en 1453. El costo de largos asedios, de prolongadas guerras religiosas –Guerra de los Treinta Años– y la pérdida de importancia de la infantería –como los tercios españoles– a favor de fuerzas de caballería más móviles, unidos a la aparición de armas de fuego más eficaces, fueron todos factores presentes en la consolidación de Estados regios o absolutos a mediados del siglo XVII. Las fuerzas mercenarias subsistieron, pero, como en el caso de la Suecia de Gustavo Adolfo, entrenadas y dirigidas por oficiales nativos, el auténtico núcleo de los nuevos ejércitos. Con todo, más que las armas o las tácticas lo decisivo fue la creciente pericia de la burocracia para recaudar impuestos y el reforzamiento de la disciplina militar. El umbral del Estado-nación fue ya en el s. XVIII el Estado territorial que representa la Prusia de Federico el Grande: desaparición de ejércitos mercenarios y sustitución de los mismos por otros que reflejaban la rígida estratificación de la sociedad prusiana –esto es, oficiales procedentes de la nobleza y campesinos sobrantes de la agricultura como tropa–; preocupación extrema por la nitidez de las fronteras –lo que aminoraba los conflictos externos, hacía posible un sistema impositivo claro, favorecía el desarrollo de mercados internos y externos y de ahí incrementaba la riqueza del Estado en su conjunto–, y una lealtad que se transfería de la dinastía al Estado –algo que reflejaba gráficamente la estricta disciplina y uniformidad del ejército prusiano–. En suma, "el Estado territorial se caracterizó por el deslizamiento del monarca como encarnación de la soberanía al monarca como ministro de la soberanía" (Bobbitt, 2002: 143). A las revoluciones que iniciaron la etapa siguiente se les facilitaba de este modo el camino para reemplazar ese depositario individual de la soberanía por otro colectivo: la nación.

No obstante, el camino que condujo a ese estadio no fue tan homogéneo como sugieren esos grandes esquemas. La diversidad de procesos y de tiempos de maduración del Estado-nación en Europa permite apreciar al menos tres vías diferentes (según Rolh, cit. por Murillo, 1990: 10): a) la de los Estados atlánticos –desde la Península Ibérica a la escandinava–, donde el recorrido comenzó muy pronto, gracias a las monarquías unificadoras; b) la de los países que alcanzaron una relativa unidad lingüística y *cultural con anterioridad a la creación de un Estado unitario –como Alemania e Italia–, y c) la de los Estados surgidos de la desmembración de grandes imperios formados por pueblos muy heterogéneos –como los imperios zarista, austrohúngaro y turco–. Por otra parte, ni factores jurídicos ni de estrategia militar pueden explicar por sí solos, conjunta o separadamente, el intrincado proceso que llevó a la aparición del Estado-nación. Fueron también, como resalta Gellner, las exigencias estructurales de la sociedad industrial. E igualmente contribuyeron al desarrollo del *nacionalismo procesos simbólicos –cambios de cosmovisiones–, factores netamente económicos, polémicas teológicas o corrientes filosóficas dispares.

Diversidad de orígenes de las naciones y los nacionalismos

Pese a su consolidación política tardía respecto al Estado, la nación ofrece al imaginario de los pueblos europeos la apariencia de un pasado profundo y remoto. Los creadores de la nación norteamericana, por ejemplo, se veían a sí mismos como herederos de los conquistadores sajones de las islas británicas, "de los cuales reclamamos el honor de descender y cuyos principios políticos hemos asumido" (en palabras del tercer presidente de la Unión, Thomas Jefferson, cit. por Geary, 2003: 7). Por la misma época, los constitucionalistas españoles reunidos en Cádiz trazaban la ascendencia de las instituciones más preciadas hasta los godos. De modo parecido, Le Pen, en la Francia actual, ve el origen de su patria en el bautismo del franco Clodoveo, o tiempo atrás en España se buscaban antepasados ilustres en el lusitano Viriato, el turdetano Argantonio o el astur Pelayo. La realidad histórica, sin embargo, es bastante más complicada; o, como decía Renan: "Las naciones no son algo eterno. Han tenido un inicio y tendrán un final" (1987: 84). Así, el nacionalismo germánico que condujo al paroxismo hitleriano remontaba sus raíces al pueblo teutón; pero "esa palabra para pueblo –*peud*–, de donde proceden el alemán *deutch* y nuestro *teutón*, no se refería tanto a la *identidad *étnica como al hecho de combatir juntos" (Bernárdez, 2002: 44). El problema de distorsiones como éstas estriba en sus consecuencias. Como dice el historiador serbio Milorad Ekmecic: "el nacionalismo empieza con cánticos épicos y populares y termina con grandes guerras. Empieza con Hansel y Gretel y se convierte en el monstruo de Frankenstein" (Judah, 2000: 134).

Sin duda, los orígenes reales de las naciones contemporáneas son menos bucólicos. Dos series de factores son decisivos en su configuración y desarrollo. De un lado, hay procesos históricos donde entran en juego fuerzas políticas, religiosas, económicas y tecnológicas; de otro, corrientes estéticas, literarias y filosóficas que alientan, recrean o interpretan esos procesos o se enfrentan a ellos.

a) Procesos históricos

El término "nación" como sinónimo de grupo de individuos asentados en un territorio tardó en ser aplicado a la totalidad de los mismos. La Constitución española de 1812, por ejemplo, establece que: "la Nación española es la reunión de todos los españoles de ambos hemisferios" (2001: 1), pero matiza enseguida que "son españoles... Todos los hombres libres nacidos y avecindados..." y sus hijos (2001: 5) y a continuación se refiere a quiénes pueden llegar a serlo: *extranjeros con carta de *naturaleza, residentes durante diez años y libertos. Los todavía numerosos *esclavos de los territorios hispanos, por enraizados que estuvieran sus linajes, quedaban *excluidos de tal condición. Por otra parte, durante muchos años el vocablo mismo mereció el repudio manifiesto de amplios sectores de la población: Galdós relata en sus *Episodios Nacionales* cómo, "al grito famoso de '¡Vivan las caenas!', se unía significativamente el de '¡Muera la Nación!'. La Nación se ve entonces no como un ente territorial, sino como un artefacto político" (Murillo, 1990: 25).

Si nos remontamos siglos atrás, el término era aún más restringido. Como queda indicado, la apelación de Lutero a la *nación alemana* tenía un destinatario exclusivo: la nobleza. Esa misma restricción operaba en otros países europeos, como Polonia o Hungría, durante el siglo XVII. Se trataba de lo que llamaban los franceses *pays lègal*, integrado por el rey o emperador, la nobleza y la hidalguía. Incluso muy avanzado el s. XIX, muchos inmigrantes a Estados Unidos, procedentes de la Europa oriental, sólo llegaron a tener conciencia de su antigua *nacionalidad a su llegada al país de acogida (según señala Tony Judt en "The Nex Old Nationalism", publicado en 1994 por *The New York Review of Books,* vol. 41, 10, 26 de mayo). También en los antecedentes inmediatos de la *nación española* de las Cortes de Cádiz tuvieron un papel decisivo la acción conjunta de los ilustrados y de la fundación regia de las Academias, por obra de una monarquía que, como la prusiana, había evolucionado de la identificación con la estirpe a la del Estado, pero con escasa o nula participación en el proceso de amplias capas sociales (Álvarez Junco, 2001).

Por otra parte, las identidades de los pueblos europeos no surgieron, evidentemente, de modo instantáneo. Se fraguaron durante siglos de enfrentamientos bélicos entre ellos, de orgullos por victorias y resentimientos por derrotas, ocupaciones y humillaciones. Se configuraron, además, con arreglo a las claves míticas o ideológicas de la sociedad de la época. Así, en la Francia del *Ancien Régime*, des-

de finales de la Edad Media a la Ilustración, realeza y nobleza se vieron a sí mismas como herederas de los conquistadores francos que habían liberado Francia del yugo romano y, por tanto, con derecho a gobernar un pueblo de siervos, heredero a su vez de los galos. La Revolución no cambió sustancialmente el panorama, simplemente invirtió los términos: el abate Sieyès aceptó el origen germánico –y, por tanto, foráneo y usurpador– de nobles y reyes y argumentó que el auténtico pueblo francés era el galo (Geary, 2003). Probablemente, señores o vasallos se verían mucho más como descendientes de estirpes diferentes que como miembros de un mismo conjunto. Y, en la práctica, "en 1776 la Academia todavía definía en términos locales –palabras como *pays, peuple* o *patrie*–. 'El país de un francés era meramente la parte del mismo donde casualmente había nacido' " (Hobsbawm, 1991: 99). Porque, como dice Gellner, es el "nacionalismo el que engendra naciones, no a la inversa" (1988: 80).

Los procesos de forja de cada nación reflejan, sin duda, diversidad tanto en su seno como en relación con los que engendraron otras naciones. Sin embargo, cabe establecer algunos parámetros comunes a tales procesos. Es lo que hace Benedict Anderson en su libro *Imagined communities. Reflexions on the origin and spread of nationalism*, publicado en Londres en 1991 por Verso. Según él, hay dos series de factores que posibilitan *imaginar* naciones. La primera implica la quiebra de los supuestos en que se apoyaban el mundo antiguo y medieval, en un triple sentido. En primer lugar está el debilitamiento de la creencia en un solo idioma –latín, hebreo o árabe– como clave para acceder a la verdad; idioma que, universalizado, actúa de sostén de una *comunidad transnacional –cristiandad, *umma* o pueblo elegido–. Frente a ello se desarrolla el interés por las lenguas vernáculas y por su sistematización en las primeras gramáticas de las mismas. En segundo lugar, hay un cuestionamiento de la cosmovisión que concibe las sociedades ordenadas de forma natural en torno a la *centralidad de monarcas por derecho divino y la existencia de amplios territorios de límites difusos –imperios–. La contrapartida vendrá dada tanto por el desarrollo de teorías sobre la soberanía *ciudadana como por la preocupación por la periferia y las fronteras territoriales; esto es, los bordes donde una nación puede colisionar con otra. Por último, a una dimensión temporal, donde acontecer y cosmología inmutable son indistinguibles –y legitimadores de fatalidades sociales o naturales–, se contrapone una concepción que exalta temporalidad e historicidad.

Junto a esos factores, la conciencia nacional se origina también en la convergencia de otros elementos heterogéneos: el incipiente desarrollo del capitalismo, la tecnología derivada de la imprenta y el reconocimiento de la *pluralidad de las lenguas. Este último favoreció, saturado pronto el mercado del culto y *minoritario latín renacentista, la comercialización y difusión de libros que ponían al alcance de masas monolingües una amplia variedad de temas. Los idiomas vernáculos impresos, eficaces instrumentos de centralización administrativa en los Estados absolutos, crearon y fijaron un medio de comunicación unificado, situado en el terreno favorable al Estado-nación: por debajo del latín transnacional y por encima de las lenguas habladas –pero no impresas– de los reinos plurilingües –como el escocés, el vascuence o el gallego–. Esos idiomas privilegiados terminarían por convertirse en las naciones europeas en lenguas de la Academia y de la administración, en los lenguajes del poder estatal.

b) Marcos ideológicos

Frente al espíritu universalista de la Ilustración surge el particularista del Romanticismo, o más bien de una de sus versiones: la tradicionalista y añorante de paisajes y estructuras sociales medievales, unos y otras igualmente idealizados. Del mismo modo aparece idealizado lo medieval en los románticos progresistas: como ámbito de libertades cercenadas por monarcas absolutos. La historia real poco importa: "El olvido, y hasta yo diría que el error histórico, son un factor esencial en la creación de una nación, de modo que el progreso histórico es a menudo un peligro para la nacionalidad" (Renan, 1987: 65). Con la versión tradicional conecta toda una tendencia contrarrevolucionaria, tan decisiva como la liberal o progresista en la conformación del Estado-nación. Así De Bonald ve en el Estado y en la autoridad la inspiración divina y un origen tan antiguo como la humanidad. Por eso es el Estado quien crea al hombre, no a la inversa. Frente a la idea ilustrada del *hombre*, De Maistre dice: "quant à l'homme, je declare ne l'avoir rencontré dans ma vie"; esto es, sólo existen comunidades: franceses, italianos, rusos... (cit. por Naef, 1973: 152). Pero la Ilustración, atacada por los contrarrevolucio-

narios, es fundamental en el desarrollo del concepto de libertad: en lo económico, lo espiritual y lo político. Como apunta Naef, esas dos líneas políticas, tradicional y liberal, marchan paralelas a partir de entonces. Combinadas, a veces entrelazadas, nunca netamente diferenciadas en las actitudes de las gentes del siglo XIX: iconoclastia y amor a la patria, derechos individuales y sentimientos colectivos, o intercambiadas: "*la patrie*, con sus connotaciones revolucionarias para los franceses, se convirtió en *la patria*, y pasó a ser un llamamiento para defender una patria contrarrevolucionaria, sus leyes, costumbres y tradiciones, el Viejo Orden de España, su monarquía y su religión" (Fraser, 2006: 22). En cualquier caso, *patria*, en manos del carlismo, tuvo desde muy pronto un carácter "no ya distinto, sino casi opuesto a *nación*". De la patria, además, podrían excluirse, en los términos de Menéndez Pelayo, los heterodoxos españoles, que en tanto que "hijos de sangre española pero no católicos constituían una especie aberrante, antinatural...", lo que conducía a "la idea de la *anti-España*. Identificaba al enemigo interno. Y con ello no le faltaba nada al nacional-catolicismo conservador" (Álvarez Junco, 2001: 4-5-7).

Sin duda, determinadas derivaciones del romanticismo tradicionalista –incluidos algunos aspectos prerrománticos o rousseaunianos– han conducido a los perfiles más extremos o funestos de los nacionalismos fascistas del s. XX. Sin embargo hay toda una línea que deriva de Herder y que tiene un cariz muy diferente, como recordara I. Berlin (Gardels, 1991). La crítica herderiana al universalismo ilustrado lo lleva a la idea de *pertenencia*. Ésta se concreta en un *Volksgeist* o un *Nationalgeist* que nada tiene que ver con *raza* o con *sangre*, sino sólo con el suelo, la lengua, las memorias comunes y las costumbres. Es, en suma, un nacionalismo no agresivo que no tiene las consecuencias funestas que sí han tenido algunas derivaciones del universalismo de la Ilustración; esto es, los diversos comunismos del siglo XX (Gardels, 1991).

Del Estado-nación al Estado-mercado

Gráficamente puede expresarse el impacto político del nacionalismo con la imagen pictórica que utiliza Gellner. Antes de que aquél se produjera, nos dice, el mapa del mundo ofrecía una imagen de conjunto, pero no zonas definidas. Las partes, los grupos humanos mantenían complejas y ambiguas relaciones, ya fuera a través del idioma, del credo religioso o de una de sus variantes doctrinales o rituales o de los vínculos administrativos. Una vez que actúa el principio nacionalista, el mapa se asemeja ya a un cuadro de Modigliani: "Hay muy pocas sombras; superficies lisas y ordenadas se separan claramente, por regla general está claro dónde empieza una y termina la otra, y hay poca ambigüedad o superposición, si es que la hay. Si pasamos del mapa a la realidad cartografiada, vemos que la autoridad política se concentra casi abrumadoramente en manos de un tipo determinado de institución: un Estado de tamaño adecuado y plenamente centralizado" (1988: 178). Hay que añadir que lo que resulta paradójico de esta deriva es que a esa fuerza centrípeta del Estado-nación haya ido unida, tal vez como reacción, por la inadecuada articulación del mismo o incluso por su debilidad en algunos casos, una fuerza centrífuga. Paradójico, además, porque *la nación* —singular— de los movimientos liberales apareció como intento de superar segmentaciones e identidades previas —territoriales, étnicas o religiosas— y, sin embargo, considerarse nación y conseguir un Estado se ha convertido en la divisa de identidades tales. Así, por ejemplo, los enfrentamientos multiseculares entre católicos, ortodoxos y musulmanes de los países balcánicos llegaron a verse, sobre todo a partir del Romanticismo, como luchas entre naciones —croata, serbia y turca— (Judah, 2000). El caso español, con el desarrollo temprano de los nacionalismos vasco y catalán —y en su estela otros de más tardía aparición, cuando las circunstancias políticas lo permiten o lo propician—, responde a esa tendencia. El punto extremo lo constituye en el siglo XX el Estado yugoslavo, de vida tan corta que no alcanza los tres cuartos de siglo; en ellos, sin embargo, ha conocido guerras civiles, *genocidios entre sus pueblos y una fase de paz a duras penas conseguida con el corsé antidemocrático del régimen del mariscal Tito. Esta tendencia también está presente, aunque sin consecuencias tan ominosas, en las aspiraciones separatistas de la Liga Norte italiana, en el difícil equilibrio entre flamencos y valones en Bélgica o en el pujante nacionalismo escocés en el Reino Unido. Como se ha dicho, estamos en la época de *la* "nación en crisis —y del— nacionalismo en auge" (Murillo, 1990: 35).

Probablemente, el gran error con respecto al Estado-nación ha consistido en identificar sus términos con homogeneidad cultural. Las guerras de liberación o independencia del si-glo XIX, empezando por las originadas por las campañas napoleónicas, llevaron a muchos políticos a considerar que cada *raza* —esto es, cada etnia— constituía una nación y debería poder constituir un Estado. Sin embargo, como pone de relieve Walter Connor en "Nation-building or nation-destroying", publicada en 1972 por *World Politics* —24, 3: 319-355—, de una muestra de 132 Estados, sólo el 9% está formado por Estados étnicamente homogéneos; por el contrario, el porcentaje superior (29,5%) corresponde a aquellos otros donde el mayor de sus grupos étnicos no abarca ni a la mitad de la población. Fue precisamente el Estado y sus políticas las que forzaron una imagen uniformadora que alcanzó consecuencias sangrientas en los nacionalismos excluyentes y totalitarios del s. XX. Pero, según ha sabido mostrar G. L. Mosse, tanto en estos casos como en sus precedentes decimonónicos, explicar las claves del fenómeno recurriendo a causas tales como el terror o la propaganda estatales es simplificarlo. Antes al contrario, la búsqueda y consecución de la homogeneidad se articula por medio de todo un ritual o liturgia políticos. En la Francia revolucionaria se pasó en breve tiempo de una multicolor apertura de los Estados Generales, debida a la vestimenta de los distintos estamentos, a una severa monotonía en el vestir congruente con la "sagrada base de la igualdad" (Wrigley, 2002). Mosse resalta cómo en esa misma circunstancia se imita y se trata de reemplazar el culto cristiano y la devoción a la Virgen por el *culto a la Razón*, cuya alegoría se entroniza en Nôtre Dame. En Alemania el camino es más largo y complejo. Se inicia con el pietismo, que, aunque derivado del luteranismo, exalta las buenas obras y reacciona contra el fideísmo dogmático. Con él, el amor a la patria se convierte en un deber religioso que se exterioriza en los lugares y monumentos, réplica de la arquitectura sacra, donde se la glorifica. Frustrada tras el Congreso de Viena la unidad política, el movimiento germano conoce una fase contestataria del *statu quo* y liberal. Pero a partir del Segundo Reich, en 1871, se acentúa el papel del Estado y se subraya la unidad espiritual de los nacionalistas: la liturgia se transforma de arma revolucionaria en instrumento manipulado por el Estado para servir a la nación. El cambio lo sintetiza la figura de Richard Wagner, quien pasa de las barricadas de la revolución de 1848, en su juventud, a dirigir, con los festivales de ópera, la renovación de la mística nacionalista en la época, ya en su madurez. La evocación de un pasado atemporal y mítico –que combina *estereotipos germánicos, clásicos y cristianos– se expresa en múltiples facetas: en la *arquitectura parlante* de los monumentos, la música y en la ópera, las actividades gimnásticas y deportivas o la indumentaria. El fracaso de la República de Weimar, ya en la era de las masas, se encuadra en la *recuperación primigenia de la liturgia nacionalista que conduce directamente al triunfo del nazismo y al Tercer Reich.

El desarrollo del Estado-nación ha conocido fases bien diferenciadas. Bobbitt les adjudica incluso nombres distintos: la primera es propiamente la del *Estado-nación*, la segunda la de la *nación-Estado* y la última, en la que empezamos a vivir, la del *Estado-mercado* –una expresión al tiempo metafórica y realista–. En la primera –que manifiesta claramente el voluntarismo de los constituyentes de Cádiz– es el Estado el que crea o moviliza una nación para la realización de sus fines. Así el modelo revolucionario francés supone la creación de un Estado unitario que funde en sus distritos, conocidos por guarismos, la amplia variedad de países o regiones, con sus nombres, del *Ancien Régime*. Y, al propio tiempo, las consecuencias de la Revolución Francesa, mediante la expansión y el imperialismo napoleónicos trajeron consigo la supresión o represión del nacionalismo en otros países; bien es cierto que, a la larga, la resistencia en ellos despertó o fortaleció sentimientos nacionalistas. De igual modo operaron otras empresas imperialistas, con proyección fuera de Europa: británica, belga –donde la ambición de Leopoldo condujo, en el Congo, a uno de los mayores genocidios de la historia–, francesa, etc., que engendraron a su vez movimientos nacionalistas en sus respectivas *colonias. La movilización de la nación al servicio del Estado logró que, mientras en 1800 Europa controlaba el 35% del planeta, en 1878 ese porcentaje se hubiera elevado al 67%. Incluso Estados en franca decadencia que, en lugar de aumentar sus imperios, los perdieron en el siglo XIX, emprendieron conquistas más emblemáticas que efectivas. Tal fue el caso de España y su aventura norteafricana, apoyada tanto por liberales como por reaccionarios (Álvarez Junco, 2001).

En contraste, la *nación-Estado* supone que el segundo se ponga al servicio de la primera o, más exactamente, de sus elementos constitutivos. El cambio de una a otra fase se origina a mediados del siglo XIX y se consolida después de la Primera Guerra Mundial. En esta segunda fase se considera que la forma que adquiera el Estado es secundaria con respecto a la pervivencia de la nación: ésta permanece, los regímenes políticos cambian. El derecho internacional se adapta a ese cambio: poco importa cómo haya obtenido el poder un gobierno en tanto que pueda garantizar el control sobre el territorio nacional. Es la fase que culmina con el *Estado del bienestar*, atento a satisfacer las demandas de los más diversos sectores –laborales, empresariales, ancianos, jóvenes, mujeres...– para *integrarlos en la arena política nacional. Regímenes diversos e incluso antitéticos –democracias liberales, dictaduras fascistas o comunistas– tratan de satisfacer esos mismos fines, si bien por vías también diferentes.

Precisamente lo que se abandona en la fase actual, la del *Estado-mercado*, es la pretensión de obtener el bienestar de todos los ciudadanos. El Estado cifra su legitimidad, en cambio, en la habilidad para garantizar que el mayor número posible de individuos, pero inevitablemente no todos, hagan uso de las oportunidades que el mercado ofrece. El nuevo Estado es más poderoso política y militarmente, pero sus proponentes alardean haber reducido su acción a las condiciones de seguridad que garantizan el libre juego del mercado. Diríase que el concepto de seguridad social –colectiva y que afecta a aspectos variados de la personalidad, como la salud cotidiana, las pensiones de jubilación o las ayudas familiares– va siendo también paulatinamente sustituido por otra noción de seguridad, limitada a individuos que compiten libremente. Son los individuos, y no el Estado, quienes deben ocuparse de resolver las cuestiones a las que atendía el *welfare-state*; también, y cada vez más, han de velar por la propia protección frente a las agresiones a nuestros cuerpos o a nuestras viviendas. Y a esta especie de *revival* del viejo Estado gendarme, liberal, pero ahora con escasa o insuficiente fuerza policial, contribuyen con entusiasmo líderes políticos de la más variada procedencia ideológica. El Estado, por su parte, tiende a ocuparse, de modo creciente y casi exclusivo, de su propia protección frente a quienes difícilmente pueden competir en el mercado. En ello confluyen socialdemócratas como Tony Blair y ultraliberales como George W. Bush: *guerra contra el terror* y limitación de las libertades ciudadanas.

Habría que añadir que uno de los cambios más reveladores de la etapa presente es el papel que representan los límites territoriales del Estado. Las fronteras, tal como hoy las concebimos, nacieron sobre todo con una doble finalidad, militar y política. Una y otra han ido perdiendo sentido a lo largo del pasado siglo. El primer aviso de este declive lo conoció el mundo europeo en la Primera Guerra Mundial, con el papel de aviones y dirigibles que hacían inútiles las fronteras convencionales. Ya en el umbral del siglo XXI, el Estado no se enfrenta, como lo hacía desde el Renacimiento, con otro Estado *real*, sino con uno *virtual*, encarnado por los esporádicos videos de Bin Laden, por misiles en forma humana o por una ideología de la muerte que no registran los escáneres. Todo ello hace bastante inútiles los controles *fronterizos. Como contrapartida, las *fronteras de los países desarrollados son ante todo de tipo económico, artilugios para controlar, con escaso éxito bien es verdad, los movimientos *migratorios: muros kilométricos, vallas electrificadas, patrulleras marítimas, etc.

Bibliografía

ÁLVAREZ JUNCO, José (2001): *Mater dolorosa. La idea de España en el siglo XIX*. Madrid: Taurus.

BERNÁRDEZ, Enrique (2002): *Los mitos germánicos*. Madrid: Alianza.

BOBBITT, Philip (2002): *The shield of Achilles. War, peace and the course of history*. London: Allen Lane.

FRASER, Ronald (2006): *La maldita guerra de España. Historia social de la Guerra de la Independencia, 1808-1814*. Barcelona: Crítica.

GARDELS, Nathan (1991): "Two Concepts of Nationalism: An Interview with Isaiah Berlin". *The New York Review of Books*, 38, 19, November 21.

GEARY, Patrick J. (2003): *The myth of nations. The medieval origins of Europe*. New Jersey: Princenton University Press.

GELLNER, Ernest (1988): *Naciones y nacionalismo*. Madrid: Alianza Editorial.

HOBSBAWM, E. J. (1991): *Naciones y nacionalismo desde 1780*. Barcelona: Crítica.

JUDAH, Tim (2000): *The Serbs. History, myth & the destruction of Yugoslavia*. New Haven: Yale University Press.

MOSSE, Gerard L. (2005): *La nacionalización de las masas*. Madrid: Marcial Pons.

MURRILLO FERROL, Francisco (1990): *El nacionalismo de fin de siglo*. Madrid: Ed. Universidad Autónoma de Madrid.

NAEF, W. (1973): *La idea de Estado en la Edad Moderna*. Madrid: Aguilar.

RENAN, Ernest (1987): *¿Qué es una nación? Cartas a Strauss*. Madrid: Alianza.

VV. AA. (2001): *Constitución política de la Monarquía española. Promulgada en Cádiz á 19 de Marzo de 1812*. Valladolid: Ed. Maxtor.

WRIGLEY, Richard (2002): *The politics of appearances. Representations of dress in revolutionary France*. Oxford: Berg.

Enrique Luque Baena

Véanse además Acciones afirmativas, *Apartheid*, Centro-periferia, CIUDADANÍA, Ciudadano, COLONIALISMO Y ANTICOLONIALISMO, Comunidad transnacional, Comunitarismo, CONSUMO CULTURAL, CULTURA, Derecho de injerencia, DERECHOS HUMANOS, DESARROLLO, Desterritorialización, DIFERENCIA Y DESIGUALDAD, Diferencias naturales y diferencias sociales, Discriminación positiva, DISCRIMINACIÓN Y EXCLUSIÓN SOCIAL, ELITES, Elites cosmopolitas, Esclavitud, Espacio de los flujos, ESPACIO-TIEMPO, Espacios locales, ESTEREOTIPOS Y ESENCIALIZACIÓN, Etnicidad, EXPLOTACIÓN SOCIAL, Extranjero, FRONTERA, Frontera geográfica y administrativa, Fronteras económicas, Fronteras políticas y religiosas, Fronteras simbólicas, GENOCIDIO, Global y local, GLOBALIZACIÓN, Globalización y antiglobalización, HIBRIDACIÓN, IDENTIDAD, INDIGENISMO, INTEGRACIÓN, Integración educativa, Interculturalidad, Migraciones. Redes sociales, MINORÍAS, Modernidad, Modernización, MOVILIDAD, MULTICULTURALISMO, Multilingüismo, Multilocal, Nacionalidad, Nacionalismo, Naturalización, Neocolonialismo, Nomadismo y turismo, NUEVOS MOVIMIENTOS SOCIALES, PATRIMONIO, Pluralismo sincrónico, Plurinacionalidad, Racismo y neorracismo, RELACIONES Y PROCESOS INFORMALES, Relaciones y procesos informales económicos, Relaciones y procesos informales políticos, Revolución técnico-comunicativa, SABER Y SABERES, Sujeto intercultural, TERRITORIOS, TRABAJO, VIOLENCIA POLÍTICA, Violencia política. Tipos.

Estereotipos y esencialización

Pese al riesgo de caer en un estereotipo, empezaremos tomando cautelosamente como axiomático, e incuestionable dentro del contexto de esta discusión, el hecho de que los seres humanos somos animales sociales y de que la vida en sociedad es fundamental para nuestro bienestar. Tomaremos también como axiomático, aunque en este caso sí será forzosamente objeto de discusión aquí, la idea de que somos por excelencia animales que categorizan. Empleamos esta capacidad de categorizar para obtener y mantener el orden en la sociedad. Ello supone afirmar que una parte importante de nuestra existencia social se realiza, confirma y mantiene gracias a la capacidad moral de la categorización.

Hablamos de "capacidad moral" basándonos en la noción filosófica de "imperativo categórico", si bien sólo hasta el punto de reconocer que, en muchos de los casos, las categorías dentro de una sociedad cumplen una función imperativa sobre sus miembros, en el sentido de que existe una obligación moral de reconocerlas y seguir sus dictados inclusivos y exclusivos sobre derechos y deberes, lealtades y obligaciones, dominaciones y subordinaciones. Si hablamos de "procesos de categorización" es debido a las continuas luchas desestabilizadoras que se han producido tanto en la prehistoria como en la historia en torno a derechos y deberes, lealtades y obligaciones, ejercicios de dominio y rechazos de subordinación. Casi podríamos afirmar que los "procesos de categorización" son de hecho la dinámica central dentro de la historia de la humanidad. El tema que vamos a desarrollar, la creación de estereotipos y la esencialización como fenómeno asociado a ella, tiene con seguridad un papel crucial en dicha dinámica.

Se podría argumentar que si esta dinámica es fundamental se debe al extraordinario éxito logrado, en comparación con otros miembros del mundo animal y derivado directamente de nuestra capacidad de distribuir responsabilidades, recursos y, con ello, *identidades en torno a categorías. Tanto la intrincada distribución del *trabajo en categorías como el complicado reparto de recursos, y las identidades laboriosamente obtenidas de esta forma, han sido, por ejemplo, poderosas invenciones culturales humanas, centrales en la consecución y afianzamiento de los extraordinarios avances logrados en nuestro bienestar a nivel mundial. Del mismo modo, las injusticias cometidas en dicha distribución, a las cuales ha ayudado la creación de estereotipos, se consideran una turbación que acosa a las relaciones sociales, una influencia *estigmatizante y una úlcera en el cuerpo político.

La anomalía a la que nos enfrentamos constituye quizá una de las ironías más profundas de la condición humana, y es que la voz que estamos tratando, la creación de estereotipos, parece ser una tendencia netamente humana dentro de nuestra naturaleza cultural íntimamente ligada a los "procesos de categorización". Contribuye así al sentido de solidaridad social, al orden y a la justicia social, mientras que al mismo tiempo es fuente de injusticia e iniquidad en el orden social. ¿Cómo puede resolverse esta contradicción?

Desarrollo del interés hacia la creación de estereotipos y fenómenos asociados

Al menos en América, existe cierta unanimidad a la hora de reconocer al columnista de prensa y brillante político Walter Lippman (1922) como acuñador del término "estereotipo", entendido éste como aquellas imágenes, generalmente desafortunadas, internas, rígidas y persistentes, que se tienen acerca de otros grupos sociales y que no se corresponden con la realidad. La palabra surgió por primera vez en Europa, a principios del siglo XVIII, dentro del comercio de impresiones, para designar al proceso por el cual se realizaba una reproducción idéntica de ilustraciones por moldes. En el siglo XIX la palabra comenzó a usarse dentro del ámbito de la psiquiatría para describir comportamientos patológicos de tenacidad y rigidez. Fue en 1922 cuando Lippman difundió en su libro *Public Opinión* una visión negativa de los estereotipos como generalizaciones irracionales y erróneas sobre los *otros y que comportan una idea de injusticia que ha continuado caracterizando las distintas perspectivas sobre los estereotipos hasta nuestros días. Esta posición quedaría reforzada por el hecho de que la mayoría de los estereotipos construidos sobre los otros tienden a ser desfavorables y negativos. Continuamente encontramos entre los investigadores el reconocimiento como injusto e inaceptable de la práctica de aglutinar a los otros; su búsqueda de los motivos por los que dicha práctica persiste ha guiado gran parte de las investigaciones de las ciencias sociales al respecto.

En la producción literaria, llevada a cabo desde la antropología y la historia sobre la Península Ibérica, ha sido fundamentalmente Julio Caro Baroja quien más ha advertido y criticado tanto lo superfluo como lo pernicioso de antiguos y extendidos estereotipos, tópicos como se les conoce en español, acerca de supuestos caracteres regionales: la vagancia y superficialidad de los andaluces, la obstinada incomprensión de los vascos, la avaricia catalana, la hosquedad y desconfianza de los gallegos (para una recopilación mayor de estos tópicos, recogidos por Caro Baroja en su trabajo, véase Temprano, 1988). Debe de haber seguramente algo jocosamente hostil en estos estereotipos, llamados *benévolos dicterios*, que quizá haga necesaria su comparación con prejuicios mucho más profundos que han acompañado a los estereotipos desarrollados en la Península Ibérica hacia los gitanos, judíos y moros.

La tradición investigadora angloamericana en el campo de los estereotipos se ha extendido fundamentalmente desde la sociología y la psicología social. Pese a ello, los antropólogos no han sido del todo ajenos a este interés, ya que sus investigaciones se han centrado en averiguar cómo el orden social se sistematiza, enturbia o traiciona, tanto dentro del parentesco como en las divisiones en clanes, mitades, organizaciones tribales, etc., entendidas como categorías para la sistematización de las pertenencias sociales. De hecho, el temprano interés desarrollado por la antropología hacia el *totemismo, aunque primase en sus inicios un enfoque más desde lo religioso —como es el caso del trabajo del antropólogo J. G. Frazer—, con el tiempo se ha ido convirtiendo en una preocupación por las prácticas totémicas asumidas como un sistema crucial de categorías para la organización social (Lévi-Strauss, 1962).

Desde sus inicios, dada la propia naturaleza de los estudios antropológicos sobre sociedades simples, llevados a cabo en medios claramente ajenos, éstos tuvieron que enfrentarse a multitud de estereotipos propagados sobre los otros en dichas sociedades y, a la vez, con los difundidos en sus propias sociedades euroamericanas acerca de los "primitivos" o "salvajes". Boas y sus discípulos emprendieron una larga lucha contra estos estereotipos en torno a lo primitivo y al pensamiento sobre ello, especialmente a través de la publicación, revisada y reeditada en numerosas ocasiones,

en 1916 de la obra *The Mind or Primitive Man*. Mucho antes de este momento —finales del s. XIX y principios del XX— la antropología ya había realizado un trabajo de descripción etnográfica ejemplar que buscaba superar los estereotipos europeos desarrollados sobre la sociedad y la *cultura azteca: la obra de fray Bernardino de Sahagún conocida con el nombre de *Códice Florentino* y publicada en 1590 es, excepto por la habitual visión estereotipada —si bien profusamente documentada— de la idolatría azteca, un magistral ejemplo de la obligación de la antropología de enfrentarse a los simples estereotipos creados en torno a la idea de gentes salvajes.

El trabajo de campo permitió también a los antropólogos ser conscientes del proceso de creación de estereotipos y del *etnocentrismo que conlleva la idea de "tribalismo", entendida como el predominio de miradas negativas y juicios globalizantes de los miembros de otras familias, clanes o grupos tribales en este tipo de sociedades. Así, por ejemplo, a partir de los estudios sobre los fang de la Guinea Española y Gabón, éstos fueron considerados en la literatura europea y casi desde los primeros contactos "grandes caníbales", si bien ellos fácilmente atribuirían este estereotipo a los pueblos africanos adyacentes y nunca a sí mismos. Y cuando lo hicieron no fue más que como reflejo de intereses y estereotipos europeos preexistentes. De hecho, la práctica cristiana de la Eucaristía convenció a los fang de que el canibalismo era una práctica frecuente entre los europeos.

Estereotipos y cognición

The Nature of Prejudice, obra publicada en 1954 por Allport, se convirtió en el siglo pasado en la fuente clásica dentro de las ciencias sociales para todos aquellos estudios interesados en la complejidad de actitudes y prácticas que entrañan los procesos de creación de estereotipos, estigmatización, prejuicio y *discriminación, procesos todos ellos de gran interés para dichas ciencias. Tanto en la obra de Allport como en muchos de los trabajos llevados a cabo dentro de las ciencias sociales del momento y posteriores, el interés principal se fijó, según sugiere su propio título, en el prejuicio y la discriminación; de forma que las investigaciones perseguían el objetivo paliativo de corregir las consecuentes injusticias e inequidades producidas en el orden social. En el periodo que siguió a la Segunda Guerra Mundial, éste fue un interés bastante desarrollado en una América caracterizada por la existencia de múltiples *minorías culturales y grupos étnicos y por la práctica regular de prejuicios y discriminaciones contra ambos. Este tipo de actitudes y prácticas quedaron reconocidas como una turbación y malestar en el cuerpo político, por lo que lógicamente se convirtieron en obligado interés para unas ciencias sociales deseosas de un cambio social que terminase con la injusticia y la *desigualdad preventiva.

Sin embargo, la atención se fijó cada vez más en los procesos cognitivos que intervienen en el prejuicio y la discriminación, es decir, en la creación de estereotipos, entendida como una acción cognitiva lógica, cuando no normal, que opera en la práctica social proporcionando determinados beneficios al grupo que la genera en prejuicio de los otros. En el campo de la psicología social, los experimentos y trabajos de Henri Tajfel (1969) demostraron que el propio acto de categorización arbitraria de grupos sociales lleva a la creación de estereotipos, comportamientos discriminatorios y prejuicios, dentro y entre los miembros de los grupos, producidos a raíz de aquella arbitrariedad. Dicho comportamiento discriminatorio parece estar ligado tanto al ascenso de un grupo como a su autoestima y resulta vital en el mantenimiento de la integridad del grupo y del sujeto una vez que ha sido reconocido como miembro del mismo. Tajfel y sus discípulos demostraron, en lo que a la creación de categorías sociales se refiere, el poder que tienen estas definiciones de la situación social para modelar la experiencia de uno mismo y del otro; conforme había señalado años antes el sociólogo W. I. Thomas en el que se conoce como Teorema de Thomas: "Si los hombres definen determinadas situaciones como reales, se convierten en reales en sus consecuencias." Este teorema, tan claro en su enunciación, puede aplicarse a las consecuencias sociales reales de los estereotipos.

El asunto, que estaba realmente en juego en estos trabajos sobre la cognición social, era un cambio de una perspectiva, en la que los procesos de creación de estereotipos y prejuicios se consideraban anormales, a una visión de los mismos como acciones normales, aunque quizá compañeras poco deseables en los penetrantes procesos de categorización social. Otro tipo de trabajos, desarrollados fundamentalmente por psicólogos, dejaron un poco al margen estas cuestiones relacionadas con la autoestima del sujeto y del grupo para centrarse en la creación de estereotipos, vista como una consecuencia de la "avaricia cognitiva" o de "atajos cognitivos", que descansaría sobre una mezquindad natural propia de la formación de conceptos y categorías en las interacciones sociales. De esta forma, lo reconocido fue la normalidad, con la cual las personas sortean la ineficiencia cognitiva y la laboriosidad que supone la producción de enunciaciones perfectamente matizadas acerca de toda la complejidad y diversidad, escogiendo en su lugar procesos taquigráficos, generalizaciones "testadas y comprobadas", si bien ilusorias, que conllevan la creación de estereotipos. El desalentador mensaje propuesto por los estudios cognitivos acerca de "la naturalidad", característica de los procesos de creación de estereotipos y de la esencialización, fue consecuencia de los estudios llevados a cabo entre *niños. En ellos se demostró que, aparentemente sin una instrucción previa por sus mayores, los niños creían que la mayoría de las categorías sociales constituían en realidad "clases naturales", con una existencia autónoma en el universo de la naturaleza, ajenas a cualquier tipo de invención o construcción por el pensamiento humano y que, además, estas "clases naturales" estaban dotadas de principios propios, simples y esenciales, es decir, que no eran modos de entendimiento culturalmente elegidos.

Paralelamente, se produjo en la antropología de los años sesenta y setenta un giro hacia preocupaciones de tipo lingüístico-semántico respecto al léxico nativo y su composición, es decir, hacia el modo en que los rasgos distintivos o componentes de significado de este léxico categorizan el mundo a través de "prototipos cognitivos" propios de cada cultura. Este tipo de trabajos fueron principalmente aplicados al universo de la cultura material, dejando bastante de lado la esfera social del "uno mismo" y del "otro".

El análisis componencial fue sobre todo una orientación propia de la antropología americana y de la lingüística antropológica. Quizá fue el trabajo de Mary Douglas, sintetizado en una importante colección de artículos publicada en 1992, una de las labores más significativas acerca de la categorización en la esfera social de las creencias y acciones humanas.

En el proceso de creación de estereotipos, el interés prestado por la ciencia cognitiva y los antropólogos cognitivos a la idea de "cognición laminada" (Andrade, 1995) proporcionó una mayor profundidad en dicho conocimiento. Esta "cognición laminada" hace referencia a los procesos llevados a cabo por la memoria a corto plazo para procesar la complejidad de la información entrante a través de su fragmentación en porciones familiares. Este procedimiento de la memoria es muy semejante al que opera en la creación de estereotipos, que puede ser vista como un modo de "cognición laminada" por medio de la cual se reducen a segmentos preexistentes toda la complejidad de comportamientos y creencias del nosotros mismos o de otros grupos. Por ello merece la pena recuperar dos conceptos desarrollados en los trabajos de la psicología social de los años cincuenta que dan cuenta más explícitamente de los procesos cognitivos sobre los que descansa la teoría de la "cognición laminada": *reducción de atributos* y *codificación configuracional*. El primero de ellos alude a la propensión a reducir el número de criterios distintivos en función de los cuales un objeto o grupo de objetos puede ser juzgado. El segundo concepto se refiere al proceso de agrupar varios rasgos distinguibles en uno solo. Resulta evidente que ambos procesos, que se explican por las limitaciones propias de la memoria a corto plazo, eliminan la diversidad en el otro y actúan en la creación de estereotipos y la esencialización, donde la diversidad de características del otro queda reducida o eliminada en pro de caracterizaciones relativamente simples –¡cuando no hablamos directamente de caricaturizaciones!

Estereotipos, esencialización y orden social

Estos dos conceptos y la idea de "cognición laminada" nos devuelven la mirada a la discusión que originalmente planteó Lippman acerca de la creación de estereotipos. En su opinión, este tipo de procesos enfatiza la completa igualdad, lo indistinguible, de los miembros de un grupo estereotipado; una tendencia a la que se ha aludido en las últimas décadas bajo la idea de "esencialización" del otro. El movimiento "etnografía textual", desarrollado en la década de los ochenta, prestó gran atención a este enfoque, y en especial despertó un singular interés en el trabajo de uno de sus máximos representantes, James Clifford, y en su argumentación de los "apuros y medias verdades" que afectan a cualquier intento de interpretación etnográfica. Para Clifford (1988) resulta imposible todo intento de llevar a cabo una interpretación "pura" e intachable de la esencia de cualquier cultura. Los intentos previos emprendidos

por distintos antropólogos con el objetivo de hallar la verdad y ser capaces de generalizar acerca de los rasgos distintivos de las culturas que estudiaron pueden ser contemplados como tentativas al borde del estereotipo. En esta misma línea de pensamiento se sitúa también el trabajo de Renato Rosaldo, que sostiene que todos los reclamos de verdad hechos por los antropólogos olvidan la parcialidad y la "opción por una perspectiva concreta" inevitables en todo trabajo de campo (Rosaldo, 1989).

Otros estudios antropológicos, previos a los ochenta, habían señalado ya, por un lado, cómo la diversidad dentro de cualquier cultura se resuelve a través de distintos procesos de creación de estereotipos que aseguran el *consenso social* (Fernández, 1965) y, por otro lado, el hecho de que la variedad de estilos de vida existente en las distintas culturas sometidas en los procesos de *colonización fue, por razones administrativas, prácticamente simplificada en entidades estereotipadas (Bernard Cohn). El fruto de las enseñanzas de Cohn puede observarse en el trabajo de Richard Handler (1988) que identificó lo que pueden ser consideradas las tres "dimensiones" de reificación de cualquier objeto o sujeto de interés, del tipo de una cultura o nación: su contemplación estereotipadamente "delimitada", "homogénea" y "continua" a través del tiempo.

Quizá el mayor argumento en contra de una etnografía que caiga en el peligro de crear estereotipos es el aviso que Anthony Wallace hace al resto de antropólogos para que reconsideren su propensión a "reproducir uniformidades" en el estudio de una cultura y reconozcan que el verdadero reto se halla en comprender que una cultura es siempre y en todas partes una "organización de la diversidad", por lo que el desafío no es otro que descifrar cómo dichas culturas logran alcanzar el orden social para afrontar esta diversidad.

Es posible identificar al menos dos escuelas de pensamiento que influyeron en estos movimientos antiesencialistas en antropología. En primer lugar, se halla la teoría evolutiva y, en particular, las orientaciones del trabajo del evolucionista darwiniano Steven J. Could, quien insistió en que lo que la evolución enseña es que tanto en la vida humana como en toda existencia "la diversidad supone todo y la esencia no resulta más que una ilusión". Aceptar el hecho de la diversidad tanto en la vida como en el objeto cultural es un reto que la creación de estereotipos intenta evitar. Una segunda escuela con una influencia bastante mayor fue el pensamiento deconstruccionista, antifundamentalista y antiesencialista del posmodernismo en literatura y filosofía. Bajo el influjo de las ideas de Nietzsche, los escritores posmodernos tales como Derrida, Lyotard, Baudrillard y Foucault, intentaron desde la década de los sesenta huir de cómodos universales sobre la esencia de la naturaleza humana, por ejemplo, de aquellos acerca del parentesco a los que nos hemos referido al principio, que buscan manejar las volátiles complejidades de la existencia humana, reduciéndolas a condiciones fácilmente definibles y permanentes o a un conjunto de observaciones axiomáticas.

Si bien este *corpus* teórico deconstruccionista fue extremadamente crítico con el pensamiento esencialista, se convirtió a la vez en una especie de defensa del mismo o al menos en una "estrategia esencialista". Tal fue el caso sobre todo de los movimientos feministas: que, en su defensa de aquellas *mujeres y minorías que habían sido perjudicadas o estigmatizadas por la creación de estereotipos, usaron el mismo arma para lograr una autoorganización más efectiva, ganar más control sobre sus propias clasificaciones y así poder reclamar un lugar más favorable y justo en el orden social (Spivak, 1989).

Estamos presentes aquí ante un ejemplo de los "procesos de categorización" en los que la creación de estereotipos y la esencialización producen como respuesta nuevos estereotipos y esencializaciones opuestas; simplemente en lugar de permitir este frecuente "proceso de categorización", éste debería ser obligatorio en los estudios de los antropólogos: comprender "el reduccionismo mutuo y sus implicaciones" como una estrategia de grupo, tanto en el escenario *local como regional, nacional e internacional, para construir representaciones de nosotros mismos y de los otros con los que interactuamos en las relaciones que conforman los procesos identitarios (Herzfeld, 1998).

En conclusión, la antropología, entendida como una familia de disciplinas, está especializada en el conocimiento de la diversidad de las distintas culturas humanas, tanto en el tiempo prehistórico e histórico como en la actualidad y probablemente en el futuro. La *"interculturalidad", término guía de este Diccionario, es un buen concepto para referirse tanto al conocimiento que los antropólogos han alcanzado sobre la diversidad de culturas en el mundo como a los principales

acontecimientos que han caracterizado sus interrelaciones de *aculturación, ya que es posible afirmar que dichas culturas han estado, en mayor o menor medida, siempre en contacto las unas con las otras. Sucede, y así lo han reconocido los antropólogos desde hace bastante tiempo, que los procesos de creación de estereotipos respecto a otras culturas han sido una de las principales características de la interculturalidad. Menos reconocida ha sido hasta fechas muy recientes la definición esencialista, no del todo estereotipada, empleada en sus propios trabajos etnográficos sobre otras culturas.

La presencia, si no de estereotipos, sí al menos de reificaciones y esencializaciones en el estudio y la interpretación del otro ha sido quizá una carga en la discusión y el debate acerca de los procesos de pensamiento, que operan en la creación de estereotipos, que ha perdurado durante décadas, sobre todo en la medida en que afecta a los propios antropólogos. Sólo en décadas recientes se ha desarrollado un movimiento alejado de lo que Wallace denominó "duplicación de uniformidades", un deseo de entender cómo se organiza la diversidad dentro de una cultura para alcanzar un mínimo de orden social.

Si la creación de estereotipos y la esencialización han sido generalmente rechazadas en las ciencias sociales es debido al hecho de que se hallan frecuentemente acompañadas de prejuicios, discriminaciones y estigmatizaciones del otro —véase la voz de J. Prat en esta misma obra. Este tipo de prácticas, sin duda repugnantes e injustas, constituyen una clara violación del espíritu de una época identificada con el influyente trabajo de Rawls, *A Theory of Justice*, en el cual la justicia se concibe, de una manera muy sencilla pero a la par fruto de una conceptualización muy detallada, como la imparcialidad en las relaciones humanas (Rawls, 2001), a lo que deberíamos añadir imparcialidad en unas relaciones que son a la vez interculturales.

Deberíamos concluir este análisis sobre la creación de estereotipos y la esencialización con esta idea de virtud moral, ya que gran parte de la literatura, entre la que se encuentra sin duda la antropológica, está motivada por la búsqueda de esa "imparcialidad" en las relaciones humanas. Pero al mismo tiempo debemos recordar en nuestro examen que la creación de estereotipos, en la medida en que se trata de una generalización de uno mismo y del otro que no reconoce las complejidades y variaciones que contienen, se asemeja mucho a los procesos de formación de categorías y conceptos propios del pensamiento humano. En dichos procesos de pensamiento es posible observar, dada la debilidad propia de la memoria humana a corto plazo, las tendencias definidas hace ya bastante tiempo hacia la reducción de atributos y la codificación configuracional, así como hacia la "cognición laminada", es decir, orientadas a la reducción del otro en categorías atributivas simplificadas. La ironía presente en esta búsqueda de justicia en medio de un proceso cognitivo que lleva a la simplificación, cuando no a la injusticia, debe ser afrontada de una manera reflexiva y sin certezas absolutas. Es decir, se encuentra determinada, y así debe enfrentarse, por un sentido irónico y apaciguador de dicha contradicción presente en la condición humana. ¿Es posible que no sirva para mitigar lo injusto de una creación de estereotipos, irreflexiva y autojustificativa, y de los no razonados e irracionales imperativos de lo "categórico" que se producen en las relaciones humanas? ¡Determinada literatura acerca de creación de estereotipos y la esencialización podría llevarnos a pensar que así es! Pero no nos dejemos llevar por ello.

Bibliografía

ALLPORT, Gordon W. (1954): *The Nature of Prejudice*. Reading: Addison-Wesley Publishing.

ANDRADE, Roy d' (1995): *The Development of Cognitive Anthropology*. New York: Cambridge University Press.

BRUNER, Jerone; GOODNOW, J.; AUSTIN, G. (1965): *A Study of Thinking*. New York: Wiley.

CLIFFORD, James (1988): *The Predicament of Culture:20th Century Ethnography, Literature and Art*. Cambridge: Harvard University Press.

DOUGLAS, Mary; HULL, David (eds.) (1992): *How Classification Works: Nelson Goodman among the Social Sciences*. Edinburgh: Edinburgh University Press.

FERNÁNDEZ, James W. (1965): "Symbolic Consensus in a Fang Reformative Cult". *American Anthropologist*, 67: 902-29.

HANDLER, Richard (1988): *Nationalism and the Politics of Culture in Quebec*. Madison: University of Wisconsin Press.

HERZFELD, Michael (1998): "Essentialism", en Alan Bernard y Jonathan Spencer, *Encyclopedia of Social and Cultural Anthropology*. New York: Routledge, 188-190.

LÉVI-STRAUSS, Claude (1962): *Le totémisme aujourd'hui*. Paris: PUF.

LIPPMAN, Walter (1922): *Public Opinion*. New York: Harcourt Brace.

RAWLS, John; KELLY, Erin (eds.) (2001): *Justice as fairness: A restatement by John Rawls*. Cambridge: Harvard University Press.

ROSALDO, Renato (1989): *Culture and Truth: The Remaking of Social Analysis*. Boston: Beacon Press.

SPIVAK, G. C. (1989): "In a Word". *Differences*, 1, 2: 124-156. Monográfico especial: "The Essential Difference: Another Look at Essentialism".

TAJFEL, Henri (1969): "Cognitive Aspects of Prejudice". *Journal of Social Issues*, 25, 4: 79-97.

TEMPRANO, Emilio (1988): *España: La Selva de los Topicos*. Madrid: Mondadori.

James W. Fernández McClintock

Véanse además Acciones afirmativas, Aculturación, ALTERIDAD, Centro-periferia, COLONIALISMO Y ANTICOLONIALISMO, CULTURA, DIFERENCIA Y DESIGUALDAD, Diferencias naturales y diferencias sociales, DISCRIMINACIÓN Y EXCLUSIÓN SOCIAL, ESTADO-NACIÓN, ESTIGMA, Etnocentrismo y relativismo cultural, Extranjero, Fronteras políticas y religiosas, Global y local, HIBRIDACIÓN, IDENTIDAD, INTEGRACIÓN, Integración religiosa, Interculturalidad, MINORÍAS, PATRIMONIO, Racismo y neorracismo, Sujeto intercultural, TERRITORIOS, TRABAJO.

Estigma

Etimológicamente, el concepto griego *stigma* significaba la marca o señal indeleble, normalmente hecha con un hierro candente, como pena infamante y signo de *esclavitud. El estigma y la acción de estigmatizar, tanto en griego como en latín que recoge sin modificar el original griego, eran siempre un motivo de deshonra y una forma clara de infamar a alguien. El fenómeno de la estigmatización cristiana conserva la connotación física primera y designa las huellas que en forma de llagas aparecen en los cuerpos de algunos santos o místicos como prueba de su participación en la pasión de Cristo. El *Poverello* de Asís, Catalina de Siena, Gema Galgani, sor Patrocinio o el padre Pío de Pieltracina son algunos de los casos más ilustrativos de esta segunda acepción de la que aquí no vamos a ocuparnos.

Erving Goffman es el autor de un libro titulado *Estigma. La identidad deteriorada*

(1986) en el que, después de retomar la definición etimológica y señalar que los signos del estigma "consistían en cortes o quemaduras en el cuerpo, y advertían que el portador era un esclavo, un criminal o un traidor, una persona corrupta, ritualmente deshonrada, a quien debía evitarse, especialmente en lugares públicos" (1986: 11), pasa a referirse al uso actual del concepto original y establece tres grandes tipos o ámbitos de estigma: 1) las abominaciones del cuerpo –en el sentido de personas con deformidades físicas–; 2) los defectos de carácter del individuo –perturbaciones mentales, adicciones a drogas, alcoholismo, intentos de suicidio, etc.– y que podríamos calificar de abominaciones del espíritu; y, finalmente, 3) los estigmas tribales, es decir, aquellas abominaciones derivadas del *ius sanguinis*, del *ius solis* y también de la religión y que son transmitidas por herencia. En cualquier caso, tanto la discapacidad física como la tara psíquica, espiritual o moral o los orígenes socialmente dudosos, se rodean de aquel halo de contaminación y tabú, en la terminología de Mary Douglas, que convierte al individuo o al grupo afectado por el estigma en el "otro" por excelencia. Es ahí cuando el concepto de estigma –que, dicho sea de paso, jamás figura en las grandes Enciclopedias o Diccionarios de Ciencias Sociales– se enlaza, confunde o imbrica con otros grandes conceptos que sí aparecen, como son el de *alteridad, desviación, *discriminación y exclusión social, etiquetaje, *gueto, marginación y otros similares.

Coral Cuadrada (2003), una historiadora medieval, ofrece una buena tipología de la estigmatización y la marginación en la Edad Media, basada en criterios variados. Menciona el estigma económico, en primer lugar, es decir, la pobreza del vagabundo, del mendigo, de los pobres de solemnidad que deambulaban por pueblos y ciudades; el estigma *étnico, que en el caso español afectaba a los judíos, a los moriscos y gitanos, que vivían rodeados del menosprecio explícito de los cristianos viejos; el estigma físico de los discapacitados, disminuidos, mutilados y también de locos o afectados por enfermedades contagiosas, siendo la lepra la enfermedad estigmatizante por excelencia; la estigmatización jurídica o forzosa, referida a esclavos, siervos, campesinos de remensa y todos aquellos cuya propia persona no les pertenece, y, en quinto lugar, el estigma por razón de *edad y *sexo, que incluía en primer lugar aquellas criaturas abandonadas en hospicios, orfanatos y casas de expósitos y también, en el otro extremo de la vida, los viejos desamparados y asilados. Cuadrada señala que, en un contexto claramente patriarcal, el dominio de género podía ser una losa para el sexo femenino con ribetes frecuentes de estigma y *violencia doméstica y social. La estigmatización moral, por último, afectaba a aquellos pobres que, además de serlo, eran asimilados a jugadores, borrachos y blasfemos. Otras categorías de estigmatización no tratadas explícitamente en la tipología de Coral Cuadrada pero que se dejan entrever en su texto son: el estigma sexual –prostitutas, homosexuales...–, los desviados religiosos –herejes, sectarios, milenaristas, infieles, paganos, conversos– y, finalmente, los acusados de brujería, víctimas predilectas del santo tribunal de la Inquisición.

Si sintetizamos lo dicho podemos observar que los mismos criterios que nos sirven para clasificar e identificar socialmente –género, edad, lugar de origen, familia, etnia, clase, profesión, adscripción religiosa, etc.– son también los elementos clave para marcar el carácter polucionante de ciertos individuos o grupos que, desviados de la norma hegemónica, caen de lleno en las diversas categorías del estigma.

Teresa San Román (1991) en uno de sus textos clásicos sobre marginación se pregunta: ¿qué es aquello que define la marginación y la exclusión social? Y su contestación es contundente: el acceso directo a los recursos disponibles o, mejor aún, las restricciones impuestas a determinados grupos para que puedan acceder libremente a los recursos citados. En una dirección similar también nosotros podemos preguntarnos: ¿cuáles son los síntomas o las marcas que denotan la estigmatización del marginado o del excluido, precisamente en su condición de estigmatizado?

Para contestar al interrogante hemos recurrido, en primer lugar, a la bibliografía antropológica y sociológica sobre método biográfico referida a colectivos de estigmatizados. Y, en efecto, desde la Escuela de Chicago hasta la actualidad, los ejemplos son abundantísimos: delincuentes, *jack-rollers*, ladrones, asesinos condenados a cadena perpetua o a muerte; *hobos, homeless*, sin techo, sin hogar, vagabundos, nómadas urbanos, *clochards*, niños/as de la calle, pequeños *harragas*, miembros de *gangs,* gamberros, *loubards, barjots*, pachuchos, malandros, punketas, chavos banda, *latin kings*, sicarios, okupas...; *taxigirls*, prostitutas, de la calle y de barrio chino o de alto *standing*, cabareteras, homosexuales, entendidos y lesbianas, chaperos, un herma-frodita famoso –Herculine Barbin– esplén-didamente analizado por M. Foucault...; borrachos y alcohólicos, anónimos o no, dro-gadictos de grifa, marihuana, heroína, éxtasis o crack...; *handicapés*, discapacitados físicos o sensoriales, parapléjicos, tetrapléjicos, aque-jados de esclerosis múltiple, ciegos, enfermos crónicos de cáncer y de sida, enfermos menta-les, esquizofrénicos, paranoicos, delirantes, afectados por el síndrome de Down... En se-gundo lugar, prologué un libro de historiado-res, coordinado por Daniel Piñol (2003) y titulado *Història dels altres*, que me familiari-zó con diversas formas de estigmatización en el ámbito de la historia local.

A partir de esta doble aproximación se fue dibujando un mapa conceptual que, en nues-tra opinión, refleja los grandes ejes del ima-ginario colectivo sobre el estigma. Para desa-rrollarlo vamos a tener en cuenta los pun-tos siguientes: el cuerpo, las marcas físicas corporales y la indumentaria, el –bajo– nivel de instrucción reglada, el oficio u ocupación, los escasos ingresos obtenidos y un nivel de pobreza habitual, el hábitat familiar, también el barrio o *territorio en el que se vive y, final-mente, una desconfianza más o menos gene-ralizada hacia el estigmatizado. Veámoslo.

Examinemos en primer lugar el cuerpo o la percepción del cuerpo. En una primera mi-rada panorámica parece como si el cuerpo de los estigmatizados estuviera devaluado, en el sentido de que o bien no les pertenece porque es propiedad de otros o bien porque se trata de un cuerpo de segunda en su condición de tullido, mal cuidado o despreciado. El caso paradigmático es el de los esclavos, que se compran y venden, o el de las prostitutas, cu-yos servicios sexuales vehiculados a través del cuerpo son objeto de transacción económica. Históricamente las alusiones a castigos físicos y torturas corporales –principalmente la fla-gelación pública– contra ciertos grupos de estigmatizados –judíos, moriscos, gitanos, esclavos, prisioneros, galeotes, vagabundos, etc.– son continuas y parecen haber sido una práctica casi rutinaria. También lo eran, y el espectro del horror va *in crescendo*, los cuerpos despedazados, descoyuntados o quemados de brujas, brujos, milenaristas, cátaros, herejes, pero además de sodomitas y criptojudíos, víc-timas todos ellos de los tribunales laicos o reos de la Inquisición. Otra característica de los cuerpos estigmatizados –aquí pensamos de nuevo en presidiarios, condenados a trabajos forzados, inquilinos de los manicomios, pero

igualmente en muchos sin techo que deam-bulan por los barrios de nuestras ciudades– es que se trata de cuerpos mal nutridos, faltos de la higiene usual, que desprenden suciedad, sudor, mal olor corporal y que su descuido ge-neralizado, desde la perspectiva de los pará-metros convencionales, los convierte en una primera barrera que separa y contamina.

Las marcas físicas, en segundo lugar, y, por extensión, la indumentaria nos llevan directa-mente al sentido etimológico ya referido del estigma como marca indeleble en el cuerpo de alguien que permite visualizar su condición degradante, pero también, en un sentido más positivo, nos indican la pertenencia a un de-terminado grupo. Las marcas con hierro can-dente de los esclavos ilustrarían la primera variante mientras que la circuncisión entre los judíos o la ablación del clítoris en grupos africanos e islámicos lo serían de la segunda. Otras señales corporales visibles –quemadu-ras, cicatrices, escarificaciones–, consecuencia de los ritos de paso e iniciación en las socieda-des tribales, quizá tengan su correlato en los tatuajes de los presos, en los brazos agujerea-dos de los yonquis o en el cada vez más exten-dido arte del tatuaje o del *piercing*. De todas formas, posiblemente sea el color de la piel y ciertos rasgos del esquema gestual o corporal aquello que más claramente define y dife-rencia a unos grupos de otros. El caso de los gitanos, autocalificados como "calés" –que significa "negro", en el idioma caló–, es buen ejemplo en esta dirección entre otros muchos. Si el vestido convencional es una característi-ca de *integración en el sistema, el mante-nerse, por obligación o por gusto, fuera del mismo tiene unas claras repercusiones indu-mentarias. Pensemos, por ejemplo, en las ro-pas viejas, gastadas, rotas y sucias de muchos *homeless*, signo evidente de su desarraigo, o en la indumentaria bien estudiada de determi-nadas tribus urbanas –los antiguos *loubards*, *skins*, góticos, okupas, *heavys*, etc.– que a tra-vés de su atuendo envían mensajes sobre su automarginación respecto al sistema. Histó-ricamente, algunos grupos estigmatizados, principalmente judíos y moriscos, eran obli-gados a proclamar su condición con marcas o sambenitos rojos los primeros, o azules los se-gundos. El ya citado Ervin Goffman y Lewis A. Coser, expertos en instituciones totales y *voraces*, respectivamente, han señalado el im-portante papel del uniforme en internados, hospitales, leproserías, manicomios, psiquiá-tricos, cárceles, cuarteles y también en sec-tas, órdenes religiosas y monasterios, cuyos miembros deben vestir de forma uniformada como signo de pertenencia.

Desde la perspectiva histórica, la instrucción, el saber, ha sido un privilegio que los grupos dominantes se han reservado para sí mismos –o, vicariamente, para sus sacerdotes– y lo cierto es que hemos establecido de forma consciente o inconsciente una conexión entre riqueza, poder e instrucción. Para decirlo de forma primaria: ¿alguien imagina una prostituta de calle amante de la prosa poética de William Blake o de la filosofía de Heidegger?, ¿o a un *clochard* alcohólico que debajo de un puente se entusiasma con Rilke o con el *Ulysses* de Joyce? Seguramente debe haberlos, pero serán la excepción que confirma la regla, y continuaremos asociando la prostitución y el vagabundaje con la ignorancia y el analfabetismo más patentes.

¿Y qué diremos –punto cuarto– de los oficios y ocupaciones de los estigmatizados? De los antiguos gitanos –como también de los más modernos– sabemos que ejercían actividades económicas relacionadas con el ganado –tratantes, esquiladores– o con los trabajos artesanales del hierro y del mimbre y con la venta ambulante. Muchas familias eran nómadas. De los musulmanes y moriscos, que hasta el siglo XV vivían en los márgenes del Ebro catalán, conocemos sus actividades agropecuarias y también que muchos eran alfareros, tejedores o tintoreros. A los judíos, que por su relación con el comercio y las altas finanzas hubieran podido acceder al mundo de las profesiones liberales –en muchas épocas los grandes médicos de las cortes europeas fueron precisamente judíos–, se les prohibirá por decreto acceder a la universidad y también a las órdenes sagradas o a cualquier otro cargo de la jurisdicción eclesiástica.

Todos o casi todos los miembros de grupos estigmatizados han ejercido o ejercen ocupaciones de escaso prestigio social –aunque puedan ser lucrativas–, y lo dicho es válido tanto para las mujeres de la vida con su "oficio más viejo del mundo" como para los ladrones u otros practicantes de actividades ilícitas o delictivas. También aquí el *estereotipo asocia la incapacidad del estigmatizado para integrarse en el mundo laboral convencional con aquello de: "son vagos, flojos y parásitos", incapaces del esfuerzo del hombre o de la mujer de bien para ganarse el pan con el sudor de su frente. Es esta falta de instrucción, ligada a la supervivencia a través de oficios más o menos inespecíficos o de ocupaciones poco cualificadas, lo que conduce a situaciones de pobreza o de miseria, nuevo rasgo compartido por un buen número de estigmatizados y que realza aún más su nivel de estigmatización. De nuevo hallamos el estereotipo de que un negro pobre parece más negro, una prostituta vieja y miserable más puta y, en fin, un moro rico deja de serlo para convertirse en un árabe digno de respeto y adulación por sus riquezas y posición social.

La pobreza, en general, conlleva unos espacios vitales, privados y públicos, marcados por la subalteridad. Oscar Lewis, al referirse a Buena Vista, la vecindad del DF mexicano dónde vivían *Los hijos de Sánchez* (1971), describe unas habitaciones o cuartuchos de dimensiones muy reducidas en las que los miembros de las familias pobres se amontonaban sin las mínimas condiciones higiénicas –falta de agua corriente, sin ventilación y a menudo en un estado de abandono y de suciedad deplorables. Según Lewis, esta atmósfera favorecía la promiscuidad, la violencia física y la agresión verbal y psíquica, rasgos de su controvertida *Cultura de la Pobreza* (1969). Por lo que refiere a los espacios públicos, es Nels Anderson, en su clásica monografía *The Hobo* (1923), quien nos describe con precisión el vasto submundo de callejuelas, barracones, restaurantes baratos, pensiones y prostíbulos que había proliferado en el centro del nudo ferroviario de Chicago donde estos nómadas urbanos se habían instalado con su provisionalidad característica. Los suburbios, barriadas, *bidonvilles* y villas-miseria, con sus chabolas, favelas y cuartuchos de autoconstrucción no parecen haber cambiado desde los tiempos de Anderson y de Lewis y, desgraciadamente, caracterizan los extramuros de las grandes ciudades de los cinco continentes, desde el Primer al Tercer Mundo.

Iniciábamos la presentación de las marcas del estigma hablando del cuerpo del estigmatizado como un núcleo duro de rechazo que fija barreras, fronteras y límites entre los que padecen el estigma y los que no. Pero no es únicamente el cuerpo lo que contamina, sino que es la totalidad de la persona estigmatizada la que es repudiada y despreciada. Goffman, como se recordará, subtitula su libro sobre el estigma como "la *identidad deteriorada". Y efectivamente es esta identidad deteriorada, como algo que no es ni completo ni puro, la que nos encamina hacia otras asociaciones simbólicas. Carmen Bernand (2001), por ejemplo, en un hermoso artículo analiza el porqué los bastardos, los *híbridos, los mestizos o los conversos, que poseen una doble identidad, tradicionalmente han sido vistos como seres desleales por naturaleza, precisamente a causa de ese doble origen. El híbrido es, pues, monstruoso, ya que su identidad es conflictiva y se aleja de aquello que es auténtico y completo. Y, como ya señaló Mary Douglas en su famoso libro *Pureza y peligro. Un análisis de los conceptos de contaminación y tabú* (2000), en muchos sistemas simbólicos, sólo lo que es completo es puro y santo. El estigma, ya sea físico, moral o tribal, es siempre una marca de imperfección y de falta de complitud, lo que confiere a su portador, el estigmatizado, su carácter triplemente impuro, contaminante y peligroso.

Bibliografía

ALLUÉ, Marta (2003): *Discapacitados. La reivindicación de la igualdad en la diferencia*. Barcelona: Edicions Bellatera.

BARBIN, Herculine (1978): *Herculine Barbin, dite Alexina B.* Presenté par Michel Foucault. Paris: Gallimard.

BERNAND, Carmen (2001): "La imposible lealtad, o el conflicto entre la naturaleza y la filiación", en Dascal, Gutiérrez y De Salas (eds.), *La pluralidad y sus atributos. Usos y maneras en la construcción de la persona*. Madrid: Fundación Duques de Soria, Biblioteca Nueva, 191-209.

CUADRADA, Coral (2003): "Pobresa, marginació i sexe a l'edat mitjana", en D. Piñol (coord.), *Història dels altres. Exclusió social i marginació a les comarques tarragonines (segles XIII-XX)*. Tarragona: Cercle d'Estudis Històrics i Socials Guillem Oliver del Camp de Tarragona, 21-41.

DOUGLAS, Mary (2000 [1966]): *Pureza y peligro. Un análisis de los conceptos de contaminación y tabú*. Madrid: Siglo XXI de España Editores.

GOFFMAN, Erving (1986 [1963]): *Estigma. La identidad deteriorada*. Buenos Aires: Amorrortu editores.

LEWIS, Oscar (1069 [1959]): *Antropología de la pobreza: cinco familias*. México: Fondo de Cultura Económica.

PRAT, Joan (2001): *El estigma del extraño. Un ensayo antropológico sobre sectas religiosas*. Barcelona: Ariel.

ROMANÍ, Oriol (1996): "Antropología de la marginación: Una cierta incertidumbre", en J. Prat y A. Martínez (eds.), *Ensayos de antropología cultural. Homenaje a Claudio Esteva-Fabregat*. Barcelona: Ariel, 303-318.

SAN ROMÁN, Teresa (1991): "La marginación como dominio conceptual. Comentarios sobre un proyecto en curso", en Prat, Martínez, Contreras y Moreno (eds.), *Antropología de los pueblos de España*. Madrid: Taurus, 151-158.

TURNER, Víctor (1992 [1974]): "Pasos, márgenes y pobreza: símbolos religiosos de la *communitas*", en Bohannan y Glazer (eds.), *Antropología, Lecturas*. Madrid, Buenos Aires: McGraw-Hill.

Joan Prat i Carós

Véanse además ALTERIDAD, Contracultura, DIFERENCIA Y DESIGUALDAD SOCIAL, Diferencias naturales y diferencias sociales, DISCRIMINACIÓN Y EXCLUSIÓN SOCIAL, Esclavitud, ESTEREOTIPOS Y ESENCIALIZACIÓN, Etnicidad, Extranjero, Global y local, HIBRIDACIÓN, IDENTIDAD, INTEGRACIÓN, Integración religiosa, MULTICULTURALISMO, Pluralismo sincrónico, SABER Y SABERES, Segregación, TERRITORIOS, VIOLENCIA POLÍTICA, Xenofobia y xenofilia.

Etnicidad

Un modo de constatar el surgimiento de las etnias en los procesos de *modernización y *desarrollo lo constituyen las definiciones que de ellas se han dado a partir del s. XIX. Los antropólogos de este siglo XIX y otros estudiosos describen los orígenes colectivos y el desarrollo de los seres humanos hasta nuestros días como si se tratara de una manera primitiva y atada al suelo y a la sangre. Frente a este procedimiento de constituir los grupos étnicos se encontraría el *moderno y/o civilizado: las etnias serían una forma específica de juntarse que tienen los individuos pertenecientes a una determinada colectividad. Esta forma de agruparse se consideraba no solamente diferente, sino inferior. Se trata del núcleo duro en que descansan la mayor parte de las definiciones de la etnia prácticamente hasta la actualidad.

En este sentido es más que ilustrativa la definición de etnia que proporciona Topinard a finales del siglo XIX. "Los caracteres étnicos comprenden todos los hechos que resultan de la asociación de hombres entre sí, sea cual fuere el móvil que los guía, la necesidad de vivir en sociedad, el capricho o las pasiones bélicas. La unidad nacional y la federación de las provincias autónomas son las formas más elevadas de esa ilustrada asociación. Las pequeñas tribus de los todas, cuyos miembros están unidos por los lazos de parentesco y donde la asociación es sinónimo de familia, son el ejemplo del más íntimo grado inverso" (1878: 447).

Aunque de forma más matizada y con una mayor complejidad de los muchos y variados elementos que entran en juego, "en el actuar comunitario", en expresión de Weber, también subyacen formas de asociación diferentes a la modernidad y al desarrollo. Para Weber, la comunidad étnica se asemeja a la *nacional, pero son otros los elementos en que ésta última se funda. Para Weber, lo étnico y la etnia se encuentran unidos a la herencia genética, al parentesco, a la tradición y a las costumbres, a antiguas creencias, "en la afinidad o extrañeza de sangre", y a formas ancestrales comunitarias con sus rasgos lingüísticos, políticos y religiosos. La nación, en cambio, se halla constituida por una "unión política particular" y por la "*cultura", entendida esta última como memoria política y forma de comportamiento, de "cultura sensual", incluso, como ocurre con los miembros de la *Grande Nation,* Francia. Es lo que produce el "sentimiento nacional", esa especie de "lealtad política" capaz de herrumbrar las *diferencias estamentales, de clase y los particularismos. "Los sentimientos colectivos que se designan con el nombre genérico de 'nacionales' no son unívocos, pero siempre el concepto de 'nación' nos refiere a su 'poder' político y lo 'nacional' –si en general es algo unitario– constituye un tipo especial de *pathos* que, en un grupo humano unido por una comunidad de lenguaje, religión, costumbres o destino, se vincula a la idea de una organización política propia, ya existente o a la que se aspira, y cuanto más se carga el acento sobre el 'poder', tanto más específico resulta ese sentimiento patético" (1964: 326 y 327).

Las naciones constituyen para Weber formas de asociación superior a las etnias, aunque posean semejanzas, de igual forma a como la civilización lo es de la nación, según la propuesta de Huntington. Para él las naciones constituyen la forma tradicional que poseen los humanos de definirse por lo particular y lo *local. "La gente se define desde el punto de vista de la genealogía, la religión, la lengua, la historia, los valores, costumbres e instituciones. Se identifican con grupos culturales: tribus, grupos étnicos, comunidades religiosas, naciones y, en el nivel más alto, civilizaciones" (Huntington, 1997: 22). La civilización angloamericana, por el contrario, lo hace por lo universal y, por tanto, se encuentra en el nivel más alto.

Si bien Huntington sitúa las diferencias en lo cultural, en lo universal frente a lo particular, y Weber pone el acento del origen de las naciones en el "ansia de poder", a lo que se refiere el primero es a "los modelos predominantes de desarrollo político y económico" subyacentes entre la civilización angloamericana y el resto del mundo. Es de estos modelos de donde dimanan "los presupuestos filosóficos, valores subyacentes, relaciones sociales, costumbres y puntos globales sobre la vida" (1997: 30 y 23); no a la inversa. Son estos modelos los que diferencian a unos grupos de otros, a unas asociaciones de otras, antes y ahora. Huntington no desarrolla sino lo que se hallaba *in nuce* en la construcción de las naciones, aunque en ambos casos resulte algo tautológico, ya que el concepto de *identidad es, a la vez, *explanans* y *explanandum.*

Para Huntington y Weber, se trata de los principales ejes que vertebran la modernidad. "La especificidad del proceso de modernización, en comparación con otras situaciones y movimientos de cambio en la historia de la humanidad –escribe Eisenstadt–, radica en el hecho de que se hallaba basado en las presuposiciones de la posibilidad de la creación activa por el hombre de un orden sociopolítico nuevo, un orden basado en las premisas del universalismo y de la igualdad. Y la propagación de estos presupuestos se combinó con el desarrollo de largo alcance, especialmente en los campos económico y político. A través de esta propagación se desarrolló una tendencia hacia una civilización universal, mundial, en la cual diferentes sociedades –comenzando por las europeas– servían de puntos de referencia a partir de los cuales se juzgaba su propio lugar y el de los *otros de acuerdo con esas premisas de universalismo e igualdad" (1973: 209).

Que para fundamentar el proceso de modernización se recurra a las diferencias culturales puede tener varias explicaciones, que pueden fluctuar desde la visibilidad y tangibilidad con que se manifiestan, hasta la invisibilidad e inmaterialidad en que se fundamentan. La explicación también podría venir de poseer ambas características inextricablemente relacionadas. Ésta parece la más convincente, ya que tales procesos implican la creencia de que su implantación no solamente es deseable para todos, sino beneficiosa e incluso salvífica. La modernidad libera a todos de cualquier tipo de ataduras, especialmente de aquellas que ligan a los individuos a la sangre y a la naturaleza, sobre todo. La cultura justifica tal empresa por partida doble: por la clara distinción que establece entre los grupos y por la naturalización que opera en la vida social al tener su fundamento en las diferencias culturales, pensadas como una forma de ser esencial.

Pese a la universalización y aceptación de este discurso, la etnia como sustantivo –referido a un grupo que posee existencia real independientemente de los individuos– no es explicable en sí misma. Tampoco lo es la etnicidad, entendida como cualidad diferenciadora que distingue a los individuos pertenecientes a uno u otro colectivo. En consecuencia, no es adecuado analizar únicamente los rasgos que diferencian a los individuos y deducir a partir de ellos la existencia de distintos grupos étnicos, suponiendo al mismo tiempo que esas diferencias dimanan de la forma de ser.

La etnia es, en primera instancia, lo opuesto a lo que podría deducirse del concepto de modernidad: aquello con lo que éste cree que ha roto y aquello que cree que puede llegar a alcanzar. En este sentido se podría decir que la etnia es una ideación.

Es lo que se imagina que constituye la modernidad lo que la produce con la ayuda de los antropólogos. Al resaltar muchos de ellos lo que la modernidad no es y ellos mismos no son, la antropología lo que hace es volver verosímil lo ideado e imaginado. La antropología contribuye a hacer creíble lo que sin ella difícilmente hubiera sido posible presentar como carente de falsedad. Es lo que queda como núcleo duro, como inalterable y fundado en lo natural, en el origen de los tiempos.

Tampoco las etnias se constituyen sólo por el acervo heredado de los antepasados. Se tiende a pensar con excesiva ligereza que han sido los antepasados de cada uno de los grupos quienes habrían creado sus particulares imaginarios sociales, sin reparar en que –desde hace mucho tiempo– la mayoría de los colectivos, que hoy designamos como etnias, fueron conquistados y que los grupos dominados acaban haciendo suyas las categorizaciones creadas por los dominadores, según señala Memmi que habría ocurrido con los *colonizados. "La caracterización y el rol del colonizado ocupan un lugar privilegiado en la ideología colonizadora; característica infiel a lo real, incoherente en sí misma, pero necesaria y coherente en el interior de esa ideología; y a la cual el colonizado da su consentimiento, turbado, parcial, pero innegable" (1973: 118). Y agrega, resaltando que la creación del colonizado constituye el contramodelo del colonizador, "el colonizado no

posee casi nunca la experiencia de la racionalidad y de la *ciudadanía, sino de forma privativa: nacionalmente, cívicamente, él no es sino aquello que no es el colonizador" (1973:125).

Es esta situación la que aboca al colonizado a refugiarse en los considerados "valores tradicionales" como la familia o la religión, no el querer o los deseos de los individuos de pegarse a la tradición. En ambos casos, "no se trata de una psicología original que explica la importancia de la familia, ni la intensidad de la vida familiar, el estado de las estructuras sociales. Al contrario, es la imposibilidad de una vida social completa, de un libre juego de la dinámica social, la que mantiene en vigor a la familia, la que repliega al individuo sobre esta célula restringida que le salva y le sofoca" (1973: 130).

Bauman se expresa de forma similar, pero es más contundente y explícito al referirse a las *minorías étnicas. Las minorías étnicas se construyen desde el exterior, desde el poder, y sus diferencias les son otorgadas. Aunque larga, esta cita de Bauman es sumamente esclarecedora: "Las minorías étnicas son en primer lugar y ante todo productos de un confinamiento desde el exterior", y sólo en segundo término, si acaso, resultado del autoconfinamiento. La de "minoría étnica" es una rúbrica bajo la que se esconden u ocultan entidades sociales de tipos diferentes, y rara vez se hace explícito qué es lo que les hace diferentes. Esas diferencias no se derivan de los atributos de la minoría en cuestión, y mucho menos de cualquier estrategia que pueda seguir la conducta de los miembros de las minorías. Las diferencias se derivan del contexto social en que fueron convertidas en lo que son: de la naturaleza de esa adscripción impuesta que condujo al confinamiento. La naturaleza de la "sociedad en sentido amplio" deja su sello en cada una de sus partes A quienes se les niega sumariamente el derecho a la asimilación, les adviene con la mayor naturalidad el "*comunitarismo". Se les ha negado la elección: buscar un refugio en la supuesta "fraternidad" del grupo nativo es su única opción. Los miembros de las minorías étnicas no son "comunitaristas" naturales. Su "comunitarismo realmente existente" está impulsado desde el poder, es el resultado de la expropiación. La propiedad de la que no se les permite disponer o que se les retira es el derecho a elegir" (2003:118 y 114).

Las etnias de la modernidad y del desarrollo nada tienen que ver, sin embargo, con las surgidas en Occidente a fines del siglo XIX y comienzos del siglo XX. Su surgimiento está relacionado con los procesos de modernización, pero se trata de reacciones a la modernidad que socavan las bases de "un específico aspecto de tradicionalidad, la legitimación del orden social, político y cultural en términos de una combinación de *pattern*s o sacralidad con sus derivados en lo simbólico y en lo estructural" (Eisenstadt, 1973: 208-209). Se trata de un proceso que provoca la reconstrucción de la tradición para dar respuesta a los problemas surgidos del socavamiento de la legitimación tradicional. El modelo seguido es el mismo que el de la modernidad (Anderson, 1993), aunque basado y legitimado en tradiciones diferentes.

Ni estas etnias ni las anteriores tienen que ver con las etnicidades surgidas a mediados de los años setenta y promovidas, dentro de los *Estados nacionales, por colectividades de diversos orígenes –raciales, profesionales, de género, de nacionalidad, etc.–. Lo expresa claramente Bennett en la introducción al libro colectivo *The new ethnicity. Perspectives from etnology,* resultado de los *proceedigns* de la Sociedad Americana de Etnología. Escribe que: "La nueva etnicidad posee un doble significado. El primero, la nueva etnicidad implica algo nuevo en el mundo –o, en cualquier caso, algo nuevo reportado por los antropólogos: la proclividad de la gente a definir su propia identidad en base a signos culturales tradicionales– o para reafirmar el propio yo, sobre y, con respecto al estado impersonal o para obtener los recursos que uno necesite para sobrevivir y consumir. El segundo significado de la nueva etnicidad es interdisciplinario: se refiere al corte del marco de referencia en la antropología; el paso de la consideración cultura-población-grupo a un marco cognitivo y estratégico-conductual que considera la etnicidad como un componente de la participación social" (1975: 3-4). Muchos de los trabajos que se recogen en este libro se inspiran en la pionera obra de Barth (1976).

Igualmente estas etnias son diferentes de las nuevas etnias y etnicidades surgidas recientemente en países colonizados. El resurgir de estas nuevas etnicidades en la era de la *globalización económica tiene que ver, según Samin Amir, básicamente con las "estrategias del capital y de las clases dominantes" (1998, 76).

La hipótesis general de Samin Amir es que, "en periodos de crisis estructural las fuerzas centrífugas pasan a primer plano. El desarraigo, producto del estancamiento y de la regresión de las condiciones sociales y económicas (y al mismo tiempo de una superestructura caracterizada por la pérdida de la ilusión, algo para que los pueblos no estaban preparados), refuerza esas fuerzas centrífugas. En las siempre frágiles *periferias, las fuerzas centrífugas rompieron la unidad de las clases dirigentes y las pusieron en apuros. De pronto parecían haber perdido toda la legitimación en que se basaba su poder" (1998: 90).

Samin Amir ve el auge de la etnicidad ligado a este proceso, lo que recuerda al producido en Occidente en el siglo XIX con la modernidad y al que hemos aludido anteriormente. Las diferentes etnias y los dirigentes de las mismas, apoyándose en las prácticas políticas y económicas que crean las diferencias entre las distintas etnias, compiten ahora entre sí y dentro del mismo Estado-nacional "por alcanzar el poder y el control del capital".

Los tipos de etnias y de etnicidades señaladas no son, sin embargo, las únicas posibles. Existen otras que surgen en situaciones históricas y existenciales, más azarosas, más circunstanciales y más traumáticas, respectivamente. Se trata de etnias y etnicidades que rompen la lógica relativamente lineal y causal de los casos precedentes. Su construcción es más compleja en el sentido de que intervienen elementos de herencias y tradiciones al menos aparentemente contradictorias, se fraguan los elementos más heteróclitos y dispares imaginables y convergen en una multiplicidad de factores que, en teoría, aparecen como irreconciliables. Es el caso de las etnias y etnicidades surgidas en naciones otrora "sovietizadas". Éstas son producto de herencias culturales y de prácticas *híbridas, pero también de situaciones y acontecimientos vividos recientemente de los cuales toman aquello que les resulta más importante y significativo para sus propósitos. También es el caso de las etnias y etnicidades surgidas en la actualidad entre inmigrantes en los países de acogida. Como apunta Sami Näir: "librada a las únicas leyes del mercado y por tanto privatizada –sólo las leyes de la oferta y la demanda legitiman su valor–, la inmigración se ve sometida a una lucha salvaje y frontal en el país de acogida; *expulsada de los márgenes de la sociedad, territorializada, *guetizada los efectos del paro, la precariedad, el fracaso escolar, la competitividad en el mercado laboral y la territorialización en barrios relegados provocan el repliegue comunitario y la entregan a los defensores de los identitarios étnicos, religiosos o tribales" (2006: 197-198).

Bibliografía

AMIR, S. (1998): *El capitalismo en la era de la globalización*. Barcelona: Paidós.

ANDERSON, B. (1993): *Comunidades imaginadas. Reflexiones sobre el origen y la difusión del nacionalismo*. México: FCE.

BARTH, F. (1976): *Los grupos étnicos y sus fronteras*. México: FCE.

BAUMAN, Z. (2003): *Comunidad*. Barcelona: Paidós.

BENNET, J. W. (1975): "Introduction. A guide for the Collection", en *The New Ethnicity. Perspectives from Ethnology*. New York: West Publishing Company, 3-10.

EISENSTADT, S. N. (1973): *Tradition, Change and Modernity*. Florida: Robert E. Krieger Publishing Company Malabar.

HUNTINGTON, S. P. (1997): *El choque de civilizaciones y la reconfiguración del orden mundial*. Barcelona: Paidós.

MEMMI, A. (1973): *Portrait du colonisé*. Paris: Payot.

NÄIR, S. (2006): *Y vendrán... Las migraciones en tiempos hostiles*. Barcelona: Planeta.

TOPINARD, P. (1878): *Geografía Universal, Tomo I*. Barcelona: Montaner y Simón.

WEBER, M. (1964): *Economía y Sociedad. Esbozo de sociología comprensiva*. México, Buenos Aires: FCE.

Ana Aliende Urtasun
Jesús Azcona Mauleón

Véanse además Acciones afirmativas, ALTERIDAD, Centro-periferia, CIUDADANÍA, Ciudadano, COLONIALISMO Y ANTICOLONIALISMO, Comunidad transnacional, Comunitarismo, Criollización, CULTURA, DERECHOS HUMANOS, DESARROLLO, Desterritorialización, Diferencias sociales y diferencias culturales, Diferencias sociolingüísticas y desigualdad, Discriminación positiva, DISCRIMINACIÓN Y EXCLUSIÓN SOCIAL, ELITES, Elites cosmopolitas, Esclavitud, Espacio de los flujos, Espacios locales, ESTADO-NACIÓN, ESTEREOTIPOS Y ESENCIALIZACIÓN, ESTIGMA, Etnocentrismo y relativismo cultural, Extranjero, Frontera geográfica y administrativa, Fronteras simbólicas, GENOCIDIO, GLOBALIZACIÓN, HIBRIDACIÓN, IDENTIDAD, INDIGENISMO, INTEGRACIÓN, Integración educativa, Integración religiosa, Mestizaje, Migraciones. Redes sociales, MINORÍAS, Modernidad, Modernización, MULTICULTURALISMO, Multiculturalismo en los estudios étnicos, Nacionalidad, Nacionalismo, Naturalización, Nomadismo y turismo, NUEVOS MOVIMIENTOS SOCIALES, PATRIMONIO, Pluralismo sincrónico, Poscolonialismo, Racismo y neorracismo, SABER Y SABERES, Segregación, Sujeto intercultural, TERRITORIOS, VIOLENCIA POLÍTICA, Violencia política. Tipos, Xenofobia y xenofilia.

Etnocentrismo y relativismo cultural

Etnocentrismo es un concepto acuñado desde las ciencias sociales para dar cuenta de la que ha sido considerada una de las actitudes frente a –o visiones de– el *otro más comunes en la historia de la humanidad. Su primera definición data de 1906 y procede de la pluma del sociólogo norteamericano W. G. Sumner quien lo caracterizaba como "una visión de las cosas según la cual el propio grupo es el centro de todo y todos los otros se miden por referencia a él... Cada grupo –añadía– alimenta su propio orgullo y su vanidad, proclama su superioridad, exalta a sus propias divinidades y mira con desprecio a los profanos" (Summer, 1953: 16). El apelativo de "bárbaros" con el que los griegos se referían a los *extranjeros que quedaban al margen del ideal de la *paideia*, el de "paganos" con el que designaban los cristianos a quienes no participaban de su fe, el de "salvajes" con el que los *colonizadores mentaban a los indígenas de las tierras americanas, el de "primitivos" con el que se refirió la antropología durante más de cien años a los miembros de las sociedades no occidentales: todos ellos son términos que expresan prejuicios etnocéntricos frente al otro.

Para la antropología el etnocentrismo es el convencimiento de que las normas por las que se rige el propio comportamiento, las pautas culturales adquiridas por el individuo durante el proceso de enculturación, son las únicas posibles, las *naturales*, las mejores, las más bellas, y que todos cuantos exhiban otras apenas son dignos de ser llamados humanos: sólo los que comparten aquellas normas gozan del privilegio de la humanidad; los que quedan en el exterior del grupo permanecen también fuera de ella.

El etnocentrismo o, como algunos –Dumont, Preyswerk y Perrot– prefieren, el *sociocentrismo*, no sería, pues, más que una perspectiva, una posición, la del propio grupo –el *endogrupo* o grupo *in*–, desde la que se contemplan los otros grupos –los *exogrupos* o grupos *out*–, una proyección en cierto modo irrenunciable en la medida en que es imposible liberarse por completo de la influencia del marco cultural propio. Perder esta referencia nos colocaría en el estado de ingravidez que Kristeva advierte en los extranjeros, nos haría extraños en nuestra propia *cultura, instalaría nuestras conductas en el caos. Así, un cierto grado de etnocentrismo parece ser común a todas las culturas: en numerosísimas ocasiones el nombre con el que los grupos se autodesignan es el término indígena que significa "hombre", y en sus mitos de origen sus ancestros son los "primeros hombres"; o bien reservan para sí mismos el nombre de "los buenos", "los excelentes", "los principales", refiriéndose a grupos vecinos como "los malos", "los perversos", o… los "comedores de carne cruda" ("esquimales" por inuit). Pero aunque un cierto grado de etnocentrismo sea común a todas las culturas, no todo etnocentrismo engendra *xenofobia, *racismo o *marginación; también puede generar *xenofilia, curiosidad o, la mayoría de las veces, indiferencia hacia culturas ajenas que ni ocupan ni preocupan.

Los prejuicios etnocéntricos parecen, pues, prácticamente inevitables: si nuestra cultura es el único repertorio de modelos de comportamiento de que disponemos, difícilmente podremos actuar conforme a él y a la vez relativizarlo. Los antropólogos viven en la ilusión de que el etnocentrismo es mitigable, cuando no perfectamente evitable, a través de la experiencia de la diversidad cultural, llegando a hacer de la liberación de los prejuicios etnocéntricos, de la aceptación plena de la diversidad cultural, el objetivo mismo de la empresa antropológica. Sólo con la experiencia de la diversidad de las culturas será posible –sostienen, optimistas– abdicar de los prejuicios etnocéntricos y alcanzar su contrario, el relativismo cultural, esto es: ver a los otros como se ven ellos mismos –desde dentro de los límites de su cultura–, vernos como ellos nos ven –desde fuera–. En palabras de Franz Boas, el autor que introdujo la noción –que no la expresión, al parecer acuñada por su discípulo M. Herskovits– como imperativo metódico de la disciplina antropológica: "los hechos que la etnología nos muestra implican un importante avance de nuestro conocimiento del desarrollo de la cultura humana. Jamás se insistirá lo bastante sobre un hecho derivado de estos estudios, a saber, la *corrección relativa* de las emociones que a nosotros nos parecen tan naturales. De los datos de la etnología aprendemos que no sólo nuestras habilidades y conocimientos, sino también las formas y maneras de nuestros sentimientos y pensamientos, son el resultado de *nuestra educación como individuos* y de *nuestra historia como pueblo*" (Boas, 1982: 71; las cursivas son nuestras).

Estos dos conceptos, etnocentrismo y relativismo cultural, han ido siempre de la mano en antropología y las definiciones que se suelen dar de ellos suponen obviamente una visión negativa del primero y positiva del segundo. El etnocentrismo sería un enfoque "deformante", mientras que el relativismo entrañaría el reconocimiento del valor igual de todas las culturas. Ambas expresiones, en esta versión canónica, reposan sobre un supuesto: la existencia de un mundo poblado de agregados humanos con una cultura netamente *diferenciada o grupos que se autorreconocen como diferentes, sea tal diferencia empíricamente observable o tan sólo esgrimida en el proceso de las relaciones interculturales. Hay una vinculación evidente entre el sentido –el valor– de esos conceptos: los cambios que se han registrado en las relaciones entre las sociedades involucradas en el proceso colonial protagonizado por Occidente y el devenir de la teoría antropológica, en particular su cambiante concepción de la/s cultura/s. En apretadísimo esquema (falso en cuanto tal, pero orientativo):

1) Segunda mitad del siglo XIX: culminación de la etapa colonial –imperialismo–. Emergencia de la antropología como disciplina académica: evolucionismo decimonónico. Visión etnocéntrica de los otros –heredada de la Ilustración–. Ideología colonial. Monismo cultural. Concepción de la cultura como sinónimo de civilización: pueblos más y menos cultos, más y menos civilizados. Comparativismo. Diacronía.

2) Primera mitad/décadas centrales del siglo XX: inicio y desarrollo de los procesos de descolonización. Funcionalismo, particularismo, estructuralismo. Pluralismo cultural. Concepción esencialista de la/s cultura/s: cada cultura tiene su estructura, su lógica interna, imposible de ser comprendida desde fuera. Relativismo. Inconmensurabilidad de las culturas. Análisis sincrónicos.

3) Últimas décadas del s. XX: *poscoloni-zación. *Globalización. Antropologías sim-bólicas, ecológicas, posestructuralistas…, posmodernismo antropológico. Ruptura con la concepción esencialista y estática de la cul-tura. Concepción dinámica y no monolítica de la cultura: reconocimiento de la diversi-dad intracultural –diferencias de clase, *gé-nero, *etnia, *edad– y de las relaciones de desigualdad que suelen generar. Concepción dinámica de las relaciones *interculturales. *Multiculturalidad. Interculturalidad. Aná-lisis procesuales de las condiciones socio-históricas y ecológicas que determinan las culturas y las relaciones interculturales, pero también autorreflexividad de la escritura et-nográfica.

Aparentemente, etnocentrismo y relati-vismo son dos maneras alternativas y exclu-yentes de enfrentarse a la diversidad cultural –así los evolucionistas habrían sido etnocén-tricos, en tanto que los particularistas, con Boas a la cabeza, relativistas–. El dilema pue-de resumirse así: o bien sólo una de las cultu-ras es considerada la portadora de valores auténticos o excelsos y todas las otras pue-den medirse por ese rasero –monismo cul-tural = etnocentrismo–, o bien todas las culturas son iguales en valor –pluralismo cultural = relativismo–. La antropología ha derivado desde el etnocentrismo decimonóni-co hacia el relativismo que impregna, en ma-yor o menor medida, buena parte del discurso antropológico actual, que participa del "espí-ritu moderno" –anti y poscolonial– encarna-do en la tolerancia y el respeto por el otro.

Pero tanto el relativismo como el etnocen-trismo entrañan problemas que han sido ob-jeto de debate no sólo entre antropólogos, sino también con sociólogos, historiadores y filósofos. La visión puramente etnocéntrica ha sido abandonada por la ingenuidad del planteamiento que resume bien la archicitada fórmula de Lévi-Strauss, "salvaje es quien llama al otro salvaje" –"el bárbaro es sobre to-do el hombre que cree en la barbarie… y cree poder hacer legítimamente *violencia al pró-jimo basándose en sus propias justas creen-cias" (Lévi-Strauss, 1979: 310)–, y los autores, como Richard Rorty, que sostienen dicha po-sición lo hacen con muchos matices y están a años luz del etnocentrismo grosero de los evo-lucionistas del s. XIX. El relativismo cultural también ha sido puesto en entredicho: las crí-ticas suelen hacerse desglosando el concepto genérico en sus diversas variantes o especies –relativismo gnoseológico o cognitivo, relati-

vismo moral o ético, relativismo ontológico, relativismo lingüístico, relativismo metodo-lógico, etc.– y buscando ciertas paradojas o ejemplos críticos que socavan sus cimientos. Por tomar sólo un par de casos: el relativismo gnoseológico, se dice, implicaría poner en pie de igualdad la ciencia que ha surgido de una tradición cultural concreta –la grecolatina– y, pongamos por caso, las creencias en la bruje-ría de muchos pueblos africanos. El relativis-mo moral, por su parte, supondría que no existen hábitos condenables desde un punto de vista ético porque toda costumbre debe re-ferirse al contexto de la cultura en la que apa-rece –"comprendre c'est tout pardonner"–: ¿qué ocurre entonces con prácticas como la escisión del clítoris, el *sati* –la quema de las viudas– o la lapidación de las adúlteras?

Sea como fuere, la crítica más severa al re-lativismo cultural ha sido lanzada desde la fi-losofía a la antropología, y apunta contra una de las nociones centrales de la disciplina, se-guramente su concepto estrella: el de cultura. Paradójicamente, es una crítica que no lanza a quien la suscribe en brazos del etnocentris-mo, concepto que tampoco queda indemne. El problema radica en que, *de facto*, las cultu-ras no se dan como entidades sustantivas, en que es imposible diferenciar unas de otras, en que no cabe, como han pretendido muchí-simos antropólogos, fijar las fronteras de las mismas en "la pluralidad irreductible de lo existente". Con palabras de Gustavo Bueno: "no existen esferas culturales dotadas de una *identidad sustantiva. Esas esferas sólo tienen una identidad fenoménica, la suficiente para comenzar a organizar las descripciones etno-gráficas y etnológicas pertinentes"; más aún: "las esferas culturales son sólo construcciones ideológicas, pura y simplemente mitos" (Bue-no, 2002: 3). Si las culturas son sólo mitos, si no existen agregados humanos con culturas diferenciadas, entonces ni la noción de etno-centrismo ni la de relativismo cultural tienen sentido alguno: no existen los endogrupos, ni los exogrupos, no puede hablarse siquiera de diversidad cultural. Esta crítica equivale a una carga en la línea de flotación de la propia disciplina antropológica.

Lo que soslayan, no obstante, estos críticos de las nociones de etnocentrismo y relativis-mo es que la teoría antropológica hace tiempo que dejó en la cuneta ese concepto esencia-lista de la cultura y que el proceso de globa-lización ha obligado a revisar incluso la concepción tradicional de la diversidad cultu-ral. De hecho, esa imagen de la cultura como un sistema coherente, homogéneo, que se define por un núcleo duro que constituye su esencia –sus "señas de identidad"– y que permite fijar sin dificultad los límites entre grupos de diferente cultura, no corresponde a la antropología sino a la retórica empleada en la batalla de las identidades. La antropología, desde –por lo menos– sus inicios como disciplina académica, ha sido muy consciente de los efectos de renovación constante de las culturas que produce el contacto entre las sociedades humanas, las relaciones interculturales. El fenómeno de la globalización –la extensión del sistema capitalista a escala planetaria– no ha hecho sino multiplicar esas relaciones poniendo aún más de manifiesto el carácter abierto y dinámico de las culturas y produciendo fenómenos de *hibridación, de *aculturación y resistencia cultural más abundantes que en cualquier otra época de la historia humana. ¿Qué efectos puede tener ese fenómeno en el etnocentrismo y en el relativismo cultural? Un mundo interconectado, en el que los individuos no sólo reciben la influencia de su propio marco cultural, sino que tienen al alcance múltiples formas alternativas de existencia humana implica una cierta crisis del etnocentrismo tradicional, en la medida en que la adscripción al grupo y a la comunidad de comunicación con sus miembros es más laxa, ensanchando el margen de elección del individuo ante un repertorio cultural muy ampliado. La coexistencia en un mismo contexto de pautas culturales de diversos marcos, a veces incluso contradictorias, instala a los individuos en la relatividad, de forma que todos somos un poco extraños a nosotros mismos.

Pero no todas las sociedades humanas –ni todos los sectores de esas sociedades– existentes en la actualidad participan de igual forma en ese proceso y, por tanto, no todos los miembros de las mismas tienen ese abanico de opciones ampliado. Todavía cabe considerar un elemento más en la relación entre etnocentrismo, relativismo cultural y globalización. Aunque es cierto que, como algunos analistas sistémicos sostienen, los procesos de mundialización existen desde hace cinco mil años, desde el origen de las civilizaciones comerciales, y siempre han impulsado una tendencia a la centralización de estructuras políticas y económicas y a la homogeneización de las formas socioculturales, también lo es que la globalización propiciada por la expansión del sistema capitalista ha tenido un efecto demoledor en las relaciones interculturales a escala planetaria. Lévi-Strauss señaló que el etno-centrismo es un fenómeno universal: en todas las sociedades humanas se da una idea de superioridad de la propia sobre el resto, pero esa idea suele combinarse con una actitud de indiferencia ante los otros –el etnocentrismo tradicional–. En cambio, el etnocentrismo "moderno", exhibido por las sociedades que han protagonizado la expansión del sistema capitalista a escala planetaria, combinaba la idea de la superioridad occidental sobre las otras sociedades con una actitud de *asimilación, de eliminación de la diferencia –Juan Aranzadi habló en su momento de "etnocentrismo jerárquico dominador"–. Obviamente, esa asimilación no se produjo en términos de igualdad y las relaciones interculturales que se han generado están gobernadas por la desigualdad, por la posición relativa que ocupan las distintas sociedades y grupos en el sistema. La cuestión que entretiene en el presente a científicos sociales y filósofos es cómo garantizar el necesario y deseable diálogo entre culturas –"si la multiculturalidad es un hecho, la interculturalidad ha de ser un fin"– cuando no existe el requisito básico de la igualdad en el diálogo. Pues tampoco cabe obviar –insistimos– el innegable hecho de que, si bien la globalización tiende a interconectarnos de modo cada vez más creciente, ello no equivale a la homogeneización cultural asimismo creciente del planeta: la contrapartida del proceso continúa siendo, de un lado, la producción constante de diferencia cultural por parte de los excluidos de la cultura hegemónica, de los que no tienen acceso ni a los medios ni a los beneficios de la misma, y, del otro, la insoslayable pero común confusión entre la parte y el todo, entre las industrias de la cultura –responsables de la globalización de ciertos mercados de bienes llamados culturales: cine, discos, revistas...– y las culturas mismas, vivas y en transformación permanente (Warnier, 2002: 117).

Bibliografía

BENHABIB, Seyla (2006): *Las reivindicaciones de la cultura. Igualdad y diversidad en la era global*. Katz: Buenos Aires.

BOAS, Franz (1982): "The Aims of Ethnology" (1889), en George W. Stocking (ed.), *A Franz Boas Reader. The Shaping of American Anthropology, 1883-1911*. Chicago: The University of Chicago Press, 67-71.

BUENO, Gustavo (2002): "Etnocentrismo, *relativismo* y pluralismo cultural". *El Catoblepas:*

revista crítica del presente, 2: 3. http:// www.no-dulo.org/ec/

GARCÍA CANCLINI, Néstor (2004): *Diferentes, desiguales y desconectados: mapas de la interculturalidad*. Madrid: Gedisa.

KRISTEVA, Julia (1988): *Étrangers à nous-mêmes*. Paris: Fayard.

LÉVI-STRAUSS, Claude (1979 [1952]): "Raza e historia", en *Antropología estructural (dos). Mito, sociedad, humanidades*. México: Siglo XXI, 304-339.

PREISSWERK, Roy; PERROT, Dominique (1975): *Ethnocentrisme et histoire*. Paris, Anthropos.

SÁNCHEZ DURÁ, Nicolás (1977): "El desafiador desafiado: ¿es sensato el relativismo cultural?", en VV. AA. *El desafío del relativismo*. Madrid: Trotta, 145-162.

SEBRELI, Juan José (1992): *El asedio a la modernidad. Crítica del relativismo cultural*. Barcelona: Ariel.

SUMMER, William Graham (1953): *Folkways: a Study of the Sociological Importance of Usages, Manners, Customs, Mores, and Morals*. New York: Ginn.

WANIER, Jean-Pierre (2002): *La mundialización de la cultura*. Barcelona: Gedisa.

María Valdés

Véanse además Aculturación, ALTERIDAD, COLONIALISMO Y ANTICOLONIALISMO, Ciudadano, CULTURA, DERECHOS HUMANOS, DIFERENCIA Y DESIGUALDAD, Diferencias naturales y diferencias sociales, Diferencias sociales y diferencias culturales, Diferencias sociolingüísticas y desigualdad, DISCRIMINACIÓN Y EXCLUSIÓN SOCIAL, ESTEREOTIPOS Y ESENCIALIZACIÓN, Etnicidad, Extranjero, GENOCIDIO, GLOBALIZACIÓN, HIBRIDACIÓN, IDENTIDAD, INTEGRACIÓN, Integración educativa, Interculturalidad, Mestizaje, MINORÍAS, Modernidad, Modernización, MULTICULTURALISMO, Multilocal, Naturalización, Poscolonialismo, Racismo y neorracismo, SABER Y SABERES, Sujeto intercultural, VIOLENCIA POLÍTICA, Xenofobia y xenofilia.

Etnocidio

El término etnocidio y su sinónimo genocidio cultural no habrían sido necesarios si el concepto de genocidio incluyera de forma explícita las políticas de prohibición y destrucción de lenguas y culturas como aspectos del genocidio. El concepto de etnocidio se ha introducido con posterioridad al de genocidio y, a pesar de distinguirse de él, puede constituir una fase o un aspecto de un proceso de genocidio. Jaulin, uno de los principales impulsores de este término, escribe que el etnocidio es "ante todo una modificación total aportada e impuesta al orden cotidiano", y lo ilustra con el ejemplo de una población amazónica: "tenía que vestirse a la blanca, sustituir el taparrabo por nuestros oropeles ridículos e inadecuados para el calor; comer a la blanca: sustituir los asados por las fritangas; sustituir la tierra fresca, que se limpia fácilmente, con inmensos techos de hojas, por el cemento frío y sucio y el techo ondulado bajo el cual uno se asfixia; producir a la blanca, etc." (1976: 9-10). El etnocidio se refiere a un proceso de *aculturación impuesto a una población por parte de otra más poderosa, y cuyas consecuencias últimas pueden ser la desintegración y posterior desaparición de una cultura.

Bibliografía

JAULIN, Robert (1970*): La Paix Blanche*. Paris: Seuil.

JAULIN, Robert (ed.) (1976): *El etnocidio a través de las Américas*. México: Siglo XXI.

PALMER, Alison (1992): "Ethnocide", en Michael Dobkowski e Isidor Wallimann (eds.), *Genocide in Our Time: An Annotated Bibliography*. Ann Arbor: Pierian Press.

TOTTEN, Samuel; PARSONS, William; HITCHCOCK, Robert (2002): "Confronting Genocide and Ethnocide of Indigenous Peoples", en Alexander L. Hinton (ed.), *Annihilating Difference. The Anthropology of Genocide*. Berkeley: University of California Press.

Joan Frigolé Reixach

Véanse además Aculturación, GENOCIDIO, Violencia política. Tipos.

Explotación social

¿Qué queremos decir cuando nos referimos a la explotación específicamente con el adjetivo de *social*? Bajo este significado explícito del término se esconden dos sentidos distintos. El primero apunta a la explotación entendida como simple aprovechamiento de recursos –naturales o de cualquier otro tipo–, en el sentido de uso o apropiación. El segundo subraya un proceso mucho más específico, localizado principalmente en las sociedades industriales capitalistas, a través del cual un determinado grupo produce más de lo que necesita para su subsistencia, de forma que emplea cantidades de *trabajo que no se devuelven recíproca ni equitativamente a través de salarios o sueldos. Dentro del marco de la teoría marxista, los beneficios que obtiene la clase dominante se explican como procedentes de la sustracción de este exceso de trabajo de la clase obrera, exceso que se transforma posteriormente en plusvalía. Visto desde uno de sus ángulos, la explotación puramente económica que es posible identificar dentro del mencionado proceso queda oculta tras el complejo juego de salarios, precios y economía de mercado. De esta forma, la clase explotadora se polariza frente a la explotada, supuestamente en beneficio del crecimiento y *desarrollo del sistema capitalista en su totalidad.

Sin embargo, antropólogos y arqueólogos han ido más atrás en el tiempo para situar la aparición de incipientes estructuras de clase en las tempranas formaciones estatales del Viejo y Nuevo Mundo –aproximadamente entre el 10000 y el 3000 a. C.–, ligada a la producción de excedentes a través de la explotación de campesinos, artesanos, sirvientes y *esclavos. Muchos de los miembros de estas clases dependientes fueron incorporados dentro de los *límites del *Estado por medio de posteriores procesos de expansión a través de la conquista de *territorios *periféricos. ¿Podrían las teorías de Marx, formuladas acerca de las sociedades capitalistas, adaptarse, ser retocadas y aplicarse modificadas a estas arcaicas formaciones estatales? Los incas, por ejemplo, desarrollaron un sistema de servicios de trabajo –la *mita*– sumamente sofisticado, en el que aquellos sometidos al imperio producían un excedente o tributo por medio del empleo de considerables cantidades extras de trabajo y tiempo en obras públicas, identificadas con el soberano inca o con el Rey Sol –templos, puentes, caminos, graneros–. Sin embargo, las "clases dominantes" del imperio redistribuían a su vez, a través de un complicado sistema de servicios sociales, muchas modalidades de ayuda que se consideraban compensatorias de los esfuerzos extra de los plebeyos. En este sentido –¡aún a riesgo de simplificar!– podría afirmarse que cualquier hipotética explotación unilateral quedaría atenuada, o al menos enmascarada, por el mecanismo redistributivo de benevolente protección real.

Si extendemos el término aplicándole el adjetivo "social", se desvela una nueva dimensión clave, que nos permite sugerir un tercer significado del concepto de explotación: aquel que señala la dudosa naturaleza de la explotación en términos morales, éticos o *cívicos. Durante siglos se ha considerado injusto y moralmente condenable "utilizar" a personas, familias, asociaciones o grupos sociales –o, de hecho, en un plano más general, a posesiones *coloniales en su conjunto– para fines propios. En este caso la escala de análisis se convierte en infinita. En la actualidad ha surgido toda una serie de instituciones públicas orientadas hacia la defensa de los derechos civiles, que dan asistencia a todo tipo de personas atrapadas dentro de engañosas relaciones o situaciones de explotación desde un punto de vista social; este hecho resulta en sí mismo indicativo de que la distinción entre, por un lado, explotación puramente económica o laboral y, por otro lado, el abuso social del "*otro" es una formulación muy reciente desde el punto de vista histórico. Mientras que la explotación económica puede medirse de forma precisa en términos estadísticos, no sucede lo mismo con la explotación social, que parece escaparse de cualquier marco cuantitativo: ¿cómo podemos medir numéricamente sentimientos, percepciones artísticas o sensibilidades musicales? Muchas poblaciones explotadas en un sentido económico se revelan o sublevan, mientras que las familias o grupos que sufren una explotación social no siempre son capaces de concretar dicha acción, de forma que la venganza o represalia normalmente sólo puede encontrar vías indirectas de manifestación a través de la expresión simbólica.

De esta forma hemos abierto una especie de caja de Pandora. Nuestra atención debe centrarse en toda una plétora de vínculos establecidos entre –normalmente– dos personas o grupos y caracterizados por elementos de intercambio, reciprocidad, pagos, dependencia, jerarquía y refinados juicios de comportamientos *sociales* morales y éticos. Tal y como el propio Marx señaló, las dimensiones morales y sociales de la injusticia se encuentran siempre incluidas dentro de la figura del trabajador explotado en un sentido económico. Sin embargo, nuestro enfoque provoca el surgimiento de una dimensión paralela: innumerables formas de explotación social no tienen en absoluto ningún vínculo con una base de tipo económico.

¿Bajo qué circunstancias empieza a sentir una de las partes implicadas que ha sido o está siendo explotada socialmente? Aún más complejo: ¿en qué momento define la otra parte su rol como un rol de explotador? La tarea es desalentadora, simplemente por el hecho de que la pluralidad de sociedades y *culturas que existen en el mundo –siguiendo el saber tradicional de la antropología, aún valido– muestran una extraordinaria variedad de actividades que pueden clasificarse como comportamientos "sociales". Frecuentemente solapadas, las leyes, reglas, normas, prácticas y estrategias, empleadas dentro de las esferas estrictamente económicas, no siempre toman la misma forma cuando se activan dentro de los campos sociales. De hecho, gran parte del pensamiento antropológico y sociológico ha prestado una atención minuciosa a esta especie de semiautonomía de la esfera social.

Aporto tres ejemplos para clarificar este punto. La lógica interna social del trabajo cooperativo en contextos agrícolas muestra un pretendidamente sincero intercambio de esfuerzo físico, tiempo, habilidades y sociabilidad entre individuos y familias. En su influyente y crítica obra, *Outline of a Theory of Practice*, que inauguró el pensamiento que posteriormente desarrollará en su mucho más madura *teoría práctica* –y que concede un espacio mucho más activo a individuos y familias entendidos como agentes sociales estratégicos–, Pierre Bourdieu analiza con escrupuloso detalle un tipo de ayuda voluntaria denominada *thiwizi*, desarrollada entre los campesinos de la región de Kabylia, en Argelia (Bourdieu, 1977: 60, 179-80, 192). Algunas de las tareas que se realizan requieren de la inversión de trabajo de grupos grandes, más allá de los recursos que suponen los miembros del grupo doméstico; se trata de épocas de cosecha, en las que la actividad es intensa y los trabajos deben ser completados con gran rapidez. Los grupos domésticos de igual estatus colaboran entre sí, pero los acontecimientos también reúnen a familias más ricas y residentes más pobres. Las situaciones *thiwizi* siempre concluyen con copiosas comidas rituales, con lo que se crea una atmósfera festiva y comunitaria, que supone una conclusión de tipo ritual para muchos días tediosos de esfuerzo agotador. Los campesinos que poseen pequeñas parcelas de tierra resultan beneficiados al ver sus labores concluidas rápi-

damente, a la par que aquellos cuyas casas, tierras y cultivos son considerablemente mayores también obtienen su propio beneficio: en lugar de tener que pagar por mano de obra asalariada, la tradición de la cooperación *thiwizi* pone a su disposición un gran equipo de ayudantes capaces de llevar a cabo las tareas mucho más rápido.

Bien, pues precisamente aquí es donde descansa el problema. ¿Podemos considerar a estos grupos de trabajo simplemente como de ayuda mutua o, por el contrario, se trata de una forma enmascarada de pago por prestación personal? ¿Son un tipo de impuesto de trabajo *asimétrico? ¿Estamos ante un intercambio abstracto e igualitario de esfuerzo y tiempo entre iguales, o se trata más bien de prestaciones laborales concretas y jerárquicas de abajo arriba en la escala social? Bourdieu adopta una postura teórica, construida sobre la base del idearío marxista, pero interpretándolo de un modo flexible. Si bien no hay circulación de dinero, las familias situadas en posiciones superiores obtienen beneficios de la acumulación de capital simbólico por medio del prestigio y del honor. Encontramos una doble realidad que penetra estas situaciones de cosecha: una conducta ambigua que sirve para ocultar el pago de servicios –en dinero y tiempo desembolsado– de los grupos domésticos inferiores a los superiores. En realidad se trata de una economía dual en la que, detrás de una aparente estructura de cooperación, se enmascaran o disfrazan profundas *distinciones de estatus social y potencial económico. Es a esto a lo que apunta el antropólogo al calificar al fenómeno como "explotación suave", ya que la extracción de un tipo específico de excedente –horas invertidas y energía gastada– se realiza bajo un lenguaje social de colaboración e igualdad. Las familias situadas en posiciones superiores *traducen la ayuda económica que le prestan los otros residentes en confirmaciones simbólicas sociales de su nombre y fama. De esta forma los intereses económicos quedan camuflados bajo una gramática social de ayuda mutua que envuelve a todo el pueblo.

Lo enormemente atractivo de esta interpretación descansa en el hecho de que ésta revela contradicciones sumamente sutiles, o las disfunciones existentes entre las prácticas observables de los individuos y familias en el ámbito de la vida cotidiana y las imperceptibles estrategias e intereses que se emplean entre bastidores. De esta forma el etnógrafo puede desmitificar lo que aparentemente era una sencilla costumbre rural. Sin embargo, aún persiste una cuestión clave: ¿sienten los campesinos pobres que se están aprovechando de ellos? ¿Pueden acusar a sus vecinos más ricos de explotar su tiempo y trabajo? El autor deja las respuestas a estos interrogantes dentro de la esfera de las interpretaciones semihermenéuticas. Pese a ello, parece que la mejor contestación por la que se puede optar es que probablemente ni sean conscientes ni puedan ser acusados: las preguntas se han disuelto dentro de la máscara social de la cooperación.

Nos encontramos con ejemplos similares de cooperación rural en la provincia nororiental de Trás-os-Montes, en Portugal (O'Neil, 1987); una región con importantes afinidades históricas y geográficas con Galicia, León y otras áreas del norte y centro de España. En dicha provincia hasta la más diminuta de las aldeas –de unos pocos cientos de habitantes– muestra tradiciones sociales de trabajo cooperativo semejantes al *thiwizi* de Kabylia, así como a los elementos en los que se centra el clásico estudio de Joaquín Costa sobre el colectivismo agrario (1898). La práctica del *tornajeira* –algo así como un intercambio, o rotación, de un día de trabajo por otro– se afirma entre los aldeanos como un pacto igualitario que hace más fáciles los periodos de cosecha, durante los que "unos ayudan a otros en toda la aldea", exaltando de esta forma el espíritu altruista de la comunidad. Para tareas ingentes, como la matanza del cerdo de invierno –*matanças do porco*– o el trillo del centeno en agosto –*malhas* o *debulhas*–, todo grupo doméstico debe reclutar, además de sus propios miembros, un equipo de 30 o más personas, que en algunos casos puede superar las 60, muchas de las cuales pertenecen a otras familias con las que no se guarda relación de parentesco. Se lleva una contabilidad precisa de qué grupos domésticos prestan un adulto –o dos jóvenes– como ayuda en una determinada cosecha, para devolver dicha ayuda un día más tarde. Es posible observar formas semejantes de rotación igualitaria en los sistemas de irrigación, llamados rotaciones o *rodas*, así como en trabajos públicos organizados por el consejo de vecinos (Dias, 1984; Pais de Brito, 1996).

No obstante, análisis microscópicos señalan que, si bien los campesinos de nivel medio practican efectivamente intercambios igualitarios, muchas familias desheredadas aparecen sólo como prestadoras de ayuda a las más ricas. Nuestro análisis queda alterado si se comparan, tras el seguimiento de cerca de dos docenas de grupos de trabajo, los tiempos laborales de cada uno de los extremos de una jerarquía: mientras que para terminar las cosechas de las familias de las posiciones superiores se emplean uno o dos días, las de los vecinos más pobres apenas requieren una hora de trabajo. ¿Adónde va a parar este gasto desigual de tiempo y esfuerzo? ¿Cómo "reembolsan" las familias más ricas a sus vecinos este excedente de trabajo y tiempo que les ofrecen? Todo el sistema de rotación de cosechas –*tornajeira*– oculta de este modo un intercambio sumamente asimétrico entre el extremo superior y el inferior de la aldea, lo que concede a esa práctica el mismo carácter que al *thiwizi* argelino: el trabajo extra de los campesinos pobres se difumina dentro de la tradición colectiva de un intercambio –idealmente– igualitario de "un día por otro". Al preguntarles repetidamente sobre este hecho, los informantes coincidieron en responder: "ninguno hace cuentas: en la *tornajeira* ¡un día es un día!" –"*ninguém faz contas: na tornajeira, um dia é um dia!*"–. No obstante, los grupos domésticos de los niveles más superiores tienen gran cuidado en mantener una reputación pública positiva por medio de la generosidad, los regalos y distribuciones bien visibles. No debemos olvidar, por último, que la aureola exaltadamente festiva creada durante el trillo –que incluye chistes, bebidas y comidas pantagruélicas en abundancia– puede ser considerada en sí misma una forma de pago social indirecta.

¡Pero incluso el antropólogo puede ser engañado por estos esquemas! Meses más tarde, tras continuar insistentemente con mis preguntas, se me informó de que durante las cosechas más largas –aunque no en todas– parte de los aldeanos más pobres recibían un salario diario, un hecho social que en aquel tiempo era encubierto por todo el mundo. ¿Se trata simplemente de la renuncia a echar a perder un *ambiente* de aparente cooperación, de un intento de evitar mezclar los niveles de ayuda no monetaria y de trabajo asalariado?; ¿o es que en realidad la ayuda mutua comunitaria desinteresada nunca ha existido?; ¿quiénes colaboran y quiénes explotan? ¿Se sienten los campesinos en este tipo de situaciones llenos de rencor, engañados o sutilmente dominados por sus vecinos de estatus superior, o son las propias costumbres de la aldea las que falsean la realidad? James C. Scott (1985; 1990) daría una respuesta afirmativa a estos interrogantes. Toda una serie de comportamientos lingüísticos y culturales indican cómo en realidad –en otras esferas sociales u ocasiones no relacionadas con el trillo– los campesinos se sienten, en un sentido amplio, "utilizados" de algún modo dentro del sistema jerárquico. Según ha señalado Scott, las represalias se llevan a cabo por medio de ocultas, entre bastidores, o latentes formas de venganza verbal simbólica. Ésta debe ser tan sólo una de las armas de las que disponen.

La explotación social también se introduce dentro de la esfera familiar. Los aldeanos más pobres se constituyen en recursos comunes al ser empleados como sirvientes o pastores en otros grupos domésticos, mientras que –dentro del ámbito de las relaciones domésticas y de parentesco– un importante número de solteros "sirve" a sus hermanas o hermanos casados siendo sus ayudantes en las tareas agrícolas. El hecho de permanecer soltero, como una especie de mano de obra semiempleada por sus propios hermanos, no impide mantener relaciones sexuales con mujeres de estatus inferior, fundamentalmente con aquellas incluidas dentro de la categoría de jornaleras. Los hijos ilegítimos engendrados –zorros– son posteriormente empleados –de forma cíclica– por las familias más ricas como capataces –caseiros–, pastores o sirvientes. Esto significa que los solteros de más edad no sólo se encuentran explotados socialmente por sus hermanos, sino también –en un sentido abstracto– por todo el sistema social, que utiliza a su prole como recursos de trabajo, comunes y continuamente renovables, al servicio de las familias pertenecientes a los estratos superiores de la aldea. Dentro de la esfera del género (Bourdieu, 2002. Análisis de un clásico caso de explotación social de solteros en el suroeste de Francia), los individuos pueden permanecer ocupando dichos roles sociales, caracterizados por una "explotación suave y amable", incluso dentro del supuestamente íntimo universo familiar.

Estos ejemplos nos plantean un dilema. No sirven como casos cristalinos y clásicos de explotación, según la definió Marx para los sistemas capitalistas. Sin embargo –y es en este punto donde descansa la relevancia de las perspectivas de Bourdieu–, las situaciones rurales no-capitalistas tampoco parecen ser tan claras o transparentes como se había pensado. En suma, una cosa es la explotación laboral pura, tosca y a gran escala, y otra la explotación sutil, disimulada y de tipo no económico, sino cultural. De hecho, ¿existe en algún lugar del mundo un tipo de sociedad en la que no sea posible hallar cualquier modo de apropiación social? ¿Es inevitable que el significado del concepto de explotación social se diluya dentro del sentido común en la noción del uso de una persona por otra? En su famoso estudio sobre los campesinos rusos, A. V. Chayanov demostró cómo, durante periodos específicos del ciclo de vida de las familias rurales, miembros de todas las edades del grupo doméstico tuvieron que autoexplotarse, maximizando hasta dimensiones extremas la inversión de trabajo propio por medio de la realización de numerosas horas de trabajo extra (Chayanov, 1974). ¿Qué es entonces aquello que queda entre medias de la abstracta noción roussoniana del contrato social –basada en un acuerdo voluntario, aunque codificado, o en un tipo de relaciones humanas horizontales entre iguales desde el punto de vista social– y un vínculo entre dos personas que se transforma en apropiación o utilización a través de la explotación social?

Es más, no se puede esperar que sea posible establecer una equivalencia simple y directa entre las distintas formas de explotación social y la desigualdad. La explotación no aparece sólo en situaciones de estratificación y jerarquía, ni es únicamente una relación social basada en un intercambio desigual necesariamente explotador. Atendamos a un tercer ejemplo.

Antropólogos y politólogos especializados en el Mediterráneo –así como en América Latina, el Sureste asiático y Europa– han derramado mucha tinta en sus análisis sobre los lazos denominados clientelares, que universalmente son vistos como fruto de relaciones asimétricas verticales entre un patrón –que ocupa un estatus superior– y los clientes –situados en una posición inferior–. El patrón proporciona un acceso estratégico a la tierra, recursos, instituciones formales del Estado e importantes contactos personales en las ciudades; a cambio, los clientes le juran lealtad política o militar, y le ofrecen parte de su cosecha –a modo de pagos de alquiler–, presentes, servilismo público y, lo más importante –en tiempos de elecciones–, su voto. Aunque menos estudiadas por los antropólogos –hasta hace muy poco sumidos en modelos orientados hacia lo masculino–, es posible descubrir mujeres patronas, con clientes tanto masculinos como femeninos. También se ha prestado una menor atención a los vínculos de tipo horizontal establecidos entre los propios patrones, así como a las solidaridades horizontales desarrolladas entre grupos colectivos de clientes. Lo más común ha sido pensar que los patrones tendían a reunir a un extenso círculo social de clientes, mientras que los clientes raras veces tenían varios patrones. Es importante señalar que los vínculos se conciben –tanto por parte del patrón como del cliente– como una relación recíproca, personalizada y multifacética, que dura varios años o incluso décadas (Albera, Block, Bromberger, 2001). Sin embargo, los grupos implicados no consideran dichos vínculos ni igualitarios ni voluntarios, ni siquiera basados en un modelo inequívocamente paternalista de confianza mutua. Son fundamentalmente jerárquicos y, como tales, están caracterizados por intercambios desiguales de objetos, recursos o formas de dedicación.

¿Se sienten los clientes explotados socialmente? Probablemente la respuesta sea que sí. Ahora bien, ¿sucede así en todas las situaciones? Una mirada superficial nos llevaría a la conclusión –¿errónea?– de que, efectivamente, todos los patrones son "por naturaleza" explotadores y, por consiguiente, todos los clientes se encuentran "por naturaleza" explotados. Y, sin embargo, ¡muchos clientes reconocen explotar también a sus patrones! ¿Estarían estos últimos remotamente de acuerdo con dicha afirmación? A la inversa, muchos clientes concluyen que técnicamente no son explotados por sus patrones: por el contrario, la relación sería más bien de carácter simbiótico, en la que cada parte del vínculo "usa" a la otra en innumerables ocasiones de tipo económico, político, social e incluso sentimental. Más allá, los patrones pueden cambiar sus clientelas, al igual que los clientes hacen lo propio con sus patrones, estrategia que continúa siendo una de las principales armas defensivas de estos últimos. Para muchos de los analistas del patronazgo, los lazos verticales que se establecen son tan eficaces a la hora de atar a los subordinados a sus líderes, que en numerosos casos históricos han sido capaces de amortiguar distintas manifestaciones de potenciales protestas políticas por los clientes, al volverse éstos incapaces de organizarse entre sí de un modo efectivo a consecuencia de sus alianzas verticales.

¿Qué diría Rousseau a propósito de todo esto? ¿En qué tipo de laberinto nos hemos inmerso? La institución del patronazgo nos aporta otro caso más de lazos enmascarados que revelan dobles niveles de realidad social. Distintos en ciertos sentidos al trabajo cooperativo, los vínculos de dependencia patrón/cliente incluso revelan otra relación social basada en lo que en apariencia se trata de un acuerdo mutuo, pero que de hecho se deriva de lazos muy diversos, como una especie de nudo que aúna distintos hilos o hebras. Y es que ni las desigualdades económicas o políticas, ni la jerarquía en sí misma, conducen de manera irrevocable a la explotación social por medio de la sustracción de bienes o valores "excedentes". Esto es así porque las dimensiones sociales, culturales, lingüísticas y mentales de la relación revelan un área de intercambios imperceptibles y disimulados. Una vez más, la teoría práctica de Bourdieu ofrece constructivos consejos, uno de los cuales permite enfatizar la naturaleza social –no-económica– de los vínculos patrón/cliente.

¿Qué dicen y hacen en realidad los auténticos patrones y clientes? ¿Encaja siempre y adecuadamente la explotación social dentro de la económica? El último ejemplo acerca del patronazgo sugiere que tal vez no sea así. Los vínculos patrón/cliente pueden con frecuencia convertirse en "asimétricas" relaciones de amistad vertical, o en lazos de compadrazgo formalizados en la esfera eclesiástica. ¿Pueden verse las relaciones sociales establecidas entre este tipo de amigos o compadres únicamente como explotadoras? ¿Son sencillamente unidireccionales o, por el contrario, resultan múltiples, dando lugar a espacios simultáneos de existencia de explotación suave –entre las diferentes hebras– más allá de la simple y explícita cooperación? Las técnicas de explotación de la Mafia aportan un caso especial; entre el patrón y el cliente se sitúan los agentes de bolsa, mediadores que se apropian tanto del patrón como de sus propios clientes. En estos contextos, los beneficios económicos no son la única meta; se busca a la par obtener honor y una mayor influencia sobre otros. En situaciones extremas, la explotación múltiple se convierte en inequívoca, derivando en el uso de la violencia y la coerción física, con el homicidio como consecuencia final de una extracción de excedentes altamente organizada (Block, 1988). No es sorprendente entonces que muchos analistas subrayen el hecho de que el homicidio de la Mafia –ya sea en Sicilia, Chicago, Moscú o en cualquier otra parte– no es más que un medio para lograr un fin muy concreto: la acumulación de prestigio social y poder.

Sin embargo, es sumamente difícil separar las distintas hebras involucradas en estos casos especiales de violencia de la Mafia, que no es sólo económica, política, coercitiva o social, sino psicológica por su uso de la intimidación y del miedo. No debemos subestimar este factor mental; de hecho, ¿puede ser visto el terrorismo contemporáneo como una explotación social indirecta de doble filo, que inteligentemente aúna el plano social y el psicológico? Los personajes de las novelas de Franz Kafka vienen a la mente inmediatamente. Abstractamente "explotados" por las burocracias estatales, sus estados mentales revelan una compleja conjunción de sentimientos de confusión, desorientación, miedo, alienación y culpa. Se trata de una dimensión más —aunque más personal y subjetiva— de la explotación social misma.

Esto último nos devuelve al punto de partida: ¿dónde situar de forma precisa la línea que separa la explotación económica o política de la social? No toda explotación social se percibe como tal. Las formas hegemónicas de dominación y control que se filtran dentro de la máscara social de la explotación son tan efectivas que muchas veces las víctimas acaban interiorizando la ilusión de la ausencia de cualquier tipo de explotación. Dicho de otro modo, los mecanismos de enmascaramiento son mucho más sutiles e insidiosos de lo que hasta el momento habíamos imaginado. Por tanto, para analizar la explotación social debemos convertirnos en una especie de detectives en busca de lo camuflado, enmascarado, distorsionado y disimulado. Por si fuera poco con esto, en nuestra época contemporánea encontramos además *nuevas* categorías increíblemente variopintas de patrones (Hannerz, 1992), tales como los expertos profesionales —abogados, trabajadores sociales, consultores financieros o profesionales, profesores, doctores, sacerdotes— o los especialistas tecnológicos —tecnócratas políticos y administrativos—. Todos ellos ofrecen servicios y *conocimiento a clientes inexpertos, una forma novedosa en la que "cultura es poder". Surgen entonces multitudinarias nuevas formas de explotación social. Esta perspectiva obliga a revisar todos los modelos antropológicos de explicación de las relaciones patrón/cliente.

En conclusión, las formas de explotación social constatables en el mundo son probablemente tan variadas y diversas como el arco iris de sociedades, lenguajes y culturas. Así, si bien "la belleza se encuentra en el ojo del espectador", no podemos concluir del mismo modo que en cualquier lugar y condición "el sentimiento de explotación *social* se encuentra en el corazón del explotado". Es precisamente por este motivo por lo que la apropiación social es tan refinadamente suave. Pocas veces se siente como lo que realmente es...

Nuestro objetivo no es ofrecer una lista exhaustiva o totalizadora de las innumerables formas de explotación social, sino alcanzar otra meta: estimular una actitud reflexiva acerca de las formas de pensamiento crítico sobre el tema, y sobre las vías a través de las que es posible establecer un vínculo entre la teoría social macro —sea el marxismo o cualquier otra teoría— y el nivel micro de la vida cotidiana —tanto en el caso de campesinos remotos como en nuestro curso diario dentro de las denominadas sociedades industriales avanzadas.

Siguiendo con dicha sugerencia, podríamos ponernos en el papel de abogados del diablo y concluir con una pregunta para el lector. Mientras lee estas líneas, piense en su vida cotidiana en cualquiera de sus aspectos —"en el trabajo", la escuela, frente a un ordenador, conectado a Internet, con su familia o en el universo social en general—. ¿Ha sido hoy explotado socialmente?

Bibliografía

ALBERA, Dionigi; BLOK, Anton; BROMBERGER, Christian (eds.) (2001): *L'Anthropologie de la Méditerranée/Anthropology of the Mediterranean*. Paris: Maisonneuve y Larose/Maison Mediterranéenne des Sciences de l'Homme.

BLOK, Anton (1988 [1974]): *The Mafia of a Sicilian Village 1860-1960: A Study of Violent Peasant Entrepreneurs*. Prospect Heights, Illinois: Waveland.

BOURDIEU, Pierre (1977 [1972]): *Outline of a Theory of Practice*. Cambridge: Cambridge University Press. Traducción del original: *Esquisse d'Une Théorie de la Pratique, Précédé de Trois Études d'Ethnologie Kabyle*. Genève: Librairie Droz.

— (2002 [1962]): "Célibat et Condition Paysanne", en Pierre Bourdieu, *Le Bal des Célibataires: Crise de la Société Paysanne en Béarn*. Paris: Seuil, 15-166.

CHAYANOV, Alexander Vasilevich (1974 [1925]): *La Organización de la Unidad Económica Campesina*. Buenos Aires: Nueva Visión (org. Eduardo P. Archetti).

DIAS, António Jorge (1984 [1953]): *Rio de Onor: Comunitarismo Agro-pastoril*. Lisboa: Presença.

HANNERZ, Ulf (1992): *Cultural Complexity: Studies in the Social Organization of Meaning*. New York: Columbia University Press.

O'NEILL, Brian Juan (1987): *Social Inequality in a Portuguese Hamlet: Land, Late Marriage, and Bastardy 1870-1978*. Cambridge: Cambridge

University Press. Traducción al portugués en 1984: *Proprietários, Lavradores e Jornaleiras: Desigualdade Social numa Aldeia Transmontana, 1870-1978*. Lisboa: Publicações Dom Quixote.

PAIS DE BRITO, Joaquim (1996): *Retrato de Aldeia com Espelho: Ensaio sobre Rio de Onor*. Lisboa: Publicações Dom Quixote.

SCOTT, James C. (1985): *Weapons of the Weak: Everyday Forms of Peasant Resistance*. New Haven: Yale University Press.

— (1990): *Domination and the Arts of Resistance: Hidden Transcripts*. New Haven: Yale University Press.

Brian Juan O'Neill

Véanse además Acciones afirmativas, ALTERIDAD, *Apartheid*, Centro-periferia, CIUDADANÍA, COLONIALISMO Y ANTICOLONIALISMO, CULTURA, DESARROLLO, DIFERENCIA Y DESIGUALDAD, Diferencias sociales y diferencias culturales, Discriminación positiva, Esclavitud, ESTADO-NACIÓN, FRONTERA, INDIGENISMO, Migraciones. Redes sociales, Pluralismo sincrónico, Racismo y neorracismo, Relaciones y procesos informales políticos, SABER Y SABERES, TERRITORIOS, TRABAJO, Traducción.

Extranjero

Entiéndase el término ya sea en su acepción espacial –lo que está fuera– o social –las personas procedentes de dicho lugar–, tanto el sustantivo como el adjetivo "extranjero" remiten, en última instancia, a la construcción de la *alteridad. En el mundo contemporáneo, desde el punto de vista del autóctono, ciertamente el "otro" extranjero evoca ante todo al que procede de otro país o *nación y, por consiguiente, a una persona a la que se atribuye una trayectoria social, unas formas de ser y de hacer *distintas de las de los nativos. Representa a –y se le considera a menudo como representativo de– un *territorio y una *cultura. El uso del concepto está estrechamente conectado con los modos de pertenencia a los que se opone, la *ciudadanía y la *nacionalidad.

En la práctica, la categoría "extranjero" tiende a ser englobante y sociológicamente indiferenciada. Es un principio de *discriminación social de alcance variable cuya función es separar más que unir y que, al diferenciar, tiende a *amalgamar a colectivos heterogé-

neos: genéricamente usado, el término no repara en el país de procedencia, la trayectoria personal y social, ser inmigrante económico o exiliado político, refugiado o simple *turista; según los casos y las circunstancias, las personas así identificadas pueden ser conocidas o desconocidas, vivir dentro o fuera de la *nación, en el barrio vecino o incluso en el mismo descansillo de un inmueble; los matices que estas disimilitudes introducen son a menudo insuficientes para prevenir y/o contrarrestar de manera duradera eventuales generalizaciones, esquematizaciones, *estereotipos y prejuicios –sean favorables o desfavorables–. Simultáneamente, como muestran Hannerz o Appadurai, la *globalización, los avances tecnológicos y los medios de comunicación de masas trastocan la noción de espacio, las imágenes en torno a los extraños y, en consecuencia, la representación subjetiva de uno mismo. Pero, a pesar de que los *límites territoriales y sociales sean más permeables, el individuo originario de un país extranjero sigue siendo el prototipo de lo diferente, del no-*ciudadano, de lo que no es el "otro" generalizado –como dice Mead– y presente en cada uno en tanto que miembro de una comunidad.

A primera vista, la categoría "extranjero" no se construye de manera diferente de la de "forastero" ni de los principios que sirven para categorizar a todo aquel que, en función del criterio seleccionado –género, clase, *etnia, casta…–, representa la cara opuesta de la *identidad personal o colectiva. Se trata, pues, de un proceso comparable al constatado por Lévi-Strauss (1983) cuando señalaba que entre los pueblos estudiados por los etnólogos era muy común conferir la dignidad humana únicamente a los miembros del grupo propio y confundir a los demás con la animalidad o, siguiendo la etimología del término "cultura", con lo no "cultivado". No obstante, si bien el rechazo fuera de la humanidad constituye el preludio que favorece la confusión entre el "extranjero" y el "enemigo", las dos figuras no están ligadas entre sí de manera inextricable. En palabras de Tabboni (1997: 235), "el extranjero es 'originario'..., habita desde siempre, incluso antes de aparecer, la *ciudad [entendida en sentido metafórico] del autóctono, su presencia es esencial para alimentar la imaginación, el *desarrollo, la vida de este último". En primera aproximación, pues, se puede abordar la categoría "extranjero" como una especie de universal antropológico en la medida en que es un producto de la actividad clasificatoria constitutiva de la formación de los grupos, de lo propio y de lo ajeno, es decir, el resultado de un proceso de adscripción y de distinción inherente al género humano y a la vida en sociedad. Así, la relación dual entre la extranjería y la ciudadanía, surgida de la institucionalización de esta última, se presenta como una manifestación particular, sociohistóricamente definida, de un mecanismo de diferenciación de aplicación mucho más general, que está en la base de los procesos de identificación. El relativismo estructural aparece, pues, como un rasgo elemental de la categoría "extranjero" que destaca la cerrazón del enfoque sustantivo cuando asimila al extranjero con cualidades particulares.

No obstante, la constatación de que la categoría social "extranjero" hunde sus raíces en un proceso social y cognitivo primario –y común– no permite obviar las condiciones sociohistóricas que dan un respaldo a su reconocimiento institucional, proporcionan el marco donde situar los *movimientos sociales a favor o en contra de la *integración social de los extranjeros y explican eventualmente la *demonización del "otro" que alimenta distintas formas de *homofobia, heterofobia o *racismo. En la medida en que la categoría expresa más la segregación que el reconocimiento como "otro", la apuesta social por una jerarquización de los grupos más que por una defensa de la igualdad, su uso en el juego social, predispone al sociocentrismo y al *etnocentrismo.

Se pueden distinguir diferentes niveles de construcción social del extranjero. Destaca, en primer lugar, el sociopolítico donde se asiste actualmente a un doble movimiento, de dirección contraria. La política exterior de los Estados-nación constituye el cauce oficial mediante el cual se establecen y regulan las relaciones con los demás países y con sus habitantes respectivos, de tal modo que configura nuevos mapas geopolíticos, más flexibles y transnacionales. Simultáneamente los nacionalismos internos –apoyados ya sea en la contigüidad espacial de sus miembros o en la *dispersión– favorecen movimientos de exclusión social que implican unas redefiniciones más o menos profundas de las redes sociales y, por consiguiente, de los márgenes de la alteridad, de la amistad y de la enemistad, de la construcción del "nosotros" frente a "ellos".

Ambos procesos muestran las insuficiencias del relativismo estructural, tanto espacial como social y cognitivo. En un texto, ya antiguo pero que se ha convertido en una referencia, sobre la oposición inveterada que caracteriza las relaciones entre pueblos vecinos, Caro Baroja (1954) ha destacado diferentes esferas concéntricas, mostrando que la inclusión y la exclusión varían con la proximidad espacial y social. En particular, ha subrayado cómo el marco de referencia en función de la posición social cambia la percepción y la representación del otro. En dicho análisis ha diferenciado también distintos grados de aceptación al pasar de lo general a lo particular, de los extraños-desconocidos a los extraños-conocidos o del grupo anónimo a las personas concretas. Estudios más recientes sobre poblaciones afines culturalmente o *pluriculturales siguen corroborando la existencia de estos mecanismos cognitivos y sociales pero, sobre todo, ponen de relieve la influencia decisiva de los marcos estructurales e impersonales. Las relaciones privilegiadas con determinados países o su ausencia dependen de los vínculos internacionales y de las fuerzas respectivas de cada nación, tanto a nivel económico como sociopolítico en cada momento. Por ejemplo, durante la llamada "Guerra Fría", la división entre los "países amigos" –socialistas– y los "enemigos de la Unión Soviética" –capitalistas– definió duraderamente tanto el trato y la consideración del extranjero como los vínculos internos con los residentes cuya nacionalidad era distinta de las integrantes de la URSS. Las imágenes sociales sobre los "judíos" en distintos contextos sociopolíticos son también paradigmáticas (Devillard, 2006; Wieviorka, 1997). De una manera general, las políticas de extranjería, y en particular la regulación de la emigración y de *inmigración, están directamente ligadas a los campos políticos y estratégicos. Pero éstos también repercuten sobre fenómenos como el turismo y, de manera más insidiosa, sobre la gestión de las relaciones *interculturales cotidianas. El llamamiento de Bourdieu contra la "*xenofobia de Estado" en 1997 cumplía un doble cometido: denunciar la política gubernamental e internacional de inmigración y luchar contra el hecho de que "bajo el efecto del acostumbramiento, [aquella] se pueda imponer poco a poco como un dogma" (2002: 346), dando así cobertura oficial al rechazo y a la configuración de un estigma.

Si se desplaza la atención desde el ámbito macropolítico hacia el cotidiano, y desde la población de acogida hacia el extranjero propiamente dicho, los conflictos derivados de su posición respectiva se aprecian más claramente. En primer lugar, demasiada insistencia sobre la complementariedad conceptual y social entre el "autóctono" y el "extranjero", el hecho de que no se puedan definir de manera separada, puede dar lugar a que se subestimen las *desigualdades de posición. Si se entiende que "ninguna de las dos partes está totalmente desprovista de poder, ni puede ejercerlo sin límites" (Tabboni, 1997: 241), cabe preguntarse si es suficiente apelar a la asimetría como hace la autora, comentando el modelo de Simmel: "La ambivalencia que reina en las relaciones entre el extranjero y el grupo mayoritario –escribe– refleja la relación asimétrica de poder... Hasta el momento en el cual la relación se interrumpe... el extranjero sigue teniendo una función en la relación y sacando una ventaja relativa. La cantidad, aunque modesta, de poder del que dispone el extranjero ejerce su influencia de distintas maneras y provoca procesos de modificación recíproca tanto en él como en el autóctono." El planteamiento corre el riesgo de diluir las relaciones de dominación que estructuran las modalidades de integración social y la interacción. En efecto, las reacciones que el extranjero suscita en la práctica cotidiana, cómo se le construye dentro del país, sólo son comprensibles desde las situaciones sociales y las relaciones de fuerza concretas. En este sentido es preceptivo desmentir varias prenociones. Lévi-Strauss (1983: 44) ya advertía que, para que se produzca "tolerancia recíproca", tienen que cumplirse dos condiciones, que se dan cada vez más raramente en las sociedades contemporáneas: una igualdad relativa y una distancia física suficiente. Como pone de manifiesto Kosakaï (2000), los datos desmienten la idea de "umbral de tolerancia": de acuerdo con las observaciones realizadas, la tolerancia parece más bien proporcional a la presencia de extranjeros; éstos no reciben todos igual trato ni son objeto de representaciones similares, y, sobre todo, el hecho de que muchos conflictos étnicos opongan pueblos próximos en términos de cultura, religión, lengua y apariencia física muestra que se aguantan peor las similitudes que las diferencias.

Al igual que Elias y Scotson (1994) en su análisis de las relaciones entre *established* y *outsiders*, Kosakaï destaca que no se puede aislar el trato diferencial de los procesos históricos que contribuyen a construirlo. Da el ejemplo de los magrebís, que en Francia son rechazados en mucha mayor medida que los

asiáticos del Sureste, sin que se pueda achacar a un menor nivel de integración de los primeros con respecto a los segundos. De hecho, estudios cualitativos aplicados al seguimiento de inmigrantes enseñan que una persona puede dominar el idioma, compartir las pautas culturales, haber adquirido la nacionalidad del país donde reside o, como mínimo, estar integrado legalmente dentro de la sociedad de acogida mediante el cumplimiento de las condiciones fijadas en las llamadas leyes de extranjería –*estar en regla*, *tener los papeles*–, sin que esto le proporcione objetiva y/o subjetivamente todos los atributos del ciudadano. Ocurre incluso –según muestran finamente los escritos de Sayad (1999, 2002)– que, a consecuencia del proceso migratorio, uno puede llegar a ser –considerado– un extranjero en su propia tierra. En realidad, contrariamente a lo previsible de acuerdo con una definición *naturalizada y sustantiva de la identidad y de la diferencia, las modalidades de la inserción y del reconocimiento –o la negación– del "otro", la relación entre "nosotros" y "ellos" –cuya suerte parece ligada cognitivamente– son el producto variable y a menudo ambivalente y contradictorio de distintos procesos sociales cuyo peso respectivo cambia en función del contexto: la génesis sociohistórica de las relaciones intergrupales, la situación socioeconómica presente, el nivel de personificación y de interacción social concreta. La consideración y las imágenes del "otro", los discursos y las prácticas reales, varían en función de los objetos en juego, las relaciones de fuerza entre los distintos grupos y las consecuencias sociales y personales de los diferentes procesos.

Así, la desconfianza hacia el extranjero –observable, especialmente pero no sólo, entre los más desprovistos de capital social, económico y cultural– y su estigmatización están estrechamente vinculadas a los procesos socioeconómicos e históricos que, al definir las posiciones sociales respectivas, tienden a convertir al "otro" en chivo expiatorio de los males sociales y predisponen a la reproducción de los prejuicios y al ostracismo. De acuerdo con este enfoque, los límites que van definiendo al "extranjero", su posición relativa, tanto objetiva como subjetiva, y su práctica social son mucho más certeramente construidos –cognitiva y simbólicamente– e inteligibles en función del juego y de las coyunturas sociohistóricas concretas que de la geografía política o de la psicología colectiva.

Bibliografía

BOURDIEU, P. (2002): *Interventions 1961-2001. Science sociale et action politique*. Marseille: Agone.

CARO BAROJA, J. (1954): "El sociocentrismo de los pueblos españoles" en VV. AA., *Homenaje a Fritz Krüger*. Mendoza: UNC, 457-485. Tomo II.

DEVILLARD, M. J. (2006): *Españoles en la URSS y rusos en España. Las ambivalencias de los vínculos sociales*. Madrid: CIS-Siglo XXI.

ELIAS, N.; SCOTSON, J. (1994 [1965]): *The Established and the Outsiders*. London, Thousand Oaks, New Delhi: Sage Publications.

KOSAKAÏ, T. (2000): *L'étranger, l'identité. Essai sur l'intégration culturelle*. Paris: Payot et Rivages.

LEVI-STRAUSS, C. (1983): "L'ethnologue devant la condition humaine". *Le regard éloigné*. Paris: Plon, 75-92.

SAYAD, A. (1999): *La double absence. Des illusions de l'émigré aux souffrances de l'immigré*. Paris: Seuil.

— (2002): *Historie et recherche identitaire*. Saint-Denis: Éditions Bouchene.

TABBONI, S. (1997): "Le multiculturalisme et l'ambivalence de l'étranger", en M. Wieviorka (ed.), *Une société fragmentée?* Paris: Éditions de La Découverte.

WIEVIORKA, M. (1997): "Le juif, figure de l'étranger?", en M. Wieviorka (ed.), *Une société fragmentée?* Paris: Éditions de La Découverte.

Marie José Devillard

Véanse además ALTERIDAD, *Apartheid*, CIUDADANÍA, Ciudadano, CULTURA, Derecho de injerencia, DESARROLLO, DIFERENCIA Y DESIGUALDAD, Diferencias sociales y diferencias culturales, Diferencias sociolingüísticas y desigualdad, DISCRIMINACIÓN Y EXCLUSIÓN SOCIAL, ESTADO-NACIÓN, Espacios locales, ESTEREOTIPOS Y ESENCIALIZACIÓN, ESTIGMA, Etnicidad, Etnocentrismo y relativismo cultural, FRONTERA, Fronteras políticas y religiosas, GLOBALIZACIÓN, HIBRIDACIÓN, Homofobia y heterofobia, IDENTIDAD, INTEGRACIÓN, Integración educativa, Interculturalidad, MIGRACIONES, Migraciones. Teoría macro, Migraciones y economía, Migraciones y racismo, MINORÍAS, MOVILIDAD, MULTICULTURALISMO, Nacionalidad, Nacionalismo, Naturalización, Nomadismo y turismo, NUEVOS MOVIMIENTOS SOCIALES, Plurinacionalidad, Racismo y neorracismo, Segregación, TERRITORIOS, TRABAJO, Xenofobia y xenofilia.

F

Frontera

La dificultad de tratar la frontera como objeto de estudio se deriva, en primer lugar, de la importante polisemia del concepto, agravada por su centralidad. En un momento en el que las ciencias sociales procuran dar cuenta de un mundo en profunda transformación, y en el que algunas de las delimitaciones *identitarias de la *modernidad parecen inadecuadas, reflexionar sobre los límites se ha convertido en tema central de muchos debates. Podemos hablar de frontera como metáfora, pero no podemos olvidar que también es una realidad concreta, un *territorio situado en el margen, como nos indica su etimología latina. También podemos considerarla como realidad dinámica, una vez que, desde un punto de vista militar, *frontera define la línea del frente, el lugar de enfrentamiento de aquel que está vinculado a otra soberanía. Ahora bien, por otra parte, la *frontera moderna, aquella que el *Estado-Nación ha producido, se fundamenta en el reconocimiento y eternización de las demarcaciones, es decir, en la *naturalización* de los límites trazados. Podemos aún considerar la frontera como un lugar de *distinciones —geográficas, políticas, culturales—, pero no será posible comprenderla si no la vemos como espacio de fusión, mezcla e *hibridación. Estos diferentes sentidos de la frontera no definen un itinerario analítico lineal, pero será este itinerario el que procuraremos seguir en el tratamiento de las voces secundarias que se derivan de este término. El sentido más literal de frontera, el de una entidad que separa Estados, es el punto de partida y eje estructurante que nos permite abordar la polisemia del concepto. La expresión metafórica de frontera surge a partir de la idea de límite, también de etimología latina: *limes*, línea que determina una extensión espacial o que separa dos extensiones. La naturaleza de esta línea y su capacidad de separar y unir atraviesan el intento de comprensión de la frontera que aquí se realiza.

Bibliografía

COHEN, Anthony (ed.) (2000): *Signifying identities. Anthropological perspectives on boundaries and contested values*. London, New York: Routledge.

PELLOW, Deborah (ed.) (1996): *Setting boundaries. The anthropology of spatial and social organization*. London: Begin & Garvey.

PUJADAS, J. J. (ed.) (1999): *Globalización, fronteras culturales y políticas y ciudadanía*. Actas VIII Congreso de Antropología. Santiago de Compostela: FAAEE.

VERMEULEN, Hans; GOVERS, Cora (ed.) (1994): *The anthropology of ethnicity. Beyond "Ethnic groups and boundaries"*. Amsterdam: Het Spinhuis.

WILSON, Thomas; DONNAN, Hasting (ed.) (1998): *Border identities: nation and state of international frontiers*. Cambridge: Cambridge University Press.

Luis Cunha

Véanse además Centro-periferia, CIUDADANÍA, COLONIALISMO Y ANTICO-

LONIALISMO, Comunidad transnacional, Comunitarismo, CULTURA, Derecho de injerencia, Desterritorialización, DIFERENCIA Y DESIGUALDAD, Elites cosmopolitas, Esfera mediática, Espacio de los flujos, Espacio red, ESPACIO-TIEMPO, Espacios locales, ESTADO-NACIÓN, EXPLOTACIÓN SOCIAL, Extranjero, Frontera geográfica y administrativa, Fronteras económicas, Fronteras políticas y religiosas, Fronteras simbólicas, GLOBALIZACIÓN, Globalización y antiglobalización, HIBRIDACIÓN, IDENTIDAD, Interculturalidad, Lugar y no-lugar, Megalópolis, Migraciones. Redes sociales, Modernidad, MULTICULTURALISMO, Multiculturalismo en los estudios étnicos, Naturalización, PATRIMONIO, Pluralismo sincrónico, Racismo y neorracismo, SABER Y SABERES, Sujeto intercultural, TERRITORIOS, TRABAJO, Viajes y sistemas de movilidad, Xenofobia y xenofilia.

Frontera geográfica y administrativa

La división del planeta en unidades políticas *desiguales pero contiguas, tal como se puede observar en cualquier *mapa político, deriva de la confrontación de fuerzas sociales, políticas y militares, más que de la adaptación de las poblaciones a compartimentaciones dictadas por la naturaleza. La configuración del mapa político, según lo conocemos hoy en día, es un producto bastante reciente y provisional de la acción humana. Basta pensar en el reparto del continente africano como consecuencia de la Conferencia de Berlín (1884-1885), en la forma en que el Oriente Próximo se reorganizó a partir de las cenizas del Imperio Otomano e incluso en la manera en que Europa se recompuso políticamente después de la caída del "Muro" de Berlín. Cuando, a finales del siglo XIX, Ratzel definió *frontera como una sucesión de innumerables puntos, sobre los cuales un *movimiento orgánico está obligado a parar, puso el énfasis en la manera como la naturaleza articula orgánico e inorgánico, pero también en el modo en que dos movimientos orgánicos se pueden enfrentar, configurando así el espacio *natural* de cada uno. Entendida de esta forma, la frontera se nos presenta como expresión de un equilibrio provisional, producido por la confrontación de fuerzas *naturalmente* antagónicas.

Esta concepción de la frontera como demarcador *natural* o al menos *naturalizado* no resiste la evidencia de su carácter contingente e histórico. Algo diferente, con todo, es deducir su volubilidad a partir del modo arbitrario en que se han trazado las divisiones. Ocurre exactamente lo contrario. Incluso en relación con demarcaciones de evidente raíz *colonial, como aquellas que han generado la mayor parte de los actuales Estados africanos, el principio dominante es la conservación de los trazados heredados. El rechazo a la idea de coherencia entre las divisiones naturales del espacio y las fronteras administrativas no cierra el debate sobre las fronteras naturales, más bien lo abre para la discusión de la posibilidad de naturalización de estos límites. De hecho, infraestructuras importantes, tales como vías de comunicación o equipamientos sociales, se consideran a partir de un espacio fragmentado que así se legitima y fortalece. Esta construcción del *territorio a partir de la frontera puede ser tanto una forma de potenciar el aprovechamiento de la división administrativa por las poblaciones como una manera de fortalecer la soberanía e incluso de ilustrar simbólicamente la separación política. Piénsese en la multiplicación de caminos y veredas derivados del contrabando, en la edificación de equipamientos que permiten la vigilancia y control de la frontera y en la construcción de obras emblemáticas que señalan la "puerta de entrada" del país. Esta mirada sobre el proceso histórico de estabilización y naturalización del trazado fronterizo revela su *ambigüedad*, en la medida en que muestra la frontera como instrumento de ordenación política, pero también como recurso para las poblaciones rayanas. Es en la oscilación entre estas vertientes, que efectivamente se condicionan e influyen, donde la frontera se revela plenamente como objeto de investigación.

La *buena frontera*, aquella que sólo encontramos como idealización, debe ser natural pero discreta, abierta pero al tiempo protectora, lugar que distingue, pero que simultáneamente promueve intercambios y contactos (Foucher, 1988: 9). La encontramos en el plano de la ficción política, que nos muestra el mundo como un archipiélago de Estados insulares. El ideal de adecuación de las fronteras jurídicas y administrativas a la naturaleza, aun contrariando la realidad histórica y geopolítica, fue invocado como criterio importante sobre todo en los siglos XVII y XVIII. Estaba en cuestión un esfuerzo de *racionalización* del trazado de la frontera con base en los obstáculos naturales, tales como cadenas montañosas o el curso de los ríos. Este esfuerzo debe considerarse como consecuencia del impulso de la cartografía comercial y real verificado desde finales del s. XVI, pero también como resultado del desarrollo y de la afirmación de la concepción de soberanía del Estado. En relación a la cartografía, importa destacar no sólo los aspectos técnicos que se derivan de una representación rigurosa del espacio en un mapa, sino también la dimensión simbólica implicada en esta representación. El mapa permite considerar el espacio de una forma distanciada y que se cree racional, al tiempo que favorece la creación de una conciencia común, expresada simbólicamente en las líneas de colores que trazan las fronteras.

Sobre el segundo aspecto que hemos referido, de lo que se trata es de poner el énfasis en el paso de una concepción jurisdiccional de la soberanía a una concepción eminentemente territorial, según Peter Sahlins (1989: 44) demostró en su estudio sobre la frontera pirenaica. Este paso es condición indispensable para la estabilización de la frontera, una vez que del reconocimiento y de la aceptación del vínculo jurisdiccional se deriva la capacidad, por el Estado, de convertirlas en eficaz instrumento político y fundamental para su afirmación. El control policial y militar de la frontera, al igual que instituciones como la escuela, que presentan y consolidan una determinada imagen de la *nación, con sus héroes y sus símbolos, son ejemplos de estos instrumentos que se afianzan definitivamente en el moderno Estado-nación. Efectivamente, el principio de las fronteras naturales y la arquitectura simbólica del Estado-nación derivan de una idealización de tipo semejante, existiendo en ambas situaciones el deseo de afirmación de una *identidad colectiva: en el primer caso, anclada en un territorio cuyos límites define la naturaleza; en el segundo, con base en la defensa de un sentido de pertenencia, fundamentado en la historia, la tradición e incluso la consanguinidad.

Sin perder de vista el carácter general de la cuestión, un ejemplo concreto puede ayudarnos a clarificar algunos aspectos. El "Tratado de Límites", firmado entre España y Portugal en 1864, no modificó sustancialmente el trazado de una frontera que desde el s. XIII había sido regulada por innumerables instrumentos jurídicos. El trabajo de la "Comisión de Límites" sobre el terreno duró más de una década, pero incidió sobre todo en la averiguación de los derechos históricos y con-

suetudinarios de las poblaciones. En consecuencia, no existió un esfuerzo efectivo de racionalización del trazado en el sentido de una adecuación de los límites administrativos a las barreras naturales. Lo mismo se puede decir en relación a los Pirineos, donde el trazado de la frontera, acordado también en la segunda mitad del siglo XIX, habría sido mucho más tradicional que convencional, sobreponiéndose igualmente en este caso el deseo de consenso al criterio de las fronteras naturales. La aceptación de una división de hecho evidencia lo que realmente importaba: legitimar y reforzar la territorialización de la soberanía. Nos reencontramos de nuevo con Ratzel y con la idea de los movimientos orgánicos que se encuentran, una idea por medio de la cual podemos considerar los tratados ochocentistas como marcadores simbólicos de la sustitución de una frontera de *agresión* por una frontera de *equilibrio*. Rigurosamente cartografiada, pacificada e incontestada, señalada en el terreno por un conjunto de hitos, esta última frontera es el resultado de un proceso histórico y del desarrollo político y administrativo del Estado.

Nos hemos habituado a considerar las fronteras como líneas imaginarias que separan entidades de naturaleza semejante. Podemos imaginarlas como una especie de operador simbólico que distingue algo que de otra forma podría estar unido, pero que, en la medida en que existe, impone prácticas y representaciones. Dos Estados, al igual que dos regiones administrativas, poseen una naturaleza semejante pero se construyen mutuamente por medio de diferencias reales e imaginadas. Es la asimetría económica, social e incluso política la que convierte a la frontera en un recurso y en un *lugar de tránsito y de *hibridación, pues su dimensión más fecunda se revela en la confrontación y la diferencia, en el intercambio y la mezcla. Las fronteras concebidas por el Estado-nación tienden a esconder o a secundarizar esta dimensión; pero si abordamos la cuestión históricamente, veremos claramente la frontera como un lugar de confrontación. El *limes* romano, que separaba al imperio de los pueblos bárbaros, evidencia esta dimensión de confrontación que también marcó algunas de las fronteras coloniales. El caso de América del Norte lo estudió muy bien el historiador Frederic Turner (1893-1961), pero también en lugares como Brasil la frontera se consideraba un límite de lo humano. Ulf Hannerz (1997: 598), a propósito de las observaciones de Turner sobre América del Norte, indica que a aquella frontera, móvil y provisional, se adecuaba bien la expresión *confines*, que da cuenta del final de algo más que de una discontinuidad en el espacio. Esta concepción de frontera, que llama la atención sobre la confrontación, da cuenta de una separación profunda. Lo que se confronta no son realidades homólogas, sino la naturaleza con la *cultura o lo salvaje con la civilización.

La concepción moderna de frontera tiende a considerarla, según se ha dicho ya, *línea separadora*, producto de una voluntad soberana, pero que debe convertirse también en la demarcación *natural* de dos pueblos. Se trata de una concepción que siempre ha oscilado entre la idealización nunca cumplida y la realización de un conjunto de acciones políticas que pretenden su concretización. Si abordamos la cuestión desde el punto de vista de las fronteras intraestatales, nos encontramos, más allá de las especificidades políticas y administrativas de cada país, con principios de demarcación idénticos a los que acabamos de referir. En un país como Portugal, las designaciones regionales no tienen ningún tipo de connotación *étnica –así, los términos "Beira" o "Extremadura" designan antiguas fronteras, mientras que "Alentejo" o "Trásos-Montes" reflejan la perspectiva de la entidad administrativa *central–, pero incluso en España, donde el Estado nunca ha conseguido alcanzar un nivel de centralización y atenuación de diferencias tan acentuado, las fronteras internas han sido concebidas como líneas fijas, capaces de operar distinciones. Estas fronteras no dependen sólo del Estado, pero, en lo que a éste se refiere, pueden favorecer la diversidad interna –por ejemplo, promoviendo una identidad regional folclorizada– o bien obstaculizarla, sobre todo cuando la diversidad se siente como una amenaza al ejercicio efectivo de la soberanía.

Bibliografía

ANDERSON, Malcom (1996): *Frontiers, Territory and State Formation in the Modern World*. Cambridge: Polity Press.
FOUCHER, Michel (1998): *Fronts et frontières. Un tour du monde géopolitique*. Paris: Fayard.
HANNERZ, Ulf (1997): "Frontières". *Revue Internationale des Sciences Sociales*, 154: 597-609.
SAHLINS, Peter (1989): *Frontières et identités nationales. La France et l'Espagne dans les Pyrénées depuis le XVII siècle*. Paris: Belin.
ZIENTARA, Benedikt (1989): "Fronteira", en *Enciclopédia Einaudi*. Lisboa: Imprensa Nacional-Casa da Moeda, 306-317.

Luis Cunha

Véanse además *Apartheid*, Centro-periferia, CIUDADANÍA, COLONIALISMO Y ANTICOLONIALISMO, CULTURA, DIFERENCIA Y DESIGUALDAD, Elites cosmopolitas, Espacios locales, ESTADO-NACIÓN, Etnicidad, FRONTERA, Fronteras económicas, Fronteras políticas y religiosas, Fronteras simbólicas, Global y local, HIBRIDACIÓN, IDENTIDAD, Integración religiosa, Lugar y no-lugar, Megalópolis, MINORÍAS, Modernidad, MOVILIDAD, Multiculturalismo en los estudios étnicos, Nacionalismo, Naturalización, Nomadismo y turismo, PATRIMONIO, Pluralismo sincrónico, Segregación, TERRITORIOS, Viajes y sistemas de movilidad, Violencia política. Tipos.

Fronteras económicas

Las reglas del comercio interfronterizo se derivan de la legitimidad del ejercicio de la *autoridad política, más específicamente del poder tributario. Si tomamos a Portugal en la Edad Media como ejemplo, nos encontramos con el cobro de una *dízima* –almojarifazgo– a las mercancías importadas y exportadas, tal como para aquellas que *circulaban por el país, particularmente en tránsito fluvial. Naturalmente, desde esa época las cosas han cambiado bastante, pero el proceso se sistematiza con el desarrollo de instrumentos jurídicos y de control policial, capaces de asegurar la eficacia en el derecho de control territorial asumido por la autoridad política *nacional. En casos extremos, el Estado puede imponer un régimen de intransponibilidad de la *frontera, pero, exceptuando estas situaciones, lo que está en cuestión es la definición de un conjunto de reglas de circulación de personas y bienes. La definición de estas reglas, al igual que el respeto o la desobediencia de las mismas, define la dinámica y la historia de cada frontera concreta. Es en este nivel en el que la consideración de la *frontera como recurso se vuelve más evidente. La idea de frontera como raya, esto es, como línea de separación emanada y controlada por el Estado, se revela aquí insuficiente o inadecuada. Cuando se piensa en la frontera como un recurso, debemos verla como un *territorio específico, un espacio que simultáneamente separa y articula dos comunidades y dos economías.

El tráfico fronterizo muestra la coexistencia en la frontera de dos atributos aparentemente contradictorios, la separación y el contacto. Los agentes políticos —*locales, regionales y nacionales— de ambos lados de la frontera, al igual que sus poblaciones, que son heterogéneas desde el punto de vista de sus intereses y expectativas, intervienen en la oscilación entre la gestión política centralizada de ese espacio y su utilización como recurso por los grupos locales. Es esta oscilación la que confiere ambigüedad a ese espacio liminar que constituye la frontera. Su realidad se define por el modo en que todas estas partes interactúan en cada momento. Tanto es así que, de la misma forma que podemos indicar convenios de origen medieval establecidos al margen de los Estados centrales, como ilustran los acuerdos, y formalizados entre poblaciones de los valles pirenaicos, también nos encontramos con situaciones de cierre casi absoluto de fronteras, según ocurrió en Europa, dividida por el llamado "Telón de Acero". Está claro que la gestión de una frontera no sólo tiene que ver con cuestiones comerciales *stricto sensu*. Es un instrumento definidor de las relaciones entre naciones independientes, en las que se incluye la circulación de personas y bienes. Sin embargo, al margen de estas reglas, la frontera sigue siendo un recurso disponible. A pesar de todas las prohibiciones y procesos represivos, la frontera es franqueada diariamente por *emigrantes clandestinos, provengan éstos de México o del Magreb; lo mismo se puede decir de la circulación comercial clandestina. Cuando consideramos la frontera como recurso, contraponemos enseguida al Estado con las poblaciones rayanas, olvidando que ni éstas son una entidad homogénea ni el Estado entiende siempre la frontera en base a su función de separación.

La frontera hispanolusa puede ilustrar, de una forma que nos parece clara, las diferentes implicaciones que esta frontera suscita. En primer lugar, consideremos la cuestión a partir de los *lugares donde se ejerce el poder político. La legislación, la ideología dominante y la práctica política, dimensiones estructurantes de la vida colectiva, han marcado de forma decisiva la naturaleza de la frontera y los modos de circular por ella. Por ejemplo, algunas políticas proteccionistas, que pretenden el *desarrollo interno de estructuras de producción y combaten la importación, tuvieron como consecuencia el incremento de la actividad contrabandista, de la misma forma que políticas más liberales la convirtieron en menos rentable. De igual manera, un diferente desarrollo económico de los países es factor decisivo en la determinación del sentido de la circulación de mano de obra entre Estados y regiones.

Existe documentación sobre la comisión de delitos en el tráfico fronterizo en la raya hispanolusa desde por lo menos el siglo XIV. La legislación medieval, cuando trata de la distinción entre la circulación de mercancías prohibidas, como armas o metales amonedados, y la mera evasión de impuestos, anticipa la distinción moderna entre *contrabando* y *defraudación*. Con todo, será necesario que se dé un fortalecimiento de las fronteras externas y de las internas, que aún en el siglo XVIII imponían el pago de impuestos a los productos que entraban en las ciudades, para que el contrabando interestatal se convierta en un fenómeno social de gran relevancia y en un importante recurso para las poblaciones rayanas. A lo largo del siglo XIX, por medio de la constitución de cuerpos militares encargados de la vigilancia de la frontera y de la elaboración de legislación específica, la frontera hispanolusa se convertirá en un instrumento de gestión económica. Está claro que la articulación entre los dos lados de una frontera no sólo se produce por la actividad comercial, lícita o ilícita, ni por la circulación de mano de obra. Esta articulación se realiza a varios niveles, que van desde las estrategias políticas a las continuidades y discontinuidades culturales. De todas formas, desde un punto de vista económico, lo que importa discutir es hasta qué punto las relaciones interfronterizas crean una entidad económica específica articulada por la frontera.

La actividad del contrabando adquiere una significación diferente según se encare a partir del centro político o de las comunidades locales, pero esto no significa que la cuestión pueda reducirse a la contraposición de diferentes intereses. Creemos que es más riguroso concebir la frontera como un tablero complejo, donde se juegan varias partidas simultáneamente. Desde el punto de vista del Estado, y dependiendo del sentido de la circulación de los productos y de su naturaleza, el contrabando puede ser tanto perseguido como tolerado. En cuanto a las autoridades fronterizas, la adecuación de su actuación a los intereses del Estado acaba por coexistir con las relaciones personales que inevitablemente se establecen con los contrabandistas. Si echamos un vistazo a la historia del contrabando en la frontera hispanolusa (Cunha, 2006; Medina García, 1997; Uriarte, 1994), entenderemos que la decisión de detener al contrabandista o limitarse a la aprehensión de la carga transportada se ponderaba a diversos niveles, pero entre éstos pesaba el criterio personal. Con el reclutamiento de guardias naturales de regiones diferentes de aquellas donde ejercerían su actividad, se procuraba evitar que las relaciones personales pudiesen pesar sobre la actividad de vigilancia y combate al contrabando. Sin embargo, la eficacia de medidas como ésta parece dudosa, sobre todo porque los guardias se integraban en un microcosmo muy particular, en el cual se manifestaba una ética que les precedía y condicionaba.

Desde el punto de vista de los contrabandistas, el juego no era menos complejo: por una parte, porque ésta es una categoría heterogénea, existiendo diferentes formas de relación con la actividad; por otra parte, porque el contrabando acabó por constituir un factor de *diferenciación en las comunidades locales, con consecuencias desde el punto de vista de la estratificación social. Factores como la capacidad de iniciativa, la disponibilidad para correr riesgos e incluso la suerte, elemento de difícil definición, pero siempre invocado como central, determinan la obtención de diferentes resultados para la misma actividad. A lo largo de la frontera hispanolusa la actividad agrícola ha supuesto la ocupación dominante de la inmensa mayoría de su población, siendo el contrabando una actividad complementaria o alternativa a la labranza. El contrabando de incidencia local, basado en la evasión de tributos de productos lícitos, debe ser considerado fundamentalmente en el ámbito de la economía doméstica, pues es en el interior de la familia y en relación con ésta donde se generan las estrategias y se configuran las redes.

En algunos casos los beneficios obtenidos con el contrabando posibilitan un cambio de estatus; por ejemplo, cuando un contrabandista de éxito dejaba la actividad directa y pasaba a tener un grupo de contrabandistas a su servicio. Ejemplos de esta movilidad social marcan aún el presente de la frontera hispanolusa (Cunha, 2006), pero los elevados beneficios obtenidos raramente tenían efectos duraderos sobre la situación económica de los contrabandistas y sus familias. Estos ingresos han permitido que el contrabandista profesional haya adquirido una imagen destacada

que todavía se invoca: generoso, incluso despilfarrador, habituado a diversos vicios, entre ellos el juego de cartas. Podemos interpretar esta generosidad como factor de redistribución de los excesivos beneficios obtenidos por determinadas personas en ciertos momentos, pero, más allá de este aspecto, existe en esta representación del contrabandista profesional un juicio moral. De hecho, al usarse como contrapunto a otra imagen, la del contrabandista ocasional, que sólo se dedicaba al contrabando como forma de garantizar la subsistencia familiar, aquella representación consolida una de las narraciones morales que la frontera estructura.

En el mundo contemporáneo, muy marcado por un elevado índice de circulación de personas, bienes y servicios, la *economía de frontera* se ha diluido en un concepto más amplio que podemos denominar *economía mundo*. La circulación clandestina de mercancías en una frontera abierta ha quedado limitada a algunos productos lícitos específicos —tabaco y ganado, por ejemplo— y a productos ilícitos, como drogas y armas. En general, el contrabando de estos productos implica una organización centralizada que desplaza hacia fuera del espacio rayano el control del proceso. En cierto modo, por lo menos en lo que se refiere a los aspectos político y económico, las fronteras internas de la Unión Europea, al igual que ocurre con otras agregaciones más o menos formales de economías nacionales, se han diluido, lo cual ha provocado la extinción de un modo de vida estructurado y estructurante. La desarticulación de esta economía de frontera se ha traducido, desde el punto de vista de las comunidades locales, en la extinción de un recurso que durante décadas contribuyó a la configuración de la estratificación social (Uriarte, 1994). Es verdad que, en el plano de las representaciones, la *frontera sigue marcando una separación, con importancia en la estructuración de narraciones que reiteran y actualizan distinciones. Sin embargo, los espacios que operan con una liminaridad activa y no sólo simbólica siguen siendo aquellos que separan económicamente dos mundos, como es el caso de las fronteras externas de la Unión Europea o el límite que separa México de EE. UU. (Álvarez, 1995). La emigración clandestina, con los dramas cotidianos que de ella se derivan, traduce bien esta idea de mundos en confrontación, separados por la historia, pero sobre todo por la economía, dimensión ésta que expresa de manera inequívoca la realidad de un mundo desigual.

Bibliografía

ÁLVAREZ, Robert R. Jr. (1995): "The Mexican-US border: the making of an anthropology of borderlands". *Annual Review of Anthropology*, 24: 447-70.

BÉQUET, Paul (1959): *Contrebande et contrebandiers*. París: PUF.

CUNHA, Luis (2006): *Memória Social em Campo Maior. Usos e percursos da fronteira*. Lisboa: Dom Quixote.

MEDINA GARCIA, Eusebio (1997): *Estudio sobre el contrabando de postguerra en Olivenza y su área de influencia*. Mérida: Gabinete de Iniciativas Transfronterizas.

URIARTE, Luis (1994): *La Codosera. Cultura de fronteras y fronteras culturales en la Raya luso-extremeña*. Mérida: Asamblea de Extremadura.

Luis Cunha

Véanse además DESARROLLO, Desterritorialización, DIFERENCIA Y DESIGUALDAD, Espacios locales, ESTADO-NACIÓN, FRONTERA, Frontera geográfica y administrativa, Fronteras políticas y religiosas, Fronteras simbólicas, Global y local, Lugar y no-lugar, MIGRACIONES, MOVILIDAD, PATRIMONIO, Pluralismo sincrónico, Racismo y neorracismo, TERRITORIOS.

Fronteras políticas y religiosas

En su trabajo sobre el vocabulario de las instituciones indoeuropeas, Émile Benveniste llama la atención sobre la coincidencia entre los límites de la sociedad y los límites del poder del rey. En esta coincidencia se expresa una operación de carácter mágico y religioso, efectuada por el personaje del rey, investido del más alto poder. Por medio de su atributo de *regere fines*, esto es, de trazar con líneas rectas las *fronteras, el rey delimita el interior y el exterior, el reino de lo sagrado frente al reino de lo profano, el *territorio *nacional frente al territorio *extranjero. Podemos decir que muchas de las fronteras, que en el presente separan *Estados, naciones y aun regiones *administrativas, poco tienen que ver con la tradición indoeuropea que Benveniste cita. Sin embargo, la *naturalización de una frontera, cualquiera que sea, no se produce sin un conjunto de procedimientos simbólicos, investidos de alguna forma de sacralidad. Los rituales de institución, que consagran o legiti-

man como natural un límite arbitrario (Bourdieu, 1982: 58), son fundamentales en la definición de un vínculo y en la aceptación de una pertenencia. Cuando se llevó a cabo la demarcación de la frontera hispanolusa, la "Comisión de Límites" se encontró con una situación particularmente ambigua, los llamados "Cotos Mixtos", poblaciones confusamente portuguesas y españolas, según fueron definidas en aquel momento. Traemos aquí este ejemplo no tanto por la situación de ambigüedad, sino sobre todo para recordar el modo en que, aún a fines del siglo XVIII, se describía la aceptación de una soberanía por aquellas poblaciones. Los hombres elegían ser vasallos del rey portugués o del español una vez casados, y para eso sólo tenían que hacer un brindis por el rey elegido. Aquel trago de vino, acompañado por un conjunto de palabras formalizadas, tenía el efecto mágico de instituir un vínculo, en este caso no a partir de la voluntad soberana, sino de la elección del súbdito.

Este ejemplo, que fácilmente clasificamos como premoderno, pero que, paradójicamente, parece anticipar la conciencia, que diríamos posmoderna, de la arbitrariedad de los límites políticos y administrativos, nos ha servido aquí para ilustrar un ritual de institución. También muestra la coexistencia de diversos planos de producción de sentido sobre el mismo objeto. Cuando la "Comisión de Límites" finalizó su trabajo, las poblaciones "confusamente portuguesas y españolas" de los "Cotos Mixtos" vieron su pertenencia definida. El ritual que indicamos más arriba dejó de tener sentido o siquiera de ser posible. La ordenación impuesta a aquel espacio se derivó de una voluntad soberana, desplazando, pero no extinguiendo, la dimensión ritual de la adhesión. La prestación del servicio militar, las obligaciones fiscales o el registro formal por el Estado del nacimiento, matrimonio y defunción, son ejemplos de vinculación a una comunidad imaginada (Anderson, 1983). Al igual que de las personas, también se hace apropiación del espacio por medio de actos que no dispensan ritualización y magia social. Los hitos fronterizos, con las iniciales de los países que allí se confrontan, no son sólo señales convencionales e informativas, tienen la función simbólica de indicar los confines de una *identidad colectiva. La semiotización del espacio traduce simultáneamente un deseo de ordenación de lo *diverso y una estrategia de dominio. Es una realidad compleja que pasa por las líneas trazadas en un mapa, pero también por las imágenes mentales, por los discursos que circulan y producen sentido e incluso por un conjunto de representaciones abstractas y mitológicas.

De ese acto de trazar fronteras, demarcando un interior y un exterior, definiendo la pertenencia y la diferencia, tal vez conozcamos mejor las consecuencias que el proceso. Hemos aprendido a ver las naciones como comunidades imaginadas, pero al mismo tiempo descubrimos que los factores primordiales que han estado en la base de esta realidad imaginada que es el Estado-nación han dejado de poder concebirse como coincidentes con cualquier frontera administrativa. La lengua, el color de la piel o el establecimiento de relaciones de parentesco se han convertido hasta tal punto en factores *globalizados que están refundando la imaginación política y social, creando nuevas narraciones y mitografías, haciendo emerger aquello que Arjun Appadurai (1996: 38) denomina mundo político *poscolonial. Globalización no significa ausencia de fronteras, pero conduce inevitablemente al cuestionamiento de los regímenes de pertenencia y fidelización. Tener una *identidad* sigue pasando por un reconocimiento de pertenencia; pero no sólo esa pertenencia se ha diluido en diversas instancias, sino que todas ellas se revelan cada vez más heterogéneas. La variabilidad de regímenes de pertenencia (García Canclini, 1989: XXXIII) vuelve más difusos, inciertos y volátiles los procesos de vinculación. El ideal de coherencia perseguido por el Estado-nación, en el que lengua, historia y *cultura nacional formaban un todo, ya no es posible, ni siquiera en el plano de la idealización.

Esta complejidad creciente de las señales de pertenencia y de las prácticas sociales que de ella se derivan no implica la extinción del Estado o de la nación. Por una parte, esto ocurre porque el primero puede vivir sin la segunda, es decir, el Estado puede encontrar vías de legitimación al margen de la nación. En cuanto a ésta, a pesar de estar amenazada, sigue siendo una instancia de vinculación que resiste y sobrevive a cualquier tipo de cultura *transnacional (Hannerz, 1996: 135 y ss.). La disolución de las fronteras internacionales y la adopción de una moneda única en el ámbito de la Unión Europea no ha conducido a la desaparición del sentimiento de vinculación a una nación, pero ha introducido nuevos referentes de pertenencia, provocando efectos profundos en la conceptualización del espacio y en las redes de sociabilidad. Por otra parte, el fortalecimiento de las fronteras externas re-

define el límite interior/exterior, aunque en la práctica éste haya sido y siga siendo un límite provisional, revisado por la adhesión de nuevos países, concretada o en proyecto. Tal vez esto no convierta este límite externo en una frontera de expansión a la manera del *limes* romano, pero si bien es cierto que la adhesión no implica una conquista, sí que obliga a una especie de *conversión*, que en última instancia tiene el sentido de la aceptación de un vínculo cultural, como ilustran las dificultades de adhesión de un país como Turquía.

Las fronteras políticas y administrativas no se limitan a frenar o dificultar los *flujos de bienes, personas e ideas que las cruzan; también provocan un efecto de deformación, contribuyendo a crear o reproducir representaciones *estereotipadas del otro. La atenuación de estas fronteras o, cuando esto no se verifica, la aceleración y multiplicación de los flujos provocan modificaciones en aquellos ejercicios de deformación. No quiere decir que los extingan, una vez que participan de cualquier proceso de constitución de identidades sociales, pero sí focalizan en la cultura, en una determinada representación de la cultura, el debate de la identidad/*alteridad. Las grandes *metrópolis europeas o americanas contienen una enorme diversidad, tanto en lo que se refiere a la lengua como a la *nacionalidad, al color de la piel, a la religión, etc. Si el "otro" sigue siendo un extraño, ya no lo es por culpa de una frontera política que le esconde y deforma, sino por un conjunto de fronteras culturales que reifican la diferencia. En este contexto, las fronteras religiosas parecen desempeñar un papel particularmente importante. No se trata de nada nuevo, quede claro. Appadurai (1996: 44) considera que la guerra y las religiones de conversión fueron hasta el siglo XX las dos principales fuerzas de interacción cultural duradera. El islam es el ejemplo más importante y más presente de la superposición de una identidad religiosa a las fronteras políticas, pero la fragmentación de la ex Yugoslavia, la división de Chipre o las tensiones de católicos y protestantes en Belfast son buenos ejemplos de la dramatización de las fronteras religiosas.

La definición de fronteras políticas se deriva, según hemos dicho ya, de una voluntad soberana. Sin embargo, su reconocimiento y eficacia son producto de la capacidad de imponer la lealtad a las poblaciones que circunscribe. La expresión máxima de esta lealtad es el honor de morir por la patria, ese sacrificio personal supremo que se complementa con la disponibilidad de matar en su nombre. Son actos de desprendimiento que el Estado-nación exige en exclusiva para sí mismo. No se trata solamente de poseer el monopolio de la *violencia legítima, sino de marcar en el discurso y en la práctica un vínculo de lealtad sin competencia. Una hipótesis que vale la pena barajar es la posibilidad de que la erosión de las fronteras físicas y simbólicas del Estado-nación esté permitiendo la constitución de nuevos vínculos de lealtad. La religión, que habría sido la base fundamental de vinculación en el mundo premoderno, parece reasumir mayor protagonismo en una época a la que, aunque de forma provisional e incluso escéptica, podemos llamar posnacional. La idea de que la lealtad a una instancia colectiva, suficientemente amplia y difusa para caber en el concepto de comunidad imaginada, persiste a pesar de los cambios, merece ser destacada. Podemos concebir un mundo sin fronteras políticas, económicas o ideológicas, pero difícilmente acertaremos si lo concebimos sin una *imaginación* productora de diferencias. Desde este punto de vista, la consideración de las fronteras como objeto de estudio nos revela fundamentalmente procesos de desplazamiento de sentidos identitarios, pero no su desaparición. Entendida simultáneamente como expresión y productora de vínculos, la frontera es una realidad constantemente inventada e imaginada, aunque sean diferentes los materiales que en cada momento le dan forma.

Bibliografía

ANDERSON, Benedict (1983): *Imagined Communities. Reflections on the Origin and Spread of Nationalism*. London: Verso.

APPADURAI, Arjun (2004 [1996]): *Dimensões Culturais da Globalização*. Lisboa: Teorema, 2004.

BOURDIEU, Pierre (1982): "Les rites comme actes d'institution". *Actes de la Recherche en Sciences Sociales*, 43: 58-63.

GARCÍA CANCLINI, Néstor (2003 [1989]): *Culturas híbridas*: São Paulo: Edusp.

HANNERZ, Ulf (1996): *Conexiones Transnacionales. Cultura, gente, lugares*. Madrid: Ediciones Cátedra.

Luis Cunha

Véanse además ALTERIDAD, Centro-periferia, CIUDADANÍA, CULTURA, Derecho de injerencia, Desterritorialización, DIFERENCIA Y DESIGUALDAD, Elites cosmopolitas, ESPACIO-TIEMPO, Espacios locales, ESTADO-NACIÓN, ESTEREOTIPOS Y ESENCIALIZACIÓN, Extranjero, FRONTERA, Frontera geográfica y administrativa, Fronteras económicas, Fronteras simbólicas, GLOBALIZACIÓN, Globalización y antiglobalización, IDENTIDAD, Lugar y no-lugar, Megalópolis, MINORÍAS, MOVILIDAD, Nacionalidad, Nacionalismo, Naturalización, Pluralismo sincrónico, Plurinacionalidad, Poscolonialismo, POSMODERNIDAD, TERRITORIOS, Transculturación, VIOLENCIA POLÍTICA.

Fronteras simbólicas

En las últimas décadas del siglo XX se asistió a un cuestionamiento de la concepción geopolítica que se había ido imponiendo como matriz de la *modernidad y que se basaba en buena medida en el ideal de convergencia, en un mismo *territorio, de una unidad política y de una *identidad *nacional. Existieron dinámicas históricas, económicas y sociales que condujeron a ese cuestionamiento, entre las cuales se cuentan la fragilidad de algunas *fronteras legadas por el *colonialismo, la acentuación de la *globalización económica o el *desarrollo de los *medios de comunicación, lo que permitió acortar el tiempo y la distancia a escala planetaria. El abordaje de la frontera por los estudios sociales y culturales pasó a privilegiar la idea de la *artificialidad de los trazados fronterizos y de la identidad subsumida en la nación. La contingencia histórica de las *fronteras políticas y su *natural* porosidad se contraponía a la determinación jurídica y política, por esto mismo *artificial*, de un mundo como archipiélago de *Estados y de naciones consolidadas en torno a una supuesta identidad común.

Una concepción como ésta, que rechaza la reificación de las identidades producidas a partir de la matriz del *Estado-nación, corre el riesgo, paradójicamente, de producir otras esencializaciones. Al contraponer el Estado a las *comunidades locales, se incurre fácilmente en una simplificación que coloca, de una parte, la *violencia física y simbólica de los aparatos del Estado y, de otra, la resistencia de las comunidades locales. En consecuencia, éstas pueden considerarse unidades que la frontera jurídica comprime por medio de la inevitable e innegable vinculación a la entidad política estatal. La idea de *cultura de frontera* sintetiza esta concepción. El énfasis se puede poner tanto en la resistencia a la violencia normativa del Estado como en la construcción de soluciones de reproducción social a partir de las relaciones transfronterizas. En el primer caso se atiende a las autoridades policiales o militares que vigilan la frontera desde ambos lados, pero también a una escuela que vehicula una lengua y una historia y, por medio de éstas, el sentido de pertenencia a una *cultura nacional territorializada. El segundo enfoque llama la atención sobre la ancestralidad y preservación de lazos transfronterizos que se basan en intercambios lingüísticos y culturales y en el establecimiento de relaciones comerciales y matrimoniales.

Desde un cierto punto de vista, el cambio de concepción al que acabamos de aludir no implicó verdaderamente un nuevo paradigma. Desde la óptica de la identidad atribuida, de lo que se trata es de desplazar de la nación hacia la comunidad local el lugar de producción y reproducción de una cultura que se supone compartida y vinculativa. De esta manera, la cuestión de la frontera, aquí entendida como límite de la identidad, no llega a ser discutida, ya que, a fin de cuentas, una esencialización sustituye a otra. Cuando aún era posible imaginar un mundo como un mosaico de discontinuidades culturales, trazadas a partir de la matriz de las identidades nacionales, las fronteras eran entendidas como los márgenes y, por este motivo, como *lugares privilegiados de intercepción y *mestizaje cultural. Lo que ha ocurrido en estas últimas décadas es que esta cualidad atribuida y, aunque en grados diversos, efectivamente vivida en los espacios fronterizos, se ha ampliado a toda la sociedad. Creemos que el problema no reside tanto en la aceptación de este diagnóstico como en la manera de abordar la cuestión. Cualquier simplificación implica un riesgo evidente: la vieja fantasía de la nación una y cohesionada, fundamentada en un pasado y en una lengua comunes, resurge en la idea de nación que combina y sintetiza la *diversidad, que la re-compone en un marco de *integración política y cultural. Esta solución *multicultural, entendida como yuxtaposición de *etnias o grupos, sigue postulando la discontinuidad cultural, sin dar cuenta de la dimensión *intercultural de la *globalización. Se hace necesario operar el paso de la multiculturalidad a la interculturalidad, pues ésta significa sobreponer la confrontación, la negociación y los intercambios culturales, a

la idea de coexistencia de culturas distintas en un mismo espacio (García Canclini, 2004: 15).

Fredrik Barth (1969), al llamar la atención sobre la importancia del estudio de la naturaleza de las fronteras, marcó un camino que, pasadas más de tres décadas, parece aún poco transitado. A pesar de que la etnografía no haya tomado las fronteras interestatales como campo privilegiado de investigación, lo que estas fronteras revelan y han ido revelando en el pasado debe ser tomado como caso particular de *circulación y contacto cultural y, desde este punto de vista, como algo a tener en cuenta en el debate de la interculturalidad. Cuando se trata de considerar la continuidad/discontinuidad cultural, la etnografía de la frontera resulta interesante como materia de reflexión. Con todo, es importante que se encaren las fronteras no tanto como marcadores de discontinuidades, sino sobre todo como espacios de liminaridad. Es un lugar de identidades difusas, donde el otro está siempre presente, al alcance de la vista, pero donde, al mismo tiempo, resulta habitual que se exija y se afirme una especie de incremento de fidelidad a los valores de la nación. Lugar de cruce y mezcla de referencias culturales tan fundamentales como la lengua, las fronteras interestatales conforman una permanente ambigüedad que marca su día a día. En lo que se refiere a poderes formales, nacionales o locales, y en relación a las representaciones y prácticas sociales de quien allí vive, las fronteras se revelan como lugares de disputa, donde ni las fusiones eliminan las diferencias ni éstas se circunscriben a la demarcación política y administrativa.

Los conceptos de *flujo y de hibridación han venido siendo utilizados como conceptos importantes, capaces de dar cuenta de un conjunto de procesos que dinamizan y estructuran las identidades sociales (Hannerz, 1997). Del primero de estos conceptos se puede decir que recupera la idea de difusión cultural, refinando el concepto y despojándolo de los excesos que lo llevaron a una justa estigmatización por la antropología (Bromberger y Morel, 2000). Es un concepto importante por diversas razones, pero destacamos entre ellas la posibilidad de permitirnos considerar el fenómeno de la circulación cultural de una forma compleja. A la idea de flujo se asocia la de variabilidad, sea ésta considerada en cuanto a dirección, intensidad o velocidad, lo que nos permite articular las categorías de espacio y tiempo, ejes fundamentales de los procesos de reproducción social. Por otra parte, este énfasis en la variabilidad permite evidenciar que los agentes y grupos sociales que se cruzan en las fronteras, sean éstas cuales sean, cuentan con *recursos desiguales. De hecho, no basta indicar los flujos, también interesa entender que éstos sostienen y reproducen desigualdades. Por este motivo, pensar en flujos igualmente significa pensar en resistencia, tanto en la que se observa en la práctica cotidiana como en la que se enuncia, es decir, en la que se corporeiza en el discurso, lo que una vez más nos remite a la temporalidad. La memoria social que de esta forma traemos aquí debe ser vista, pues, como un instrumento con el que se piensan, refuerzan o recrean las fronteras sociales y culturales de los grupos.

El concepto de hibridación ha sido usado por diversas disciplinas, desde la biología a los estudios literarios, y ha acabado por revelarse como un término repleto de ambigüedades (Hannerz, 1997: 14). En el estudio de los territorios de frontera, la idea de hibridismo se adecua no sólo a la descripción del objeto, sino también a la comprensión de los procesos que llevan a la configuración de esos territorios. Si la idea de flujo se puede entender como un redescubrimiento de las virtudes de la noción de difusión, el concepto de hibridismo ayuda a repensar el *constructo* de *aculturación. Evidentemente, es importante destacar la multilateralidad, contraponiéndola a la idea de transformación unilateral con la que en el pasado se consideró la difusión cultural. De la misma forma, el hibridismo debe sobreponer a la idea de discontinuidad que el término aculturación lleva consigo, la noción contraria. El ser híbrido tiene en la frontera su hábitat, no sus límites. Esto no significa, quede claro, que las fronteras no existan y no demarquen efectivamente el espacio social, sino únicamente que esa demarcación es dinámica. La recomendación de Barth sobre la atención que se debe prestar a la naturaleza de las fronteras resulta ahora más clara: se trata de una naturaleza fluida, provisional, contingente, pero que impone sentidos y representaciones. Una naturaleza que debe entenderse en la disputa de los grupos sociales por la legitimidad de producir sentido, es de-

cir, de definir las fronteras sociales. Únicamente como proceso, nunca acabado, puede ser entendida la frontera, asociándose de esta forma un espacio, físico o simbólico, a una temporalidad concreta.

Bibliografía

BARTH, Fredrik (ed.) (1969): *Ethnic groups and boundaries*. Bergen-Oslo-Boston: Universitets Forlaget, Little Brown.

BROMBERGER, Christian; MOREL, Alain (2000): "L'ethnologie à l'épreuve des frontières culturelles", en C. Bromberger y A. Morel (dirs.), *Limites floues frontières vives*. Paris: Maison des sciences de l'homme, 3-24.

GARCÍA CANCLINI, Néstor (2004): *Diferentes, desiguales y desconectados. Mapas de la interculturalidad*. Barcelona: Gedisa.

HANNERZ, Ulf (1997): "Fluxos, fronteiras, híbridos: palavras-chave da antropologia transnacional". *Mana*, 3 (1), Rio de Janeiro, 7-39

MICHAELSEN, Scout; JOHNSON, David (orgs.) (2003 [1997]): *Teoría de la frontera. Los límites de la política cultural*: Barcelona: Gedisa.

Luis Cunha

Véanse además Aculturación, Centro-periferia, COLONIALISMO Y ANTICOLONIALISMO, CULTURA, DESARROLLO, Desterritorialización, DIFERENCIA Y DESIGUALDAD, Espacio de los flujos, ESPACIO-TIEMPO, Espacios locales, ESTADO-NACIÓN, Etnicidad, FRONTERA, Frontera geográfica y administrativa, Fronteras económicas, Fronteras políticas y religiosas, GLOBALIZACIÓN, HIBRIDACIÓN, IDENTIDAD, INTEGRACIÓN, Interculturalidad, Lugar y no-lugar, MINORÍAS, Modernidad, MOVILIDAD, MULTICULTURALISMO, Multilocal, Nacionalidad, Nacionalismo, Nomadismo y turismo, PATRIMONIO, Pluralismo sincrónico, Plurinacionalidad, Sujeto intercultural, TERRITORIOS, Viajes y sistemas de movilidad, VIOLENCIA POLÍTICA.

G

Genocidio

Este término, creado por el jurista polaco Raphael Lemkin en 1943 a partir de la palabra griega *genos* –raza, clan– y el sufijo latino *cide* –matar–, se refiere a la negación del derecho a existir para poblaciones definidas en términos étnicos, nacionales, raciales o religiosos. El genocidio no significa necesariamente, según Lemkin (1944: 79), "la inmediata destrucción de una nación, excepto cuando se lleva a cabo mediante el asesinato masivo de todos sus miembros. Se refiere más bien a un plan coordinado de diferentes acciones que pretende la destrucción de las bases esenciales de la vida de los grupos nacionales con el fin de aniquilarlos". Este plan incluye "la desintegración de las instituciones políticas y sociales, de la cultura, de la lengua, de los sentimientos nacionales, de la religión y de la existencia económica de los grupos nacionales, y la destrucción de la seguridad personal, la libertad, la salud, la dignidad e incluso las vidas de los individuos pertenecientes a tales grupos" (*opus* citado, 1944: 79). Ni los términos "asesinato masivo" ni "desnacionalización" eran suficientes, dado que el primero no ponía de relieve la motivación de los asesinatos nazis ni el segundo implicaba la destrucción biológica. Basándose en el estudio de la legislación promulgada y aplicada por los nazis, Lemkin fue el primero en darse cuenta de que la persecución e/y exterminio de judíos, polacos y otros grupos no eran incidentales, ni accidentales, ni meros actos de venganza, sino que constituían la esencia de la ocupación nazi de Europa. Lemkin calificó el genocidio de crimen internacional porque apela a toda la humanidad, pero también porque resultaría incongruente, y a la vez poco práctico, considerarlo de ámbito nacional, dado que la naturaleza de este crimen está conformada por el Estado. Genocidio contiene una referencia a lo particular y a lo general: las víctimas pertenecen o son adscritas a grupos nacionales, raciales o religiosos específicos, pero lo que se niega de ellas es su condición humana. La difusión por los medios de comunicación de masas de ideologías políticas que niegan la humanidad del otro constituye un primer paso en el proceso de genocidio. El término "deshumanización", referido al proceso de degradación simbólica y física que sufren las víctimas, ha sido considerado inadecuado por algún autor, que argumenta que el verdadero proceso de deshumanización es sólo imputable a los perpetradores de los genocidios.

El siglo XX ha sido llamado "siglo del genocidio" por el número de genocidios y la cantidad de sus víctimas. La relación entre genocidio y *Estado-nación ha sido afirmada por muchos autores: Arendt (1963) destaca el inherente potencial genocida del Estado moderno; Kuper (Hinton, 2002a) mantiene que la mayor arena para el genocidio contemporáneo se localiza en el seno del Estado soberano, y Fein (Hinton, 2002a: 79) afirma que virtualmente todos los científicos sociales reconocen que "el genocidio es primariamente un crimen de Estado". El genocidio es la cara "antihumana" del Estado, según expresión de Primo Levi.

Bauman (1989) relaciona genocidio con *modernidad, un término más amplio y menos preciso. Sin ignorar el papel del Estado-nación, destaca la cara perversa de dos elementos centrales de la sociedad moderna: la burocracia y la ciencia disociada de los valores morales. Hillberg afirma que "cuando en 1933 el primer burócrata alemán redactó la primera definición de 'no-ario' en un documento administrativo, la suerte de los judíos quedó ya marcada" (Bauman, 1989: 61). Bauman señala que "como todo lo que se hace de forma moderna, y por tanto racional, planificada, científica, experta, bien gestionada y coordinada, el holocausto sobrepasa en mucho a todos sus equivalentes premodernos" (*opus cit.*, 1989: 152).

La Convención para la Prevención y la Sanción del Delito de Genocidio de las Naciones Unidas adoptó y sancionó en 1948 la siguiente definición de genocidio: "cualesquiera de los siguientes actos realizados con la intención de destruir, en su totalidad o en parte, un grupo nacional, étnico, racial o religioso, tales como: a) matanza de miembros del grupo; b) lesión grave a la integridad física o mental de los miembros del grupo; c) sometimiento intencionado del grupo a condiciones de existencia que conlleven necesariamente su destrucción física, total o parcial; d) medidas destinadas a impedir los nacimientos en el seno del grupo; e) transferencia forzada de niños del grupo a otro grupo" (Hinton, 2002a: 43-44).

Las dos últimas acciones representan un atentado contra el sistema de procreación. El sistema de procreación define la naturaleza de las personas y de las relaciones recíprocas implicadas en este proceso. Por ejemplo, mientras que para sectores de la administración y de la población turca resultaba aceptable la incorporación forzada de mujeres jóvenes y niños armenios a familias turcas, el triunvirato gobernante concibió e impuso el exterminio generalizado (1915-1923) de la población armenia. Concepciones distintas de la procreación se relacionan con prácticas diferenciadas en el contexto de la deportación y del exterminio de los armenios, pero ambas prácticas encajan dentro de la definición de genocidio. El rapto, el casamiento forzado de mujeres y otras prácticas, la "adopción", la conversión forzada, el cambio de nombres, etc., perseguían el objetivo general del genocidio: la desaparición biológica y social de un grupo étnico, definido como nacional. Mientras sectores de la población turca actuaban de acuerdo con una concepción de la procreación que minimiza el papel de la mujer en la transmisión de la vida y de la identidad, la concepción de la procreación subyacente a la política del triunvirato era más moderna, acorde también con el proceso de modernización que impulsaban, que incluía la transformación del imperio otomano en un Estado-nación turco, lo que implicó que los armenios cambiaran su estatus de comunidad religiosa no musulmana al de nacionalidad ajena a la nación turca.

La definición adoptada por la Convención de la ONU en 1948, que no hubiera sido posible sin la elaboración intelectual y la acción diplomática de Lemkin, no recoge la dimensión cultural, un elemento básico de la definición de Lemkin. La definición oficial de genocidio no incluye de manera explícita la persecución y destrucción de una lengua y de una cultura, es decir, el genocidio cultural. No contempla tampoco la persecución y el exterminio de otros tipos de grupo, tales como los grupos políticos y las clases sociales, con lo que se plantea el problema de cómo conceptuar la persecución y el exterminio de los oponentes y disidentes políticos por parte de los regímenes totalitarios. La definición oficial impide por principio equiparar genocidio a persecución política y equiparar los efectos del primero con los de la segunda. Por ejemplo, en la medida en que los confinados en el Gulag soviético no constituyen un grupo étnico o racial, no se les puede aplicar el término "genocidio". Pero a pesar de ello se ha planteado repetidamente la comparación entre el Holocausto y el Gulag, una comparación que hace énfasis en las semejanzas y suele dejar de lado las diferencias. Entre las primeras se hallan la planificación por parte de un poder totalitario y la intencionalidad de las matanzas relacionada con la planificación. Las diferencias son múltiples e importantes. Una de ellas, probablemente la más significativa, se refiere a la conceptuación de las víctimas y a la distinta ideología en que estaba basada. Holquist (Bartov, 2000) señala que, por contraste con el modelo biológico-racial del régimen nacional socialista, el sistema soviético utilizó uno fundamentalmente sociológico. Por ello, "los soviets no concibieron su misión como intrínsecamente relacionada con la eliminación física total de un grupo particular, ni con la completa aniquilación física de todos los seres humanos pertenecientes a esta particular categoría sociológica" (Bartov, 2000: 141). Coquio (1999: 35) considera que el régimen soviético, a diferencia del nazi, "no naturaliza a su enemigo hasta el punto de atacar filiación, nacimiento y descendencia". Primo Levi (1998: 98), superviviente de un campo de exterminio nazi, escribió: "Estudié bien el primer libro de Solenitsin, para ver las afinidades y las divergencias entre los Lager rusos y los alemanes, y puedo decir una cosa: en los Lager rusos la muerte es un subproducto, no es la finalidad. Y esto es una buena diferencia."

La alternativa ha sido proponer una definición más comprehensiva desde el punto de vista sociológico. Fein (Hinton, 2002a: 82) define el genocidio como una "acción sostenida e intencionada de destrucción física de una colectividad directa o indirectamente, a través de la interdicción de la reproducción biológica y social de los miembros del grupo, acción sostenida a pesar de la rendición o la ausencia de amenaza que ofrece la víctima". Hinton (2002a: 1) añade que la razón para el exterminio de un grupo es "a causa de lo que es", a lo que se podría agregar: "o de lo que se le atribuye que es". Kuper sostiene que la definición de la ONU contiene un núcleo válido para un uso interdisciplinario, que Bjorlund, Markusen y Mennecke (Feierstein, 2005: 25) concretan en "la destrucción intencional de por lo menos una parte de un grupo". El criterio de intencionalidad es un requisito *sine qua non*. Probar la intencionalidad resulta problemático tanto desde el punto de vista jurídico como sociológico, histórico, etc. Los tribunales penales internacionales para la antigua Yugoslavia y para Ruanda han inferido la intencionalidad genocida basándose en la denominada "evidencia circunstancial". El tribunal de Ruanda tomó en consideración para probar la intención genocida "la naturaleza sistemática de las ejecuciones, la mutilación de las víctimas a fin de inmovilizarlas, la ejecución de recién nacidos, de mujeres hutu embarazadas por hombres tutsi, el levantamiento de barricadas para impedir que los tutsi escapasen y el uso de la radio para difundir propaganda antitutsi y facilitar la localización de las víctimas" (Feierstein, 2005: 32). La planificación es una característica fundamental del genocidio y constituye una de las principales pruebas de la intencionalidad. Lespinay (Coquio, 1999: 315) ha señalado que "con la ayuda de una propaganda permanente desde la independencia, del encuadramiento rígido de la población por el Estado, del partido gubernamental y de sus medios de comunicación, el genocidio de los tutsis fue masivo, rápido, con un gran número de ejecutores de todas las edades".

La definición de grupo plantea problemas tanto para los tribunales de justicia como para los investigadores. Es preciso tomar en consideración el contexto total para captar el significado de las categorías sociales y culturales. El tribunal penal internacional para Ruanda tuvo que definir qué entendía por grupo víctima, dado que compartía con los agresores la misma lengua, religión y cultura. El tribunal reconoció en primer lugar que las víctimas formaban parte de un grupo estable y permanente, características objetivas, y luego tomó en consideración la percepción que tenía de las víctimas el grupo perpetrador del genocidio. Ambas perspectivas resultan complementarias.

Dadrian (Rosenbaum, 2001) ha seleccionado los siguientes criterios para comparar el genocidio armenio y el Holocausto, que podrían ser utilizados en otras comparaciones: profundidad histórica de la persecución, estatus permanente de *minoría en relación al grupo perpetrador del genocidio, vulnerabilidad creciente frente a la impunidad creciente para el grupo perpetrador del genocidio, estructura de oportunidad para cometer un genocidio relacionada con la declaración y el desarrollo de una guerra, rol decisivo de partidos políticos monolíticos que controlan el Estado, y el genocidio como una función de la reestructuración social. Este último criterio se asemeja a la formulación de Barman, que considera el Holocausto como un elemento de ingeniería social para crear un orden social nuevo de acuerdo con un proyecto de sociedad ideal con una jerarquía nítida de razas, lo que implicaba la eliminación de la raza, o "antirraza", que perturbaba el modelo ideal y social. Algunos autores sostienen que la ideología racial antisemita de los nazis es el factor determinante para explicar el Holocausto y lo que le distingue de otros genocidios, mientras que otros adoptan explicaciones menos intencionales de Holocausto y se inclinan, por lo tanto, por explicaciones más funcionales.

La célebre frase de Kurtz, el protagonista de *El corazón de las tinieblas* (1902), de Conrad, "exterminad a todos los salvajes", desenmascara de manera brutal la retórica del proyecto civilizador asociado con la colonización de los pueblos indígenas y asocia de forma estrecha dos tipos de política: colonizar y exterminar. Otro aspecto a considerar es hasta qué punto la ideología política y la política de exterminio llevada a cabo por Alemania con los herero de Namibia (1904-1907) y por otros países europeos o poblaciones originarias de Europa con otros pueblos indígenas sirvió para el más importante genocidio cometido en el corazón de Europa, el genocidio efectuado por los nazis. Según Lindqvist (2004), la doctrina del espacio vital, elemento ideológico clave para el exterminio acometido por los nazis, procede de la ideología que justificó la expansión imperialista. Según la doctrina del espacio vital, "los judíos eran un pueblo sin tierra, igual que las primitivas tribus de cazadores en el interior de África. Pertenecían a una raza más inferior aún que los rusos y los polacos, una raza que no podía exigir derecho a la vida. Era simplemente natural que este tipo de razas –llámense ahora tasmanios, indios o judíos– fueran exterminadas si estorbaban en el camino" (opus cit., 2004: 212). Detrás de esta formulación está el postulado del darwinismo social de la desaparición de las razas consideradas inferiores, que no deben ser un obstáculo para el progreso que se considera inexorable. Para Lindqvist, el salto desde "las masacres al genocidio" se dio sólo cuando "la tradición antisemita converge con la tradición genocida que surgió con la expansión de Europa en América, Australia, África y Asia" (Lindqvist, 2004: 212).

Naimark (2002) distingue entre limpieza étnica y genocidio porque considera que "son dos actividades diferentes y las diferencias entre ellos son importantes". La limpieza étnica pretende "la remoción de un pueblo y a veces también de todas sus huellas de un territorio" (opus cit., 2002: 3), habiendo sido declarado previamente como extranjero. Limpieza étnica implica la deportación de una población. Dadrian (Rosenbaum, 2001: 153) escribe sobre ella: "el método más chocante y al mismo tiempo más funcional de atrapar a la población víctima, judía y armenia, fue la confianza en el término 'deportación'". La palabra era fácil de explicar y entender en el contexto de las exigencias de la guerra. Permitía que las víctimas se fijaran en lo que denotaba, sin que sospecharan lo que podía connotar para los perpetradores del genocidio. Para reforzar la imagen de falta de incomodidad temporal se usaban en ambos casos términos como "reubicación". Bringa (Hinton, 2002b: 23) escribe sobre este término en relación a la guerra en la ex Yugoslavia y más en concreto en Bosnia-Hercegovina: "El uso del término vago limpieza étnica exotizó la violencia y, a diferencia del término genocidio, no conlleva el imperativo legal de la intervención." La metáfora "limpieza" proyecta sobre las víctimas ideas de fuera de lugar, incompatibilidad con el orden clasificatorio y suciedad, un conjunto de connotaciones negativas que legitiman de alguna manera la violencia ejercida sobre ellas.

Bibliografía

ARENDT, Hannah (1963): Eichmann in Jerusalem: A Report on the Banality of Evil. New York: Viking Press.

BARTOV, Omer (2000): Mirrors of Destruction. War, Genocide, and Modern Identity. New York: Oxford University Press.

BAUMAN, Zygmunt (1989): Modernity and the Holocaust. Cornell: Cornell University Press.

COQUIO, Catherine (ed.) (1999): Parler des camps, penser les génocides. Paris: Albin Michel.

FEIERSTEIN, Daniel (ed.) (2005): Genocidio. Caseros: Eduntref.

FRIGOLÉ, Joan (2003): Cultura y genocidio. Barcelona: Universidad de Barcelona.

HINTON, Alexander (ed.) (2002a): Genocide. An Anthropological Reader. Oxford: Blackwell.

— (2002b): Annihilating Difference. The Anthropology of Genocide. Berkeley: University of California Press.

LEMKIN, Raphael (1944): Axis Rule in Occupied Europe. Washington: Carnegie Endowment for International Peace.

LEVI, Primo (1998): Entrevistas y Conversaciones. Barcelona: Península.

LINDQVIST, Sven (2004): Exterminad a todos los salvajes. México: Océano.

NAIMARK, Norman (2001): Fires of Hatred. Ethnic Cleansing in Twentieth Century Europe. Cambridge, Mass.: Harvard University Press.

ROSENBAUM, Alan (ed.) (2001): Is the Holocaust Unique? Perspectives on Comparative Genocide. Westview: Boulder, Co.

Joan Frigolé Reixach

Véanse además Acciones afirmativas, Aculturación, COLONIALISMO Y ANTI-COLONIALISMO, DIFERENCIA Y DESIGUALDAD, Discriminación positiva, ESTADO-NACIÓN, Etnicidad, Etnocentrismo y relativismo cultural, Etnocidio, HIBRIDACIÓN, IDENTIDAD, MINORÍAS, Modernidad, Nacionalismo, Naturalización, Racismo y neorracismo, Segregación, Sujeto intercultural, VIOLENCIA POLÍTICA, Violencia política. Tipos, Xenofobia y xenofilia.

Global y local

Los cambios *espacio-temporales que acarrea la *globalización han sido objeto de distintas interpretaciones. De las insatisfacciones generadas por las perspectivas más extendidas, las que sustentan respectivamente los enfoques hiperglobalista y dicotómico, surge una tercera que apuesta por la tesis de la glocalización.

Como destaca Margarita Barañano (2005), las concepciones hiperglobalistas han enfatizado los fenómenos de la "globalización por arriba", a los que equiparan con los más institucionalizados y estratégicos en la dirección de la dinámica social; entre ellos destacan los *flujos financieros y productivos, así como otros de tipo tecnológico o *comunicativo. Al tiempo que ponen el acento en lo global y propugnan la casi completa subsunción en éste de lo local, estos enfoques son propensos a defender el universalismo cultural, al que entienden en clave de homogeneización progresiva. El ocaso del *anclaje *territorial y el declive de las *identidades territoriales serían otros de sus principales supuestos, en los que el globalismo tiene un papel activo. Como ideología, el globalismo tiende a asumir que la globalización es un proceso inevitablemente superador de lo local en el que radica el progreso.

En contraste, el enfoque dicotómico entiende los actuales procesos espacio-temporales en clave de ascenso tanto de lo global como de lo local, pero concibe a estos últimos como pares antagónicos. Esta dicotomía central sería paralela de otras disyuntivas, como la que se establece entre los flujos globales y el espacio de los lugares (Castells, 2001), los *no lugares y los lugares antropológicos (Augé, 1993), o la que insiste en las consecuencias radicalmente *desiguales de la globalización y en la polarización social (Bauman, 1999), por señalar algunas de las más celebradas.

Frente a los planteamientos anteriores, el enfoque de la glocalización se muestra mucho más novedoso y sugerente. Básicamente, implica repensar la relación entre lo local y lo global desde una perspectiva significativamente distinta, ya que tiene como punto de partida el tratamiento unificado de una y otra dimensiones.

Glocalización y glocal

Según Robertson (2000), los términos "glocal" y "glocalización" se modelaron en la *cultura japonesa y en el ámbito del márquetin; y, en su sentido comercial, la idea de glocalización significa la adaptación y propaganda de las mercancías y los servicios con una base global hacia mercados *locales y particulares crecientemente diferenciados. En la teoría social, sin embargo, el concepto posee otros significados, ya que surge como contrapunto de los deslices y errores de las versiones dicotómicas e hiperglobalistas de la relación entre lo global y lo local.

Para este autor, la globalización ha implicado y sigue implicando de manera creciente la creación e incorporación de la localidad, la comunidad y el hogar, procesos que, a su vez, configuran ampliamente la comprensión del mundo como un todo. En ese sentido, al menos desde un punto de vista analítico o interpretativo, lo local no puede ser visto como contrapunto de lo global. De hecho, afirma, lo local puede ser considerado como un aspecto de la globalización. La noción de glocalización tiene la ventaja de expresar precisamente esta idea. Por eso aboga por la incorporación sistemática de este concepto en el actual debate sobre la globalización, ya que ayuda a clarificar la forma de la globalización, una cuestión que tiene específicamente que ver con el modo en que se estructura la comprensión del mundo (Robertson, 2000: 236-237).

En términos generales, el enfoque de la glocalización implica la adopción de cuatro principales supuestos (Barañano, 2005). Primero, implica la elección de una perspectiva analítica orientada a romper la oposición local/global y a comprender su interdependencia. Segundo, supone una nueva manera de entender la reconfiguración espacio-temporal actual que se considera desde el principio como glocal, y que parte de una idea básica: la imposibilidad de hacer una distinción entre lo local —nuestro hogar, allí donde uno es su propio jefe— y lo global, el mundo cambiante en el que mandan fuerzas externas. De la mano de este planteamiento, diversos autores como Appadurai (2001, 2004), García Canclini (2000), Robertson (2000) o Gupta y Ferguson (1992, 1997), por ejemplo, proponen avanzar en la disolución de otras dicotomías paralelas como la oposición entre las tendencias hacia la homogeneización y la heterogeneización, la estandarización mercantilizada y la indigenización, universalismo y particularismo, o los procesos des/re-concentración, *centralización o territorialización. La tercera premisa considera el carácter irregular, cambiante y asimétrico de los procesos en curso; de ahí precisamente la dificultad de su comprensión. Finalmente, lo que destaca el último supuesto es que estamos ante procesos de una gran complejidad que, más que configurar un *puzzle* ordenado, conforman un entramado caleidoscópico de tendencias distintas, y que requieren, por tanto, de una aproximación igualmente compleja y abierta. De acuerdo con Barañano, la perspectiva de la glocalización supone en ese sentido un "enorme avance sobre el planteamiento hiperglobalista, al tiempo que ofrece una aproximación sobre la relación entre lo local y lo global mucho más pertinente de la que proporciona su concepción dicotómica, o en clave de oposición o disyuntiva" (2005: 434).

Localismos globalizados y globalismos localizados

Boaventura de Sousa Santos (2005) considera que, tanto lo global como lo local, son socialmente producidos en los procesos de globalización. Distingue cuatro formas principales de globalización, y en cada una de ellas destaca la inseparable interacción de ambas dimensiones. Denomina a la primera *localismo globalizado*, entendido como el proceso por el cual un determinado fenómeno local se globaliza con éxito, ya sea éste la actividad de las multinacionales, la lengua inglesa o la comida rápida norteamericana. La segunda forma es el *globalismo localizado*, que consiste "en el impacto específico en las condiciones locales, producido por las prácticas y los imperativos transnacionales que se desprenden de los localismos globalizados. Para responder a estos imperativos transnacionales, las condiciones locales son *desintegradas, desestructuradas y eventualmente reestructuradas bajo la forma de inclusión subalterna" (2005: 276). Los referidos procesos operan conjuntamente, pero, según Santos, deben ser tratados por separado, ya que los factores, agentes y conflictos que intervienen en uno y otro son distintos.

Los localismos globalizados y los globalismos localizados son considerados por este sociólogo portugués como formas de "globalización desde arriba" o "globalización hegemónica". Característicamente, ésta consiste en un "proceso por el cual un fenómeno dado o una entidad local consigue difundirse globalmente y, al lograrlo, adquiere la capacidad de designar un fenómeno o una entidad rival como local" (2005: 134).

Las dos formas de globalización restantes son las que mejor definen, según Santos, las diferencias y las novedades del actual sistema mundial. Ambas tienen que ver con la globalización de la resistencia a los procesos ante-

riores, y constituyen sendas formas de "globalización desde abajo" o "contrahegemónica". Ambas han conocido también una gran evolución en las últimas décadas, y han encontrado fortísimas resistencias por parte de los que manejan la globalización económica o se aprovechan de ella. A la primera la denomina *cosmopolitismo*, concepto con el que se refiere a "la organización transnacional de la resistencia de *Estados-nación, regiones, clases o grupos sociales víctimas de los intercambios desiguales de los cuales se alimentan los localismos globalizados y los globalismos localizados" (2005: 277). Recurriendo al Derecho Internacional, conceptualiza al segundo proceso de resistencia global como *el patrimonio común de la humanidad;* con él se refiere a "las luchas transnacionales por la protección y la desmercantilización de recursos, entidades, artefactos y ambientes considerados esenciales para la supervivencia digna de la humanidad y cuya sustentabilidad sólo puede ser garantizada a una escala planetaria" (2005: 280).

Precisando en la relación entre lo local y lo global, Boaventura Santos destaca que desde el punto de vista de los procesos transnacionales, lo local y lo global son cada vez más las dos caras de la misma moneda. En este contexto, afirma, la globalización contrahegemónica es tan importante como la localización contrahegemónica. "Las iniciativas, organizaciones y movimientos de los procesos que definen como integrantes del cosmopolitismo y del patrimonio común de la humanidad tienen una vocación transnacional, mas no por ello dejan de estar anclados en lugares determinados y en luchas sociales concretas" (2005: 283).

Localidad y conciencia

Algunos antropólogos han destacado que la importancia del lugar –*place*– y su enorme significado cultural y social no son lo contrario de la globalización, sino que constituyen un rasgo de ésta. Es más, se puede decir que no es *a pesar de*, sino *a causa de*, como vivimos en un mundo tan interconectado, el lugar se ha hecho muy significativo. Para Gupta y Ferguson (1992, 1997), el mundo actual se caracteriza por conexiones globales marcadas por complejas constelaciones de poder y relaciones jerárquicas que cristalizan en estrechos lazos entre las áreas centrales y periféricas. Desde esta perspectiva, los lugares locales –*local places*– no existen como unidades económicas, sociales, culturales o políticas autónomas. El lugar se crea cuando las comunidades locales aparecen dentro del amplio sistema mundial y se constituyen como áreas particulares. De esta forma, estos autores entienden el lugar como una construcción cultural, creada a la luz de la conciencia global del significado de la experiencia local.

También Appadurai parte de la idea de que los lugares deben ser definidos en relación con las estructuras más amplias. Este autor identifica dos tipos diferentes de lugares –*places*–. Por un lado, hallamos los denominados "barrios" –*neighbourhoods*– y que se refieren a las formas sociales efectivamente existentes en las que la localidad, como dimensión o valor, se realiza de modos variables, aunque no necesariamente se plasma en comunidades locales. En esta acepción, "los barrios son comunidades situadas caracterizadas por su realidad, espacial o virtual, y por su potencial para la reproducción social (2004: 238). Al segundo tipo de lugar lo denomina, por otro lado, "localidad" –*locality*–, a la que considera como una propiedad fenomenológica de la vida social, de carácter fundamentalmente relacional y contextual, y con valor emocional y simbólico. La localidad es "una estructura de sentimiento" generada por algunas formas de actividad intencional, que produce ciertos tipos de efecto material y se expresa en determinados modos de acción, de socialidad (2004: 237 y 245).

Las localidades no conducen necesariamente a la construcción de formas sociales unidas a sitios físicos específicos, sino que pueden tomar un aspecto más imaginado. Así, por ejemplo, la gente *diaspórica puede tener su patria distante como lugar de identificación, pero su apego a esa localidad no se plasma necesariamente en una forma social localizada. Desde un punto de vista global, el lugar no es sólo un espacio *geográficamente delimitado donde la gente vive su vida y al que atribuye significados particulares. También se ha convertido en un punto de anclaje en el que la gente que se desplaza a través de grandes distancias, en un mundo cambiante, puede encontrar una fuente de identidad.

Bibliografía

APPADURAI, A. (2001): *Globalization*. Durham: Duke University Press.
— (2004 [1996]): *Dimensões Culturais da Globalização*. Lisboa: Teorema.

AUGÉ, M. (1993): *Los "no lugares". Espacios del anonimato. Una antropología de la sobremodernidad*. Barcelona: Gedisa.
BARAÑANO, M. (2005): "Escalas, des/reanclajes y transnacionalismo. Complejidades de la relación global-local", en A. Ariño (ed.), *Las encrucijadas de la diversidad cultural*. Madrid: CIC, 425-451.
BAUMAN, Z. (1999): *La globalización. Consecuencias humanas*. México: FCE.
CASTELLS, M. (2001 [1997]): *La era de la información: economía, sociedad y cultura, Vol. 1, La sociedad red*. Madrid: Alianza.
GARCÍA CANCLINI, N. (2000): *La globalización imaginada*. Buenos Aires: Paidós.
GUPTA, A.; FERGUSON, J. (1992): "Beyond 'culture': space, identity, and the politics of difference". *Cultural Anthropology*, 7: 6-23.
— (1997): "Discipline and practice: the 'field' as site, method, and location in anthropology", en A. Gupta y J. Ferguson (eds.), *Anthropological Locations: Boundaries and Grounds of a Field Science*. Berkeley, Los Angeles, London: University of California Press, 1-46.
ROBERTSON, R. (2000 [1997]): "Glocalización: tiempo-espacio y homogeneidad". *Zona Abierta*, 92-93: 213-241.
SOUSA, B. (2005): *El milenio huérfano. Ensayos para una nueva cultura política*. Madrid: Editorial Trotta.

Josepa Cucó i Giner

Véanse además Centro-periferia, CIUDADANÍA, COMUNICACIÓN, Comunitarismo, CULTURA, DESARROLLO, Desterritorialización, DIFERENCIA Y DESIGUALDAD, Diferencias naturales y diferencias sociales, DISCRIMINACIÓN Y EXCLUSIÓN SOCIAL, ELITES, Elites cosmopolitas, Esfera mediática, Espacio de los flujos, Espacio red, ESPACIO-TIEMPO, Espacios locales, ESTADO-NACIÓN, ESTEREOTIPOS Y ESENCIALIZACIÓN, ESTIGMA, Frontera geográfica y administrativa, Fronteras económicas, GLOBALIZACIÓN, Globalización y antiglobalización, IDENTIDAD, INTEGRACIÓN, Localidades fantasmagóricas y desanclaje, Lugar y no lugar, Megalópolis, Migraciones. Teoría macro, MOVILIDAD, Multilocal, Nomadismo y turismo, NUEVOS MOVIMIENTOS SOCIALES, PATRIMONIO, Pluralismo sincrónico, Plurinacionalidad, Polarización de clase, POSMODERNIDAD, Relaciones y procesos informales económicos, Relaciones y procesos informales políticos, Revolución técnico-comunicativa, SABER Y SABERES, TERRITORIOS, Traducción, Viajes y sistemas de movilidad, Violencia política. Tipos.

Globalización

El uso de la palabra "globalización" en las ciencias sociales carece de una larga historia. Empezó a emplearse como expresión común a finales de la década de los años setenta del siglo pasado, haciendo su aparición en los ámbitos de la economía mercantil, la sociología cultural y la geografía económica y cultural. Previamente, puede afirmarse que son varias las áreas que se habían visto influidas por el uso de este término. Así, la teoría de la dependencia —surgida dentro del campo de la economía en Sudamérica, con el trabajo realizado por Raoul Prebisch— se convirtió en un *constructo* a nivel mundial gracias a los modelos elaborados por A. G. Frank. En muchos sentidos, se trataba de un argumento realmente global frente a lo que con anterioridad había sido una interpretación estrictamente evolutiva del *desarrollo social, de la riqueza y la pobreza. En el modelo dominante a finales de la década de los años cuarenta y en los cincuenta del siglo pasado se daba por sentado que el cambio social y, sobre todo, el crecimiento económico y sus consecuencias —agrupadas bajo la etiqueta de *modernización— eran procesos completamente endógenos. Tanto si se asume, según lo hace la teoría marxista, que la fuerza motriz está constituida por la tecnología o las fuerzas de producción, como si se acepta que son los valores, el individualismo, la democracia y un espíritu emprendedor los que desencadenan los impulsos, lo cierto es que los procesos de cambio se organizan y orquestan dentro de la propia sociedad. Para afrontar la continuada distribución *desigual de riqueza que caracterizó al mundo tras la Segunda Guerra Mundial, los investigadores se vieron obligados a buscar qué era lo que se hallaba ausente o dificultaba el proceso de desarrollo. Para la teoría de la modernización, la respuesta estaba en la propia sociedad tradicional, sus relaciones de parentesco, clientelares, etc., ya que todo ello constituía el principal bloqueo para un desarrollo concebido como fuerza que debía liberarse. El modelo "estalinista" —vulgarización de la obra de Marx y Engels— afirmaba que todas y cada una de las sociedades desarrolladas por medio de la transformación de las fuerzas de producción generarían por sí mismas las correspondientes relaciones sociales y políticas en función de dicho cambio: desde la sociedad primitiva hasta el socialismo o comunismo como meta final. La obra de Walter Rostow constituye una respuesta desde una perspectiva más tecnológica que la ofrecida por los marxistas, gracias a la noción de etapas de crecimiento, algo así como pasos evolutivos que unen la sociedad tradicional con el producto final: las sociedades de consumo de masas a gran escala. Tecnología y mentalidad aparecen unidas en un único proceso de desarrollo. El advenimiento de la teoría de la dependencia invirtió este tipo de explicaciones, al argumentar que la distribución de la acumulación de riqueza es un proceso interconectado por el cual el desarrollo de un determinado lugar va unido al subdesarrollo de otro. Lo que encontramos en esta afirmación es la base del pensamiento *centro-periferia, característico del orden *global, sobre el que se fundó la teoría imperialista —los conceptos no eran, por tanto, nuevos ya que se venían discutiendo desde el comienzo del siglo XX y resultaban claramente representativos de la obra de Lenin, Luxemburg, Kautsky y Bukharin—. La idea de que el mundo es un todo interrelacionado está presente hasta cierto punto en las teorías mercantilistas de autores como Adam Smith, si bien ocupa una posición marginal en la obra de Marx. Fue Frank quien llegó más lejos en el perfeccionamiento de este modelo de interdependencia. Los trabajos de Wallerstein sobre el "sistema mundial" proporcionaron una base social e histórica más amplia, a la par que los últimos estudios de Frank sobre la acumulación a escala mundial pusieron de relieve el hecho de que el crecimiento de Occidente, entendido en términos sistémicos, estaba relacionado con la formación de una estructura centro-periferia y con la transferencia de riqueza de la última al primero.

El declive del marxismo en los años setenta del siglo pasado estuvo acompañado por una transformación fundamental del enfoque —a veces denominada "giro cultural" y que más adelante se asoció con el posmodernismo—, consistente en el rechazo a los aparatos teóricos a gran escala para centrarse en cuestiones de *identidad, significados simbólicos y construcciones sociales. Sin embargo, dentro de este cambio hay un aspecto que apunta un acercamiento a la globalización y que está más encuadrado dentro de la economía política. Un número importante de investigadores critica el modelo jerárquico de centro-periferia, al afirmar que éste no es más que un producto y no un proceso en sí mismo o una estructura fija. Durante estos años aumenta la evidencia de una descentralización en la acumulación de capitales, una reconfiguración de la producción a escala mundial –añadiendo el desplazamiento a nuevas áreas– y la aparición de nuevos competidores en la escena mundial. El final de la "Guerra Fría" no supuso el reforzamiento de la jerarquía mundial, pese a que sólo permaneció un único poder militar. Aparecen al mismo tiempo nuevas zonas de crecimiento en el sur y este de Asia y en Brasil, a la par que una prolongada crisis –incluso puede hablarse de declive– afecta a las economías occidentales. Surge en estos momentos un debate acerca de si la estructura centro-periferia de la economía mundial no se estaría transformando en una novedosa economía transnacional con múltiples centros, que implicaba una nueva división global del trabajo en la que nuevas zonas se convertían, cada vez más, en actores competitivos dentro del escenario mundial. La emergencia –o re-emergencia, desde el punto de vista histórico– de empresas multinacionales –denominadas transnacionales– parece implicar falsamente que éstas no se encuentran concentradas en un único continente, apuntando un renovado interés hacia lo que parece ser una nueva economía global más flexible.

A lo largo de la década de los pasados años ochenta aparece un conjunto de tendencias de investigación, dentro de la economía mercantil y de las ciencias políticas y geográficas, encaminado a un paradigma que debe ser entendido en términos de globalización. Este proceso es paralelo al cambio operado en una tradición anterior de la sociología cultural, que se movió de las tesis de la "coca-colización" –por ejemplo, el imperialismo americano– a los postulados de la "McDonalización", es decir, al planteamiento de que el mundo resulta cada vez más homogéneo porque está siendo crecientemente americanizado. La terminología característica de este periodo incluye nociones tales como el "alcance global", un mundo sin *fronteras, el fin del *Estado-nación y, por supuesto, la propia globalización. David Harvey emplea la noción braudeliana de la compresión *espacio-tiempo para caracterizar el modo en que las tecnologías de aceleración, responsables del transporte de alta velocidad y de los medios electrónicos, han convertido al mundo en un lugar mucho más pequeño, a la vez que han traído consigo cambios en la propia *cultura,

todo dentro del marco del desarrollo capitalista. Dicken estudia, desde una perspectiva más empírica, el *movimiento de inversión de capitales y de producción en el mundo, documentando una intensificación en la exportación de capital desde Occidente y el desarrollo de nuevas zonas de acumulación de capitales, sobre todo en el este y sureste de Asia. Saskia Sassen –reelaborando un análisis de John Friedmann– sugiere que el mundo se está reorganizando en una serie de ciudades globales en las que las relaciones centro-periferia se condensan dentro de un área urbana. Dichas relaciones ya no son características de los vínculos establecidos entre el Primer y el Tercer Mundo, sino que se generalizan y concentran en determinadas ciudades y *áreas geográficas del norte y del sur. El Tercer Mundo ha vuelto a casa en forma de mano de obra barata y flexible, situada en los *márgenes de las grandes ciudades –convertidas en los nuevos centros de la economía mundial–, y la dominación económica no viene ya de la mano de la producción, sino de las finanzas. Este hecho ha sido apuntado por numerosos autores, no sólo por marxistas como Harvey. Toda una serie de cambios, que llevan del fordismo al posfordismo –como, por ejemplo, la flexibilización de la mano de obra y de la acumulación de capitales, que implica la subcontratación y la reducción de la producción e incluso de los servicios–, han hecho del capital financiero el principal protagonista en este proceso.

La globalización se convierte en los años ochenta en el paradigma dominante, ligado a los cambios económicos anteriormente mencionados. Se emplea para referirse al aumento de la movilidad, al debilitamiento del Estado-nación respecto a los movimientos de capitales, a la descentralización de la acumulación de capitales a escala mundial, a la emergencia de *nuevos actores –ya se trate de Estados o empresas–, etc., factores todos ellos que desafían el paradigma de un mundo internacional.

Las discusiones en torno a la cultura crearon escuela, subrayando las relaciones fronterizas, el paradigma trans-x: trans-local, trans-nacional, trans-sexual. Se tiende a abandonar la homogeneización como marco de referencia para acentuar la *mezcla, la *hibridación y las apropiaciones *locales de lo global, si bien para algunos esto no es más que una prueba de que lo local consiste fundamentalmente en una *localización* de lo global, según sucedió con las lenguas globales imperiales al convertirse en las lenguas locales creole y pidgin. La globalización convierte estos temas en los nuevos sujetos de estudios culturales y *poscoloniales. La antropología no fue ajena a este proceso, si bien su implicación fue fundamentalmente como receptora de los conceptos desarrollados en otras áreas. La publicación periódica *Public Culture* —coeditada por Arjun Appadurai— tuvo un papel crucial a la hora de vincular a la antropología con el discurso de la globalización. Así, desde los últimos años de la pasada década de los ochenta, la globalización se convirtió en un tema desarrollado desde dentro de la propia antropología. Esta nueva orientación fue encabezada por Appadurai, al que siguieron Ulf Hannerz, Jean y John Comaroff, Ferguson, Gupta y Malkki, tomando la forma de un cuestionamiento de las clásicas —y no tan clásicas— categorías de investigación en antropología y de un clamor por un cambio de enfoque. Se asume que la antropología —entendida como parte de la empresa imperialista occidental— había sido una disciplina dedicada a la clasificación de las personas en distintas categorías, muy cerradas, esencializadas y homogeneizantes. Esta crítica no es nueva en absoluto. La encontramos ya en artículos publicados en los años sesenta por Grough y Lévi-Strauss, así como en las publicaciones de Fabian, Ekholm y Friedman de la pasada década de los años setenta y principios de los ochenta. Dichas críticas se basan en otro tipo de acercamiento global que no puede reducirse al concepto de globalización. Entre las influencias externas que recibió la antropología destaca el trabajo de Roland Robertson, desarrollado en gran parte en su obra *Globalization*. En ella la globalización se entiende en términos macrohistóricos, incluso evolucionistas, al consistir ésta en un acercamiento mundial progresivo, caracterizado tanto por el aumento de las conexiones como por una mayor conciencia de las mismas. Para Robertson, este fenómeno se inicia con la llegada del s. XX y se refleja en la creación de instituciones tales como la Liga de Naciones —si bien debemos añadir que la idea de humanidad como referente global fue ya un concepto fundamental en la Ilustración e incluso en periodos anteriores de la historia europea, por no hablar del mundo antiguo—. Los defensores de este acercamiento sostienen que la globalización es un fenómeno claramente reciente, fruto, para la mayoría de ellos, del desarrollo tecnológico. No deja de ser significativo que este determinismo tecnoló-

gico sea parte fundamental de una antropología que hunde sus orígenes en el denominado "giro cultural".

Un rasgo común a todo este tipo de acercamientos a la globalización es un evolucionismo implícito: antes éramos locales, ahora globales. Lo más frecuente es que el cambio se sitúe en el momento presente: para algunos, hace cien años, si bien, para la mayoría de los antropólogos, tal transformación se produce en los últimos quince años —momento en el que ellos mismos toman conciencia de la realidad global de nuestro mundo—. La aproximación a la globalización hecha desde la antropología carece de las raíces históricas descritas anteriormente. Quizá éste sea el rasgo más interesante. Mientras en otras disciplinas se da todo un desarrollo que va de la teoría del imperialismo a la globalización, en antropología esta idea aparece de forma espontánea, resultado de una especie de percepción de que algo se ha modificado en el mundo, y de que dicho cambio debe asociarse a una movilidad cada vez mayor tanto de los académicos como de otros segmentos de la clase media y de las *elites. No encontramos, por ejemplo, ningún desarrollo histórico intelectual que vincule a los defensores de la globalización con los análisis y las discusiones anteriores acerca de las relaciones imperialistas.

Un acercamiento sistémico global a la globalización

Si puede señalarse una continuidad en los estudios acerca de la globalización, sería aquella que conecta a historiadores como Braudel con las discusiones desarrolladas en los pasados años sesenta y setenta dentro del marxismo económico, centradas en la necesidad de entender los fenómenos sociales en términos de sus condiciones globales de existencia. Este tipo de acercamiento partía de la crítica tanto al evolucionismo como a los modelos basados en la teoría de la dependencia. Frente a ambos se argumenta que el proceso histórico global sólo puede entenderse en función de ciclos de expansión y contracción. Aunque pueden existir tendencias a largo plazo de tipo evolutivo a consecuencia de desarrollos tecnológicos de larga duración, esto no alteraría en absoluto los contornos básicos del proceso global. Únicamente amplían sus horizontes y aumentan su periodicidad. Así entendida, la globalización no consistiría en una etapa histórica o evolutiva, sino en un fenómeno histórico específico, indirectamente elaborado por Braudel y explicitado más directamente en un reciente trabajo de Arrighi.

La globalización consiste en una transferencia de capitales que sobreviene en los periodos en los que se produce un declive en la hegemonía de los antiguos centros, al financiar éstos el crecimiento de nuevos centros por razones directamente relacionadas con su propio hundimiento –por ejemplo, la relativa improductividad de los capitales locales y las vías de salida disponibles en el escenario mundial–. Por tanto, la globalización, entendida como el establecimiento de relaciones políticas y económicas a gran escala o a nivel global, acontece en periodos de expansión. Éste fue el caso de la expansión *colonial y de la formación de órdenes imperiales, en los que se produce un movimiento hacia el exterior de determinados tipos de capitales. Sin embargo, en estas ocasiones los capitales que se desplazan lo hacen en forma de inversiones en materias primas y productos necesarios para la producción final de bienes de consumo en el propio centro. El movimiento de personas, como en el caso de la colonización real, actúa de instrumento en este proceso de transferencia neta desde la periferia al centro. En sentido estricto, la globalización es un movimiento que genera centros potencialmente competitivos en nuevas áreas. Estos ciclos de globalización están relacionados en la historia europea con los cambios de poder que desplazaron a Italia de su posición dominante para situar el centro de poder en la Península Ibérica, desde donde se trasladó a Ámsterdam y después a Inglaterra, por poner un ejemplo de sucesión de poderes hegemónicos. Lo que dentro de los tratamientos típicos de la globalización se considera un proceso de desarrollo, cabe explicarlo en términos de ciclos de hegemonía de larga duración. Si se entiende desde una perspectiva evolutiva, es debido al reducido horizonte cronológico desde el que se contempla la globalización. Para muchos, es un fenómeno que atañe a todo aquello que ha acontecido en su propia experiencia vital. Del mismo modo, para los defensores de la llamada globalización cultural, el marco temporal refleja el modo en el que se han experimentado los cambios más recientes, tal y como éstos han sido mediatizados y publicitados.

La intención no es negar la existencia de la globalización según ha sido definida por geógrafos y urbanistas, sino sugerir que los procesos que ésta implica son reversibles en el tiempo, conforme ha sucedido incluso en el siglo pasado. El periodo comprendido entre 1880 y 1920 fue un tiempo de globalización que se invirtió desde 1920 hasta la década de los cincuenta, momento en el que vuelve a despegar otro ciclo de globalización. Podemos observar muchas de las características propias del periodo actual en la fase de globalización anterior: la pasión por la nueva tecnología –futurismo–, el miedo al cambio rápido, las *migraciones masivas y todos los discursos desarrollados al respecto –tanto positivos como negativos–, la fragmentación y nacionalización del continente europeo junto con la formación de nuevos Estados-naciones, los debates en torno a la inmigración y al *multiculturalismo... Todos estos rasgos pueden ser provechosamente comparados con los cambios actuales y las supuestas novedades. Es de destacar que ya en 1916 un periódico tan popular como el *Atlantic Monthly* empleaba el término "América transnacional" (Bourne, 1916). Como se ha indicado, a este periodo le siguió, a partir de 1920, otro tiempo de inversión, una auténtica *desglobalización*, que se extendió hasta los años cincuenta del siglo pasado, momento en el que se inicia una nueva oleada globalizadora, esta vez procedente de los Estados Unidos, que fue ganando fuerza en las décadas de los años sesenta y setenta hasta hacerse obvia durante los ochenta.

Desde esta perspectiva, la globalización puede entenderse como la realización de un auténtico cambio, pero del que no se han comprendido los mecanismos que lo envuelven. Los acercamientos a la globalización cultural tienden a echar mano del evolucionismo para explicar un fenómeno que la antropología sistémica global ha entendido como un proceso histórico específico.

Otra cuestión importante nos sitúa en la perspectiva de los actores: globalización, ¿para quién? Se ha sugerido que la globalización se ha convertido en una palabra clave dentro de la ideología dominante, empleada para definir el mundo desde un punto de vista muy particular, el de las elites, para luego generalizar dicha perspectiva y convertirla en una realidad que debe ser asumida. De este modo, afirmaciones del tipo "vivimos en un mundo globalizado" –que normalmente encontramos en boca de los políticos– no son el resultado de una investigación, sino de la experiencia concreta de movimiento que tienen los actores que ocupan las posiciones a las que Calhoun se ha referido como "conciencia de clase de los viajeros frecuentes". Sin duda, el discurso de la globalización puede entenderse como reflejo de una identificación cosmopolita, incluyendo en ésta a todos los académicos e intelectuales que se identifican con el cosmopolitismo y que son los responsables de la producción de gran parte de este discurso. El grupo varía según el país y la situación social; únicamente comparte una identificación con la elite cosmopolita y con los ideales del cosmopolitismo.

Este grupo es el instrumento que convierte una identidad cosmopolita en ideología, e incluso la sitúa en una posición hegemónica. Y cuando una identidad se transforma en ideología, el discurso sobre uno mismo se convierte en discurso generalizado del mundo. Mi propia experiencia pasa a ser la de los *otros, aun cuando éstos no reconozcan su realidad.

Bibliografía

APPADURAI, Arjun (1996): *Modernity at Large*. Minneapolis: Minnesota.

ARRIGHI, Giovanni (1994): *The Long Twentieth Century*. London: Verso.

BOURNE, Randolph (1916): "Transnational America". *Atlantic Monthly*, 118: 86-97.

BRAUDEL, Fernand (1984): *The Perspective of the World*. New York: Harper and Row.

EKHOLM, Kasja; FRIEDMAN, Jonathan (1980): "Toward a Global Anthropology", en L. Blusse, H. L. Wesseling y G. D. Winius (eds.), *History and Underdevelopment*. Leyden: Center for the History of European Expansion, Leyden University, 61-76.

FRANK, André Gunder (1967): *Capitalism and underdevelopment in Latin Americ. Historical studies of Chile and Brazil*. New York: Monthly Review Press.

GUPTA, Akhil; FERGUSON, James (eds.) (1997): *Culture, power place*. Durham: Duke.

HANNERZ, Ulf (1996): *Transnational connections*. London: Routledge.

HARVEY, David (1990): *The Condition of Postmodernity*. Oxford: Blackwell.

MALKKI, Lisa (1992): "National Geographic. The Rooting of Peoples and the Territorialization of National Identity among Scholars and Refugees". *Cultural Anthropology*, 7, 1: 24-44.

PREBISCH, Raúl (1989): *El pensamiento de Raúl Prebisch*. Buenos Aires: Fundación Raúl Prebisch, Editorial Tesis.

ROBERTSON, Roland (1992): *Globalization* London: Sage.

ROSTOW, Walter W. (1990): *The stages of economic growth. A non-communist manifesto*. Cambridge, New York: Cambridge University Press.

Jonathan Friedman

Véanse además ALTERIDAD, *Apartheid*, CIUDADANÍA, COLONIALISMO Y ANTICOLONIALISMO, Comunidad transnacional, CONSUMO CULTURAL, CULTURA, Derecho de injerencia, DESARROLLO, Desterritorialización, DIFERENCIA Y DESIGUALDAD, DISCRIMINACIÓN Y EXCLUSIÓN SOCIAL, ELITES, Elites cosmopolitas, Esclavitud, Esfera mediática, Espacio de los flujos, Espacio red, ESPACIO-TIEMPO, Espacios locales, ESTADO-NACIÓN, Etnicidad, Etnocentrismo y relativismo cultural, Extranjero, FRONTERA, Fronteras políticas y religiosas, Fronteras simbólicas, Global y local, Globalización y antiglobalización, HIBRIDACIÓN, IDENTIDAD, Localidades fantasmagóricas y desanclaje, Mestizaje, MIGRACIONES, MINORÍAS, Modernización, MOVILIDAD, MULTICULTURALISMO, Nomadismo y turismo, NUEVOS MOVIMIENTOS SOCIALES, PATRIMONIO, Pluralismo sincrónico, Poscolonialismo, POSMODERNIDAD, Racismo y neorracismo, Relaciones y procesos informales económicos, Revolución técnico-comunicativa, SABER Y SABERES, TERRITORIOS, TRABAJO, Viajes y sistemas de movilidad, Violencia política. Tipos, Xenofobia y xenofilia.

Globalización y antiglobalización

En un mundo definido por lo novedoso, como resultado de la intensificación de los *flujos *globales de bienes, ideas y personas, parece haber surgido un consenso general para comprender las movilizaciones *locales, que toma la forma de la tesis denominada *Jihad versus McWorld* (Barber, 1995). En muchos de los escritos al respecto, gran parte de los movimientos locales, de los cultos y de las organizaciones terroristas se consideran claras reacciones frente a la *globalización. En este sentido la variedad de supuestas reacciones frente a la globalización es enorme, yendo desde acusaciones de brujería y de intensificación de la magia a los movimientos *indígenas y a las organizaciones islámicas actuales.

Dentro del campo de la antropología, estas ideas se han adaptado para comprender toda la serie de fenómenos que pueden ser definidos como reactivos. Así, las publicaciones más recientes han extendido la metáfora anterior a la oposición establecida entre los flujos globales y las *identidades locales. Los flujos de *cultura se consideran el estado normal de las cosas en el mundo actual, donde todo –personas, cosas, cultura y dinero– se encuentra globalizado. Sin duda, esta idea es bien difícil de aceptar para los antropólogos, tradicionalmente centrados en un modelo basado en unidades con *fronteras bien definidas, por lo que en muchos casos se ha tendido a negar tal realidad. En la obra que editaron en 1999, Geschiere y Meyer argumentan que el cierre es una reacción a los flujos, dada la sensación –no real– que éstos producen de pérdida de control sobre las propias condiciones de existencia. La diferencia entre este enfoque más reciente y los primeros escritos que se produjeron desde la antropología es que hay menos optimismo de cara al nuevo mundo globalizado. Otra tendencia ha sido la aceptación de la globalización como un hecho de la propia naturaleza, conforme han demostrado muchos políticos y deterministas tecnológicos. Jean y John Comaroff (2000) sugieren que Sudáfrica ha desarrollado en la actualidad un sistema moderno o *poscolonial de "economía oculta", en el que las acusaciones de magia y brujería se entremezclan desordenadamente con la *violencia real, todo como resultado de la *integración de la zona en una economía globalizada en la que hay mucho que comprar, pero pocos ingresos con los que hacerlo. No es la primera vez que nos encontramos con una argumentación de este tipo. De hecho, se trata de una *traducción de las explicaciones estructural-funcionalistas propuestas por Marwick y otros autores dentro del nuevo discurso poscolonial. La situación que analizan Jean y John Comaroff consiste en el ofrecimiento por los mercados *coloniales de oportunidades de acumulación que entran en directa contradicción con el control ejercido sobre la distribución de la riqueza. En el contexto actual –que data de varias décadas atrás– resulta evidente que la acumulación de riqueza se hace cada vez más imposible en relación con la demanda de consumo. No obstante, que este hecho genere acusaciones de brujería no puede explicarse sólo en función de las circunstancias. Jean y John Comaroff entienden la globalización como una entidad en sí misma, una realidad

evolutiva, derivada de la intensificación de los flujos. Una perspectiva sistémica global también tendría en cuenta dichos flujos, pero los contemplaría como generados por unas condiciones específicas de acumulación de capitales, como articulaciones entre condiciones globales y relaciones locales, entre las cuales la globalización sería una de ellas. Así se explicaría que, mientras el desastre y la desintegración social se multiplican en África, el este asiático esté cada vez más integrado dentro de las condiciones de un crecimiento rápido.

Como paradoja, es precisamente el carácter limitado de la perspectiva transnacional, su obsesión con el cierre de lo local, lo que ha permitido a sus partidarios criticar a aquellos que siguen hablando de fronteras y *territorialización, pese a la tendencia a pensar que dichos términos están pasados de moda o incluso son reaccionarios –una postura que los defensores del enfoque transnacional comparten con los neoliberales–. Pero si aquellos que son criticados por seguir empleando estas categorías están equivocados, también debe de estarlo la gente que estudian: "la obsesión de los antropólogos por la ausencia de fronteras es paralela al modo en que las personas que estudian tratan de afrontar los aparentemente interminables flujos globales" (Meyer y Geschiere, 1999: 3).

Si las personas continúan creando *límites, encerrando y esencializando, ¿no deberíamos reconocer estas prácticas como un fenómeno social real en lugar de evitarlas como si se tratasen de un terrible error? Todo, desde el nuevo derecho a la brujería africana, debe ser explicado en términos de producción de localidades, como una aparente reacción a la globalización en sí misma. Y, por supuesto, debemos preguntarnos quién es el que produce esa localidad. ¿Existe algún sujeto o agente protagonista de este proceso de conversión de flujos en *lugares? ¿Es posible que las personas hayan sido locales todo el tiempo en lugar de pensar que han aterrizado las corrientes globales para construir localidades? ¿Es posible que lo local sí que sea una estructura de lo global, pero no por la vía de la aplicación de una idea difundida a lo largo de todo el mundo? ¿No puede ser que lo local sea una relación de interlocalidades, y de esta forma no constituya una representación cultural sino una práctica cultural y social dentro de un escenario más amplio?

La principal interpretación de la mayoría de los movimientos surgidos en la escena global sostiene que éstos son en sí mismos reactivos. En los casos referidos con anterioridad no existe más que una correlación entre acciones locales y condiciones locales. Se trata del mismo tipo de error que comenten aquellos que interpretan la violencia en las saturadas aulas del interior de las ciudades de Estados Unidos como una forma de resistencia frente al capitalismo, en lugar de comprender, por medio de un análisis etnográfico, que las verdaderas intenciones de sus protagonistas revelan prácticas mucho más limitadas y autodestructivas. Existen otros movimientos que sí que participan del escenario global, como ocurre con la mayoría de la contestación indígena a escala mundial. Para algunos, esta contestación no sería un movimiento de escape, de soberanía local, sino una visión alternativa del mundo construida conscientemente en oposición al nuevo orden global, es decir, al orden de la globalización liberal (Castells, 1997). Pero en realidad no es una tarea sencilla encontrar un movimiento organizado en torno a un rechazo tan rotundo al sistema como un todo. Los movimientos indígenas se han centrado, en general, en cuestiones de autonomía política o al menos de soberanía cultural. En este sentido, el caso mexicano resulta una interesante excepción, ya que el Estado se construyó dentro del marco del pluralismo, de forma que lo indígena fue un elemento constitutivo de aquél. A diferencia de los Estados en los que los indígenas se categorizan como poblaciones externas, situadas en el nivel más bajo del orden social, en los Estados plurales, como el mexicano, los indígenas constituyen elementos centrales en la identidad social de la mayoría de la sociedad. Sus luchas son un intento de alcanzar poder dentro del propio Estado, más que la soberanía local y la vuelta a formas de vida anteriores (López Caballero). Durante los dos últimos siglos ha habido multitud de formas de resistencia indígena, si bien la mayor parte de ellas fracasó, en especial durante el periodo de expansión de los *Estados-naciones. Actualmente, con el debilitamiento de dichos Estados y de la identidad *modernista en la que éstos basaban su ideología, los movimientos indígenas han logrado un éxito mayor, fundamentalmente como resultado de la coyuntura histórica de declive de la hegemonía occidental. Explicar estos movimientos como una reacción a la globalización es afirmar prácticamente lo contrario a esta perspectiva. Del mismo modo, activismos como los que protagonizan los grupos Michigan Militia en Estados Unidos, de extrema derecha, no pueden considerarse movimientos de antiglobalización, excepto si se entienden como una respuesta frente al consenso de Washington, contra el poder global orquestado por las *elites globales. Se trata de un conflicto sistémico global, de un complejo fenómeno en el que la globalización es un elemento más en juego, pero que no puede considerarse una confrontación frente a ella en sí misma. En el caso que nos ocupa, la oposición se establece entre la indigenización local de los niveles más inferiores del orden social y la cosmopolitización de las *elites, cada vez más globales en sus estilos de vida, movimientos e identificación con el mundo como un todo.

Hay desde luego una contestación que se define a sí misma como movimiento de antiglobalización o, más bien, de alterglobalización. Surge principalmente en Occidente y se desarrolla como un conjunto de movimientos y actores –José Bové, Attac, algunos autonomistas…– que se oponen explícitamente a lo que consideran una globalización neoliberal. Son aquellos que, a través de débiles alianzas con otras asociaciones y organizaciones del Primero y Tercer Mundo, se manifestaron en Seattle, Génova, Gotemburgo y Davos –con resultados en los que la *violencia adquirió distintos grados– y organizaron carnavalescos encuentros a gran escala como el que se celebró en Porto Alegre. En estos casos encontramos un intento explícito por definir una alternativa frente al orden global contemporáneo. Esta tentativa no ha sido más que eso, puesto que nunca se ha logrado organizar una resistencia real. El centro de esta débil alianza está constituido por un conjunto de intelectuales que han sido rotundos a la hora de definir la emergencia y amenaza del capitalismo globalizado. Las soluciones dadas al problema son demasiado variadas como para enumerarlas en estas páginas, si bien existe un claro consenso en torno a la necesidad de una reforma drástica del sistema capitalista mundial para la supervivencia de la población mundial. Algunos estudios han tenido un papel clave, al menos en términos simbólicos, en este desarrollo. Entre ellos destaca la obra de Hardt y Negri, *Imperio*, en la que se anuncia un nuevo periodo caracterizado por la emergencia del Imperio, una ubicua estructura de poder sin centro –como hasta el momento había sido Estados Unidos– que ha dado lugar a un nuevo tipo de población que viene a sustituir a las anteriores clases trabajadoras, una "multitud", en palabras de los propios autores, que incluye todo tipo de personas procedentes de distintas "clases" definidas por su carácter esencialmente globalizado o *nomádico. Las oposiciones comunes a la mayoría de los discursos en torno a la globalización se traducen a un vocabulario radical, en el que nómadas, inmigrantes, académicos de viaje, consultores, etc., representan lo progresista, mientras que lo local queda asociado al terreno de lo reaccionario e incluso constituye un potencial para el desarrollo del fascismo dada su *xenofobia y miedo a lo global. Este discurso es sorprendentemente parecido al que se produce en otros ámbitos en los que la globalización constituye el núcleo retórico dominante, al mismo tiempo que se declara una alternativa al proceso que se entiende como la globalización del poder. Expresiones del tipo *transnacionalismo o globalización desde la base* son el vocabulario principal de estos movimientos y de la identidad que ha crecido en torno a ellos.

Bibliografía

BARBER, Benjamín R. (1995): *Jihad vs. McWorld. Terrorism's Challenge to Democracy*. New York: Random House.

CASTELLS, Manuel (1997): *The Power of Identity. Volume II of The information Age. Economy, Society and Culture*. Oxford: Blackwell.

COMAROFF, Jean; COMAROFF, John (2000): "Millenial capitalism: firsts thoughts on a second coming". *Public Culture*, 12, 2.

FRIEDMAN, Jonathan (1994): *Cultural Identity and Global Process*. London: Sage.

FRIEDMAN, Jonathan (ed.) (2002): *Globalization, the State and Violence*. Walnut Creek: Altamira.

HARDT, Michael; NEGRI, Antonio (2000): *Empire*. Cambridge: Harvard University Press.

LÓPEZ CABALLERO, Paula (2006): "Mexicains sans être métis, autochtones sans être indiens. Variations dans la représentation de soi chez les *originarios* de Milpa Alta (México) (1950-2000)". Sin publicar.

MARWICK, Max (1965): *Sorcery in its Social Setting. A Study of the Northern Rhodesian Cewa*. Manchester: Manchester University Press.

MEYER, Birgit; GESCHIERE, Peter (eds.) (1999): *Globalization and Identity. Dialectics of Flow and Closure*. Oxford: Blackwell.

Jonathan Friedman

Véanse además COLONIALISMO Y ANTICOLONIALISMO, CULTURA, Derecho de injerencia, ELITES, Elites cosmopolitas, Espacios locales, ESTADO-NACIÓN, FRONTERA, Fronteras políticas y religiosas, Global y local, GLOBALIZACIÓN, IDENTIDAD, INDIGENISMO, INTEGRACIÓN, Lugar y no lugar, Modernidad, MOVILIDAD, Nomadismo y turismo, NUEVOS MOVIMIENTOS SOCIALES, PATRIMONIO, Poscolonialismo, TERRITORIOS, Traducción, VIOLENCIA POLÍTICA, Violencia política. Tipos, Xenofobia y xenofilia.

H

Hibridación

Del mismo modo que ocurre con la noción de *mestizaje, para entender el concepto de culturas híbridas se suele recurrir a la biología para transferirlo posteriormente al universo de la *cultura. Si nos atenemos a la significación que adquiere este concepto en el campo biológico, la hibridación es un proceso de generación de nuevas especies –las híbridas– a partir del injerto entre dos especies distintas y preexistentes. En este sentido, la condición de híbrido recuerda inmediatamente el fenómeno de la mezcla de razas, entendida como la constitución –en un plano simbólico, en el caso de la especie humana– de una nueva categoría racial, aunque en el interior de la misma especie. Los trabajos teóricos que abordan la hibridación se han desarrollado durante las últimas décadas, particularmente en el contexto de la teoría *poscolonial y de los Estudios Culturales, como una crítica a los modelos *colonialistas, *racistas e imperialistas sobre la estabilidad, coherencia, fijación, continuidad y centralidad de las formas culturales. Esta crítica surge como consecuencia de las luchas por la *descolonización en el Tercer Mundo, sobre todo en África, Asia y América Latina. Incluso en el llamado Primer Mundo, la emergencia de las *minorías *étnicas, que durante mucho tiempo se han visto privadas de su expresión simbólica plena y autónoma, apunta a la dimensión híbrida de las culturas *nacionales de los países, considerados centrales, de Occidente.

Si reflexionamos sobre la cultura humana desde una dimensión histórica amplia parece obvio que todas las tradiciones culturales podrían definirse como híbridas, en la medida en que son el resultado de innumerables procesos de intercambio, imitación, fusión, difusión, interposición y asimilación de rasgos culturales de unos grupos respecto a otros a lo largo de milenios. La propia concepción de la cultura como una suma sincrónica de diversas síntesis, heredadas de múltiples y numerosos procesos históricos, apunta a un compuesto que combina, simultáneamente, elementos considerados originales, diferentes o contrastantes, y componentes híbridos, o intermediarios, resultado de injertos de aquellos ingredientes originarios. En este sentido enfatizar el hibridismo de la cultura es una manera de luchar contra los conceptos de pureza cultural, de autenticidad e incluso de singularidad. Hablar de lo híbrido es negar el esencialismo y la reificación en el plano de lo simbólico.

Una de los *constructos* básicos en los que se basa el hibridismo fue el formulado por Mikhail Bakhtin en su idea de polifonía, en la que ninguna de las partes implicadas puede dirigir el discurso producido como resultado de su interacción. Según afirma Bakhtin, todo discurso humano, oral o escrito, es fundamentalmente híbrido. Cuando hablamos, se hacen presentes en nuestro discurso las voces de otros que recuperamos e invariablemente transformamos, la mayor parte de las veces de una manera automática e inconsciente. El hibridismo verbal y literario de cada ser humano es una garantía de supervivencia de la voz colectiva en la voz individual. Hasta tal punto es híbrido nuestro discurso, es decir, está tan presente en él la expresión del otro, que el propio sujeto del discurso pasa a ser también híbrido. Por lo tanto, en un sentido amplio de la idea de polifonía, ningún sujeto es dueño de su expresión. Si el discurso es híbrido y también el sujeto que lo enuncia, la creación discursiva resulta siempre constante, ininterrumpida, nueva y sorprendente. La noción lingüística de hibridismo nos conduce a una realidad de apertura perenne del campo de la expresión humana, dimensión que Mikhail Bakhtin definía con el término por él inventado de "infinalizabilidad".

En consecuencia, desde la significación bakhtiana de hibridismo, el discurso del sujeto, incluso aunque se halle sometido a una estructura de opresión y dominación, nunca está controlado completamente por el opresor. La simple actividad de obedecer de mala gana a las reglas impuestas ya provoca de por sí un cierto grado de resistencia y desplazamiento significativo en el sujeto oprimido. Este movimiento acaba por generar una obediencia híbrida que, como tal, abre el camino a la posibilidad de un cuestionamiento de la acción impositiva de opresión y obediencia, aun cuando no se ponga de manifiesto en el momento de la construcción de la expresión híbrida. Las teorizaciones bakhtianas del hibridismo han inspirado diversas formulaciones actuales que proponen generalizar, más allá de las dimensiones lingüísticas, otros dilemas de las expresiones culturales puestas en confrontación en situaciones de *desigualdades de poder y de imposición de modelos y valores, y que caracterizan tanto al colonialismo como al imperialismo cultural contemporáneo.

El concepto de lo híbrido como un proceso siempre abierto fue introducido en las Humanidades y en las Ciencias Sociales por su potencial de positividad frente a un tipo de discurso binario, que presentaba las diferencias de poder como insuperables y fijas, sin posibilidad de cuestionamiento. Se trataba del discurso del orden económico, político y militar que organizaba las estructuras de dominación regidas por el colonialismo y el imperialismo. A ello obedece en gran medida la absorción de las teorías del hibridismo por los pensadores y activistas implicados en la lucha por la descolonización y por sus sucedáneos más próximos, como los movimientos frente al imperialismo, antirracistas, de defensa de los pueblos originarios y por la igualdad de género y de opción sexual.

Si empezamos por demostrar que la propia retórica del colonialismo es híbrida,

"mezclada", "*criollizada", inmediatamente nos daremos cuenta de que el discurso del dominador, que se pretende coherente, consistente, exento de fisuras y transparente desde un punto de vista lógico y gramatical, se presenta igualmente problemático. Cuando se somete a éste a una crítica poscolonial, puede ser deconstruido como un discurso que es también híbrido, resultado de combinaciones contingentes, arbitrarias, provisionales, llenas de fisuras que sólo resultan parcialmente suturadas. Este hibridismo de la condición hegemónica, que cabe atribuir tanto al discurso como al propio sujeto hegemónico, ha sido expuesto y analizado críticamente por diversos autores como Frantz Fanon, Edward Said, Homi Bhabha, Gayatri Spivak e incluso por Jacques Derrida.

Un aspecto central de la condición híbrida es su ambivalencia, su indecibilidad ante las polaridades *estereotipadas entre dominante y subalterno, grupo racial blanco y grupo racial no blanco, heterosexualidad normativa y sexualidades desviantes, civilizados y bárbaros, modernos y premodernos, *centro y periferia. Homi Bhabha enfatiza con estos términos la ambivalencia de los "entrelugares", del tercer espacio que capitalizan los movimientos anticoloniales. Edward Said expone la inserción híbrida de significantes emblemáticos de la condición subalterna o periférica en las obras literarias canónicas de las metrópolis colonialistas e imperialistas. Y, desde estos planteamientos, Said sostiene que las expresiones de la "alta cultura" nunca consiguen aislarse completamente de la presencia incómoda de las marcas que expresan la condición de los oprimidos. Gayatri Spivak muestra la inestabilidad semántica generada por los intentos constantes del subalterno de hacerse representar ante el sujeto hegemónico. Jacques Derrida, por su parte, apunta al hibridismo constitutivo de cualquier forma de discurso debido al ineludible proceso de la *différance* del lenguaje, que hace desplazar constantemente el significante hegemónico por un sustitutivo hibridizante. El proceso de diseminación constante del significante textual también posterga la pretensión de cerramiento y coherencia de todo texto que se presenta como capaz de *identificar al sujeto que lo enuncia. El resultado de estos diversos mecanismos es un estado de permanente "incompletitud", consecuencia de los hibridismos producidos y reproducidos en los embates discursivos propios de los campos social, político, racial, étnico, sexual y de género, entre otros.

La teoría del hibridismo ha sido empleada para identificar la compleja relación de América Latina con Occidente y, dentro de éste último ámbito, con Europa y Estados Unidos. El proyecto de *modernización de tipo occidentalizante fue impuesto a los pueblos latinoamericanos desde la formación de nuestros Estados nacionales. Este proyecto, *genocida, racista y *eurocéntrico, demandaba una supresión completa de los horizontes culturales de los pueblos originarios y de los de procedencia africana. Sin embargo, ciertos autores, como Néstor García Canclini, han llamado la atención sobre el predominio de las culturas híbridas en el mundo latinoamericano. Contra la causalidad lineal de la *modernidad occidental, este proceso de modernización se establece en el área latinoamericana y caribeña de una manera híbrida. Diversas capas de expresiones simbólicas, de cosmovisión y de ordenamientos políticos, todas consideradas premodernas, coexisten e interactúan con la dimensión de modernidad ya instalada en nuestros países. Paralelamente, están presentes también diversas dimensiones consideradas *posmodernas, surgidas en las últimas décadas como reacción crítica a los proyectos de modernización de hace más de un siglo e insensibles a esa pluralidad étnica, racial y cultural propia del espacio latinoamericano.

El hibridismo cultural en América Latina se manifiesta, por ejemplo, en las denominadas artes eruditas, que siempre incluyen elementos oriundos de las culturas populares. Las expresiones de la cultura popular, a su vez, absorben componentes de la cultura erudita continental y de la industria cultural transnacional. La propia industria cultural latinoamericana, en sus diversas dimensiones expresivas, es un gigantesco híbrido simbólico, al tiempo familiar y exótico en su relación con las supuestas "raíces" culturales –que también eran híbridas ya en sus orígenes– de nuestro continente. Resistencia y asimilación, colonialismo y anticolonialismo, autoafirmación *local y apertura sin restricciones al mundo conforman, en consecuencia, los polos principales de las culturas híbridas latinoamericanas.

Por último, resulta necesario separar la teoría del hibridismo, entendido como un proceso cultural de elevada complejidad, del hibridismo como ideología que caracteriza a determinadas escuelas de pensamiento, expresiones artísticas e incluso identidades continentales. En este sentido, aun cuando Néstor García Canclini y otros autores defienden la dimensión híbrida del panorama cultural latinoamericano, en contraposición a las presiones imperialistas que inciden directa e indirectamente en la homogeneización y estandarización de las producciones culturales periféricas, debe evitarse el riesgo de esencializar esa noción de cultura híbrida. De no ser así, nos veríamos abocados a una paradoja teórica y política análoga a las aserciones absurdas que provoca la apología del *mestizaje* latinoamericano.

Si defendemos que las culturas de América Latina son en alguna medida más híbridas que las europeas o norteamericanas, tendríamos que sostener al mismo tiempo que las primeras, en contraposición a las últimas, poseen ciertos estatutos que las confieren mayor "pureza", "autenticidad" o coherencia "tradicional". Puede decirse, en otras palabras, que la teoría del hibridismo ha pasado a asumir un valor en las estrategias intelectuales de la descolonización y en la superación de las condiciones subalternas, en la medida en que defiende un horizonte de democracia en el campo simbólico. Ello significa que no sólo son los sujetos periféricos –en general, negros e indígenas, "negros" o "nativos"– los que viven una condición de hibridismo cultural. Al contrario, la cultura metropolitana, la del colonizador occidental, también es híbrida. De este modo, la teoría del hibridismo pretende criticar una ideología de la desigualdad, que atribuía al sujeto hegemónico una condición de coherencia, estabilidad y consistencia simbólica que supuestamente le faltaría al sujeto colonizado y periférico. Por lo tanto, se trata de deconstruir esta falsa dicotomía para después provocar un espacio de intervención que defienda plenamente el derecho de expresión simbólica de los subalternos. A la postre, no se trata solamente de invertir la misma polaridad, exaltando lo híbrido y rebajando lo supuestamente puro o auténtico. La deconstrucción, la descolonización, la puesta en valor de la dignidad de las condiciones de una etnicidad minoritaria, la lucha antirracista y la demanda de un Estado *multicultural y multiétnico constituyen todas ellas componentes que conforman el campo semántico y político en el cual tiene pleno sentido, en la América Latina actual, la teoría del hibridismo cultural.

Bibliografía

AARUP, Annie (1995): "Defining Intercultural Competence: A Discussion of its Essential

Components and Prerequisites", en L. Sercu (ed.), *Intercultural Competence: A New Challenge for Language Teachers and Trainers in Europe*. Aalborg: Aalborg University Press, 41-52.

BAKHTIN, Mikhail (1982): *Discourse in the Novel. The Dialogical Imagination: Four Essays*. Austin: University of Texas Press.

BHABHA, Homi (1994): *The Location of Culture*. London, New York: Routledge.

CARVALHO, José Jorge de (2002): "La Mirada Etnográfica y la Voz Subalterna". *Revista Colombiana de Antropología*, 38: 287-328.

CLIFFORD, James (1999): *Itinerarios transculturales*. Barcelona: Gedisa.

DERRIDA, Jacques (1998): *Márgenes de la Filosofía*. Madrid: Editorial Cátedra.

GARCÍA CANCLINI, Néstor (1995): *Culturas Híbridas. Estrategias para entrar y salir de la modernidad*. Buenos Aires: Editorial Sudamericana.

HANNERZ, Ulf (1998): *Conexiones transnacionales. Cultura, genes, lugares*. Madrid: Frónesis Cátedra, Universitat de Valencia.

KRANIAUSKAS, John (2000): "Hybridity in a Transnational Frame: Latin-Americanist and Postcolonial Perspectives on Cultural Studies". *Nepantla: Views from South*, 1, 1: 111-137.

MOORE-GILBERT, Bart (1997): *Post-Colonial Theory: Contexts, Practices, Politics*. London: Verso.

MOREIRAS, Alberto (2001): *A Exaustão da Diferença. A Política dos Estudos Culturais Latino-Americanos*. Belo Horizonte: Editor da UFMG.

SAID, Edward (1996): *Cultura e Imperialismo*. Barcelona: Anagrama.

José Jorge de Carvalho

Véanse además Aculturación, ALTERIDAD, *Apartheid*, Centro-periferia, Ciudadano, COLONIALISMO Y ANTICOLONIALISMO, Comunidad transnacional, Criollización, CULTURA, Diferencias sociales y diferencias culturales, DISCRIMINACIÓN Y EXCLUSIÓN SOCIAL, Elites cosmopolitas, ESPACIO-TIEMPO, Espacios locales, ESTADO-NACIÓN, ESTEREOTIPOS Y ESENCIALIZACIÓN, ESTIGMA, Etnicidad, Etnocentrismo y relativismo cultural, Extranjero, FRONTERA, Frontera geográfica y administrativa, Fronteras simbólicas, GENOCIDIO, GLOBALIZACIÓN, IDENTIDAD, INDIGENISMO, Integración educativa, Mestizaje, MINORÍAS, Modernidad, Modernización, MOVILIDAD,

MULTICULTURALISMO, Multiculturalismo en los estudios étnicos, Nacionalismo, Naturalización, Neocolonialismo, Nomadismo y turismo, NUEVOS MOVIMIENTOS SOCIALES, PATRIMONIO, Poscolonialismo, POSMODERNIDAD, Racismo y neorracismo, SABER Y SABERES, Sociedad de la información y del conocimiento, Sujeto intercultural, Transculturación.

Homofobia y heterofobia

En su sentido más común, el concepto de homofobia alude a sentimientos, valores y actitudes de hostilidad hacia los homosexuales. Acuñado por Weinberg, un psicólogo, a principios de los setenta (Weinberg, 1972), se trataba fundamentalmente de dar cuenta del miedo ante unos actos que en sí mismos no afectan directamente a terceros, y que sin embargo limitan la capacidad de relacionarse del que sufre ese miedo —de ahí su conceptualización y abordaje como fobia, esto es, un miedo patológico a estar en la proximidad de homosexuales—. Ya poco después de que se acuñara el concepto, se señaló que como perspectiva de análisis resultaba insuficiente, al ignorar el carácter histórico y contingente de las regulaciones que establecen las sociedades con referencia a la sexualidad y, por tanto, a las *disidencias sexuales. Conceptualizada como problema psicológico, esta relación es inevitablemente sustraída del contexto sociocultural que lo define. En esta línea, desde la sociología se cuestiona el concepto básicamente por ofuscar el hecho de que estamos ante un conjunto de fenómenos y procesos que van mucho más allá de un miedo irracional individual. La homofobia refleja y encarna los discursos normativos de la sexualidad y sus desviaciones, y cristaliza en un conjunto de instituciones políticas, sociales, económicas y culturales que dan concreción y forma a la relación con las sexualidades no normativas. Así, se propuso poco después (Morin y Garfinkle, 1978) el concepto de heterosexismo, con el objetivo de subrayar el carácter sistemático y socialmente organizado de la *discriminación de gays y lesbianas y otras *minorías sexuales. Para Borrillo (2001: 24), la homofobia debiera entenderse como la dimensión cognitiva y psicológica del heterosexismo como institución social. Finalmente, desde la propia psicología se cuestiona la adecuación del concepto de fobia, ya que, desde un punto de vista estricto, la reacción de ira o desprecio que viene a describir el concepto no se corresponde tampoco con la definición clínica de fobia, que tiene como síntoma fundamental la ansiedad –elemento que sólo excepcionalmente está presente entre personas que no conciben la sexualidad en términos tales que hetero y homosexualidad puedan situarse en pie de igualdad (Herek, 2004)–. Desde un punto de vista político, ello lleva a considerar la exclusión de los homosexuales más como un elemento irracional y patológico individual que como una relación de poder de carácter estructural.

El concepto de heterofobia es utilizado de muy diferentes maneras. En primer lugar, en el sentido –más correcto desde el punto de vista etimológico– de miedo u odio al diferente/extranjero (véase, por ejemplo, Bauman, 1997) forma parte de un marco de interrogación más amplio que el aquí tratado; en psicología, se restringe el sentido del término a miedo al sexo opuesto. En el campo del estudio socioantropológico de la sexualidad ha conocido una circulación mucho más restringida que el de homofobia, en buena medida por el uso que se ha hecho de él desde la derecha religiosa como odio/discriminación contra los heterosexuales, achacado al movimiento gay y a sus aliados, en una maniobra ideológica de ofuscación que confunde miedos individuales con relaciones de poder entre conjuntos sociales, estableciendo así una falsa simetría entre homo y heterosexualidad que invisibiliza precisamente el carácter estructural de la subordinación de la homosexualidad –como si, desde cualquier perspectiva razonablemente probable, los homosexuales estuvieran en disposición de discriminar a los heterosexuales como categoría social.

El término "homofobia", por el contrario, ha conocido un éxito rotundo. Surgido en el contexto de aparición de los movimientos de liberación gay-lésbicos modernos, ha pasado al lenguaje común y al político, a pesar de ser etimológicamente sucio –mezcla raíces latinas y griegas– y conceptualmente confuso. Debe su éxito instantáneo a que facilitó un cambio duradero en el modo en que se aborda la homosexualidad, tanto en un sentido académico como político: invirtió enteramente la interrogación y la intervención política al permitir el paso de la consideración del problema que representan los homosexuales *para* la sociedad mayoritaria a la problematización de la exclusión sistemática *de* los homosexuales que practica una sociedad que a partir de aho-

ra debemos contemplar como normativamente heterosexual y opresora. Abrió todo un campo de interrogación académica, los estudios gays y lésbicos, a los que el concepto provee de un elemento central en la clarificación de la organización social de la sexualidad. Ésta ya sólo será vista como un conjunto de procesos eminentemente socioculturales estructurados en torno a relaciones de poder y exclusión.

Más recientemente, la teoría *queer* –un desarrollo de los estudios gay-lésbicos– ha propuesto como concepto maestro el de heteronormatividad, es decir, el conjunto de instituciones, estructuras cognitivas y orientaciones prácticas que hacen que la heterosexualidad se considere no sólo coherente, sino también privilegiada (Berlant y Warner, 1999: 355). La especificidad de esta perspectiva estriba en la hipótesis de que lo que se juega en torno a la homofobia es fundamentalmente la *naturalización, el carácter evidente y natural de la heterosexualidad. A partir de una crítica de la sexualidad como inscrita en la naturaleza biológica, dada y evidente, se aborda ésta en calidad de dispositivo (Foucault, 1995), *repetición obligatoria* sin un original (Butler, 1990), cuya hegemonía es asegurada por un conjunto de instituciones y discursos reguladores. En este marco la homosexualidad asegura la integridad normativa de la heterosexualidad al funcionar como lo otro excluido e impropio. Heteronormatividad y homofobia son mutuamente constituyentes: no cabe heterosexualidad sin la constitución simultánea de una minoría homosexual. Las minorías sexuales no preexisten al conjunto de prácticas discursivas que regulan su régimen de existencia y visibilidad, sino que son más bien el efecto de realidad de esas prácticas.

En su uso en las ciencias sociales, por tanto, la homofobia debe entenderse articulada en diferentes niveles, que a su vez deben ser puestos en relación: la subjetividad, al contemplarse la sexualidad como un eje fundamental del proceso de constitución del sujeto; las instituciones explícita o implícitamente encargadas de regular la sexualidad; y los discursos normativos históricamente situados e inscritos decisivamente en las luchas hegemónicas entre conjuntos sociales. La homofobia se examina en torno a dos problemáticas, que son determinantes en esta específica modalidad de exclusión social: visibilidad y *violencia. En cuanto a la primera, la homofobia puede ser comprendida como un régimen de visibilidad, tanto en el sentido de proponer una *episteme* en la que la desigualdad de las orientaciones sexuales queda naturalizada como en el de la negación del acceso al espacio de la representación en público –desde la no ocultación siempre leída como "exhibición" hasta la justificación de la ausencia en el marco jurídico, político, etc.–. Así, público/privado/personal se consideran mecanismos de poder que actúan crucialmente en la constitución del cuerpo social, un concepto central en algunos autores. En cuanto a la violencia, puede ser entendida como agresión –un modo de imponer el respeto a los límites de la norma que incluye el insulto y la agresión física, pero no se limita necesariamente a ellos–. Es también abordada como violencia simbólica, es decir, incorporación de la diferencia en tanto desigualdad en forma de hábitos de percepción y acción –ya sea por los homosexuales o por los heterosexuales.

Con toda su utilidad, el marco de interrogación que autoriza el concepto de homofobia no deja de presentar límites e inconsistencias, a las que conviene prestar atención. En primer lugar, resulta problemática la relación de esta específica forma de subordinación con otras formas y mecanismos de articulación de las relaciones de poder, en especial con el *género. Por una parte, la importancia de la hegemonía masculina a la hora de comprender la homofobia en sus distintas formas y niveles de articulación ya fue destacada por el propio Weinberg, y parece existir unanimidad en considerar que la homofobia se entiende desde la dominación de los varones tanto sobre las mujeres como sobre los homosexuales, como garante del carácter esencialmente competitivo y asexual de las relaciones entre varones (Bourdieu, 1998: 35-36 y 143-149), en las que la homosexualidad se constituye como el "otro regulador" que garantiza y al tiempo pone límites a los vínculos entre hombres. Por otra parte, se mantiene que la homofobia puede ser abordada como forma de opresión específica, que si bien se comprende en el marco de la organización del género, no puede reducirse a ella y debe conformar un eje de análisis diferenciado (Rubin, 1984: 33 y ss.), argumentando que un análisis de la sexualidad en torno al sexismo se mantiene sobre presupuestos implícitamente heterosexistas que, en última instancia, llevan a ignorar la experiencia específicamente homosexual de la sexualidad. Menos atención ha recibido hasta el momento el papel de la posición en las relaciones de producción –la clase, que a su vez entra en intersección con la cuestión de la masculinidad–, a pesar de que existe suficiente evidencia de la existencia de profundas diferencias en términos de posición y trayectoria social en cuanto a la forma que adopta la homofobia, así como sobre su intensidad y relevancia de formas que no son necesariamente las esperables por un sentido común bienpensante y liberal.

Por otro lado, otro foco de debate, íntimamente relacionado con los anteriores, se refiere a la inclusión de todas las formas de exclusión de las disidencias sexuales bajo un mismo concepto. Así se ha acentuado la necesidad de tomar en consideración las especificidades tanto de la experiencia de exclusión de otras minorías sexuales como de su articulación en discursos e instituciones –lesbofobia, transfobia–. Por último, no puede dejar de señalarse el énfasis puesto en los últimos años en ir más allá de la descripción y del análisis de la experiencia de la homofobia y su repercusión en la existencia de gays y lesbianas, para dar cuenta asimismo de las estrategias y prácticas de éstos y éstas en la negociación de espacios de visibilidad y seguridad y para la contestación de la norma misma. Todo ello reclama análisis más diferenciados, que eviten el riesgo de victimismo al negar cualquier agencialidad a las minorías sexuales, prestando además una consideración detallada a las transformaciones en los modelos dominantes de masculinidad que inevitablemente afectarán al modo en que se experimenta e institucionaliza la homofobia.

Bibliografía

BAUMAN, Zygmunt (1997): *Modernidad y holocausto*. Madrid: Sequitur.

BERLANT, Lauren; WARNER, Michael (1999): "Sex in Public", en Simon During (ed.), *Cultural Studies Reader*. Florence, EE. UU.: Routledge, 354-365.

BORRILLO, Daniel (2001): *Homofobia*. Barcelona: Bellaterra.

BOURDIEU, Pierre (1998): *La dominación masculina*. Barcelona: Anagrama.

BUTLER, Judith (1990): *Gender trouble: feminism and the subversion of identity*. New York, London: Routledge. Traduc. en español en 2001. *El género en disputa*. México: Paidós.

FOUCAULT, Michel (1995 [1976]): *Historia de la sexualidad, tomo I: la voluntad de saber*. México: Siglo XXI.

HEREK, Gregory M. (2004): "Beyond 'Homophobia': Thinking About Sexual Prejudice and Stigma in the Twenty-First Century". *Sexuality research & social policy*, 1 (2): 6-24.

MORIN, Stephen F.; GARFINKLE, Ellen M. (1978): "Male Homophobia". *Journal of Social Issues*, 34 (1): 29-47.

RUBIN, Gayle (1984): "Thinking Sex: Notes for a Radical Theory of the Politics of Sexuality", en Carole Vance (ed.), *Pleasure and Danger.* London, New York: Routledge & Kegan Paul, 269-319. Traducción en español en: 1989, *Placer y peligro. Explorando la sexualidad femenina*. Madrid: Revolución.

WEINBERG, George (1972): *Society and the healthy homosexual.* New York: St. Martin's Press.

Fernando Villaamil

Véanse además DIFERENCIA Y DESIGUALDAD, Diferencias naturales y diferencias sociales, DISCRIMINACIÓN Y EXCLUSIÓN SOCIAL, Extranjero, MINORÍAS, Naturalización, NUEVOS MOVIMIENTOS SOCIALES, VIOLENCIA POLÍTICA.

Identidad

El estudio de la identidad implica esclarecer las relaciones entre realidad y representaciones: adentrarse en el mundo de las ideas, creencias e imágenes de los actores y constatar sus imbricaciones con el entramado estructural-organizativo de los grupos. Para comprender el proceso de construcción de las identidades es necesario partir de que la realidad social, en contra de quienes la piensan y analizan como si únicamente se tratara de "cosas" objetivas y visibles, esconde lo invisible pasando los elementos culturales a un primer plano, es decir, a un uso de las variables basadas en la *cultura para explicar el comportamiento humano. Los sujetos construyen su realidad social "a partir de las herramientas culturales con que cuentan en cada momento": la cultura proporciona "los esquemas con los que los hombres analizan e interpretan" y, a partir de las percepciones compartidas, identifican sus intereses y construyen significaciones que definen formas de acción (Cruz, 1997: 14 y 17).

Las ciencias sociales, cuando hablan de problemas de identidad, hacen referencia a procesos de construcción de la realidad. Estos procesos establecen las relaciones entre la realidad exterior y las percepciones que los sujetos realizan de esa realidad. La percepción que tienen de la realidad es *diferente según el lugar que ocupan en el espacio social. Los individuos incorporan esquemas cognitivos y afectivos que tienden a persistir o a generar dinámicas nuevas dependiendo de la forma en que esas percepciones y esquemas orientan sus comportamientos. Por ello la identidad no es posible estudiarla independientemente de los individuos; no se deben abordar únicamente sus componentes "objetivos" u "objetivables", conductuales y actitudinales, y los rasgos que los diferencian. Sólo con ello no es posible comprender lo que unos y otros sienten, hacen y piensan. Tampoco la sola comprensión de la diferencialidad, atribuida usualmente a los individuos a partir de la comparación de lo objetivado por los científicos sociales, la explica adecuadamente.

Las preguntas que es preciso realizar con respecto a la identidad son las siguientes: ¿a qué hace referencia la identidad?; ¿qué soporte o soportes posee la identidad colectiva?; ¿cómo se objetiva?, y ¿qué diferencias posee con respecto a la identidad personal?, etc. Las respuestas a estas cuestiones son muchas y variadas, pero para la mayoría de los autores referirse a la identidad es una apuesta para diseñar conceptualmente puentes entre la comprensión de la identidad individual —los sentidos de conciencia de pertenencia que un individuo tiene— y las identidades colectivas —sus referentes grupales—. La identidad posee una dimensión individual, es un atributo del individuo. La conciencia de identidad se experimenta desde uno mismo, individualmente. Sin embargo, el concepto de identidad sólo es explicable desde las relaciones sociales, "el yo interior encuentra su hogar en el mundo participando en la identidad de una colectividad —por ejemplo, una nación, una *minoría *étnica, una clase social o un movimiento religioso—" (Kuper, 2001: 271) y se hace individuo en ese proceso. La conciencia de identidad es una tarea personal a realizar a partir de la biografía, enmarcada en una trayectoria vital.

Esa tarea se encuentra atravesada por la conducta observada en "los *otros". Sin referencia a "los otros", que se hallan dentro y fuera del grupo, alcanzar el "yo interior" no sería posible. Siempre se es alguien en relación con los otros. En este sentido es preciso agregar que la identidad entraña entramados de lealtad; un compromiso con el grupo y una correspondencia incluso con los afectos. La construcción del nosotros se realiza en las relaciones que mantienen los individuos entre sí en cuanto miembros del grupo. La identidad se halla anclada en "las formas de la *praxis*", penetradas por una realidad social específica en la que interactúan diferentes grupos de individuos, movidos por intereses, pero atados por la cultura que no se deja absorber por éstos (Eder, 1996-1997: 116).

Existen, en consecuencia, diferentes niveles de objetivación y distintas dimensiones de la realidad, la "ideal y la material". Se trata de instancias constituyentes de la identidad tan recíprocamente implicadas que, aunque separables, ninguna de ellas es comprensible de forma aislada. O, dicho de otra forma, la totalidad que todas juntas crean, la identidad, es inseparable de cada uno de los niveles e instancias consideradas por separado, pese a que todas las apariencias tienden a hacer ver, y a hacer pensar, que se trata de realidades autónomas y separables. Éste es el principal problema analítico del estudio de la identidad, pero también el más fructífero, pues, además de permitir una mejor comprensión, posibilita romper los muros y barreras construidas entre los grupos utilizando "materiales culturales" para legitimar, antes y ahora, *territorios ocupados y territorios por ocupar, así como las formas político-administrativas encargadas de objetivar y de marcar "la realidad interior a sus *fronteras" (Pérez-Agote, 1989: 25).

Desde esta perspectiva, otra cuestión también importante es hacer constar que la pregunta acerca de quién eres únicamente tiene sentido cuando se cree que uno pudiera ser otro distinto del que se es (Bauman, 2005). Se entiende así que, en principio, existen varias posibilidades de ser y, en consecuencia, es posible elegir entre ellas. Dicho de otro modo, no tiene sentido plantearse lo que uno es, si su ser está ya de antemano definido, si no hay alternativas y no existen posibilidades de cambiarlo. Tampoco sería posible, es preciso agregar, sin las representaciones del pasado que orientan en el presente esferas últimas de

los individuos, entre otras la moral, la conciencia y las actitudes que guían las acciones de los individuos, algo que han señalado varios autores.

Por ello es preciso abordar las relaciones entre etnicidad y *nacionalismo desde una perspectiva identitaria; concretamente, desde el modo en que, más allá de las diferencias en la utilización de los "materiales culturales", se fusionan en determinados momentos representaciones y creencias con las formas organizativas y estructurales. En todas ellas el "yo interior" se construye de forma similar, aceptando como propia, haciendo suya, la "superficie superior, pública, iluminada, fácilmente perceptible y claramente descriptible" (Berlin, 1998: 52) de la respectiva sociedad o asociación grupal. Es lo que une a todos.

Así la etnia y la nación se construyen a partir de la previa definición de la etnia por la nación. Tras un titubeante comienzo en el que la definición de la nación se equipara al de la etnia, como sucede en concreto con el caso español (Cánovas, 1981), ésta acaba imponiendo a las etnias la definición que para sí había aceptado en un primer momento. Posteriormente, la nación asume otras creencias, otras representaciones y otros contenidos culturales: las propias del capitalismo. En este sentido hay que considerar las diferencias existentes entre las construcciones étnicas de los proyectos de *modernización y *desarrollo, y las surgidas aproximadamente a partir de los años setenta. No debe procederse del mismo modo en el caso de los nacionalismos, dado que las diferencias que los separan no alteran su núcleo central. Esto no ocurre con las etnias ni con las etnicidades.

Bibliografía

BAUMAN, Z. (2005): *Identidad*. Barcelona: Losada.

BERLIN, I. (1998): *El sentido de la realidad. Sobre las ideas y la historia*. Madrid: Taurus.

CÁNOVAS, A. (1981): *Concepto de nación, Obras Completas, Tomo I, 131-152*. Madrid: Fundación Cánovas del Castillo.

CRUZ, R. (1997): "La cultura regresa a primer plano", en R. Cruz y M. P. Ledesma (eds.), *Cultura y movilización en la España Contemporánea*. Madrid: Alianza.

EDER, K (1996/97): "La paradoja de la 'cultura'. Más allá de una teoría de la cultura como factor consensual". *Zona Abierta, Cultura y Política*, 77/78: 95-126.

KUPER, A. (2001): *Cultura. La versión de los antro-pólogos*. Barcelona: Paidós.

PÉREZ-AGOTE, A. (1989): "Hacia una concepción sociológica de la nación", en A. Pérez-Agote (eds.), *Sociología del Nacionalismo*. Bilbao: Universidad del País Vasco, Gobierno Vasco.

Ana Aliende Urtasun
Jesús Azcona Mauleón

Véanse además Acciones afirmativas, ALTERIDAD, *Apartheid*, CIUDADANÍA, Ciudadano, COLONIALISMO Y ANTICOLONIALISMO, COMUNICACIÓN, Comunidad transnacional, Comunitarismo, CONSUMO CULTURAL, Criollización, CULTURA, DERECHOS HUMANOS, DESARROLLO, Desterritorialización, DIFERENCIA Y DESIGUALDAD, Diferencias sociales y diferencias culturales, Diferencias sociolingüísticas y desigualdad, DISCRIMINACIÓN Y EXCLUSIÓN SOCIAL, ELITES, Elites cosmopolitas, Esclavitud, Esfera mediática, Espacio de los flujos, Espacio red, Espacios locales, ESTADO-NACIÓN, ESTEREOTIPOS Y ESENCIALIZACIÓN, ESTIGMA, Etnicidad, Etnocentrismo y relativismo cultural, Extranjero, FRONTERA, Frontera geográfica y administrativa, Fronteras políticas y religiosas, Fronteras simbólicas, GENOCIDIO, Global y local, GLOBALIZACIÓN, Globalización y antiglobalización, HIBRIDACIÓN, INDIGENISMO, INTEGRACIÓN, Integración educativa, Interculturalidad, Lugar y no-lugar, Megalópolis, Mestizaje, MINORÍAS, Modernización, MOVILIDAD, MULTICULTURALISMO, Multiculturalismo en los estudios culturales, Multiculturalismo en los estudios étnicos, Multilingüismo, Multilocal, Nacionalismo, Naturalización, Neocolonialismo, Nomadismo y turismo, NUEVOS MOVIMIENTOS SOCIALES, PATRIMONIO, Pluralismo sincrónico, Plurinacionalidad, Poscolonialismo, POSMODERNIDAD, Racismo y neorracismo, SABER Y SABERES, Sociedad de la información y del conocimiento, Sujeto intercultural, TERRITORIOS, TRABAJO, Traducción, Violencia política. Tipos, Xenofobia y xenofilia.

Indigenismo

El indigenismo, en sentido estricto, fue un movimiento político, intelectual, artístico y literario que surgió en varios países latinoamericanos a partir de 1910 y se mantuvo hasta mitad del siglo XX, siendo su objetivo principal el *desarrollo económico, sanitario, social y cultural de los grupos indígenas, población que representaba un sector muy amplio del mundo rural, pero que estaba marginada y discriminada desde la época *colonial. El programa indigenista promovió la redistribución de la tierra, la comunicación entre las comunidades apartadas y los centros urbanos, el mejoramiento de la salud, la alfabetización y la valoración de las lenguas vernáculas. En nombre del progreso las autoridades de diferentes gobiernos, revolucionarios como México o reformistas y populistas como Perú o Brasil, se esforzaron por *asimilar las poblaciones indígenas a la *sociedad nacional y transformar sus condiciones de vida, juzgadas como vestigios arcaicos o un indicador de atraso social y cultural. Para entender el alcance de la ideología indigenista y su importancia es necesario contextualizarla y relacionarla con dos corrientes políticas muy influyentes: el socialismo y el agrarismo. El proyecto indigenista es también una reacción contra las teorías *raciales del s. XIX, el darwinismo social y las jerarquías raciales de Gobineau y de Gustave Le Bon, que servían a los terratenientes para justificar la sumisión de las "razas inferiores" al blanco.

La incorporación del indio o del *mestizo en los nuevos Estados nacionales en vías de *modernización originó intensos debates políticos. Repudiando la inferiorización racial del indio, varios escritores concebían la literatura como un manifiesto militante: los bolivianos Rigoberto Paredes y Alcides Arguedas, el brasileño Euclides da Cunha o el peruano Luis Valcárcel afirmaban que sólo podía haber dos opciones positivas en la nueva nación: "ser blanco" o "ser indio", es decir, pertenecer a una "raza pura", ya que todo lo que era *híbrido, mestizo, "cholo" o "caboclo" era una marca de degeneración —argumento que ya sostenía a fines del s. XVI el cronista indígena de Perú, Guamán Poma de Ayala—. Estos autores no negaban los fundamentos de las teorías raciales, sino que desplazaban el problema y convertían a los mestizos en el prototipo de todos los vicios. Este tipo de razonamiento era consecuente con el repudio de las castas —mezcla de indios, blancos y negros— compartido por las elites coloniales y republicanas. En Bolivia, que disfrutaba a comienzos del s. XX de un notable crecimiento económico gracias a la explotación de las minas de estaño, la cuestión del indio fue denunciada por varios escritores en una época temprana. Cabe recordar que hasta los años sesenta, en muchos rincones de la sierra andina el indio que trabajaba en las haciendas vivía en condiciones infrahumanas de promiscuidad, desnutrición, alcoholismo y *explotación. Bautista Saavedra, autor de *El ayllu* (1904), explicaba la degradación social y moral de los indios como consecuencia de las conquistas respectivas de los incas y de los españoles, que condujeron al mestizaje y a la hibridación. Rigoberto Paredes, en su *Provincia de Inquisive* (1906), describe la miseria de la vida rural boliviana, y denuncia la explotación despiadada de los indígenas por el clero y las autoridades provinciales.

La Revolución mexicana de 1910 fue el fermento del indigenismo latinoamericano. En 1912, el político Luis Cabrera pronunció un discurso en la Cámara de Diputados de México, sosteniendo la urgencia de la redistribución agraria. La denuncia de los abusos cometidos por los terratenientes en detrimento de los indígenas se condensó en un lema célebre en su época: "Hay que darle al indio la razón aunque no la tenga". Desde el comienzo el indigenismo reivindicó la necesidad de restituir a las comunidades indígenas las tierras colectivas que habían sido desmanteladas por los gobiernos surgidos de las luchas independentistas, en nombre de la propiedad privada, situación que favoreció la extensión de los latifundios y la pauperización de los indígenas. En México, la reforma agraria fue acompañada por un apoyo oficial a la escuela rural, cuya misión principal era la alfabetización y castellanización de los indios monolingües, condición imprescindible para asimilarlos a la nación. En el campo del arte, puesto al servicio de la causa revolucionaria, el indio y su opresión secular fueron inmortalizados por los muralistas mexicanos; Diego Rivera describió la crueldad de la conquista, la derrota de los indios y la servidumbre, como también las esperanzas abiertas por la revolución. Un factor importante para la difusión de estas ideas indigenistas fue la acción de la Universidad, institución que en toda América latina y hasta los años sesenta representó el mayor foco cultural y político. El indigenismo mexicano transformó la antropología racial que dominaba la esfera académica y dio a esa disciplina un contenido a la vez científico y militante. Manuel Gamio fue la figura emblemática de ese nuevo enfoque, que buscó reconstruir la estructura social y cultural de las distintas naciones indígenas fragmentadas por la conquista y la colonización. Gamio fue quien definió los componentes de toda nación que a comienzos del siglo XXI siguen siendo temas *identitarios de los distintos organismos indígenas: el territorio, la *etnia, la lengua, la cultura, la economía. Partidario de Emiliano Zapata, apoyó sus reivindicaciones agrarias, equiparando agrarismo e indigenismo. De ahí la importancia de la problemática del campesinado indígena en las ciencias sociales mexicanas. En 1917 el fundador de la antropología indigenista creó un grupo interdisciplinario que se trasladó a Teotihuacán con la misión de estudiar la tenencia de la tierra, la productividad y las relaciones entre los distintos productores. Ésta fue la primera investigación de antropología aplicada, proyecto que concurrió al establecimiento de un modelo de desarrollo regional que debía generalizarse al Estado de México y a los circunvecinos. Gonzalo Aguirre Beltrán, que fue discípulo de Gamio, es sin duda el representante más ilustre de esta corriente. En la segunda mitad del siglo XX, los trabajos de Guillermo Bonfil Batalla, de inspiración indigenista, desembocan en una problemática más actual ligada a la emergencia indígena en la esfera política americana.

El liderazgo mexicano, en lo que toca a la problemática indigenista, se manifestó de varias maneras, ya sea amparando exiliados políticos como el peruano Haya de la Torre, ya sea irradiando sus ideas en los países latinoamericanos. A comienzos de los años treinta la Secretaría de Educación Pública de México envió a Moisés Sáenz a Guatemala, Perú, Ecuador y Bolivia, para informarse sobre la situación social del indio. En 1940 se celebró el Primer Congreso Indigenista Interamericano en Pátzcuaro, que reunía representantes de la mayoría de los países latinoamericanos. Los representantes mexicanos insistieron sobre la necesidad de *integrar al indio en la nación mediante la *educación, y rechazaron todo intento de mantenerlo encerrado en sus tradiciones, porque ello sería marginarlo. El desarrollo de la antropología mexicana, la creación de institutos de investigación de las culturas indígenas y los numerosos programas de desarrollo reflejan la vitalidad de la corriente indigenista.

A pesar del interés por lo indio, favorecido por el contexto revolucionario y académico, Gamio aceptó que el mestizaje, y no la raíz indígena, fuese reconocido como el elemento esencial y prototípico de la nación mexicana, aunque no conservó el criterio de raza sino el cultural. Según él, la identidad no dependía del origen racial, sino del tipo de actividades, de normas y valores ligados a la práctica cotidiana. Como la mayoría de los hombres de su época, Manuel Gamio confiaba en el progreso, y estaba convencido de que los rasgos arcaicos de los grupos indígenas desaparecerían a mediano plazo bajo los efectos positivos de la modernización. Ya en los últimos años del porfiriato, Molina Enríquez había hecho un emblema nacional del mestizo de clase media y pequeño propietario rural. Pero fue José de Vasconcelos quien reformuló en 1925 la teoría de la "raza cósmica", mestiza, dotada de todas las cualidades de los dos troncos originarios, y que era la única capaz de producir una civilización universal, o por lo menos extensible a todo el continente. La teoría de Vasconcelos era racial en sus presupuestos de la "superioridad" mestiza. Bajo una forma desprovista de metafísica, la ideología del mestizaje como fundamento de la nación mexicana dominó hasta los años noventa.

El indigenismo que se desarrolló en Perú, y principalmente en la ciudad del Cuzco desde el inicio del siglo XX, está marcado por la imagen de los incas idealizada por Garcilaso de la Vega en sus *Comentarios reales*, y por un fuerte regionalismo serrano, hostil a Lima y a la "sofisticación" de las elites blancas y españolizadas de la capital. Encabezados por la figura señera de Luis Valcárcel, ensayista, historiador y político, estos indigenistas, contrariamente a los mexicanos, no querían modernizar a los indios y convertirlos en mestizos, pues, según ellos, esto iría en desmedro de su esencia, sino que proponían mejorar las condiciones de la vida cotidiana, restituirles sus tierras y permitirles vivir decentemente de la agricultura, actividad que ejercían desde milenios. En los años veinte, el gobierno populista de Leguía, fundador de la "Patria Nueva", favoreció el indigenismo concebido como el estudio de todas las fases de la cuestión indígena, produciendo un discurso político, académico y cotidiano que en cierto modo permaneció hasta el presente. La constitución de 1921 reconoció oficialmente las comunidades indígenas, que habían sido abolidas en los primeros años de la independencia, para desarraigar todo tipo de resabios coloniales. Las medidas adoptadas por Leguía implicaron el reconocimiento legal de la propiedad colectiva de los pastos y de las tierras, y frenaron —pero no impidieron— la expansión de los latifundios, ya que las

sublevaciones, reales o exageradas, que estallaron por toda la sierra tuvieron efectos contraproducentes y sirvieron de pretexto a las clases dirigentes para desprestigiar a los indios.

Los indigenistas peruanos de los años veinte, como los mexicanos, hablaban en nombre del indio, aunque también había líderes indígenas alfabetizados que no se definían como mestizos. Los pensadores peruanos Luis Valcárcel y José Carlos Mariátegui retomaron y ampliaron esta interpretación que legitimaba las aspiraciones socialistas peruanas de construir un futuro más justo. Estos autores ensalzaron la pureza de la raza india y su integridad moral, en contraste con el estereotipo del mestizo, borracho, jugador, perezoso y corrupto por la vida urbana. Los indios encarnaban la colectividad contra el individualismo, la raza contra la mezcla. El planteo de Luis Valcárcel era racial y cultural. La comunidad indígena, el *ayllu* incaico, era descrita como un modelo de perfección, mientras que el mestizo sólo había heredado las taras de sus ancestros. En su libro *Tempestad en los Andes* (1927), Valcárcel anunciaba el despertar del indio contra sus opresores, los blancos y los mestizos, y la inminencia de una rebelión con tintes milenaristas. José Carlos Mariátegui, fundador de la revista *Amauta*, que se convirtió en la principal tribuna del indigenismo literario y político, sostenía que sólo el indio podía ser considerado genuina encarnación de lo nacional, pero en su análisis de inspiración marxista este autor rechazaba las explicaciones raciales y afirmaba que el problema del indio era fundamentalmente económico. Sólo una revolución socialista podría restituirle el derecho a la tierra. Su obra *Siete ensayos de interpretación de la realidad peruana* (1930) se convirtió en una referencia insoslayable de los partidos y de los pensadores de izquierda. La identificación del colectivismo de los incas con el modelo comunista había adquirido una garantía académica con la publicación, en 1928, del libro de Louis Baudin, *L'Empire socialiste des Incas*, en el que el autor analizaba los mecanismos de reciprocidad y de redistribución estatal del incario. Por otra parte, la evocación del sistema económico y político de los incas justificaba los nuevos combates ideológicos y brindaba una variante autóctona y nacional que corregía los principios universales de la III Internacional. No sólo hubo textos sino también imágenes, como las magníficas fotografías de Martín Chambi, que realzaron la dignidad del indio y lo equipararon con los incas imperiales.

En los años treinta el indigenismo racial de la primera época cobra un nuevo cariz, bajo la influencia del APRA –Alianza Popular Revolucionaria Americana–, un partido nacionalista popular fundado en México por un peruano exiliado, Victor Raúl Haya de la Torre, que tuvo allí la ocasión de colaborar con Vasconcelos. Haya de la Torre propuso bautizar a América del Sur: "Indoamérica", pero introdujo el "mestizaje" como opción ideológica que favorecía la integración de todos los sectores de la sociedad. En 1937, la creación del Instituto Americano de Arte (1937) impulsó el folklore, considerado como la expresión del alma mestiza. El APRA evolucionó hacia un nacionalismo reformista, abandonando su programa revolucionario.

Después de la Segunda Guerra Mundial, la noción de "raza", que había sido ensalzada por los primeros indigenistas, cayó en desuso debido a su trágica implementación por la ideología nazi. Desacreditada como referencia, la "raza" y su "pureza" fueron rechazadas en favor del mestizaje. Reivindicar el mestizaje era una manera de marcar el desacuerdo y las diferencias con los Estados Unidos y la segregación racial. El "cholo", nombre que se daba al mestizo y que conllevaba un sentido negativo, pasó a ser una categoría positiva, como lo muestran las letras de canciones populares serranas de la época. En 1930, Uriel García publicó un ensayo cuyo título, "El nuevo indio", es sugestivo del cambio de orientación. El nuevo indio ya no se definía por su raza, sino que es una "entidad moral" que incluía a todos los que espiritualmente se identifican con la tierra serrana, sus costumbres y su dureza. Lo "serrano" viril era superior a lo "costeño", femenino, españolizado y pervertido. Esa dicotomía machista, aplicada a las regiones y a sus poblaciones respectivas, figura en todos los textos indigenistas peruanos. La ósmosis del hombre y del paisaje aparece como vínculo identitario fundamental, temática por cierto de gran importancia en la historia hispanoamericana. En cierto modo Cieza de León había dicho algo semejante cuando comentaba que la perfección de la "policía" de la sociedad incaica estaba relacionada con la hostilidad de una naturaleza que aquellos hombres habían tenido que doblegar. Uriel García se singularizó por su equiparación de lo mestizo con lo popular y por la importancia que atribuye a la música andina

–el huayno– como factor de cohesión nacional. Luis María Arguedas, antropólogo y autor de varias novelas y cuentos sobre el mundo indígena de gran valor literario (*Yawar Fiesta,* 1941; *Los ríos profundos*, 1958), comparte con Uriel García la afirmación del poder asimilativo del indígena a través del mestizaje cultural. La denuncia de la brutalidad de los gamonales y de la servidumbre del indio lo lleva a valorar la riqueza de sus ritos y de sus valores, construyendo lo que Mario Vargas Llosa llama la "utopía arcaica".

El neoindigenismo alcanzó su apogeo en 1944, cuando un intelectual de clase media, Humberto Vidal Unda, fundador de la "Sociedad de los Cholos", propuso crear un Día del Cuzco que se celebraría cada 24 de junio. Esa fecha era sumamente oportuna, ya que correspondía al solsticio de invierno y, por consiguiente, a la fiesta incaica y solar del Inti Raymi vinculada desde la conquista con el Corpus Christi. El festival brindaba la ocasión de recrear el folklore prehispánico, de promover el turismo y de convertir al Cuzco en la cuna de la peruanidad y, por extensión, a los incas como la quintaesencia del indio americano. Para reconstituir el rito solar, los organizadores se apoyaron principalmente en la descripción de Garcilaso de la Vega, quien nunca presenció la ceremonia propiamente dicha, sino que asistió de niño a un Corpus mezclado con elementos prehispánicos. La fortaleza de Sacsahuaman, defendida hasta la muerte por los incas rebeldes de Manco Inca en 1536, constituyó el escenario grandioso del nuevo Inti Raymi. Arqueólogos, escritores locales, poetas, músicos y conjuntos de baile participaron intensamente en el festival que se festeja todos los años con un éxito cada vez mayor. Estas festividades se siguen celebrando hasta hoy y han dado lugar a un recrudecimiento de rituales, efectuados por los llamados "neoindios" o "neoincas", que tienen su paralelo en México con los neoaztecas y la revalorización de Teotihuacán. En 1991, cuando las organizaciones Mapuche establecidas en las principales ciudades de Chile convocaron una asamblea general para saber en qué fecha debía iniciarse el nuevo año araucano, surgió una discusión entre los mayores y las nuevas generaciones. Los primeros recordaron que la primavera –es decir, septiembre– inauguraba un nuevo periodo anual, pero los jóvenes impusieron el 24 de junio, plegándose a la neotradición incaica. A comienzos del siglo XXI, en el noroeste de Argentina, se trató de promover el Inti Raymi como la fiesta indígena por excelencia.

El caso de Brasil es un poco diferente, ya que en ese país el indigenismo siguió sendas distintas a las de Perú o México. Allí el interés por lo indígena no brotó de los claustros universitarios, sino de la acción de un militar ingeniero, Cándido Mariano de Silva Rondón, mestizo por parte de su madre y encargado, en 1890, de colocar la primera línea telegráfica a través del Mato Grosso, que era hasta la fecha territorio prácticamente desconocido. El éxito de su misión sirvió para que lo enviaran con un destacamento militar a proseguir con la instalación de la línea que debía cubrir todo el territorio y llegar hasta Bolivia y Perú. La personalidad de Rondón le ganó el respeto de tribus indígenas belicosas, como los boroto, que el futuro mariscal supo pacificar y que le ayudaron en su interminable tarea. En 1909, en el curso de una expedición que lo llevó hasta el río Madeira, en Amazonia, descubrió la tribu de los nambikwara, que redujo también pacíficamente. Nombrado mariscal en los últimos años de su vida, Cándido Rondón dedicó su vida a proteger a los indios, y preconizó la creación de una zona reservada, dirigida por la Fundación Nacional del Indio, la FUNAI, de la que fue el primer director. En 1952 creó el parque nacional del Xingú. La solución de Rondón al problema del indio fue proteger su aislamiento y limitar los contactos con el mundo exterior, que siempre habían sido nefastos, como su discípulo, el antropólogo Darcy Ribeiro, expuso, distinguiendo los indios tribales de los "indios genéricos", desprotegidos y explotados. La "utopía salvaje" de Brasil sobrevivió difícilmente a las agresiones del mundo exterior —carretera transamazónica, desplazamientos, nuevos frentes de colonización— y a las críticas de los mismos indios, como las del cacique Xavante Mario Juruna, primer diputado indígena, quien en los años ochenta militó para la constitución de una agrupación que no estuviera dominada por los administradores de la FUNAI.

En Brasil, la ideología nacional ensalza el aporte y el mestizaje de las tres razas fundadoras, indígena, africana y blanca. Pero en 1928, la publicación de *Macunaíma, o héroi sem nemhum caráter*, de Mario de Andrade, inaugura un indigenismo brasileño distinto del de los dos países hispanoamericanos mencionados. Mario de Andrade se inspiró para la ejecución de su novela modernista y surrealista en el libro de un etnólogo alemán, Koch-Grünberg, *Vom Roroima zum Orinoco* (1924), que recopilaba los mitos y las leyendas de los indios arékuna y taulipang de Amazonia. El personaje de Macunaíma, indio genérico, es emblemático del Brasil y de lo que los modernistas llamaron la antropofagia cultural, es decir, la asimilación de la cultura extranjera y su fusión con elementos brasileros. La creación narrativa de Mario de Andrade se explica también por el contexto político favorable al indígena, que es sin duda la figura más importante del indigenismo brasileiro.

El indigenismo como ideología política declinó en los años sesenta. La antropología, que había sido un vehículo académico importante, se volcó hacia otras problemáticas. A partir de los años setenta, las reivindicaciones de los propios indios por medio de sus líderes y asociaciones se han incrementado en toda América. Estos movimientos políticos, propulsados por los indígenas, rechazan el mestizaje y toman en sus manos su destino, difundiendo sus mensajes por Internet y utilizando la tribuna internacional que les brindan las Naciones Unidas. El indianismo, como encarnación de una etnicidad que reclama la autogestión, no se reconoce en el indigenismo de la primera mitad del siglo XX. Sin embargo, esto no significa que las ideas que florecieron y se difundieron en toda América, vinculadas con la reforma agraria y la educación, no hayan ayudado a la toma de conciencia de una población mantenida en el silencio por la opresión.

Bibliografía

AGUIRRE BELTRÁN, Gonzalo (1976): *Obra polémica*. México: SEP-INAH.

ANDRADE, Mario (1928): *Macunaíma. O héroi sem nenhum caráter*. São Paulo: Eugenio Cupolo.

BENGOA, José (2001): "Políticas públicas y comunidades mapuches: del indigenismo a la autogestión", en J. Aylwin (ed.), *Políticas públicas y pueblo mapuche*. Temuco: Ed. Escaparate-Instituto de Estudios Indígenas.

CADENA, Marisol de la (2000): *Indigenous mestizos. The politics of race and culture in Cuzco, Peru, 1919-1991*. Durham: Duke University Press.

GALINIER, Jacques; MOLINIÉ, Antoinette (2006): *Les Néo-Indiens. Une religion du IIIe millénaire*. Paris: Odile Jacob.

GAMIO, Manuel (1916): *Forjando patria*. México: Porrúa.

JURUNA, Mario; HOHLFELDT, Antonio, y HOFFMANN, Assis (1982): *O gravador do Ju-*

runa. Porto Alegre: Mercado Aberto Editora. Série Depoimentos 2.

RIBEIRO, Darcy (1982): *Utopia selvagem. Saudades da Inocência perdida. Uma fábula.* Rio de Janeiro: Ed. Nova Fronteira.

VALCÁRCEL, Luis Eduardo (1946): *Historia del Perú Antiguo.* Lima: Editorial Juan Mejía Baca.

VARGAS LLOSA, Mario (1996): *La utopía arcaica. José María Arguedas y las ficciones del* indigenismo. México: *Fondo de Cultura Económica.*

Carmen Muñoz Bernand

Véanse además Aculturación, COLONIALISMO Y ANTICOLONIALISMO, DERECHOS HUMANOS, DESARROLLO, DIFERENCIA Y DESIGUALDAD, DISCRIMINACIÓN Y EXCLUSIÓN SOCIAL, ELITES, ESTADO-NACIÓN, Etnicidad, EXPLOTACIÓN SOCIAL, Globalización y antiglobalización, HIBRIDACIÓN, IDENTIDAD, INTEGRACIÓN, Mestizaje, Modernización, NUEVOS MOVIMIENTOS SOCIALES, Racismo y neorracismo, Relaciones y procesos informales económicos, Xenofobia y xenofilia.

Información

Aunque al presente concebimos esta noción como una categoría y un proceso *transcultural, la "teoría matemática" (Shannon y Weaver, 1981) entendió la información como medida probabilística de la aparición de una señal. En otros contextos científicos se definió semánticamente: el contenido de una proposición o de un texto, o como un hecho cognitivo: el conocimiento en tanto que procesado y comunicado por algún dispositivo natural o tecnológico de memoria.

Una teoría *cultural* de la información habrá de verla además y sobre todo desde un punto de vista sociodiscursivo: como un conjunto de prácticas y discursos, los institucionalizados en la así llamada información tecnocientífica, periodística, didáctica, etc., y por ende como un hecho *histórico* en que el acopio, el tratamiento y la transmisión de datos están determinados por la construcción reflexiva de marcos de interpretación y por los contextos de actividad social, incluida la tecnológica, en que se definen las condiciones de esa elaboración y las demandas de recuperación y uso de los datos (Abril, 2005). Todo archivo, entendido en el sentido más amplio,

se somete al poder "arcóntico", performativo, de la instancia archivante (Derrida, 1997), en tanto que ésta selecciona, categoriza y concentra la información según criterios que resultarán determinantes de su sentido y utilización ulteriores. En la "exomemoria" digital de nuestros días el peligro del oligopolio epistémico y de la precarización de los marcos culturales tradicionales llega a adquirir una significación política de primer orden (García Gutiérrez, 2004), dado que las operaciones archivantes vienen orientadas por criterios expertos –tecnocientíficos, profesionales, comerciales– en gran medida ajenos a tales marcos.

La información, como hecho cultural, encuentra su plena expresión en la *modernidad, desde el capitalismo industrial hasta el que algunos han llamado precisamente "capitalismo informativo" de nuestros días, y adquiere relevancia en todas las dimensiones de la experiencia colectiva y en tres aspectos que interesan especialmente a un punto de vista comunicativo:

A) Como *modo de *comunicación*: "era de la información" no se deja traducir por "era de las informaciones", porque designa una variedad "abstracta" de la información que no estuvo presente en ninguna lengua antes de mediados del s. XIX (Nunberg, 1998). Esta acepción remite a dos supuestos: a) el reconocimiento de un valor, tanto simbólico como económico, derivado del tamaño y/o la cantidad del contenido de los textos; b) la prioridad del contenido comunicado/comunicable sobre el privado o irreproducible o, lo que es lo mismo, la constitutiva subordinación de los procesos informativos a la optimación instrumental de una comunicabilidad que se quiere ilimitada. Ambos supuestos son inseparables del carácter comercial o comercializable del conocimiento.

Las reglas que pretenden asegurar la comunicabilidad, así como las condiciones de homologación "hegemónica" de lenguajes y perspectivas que requiere, se activan, como es propio de toda mediación, con un alto grado de desapercibimiento por parte de los sujetos que participan en el proceso informativo. Por ejemplo, la panopsis geopolítica del discurso periodístico, su mirada ubicua y centralista, incluso sus modos ritualizados de puesta en escena audiovisual, son deudores del marco simbólico *colonial en que se gestó la información periodística moderna, y de las estructuras de una subjetividad burguesa, europea y masculina como la que instituyó el escenario enunciativo de la vida pública y de la *ciudadanía; pero estas determinaciones raramente son objeto de una reflexión crítica.

B) La información adopta *formas textuales* características: el discurso de la información periodística moderna se desarrolló mediante *dispositivos enunciativos* que sirvieron a la homologación de discursos y lenguajes sociales múltiples, conforme a juegos del lenguaje que fueron progresivamente naturalizados y sometidos a una regulación técnico-profesional. Se sometió, pues, la diversidad retórica y expresiva, pero también moral e ideológica de las sociedades a un espacio trascendente a las jurisdicciones simbólicas particulares, que acabaría identificándose con el *espacio público* moderno. La "unidad de expresión", que pretendía ya *Le Journal des Savants* en el s. XVII (Gomis, 1989) es la forma incipiente de un discurso público unificado y legítimo que se sustentará sobre una paradoja: reducir la variedad de los discursos sociales siguiendo el objetivo oficial de representarla y comunicarla (Abril, 2005). La enunciación periodística, mediante formas citacionales tan abundantes como las que se aprecian en el género de "noticia", pasó a regir la multiplicidad de esas *voces socioculturales* que expresan formas de memoria y experiencia social depositadas en la palabra (Bajtin, 1997). La homologación enunciativa de la información periodística supone así un cierto monopolio de la paráfrasis *intercultural.

C) La información se procesa por medio de determinados *formatos psicotécnicos*: éstos suponen una fragmentación funcional y modular de las sustancias y las formas semióticas, su desarrollo no lineal y el control de las prácticas y los hábitos receptivos por medio de una anticipación de las condiciones de la atención y de las disposiciones perceptivas y afectivas de los usuarios (Abril, 2003). Las estrategias de discurso, que se guiaron en otra época por reglas narrativas o retóricas, adoptan en la modernidad pautas "psicotécnicas" como las que observamos en la lectura del periódico o de los anuncios publicitarios y que atañen al orden espaciotemporal de los segmentos textuales, a su pregnancia perceptiva y a su previsible impacto emocional. Puede que incluso el llamado "sujeto popular" apareciera en el horizonte cultural porque, y cuando, los emisores del acto persuasivo tomaron en cuenta estratégicamente las necesidades y los sentimientos imputados al receptor (Vilaltella, 1994).

La racionalización histórica de los formatos, orientada al beneficio económico, da lugar a una *inmanentización* de las prácticas emisivo-receptivas en los propios formatos: así los actuales libros didácticos de estructura hipertextual han sustituido a los antiguos manuales narrativos, de tal modo que en el formato mismo se visualizan las funciones –clasificar, relacionar, preguntar, ilustrar, etc.– que antes los maestros desarrollaban en su práctica docente gracias a determinadas competencias retóricas, narrativas y dramáticas. Se puede conjeturar que muchas particularidades culturales cifradas en aquellas operaciones sociodiscursivas –cada maestrillo tenía su librillo– han cedido ante la potencia transcultural, o neocultural, de los formatos actuales.

Las taxonomías propias de las prácticas informativas, como las categorías temáticas de los archivos y/o bases de datos y de las secciones periodísticas, han formateado bajo protocolos comunes géneros discursivos que eran impartidos por sujetos socioculturales diferenciados: autoridades religiosas y políticas, filósofos, pregoneros, juglares, viajeros, chamanes, etc. En la industria mediática las rutinas de producción de información tienden a desacreditar los procedimientos y discursos idiosincrásicos (Tuchman, 1983).

El modelo racional-positivista de la tradición epistemológica europea se ha hecho marco y fuente de legitimidad de toda otra forma de conocimiento y garante de las prácticas de información; así actúa en un sentido culturalmente desdiferenciador. En una perspectiva crítica de la organización del conocimiento se reivindican prácticas como la "epistemografía interactiva" (García Gutiérrez, 2004), que quiere incorporar los conocimientos excluidos de las redes digitales desde presupuestos participativos, interculturales y no desdeñosos de las singularidades.

Bibliografía

ABRIL, G. (2003): *Cortar y pegar. La fragmentación visual en los orígenes del texto informativo*. Madrid: Cátedra.

— (2005): *Teoría general de la información. Datos, relatos y ritos*. Madrid: Cátedra.

BAJTIN, M. M. (1997): *Hacia una filosofía del acto ético. De los borradores y otros escritos (Comentarios de Iris M. Zavala y Augusto Ponzio)*. Barcelona: Anthropos.

DERRIDA, J. (1997): *Mal de archivo. Una impresión freudiana*. Madrid: Trotta.

GARCÍA GUTIÉRREZ, A. (2004): *Otra memoria es posible. Estrategias descolonizadoras del archivo mundial*. Buenos Aires: La Crujía.

GOMIS, L. L. (1989): *Teoria dels gèneres periodístics*. Barcelona: Centre d'Investigació de la Comunicació-Generalitat de Catalunya.

NUNBERG, G. (1998): "Adiós a la era de la información", en G. Nunberg (comp.), *El futuro del libro. ¿Esto matará eso?* Barcelona: Paidós, 107-142.

SHANNON, C. E.; WEAVER, W. (1981 [1948]): *Teoría matemática de la comunicación*. Madrid: Forja.

TUCHMAN, G. (1983): *La producción de la noticia. Estudio sobre la construcción de la realidad*. Barcelona: Gustavo Gili.

VILALTELLA, J. G.(1994): "Imagen barroca y cultura popular", en B. Echevarría (comp.), *Modernidad, mestizaje cultural,* ethos *barroco*. México: UNAM, 245275.

Gonzalo Abril Curto

Véanse además ALTERIDAD, CIUDADANÍA, COLONIALISMO Y ANTICOLONIALISMO, COMUNICACIÓN, CONSUMO CULTURAL, DESARROLLO, DIFERENCIA Y DESIGUALDAD, Esfera mediática, Espacio de los flujos, Espacio red, ESPACIO-TIEMPO, Espacios locales, INTEGRACIÓN, Interculturalidad, Migraciones. Redes sociales, MINORÍAS, Modernidad, MOVILIDAD, Nomadismo y turismo, Pluralismo sincrónico, Revolución técnico-comunicativa, SABER Y SABERES, Sociedad de la información y del conocimiento, Transculturación, Viajes y sistemas de movilidad.

Integración

Integración es una noción clave a la que se recurre para expresar la relación entre las partes y un todo, en nuestro contexto la relación entre las *minorías y la mayoría que conforman un determinado conjunto societal. En las ciencias sociales, en general, y en la antropología, en particular, el concepto de "integración" se ha venido definiendo en oposición al concepto de "asimilación" o incluso de "*aculturación". Mientras bajo estos últimos se entiende convencionalmente que un grupo minoritario se "diluye" como tal formando parte del grupo al que se asimila y/o integra y perdiendo con ello sus rasgos culturales característicos y su *identidad *étnica *diferencial, la noción de "integración", en cambio, se aplica cuando en el proceso de integración ambas partes implicadas, tanto la minoría como la mayoría, interactúan, negocian y generan –de forma bidireccional, no unidireccional, como en el caso de la asimilación– espacios de participación y de identificación mutua que transforman a todos los actores partícipes, no únicamente al grupo minoritario (Valverde, Begley y Piedra García, 2005).

Esta acepción del término, sin embargo, expresa más bien un anhelo normativo, prescriptivo e ideológico de cómo debería transcurrir un proceso de integración. La práctica de los procesos contemporáneos de integración social, residencial, *laboral, *educativa y/o *religiosa de las minorías en la sociedad mayoritaria, pese a las connotaciones del término "integración", lo acercan bastante a la antigua noción asimiladora y unidireccional. Ello se debe a que, sobre todo en las sociedades occidentales, los procesos de integración de minorías están altamente institucionalizados por el *Estado-nación "receptor" de dichas minorías: se convierten en "filosofías públicas de la integración" (Farell, 2000). Ya históricamente, los Estados-naciones de cuño europeo reproducen un "*nacionalismo nacionalizante" (Brubaker) que sigue recurriendo al proyecto homogenizador para implementar cada vez nuevas estrategias institucionales a fin de lograr su anhelo original: homogeneizar, "monoculturalizar" e integrar a los grupos minoritarios, sean éstos autóctonos o alóctonos, inmigrados. Como en todo tipo de nacionalismo, esta anhelada monoculturalización se basa en una ideología del "homogenismo" mediante la cual "la homogeneidad es vista no sólo como algo deseable, sino incluso como la *norma*, la más *normal* manifestación de cualquier sociedad humana" (Blommaert y Verschueren, 1998: 117).

Consecuentemente, aquellos actores institucionales –y académicos–, que desde las esferas públicas del Estado-nación se dedican a desarrollar políticas de "integración de minorías", despliegan en su quehacer institucional prácticas de visibilización, de problematización y a menudo de *estigmatización precisamente de aquellos que se pretende "invisibilizar", o sea, integrar. Según ha demostrado la *anthropology of policy* (Shore y Wright, 1997), las políticas y prácticas de integración están estrechamente relacionadas con estas percepciones y problematizaciones del "*otro", generadas desde el Estado-nación. Por ello, conforme demuestran los análisis de las políticas de integración desplegadas tanto frente a poblaciones inmigrantes (Gil, 2006) como ante comunidades gitanas (San Román, 1996), estas políticas revelan más sobre sus gestores que sobre los gestionados por ellas (Farell, 2000).

Estas políticas y sus correspondientes "filosofías de integración" constituyen, por tanto, para la antropología del *policy making* una fuente etnográfica de primera mano, no para estudiar a "las minorías", sino para analizar cómo a través de prácticas y discursos de "minoritización" el Estado-nación "se piensa a sí mismo" a través del objeto de sus políticas públicas, a través de las cuales se materializa una *pensée d'État* (Sayad, 2004). Las ciencias sociales apenas están descubriendo esta perspectiva del análisis institucional, que trasciende la convencional percepción de las medidas de integración desde sus "víctimas" para girar la mirada hacia sus "perpetradores" (Farell, 1998). Según detallan Wimmer y Glick Schiller (2002), el persistente nacionalismo nacionalizante no sólo impregna las prácticas habitualizadas del Estado-nación, sino que también guía tácitamente las rutinas investigadoras de aquellos que piensan y conciben el objeto de la integración desde y con el Estado. Se trata de un persistente "nacionalismo metodológico" que sigue autolimitando sus análisis de los procesos y procedimientos de integración de minorías al propio "contenedor nacional", invisibilizándolo con ello.

¿Cuáles son las consecuencias de dicha práctica de "integracionismo nacionalizante"? Desde hace ya décadas, en los diferentes sistemas "welfaristas" occidentales se está dando una discusión –potencialmente *xenófoba*– sobre la "integrabilidad" de determinadas "minorías", sean éstas étnicas, *culturales*, religiosas, etc. En la percepción de muchos actores institucionales tanto como no-gubernamentales y académicos, el "fracaso de la integración" de estas minorías, supuestamente evidenciado por el surgimiento de "sociedades paralelas", "*guetos identitarios*" y demás reductos no completamente nacionalizados por el Estado-nación integrador, se tiende a equiparar con la pertenencia a un determinado "grupo étnico" o a una cierta confesión religiosa. Destaca en este tipo de discursos el uso indiscriminado de explicaciones monocausales que sólo recurren a simplistas variables demográficas como "minoría", "indígena" o "inmigrante" que no se contrastan ni interrelacionan con otro tipo de influencias, como la clase social de origen, el contexto laboral y residencial y la actitud de rechazo de la sociedad de "acogida". Estudios empíricos realizados en diferentes países europeos han demostrado el carácter simplificante y reduccionista de este tipo de argumentación (Vermeulen y Perlmann, 2000; Schiffauer *et al*., 2004).

Para poder identificar y distinguir "problemas de integración", se recurre a una postulada "cultura nacional" codificada y canonizada, de forma abierta, en regímenes y sociedades explícitamente nacionalistas y, de forma encubierta, en las llamadas sociedades "posnacionales" (Habermas). En ambos casos, sin embargo, esta "cultura nacional" se presupone una *Leitkultur*, una "cultura matriz" que constituye un inventario continuamente nacionalizado y re-nacionalizado de "tradiciones" y "rasgos" supuestamente compartidos por todos los miembros de la sociedad mayoritaria. Dicha nacionalización cultural, siempre precaria, sólo se logra cuando entre el *ciudadano in spe* y "su" nación se establece una "intimidad cultural", aquella peculiar sensación de pertenencia y confianza cuasifamiliar basada en "el reconocimiento de aquellos aspectos de la identidad cultural que, aunque desde fuera sean considerados como fuente de desconcierto, proveen a los enterados con la promesa de una sociabilidad compartida" (Herzfeld, 1997: 3).

La "integración lingüística" constituye una rama preferencial ya clásica de las políticas de integración de minorías. La invención y posterior estandarización de las denominadas "lenguas nacionales" ha resultado ser uno de los mecanismos más eficaces para crear "intimidad cultural". Por consiguiente, el proceso de monolingüización es un fiel indicador del avance del nacionalismo nacionalizante. El éxito obtenido a largo plazo por esta "doctrina nacional" se evidencia en los propios proyectos contrahegemónicos, promovidos por nuevos actores sociales que a su vez etnifican y/o nacionalizan su disidencia política. En sus reivindicaciones de un "derecho a la diferencia", tanto las llamadas "naciones sin Estado" o "naciones contra el Estado", en Europa, como gran parte de los movimientos indígenas latinoamericanos de forma tardía pero fehaciente, confirman la centralidad estratégica del factor lingüístico. El Nacionalismo nacionalizante y el etnonacionalismo disidente tienden a percibir el plurilingüismo como un problema, por lo cual la "normalización lingüística" a menudo acaba equiparándose con una fase transitoria cuyo objetivo implícito sigue consistiendo en monolingüizar al conjunto de la naciente sociedad "nacional".

Es aquí donde más visiblemente confluyen los objetivos específicos de la "filosofía de integración", oficializada a nivel nacional, con las macropolíticas del nacionalismo nacionalizante. El encargo del sistema educativo público, por ejemplo, de no sólo integrar, sino a la vez distinguir mediante la asignación *diferencial y segmentada de capital cultural (Bourdieu), responde a su impacto normativo en la "ciudadanización" del súbdito. La peculiar "cara de Jano" del concepto nación (Habermas) se materializa en su característica combinación de derechos que incluyen y distinciones que excluyen. A pesar de los diferentes principios de ciudadanía codificados en cada Estado-nación –que suelen girar en torno al carácter "*innato" *versus* "adquirido" de los derechos ciudadanos, por un lado, y al efecto inclusivo *versus* exclusivo que tienen las "obligaciones" culturales asociadas a dichos derechos, por otro–, en todos ellos hasta la fecha la política de ciudadanía y de integración son parte integral del proyecto de "identidad nacional", sea éste de orientación predominantemente "cívica" o "étnica".

La correspondiente tendencia hacia una etnificación de los no-nacionalizados, de los "problemas de integración" que acaban esencializando y estigmatizando a estos grupos no nacionalizados, paradójicamente ha sido aprovechada por el *multiculturalismo para acceder al debate acerca de la necesaria pluralización de la sociedad mayoritaria y de sus instituciones educativas y de provisión de servicios sociales. A consecuencia de ello, se sigue identificando en gran parte de la literatura la "integración de minorías" en una determinada sociedad con un "desafío" que requiere de adaptaciones compensatorias del Estado de bienestar vigente. Mientras que, a partir del *indigenismo, en los países latinoamericanos –y en menor medida, norteamericanos– son las poblaciones aborígenes las que se convierten en "problema", en el contexto europeo lo son las poblaciones migrantes y sus descendientes.

Estas diferencias nacionales e incluso continentales demuestran que existe una dimensión "sintáctica" (Dietz, 2003) de la integración de minorías, que en cada sistema de Estado-nación de forma subyacente estructura –ampliando o restringiendo– tanto los sentidos discursivamente expresados por los propios actores de las políticas de integración como la *praxis* *intercultural de estos actores. Por ello se requiere de un enfoque etnográfico-institucional explícitamente centrado en los poderes públicos y en su capacidad de generar "problemas de integración". Una

definición no sustancial sino relacional del poder permite estudiar empíricamente las instituciones políticas y/o educativas de integración no como "objetos" individualizados, sino como conjuntos de redes hegemónicamente interrelacionadas que articulan la "tecnología política" de la gubernamentalidad (Shore y Wright, 1997).

Para analizar y comparar las específicas medidas de integración del "otro" desarrolladas por las respectivas instituciones nacionales, el punto de partida, por consiguiente, no será la "objetiva" composición étnico-cultural de las sociedades en cuestión, sino los imaginarios colectivos de la "otredad", tal como son políticamente institucionalizados e instrumentalizados. El estudio comparativo de las políticas de integración ilustra antes que nada el carácter construido, relativo y contextual de los discursos identitarios nacionalizantes y subyacentes. Del sinfín de posibles criterios de "*discriminación" institucional para categorizar y con ello "problematizar" a los "otros" –como son, por ejemplo, la *edad, el género, el origen geográfico, la residencia actual, la lengua materna, la religión practicada, la "cultura", la identificación "étnica", la ciudadanía y/o nacionalidad, las pautas de comportamiento, etc.–, las instituciones generan una combinación específica de criterios a fin de detectar o negar la existencia de *diversidad, generando con esto su particular y característica "gramática de la diversidad". Así, por ejemplo, desde el discurso institucional español la problematización del "otro" recurre a explicaciones muy heterogéneas (Dietz, 2003):

– El punto de partida de la "detección" institucional de los problemas, por ejemplo, educativos, a menudo lo constituye el criterio lingüístico. En vez de enfocar la diversidad lingüística realmente existente entre la población destinataria de la intervención integradora, la institución –producto y productora de un *habitus* monolingüe" imperante (Gogolin)– suele basarse únicamente en el criterio de la lengua materna, de la identificación de educandos cuya primera lengua no es la hegemónica a nivel nacional y/o regional. El monolingüismo institucionalizado genera una visión altamente *estereotipada de la realidad multilingüe.

– En este tipo de problematizaciones institucionales, el argumento lingüístico se suele mezclar y/o confundir con otros factores muy heterogéneos. Por una parte, existe una tendencia generalizada hacia la equiparación de las *migraciones como tales con supuestos problemas de integración. Mezclando constantemente variables dependientes e independientes, en las correspondientes "evaluaciones" acerca del desafío de la diversidad cultural la condición migratoria en sí se convierte en un problema para la institución educativa y/o social.

— La problematización del fenómeno migratorio como tal a menudo se dramatiza con el *topos* de Huntington acerca de la inevitabilidad del "choque" civilizacional entre las culturas. En gran parte del discurso de las pedagogías de la "otredad", la diversidad cultural se visualiza de forma bipolar y mecanicista.

— Por otra parte, con frecuencia también es la "cuestión religiosa", y preferencialmente la mera existencia de diversidad religiosa, la que es utilizada para identificar un presunto problema escolar o de convivencia vecinal. Este problema no se formula a raíz de un análisis empírico de la coexistencia y confluencia de diferentes prácticas religiosas y/o confesionales en el ámbito escolar, sino que parte de la simple presencia de educandos con credos nominalmente divergentes. Por consiguiente, esta "cuestión religiosa" en el discurso institucional acaba mezclándose con factores apenas relacionados con la diversidad religiosa.

— Por último, la originaria función disciplinaria que cumplen las políticas públicas de integración se revela en la frecuente asociación de la diversidad cultural con desafíos de tipo "policial". Según esta argumentación, el "desarraigo" cultural del migrante, sobre todo adolescente, de forma cuasiautomática genera comportamientos "antisociales" que requieren de una decidida intervención pedagógica o social.

La combinación de estos criterios de problematización y su aplicación a sistemas de integración en diferentes contextos nacionales, altamente heterogéneos, ha desencadenado una exorbitante proliferación de enfoques, modelos y programas pedagógicos para "tratar" y "gestionar la diversidad". La aparente pluralidad de enfoques resulta ficticia si contrastamos empíricamente las propuestas de integración, los discursos institucionales normativos y las prácticas de su aplicación concreta. Las diferentes propuestas nominales de asimilación, *segregación, integración, multiculturalización o interculturalización se materializan en función de las diferentes posibilidades de definir, delimitar y combinar las esferas de "lo público" y "lo privado". La tipología resultante de estas posibles combi-

naciones entre lo público y lo privado no es subsumible bajo los convencionales y ya clásicos conceptos de asimilacionismo *versus* segregacionismo, sino que en la mayoría de los sistemas institucionales los contextos nacionales y regionales permiten un amplio abanico de soluciones intermedias.

Bibliografía

BLOMMAERT, Jan; VERSCHUEREN, Jef (1998): *Debating Diversity: analysing the discourse of tolerance*. London, New York: Routledge.

BRUBAKER, Rogers (1996): *Nationalism Reframed: nationhood and the national question in the New Europe*. Cambridge: Cambridge University Press.

DIETZ, Gunther (2003): *Multiculturalismo, interculturalidad y educación: una aproximación antropológica*. Granada, México: EUG-CIESAS.

FAVELL, Adrian (1998): *Philosophies of Integration: immigration and the idea of citizenship in France and Britain*. London: MacMillan.

GIL ARAUJO, Sandra (2006): *Las argucias de la integración. Construcción nacional y gobierno de lo social a través de las políticas de integración de inmigrantes: los casos de Cataluña y Madrid*. Madrid: Universidad Complutense de Madrid. Tesis doctoral.

HERZFELD, Michael (1997): *Cultural Intimacy: social poetics in the nation-state*. New York: Routledge.

SAN ROMÁN, Teresa (1996): *Los muros de la separación: ensayo sobre alterofobia y filantropía*. Barcelona: Tecnos, Universidad Autónoma de Barcelona.

SAYAD, Abdelmalek (2004): *The Suffering of the Immigrant*. Cambridge: Polity.

SCHIFFAUER, Werner *et al.* (2004): *Civil Enculturation: nation-state, school and ethnic difference in the Netherlands, Britain, Germany and France*. New York: Berghahn.

SHORE, Chris; WRIGHT, Susan (eds.) (1997): *Anthropology of Policy: critical perspectives on governance and power*. London, New York: Routledge.

VALVERDE SERRANO, Amparo; BEGLEY, Anthony; PIEDRA GARCÍA, M.ª José (2005): *Integración de minorías étnicas*. Málaga: Aljibe.

VERMEULEN, Hans; PERLMANN, Joel (2000): *Immigrants, Schooling and Social Mobility: does culture make a difference?* New York: St. Martin's Press.

WIMMER, Andreas; GLICK SCHILLER, Nina (2002): "Methodological Nationalism and Beyond: nation-state building, migration and the social sciences". *Global Networks* 2 (4): 301-334.

Gunther Dietz

Véanse además Acciones Afirmativas, Aculturación, ALTERIDAD, CIUDADANÍA, Ciudadano, COLONIALISMO Y ANTI-COLONIALISMO, Comunidad transnacional, Criollización, CULTURA, DERECHOS HUMANOS, Diferencias naturales y diferencias sociales, Diferencias sociales y diferencias culturales, Diferencias sociolingüísticas y desigualdad, DISCRIMINACIÓN Y EXCLUSIÓN SOCIAL, Esclavitud, Esfera mediática, Espacio red, ESTADO-NACIÓN, ESTEREOTIPOS Y ESENCIALIZACIÓN, ESTIGMA, Etnicidad, Etnocentrismo y relativismo cultural, Extranjero, Fronteras simbólicas, Global y local, Globalización y antiglobalización, IDENTIDAD, INDIGENISMO, Información, Integración educativa, Integración religiosa, Interculturalidad, MIGRACIONES, MINORÍAS, MULTICULTURALISMO, Multiculturalismo en los estudios étnicos, Multilingüismo, Nacionalidad, Nacionalismo, Naturalización, Nomadismo y turismo, NUEVOS MOVIMIENTOS SOCIALES, PATRIMONIO, Segregación, Sociedad de la información y del conocimiento, TRABAJO, Traducción, Transculturación, Violencia política. Tipos, Xenofobia y xenofilia.

Integración educativa

El *flujo de población trabajadora de otros países ha generado cambios importantes en las organizaciones de las sociedades receptoras. Es cierto que no podemos hablar ni de un tipo homogéneo de migrantes ni de un tipo único de población receptora, pero lo que sí se encuentra, en no pocos casos, es la presencia de las familias de estos migrantes. Es así como han llegado a las escuelas niños y niñas inmigrantes *extranjeros. Aunque estos "nuevos alumnos" no constituyen el objetivo único de la "*integración escolar" en términos de diversidad *cultural, la verdad es que sólo en torno a ellos ha nacido y crecido el discurso de la *interculturalidad. Además, esta vinculación entre inmigración e interculturalidad se presenta en múltiples ocasiones como una fuente más de problemas en la escuela.

En primer lugar, se dice que estos problemas surgen por la dificultad de la *comunicación, dado que estos escolares aportan otras lenguas diferentes a la vehicular de la escuela. Una segunda fuente de problemas es la resistencia a aceptar la *diversidad en escuelas cimentadas sobre sólidos pilares monoculturales. En este sentido, los sistemas educativos de los países receptores de migrantes asisten a la contrucción de todo un discurso que problematiza la presencia de este "alumnado de nueva incorporación". Sin embargo, tras el análisis de la supuesta problemática, resulta fácil descubrir que muchos de los nuevos conflictos no son tan nuevos para esas mismas escuelas ni para el conjunto de sus escolares.

Entre los asuntos más importantes referidos a las relaciones entre migraciones y escuela durante los últimos treinta años y que configuran el espacio de trabajo para la "integración escolar" en muchos países, el tema estrella se asocia a la cuantificación del fenómeno. No obstante, este interés, lejos de aportarnos completas radiografías demográficas con información, entre otros ámbitos, del campo escolar, nos remite a meras discusiones sobre los porcentajes de escolares de origen inmigrante y/o extranjeros en cada escuela. Después de constatarse el crecimiento anual de estos "nuevos alumnos" –que en no pocos sistemas educativos ha equilibrado el mantenimiento general de las poblaciones escolares por los bajos índices de natalidad de los países receptores de migrantes–, surge el interrogante sobre la capacidad del sistema educativo para acoger a los recién llegados: ¿a cuántos más podrá admitir el sistema? A continuación se ofrece la demostración, ya admitida por todos los estudios, de la desigual distribución de la población inmigrante extranjera en las escuelas y en especial entre las que configuran los sistemas públicos y privados de escolarización –concentración espacial de alumnado inmigrante extranjero en determinados centros educativos y barrios y, junto a ello, la "huida" de alumnos autóctonos a escuelas sin inmigrantes. En este capítulo de cuantificación nos encontramos con algunos otros asuntos, como la dificultad de categorizar a estos "nuevos escolares", clasificados tanto por su condición jurídica de extranjeros y su adscripción demográfica de inmigrantes como por su pertenencia a colectivos aparentemente homogéneos en función de la procedencia geográfica. Más recientemente se han comenzado a detectar problemas de sobre-representación en el alumnado extranjero considerado "con necesidades educativas especiales" –destinatario de educación especial por algún tipo de limitación física o psíquica.

Una vez "contados" y, con ello, constatada su presencia, se ha pasado a su "acogida". Aunque las respuestas de las administraciones han sido muy desiguales en lo que se refiere a la velocidad para tratar el asunto, los tipos de acogida han terminado pareciéndose mucho entre diferentes países y regiones. Esta similitud resulta quizá explicable por la concepción similar del tipo de escuela que tienen los países receptores de migrantes: fuertemente monocultural y que no admiten, y menos aún, gestiona con facilidad la diversidad cultural. La primera acogida comienza por adscribir a estos "nuevos escolares" al grupo de aquellos que necesitan algún tipo de compensación educativa, todo ello basándose de manera implícita en la teoría del déficit. Esta compensación conlleva la creación de "aulas de acogida", donde se adoptan tanto estrategias abiertamente *segregadoras, "apartando" a la población escolar extranjera hasta que domina la lengua vehicular de la escuela, como modelos menos segregadores en apariencia en los que estos alumnos comparten algunas horas de la jornada escolar con el conjunto de compañeros y del horario con aquellos que representan la *diversidad. En este sentido son ya insistentes los estudios que advierten que las autoridades escolares en muchos países buscan la asimilación de los niños inmigrantes a la cultura dominante tan pronto como sea posible.

La gran excusa que justifica la mayoría de las veces este tipo de actuaciones tiene que ver con el "idioma de la escuela". La necesidad de dotar al "alumnado de nueva incorporación" con la lengua vehicular de la escuela justifica su enseñanza con rapidez y prontitud. Esto ha llevado a que en muchas ocasiones se establezca como relación de causa-efecto el dominio de la lengua de la escuela y la integración escolar y, con ello, el éxito académico. Y todo esto en medio del creciente y numeroso volumen de investigaciones que muestran que tal relación es mucho más compleja. Así para dominar una segunda lengua, lo mejor es afianzar el conocimiento y manejo de la materna —lo que se olvida casi constantemente en estos programas de integración, se trata de manera muy residual o se aborda como una cuestión de estricta competencia de cada comunidad "*étnica"—. Además, la integración escolar y social la conforman muchos más asuntos que los exclusivamente lingüísticos, y estos últimos no son los prioritarios de una hipotética lista de temas.

Otro de los asuntos relevantes de los últimos tiempos ha sido la explicación cultural de las *diferencias étnicas en relación al éxito y bienestar en la escuela. La aparición de "listas de éxito" escolar en base a la procedencia geográfica no hace sino ocultar un rancio discurso *xenófobo, que intenta relacionar progreso escolar y nacionalidad de procedencia. Por suerte, no son pocos los estudios que muestran la necesidad de ligar el éxito y el fracaso no al pasaporte del escolar o al de sus padres, sino a temas como las estrategias familiares y sociales, el tipo de escuela, los distintos conjuntos de inquilinos y, en general, a las expectativas de los propios individuos.

Pero los fracasos de estos "nuevos escolares", ahora más documentados, también proporcionan la pista sobre la necesidad de cambios en el propio sistema educativo, aunque en este discurso sean pocos aún los que militan. Dos asuntos están siendo importantes en este terreno.

Por un lado, hay que destacar el creciente reconocimiento de la falta de cualificación del profesorado para atender este nuevo asunto de diversidad cultural—aunque lo justo sería reconocer para trabajar en ella apenas, y con escasa eficacia, se había preparado al profesorado—. En algunos países las demandas respecto a este tema consisten en la incorporación de miembros de las *minorías al grupo de profesores para que ejerzan como enseñantes, pero lo más significativo ha sido reclamar formación para el conocimiento de otras lenguas, culturas diferentes y competencias que ayuden a saber gestionar en el aula los posibles conflictos de convivencia. De cualquier manera, no son pocos los que insisten en seguir recomendando que, cuando un escolar inmigrante extranjero llega a un aula, éste debe ser atendido por personal excepcional y especializado y que sólo una vez que el alumno "normalice" su situación —es decir, entienda al profesor— podrá incorporarse al aula, por lo que se hace innecesaria cualquier nueva formación del profesorado en su conjunto.

Por otro lado, existe una creciente demanda respecto a la modificación de los currículos escolares. Desde la desaparición de contenidos xenófobos, *racistas o simplemente *etnocéntricos, hasta la incorporación de otras culturas, las demandas y los estudios sobre estos asuntos están ya centrándose en el tratamiento de este fenómeno de la integración. En este terreno crecen las denuncias sobre las incorrecciones e insuficiencias de los libros de textos con los que se trabaja en las escuelas.

Un tema que cobra fuerza en los últimos años ha sido el referido como binomio de la integración para estos escolares: familia *versus* escuela, aunque a menudo la cuestión se trata en términos del papel del hogar familiar en el éxito académico de este "nuevo alumnado" y de identificar las prácticas educativas de las familias que contribuyen a ese éxito –lo que muchas veces termina en culpar a padres y madres del fracaso escolar de sus descendientes–. En otras ocasiones se plantea la necesaria colaboración tanto en la educación infantil como juvenil entre el sistema educativo y las redes familiares y sociales. Se comienza por insistir en varios aspectos: las relaciones entre las familias y el entorno étnico y/o minoritario, y los vínculos con el conjunto de las instituciones que les pueden prestar algún servicio público, incluyendo a la escuela, etc. En este punto aparecen con fuerza los asuntos que vinculan todas estas estrategias con el despliegue de las *identidades étnicas. Algunos estudios están mostrando que las prácticas monoculturales e inflexibles dentro del contexto escolar son consideradas amenazas para las identidades étnicas y, junto a ello, otros trabajos manifiestan las dificultades y los conflictos en la construcción de las identidades de los adolescentes migrantes cuando éstos se encuentran "atrapados" entre los valores familiares –que en algunas ocasiones tildan de tradicionales– y los de la escuela –con los que no se identifican, al percibirse como rechazados en ella–. A estas dos opciones se añaden los discursos de algunos maestros y maestras que defienden que supone una rémora para la integración de los "nuevos escolares" que éstos se mantengan apegados a sus tradiciones, costumbres y, sobre todo, a sus lenguas maternas.

La lista de temas que genera el llamado problema de la inmigración en la escuela es extensa, pero no pocos de ellos son compartidos con los escolares autóctonos, aunque se presenten bajo formas distintas. No obstante, son varias las respuestas que con el tiempo se han configurado en torno a la llamada educación intercultural o multicultural, dando lugar a diferentes modelos de actuación.

La literatura internacional ha sido prolija a lo largo de los últimos cincuenta años a la hora de organizar y discutir los modelos de la "educación *multicultural", aunque esta producción es claramente diferenciable en muchos casos su origen francófono o anglófono, entre otras posibles variables –se debe advertir que, en muchas ocasiones, autores americanos que utilizan el termino educación multicultural se refieren a lo mismo que estudiosos europeos que usan la voz de educación intercultural–. De cualquier modo, son varias las posibles maneras de organizar lo que se ha escrito. Muchas de las propuestas se pueden ubicar dentro de alguna de las tres siguientes opciones: a) los modelos más habituales de la escuela en forma de asimilación y/o compensación educativa; b) los modelos llamados muy comúnmente "multiculturales" y que, en cierto sentido, utilizan el argumento del reconocimiento como forma de gestión de la diversidad cultural, y c) los modelos que algunos califican de "auténticos" para enfatizar su carácter positivo, y que se reúnen en torno al termino "educación intercultural" –como si se tratara de la verdadera solución a lo que se considera el *problema* de la diversidad–. Son tres opciones que se podrían reducir a dos si tan sólo se distingue entre quienes consideran la diversidad cultural en la gestión de la convivencia y quienes o no la tienen en cuenta –por no reconocerla– o no creen que deba ser atendida para el asunto de la convivencia. De cualquier manera, la dificultad conceptual se nos presenta cuando, bajo el rótulo de "educación intercultural", se despliega todo un conjunto de medidas segregadoras con claro contenido ideológico asimilacionista, o cuando no se distingue entre el hecho de la diversidad o pluralidad cultural –lo que podríamos denominar multiculturalidades– y la propuesta normativa e ideológica que los gestiona –lo que deberían llamarse multiculturalismos–. Estas confusiones resultan muy significativas, aunque no sean las únicas y junto a ellas quepa aludir a la identificación entre educación y escuela, cuando se habla de integración educativa en términos interculturales y sin relacionar la integración social y la educativa, y a la absoluta reducción de lo intercultural a determinadas poblaciones de migrantes.

El primer grupo de modelos sería el de la asimilación y/o compensación educativa, "educar para igualar: asimilación cultural". Se trata de modelos de "deprivación cultural" en palabras de Banks (1986). Lo que se pretende desde este primer modelo es igualar las oportunidades educativas para alumnos culturalmente diferentes, partiendo de que, en la medida en que los individuos desarrollan su capital humano a través de la educación, mejorarían sus condiciones de vida, la economía y la sociedad en general. Así pues, a nivel teórico, la pobreza y la *discriminación provienen, en gran parte, del hecho de que los grupos marginados en general no posean las mismas oportunidades para adquirir el conocimiento y las destrezas necesarias. El objetivo de la educación es lograr la compatibilidad entre la dinámica del aula y la dinámica cultural de origen de los grupos de individuos "diferentes" al grupo cultural dominante/mayoritario que sirve como referencia en la escuela. En definitiva, se trata de diseñar sistemas de compensación educativa mediante los cuales el "diferente" pueda lograr acceder con cierta rapidez a la competencia en la cultura dominante, siendo la escuela la que facilita el "tránsito" de una cultura a la otra. Las escuelas son los principales instrumentos de integración; desde ellas se intenta generar –forzar– en los estudiantes inmigrantes y refugiados la conformidad y el ajuste con la cultura dominante y tienen un papel crucial en todos los procesos de asimilación cultural –el ambiente familiar se asume como una patología y se intenta cambiar a los niños su lengua e incluso las pautas de los padres sobre su crianza (Gibson, 1984)–. Para ello no se escatiman esfuerzos ni fondos económicos, como los destinados a la enseñanza de la lengua dominante, cuyo manejo por parte de los niños inmigrantes se considera condición *sine qua non*. Se trata de igualar a todos en lo que a oportunidades educativas se refiere, y se da por sentado que aquellos culturalmente diferentes a la mayoría están en desventaja.

En este primer grupo se situarían los modelos que, según Muñoz Sedano (2001), priman la cultura del país de acogida en términos de asimilacionismo –programas de inmersión lingüística, infravaloración e incluso desprecio de la cultura y la lengua de origen, considerando éstas negativas para la integración de las minorías–, segregacionistas –inclusión del programa de *diferencias genéticas en el que se relaciona el fracaso escolar con las características biológicas– y de compensación –relación del retraso escolar con el ambiente socioeconómico y familiar del alumnado, así como con su cultura y lengua de origen, a las que se califica como menos *desarrolladas que las del país de acogida.

Todas estas variaciones de los modelos asimilacionistas insisten en la necesidad de incorporar al recién llegado a la lengua vehicular de la escuela, y es ése uno de los argumentos más utilizados para resaltar el marcado carácter asimilador de tales propuestas de integración educativa. De forma similar lo hace Besalú (2001), que relaciona la postura asimilacionista con un tipo de educación que trata de ofrecer una verdadera igualdad de oportunidades en la sociedad, para lo que deben borrarse las diferencias. Así, la diversidad cultural se considera un problema tanto para los alumnos minoritarios, que deben superar sus deficiencias, como para los autóctonos que pueden ver amenazado su nivel académico. Concluye Besalú que, al ser negativos los resultados de este modelo sobre todo para los alumnos minoritarios, deben implantarse estructuras para compensar sus problemas de adaptación y rendimiento académico. Se trata de los programas compensatorios que poseen un importante componente preventivo e instrumental, pues su objetivo principal es la adquisición de la cultura y lengua de la escuela.

Este diseño de programas para educar al excepcional o al culturalmente diferente (Sleeter y Grant, 1988) está basado en la teoría del capital humano, según la cual la educación es una forma de inversión en la que el individuo adquiere destrezas y conocimientos que pueden convertirse en ingresos –en el sentido económico– cuando son usados para obtener un *empleo. Así pues, a nivel teórico, la pobreza y la discriminación provienen, en gran parte, del hecho de que los grupos marginados en general no posean las mismas oportunidades para adquirir el conocimiento y las destrezas necesarias. Rechazadas las teorías que defendían la deficiencia fisiológica, mental o lingüística de estos colectivos, surgieron otras que sustituyeron el término "deficiencia" por el de "diferencia", basadas en la idea de una multiplicidad de modelos de desarrollo psicológico, aprendizaje y/o estilo comunicativo.

El segundo grupo de modelos de integración educativa es el denominado multicultural. Las respuestas "multiculturales" de la gestión de la diversidad para la integración educativa plantean una agrupación y un encaje más difícil, y ello explica, en parte, que se usen similares o idénticos términos para posiciones ideológicas diferentes, y que, en no pocas ocasiones, no se planteen las asunciones ideológicas de las que se parte en las descripciones de cada modelo. Tres son los enfoques que aquí se agrupan: el conocimiento de las diferencias, la promoción del pluralismo y la protección del biculturalismo.

Desde el entendimiento cultural, el conocimiento de la diferencia, se trata de enseñar a todos a valorar las diferencias entre las culturas. Partiendo de este criterio, se piensa entonces que la escuela debería orientarse hacia el enriquecimiento cultural de todos los alumnos. La multiculturalidad se convierte en un contenido curricular. Todos los alumnos –sean de minorías o de la corriente cultural dominante– necesitan aprender acerca de las diferencias culturales, hacia las cuales las escuelas deben mostrar una mayor sensibilidad, modificando si fuese necesario sus currícula para reflejar de manera más precisa sus intereses y peculiaridades. Hay que preparar a los estudiantes para que vivan armoniosamente en una sociedad multiétnica, y para ello se deben abordar en el aula las diferencias y similitudes de los grupos, con objeto de que los alumnos comprendan esa pluralidad. Educación multicultural significa aprender acerca de diversos grupos culturales, y ese aprendizaje pasa por la apreciación y aceptación de las diferencias, lo cual constituye una experiencia educativa muy enriquecedora para todos los estudiantes. En este enfoque está presente la idea de que profesores y alumnos deben ahondar en las diferencias culturales, pero también, y con el mismo énfasis, en el reconocimiento e identificación de las similitudes culturales. El proceso comienza con la clarificación, análisis y evaluación de los valores, creencias y normas que cada uno sostiene, y a lo largo de su desarrollo contempla temas como el racismo, el sexismo, el clasismo, los prejuicios, el rechazo cultural, etc. El fundamento teórico de este enfoque, según Sleeter y Grant (1988), se encuentra en buena medida en teorías de la psicología social como las construidas sobre el prejuicio, el autoconcepto o el grupo de referencia. Por ello este modelo, siguiendo otras tipologías de educación multicultural, se inscribe en la literatura de "relaciones humanas" según Sleeter y Grant, y los paradigmas "aditivo étnico", del "autoconcepto" y del "racismo", como apunta Banks (1986), se corresponden con los estudios realizados bajo este segundo enfoque.

Desde el pluralismo cultural, preservar y extender el pluralismo, la educación multicultural surge de la no aceptación por las minorías étnicas de las prácticas de *aculturación y asimilación a las que se encuentran sometidas en el contacto con las culturas mayoritarias. Para estas minorías ni la asimilación cultural ni la *fusión cultural son aceptables como objetivos sociales últimos. En el pluralismo cultural subyace la idea de que ni la asimilación ni el separatismo son metas sociales últimas, sino que se aboga por una zona intermedia en la cual el pluralismo cultural

significa no juzgar el modo de vida de los *otros usando los criterios de la cultura propia de uno. Hay que mantener la diversidad y por ello la escuela debe preservar y extender el pluralismo cultural. Cuando la escuela no refleja el pluralismo cultural –por ejemplo, en la composición del profesorado– puede ocurrir que una de las comunidades se repliegue y pase a controlar la educación de sus generaciones jóvenes, desarrollando sus valores y creencias frente a los del grupo, con lo que el temido separatismo estaría muy cercano.

Coinciden aquí en buena medida los trabajos de "educación multicultural" (Sleeter y Grant, 1988) y los paradigmas del "pluralismo cultural" y de la "diferencia cultural" identificados por Banks (1986). Para Sleeter y Grant (1988), el pluralismo cultural, como enfoque de la educación multicultural, se apoya en teorías sociológicas, antropológicas y del aprendizaje social. Las teorías antropológicas implicadas en este enfoque son aquellas que abordan los procesos de transmisión cultural, desarrolladas por la antropología de la educación.

Desde la educación bicultural, la competencia en dos culturas, la enseñanza multicultural debe producir sujetos competentes en dos culturas diferentes. Tal posición es la consecuencia del rechazo por los grupos minoritarios de la idea de la asimilación. Para ellos la cultura nativa debe mantenerse y preservarse, adquiriéndose la cultura dominante como una alternativa o segunda cultura. Se trata de que la educación bicultural conduzca, en último término, a la completa participación de los jóvenes del grupo mayoritario o del minoritario en las oportunidades socioeconómicas que ofrece el *Estado, y todo ello sin que los miembros del colectivo minoritario tengan que perder su identidad cultural o su lengua, dotándoles de un sentido de su identidad y preparándoles a la vez para que participen de lleno en la sociedad dominante. En este sentido, la lengua, aunque tiene un papel en el mantenimiento de la identidad cultural y en la expresión de las actitudes de los miembros de una cultura hacia la cultura principal, tiene como función básica facilitar un marco inter-bi-cultural de referencia en el cual los significados y valores concretos de la cultura principal fuesen incorporados –*traducidos– a la cosmovisión de la minoritaria. Este enfoque bicultural familiariza de una manera activa y directa a los estudiantes con las actitudes, sistemas de valores, estilos de comunicación y patrones de pensamiento y comportamiento necesarios para el desarrollo de habilidades biculturales. La calidad de la interacción entre las diferentes etnias de una escuela multicultural depende en gran medida de la distancia social que pueda existir entre los diversos grupos: puede haber una gran distancia y separación mantenida por los alumnos de la cultura dominante frente al deseo de acercamiento y acogida del grupo minoritario. Puede que, efectivamente, ser bicultural de manera plena no sea sino un deseo más que una realidad alcanzable.

Aunque algunas voces agrupan en un mismo bloque las respuestas multiculturalistas y las interculturalistas, entendiendo que se trata de diferentes modelos de un intento de pluralismo cultural y añadiendo la necesidad de delimitar –posición muy poco habitual en los discursos más pedagógicos– el plano fáctico del normativo, no faltan quienes mantienen la diferencia, como es el caso de Muñoz Sedano (2001), distinguiendo entre enfoques o paradigmas pluralistas e interculturalistas. Los modelos pluralistas son los que denominamos multiculturalistas, organizados por Muñoz Sedano en: a) paradigma de currículum multicultural –se modifica el currículum para visibilizar las diversas culturas del alumnado–; b) modelo de pluralismo cultural –se valora a todas las culturas por igual, pero algunos grupos minoritarios promueven, para afianzar su identidad, crear escuelas específicas para ellos–, y c) modelo de competencias multiculturales. Todas estas visiones son muy próximas a las que establece Besalú (2001) para el modelo de educación multicultural, donde se considera una opción deseable la coexistencia de grupos culturalmente diferenciados en un mismo espacio, reconociendo y valorando todas las culturas. No obstante, este modelo, llevado al extremo, supondría la ruptura del sistema educativo, estableciéndose para cada grupo cultural una escuela específica.

El tercer grupo de modelos, denominado educación intercultural, pretende ser diferente a la llamada educación multicultural y superador de ésta –la solución a la gestión de la diversidad cultural–. En este punto es necesario aclarar previamente que, en no pocas ocasiones, la literatura anglosajona no suele distinguir entre modelos *multi* o *inter* y que donde aquí leemos interculturalismo, como propuesta superadora de los déficit, allí se lee multiculturalismo como alternativa trasformadora de las desigualdades, es decir, se trata de los mismos objetivos con diferentes denominaciones. Es por ello por lo que conviene prevenir el exceso de nominalismos, en especial cuando, tras los rótulos, no aparecen los principios ideológicos que guían cada modelo. En este tercer enfoque se incluyen dos tipos de respuestas: la educación como transformación y la educación antirracista.

La educación como transformación, educación multicultural y reconstrucción social, se contempla como un proceso encaminado a lograr un desarrollo de los niveles de consciencia de los estudiantes de minorías, de sus padres y de la comunidad en general sobre sus condiciones socioeconómicas, con objeto de capacitarles para la ejecución de acciones sociales basadas en una comprensión crítica de la realidad. Para la solidificación, extensión y legitimación del control que ejercen, los grupos dominantes estructuran las instituciones sociales que operan para mantener o incrementar dicho control, y es esta estructuración la que conduce al racismo, al sexismo y al clasismo institucionales. A primera vista, parece imposible un cambio social, pero el desarrollo de la teoría de la resistencia pone de manifiesto que los grupos oprimidos no se acomodan pasivamente a la situación, sino que luchan y se oponen a ella de formas muy variadas. La cultura se considera una adaptación a circunstancias vitales, determinadas en gran parte por la competición entre grupos por la posesión de recursos. Se rechaza el acento en los aspectos ideacionales –conocimientos, valores, creencias– de la cultura y en la concepción estática presente en las teorías sobre su transmisión, enfatizándose, por el contrario, los aspectos materiales y los relativos a la estructura política de las sociedades, así como el carácter "improvisado" de la creación de la cultura a partir de la base del día a día, un proceso siempre en curso similar al que sigue la construcción individual del conocimiento.

Según Sleeter y Grant (1988), tres tipos de teorías convergen en la base de este enfoque. En primer lugar, hay teorías sociológicas como las del conflicto y de la resistencia. El comportamiento social está organizado a partir de una base grupal más que individual y los grupos luchan por el control de los recursos de poder, riqueza y prestigio que existen en la sociedad. Cuanto más escasos son estos recursos, más intensa es esa lucha y más importante deviene la pertenencia al grupo.

En segundo lugar están las teorías sobre el desarrollo cognitivo en las que se defiende el carácter constructivista del aprendizaje (Piaget, Vygotsky), y la importancia de la experiencia propia del sujeto en esa construcción. No basta con decirles a los niños que hay otros grupos y hablarles acerca de ellos, sino que los alumnos tienen que interactuar con éstos, pues es la experiencia directa la que contribuye a generar un conocimiento sobre tales colectivos. El énfasis en el mundo del niño y en la acción social, reflejados en estas teorías, explican su adopción por los defensores de este enfoque de la educación multicultural. En tercer lugar se encuentran las teorías de la cultura en las que ésta se considera una adaptación a circunstancias vitales definidas en gran parte por la competición entre grupos por la posesión de recursos.

La educación antirracista se alza frente al liberalismo que enfatiza la libertad de pensamiento y acción que posee cada individuo, sustentador de una educación multicultural que persigue el entendimiento entre culturas y el cambio paulatino de la sociedad a través de la educación. Subyace en ella una ideología radical, apoyada en un análisis de clases de inspiración marxista y puesta al servicio de una transformación social basada en la liberación de los grupos oprimidos y la eliminación de las discriminaciones institucionales, que concibe la escuela como una agencia para la promoción de la acción política. Para los antirracistas las explicaciones acerca de la transformación de las diferencias en desigualdades no son de tipo psicopatológico, sino ideológico. Por tanto, para los antirracistas lo esencial es organizar una estrategia de intervención educativa adecuada para que no se "reproduzca" el racismo. La educación antirracista representa un cambio por cuanto se pasa de una preocupación por las diferencias culturales a un énfasis en la forma en que éstas se utilizan para albergar la desigualdad.

A pesar de estas distinciones en este tercer grupo de modelos, Besalú (2001) entiende el enfoque del interculturalismo centrado en el diálogo y la interacción cultural en un plano de igualdad real, lo que implica una reflexión y acción sobre los factores ideológicos y estructurales que conllevan la desigualdad y el racismo. No ofrece una visión idílica del interculturalismo, sino que, partiendo de que la coexistencia de grupos culturales distintos es conflictiva, no niega ni las diferencias ni los conflictos, aunque crea necesario rechazar el aislamiento que se sostiene sobre la heterogeneidad. Se trata de favorecer la convivencia de diferentes grupos culturales en un medio común, donde el mantenimiento de esta diversidad se traduzca en la transmisión de la cultural plural en la escuela. Para lograrlo es necesario relativizar todas las culturas y adoptar una actitud de descentramiento cultural. Muy similar en su planteamiento es lo que describe Antonio Muñoz Sedano (2001) con la misma denominación e indicando que se basa en la simetría cultural. Él mismo explica las diversas variantes de este modelo: a) el modelo de educación intercultural antirracista –el sistema educativo como transmisor de una ideología debe luchar contra el racismo explícita e implícitamente y confía en el papel de la escuela para eliminar el racismo institucional–; b) el modelo holístico de Banks (1986) –que implica a toda la institución escolar en la educación intercultural, fomentando el análisis crítico de la realidad social y la lucha contra las desigualdades–, y c) el modelo de educación intercultural –la diversidad cultural es legítima, la lengua materna supone un apoyo importante para el aprendizaje, y las diferencias culturales son consideradas un factor de enriquecimiento mutuo que se aplica a todo el alumnado.

Bibliografía

BANKS, J. A. (1986): "Multicultural Education: Development, Paradigms and Goals", en J. A. Banks y J. Linch (eds.), *Multicultural Education in Western Societies.* London: Holt, Rinehart and Winston, 12-28.

BESALÚ I COSTA, X. (2001): *Diversidad Cultural y Educación.* Madrid: Síntesis.

CARRASCO I PONS, S. (2003): "La escolarización de los hijos e hijas de inmigrantes y de minorías étnico-culturales". *Revista de Educación,* 330: 99-136.

GARCÍA CASTAÑO, F. J.; GRANADOS MARTÍNEZ, A. (1999): *Lecturas para educación intercultural.* Madrid: Trotta.

GARCÍA CASTAÑO, F. J.; GRANADOS MARTÍNEZ, A.; GARCÍA-CANO TORRICO, M. (2000): *Interculturalidad y Educación en los noventa: un análisis crítico.* Granada: Junta de Andalucía.

GIBSON, M. A. (1984): "Approaches to Multicultural Education in the United States: Some Concepts and a Assumptions". *Anthropology and Education Quarterly*, 15 (1): 94-119.

MUÑOZ SEDANO, A. (2001): "Enfoques y modelos de educación multicultural e intercultural. Hacia una educación Intercultural: Enfoques y modelos". *Encounters on Education*, 1, 81-106.

SLEETER, C. E.; GRANT, C. A. (1988): *Making Choices for Multicultural Education. Five Approaches to Race, Class, and Gender.* New York: Macmillan P. C.

F. Javier García Castaño
María Rubio Gómez
M. Lourdes Soto Páez

Véanse además Aculturación, ALTERIDAD, COMUNICACIÓN, CULTURA, DESARROLLO, DIFERENCIA Y DESIGUALDAD, Diferencias naturales y diferencias sociales, Diferencias sociales y diferencias culturales, Diferencias sociolingüísticas y desigualdad, DISCRIMINACIÓN Y EXCLUSIÓN SOCIAL, ESTADO-NACIÓN, Etnicidad, Extranjero, Global y local, HIBRIDACIÓN, IDENTIDAD, INDIGENISMO, INTEGRACIÓN, Interculturalidad, MIGRACIONES, MINORÍAS, MULTICULTURALISMO, Nacionalismo, Racismo y neorracismo, Segregación, Sociedad de la información y del conocimiento, Sujeto intercultural, TRABAJO, Traducción.

Integración religiosa

Es en el ámbito de lo religioso y/o confesional donde más nítidamente se ilustra la ambigüedad inherente al concepto de *integración. Dado que la sociedad mayoritaria y sus instituciones sociales, educativas y culturales de "acogida" perciben, problematizan y definen con ello los "desafíos" o "déficits" de integración a partir de la visibilidad de prácticas "anómalas" entre el grupo *minoritario, la *diversidad religiosa se presta más que cualquier otro tipo de diversidad, *diferencia y/o desigualdad para "detectar" dichos desafíos. Las prácticas religiosas, los cultos realizados por grupos minoritarios, se visibilizan frente a una sociedad mayoritaria que tiende a invisibilizar su propio *legado religioso-*cultural, a neutralizarlo como "lo normal" (Santamaría, 2002).

El discurso institucional de la integración religiosa tiende a visibilizar dos procesos diferentes, pero estrechamente entrelazados y mutuamente influidos, de pluralización religiosa y confesional. Por una parte, determinados grupos ya establecidos en el seno de la sociedad mayoritaria, tales como los neomusulmanes españoles (Rosón, 2005) o los gitanos pentecostales (Cantón, 2004), acceden crecientemente a nuevas experiencias religiosas no-católicas; el proceso mismo de la conversión no sólo redefine la biografía individual del converso, sino que suele ir acompañado de la creación o consolidación de vigorosas comunidades de neófitos que comparten dichas experiencias novedosas a través de una rica vida intracomunitaria. Por otra parte, este tipo de "pluralización endógena" a menudo coincide temporal y espacialmente con un proceso de "pluralización exógena"; grupos migrantes se establecen y generan sus propias estructuras comunitarias, necesarias para mantener —aunque sea de forma rudimentaria y adaptada al contexto de acogida— sus propias prácticas religiosas en su situación *diaspórica (Lacomba, 2001).

El surgimiento de nuevas comunidades religiosas sobre todo en determinados barrios *céntricos de las *ciudades europeas y occidentales, en general, implica el establecimiento paulatino de una infraestructura adecuada para el ejercicio de las respectivas prácticas y ritos: nuevos lugares de culto, espacios públicos de reunión de los feligreses, acceso a los *territorios públicos compartidos para celebrar ritos de paso y las celebraciones correspondientes a su ciclo festivo y litúrgico, entrada a los cementerios municipales y la apertura de tiendas especializadas en ofrecer determinadas comidas —*halal* o *kosher*, por ejemplo—, bebidas rituales y la parafernalia religiosa necesaria para ritos específicos. Este desarrollo de infraestructuras, destinadas a los miembros de la propia comunidad, se complementa luego con demandas de reconocimiento del derecho de la "nueva religión" dirigidas a la sociedad mayoritaria y sus instituciones; se trata de negociar la "permeabilización" de las instituciones educativas, sanitarias y de servicios sociales frente a la comunidad religiosa minoritaria y sus respectivas prácticas, normas y creencias (Moreras, 1999; Dietz y El-Shohoumi, 2005).

Es en esta esfera institucional donde más intensamente se evidencian los conflictos interreligiosos e *interculturales. En función de su autodefinición y su autopercepción imperante —*nacionalismo cívico *versus* nacionalismo *étnico, sociedad homogénea *versus* sociedad de inmigración, etc.—, la sociedad mayoritaria tenderá a oscilar entre dos polos opuestos: entre la opción, por un lado, de instar a las nuevas comunidades religiosas minoritarias a invisibilizar por completo su presencia pública —relegando sus prácticas religiosas al ámbito estrictamente privado, siguiendo los parámetros del modelo laicista-asimilacionista— o, al contrario y por otro lado, la invitación explícitamente dirigida a dichas comunidades, de reciente establecimiento, a expresar la diversidad religiosa y confesional en la esfera pública, siempre y cuando opten por las vías oficializadas del *multiculturalismo imperante (Vertovec y Peach, 1997).

Así, en algunas sociedades, caracterizadas sobre todo por un largo monopolio religioso de la Iglesia católica –por ejemplo, Francia, España e Italia–, la política de integración tiende a ser asimilacionista, obligando a las minorías religiosas a invisibilizarse en la esfera pública –modelo francés– o a relegarse a determinados márgenes de la sociedad de acogida –lugares de culto en las periferias urbanas, falta de acceso a la educación religiosa, trato *discriminatorio en las instituciones sanitarias públicas, etc.–. Por otra parte, en sociedades que ya cuentan con una trayectoria de pluralismo religioso y de acomodo de la "diferencia confesional", como sucede en la Europa centro-occidental posterior a la Paz de Westfalia, las comunidades religiosas minoritarias son reconocidas en la esfera pública, pero se ven obligadas a "institucionalizarse" de acuerdo con el sistema imperante de gestión de la diversidad: "modelo de pilares confesionales" en el caso de los Países Bajos –un pilar de organización educativa, política y sindical por cada confesión–, programa territorial de los países de habla alemana –una "iglesia" centralizada y oficializada por cada región o comarca– o modelo etnorreligioso del multiculturalismo británico –organización por comunidades étnicas, que incluyen las religiones minoritarias– (Verlot, 1996; AlSayyad y Castells, 2002).

Por consiguiente, no existe un solo modelo o programa de integración religiosa, sino que es al fin y al cabo la sociedad anfitriona de la diversidad religiosa la que acaba imponiendo su peculiar "gramática de la diversidad", que siempre visibiliza y problematiza más a unas comunidades minoritarias que a otras. Estos matices no reflejan diferencias sustanciales entre los credos religiosos en cuestión, sino más bien la persistencia o no de arraigados complejos de *estereotipos históricos –por ejemplo, "el miedo a la (re-)invasión otomana/turca", la "morofobia", el antisemitismo y los tópicos recíprocos que se mantienen entre poblaciones católicas y protestantes en regiones *limítrofes–. Estos conjuntos de estereotipos suelen mezclar elementos religiosos con otros rasgos lingüísticos, culturales, étnicos y/o fenotípicos, para generar una sensación de "*alteridad" fuertemente etnificada, racializada y, con ello, "*naturalizada"

(Dietz y El-Shohoumi, 2005). Como demuestran los estudios comparativos realizados acerca de la persistencia y los vaivenes discursivos del antisemitismo en Europa, estos *topoi* antiguos y arraigados sobreviven subrepticiamente en el seno de las sociedades mayoritarias, pero son actualizados en situaciones de crisis o de transformaciones aceleradas. En este sentido, tanto el antisemitismo como últimamente también la islamofobia son combinaciones de discriminación religiosa, étnica y racial que desde la propia sociedad, supuestamente "integradora", frenan y obstaculizan el mismo proceso de integración religiosa.

Bibliografía

ALSAYYAD, Nezar; CASTELLS, Manuel (eds.) (2002): *Muslim Europe or Euro-Islam: politics, culture, and citizenship in the age of globalization*. Lanham: Lexington.

CANTÓN DELGADO, Manuela (2004): *Gitanos pentecostales: una mirada antropológica a la Iglesia Filadelfia en Andalucía*. Sevilla: Signatura.

DIETZ, Gunther; EL-SHOHOUMI, Nadia (2005): *Muslim Women in Southern Spain: Stepdaughters of Al-Andalus*. San Diego: University of California at San Diego-Center for Comparative Immigration Studies.

LACOMBA VÁZQUEZ, Joan (2001): *El Islam inmigrado: transformaciones y adaptaciones de las prácticas culturales y religiosas*. Madrid: Ministerio de Educación, Cultura y Deporte.

MORERAS, Jordi (1999): *Musulmanes en Barcelona: espacios y dinámicas comunitarias*. Barcelona: CIDOB.

ROSÓN LORENTE, F. Javier (2005): "Tariq's Return? Muslimophobia, muslimophilia and the formation of ethnicized religious communities in southern Spain". *Migration: European Journal of International Migration and Ethnic Relations*, 43/44/45: 87-95.

SANTAMARÍA, Enrique (2002): *La incógnita del extraño: una aproximación a la significación sociológica de la "inmigración no-comunitaria"*. Barcelona: Anthropos.

VERLOT, Marc (1996): "The Hijab in European Schools: a case for the court or a challenge for the school?", en J. de Groof y J. Fiers (eds.), *The Legal Status of Minorities in Education*. Leuwen, Amersfort: Acco, 147-156.

VERTOVEC, Steven; PEACH, Ceri (eds.) (1997): *Islam in Europe: the politics of religion and community*. New York: St. Martin's Press.

Gunther Dietz

Véanse además ALTERIDAD, Centro-periferia, CIUDADANÍA, CULTURA, DIFERENCIA Y DESIGUALDAD, Diferencias sociales y diferencias culturales, DISCRIMINACIÓN Y EXCLUSIÓN SOCIAL, ESPACIO-TIEMPO, ESTEREOTIPOS Y ESENCIALIZACIÓN, ESTIGMA, Etnicidad, Frontera geográfica y administrativa, INTEGRACIÓN, Interculturalidad, MIGRACIONES, MINORÍAS, MULTICULTURALISMO, Nacionalismo, PATRIMONIO, TERRITORIOS.

Interculturalidad

Literalmente, el concepto de interculturalidad hace alusión a los encuentros que se producen entre sujetos de *distintas *culturas. Desde este punto de vista, la humanidad es y ha sido siempre intercultural, y son excepción los grupos que viven o han vivido permanentemente aislados. La interculturalidad, entendida como la puesta en práctica de un programa *multiculturalista, hace alusión a una forma especial de relacionarse que tienen los individuos, pertenecientes a distintas tradiciones culturales, cuando conviven en el mismo territorio. En este sentido se habla de interculturalidad para referirse al conjunto de objetivos y valores que deberían guiar esos encuentros. Se trata no sólo de aceptar y respetar las diferencias, sino también de valorarlas, y educar a los *ciudadanos en los principios-guía de la convivencia entre sujetos culturalmente diferentes. Según Touraine (1995), el multiculturalismo se diferencia de otras situaciones de contacto cultural, como la simple convivencia, la tolerancia e incluso la defensa de las diferencias. Por ello la mayoría de las formas de contacto cultural no reúnen las condiciones para ser definidas como procesos de interculturalidad en este sentido. Ni los simples intercambios económicos, ni las relaciones *coloniales, ni siquiera la convivencia en espacios próximos, tejida con alianzas ocasionales, generan automáticamente relaciones interculturales en el sentido actual del término. La interculturalidad se plantea como una ética de la convivencia entre personas de distintas culturas y pretende, entre otras cosas, desmontar el *etnocentrismo y las fronteras *identitarias. El tema de la interculturalidad está especialmente vivo en Occidente. A diferencia de lo que sucedía en las épocas coloniales, cuando los procesos de contacto tenían lugar en los territorios controla-

dos políticamente por los colonizadores, los encuentros se producen en los territorios de las antiguas administraciones coloniales. Las situaciones pluriculturales así generadas son radicalmente distintas a las de entonces y afectan prácticamente a todas las dimensiones de la vida social, desde las interacciones cotidianas hasta las relaciones institucionales con los nuevos vecinos.

Planteadas así las cosas, no es de extrañar que la interculturalidad se haya convertido actualmente en una materia recurrente en los sistemas educativos. Es en el ámbito de la pedagogía en el que han proliferado los planteamientos multiculturales y sus correspondientes programas de aprendizaje, como una vía inicial para hacer de las sociedades afectadas sociedades interculturales. La pedagogía intercultural responde además a una necesidad práctica, producida por el encuentro en la escuela de los niños nativos con aquellos otros provenientes directa o indirectamente de la *emigración. En este contexto peculiar se plantean no sólo las cuestiones inmediatas relativas al contacto entre diferentes culturas, sino también al sistema de valores que dentro de la escuela, y luego fuera de ella, tiene que guiar ese encuentro. La interculturalidad se opone así a los objetivos *asimilacionistas, ya que el respeto a la cultura del *otro plantea la necesidad de protegerla. Actualmente se habla de *intraculturalidad* para referirse a una metodología del aprendizaje multicultural, consistente no sólo en la valoración activa de las diferencias culturales, sino también en la comprensión del otro desde dentro de su propio contexto cultural: algo parecido a lo que se viene proponiendo en los centros docentes de lenguas extranjeras para llegar al dominio de una lengua. No sólo hay que aprender el léxico y la gramática, sino también la cultura en la que todo el proceso del lenguaje tiene sentido. La educación intercultural, según esta propuesta, debe realizarse intraculturalmente: un objetivo por lo demás complicado cuando en la misma aula conviven niños de cinco o seis tradiciones culturales diferentes.

La dimensión pedagógica y política del concepto de interculturalidad ha hecho que el tema se abriese paso en la sociedad actual, sirviéndose de un concepto de cultura que no siempre ha sido bien utilizado. De hecho, la misma configuración del concepto de interculturalidad induce a una objetivación de las relaciones entre entidades colectivas, las supuestas culturas, que no sólo no resiste una aproximación epistemológica rigurosa, sino que tiene unas consecuencias sociales que van frecuentemente en la dirección contraria a la de los valores que se quieren inculcar. Resulta evidente que la cultura implícita en el concepto de interculturalidad es un *constructo* al que se le dota de entidad diferencial y contenido homogéneo. En el contexto antropológico, el concepto de cultura ha pasado, de ser algo objetivable e integrado, a considerarse una organización contextual de los recursos a los que recurren los individuos para solucionar sus problemas cotidianos. No hay ninguna evidencia de que las diferencias interculturales operen en esos contextos sociales de forma distinta a como lo hacen las diferencias intraculturales. Sin embargo, en los planteamientos interculturales unas y otras son sometidas a un proceso de etnificación que, en vez de funcionar como plataforma para producir la interculturalidad que se proclama, genera *fronteras y marca límites que nunca han existido.

El problema inicial que hay que afrontar al abordar el tema de los contactos interculturales es la relación entre la cultura y los sujetos a los que, por motivos bastante circunstanciales, se les atribuye. De hecho, como consecuencia de una tradición particularista, se generalizó la idea de que la cultura genera en los individuos determinados condicionantes psicológicos. No se puede negar que la apariencia de profundidad de las diferencias está enraizada en una serie de de convencionalismos que se reiteran y hacen posible la interacción social: en estas circunstancias "nosotros hacemos esto y ellos esto otro". Ésta es una forma frecuente y cotidiana de homogeneizar las diferencias, que no desaparece cuando "el otro", tras un rápido aprendizaje, pasa a hacer las mismas cosas que "nosotros". El concepto de mentalidad para explicar las diferencias y justificar los desencuentros es todavía bastante común. Sin embargo, la noción de modelo cultural, que se utiliza en la antropología cognitiva para explicar las conductas y formas de pensar contextuales, no tiene mucho que ver con esos supuestos condicionantes psicológicos: "Los modelos culturales... se utilizan para ejecutar una gran variedad de tareas cognitivas. A veces estos modelos sirven para fijar metas para la acción, en ocasiones se usan en la planificación de la realización de esas metas o para dirigir su consecución, a veces para dar sentido a las acciones de los demás y entender sus objetivos; a veces para producir verbalizaciones que pueden tener su papel en todos estos proyec-

tos y en la subsecuente interpretación de lo que ha sucedido" (Quinn y Holland, 1987: 6-7). Los modelos constituyen *constructos* sumamente flexibles, a los que se puede recurrir parcial o totalmente, pero son los individuos los que los ejecutan sin ningún tipo de normatividad, y sujetos de la misma cultura los pueden poner en práctica de manera diferente. No hay en los modelos ningún determinante ineludible y, lejos de crear fronteras infranqueables, cualquiera puede llegar a su conocimiento fácilmente por la experiencia y el aprendizaje. No tiene mucho sentido admitir que las mismas prácticas sociales realizadas por muchos sujetos llevan siempre detrás los mismos argumentos, y mucho menos suponer que existen conductas que los nativos de una cultura se ven forzados a desarrollar, de forma más o menos convulsiva, como consecuencia de sus creencias y valores, y que ello es un obstáculo para la convivencia intercultural. La separación de lo público y lo privado es una realidad en todos los grupos humanos, que afecta por igual a los nativos y a los que no lo son. Y el aprendizaje de la vida pública está normalmente al alcance de unos y otros.

Así pues, una visión esencializada de cultura, más que facilitar la convivencia y la interacción social, genera barreras y funciona como un obstáculo, incluso dentro de la tolerancia, para anular las diferencias y la desigualdad de oportunidades de los ciudadanos por motivos culturales. No es extraño que, debajo de tanta prevención y prospectiva para inculcar el respeto entre las diferentes culturas, hayan vislumbrado algunos una versión amable del viejo *racismo: no se rechaza explícitamente al diferente, incluso se le reconoce su derecho a ser *distinto, pero, por el hecho de pertenecer discursivamente a otro colectivo culturalmente definido, se le recorta derechos y oportunidades. Si los *recursos culturales sólo tienen sentido en contextos sociales específicos, defender a ultranza la continuidad acontextual de determinadas prácticas culturales es un ejercicio tan teórico como socialmente ineficaz, que sólo puede llevar consigo la *marginación. De esta manera se corre el riesgo de que a la gran cantidad de circunstancias, más o menos estructurales, sobre las que se asientan las diferencias sociales en un grupo humano, se añada la supuesta procedencia cultural.

Por ello, desencializada la cultura y admitida la igualdad de capacidades y el carácter construido de los colectivos culturales y de las

fronteras implícitas en el concepto de interculturalidad, se tiende actualmente a focali-
zar la problemática de los contactos culturales
en el tema de la *ciudadanía. Los problemas
de la interculturalidad, lejos de concretarse
en la coexistencia de sujetos con diferentes
mentalidades, habilidades y prácticas, en los
problemas interactivos de *comunicación o
en la educación para magnificar los valores de
todas las culturas, se plasman en las consecuencias sociales de los mecanismos existentes
en los *Estados nacionales para acoger, reconocer, dar derechos y exigir deberes de ciudadanía a los individuos que conviven en su
territorio, sin que la naturaleza del origen les
discrimine en la vida social. Sin duda, en este
cometido la escuela, de la misma manera que
debe hacer en el tratamiento de otras desigualdades, debe cumplir el objetivo de contribuir a que todos los ciudadanos tengan las
mismas oportunidades sociales.

Bibliografía

DIETZ, Gunther (2003): *Multiculturalismo, interculturalidad y educación: una aproximación antropológica*. Granada: Universidad de Granada.
FRIEDMAN, Jonathan (2001): *Identidad cultural
y proceso global*. Buenos Aires: Amorrortu.
GARCÍA CANCLINI, Néstor (2005): *Diferentes,
desiguales y desconectados: mapa de la interculturalidad*. Barcelona: Gedisa.

GARCÍA, J. L. (1999): "Razones y sinrazones de
los planteamientos multiculturalistas", en Fernando J. García Selgas y José B. Monleón
(eds.), *Postmodernidad. Ciencias sociales y humanas*. Madrid: Trotta, 315-323.
QUINN, Naomi; HOLLAND, Dorothy (1987):
"Culture and cognition", en N. Quinn y
D. Holland (eds.), *Cultural models in language
and thought*. New York: Cambridge University Press, 3-40.
TOURAINE, Alain (1995): "¿Qué es una sociedad multicultural? Falsos y verdaderos problemas". *Claves de Razón Práctica*, 56: 14-25.

José Luis García García

Véanse además Aculturación, ALTERIDAD,
CIUDADANÍA, Ciudadano, COLONIA-
LISMO Y ANTICOLONIALISMO, CO-
MUNICACIÓN, Criollización, CULTURA,
DIFERENCIA Y DESIGUALDAD, Dife-
rencias naturales y diferencias sociales, Di-
ferencias sociales y diferencias culturales, DIS-
CRIMINACIÓN Y EXCLUSIÓN SOCIAL,
Esclavitud, ESTADO-NACIÓN, ESTE-
REOTIPOS Y ESENCIALIZACIÓN, Etno-
centrismo y relativismo cultural, Extranjero,
FRONTERA, Fronteras simbólicas, IDENTI-
DAD, Información, INTEGRACIÓN, Inte-
gración educativa, Integración religiosa, MUL-
TICULTURALISMO, Multilingüismo, PA-
TRIMONIO, Racismo y neorracismo, SABER
Y SABERES, Sujeto intercultural, TERRITO-
RIOS, Traducción, Xenofobia y xenofilia.

L

Localidades fantasmagóricas y desanclaje

En su obra *The Consequences of Modernity* (1990), Anthony Giddens afirma que las instituciones sociales contemporáneas poseen propiedades dinámicas específicas, que no estaban presentes en el mundo premoderno y que se derivan en gran parte de una transformación en la correspondencia entre las categorías ontológicas de *tiempo y espacio. En las sociedades premodernas, antes de la invención y la difusión del reloj mecánico, era imposible calcular el tiempo sin hacer referencia al contexto de una *localidad y a marcadores naturales del espacio y del tiempo. El carácter abstracto y uniforme del tiempo cronometrado separó el cálculo del tiempo del *lugar, al igual que liberó también la coordinación de las actividades sociales de las particularidades del lugar (1990: 12 y ss.).

Sostiene este autor que en las sociedades premodernas el *espacio y el lugar –localidad– son en buena medida coincidentes, dado que en ellas las relaciones directas –interacciones locales cara a cara– dominan la vida social de la mayoría de la gente. En contraste, la *modernidad los separa, puesto que permite e incluso fomenta las relaciones a distancia entre personas que no están presentes en la misma localidad. Para describir esta transformación el sociólogo británico utiliza el calificativo de *fantasmagóricas*. Las localidades modernas, afirma, son cada vez más fantas-

magóricas, "lo que equivale a decir que las localidades están totalmente penetradas y conformadas por influencias sociales remotas. Lo que estructura la localidad no es simplemente aquello que está presente en la escena; la forma visible de la localidad oculta las relaciones a distancia que determinan su naturaleza" (Giddens, 1990: 19).

Podemos captar mejor la idea de las presencias fantasmagóricas que pueblan las localidades modernas –donde conviven los presentes y los ausentes y donde se unen en formas particulares la proximidad y la distancia– cuando se compara a estas últimas con su equivalente en la premodernidad. Utilizando la descripción de Le Roy Ladurie de la vida de la aldea francesa de Montaillou en el s. XIV, Tomlinson (2001: 61 y ss.) destaca que las casas premodernas eran casi exclusivamente lugares para las interacciones presenciales íntimas. En contraste, en la actualidad, una casa familiar occidental, aunque continúa siendo un lugar donde las relaciones personales íntimas constituyen la norma, también es el sitio de las interacciones a distancia; por ello está equipada con una gama cada vez más variada de dispositivos de *comunicación –radio, teléfono, televisor, ordenador, etc.–. Si nuestros hogares son lugares en donde la *globalización se hace sentir, qué decir de esas otras "localidades" modernas que carecen de equivalente en la premodernidad –aeropuertos, centros comerciales, parques temáticos, etc.– y que se hallan completamente penetradas por las relaciones a distancia. Lo que todas estas localidades reflejan es, en suma, el desanclaje o desarraigo de las actividades y relaciones sociales respecto a los contextos presenciales.

Giddens define el *desanclaje* como "el 'despegar' las relaciones sociales de sus contextos *locales de interacción y su reestructuración en intervalos espacio-temporales indefinidos" (1990: 21). Se trata de un proceso evolutivo expansivo y de alcance mundial que permite comprender la naturaleza eminentemente globalizadora de la modernidad. Pero el desanclaje no significa que las personas dejen de llevar sus vidas en las localidades reales. El carácter reconfortante y familiar de los entornos *culturales en los que habitualmente nos movemos enmascara la influencia de fuerzas y procesos sociales distantes. El vínculo entre nuestra experiencia cultural cotidiana y nuestra localización se transforma en todos los niveles, de tal manera que llega a cambiar el propio tejido de la experiencia espacial, que une la proximidad y la distancia en formas que tienen pocos paralelos en épocas anteriores (Giddens, 1990: 140).

Bibliografía

BARAÑANO, M. (2005): "Escalas, des/reanclajes y transnacionalismo. Complejidades de la relación global-local", en A. Ariño (ed.), *Las encrucijadas de la diversidad cultural*. Madrid: CIC,.425-451.

CASTELLS, M. (1998 [1996]): *La era de la información: economía, sociedad y cultura, Vol. 1, El poder de la identidad*. Madrid: Alianza.

— (2001 [1997]): *La era de la información: economía, sociedad y cultura, Vol. 2, La sociedad red*. Madrid: Alianza..

GIDDENS, A. (1990): *The Consequences of Modernity*. Cambridge: Polity Press (Edición castellana. 1994. Madrid: Alianza).

TOMLINSON, J. (2001): *Globalización y cultura*. México: Oxford University Press.

Josepa Cucó i Giner

Véanse además Ciudad, COMUNICACIÓN, Cosmopolitismo, CULTURA, ELITES, ESPACIO-TIEMPO, Espacios locales, ESTADO-NACIÓN, Etnicidad, Fronteras políticas y religiosas, Fronteras simbólicas, Global y local, GLOBALIZACIÓN, IDENTIDAD, Información, Lugar y no lugar, Modernidad, MOVILIDAD, Nacionalismo, Nomadismo y turismo, Sociedad de la información y del conocimiento, TERRITORIOS, Xenofobia y xenofilia.

Lugar y no-lugar

El lugar puede definirse como el punto del espacio físico en que están situados o existen un agente social o una cosa, desde la localización bajo una óptica relacional o como posición y rango en un orden. A diferencia del lugar, el *sitio* es la extensión, la superficie y el volumen que un individuo ocupa en el espacio físico, sus dimensiones y su aspecto exterior (Bourdieu, 1993). El lugar, al igual que el paisaje, requiere ser ejercitado y tradicionalizado para que cumpla su función básica: constituir un referente que produce *identificación. La práctica del lugar no puede ceñirse únicamente a las prácticas discursivas de los sectores dominantes, que imponen los términos bajo los cuales se enuncia, sino que además debe contemplar las prácticas espaciales de aquellos que lo habitan o se socializan en él.

Los no-lugares son por excelencia los lugares de los mundos contemporáneos. Los no-lugares no son ni un concepto sociológico, ni político, ni propiamente antropológico. Los no-lugares constituyen un modo de civilización característico que se opone al modelo tradicional de los lugares históricos, pero no están puestos en parte alguna, no son una esencia posmoderna de un modo de tradición de lugar o de usos de todas las otras culturas anteriores o tradicionales. Tampoco son naturales.

La diferencia sustancial entre un lugar y un no-lugar es la categoría que toman los individuos. En el lugar haremos referencia a habitantes que se socializan o que viven habitualmente allí. En el no-lugar diremos usuario o consumidor. Para algunos el no-lugar resulta característico de los nómadas, del "caminante innombrable" (Certeau, 1980); para otros, es el lugar de los individuos anónimos (Augé, 1998). El concepto de nómada se refiere al sujeto que, teniendo la habilidad de ser ágil, dirige su atención antes que nada al espacio más próximo, a la manera de un cazador-recolector.

En 1977, Jean Duvignaud define el no-lugar como el lugar nómada por excelencia, oponiéndola a veces a la *ciudad y otras veces expresándola en una permanente topomorfosis (Duvignaud, 1977).

Para Michel de Certeau resulta posible el paso del lugar al no-lugar, y ese pasaje es el acto del hombre ordinario, también usuario de espacios pero dentro de una modalidad bien distinta: es aquel sujeto habilidoso que manipula sensorialmente los espacios impuestos, o sea, los llena de itinerarios innombrables (Certeau, 1980). Para M. de Certeau el lugar se deshace, pero también se rehace en no-lugar, y quizá por ello no se connota negativamente, pues el no-lugar es un espacio cambiable a la escala de la persona y, por tanto, constituye antes que nada un *flujo de experiencias.

Por su parte, Marc Augé sustenta que el pasaje está marcado por el mundo contemporáneo y es sinónimo de velocidad que media, que induce a la mera *transferencia y al *transporte casi anónimo de un lugar a otro. Según Augé, los no-lugares no pueden definirse como espacios de identidad, relacionales o históricos, puesto que son espacios que se caracterizan por su propia condición de enclaves anónimos para hombres anónimos, ajenos por un periodo de tiempo a su identidad, origen u ocupación. En esta medida se plantea que los no-lugares se ubican en autopistas y habitáculos móviles llamados "medios de transporte" –aviones, trenes, automóviles–, aeropuertos y estaciones ferroviarias, estaciones aeroespaciales, grandes cadenas hoteleras, parques de recreo o supermercados, entre otros espacios de su mismo género. En esta definición el no-lugar aparece más como un fuera de lugar que como un no-lugar.

Proponemos aquí definir el no-lugar como un espacio producido por la sobremodernidad, que no podría ser *acotado de manera físicamente establecida, sólo se puede caracterizar a través de rasgos que, en general, únicamente existen en mecanismos de juicio externo. El no-lugar es un efecto producido por procesos de territorialización circunstancial que bien pueden denominarse *enajenación de lugar.* Es un efecto de ciertos lugares, que no permite adaptarse, sino tan sólo instalarse debido a restricciones circunstanciales. El no-lugar, más que con el espacio, tiene que ver con el tiempo, con un tiempo practicado, con una intersección de ambulantes, como diría M. de Certeau, puesto que la *enajenación de lugar*, que es su característica básica, puede aparecer en localizaciones de diversa índole y por tiempos acotados según el desarrollo de la situación circunstancial. Por ello no sería posible naturalizar los no-lugares y situarlos emblemáticamente en aeropuertos, autopistas o hipermercados. En el análisis del no-lugar es clave contemplar la temporalidad como la circulación del tiempo físico y social. Pongamos por caso el de un terremoto: en los momentos de caos y dolor, el *lugar* con su peso histórico y de identidad se convierte en un *no-lugar,* en un espacio no reconocido y lleno de gentes que circulan sin mayor reconocimiento. Otro elemento a subrayar son los llamados *territorios públicos de socialización –plazas, parques, centros de recreo...–. Por su naturaleza de circulación constante dan la impresión de ser de todos y de nadie. Lo que marca su referencia de lugar o no-lugar son las prácticas sociales que allí se realicen. "Un botellón" hará de una plaza un no-lugar si recurrimos a su definición "de hombres anónimos, ajenos por un periodo de tiempo a su identidad –más allá de la generación–, origen u ocupación". Pero en cuanto la limpieza llegue y amanezca el día con paseantes jubilados o madres tomando el aire con sus hijos pequeños, esa plaza se convierte en el lugar de referencia e identidad del barrio, del pueblo. Ver el no-lugar en un *espacio demarcado indicaría que hay, por excelencia y de manera bien delimitada, prácticas modernas o posmodernas de prácticas clásicas o medievales, en su defecto. Cuando lo que sucede en verdad es que las prácticas pueden entrecruzarse o realizarse en los mismos espacios en tiempos diferentes. Es eso, el tiempo y la actividad realizada, lo que fabrica el no-lugar.

Mientras el lugar es ese "espacio estriado" que se caracteriza por el control, la medida, la localización precisa, la organización estatuida, el no-lugar conforma un "espacio liso" en el que no existe ningún punto de referencia fijo, ningún obstáculo en el sentido de que la libertad de *movimiento resulta completa. Para Deleuze y Guattari (1980), un espacio estriado, lo que hemos denominado lugar, es aquel que las sociedades organizan para hacer funcionar sus valores, constituye la inscripción de un *código –social– sobre el espacio. Es un espacio fabricado para devolver un orden necesario. Por el contrario, el espacio liso o lo que hemos denominado no-lugar significa que podemos desplazarnos sin necesidad de una territorialización obligatoria. Éste está ocupado por eventos o especificidades, mucho más que por cosas formadas o percibidas. Es un espacio de efectos más que de propiedades –como es el lugar–. Resulta una percepción a-óptica más que óptica. Constituye un espacio intensivo más que extensivo, de distancia y no de medida; *spatium* intenso en lugar de *extensio*.

Así el lugar se relaciona con el no-lugar. Se puede pasar recíprocamente de un lugar a un no-lugar. Lo que tendremos que examinar en todo caso es qué pasa del uno hacia el otro para que sea definido de una u otra manera.

Bibliografía

AUGÉ, M. (1988 [1992]): *Los no lugares*. Barcelona: Editorial Gedisa.

BALANDIER, G. (2001): "Les lieux se défont, des 'espèces d'espaces' se font", en G. Balandier (ed.), *Le Grand Système*. Paris: Fayard, 62-76.

BAUDRILLARD, J. (1995): "Modernité", en VV. AA., *Encyclopédie Universalis*, 11: 139-141.

BERQUE, A. (2002): "Préface", en George-Hubert de Radkowski, *Anthropologie de l'habiter. Vers le nomadisme*. Paris: PUF.

BOURDIEU, P. (1993): *La miseria del mundo*. México: Editorial FCE.

CERTEAU, M. de (1980): *L'invention du quotidien. 1. Arts de faire*. Paris: Gallimard.

DEBARBIEUX, B. (1996): "Le lieu, fragment et symbole du territoire". *Espaces et sociétés*, 82-83: 13-36.

DELEUZE G.; GUATTARI, F. (1980): *Mille Plateaux*. Paris: Éditions de Minuit.

DUVIGNAUD, J. (1977): *Lieux et non lieux*. Paris: Éditions Galilée.

GRUPO DE INVESTIGACIÓN TERRITORIALIDADES (2001): *Territorialidades Reconstituidas. Armenia Quindío 1999-2001*. Armenia: Coedición Universidad de Caldas-FOREC.

Beatriz Nates Cruz

Véanse además Centro-periferia, Comunitarismo, Elites cosmopolitas, Espacio de los flujos, Espacio red, ESPACIO-TIEMPO, FRONTERA, Frontera geográfica y administrativa, Fronteras económicas, Fronteras políticas y religiosas, Fronteras simbólicas, Global y local, Globalización y antiglobalización, IDENTIDAD, Localidades fantasmagóricas y desanclaje, Megalópolis, Migraciones. Redes sociales, MOVILIDAD, Multilocal, Naturalización, Nomadismo y turismo, Pluralismo sincrónico, POSMODERNIDAD, Relaciones y procesos informales económicos, TERRITORIOS, Viajes y sistemas de movilidad.

M

Megalópolis

Henry Lefebvre en su libro *La revolución urbana* establece que con la revolución industrial muere la ciudad y nace lo urbano. Con ello quiere decir que dicha revolución produjo, entre otros muchos efectos, una revisión del concepto de ciudad y de la forma urbana. La revolución industrial está en la base de un proceso generalizado de crecimiento urbano cuyo límite todavía desconocemos.

Desde un punto de vista estrictamente urbanístico, es cierto que el crecimiento y las transformaciones urbanas inducidas por la revolución industrial supusieron una ruptura de los cinturones, frecuentemente amurallados, que rodeaban gran parte de las ciudades preindustriales, contribuyendo a limitarlas en su *espacio. La destrucción de los muros y las cercas que encorsetaban el espacio de la ciudad tuvo varias consecuencias de gran significado.

La primera consecuencia fue la expansión de la ciudad que en la etapa anterior había crecido a base de densificar su ámbito residencial limitado por esas lindes o murallas, ocupando una buena parte de los espacios vacíos interiores y remodelándolos para conseguir una mayor capacidad interna sin revisar sus *fronteras. Pero la destrucción de las cercas y muros y la expansión del espacio urbano dieron origen a una nueva época en la que ya no era posible hablar de ciudad como una concentración homogénea. La ciudad explota y se necesitan otras palabras y otros conceptos para denominar esa nueva aglomeración de viviendas.

A la vez que se renueva el espacio urbano y el concepto de ciudad, cambia la composición y la consideración de sus habitantes. Mientras existieron unos *límites físicos que definían el espacio urbano, de forma separada de su entorno, existió la *ciudadanía, es decir, el derecho de pertenencia a la ciudad y todos los privilegios que éste traía consigo, entre los que estaban: el disfrute de sus espacios de forma libre, el derecho de residencia, la posibilidad de poseer una vivienda y el amparo de las leyes de ciudadanía. La ruptura llevó a sustituir la ciudadanía por la *nacionalidad, aunque por redundancia el *ciudadano seguirá siendo un calificativo aplicado a un sujeto de deberes y derechos de ámbito nacional.

Por lo tanto, la muerte de la ciudad, a la que hacíamos referencia, no sólo supone una transformación física, sino también un cambio social y un posicionamiento diferente de sus habitantes, convertidos en ciudadanos de la nación, en la que la ciudad se inscribía. Ciudad y campo borran sus diferencias, primero en términos de derecho, luego en términos de comportamiento. La extensión del capitalismo a todos los ámbitos y el desarrollo de los medios de comunicación penetraron hasta las aldeas más recónditas.

A partir de entonces se suceden los cambios en la concepción del espacio urbano. La superación de la ciudad preindustrial es también la superación del espacio municipal y con ello aparece la complejidad de la gestión del espacio urbano. La unidad que suponía el espacio de gestión que era la ciudad en su municipio, y frecuentemente con su espacio circundante, queda rota como consecuencia de esa expansión.

La nueva urbe se hace difícil de gestionar en una serie de aspectos, sobre todo en aquellos que requieren una actuación unitaria para todo el espacio urbano. Cuestiones como la red viaria, el sistema de transporte colectivo, la red de aprovisionamiento de agua, el alcantarillado y posteriormente las redes de energía y comunicación exigían una actuación unitaria que chocaba con el desbordamiento del espacio urbano más allá del límite del municipio *central.

Ante ese problema se plantearon alternativas diferenciadas. La primera de ellas fue la extensión del ámbito municipal englobando en un solo municipio los municipios circundantes. Esta alternativa se refleja en la disminución del número de municipios que se produce en algunos países al final del siglo XIX y comienzos del siglo XX. En otras ocasiones se revisa la propia concepción del espacio municipal como unidad básica de gestión del territorio y se amplían sus límites de forma generalizada. Todavía quedan trazas de esa agregación; los municipios rurales en Portugal o en Galicia solo tienen un carácter administrativo frente a un asentamiento basado en parroquias.

De la urbe a la metrópolis

Pero la ampliación del ámbito municipal, ya sea de forma generalizada, como en la situación de Portugal, o de forma puntual, en el caso de las ciudades más grandes, tenía el límite de la propia continuidad de una soberanía cuya desaparición debería hacerse por decisión propia. Por otra parte, la extensión del tamaño municipal, si bien facilitaba la gestión de ciertos elementos, llevaba a un distanciamiento de los individuos respecto a los órganos de gobierno más básicos que dificultaba otros aspectos de la gestión. Los órganos de gobierno quedaban alejados y separados de los problemas concretos que podían afectar a una *localidad determinada.

La respuesta fue la creación de organismos con capacidad de gestión sobre distintos ámbitos municipales que constituyeran una cierta unidad. La cuestión entonces estribaba en la definición de esa unidad, surgiendo el concepto de metrópolis y de área metropolitana.

La palabra "metrópolis" significa ciudad madre, y su sentido de origen es bastante más antiguo que el que tiene su aplicación a extensas áreas urbanas. La metrópoli era el territorio o la ciudad de origen. Se hablaba de un territorio metropolitano como el formado por la unidad de origen de una nación que estaba compuesta de varias partes. Por su lado, el área metropolitana se aplicaba a un espacio urbano formado por diversos municipios. Los límites de su espacio en este caso podían resultar controvertidos, pero en general se establecían a partir de una funcionalidad determinada. Las áreas metropolitanas podían estar definidas por la existencia de un mercado de trabajo unitario, de forma que se podía habitar en un municipio o en una localidad y trabajar en otra integrada dentro de esa área.

Un área metropolitana podría estar compuesta por distintos municipios con funciones diferenciadas, podía tener uno o varios centros que debían estar conectados entre sí para facilitar la posibilidad de una interacción entre ellos. Un área metropolitana era sobre todo un espacio funcional y plurinuclear, pero con una cierta jerarquía, aunque ésta fuera múltiple, es decir, aun cuando los centros principales asumieran funciones diferentes.

Del área metropolitana a la megalópolis

El crecimiento de las concentraciones urbanas ha ido aumentando a lo largo de los últimos siglos. En las grandes ciudades no ha habido límites a la concentración de las poblaciones procedentes de todo el mundo. La urbanización del planeta ha avanzado a un ritmo intenso. La población urbana pasa de alrededor de 150 millones, a finales del s. XIX, a los más de 3.000 millones un siglo más tarde, constituyendo cerca de la mitad de todo el contingente mundial. El aumento supera con creces el crecimiento de la población mundial, aunque su reparto es dispar. Mientras Asia y África conservan aún una proporción de población rural significativa, ésta se reduce a menos del 25% en Europa y América.

En los últimos años han sido sobre todo las grandes ciudades las que han experimentado un mayor crecimiento, alcanzando elevadas cifras de población. De las dos ciudades que sobrepasaban los 10 millones de habitantes, a mitad del siglo XX, se ha pasado a 18 ciudades en la actualidad y su número sigue creciendo a la vez que la extensión y población de las existentes. Algunas de estas ciudades siguen manteniendo crecimientos elevados, que amenazan con llevar a la superación de todos los límites que habíamos considerado anteriormente en la definición de ciudad o de área metropolitana. Son ciudades con diferentes formas y distinto grado de funcionalidad, con mayor o menor potencial económico, pero todas ellas con problemas de una gran dimensión que exigen una gran capacidad de gestión.

Pero el continuo crecimiento de las ciudades y su extensión en el territorio ha llevado a la introducción de nuevos conceptos para proceder a su calificación. El concepto de área metropolitana entra en desuso y viene a ser sustituido por el de Región Urbana Funcional, que en principio integra lo que también se denomina un valle de empleo. Con esta determinación se trata de resaltar tres elementos importantes. El primero es que el espacio regional supera el ámbito municipal. El segundo es que se trata de un espacio urbanizado, en el que el área construida destaca frente a los posibles espacios vacíos o espacios agrícolas. El tercero es el carácter funcional de su delimitación, en el doble sentido de experimentar un funcionamiento unitario y de englobar espacios integrados funcionalmente, es decir, territorios que podrían tener funciones diferenciadas que contribuirían a la operatividad unitaria de esa región urbana.

El otro fenómeno que se escapa de la concepción de Área Metropolitana es el que se caracteriza por un *desarrollo del espacio urbano fuera de toda proporción, estando constituido por ciudades que mantienen una cierta unidad, con un centro principal y unos centros secundarios que vienen envueltos en una serie de periferias, extendiéndose en un ancho espacio e integrando poblaciones que superan los diez millones de habitantes. La proliferación de estos espacios ha llevado a que se les califique de megaciudades para establecer una cierta distinción con las ciudades de proporciones más limitadas.

Pero esta delimitación no abarcaba otras formas de asentamiento en las que el espacio urbano se extendía a lo largo de un territorio extenso y en el que la interacción resultaba imposible, pese a existir una cierta continuidad. Se trataba de algo parecido a una sucesión continua de ciudades o áreas metropolitanas a lo largo de un territorio, como ocurre en ciertas zonas del planeta —costa este de Estados Unidos o centro de Europa—, en donde en un espacio limitado se sucede un rosario de ciudades de elevado tamaño o de áreas metropolitanas.

La definición de ese fenómeno ha sido difícil. La palabra conurbación o megalópolis viene a expresar este tipo de fenómenos, aunque sólo sea por una distinción formal con otros conceptos. Una megalópolis o una conurbación sería una sucesión de ciudades o de áreas metropolitanas que adquiere dimensiones colosales.

Emergencia de la ciudad global

La cuestión está en que todo parece indicar que las nuevas tecnologías del transporte y de las comunicaciones llevan a extender aún más el territorio de estas megalópolis frente a lo que podría ser el desarrollo de un sistema de ciudades relacionadas entre sí, tal como había descrito Christaller (1966).

De todas formas, el impacto de las nuevas tecnologías y el desarrollo de la *sociedad del conocimiento han llevado a replantear la propia noción de las relaciones espaciales, lo que indujo al geógrafo sueco Hägerstrand (1977) a introducir la idea de que se estaba dando un encogimiento del *espacio y del tiempo, producido por las facilidades de la comunicación a distancia y del sistema de transporte. Este fenómeno, recogido y comentado por gran parte de los científicos sociales (Giddens, 1991; Castells, 1996; Harvey, 1989), supone que se diluyen las distancias y que los lugares como espacios de vinculación pierden su relevancia para dar paso a una relación reticular en la que la distancia se difumina, disminuye o simplemente desaparece. La consecuencia es, sin duda, la emergencia de un tipo nuevo de ciudad en la que la pérdida de la fricción espacial lleva a reconsiderar el propio concepto de megalópolis, conurbación o región urbana. Esa ciudad emergente sería la ciudad red construida por las interacciones de las ciudades que la forman que, en definitiva, serían los principales núcleos urbanos del planeta y que se enganchan en esa red con intensidades y funcionalidades diferentes.

Esa nueva ciudad red perdería su condición espacial para convertirse en una ciudad que, aunque fuera virtual, no dejaba de ser real. Las ciudades globales, cuyas características definió Friedman (1986) y posteriormente Saskia Sassen (1991), pasarían a ser los principales nodos de esa retícula, en la que todas aquéllas estarían conectadas. Pero la jerarquía de los asentamientos y la relación funcional se reproducen en esa red de la ciudad global. Las grandes diferencias sociales y económicas que caracterizaban a la gran ciudad se reproducen a escala planetaria, apareciendo mucho mayores que en cualquiera de las ciudades que componen esa retícula. Éste es uno de los principales retos con los que se enfrenta la gestión planetaria de esta ciudad global.

Desde esa consideración, el mundo entero constituiría una gran megalópolis, en la que cada una de sus regiones urbanas no serían más que un barrio más o menos pintoresco de esa gran ciudad, al que podríamos viajar de forma virtual o física con una gran facilidad. Esos nodos o ciudades insertas en la red *global competirían entre sí por el capital, el *trabajo y los recursos. Eso no llevaría a la desaparición de esas ciudades que se han tratado de definir de forma diferente a medida que transcurría el último siglo, sino a la constitución de una nueva *polis,* que no sería más que una inmensa ciudad global.

Los problemas de esta ciudad globalmegalópolis amenazan con llevar a cabo su propia destrucción, pero, a pesar de lo que podría parecer, no consisten en asuntos técnicos o de provisión de recursos. Entre los principales problemas que se plantean destaca el de su propia *identidad. El intercambio entre urbanistas y técnicos ha homogeneizado tanto el espacio de las grandes ciudades, que es difícil distinguir la identidad de amplias zonas incluidas en ellas. La extensión de las grandes firmas y las cadenas de establecimientos globales hace que proliferen soluciones y paisajes que se asemejan entre sí. El problema de esas ciudades es la identificación de sus habitantes y de sus espacios frente a una proliferación en las mismas de "no lugares" que se asemejan a los de cualquier otra ciudad. La construcción de identidades y de lugares que faciliten la *comunicación interpersonal se convierte en uno de los grandes imperativos para poder sobrevivir, mientras que la constitución de redes de relación y participación se hace cada vez más imperiosa para poder gobernar estas ciudades que se convierten en la expresión más destacada de la humanidad.

Bibliografía

BURGESS, E. (1967): "The growth of the city: an introduction to a research project", en R. Park, E. Burgess y R. McKenzie (eds.), *The city.* Chicago: University of Chicago Press, 47-62.

CASTELLS, M. (1996): *The Information Age: Economy, Society and Culture. Volume I. The Rise of the Network Society.* Cambridge: Blackwell.

CHRISTALLER, W. (1966 [1933]): *Central Places in Southern Germany.* New Jersey: Prentice Hall. Traducción del original: *Die zentralen Orte in Suddeutschland.* Jena: Gustav Fischer.

FRIEDMANN, J. (1986): "The World City Hypothesis". *Development and Change,* 17: 6983.

GIDDENS, A. (1991): *Modernity and self identity. Self and society in the late modern age.* Cambridge: Polity Press.

HÄGERSTRAND, T. (1975): "Survival and Arena: On the life history of individuals in relation to their geographical environment", en T. Carlstein, D. Parkes y M. Thrift (eds.), *Human activity and Time Geography.* London: Arnold, 47-63.

HARVEY, D. (1989): *The postmodern condition.* Oxford: Basil Blackwell.

SASSEN S. (1991): *The Global City New York, London, Tokio.* Princeton: Princeton University Press.

Jesús Leal Maldonado

Véanse además Centro-periferia, Ciudadano, CIUDADANÍA, COMUNICACIÓN, DESARROLLO, Diferencias sociales y diferencias culturales, Espacio red, ESPACIO-TIEMPO, Espacios locales, FRONTERA, Frontera geográfica y administrativa, Fronteras políticas y religiosas, Global y local, IDENTIDAD, Lugar y no lugar, Nacionalidad, Sociedad de la información y del conocimiento, TERRITORIOS, TRABAJO.

Mestizaje

Según sostiene la ciencia genética, en sentido estricto, hoy en día todas las poblaciones humanas existentes son mestizas. Hace por lo menos cuarenta mil años, la especie *Homo sapiens sapiens* empezó a dispersarse y a ocupar toda la superficie de la Tierra con las mismas características que nos distinguen en la actualidad de todas las demás especies animales –incluyendo a las más próximas a la especie humana que existieron en tiempos pasados–. En consecuencia, sean cuales sean los sentidos que decidamos adoptar para definir el término mestizaje, todos los seres humanos, individual y colectivamente, somos mestizos. A pesar de una apariencia externa de homogeneidad fenotípica, poblaciones que han vivido en un relativo aislamiento durante varios siglos e incluso milenios, conforme ocurre con los islandeses, son tan mestizas desde un punto de vista biológico como los pueblos del Mediterráneo, del archipiélago indonesio o de América Latina, considerados habitualmente muy "mezclados" racialmente. De este modo, desde un punto de vista biológico, la historia de la especie humana puede entenderse como la historia de la formación de varias poblaciones que permanecieron relativamente aisladas y estables en nichos ecológicos o cerradas en sus procesos migratorios. El propio énfasis sobre el mestizaje indica el reconocimiento de esas características físicas, secundarias y exteriores, de las poblaciones humanas. Tanto es así que es posible atribuir la noción de "mestizo" a un ser humano que manifieste rasgos de más de una de esas características secundarias, identificadoras de las diferentes "razas" históricamente definidas. En suma, el concepto de mestizaje es una construcción que sólo adquiere sentido cuando se considera en relación con su par, la noción de raza.

Ello nos conduce a la paradoja básica de la idea de mestizaje. Un mestizo se forma a partir de dos o más razas. Sin embargo, el paradigma dominante de las ciencias biológicas afirma vehementemente que no existen razas, que sólo hay una única raza humana. A esto responde que se haya impuesto necesariamente la noción de poblaciones humanas como sustituto heurístico del concepto obsoleto de raza, de manera que nos permita seguir usando la idea de mestizaje. En caso contrario, sucederá con el concepto de mestizaje lo mismo que ha ocurrido con la noción de raza: estará sujeto a constantes y radicales cuestionamientos, teóricos y prácticos.

Con todo, la palabra mestizaje encuentra su mayor difusión en el sentido ideológico de caracterizar a algunos grupos humanos que se autodefinen estratégicamente, frente a *otros considerados "puros" u homogéneos racialmente, como mestizos. Esta ideología del mestizaje es especialmente importante en América Latina, que se ve mestiza en oposición a Estados Unidos y a Sudáfrica durante el régimen del *apartheid*; naciones ambas que se definen como *segregadas y, en consecuencia, no mestizas. Además de la metáfora biológica y racial, la idea de mestizaje presenta también dimensiones *culturales, lingüísticas e incluso epistemológicas.

Dejando a un lado, en principio, una evaluación de la capacidad explicativa o interpretativa del concepto analítico o científico de mestizaje, resulta importante separar este *constructo* de su utilización como ideología difundida por toda América Latina. En un primer nivel, los países latinoamericanos se asumen racialmente mestizos, como si fueran la síntesis de tres razas —blanca, negra y amarilla o indígena—. Las metáforas de esta conformación mestiza de nuestros pueblos son diversas. En Brasil se utiliza la fábula de las tres razas, mientras que en los países hispánicos se habla del "crisol de razas", en referencia igualmente a los orígenes europeos, africanos e indígenas de la población. Esta apología del

mestizaje, generada por la *elite blanca de los países latinoamericanos desde finales del siglo XIX, se filtró por el tejido social hasta las clases populares, que también lo celebran a través de diversos medios expresivos y performativos, como resulta constatable en las músicas, los bailes, la poesía popular, los autos dramáticos y las artes plásticas. En este sentido, el mestizaje pasa a considerarse un auténtico *patrimonio de los pueblos latinoamericanos, una particularidad y una excepción de esta región del planeta.

El idioma del mestizaje se ha extendido, no obstante, desde la metáfora racial a la metáfora cultural. En esta línea, se habla de mestizaje cultural y se celebran las grandes tradiciones culturales de alcance nacional en los países latinoamericanos como si fueran tradiciones mestizas. En Brasil el Carnaval se celebra como mestizo y la samba se define como el género musical mestizo, y ambos se consideran una *síntesis de las contribuciones de las tres razas constitutivas del país. En Argentina también se entiende que el tango es mestizo. En los países andinos se invoca asimismo al mestizaje cultural para describir las fiestas populares. Con esta ampliación de la metáfora del mestizaje entra en funcionamiento una biologización no solamente de la cultura, sino a la par de la sociedad. Las tres razas no sólo están presentes en las fiestas de carnaval, sino que los propios símbolos de esta celebración serían mestizos, combinando elementos simbólicos de las tradiciones europeas, indígenas y africanas.

La ideología del mestizaje ha sido una marca predominante de la intelectualidad latinoamericana, hasta el punto de que escritores, pensadores y científicos sociales de los más diversos espectros políticos e ideológicos celebran el mestizaje de sus respectivos países en términos extremadamente similares. En los años veinte del siglo pasado, el mexicano José Vasconcelos hablaba de una raza cósmica latinoamericana, resultado de un mestizaje supuestamente singular ocurrido en el continente. Para él, alcanzar la madurez como nación *moderna implicaba ir más allá de las cuatro razas y desarrollar una quinta raza, cósmica, inclusiva, abierta al futuro y esencialmente no *discriminadora. En los años treinta, Gilberto Freyre condujo tan lejos esta celebración del mestizaje que llegó a defender una supuesta suavidad del régimen de *esclavitud en Brasil en comparación con Estados Unidos, argumentando que ese sistema favorecía la mezcla de razas. Gilberto Freyre también formuló, ya en los años setenta del siglo pasado, la idea de una "metarraza" surgida de la modernidad, en la misma línea de la raza cósmica de José Vasconcelos. Incluso Fernando Ortiz, intelectual bastante menos conservador que Freyre, hizo apología de la sociedad cubana resaltando el "inmenso mestizaje de razas y culturas que influyeron en la formación de aquel pueblo". Lo único que hizo Fernando Ortiz fue exponer de una manera más explícita lo que habían dicho diferentes políticos e intelectuales, tales como Fidel Castro, Ernesto "Ché" Guevara, Gabriel García Márquez, Octavio Paz, Mario de Andrade o Isabel Allende: la celebración de la latinoamericanidad en términos de mestizaje tanto cultural como racial. Se trata de una ideología tan poderosa, a nivel continental, que hasta el historiador francés Serge Gruzinski ha titulado a uno de sus libros más recientes sobre los procesos de hibridismo cultural en las Américas como *El pensamiento mestizo*.

En este comienzo de siglo, dicha ideología del mestizaje está siendo muy cuestionada en Brasil, en Colombia y en los demás Estados que componen la Diáspora Africana en Iberoamérica. Y asimismo se cuestiona en los países andinos de mayoría indígena, liderados por Bolivia y Ecuador, sobre todo en el contexto de la contestación y los movimientos antirracistas que demandan *reparaciones y *acciones afirmativas dentro de un marco general de lucha por la *ciudadanía y la igualdad de derechos, negados ambos mayoritariamente hasta el día de hoy a los no blancos de América Latina.

Por primera vez desde la independencia de las naciones latinoamericanas, el discurso ideológico del mestizaje empieza a salir del lugar supuestamente universal y positivo que siempre ha ocupado y pasa a ser cuestionado por los no blancos –negros, mulatos e indígenas– como una retórica del mestizaje únicamente blanca. Muchos intelectuales y líderes negros e indígenas ya no aceptan esta ideología de una nación mestiza y han pasado a afirmar una *identidad negra e indígena frente a la identidad blanca privilegiada por las elites del poder. Esta crítica se ha multiplicado sobre todo después de la *III Conferencia Mundial contra el Racismo, la Xenofobia y la Discriminación Racial* realizada en Durban, en Sudáfrica.

Los movimientos políticos y sociales que están comprometidos en la lucha por la inclusión *étnica y racial aducen un argumento que desafía la base de la ideología del mestizaje en América Latina. Los militantes pro inclusión afirman que es cierto que existe una mezcla de razas intensa en los países latinoamericanos y que este mestizaje ha hecho proliferar una amplia gama de colores de piel y otros caracteres fenotípicos secundarios. Sin embargo, este mestizaje nunca ha garantizado la igualdad de oportunidades y la ciudadanía para todos. Puede decirse que el mestizaje no ha inhibido, de hecho, la reproducción de nuestro *racismo posesclavista. Más todavía, el blanqueamiento, que se traduce en privilegios para los que son más blancos, es el lado racista aún intocado de este mestizaje celebrado a lo largo de todo el s. XX por las elites nacionales latinoamericanas, de derecha y de izquierda. El cuestionamiento político del mestizaje incide en aspectos profundos de la constitución de las sociedades latinoamericanas, hasta el punto de que anuncia una verdadera refundación de nuestras repúblicas, forjadas en el siglo XIX sobre bases *eurocéntricas y racistas.

Bibliografía

BHABHA, Homi (1994): *The Location of Culture*. London, New York: Routledge.

CARVALHO, José Jorge de (1988): "Mestiçagem e Segregação". *Revista Humanidades*, Ano V, 17: 3539.

— (2002): "Las culturas afroamericanas en Iberoamérica: lo negociable y lo innegociable", en N. García Canclini (org.), *Ibeoamérica 2002. Diagnóstico y propuestas para el desarrollo cultural*. Madrid: OEI/México: Santillana, 97-132.

CAVALLI-SFORZA, Luigi Luca (2003): *Genes, Povos e Línguas*. São Paulo: Companhia das Letras.

CAVALLI-SFORZA, Luigi Luca; CAVALLI-SFORZA, Francesco (2002): *Quem Somos? História da Diversidade Humana*. São Paulo: Editora UNESP.

GRUZINSKI, Serge (2001): *O Pensamento Mestiço*. São Paulo: Companhia das Letras.

LÉVI-STRAUSS, Claude (2000): *Race et Histoire-Race et Culture*. Paris: Presse de l'UNESCO.

MUÑOZ BERNAND, Carmen (1993): "Altérités et métissages hispano-americains", en Christian Descamps (dir.), *Amériques latines: une altérité*. Paris: Éditions du Centre Pompidou, 13-28.

SEGATO, Rita Laura (1998): "The Color-Blind Subject of Myth, Or Where to Find Africa in the Nation". *Annual Review of Anthropology*, 27: 129-151.

VASCONCELOS, José (1948): *Raza Cósmica. Misión de la Raza Iberoamericana.* Buenos Aires: Espasa-Calpe.

José Jorge de Carvalho

Véanse además Acciones afirmativas, ALTERIDAD, *Apartheid,* CIUDADANÍA, Criollización, CULTURA, DISCRIMINACIÓN Y EXCLUSIÓN SOCIAL, Discriminación positiva, ELITES, Esclavitud, Etnicidad, Etnocentrismo y relativismo cultural, GLOBALIZACIÓN, HIBRIDACIÓN, IDENTIDAD, INDIGENISMO, Modernidad, PATRIMONIO, Racismo y neorracismo, Segregación.

Migraciones

Un tratamiento general de los procesos migratorios parece requerir niveles de análisis teóricos más o menos coherentes y capaces de dar cuenta de la mayor parte de fenómenos posibles. Esta dimensión es quizás la más olvidada en los estudios sobre migraciones. En este sentido, tal vez el proyecto más ambicioso sea el de Massey, Araujo, Hugo *et al.* (1998). Al principio de esta obra se dedica una buena parte a la exposición de las teorías sobre los procesos migratorios, pero se lleva a cabo una exposición puramente acumulativa en la que no se establecen jerarquías explicativas y otras veces se apilan elementos teóricos, unos al lado de otros, sin ordenarlos demasiado. Con ello el análisis de las teorías sobre las migraciones se convierte en poco más que una descripción, llevada a cabo a un cierto nivel de abstracción. Todo intento de jerarquizar y ordenar las teorías o elementos teóricos, procurando establecer pesos causales o explicativos a cada una de ellas, debe presuponer que no se puede hablar de una única teoría capaz de dar cuenta de la migración. Más bien existen fragmentos teóricos que unas veces pueden ser unificados y otras no; pero esto no quiere decir que sea legítimo analizar las teorías como una especie de florilegio en donde se trata de sumar elementos que no tienen mucho que ver los unos con los otros.

Quizás sea conveniente partir de algunos puntos de vista que estaban presentes entre los antropólogos que formaban parte del Rhodes-Livingstone Institute en los años cincuenta y sesenta del siglo pasado. J. Clyde Mitchell presenta una ponencia en esta institución en enero de 1958 (1989) en donde plantea una serie de problemas absolutamente seminales. De acuerdo con Mitchell (1989: 43), hay que distinguir entre la "incidencia" y la "tasa" de migración. "Cuando se habla de incidencia nos referimos a un conjunto de circunstancias únicas que inducen a un emigrante particular a abandonar su área rural". "Los factores personales que hemos descrito han sido responsables de la migración en muchas instancias individuales. Pero ellos en sí mismos no explican la salida continua de tanta gente. Una causa mucho más universal, y ciertamente la más importante de todas, es la necesidad económica."

"Los factores económicos parecen afectar la tasa de migración de trabajo a través de dos condiciones relacionadas. La primera se refiere a la posibilidad de subsistencia en las áreas rurales." Cuando esta subsistencia es imposible, la gente emigra. "El segundo conjunto de condiciones económicas básicas se refiere al nivel de vida y a las nuevas necesidades que aumentan mucho por el contacto con la civilización occidental." Encontramos ya aquí perfectamente formulada la idea de que la penetración capitalista juega un papel importante en la iniciación de migración de trabajo a gran escala. De ello hablarán posteriormente Portes, Walton o Saskia Sassen sin añadir demasiado a lo que se había dicho treinta años antes. Todos los antropólogos conocen las relaciones estrechas que el Rhodes-Livingstone Institute tiene con el Departamento de Antropología social de Manchester. Esto explica que, como vamos a ver, la noción de "red social" se desarrollara en dos lugares. Desde este punto de vista, resulta interesante comprender lo que dice Mitchell (1989: 47): es posible "ver la migración de trabajo como la resultante de la operación de dos influjos opuestos. Desde el punto de vista de las áreas rurales, las tendencias económicas actúan normalmente de un modo *centrífugo* forzando a los hombres, y a veces a las mujeres, a salir hacia fuera, a centros de trabajo alejados en donde son capaces de ganar salarios en dinero que les permiten satisfacer sus necesidades. El sistema social, que opera básicamente a través de la red de relaciones sociales, tiende a actuar de un modo *centrípeto* manteniendo a cada individuo en su puño, de tal manera que pueda resistir los influjos que lo atraen hacia fuera". Aparece aquí una de las ideas más interesantes en el análisis de la migración: la distinción entre las fuerzas que atraen a los individuos hacia fuera, a *salir de su lugar de origen, y las otras fuerzas que lo obliga a quedarse en su *lugar. Mitchell dice, con razón, que la cuestión radica en la propia estructura social, actuando a través de las redes de relaciones. Según nuestro autor, estas redes de relaciones servirían como fuerza centrípeta que atrae al migrante hacia su lugar de origen. En el momento en que se lleva a cabo el análisis, Mitchell no comprende todavía que en los procesos migratorios no sólo migran los individuos, sino que, con ellos, lo hacen las propias redes de relaciones que juegan entonces un doble papel (Tilly, 1990). Por una parte, atraen a los migrantes hacia el lugar de origen y, por otra, hacia el lugar de destino y los ayudan a emigrar. En estos planteamientos de Mitchell aparecen los tres niveles en que se plantean las teorías de las migraciones. Se trata del nivel micro o de la microteoría, denominado "incidencia" por Mitchell, el nivel macro o de la macroteoría, que aquí se designa con el término de "tasa" y, por último, el nivel meso o de la mesoteoría que sería el de las redes de relaciones. Alejandro Portes (1997: 810) afirma que, en contra de posturas muy extendidas según las cuales es necesario integrar las teorías macroestructurales y las microestructurales, en el caso de la migración los dos niveles no se pueden unir; algo que no parece del todo exacto.

La microteoría de las migraciones es bastante fácil de comprender si se tiene en cuenta que, de acuerdo con ella, el sujeto es el actor individual que actúa racionalmente y decide emigrar, en cuanto que lleva a cabo un cálculo de costos/beneficios y, en base a ello, descubre una ganancia neta por el movimiento de un sitio a otro (Todaro, 1969; Harris y Todaro, 1970). De acuerdo con esta teoría la migración está basada en una elección individual entre distintos lugares con diferentes salarios y probabilidades de obtener un empleo. La migración internacional viene determinada por las diferencias en la oferta y demanda de trabajo. Un país tiene una gran cantidad de trabajo en relación con el capital, lo cual lleva consigo un excedente de trabajo. Otro país con una cantidad limitada de trabajo con relación al capital tendrá salarios más altos. El diferencial en salarios hará que los individuos del país con salarios más bajos se muevan hacía el país con salarios más altos. La migración internacional se conceptualiza también como una especie de inversión en capital humano (Sjastaad, 1962; Chiswick, 2000). Según este punto de vista, la gente tiende a emigrar a aquellos lugares en los que puede ser más productiva, sopesando sus habilidades, pero, antes de llegar a ello, deben gastar en *viajar y mantenerse cuando se están moviendo y buscando trabajo, tienen que aprender un idioma nuevo y adaptarse a un nuevo mercado de trabajo. Pensamos que los elementos ofrecidos por esta microteoría tienen una gran validez empírica y son útiles para explicar la incidencia de la migración, es decir, el aspecto individual de los fenómenos migratorios. Pero el hecho de que estas teorías, a nivel micro, tengan una gran potencia explicativa, no implica que todo pueda ser explicado en base a ellas. No se puede afirmar, como hacen algunos defensores de la teoría económica neoclásica, que los *flujos agregados de migración sean sumas de los movimientos y decisiones individuales, que están basadas en una estimación de costos y beneficios. Los flujos agregados de migración, o lo que Mitchell designaba con el término de tasa de migración, vienen determinados por un conjunto de decisiones individuales que están basadas en una consideración de la diferencia de salarios entre el lugar de origen y destino y de las tasas de empleo/desempleo entre los dos lugares. Pero estas decisiones individuales vienen determinadas por otros factores o constricciones dentro de las cuales la elección tiene lugar. Por esta razón, es absurdo pensar en el flujo total de migración como algo que se basa en la suma de los movimientos migratorios individuales. Sin embargo, también es absurdo afirmar que los movimientos migratorios, a veces o frecuentemente, no tengan nada que ver con las diferencias en salarios o en la tasa de empleo. Una cosa es decir que un diferencial en salarios no es una causa necesaria y suficiente para la migración internacional y algo muy distinto que no sea un fenómeno fundamental que está presente prácticamente siempre. Somos conscientes de que es posible que la migración internacional no se pare o frene cuando desaparece el diferencial en salarios o tasas de empleo, pero esto no invalida la idea de la importancia de dicho diferencial. Aun así, parece que la desconfianza sobre el valor explicativo de esta idea por parte de antropólogos y sociólogos ha impedido la creación de teorías suficientemente potentes sobre las migraciones, y la colaboración necesaria entre los economistas y otros científicos sociales, lo que ha tenido graves consecuencias en el análisis de las migraciones. Sin embargo, la explicación en base a las decisiones y actuaciones individuales, así como la microteoría, deben ser tenidas en cuenta.

Quizás el autor que más ha insistido en la importancia de un dominio intermedio entre el de las decisiones individuales y el nivel estructural o macroteórico sea Thomas Faist (Faist, 1997). El nivel "meso" es aquel en el cual los actores son estudiados a partir de las unidades domésticas, redes sociales e instituciones, suponiendo que este ámbito intermedio es el que sirve para unir lo micro y lo macro. En los años ochenta del siglo pasado aparece una teoría que pretendía oponerse a algunos de los presupuestos del punto de vista neoclásico y que se autotitulaba, un poco pomposamente, "la nueva economía de la inmigración de trabajo" (Stark y Bloom, 1985; Stark, 1996 y 1991). Los autores que propugnan este punto de vista parten de un presupuesto ya viejo en la antropología y la sociología de la migración. Se trata de la idea de que en el proceso migratorio no son únicamente los individuos los que toman decisiones, sino que las unidades domésticas y familias desempeñan un papel fundamental. Una de las obras maestras de la literatura sociológica sobre las migraciones es *The Polish Peasant in Europe and America,* de W. I. Thomas y F. Znaniecki, publicada entre 1918 y 1920 por la Universidad de Chicago, que muestra cómo las decisiones de los que emigran y de los que se quedan están basadas en la ruptura de la sociedad tradicional y, particularmente, en la ruptura de la familia extensa, que crea nuevas posibilidades, especialmente a través de la afirmación creciente de la personalidad individual. Investigaciones más recientes van a insistir en la migración, no como una expresión de la desorganización social, sino como una estrategia activa para diversificar los recursos en las zonas rurales. Quizás lo que se necesite más claramente sea una descripción procesual de los fenómenos migratorios en los que se introduzcan procesos de organización y desorganización social. De alguna manera, el análisis admirable de Thomas y Znaniecki insiste mucho en los lazos comunales y de otro tipo que ayudan a construir un nivel intermedio o "mesonivel" entre el individuo y las estructuras más amplias, y este dominio se refiere a la desorganización o destrucción de estos vínculos o a la organización o reorganización de los mismos; por ejemplo, cuando se interpreta la migración como una estrategia de las unidades domésticas, ya sea para la supervivencia o para el avance económico. Frecuentemente se presenta a las familias o unidades domésticas como algo cooperativo en donde los recursos se comparten. Para uti-

lizar la terminología de Gary Becker, se piensa que en las familias se da una única función de utilidad. Sin embargo, esto está bastante alejado de la realidad. La unidad doméstica debe ser considerada una arena de relaciones sociales organizadas alrededor de las líneas generacionales, del género y del parentesco. Las relaciones se generan y refuerzan por las estructuras de poder, por los significados ideológicos y los sentimientos que contribuyen a la jerarquía y *desigualdad dentro de la unidad doméstica. El conflicto y la lucha entre los miembros de la familia por el control y el cambio de las características del poder y de la autoridad sobre la toma de decisión, la división del trabajo y de los recursos, son una parte central de la dinámica de las unidades domésticas (Pessar, 1988). La "Nueva Economía de la Migración" parte de estos puntos de vista y postula que las decisiones migratorias no son llevadas a cabo por actores aislados, sino por unidades más grandes de gente relacionada tales como las familias o unidades domésticas o incluso las comunidades. En estos grupos los individuos actúan colectivamente no sólo para maximizar los recursos, sino también para minimizar los riesgos y superar los fallos del mercado. Las unidades domésticas pueden controlar los riesgos en los que se encuentra su bienestar, diversificando la utilización de recursos, tales como el trabajo (Stark y Lehvhari, 1982). Las unidades domésticas pueden diversificar los recursos colocando a miembros distintos en diferentes mercados de trabajo. Algunos pueden trabajar en el mercado local, otros pueden hacerlo más lejos, en el mismo país, y otros en un país extranjero, con lo cual son capaces de controlar el riesgo a través de la diversificación.

Bibliografía

CHISWICK, B. R. (2000): "Are Immigrants Favorably Self-Selected?", en C. B. Brettell y J. F. Hollifield (eds.), *Migration Theories.* New York: Routledge, en prensa.

FAIST, T. (1997): "The Crucial Meso-Level", en T. Hamar, G. Brochmann, K. Tamas *et al.* (eds.), *International Migration, Immobility and Development.* Oxford: Berg, 187-217.

HARRIS, J. R.; TODARO, M. P. (1970): "Migration Unemployment and Development: a Two Sector Analysis". *American Economic Review*, 60: 126-142.

MASSEY, D.; ARAUJO, J.; HUGO, G. *et al.* (1998): *Worlds in Motion, Understanding Migra-*

tion at the End of the Millenium. Oxford: Clarendon Press.

MITCHELL, J. C. (1989): "The Causes of Labour Migration", en A. Zegeye y S. Ichema (eds.), Forced labour and Migration, Patterns of Movement within Africa. New York: Hans Zell, 28-53.

PESSAR, P. (1988): "The Constraints and Release of Female Labor Power: Dominican Migration to the United States", en D. Dwyer y J. Bruce (eds.), A. Home Divided. Women and Income in the Third World. Stanford: Stanford University, 195-215.

PORTES, A. (1997): "Immigration Theory for a New Century: Some Problems and Opportunities". International Migration Review, 31, 4: 799-825.

SJASTAAD, A. (1962): "The Costs and Returns of Human Migration". Journal of Political Economy, 70: 83-93.

STARK, O. (1991): The Migration of Labour. Cambridge: Basil Blackwell.

STARK, O. (ed.) (1996): Migration Decision Making. London: Jai Press.

STARK, O.; BLOOM, S. (1985): "The New Economics of Labour Migration". American Economic Review, 75 (2): 173-178.

STARK, O.; LEHVHARI, D. (1982): "On Migration and Risk in LDCS". Economic Development and Cultural Change, 31 (1): 191-196.

TILLY, C. (1990): "Transplanted Networks", en Y. MacLaughlin (ed.), Immigration Reconsidered. History, Sociology and Politics. New York: Oxford University, 79-95.

TODARO, M. P. (1969): "A. Model of Labor Migration and Urban Unemployment in Less Developed Countries". American Economic Review, 59 (1): 138-148.

Ubaldo Martínez Veiga

Véanse además Apartheid, Centro-periferia, CIUDADANÍA, Ciudadano, COLONIALISMO Y ANTICOLONIALISMO, Comunidad transnacional, Criollización, Desterritorialización, DIFERENCIA Y DESIGUALDAD, Diferencias sociolingüísticas y desigualdad, Discriminación positiva, DISCRIMINACIÓN Y EXCLUSIÓN SOCIAL, ELITES, Elites cosmopolitas, Esclavitud, Espacio red, ESPACIO-TIEMPO, Espacios locales, Extranjero, Fronteras económicas, GLOBALIZACIÓN, INTEGRACIÓN, Integración educativa, Integración religiosa, Migraciones. Redes sociales, Migraciones. Teoría macro, Migraciones y economía, Migraciones y racismo, MINORÍAS, MOVILIDAD, Multilocal, Naturalización, Neocolonialismo, Nomadismo y turismo, NUEVOS MOVIMIENTOS SOCIALES, Poscolonialismo, Racismo y neorracismo, Revolución técnico-comunicativa, SABER Y SABERES, TERRITORIOS, TRABAJO, Transculturación, Viajes y sistemas de movilidad, Violencia política. Tipos, Xenofobia y xenofilia.

Migraciones. Redes sociales

En un artículo ya clásico publicado en la American Journal of Sociology, "What is driving Mexico-U.S. Migration? A theoretical, empirical and policy analysis", Douglas Massey y Kristin Espinosa (1992: 989) realizan una evaluación de las teorías sobre las *migraciones entre México y Estados Unidos y llegan a una conclusión muy interesante. Después de considerar de una manera sistemática cuarenta y una variables y analizar cinco teorías sobre las migraciones internacionales, afirman que la variable fundamental en la determinación de este proceso es la "formación del capital social que tiene lugar porque la gente que está relacionada con los migrantes a USA tiene una mayor probabilidad de *emigrar". Si preguntamos por lo que significa capital social, podemos recurrir a Pierre Bourdieu. Después de G. Lourie (1977), que fue el que descubrió este concepto, él lo ha desarrollado ampliamente. Se trata de la suma de los recursos actuales o virtuales que tienen un individuo o un grupo por poseer una red duradera de relaciones, *conocimientos y reconocimiento mutuo. Si esto es así, hay que admitir que el determinante básico en al menos algunos procesos migratorios son las redes de relaciones.

El descubrimiento de la importancia de las redes sociales y su propia conceptualización se llevó a cabo dentro de la llamada Escuela de Manchester de Antropología Social, dirigida por Max Gluckman. En "Class and Committees in a Norwegian Parish Island", publicado por Human Relations en 1954, J. Barnes realizó un estudio de un pequeño pueblo del sur de Noruega donde, en contra de lo esperado, no encuentra nada parecido a una entidad cerrada sobre sí misma. El pueblo de Bremnes formaba parte de una entidad más grande de carácter regional y nacional, pero su estructura interna, la vida social del mismo, "podía ser considerada como un conjunto de puntos, algunos de los cuales estaban unidos por líneas para formar una red total de relaciones" (Barnes, 1954: 43). Lo que Barnes decía era que cada individuo tiene relaciones con otras personas, y que algunas de ellas tienen contacto entre sí, mientras que otras no. El conjunto de relaciones forma un campo social que se puede llamar red y que puede representarse como un conjunto de puntos que están unidos entre sí por medio de líneas. Los puntos representarían las personas, y las líneas simbolizarían las relaciones entre unos individuos y otros. Lo que es fundamental en este tipo de análisis no son los atributos de las personas que están vinculadas entre sí, sino el tipo de relaciones. En primer lugar, llama la atención que en el caso de Bremnes estudiado por Barnes, él encuentra, desde el punto de vista del contenido de las relaciones que constituyen la red, tres elementos fundamentales: "los lazos de parentesco, los lazos de amistad y los lazos de barrio" o de *lugar común de residencia (Barnes, 1954: 43). Curiosamente, Douglas Massey (1986) encuentra los mismos tipos de relaciones como constitutivos básicos de la red migratoria. De acuerdo con él, se trata de lazos de parentesco, amistad y paisanaje, o de un origen común.

Este tipo de relaciones no se crean con el proceso *migratorio, sino que son anteriores, aunque con frecuencia son *activadas en él, pues previamente estaban en estado latente. El parentesco es frecuentemente una de las bases fundamentales de la organización social de los emigrantes mientras que la amistad desempeña un papel central en los procesos migratorios, y el lazo del origen común, aunque resulta mucho menos fuerte, también se activa a menudo en la *emigración.

La red de relaciones es en gran medida un flujo que se establece entre los individuos. Desde el principio del análisis de redes, los antropólogos de Manchester comprendieron que lo primero que fluye a través de las relaciones es lo que ellos llamaban *comunicación, y que, más exactamente, podíamos designar como *información. Las relaciones son formas de contacto entre unas personas y otras y, por lo tanto, modos de comunicación. Sin embargo, en el caso de la emigración interesa más bien el contenido informativo que se transmite a través de las redes. Es obvio que la información suele ser más importante que el contenido de lo que se transmite, el intento de poner en contacto y mantener viva la relación entre el lugar de origen y la sociedad receptora. Hay que subrayar que la medida de la información es precisamente lo inespe-

rado del mensaje, su novedad. Esto trae consigo el hecho paradójico de que el contenido informativo de una relación puede ser más grande cuanto menos estrecha sea ésta o se realice de una manera, no continua, sino casual. La razón es muy sencilla: cuando las relaciones son "muy fuertes" los individuos suelen moverse en los mismos entornos y círculos y tener experiencias muy parecidas, incluso conocimientos e información compartidos desde el principio. Si esto es así, resulta normal que la información que se transmite de unos a otros a través de las relaciones estrechas sea bastante limitada. La observación de Marc Granovetter (1973: 1378), según la cual los lazos débiles pueden ser más importantes a la hora de buscar y encontrar un *trabajo, tiene su fundamento en lo que acabamos de decir. Por esta razón, relaciones lejanas y débiles, como poseer un lugar de origen común, pueden tener una importancia fundamental en la transmisión de información.

Ha aparecido aquí una distinción que es básica. Se trata de la diferencia que existe entre lazos o relaciones sociales fuertes y débiles. Las primeras se caracterizan por transacciones cara a cara, suelen ser duraderas e implican obligaciones y emociones importantes. Están más extendidas en grupos pequeños y bien definidos, tales como los grupos de familia o de parentesco en general. Las relaciones débiles, por el contrario, implican un contacto más lejano o no directo. Quizá la expresión "relaciones entre amigos de amigos" podía resumir lo que son las relaciones débiles.

Otro elemento fundamental que constituye las redes de relaciones, y que también había sido ya descubierto por los autores de la escuela de Manchester, es el intercambio. Dentro de estos lazos entre personas siempre se intercambia algo, y no sólo mensajes, sino también bienes y servicios. A través de estas redes fluyen bienes de unas personas a otras, de un grupo de personas a otras (Mitchell, 1973).

Cuando se estudian las redes de relaciones dentro del fenómeno migratorio hay que distinguir entre las conexiones que existen entre la gente de origen, que podíamos designar como redes emisoras, y los vínculos en el lugar de destino, que son las redes receptoras. La unión de las dos crea nuevas redes que juntan el origen y el destino. La distinción entre todos estos elementos es difícil de establecer porque la gente se mueve muchas veces y, cuando los procesos migratorios se ponen en marcha, la separación entre origen y destino tiende a difuminarse. Sin embargo, es importante tener en cuenta estas particularidades, ya que pueden ayudarnos a comprender las diferencias en la organización de las redes en distintos casos concretos.

Las redes migratorias son conjuntos de relaciones interpersonales que conectan a los que migran de un lugar a otro con los que han emigrado antes y con los que se quedan en el país de origen.

Redes y sistemas migratorios

El hecho de que las relaciones a las que hemos aludido no sean creadas sino que están presentes previamente ha hecho decir a Charles Tilly que: "Las redes emigran, las categorías permanecen y las redes crean nuevas categorías. En gran medida, las unidades efectivas de migración son y eran, no los individuos, sino conjuntos de individuos relacionados entre sí" (Tilly, 1990: 84).

El gran historiador se está refiriendo al hecho de que las relaciones de parentesco, amistad u origen común emigran, no se crean en el proceso migratorio. Este proceso tiene un cierto carácter colectivista en cuanto que los emigrantes se enfrentan al nuevo entorno que conlleva la emigración con unos medios que tienen su origen no en el individuo aislado, sino en un conjunto de personas. El hecho de que el individuo se encuentre inserto en una red de relaciones representa una ventaja enorme en el momento de comenzar el proceso migratorio y a la hora de adaptarse a una nueva situación.

Todas estas observaciones fuerzan a entender el proceso migratorio como un sistema. Fue el gran geógrafo africano A. Mabogunje (1970) quien propuso por primera vez este punto de vista. Afirmaba que las migraciones en el tercer mundo eran la respuesta a una combinación de las condiciones en el origen y el destino. La idea de la migración como un sistema implica que los flujos migratorios se ponen en relación con otros movimientos como los de capital y mercancías. Posteriormente se comprende que el canal a través del cual se producen los flujos son precisamente las redes de relaciones que se establecen entre los países emisores y los receptores. Por esta razón la movilidad de la población entre unos países y otros se relaciona y forma sistema con otros modos de interacción espacial, como las relaciones económicas, políticas, históricas y *culturales. Las redes de relaciones que tienen un carácter migratorio están introducidas en estos sistemas más amplios. También es importante

comprender que el efecto que estas redes de relaciones tienen en la migración es muy variable. En primer lugar, es posible que tengan un efecto disuasorio, si es negativa la información transmitida sobre las condiciones en el lugar de destino. Pero también pueden tener un efecto estimulante si la información es positiva. De todas maneras, la presencia de las redes de relaciones siempre favorece el ajuste de los que acaban de llegar al país, pues suministra ayuda en la obtención del trabajo, de la vivienda, etc. Este último elemento es fundamental y explica el carácter autoalimentado que a veces tienen las migraciones, ya que las redes de relaciones en la sociedad de acogida disminuyen los gastos monetarios directos del movimiento migratorio y también los costes de oportunidad –las pérdidas económicas al moverse del lugar, la búsqueda de empleo y vivienda o la posibilidad de obtener información más directa sobre las condiciones de trabajo en el lugar de destino.

Lugar estructural de las redes

También es importante subrayar el lugar estructural de las redes de relaciones en el proceso migratorio. Siguiendo a Thomas Faist (1997), en el sistema migratorio se pueden distinguir tres niveles.

El primero de ellos es el nivel estructural o macro, que está constituido por diversos factores que, enumerados brevemente, serían: los componentes *económicos –como el diferencial en recursos, oportunidades de empleo y acceso a capital–, los elementos políticos –por ejemplo, las regulaciones y las leyes sobre movilidad espacial, la represión política en los países de emisión y de acogida y la interdependencia en el sistema político internacional– y los aspectos culturales –como la mayor o menor semejanza cultural, aunque en la mayoría de los casos se trata de construcciones arbitrarias–. Por último, están los factores demográficos y ecológicos, como el crecimiento de la población, la cantidad de tierra disponible, etc.

El segundo nivel es el relacional, al que Faist designa con el término meso. Se trata de las relaciones sociales entre el lugar de emisión y recepción. Dentro de ellas se puede distinguir entre:

a) lazos fuertes, que son los que se establecen dentro de la familia o unidad doméstica;

b) lazos débiles, más distantes o lejanos;

c) lazos simbólicos, que se basan en organizaciones *étnicas o religiosas;

d) lazos indirectos.

Todas estas relaciones constituyen redes que conforman lo que se designa como capital social.

El tercer nivel es el micro, que se refiere a factores individuales, entre los que hay que considerar los valores y expectativas, así como los recursos. Dentro de los valores individuales se pueden subrayar algunos, como la supervivencia, el empleo, la riqueza, etc., y entre los recursos hay que considerar el capital financiero, humano, cultural y político.

Considerando estos elementos podemos preguntarnos por la importancia que tienen las redes de relaciones dentro del sistema migratorio. Pensamos que estas redes constituyen estructuras intermedias que sirven para poner en relación el sistema estructural o macro y el individual o micro. Por esta razón hay que subrayar que no se trata de los únicos factores, aunque a veces se pueda afirmar que son los más importantes, como prueban los estudios de Massey y sus colaboradores. La importancia de las redes debe ser probada en cada caso. Pero en línea de máxima se puede afirmar que los factores que tienen un carácter "macro", así como los que son más "micro", frecuentemente se ponen en relación por medio del conjunto o de la red de relaciones.

Tanto los que emigran como los que ya lo han hecho y los que se quedan están insertos en un contexto sociorrelacional caracterizado por relaciones sociales, un conjunto de transacciones interpersonales a las que los participantes atribuyen intereses compartidos, obligaciones, memorias y expectativas. Este conjunto de relaciones constituye una especie de *campo de flujos entre el país emisor y el receptor, que explicaron muy bien las autoras que empezaron a hablar a principios de los años noventa de "espacios sociales transnacionales". Hay que destacar la necesidad de desarrollar conceptos que no sean sólo aplicables a la situación del país emisor o del receptor, sino a lo que está entre los dos, y esto es lo que subraya el concepto de red migratoria. N. Glick-Schiller, N. Basch y C. Blanc-Szanton (1992: 11) afirman que: "Ya se trate de que la actividad transnacional consista en enviar barbacoas a Haití, frutos secos o tejidos a Trinidad, estos bienes pueden ser preparados para una boda en Nueva York..., el constante y variado flujo de bienes y actividades pone el énfasis en las relaciones entre la gente. Estas relaciones sociales cobran significado dentro del flujo y de la estructura de la vida diaria, cuando los lazos entre las diversas sociedades se mantienen, renuevan y reconstituyen en el contexto de familias, instituciones, inversiones económicas, negocios y *organizaciones políticas y estructuras que incluyen a las *naciones-Estado". Este texto describe muy bien el campo transnacional que constituye la migración, ese campo de flujos entre unos países y otros.

Sin embargo, desde un punto de vista estructural pensamos que es mucho más exacto afirmar que estos flujos de bienes y actividades se canalizan a través de las redes de relaciones. No son únicamente signos o muestras de estas relaciones.

Las redes como variables

Las redes de relaciones resultan centrales en el análisis de los procesos migratorios, pero no son una constante. Son una variable que a veces es fundamental, pero que como tal varía, fluctuando también su incidencia en los procesos migratorios. En un trabajo realizado en 1994 (Martínez Veiga, 1997) se compara la migración de las mujeres dominicanas a España con la de los marroquíes al mismo destino. Al analizar los datos de una encuesta administrada a estas dos poblaciones, entre otras, se descubren algunos fenómenos que parecen tener bastante interés.

En el caso de los marroquíes, se da un porcentaje muy alto de personas que no conocen a nadie al llegar a España: un 45% está en esta situación. Si de esto pasamos a las remesas, encontramos que muchos marroquíes no mandan nada –un 60%–. No sólo hay muchos que no mandan remesas, sino que las envían de tarde en tarde. Sólo un 28% manda dinero cada mes. Cuando se preguntó por la intención de los inmigrantes marroquíes de traer a alguna persona de su país, únicamente un 18% dijo que quería hacerlo. Si comparamos estos datos con lo que ocurre con las mujeres dominicanas encontramos diferencias interesantes.

En primer lugar, únicamente un 5% de las mujeres dominicanas dice no conocer a nadie al llegar a España –de los marroquíes, el 45%–, y con respecto a las remesas, un 83% envía dinero a la República Dominicana –a Marruecos, un 37%–. La frecuencia en el envío de dinero es también significativa: el 76,3% lo hace cada mes y un 20% cada dos o tres meses –sólo un 28% de los marroquíes lo manda cada mes–. Con respecto a la pregunta referente a las personas que quieren traer a

España, un 32,4% afirma tener intención de hacerlo con alguien, un 40,9% sostiene que desea que sean sus hijas y un 36,9% asegura que pretende que vengan sus hermanas. Únicamente un 6,8% afirma que quiere traer a su esposo e hijos –entre los marroquíes sólo el 18% está dispuesto a hacerlo con alguien–. Las mujeres dominicanas envían las remesas a sus madres, mientras que los marroquíes las mandan mayoritariamente a sus padres. Por último, si se pregunta cómo se ha conseguido el dinero para emigrar, las dominicanas responden que a través de la familia –un 70%–, mientras que en el caso de los marroquíes son los ahorros personales los que han ayudado a la migración y únicamente para un 37% de los consultados ha tenido un papel la familia. Estos datos muestran dos sistemas de organización del proceso migratorio: de los marroquíes, en el que las redes desempeñan un papel muy limitado, y el de las dominicanas, en donde la red de relaciones es central. Basándonos en las redes migratorias podemos decir que la estructura de la migración dominicana es matrilineal y matrifocal, lo que muestra que las mujeres no representan ningún papel pasivo en la migración.

Debe reconocerse que en estos momentos hay un cierto desencanto por el análisis de las redes sociales en los procesos migratorios, a las que ya no se atribuye tanta importancia. Esto se debe a varios factores. En primer lugar, el análisis de las redes sociales ha sido llevado a cabo con cierta utilización de un aparato matemático, que frecuentemente no ha producido más que un formalismo digno de mejor causa. Sin embargo, también ha sido sometido a crítica el estudio empírico de las redes y de su incidencia en el análisis de la migración. A menudo se ha identificado las redes sociales y las migratorias, y hay que tener en cuenta que las últimas son un caso particular de las primeras que tiene su especificidad. Hace tiempo que se sabe que las redes sociales ofrecen información a los migrantes sobre los destinos, contactos con los intermediarios y, a veces, recursos para trasladarse de un sitio a otro. En el lugar de destino se ofrece asistencia, empleo, etc. Con frecuencia se va a insistir en que estas redes están basadas en la interacción directa e inmediata. Cuando se trata de las redes migratorias, es importante tener en cuenta que en esta red se introducen personas con las que se tiene contacto puramente indirecto. Por ejemplo, es evidente que, aunque hay autores como Massey y el propio Portes que insisten en que las redes

migratorias se originan y están compuestas por personas que son originarias del mismo lugar, Fred Krissman (2005) demuestra con claridad, en el caso de la migración mexicana a los Estados Unidos, cómo las redes de migración internacional casi nunca se crean en un mismo lugar de origen y no están integradas por gente del mismo sitio. Las redes migratorias que aparecen en el territorio de destino son habitualmente muy diferentes de las que se crean en el lugar de origen, y en ellas están insertas personas e incluso instituciones que no tienen nada que ver con el sitio de origen, aunque tengan relaciones con personas que han venido de allí. Hay que reconocer que, en la mayoría de los contextos, la migración está formalizada y dirigida por relaciones comerciales y burocráticas. Desde el momento en que los reclutadores, intermediarios y el propio Estado tratan de aprovecharse de la emigración extranjera, estos elementos forman parte de la propia red migratoria que de ninguna manera se reduce a los parientes, amigos o paisanos. Esta formalización y dirección es un fenómeno que ha sido estudiado por muchos autores. Uno de los más antiguos, A. Singhanetra-Renard, analiza los procesos migratorios de los trabajadores a contrata en el norte de Tailandia (1986) y descubre tres fases en la evolución de las redes migratorias. En la primera fase son las antiguas relaciones de patrón-cliente las que canalizan la migración. Poco a poco éstas se convierten en relaciones de empleador-empleado. El empleador mantiene relaciones con el poblado y tiene obligaciones con sus habitantes que no son sólo el pago de salarios. En un segundo momento, los intermediarios organizan la exportación de trabajo y cobran un dinero a los propios migrantes, de tal manera que la economía se convierte poco a poco en el principio organizativo de estas redes. En la tercera fase, los reclutadores continúan dominando el proceso migratorio, pero muchos de ellos promueven la inmigración irregular en base a sus lazos con los proveedores de migrantes en el lugar de origen. Este análisis lleva a considerar las redes migratorias como algo dinámico y en lo que hay que incluir frecuentemente relaciones sociales de *explotación. Hay bastantes estudiosos que piensan que las redes de relaciones son simétricas e igualitarias porque se basan en las relaciones "tradicionales" que se producen en los lugares de origen. Así lo expresan, entre otros autores, Massey y sus colaboradores en la obra *Return to Aztlan*, publicada en Berkeley por la Universidad de California (1987: 139-140, 316). Sin embargo, muchos investigadores han encontrado vínculos *asimétricos incluso entre miembros de la familia, así como relaciones fundamentales, que sirven para poner en contacto a unas personas con otras, por las que se pagan cantidades no despreciables de dinero (Mahler, 1995; Mengívar, 2000). Por otra parte, las redes de relaciones no sólo incluyen a la familia, sino que integran actores de la sociedad más amplia, y esto trae consigo intercambios desiguales, debido a la penetración del capitalismo (Krissman, 2000). En el lenguaje ordinario y de los políticos esta monetarización de la red se considera un proceso mafioso de una manera absolutamente injustificada, a no ser que se designe como mafiosa toda penetración del capitalismo. Las redes migratorias no son únicamente un conjunto de relaciones simétricas entre parientes o paisanos que unen el lugar de origen y destino, sino que a ello hay que añadir, además de los propios individuos, los agentes de las organizaciones –desde las asociaciones de inmigrantes a las corporaciones multinacionales– y otras instituciones –desde el parentesco al Estado–. Todos estos elementos forman parte de la red de relaciones, y por ello ésta se sitúa en el nivel "meso", intermedio, que sirve para poner en relación las estructuras "micro" –individuos, unidades domésticas– y las "macro" –los estados o las instituciones estatales–. Dentro de todos estos elementos quizás los más importantes sean los empleadores que reclutan en los países de destino y que a través de esta leva atraen la migración desde los países de origen, ya sea bajo modos formales de reclutamiento o *informales, regulares o irregulares. Además de ellos están los intermediarios, siempre presentes, que proporcionan servicios a los inmigrantes actuales o futuros. Estos elementos, centrales dentro de la red, llevan consigo un pago por los inmigrantes y, a veces, por los empleadores. Hay que tener en cuenta que muchos autores consideran que las redes migratorias son siempre y de una manera indiferenciada una fuente de "capital social positivo". En este sentido, se piensa que las redes migratorias funcionan fundamentalmente para obtener acceso al mercado de trabajo, ayuda mutua y asistencia en una situación de urgencia. Esto es verdad con tal de que no se considere como el único efecto. Frecuentemente, la ayuda prestada a los inmigrantes es muy costosa. No es extraño que algunos inmigrantes vean la oportunidad de aprovecharse de otros inmigrantes que llegan más tarde, y para ello se constituyen en piezas centrales de su red de relaciones. Mahler (1995) descubre que muchos inmigrantes, incluso familiares, prestan ayuda únicamente cuando se paga o presta trabajo. Por eso es importante comprender que una "gran cantidad" de capital social negativo circula dentro de las redes migratorias. Resulta muy interesante el trabajo de Sarah Mahler porque, al estudiar a los emigrantes salvadoreños en Long Island –Nueva York–, descubre cómo la red de relaciones que aparece en el lugar de destino es totalmente distinta de la que existía en el sitio de origen y en ella están incluidos inmigrantes de toda Suramérica que no estaban relacionados previamente con los salvadoreños. Estos inmigrantes suramericanos ofrecen todo tipo de servicios, desde itinerarios para introducirse clandestinamente hasta documentos falsos para residir y trabajar, o casas para vivir, transporte y trabajo. Ello indica que la red de relaciones en el lugar de destino puede ser, y casi siempre es, distinta de la que se crea en el territorio de origen. Por esta razón hay que manejar con cuidado la idea de que las redes de relaciones "viajan con los migrantes" como si la red en destino no fuera más que algo que se ha creado previamente en origen. Esto no parece exacto en ningún caso, y, aunque parezca irrelevante, tiene mucha importancia porque sirve para enmascarar una parte importante del proceso migratorio. Hace años Myron Weiner (1987: 176) hizo una afirmación muy documentada en este sentido: "La evidencia es totalmente convincente: la emigración económica a los Estados Unidos, a Europa occidental y a los países productores de petróleo está primariamente inducida por la demanda y no por la oferta." La idea de que los inmigrantes llegan a estos países, como España, demandados, pedidos o exigidos por las necesidades de la economía es algo que los gobiernos están siempre dispuestos a enmascarar, o, incluso cuando no lo esconden, nunca aceptan sus plenas consecuencias porque si los inmigrantes llegan respondiendo a una demanda de trabajo, parece lo lógico y normal que tengan desde un principio derechos como trabajadores. En un artículo ya famoso, Massey y Espinosa (1992: 989), resumiendo las teorías sobre las redes, dicen que las fuerzas que mueven la migración de México a los Estados Unidos son: 1) el capital social que se forma entre los inmigrantes; 2) el capital humano de éstos, y 3) la consolidación del mercado entre México y los

Estados Unidos. Únicamente la tercera fuerza implica un influjo de la situación en destino; los otros elementos son claramente principios de la oferta de trabajo, y esto es comprensible porque la teoría normal, y equivocada, sobre las redes sólo las tiene en cuenta en el territorio de origen, aunque posteriormente pasen al lugar de destino. Estas redes sirven para ofrecer el trabajo inmigrante pero, al despreciar la novedad de las redes que se crean en destino, no tienen en cuenta la demanda de trabajo. Al interpretar el fenómeno migratorio como un fenómeno de oferta de trabajo, resulta muy fácil deducir que los países receptores tienen derecho a controlar la *frontera para evitar las invasiones de los inmigrantes que no vienen demandados por ninguna necesidad estructural, sino que acuden por algo que es aceptado graciosa y caritativamente. A partir de esto, para aquellos que exigen que los flujos migratorios sean controlados, las únicas soluciones basadas en la oferta son: 1) políticas neoliberales para "*desarrollar" los países emisores de trabajo, y 2) las medidas policiales con respecto a los inmigrantes, especialmente en las fronteras internacionales, para hacer que la entrada autorizada sea más costosa y arriesgada.

Bibliografía

FAIST, T. (1997): "The Crucial Meso-Level", en T. Hamar, G. Brochmann, K. Tamas *et al.* (eds.), *International Migration, Immobility and Development*. Oxford: Berg, 187-217.

GRANOVETTER, M. (1973): "The Strength of Weak Ties". *American Journal of Sociology*, 78 (6): 1360-1380.

GLICK-SCHILLER, N.; BASCH, N.; BLANC-SZANTON, C. (1992): "Transnationalism. A new analytical framework for understanding migration", en N. Glick-Schiller, N. Basch y C. Blanc-Szanton (eds.), *Towards a Transnational Perspective on Migration: Race, Class, Ethnicity and Nationalism Reconsidered*. New York: New York Academy of Sciences, 1-24.

KRISSMAN, F. (2000): "Inmigrant Labor Recruitment. Agribusiness and Undocumented Migration from Mexico", en N. Foner *et al.* (ed.), *Immigration Research for a New Century*. New York: Russell Sage, 277-300.

— (2005): "Sin Coyote Ni Patrón: Why the 'Migrant Network' fails to explain international migration". *International Migration Review*, 39 (1): 4-44.

LOURY, G. (1977): "A Dynamic Theory of Racial Income Differences", en P. A. Wallace y A. Lamond (eds.), *Women Minorities and Employment Discrimination*. Lexington: Lexington Books, 153-186.

MABOGUNJE, A. (1970): "A Systems Approach to a Theory of Rural Urban Migration". *Geographical Analysis*, 2 (1): 1-18.

MAHLER, S. (1995): *American Dreaming*. Princeton: Princeton University Press.

MARTÍNEZ VEIGA, U. (1997): *La Integración social de los inmigrantes en España*. Madrid: Trotta.

MASSEY, D. (1986): "The Social Organization of Mexican Migration to the U.S.". *Annals of the American Association of Political and Social Science* (1), 102-113.

MASSEY, D.; ESPINOSA, K. (1992): "What is driving Mexico-U.S. Migration? A theoretical, empirical and policy analysis". *American Journal of Sociology*, 102, 939-999.

MENGÍVAR, C. (2000): *Fragmented Ties*. Berkeley: University of California Press.

MITCHELL, J. C. (1973): "Networks, Norms and Institutions", en J. Boissevain y J. C. Mitchell (eds.), *Network Analysis. Studies in Human Interaction*. Paris: Mouton, 15-35.

SINGHANETRA-RENARD, A. (1986): "The Mobilization of Labour Migrants in Thailand: Personal Links and Facilitating Networks", en M. Kritz, L. Lin y H. Zlotnik (eds.), *International Migration Systems: A Global Approach*. Boulder: Westview, 190-204.

TILLY, C. (1990): "Transplanted Networks", en Y. MacLaughlin (ed.), *Immigration Reconsidered*. Oxford: Oxford University, 79-95.

WEINER, M. (1987): "International Emigration and the Third World", en W. Alonso (ed.), *Population in an Interacting World*. Cambridge: Harvard University Press, 173-200.

Ubaldo Martínez Veiga

Véanse además COMUNICACIÓN, CULTURA, DESARROLLO, DIFERENCIA Y DESIGUALDAD, Espacio de los flujos, ESTADO-NACIÓN, Etnicidad, EXPLOTACIÓN SOCIAL, FRONTERA, Información, Lugar y no-lugar, MIGRACIONES, Migraciones. Teoría macro, Migraciones y economía, MOVILIDAD, Nacionalidad, Nomadismo y turismo, NUEVOS MOVIMIENTOS SOCIALES, RELACIONES Y PROCESOS INFORMALES, SABER Y SABERES, TRABAJO, Viajes y sistemas de movilidad.

Migraciones.
Teoría macro

Los procesos migratorios tienen lugar dentro de un sistema en donde de alguna manera se ha producido una penetración *económica de los países emisores con respecto a los receptores. En estos momentos en España está teniendo lugar una *llegada importante de trabajadores extranjeros africanos que *vienen, en primer lugar, de Senegal y, posteriormente, de otros países costeros como Mauritania, Senegambia y Guinea Bissau, pero hasta octubre de 2006 la mayoría de inmigrantes que *llegan en cayuco a las costas de las islas Canarias proceden de Senegal. En una política enloquecida del gobierno español, se ha expulsado en los últimos días de septiembre de 2006 a más de 2.000 senegaleses sin papeles. De acuerdo con el diario *El País* (2006), "el Ministerio del Interior ha expulsado desde el pasado 18 de septiembre a 2.178 ciudadanos de Senegal". Tanto los medios de comunicación como los políticos han dado una importancia desmesurada a la llegada de estos trabajadores de África del oeste, que no tiene ningún carácter masivo. En 2006 han llegado a Canarias en cayucos alrededor de 27.000 trabajadores africanos sin papeles.

Este número es mínimo en relación con la demanda de *trabajo de la economía española. Las explicaciones que han ofrecido los políticos y los periodistas han consistido tanto en la idea de que el "puerto" de entrada en Europa desde África son las islas Canarias como en la observación de que el diferencial en salarios y nivel de vida es posiblemente el más grande del mundo. Esta segunda explicación es muy válida y resulta algo central en la explicación neoclásica y, en general, en las teorías micro de la inmigración, pero no parece suficiente. Hay un elemento que se ha olvidado o pasado por alto. Desde hace años ha habido una penetración importante de las empresas, pequeñas y grandes, de pesca españolas en Senegal y otros países de esta zona de África del oeste. Con el indudable poderío económico de estas empresas lo primero que se ha producido es que gran parte de la pesca artesanal a pequeña escala de estos países haya quedado desmantelada con repercusiones, incluso alimenticias, para las poblaciones que están acarreando graves consecuencias. Hasta 1997 las poblaciones costeras de Senegal tenían acceso a un pescado muy barato, básica-

mente sardinas, que les permitían alcanzar unos aceptables niveles nutricionales. Con la llegada de las compañías de pesca españolas se produce, en primer lugar, la expulsión de los pequeños pescadores nativos porque no pueden competir con los métodos industriales de aquéllas que, además, esquilman los caladeros cercanos y lejanos de la costa. Por otra parte, los gobiernos de estos países, ante las tasas pagadas por los pesqueros españoles, aumentan los impuestos a los pescadores nativos, que se ven obligados a dejar la actividad pesquera. Aparece aquí un ejemplo "de libro" de lo que diría una explicación basada en la teoría del sistema-mundo: la penetración de unas relaciones capitalistas en países menos afluentes desde el punto de vista económico. Esto trae consigo una disrupción y dislocación de las economías locales que sitúan fuera del mercado de trabajo a grupos importantes de la población, los pescadores, y empobrecen a las personas que viven en esas zonas costeras, privándoles incluso de alimentos. Se produce una penetración del capital de un país europeo con la introducción de tecnologías distintas, frecuentemente depredadoras, y el resultado no es realmente la conversión de campesinos en trabajadores asalariados ni un cambio de formas tradicionales de organización social y económica por otras más "*modernas". Este fenómeno puede ocurrir en otras situaciones. Lo que ocurre es que un grupo de la población se "queda sin actividad productiva", fuera del empleo, mientras que otro resulta depauperado, incluso desde un punto de vista alimentario. En una situación como ésta los pescadores empiezan a utilizar las únicas habilidades que tienen. Son marineros y saben utilizar los barcos en el mar. Se empieza a fabricar barcazas que son pilotadas por estos trabajadores del mar que, precisamente porque están dirigidas por personas que "conocen muy bien el oficio", en su mayoría llegan a su destino. No se trata de "pobrecitos," "desesperados", que se lanzan al mar a morir, sino de personas con un cúmulo importante de habilidades y de recursos humanos y sociales que los utilizan para llevar a cabo el proceso migratorio, una estrategia de movilidad que eventualmente podría permitirles mejorar económicamente.

La penetración del capital español a través de las empresas pesqueras expulsa literalmente a los trabajadores senegaleses hacia España. Ésta es la explicación macroestructural del fenómeno (Mitchell, 1989). No se trata de lo que ha ocurrido en otras situaciones, y que ha sido estudiado muy bien por Saskia Sassen, en donde la penetración de relaciones económicas o precapitalistas crea una población móvil que tiende a emigrar. Los propietarios y directivos de firmas capitalistas en las zonas *centrales de capitalismo, y España es una zona central de éste al menos desde el punto de vista de la pesca, deciden penetrar en naciones más pobres de la periferia del sistema económico mundial. Esta penetración tiene lugar para buscar tierra, materias primas –no podemos olvidar que los peces son materia prima aunque estén vivos–, trabajo o incluso mercados para sus productos. La migración internacional es un efecto de las transformaciones y los procesos destructivos que tienen lugar como resultado del *desarrollo capitalista. En este caso la llegada de los inmigrantes senegaleses se explica claramente por la penetración del capitalismo español en la forma de compañías pesqueras que, como una especie de "retribución lírica", acarrean la puesta fuera de empleo de pescadores y marineros que son los que van a guiar y organizar los barcos que arriban a Canarias. Se subraya el carácter cuasimecánico del proceso porque es enormemente instructivo. Aunque en ciencias sociales las explicaciones "mecanicistas" no son populares, es importante remarcarlas por lo instructivas que resultan. En esta circunstancia explican perfectamente los elementos macro o estructurales que están presentes en este proceso migratorio. No hay que descartar, sin embargo, que los ciudadanos de Senegal aprenden francés, estudian en liceos que son hasta cierto punto una imitación de los *lycées*, y usan una moneda en sus actividades económicas que está unida de una manera u otra a la francesa. Estos influjos ideológicos y *culturales son también muy importantes y crean un contexto en el que la emigración a Europa se hace posible y se piensa como algo viable. No obstante, esta emigración desde la costa, aunque involucre además a personas de otros países como pueden ser Mauritania y Malí, está determinada de una manera directa e inmediata por la penetración del capital español a través de las industrias pesqueras. Y ello aunque miembros prominentes del gobierno español, en su interés por involucrar a la Unión Europea, han insistido en que estos inmigrantes no trataban de llegar a España sino a Francia, que es el país con el que Senegal tiene más relaciones culturales y presenta un elemento contextual no despreciable para analizar el fenómeno.

De una manera general, la interpretación estructural o macro de la migración internacional afirma que ésta es fruto de la penetración de la economía global de los países centrales en las zonas más periféricas. Esta penetración puede traer consigo la creación del mercado capitalista en zonas de la periferia y, en otros casos, la expulsión de las poblaciones de la actividad productiva a la que se dedicaban, y por ello es posible –y esto habría que probarlo en base a un estudio concreto– que los trabajadores acudan, más que por el aumento de los salarios en España, por la simple perspectiva de encontrar un empleo. Hay que tener en cuenta que el flujo de mano de obra a los países centrales sigue el movimiento de capital y bienes, y estos dos flujos tienen direcciones opuestas. El trabajo fluye desde el país periférico a las zonas más centrales del capitalismo, mientras que los bienes y el capital se movilizan en la dirección contraria. Esto no es siempre así. La obra de Brinley Thomas (1963, 1973) demuestra con claridad cómo a principios del siglo XIX se crea un sistema de libre comercio en el que están insertos el Reino Unido, Alemania y los Estados Unidos. Dentro de este sistema se genera una emigración, enorme desde el punto de vista cuantitativo, desde los países europeos hacia los Estados Unidos, y a la vez hay un flujo de capital que va en la misma dirección. La migración internacional viene determinada por la dinámica de la creación de mercados, la dependencia económica y la estructura política de la economía global. Esto no quiere decir que estos elementos estructurales sean la única y fundamental causa de los flujos migratorios; las diferencias salariales y las tasas de empleo tienen una importancia decisiva en este proceso. Dígase lo que se diga, en este análisis es necesaria, no obstante, una cierta dosis de eclecticismo.

Es interesante subrayar en qué consisten los factores estructurales y macro que determinan los procesos migratorios. Sin embargo, se puede presentar una dificultad que tiene bastante interés analizar: parece que el proyecto migratorio de los trabajadores subsaharianos que han llegado en cayuco a Canarias en el año 2006 ha fracasado, debido a que, poco a poco y según da la impresión, gran parte de los senegaleses va a ser repatriada. En la historia reciente de la inmigración a España se ha producido algo muy parecido. A principios del año 2000, el delegado del Gobierno para la Extranjería en el Gobierno del Partido Popular –el señor Enrique Fernández

Miranda–, ante la llegada de un número importante de trabajadores del Ecuador –cuya cifra era veinte veces mayor que la de subsaharianos llegados en 2006 a Canarias–, decidió que los inmigrantes ecuatorianos debían ser obligados a volver a su país. Allí debían solicitar el permiso de residencia y trabajo en España, y una vez que esto fuera concedido, podían volver a entrar. La razón que el señor Fernández Miranda ofrecía era que había que fomentar la "cultura de la legalidad", exactamente lo mismo que en estos momentos está diciendo el gobierno socialista con respecto a los inmigrantes subsaharianos. Aunque algunos inmigrantes ecuatorianos regresaron a su país, subyace una pregunta: ¿por qué el señor Fernández Miranda nunca cumplió realmente sus propósitos, mientras que el gobierno socialista actual parece que está llevando a cabo la repatriación? Hay muchas razones para explicar este fenómeno. Quizás la más obvia es que la repatriación a Senegal se está llevando con gran discreción y secreto, mientras que lo que ocurrió con respecto a los ecuatorianos fue anunciado a bombo y platillo por el propio Fernández Miranda. Sin embargo, dicha explicación no sirve demasiado porque en estos momentos tal información está en todos los periódicos y, por lo tanto, resulta del dominio público. Por el contrario, hay dos explicaciones fundamentales.

La primera razón tiene que ver con la creación de las *redes migratorias. Los ecuatorianos eran muchos en España, lo cual indicaba la existencia de una red migratoria amplia y diversificada. Dentro de ella estaban incluidos *ONG, sindicatos y partidos políticos que defendían a la población de inmigrantes. Si se observa la situación de los subsaharianos que llegan a Canarias se puede descubrir fácilmente que se trata de algo totalmente distinto. En primer lugar, los senegaleses, malianos o los extranjeros de Mauritania son menos en España y por ello su red migratoria en el lugar de destino no presenta una gran magnitud ni diversificación. Por otra parte, las ramificaciones de esta red migratoria son mínimas para incluir en ella ONGs u otras organizaciones de la sociedad civil. El gobierno ha captado a esas organizaciones, que se han convertido en instituciones de ayuda humanitaria, tanto en Canarias como en la Península, cuando los inmigrantes son trasladados a ella. Con eso, las organizaciones no gubernamentales se convierten de facto en brazos "humanitarios"

de la administración; algo que nadie osará nunca criticar. Las organizaciones no gubernamentales entran a formar parte de la red migratoria en destino como asociaciones que ejercitan la caridad y prestan ayuda humanitaria, pero que no defienden los derechos de esos trabajadores. La ausencia de una red migratoria fuerte, diversificada y con anclajes importantes en la sociedad española hace que estos grupos estén totalmente desvalidos sin poder defender sus derechos. Se comprende aquí perfectamente la importancia de la presencia de una red migratoria en el lugar de destino.

Hay otra razón relacionada con ciertos aspectos estrictamente *racistas, patentes, en primer lugar, en la reacción del gobierno y del partido en el poder en Canarias, Coalición Canaria. No hay que buscar mucho en los periódicos para descubrir cómo esta reacción es siempre la misma. La llegada de inmigrantes a las costas canarias se lee como una avalancha, frente a la que las islas no tienen recursos ni espacio y cuya población nativa corre el riesgo de ser "contagiada" por las enfermedades infecciosas que los inmigrantes arrastran consigo. Los recursos limitados de las islas se pueden agotar, y la cultura y modo de vida de los nativos está seriamente amenazada. Esta idea de la avalancha o invasión de las islas es algo que está presente desde hace tiempo, mucho antes de tal llegada de subsaharianos. Un ejemplo de ello son las declaraciones realizadas en 2002 por el Diputado del Común, cargo equivalente al Defensor del Pueblo en Canarias, en las que advierte que las islas "están siendo invadidas" por inmigrantes de África y América, generando con ello "el problema más grave de todo el archipiélago" (El País, 2002). Aunque estas afirmaciones fueron reprobadas desde casi todos los ámbitos políticos y sociales de las islas (El País, 2002), expresan perfectamente la idea de la invasión, de la avalancha de los *extranjeros; algo que frecuentemente no tiene mucho que ver con el número mayor o menor de inmigrantes. Da la impresión de que una sola persona basta, como una sola gota de agua, para desbordar el vaso. A pesar de que "El alcalde de Las Palmas y presidente del PP en las islas, José Manuel Soria, rechazó los términos utilizados por el Diputado del Común y cuestionó que los inmigrantes iberoamericanos produzcan 'problemas similares' a los subsaharianos" (El País, 2002), introdujo una matización muy importante cuando dijo que los inmigrantes iberoamericanos, en aquellos momentos más numerosos que los africanos, no producían los mismos problemas. Si los africanos representan una avalancha, y los iberoamericanos, más numerosos, no lo hacen, la idea de la invasión no puede ligarse al número de inmigrantes sino a otros elementos como puede ser la cultura. Los africanos poseen una cultura diferente, mientras que los iberoamericanos tienen la misma. También podría ser la religión, pero además hay un elemento que tiene importancia. Los subsaharianos son negros y los iberoamericanos son blancos o se acercan a los blancos. Con ello parece evidente que se da una dosis importante de racismo. Si de la situación en las islas Canarias pasamos a la política actual del gobierno español, que repatría a los subsaharianos y hace la vista gorda con respecto a los inmigrantes que vienen de Rumania, Bulgaria o de los países latinoamericanos, se puede decir que las *diferencias culturales, *fenotípicas o de color de piel entre los búlgaros, rumanos, latinoamericanos y españoles son menores que las que se dan entre éstos y los subsaharianos.

Bibliografía

EL PAÍS (2002): "Las ONG critican al defensor del Pueblo Canario por hablar de invasión de inmigrantes". 18 de enero, Madrid.

EL PAÍS (2006): "Interior ha expulsado en menos de un mes a 2.178 senegaleses". 7 de octubre, Madrid.

MITCHELL, J. C. (1989): "The Causes of Labour Migration", en A. Zegeye y S. Ichema (eds.), *Forced labour and Migration, Patterns of Movement within Africa*. New York: Hans Zell, 28-53.

THOMAS, B. (1963): *International Migration and Economic Development*. Paris: UNESCO.

— (1973): *Migration and Economic Growth*. Cambridge: Cambridge University.

Ubaldo Martínez Veiga

Véanse además Centro-periferia, CULTURA, DESARROLLO, Diferencias naturales y diferencias sociales, Diferencias sociales y diferencias culturales, Extranjero, Global y local, MIGRACIONES, Migraciones. Redes sociales, Migraciones y economía, Migraciones y racismo, Modernización, MOVILIDAD, Nomadismo y turismo, NUEVOS MOVIMIENTOS SOCIALES, TRABAJO, Viajes y sistemas de movilidad.

Migraciones y economía

Más que abordar de una manera general el vasto problema de las relaciones entre *inmigración y economía, se propone tratar algunos problemas planteados por ciertos informes económicos de entidades bancarias que han tenido una cierta relevancia en los medios de comunicación y que han representado un cambio importante en la visión económica de la inmigración. En un primer momento vamos a fijarnos en un Informe del Banco de España publicado el 28 de marzo de 2006. Como nos interesa más bien el impacto en la opinión pública, nos basaremos en el resumen que llevan a cabo dos periódicos, *El País* y *El Periódico de Cataluña,* que ofrecen un resumen exacto del Informe.

El Informe del Banco de España parte de algunas proyecciones demográficas erróneas que estaban muy extendidas en la opinión pública. En 1991 se pensaba que en 2006 iba a haber en España 41,4 millones de habitantes, lo cual era una estimación errónea. En 2001 las proyecciones estimaban que en el mismo año iba a haber 42,1 millones. Esto también representaba un error porque las cifras son 44,1 millones, de los cuales el 8,37 % se debe a los inmigrantes que llegan del norte de África, Latinoamérica y los países del este de Europa. "La entrada de inmigrantes en España se está produciendo a un ritmo anual de 10 *extranjeros por cada 1.000 nacionales. Este porcentaje es similar al que experimentaron grandes países industrializados como Estados Unidos a principios del siglo pasado o Alemania a mediados del mismo" *(El Periódico de Cataluña,* 2006). "El Banco de España considera que sin los inmigrantes la economía no hubiera crecido tanto —por la aportación al consumo—, la inflación habría sido más alta y el déficit exterior estaría en una peor situación" *(El País,* 2006). "La inmigración ha sido positiva para el *empleo, para la flexibilización laboral y para los ingresos de la Seguridad Social, con un impacto moderado en el gasto público. Aunque sus bajos salarios no han provocado ingresos fiscales por IRPF, han contribuido al erario público a través del consumo con un aumento del 10% en la recaudación del IVA" *(El Periódico de Cataluña,* 2006). Estos fenómenos son explicados con toda claridad en otro informe anual del Banco de España, difundido en Madrid el 15 de junio de 2006, donde se sostiene que el crecimiento económico, que se encuentra en la actualidad en un 3,5%, se mantiene gracias al aumento en el empleo (el 80%) por el incremento de la productividad (el 20%). Si se tiene en cuenta que el dinamismo de la población española se debe en más de un 75% al incremento de la población inmigrante, la llegada de mano de obra barata explica alrededor del 75% del crecimiento económico. Se trata de un modelo de crecimiento basado en la entrada de inmigrantes con sueldos bajos para satisfacer los fuertes incrementos del consumo interno. Jaime Caruana, gobernador del Banco de España en junio de 2006, afirma que estos fenómenos han tenido una serie de efectos beneficiosos. El aumento de la población inmigrante ha sostenido la pujanza del gasto interno, mientras que, por otra parte, esa mayor oferta de trabajo ha incrementado la capacidad productiva de la economía española permitiendo alcanzar aumentos de la producción más cercanos al dinamismo de la demanda. La existencia de esta mano de obra barata, que presenta un grado de *movilidad elevado, ha contribuido a limitar los posibles cuellos de botella sectoriales y las tensiones salariales que suelen caracterizar las situaciones de notable empuje del gasto. Lo que, en términos eufemísticos o incluso un poco crípticos, quiere decir Caruana es que la llegada de los inmigrantes aumenta el gasto interno, lo que ha constituido un motor del crecimiento económico. Por otra parte, como el propio Banco de España afirma en su Informe de 28 de marzo de 2006, "los inmigrantes cobran de media entre un 30 y un 40% menos que el promedio de los trabajadores nacionales. Las razones de esta situación son que trabajan en sectores con baja remuneración; el 33% se dedican al hogar, el 19% al campo y otro porcentaje muy alto a la construcción" (El País, 2006). Aquí está el origen de la limitación de las tensiones salariales de los que habla Caruana. Lo que se quiere decir es que ganar 30 o 40% menos que los nativos no sólo no contribuye al aumento de los salarios, sino a su disminución y, por lo tanto, a la contención de la inflación, que es un caballo de batalla fundamental de la economía española. Si se admiten estos puntos de vista, y no hay ninguna razón para no hacerlo, parece evidente que la inmigración, junto con otros dos factores, la integración en la UE y el descenso de los tipos de interés, crea un círculo virtuoso por el que el crecimiento económico es mayor en España que en otros países de su área. Josep Oliver, catedrático de Economía

Aplicada de la Universidad Autónoma de Barcelona, afirma que en los últimos años, sin la inmigración lejos de crecer como ha crecido, la "renta per cápita española" –el PIB dividido entre la población– hubiera retrocedido un 0,64 anual. En vez de esto el PIB español registró un progreso anual. Ello representa un punto y medio por encima de la media comunitaria y más de dos puntos por encima de Alemania. Teniendo esto en cuenta, no puede extrañar una conclusión del Informe del Banco de España de 28 de marzo de 2006. El Periódico de Cataluña (2006) lo explica con toda claridad cuando allí se dice que "los extranjeros en edad de trabajar aumentan un 30% cada año y en este momento están activos más de dos millones. Para el Banco de España, estos *flujos migratorios son positivos porque aumentan la demanda y, en consecuencia, estimulan la oferta, es decir, la riqueza del país. Por tanto, no hay límites económicos para la inmigración. El único techo es el que quiera imponer la sociedad y la política". La frase en cursiva representa un punto de vista cuasi revolucionario, aunque económicamente absolutamente exacto. Si no hay límites económicos para la inmigración, no se puede afirmar, como ha dicho José Blanco, el secretario del PSOE, que ha servido en muchos momentos como de auténtico portavoz del gobierno, que el mercado de trabajo español ya no puede admitir más inmigrantes y con ello pretender justificar la expulsión y el freno a la migración de africanos a España a través de las islas Canarias. Como muy bien subraya el Banco de España, esto no se puede justificar por ninguna razón económica. Para justificarlo hay que ofrecer razones sociales y políticas que no están tan claras.

Josep Oliver (2006) en un informe, basado en las teorías de Bloom y Williamson (1998) e incluso del propio Gary Becker (1999), pone en relación directa e inmediata el crecimiento económico y demográfico. Según este informe, entre 1995 y 2005 la población aumentó en España un 10,7%. Se trata de un crecimiento mucho mayor que el registrado en el resto de los países vecinos europeos, si se exceptúa Irlanda. Dentro de esto, en España un 79,4% de los nuevos habitantes son inmigrantes, lo que hace que éste sea al país donde la inmigración extranjera ha crecido más –8,4%–. Esto ha tenido repercusiones centrales para el crecimiento del PIB. El PIB español aumentó en un 3,6% anual. En el informe se lleva a cabo una simulación para ver qué ocurriría si no hubiera habido el impulso demográfico de los inmigrantes, y se descubre que, lejos de este crecimiento, lo que se hubiera producido sería una disminución del PIB anual del 0,64% (Oliver, 2006: 118). El informe estima que más de la mitad de los nuevos empleos creados en los últimos cuatro años en el país han sido absorbidos por los inmigrantes. También parece que el 50% del aumento del consumo y un tercio del crecimiento de la demanda de viviendas están relacionados con la entrada de inmigrantes. De prescindir de éstos, la riqueza de los países europeos habría disminuido; sólo hubiera aumentado, aunque no mucho, en Irlanda, Finlandia y Francia. Estos informes prueban claramente que la llegada de inmigrantes es uno de los motores del crecimiento económico español y por ello no hay ninguna razón para frenarla.

Bibliografía

BECKER, G.; GLAESSER, E.; MURPHY, K. (1999): "Population and Economic Growth". *American Economic Review*, 89 (2): 145-149.

BLOOM, D. E.; WILLIAMSON, J. (1998): "Demographic Transitions and Economic Miracles in Emerging Asia". *The World Bank Economic Review*, 12 (3): 419-455.

EL PAÍS (2006): "Los inmigrantes atrasan la crisis del sistema público de pensiones a 2025". 29 de marzo, Madrid.

EL PERIÓDICO DE CATALUÑA (2006): 29 de marzo, Barcelona.

OLIVER, Josep (2006): *Informe Semestral I/2006 sobre la economía española y el contexto internacional*. Barcelona: Caixa de Catalunya.

Ubaldo Martínez Veiga

Véanse además Extranjero, MIGRACIONES, Migraciones. Redes sociales, Migraciones. Teoría macro, MOVILIDAD, Nomadismo y turismo, TRABAJO.

Migraciones y racismo

L. Perry Curtis (1971: 13-14), el gran historiador de los irlandeses en Estados Unidos, escribe que "cada país europeo ha tenido su equivalente de blancos negros y de hombres que se piensa que se parecen a simios, ya se trate de... *esclavos, gitanos, judíos o campesinos". No vamos a entrar en el análisis de las actitudes *racistas con respecto a los gitanos en España, ni tampoco en examinar la escasez de estudios del racismo en nuestro país. A ello habría que dedicar un libro entero o quizás mejor una magna sesión de "psicoanálisis colectivo". De todas maneras, parece imposible estudiar la *inmigración en España y Europa sin tener en cuenta lo que es la raza y el racismo, sobre lo que vamos a ofrecer sólo unas ideas generales. Se va a partir del análisis de un caso paradigmático, el de El Ejido en el año 2000, y posteriormente se ofrecerán algunas consideraciones más generales.

Un principio que hay que tener en cuenta es que: "El concepto de raza –dice Richard Weiss– no era únicamente un concepto biológico. No sólo incluía *diferencias físicas y anatómicas tales como el color, el tamaño del cerebro o características faciales. Incluía esto pero también mucho más... *diferencias en el lenguaje, las artes, la organización social, las aspiraciones eran parte del alma de los pueblos y el alma era una parte de las tendencias heredadas tan importantes como el tamaño o el color de la piel. Los atributos físicos y culturales están unidos bajo la idea de raza" (Weiss, 1970:134-135). Esto era exacto en los Estados Unidos a finales del siglo XIX y comienzos del XX, que es el tiempo al que se refiere Weiss, y en España lo es en el momento actual.

Al inicio del s. XX en los Estados Unidos se hablaba de que entrar a formar parte de la "raza americana" podía transformar los hábitos y el alma de los individuos. Aprender el lenguaje podía tener los mismos resultados. De hecho servía para cambiar la raza de las personas. Se utilizaba mucho la expresión "razas que hablan inglés", que parece estar en contradicción con la idea de la raza como algo que tiene que ver con la biología. Esta distinción entre "razas que hablan inglés" y las que no lo hablan es fundamental en la obra de Frank J. Warne, que fue un promotor, a principios del siglo XX, de la idea de la "*Invasión de los inmigrantes" (cit. por Roediger, 2005). Este autor publicó dos obras básicas para el estudio de la raza y del racismo en Estados Unidos. La primera se titulaba *The Slav Invasion and the Mine Worker* y fue publicada en Philadelphia en 1904. La segunda se llamaba *The Immigrant Invasion* y se publicó en Nueva York en 1913. En la primera obra habla de la *invasión de la raza eslava. Esta invasión trae consigo un gran conflicto de razas que se manifiesta en las huelgas de las minas de antracita que tuvieron lugar en

Pensilvania en 1900 y 1902. Este conflicto enfrenta a los trabajadores eslavos –entre los que había un 20% de italianos– que habían invadido los Estados Unidos con la "raza que habla inglés" –dentro de ella los alemanes eran la mayoría– que habían *emigrado antes a este país. No sólo el lenguaje parece el criterio de diferenciación de las razas, sino que el hogar también parecía el lugar adecuado en donde se mostraban las características raciales de los diversos grupos. Warne describe cómo las mujeres eslavas recogían carbón de lo que sobraba en la mina y también traían madera del bosque cercano, mientras que las mujeres que hablaban inglés nunca hacían algo parecido. Es interesante de todas maneras tener en cuenta que la idea de la invasión se aplica diferencialmente a los diversos grupos de inmigrantes que llegan a los Estados Unidos; "los que hablan inglés" –aunque sean alemanes y realmente no lo hablen– no invaden nada, mientras que los eslavos –pese a que la mayoría sean italianos– sí invaden.

La observación de Roediger (2005: 7) tiene gran interés: la evocación de una invasión por "eslavos", "latinos", "italianos" y "judíos", razas que no se consideran blancas, puede parecer extraña a los lectores americanos modernos. El típico texto de historia de Estados Unidos menciona que el presidente Theodore Roosevelt popularizó el término "suicidio de la raza", aunque no subraya suficientemente que esta expresión fuera tomada del artículo de Edward Ross "The Causes of Race Superiority". Ross no sólo usó el lenguaje de la raza para establecer distinciones entre los "asiáticos" y los blancos, sino también entre grupos europeos que en la actualidad consideraríamos blancos. Lo que con esto se quiere decir es que la idea de la "invasión" está relacionada con otra noción muy popular en la época, la del suicidio de la raza. El "suicidio de la raza", americana en este caso, se produce por la llegada de razas como los eslavos, los italianos y los judíos, que son los que llevan a cabo la "invasión", mientras que esto no tiene lugar con la llegada masiva de los anglosajones o "los hablantes de inglés", porque ellos "no invaden". Por tanto, la invasión tiene que ver más con las características de los inmigrantes, llamadas raciales en aquel momento, que con el número de gente que llega. Si de principios del s. XX en los Estados Unidos pasamos a Canarias a comienzos del siglo XXI, se observa cómo el Diputado del Común afirma que en las islas se ha producido una auténtica invasión de africanos y latinoamericanos. A ello responde el alcalde de Las Palmas de Gran Canaria que, colocando las cosas en su sitio, afirma que no se puede decir lo mismo de los latinoamericanos que de los africanos. Con ello quiere subrayar que, mientras que los africanos invaden, los latinoamericanos no invaden aunque sean más numerosos.

Algunos elementos centrales de lo ocurrido en El Ejido en el año 2000 apuntan en esa dirección racista (Martínez Veiga, 2004). El Ejido es una agrociudad, situada en el poniente almeriense, que en el año 2000 tenía alrededor de 60.000 habitantes y unos 12.000 trabajadores inmigrantes, prácticamente todos ellos procedentes de Marruecos. El 5, 6 y 7 de febrero del año 2000 se produjeron unos ataques brutales y masivos de los nativos contra los trabajadores inmigrantes, que tuvieron mucha repercusión en la prensa nacional e internacional y estuvieron precedidos del asesinato de dos agricultores locales –el 28 de enero de 2000– y de una joven por dos trabajadores marroquíes, uno de los cuales se hallaba en tratamiento psiquiátrico. No obstante, los asesinatos previos de marroquíes por la población local apenas tuvieron consecuencias.

A raíz del asesinato de la joven Encarnación, un grupo numeroso de ciudadanos intenta reunirse con el alcalde, que se niega a recibirlos. A raíz de esto los acontecimientos se suceden muy rápidamente. Se cortan las carreteras de acceso a El Ejido de tal manera que se expulsa a todos los marroquíes que pretenden llegar y no se deja entrar, en principio, a nadie procedente de fuera. Hasta el 8 de febrero todas las madrugadas se cortan las carreteras de acceso al pueblo. Simultáneamente se va desatando la ira de una multitud en aumento, que vaga en son de guerra por diversos lugares del municipio. Los ciudadanos ejidenses, armados de palos, bates de béisbol, barras de hierro, etc., comienzan a agredir a los inmigrantes marroquíes, a veces a las personas y en otras ocasiones a sus propiedades. Desde el primer día se empiezan a quemar los coches que pertenecen a los inmigrantes marroquíes y se asaltan los establecimientos comerciales que éstos regentan. Se destruyen locutorios, bares, carnicerías o bazares por grupos de personas, que frecuentemente son aplaudidas por quienes los observan como si se tratase de un espectáculo teatral. A veces no sólo se destruye el bar, el locutorio, las chabolas o las casas viejas en las que viven los inmigrantes, sino que también se amenaza con quemar casas relativamente nuevas habitadas por "cristianos" en las que se instala algún marroquí.

Otro acontecimiento cargado de simbolismo es la destrucción de la mezquita. Cuando se vuelve del entierro de la joven que fue asesinada, un grupo más bien grande de jóvenes entra en la mezquita, forzando la puerta, destroza todo lo que había dentro, libros, lámparas, etc., y profana el libro del Corán orinando sobre él. Posteriormente abren el lugar en donde está el dinero y lo roban. Todo esto lo llevan a cabo recitando un verso que se había hecho famoso en la Revolución portuguesa de los claveles: "el pueblo unido jamás será vencido" y "vamos a hacer la revolución contra los moros". Por último, el día 7 circula el rumor del envenenamiento por los moros de los depósitos de agua potable y de que el Ayuntamiento se había visto obligado a vaciarlos. Este rumor coloca los acontecimientos de El Ejido en relación con los pogromos contra los judíos que tuvieron lugar en Europa en los siglos XIII y XIV. Entonces también se decía que los judíos eran perseguidos porque "habían envenenado los pozos y las aguas y habían infectado el aire".

El alcalde de El Ejido pone en relación los acontecimientos con la Ley de Extranjería (4/2000) que, según él, era un desastre, y sostiene: "Es importante dar un mensaje de tranquilidad. Yo lamento que se me haya criticado tanto por mi opinión negativa hacia la ley porque en estos momentos desearía haberme equivocado en mis declaraciones y que no se hubiera repetido este hecho; pero, desafortunadamente, todos los grupos que han aprobado la nueva ley han hecho que se favorezca una avalancha de inmigrantes buscando regularización; en suma, han hecho que entraran personas de toda clase y toda índole que sólo han hecho aumentar la confusión" (*La Voz de Almería*, 2000). La "avalancha" viene únicamente de los marroquíes y no de otros grupos. Hay que insistir en que posteriormente, en septiembre de 2000, uno de los sindicatos agrarios ofrece 100 puestos de trabajo en la agricultura de El Ejido y dice que no son para los marroquíes, sino para otros inmigrantes, básicamente latinoamericanos. Cuando se pregunta por la razón por la cual no se contrata a los marroquíes, se contestará que "por su cultura son conflictivos". Por tanto, es la *cultura la que se naturaliza y sirve para *discriminar. En última instancia, los marroquíes siempre constituyen una avalancha que hay que parar.

Lo mismo ocurre con los subsaharianos que llegan a Canarias en ese momento. Su llegada constituye una "avalancha" que puede "destruir", pese a que no se pueda decir que arruinen la economía, porque el crecimiento económico los exige, ni que destruyan la cultura o sociedad española, porque esto suena demasiado al "suicidio de la raza", a racismo. Si esto se tiene en cuenta, habría que decir que a los africanos que llegan a Canarias se les devuelve porque sí. Pero de todas maneras este "porque sí" hay que elaborarlo en la línea que apunta Eduardo Bonilla-Silva, (1993).

En Estados Unidos todo un conjunto de estudios se refiere al ser blanco y a lo que esto significa desde el punto de vista del racismo; uno de ellos es de Roediger (1991, 2002). De acuerdo con estos análisis, el ser blanco o la blancura en todas sus manifestaciones es "poder racial incorporado", ya se exprese de una manera militante —como en el caso del Ku Klux Klan— o más tranquila —miembros de la clase media—. En todos estos casos, la blancura es la manifestación externa del grupo racial dominante. Pero es importante tener en cuenta que, además de los "blancos", hay también los casi-blancos. En Estados Unidos, los irlandeses, los italianos y hasta los judíos, cuando llegan al país como inmigrantes, son considerados negros o casi-blancos y poco a poco con sus luchas consiguen convertirse en blancos. Según Bonilla Silva, algo parecido está ocurriendo con los latinos en los Estados Unidos donde se está configurando un sistema de tres razas constituido por los blancos, los que este autor designa con el término de blancos honorarios y los negros. Las razones por las cuales los latinos han pasado de ser negros a casi blancos tienen que ver con la demografía de una América que se está "oscureciendo" y, dado que la población blanca va disminuyendo en número, la solución a este problema sería "emblanquecer" la población latina inmigrante o crear un grupo intermedio que sirva de tampón del conflicto racial entre negros y blancos. La cuestión es si no estará pasando algo parecido en España, en donde los fenómenos no se plantean tan claramente en términos de blanco o negro, sino de poder económico, legalidad o ilegalidad, derechos o falta de ellos, avalancha o no. En ello hay un orden tripartito: en lo más alto se encuentran los españoles y europeos, que se corresponden con los blancos; en el espacio intermedio están los latinoamericanos, que no son directamente carne de expulsión, y por último, se hallan los africanos —magrebíes y subsaharianos– que se expulsan con rapidez y facilidad. ¿No se estará creando también un orden racial tripartito?

Bibliografía

BONILLA-SILVA, E. (1993): "'New Racism', Color-Blind Racism, and the Future of Whiteness in America", en A. W. Doane y E. Bonilla Silva (eds.), *White Out. The Continuing Significance of Racism*. New York: Routledge, 271-284.

CURTIS, L. P. (1971): *Apes and Angels: The Irishmen in Victorian Caricature*. Washington: George Washington University.

MARTÍNEZ VEIGA, U. (2004): *El Ejido. Discriminación, Exclusión Social y Racismo*. Madrid: La Catarata.

ROEDIGER, T. D. R. (1991): *The Wages of Whiteness: Race in the Making of the American Working Class*. New York: Verso.

— (2002): *Colored White: Transcending the Racial Past*. Berkeley: University of California Press.

— (2005): *Working Toward Whiteness. How America's Immigrants became White*. New York: Basic Books.

WEISS, R. (1970): "Racism in the Era of Industrialization", en G. Nash y R. Weiss (eds.), *The Great Fear: Race in the Mind of America*. New York: Routledge, 121-143.

Ubaldo Martínez Veiga

Véanse además CULTURA, Diferencias naturales y diferencias sociales, Diferencias sociolingüísticas y desigualdad, DISCRIMINACIÓN Y EXCLUSIÓN SOCIAL, Esclavitud, MIGRACIONES, Migraciones. Teoría macro, MOVILIDAD, Naturalización, Nomadismo y turismo, Racismo y neorracismo, Viajes y sistemas de movilidad.

Minorías

Minoría es un concepto difícil de definir y aplicar en ciertas situaciones. Normalmente se utiliza para designar un grupo o una posición de *discriminación o desventaja relativa en términos demográficos, políticos, económicos, religiosos o *culturales, por lo que básicamente entronca con el acceso *desigual al poder, la estratificación social y la creación del *Estado-nación.

Bourdieu y Foucault han mostrado cómo la nación-Estado *moderna es un contexto útil para la expresión de las minorías étnicas: los discursos *nacionalistas crean un ambiente propicio para el florecimiento del credo *étnico y de la cultura nacional. A este respecto es significativo que el reconocimiento de los derechos de las minorías surja a partir del s. XIX de las tensiones nacionalistas y étnicas que darán origen a la Primera Guerra Mundial. Posteriormente diversos organismos internacionales –Sociedad de Naciones, UNESCO…– van dando forma a la defensa de minorías nacionales hasta 1992, cuando la ONU aprueba la *Declaración sobre los Derechos de las Personas Pertenecientes a Minorías* –seguida de otros manifiestos de la Unión Europea a través del Consejo de Europa–, a la que los Estados deben adherirse propugnando medidas *positivas y no sólo negativas como la no-discriminación.

Aunque en el pasado la mayor parte de las comunidades políticas organizadas fueron multiétnicas por conquista, comercio o *migración, normalmente se utiliza un modelo idealizado de comunidad "pura" en que se comparte, y se tiene en común, ancestros, lenguaje y cultura. Para alcanzar este ideal, se intenta eliminar a las minorías a través de expulsiones o *genocidio, se las asimila forzosamente, adoptando el lenguaje, la religión y las costumbres de la mayoría o se trata a sus miembros como *extranjeros sin derechos.

Se ha pensado frecuentemente que las minorías son un producto del aislamiento que las mantiene separadas de la mayoría, pero esto no es así, sino justamente al revés: las minorías son medios de estructuración del contacto. La base racial, religiosa o étnica que supone la asignación a la categoría de minoría proviene de las relaciones de poder con que un grupo trata de justificar su posición respecto a los demás. La adscripción al grupo se produce a través de *diferencias físicas y *culturales reales o imaginarias, mitos y formas de sanción religiosa.

En suma, las minorías étnicas son grupos sociales que se distinguen de la mayoría de la sociedad, a la que pertenecen, por determinados rasgos como la lengua, el origen nacional, la religión, los caracteres físicos, el orden de valores o las costumbres. Objeto de discriminación o represión, las minorías responden o bien atenuando las diferencias o, por el contrario, acentuándolas. Charles Wagley y Marvin Harris (1958) han identificado cierto número de características de las minorías: son segmentos subordinados de sociedades complejas; sus rasgos especiales, físicos o culturales se tienen en baja estima, y constituyen

unidades muy conscientes de sí mismas y consolidadas por esos rasgos especiales. En ocasiones puede ser ventajoso mantener su
posición aparte o les está prohibido ascender.
Suele haber endogamia. El rango es asignado,
pero los individuos pueden rechazar o asumir
tal categoría. Esta temprana incursión en el
estudio de minorías –indios, negros y emigrantes europeos– mostró cómo la situación
empírica es muy diversa y compleja.

Así pues, el estudio de las minorías culturales tiene que ver fundamentalmente con el
rango asignado, la presentación de uno mismo, el simbolismo y la *identidad. Los miembros de una minoría comparten ciertas características subjetivas –conciencia de sí
mismos, sentimientos de pertenencia, sistema
de creencias– u objetivas –nombre, lengua,
apariencia física, indumentaria– que les distinguen de la mayoría nacional. En 1985 la
ONU lo ha definido incorporando estas
características: grupo de *ciudadanos del
Estado, en minoría numérica y posición no
dominante en él, dotados de características
étnicas, religiosas o lingüísticas diferentes de
la mayoría de la población, solidarios entre sí
y animados de una voluntad colectiva de supervivencia y con aspiración de igualdad, de
hecho y derecho, con la mayoría (Grin,
2004).

Esta lista de criterios presenta ciertos problemas. Por ejemplo, la inferioridad numérica no siempre presupone inferioridad
política, como muestra el caso de los afrika-
ners en Sudáfrica o los criollos en Sierra Leona (Cohen, 1981), y viceversa, una mayoría
como la de las mujeres puede ser minoría política. Aún más, un mismo actor puede ser
mayoría –catalán en Cataluña– y minoría
–musulmán–. Por otra parte, las características que remiten a la etnia, la cultura, la
religión, la lengua o la presencia antigua y duradera en el *territorio, sobre el que se extiende la *jurisdicción del Estado, incluirían a
ciertos grupos étnicos, por ejemplo, indígenas
o sefardíes, pero podrían excluir a otros como
los emigrantes o los actores sin papeles que as-
piran a conseguir la *ciudadanía del Estado
en cuestión; una categoría con mayor peso
que el estatus de minoría. La paradoja es que,
en cierto modo, no hay un pueblo que no sea
emigrante –los indios americanos proceden
de Asia…– y la cuestión es en qué momento
se erige la *frontera temporal que le convierte a uno en "autóctono", o qué grado de antigüedad legitima a una minoría. Similar
indefinición plantea la "voluntad" de preservar las características que marcan la identidad colectiva del grupo. Puesto que las
identidades cada vez más se aprecian como
voluntarias, cambiantes y múltiples, es difícil
hablar en nombre de "una" minoría de origen
marroquí o asiática. Muchos de los miembros
de estas minorías son ambivalentes respecto a
su identidad diferencial; por ejemplo, algunos
jóvenes que adoptan un estilo de vida o valores incompatibles con las tradiciones de su
grupo de pertenencia o, por el contrario, los
que se aferran a una imagen *fundamentalista, ideal y sin cambios del mismo. También la
identidad en muchos casos es situacional, es
decir, surge o se crea en ciertos contextos como respuesta a adaptaciones concretas. Pero
además, desde la publicación del texto de
Barth (1969) se ha rechazado la idea de que
los grupos étnicos son definibles en razón de
su inventario de rasgos culturales compartidos. Los *límites de un grupo étnico se construyen por autoadscripción, en que las gentes
eligen unos pocos atributos culturales –vestido, lenguaje…– como signo de su singularidad. Se supone que tienen una descendencia
compartida a través de la narración, con memorias de migración, sufrimiento, etc. Precisamente la urdimbre de la biografía personal
y la narrativa colectiva genera un poderoso sentimiento de identificación con el grupo
étnico.

Resulta indudable que se evoca una diferencia respecto a la mayoría, pero cabe también preguntarse: ¿qué es una mayoría?, ¿es
algo estable? Una mayoría no es algo monolítico y depende del contexto. Al igual que ocurre con la minoría, se puede ser a la vez
mayoría y minoría. Hace ya tiempo, Clifford
Geertz (1973) se refirió al carácter problemático de las naciones y culturas nacionales, ana-
lizando la tensión entre los sentimientos
primordiales enraizados en las diferencias
premodernas de lenguaje, religión y herencia
cultural y los sentimientos civiles instalados
en la ciudadanía. Las naciones se construyen a
través de imaginerías nacionales que implican jerarquías en la ciudadanía del Estado.
Quedan relegados a la condición de minoría
étnica o racial quienes tienen una identidad
cultural marginal respecto a la cultura nacional. Sin embargo, si la base del poder del
Estado se hace problemática, las minorías
pueden tratar de hacer realidad sus propias
aspiraciones nacionales. En muchas ocasiones
el imaginario nacional se cuestiona por los
que se encuentran atrapados entre Estados y
naciones.

La movilización de los grupos minoritarios plantea muchos problemas de naturaleza política y étnica. En primer lugar, el acentuar el carácter distintivo de una identidad étnica o cultural lleva el riesgo de reforzar ciertos *estereotipos. Pero, además, la aplicación del principio de representación es muy delicada: los líderes comunitarios no son siempre demócratas y provienen muchas veces de los sectores más conservadores.

Desde la década de los ochenta el término minoría se ha convertido en algo cotidiano en el discurso público de muchos países occidentales. Ello se explica por estar asociado al paradigma del *multiculturalismo que rechaza el modelo de *integración por asimilación y valora el pluralismo identitario. Las minorías étnicas –formadas por sumas de emigrantes que convergen sobre un mismo espacio– y las nacionales –comunidades históricas o territoriales preexistentes al Estado-nación– adquieren en este contexto nuevos derechos y medios específicos para preservar, impulsar y difundir su *patrimonio cultural. La identidad diferencial debería ser una identidad afirmada y positiva frente a la que se atribuye como negativa.

Pero, por otro lado, el uso del término subraya los riesgos de fragmentación inherentes a las sociedades posindustriales. Puesto que todo grupo se puede afirmar como una minoría –un conjunto de individuos desfavorecidos por la sociedad por una diferencia significativa que no es necesariamente de tipo etnocultural como los homosexuales, discapacitados, maltratadas, jubilados, sin papeles…–, los que se presentan como tales buscan obtener del Estado o de la opinión pública un reconocimiento de su sufrimiento actual o pasado y una retribución de las injusticias. Esta profusión de identidades particulares en concurrencia hace que se hable de la irrupción de una sociedad "balcanizada", en la que los principios universalistas no serían preferentes (Armony, 2004). Los temas de las minorías abren un nuevo campo de acción: la elaboración y evaluación de las políticas públicas donde se encuadran las cuestiones clásicas de eficacia e igualdad en la administración de los recursos del Estado.

Las cuestiones de las minorías no existen por sí mismas; constituyen también asuntos de mayorías o, más fundamentalmente, de gestión de la diversidad. La diversidad étnica, lingüística y cultural está construida sobre el conflicto y la amenaza. Se organiza sobre el conflicto por la confrontación de *alteridad que exige y por el poder material y simbólico que supone. Y se construye sobre la amenaza porque las fuerzas económicas, políticas y sociales tienen como efecto erosionar la diversidad objetiva. Frente a ésta, la diversidad subjetiva, de la que nos percibimos cotidianamente, tiende a aumentar en razón de los flujos migratorios la intensidad del comercio internacional y la reafirmación de identidades étnicas tradicionales.

Derechos de las minorías

La protección y promoción de las minorías ocupan un lugar importante en la acción de las organizaciones internacionales y están asociadas a un análisis moderno de los problemas que plantea la diversidad. La idea de la diversidad no sólo contribuye a la vitalidad del cuerpo social, sino que es indisociable de un funcionamiento democrático, según han puesto de manifiesto Wieviorka y Ohana (2001). Sin embargo, los derechos de las minorías son objeto de debate en las ciencias sociales y políticas. ¿Qué es el derecho a la diferencia? ¿Es una donación, un deseo intangible o una diferencia identitaria o contingente? ¿Hablamos de derechos colectivos o individuales? Básicamente hay dos teorías al respecto: las aspiraciones de las minorías o se entienden como una remisión comunitarista del individualismo, en que reposa el liberalismo político –propio del mundo anglosajón–, o se consideran un ataque contra los valores republicanos –Francia.

Tanto en la tradición liberal como en la republicana se parte del principio de que los particularismos de los individuos atañen a la esfera privada, y de que el Estado debe tratar a todos los ciudadanos de manera igualitaria sin intervenir ni privilegiar su especificidad. Si acaso, frente a la diversidad racial y a fin de articular una política eficaz de no discriminación, el Estado puede ofrecer formas de discriminación positiva para garantizar la igualdad de los ciudadanos. En este modelo el punto débil está en la lengua, que obviamente no se puede "privatizar". El vasco o el hopi son la expresión de una cultura y de una identidad y la asimilación forzosa contraviene los principios de justicia.

El debate se plantea sobre dos ejes que, en gran medida, se superponen: desde las ciencias sociales se opone individualismo a *comunitarismo, y desde el Derecho se contraponen los derechos individuales a los colectivos. Según Tylor, desde las filas "comunitaristas" y, por tanto, desde el reconocimiento de derechos de las minorías como derechos colectivos (1993), la "política del reconocimiento" es una exigencia de los grupos minoritarios o subalternos debido a los nexos entre reconocimiento e identidad. La identidad se moldea en parte por el reconocimiento o por la falta de éste –una forma de opresión–. En un primer momento la política del reconocimiento igualitario ocupa un lugar crucial en la sociedad a nivel individual y en la esfera pública. Es una visión universalista que subraya la dignidad igual para todos los ciudadanos. Un segundo giro es el de la "política de la diferencia", el reconocimiento de la identidad única de un individuo o grupo por ser distinto a los demás, lo que impide una asimilación a la identidad dominante o mayoritaria. La política de la dignidad universal es ciega a las diferencias, es decir, las homogeniza; la política de la diferencia redefine la no discriminación exigiendo que se trate de un modo diferente la diferencia. Pero no es una medida transitoria, como se pensó al principio –mientras se nivelaban las diferencias–, sino algo permanente, ya que implica la propia identidad y uno no debe perderla. Son dos modos de política que comparten el concepto básico de igualdad de respeto: uno se centra en lo que es igual para todos, otro en lo que es diferente o particular.

Una sociedad democrática debería reconocer el derecho a la diferencia. Esta lógica plantea un conflicto con la del liberalismo, fundada sobre la primacía de la persona y la igualdad de los individuos o la defensa de la diversidad cultural como derechos individuales (Habermas, 1999). Otra idea del liberalismo ciego a la diferencia es la que sostiene que la política puede ofrecer un terreno neutral en que podrán unirse y coexistir personas de todas las culturas, siempre que se hagan ciertas distinciones: público-privado, política-religión. Pero los principios ciegos a la diferencia –el propio liberalismo– no son neutrales: constituyen también el reflejo de una cultura hegemónica –hablar en cristiano–, un credo combatiente. El pensamiento liberal sobre los derechos de las minorías contiene sus dosis de *etnocentrismo y de generalizaciones. El debate actual intenta la posibilidad de reconciliar los dos enfoques, procurando justificar los derechos desde el pensamiento liberal y tratando de encontrar respuestas moralmente defendibles y políticamente viables en las democracias (Kymlicka, 1995). Para Kymlicka, la exigencia liberal de igualdad entre todos los miembros

de la sociedad supone que, en el acceso al mismo conjunto de posibilidades –es decir, en el contexto de elección–, ningún individuo debería tener desventaja por el azar de su nacimiento en una u otra comunidad lingüística o cultural. Los derechos especiales para las minorías no son privilegios, sino disposiciones para restablecer la igualdad. A esto se responde que la identidad es evolutiva y la composición del grupo no constituye algo objetivo y permanente, los individuos se asimilan o pueden tener distintas y cambiantes identidades, por lo que las minorías se diluyen. Pero no hay que olvidar que los ataques y cuestionamientos a la minoría favorecen a la mayoría. Si la minoría debe ser tratada como secundaria y contingente, ello también afecta a la mayoría.

Tras estos planteamientos, hay presunciones del trato uniforme en las sociedades actuales, que se fundamentan en valores: en definitiva, se trata de los juicios y creencias de lo que es una buena vida. Las minorías no siempre comparten la definición pública de lo bueno, un juicio en el que ocupa un lugar importante la propia integridad y vitalidad de las culturas.

La lucha para el reconocimiento por el Estado o los organismos internacionales ha sido una constante en muchos grupos minoritarios. Puesto que las minorías son, por definición, más vulnerables a las actitudes *racistas o *xenófobas, la mayoría de las sociedades democráticas han adoptado medidas para protegerlas: políticas de ayuda, programas de educación y campañas de sensibilización para combatir los prejuicios y la intolerancia. La protección de sus derechos se ha convertido en una cuestión importante para los Estados en el cuadro de las organizaciones internacionales. El reconocimiento de derechos parte, pues, del propio Estado-nación, aunque hay muchas situaciones donde las fronteras nacionales no tienen sentido. Esta política ha tomado diferentes formas y objetivos. Hay países que han introducido diversas medidas basadas en la discriminación positiva o *acción afirmativa* para contrarrestar los mecanismos de discriminación sistemática y las prácticas racistas –o sexistas– de las instituciones. Estas medidas de tratamiento preferencial precisan de la definición del grupo, generalmente una minoría poco representada –con respecto a la población total– en la función pública, el mercado de *trabajo o las universidades, que es objeto de diferenciación para corregir las desigualdades de ciertas poblaciones y promover una igualdad efectiva.

La afirmación de las identidades minoritarias está en correlación con la emergencia de los "*nuevos movimientos sociales", que se distinguen de formas precedentes de movilización colectiva por la importancia de la subjetividad, la valorización de la autonomía y la puesta en causa del control social. Como otros grupos de interés, estas minorías se erigen en actores y se visibilizan a través de diferentes canales. Sus reivindicaciones pueden ir desde la demanda de derechos especiales –como la libertad de culto– a la revisión de la historia que se enseña en las escuelas a fin de que lo que se transmita refleje mejor su propia visión –por ejemplo, la de los americanos de origen africano–. Las asociaciones de defensa más famosas son los interlocutores privilegiados de los gobiernos que buscan el apoyo de la sociedad civil para sus proyectos. Así, minorías y mayorías se enfrentan cada vez más por cuestiones de lengua, autonomía regional, representación política, currículum educativo, reivindicaciones territoriales, política de inmigración y *naturalización o utilización de símbolos nacionales –banderas o festividades nacionales…

Desde la antropología, una de las respuestas en defensa de las minorías culturales ha sido la creación de Cultural Survival, Inc. (1993), una organización sin ánimo de lucro fundada en 1972 por David Maybury-Lewis, a raíz de su trabajo de campo en Brasil en los años sesenta, tras comprobar que las gentes y culturas de la zona estaban en riesgo de destrucción. El ánimo de la organización es la defensa de los *derechos humanos de los indígenas y el mantenimiento de sus culturas. La organización publica noticias sobre las injusticias que sufren los indígenas y combate los argumentos usados para justificar la violación de sus derechos. Proporciona soluciones alternativas a los problemas de *desarrollo, manejo de recursos, etnicidad y relaciones con el Estado, y aporta asistencia financiera y técnica a las organizaciones indígenas para defender sus derechos sobre la tierra, proyectos educativos y sanitarios. Mantiene un medio de *información y comunicación de minorías indígenas que concierne al 5% de la población mundial. Aunque resulta difícil definir qué es ser "indígena" en un mundo cambiante y *globalizado y los Estados temen el impulso de la identidad étnica que podría ponerlos en peligro, puesto que los indígenas cambian y se adaptan a la *modernización, la supervivencia cultural que se promueve no es la mera preservación cultural, sino la continuidad de las culturas.

Bibliografía

ARMONY, Victor (2004): "Minorité", en Gilles Ferréol y Guy Jucquois (eds.), *Dictionnaire de l'altérité et des relations interculturelles*. Paris: Armand Colin, 209-210.

BARTH, F. (ed.) (1976 [1969]): *Los grupos étnicos y sus fronteras*. México: FCE.

COHEN, Abner (1981): *The politics of Elite Culture*. Berkeley: University of California Press.

CULTURAL SURVIVAL, Inc. (1993): *State of the Peoples: A Global Human Rights Report on Societies in Danger*. Boston: Beacon Press.

GEERTZ, Clifford (1995 [1933]): "La revolución integradora: sentimientos primordiales y política civil en los nuevos Estados", en *La interpretación de las culturas*. Barcelona: Gedisa, 219-261.

GRIN, François (2004): "Droits des minorités", en Gilles Ferréol y Guy Jucquois (eds.), *Dictionnaire de l'altérité et des relations interculturelles*. Paris: Armand Colin, 210-217.

HABERMAS, J. (1999): *La inclusión del otro. Estudios de teoría política*. Barcelona: Paidós.

KYMLICKA, Will (1996): *Ciudadanía multicultural*. Barcelona: Paidós.

SCHERMERHORN, R.A. (1970): *Comparative ethnic relations*. New York: Random House.

TYLOR, Charles (1993): *El multiculturalismo y la política del reconocimiento*. México: FCE.

WAGLEY, Charles; HARRIS, Marvin (1958): *Minorities in the new world*. New York: Columbia University Press.

WIEVIORKA, Michel; OHANA, Jocelyne (eds.) (2001): *La différence culturelle. Une reformulation des débats*. Paris: Balland.

María Cátedra Tomás

Véanse además Acciones afirmativas, Aculturación, ALTERIDAD, CIUDADANÍA, Ciudadano, COLONIALISMO Y ANTICOLONIALISMO, COMUNICACIÓN, Comunitarismo, Contracultura, Criollización, CULTURA, DERECHOS HUMANOS, DESARROLLO, DIFERENCIA Y DESIGUALDAD, Diferencias naturales y diferencias sociales, Diferencias sociales y diferencias culturales, Discriminación positiva, DISCRIMINACIÓN Y EXCLUSIÓN SOCIAL, Discriminación positiva, Elites cosmopolitas, ESTADO-NACIÓN, ESTEREOTIPOS Y ESENCIALIZACIÓN, Etnicidad, Etnocentrismo y relativismo cultural, Extranjero, Fronteras políticas y religiosas, Fronteras simbólicas, GENOCIDIO, GLOBALIZACIÓN, HIBRIDACIÓN, Homofobia y heterofobia, IDENTIDAD, Información, IN-

TEGRACIÓN, Integración educativa, Integración religiosa, MIGRACIONES, Modernidad, Modernización, MULTICULTURALISMO, Multiculturalismo en los estudios étnicos, Multilingüismo, Nacionalidad, Nacionalismo, Naturalización, NUEVOS MOVIMIENTOS SOCIALES, PATRIMONIO, Plurinacionalidad, Poscolonialismo, Racismo y neorracismo, SABER Y SABERES, Segregación, Sociedad de la información y del conocimiento, TERRITORIOS, TRABAJO, Xenofobia y xenofilia.

Modernidad

De acuerdo con el sociólogo Giddens (1993, 1995), el concepto de modernidad se refiere a las instituciones y modos de comportamiento que surgen en Europa a partir del s. XVII y que no han cesado de profundizarse y difundirse desde entonces, presentando un alcance global por su impacto o sus efectos. También ha sido común localizar su eclosión en la oleada general de cambios vinculada a la Revolución industrial y a la Revolución francesa, incluyendo entre ellos el tránsito a un régimen demográfico moderno; la urbanización y la industrialización; la expansión de las organizaciones secundarias, como el sistema educativo o la empresa; la nueva estratificación social o sistema de clases sociales, o, en fin, el ascenso de la ciencia, del maquinismo y de la tecnología, la administración burocrática o las comunicaciones. La centralidad de la idea y el valor del cambio y de lo nuevo en la definición de modernidad se aprecia en la expresión alemana *neuzeit*, "tiempo nuevo" para referirse precisamente a la Edad moderna (Bovero, 2002), o en la francesa *modernité* aludiendo a importancia de experimentar la novedad (Solé, 1997). Muchos científicos sociales han coincidido en esta apreciación, destacando el extraordinario dinamismo de la modernidad, apoyado, entre otros aspectos, en la intensificación del ritmo de cambio social, así como en su creciente extensión y profundidad. Así, para algunos como Jameson, el modernismo, entendido como forma cultural de la modernidad ascendente, habría representado precisamente una suerte de batalla final entre lo viejo, en retroceso, y lo nuevo, en ascenso, a partir de lo cual la innovación y el cambio se habrían entronizado como "la norma" de la vida social. La comprensión de los cambios asociados al surgimiento de la modernidad, así como la conceptualización de las dimensiones institucionales de ésta, han sido objeto de muy distintas aproximaciones. No obstante, la mayor parte de ellas se ha apoyado en la contraposición dicotómica entre *un antes*, la sociedad tradicional, premoderna o preindustrial, *y un después*, la sociedad moderna y/o industrial. Distinciones como la debida a Comte entre la sociedad positiva o militar; la de Maine, entre el estatus y el contrato; la durkheimniana, relativa al paso de la solidaridad mecánica a orgánica; la oposición entre comunidad y asociación, debida a Tönnies, o, en fin, la distinción típico-ideal entre el tradicionalismo económico y el capitalismo aventurero, de una parte, y el espíritu del capitalismo o el proceso de racionalización formal y material, por otra, elaborada por Weber, fundamentan algunas de las explicaciones clásicas de la modernidad más celebradas, y todas ellas recurren al tipo de contraposición apuntada.

De entre todas las oposiciones duales en que, implícita o explícitamente, se apoya la noción de modernidad, probablemente la más relevante es la que la que distingue del mundo tradicional. Esta oposición, objeto de muy distintas interpretaciones, constituye seguramente la tesis fundante de la sociología, al tiempo que atraviesa los debates y las controversias del conjunto del pensamiento social, clásico y contemporáneo. Así, para Giddens, la modernidad es esencialmente un orden postradicional. Ello significa, entre otras cosas, que el cambio de uno a otro mundo, más que una simple evolución, implica una "discontinuidad" o una transformación radical, apoyado en un proceso de destradicionalización propiciado por las condiciones facilitadoras del dinamismo moderno, tales como el creciente distanciamiento espacio-temporal y el desanclaje de las instituciones sociales respecto de los entornos locales y su rearticulación a escala cada vez mayor. Esta concepción de la destradicionalización entronca así con la tesis más extendida en la sociología, y se diferencia de otras como la de Heelas, Lash y Morris (1996), que han insistido en la coexistencia de este proceso con los orientados al "mantenimiento de la tradición, la re-tradicionalización y la construcción de nuevas tradiciones" (Heelas, Lash y Morris, 1996: 2).

La modernidad atraviesa por múltiples cambios y crisis, pero es sobre todo a partir de los años setenta del pasado siglo cuando arrecia la pregunta por su vigencia. Algunos van a sostener entonces su agotamiento, y otros, los menos, llegan incluso a cuestionar su misma existencia. Buena parte de los científicos sociales, empero, van a dirigir las pesquisas hacia otros terrenos, como la investigación de la globalización, de una parte, o el análisis de la nueva oleada de cambios en clave de transformación dentro de la modernidad, de otra, recurriendo a términos como posindustrialismo (por ejemplo, Bell), sociedad de la información (como dice, Castells), modernidad tardía (por ejemplo, Giddens), o, en fin, sociedad de riesgo o segunda modernidad (Beck).

Bibliografía

BECK, U. (2002): *La sociedad del riesgo global*. Madrid: Siglo XXI.

BOVERO, M. (2002): *Una gramática de la democracia: contra el gobierno de los peores*. Madrid: Trotta.

GIDDENS, A. (1993)*: Consecuencias de la modernidad*. Madrid: Alianza.

— (1995): *Modernidad e identidad del yo*. Barcelona: Península.

HEELAS, P.; LASH, S.; MORRIS, P. (eds.) (1996): *Detraditionalization*. Oxford: Blackwell.

SOLÉ, C. (1997): "Acerca de la modernización, la modernidad y el riesgo". *REIS*, 80, octubre-diciembre: 111-131.

Margarita Barañano Cid

Véanse además ALTERIDAD, CIUDADANÍA, Ciudadano, COLONIALISMO Y ANTICOLONIALISMO, Comunidad transnacional, DESARROLLO, DIFERENCIA Y DESIGUALDAD, ELITES, Elites cosmopolitas, Esfera mediática, Espacio de los flujos, ESTADO-NACIÓN, Etnicidad, Etnocentrismo y relativismo cultural, FRONTERA, Frontera geográfica y administrativa, Fronteras simbólicas, GENOCIDIO, Globalización y antiglobalización, HIBRIDACIÓN, Información, Localidades fantasmagóricas y desanclaje, Mestizaje, MINORÍAS, Modernización, MOVILIDAD, MULTICULTURALISMO, Multilingüismo, Multilocal, Nacionalismo, Nomadismo y turismo, NUEVOS MOVIMIENTOS SOCIALES, PATRIMONIO, Pluralismo sincrónico, POSMODERNIDAD, Racismo y neorracismo, Relaciones y procesos informales políticos, Sociedad de la información y del conocimiento, Sujeto intercultural, TRABAJO, Viajes y sistemas de movilidad, VIOLENCIA POLÍTICA.

Modernización

La expansión del concepto de modernización tiene lugar tras la Segunda Guerra Mundial, de forma correlativa con la propia entronización de la aproximación neoevolucionista y funcionalista en las ciencias sociales. La confianza en el "progreso" acarreado por el cambio estructural conocido en el mundo occidental más desarrollado, así como el interés por extenderlo a otros países más atrasados, despertó el interés por investigar la modernización. En las primeras versiones, ésta se entiende como un proceso irreversible, más o menos unívoco, y dirigido a una meta fija, identificada explícita o implícitamente con la sociedad occidental moderna. Las descripciones concretas varían, pero una de las más conocidas es la que entiende la modernización como un proceso de creciente *diferenciación e interdependencia funcionales, que se postula dentro de un modelo de amplia abstracción teórica y de supuesta aplicabilidad universal (Solé, 1997). A partir de los años sesenta proliferan las críticas a estas interpretaciones del concepto, así como también los intentos por eliminar sus connotaciones *eurocéntricas, occidentalistas y *desarrollistas y sus importantes rigideces originales (Carnero, 1992).

Más recientemente, el concepto de modernización ha vuelto a ser utilizado en un contexto muy distinto, vinculado en esta ocasión a los debates sobre las transformaciones contemporáneas de la modernidad. Así, Beck, ya en 1986 distinguió entre la "modernización clásica" o "sencilla" y la "modernización reflexiva". La "modernización clásica" habría producido la "primera modernidad", identificada con la sociedad industrial y con la forma del *Estado-nación. Esta primera modernización, aún incompleta, se habría visto acompañada en las últimas décadas de otra segunda oleada modernizadora, esta vez más extensa e intensa que la interior, productora de la sociedad de riesgo global. Con esta última la destradicionalización habría penetrado en todas las instituciones, normas e identidades, sustituyendo sus formas prescriptivas anteriores por nuevas versiones "reflexivas", abiertas a la diversidad, al riesgo y a la incertidumbre. La ciencia habría registrado un proceso paralelo de desmitificación, con resultados en la misma dirección. Esta segunda modernización, por último, apoyada en la globalización e individualización, no sería producto del agotamiento o del final de la modernidad, sino, por el contrario, de su éxito, que la llevaría a expandirse ahora bajo esta nueva versión reflexiva.

Bibliografía

BECK, U. (2002): *La sociedad de riesgo global*. Madrid: Siglo XXI.

BECK, U.; GIDDENS, A.; LASH, S. (1997): *Modernización reflexiva. Política, tradición y estética en el orden social moderno*. Madrid: Alianza.

SOLÉ, C. (1997): "Acerca de la modernización, la modernidad y el riesgo". *REIS,* 80, octubre-diciembre: 111-131.

CARNERO, T. (ed.) (1992): *Modernización, desarrollo político y cambio social*. Madrid: Alianza.

Margarita Barañano Cid

Véanse además Comunitarismo, DESARROLLO, DIFERENCIA Y DESIGUALDAD, Esfera mediática, ESTADO-NACIÓN, Etnicidad, Etnocentrismo y relativismo cultural, GLOBALIZACIÓN, HIBRIDACIÓN, IDENTIDAD, INDIGENISMO, Migraciones. Teoría macro, MINORÍAS, Modernidad, NUEVOS MOVIMIENTOS SOCIALES, PATRIMONIO, POSMODERNIDAD, RELACIONES Y PROCESOS INFORMALES, Relaciones y procesos informales económicos, Sociedad de la información y del conocimiento.

Movilidad

La movilidad ha sido considerada un rasgo inherente a las sociedades humanas, y mientras unos hablan del *homo mobilis*, como concepto integrador y unificador de la condición humana, otros van a subrayar la naturaleza *diferenciadora que la movilidad imprime en la misma (Bauman, 2004). Como objeto de estudio, el concepto de movilidad encapsula, por un lado, los *movimientos a gran escala de personas, objetos, capital e ideas a través del mundo y, por otro, aquellos flujos más locales directamente relacionados con el movimiento a través del espacio público y el viaje de objetos, materiales y símbolos en el desarrollo de la vida cotidiana.

La movilidad en ciencias sociales ha sido principalmente considerada un fenómeno geográfico y social referido al movimiento que determinados cuerpos —objetos/sujetos— acometen en espacios y tiempos definidos.

Desde el advenimiento de la sociedad industrial con la revolución en los transportes y el nacimiento del tiempo de ocio, la movilidad ha sido estudiada en términos de la mayor independencia que los seres humanos han ido ganando respecto a las constricciones impuestas por el medio geográfico o natural (Makimoto y Manners, 1997). Fundamentalmente, por *movilidad geográfica* se entiende el movimiento físico de desplazamiento de materiales o personas, desde un punto espacial a otro. Este tipo de movilidad ha sido especialmente importante en los estudios de *migraciones y también en los estudios en transportes desde la década de los años sesenta. Donde los primeros estudian los *movimientos de los sujetos migrantes internacionales, los segundos exploran las rutas de personas y mercancías a través del espacio.

En las aproximaciones clásicas a la problemática de la movilidad, los *sujetos móviles* por antonomasia han sido, pues, los sujetos migrantes, y los movimientos considerados se han referido primordialmente a los flujos migratorios por razones de *trabajo. El movimiento de personas a través del espacio ha sido analizado desde su carácter voluntario u obligado y su duración permanente o temporal.

Los *objetos en movimiento*, por su parte, han sido siempre estudiados desde la estrecha vinculación que éstos, ya sean comodidades, regalos, alimentos o capital, poseen respecto a las prácticas humanas de viajar y morar en espacios determinados (Clifford, 1999). Así, si la movilidad de capital y trabajo se define como la condición *sine qua non* para el *desarrollo de la economía de mercado y también como un requisito indispensable en la activación de la competencia dentro de la misma; los objetos móviles asociados a los viajeros, turistas, misioneros, pueden sufrir procesos de vaciamiento de contenido en el movimiento que es ejercido sobre ellos, o contribuir a través de su circulación en la lógica de mercado a la reproducción de lazos comerciales ya existentes. Estos últimos son, por otra parte, susceptibles de adoptar diferentes re-significaciones en el proceso de apropiación y adaptación a nuevos usos o deseos suscitados en el transcurso del *viaje* acometido por los sujetos que los transportan, sobre todo una vez que han llegado a su destino.

Si para los estudios que enfatizan la movilidad geográfica ésta es registrada como un movimiento eminentemente espacial y físico, para los análisis realizados bajo la perspectiva de la *movilidad social*, ésta está por lo general estrechamente vinculada a cuestiones de estratificación socioeconómica y, por ende, directamente ligada a cuestiones de estatus. La movilidad social ha sido un tema clásico de la sociología, sobre todo en las investigaciones referentes al estudio del cambio social y directamente vinculadas a la noción de clase. Según ha sido abordada, la movilidad social consiste en los movimientos que efectúan los individuos o también grupos enteros entre diferentes posiciones en la estratificación de un determinado sistema sociocultural. En estos estudios propios de los años sesenta y setenta, con el auge de las teorías estructural-funcionalistas, pero también actualmente en determinados círculos con aproximaciones más cuantitativistas al análisis del movimiento, las sociedades aparecen explicadas en términos de diferentes tipos de movilidad. Así, cuando se dice que un sistema sociocultural posee una *movilidad horizontal*, se está hablando de un tipo de movilidad que no supone alteración del estatus o posición social de sus colectivos o individuos. Por el contrario, una sociedad sometida a una *movilidad vertical* implica que sus miembros están sujetos a cambios de estatus ascendentes o descendentes en una determinada jerarquía socioeconómica.

En los estudios sobre movilidad social destacan sobre todo aquellos que se han centrado en el movimiento intergeneracional, fundamentalmente desde la atención a la influencia que factores adquiridos como la educación o la ocupación laboral poseen en la circulación de una persona o grupo social a diferencia de elementos adscritos como la raza. La *movilidad intergeneracional* es el movimiento entre generaciones medido a través de la comparación entre el nivel ocupacional de una persona y el de sus padres. La *movilidad intrageneracional* es, por el contrario, el movimiento que se da en el seno de una misma generación y se mide a través de la comparación entre la posición ocupacional que ocupa una persona en el momento de la medición respecto a su primera ocupación o trabajo.

La mayor parte de los estudios clásicos sobre la movilidad se han desarrollado en las sociedades industriales occidentales y las comparaciones se han establecido básicamente desde el vector ocupacional. Si la búsqueda de trabajo o una vida mejor puede dar lugar a migraciones importantes, es decir, al movimiento de personas a través de largas distancias en el espacio, analizar la *movilidad ocupacional o socioocupacional* es estudiar las trayectorias laborales de los individuos en una

determinada estructura social. En esta línea destacan, entre otras, las obras de Pitirm Sorokin –*Social Mobility,* 1972–; Peter M. Blau y Otis D. Duncan –*The American Occupational Structure,* 1967–, y, en Europa, sobre todo los estudios de Goldthorpe *et al.* –realizados en los años setenta en el *Oxford Mobility Study*– así como con el proyecto CASMIN –*Comparative analisis of Social Mobility in Industrial Nations*–. De acuerdo con estos últimos estudios, las estructuras sociales *modernas están siempre en movimiento y, aunque los flujos generados en ellas sean desiguales o incluso mínimos, la movilidad interesa, pues es una forma de verificar cambios en la conformación de dicha estructura y también de algún modo poder predecirlos.

Metodológicamente estos estudios de la movilidad social se llevaron a cabo –y todavía se realizan sobre todo en la sociología estadounidense– a través de la elaboración de matrices de transición y escalas de movimiento, en las que se correlacionaban diferentes variables susceptibles de intervenir en la misma; por ejemplo, el nivel de ingresos, la posición social o de clase, la educación o la ocupación laboral. En estos estudios, la movilidad social es considerada desde enfoques a gran escala y sirve para establecer comparaciones importantes entre unas sociedades y otras bajo un patrón común: toda sociedad debe aspirar a la consecución de modelos de movilidad ascendente. Los estudios sobre transportes y migraciones se valieron, y todavía se valen, de la elaboración de encuestas de movilidad dirigidas en su mayoría a la optimización del movimiento emprendido por un colectivo o sujeto: flujos más seguros y eficaces, más cortos y menos problemáticos. Actualmente es factible encontrar además conceptos como el de *movilidad sostenible* en los transportes que no sólo hablan de que éstos sean más eficaces –social, económica y medioambientalmente– de cara a las presentes generaciones, sino también a las futuras.

Mención especial merecen los estudios antropológicos clásicos, en los que la movilidad ha sido abordada desde los análisis de parentesco, los de antropología política y los de antropología de la religión, estando ésta además estrechamente vinculada a temas *identitarios. En estos estudios la noción de casta se contrapone a la de clase, la movilidad matrimonial ocupa el lugar que la movilidad ocupacional detenta en la sociología más clásica y las sociedades *nómadas* aparecen etnografiadas en sus rasgos contrapuestos a los pueblos sedentarios. Organizados en clanes, tribus o jerarquías, el intercambio o movimiento de objetos en economías de trueque, sistemas de reciprocidad o en la economía de mercado es una constante registrada en las primeras monografías antropológicas. Con este registro, y dentro de sistemas culturales observados sincrónicamente, vamos a encontrar el movimiento en forma de intercambios matrimoniales de personas –fundamentalmente mujeres– por objetos –sobre todo ganado– estudiados por la antropología africanista y estructuralista, o los circuitos de intercambio establecidos por sistemas como el Kula en Melanesia.

La noción de viaje o desplazamiento físico, emprendido por el etnógrafo generalmente desde Occidente hacia países de culturas diferentes a la occidental, ha sido además la razón fundamental sobre la que se ha asentado la antropología clásica y la condición básica del desarrollo de las metodologías de trabajo de campo. La elaboración de diarios de campo y monografías antropológicas, con sutiles diferencias respecto a los primeros libros de viajes, ha sido asimismo una forma interesante de narrar el movimiento no sólo físico, sino también cultural, acometido por el antropólogo en la búsqueda de la *alteridad.

Entre las implicaciones más problemáticas de los estudios clásicos sobre la movilidad hay que señalar que, a pesar de que éstos la otorgan un papel determinante, ésta se usa como un concepto que describe el movimiento –ya sea físico o abstracto– de determinados sujetos y objetos dentro de, y a través de, unos espacios y *culturas que se consideran en términos absolutos y definitorios. Desde estos enfoques, la movilidad no implica un cambio en la condición de lo social/cultural en sí mismo, sino que es una característica más de un tipo de sociedad específico: la sociedad moderna, consolidada en *Estados-nación, hijos de la revolución industrial y también de la revolución en el mundo de los transportes. La movilidad no es estudiada en sí misma, sino que es subsumida en conceptos como la clase, la estructura social, el parentesco o el espacio geográfico a los que se otorga un mayor alcance explicativo.

Investigaciones recientes, dentro de campos como la geografía cultural, la sociología, los estudios culturales y la antropología y ante el creciente movimiento de objetos, sujetos e ideas desde mediados de la década de los años noventa, que entienden, si bien la movilidad es un rasgo distintivo de las sociedades modernas frente a las premodernas, ésta es también y sobre todo producto de un mundo *globalizado. La movilidad se considera ahora una constante fundamental de la era moderna, evidente no sólo en la posesión generalizada de *medios de transporte, como el coche, o en la mayor accesibilidad de los vuelos en avión, sino a su vez en el desarrollo de tecnologías como el teléfono móvil y, fundamentalmente, Internet posibilitados por la revolución industrial en los transportes y, sobre todo, en las tecnologías.

A pesar de la controversia en torno al concepto de la globalización y sus significados, existe un común acuerdo al menos en subrayar que ésta, según apuntan Held *et al.* –*Democracia y Orden Global*, 1999: 2–, involucra el ensanchamiento, profundización y aceleramiento de la interconexión a nivel mundial en todos los aspectos de la vida social contemporánea, y en señalar que, si por algo se diferencia este proceso de otros, es precisamente por la intensa e incesante movilidad –de personas, objetos e *información– que le caracteriza. Z. Bauman (2004), por ejemplo, subraya que en virtud del proceso globalizador nos hemos desplazado desde una modernidad dura y sólida –*hardware-based modernity*– a una modernidad ligera y líquida –*software-based modernity*–. Este pasaje implica un cambio en todos los aspectos de la condición humana. La intensificación y creciente velocidad de los flujos de información y *conocimiento, dinero y comodidades, personas e imágenes se han intensificado hasta tal punto que la *distancia espacial que antes separaba a unos individuos de otros, y también sus problemas y preocupaciones, ya no es importante (Barman, 1994). Pero no sólo ocurre esto; los cambios en el mercado de trabajo, las cada vez más complejas *redes electrónicas o la generación de espacios de fuerte movilidad imposibilitan en la era de la globalización hablar de, o estudiar en, culturas aisladas unas de otras o autocontenidas en sus significaciones. Producto de estas transformaciones es el cambio acaecido en muchas de las herramientas y asunciones clásicas de las ciencias sociales. Estas ciencias han cambiado sus marcos conceptuales con el fin de acomodarse a tratar con sujetos hipermóviles, nómadas digitales (Makimoto y Manners, 1997); espacios y tiempos comprimidos (Harvey, 1998); culturas viajeras (Clifford, 1999); la aparición de no-lugares (Augé, 1993), o formas culturales cada vez más fluidas e *híbridas, transnacionales, *translocales, fuertemente diaspóricas y *desterritorializadas.

Ahora bien, si no hay duda al menos de que la globalización conlleva una creciente movilidad e interconexión en todos los aspectos de la vida y las relaciones humanas, y si tampoco hay duda alguna de que este proceso ha supuesto un replanteamiento de las teorías clásicas respecto al movimiento, las preguntas que hay que postular son: ¿cómo se produce ésta en términos materiales e ideológicos?; ¿quién se mueve?; ¿cómo se mueve?; ¿cómo hacen determinados tipos de movilidad para resultar significativos?; ¿qué otros tipos de circulación son habilitados o constreñidos a través de este proceso?; ¿quién se beneficia a fin de cuentas de estos movimientos? (Cresswell, 2001: 22).

En respuesta a preguntas como las anteriores, el estudio de las movilidades ha sido, sin embargo, una caja negra para las ciencias sociales. Por lo general, las movilidades son contempladas como un conjunto neutral de procesos que permiten formas de vida económicas, sociales y políticas que son después explicadas, según hemos visto, por otros procesos causales más poderosos. Los transportes y la *comunicación han sido estudiados, pero se han abordado en diferentes categorías con escaso intercambio con el resto de la ciencia social. Ir de vacaciones, caminar, conducir, llamar por teléfono, volar, etc., constituyen prácticas sustancialmente ignoradas por las ciencias sociales a pesar de que son manifiestamente significativas en las vidas cotidianas de muchas personas. Es más, existe una minimización del significado de estos movimientos en la constitución de la naturaleza de las relaciones de trabajo, la vida familiar, el ocio, la política y diferentes formas de protesta. Todas estas prácticas implican movimiento o al menos un flujo potencial, afectando a la forma que detentan las relaciones sociales que habilitan. Además, las ciencias sociales se han concentrado sobre todo en el estudio de las transacciones entre sujetos móviles, ignorando la permanencia de los *sistemas de movilidad* que proveen a dichas interacciones de lo que podemos llamar las infraestructuras de la vida social. Estos sistemas habilitan, como su propio nombre indica, el movimiento de las personas y la información de un lugar a otro, de una persona a otra, de un evento a otro, y, sin embargo, sus implicaciones sociales, económicas, políticas y culturales muchas veces no se examinan por las ciencias sociales.

Conscientes de este estancamiento teórico-metodológico, el estudio de la movilidad y de la interacción de diferentes tipos de movimientos en sus variadas formas –forzados o deseados–, escalas –globales, locales o regionales– e implicaciones socioculturales y político-económicas se ha desarrollado actualmente como un campo de análisis y preocupación en sí mismo dando lugar al conocido, aunque todavía reciente, giro de las movilidades o *paradigma de la movilidad*. Desde este paradigma, la movilidad es ante todo un producto social. Lejos de ser una acción neutral y un concepto aproblemático o deseado sin más, la movilidad se revela ahora desde su naturaleza eminentemente política y también politizada. Como señala Cresswell (2001), la movilidad está intrincadamente atada a relaciones de poder y dominio que producen y moldean las formas de movimiento que varios cuerpos pueden acometer.

Desde el giro de la movilidad se argumenta que pensar a través de "la lente" de ésta nos provee de una ciencia social distintiva que genera diferentes teorías, métodos, preguntas y soluciones. El término "paradigma" deriva del ejemplar análisis realizado por Khun en 1970 –*La estructura de las revoluciones científicas*– sobre la ciencia normal, los ejemplos científicos y lo que constituye una revolución científica.

Puede argüirse, planteado de este modo, que el paradigma de la movilidad no es sustantivamente diferente a otros planteamientos sobre ella, en el sentido en que remedia las negaciones y *omisiones de varios movimientos de personas, ideas o de cualquier otra entidad. Sin embargo, la naturaleza del paradigma de la movilidad es transformativa de las ciencias sociales, pues autoriza un paisaje teórica y metodológicamente alternativo. Por una parte, permite que "el mundo social" sea teorizado como un gran conjunto de prácticas económicas, sociales y políticas, infraestructuras e ideologías que favorecen o impiden varios tipos de movimiento de personas, ideas, informaciones u objetos. Por otra parte, al hacer esto, el paradigma de la movilidad saca a la luz teorías, métodos y ejemplos de investigación que han permanecido mayoritariamente subterráneos, fuera de la vista. El paradigma de la movilidad en este sentido emplea el término *movilidades* para referirse al proyecto más amplio de establecimiento de una ciencia social conducida-por-el-movimiento.

Al hacer visible lo antes subterráneo, este paradigma aúna muchos de los modos/caminos que se han practicado en las ciencias sociales, aunque se hayan organizado fundamentalmente en diferentes "regiones" o "fortalezas" de disciplinas, cerradas y antagonísticas. De esta manera, el objetivo del paradigma de la movilidad es, por un lado, hacer sustantivo el reclamo de que existen múltiples tipos de movimiento y de que gran parte de las ciencias sociales los han examinado de un modo inadecuado y, por otro, subrayar que hay un putativo nuevo paradigma que implica una forma productiva y posdisciplinaria de realizar ciencia social, muy especialmente en el nuevo siglo, en el que la temática de la movilidad parece haberse ubicado en el centro del escenario.

Concretamente, el paradigma de la movilidad rechaza tres posiciones fundamentales (Baerenhold *et al.*, 2004: 139) en virtud de las cuales los espacios, culturas y sujetos móviles ni se descubren eternamente en movimiento ni tampoco siendo invadidos o penetrados por movilidades o, por el contrario, exentos de prácticas de estabilización y significación precisas (*opus* cit., 2004: 140). La movilidad desde el paradigma de la movilidad deja de ser un concepto homogéneo y homogeneizador para pasar a ser concebido en sus dispares, pero interrelacionadas, dimensiones y formas.

En primer lugar, el paradigma de la movilidad rechaza la metafísica sedentarista de una geografía humanista que ubica lugares cerrados y auténticos en las raíces de la identidad y experiencia humanas. Los lugares son contemplados como fuentes contingentemente establecidas de significados y apegos, profundamente sostenidos, que emergen de redes habilitadoras de performances específicas, materiales y encarnadas (*opus* cit., 2004).

El rechazo a una metafísica sedentarista afecta especialmente a la concepción de la cultura. La situación contemporánea de la globalización hace evidente que las culturas implican y también necesitan diversas y extensas formas de movilidad. Las culturas no existen en estado puro, no están herméticamente cerradas y separadas unas de otras ni tampoco poseen una esencia clara y definida. Por ejemplo, las culturas *poscoloniales se derivan de, y engendran, varias modalidades de movilidad, y no sólo eso, constituyen tipos culturales en los que las movilidades están más fragmentadas, híbridas y dislocadas. Estas culturas están en continuo proceso de constricción a consecuencia de los flujos de movimientos de personas e imágenes a través de las *barreras nacionales, ya se trate de procesos *colonizadores, migraciones laborales, viajes individuales o de un turismo organizado.

En segundo lugar, el paradigma de la movilidad rechaza la metafísica del nomadismo que celebra las metáforas de la movilidad y concibe ésta como factores que erosionan progresivamente fronteras disciplinares y geográficas (Urry, 2000). Para autores como Clifford (1999), la nomadología no es el nombre del juego, pues entender que las culturas, en virtud del proceso globalizador, no pueden ser consideradas entes estables no significa pensar que éstas son puro flujo o concebir el movimiento –de ideas o conocimiento– desde una perspectiva romántica y meliorativa. Uno no puede asumir, claman este autor y, con él, los partidarios del giro de la movilidad, que no existen nexos estables, que todo es contingente y fluido (*opus* cit., 1999: 113). La movilidad genera y se nutre de estructuras reguladas y regulatorias que atañen no sólo a la movilidad de mercancías en la lógica del consumo y a la de sujetos –el propio turista moderno y también el académico.

En tercer lugar, el paradigma de la movilidad rechaza la crítica cultural de la ausencia de lugar, o los no lugares, asociada a la antropología de M. Augé (1993) y según la cual los lugares de movilidad –motel, aeropuerto, estaciones– son desposeídos de significado e interés científico como espacios que simplemente se atraviesan –tránsito– y que no necesitan ser estabilizados a través de prácticas concretas o abordados en las significaciones que pueden engendrar o albergar. Tales espacios de paso son estudiados no sólo en las movilidades que en ellos se generan, sino también a través de que estos mismos se configuran como lugares diferenciales. Un ejemplo interesante a este respecto es el desarrollo de los estudios sobre automovilidades y de conceptos como el de "las sociedades de automovilidad" o de los "cuerpos conductores" (Thrift, 1996; Sheller y Urry, 2000). Estos estudios encuentran en las sociedades actuales el nexo movilidad-modernidad, que constituye la forma global predominante de un tipo de movilidad casiprivada. En ella el automóvil no sólo es un medio de transporte, sino todo un complejo sistema de generación de significaciones, subordinaciones de otro tipo de movilidades públicas –andar, montar en bicicleta, viajar en tren– y también, fundamentalmente, el modo a través del cual las personas negocian y reorganizan sus vidas laborales y los tiempos de ocio y familiares.

El interés por la movilidad, como temática de estudio en sí misma, y por su ubicuidad en todos los aspectos de la vida cotidiana ha generado importantes cuestiones metodológicas. ¿Cómo investigar y representar experiencias móviles: estar en un lugar momentáneamente, de paso o entre medias? ¿Pueden las ciencias sociales, según están planteadas, capturar en toda su complejidad prácticas de movimiento con metodologías atadas a espacios y tiempos específicos –como la entrevista, el grupo de discusión, las encuestas–? ¿No pierden las técnicas de investigación clásicas la importancia del propio movimiento en la formación y consolidación de espacios como el turístico? ¿No enfrentan a sus espacios a un estatismo que no poseen en la realidad? ¿Cómo explicar, observar y cuantificar la importancia creciente de tecnologías como las grabaciones de video, los diarios fotográficos, los *blogs* o mensajes de móvil en la configuración de las relaciones sociales? A pesar de que son muchas las preguntas, las prácticas contemporáneas de movilidad se encuentran todavía encorsetadas en teorizaciones limitadas caracterizadas por su estatismo (Peters, 2006).

Desde el paradigma de la movilidad se están dando una serie de pasos interesantes a este respecto, apuntándose una batería de posibles metodologías para el estudio de la movilidad en sus diferentes vertientes y significados. Entre otras, destacan todas aquellas metodologías en movimiento que rompen con las tradicionales, atadas a un lugar y mucho más cercanas a los métodos y técnicas de corte antropológico. Por ejemplo, cabe apuntar la observación de los movimientos de las personas a través de la realización de etnografías móviles que mantengan diarios sobre los diferentes usos y concepciones del tiempo-espacio o que realicen entrevistas mientras se camina o se viaja; la realización de ciberetnografías que tracen las diferentes formas que pueden tomar los viajes imaginativos desde, por ejemplo, la imaginación de una atmósfera o lugar, o que determinen el papel de la anticipación del viaje virtual sobre el real; y también el examen de puntos de paso móviles o inmóviles, lugares en tránsito, o de la configuración real de estos espacios a través del trazado de redes y conexiones en movimiento, etc.

Del mismo modo, la elaboración de espacios virtuales, como *Cosmobilities Network* –www.cosmobilities.net– o de centros especializados y transdisciplinares en el estudio de las movilidades como el *CeMoRE* –Universidad de Lancaster en http://www.lancs.ac.uk/ fss/sociology/cemore/cemorehome.htm–, es otro de los pasos importantes que se han dado respecto a la investigación reciente de la movilidad. Estas redes y centros de investigación permiten poner en contacto a especialistas en movilidad y una amplia y difundida distribución de conocimiento sobre la materia en la red, consolidando, a pesar de las distancias geográficas, grupos de trabajo móviles y muy fructíferos. Todas estas nuevas apuestas metodológicas parten de una premisa básica: como temática de estudio, la movilidad debe ser abordada considerando su naturaleza política y su carácter multidimensional y, sobre todo, eminentemente relacional y transdisciplinar.

Bibliografía

AUGÉ, M (1993): *"Los no lugares": espacios del anonimato: una antropología de la modernidad*. Barcelona: Gedisa.

BAERENHOLDT, J. O.; HALDRUP, M.; LARSEN, J. *et al.* (2004): *Performing tourist places*. Aldershot: Ashgate.

BAUMAN, Z. (2001): *Modernidad líquida*. Buenos Aires: Fondo de Cultura Económica.

CLIFFORD, James (1999): *Itinerarios transculturales*. Barcelona: Gedisa.

CRESSWELL, Tim (2001): "The production on mobilities". *New Formations,* 43: 11-25.

HARVEY, David (1998): *La condición de la postmodernidad: investigación sobre los orígenes del cambio cultural*. Buenos Aires: Amorrortu.

MAKIMOTO, T.; MANNERS D. (1997): *Digital nomad*. Chichester: John Wiley & Sons.

PETERS, Peter Frank (2006): *Time Innovation and Mobilities*. London, New York: Routledge.

SHELLER, Mimi (2003): *Consuming the Caribbean: From Arawaks to Zombies*. London, New York: Routledge.

SHELLER, M.; URRY, J. (2000): "The city and the car". *International Journal of Urban and Regional Research*, 24 (4): 737-757.

THIRFT, N (1996): *Spatial formations*. London: Sage.

URRY, J. (1996): *The tourist gaze*. London: Sage.

— (2000): *Sociology Beyond Societies: mobilities for the twenty-first century*. London, New York: Routledge.

John Urry
Matilde Córdoba

Véanse además ALTERIDAD, Centro-periferia, COLONIALISMO Y ANTICOLONIALISMO, COMUNICACIÓN, Comunidad transnacional, CONSUMO CULTURAL, CULTURA, DESARROLLO, Desterritorialización, DIFERENCIA Y DESIGUALDAD, Diferencias sociales y diferencias culturales, DISCRIMINACIÓN Y EXCLUSIÓN SOCIAL, ELITES, Elites cosmopolitas, Espacio de los flujos, Espacio red, ESPACIO-TIEMPO, Espacios locales, ESTADO-NACIÓN, Extranjero, Frontera geográfica y administrativa, Fronteras económicas, Fronteras políticas y religiosas, Fronteras simbólicas, Global y local, GLOBALIZACIÓN, Globalización y antiglobalización, HIBRIDACIÓN, IDENTIDAD, Información, Lugar y no-lugar, MIGRACIONES, Migraciones. Redes sociales, Migraciones. Teoría macro, Migraciones y economía, Migraciones y racismo, Modernidad, Multilocal, Nomadismo y turismo, Pluralismo sincrónico, Poscolonialismo, Racismo y neorracismo, Sociedad de la información y del conocimiento, TERRITORIOS, TRABAJO, Viajes y sistemas de movilidad, Violencia política. Tipos.

Multiculturalismo

Desde los años ochenta, inicialmente sobre todo en Estados Unidos, Canadá, Australia y el Reino Unido, un conjunto altamente heterogéneo de movimientos contestatarios "post-68" emprende el camino de la institucionalización social, política y académica. Las confluencias programáticas de estos *"nuevos" movimientos sociales –afroamericanos, indígenas, chicanos, feministas, gay-lesbianos, "tercermundistas" etc.– se han dado a conocer a partir de entonces bajo el, a menudo ambiguo, lema del "multiculturalismo": un heterogéneo conjunto de movimientos, asociaciones, comunidades y –posteriormente– instituciones que confluyen en la reivindicación del valor de la "*diferencia" étnica y/o cultural así como en la lucha por la pluralización de las sociedades que acogen a dichas comunidades y movimientos. Como tales, los movimientos multiculturalistas forman parte del panorama de los "nuevos movimientos sociales" (Touraine, Melucci). En el contexto de la terciarización de las economías occidentales y del surgimiento de una "sociedad posindustrial" se pretende agrupar a movimientos estudiantiles, urbanos, feministas, ecologistas, pacifistas y multiculturalistas bajo un de-

nominador común, que se caracterizaría por los siguientes rasgos: una estructura organizativa altamente flexible, expresada mediante redes escasamente jerarquizadas y un rechazo abierto a liderazgos explícitos, producto del legado "antiautoritario" de la revuelta estudiantil que desencadenó este tipo de movimiento; la insistencia en la autonomía del movimiento específico frente a otros actores políticos, sobre todo frente al *Estado y a los partidos políticos, interpretados como "aliados" o representantes del viejo *establishment* y de los movimientos sociales de origen decimonónico; la carencia de una ideología de transformación de la sociedad en su totalidad, como lo fuera el proyecto marxista; el rechazo a los amplios proyectos de cambio societal será el punto de partida de la confluencia entre los movimientos multiculturalistas y los discursos "*posmodernos"; no la política revolucionaria, sino la *life politics* (Giddens), la individualizada política vital, se convertirá en el lema común; la consecuente limitación a temáticas específicas que no abarcan un proyecto societal global, sino que sólo se articula como *single-issue-movement*, cuyos ejes vertebradores estarían íntimamente relacionados con la "política de *identidad" del propio movimiento; una composición social heterogénea, "multiclasista", con un fuerte componente procedente de las clases medias, lo cual para algunos analistas plantea el problema de cómo identificar el "sujeto histórico", y, probablemente como consecuencia de dicha composición plural, una constante tematización de la identidad y la subjetividad.

Son el ámbito filosófico y sobre todo el epistemológico en los que los movimientos multiculturalistas y su reivindicación de una nueva "política de la diferencia" encuentran un peculiar aliado académico: el giro "posmoderno", inicialmente denominado a veces "neoestructuralista", pero mayoritariamente "posestructuralista", que ha protagonizado la filosofía francesa de los años setenta y ochenta. Es sobre todo el feminismo, tanto académico como político, el que ofrece una primera crítica sistematizada al universalismo y la esencialización subyacentes en las nociones occidentales del análisis social. Partiendo de esta crítica feminista de la supuesta neutralidad genérica del pensamiento occidental, que camufla su carácter patriarcal y autoritario bajo la singularización y monopolización del "Conocimiento", las diferentes corrientes posestructuralistas coinciden en su afán de de-construir los grandes "relatos" hegemónicos, las autorizadas "narrativas" occidentales que dotan de sentido y, con ello, legitiman los poderes fácticos vigentes en las sociedades contemporáneas. Este afán "deconstructivista", crítico y disidente del posestructuralismo es retomado y aprovechado por los protagonistas de los movimientos multiculturalistas en su intento de demostrar el carácter subversivo y potencialmente contrahegemónico del propio multiculturalismo.

La corriente posestructuralista retoma la noción de los "nuevos movimientos sociales" haciendo especial hincapié en su faz identitaria. La identidad se vuelve una preocupación constante de los movimientos. Lejos de ser simple expresión de los intereses comunes de un grupo, la identidad se convierte en "política identitaria", en negociación de múltiples identidades frente a diversos contrincantes sociales. A lo largo del subsiguiente proceso, tanto conceptual como político-social-educativo, los "sujetos sociales" son des-centrados y des-esencializados. Por ello, para que un determinado movimiento multiculturalista se afiance y sobreviva a los vaivenes de sus manifestaciones espontáneas y puntuales, tendrá que inventar y/o generar nuevos sujetos sociales que, a su vez, necesitarán engendrar prácticas culturales específicas del grupo o movimiento en cuestión.

Con ello los heterogéneos movimientos que desde los años sesenta comienzan a articular los intereses específicos de las *minorías subalternas de las sociedades contemporáneas pronto adquieren un matiz eminentemente cultural. Varios estudiosos de los nuevos movimientos contestatarios, tanto norteamericanos como europeos y latinoamericanos, afirman la necesidad de indagar en la relación entre un determinado movimiento social y las prácticas culturales de sus miembros. Sobre todo en contextos de *marginación socioeconómica y/o política, la *cultura se puede convertir en pilar básico de una acción colectiva. Recreando prácticas culturales *locales y adaptándolas a nuevas situaciones extralocales, el movimiento es "re-significado", genera su propia identidad y puede convertirse con ello en una nueva "comunidad" para sus miembros.

Precisamente por las consecuencias políticas que tendría una relativización antiesencialista de las identidades, hasta entonces binarias y antagónicas, de los movimientos sociales en su capacidad de movilización, el encuentro con el posestructuralismo/posmodernismo será un paraguas para el conjunto de este tipo de movimientos. Existen obvias "afinidades electivas" entre el multiculturalismo y la corriente posmoderna. Cuando desde los años ochenta el desafío posestructuralista comienza paulatinamente a institucionalizarse en el ambiente académico, primero, francés y, luego, anglosajón como "pensamiento posmoderno", el punto de partida será la crítica del proyecto *moderno de la Ilustración, entendido como un intento hegemónico de subyugar, uniformizar y –en última instancia– silenciar una multiplicidad de culturas, identidades y narraciones bajo la canonización del racionalismo cartesiano y del criticismo kantiano.

El consecuente énfasis posmoderno en la pluralidad de identidades, *géneros y culturas confiere legitimidad a la reivindicación multiculturalista del reconocimiento, tanto de identidades históricamente marginadas y silenciadas como de nuevas identidades emergentes. Las "identidades proyecto" (Castells) de dichos movimientos no son el punto de partida, sino el objetivo y resultado de la movilización. Esto implica que para consolidarse como movimiento social e impactar en el conjunto de la sociedad, el multiculturalismo requerirá de una fase de construcción y estabilización de las identidades de los nuevos actores sociales cuyo surgimiento y consolidación alberga. Estas identidades permanentemente "recicladas", sin embargo, a menudo no generan discrecionalidad identitaria: el movimiento social corre el riesgo de diluirse a través de la paulatina individualización de "estilos de vida". Por ello los movimientos multiculturalistas, igual que los demás "nuevos" movimientos sociales, refuncionalizan la cultura como un recurso emancipatorio (Habermas).

Mientras que el constructivismo filosófico profundiza en la noción *híbrida, policontextual, escenificada y, por tanto, construida de las identidades sociales, el discurso dominante de los movimientos multiculturalistas rompe con la de-construcción filosófica y retorna a sus inicios como disidencia ética y política. Para el autoanálisis de los propios movimientos afroamericanos, indígenas, feministas, gay-lesbianos, etc., se postula la necesidad de partir de antagonismos realmente existentes en el seno de la sociedad y de la relación que mantienen los diversos actores sociales con el Estado. Sobre todo en contextos de desigualdad socioeconómica, incluso la actividad meramente "cultural", no política, desplegada por un determinado actor social, se inserta en procesos hegemónicos, de lucha por la distribución y apropiación de poderes entre grupos dominantes y subordinados.

Superando el maniqueísmo originalmente implícito en la noción de hegemonía (Gramsci), en su reformulación "multicultural" es posible aplicarla a todo tipo de prácticas culturales que constituyen sistemas de sentidos y valores generados en contextos de dominación y subordinación y que, por tanto, han internalizado dichas desigualdades. Lo distintivo de esta noción de hegemonía es su "doble cara" –paradójicamente, lo hegemónico es tanto un proceso como el resultado de dicho proceso–. Sin embargo, los generadores y portadores de las prácticas culturales que conforman un determinado movimiento no son simples víctimas de imposiciones hegemónicas, sino que resultan a la vez artífices creativos de estas prácticas. La elaboración de una identidad propia en un proceso de recreación de prácticas culturales y de apropiación de espacios de autonomía, característica fundamental de los nuevos movimientos sociales de cuño multiculturalista, también es, por consiguiente, una "construcción hegemónica" (Laclau y Mouffe), que bajo determinadas circunstancias puede convertirse en resorte de una estrategia "contrahegemónica" frente a los poderes dominantes. Como "fuentes de sentido", las identidades construidas a lo largo de una movilización social y proyectadas hacia el futuro pueden confluir con identidades residuales, producto de resistencias generadas por "comunidades" contrahegemónicas (Castells).

Para los movimientos multiculturalistas, el afianzamiento normativo de estas nuevas identidades ha pasado por una fase de "re-esencialización" de diferencias originalmente construidas. De forma paralela al inicio de la institucionalización educativa, académica y luego política del multiculturalismo, es sobre todo en el contexto de los estudios étnicos y culturales donde las diferencias "raciales", "*étnicas" y/o "culturales" se utilizan como argumentos en la lucha por el acceso a los poderes fácticos. En esta estrategia nuevamente se acude al prototipo del feminismo, cuya noción de "cuotas" de acceso al poder es retomada por el multiculturalismo para generar un sistema altamente complejo de trato diferencial de grupos minoritarios. El objetivo de esta política de "*acción afirmativa", aplicada primero en los órganos de representación y toma de decisiones de los propios movimientos y posteriormente trasladada al ámbito académico y educativo, consiste en paliar las persistentes discriminaciones que, por criterios de sexo, color de piel, religión, etnicidad etc., sufren las minorías a través de una deliberada política de "*discriminación positiva".

A finales de los años ochenta las *elites académicas de estas diferentes comunidades sexuales, étnicas y/o culturales, que originalmente habían impulsado a los nuevos movimientos sociales, logran asentarse en una gran mayoría de los espacios educativos y académicos, sobre todo anglosajones. Es a partir de entonces cuando el multiculturalismo y la "acción afirmativa" –como su expresión político-institucional más visible– se establecen como un discurso hegemónico en gran parte de la opinión pública, sobre todo anglosajona. Desde ese momento, muchos de los protagonistas de estos movimientos se dedicarán a defender las "cuotas" de poder conquistadas dentro de las instituciones públicas no sólo frente al antiguo antimulticulturalismo *asimilacionista de la "derecha histórica", sino sobre todo frente a dos corrientes críticas, articuladas desde posiciones políticas muy próximas al primer multiculturalismo como movimiento social. En primer lugar, se trata de aquellos que coinciden con el multiculturalismo institucionalizado y hegemónico en la necesidad de superar el anárquico *anything goes* (Feyerabend) del pensamiento posmoderno, pero que –a diferencia del multiculturalismo "oficializado"– insisten en la necesidad de distinguir entre identidades subjetivas, por una parte, y relaciones de poder objetivamente existentes en el seno de la sociedad, por otra. La segunda corriente, crítica con la ya institucionalizada "política de diferencia", cuestiona dos de los principales postulados del multiculturalismo: por un lado, su elección del ámbito educativo y académico anglosajón como campo preferencial de actuación y reivindicación, y, por otro lado, su insistencia en la necesidad de construir comunidades delimitables y portadoras de identidades discernibles.

Ante las críticas formuladas desde estos ámbitos, tanto académicos y educativos como políticos, al trato diferencial y su algo artificial distinción entre discriminaciones "negativas" *versus* "positivas", el multiculturalismo reivindica la diferencia normativa entre las discriminaciones históricamente sufridas por los miembros de un colectivo *estigmatizado, por un lado, y las discriminaciones que a nivel individual puede generar la política de "acción afirmativa" para determinados miembros del grupo hegemónico, por otro. Transferida de su inicial contexto feminista y su análisis de las diferencias de género al nuevo contexto multicultural, la política de cuotas para ser efectiva requiere de cierta estabilidad en las "*fronteras" y delimitaciones establecidas no sólo entre la mayoría hegemónica y las minorías subalternas, sino asimismo entre cada uno de dichos grupos minoritarios. Con ello, paradójicamente, cuanto más éxito tiene el movimiento multiculturalista en la *praxis* social, más profundiza en una noción estática y esencialista de "cultura". Subsumiendo diferencias "raciales", "étnicas", "culturales", "subculturales" y relativas a los "estilos de vida", el nuevo concepto multiculturalista de "cultura" se asemeja cada vez más a la noción estática que la antropología había generado en el s. XIX y que pretendía definitivamente superar a finales del siglo XX y comienzos del XXI.

La evidente culturalización detectable en los discursos públicos, que en los años ochenta giran en torno a cualquier problema social y educativo, constituye a la vez el principal logro y el mayor peligro de los movimientos multiculturalistas. Al tratar a las minorías como "especies en vías de extinción" (Vertovec) y diseñar políticas exclusivamente orientadas hacia su "conservación", el multiculturalismo, aplicado a la intervención educativa y social, corre el riesgo de "etnificar" la diversidad cultural de sus destinatarios originales. La apropiación de este tipo de discurso esencialista de la diferencia por parte de los grupos hegemónicos genera nuevas ideologías de supremacía grupal, que basan sus privilegios en un culturalismo difícil de distinguir del "nuevo racismo cultural". A menudo, autores sobre todo europeos critican la indirecta confluencia entre la tendencia *segregacionista del multiculturalismo recién institucionalizado en Estados Unidos y un incremento de la *xenofobia y del *racismo; ambos coinciden en relativizar la vigencia universal de los *derechos humanos más allá de las —supuestas o reales— diferencias culturales.

Cuando el discurso multiculturalista pasa así del ámbito meramente académico a adquirir una creciente influencia en la opinión pública, sobre todo norteamericana y británica, a finales de los años ochenta e inicios de los noventa surge un debate político y pedagógico acerca del futuro de las sociedades occidentales. La confluencia de los "discursos de la diferencia", por un lado, con cambios cualitativos en la composición y, por tanto, la au-topercepción de las clásicas sociedades de inmigración, por otro lado, impregna este debate de un fuerte carácter normativo: ¿hacia dónde deberían evolucionar las sociedades contemporáneas de composición multicultural? Al inicio de la confrontación se percibe un fuerte maniqueísmo entre posiciones universalistas y particularistas a ultranza. Los defensores del liberalismo clásico y del antiguo asimilacionismo sostienen que la única alternativa al clásico paradigma *integracionista del *melting pot* son las neotribales "comunidades cercadas", que acabarán descomponiendo el "proyecto" común del "sueño americano". Por su parte, sus antagonistas multiculturales resaltan el carácter nada neutro, sino *eurocéntrico del supuesto universalismo anglosajón. Frente a esta interpretación, la tradición liberal del pensamiento político defiende la democracia "universalista" como un mecanismo meramente procedimental, exento de contenidos culturales particulares. Este supuesto axiomático del universalismo es rechazado por el discurso multiculturalista. A pesar del proceso de secularización y el laicismo como principio de las democracias contemporáneas, su trasfondo sigue revelando una determinada matriz cultural, la cristiana. En este sentido, la separación liberal de lo público y lo privado no establece un "terreno neutro", sino que impone una forma específica de concebir la política.

Sin embargo, la crítica que desde el particularismo se formula contra el proyecto integracionista, sobre todo estadounidense, no se restringe a las minorías étnicas. También es retomada por aquellos sectores de la sociedad mayoritaria que rechazan las injerencias públicas —tachadas como "centralistas"— en sus ámbitos locales y regionales. Según una percepción creciente en estos sectores, "todos somos minorías", por lo cual somos portadores de derechos y obligaciones únicamente en función de nuestra pertenencia a determinadas comunidades, integradas de forma segmentada en el conjunto de la nación. La correspondiente noción de *ciudadanía tampoco puede ser neutra o meramente formal, como estipula el ideal del "patriotismo constitucional" (Habermas), sino que ha de tener una faz comunitaria, definida en términos culturales y/o nacionales. Durante los años noventa, el resultante "*comunitarismo" se establece como el movimiento políticamente más influyente, que ha surgido de forma indirecta en los confines del multiculturalismo y que desafía el "monopolio" discursivo del que hasta entonces disfrutaba el liberalismo en la teoría política sobre todo estadounidense.

A raíz de este tipo de amonestación relativizante surge un segundo debate menos dicotómico en sus conclusiones políticas y más directamente enfocado hacia el multiculturalismo. Partiendo del citado reconocimiento de que el universalismo como forma específica de conceptualizar derechos y obligaciones es producto de una determinada tradición occidental, cabe preguntarse si ello automáticamente debe hacer sospechar de todo planteamiento universalista. Desde esta perspectiva, el "monoculturalismo implícito" (Pinxten) en la tradicional concepción de los derechos humanos ha de ser des-contextualizado y separado de los derechos humanos como tales, para rescatar la aportación –incidencialmente "occidental", pero en principio universalizable– que realiza la original Declaración de Derechos Humanos a la formulación de un nuevo concepto inclusivo de ciudadanía. La subsecuente tarea, en la que coinciden los liberales y comunitarios menos dogmáticos, consiste en reconocer el pluralismo cultural existente en las sociedades contemporáneas y formular nuevos mecanismos de negociación y "criterios procedimentales *transculturales" (Sousa), que respeten el principio del reconocimiento de la diversidad existente.

Una "ciudadanía multicultural" (Kymlicka) deberá basarse, por una parte, en los derechos individuales *qua* ciudadanos, y, por otra parte, en el reconocimiento mutuo de "derechos grupales diferenciales" por todos los componentes de una sociedad. La concreción específica de estos derechos sólo será factible si en cada contexto multicultural los derechos universales se traducen en derechos particulares de determinados grupos. El punto de partida para este diálogo multicultural-liberal es la negociación del reconocimiento de derechos colectivos por un Estado basado en la concesión de derechos individuales. Los partícipes de dicho diálogo necesariamente serán las "comunidades" que se consideran portadoras de estos derechos diferenciales. Con ello, el propuesto "compromiso" liberal-multicultural, llevado a la práctica, desencadenaría una "invención", institucionalización y "reificación" de las comunidades culturalmente "diferentes".

Bibliografía

COHN-BENDIT, Daniel; SCHMIDT, Thomas (1996): *Ciudadanos de Babel: apostando por una democracia multicultural*. Madrid: Talasa. Estudio introductorio de Javier de Lucas.

SOUSA SANTOS, Boaventura de (1995): *Toward a New Common Sense: Law, science and politics in the paradigmatic transition*. New York: Routledge.

DIETZ, Gunther (2003): *Multiculturalismo, interculturalidad y educación: una aproximación antropológica*. Granada, México: EUG-CIESAS.

GARCÍA CANCLINI, Néstor (1995): *Consumidores y ciudadanos: conflictos multiculturales de la globalización*. México: Grijalbo.

GRILLO, Ralph D. (1998): *Pluralism and the Politics of Difference: State, culture, and ethnicity in comparative perspective*. Oxford: Clarendon.

KINCHELOE, Joe L.; STEINBERG, Shirley R. (2000): *Repensar el multiculturalismo*. Barcelona: Octaedro.

KYMLICKA, Will (1996): *Ciudadanía multicultural: una teoría liberal de los derechos de las minorías*. Barcelona: Paidós.

LAMO DE ESPINOSA, Emilio (ed.) (1995): *Culturas, estados, ciudadanos: una aproximación al multiculturalismo en Europa*. Madrid: Alianza.

MARTINIELLO, Marco (ed.) (1998): *Multicultural Policies and the State: a comparison of two European societies*. Utrecht: Utrecht University-ERCOMER.

TAYLOR, Charles (1993): *El multiculturalismo y la política del reconocimiento*. México: FCE.

Gunther Dietz

Véanse además ALTERIDAD, CIUDADANÍA, Ciudadano, Comunidad transnacional, Comunitarismo, CULTURA, DERECHOS HUMANOS, DIFERENCIA Y DESIGUALDAD, Diferencias naturales y diferencias sociales, Discriminación positiva, DISCRIMINACIÓN Y EXCLUSIÓN SOCIAL, Discriminación positiva, ELITES, Esclavitud, Espacios locales, ESTADO-NACIÓN, Etnicidad, Etnocentrismo y relativismo cultural, Extranjero, FRONTERA, Fronteras simbólicas, GLOBALIZACIÓN, HIBRIDACIÓN, IDENTIDAD, INTEGRACIÓN, Integración educativa, Integración religiosa, Interculturalidad, MINORÍAS, Modernidad, Multiculturalismo en los estudios culturales, Multiculturalismo en los estudios étnicos, NUEVOS MOVIMIENTOS SOCIALES, Pluralismo sincrónico, Poscolonialismo, POSMODERNIDAD, Racismo y neorracismo, Relaciones y procesos informales económicos, SABER Y SABERES, Segregación, Transculturación, Xenofobia y xenofilia.

Multiculturalismo en los estudios culturales

Aprovechando el *boom* del concepto de *cultura desencadenado por el multiculturalismo, pero dirigiéndose, a la vez contra la tendencia hacia una nueva esencialización de las *identidades, las autodenominadas "nuevas humanidades" protagonizan un giro paradigmático en los años ochenta y noventa. Entre estas nuevas humanidades predominan los "estudios culturales", término acuñado por el ya mítico *Centre for Contemporary Cultural Studies* de la Universidad de Birmingham, fundado en 1964. Este innovador "campo interdisciplinario, transdisciplinario y a veces contradisciplinario, que funciona dentro de la dinámica de definiciones competitivas de cultura" (Kincheloe y Steinberg, 1997: 85), pretende trascender sus orígenes disciplinarios, a menudo filológicos. Para ello se fusionan la noción filológica y estética de "texto", el concepto de "representación", proveniente de los estudios de los medios de *comunicación y la teorización antropológica y sociológica en torno a la "cultura".

La influencia de la antropología llega mediatizada a través de la sociología de la cultura de orientación marxista. Es sobre todo Williams quien, como precursor directo, impacta en la ampliación del concepto de cultura, recurriendo a la noción holística de cuño antropológico para superar las limitaciones del concepto a menudo elitista y estetizante desarrollado por las humanidades. Más allá de las tradicionales fronteras disciplinarias, que suelen dividir artificialmente el objeto de estudio antropológico, sociológico, historiográfico o filológico, la producción y el consumo de "hechos" y "prácticas" culturales son analizados como "procesos de dotación de sentido" (Du Gay).

Esta confluencia con nociones antropológicas sólo ha sido posible gracias al giro simultáneamente realizado en antropología hacia el *posmodernismo. Tanto el enfoque semiótico y simbólico de Geertz como la "etnografía textual" de Marcus y Cushman, y su reformulación como "crítica cultural" (Marcus y Fisher), acercan la antropología a los estudios culturales. Mientras que la crítica de Marcus *et al.* a la etnografía convencional introduce, tematiza y problematiza la subjetividad y posicionalidad de la experiencia etnográfica, Geertz re-sitúa el objeto antropológico rechazando tanto la reducción mentalista de la antropología cognitiva como la tendencia estructuralista de "ontologizar" las "estructuras subyacentes". Su énfasis en los aspectos semiótico e interactivo de la cultura acerca el quehacer antropológico como una "descripción densa", interpretativa y, por tanto, necesariamente posicional al análisis cultural propuesto por Williams. En su intento de elaborar una noción integral y multidisciplinaria de cultura, Bauman distingue entre un "concepto jerárquico" de cultura, que divide verticalmente la variedad cultural, un segundo "concepto diferencial" de cultura, cuyo énfasis en la diversidad a nivel horizontal contiene fuertes resonancias antropológicas, y un último "concepto genérico" de cultura, que agruparía las constantes y universales antropológicas. El encuentro entre esta ampliación del término por la sociología de la cultura y los estudios culturales, por un lado, y su "semiotización" antropológica, por otro, logra acercar ambas disciplinas.

Sin embargo, la posible confluencia entre los estudios culturales y la antropología fracasa ante el debate generado por el multiculturalismo en torno a la "política de identidad y *diferencia". A pesar de sus críticas a la tendencia del multiculturalismo institucionalizado de esencializar y predeterminar las delimitaciones entre grupos, culturas e identidades, los estudios culturales heredan la original reivindicación de los movimientos multiculturalistas de desenmascarar todo tipo de identidad como *constructo*. Es en este ámbito en el que tanto la crítica posmoderna como poscolonial al esencialismo es transferida del análisis de las relaciones globales entre metrópoli y *periferia *colonial hacia el interior de las sociedades occidentales. A diferencia de la teorización antropológica acerca de las identidades, los estudios culturales descubren en la política de identidad el margen de libertad perdido al adoptar el concepto holístico de cultura. La identidad se equipara con la identificación individual, personal y con ello subjetiva y cambiante del actor social, que sólo puede ser condicionada a través del juego dialéctico y relacional entre lo dominante y lo subalterno.

Al aplicarla a las relaciones sociales grupales, esta noción básicamente lingüística de identidad tiende a reducir el análisis de la interacción concreta y empíricamente observable a la inventariación de recursos cuasi-literarios, que "representan" y "narran" identidades, así como al des-enmascaramiento y reconocimiento de lo "escenificado" como procesos dinámicos de identificación. A pesar del programático afán de desarrollar nuevos enfoques transdisciplinarios, a menudo se evidencia el persistente peso del legado "filológico". En gran parte de los estudios culturales, la desenfrenada discursividad propia del analista se mezcla con el análisis de la realidad circundante, frecuentemente reducida a "texto social". En este sentido, la identidad se definiría como un mero "espacio multidimensional en el que una variedad de escrituras se solapa y enfrenta, escrituras compuestas de muchas citas provenientes de innumerables centros de cultura, aparatos ideológicos de Estado y prácticas" (Sarup, 1996: 25).

Es este "pantextualismo" (Grüner) la tendencia a diluir la existencia de poderes fácticos empíricamente estudiables mediante el insistente recurso a paralelismos lingüísticos y metáforas textuales, el que despierta críticas no sólo desde la antropología, sino también de otros sectores aún "disciplinarios" de la academia, en general. Por ello se rechaza la pretensión de trascender las fronteras disciplinarias sin antes haber resuelto las implicaciones epistemológicas que surgen de la relación necesariamente establecida con estas disciplinas de origen. La crítica se generaliza hacia el supuesto "eclecticismo teórico" (Grüner) de este enfoque: se pretende superar las fronteras disciplinarias apropiándose a la vez del muy heterogéneo abanico de conceptos y paradigmas que cada una de estas disciplinas había ido generando y sistematizando.

Bibliografía

BAUMAN, Zygmunt (1999): *Culture as Praxis*. London: Sage.

DU GAY, Paul *et al.* (1997): *Doing Cultural Studies: The story of the Sony Walkman*. London: Sage.

JAMESON, Fredric; ZIZEK, Slavo (1998): *Estudios culturales: Reflexiones sobre el multiculturalismo*. Buenos Aires: Paidós.

KINCHELOE, Joe L.; STEINBERG, Shirley R. (2000): *Repensar el multiculturalismo*. Barcelona: Octaedro.

SARUP, Madan (1996): *Identity, Culture and the Postmodern World*. Edinburgh: Edinburgh University.

TUDOR, Andrew (1999): *Decoding Culture: Theory and method in cultural studies*. London: Sage.

WILLIAMS, Raymond (1976): *Keywords: a vocabulary of culture and society*. New York, Oxford: Oxford University Press.

— (1981): *Culture*. London: Fontana.

Gunther Dietz

Véanse además Centro-periferia, COLONIALISMO Y ANTICOLONIALISMO, COMUNICACIÓN, CULTURA, DIFERENCIA Y DESIGUALDAD, IDENTIDAD, MULTICULTURALISMO, Poscolonialismo, POSMODERNIDAD.

Multiculturalismo en los estudios étnicos

Por razones eminentemente estratégicas y prácticas, los primeros pasos hacia la implantación de medidas destinadas a multiculturalizar a las sociedades contemporáneas se centran en dos ámbitos de actuación: la escuela pública y la universidad. En Estados Unidos, la esfera académica tiende a absorber gran parte no sólo de la discusión acerca del multiculturalismo, sino también de las experiencias prácticas y los proyectos-piloto de aplicación del programa multicultural. A diferencia de los Estados Unidos, en el Reino Unido la mayor integración del ámbito universitario en el conjunto de la sociedad, y su mayor interrelación con los movimientos pedagógicos, sociales, sindicales y políticos, permiten iniciar rápidamente proyectos educativos no centrados en la universidad, sino en las instituciones escolares.

Como en los afines movimientos sociales surgidos en torno a la disidencia *ciudadana frente a la guerra de Vietnam, ante el escaso impacto directo obtenido en la sociedad estadounidense el multiculturalismo también opta por la "marcha a través de las instituciones" para ampliar su influencia y asegurarse su supervivencia y permanencia como movimiento disidente. Las transformaciones, que simultáneamente se estaban dando en el interior del sistema de educación superior, favorecían la rápida integración académica del multiculturalismo. Son sobre todo dos factores contemporáneos los que han permitido esta *integración: por una parte, el creciente afán de las universidades por trascender la rígida estructura disciplinaria; al establecer nuevos estudios interdisciplinarios como lo son en su primera generación los "estudios de áreas" *geográficas y/o culturales, varias instituciones académicas también estarán dispuestas a admitir nuevas ramas *"híbridas" y potencialmente transdisciplinarias como lo serían los estudios *étnicos; por otra parte, el progresivo ingreso de los movimientos feministas en las ciencias sociales y las humanidades no sólo ha permitido abrir un novedoso campo de investigación propiamente feminista, sino que a la vez ha facilitado la institucionalización del primer multiculturalismo bajo la denominación de "estudios étnicos"; es antes que nada la mencionada política de "*acción afirmativa" la que va abriendo el camino de la academización para los anteriores protagonistas de los *nuevos movimientos sociales.

Antes de la institucionalización de estos protagonistas a través de la universidad, en una primera fase de lo que luego se conocería como los "estudios étnicos", la academia es presionada "desde la calle" por las reivindicaciones de los movimientos afroamericanos, chicanos e indígenas. Como respuesta, se comienza a diversificar y "multiculturalizar" el currículum de varias ciencias sociales y humanidades. El paso de los cursos monográficos sobre determinadas *minorías étnicas y/o culturales, aún firmemente integrados en el seno de carreras ya "clásicas" como la antropología, al establecimiento de los "estudios étnicos" como carreras autónomas, nuevamente es propiciado con el apoyo indirecto del feminismo. A lo largo de los años setenta e inicios de los ochenta, el programa político-ideológico del feminismo se academiza no a través de los actuales "estudios de género", sino en su primera vertiente como "estudios de la mujer". La distinción es significativa, puesto que la implícita noción de estudios realizados "por la mujer y para la mujer" conlleva el postulado metodológico de una supuesta identificación entre el sujeto investigador y el sujeto investigado.

La resultante política de "acción afirmativa" no sólo es una reivindicación de tipo ético, sino que connota la necesidad de incluir la personalidad y "posicionalidad" del sujeto investigador en la propia investigación. Este concepto metodológico y, en últimas instancias, epistemológico también se logrará imponer en los estudios étnicos, que a partir de ahora tenderán a generar autoestudios –monográficos o comparativos– de minorías étnicas realizados por representantes académicos de dichas minorías. Con ello se persigue el afán de "descolonizar" las ciencias sociales y sobre todo la antropología de su tradicional mirada jerarquizante y colonial frente al "otro". La multiculturalización de facto de la composición del profesorado y alumnado será el primer resultado palpable de este giro hacia el autoestudio étnico.

El consecuente "éxito" de los estudios étnicos y su expansión cuantitativa hacia la práctica totalidad de las instituciones, primero norteamericanas y luego británicas, de educación superior, sin embargo, a la vez demuestran su "fracaso". En vez de lograr una multiculturalización "transversal" de las disciplinas académicas, se obtiene un "nicho" propio desde el cual teorizar acerca de las políticas de *identidad y *diferencia, desplegando a menudo un "absolutismo étnico" (Gilroy) fuertemente particularista. Esta *marginalidad estructural es reforzada por la política de acción afirmativa, que acaba imponiendo identidades cada vez más compartimentalizadas y esencializadas a los solicitantes del puesto en cuestión. Las cuotas de trato preferencial, frecuentemente establecidas a partir de una rígida y artificial combinación de características demográficas –sexo, edad, lugar de origen– con adscripciones identitarias –etnia, "raza", orientación sexual–, minoriza, individualiza y, por último, desmoviliza tanto al profesorado como al alumnado involucrado en los movimientos multiculturalistas.

Como consecuencia, las "guerras culturales", desencadenadas por la aparición de los estudios étnicos, la política de *discriminación positiva y los intentos de multiculturalizar no sólo a la academia sino a todas las instituciones públicas, a menudo se han centrado en reducidas "guerras de campus" (Arthur y Shapiro) carentes de un impacto generalizado en la sociedad contemporánea. No obstante, aparte de los nichos de poder académico conquistados, su principal aportación consiste en haber despertado una nueva "sensibilidad" cultural y étnica en la opinión pública.

Bibliografía

ARTHUR, John; SHAPIRO, Amy (eds.) (1994): *Campus Wars: Multiculturalism and the politics of difference*. Boulder: Westview.

HARRISON, Fay V. (ed.) (1991): *Decolonizing Anthropology: Moving further toward an anthropology for liberation*. Washington: Association of Black Anthropologists, AAA.

LA BELLE, Thomas J.; WARD, Christopher R. (1996): *Ethnic studies and multiculturalism*. Albany, New York: State University of New York Press.

TORRES, Carlos Alberto (2001): *Democracia, educación y multiculturalismo: dilemas de la ciudadanía en un mundo global*. México: Siglo XXI.

YOUNG, Philip Q. (2000): *Ethnic studies: Issues and approaches*. Albany, New York: State University of New York Press.

Gunther Dietz

Véanse además Acciones afirmativas, ALTERIDAD, Acciones afirmativas, CIUDADANÍA, Ciudadano, COLONIALISMO Y ANTICOLONIALISMO, DIFERENCIA Y DESIGUALDAD, Diferencias naturales y diferencias sociales, Discriminación positiva, DISCRIMINACIÓN Y EXCLUSIÓN SOCIAL, Discriminación positiva, Etnicidad, Frontera geográfica y administrativa, HIBRIDACIÓN, IDENTIDAD, INTEGRACIÓN, MINORÍAS, MULTICULTURALISMO, NUEVOS MOVIMIENTOS SOCIALES.

Multilingüismo

Fruto de la *modernidad y de la construcción de los *Estados-nación se instauró la tendencia a ver el monolingüismo como la regla y el multilingüismo como un inconveniente que rompía la unidad. Hoy en día los términos empiezan a cambiar. El multilingüismo es la situación de hecho de los Estados y el monolingüismo la excepción.

Si superpusiéramos dos mapamundis, uno político y otro lingüístico, podríamos apreciar claramente que en el interior de los Estados coexisten distintas lenguas. Pero si nos fijamos, por ejemplo, en las grandes ciudades europeas las lenguas que se hablan en ellas se multiplican sustancialmente. La globalización, al mismo tiempo que proyecta el inglés como la lengua internacional vehicular, visualiza la babelización de las metrópolis.

Uno de los retos más importante de la *interculturalidad es el multilingüismo. Se produce una tensión entre la unidad y la *diversidad lingüísticas. El multilingüismo puede ser visto como un problema o como un enriquecimiento. Cuando es visto como un problema se suele hacer la defensa de la lengua dominante frente al caos plurilingüe y se constata una actitud de indiferencia ante el futuro de las lenguas minoritarias. Si es visto como una riqueza se suele hacer una defensa de la diversidad lingüística y se alerta de que muchas lenguas están en peligro. Para esta perspectiva la pérdida de cada lengua supone la merma del *patrimonio cultural de la humanidad. En el primer caso se postula un cierto darwinismo lingüístico y la funcionalidad comunicativa de las lenguas más habladas. En el segundo se defiende un cierto proteccionismo lingüístico y los derechos lingüísticos de los ciudadanos con lenguas minoritarias o minorizadas.

La lengua no es sólo un instrumento de *comunicación. Para algunas comunidades lingüísticas funciona también como *identificador cultural. En estos casos pueden darse unos fuertes sentimientos de fidelidad de los hablantes con su lengua, que se hacen más fuertes si sienten su lengua amenazada. Aunque no todos los hablantes de una lengua le dan a ésta el mismo significado.

El multilingüismo se manifiesta en cada contexto en formas diversas y las relaciones entre las lenguas tienen características particulares. En cualquier caso, el multilingüismo supone la coexistencia de distintas lenguas en un territorio delimitado políticamente. Toda situación multilingüe implica un conflicto potencial; la convivencia lingüística no puede estar siempre exenta de conflictos. Además, toda situación multilingüe implica una tal diversidad de aspectos que para una mejor explicación podríamos distinguir tres ámbitos, que están ineludiblemente relacionados de forma compleja y a veces contradictoria: el multilingüismo individual, el social y el institucional.

A nivel individual la duda que se plantea es saber qué se entiende por una persona multilingüe o bilingüe. Así se discute cuál es el grado de competencia lingüística que debe darse para estar en un caso de bilingüismo. Según cuál sea el grado de corrección lingüística que se delimite, los casos de bilingüismo variarán.

Además, no siempre se ha visto el bilingüismo como una ventaja. Así se ha considerado un problema para el dominio correcto de las lenguas, ya que se producen interferencias entre ellas.

Los individuos, en la actualidad, se ven impelidos cada vez más a moverse en ámbitos multilingües. La gestión de las *diferentes lenguas por parte de los individuos variará en los distintos contextos, según las necesidades o posibilidades lingüísticas de cada persona. Esta situación multilingüe puede ser vivida por cada persona de forma distinta. Para algunas personas dicha situación supondrá obstáculos y molestias en sus prácticas comunicativas cotidianas, mientras que otras la encontrarán estimulante.

Si nos centramos en los comportamientos lingüísticos de los hablantes, en todas las situaciones de uso de las lenguas coexistentes en una sociedad veríamos cómo en cada situación hay múltiples variables que intervienen en las opciones lingüísticas —las personas implicadas, el contexto, la situación, los temas, la ideología, etc.— y que dan lugar a estrategias comunicativas distintas. El multilingüismo, en su dimensión social, nos plantea el tema de la diglosia. El concepto de diglosia también articula posturas distintas. Por un lado, se puede entender la diglosia como el uso funcional de dos o más lenguas en una sociedad. Pero, por otro lado, la diglosia también sería la expresión de un conflicto lingüístico en el que se da una relación de dominio de una lengua sobre otra. Así, la lengua dominante tendría carácter oficial y dimensión pública, y la lengua dominada un uso restringido y poca visibilidad mediática.

En los sistemas democráticos los conflictos lingüísticos dan lugar a soluciones políticas negociadas que implican políticas lingüísticas. En el ámbito institucional, una de estas políticas es la normalización lingüística. La lengua dominante de una sociedad es la de los grupos política y socialmente dominantes. La normalización lingüística implica necesariamente un cambio en la distribución del poder. Pero en las sociedades este cambio necesita, además de políticas lingüísticas, la participación colectiva de los hablantes. La normalización lingüística de una lengua minorizada supone la extensión de su uso social. Sin embargo, la normalización lingüística también implica un modelo lingüístico, que puede tender al monolingüismo o al multilingüismo. También se debe apuntar que el multilingüismo institucional no tiene muy en cuenta, en su normalización lingüística, todo el multilingüismo existente en el ámbito individual y social. Sólo las lenguas con carácter oficial son contempladas en las políticas lingüísticas de normalización.

La relación entre las lenguas, en el ámbito institucional, y sus hablantes, en el ámbito social, no está libre de tensiones. La inclinación al monolingüismo y la tendencia a la diversidad lingüística coexisten. No hay soluciones fáciles ni exentas de la colisión de intereses. Pero es un reto que la humanidad ha de arrostrar. Quizás una posible respuesta es la que propone Umberto Eco (1994: 292): "Una Europa de políglotas no es una Europa de personas que hablan con facilidad muchas lenguas, sino, en el mejor de los casos, de personas que pueden encontrarse hablando cada uno su propia lengua y entendiendo la del otro, que no sabrían hablar de manera fluida, pero que al entenderla, aunque fuera con dificultades, entenderían el 'genio', el universo cultural que cada uno expresa cuando habla la lengua de sus antepasados y de su propia tradición."

Bibliografía

ECO, Umberto (1994): *La búsqueda de la lengua perfecta*. Barcelona: Crítica.

BURKE, Peter (1996): *Hablar y callar. Funciones sociales del lenguaje a través de la historia*. Barcelona: Gedisa.

KYMLICKA, Will (2003): *La política vernácula. Nacionalismo, multiculturalismo y ciudadanía*. Barcelona: Paidós.

LODARES, Juan Ramón (2000): *El paraíso políglota*. Madrid: Taurus.

PUEYO, Miquel; TURULL, Albert (2003): *Diversitat i política lingüística en un món global*. Barcelona: Pòrtic.

SIGUÁN, Miquel (1992): *España plurilingüe*. Madrid: Alianza editorial.

— (1996): *La Europa de las lenguas*. Madrid: Alianza editorial.

TUSÓN, Jesús (1989): *El lujo del lenguaje*. Barcelona: Paidós.

— (1996): *Los prejuicios lingüísticos*. Barcelona: Octaedro.

Miquel Rodrigo Alsina
Anna Estrada Alsina

Véanse además COMUNICACIÓN, DIFERENCIA Y DESIGUALDAD, Diferencias sociolingüísticas y desigualdad, Esfera mediática, ESTADO-NACIÓN, IDENTIDAD, INTEGRACIÓN, Interculturalidad, MINORÍAS, Modernidad, PATRIMONIO, Sociedad de la información y del conocimiento.

Multilocal

Las reordenaciones *espacio-temporales ocurridas en la *modernidad avanzada han trastocado de manera importante los objetos clásicos de la antropología —la relación entre *cultura y *territorio, la *diversidad cultural, los *límites de la *identidad, etc.—, planteando a esta disciplina nuevos problemas de índole teórico-metodológica. Entre otros, ha contribuido a cuestionar el arraigado mito del "localismo premoderno", nacido, hasta cierto punto, de las exigencias del trabajo de campo etnográfico. Según Morley y Robins (1995: 129-130), dicho localismo está compuesto por un conjunto de suposiciones sobre el vínculo, arraigamiento, insularidad y pureza de las culturas premodernas. Llámesele modelo o mito, lo cierto es que se ha visto desbordado por los procesos de cambio que producen un desfase creciente entre las prácticas *locales y las fuentes de valor o legitimidad, entre las coordenadas de la acción presencial y los ejes dominantes de referencia espacio-temporal. Con frecuencia, el desbordamiento del espacio-tiempo *local es tal que resulta difícil decidir en qué medida un fenómeno concreto pertenece al ámbito de lo local, lo *nacional o lo global.

Lo más probable, como indica Francisco Cruces (1997: 47), es que corresponda a todos a la vez. Los objetos y unidades de análisis pueden cambiar o continuar siendo los mismos, pero lo que ciertamente está cambiando es la mirada o la perspectiva desde la que se observa. Apuntando en esa dirección, Clifford aconseja repensar los tradicionales campos de estudio de la antropología a la luz de un nuevo enfoque que consiste en concebir "la aldea tradicional como si fuera una sala de tránsito, porque resulta difícil encontrar una imagen más cabal de la *posmodernidad, del nuevo mundo del *movimiento y de las historias del desarraigo" (1997: 1).

El *movimiento continuo e interconectado de personas, significados, capitales y cosas ha hecho emerger dentro de la investigación antropológica una tendencia metodológica que supone la adaptación de la práctica etnográfica de larga duración a objetos de estudio más complejos. Contextualizada por las macroconstrucciones de un orden social más amplio, la etnografía se traslada desde su convencional ubicación, limitada a un solo *lugar –single-sited–, a lugares múltiples de observación y participación que atraviesan o disuelven la dicotomía local/global. La propuesta de George Marcus (1995), la celebrada "etnografía multisituada o multilocal", se distingue por poseer un objeto de estudio que no puede ser explicado etnográficamente si se realiza trabajo de campo intensivo en un solo lugar. Se trata, por tanto, de desarrollar una etnografía móvil, que se desenvuelve en múltiples lugares, para examinar la circulación de los significados culturales, los objetos y las identidades en un espacio-tiempo difuso. Las etnografías multisituadas o multilocales definen a sus objetos de estudio a través de diversas técnicas que consisten básicamente en seguir el movimiento, planificado o espontáneo, y trazar la relación entre diversos aspectos de un fenómeno cultural complejo. Marcus distingue hasta seis técnicas distintas de etnografía multisituada –"seguir a la gente", "a las cosas", "a la metáfora", "a la historia o la alegoría" y "a la vida o la biografía"–, a las que suma la "etnografía estratégicamente situada" que, pese a desarrollarse en un único lugar, sólo es local circunstancialmente, ya que pretende captar algún aspecto del sistema global en términos etnográficos.

Como ha señalado más recientemente Ulf Hannerz (2003), la influencia de Marcus ha sido fundamental para que la antropología hiciera suyo el término "multilocal" y la idea del campo de estudio multilocal. Destaca que los primeros que adoptaron esta perspectiva fueron los estudios de *migración, ya que en ellos resultaba evidente que amplios grupos de personas vivían sus vidas en dos o más lugares situados a menudo en continentes distintos, y que en la antropología sólo se ha adoptado esta óptica a nivel internacional desde finales de los años ochenta del pasado siglo.

Basándose en las aportaciones de Marcus y de Giddens, Margaret Rodman (1992) entiende el concepto de "multilocalidad" como una forma multidimensional de experimentar los lugares. Considera las distintas dimensiones de la multilocalidad como "predicados sobre las conexiones, sobre la presencia interactiva de diferentes lugares y de distintas voces en diversos contextos geográficos, culturales e históricos" (1992: 647).

Para esta autora, la idea de multilocalidad combina cuatro significados distintos. Primero, implica practicar un análisis descentrado, que busca la comprensión del lugar desde múltiples perspectivas, no *eurocéntricas y no occidentales; en ese sentido supone "mirar los lugares desde el punto de vista de los *Otros" (1992: 646). Segundo, puede significar un análisis comparativo o contingente del lugar; con esta idea enfatiza el hecho que algunas actividades son el resultado de las acciones de múltiples agentes situados en diferentes lugares, y que, consecuentemente, sólo pueden comprenderse cuando se es capaz de identificar las complejas conexiones existentes dentro del sistema de lugares en que se desarrollan. Tercero, la multilocalidad puede referirse también a las relaciones reflexivas con los lugares. Cualquier persona cuyo espacio cotidiano haya sufrido fuertes cambios, o que se haya trasladado a otro lugar distinto, tenderá a comparar lo desconocido con lo familiar y a considerar al primero en base al segundo; es una manera multilocal –señala

Rodman— de solucionar la falta de significado. Finalmente, un único espacio físico puede ser multilocal en el sentido que puede ser experimentado de formas muy diferentes por distintos actores; así lo multilocal expresa la idea de que un lugar tiene significados polisémicos según las personas que lo usen.

Por su parte, para Ulf Hannerz (2003), resulta evidente que en el mundo actual la cultura y la gente están a menudo en movimiento, y que las estructuras sociales se han extendido en el espacio de una manera tal, que, si únicamente se partiera del punto de vista local, sólo se podría dibujar un panorama incompleto. En un contexto como éste, el campo de lo local no puede considerarse algo dado; es más, la manera en que se han construido las localidades se ha convertido en un problema en sí mismo. Para enfrentarse a este problema metodológico repasa las investigaciones que en los últimos años se vienen realizando en su departamento de la Universidad de Estocolmo, y descubre que el común denominador de todas ellas es que sus materiales se han recolectado en diversas localidades, es decir, son estudios multilocales. Característicamente, cada uno de estos estudios tiene *un* campo que consiste en una red de localidades unidas entre sí por algún tipo de estructura cohesiva. Lo que ocurre en una localidad influye en lo que sucede en las otras; "por eso se hace necesario o, como mínimo, preferible combinar diversos puntos de observación. Esto también supone que el campo no sólo es *multilocal*, sino también *translocal*, en el sentido de que ese aspecto es necesario para clarificar la naturaleza de las relaciones entre las distintas localidades. Se podría decir que, mientras la entidad analítica es translocal, el trabajo de campo es multilocal" (2003: 21).

Hannerz recoge algunas de las principales cuestiones —temáticas, teórico-metodológicas, de enfoques y experiencias de trabajo de campo— que han puesto de relieve los estudios multilocales. Señala, en primer lugar, que bastantes tienen como objeto de estudio los movimientos sociales, un tema que los antropólogos han trabajado relativamente poco. El interés que despiertan tales movimientos no sólo refleja que nos hallamos ante uno de los fenómenos organizacionales más importantes de nuestro tiempo, sino que, dada la tendencia de éstos a desplegarse espacialmente, necesitan que su campo de estudio desborde las áreas locales. Destaca, en segundo lugar, que muchos de estos estudios son translocales

—o multilocales— y transnacionales al mismo tiempo, y puntualiza que ambos conceptos no son sinónimos, ya que es posible hacer un estudio translocal dentro de una sola región (2003: 24).

Resalta, en tercer lugar, que los estudios multilocales implican siempre elección, y que es aquí cuando tiene sentido diferenciar entre "campo potencial" y "campo real"; el campo potencial puede ser muy amplio —por ejemplo, el mundo transnacional del ballet—, pero el campo real es aquel que los antropólogos seleccionan y del que dan cuenta realmente en su investigación. Finalmente, Hannerz marca la diferencia entre los estudios comparativos y los multilocales: mientras que los primeros rara vez enfatizan que las unidades se encuentran unidas entre sí por una estructura más o menos coherente, una característica central de los estudios multilocales es pensar en términos de red. Además, los estudios multilocales incluyen frecuentemente localidades que no son facilmente comparables y que, a causa de la movilidad propia de nuestro tiempo, se integran en la red de maneras muy distintas. "No es sorprendente que los cursos y las conferencias sean elementos importantes de bastantes estudios. En la realidad, a menudo es ese tipo de lugares temporales de encuentro el que contribuye decisivamente a la formación y a la cohesión estable de las redes translocales. Es allí donde se conoce a la gente que habitualmente vive en lugares distintos, y es en estos lugares donde surgen muchas ideas" (2003: 27-28).

Ulf Hannerz también se hace eco de las notables diferencias existentes entre el trabajo de campo clásico y el multilocal. Afirma que el primero no tiene que ser considerado necesariamente como el modelo de actividad de cada uno de los lugares de un proyecto multilocal; unas épocas pueden ser más relevantes que otras, y unos lugares más importantes o significativos que otros. Igualmente en el trabajo de campo multilocal el tiempo de permanencia del investigador tiende a alejarse de la ortodoxia de un año, y los materiales de entrevistas se hacen proporcionalmente más importantes que los provenientes de la observación participante. Pero Hannerz no mira con añoranza el trabajo de campo de corte clásico. Comparando los pros y los contras del trabajo de campo multilocal y tradicional, reconoce que el multilocal ofrece menos oportunidades para la observación de actividades e interacciones. Pero, a cambio, destaca, "nos ofrece la riqueza de un tipo de materiales que simplemente no existían en las Trobriand cuando Malinowski estaba allí" (2003: 35).

Bibliografía

CLIFFORD, J. (1997): *Routes: Travel and Translation in the Late Twentieth Century*. Cambridge: Harvard University Press.

CRUCES, F. (1997): "Desbordamientos. Cronotopias en la localidad tardomoderna". *Política y sociedad*, 25: 45-58.

HANNERZ, U. (2003): "Several Sites in One", en T. H. Eriksen (ed.), *Globalisation. Studies in Anthropology*. London, Sterling, Virginia: Pluto Press, 18-38.

MARCUS, G. E. (1995): "Ethnography in/of the World System: The Emergence of Multi-sited Ethnography". *Annual Anthropological Review*, 24: 95-117.

MORLEY, D.; ROBINS, K. (1995): *Spaces of Identity: Global Media, Electronic Landscapes and Cultural Boundaries*. London: Routledge.

RODMAN, M. (1992): "Empowering Place: Multilocality and Multivocality". *American Anthropologist*, 94: 640-656.

Josepa Cucó i Giner

Véanse además ALTERIDAD, Comunidad transnacional, CULTURA, DIFERENCIA Y DESIGUALDAD, ESPACIO-TIEMPO, Espacios locales, ESTADO-NACIÓN, Etnocentrismo y relativismo cultural, Fronteras simbólicas, Global y local, IDENTIDAD, Lugar y no lugar, MIGRACIONES, Modernidad, MOVILIDAD, Nomadismo y turismo, POSMODERNIDAD, TERRITORIOS.

N

Nacionalidad

La nacionalidad no es un concepto monolítico. Hay considerables diferencias internacionales en la institucionalización de la *ciudadanía y la asimilación de los inmigrantes.

Alemania y Francia son, por ejemplo, dos casos que suponen un agudo contraste de experiencias y políticas *migratorias, y que nos pueden servir inicialmente de paradigmas para explicar las distintas formas de enfocar el problema de la nacionalidad. Alemania, un *Estado-nación incompleto hasta 1990, se autodefine hasta entonces como país no de inmigración, sino de retorno de los alemanes dispersos por las consecuencias de la II Guerra Mundial. Alemania admite a los inmigrantes sólo como *Gastarbeiter*. Éste es el enfoque dual, incluyente respecto a los inmigrantes de origen *étnico alemán, y *excluyente respecto a los demás. Este discurso oficial de que "Alemania no es un país de inmigración" se diluye tras la Reunificación, sobre todo a finales de la década de los años noventa. Si Alemania es el ejemplo de una nación que desborda los *límites del Estado, Francia, como Inglaterra, representaría la problemática inversa de un Estado cuyos límites políticos son mayores que los de las *fronteras *culturales de la nación. Francia tiene inmigración de sus ex *colonias –Argelia, Marruecos–. Es una inmigración *poscolonial, distinta de la de los *Gastarbeiter* inmigrantes en Alemania.

La nacionalidad francesa se adquiere automáticamente por nacimiento si uno de los padres es francés; o, si se es descendiente de padres *extranjeros y se ha nacido en Francia, cuando uno de éstos también hubiera nacido aquí; o, a los dieciocho años, siendo hijo de padres extranjeros, siempre que se demuestre la residencia en Francia antes de alcanzar la mayoría de edad. Se reconoce el *jus *sol*. Por el contrario, en Alemania la nacionalidad se obtiene exclusivamente por descendencia: hay que ser hijo de alemanes –*jus sanguinis*–. La prevalencia de uno u otro principios –*jus soli versus jus sanguinis*– tiene implicaciones directas para los derechos sociales de los hijos de inmigrantes. La prevalencia del *jus soli* en Francia hace que los descendientes de inmigrantes adquieran derechos antes que sus equivalentes en Alemania. La consolidación de la residencia y la adquisición de la nacionalidad en los años noventa fueron un proceso más difícil y largo en Alemania que en Francia. En Alemania el proceso de *naturalización se entiende como la consecuencia y no el instrumento del proceso de *integración. Para optar al proceso se debe haber residido legalmente durante al menos quince años, mientras en Francia el periodo es de cinco años.

Se han dado dos tipos de interpretaciones para explicar las diferencias en el grado de integración de los inmigrantes en los dos países: una que podemos llamar culturalista y otra institucional-materialista. En su explicación culturalista, Brubaker (1992) subraya el papel que tienen las formas de entender la nacionalidad y la ciudadanía en cada país, o, en sus palabras, los "idiomas culturales" de cada país. Para Brubaker los factores geográficos y políticos son importantes, pero lo determinante es la distinta concepción de la nacionalidad y la ciudadanía en los dos países: etnocultural en el caso alemán, política en el francés.

La visión de la ciudadanía se forja en Francia a partir de la Revolución de 1789. Sería un idioma ilustrado y racionalista, exclusivamente político, centrado en las libertades individuales del *ciudadano, y no un discurso étnico o cultural, en el que priman los derechos colectivos. En parte, esto se debería a que Francia ya es entonces una unidad política. Por el contrario, el idioma alemán de la ciudadanía se va forjando en el curso del proceso de formación paulatina del Estado alemán, influido intelectualmente por el movimiento romántico. La apelación a los factores étnicos y culturales, como tegumento en la integración de los distintos *Länder* en una unidad política superior, es el caldo de cultivo de una forma diferencialista o exclusivista de entender la nacionalidad. Esta visión étnica-cultural explica la vigencia del *jus sanguinis* en Alemania y su apertura de la ciudadanía a los inmigrantes de origen étnico alemán, que va acompañada de la exclusión del resto de los inmigrantes.

Hasta aquí la explicación culturalista de Brubaker. En su interpretación alternativa, Janoski (1998) acentúa la posición del país en la economía-mundo: en particular, los intereses creados en los procesos de colonización en el siglo XIX y las instituciones a las que dan lugar. El pasado colonial marca las diferencias. En general, cuanto más dura la colonización, mayor es el problema del control social en la colonia. El país colonizador gradualmente irá concediendo la ciudadanía a la población nativa con el fin de controlar la colonia. La colonización aumenta la necesidad de los ejércitos, y sobre todo en lo concerniente a los soldados reclutados en las colonias, la concesión de la ciudadanía y la posibilidad de la inmigración a la metrópoli es una forma de garantizar la fidelidad. Esta necesidad es acuciante cuando se pretende extender el imperio y se necesitan soldados de unas colonias para formar otras. Cuando los países colonizan durante más de cincuenta años, se abren a la nacionalización de los nativos de las colonias como ciudadanos de la metrópoli. Según Janoski (1998: 171), la colonización debe extenderse como mínimo en ese periodo de tiempo, porque si estamos ante una simple ocupación con fuerzas de la metrópoli, sin que surja la necesidad de un autocontrol social duradero de los nativos, no se produce el incentivo de ofrecer la nacionalización y la ciudadanía.

Este argumento materialista-institucionalista explicaría las diferencias entre Francia y Alemania en lo que se refiere a la integración de los inmigrantes. En la perspectiva de Janoski, sería el colonialismo –más extenso y duradero– de Francia, no su cultura o tradición republicana, lo que explicaría unas tasas de naturalización y, en general, un grado de integración de los inmigrantes como ciudadanos mayores en comparación con Alemania.

Además de esta variable, hay otras que explican el grado de integración de los inmigrantes y, particularmente, el reconocimiento de los derechos de ciudadanía. En el modelo clásico de T. H. Marshall (1998) sobre la ciudadanía se establece una secuencia evolutiva unidireccional que lleva de la inclusión civil a la social pasando por la política. Elevando a categoría universal el desarrollo de los derechos de ciudadanía en el Reino Unido, en esta teoría los pasos eran Estado de Derecho, democracia y Estado de Bienestar. El modelo de Marshall ha sido criticado desde el punto de vista teórico y también empíricamente, sobre todo a partir de la constatación de que existen varios regímenes de Estado de Bienestar y no sólo el anglosajón (Esping-Anderson, 1990). El debate hasta ahora se ha centrado en la validez o no del modelo para explicar el surgimiento de los Estados de Bienestar nacionales. Pero la inmigración plantea el problema adicional de cómo la teoría sociológica de la ciudadanía puede explicar el surgimiento e institucionalización de los derechos de ciudadanía de los *ciudadanos no nacionales. En particular, la cuestión comparativa clave es: ¿por qué en unos países se conceden determinados derechos y, sin embargo, éstos mismos se niegan en otros?

La relación entre el régimen de Estado de Bienestar y las políticas de inmigración es compleja. En algún momento se ha apuntado la paradoja de que los países con Estados de Bienestar más débiles, como EE. UU. o Gran Bretaña, tienen políticas de inmigración más integradoras –con tasas más altas de naturalización–, mientras que los Estados de Bienestar más consolidados –por ejemplo, Alemania– tienen políticas menos integradoras.

Hay que indagar en la interacción entre ambos tipos de políticas. Desde el punto de vista comparativo, la cuestión radica en la forma en que cada Estado de Bienestar regula el acceso de los inmigrantes a las prestaciones y servicios en dos aspectos: ¿cómo se establece la diferencia entre los ciudadanos y los no-ciudadanos en lo tocante a los derechos sociales? y, más concretamente, ¿cómo se establecen distintas categorías dentro de los inmigrantes respecto a su inclusión en el Estado de Bienestar? Para Faist (1995), la clave está en las diferencias internacionales en la definición de ciudadanía y nacionalidad. El estatus legal del inmigrante es una variable clave en el acceso a los derechos sociales. Al respecto Faist (1995: 82) distingue tres tipos:

— *Citizens*: ciudadanos del Estado-nación, con plenos derechos cívicos, políticos y sociales.

— *Denizens*: no ciudadanos o inmigrantes, pero con derecho de residencia permanente —ciudadanía civil—, derechos sociales equivalentes a los de los ciudadanos y algunos derechos políticos.

— *Aliens*: sin derechos civiles, y con pocos derechos sociales o ninguno.

Dentro de los *aliens* hay diferencias de derechos sociales entre los inmigrantes con permisos temporales de residencia, los solicitantes de asilo político y los inmigrantes ilegales. Esto indica que el estatus de ciudadano no es la única variable determinante en el acceso de los inmigrantes al Estado de Bienestar. Hay que considerar factores como la presencia física en el país —permanente frente a temporal— y el estatus laboral-legal.

En la hipótesis de la simetría de regímenes de Faist se da una interacción entre el tipo de políticas sociales y de políticas de inmigración. La conexión entre los derechos civiles de admisión en el país y el tipo de derechos sociales concedidos a los inmigrantes da lugar a una correlación entre el régimen de Estado de Bienestar —REB— y el régimen de políticas de inmigración —RI—. Faist basa su hipótesis en la comparación entre Estados Unidos y Alemania. Para el Estado de Bienestar, Faist utiliza la tipología de los regímenes de Estado de Bienestar de Esping-Anderson (1990), en la que las variables determinantes son la desmercantilización de la fuerza de trabajo y el efecto de las políticas sobre la estratificación. Los tipos de Estados de Bienestar resultantes son: liberal —países anglosajones—, corporatista —Europa continental— y socialdemócrata —países escandinavos—.

A partir de la crítica de Ferrera a Esping-Anderson, habría que añadir un cuarto tipo: el latino —países europeos mediterráneos—, con lo que se obtendrían cuatro mundos del bienestar. También serían cuatro los regímenes de —políticas de— inmigración. Faist recurre a la tipología de Baldwin-Edwards (1991):

régimen semiperiférico —países europeos mediterráneos—, en economías menos *desarrolladas caracterizadas por flujos inmigratorios recientes, infraestructuras de inmigración precarias y escasa protección a los inmigrantes; régimen continental —Alemania, Bélgica—, con controles estrictos y limitación de la reunificación; régimen escandinavo —Dinamarca—, y régimen anglosajón —Estados Unidos y Gran Bretaña—.

El contraste más pronunciado en esta interacción de regímenes RI-REB se da entre el modelo continental —Alemania— y el liberal —Estados Unidos—. EE. UU. es el paradigma de un tipo de integración incluyente y cívico, mientras que Alemania representa la quintaesencia de un modelo excluyente y etnocultural. En EE. UU. prevalece el *jus soli*: los residentes permanentes pueden convertirse en ciudadanos americanos pasados cinco años —dimensión intrageneracional— y la primera generación nacida en el país es naturalizada automáticamente —factor intergeneracional—. En Alemania prevalece el *jus sanguinis*: la naturalización es más difícil. En definitiva, en Alemania tenemos un RI excluyente, pero un REB incluyente, mientras que en los EE. UU. el RI es incluyente, pero el REB excluyente.

Como consecuencia de lo anterior, la comparación entre EE. UU. y Alemania, considerando los derechos sociales de los cuatro estatus de inmigrantes —residentes permanentes, trabajadores temporales, refugiados e ilegales—, permite hablar de puntos de semejanza, pero sobre todo de diferencias.

Alemania y EE. UU. son similares en algunos aspectos: 1) en ambos casos, se establece una diferencia clara entre los inmigrantes legales e ilegales, de manera que los segundos apenas tienen derechos sociales —menos en Alemania que en los EE. UU.—; 2) los refugiados son una categoría aparte: con derecho a determinadas prestaciones de asistencia social en Alemania y con posibilidad de acceso a servicios especiales en los EE. UU., y 3) en ambas situaciones se distingue entre prestaciones contributivas y no contributivas o asistenciales, excluyéndose a los no ciudadanos de estas últimas, aunque los *denizens* tienen un acceso mayor que los *aliens*.

Con todo, las diferencias son mayores que las similitudes. La primera diferencia fundamental tiene su origen en el concepto de ciudadanía. El modelo étnico prevaleciente en Alemania hace que se privilegie a los inmigrantes de origen alemán provenientes del este de Europa —*Aussiedler*—. Por otro lado, por razones históricas, el modelo alemán es comparativamente muy generoso con los refugiados políticos. Finalmente, la discrepancia entre los derechos civiles y los derechos sociales de los inmigrantes es más aguda en los EE. UU. que en Alemania, donde éstos permanecen privados de derechos durante más tiempo. Las tasas de naturalización son más altas en los EE. UU. que en Alemania. Estas diferencias tienen consecuencias importantes en el discurso político sobre los derechos sociales de los inmigrantes. "Si es cierto que la solidaridad social en los Estados de Bienestar depende de la congruencia de los derechos sociales, por un lado, y de la integración política-cultural, por otra, el potencial de un conflicto político en torno a los derechos sociales de los inmigrantes es mayor en Alemania que en los EE. UU." (Faist, 1995: 190).

En definitiva, la comparación entre Alemania y los EE. UU. validaría la hipótesis de la correspondencia de regímenes RI-REB de Faist. Para la comparación entre Francia y Alemania es necesario incluir más variables.

Lieberman (2000) también considera el régimen de Estado de Bienestar. En su formulación, los regímenes universalistas resultan más incluyentes que los corporatistas, y éstos a su vez lo son más que los liberales. En los últimos la integración depende exclusivamente de la posición en el mercado de trabajo, y en los primeros se halla desvinculada de ésta. En el medio, en los regímenes corporatistas, la integración está mediada por la pertenencia a grupos de estatus no relacionados directamente con el mercado de trabajo, que disfrutan de mecanismos de protección de riesgos. La fuerza que puedan ejercer los inmigrantes en la sociedad civil será determinante en el acceso a esos grupos.

Pero Lieberman añade otra variable que influye en el grado de inclusión de los inmigrantes en el Estado de Bienestar de los países receptores. Se trata del grado de *descentralización y fragmentación de la administración: a mayor descentralización, menor inclusión de los inmigrantes. Los sistemas centralizados descansan sobre reglas y procedimientos universales y sobre controles administrativos que reducen las oportunidades de discriminación. Varios mecanismos concretos operan en este sentido: a) las unidades políticas más pequeñas son más propensas a promover los intereses de las mayorías a expensas de las *minorías; b) en las unidades más pequeñas, como las *locales, el clientelismo basado en redes de proximidad puede fomentar la ex-

clusión de los extranjeros, y c) en especial en el caso de programas asistenciales, más discrecionales que los contributivos, la descentralización incrementa la probabilidad de que los inmigrantes no accedan a los beneficios.

En la teoría de Lieberman la relación entre las dos variables es aditiva y jerárquica. El efecto régimen predomina sobre el efecto de la descentralización. Además, el grado de fragmentación refuerza la integración o la exclusión, pero no la contrarresta. En un Estado de Bienestar universalista y centralizado la inclusión de los inmigrantes es máxima, y en uno corporatista y descentralizado resulta mínima. Alemania es el prototipo de régimen corporatista y descentralizado. Por el contrario, Francia, con una mezcla de elementos universalistas y corporatistas, en el que predominan los universalistas, es centralista. Por lo tanto, la inclusión de los inmigrantes en el Estado de Bienestar será mayor en Francia que en Alemania.

Bibliografía

BALDWIN-EDWARDS, M. (1991): "The sociopolitical rights of migrants in the EC", en G. Room (ed.), *Towards a European Welfare State?*. Bristol: SAUS, 189-234.

BRUBAKER, R. (1992): *Citizenship and Nationhood in France and Germany*. Cambridge: Harvard University Press.

ESPING-ANDERSON. G. (1990): *The Three Worlds of Welfare Capitalism*. New Jersey: Princeton University Press.

FAIST, T. (1995): *Social citizenship for whom? Young Turks in Germany and Mexican Americans in the United States*. Aldershot: Avebury.

JANOSKI, T. (1998): *Citizenship and Civil Society*. New York: Cambridge University Press.

JOPPKE, C. (1999): *Immigration and the Nation-State*. Oxford: Oxford University Press.

LAMO DE ESPINOSA, E. (1995): *Culturas, Estados, Ciudadanos*. Madrid: Alianza.

LIEBERMAN, R. (2000): *Racial Incorporation and the Welfare State: a Comparative perspectiva*. New York: Columbia University

MARSHALL, T. H., y BOTTOMORE, T. (1998): *Ciudadanía y clase social*. Madrid: Alianza.

Javier Noya

Véanse además ALTERIDAD, Centro-periferia, CIUDADANÍA, Ciudadano, COLONIALISMO Y ANTICOLONIALISMO, CULTURA, DESARROLLO, Desterrito-

rialización, Diferencias sociales y diferencias
culturales, DISCRIMINACIÓN Y EX-
CLUSIÓN SOCIAL, Espacios locales, ES-
TADO-NACIÓN, Etnicidad, Extranjero,
Fronteras políticas y religiosas, Fronteras
simbólicas, INTEGRACIÓN, Megalópolis,
MIGRACIONES, MINORÍAS, Naturaliza-
ción, PATRIMONIO, Plurinacionalidad,
TERRITORIOS, Violencia política. Tipos,
Xenofobia y xenofilia.

Nacionalismo

El nacionalismo no difiere tan radicalmente de las etnias y de las etnicidades, pese a
la abundante literatura sociológica y, sobre todo, histórica, que lo contraponen. Y no difiere ni en los elementos sobre los cuales se
constituye ni, sobre todo, en los procesos con-
ducentes a traducir y establecer como objetivas y naturales las conductas de los individuos
enclaustrados en él. Tampoco se diferencia en
los procesos a través de los cuales crea la
*identidad colectiva.

Las representaciones y las creencias se im-
plantan en la vida social y en la conciencia de
los individuos de tal forma que, siendo invisibles, las hacen posibles y visibles y, habién-
dose manifestado o revelado una vez, no
precisan de otras manifestaciones o revelacio-
nes posteriores. Sólo precisan ser recordadas
en ocasiones; por lo general, en forma ritualizada. También hay que agregar que, pese a la
—en parte— esclarecedora *diferenciación de
las formas de legitimación de las distintas sociedades —carismática, tradicional y racional—, "toda construcción social o cultural de la
realidad contiene, por definición, premisas
que en algunos aspectos son arbitrarias y
dadas de antemano, en el sentido de que se
hallan más allá de cualquier criticismo "racional" o "comprobación empírica" (Eisenstadt,
1973: 129).

No obstante estas similitudes, la diferenciación entre las así llamadas sociedades tradicionales y las *modernas, más ampliamente
sostenida por sociólogos y antropólogos, es
que las primeras crean individuos que poseen
"un sistema de disposiciones o de esquemas
homogéneo y coherente", mientras en las segundas lo más corriente es encontrar actores
individuales menos unificados y portadores
de hábitos —esquemas de acción— heterogéneos y en algunos casos contradictorios" (Lahire, 2004: 47). Esta diferenciación es preciso
matizarla agregando que en las sociedades

tradicionales también existen individuos heterogéneos y contradictorios, a los que los antropólogos designan con términos extraídos
de la psicología, como desvientes, anormales y
patológicos, según se expresan Mead y Benedict entre otros, de igual forma a como en las
sociedades modernas "existen grupos que tratan de conformar individuos homogéneos y coherentes", conforme señala Lahire (2004: 47).

Algo similar escribe Durkheim basándose
en la mayor o menor extensión del grupo, su
fluidez y su condensación, y en las circunstancias exteriores más o menos homogéneas: "En
las sociedades inferiores, el menor desarrollo
de las individualidades, la extensión más débil del grupo, la homogeneidad de circunstancias exteriores, todo contribuye a reducir
las *diferencias y las variaciones al mínimo.
El grupo realiza, de forma regular, una uniformidad intelectual y moral de la que no se
encuentran sino escasos ejemplos en las sociedades más avanzadas. Todo es común a todos" (Durkheim: 1968, 7). En las sociedades
modernas, más concentradas, se da el fenómeno inverso. "En la medida en que las sociedades devienen más amplias y, sobre todo,
más condensadas aparece un nuevo género de
vida psíquica. Las diversidades individuales,
en un principio perdidas y confundidas en la
masa de las semejanzas sociales, se desprenden, toman relieve y se multiplican" (Durkheim, 1967: 339).

Durkheim, por el proceso homeopático
que establece entre sociedad e individuo, se
halla convencido de que la mayor libertad individual no solamente no debilita a la sociedad, sino que la transforma haciéndola "más
libre" y "más acoplada". Pero no es así. Es debido al ensamblaje en los individuos, en sus
actitudes y en sus conciencias, de los nuevos
ideales el que posibilita el mayor acoplamien-
to y la mayor libertad en las sociedades modernas. También posibilita éste la creación de
las naciones y la constitución de los nacionalismos o simplemente de la sociedad.

Según Eisenstadt, los ideales (presuposiciones en su terminología) de lo que el llama
"Gran Tradición" de la modernidad "se ex-
pandieron por el mundo a través de una serie
de movimientos sociales, políticos y culturales
que, sin igual a los movimientos de cambio y
rebelión en otras muchas situaciones históricas, tendieron a combinar sutil y conjuntamente orientaciones de protesta y de
formación de centros" (1973: 209). Pero en
otro de sus trabajos señala y precisa cómo "la
identidad colectiva nacional" se construyó

"sobre la base de una combinación de factores *primordiales* particulares –históricos, *territoriales, lingüísticos, étnicos–, los que posteriormente fueron relacionados con componentes *universalistas-religiosos*" (Eisenstadt, 1991: 21 y 22).

Paralelamente a estos procesos, las civilizaciones que él denomina "axiales", las europeas, "establecieron el concepto de la relación entre el orden político y un orden trascendental más elevado de una forma propia nueva. Éstas conciben el orden político –el principio central del mundo de aquí– como uno que, medido con el orden trascendental, es situado más bajo. Por ello el orden político-mundano debía ser trasformado teniendo como referente la visión trascendental" (1991: 24).

Son muchas y diversas las diferencias que, basadas en la analogía con el orden trascendente, introduce la modernidad para diferenciarse de él y legitimar el nuevo orden político. Eisenstadt remarca la diferencia sacral: "Los modelos de legitimación del orden político se caracterizaron por la tensión, por la continua oscilación y separación entre las dimensiones sacrales primordiales y civiles dentro de las distintas esferas de la vida social. De ahí viene la importante tendencia a atar y unir estas dimensiones" (1991: 25).

Es probable que en los inicios de la modernidad fuera así, pero en el transcurso del siglo XIX se opera, aunque de forma paulatina y desigual en las diferentes sociedades, la separación de ambos órdenes y el abandono del modelo trascendente religioso. Éste es sustituido por el modelo del capitalismo industrial, o, dicho de otra forma, por el mito que lo funda. Éste se va constituyendo en el modelo de legitimación más perfecto al contener en sí mismo el resto de dimensiones de la vida social, incluida la forma política, esto es, los nacionalismos. El capitalismo industrial decimonónico se asemeja al "huevo del mundo" de la mitología de los Dogo, según lo describen Griaule y Dieterlen (cit. por Forde, 1959: 140-175).

La mitología en torno al "huevo del mundo" y al capitalismo industrial decimonónico son dos de las ejemplificaciones más complicadas, más sutilmente elaboradas pero a la vez más nítidas de las recíprocas relaciones que mantienen, por un lado, el mundo de las creencias y, por otro, la estructuración social y ético-conductual de los individuos pertenecientes al grupo, designado tribal el primero y nacional el segundo. Como escribe Forde en la introducción a la recopilación de estudios sobre las ideas cosmológicas y los valores sociales de varios pueblos africanos, "entre esas creencias y los patrones éticos de un pueblo y sus oportunidades para la acción parece haber un proceso continuo de ajuste recíproco". "La verdad es que puede parecer, desde cierto punto de vista –especialmente del forastero–, que dichos mitos bloquean las oportunidades obvias e importantes para un avance general económico o de reorganización social; mas, desde otro punto de vista, pueden frecuentemente ser considerados como tipos de conservación de la actividad y de las relaciones sociales que son sentidos por el propio pueblo como de valor intrínseco e imponente, y de esta suerte pueden, también y de hecho, ser indispensables para la conservación de su cohesión y solidaridad sociales" (1959: 9-11).

Al capitalismo no le ocurre lo que a la sociedad tribal, o a la tradicional, porque el mito en que se funda es distinto. Éste no ata la actividad productiva a las mismas formas y a los mismos cultivos. Tampoco reproduce la cohesión y la solidaridad sociales a través de un mito inalterado e inalterable. El mito del capitalismo es poroso y fluido; lleva en sí mismo la potencialidad del cambio social y de su propia transformación. Es ésta la característica, la diferencia, tal como lo han puesto de manifiesto algunos sociólogos. Eisenstadt lo apunta y Bolstanki y Chiapello lo explicitan extensamente.

El capitalismo, pese a ser "en muchos aspectos un sistema absurdo: los asalariados pierden en él la propiedad sobre el resultado de su *trabajo y la posibilidad de llevar a cabo una vida activa más allá de la subordinación", escriben Boltanski y Chiapello (2002, 40), insufla a la actividad productiva y a la cohesión y solidaridad sociales, siempre y en los diversos tiempos, nuevas formas y renovados compromisos de los trabajadores a través de su "espíritu", de su mitología. Esta mitología se designa comúnmente como ideología –"conjunto de creencias compartidas, inscritas en instituciones, comprometidas en acciones y de esta forma ancladas en lo real", según Dumont (cit. por Bolstanki y Chiapello, 2002: 33)–, que cambia y se metamorfosea sin alterar "la exigencia de acumulación ilimitada de capital mediante medios formalmente pacíficos" (Bolstanki y Chiapello, 2002: 35), y tiende a la transformación de todo en producción ascendente y progresiva que, se piensa, beneficia cada vez más a los individuos y al bien común, colectivo. Se trata del núcleo duro del mito del capitalismo.

Para el capitalismo, apoyado desde sus inicios por una ciencia económica separada de las leyes que gobiernan la sociedad, sus leyes morales y sus formas políticas, la acumulación de las riquezas, el capital, tiende al bien individual y al bien común al mismo tiempo. Esta separación de la economía del tejido social y su constitución como ámbito autónomo, pero vinculado a él, aparece ya en la obra de Smith y se radicaliza y se liga más fuertemente, si cabe, posteriormente. Según escribe Polanyi: "Nada en su obra deja traslucir que sean los intereses económicos de los capitalistas los que imponen su ley a la sociedad, ni que sean los portavoces en la tierra de la divina providencia, que gobierna el mundo económico como si se tratara de una entidad separada. La esfera económica, según él, no está sometida todavía a leyes autónomas que nos proporcionen un criterio del bien y del mal" (1989: 188). La economía se funda muy pronto, sin embargo, en un "naturalismo" que altera los fundamentos éticos y morales del tejido social y trastoca los principales elementos de la organización social. La sociedad y lo social se ligan de tal forma a la naturaleza que devienen realidades regidas por unas mismas leyes. La sociedad es conceptualizada, incluso por las ciencias del hombre, como un organismo similar al natural. La visión precedente, que equiparaba los diversos estamentos de la sociedad con las distintas partes del cuerpo humano, es sustituida por la del organismo, en la que cada órgano demanda la cantidad de alimentos adecuada a su dignidad, tal como escribe Durkheim, por ejemplo, refiriéndose al establecimiento de la justicia en la sociedad orgánica. Lo apunta Villermé en 1840 al escribir que los trabajadores, "muy a menudo, no son miserables sino por su culpa" (1971: 291), y a partir de finales del siglo XIX se convierte en realidad. Las necesidades se encuentran jerarquizadas de tal forma que cada clase posee las suyas. Con ello surge una nueva visión de los individuos en grupos y sociedades. Ésta invierte no sólo la moral sobre los pobres, sino también los fundamentos de los principios que sustentan la sociedad tradicional precedente. La escala de dignidades y jerarquías desaparece, comenzando por el Creador hasta el más ínfimo mortal y de las ciudades hasta la más pobre choza de labrador. Ese orden es sustituido por los designios de la economía capitalista. De ella depende el bienestar general de las naciones y la libertad y la igualdad de los individuos que en ellas viven.

Es esta inversión, provocada por la economía y que los propios trabajadores acaban asumiendo, comprometiéndose con ella, la que permite al capitalismo "adquirir una legitimidad sin precedentes, logrando legitimar al mismo tiempo sus objetivos y su motor" (Bolstanki y Chiapello, 2002: 51).

El compromiso de los trabajadores con el capitalismo aflora y se hace patente desde la incipiente industrialización. Los relatos autobiográficos del aprendiz de orfebrería –que llega a ser miembro fundador de la *Deutsche Gesellschaft* para el cultivo del idioma y de la historia en Berlín–, Friedrid von Klöden (1786-1856), y los de Adolf Kolpìng (1813-1865) –que no pudo soportar "el mundo cerrado" del zapatero en un pequeño pueblo y que, tras pasar por varias ciudades, se convierte en 1845 en sacerdote católico–, muestran no sólo el afán de liberarse de la "existencia embrutecida en la que la masa de trabajadores corría el peligro de caer, como opinaba el político Bebel por las mismas fechas (cit. por Plum, 1976: 136), sino también el profundo deseo de superar la situación, de ascender en el nuevo mundo descubierto. Stephan Born (1824-1898), también trabajador, constata cómo el número de trabajadores ubicados en una posición intermedia entre la burguesía y los obreros no calificados era ya perceptible en 1848. En comparación con los obreros "no especializados", escribe, "los obreros calificados constituían una especie de aristocracia" (cit. por Plum, 1976: 80).

Con ser importante lo señalado, también lo son los medios de socialización empleados por el capitalismo para su implantación, incluidos los cuentos. De ahí que sea necesario precisar, sin embargo, las bases en que descansa su enunciado más importante y su creación más genuina: el emparejamiento de lo individual y lo colectivo; en otras palabras, aquellas creencias que operan la mistificación de su visión del mundo y de las instituciones que definen e imponen situaciones objetivas que cercan a los individuos y troquelan sus conductas e incluso sus rostros. Lo apunta Simmel. El s. XIX *amalgama las "grandes fuerzas de la *cultura moderna" –"el individualismo de las personalidades simplemente iguales y el que se dirige a la unicidad e intransformabilidad cualitativa" (Simmel, 1986: 279)– y las constituye en base, en metafísica de la economía de la libre competencia; en metafísica de la libre competencia, el primero, y en metafísica de la división del trabajo, el segundo. "Competencia y división del trabajo aparecen de este modo como proyecciones económicas de los aspectos metafísicos del individuo social" (Simmel, 1986: 279). Aunque Simmel no lo menciona, se trata de la hibridación del pensamiento de la Ilustración y del Romanticismo, las grandes fuerzas de la cultura moderna.

Ilustración y Romanticismo fraguan en una misma realidad lo que se presenta como realidades antagónicas: lo individual y lo colectivo, el bien personal y el bien colectivo. El pensamiento ilustrado y sus prácticas precisan del pensamiento romántico y de sus prácticas para la legitimación del capitalismo. También lo precisan la nación y el nacionalismo. Hasta lo natural y lo humano se ven afectados por la misma hibridación. Es lo que ocurre con la unión de la concepción evolutiva del s. XIX con el empirismo, que halla el fundamento que posibilita borrar todas las *diferencias esenciales entre lo físico y lo espiritual, entre ciencias de la naturaleza y ciencias del espíritu.

Ambas tradiciones, hibridadas y mistificadas, son las que auguran la utopía de un bienestar común, colectivo, capaz de exudar las cualidades más sublimes de los seres humanos: la libertad, la igualdad y la soberanía popular. Lo tenido hasta entonces por impensable e imposible es ahora posible y pensable: que de la maldición bíblica del trabajo surgiera un nuevo Edén humano. Es más, la consecución de esos objetivos, gracias a la idea de progreso que encierra, acaban apareciendo como necesarios e históricamente inevitables. De esta forma el mito en que se fundan el capitalismo y las naciones —que de la riqueza individual surge el bienestar material y espiritual de los pueblos— queda sellado y garantizado.

Sobre este mito, común a todos los nacionalismos, han construido cada uno de ellos sus particulares tradiciones culturales para diferenciarse. Estas tradiciones, consideradas por algunos imaginadas, por otros inventadas o tergiversadas y por otros producto de determinadas elites intelectuales, tienen, sin embargo, sus límites. La acentuación de la capacidad creadora de imaginarios, sobre los que descansa la variedad de tradiciones culturales en que se apoyan los diversos nacionalismos, hace que se tienda a pensar que cualquier tradición cultural es posible. No es el caso. Es cierto que todo imaginario social es una invención, "pero no es pura ni fortuita invención: una sociedad no puede inventarse cualquier relato sobre sí misma"

(Barry Clark, 1999: 40). Se pueden imaginar infinitud de pasados y futuros; el reto consiste en hacer inteligibles los procesos sociales revelando las relaciones existentes entre las condiciones materiales, los conflictos de intereses de los distintos grupos sociales y sus vínculos con las construcciones de la realidad —valores, símbolos, normas, creencias— que hacen factible la conversión de los intereses objetivos en subjetivos. Es necesario que las tradiciones culturales hayan existido antes en las historias particulares y que luego se metamorfoseen cambiando incluso su sentido originario. Lo que caracteriza a toda tradición cultural es su capacidad de adaptación y su camuflaje. Aquélla siempre actúa ocultándose bajos nuevos ropajes o los mismos términos, aunque con significados distintos. La polisemia es un mecanismo poderoso. Por medio de ella "conceptos nuevos pasan a ser de uso corriente" (Barry Clark, 1999: 54) sin necesidad de inventar nada nuevo. La tradición mitógena, escribe Balandier, "no es ni lo que parece ser ni lo que dice ser" (1996: 36).

Cualquier forma de vida social —que engloba pensamientos y acciones, relaciones sociales y naturaleza, al mismo tiempo que las relaciones sociales y la naturaleza se refunden en los pensamientos y en las acciones—, para que sea considerada legítima, para que tenga significado y sentido para los actores, según lo señala Weber, precisa de la fundamentación que le aportan creencias y representaciones. Sin representaciones y creencias que legitimen la vida social, ésta no existe; tampoco es posible su permanencia si, una vez tenidas, aquéllas son arrebatadas por otras, o no se metamorfosean las primigenias. Representaciones y creencias, es preciso agregar, parten de un principio básico, de la visión nuclear que contiene en sí misma el origen, el presente y el futuro de cualquier forma de vida social y que se despliega a todo cuanto la constituye en un momento dado de la historia. Los Dioses, la Providencia, el Progreso, en concreto, han constituido visiones nucleares de buena parte de la historia conocida de la humanidad.

En suma, los nacionalismos, al igual que las etnias y que las etnicidades, se traducen en conductas efectivas, en comportamientos actuantes y constituyentes por medio de una determinada mistificación de la vida social; esto es, en el sentido que otorga a la realidad social una idea, seductora aunque engañosa, a través de la creencia en un mito, en su caso, el mito de que la historia camina hacia la consecución de los ideales que la impulsan: la libertad política, la igualdad social y la soberanía popular. Se trata de creencias basadas, en opinión de Barry Clark, en un "meta-relato" cuyo trasfondo es "religioso y teológico". Es el que les da sentido, igual que otros mitos otorgaron y otorgan sentido a la vida social de otras colectividades, e incluso a la autobiografía de un individuo. "Cualquier institución social construye —escribe— una estructura narrativa mediante la cual adquiere pertinencia y sentido ante los ojos de los que participan en ella. Esta estructura narrativa incluye relatos tanto puntuales como generales. El relato más amplio y general es el meta-relato: la narración que recoge todas las cuestiones y percepciones básicas y que confiere forma y significado a las narraciones específicas, ya sea la historia de un pueblo o de un país o la biografía de una persona" (Barry Clark, 1999: 37). Es el meta-relato o mito el que "determina los acontecimientos, las actitudes y la conciencia" (Barry Clark, 1999: 39).

Bibliografía

BALANDIER, G. (1996 [1988]): *El desorden. La teoría del caos y las ciencias sociales. Elogio de la fecundidad del movimiento*. Barcelona: Gedisa.

BARRY CLARK, P. (1999): *Ser ciudadano*. Madrid: Sequitur.

BOLTANSKI, L.; CHIAPELLO, E. (2002 [1999]): *El nuevo espíritu del capitalismo*. Barcelona: Akal.

DURKHEIM, E. (1967): *De la división du travail social*. Paris: Presses Universitaires de France.

— (1968): *Les formes élémentaires de la vie religieuse*. Paris: Presses Universitaires de France.

EISENSTADT, S. N. (1973): *Tradition, Change and Modernity*. Florida: Robert E. Krieger Publishing Company Malabar.

— (1991): "Die Konstruktion nationaler. Identitäten in vergleichender Perspektive", en B. Giesen (ed.), *Nationale und kulturelle Identität*. Frankfurt: Suhrkamp.

FORDE, D. (1959): *Mundos africanos. Estudios sobre las ideas cosmológicas y los valores sociales de algunos pueblos de África*. Buenos Aires: FCE.

LAHIRE, B. (2004): *El hombre plural. Los resortes de la acción*. Barcelona: Bellaterra.

PLUM, W. (1976): *Relatos obreros sobre los comienzos del mundo laboral moderno*. Bonn, Bad Godesberg: Hildesheimer Druck-und Verlag.

POLANYI, K. (1989): *La gran transformación. Crítica del liberalismo económico*. Madrid: La Piqueta.

SIMMEL, G. (1986): *El individuo y la libertad*. Madrid: Alianza.

VILLERMÉ, L. R. (1971): *État physique et moral des ouvriéres*. Paris: Unions Générale d'editions.

Ana Aliende Urtasun
Jesús Azcona Mauleón

Véanse además ALTERIDAD, CIUDADANÍA, Ciudadano, COLONIALISMO Y ANTICOLONIALISMO, Comunidad transnacional, Criollización, CULTURA, Diferencias naturales y diferencias sociales, Diferencias sociales y diferencias culturales, DISCRIMINACIÓN Y EXCLUSIÓN SOCIAL, ELITES, Elites cosmopolitas, Espacio de los flujos, ESTADO-NACIÓN, Etnicidad, Extranjero, Frontera geográfica y administrativa, Fronteras políticas y religiosas, Fronteras simbólicas, GENOCIDIO, HIBRIDACIÓN, IDENTIDAD, INTEGRACIÓN, Integración religiosa, MINORÍAS, Modernidad, Naturalización, Neocolonialismo, NUEVOS MOVIMIENTOS SOCIALES, Pluralismo sincrónico, Plurinacionalidad, Poscolonialismo, Racismo y neorracismo, Revolución técnico-comunicativa, SABER Y SABERES, TERRITORIOS, TRABAJO, Violencia política. Tipos.

Naturalización

En el ámbito jurídico-político, la naturalización es un proceso que convierte a los *extranjeros en *ciudadanos mediante la adquisición de la *nacionalidad. Así, tanto ésta última como la *ciudadanía, pasan a ser indistintamente acepciones de la palabra "naturaleza".

Sin embargo, tanto la evocación de las tres categorías —extranjero, ciudadano y nacionalidad— como, en la práctica, las consecuencias políticas e ideológicas de la institucionalización de la naturalización indican que no es posible contentarse con una definición formal. Lo que podría considerarse una simple convención social, etimológicamente cuestionable pero aceptada como tal, se ha revelado especialmente problemático. Han intervenido y convergido fundamentalmente dos procesos: el hecho de que la naturalización haya constituido en las antiguas *metrópolis —y en determinadas coyunturas— uno de los principales instrumentos de *integración social de los anteriormente *colonizados y, en segundo lugar, la intensificación de las *migraciones y la extensión de *comunidades transnacionales. Al no haber un nexo necesario entre la pertenencia a una entidad *nacional y la "naturaleza" –como ámbito orgánico o biológico– o que incite a considerar "natural" el final de este proceso, la vinculación de la naturalización con la nacionalidad plantea frontalmente todas las incertidumbres ya presentes en los criterios seleccionados para definir ésta y la ciudadanía: ¿qué es lo que se considera "natural" o define el "origen" de los agentes sociales?, ¿el nacimiento?, ¿la filiación?, ¿la residencia?, ¿o la inserción cotidiana en la vida social? Lo que era "natural" ayer, en virtud de haber nacido en –o ser hijo de alguien de– un *lugar, ¿deja de serlo hoy en nombre de la relación con el *territorio establecida por la residencia y el *trabajo? ¿Qué implica convertir a una persona en alguien "natural" de un *Estado? ¿Le otorga los mismos derechos e idéntico reconocimiento social que a los autóctonos? ¿La naturalización es *excluyente y obliga a renunciar a los lazos anteriores con otras entidades nacionales?

Resulta, pues, fundamental considerar la ambivalencia inherente al propio uso y a la generalización del concepto "naturalización". Plantea tres cuestiones, entrelazadas entre sí, que nos alejan de su aplicación en el marco jurídico-político propiamente dicho: las connotaciones naturalistas del concepto, la transformación de hechos destacados convencionalmente en productos naturales y la eficacia práctica y retórica de esta esencialización dentro del juego social. En otras palabras, puede decirse que la institucionalización de la naturalización y sus consecuencias sociales no pueden aislarse de los procesos cognitivos y simbólicos con arreglo a los cuales los grupos sociales se forman, *identifican o *distinguen.

Esto invita a revisar los principios que, desde la ciencia –Derecho, Sociología o Política– o la sociedad –el Estado, las instituciones, los grupos sociales...–, el discurso docto o el sentido común, designan y sirven para definir la pertenencia y para guiar el reconocimiento social. En efecto, los procesos contemporáneos obligan a matizar todavía más lo que bien se podría calificar como prenociones recurrentes sobre las formas de identificación social. En consonancia con un modelo mucho tiempo defendido desde la antropología social, las conexiones históricas entre el asentamiento del Estado-nación y el desarrollo del concepto de ciudadanía han contribuido a reforzar la estrechez y la esen-

cialización de las relaciones simbólicas y prácticas entre el *territorio*, la *población* y lo que se considera holísticamente como su *cultura*. Los dos primeros términos son los que más claramente han permitido hacer una lectura naturalista al ligar las dimensiones físicas con el hecho biológico del nacimiento y, por otra parte, de la consanguinidad. Otras metáforas sacadas de la categorización del mundo vegetal u orgánico –"raíz", "tronco", "rama", "cuerpo", "célula"...– o del parentesco –"madre-patria", "pueblo-hermano"...– y trasladadas al ámbito social y político contribuyen a menudo a dar más realismo y consistencia retórica a estos paralelismos.

Aunque la historia y la antropología modernas se han encargado de mostrar la falacia de los vínculos así establecidos, recordando su origen social y simbólico –arbitrariedad de las *fronteras nacionales, diferenciación entre consanguinidad y filiación, etc.–, el biologismo y el pensamiento naturalista permanecen vivos en la calificación y descalificación de la diferencia: los mecanismos de discriminación social –particularmente el *racismo y la *xenofobia a menudo apoyados o justificados en base a caracteres fenotípicos–, que aquéllos ayudan a alimentar y a reproducir lo demuestran claramente. Para mejor comprender la fuerza y la perennidad de lo que está en juego con el concepto "naturalización", resulta fundamental enmarcarlo dentro del debate más general sobre las relaciones entre "naturaleza" y "cultura" que domina las divisiones entre las ciencias, ha ocupado gran parte del debate antropológico y ha seguido coleando en la discusión en torno a los *derechos humanos. Las relaciones interétnicas muestran que la conversión de hechos culturales en una "forma de ser", una cuestión de "naturaleza" o una manifestación de rasgos atávicos sigue dando consistencia a una predisposición cultural compartida –a menudo apoyada en relaciones de dominación real o supuesta–, que tiene mucha dificultad de combinar lo universal con lo particular.

Un trabajo seminal como el de Barth (1969) ya contribuyó en su momento a relativizar el nexo postulado entre los pueblos y los territorios que habitan. Tanto la historia de los Estados-nación como una mayor atención a sus procesos de formación y diversificación sólo pueden confirmar esta advertencia. Pero hoy en día la arbitrariedad de los vínculos simbólicos que afectan a la nacionalidad por su asimilación con un proceso de "naturalización" queda todavía más patente e inapropiada: la reversibilidad y la *desterritorialización crecientes debidas a la magnitud y transnacionalidad de los flujos migratorios –inmigración, exilio, *diáspora…– aportan nuevas ocasiones de disociar lo que tales isomorfismos postulaban. Simultáneamente, como unos y otros recuerdan, la deslocalización no implica necesariamente –y a todos los efectos– la pérdida –real o simbólica– de las relaciones con el lugar o la nación originaria. En suma, nuevas modalidades del localismo se trastocan, *combinan, yuxtaponen o entran en conflicto con las destacadas desde una perspectiva organicista y esencialista. Asimismo el nacimiento –tan pronto asociado con el lugar de origen o el de procedencia como con la filiación– ha desvelado ser un criterio relativo, frágil y diversamente valorado en función de los países y de los contextos sociopolíticos. La ambigüedad se refuerza aún más por la confusión entre las *etnias, los grupos de filiación o la nación, y la "cultura" que presumiblemente comparten sus miembros, como si de hechos naturales se trataran. Las dudas en torno a un uso nomotético de este último concepto, entendido como conjunto de conocimientos, pautas y prácticas transmitidos o heredados y sistemáticamente reproducidos, retoman todo su sentido en un contexto en el que es muy fácil convertir la cultura en el máximo criterio y exponente de las *diferencias grupales y de los problemas que generan, ya sea con fines defensivos o expansivos. Ante todo esto no basta con denunciar la falsedad del modelo naturalista, sino constatar que la metáfora, no sólo es inservible para dar cobertura a la organización y administración de la igualdad y de la diferencia, sino que tiene a menudo consecuencias nefastas.

Con todo, la incitación a tratar con precaución las referencias esencialistas al "territorio", a los criterios diferenciadores de la "comunidad" y a la "cultura" misma no debe ser malinterpretada. Lejos de descartarlas, hay que considerar su eficacia social y poder simbólico, ya que su recurrencia y aparente naturalidad se deben precisamente a que se trata de representaciones y clasificaciones corrientes que permanecen en el núcleo de la problemática, tanto a nivel legal u oficial (según muestra, por ejemplo, Eriksen con respecto a la UNESCO) como en la práctica cotidiana. Dicha llamada de atención invita, pues, sobre todo a no considerar dadas o predeterminadas las categorías con las cuales se reflexiona sobre la naturalización –en el sentido jurídico-político– y la ciudadanía, y a

identificar en la naturalización el proceso cognitivo-simbólico consistente en presentar un hecho cultural como si fuera una cuestión de naturaleza. Desde esta perspectiva resulta fundamental restituir los contextos particulares en los que se recurre a ello, poniendo en evidencia cómo se construye, los objetos en juego y la estructura de los espacios políticos y económicos de los que sus usos son partes intrínsecas. Este enfoque muestra además cómo sus contenidos son flexibles y susceptibles de ser reconducidos para distintos fines sociales y políticos –bien sea en los grupos restringidos o a nivel del Estado–. El caso más sobrecogedor probablemente sea el de las similitudes formales entre el discurso xenófobo de la extrema derecha y las respuestas del integrismo comunitarista ante la marginación social, económica y política. Sin atender a la convergencia de todos estos procesos y a los contextos sociohistóricos –nacionales e internacionales– que los enmarcan, es imposible comprender las confusiones y los conflictos que rodean los criterios que dan derecho a la ciudadanía: la integración de las *minorías se juega frecuentemente en torno a hechos *naturalizados* –nacimiento, sexo, etnia o incluso religión…– más o menos intencionadamente por unos o por otros. En ello radica su poder simbólico y su fuerza retórica.

El malestar y los equívocos generados por la naturalización están bien ilustrados por su rechazo por muchos agentes sociales, en particular tras haber accedido a la independencia su país de origen y entrado en el concierto de las naciones. En el caso contrario, es uno de los méritos de Sayad haber puesto en evidencia las dudas y las estrategias diversas de encubrimiento –silencio, mentira, simulación, desdoblamientos…– a las que el ciudadano recurre para no enfrentarse a la sanción social que su naturalización suscita –o puede suscitar– en el interior del grupo, debido a la falta de clarificación entre los distintos niveles de pertenencia y sobre todo a las asociaciones de ideas que arrastra: la transformación de la "naturaleza" y la ruptura con las lealtades originarias. En este sentido se pone de manifiesto cómo la solvencia jurídica no logra vencer el peso de las afinidades consideradas primordiales y, en este sentido, más "naturales".

Bibliografía

BARTH, F. (1976 [1969]): *Los grupos étnicos y sus fronteras*. México: FCE.

CROWLEY, J. (2005): "Communautés de souffrance: le racisme comme principe d'identité", en R. Bakkar (comp.), *Ethnicité et lien social*. Paris: L'Harmattan.

ERIKSEN, T. (2001): "Between universalism and relativism: a critique of the UNESCO concept of culture", en J. K. Cowan, M. B. Dembour y R. Wilson (eds.), *Culture and Rights. Anthropological Perspectives*. Cambridge: Cambridge University Press, 127-148.

FRIEDMAN, J. (2001): *Identidad cultural y proceso global*. Buenos Aires: Amorrortu Editores.

GUPTA, A.; FERGUSON, J. (1992): "Beyond 'culture': space, identity and the Politics of Difference". *Cultural Anthropology*, 7 (1): 6-23.

SAYAD, A. (1999): *La double absence. Des illusions de l'émigré aux souffrances de l'immigré*. Paris: Seuil.

STOLCKE, V. (1995): "Talking Culture. New boundaries, New Rhetorics of Exclusion in Europe". *Current Anthropology,* 36 (1): 1-24.

Marie José Devillard

Véanse además CIUDADANÍA, Ciudadano, COLONIALISMO Y ANTICOLONIALISMO, Comunidad transnacional, CULTURA, DERECHOS HUMANOS, Desterritorialización, DIFERENCIA Y DESIGUALDAD, Diferencias naturales y diferencias sociales, Diferencias sociales y diferencias culturales, DISCRIMINACIÓN Y EXCLUSIÓN SOCIAL, ESTADO-NACIÓN, Etnicidad, Etnocentrismo y relativismo cultural, Extranjero, FRONTERA, Frontera geográfica y administrativa, Fronteras políticas y religiosas, HIBRIDACIÓN, Homofobia y heterofobia, GENOCIDIO, IDENTIDAD, INTEGRACIÓN, Integración religiosa, Lugar y no-lugar, MIGRACIONES, Migraciones y racismo, MINORÍAS, Nacionalidad, Nacionalismo, Nomadismo y turismo, Racismo y neorracismo, Relaciones y procesos informales económicos, TERRITORIOS, TRABAJO, Xenofobia y xenofilia.

Neocolonialismo

Por neocolonialismo se entiende la dependencia primordialmente económica que se establece entre las antiguas metrópolis y los países resultantes de la descolonización. En un sentido más amplio, el término también se emplea para designar el marco *asimétrico en el que se encuentran las relaciones políticas, económicas y *culturales entre los países industrializados y el Tercer Mundo, en general.

La descolonización fue el proceso determinante en la modificación de la correlación de fuerzas verificada en el ámbito internacional en la segunda mitad del siglo XX. Está en el origen de las decenas de nuevos *Estados independientes que surgen, casi en su totalidad, durante la década de 1960 en África, Asia, el Caribe y el Pacífico. Admitidos en la ONU, pasaron a ser actores de la política internacional. En el ámbito interno, estos jóvenes países tuvieron que enfrentarse a la tarea de construir un Estado basado en la administración *colonial heredada. Las *elites nativas, ahora en el poder, *conciliaban ímpetu occidentalizante y *reinterpretación tradicionalista. La creación del Movimiento de los Países No Alineados –Conferencia de Bandung, 1955– revela la consolidación en estos pueblos de la conciencia *nacionalista y, simultáneamente, la búsqueda de un camino propio al margen de la contienda ideológica entre Occidente y el Este. Tanto ésta como otras iniciativas políticas no lograron impedir la dependencia económica heredada del colonialismo. Coincidiendo con el auge de la Guerra Fría, algunos Estados intentaron poner en práctica alternativas socializantes –Guinea, Tanzania, Argelia y Siria, y más tarde Angola, Mozambique y Guinea-Bissau–, aplicando políticas contrarias a las doctrinas económicas del capitalismo. Las teorías de la dependencia formuladas y debatidas en ese momento (Samir Amin, 1973; André G. Frank, 1976) traducen el malestar que se vive en el Tercer Mundo –así llamado en oposición al primero, el del imperialismo, y al segundo, el mundo comunista–. El deterioro en lo que se refiere a intercambios económicos dio lugar a una inestabilidad política que provocó la instauración de dictaduras y experiencias de movilización nacional en régimen de partido único –casos de Indonesia y las ex colonias portuguesas, mientras la India sigue siendo la democracia política más populosa del mundo–. Con las crisis políticas y económicas se conjugaron las ecológicas, con la consiguiente escasez alimentaria para gentes y animales, como ocurrió en el Sahel en los años sesenta y setenta. La sequía y el hambre de esa región africana no se debieron a una inevitabilidad dictada por las condiciones naturales, sino a la expansión de la agricultura de monocultivo –cacahuete– impuesta en el periodo colonial (Copans, 1975).

La denuncia del neocolonialismo no quedó confinada a las reuniones plenarias de las organizaciones internacionales. Sectores de la opinión pública occidental se solidarizaron con la situación vivida en el Tercer Mundo, que se utilizó como un arma para criticar la abundancia material y el consumismo que se habían instalado en sus sociedades –movimientos de protesta estudiantil, Mayo del 68–. Expresan con huelgas y manifestaciones y con la exigencia de reformas su indignación por la perpetuación del *subdesarrollo, por el *apartheid en Sudáfrica y su apoyo a la guerra de Vietnam como paradigma de la liberación de los pueblos oprimidos. En las vitrinas de los museos etnográficos de las capitales occidentales, las piezas que durante décadas habían servido de soporte a un discurso imperial, autoritario y civilizador, se disponen de manera que los visitantes se sensibilicen con las dificultades que vive la población en muchas regiones del Tercer Mundo. Algunos países empezaron a exigir la restitución de las colecciones museológicas con ellos relacionadas para reforzar su *identidad nacional. Las *diásporas adquieren relevancia sobre todo en las ex metrópolis. Se convierten en un componente político y cultural en Occidente. En el ámbito internacional, a través del movimiento olímpico, muchos países se destacan en sentido *positivo, una vez que sus atletas pasan a subir con frecuencia al podio en los Juegos Olímpicos. No todas las prácticas deportivas deben considerarse marcas dejadas por el colonizador en las sociedades descolonizadas, como ocurre con el críquet en la India (Appadurai, 1996).

Si bien es cierto que el colonialismo generó el anticolonialismo, no se puede decir lo mismo del neocolonialismo. Las resistencias se constituyen dentro de los países y los gobiernos que, en vez de presentarse como opresores, lo hacen como subordinados a las exigencias de las organizaciones internacionales acreedoras. La presión de la deuda externa de los países acaba por conducir a la autocontención de los movimientos de protesta.

Desde la década de 1980 se ha iniciado un proceso de diferenciación en lo que antes se presentaba como un bloque relativamente homogéneo de países. Se dejó de hablar de Tercer Mundo cuando países como Brasil, India, China o Sudáfrica, además de los llamados "tigres asiáticos" –Corea del Sur, Cingapura, Taiwán, Indonesia–, emergieron como potencias regionales en política y eco-

nomía por la capacidad industrial adquirida. En la jerarquía de las relaciones internacionales se introducen más niveles intermedios.

Bibliografía

AMIN, Samir (1973): *El desarrollo desigual*. México: Nuestro Tiempo.
— (2004): "Confronting the Empire", en John Bellamy Foster y Robert McChesnay (eds.), *Pax Americana: Exposing the American Empire*. New York: Monthly Review, 104-111.
APPADURAI, Arjun (1996): *Modernity at Large. Cultural Dimensions of Globalization*. Minneapolis: University of Minnesota Press.
COPANS, Jean (ed.) (1975): *Sécheresses et famines au Sahel. II. Paysans et nomades*. Paris: Maspero.
FRANK, André G. (1976): *Capitalismo y subdesarrollo en América Latina*. México: Siglo XXI.
NUGENT, David; VINCENT, J. (eds.) (2005): *Anthropology of Politics*. London: Routledge.
SAID, Edward W. (1996): *Cultura e imperialismo*. Barcelona: Anagrama.
— (2003): *Fuera de lugar*. Barcelona: Debolsillo.

Jorge Freitas Branco
Leonor Pires Martins

Véanse además *Apartheid*, COLONIALISMO Y ANTICOLONIALISMO, CULTURA, DESARROLLO, DIFERENCIA Y DESIGUALDAD, ELITES, ESTADO-NACIÓN, HIBRIDACIÓN, IDENTIDAD, MIGRACIONES, Nacionalismo.

Nomadismo y turismo

En la era de la *globalización, donde supuestamente "todos vivimos en *movimiento" (Bauman, 2004), el vocablo nomadismo, tradicionalmente empleado para definir un modo de vida no sedentario, se ha generalizado en su uso para dar cuenta de *identidades y formas culturales en creciente, si no perpetua, *movilidad*. La movilidad, se dice, no sólo ha reemplazado al sedentarismo como modo de vida, sino también como una nueva y más prolija metáfora para pensar lo social (Urry, 2000).

Apuntando a diferencias fundamentales en las prácticas y vivencias de esta movilidad, a menudo se diferencia, sin embargo, entre turistas, vagabundos o espacios fluidos con el fin de *deshomogeneizar el pretendido nomadismo de lo social y el aura de romántica libertad de movimientos que rodea a este término.

Prácticamente hechizados bajo el conjuro del *panta rei*, los estudios actuales de las ciencias sociales apuntan a unas sociedades y *culturas *posmodernas en las que, si algo permanece, son precisamente los continuos cambios y movimientos. En este sentido la definición clásica de nomadismo o de culturas nomádicas se ha empleado, por lo general, en contraposición a la noción de culturas sedentarias, para dar cuenta del modo de vida de pequeños grupos de cazadores-recolectores y pastores que, organizados en bandas y carentes de residencia fija, se encuentran en permanente movimiento por razones fundamentalmente de subsistencia (Lee, 1979). Extrapolado de su contexto inicial, pero manteniendo su significación fundamental, el concepto de nomadismo se emplea desde los años noventa para enfatizar el carácter de soporte y la razón de ser que la movilidad detenta en un mundo globalizado.

En el mundo globalizado, el movimiento –de personas, objetos, ideas, *información– no es ya necesariamente resultado de un *viaje físico o de un desplazamiento material a través del *espacio, como ocurre con los pueblos y culturas nómadas tradicionales y actuales –las culturas gitanas o los pueblos de pastores de las estepas de Mongolia, entre otros ejemplos–, sino que constituye un flujo independiente de constricciones espacio-temporales o geográfico-sociales. Es más, se trata de un movimiento ansiado y demandado por un mundo pensado para ser visitado. En las sociedades posmodernas estamos en movimiento, aunque físicamente nos hallemos en reposo: "es el caso del que permanece sentado y recorre los canales de televisión por satélite o cable, entra y sale de espacios extranjeros con una velocidad muy superior a la de los *jets* supersónicos y los cohetes cósmicos, pero jamás permanece en un *lugar el tiempo suficiente para ser algo más que un transeúnte, para sentirse *chez soi*" (Bauman, 2004: 15).

Este apremio posmoderno o sobremoderno por estar en movimiento para sentirse en casa ha llevado a ciertos autores, como Makimoto y Manners (1997), a llamar metafóricamente a las sociedades actuales las nuevas sociedades nómadas. Estas sociedades se constituyen a partir de un tipo específico de movilidad que no es ya lineal –de un punto a otro–, sino que se caracteriza por una intensa e indefinida velocidad en sus formas. Las sociedades y formas culturales nomádicas, propias de la posmodernidad, se definen por un movimiento veloz en sus relaciones y por la rapidez de las transformaciones que sufren los espacios habitados, muchas veces no necesariamente seleccionados, como hacían los pueblos nómadas tradicionales, con fines productivos o políticos, sino fundamentalmente *identitarios: "los nómadas caracterizan las sociedades *desterritorializadas, constituidas por líneas de vuelo en lugar de puntos o nodos; ... el nómada no tiene puntos, senderos o tierras" (Deleuze y Guattari, 1986: 381). El nómada, a diferencia del sujeto *migrante, no provoca allí donde llega procesos de reterritorialización. En la nueva era nomádica, la gente es libre para vivir y viajar tanto como quiera; eso sí, teniendo que elegir entre ser meros moradores o verdaderos "nómadas globales" (*opus* cit., 1986: 6).

Quizá en este sentido uno de los conceptos teóricos más influyentes en el replanteamiento de lo social para la disciplina antropológica haya sido la noción de paisaje *étnico –*ethnoscape*– propuesta por A. Appadurai (1996). Para este autor, una de las consecuencias humanas más evidentes del proceso globalizador ha sido precisamente la generación de nuevas formas de transacciones culturales e interacciones claramente conformadas por una mayor y más intensa movilidad. Ésta se resuelve en torno a lo que el autor denomina un nuevo "paisaje étnico global"; es decir: "el paisaje de personas que constituyen el cambiante mundo en que vivimos: turistas, inmigrantes, refugiados, exiliados, trabajadores invitados y otros grupos" que desde sus movimientos reales o imaginados generan, en efecto, importantes consecuencias políticas y prácticas (Appadurai, 1996: 32). Si en el pasado las interacciones y los movimientos humanos se veían constreñidos por *fronteras geográficas y ecológicas y por la resistencia activa en el encuentro con la *alteridad, el "ahora global" impone, dice el autor, un ámbito irregular y *fluido de relaciones; un marco transnacional de paisajes étnicos, *mediáticos, tecnológicos, financieros e ideológicos, estrechamente interconectados y a los cuales el antropólogo de la *modernidad no puede permanecer indiferente.

En la *comunidad virtual*, postulada por Rheingold (1996), se detalla, por ejemplo, apocalípticamente cómo la vida social, una vez organizada en sociedades *nacionales, se desplaza hacia comunidades virtuales que transcienden en su ámbito de alcance cada sociedad y sus identidades, solidaridades y comuniones más características. En las comunidades virtuales, las propias identidades de los sujetos son móviles y la gente fluye dentro y fuera de identidades fijas, convirtiéndose en lo que Makimoto y Manners (1997) denominan *nómadas digitales*. Los nómadas digitales son sujetos que desarrollan relaciones lúdicas, pasajeras o contingentes con comunidades móviles, adoptando a menudo irónicamente identidades alternativas y múltiples. En el germen de estas identidades nómadas debemos buscar el *desarrollo de las nuevas tecnologías digitales y la posibilidad contenida en ellas de que millones de personas *trabajen donde quieran y cuando deseen, pudiendo elegir libremente entre modos de vida sedentarios o nómadas. Este hecho, sumado a la compulsión por la movilidad o la urgencia del nomadismo impuesta por las revoluciones tecnológicas y en el mundo de los transportes, culminará, sugieren estos autores, en unas culturas en las que todos podremos elegir vivir, trabajar y existir en movimiento sin renunciar por ello a las comodidades tradicionalmente adscritas a los modos de vida sedentarios.

Para ciertos autores, entre los que se ecuentra Streck (2003), las culturas nómadas actuales –por ejemplo, "la cultura gitana del contraste"– emplean la movilidad como una de las formas de eludir el conflicto y un medio fundamental de resistencia ante la *integración de sus rasgos culturales en las sociedades sedentarias mayoritarias. Estas culturas no sedentarias usan, por tanto, el nomadismo como proceso a través del cual pueden preservar rasgos culturales intactos o puros (Okely, 1983) frente a tendencias de corte integracionista o asimilador.

Por otra parte, se ha llegado a postular hasta unas nuevas "ciencias sociales nómadas", que, hijas de la multidisciplinariedad, son capaces de moverse en el complejo entramado cultural contemporáneo (García Canclini, 1995:14), viajando horizontalmente en la búsqueda de puntos de contacto y diálogo entre los variopintos movimientos culturales para desde ahí iniciar teorizaciones *híbridas sobre la condición global y fluida de sociedades-en-movimiento. Estas ciencias sociales nómadas dotan a la movilidad y a la condición nomádica de lo social de coherencia teórica y metodológica, desarrollando estrategias de investigación adaptadas a esos flujos.

En un mundo en constante movimiento, la metáfora del motel, desarrollada por Clifford (1999), es, junto a la metáfora nomádica, otra de las más empleadas para dar cuenta de la creciente movilidad que abraza las relaciones sociales desde la irrupción del proceso globalizador. El motel y las salas de espera de los aeropuertos no representan ni las llegadas ni las salidas, sino las "pausas" que acontecen entre diferentes, pero intermitentes, movimientos. El motel "no tiene un *lobby* real, está atado a una red de autopistas, es un nodo de paso más que un lugar de encuentro entre sujetos culturales coherentes" (Clifford, 1999: 32). Los moteles memorializan sólo el movimiento, la velocidad y el perpetuo circular, no llegando a constituirse nunca en verdaderos lugares de significado (Clifford, 1999) y albergando la esencia de un mundo en movimiento. Como sitio de tránsito, el motel es el ejemplo perfecto en el mundo posmoderno de un no-lugar o espacio del anonimato, postulado por Augé (1993). Como el motel, "las autopistas y los habitáculos móviles llamados 'medios de transporte' –aviones, trenes, automóviles–, los aeropuertos y las estaciones ferroviarias, las estaciones aeroespaciales, las grandes cadenas hoteleras, los parques de recreo, los supermercados, la madeja compleja, en fin, de las redes de cables o sin hilos que movilizan el espacio extraterrestre a los fines de una *comunicación tan extraña que a menudo no pone en contacto al individuo más que con otra imagen de sí mismo" (Augé, 1993: 85), son otros ejemplos paradigmáticos de no-lugares generados por la incesante movilidad propia de la "sobremodernidad".

Ahora bien, subrayar que la era global está caracterizada por un incesante movimiento no quiere decir que éste sea igualmente experimentado por diferentes agentes, en distintas culturas. Según subraya Bauman (2004: 15), aplicar indiscriminadamente el término "nómadas" a todos los contemporáneos de la era posmoderna es sumamente engañoso, pues pasa por alto las profundas *diferencias existentes entre varios tipos de vivencia de la movilidad, asemejando experiencias dispares como, por ejemplo, las encarnadas en las figuras del turista y del vagabundo o en unas culturas nómadas y otras.

Atendiendo a Bauman (2004), las culturas nómadas, lejos de moverse azarosamente por el espacio, siguen en sus movimientos rutas y patrones regulares y ciertamente sistemáticos. De ello dan fe no sólo las monografías antropológicas clásicas sobre el nomadismo, por ejemplo, la realizada por Lee (1979) entre los kung del desierto del Kalahari, sino también trabajos antropológicos sobre las culturas nómadas actuales, entre los que cabe citar los estudios acerca de la cultura gitana, o las tribus de las estepas de Mongolia e Indonesia. En estas culturas nómadas contemporáneas, donde los gitanos ven en la movilidad un elemento conformador de su cultura diferencial respecto a la cultura mayoritaria (Okely, 1983; Streck, 2003), los nómadas de las estepas han sido, en virtud de sus movimientos, convertidos en atracciones turísticas y estabilizados bajo protecciones específicas (UNESCO, 1998).

Las figuras del turista y del vagabundo aparecen con fuerza a mediados de los años noventa como metáforas sustitutivas del nomadismo para referirse a la creciente movilidad del mundo moderno y, sobre todo, al carácter eminentemente diferenciador que la misma imprime en la condición humana (Bauman, 1999). El vagabundo y el turista, por contraposición al nómada, son figuras completamente ajenas a una movilidad regularizada, y precisamente por ello se revelan como las mejores metáforas de un mundo atrapado en un proceso globalizador que no controla. Si el vagabundo es un peregrino sin destino, un nómada sin itinerario, el turista, "pagando por su libertad de movimientos", parece gozar del derecho de viajar a la cultura del otro sin por ello hacerse partícipe de ésta o de sus problemas (Bauman, 1999). Según Bauman, el vagabundo y el turista se mueven a través de los espacios de otras personas; ambos implican la separación de una presencia física de una proximidad moral, y si los turistas sientan los estándares de la buena vida y la felicidad en un mundo globalizado hecho para ellos, los vagabundos encarnan una movilidad forzada por un mundo en constante movimiento. Si el turista encarna la vivencia de la libertad posmoderna, el vagabundo "produce una exasperante sensación de *esclavitud en los tiempos posmodernos" (Bauman, 1999: 103); una esclavitud que le empuja a una movilidad que ni ha buscado ni muchas veces desea. "Quedarse en casa", apunta Barman, en un mundo hecho a la medida del turista parece humillante y sofocante además de no ser una propuesta factible a largo plazo. "Por más que la estrategia turística sea una necesidad en un mundo caracterizado por muros que se desplazan y vías móviles, la carne y la sangre del turista son la libertad de elección. Despojado de ésta, su vida pierde toda atracción, poesía e incluso viabilidad" (Bauman, 1999: 121-122).

Es crucial advertir que la libertad de movimientos de unos, ya sean *ciudadanos móviles (Kaplan, 1996), turistas o gente de negocios, sólo es posible a través de la *exclusión organizada y sistemática de otros que se ven forzados a deambular como vagabundos, migrantes ilegales o refugiados, o bien a permanecer condenados a una inmovilidad permanente. La movilidad de unos y la inmovilidad de otros se revelan, pues, más allá de lo que llegaron a ver los partidarios del nomadismo como metáfora de la modernidad, en toda su naturaleza co-constitutiva, de tal modo que ciertos tipos de movilidad implican atar a otros en espacios y tiempos concretos (Sheller, 2003: 29).

El rechazo a la metafísica nomádica para dar cuenta de la condición posmoderna y el énfasis en el carácter dialéctico de la movilidad y la inmovilidad son evidentes en los trabajos de M. Sheller (2003) sobre las movilidades vinculantes del consumo –the binding mobilities of consumption–, y también en el desarrollo del concepto de la mirada turística –o tourist gaze– de J. Urry (1996). Así, si en las binding mobilities of consumption no son sólo los objetos los que circulan, los que están en perpetuo movimiento al margen de ideas, informaciones e imágenes, sino que sus movimientos son interdependientes unos de otros y, a su vez, vicarios respecto a las relaciones entre aquellos que viajan y aquellos que moran, según la mirada turística, el turista tampoco es un agente que se mueva sin rutas que encarnen su deseo de viajar y animen sus movimientos. El turismo, como una forma de consumir "vistas", es más bien una forma de viaje colectivamente organizada, sujeta a unas pautas y a unos movimientos definidos y sistematizados que, en cada época, discriminan lo que hay que ver y cómo hay que verlo, de lo que no merece la pena ser visto. Además, en la industria turística, al movimiento de los turistas en sus viajes se contraponen la inmovilidad o fijeza de aquellos que les atienden y sirven en destinos habilitados e inmovilizados también a tal efecto.

Annemarie Mol y John Law (1994), partiendo de los estudios de ciencia y tecnología iniciados por la sociología de B. Latour, prefieren hablar de los espacios fluidos como metáfora de un mundo en movimiento. Los espacios fluidos hacen referencia a un mundo atado a coherencias cambiantes y fraccionadas, donde la estabilidad de las relaciones que le conforman da paso a la fluidez social y al movimiento de sus elementos como condición fundamental. Los flujos y movilidades de los espacios fluidos no son, sin embargo, azarosos, sino que sirven a fines e intereses de poder específicos. A diferencia de los nómadas, de los turistas, vagabundos y también de los no-lugares, los espacios fluidos están muy próximos al *paradigma de la movilidad* en su rechazo tanto a una metafísica nomádica como sedentarista que esencializan lugares e identidades desde la posesión o desposesión de movimiento. Hablar de espacios fluidos en tiempos posmodernos supone, finalmente y desde esta perspectiva, contemplar lo social, poniendo en primer lugar la naturaleza relacional, material y situada de la movilidad.

Bibliografía

APPADURAI, A. (1996): *Modernity at Large: Cultural Dimensions of Globalization*. Minneápolis: University of Minnesota Press.

BAUMAN, Z. (1999): *La globalización. Consecuencias humanas*. España: Fondo de Cultura Económica.

CLIFFORD, James (1999): *Itinerarios transculturales*. Barcelona: Gedisa.

DELEUZE, G.; GUATTARI, F. (2003): *A thousand plateaus. Capitalism and schizophrenia*. London, New Cork: Continuum.

GARCÍA CANCLINI, Néstor (1995): *Culturas híbridas. Estrategias para entrar y salir de la modernidad*. Buenos Aires: Editorial Sudamericana.

KAPLAN, Caren (1996): *Questions of Travel: postmodern discourses of displacement*. Duke University Press: Durham.

LEE, R. B. (1979): *The !Kung San: men, women, and work in a foraging society*. Cambridge: Cambridge University Press.

MAKIMOTO, T.; MANNERS, D. (1997): *Digital nomad*. Chichester: John Wiley & Sons eds.

MOL, Annemarie; LAW, John (1994): "Regions, Networks and Fluids: Anaemia and Topology". *Social Studies of Science*, 24 (4), 641-671.

OKELY, Judith (1983): *The Traveller-Gypsies*. Cambridge: Cambridge University Press.

RHEINGOLD, H. (1996): *La comunidad virtual: una sociedad sin fronteras*. Barcelona: Gedisa.

SHELLER, M. (2003): *Consuming the Caribbean: From Arawaks to Zombies*. London, New York: Routledge.

STRECK, B (2003): "La cultura del contraste. Sobre la diferencia y el sentido de pertenencia. El caso de los gitanos". *Revista de Antropología Social*, 12: 159-179.

UNESCO (1998): *Instituto Internacional del estudio de las civilizaciones nómadas*. Documento interno.

URRY, J. (1996): *The tourist gaze*. London: Sage.

John Urry
Matilde Córdoba

Ver además ALTERIDAD, Ciudadano, COMUNICACIÓN, CULTURA, DESARROLLO, Desterritorialización, Diferencias naturales y diferencias sociales, Diferencias sociales y diferencias culturales, DISCRIMINACIÓN Y EXCLUSIÓN SOCIAL, ELITES, Elites cosmopolitas, Esclavitud, Esfera mediática, Espacio de los flujos, Espacio red, ESPACIO-TIEMPO, ESTADO-NACIÓN, Etnicidad, Extranjero, Frontera geográfica y administrativa, Fronteras simbólicas, Global y local, GLOBALIZACIÓN, Globalización y antiglobalización, HIBRIDACIÓN, IDENTIDAD, Información, INTEGRACIÓN, Localidades fantasmagóricas y desanclaje, Lugar y no-lugar, MIGRACIONES, Migraciones. Redes sociales, Migraciones. Teoría macro, Migraciones y economía, Migraciones y racismo, Modernidad, MOVILIDAD, Multilocal, Naturalización, NUEVOS MOVIMIENTOS SOCIALES, PATRIMONIO, Pluralismo sincrónico, POSMODERNIDAD, Revolución técnico-comunicativa, TERRITORIOS, TRABAJO, Viajes y sistemas de movilidad.

Nuevos movimientos sociales

La noción de nuevos movimientos sociales se utiliza para referirse al cambio operado en el carácter de éstos tras el declive en los años ochenta de los movimientos basados en el concepto de clase. En concreto, se usa para aludir a la emergencia de movimientos que ya no parten de posiciones sociales, sino de *identidades *culturales, *étnicas, de género o basadas en la ecología. Para sociólogos como Alain Touraine, dichos movimientos aparecen unidos a la transformación del orden mundial y son el reflejo del fin de la *modernidad como tal, de una era en la que la historicidad se identificaba con el progreso hacia un nuevo tipo de sociedad, en la que los movimientos sociales aspiraban a controlar por completo la dirección de la historia de la sociedad. Frente a ello, los nuevos movimientos serían parciales. No intentarían cambiar el mundo, sino reformarlo –desde el punto de vista ecológico– o afirmar los derechos de determinados grupos constituidos culturalmente –*indígenas, étnicos, feministas, *gays, etc.–. Esta perspectiva general ha sido maravillosamente captada en un anuncio de IKEA en el que se observa a una pareja amueblando juntos su cocina bajo el eslogan: "1968 Reformamos el Mundo; 1986 Reformamos la Cocina".

Es sorprendente toda la serie de acontecimientos paralelos que es posible encontrar en Estados Unidos y Europa al comparar los años finales de la pasada década de los sesenta con los años ochenta. La década de los sesenta en Estados Unidos fue testigo de la emergencia del movimiento estudiantil y de la transformación de la contestación pro derechos civiles –concebida como tarea conjunta de blancos y negros de la clase media– en un movimiento identitario mucho más radical, en el que los negros dejaron de ser las víctimas y pasaron a demandar su reconocimiento racial y el derecho a ser declarados y asumidos como *ciudadanos en igualdad de condiciones con los blancos. De ser una cuestión de asimilación, por medio del otorgamiento de la igualdad de *derechos a todos los individuos con independencia de su raza, la contestación pro derechos civiles se configuró como un asunto de reconocimiento de derechos a un grupo particular, en el caso de los negros, en función de su "raza". La radicalización adquirió varias formas, pero permaneció constante un núcleo basado en una identidad colectiva, desarrollada a lo largo de las décadas de los setenta y ochenta. A esta contestación le siguieron otros movimientos identitarios; al principio el Poder Rojo fue el más prominente, pero pronto le sucedió el Poder Latino. Esta efervescencia dio lugar al surgimiento de un nuevo campo, los estudios étnicos, que en este periodo se convirtió en una asignatura fundamental de las universidades. La Europa de la década de los setenta fue testigo a su vez del surgimiento de un conjunto de movimientos bastante inesperados. A lo largo del periodo que siguió a la Segunda Guerra Mundial, los especialistas se centraron en los procesos de asimilación, y se convirtió en la cuestión principal el tiempo que sería necesario para que las identidades étnicas quedaran absorbidas dentro de las identidades *nacionales. De repente, todo pareció ir en sentido contrario. Entre los primeros años y la mitad de la década de los setenta del siglo XX, surgieron movimientos regionales en numerosas partes de Europa. El movimiento bretón y el occitano suponían un cambio dramático para Francia, el más centralizado y asimilacionista de los *Estados europeos. Tom Nairm calificó de "Desintegración de Gran Bretaña" al surgimiento de nuevos regionalismos en Escocia, Gales e incluso Cornwall. En toda Europa se acentuó un giro general hacia la identidad cultural. En Francia, donde la historia se había escrito siempre en términos estatales, un gran número de lectores empezó a adquirir libros sobre los celtas, los franceses antes de Francia y sus raíces étnicas. El término "etnicidad" se convirtió en un concepto muy popular en la Francia de mediados de la década de los setenta, tras haber sido desterrado del discurso intelectual hacía medio siglo.

Es interesante destacar la existencia de significativas diferencias nacionales en el modo en que estas categorías se manifiestan. Durkheim, que siempre se negó a considerar a la etnicidad como una realidad social, envió a su estudiante Maurice Halbwachs a Chicago a principios de los pasados años veinte. Cuando regresó escribió un artículo en *Année Sociologique* en el que expresaba un cierto asombro por el nivel de *diferenciación étnica que había en Estados Unidos, sobre el que la Escuela de Chicago se había fundado. Destacó el contraste existente entre su propio país y Estados Unidos. Señaló que mientras que éste último, al ser un país de *inmigrantes, había dado lugar a una sociedad multiétnica, en Francia no ocurría así. Sin embargo, pasó por alto el hecho de que en ese mismo periodo había al menos tantos inmigrantes en Estados Unidos como en Francia. La diferencia estribaba en que en la Francia republicana, donde por principio se niega todo origen, los inmigrantes no se clasificaban como tales. En suma, la diferencia fundamental entre los dos países residía en el significado cultural atribuido a la inmigración, en el reconocimiento de los orígenes por un Estado y su negación por el otro.

En Alemania, donde la identidad nacional se había reprimido oficialmente tras la Segunda Guerra Mundial, una serie de televisión, *Heimat*, relata en un estilo etnográfico la vida cotidiana de las familias alemanas del siglo XX, centrándose en lo que podríamos denominar nociones de hogar y raíces, no sólo en el sentido de ideología política, sino también de práctica cotidiana. Hay paralelismos interesantes en la búsqueda de raíces no sólo respecto a los negros de Norteamérica, sino también entre todos aquellos que participaron en este renacimiento étnico.

En las pasadas décadas de los años setenta y ochenta, a la par que emergían las identidades regionales y étnicas –en un sentido cultural–, se produce un incremento mayor de las identidades indígenas. Entre 1970 y 1980, la población de indios norteamericanos aumenta en el censo de 700.000 a 1.800.000. Evidentemente, no se trata de una cuestión de identidad, sino de re-identificación. Este mismo fenómeno es evidente en el caso de los hawaianos. Su población aumentó rápidamente entre 1970 y 1980. Es significativo que los hawaianos, tendentes a la formación de familias numerosas, pareciesen estar experimentando un descenso de su población en el periodo anterior. Una vez más, se trata de una cuestión de identificación más que de biología. Previamente los hawaianos se identificaban hacia el exterior, pero en este periodo se produce una fuerte re-identificación con la etnicidad hawaiana.

La identidad religiosa también experimenta un rápido crecimiento en este tiempo, no sólo entre las *minorías. En 1970 existían cinco mezquitas en París. Diez años después su número ronda el millar. Es parte del proceso de reacción frente la creciente *marginalización de la época. Los niños procedentes del norte de África, que habían conseguido una *integración bastante importante en la sociedad francesa –sobre todo en términos culturales–, empiezan a desintegrarse en este periodo, al desaparecer las oportunidades de *trabajo y aumentar el desempleo, que les afecta a ellos más que al resto de la población y que alcanza porcentajes situados en torno al 10%. La nueva inmigración que llega a Francia, procedente del norte de África y Oriente Medio, parte de zonas en las que el islam se encuentra en pleno renacimiento a consecuencia de un presente y un futuro que resultan ser distópicos.

La situación es nueva si se compara con la existente en los pasados años veinte, cuando los movimientos de clase eran completamente predominantes, sobre todo en Europa, y el modernismo constituía la identidad hegemónica en Occidente. En el periodo de la modernidad, los movimientos partían de proyectos sociales en los que se buscaba la transformación de la sociedad en su conjunto. Los inmigrantes procedentes del norte de África quedaban englobados en dichos movimientos de la clase obrera, al igual que los indígenas maoríes de Nueva Zelanda lo eran dentro del movimiento obrero de este país. Todo este panorama cambió rápidamente desde mediados de la década de los pasados años setenta. El proceso puede describirse como una fragmentación de identidades, una proliferación de identificaciones culturales que sirve de base para una nueva movilización bien distinta de la anterior. Ya no habrá más movimientos

sociales que luchen por la sociedad en su conjunto, por lo que podría afirmarse que éstos desaparecen por completo en este periodo. Los nuevos movimientos son mucho más particularistas tanto en su base como en las metas que se proponen.

De todo lo expuesto anteriormente debe concluirse que la distribución y forma de los movimientos sociales están profundamente condicionadas por los cambios acontecidos en el contexto social más amplio en el que se insertan. La desaparición de los movimientos de clase modernos es parte de una trasformación mayor en la que el declive del modernismo da lugar a una retirada donde las identidades culturales concretas ocupan el terreno que éste ha dejado libre. Etnia, *territorio, cultura nacional, indígena, ecológico o género-sexo son las nuevas categorías que emergen en este periodo. La última de todas ellas refleja la fragmentación de unidades mayores: del Estado a la familia y de ésta a las personas.

La fragmentación cultural de los espacios identitarios modernos se corresponde con el declive de la hegemonía occidental que se origina en la pasada década de los años setenta y se extiende hasta nuestros días. La búsqueda de identidades culturales alternativas alberga también una rebelión contra la propia modernidad occidental, expresada en términos de un cierto "occidentalismo" o, su reverso, "orientalismo". El proceso es equivalente a la implosión del orden jerárquico imperial anterior. Opuesta a los movimientos modernistas, la base de las movilizaciones actuales es cada vez más anticivilizacional, al menos en el sentido de civilización occidental. Buruma y Margalit detallan en su obra la realidad histórica de los movimientos antioccidente en los últimos siglos. La novedad radica en la tendencia a que estos movimientos formen parte cada vez más de la ideología dominante.

Los movimientos modernistas se sitúan dentro de periodos de hegemonía, en el *centro del sistema, mientras que en dichas etapas la periferia se caracteriza por revueltas de tipo religioso y cultos-cargo; cualquier rebelión contra los *colonizadores se expresa normalmente en términos religiosos o de cultos de la modernidad. En la periferia sólo pueden desarrollarse movimientos verdaderamente revolucionarios entre aquellos implicados en la modernidad y socializados en una conciencia común de lo moderno, fundamentalmente entre miembros de la clase media y media-alta. En periodos de declive de la hegemonía se invierte la situación al aumentar el numero de movimientos culturales y desaparecer los modernistas. Es entonces cuando la identidad empieza a destacar como el principio de organización fundamental. Puede que muchos no estén de acuerdo, pero la identidad no es lo novedoso en este proceso, puesto que lo moderno o la identidad de clase son también identidades. Lo realmente novedoso es la preeminencia del particularismo como forma principal de política identitaria.

Mientras que Occidente y sus periferias se caracterizan por una gran fragmentación política, el Este se encuentra sumido en un proceso inverso de *desarrollo modernista, que implica una unificación territorial sobre la base de la idea de progreso. La fragmentación de identidades experimentada en Occidente y en sus dependencias –incluyendo la Europa del Este– es paralela a la fragmentación de la ayuda estatal, ahora repartida entre pequeñas organizaciones u ONG que proliferan en estos momentos. Se trata de una fragmentación que caracteriza a otras muchas actividades anteriormente controladas por el Estado y que explica el desarrollo de empresas militares, desmembradas de la maquinaria militar estatal, dedicadas al tráfico de armas, personas y drogas, comercios todos ellos conectados a través de *redes *locales *fuera del control estatal. Castells y otros autores se refieren a este fenómeno como intrínseco al desarrollo de la sociedad red, si bien desde nuestra perspectiva esta fragmentación procede de un orden mundial anterior más unitario. En este sentido, la *globalización puede entenderse como la unificación de un mundo fragmentado a través de conexiones en red.

La globalización es en sí misma un discurso producido por los estratos superiores del orden social que son los que participan en dicho proceso. Estos *defensores* de la globalización se contemplan bajo la identidad *cosmopolita de "ciudadanos del mundo" o transnacionales, una experiencia del mundo claramente propia de una minoría selecta. Dicha minoría está formada por miembros de las elites *globales, ya sea del ámbito financiero, político o cultural. Sus identidades no son nuevas, pero es cierto que sólo en determinados periodos históricos se convierten en fuente de nuevas ideologías hegemónicas. Expresiones del tipo "vivimos en un mundo globalizado" o en la era del *Imperio* –noción acuñada por Hardt y Negri– subrayan lo novedoso de la situación actual como si ésta fuese el producto de un largo proceso de evolución social. Es una situación que convierte a los que sostienen este discurso en miembros de una vanguardia autoidentificada. Los que producen dicho discurso no se sitúan en la cúspide, sino que son intelectuales orgánicos –en la terminología de Gramsci– que sirven a los intereses de una minoría con la que se identifican fuertemente. El periodo que se corresponde con el fenómeno descrito se caracteriza por una doble polarización. La fragmentación en identidades culturales separadas puede considerarse una polarización horizontal. A la par se produce una polarización vertical al aumentar la *diferenciación existente entre los dos extremos de la sociedad: las poblaciones ascendentes se identifican transnacionalmente, mientras que las descendentes lo hacen en términos nacionales o subnacionales.

Las dos tendencias opuestas a las que nos acabamos de referir se corresponden con los conceptos de cosmopolitización e indigenización. La primera consiste en una identificación con el mundo en sentido amplio, es antinacional y global y a menudo abraza no un internacionalismo modernista, sino una *hibridación global *posmoderna de mezclanza cultural, fundamentalmente reflejada en un intento de aglutinar a las diferentes poblaciones del mundo. Éstas normalmente se reducen a meros objetos y se representan por medio de sus productos, etnografías, arte y similares, de forma que pueden ser coleccionadas en los ámbitos públicos y privados de las *elites. La tendencia a la indigenización cuenta con el arraigo, la localidad y la historia como componentes fundamentales. El proceso no se refiere simplemente a los pueblos "definidos" como indígenas, sino a la práctica de la indigeneidad, que puede darse entre cualquier segmento de una población nacional. En este proceso pueden aparecer extrañas compañías, como es el caso de la tribu washitaw, del sur de los Estados Unidos, que reclama su independencia respecto al Estado-nación. El grupo está compuesto por indios que reclaman un estatus indio, llegando incluso a proclamarse como los primeros indios que existieron, cuando los continentes americano y africano aún estaban unidos. Están regidos por su propia emperatriz, poseen una página web y placas de matrícula propias y, por supuesto, están armados. Están aliados con la República de Texas, una milicia bien conocida. Sin duda, podríamos preguntarnos cómo es posible que un grupo *racista como la República de Texas se alíe con los washitaw. La respuesta parece estar en el hecho de que ambos han encontrado enemigos comunes: Washington –y el Consenso de Washington–, el Vaticano, los judíos y otros cosmopolitas en cuya agenda aparezca la intención de gobernar el mundo. Completan así su cuenta de cosmopolitas, a la par que consideran a la indigeneidad el principal enemigo del mundo *nomádico que desearían establecer. Es interesante destacar la convergencia de los discursos de distintos movimientos indigenizantes, incluso entre aquellos que parecen pertenecer a estrategias políticas diferentes. Paul Piccone, editor de la publicación de izquierdas *Telos*, quedó fascinado en la reciente década de los noventa con la Nueva Derecha francesa, y dedicó un número entero de su publicación a este movimiento y a su líder, Alain de Benoist, cuyos escritos comparó con los publicados por la Nueva Izquierda en las décadas de los pasados años sesenta y setenta. El nexo de unión entre ambos es lo que podríamos denominar soberanismo. Para De Benoist éste se define como "la legítima defensa de las singularidades e identidades colectivas" (Benoist, 1993: 121) frente a la "nueva clase universalizante que busca imponer una agenda liberal abstracta sobre todo el mundo" (Piccone, 1993: 21). La Nueva Derecha se declara en contra del *multiculturalismo, al que considera impracticable dentro de un Estado-nación que se afirma sobre la base de una comunidad unificada. Por otra parte, una sociedad plural es perfectamente aceptable tanto para la Nueva Derecha como para la vieja Nueva Izquierda (véase, por ejemplo, Henri Lefebvre, 1970). En palabras de Alain de Benoist: "dada la situación en la que nos encontramos, sólo vemos motivos para la esperanza en la afirmación de las singularidades colectivas, la reapropiación espiritual del *patrimonio, la clara conciencia de la posesión de raíces y de culturas específicas... Esperamos la desintegración del modelo único, bien suceda por el renacimiento de las lenguas regionales, la afirmación de minorías étnicas o a través de fenómenos tan diversos como la descolonización... [ya sea por] la afirmación de ser negro, el pluralismo político de los países del Tercer Mundo, el renacimiento de la civilización latinoamericana, el resurgir de la cultura islámica, etc." (extracto de *Elements*, 33. Feb-March, 1980: 19-20; reproducido en *Telos*, 1993: 119). Esta convergencia sólo puede entenderse dentro del marco de la hipótesis de la indigenización, como una polarización del espacio de identidad política acontecida en la sociedad contemporánea.

En el otro extremo de la jerarquía es posible hablar de cosmopolitización como forma de movilización. No se trata de un movimiento colectivo, pero es posible encontrar fuertes identificaciones involucradas, en oposición a la situación actual del mundo –dominada por los Estados-nación–. Es una lucha por los derechos humanos globales combinada con una estrategia de diversidad cultural, no en el sentido de la Nueva Derecha –cuya noción de cultura es más existencialista–, sino entendida como una diversidad de objetos. La noción de diversidad entendida como fenómeno anticosmopolita puede formularse como sigue: "Una pluralidad de culturas puede coexistir sin necesidad de destruirse o de absorberse las unas a las otras si se encuentran incorporaras en comunidades orgánicas y no se trata simplemente de individuos aislados. En caso contrario, el resultado no es sólo la gradual desaparición de las particularidades culturales, sino la descomposición de la individualidad, lo que explica la inextricable conexión establecida en Estados Unidos entre la homogeneización cultural y la *industria cultural, el aumento de la industria terapéutica y la progresiva desintegración de las comunidades" (Piccone, 1993: 16).

Se trata de una noción de diversidad completamente contraria a la que maneja la UNESCO: "el capítulo principal propone que el tratamiento del patrimonio como bien capital conduce a mejores decisiones de cara a la asignación de recursos para su preservación y protección (UNESCO, 2000: 8). Una diversidad cultural que no pone en peligro a lo cosmopolita es la que se reduce al arte, los objetos etnográficos y los textos culturales, en la que la diferencia se transforma en "estructuras de diferencia común" en un museo mundial en el que puede servir como mobiliario de los festivos cócteles multiculturales celebrados para los coleccionistas globales de la diferencia.

Es posible contemplar estos dos polos opuestos como proyectos de una globalización que tiene el carácter de un movimiento, aunque no único, sino como una pluralidad de movimientos organizados en torno a intereses e identidades particulares.

Distribución de los movimientos sociales

Las distintas categorías de movimientos a los que nos hemos referido pueden organizarse en función de su localización geográfica y de su posición dentro del cambiante orden mundial. A continuación se exponen algunos ejemplos; no se trata de un examen exhaustivo, sino que simplemente sirven para proporcionar un marco de referencia. Es únicamente dentro de los centros del sistema global donde podemos hablar claramente de Nuevos Movimientos Sociales. En la periferia han tenido y siguen teniendo un peso mayor los movimientos orientados hacia lo moderno, aun cuando ni siquiera puedan ser calificados de modernistas. Se propone este breve panorama con el objetivo de ayudar a comprender la distribución de los movimientos contemporáneos, así como la ambivalencia y superposición que necesariamente existen en las relaciones establecidas entre todos ellos.

a) Estrategias de captura de la modernidad/movimientos de inclusión

1. En la periferia existen muchos movimientos centrados en la captura de la modernidad o, mejor dicho, de la riqueza de Occidente. Es común que tomen la forma de una monopolización real o simbólica de las relaciones con una fuente occidental. Los cultos Cargo, que fueron muy abundantes en Melanesia y aún continúan existiendo, constituyen un claro prototipo de estos movimientos, si bien el aspecto estratégico que implican puede encontrarse en otras partes del mundo.

2. Entre los cultos a la modernidad podemos destacar dos movimientos:

– La SAPE –Société des ambianceurs et de personnes élégantes– es un culto congoleño a la alta costura, que constituye un claro ejemplo de movimiento que refleja un conjunto más general de relaciones entre el Congo y Occidente.

– Cultos religiosos basados en el rechazo de la "tradición", del clan y de la familia extensa, frecuentemente asociados a las nuevas iglesias evangélicas.

3. El movimiento feminista clásico fue un movimiento que luchó por la redistribución de los derechos y la inclusión de las mujeres en igualdad de condiciones con respecto a los hombres. La propia historia del movimiento incluye una gran cantidad de variaciones que se reflejan en la elaboración de discursos identitarios, que van desde aquellos que buscan la reparación por las injusticias, producto de la discriminación, a recientes ataques dirigidos contra las propias categorías de género. Ha habido incluso tendencias separatistas en referencia a esos últimos, pero no han sido muy comunes.

Es necesario señalar que en estos casos no se trata de fenómenos nuevos ni pueden ser interpretados como expresiones de la modernidad occidental, ya que generalmente se encuentran organizados en torno a categorías religiosas específicas locales, pese a su vinculación a ideologías y redes de mayor escala –incluso de escala mundial.

b) Estrategias de salida/autonomía

1. Los movimientos indígenas rechazan el orden mundial moderno y manifiestan un deseo de retorno a los modos de vida "tradicionales". Defienden una autonomía política respecto a los Estados donde se desarrollan que, en algunos casos, se formula en términos de secesión respecto a ellos. El movimiento hawaiano y ciertos movimientos indios de Norteamérica están más orientados a la soberanía que a la incorporación dentro del Estado. No obstante, determinadas adaptaciones y compromisos se vuelven necesarios, a la par que se mantiene como central la idea de autonomía. El carácter de este tipo de movimientos depende de la naturaleza del contexto político mayor en el que se inscriben. Así, mientras los hawaianos y los indios de Norteamérica luchan por un mayor grado de autonomía, el movimiento Kaston en Melanesia está ligado a los procesos de descolonización y formación de nuevos Estados.

2. Un caso peculiar en referencia a lo anterior puede encontrarse en aquellas sociedades en las que los indígenas son una parte constitutiva de la propia identidad del Estado, según sucede en México. La búsqueda de autonomía sigue estando presente, pero parte del reconocimiento del Estado y redefine al grupo como una subunidad incluida dentro de una relación federal a mayor escala.

3. Los movimientos étnicos buscan el reconocimiento por la sociedad en su conjunto, si bien también incluyen la demanda de autonomía cultural y, en cierta medida, política. A diferencia de los movimientos indígenas, no hay modelos que reflejen modos de existencia particulares. De hecho, se combinan demandas de inclusión económica con otras más orientadas a la separación. Las diferencias que presentan estos movimientos son asombrosas. Encontramos movimientos nacionalistas y regionalistas –y neopaganos– de tendencias frecuentemente tradicionalistas y *xenófobas. Junto a ellos hallamos mo-

vimientos étnicos protagonizados por inmigrantes e incluso una contestación en la que se tiende a etnificar la propia categoría de inmigrante. Mientras que las variantes más radicales de los movimientos nacionalistas pueden llegar a ser separatistas, la contestación étnica tiende a la lucha por la apropiación de derechos civiles en nombre de una identidad colectiva.

4. En oposición a la mayor parte del feminismo y posfeminismo, hay tendencias separatistas —no sólo entre las lesbianas— que reflejan una fuerte oposición a una sociedad dominada por el poder y los valores masculinos. En su extremo, dichos movimientos conducen a la formación de colectivos de mujeres que intentan vivir fuera de la sociedad mayoritaria. Sin embargo, en este caso tampoco existen modelos que reflejen modos de vida propios, como sí que ocurre dentro de los movimientos indígenas.

Proyectos mundiales

1. *Movimiento Verde*. Los movimientos ecologistas surgidos a mediados de la pasada década de los setenta son bien distintos de los modernistas, puesto que parten de la crítica a la civilización moderna como tal. Hemos presenciado una diversificación en las estrategias de estos movimientos, desde el más completo reformismo o incluso sensacionalismo, como Greenpeace, a perspectivas más holísticas que se reflejan en el Movimiento de Ecología Profunda o en determinadas formas de ecología política. Para algunos existe incluso un proyecto de transformación del mundo, basado en la reducción del consumo de energía, el descenso en el nivel de vida y la adaptación a un desarrollo sostenible en función de las capacidades del planeta.

2. *Movimiento alterglobalización*. Comenzó siendo, al menos para los medios de comunicación, un movimiento *anti*globalización, si bien poco a poco se ha ido definiendo a sí mismo como una contestación que no se opone a la globalización capitalista en su calidad de tal, sino a su forma actual. Movimientos como ATTAC han proporcionado los temas ideológicos centrales para este conglomerado bien disperso de grupos. La mejor manera de comprender este movimiento es por la oposición de algunos de sus más importantes miembros a la presente organización del mundo, la agenda neoliberal de la globalización, según ellos la denominan —la Nueva Derecha e incluso la extrema derecha tradi-

cional también se oponen a esta misma agenda—. Sin embargo, la alternativa a la globalización neoliberal no se encuentra claramente perfilada. De hecho, la sensación más extendida entre aquellos que acudieron al encuentro de Porto Alegre es que no debería definirse ninguna estrategia transversal. En este sentido se trata de un movimiento posmoderno. Las protestas en contra de distintas manifestaciones del nuevo orden mundial no parten de ningún tipo de totalidad ideológica, sino de un deseo generalizado de lograr el mantenimiento del bienestar y la protección de las condiciones de existencia de los ciudadanos.

3. *Fundamentalismo islámico*. Los pilares de esta estrategia se sitúan en un intento de transformación del mundo entero, el rechazo al modo de vida occidental y su sustitución por la *sharia* como nuevo orden vital. El fundamentalismo islámico se encuentra claramente ligado a los cambios que se están produciendo en el sistema global. Al igual que el occidentalismo, descrito con anterioridad, puede ser visto como una inversión de un orientalismo previo, reflejo del fin de la expansión imperial occidental; el fundamentalismo islámico puede considerarse un occidentalismo exterior. Es algo más que una rebelión contra la modernidad occidental. Se trata de un desafío en el que el orden de un imperio anterior, que no se refiere sólo al otomano, se contrapone al decadente y declinante orden mundial occidental. El fundamentalismo islámico puede contemplarse como una inversión simétrica del modernismo occidental. Y, como tal, representa el único movimiento alterglobalización que realmente existe, ya que es el único que plantea una alternativa claramente articulada.

La distribución de los movimientos sociales puede entenderse en función del modelo geográfico de centro/periferia, dentro de un periodo de declive de la hegemonía. En las zonas periféricas encontramos una combinación entre una fuerte identificación con el centro, característica del periodo anterior en el que todos los bienes y riquezas se originarían en estas zonas, y también un rechazo a este mundo, a veces expresado en términos nacionalistas o incluso bajo la forma de modernismos alternativos —el socialismo, en el pasado—. En los últimos años en aquellas zonas en las que se ha producido un debilitamiento o la privatización del Estado, como sucede en África, encontramos un proceso de etnificación emergente, ligado a una organización política clientelar –normalmente basada en categorías étnicas– propia de periodos anteriores. En las zonas centrales se produce un declive del modernismo y un aumento de lo que podríamos denominar movimientos posmodernos, del tipo de los descritos con anterioridad, basados en la identidad cultural –que también se expresa en términos de etnificación–. Todos ellos rechazan lo moderno y expresan el deseo de una alternativa distinta.

Ninguna de estas categorías es fija o estable. Existe una gran variabilidad tanto en el tiempo como en el espacio. A la par se producen numerosos solapamientos entre los distintos ámbitos. Por ejemplo, en la pasada década de los años ochenta el feminismo experimentó un renacimiento del tradicionalismo, que invirtió el discurso de liberación modernista predominante hasta el momento en el feminismo clásico. También existe un solapamiento importante entre la izquierda y la derecha en cuestiones de soberanía. Del mismo modo encontramos numerosas ambivalencias entre determinados feminismos y posfeminismos en su confrontación contra el islam. Las identidades que se originan en estos movimientos se basan, según hemos argumentado, en una transformación ideológica a mayor escala que acontece en periodos de declive de la hegemonía y que proporciona elementos que pueden combinarse de distintas formas.

Las Panteras Grises, por ejemplo, son un movimiento definido únicamente en términos de edad, formado por ciudadanos mayores, jubilados, que parecen querer constituirse como grupo dentro del orden social de la modernidad. Sin embargo, el hecho de que su identidad esté basada en un aspecto generacional convierte a este movimiento en un tipo de particularismo que no persigue la transformación de la sociedad en su conjunto sino la obtención de derechos específicos para un grupo de edad. ¿Es posible observar una tendencia modernista en dicho movimiento? La respuesta debe ser afirmativa, si se tiene en cuenta a quienes sostienen que la sociedad moderna debería hacer un mejor uso estructural de la sabiduría, del conocimiento y de la experiencia de los ancianos, quizá con vistas a solucionar los principales problemas sociales.

El movimiento francés conocido como "Les Indigènes de la République" surge en los suburbios franceses con una alta densidad de población inmigrante, desempleo y salarios bajos. Sin embargo, no debe considerarse un movimiento de las clases más bajas, sino que se define en términos socioculturales, claramente vinculado a la situación *poscolonial. Sus protagonistas afirman que el colonialismo sigue existiendo en las relaciones que se establecen entre el Estado y las *zonas *guetificadas* o *sensibles*, según las denomina la Administración francesa. Lo que los diferencia de un movimiento de tipo colonial es el énfasis puesto en la diferencia, la *otredad y la raza/etnicidad en la práctica de su identidad. Por tanto, no se trata simplemente de un movimiento de las *banlieu* francesas, no es una movilización que se base únicamente en la posición social, sino que esta última se inserta en un contexto cultural poscolonial. Resulta necesario destacar los solapamientos que se observan entre el discurso de los movimientos indígenas y el francés. Ambos emplean la retórica de la dominación cultural y utilizan los aspectos culturales de dicha hegemonía para diseñar sus estrategias.

En conclusión, los Nuevos Movimientos Sociales sólo pueden entenderse en relación con las transformaciones operadas en el contexto en el que emergen. En su mayoría se sitúan en Occidente, pero también hemos aludido a contestaciones surgidas en el Tercer Mundo, así como a movimientos indígenas de diversas partes del planeta. Estos últimos no pueden equipararse fácilmente con los movimientos occidentales, pero, desde la perspectiva global que hemos defendido, pueden relacionarse con transformaciones más generales que constituyen la base de este "nuevo" fenómeno. Los movimientos sociales son siempre procesos de movilización colectiva que parten del modo en que se experimentan las condiciones de existencia en situaciones particulares, tanto en términos espaciales como temporales. El declive de los movimientos de clase modernos está vinculado con una configuración del orden mundial, en la que se produce un debilitamiento de la hegemonía de los centros tradicionales y de la identidad modernista, con la consecuente búsqueda de identidades culturales fijas. Este proceso de transformación del escenario mundial también tiene consecuencias fundamentales para el resto del planeta. Así, en contraste con los movimientos "enraizados" en Occidente, el este de Asia ha visto surgir movilizaciones, como el neoconfucianismo y toda una serie de fenómenos relacionados, que pueden definirse claramente como modernistas. Este último, al igual que el victorianismo, desarrollado en Inglaterra en el s. XIX, es un movimiento de corte evolucionista, basado en gran medida en abstracciones modernas de la racionalidad burocrática y la acumulación de riqueza. Japón constituiría, con todo, una excepción. Si en los pasados años sesenta y setenta podría definirse como modernista, su entrada en una fase de exportación de capitales hizo que la crisis financiera de 1980-1990 le afectará de lleno. En ese momento fue testigo de la emergencia de una nueva conciencia étnica-nacional, de la multietnicidad, y hoy en día la distribución de sus movimientos culturales no puede equipararse a la occidental.

No obstante, la constante en todo este proceso no puede situarse en la propia naturaleza de los movimientos, sino en la relación existente entre el posicionamiento histórico y el marco cultural y representacional que se construye desde dicha posición. Esta relación no es una mera cuestión geográfica, como puede evidenciarse en el caso de Japón, un país que ha experimentado el mismo ciclo que han atravesado Inglaterra y Estados Unidos, pero en un periodo de tiempo mucho menor. Tanto los nuevos movimientos sociales que surgen en todo el mundo como los Nuevos Movimientos Sociales que se desarrollan en Occidente se encuentran vinculados a cambios sistémicos a gran escala que afectan a las condiciones de existencia de todo el mundo. Estos cambios sólo pueden entenderse en función de la articulación de las transformaciones globales con las estructuras sociales locales.

Bibliografía

BURUMA, I.; MARGALIT, A. (2004): *Occidentalism: A short history of anti-Westernism*. London: Atlantic Books.

CASTELLS, M. (1997): *The Power of Identity*. Volume II. *The information Age: Economy, Society and Culture*. Oxford: Blackwell.

FRIEDMAN, J. (1994): *Cultural Identity and Global Process*. London: Sage.

HARDT, M.; NEGRI, A. (2000): *Empire*. Cambridge, Mass.: Harvard.

LEFEBVRE, H. (1970): *Le Manifeste Differentialiste*. Paris: Gallimard.

NAIRN, T. (1981): *The break-up of Britain: crisis and neonationalism*. London: NLB and Verso Editions.

PICCONE, P. (1993-1994): "Confronting the French New Right". *Telos*, 98-99, Winter, 1993-Spring, 1994.

TAGUIEFF, P.-A. (1993-1994): "From race to culture: the New Right's view of European Identity". *Telos*, 98-99, Winter, 1993-Spring, 1994.

TOURAINE, Alain (1992): *Critique de la modernité*. Paris: Fayard.

TOURAINE, Alain (ed.) (1990 [1982]): *Mouvements sociaux d'aujourd'hui. Acteurs et analystes*. Paris: Éditions ouvrières.

UNESCO (2000): *Cultural Diversity, Conflict and Pluralism*. World Culture Report. UNESCO.

Jonathan Friedman

Véanse además Acciones afirmativas, ALTERIDAD, Centro-periferia, Ciudadano, COLONIALISMO Y ANTICOLONIALISMO, Comunidad transnacional, CONSUMO CULTURAL, CULTURA, DERECHOS HUMANOS, DESARROLLO, DIFERENCIA Y DESIGUALDAD, Diferencias sociales y diferencias culturales, Discriminación positiva, DISCRIMINACIÓN Y EXCLUSIÓN SOCIAL, ELITES, Elites cosmopolitas, Espacios locales, ESTADO-NACIÓN, Etnicidad, Extranjero, Global y local, GLOBALIZACIÓN, Globalización y antiglobalización, HIBRIDACIÓN, Homofobia y heterofobia, IDENTIDAD, INDIGENISMO, INTEGRACIÓN, MIGRACIONES, Migraciones. Redes sociales, Teoría macro, MINORÍAS, Modernidad, Modernización, MULTICULTURALISMO, Multiculturalismo en los estudios étnicos, Nacionalismo, Nomadismo y turismo, PATRIMONIO, Pluralismo sincrónico, Plurinacionalidad, Poscolonialismo, POSMODERNIDAD, Racismo y neorracismo, Relaciones y procesos informales económicos, Segregación, Sociedad de la información y del conocimiento, TERRITORIOS, TRABAJO, Xenofobia y xenofilia.

P

Patrimonio

El patrimonio es un conjunto de recursos y atributos, recibido del pasado por herencia u otro origen, que los individuos y grupos poseen, tienen en común, comparten y con los que viven. La vida y el medio natural que la posibilita son nuestro don más preciado, pero la *cultura no constituye sólo un adorno o agregado, una expresión o un instrumento de ellos. Como sistema de símbolos que usamos para definir el mundo y guiar la conducta, la cultura es la clave de la existencia y de su evolución interactiva: "Sin hombres no hay cultura", pero "sin cultura no hay hombres" (Geertz, 1989: 55). La cultura nos construye no sólo como especie, sino individualmente. Con ella organizamos social y simbólicamente los recursos naturales heredados, el *territorio humano y su coexistencia con el espacio de otros seres con los que compartimos el planeta. Naturaleza y cultura no son ontológicamente dominios opuestos, sino un todo, nuestro patrimonio, por lo que su visión fractal, una de las dicotomías conceptuales más antiguas y asentadas en la tradición científica occidental, resulta insostenible, lo mismo que todo determinismo o esencialismo cultural y biológico que no integre la historia natural en la social, los actos naturales en conductas culturales. Las relaciones sociales y el parentesco traducen bien ese vínculo.

Sin embargo, ni la naturaleza ni la cultura son nociones esencialistas, homogéneas, unitarias, sustantivas y delimitadas, conjugables con las ideas ilustradas de progreso, civilización y universal cultural, y con la idiosincra-sia, tradición y dimensión colectiva que supuestamente marcan de forma sistémica las áreas culturales y *fronteras geográficas. Son muy diferentes de los *constructos* de patrimonio cultural y natural y de la inclusión discursiva de ambos como patrimonio histórico, configurados sobre los significados que niegan los conceptos de cultura y naturaleza (García, 1998). La unidad conceptual de naturaleza y cultura se define desde formalismos y convencionalismos que hacen de ellas lo que tenemos en común y expresan diversidades, cambios, contactos, coexistencias, *hibridaciones y procesos *identitarios. En contraste con esas adjetivaciones del patrimonio, las categorías de cultura y naturaleza se refieren, por un lado, a modos de vivir, pensar y sentir y, por otro, a recursos naturales, que los individuos y grupos adquieren patrimonialmente del pasado y modifican durante su existencia, volviéndolos a transmitir a generaciones futuras con los cambios introducidos. Unen el legado pasado, presente y futuro, por lo que no son inmutables sino construcciones sociales cambiantes y discontinuas, producidas históricamente. Implican la desaparición de antiguos elementos, la modificación de sus contextos y la ruptura de sus continuidades y transmisiones. Pero también conllevan la aparición de componentes nuevos y, sobre todo, hibridados, más adaptados al presente, que rellenan el vacío dejado por lo desaparecido, se hacen pertinentes para los actores sociales y terminan adquiriendo el carácter de tradición. El cambio, uno de los procesos más claros de adaptación y reproducción de las culturas y los espacios naturales, constituye un rasgo básico y permanente de ambos, de los individuos y grupos y de sus relaciones. No es un añadido ni una pérdida de valores genuinos, específicos y eternos, sino más indicativo de capacidades de supervivencia que la conservación. Tampoco suele hacerse por afinidad o deseo, sino por imperativos, lo que contradice la afirmación, ampliamente mantenida en ciencias sociales, de que los sujetos no se apropian de lo que les repugna o extraña. Esos imperativos y los cambios que los provocan son resultado de relaciones de poder y del papel en ellas de los diferentes sujetos. Desde aquí se decide qué se modifica, cuándo y cómo. Aunque el cambio no es exclusivo del presente, las interacciones que se intensifican, aceleran y extienden con la *globalización confieren aún mayor relieve a esas relaciones de poder, ya decisivas como motor de transformaciones desde el inicio de la *modernidad.

No obstante, las categorías de patrimonio cultural, natural e histórico y de cultura y naturaleza como recurso patrimonial se confunden retóricamente en el discurso de los poderes públicos y de ciertos saberes y disciplinas. Con antecedentes en el siglo XVIII y nacidos en la segunda mitad del XIX, los conceptos de patrimonio cultural y natural e histórico son, en sentido estricto, invenciones que responden a fenómenos históricos, jurídicos y sociales de la modernidad y que informan más acerca de las representaciones de ésta sobre cultura y naturaleza que de cuanto pretenden ilustrar.

Dicotomías del patrimonio cultural y natural

Aunque esos *constructos* de patrimonio comparten de pleno el dualismo conceptual moderno, apuestan por uno u otro de sus extremos. Se trata de una división deudora de antagonismos platónicos que, además de segmentar naturaleza y cultura entre sí y respecto a sus protagonistas, lo objetivo y lo subjetivo, lo particular y lo general, y la parte y el todo, disgrega: materia –cuerpo, humanidad, conducta– y espíritu –pensamiento, sociedad, alma y Dios–; tradición –artesanía– y modernidad –arte–; lo popular –emociones– y lo culto –razón, ciencia y tecnología–, y lo *local –comunidad aislada y cerrada, genio individual– y lo global –progreso cosmopolita–. Es la reacción de la *kultu'r* alemana respecto a la *civilisation* francesa; del Romanticismo, con su folclore idiosincrásico, ante la Ilustración, el positivismo, el socialis-

mo y el utilitarismo; de la *sujetología* contra la *leviatanología* (Sahlins, 2003), e incluso de las posturas que celebran las *resistencias de lo local frente a la globalización. Son compartimentaciones de la cultura y la naturaleza que fracturan su carácter, conocimiento y tratamiento holístico, su contexto y sentido, y que obvian toda dimensión espacio-temporal y procesual de lo social.

En estas dicotomías se asientan las políticas y normativas jurídicas sobre patrimonio cultural y natural que formulan, desde los años sesenta, diferentes organismos internacionales, como la UNESCO (1989, 2003) y el Consejo de Europa, y los *Estados de buena parte del planeta. Estas políticas y legislaciones profundizan aún más la visión esencialista y reduccionista de naturaleza y cultura, así como sus dualismos, estableciendo tres bloques separados: la alta cultura y la popular y el patrimonio natural. Mientras a este último lo restringen básicamente a paisajes, parques naturales, jardines históricos o reservas, la alta cultura se justifica a sí misma como categoría por el valor incuestionable, único, *estereotipado, histórico y *elitista de las producciones que abarca y de los recintos que las contienen —museos, archivos, bibliotecas—, auténticos templos rituales del patrimonio cultural. Así, la alta cultura se funda en las colecciones de arte u obras consideradas artísticas, piezas y yacimientos arqueológicos, monumentos, ciertos bienes muebles y manuscritos y documentos singulares. Es una alta cultura en la que la parte, el arte, se apropia del todo, la cultura, y que, pese a ello, se identifica con lo culto: lo complejo, elaborado, moderno y universalista, propios del espíritu refinado y de los privilegios de clase. La cultura popular, por otro lado, ya no se ocupa de las grandes producciones, sino de las consideradas pequeñas, más simples, tradicionales, locales y autónomas, homogéneas y próximas a lo instintivo; obviando que muchas de ellas antes fueron, o son hoy, "cultas", e implican un sofisticado *saber. En realidad esta división entre lo elevado y lo popular, no ajena al legado de las ciencias sociales, la museología y la huella evolucionista, aparte de ignorar que cada cultura y medio natural tiene las formas que les resultan aptas para cubrir sus demandas sistémicas, expresa metafóricamente la segmentación clasista de la modernidad en elites y pueblo y la domesticación cultural de éste, más predicable bajo esos esencialismos que en el campo social, donde se alude a cultura de masas.

Esta visión desintegrada de la cultura y la naturaleza comporta su división disciplinar en patrimonios con competencias y lenguajes parcelados y estancos, estratigráficos (Geertz, 1989), sobre el conocimiento –artístico, arqueológico, arquitectónico, ecológico, paleontológico–, que trocean también los soportes de las producciones –material, inmaterial, mueble, inmueble, documental, bibliográfico, plástico, audiovisual–, los espacios donde cobran sentido –local, rural, urbano, nacional, mundial, de la humanidad–, sus tiempos –tradicional, moderno– y sus sistemas productivos –industrial, artesanal–. Puro dislate en el marco científico y académico, no sorprende demasiado, por otro lado, que la "cultura popular", un objetivo secundario o residual en las normativas y políticas sobre patrimonio, se asigne de lleno a una de las disciplinas menos valoradas desde las instancias de poder y que se ocupa de la cultura como un todo: la antropología, casi nunca citada así en este discurso sino etnología o, por su método, etnografía.

Muy criticada desde el llamado Tercer Mundo, la marcada opción por los aspectos tangibles de la cultura y la naturaleza ha tratado de corregirse desde finales de los años ochenta, en particular desde la UNESCO (2003). Así, mediante declaraciones y leyes sobre el denominado patrimonio intangible, se busca proteger derechos indígenas, principalmente territoriales, y mostrar preocupación por ciertos conocimientos, logros y actividades no escritas y sin firma que pudieran sufrir expolios o ilícitos tráficos internacionales. Esta rectificación no ha impedido, sin embargo, que se siga primando la materialidad de las obras, su consistencia formal y sensorial, frente a su contexto social e histórico y su sentido. No ha sido obstáculo tampoco para que el discurso del patrimonio y de los museos, archivos y bibliotecas dependa casi por completo de sus obras inventariadas y del coleccionismo, siendo mudo cuando pretende testimoniar relaciones sin contenido materializable, y para unir lo material y lo inmaterial en un todo. Asegurándose que los objetos tangibles son capaces por sí mismos de crear conocimiento cultural y que las culturas y sus espacios los define la suma de colecciones que se tiene de ellos, a las que se reducen, se sigue eludiendo que una misma producción e incluso los símbolos más comunes suelen tener diferentes funciones y significados según su contexto y sentido, y que, por contra, formas dispares responden a menudo a categorías contextuales y discursivas similares.

Tras todo ello hay un denominador fundamental, sobre todo en lo referente a la naturaleza y a la "cultura popular". Es lo que K. Marx definió el fetichismo de la mercancía: la ilusión de que el valor de las mercancías en el sistema capitalista emana de la relación entre ellas y no de los procesos humanos incorporados. En efecto, los actores sociales que crean y viven la "cultura popular" y la naturaleza se hallan ocultos, individual y grupalmente, igual que su diversidad, sus contactos e hibridaciones y sus procesos identitarios y de cambio. No ocurre igual, sin embargo, y no por azar, con las producciones de la "alta cultura", muy sensibles al relieve social de sus creadores, patrocinadores y consumidores más elitistas que parecen merecer visibilidad y protagonismo. Con todo, ya se trate de los actores sociales de una u otra cultura o de los espacios naturales, es innegable su sustitución, en mayor o menor medida, por los museos o distintas entidades públicas de los Estados, colectivos abstractos, desde donde se les media o suplanta por sus objetos. Otro tanto ocurre con los actores sociales que, en calidad de destinatarios de las actuaciones patrimoniales, configuran sus audiencias; algo que resulta muy negador cuando es este "público" el constructor de las producciones sobre las que se opera. En el mejor de los casos, cuando se alude a "cultura popular" y espacios naturales, se habla de actores sociales tradicionales; lo que connota otro denominador básico de este discurso patrimonial: la segmentación de lo tradicional y lo moderno, que elude la hibridación de pasado y presente.

En esta mirada, cultura y naturaleza se reducen a sus tradiciones y, confundiéndose los ámbitos significativos de unas y otras, se afirma que la desaparición de las segundas, la parte, conlleva el fin de las primeras, el todo. Lo tradicional se contempla como un *constructo* atemporal, sin presente y futuro, que ata a sus actores a un pasado invariable, anclado a entornos ruralizados o presociales genuinos, con valores eternos y contrapuestos a los territorios urbanos e industriales cuya *modernización acaba con ese tiempo y su espacio y, a la par, con la vida y las identidades, incluidas las nacionales, que en ellos se crean y corren "riesgo de desaparecer". Pero el dualismo sobre presente y pasado, lo tradicional y lo moderno, no se agota en la "cultura popular" y el patrimonio natural. El progreso no sólo es nocivo para los "tradicionales" y la nación; en las áreas con éxito define sujetos sin pasado ni presente reseñables. Mientras la "alta cultura", aunque apuesta cada vez más por lo contemporáneo, se desentiende a menudo del pasado y de su legado en el presente.

Tratamiento del patrimonio

Las representaciones subyacentes en este discurso público trasladan sus errores conceptuales y metodológicos al tratamiento del patrimonio, primando las medidas normativas y burocráticas sobre su conocimiento y orientándose principalmente a la intervención legal y al inventario de bienes bajo criterios proteccionistas, de salvaguardia y de una competencia exclusiva de ciertas instituciones públicas que niega el diálogo con los sujetos y la transdisciplinariedad. Pero la intervención legal –declaración de Bien de Interés Cultural, por ejemplo– sólo parece aceptable sobre producciones de culturas y espacios desaparecidos que trascienden ya a sus propios autores, y no sólo con el objetivo de evitar expolios, sino de que no se tergiverse su conocimiento futuro. Su aplicación sobre culturas y espacios naturales vivos interfiere, encierra y fosiliza la dinámica de los procesos sociales, institucionaliza injerencias de poder en la vida de los individuos y grupos y, a la larga, resulta inoperante, generando muchas veces un efecto contrario al buscado. La conservación artificial, que intenta frenar una desaparición inminente de aspectos o conjuntos que ya no tienen valor ni sentido para sus actores sociales, desvirtúa su veraz comprensión presente y futura. Más que una intervención legal directa, es preciso defender el derecho de los individuos y grupos a mantener sus maneras de vivir, pensar y sentir y sus rasgos identitarios, lo que implica garantizar sus *derechos políticos, eliminar *desigualdades que les impiden o dificultan usar sus recursos y espacios, y atender, conocer críticamente –en especial si hay conflictos u oportunismos dentro del propio grupo– y reconocer sus demandas culturales y territoriales, sobre todo en el caso de las *minorías. Por otra parte, la conservación de los bienes patrimonializados se reduce prácticamente a su inventario en fichas y su exhibición en colecciones, por lo que su conocimiento se limita a la selección y recogida de piezas o a la adquisición por compra o donación de conjuntos ya constituidos por coleccionistas. No hay sujetos de estudio ni necesidad de explicarlos, sino objetos a los que se arroga la capacidad de representar unas culturas y unos espacios que, por ser una forma de acción social, no se pueden guardar en

vitrinas ni recintos donde se quedan mudos. Así, la investigación, circunscrita a las colecciones, constituye una mera reconstrucción *a posteriori,* consecutiva y no constructiva, del sentido y contexto de las piezas ya clasificadas previamente por sus soportes o formas, lo que plantea unas premisas al conocimiento que comprometen de antemano la fiabilidad de sus conclusiones, máxime cuando se intenta recoger en masa patrimonios "en peligro de desaparición". Sobre éstos debe dejarse constancia para el conocimiento futuro, sin presuponer que todo cambio implique forzosamente la desaparición de culturas y ecosistemas y los convierta en otros distintos de sí mismos e irreconocibles.

Frente a estas actuaciones se desarrolla desde los años setenta otro tratamiento alternativo que las cuestiona y abre nuevos caminos para investigar, conservar, difundir y restituir el patrimonio. Una de sus críticas centrales es la ocultación de los sujetos, de la que se derivan otros muchos desacuerdos que permiten correcciones conceptuales y metodológicas. Por ello se propone el diálogo entre los representados patrimonialmente y quienes les representan, insistiendo en que éstos, tras su pretensión de neutralidad, creatividad, sensibilidad y universalidad, abandonen sus posiciones elitistas y de poder, desde las que construyen y manipulan símbolos al servicio del Estado-nación y de sus principales valedores. El tratamiento y las representaciones del patrimonio se consideran un acto político que debe efectuarse negociando consensos con las comunidades para oír su voz como protagonistas y destinatarias, entre otros individuos y grupos, del discurso construido sobre ellas. El objetivo es que la noción de comunidad sustituya a la de audiencia y que ésta, de ser una entidad pasiva en la creación y el mantenimiento de su patrimonio, se convierta en agente activo (Karp, 1992). Ello es extensible no sólo a la necesidad de que, por ejemplo, los museos se conviertan en centros de encuentro y crítica, sino a la investigación, conservación, difusión y restitución patrimonial. Se introduce en el dominio del patrimonio discursos, ya existentes en el ámbito académico de las ciencias sociales, que aportan nuevas miradas sobre poder, cultura, identidad, *interculturalidad, diversidad, territorio, arte, relaciones entre pasado y presente –incluidas las tradiciones y la desaparición de culturas y espacios–, lenguaje de los objetos, procesos de cambio, interdisciplinariedad y educación. La investigación ya no es un trabajo *a posteriori* y circunscrito a los objetos, se abre a los sujetos como fase previa para su conocimiento negociado y crítico, rompiendo las dicotomías entre los saberes del pueblo y los académicos, centrándose en el presente e incorporando a éste el pasado, y ocupándose de lo común, representativo, relevante y recurrente y no tanto de lo exótico o extraordinario. El conocimiento de los sentidos y contextos de las producciones culturales pasa a ser también tarea de investigación negociada entre actores sociales y profesionales en estrecha colaboración con las universidades. Es una investigación que fundamenta el trabajo de conservación cuyo objetivo no radica ya en conservar el patrimonio, sólo conservable y reproducible por sus propios protagonistas, sino su conocimiento crítico en un proceso holístico que ofrezca referentes capaces de que los actores sociales se reconozcan en ellos sin fragmentaciones. La difusión, por su parte, incide en la divulgación no de una mera información ni sólo del saber ordinario transmitido generacionalmente, sino de unos conocimientos críticos elaborados por la investigación y la conservación, que ayudan a los actores sociales a comprender cómo son ellos mismos, los *otros y las relaciones entre ambos. Incita así a una restitución que no diferencia el trabajo científico y el comportamiento y compromiso políticos, y que genera reflexiones conjuntas, integraciones de niveles distintos de experiencia entre los protagonistas y los profesionales del patrimonio, produciendo aprendizajes significativos por comparación. Se alude además a una restitución dinámica, pues todo cambio social modifica también, generalmente a igual ritmo, las necesidades de conocimiento.

Patrimonio cultural y natural como símbolos de poder del Estado-nación

Durante el *Antiguo Régimen* el patrimonio representa casi en exclusiva el poder de las monarquías y la imagen de su herencia, familia y "Casa", aunque desde la primera modernidad, sobre todo en Europa y salvo excepciones, los bienes patrimoniales de la realeza, sin dejar de pertenecer a la corona, van sometiéndose más o menos a la hegemonía del Estado-nación. No ocurre igual con el patrimonio de la Iglesia o religioso que en muchos enclaves sigue constituyendo una parcela privativa y representativa de un poder —un universo que no es de este mundo— que se superpone a otro, de un Estado divino dentro de un Estado civil, con el que cohabita y comparte su espacio. Pese a que el Patrimonio Real continúa, en general, diferenciado en muchos órdenes del Patrimonio del Estado, no posee la exclusividad que se arroga sobre sí mismo y frente a otras instancias patrimoniales el Patrimonio Eclesiástico o religioso. Bien entrada la modernidad, para afianzarse frente a su sociedad civil, las monarquías y otros Estados, el Estado-nación inicia sus propias construcciones de patrimonio y arbitra formas de coexistencia con los patrimonios reales y religiosos. En nombre del "pueblo", priva de sentido a los recursos patrimoniales de los individuos y grupos, se los apropia simbólicamente y los convierte en estereotipos controlados políticamente. Inventa representaciones para sí mismo y ese "pueblo", aunque sin él, relegado a público espectador del discurso que erige sobre él y sus recursos.

Desde entonces, aun cuando la noción de patrimonio ha ido asumiendo nuevos sentidos proyectados en nuevas formulaciones legislativas y, sobre todo, políticas, éstos responden siempre a intereses concretos de poder del Estado-nación. Así, en su definición actual, desarrollada sobre todo desde los años sesenta, el patrimonio, como conjunto de bienes culturales y naturales, se considera capital cultural y natural de los *ciudadanos, tutelado, protegido, conservado, regulado y gestionado por el Estado-nación, ya lo asuma en calidad de competencia única o compartida con otros Estados —patrimonio mundial o de la humanidad—. Se trata de una atribución del Estado-nación, legitimada no sólo retóricamente sino en el plano de lo real y del reconocimiento jurídico, y próxima o, en muchos casos, equivalente a la categoría de propiedad. No por casualidad la idea de bienes patrimoniales adquiere valor para quienes los representan y se interesan en protegerlos y conservarlos, no tanto para aquellos que protagonizan la cultura y sus espacios. Tampoco por azar se magnifica la importancia de inventariar y contar esos bienes. De este modo, la cultura y la naturaleza, como patrimonio, recursos y atributos de los individuos y grupos, se convierten en el patrimonio del Estado-nación y, por él y a través de él, de la sociedad nacional en su conjunto e incluso de toda la humanidad. Pasa a ser un bien colectivo de todos y, por ende, de cada uno de ellos, capacitado desde este momento para demandar acciones intervencionistas sobre tal recurso, ahora compartido discursivamente. Tras la metáfora que alude a la proximidad al otro, a la solidaridad con él, se opera una transferencia de bienes simbólicos de unos a otros, mediada por el Estado-nación, que los reparte porque los tiene. Decir que lo del otro es mío sobrepasa el marco de lo retórico y adquiere realidad. El mito de Drácula, que cobra vida, la nutre y recluta a sus súbditos con la sangre de otros, trasciende el confín del relato, para ilustrar este proceso de expolio, visto y justificado con frecuencia como encuentro intercultural. Las consecuencias de esta transferencia para los sujetos que crean las mercancías transferibles son muy obvias en el caso de la "cultura popular" y los bienes naturales, pero tampoco queda inmune a ellas la "alta cultura". A esto se une la presunción de que los protagonistas de los patrimonios representados y el resto de la *ciudadanía comparten las definiciones del Estado-nación y de las instituciones internacionales, y de que desean conservar lo que éstos deciden que merece una actuación patrimonial. La insistencia de las diferentes normativas en democratizar el patrimonio, en difundirlo sin límites para que llegue al conjunto de la nación y más allá, resulta así un correlato del crecimiento y de la reproducción del poder estatal. En suma, son representaciones que aúnan el universo real y simbólico, pues el discurso es conducta, construye realidad. "El discurso mismo crea en buena parte su propia realidad", quedando "prohibida como ignorancia y sinsentido la sospecha misma" de que su brillo y eficacia no sean más que pura seducción (Zulaika, 1997: 73).

Todo este proceso, por otra parte, no es exclusivo del Estado-nación; se reproduce –sin demasiada variación– en otros espacios sociales y políticos contenidos dentro de sus *fronteras. Ocurre además a menudo que, tras un discurso universalista (Zulaika, 1997), es el propio Estado-nación uno de los principales interesados en esa réplica. Sostiene que la *integración –entendida como unidad, orden y uniformidad e invisibilidad de realidades presentes e históricas diferentes–, lograda en aquellos espacios gracias a la democratización del patrimonio y, por consiguiente, de la vida política, revierte en otros marcos más amplios y, a la postre, en el propio espacio que se asigna a sí mismo el Estado-nación, en la permeabilidad de sus fronteras interiores y la aceptación del poder y de la cohesión estatal. Nótese el rédito político que obtiene el Estado-nación de difundir al máximo el ideal de homogeneidad cultural y, sobre todo, de lograrla. Reificando culturas y espacios, se eclipsan diferencias y desigualdades entre nosotros y los otros, identidades opuestas, mundo en conflicto y, esencialmente, la verticalidad con la que se impone ese orden, la fuente de la que emana y su variable aceptación por la ciudadanía. Que el patrimonio sea cada vez más un sustituto de las grandes ideologías, no sólo expresa el terreno ganado por los esencialismos culturalistas a los planteamientos de clase, sino la necesidad de utilizarlo como factor de educación, toma de conciencia ciudadana, limpieza de imágenes no deseadas y, en fin, de una integración social que impone lo colectivo, al margen de su amplitud, sobre los individuos. Ello justifica que el patrimonio se asuma como un bien de interés nacional, a pesar de que el soterramiento de las diferencias presentes y procedentes del pasado impida el reconocimiento de la diversidad del legado patrimonial al futuro. Desde el patrimonio se realza o suprime aspectos según su pertinencia sistémica, se construye a los individuos y grupos y se explica sus desigualdades por las distintas posiciones espacio-temporales que les asigna la cultura y no por su clase social. En fin, se realiza una determinada reproducción social. Lo corrobora, entre otros procesos tempranos, la folclorización populista promovida al inicio del siglo XX por ciertos Estados europeos para integrar al campesinado en la nación (Castelo-Branco y Branco, 2003).

La eliminación y *asimilación retórica de diferencias y desigualdades, junto a la imposición de lo colectivo sobre lo individual, que comportan estas representaciones, abonan la legitimación y reproducción social de las elites y las burocracias que sustentan al Estado-nación y son sostenidas por él. De hecho, en esos discursos es la voz de las elites la que se arroga el deber y privilegio nacional, en nombre de los otros, de definirlos y clasificarlos a través de sus objetos, decidiendo los valores económicos, políticos, morales, estéticos, religiosos o científicos, los textos y contextos que merecen ser representados y los conceptos e imágenes que lo permiten. Entre estas nociones y figuras se priman las referentes a la incapacidad del común para percibir su propio valor y el de lo que hacen, piensan o sienten, que tienen que ser reconocidos y salvados por quienes no pertenecen a aquél (Bourdieu, Darbel y Schnapper, 1969). Cautivas de su propia voz, estas elites en realidad hablan de sí mismas y sus valores (Clifford, 1999). Numerosas experiencias –como las que ilustran en España los museos estatales de Antropología– aluden al poder de las elites para crear y clausurar instituciones de patrimonio al margen de su relieve.

Por otro lado, las representaciones patrimoniales del Estado-nación cosifican la cultura y la naturaleza, transformándolas en mercancías con un valor político que expresa cómo los individuos y los grupos se interesan en ellas y, a la par, de qué modo éstas revalúan las relaciones sociales. Las producciones patrimonializadas se convierten en objetos deseables, bienes de intercambio, que impulsan y abrigan el sueño de salvar las distancias entre quienes los anhelan y los que los detentan, tutelan y ofrecen como valores. A la vez, este proceso hace deseable la misma existencia de la opción de eludir esas distancias entre oferentes y demandantes de unos objetos, en los que se representa poder y, por tanto, el propio del Estado-nación y de sus elites. Se desea que el sistema ofrezca no sólo la posibilidad de intercambiar, para que haya transferencias de valores, sino de que exista el propio intercambio. Y, mientras que la presencia de ese intercambio es la fuente del valor atribuida a los objetos, la dificultad de su adquisición, el sacrificio efectuado al intercambiar, resulta el único elemento constitutivo de valor (Appadurai, 1998). Poseer real o simbólicamente algo de los otros gracias a que el poder nos lo ofrece, viajar por el mundo de lo ajeno y penetrar en él, lejos de constituir una aventura, son experiencias políticas y trascendentes que nos acerca a ese poder. En suma, la creación y el deseo de valor son un proceso mediado políticamente, un asunto de definición política y control social. La política del patrimonio sugiere que sus bienes, más allá de usarse como mercancías deseadas para satisfacer objetivos primarios, encarnan deseos de otra índole. Esos bienes conllevan relaciones de poder, privilegio y control social, como la ostentación del propio cuerpo y del consumo de lujo confieren autenticidad y autentificación e incluso nos hacen sabios frente a los ignorantes, al definir ambos conceptos y las claves para ser unos u otros.

Pero el Estado-nación no sólo asigna a los bienes patrimoniales un valor político sino además económico, que redunda en la reproducción del primero y que no se basa tanto en las cualidades intrínsecas del bien como en atribuciones inventadas, contrarias a veces –"alta cultura"– o siempre –"cultura popular" y patrimonio natural– con la condición real de aquél. Así sucede con el signo de la autenticidad. Son atributos simbólicos impuestos antes en el mercado, a fin de hacer deseable el bien en y para el intercambio y acrecentar su valor de cambio y su utilidad como fuente de creación y desarrollo de capitales, empleo, equipamientos, *turismo o industrias. Muy ligados a intereses urbanísticos, legitiman regeneraciones urbanas, medioambientales o de comunidades deshabitadas. En ellas "los ciudadanos se convierten en felices *voyeurs* de su propia grandeza progresista" (Zulaika, 1979: 129). Asimismo se vinculan a recreaciones turísticas –rutas– y de ocio, propias del espectáculo o del *star system*, sin descartar los negocios de las ONG y agencias culturales y medioambientales, y la búsqueda de prestigio de patrocinadores que con esos bienes revalorizan su competitividad y sus mercancías. A la postre, el Estado-nación crea una oferta de bienes patrimoniales para cubrir su demanda, que él también desencadena e incita.

Además, confundiendo, no sin intención política, los conceptos de identidad y cultura, el Estado-nación incorpora a los bienes patrimonializados un valor identitario, necesario para la identificación nacional, pero que a la par es usado por diversos colectivos existentes dentro de las fronteras estatales. Desde estos colectivos la identidad que confiere el patrimonio se reivindica muchas veces como símbolo de diferencia, incluida la *étnica y *nacional, afirmación, defensa y respuesta; pero también en términos de privilegio y distinción, de poder. Se asigna al patrimonio la capacidad de definir, crear, destruir y recuperar identidades como si ello respondiera a elementos objetivos o campañas de sensibilización, orquestadas desde el poder, para que la gente se anime a querer o pedir identidad al mirar su pasado, en vez de obedecer sobre todo a procesos subjetivos y de consenso de los actores sociales, que se articulan sobre el presente y frente al futuro. Este valor identitario, en alza para los organismos internacionales, presupone que quienes comparten una misma cultura o localidad, a la vez participan de la misma identidad y son homogéneos.

Bibliografía

APPADURAI, Arjun (1988): "Introduction: commodities and the politics of value", en Arjun Appadurai (ed.), *The social life of the things. Commodities in cultural perspective*. Cambridge: Cambridge University Press, 3-63.

BOURDIEU, Pierre; DARBEL, Alain; SCHNAP-PER, Dominique (1969): *L'amour de l'art, les musées d'art européens et leur public*. Paris: Minuit.

CASTELO-BRANCO, Salwa El-Shawan; BRANCO, Jorge F. (eds.) (2003): *Vozes do povo. A folclorizaçao em Portugal*. Oeiras: Celta editora.

CLIFFORD, James (1999): *Itinerarios transculturales*. Barcelona: Gedisa.

GARCÍA GARCÍA, José Luis (1998): "De la cultura como patrimonio al patrimonio cultural". *Política y Sociedad*, 27: 9-20.

GEERTZ, Clifford (1989): *La interpretación de las culturas*. Barcelona: Gedisa.

KARP, Ivan (1992): "Introduction: Museums and Communities: The Politics of Public Culture", en I. Karp, C. M. Kreamer and S. D. Lavine (eds.), *Museums and Communities: The Politics of Public Culture*. Washington, London: Smithsonian Institution Press, 1-17.

SAHLINS, Marshall (2003): "Antropologías, de la leviatanología a la sujetología, y viceversa", en J. L. García y A. Barañano (coords.), *Culturas en contacto. Encuentros y desencuentros*. Madrid: Ministerio de Educación, Cultura y Deporte, 47-64.

UNESCO (1989): *Proyecto de recomendación a los Estados miembros sobre la salvaguardia del folklore*. París: UNESCO

— (2003): *Convención para la salvaguardia del patrimonio cultural inmaterial*. París: UNESCO.

ZULAIKA, Joseba (1997): *Crónica de una seducción. El museo Guggenheim Bilbao*. Madrid: Nerea.

Ascensión Barañano Cid

Véanse además Aculturación, ALTERIDAD, Centro-periferia, CIUDADANÍA, Ciudadano, CONSUMO CULTURAL, Criollización, CULTURA, DERECHOS HUMANOS, Desterritorialización, DIFERENCIA Y DESIGUALDAD, Discriminación positiva, DISCRIMINACIÓN Y EXCLUSIÓN SOCIAL, ELITES, ESPACIO-TIEMPO, Espacios locales, ESTADO-NACIÓN, ESTEREOTIPOS Y ESENCIALIZACIÓN, Espacios locales, Etnicidad, FRONTERA, Frontera geográfica y administrativa, Fronteras económicas, Fronteras simbólicas, Global y local, GLOBALIZACIÓN, Globalización y antiglobalización, HIBRIDACIÓN, IDENTIDAD, INTEGRACIÓN, Integración religiosa, Interculturalidad, Mestizaje, MINORÍAS, Modernidad, Modernización, Multilingüismo, Nacionalidad, Nomadismo y turismo,

NUEVOS MOVIMIENTOS SOCIALES, POSMODERNIDAD, Racismo y neorracismo, SABER Y SABERES, TERRITORIOS, Violencia política. Tipos, Xenofobia y xenofilia.

Pluralismo sincrónico

El "pluralismo sincrónico" alude a la conciencia social y el cronotopo que suscita la *globalización. El término "cronotopo" fue acuñado por el teórico de la literatura rusa M. Bakhtin (1981) para referirse a las formas características *espacio-temporales empleadas por la novela en distintos periodos. En los argumentos de las novelas dichas modalidades distintivas espacio-temporales suelen ir asociadas con formas de causalidad y tipos de *identidad de personajes muy característicos.

En la perspectiva ideológica anterior a la década de los años setenta las ideas de *nacionalismo burgués, *diferencias de clase, región y/o cultura eran consideradas *estigmas o señales de una asimilación incompleta dentro de la comunidad nacional. De esta forma, el proyecto burgués de formación del *Estado-nación es asumido como una etapa en el proceso lineal de asimilación progresiva de la *diferencia dentro de los *límites espaciales del *territorio estatal. Sin embargo, la sustitución de la hegemonía del nacionalismo por la hegemonía del mercado ha ido reemplazando la idea de un proceso diacrónico y lineal de asimilación de la diferencia por una visión del *pluralismo sincrónico*, en la cual las diferencias identitarias establecidas por la cultura son valoradas de forma positiva (Turner, 2002, 2003a, 2003b; Friedman, 1999). Desde esta perspectiva las *fronteras espaciales de los Estados pierden su significación ideológica y cultural como *límites de unidades de identidad relevantes, si bien mantienen sus funciones políticas y económicas dentro del orden *global. Esta transformación de los cronotopos —o categorías espacio-temporales—, con sus implicaciones sociales, políticas y económicas, deja a la clase media nacional sin un proyecto de hegemonía; es más, la sitúa sin ningún tipo de proyecto más allá de la producción de su propia diversidad cultural a través del consumo de mercancías y las políticas simbólicas del *multiculturalismo (Turner, 1993). En contraste, el segmento de elite transnacional, procedente de la antigua clase de profesionales y gerentes, se ha convertido en auténtico defensor del proyecto hegemónico del neoliberalismo: la promoción del mercado libre a escala global. En la perspectiva ideológica que acompaña a este proyecto, los mecanismos uniformes de mercado –cuya concepción en abstracto los hace proceder de las naciones, Estados e identidades culturales– se sustituyen como marcos de conciencia social dentro del Estado-nación y de su proyecto aparentemente igualitario de formación de una comunidad nacional uniforme.

Los valores fundamentales del nacionalismo, defendidos por la antigua clase media nacional –asimilación de toda diferencia *étnica, regional o cultural dentro de la identidad homogeneizante de *ciudadanía, y soberanía popular como principio de distribución igualitaria del poder político–, han quedado eclipsados por el nuevo y, abiertamente, no igualitario ascenso de los mecanismos de mercado –ideológicamente neutrales– responsables de la *polarización de clase. El nacionalismo, como afirmación de la homogeneidad de la población perteneciente a un Estado, ha perdido de esta forma gran parte de su fortaleza ideológica –junto con la hegemonía de la clase media nacional– ante el asalto del neoliberalismo de libre mercado. En conclusión, la *diferencia*, en vez de la homogeneidad que otorgaba una identidad nacional unificada, se ha convertido en el paradigma ideológico de la nueva conciencia social –"políticas identitarias", "multiculturalismo", etc.–. Con el respaldo de la nueva hegemonía del mercado, la "identidad" pluralista se ha convertido, en consecuencia, en una idea positivamente valorada como fin en sí misma de las sociedades consumistas, encaminada a la realización de la identidad personal y la diferencia colectiva. Con el eclipse de la noción de "asimilación", o al menos de la represión de la diferencia –característica y misión fundamental de la nación–, la idea de "progreso" y la concepción histórica del tiempo que constituían un proceso lineal de consolidación social dentro del marco espacial de las fronteras estatales han perdido su estatus dominante como categorías de formación de la conciencia social en las sociedades capitalistas más *desarrolladas.

La visión de la sociedad como una variedad pluralista de diferentes identidades colectivas resulta una concepción bastante estática, que no deja espacio para la asimilación o transformación de cualquier identidad, colectiva o individual, en otra. De esta forma, el "pluralismo sincrónico" sustituye a la noción de asimilación diacrónica –por ejemplo, el progreso–, propia del Estado-nación *moderno, como nueva forma de conciencia social de la clase media consumista. En una sociedad de pluralismo sincrónico las diferencias igualan, al no tener cabida la noción de "*centro" ni, consecuentemente, la idea de frontera o periferia en el sentido de puntos donde la diferencia comienza a ser devaluada como lo ajeno o lo "subdesarrollado". Cuando toda identidad o estilo cultural resultan igualmente válidos y coexisten sincrónicamente, no puede haber dinámicas sistémicas profundas o infraestructuras, ni causas subyacentes o limitaciones, tan sólo un modelo superficial de variaciones, compuesto por signos contrastantes de diferencia. La sincronía, entendida como "pluralismo", no implica un universo estático de enclaves espaciales fijos, sino un mundo de *movimientos aleatorios y discursos que circulan libremente, donde los "flujos" no implican consecuentes cambios estructurales, sino que son reversibles y por ello carecen de una dirección temporal constante.

En su extremo, la perspectiva de "flujos" –entendidos como movimientos espaciales aleatorios– converge, según el pensamiento de algunos analistas, con la noción de "compresión espacio-temporal" propuesta por el geógrafo David Harvey (1989). Según dicha idea, el desarrollo de los nuevos medios de comunicación, la *transferencia de *información y los medios de transporte rápidos han creado un tipo de sincronismo que ha neutralizado el significado del espacio y el tiempo como obstáculos materiales para la interacción social y la *comunicación instantáneas. En lugar de una concepción del espacio y del tiempo como entidades "materiales", las nuevas tecnologías han posibilitado la aparición de un espacio y un tiempo virtuales, que funcionan como dimensión privilegiada de los intercambios económicos e ideológicos, superando todos aquellos rasgos arcaicos del espacio-tiempo social –fronteras, *lugares específicos, procesos históricos– y las distintas identidades sociales y culturales que llevan asociados (Boruchoff, 1995, 1999).

Sin negar la importancia de las nuevas tecnologías, que posibilitan la transferencia de información y las transacciones monetarias instantáneas en la construcción de los circuitos financieros del capitalismo transnacional, cabe argumentar que el logro tecnológico que supone la casi simultaneidad de las *transacciones individuales no reduce ni acorta, lógica o pragmáticamente, el tiempo histórico ni supone el derrumbe de la concepción lineal de progreso encarnada en la concepción nacionalista de la misión asimilativa del Estado-nación. En este nivel de conciencia social cualquier explicación que trate de dar cuenta de los cambios en los conceptos de espacio y tiempo debe buscarse en fenómenos de escala macrosocial: en concreto, en los movimientos de estatus hegemónico y de las relaciones políticas de las clases sociales, como aquellos que se encuentran envueltos en las transformaciones contemporáneas del Estado-nación. En este sentido, los cambios fundamentales en la conciencia social referidos con anterioridad deben considerarse parte integral del desarrollo de nuevos esquemas de hegemonía, unidad y oposición entre segmentos polarizados de la clase media y elementos de la clase trabajadora y de grupos *marginales.

La pérdida de su proyecto histórico hegemónico ha dejado a la clase media nacional sin otro programa que no sea el consumo individual de mercancías como instrumento de producción de una identidad personal social. Así, la condición individual del *trabajo profesional y administrativo –la actividad laboral definitoria del segmento de profesionales y gerentes de la clase media– y la naturaleza individualista del consumo de mercancías explican el carácter individualista de la conciencia social de la mayoría de los miembros de dicha clase. Esto, unido a la separación del trabajo profesional y administrativo de la participación directa en la producción económica, permite dar cuenta del acento puesto por la clase de profesionales y gerentes en los procesos de circulación y consumo del mercado, haciendo abstracción de la producción y de las relaciones de *explotación características de la misma (Ehrenreich y Ehrenreich, 1979; Pfeil, 1985). La combinación de todos estos rasgos deja a la clase media, en general, y a la clase de profesionales y gerentes, en particular, sin una relación política o ideológica coherente con la sociedad en su totalidad. La perspectiva social del pluralismo sincrónico permite la ausencia de profundidad, centro, fronteras y bases para una relación con cualquier forma de realidad social más allá de las cambiantes identidades construidas por el consumo y permite de esta forma la ausencia de estructura. En resumen, el pluralismo sincrónico ofrece *posmodernismo. Si bien se ha defendido la idea de que las formas de conciencia social posmodernas –tales como el multiculturalismo, el pluralismo sincrónico o la teoría "transnacionalista"– reflejan fielmente las formas ideológicas de las relaciones sociales que resultan de la hegemonía del mercado y del capital transnacional, a su vez oscurecen las condiciones políticas, económicas y sociales de tipo sistémico que producen dichas hegemonías.

Bibliografía

BAKTIN, Mikhail (1981): "Forms of time and of the chronotope in the novel", en M. Holquist (ed.), *The Dialogical Imagination: Four Essays*. Austin: University of Texas Press, 84-258.

BORUCHOFF, Judith A. (1995): *Paradoxes of the United States-Mexico border*. Paper presented at the Annual Meeting of the American Ethnological Society. Austin, Texas.

— (1999): *Creating Continuity across Borders: Reconfiguring the Spaces of Community, State, and Culture in Guerrero, Mexico and Chicago*. Ph. D. Dissertation. Chicago: University of Chicago Press, Department of Anthropology.

EHRENREICH, Barbara; EHRENREICH, John (1979): "The professional-managerial class", en P. Walker (ed.), Between labor and capital. Boston: South End Press, 5-45.

FRIEDMAN, Jonathan (1999): "Indigenous struggles and the discreet charm of the bourgeoisie". *Journal of World-Systems Research*, V, 2: 391-411.

HARVEY, David (1989): *The Condition of Postmodernity: An Enquiry into the Origins of Cultural Change*. Oxford: Basil Blackwell.

PFEIL, Fred (1985 "Makin' Flippy-floppy: Postmodernism and the Baby-boom PMC", en M. Davis, F. Pfeil y M. Sprinker (eds.), *The Year Left: An American Socialist Yearbook*. London: Verso, 263-295.

TURNER, Terence S. (1993): "Anthropology and Multiculturalism: What is Anthropology That Multiculturalists Should Be Mindful of It?". *Cultural Anthropology*, 8, 4: 411-429.

— (2002): "Shifting the frame from nation-state to global market: Class and social consciousness in the advanced capitalist countries". *Social analysis: The International Journal of Social and Cultural Analysis*, 46, 2: 56-80.

— (2003a): "Clase, cultura y capitalismo. Perspectivas históricas y antropológicas de la globalización", en J. L. García y A. Barañano (coords.), *Culturas en contacto. Encuentros y desencuentros*. Madrid: Ministerio de Educación, Cultura y Deporte, 65-110.

— (2003b): "Class projects, social consciousness, and the contradictions of 'globalization", en J. Friedman (ed.), *Globalization, the state, and violence*. Walnut Creek: Altamira Press, 35-66.

Terence S. Turner

Véanse además Centro-periferia, CIUDA-DANÍA, COMUNICACIÓN, CULTURA, DESARROLLO, DIFERENCIA Y DES-IGUALDAD, Diferencias sociales y diferencias culturales, DISCRIMINACIÓN Y EX-CLUSIÓN SOCIAL, ELITES, Esfera mediática, ESPACIO-TIEMPO, ESTADO-NACIÓN, ESTIGMA, Etnicidad, EXPLOTACIÓN SOCIAL, FRONTERA, Frontera geográfica y administrativa, Fronteras económicas, Fronteras políticas y religiosas, Fronteras simbólicas, Global y local, GLOBALIZA-CIÓN, IDENTIDAD, Información, Lugar y no lugar, Modernidad, MOVILIDAD, MULTICULTURALISMO, Nacionalismo, Nomadismo y turismo, NUEVOS MOVI-MIENTOS SOCIALES, Polarización de clase, POSMODERNIDAD, TERRITO-RIOS, TRABAJO, Viajes y sistemas de movilidad.

Plurinacionalidad

La primera acepción del término es política y alude a la relación entre Estado y nación. Desde el punto de vista político, hay que subrayar la evidencia de que no se puede establecer una correspondencia unívoca entre *Estado y nación. Hay naciones sin Estado y Estados plurinacionales, en los que conviven varias naciones, entendidas en sentido histórico y *cultural. Los derechos colectivos de estas naciones pueden estar más o menos reconocidos dentro del marco legal del Estado que las acoge.

No menos cierto que lo anterior es que la nación es siempre un producto cultural contingente, en el que no cabe un discurso esencialista. Las naciones son *constructos* sociales en los que las *elites políticas e *intelectuales de los colectivos que se reconocen como nación desempeñan un papel clave. Ellos son los productores de la "comunidad imaginada" que es la nación (Anderson, 1998).

Y aunque las naciones suelen entenderse a sí mismas desde una semántica casi exclusivamente cultural, en la que la historia y la reivindicación de una *identidad propia tienen un papel central, no son del todo ajenos los intereses materiales. La nación puede entenderse como una estrategia de cierre social en torno a recursos materiales y políticos (Hechter, 1987). La *nacionalidad permite *excluir a los individuos que no son de la nación y limitar la competencia. Por lo tanto, además de una cuestión de identidad, la reivindicación

de la nación es también, en la mayor parte de los casos, un asunto de intereses materiales. En perspectiva temporal, es lo primero en relación con el pasado; y lo segundo respecto al presente y el futuro.

Desde el punto de vista sociológico y antropológico, la cuestión de la plurinacionalidad se plantea al menos en dos ámbitos bien distintos: las lealtades múltiples, sobre todo entre las segundas generaciones de inmigrantes, y la superposición de identidades nacionales y supranacionales, especialmente en los jóvenes de las naciones avanzadas.

Ya Merton (1982) en su texto clásico sobre los tipos de ambivalencia sociológica señalaba que el conflicto cultural que viven las segundas generaciones de inmigrantes sería una de las fuentes de ambivalencia social en el futuro. Las investigaciones más recientes de la psicología social sobre las identidades sociales de los inmigrantes han puesto de relieve la tensión que se puede producir entre la identidad adscriptiva, la de origen, y la nueva identidad, fruto de la socialización en los valores de la sociedad de destino. Evidentemente, el grado de asimilación de la *minoría en la sociedad receptora va a influir en el nivel de tensión que se puede producir entre las identidades. Lo mismo que la magnitud de las *diferencias culturales entre la sociedad emisora y la receptora.

Pasando al segundo aspecto, la convivencia de la identidad nacional, la supranacional y, en particular, cosmopolita, la primera cuestión a dilucidar es qué entendemos por cosmopolitismo. Tomlison (2001) entiende el cosmopolitismo ético como una conciencia de responsabilidad *global que se corresponde con el universalismo kantiano y que da lugar a una identidad social posnacional basada en una comunidad global imaginada. Ha habido varias propuestas en la tradición liberal de Kant, como la solidaridad a escala mundial en la versión de Habermas.

También, en otra línea, tenemos los argumentos de la democracia global de Held o Falk. En general, la cuestión más debatida es la compatibilidad entre el cosmopolitismo universalista y el *comunitarismo, aunque posturas como el pacifismo débil de Zolo también son críticas con un cosmopolitismo ingenuo.

El debate normativo se centra en la cuestión de si la *ciudadanía nacional, tal como es conformada por el Estado-nación, puede ser complementada o sustituida por una ciudadanía global o mundial con lo que conlleva:

derechos, deberes, identidad, etc. Como señala Heater, el cosmopolitismo es una ética en parte falsa y en parte verdadera. Si desde el marxismo hasta el comunitarismo actual se ha negado por distintos motivos la existencia o la posibilidad de demarcar unos valores universales, no es menos cierto que desde el Derecho Natural a la Declaración Universal de los Derechos Humanos no faltan las instancias en las que se ha afirmado la presencia de una moralidad e identidad que trasciende las *fronteras culturales y nacionales. Históricamente, Haskell cifra el nacimiento de la "sensibilidad humanitaria", que se pondría de manifiesto en el movimiento anti-*esclavista de principios del s. XIX, en sus afinidades electivas con el espíritu del capitalismo. La forma de vida orientada hacia el mercado se extendió entre la burguesía afectando sus percepciones y estilo cognitivo. Además del *ethos* calculador, apuntado ya por Weber, desarrolló la tendencia a cumplir con compromisos y promesas, pero también a prestar atención a las consecuencias remotas de las acciones.

Desde el punto de vista no normativo, sino sociológico, el punto débil está en la identidad cosmopolita. Como señala Heater, la UE es el mejor ejemplo de cómo las identidades múltiples son posibles, siendo compatibles la identificación nacional y la universal. Sólo en caso de graves conflictos de intereses puede haber tensiones. El auténtico problema es la debilidad del cosmopolitismo frente a las identidades nacionales y subnacionales, porque el sentimiento se nutre de mitologías históricas, símbolos y rituales que sí se dan a nivel nacional y subnacional, pero no a escala mundial. Existen rituales internacionales o mundiales en el terreno de la cultura de masas como los Juegos Olímpicos. En la UE se han puesto en marcha varias iniciativas al respecto para alimentar esa identidad europea, desde la elección de la "Oda a la Alegría" de la novena sinfonía de Beethoven como himno europeo hasta festivales: Eurovisión o loterías trasnacionales. Pero como señala también Heater, ni la ONU, ni la UNESCO, ni tan siquiera la UE, han logrado el grado de lealtad cívica que generan el Estado-nación o los *nacionalismos *periféricos.

De Swaan (1995) va más allá. La existencia de rituales de identificación mundial no sería suficiente. Quizás el problema está en la forma en la que se construyen las identidades colectivas. De Swaan subraya que las identificaciones sociales son a la vez incluyentes y excluyentes. La identificación global, con la

humanidad en su conjunto, difiere de las restantes formas de identificación social en un aspecto decisivo: es totalmente incluyente, no se excluye a ningún ser humano. La dialéctica de inclusión y exclusión, la dinámica de la competencia, están ausentes de este sentido de la unidad global. Hay que imaginar otras amenazas que puedan movilizar los mecanismos de identificación: enemigos del espacio exterior, o un peligro que, aunque emane de la acción humana, afecta a la humanidad en su conjunto: desastre nuclear o catástrofe medioambiental (De Swaan, 1995: 6). En la medida en que el cosmopolitismo es totalmente incluyente y no hay un enemigo exterior, falta el segundo componente necesario para el sentimiento de identificación. Esto puede hacer que el cosmopolitismo nunca llegue a tener la intensidad de otras identidades colectivas como la nacional. El ideario y las prácticas de la sociedad civil global serían el único correlato empírico. Las *organizaciones humanitarias transnacionales encarnan el espíritu de un cosmopolitismo ético.

Las investigaciones sociológicas más recientes indican que los jóvenes de cualquier lugar del mundo, aunque se identifican con su país, como los mayores, están socializados en valores cosmopolitas que los hacen estar menos apegados a su entorno y más abiertos a la influencia exterior. Por lo tanto, en ellos se va a dar la connivencia de la identidad local-nacional y una identidad trasnacional. Norris (2000), a partir de los datos de las Encuestas Mundiales de 1990-91 y 1995-97 que le permiten agregar un total de 147.000 entrevistas de todo el mundo, concluyó que la proporción de cosmopolitas en los jóvenes y en los mayores es de 3 a 1: 21% en los nacidos entre 1965 y 1978, frente al 6% de los nacidos entre 1905 y el 14.

Numerosos estudios constatan el efecto negativo de la edad sobre la confianza internacional: los mayores siempre desconfían más de otros países que los jóvenes. Para unos investigadores se trata de un efecto de cohorte, de las distintas experiencias vividas en los años de formación de la personalidad según la edad de nacimiento: quienes por su edad han sufrido las guerras mundiales tienen una visión más negativa de la realidad internacional, y serán más desconfiados; por el contrario, quienes no la han experimentado serán menos desconfiados. Y esto es lo que explica las *diferencias por edad. Para otros investigadores es una cuestión relacionada con los estudios. Las generaciones jóvenes han tenido más acceso a los estudios, y cuanto más avanzados son éstos, mayor es la capacidad para entender a otros países y culturas. Finalmente, para otros investigadores la identidad cosmopolita está ligada al auge de nuevos valores "posmaterialistas": ¿quiénes son posmaterialistas?, los que anteponen valores como la realización personal al dinero, la libertad de expresión al orden público, el respeto del medio ambiente al crecimiento económico. Los posmaterialistas son un grupo en aumento en todas las sociedades del mundo. Sólo uno de cada tres encuestados de la última Encuesta Mundial de Valores, realizada entre 1999-2002 en 90 países aproximadamente de todo el mundo, es materialista. En los demás casos se comparte algún valor posmaterialista y un 11% es posmaterialista puro.

Conforme aumenta el nivel de bienestar y el nivel educativo de las sociedades, también se extienden los valores posmaterialistas. De ahí que la proporción de posmaterialistas aumente al 25% en los países más avanzados, pero también entre las elites de los países menos desarrollados y con otra cultura. Así, por ejemplo, representan el 36% de los universitarios turcos o el 26% de los marroquíes (Inglehart, 1998: 384). Los posmaterialistas están más abiertos a la influencia exterior porque son más cosmopolitas y se sienten menos orgullosos de su nacionalidad. Consecuentemente, las personas con valores posmaterialistas son quienes menos se identifican con su propia nación.

Bibliografía

ANDERSON, B. (1998): *Comunidades imaginadas*. México: FCE.

HECHTER, M. (1987): *Principles of Group Solidarity*. Berkeley: University of California Press.

INGLEHART, R. (1998): *Modernización y postmodernización: cambio cultural, económico y político*. Madrid: CIS.

MERTON, R. K. (1982): *Ambivalencia sociológica*. Madrid: Espasa.

NORRIS, P. (2000): *Global Governance and cosmopolitan citizens*. Cambridge: JFK School of Government, Harvard University. Documento de trabajo.

SWAAN, A. de (1995): "Widening circles of identification: emotional concerns in sociogenetic perspective". *Theory, Culture & Society*, 12 (1): 25-39.

TOMLISON, J. (2001): *Globalización y cultura*. México: Oxford University Press.

Javier Noya

Véanse además Centro-periferia, CIUDADANÍA, Ciudadano, Comunitarismo, CULTURA, Diferencias naturales y diferencias sociales, Diferencias sociales y diferencias culturales, DISCRIMINACIÓN Y EXCLUSIÓN SOCIAL, ELITES, Esclavitud, ESTADO-NACIÓN, Extranjero, Fronteras políticas y religiosas, Fronteras simbólicas, Global y local, IDENTIDAD, MINORÍAS, Nacionalidad, Nacionalismo, NUEVOS MOVIMIENTOS SOCIALES, SABER Y SABERES.

Poscolonialismo

Pasadas algunas décadas desde el final del *colonialismo, las reflexiones producidas sobre ese pasado y sus implicaciones materiales y culturales en el tiempo presente se agrupan en un dominio de investigación designado estudios poscoloniales. La definición de este campo de estudio se ve dificultada por las complejidades y especificidades del fenómeno histórico sobre el que pretende reflexionar, debido a las diferentes procedencias disciplinarias de los investigadores —antropología, sociología, historia y estudios literarios—, a las interacciones con otros dominios marcados por la interdisciplinaridad —estudios de género, de lo subalterno, *whiteness studies*, entre otras líneas— y a la consiguiente diversidad de metodologías y orientaciones teóricas adoptadas.

El impulso más importante para la constitución de los estudios poscoloniales vino de los departamentos de literatura en los años ochenta. En estos departamentos ya existía un dominio de investigación, los estudios culturales, que defendía las ventajas de la interdisciplinaridad y abordaba las distinciones clásicas entre *centros y periferias, observando en éstas intenciones políticas. La importancia creciente de los fenómenos *migratorios les proporcionó un nuevo objeto de estudio, el *multiculturalismo y las comunidades multiétnicas, que requería nuevas aproximaciones sobre la *identidad cultural y la *alteridad (Sanches, 1999). Por otra parte, el proyecto de un grupo de historiadores indúes, conocido como *Subaltern Studies Group*, de repensar la historiografía de su país desde un punto de vista exento de la retórica colonial, también se considera una contribución importante a la emergencia de los estudios poscoloniales. En los intelectuales y activistas de la resistencia al colonialismo —como

Frantz Fanon; Amílcar Cabral; Aimé Césaire, nacido en 1913; Léopold Senghor, 1906-2001; Raja Rao, 1908-2006; o Ngugi wa Thiong'o, nacido en 1938–, los estudios poscoloniales encontraron antepasados y construyeron una genealogía de su disciplina (Ashcroft *et al.*, 1995; Loomba, 1998). En las últimas décadas ha venido aumentando la influencia de los estudios poscoloniales en las ciencias sociales y humanas. Presentan como principales líneas teóricas la crítica al *eurocentrismo de la disciplina histórica, la urgencia de la reescritura de la historia desde los márgenes, según la perspectiva de los *excluidos y de los resistentes al colonialismo, o la problematización de los modos esencialistas de entender las identidades.

Orientalism (1978) de Edward W. Said (1935-2003) se considera la obra inspiradora de los estudios poscoloniales. Para Said, Oriente es una invención literaria de Occidente. Partiendo del análisis de un *corpus* amplio y diversificado de textos –políticos, literarios, científicos, periodísticos–, pretende demostrar que existen visiones convencionales de las sociedades "de Oriente" profundamente imbricadas en la literatura y *cultura europeas. La diseminación de estas representaciones *estereotipadas resultó importante también para la afirmación de la superioridad moral de Occidente (Said, 1978).

En Occidente halló Edward Said –palestino, educado en El Cairo y establecido en Estados Unidos– las herramientas teóricas para formular esta crítica. Su pensamiento es deudor de las reflexiones teóricas de Michel Foucault –poder/conocimiento– y de Antonio Gramsci –dominación–. Recurrieron también al pensamiento occidental algunos de los principales representantes de la teoría poscolonial, particularmente a los posestructuralistas franceses: Gayatri Chakravorty Spivak encuentra inspiración en Jacques Derrida –pero también en Karl Marx–, y Homi Bhabha (1994) se nutre de Jacques Lacan.

La influencia de *Orientalism* fue profunda en el medio académico y anticipa la reaproximación al colonialismo desde el punto de vista del colonizado que propondrán los estudios poscoloniales. A inicios de la década de 1980, el repudio de las grandes narraciones y de la historiografía eurocéntrica por los estudios poscoloniales dominó la producción del *Subaltern Studies Group* (Guha, 1982). Al tiempo que critican la historiografía *nacionalista, por entender que ésta reproducía modelos y epistemologías del colonizador y desdeñaba otras subjetividades, varios historiadores hindúes –Gyan Prakash, Gayatri Chakravorty Spivak, Ranajit Guha, Dipesh Chakrabarty y Partha Chatterjee– se proponen escribir la historia de aquellos que tuvieron un papel importante en la resistencia a los regímenes coloniales. Hay que destacar en la literatura de los estudios poscoloniales la pretensión de "dar voz" al "subalterno" (Spivak, 1988). Este proyecto de dar relevancia a voces y subjetividades, anteriormente marginadas por el colonialismo y la historiografía occidentales, es tributario de la *history from below* practicada por historiadores marxistas británicos en la década de 1960, así como de un movimiento más amplio de renovación y extensión de los intereses de la investigación académica, que pasa a contemplar el estudio de mujeres, *minorías *étnicas, homosexuales.

El campo de los estudios poscoloniales ha recibido críticas. Una de ellas, indicada por algunos autores (Thomas, 1994; Cooper, 2005), llama la atención sobre la excesiva importancia que los teóricos poscoloniales conceden a los artefactos textuales del colonialismo –claro ejemplo de ello sería la cuestión de la representación de la alteridad– en detrimento del análisis de la experiencia histórica del colonialismo y de su legado material.

Bibliografia

ASHCROFT, Bill; GRIFFITHS, Gareth; TIFFIN, Helen (orgs.) (1995): *The Post-Colonial Studies Reader*. London, New York: Routledge.

BHABHA, Homi (1994): *The Location of Culture*, London: Routledge.

COOPER, Frederick (2005): *Colonialism in Question: Theory, Knowledge, History*. Berkeley: University of California Press.

GUHA, Ranajit (org.) (1982): *Subaltern Studies I. Writings on South Asia History and Society*. Delhi: Oxford University Press.

LOOMBA, Ania (1998): *Colonialism/Postcolonialism*. London, New York: Routledge.

SAID, Edward (1990): *Orientalismo*. Madrid: Libertarias.

SANCHES, Manuela Ribeiro (1999): "Nas margens: os estudos culturais e o assalto às fronteiras académicas e disciplinares". *Etnográfica*, III, 1: 193-210.

SPIVAK, Gayatri (1988): "Can the Subaltern Speak?", en C. Nelson y Lawrence Grossberg (orgs.), *Marxism and the Interpretation of Culture*. Urbana: University of Illinois Press, 271-313.

THOMAS, Nicholas (1994): *Colonialism's Culture: Anthropology, Travel and Government*. Cambridge: Polity Press.

Jorge Freitas Branco
Leonor Pires Martins

Véanse además ALTERIDAD, Centro-periferia, COLONIALISMO Y ANTICOLONIALISMO, COMUNICACIÓN, CULTURA, DISCRIMINACIÓN Y EXCLUSIÓN SOCIAL, Elites cosmopolitas, Etnicidad, Etnocentrismo y relativismo cultural, Fronteras políticas y religiosas, GLOBALIZACIÓN, Globalización y antiglobalización, HIBRIDACIÓN, IDENTIDAD, MIGRACIONES, MINORÍAS, MOVILIDAD, MULTICULTURALISMO, Multiculturalismo en los estudios culturales, Nacionalidad, Nacionalismo, NUEVOS MOVIMIENTOS SOCIALES, POSMODERNIDAD, SABER Y SABERES, Sujeto intercultural.

Posmodernidad

Las polémicas de la posmodernidad

Cuando algunos hablan del final de la posmodernidad y otros más apresurados llegan a organizar congresos y publicaciones con el sonoro título de "Y después de la posmodernidad, ¿qué?", se puede pensar que estamos en condiciones de dar una definición que zanje las discusiones sobre el concepto de posmodernidad y nos permita utilizarlo sin tener que cuestionarlo constantemente. Pero me temo que ni quienes tienen prisa por enterrarlo, quizá por ser mensajero del desmoronamiento de nuestros supuestos y sueños, ni quienes han querido afeitar sus armas hablando de cosas como "modernidad tardía", ni incluso quienes lo han desechado negando la mayor –negando que hayamos sido modernos–, han conseguido otra cosa que avivar y prolongar un debate que todavía continúa y aún ha de continuar, ya que en gran medida estamos ante un concepto que prescribe tanto como describe. Por su contenido y por su uso, el término "posmodernidad" sigue participando performativamente en la configuración de una forma de mirar y ordenar la realidad social contemporánea, sin que por ello deje de pretender dar testimonio de una determinada situación histórica y de introducir claridad en los análisis de nuestro complejo mundo.

En el propio seno de la posmodernidad encontramos tres cuestiones iniciales: sobre el origen del término, sobre la periodización de un tiempo que cuestiona la historicidad y sobre su relación con otros post-. Es en la periferia, y curiosamente en el mundo hispanoamericano, donde aparece por primera vez el término, dando prueba ya de que las cuestiones a las que alude no son de incumbencia exclusiva de las metrópolis más avanzadas, pues, entre otras cosas, viene a cuestionar la uniformización, el universalismo y el *colonialismo inserto en la idea de modernidad. El desarrollo y extensión posterior del término va ligado, como no podía ser de otra manera, a los hechos y momentos interpretados como fin de una era o incluso de una civilización, sea el lanzamiento de la bomba atómica, las revueltas político-sociales de finales de los sesenta, los procesos descolonizadores, el antimodernismo arquitectónico, etc. Se enlaza así con la segunda polémica que, a pesar de ser más virulenta especialmente en el materialismo histórico, ha terminado fraguando un relativo consenso: el proceso que lleva a la posmodernidad, esto es, la *posmodernización*, habría arrancado con el final de la Segunda Guerra Mundial y habría empezado a cobrar cuerpo y extensión en la primera mitad de los años setenta. Para el caso es igual que ese comienzo de la posmodernidad se ligue a la crisis económica y bursátil que acompañó al arranque del posfordismo, a la resaca de los movimientos contestatarios de finales de los sesenta, a la consolidación de la sociedad de consumo y la posterior debacle del modelo comunista o a la trasformación de los medios de producción que trajo la revolución tecnológica en la información y en la biología.

Con respecto a la tercera polémica, ha de reconocerse que los diferentes *pos* –posestructuralismo, *posmodernismo*, poscolonialismo, poshumanismo, etc.– nombran y resaltan los temas o entidades que se dislocan en los diferentes ámbitos en que cada uno de ellos se forja –en la filosofía, el arte, la ordenación político-social, la teoría social, etc.–. Pero si algo nos han enseñado estos más de treinta años en los que la posmodernidad se ha ido haciendo tendencialmente hegemónica es que todos esos términos apuntan a una profunda transformación general, todavía en curso, sin dejar de especificar las distintas intensidades, ritmos y características que ésta adopta en cada ámbito. Por ello se hace conveniente usar un término común, como *posmodernidad*, que aglutine estos momentos e ingredientes, dando nombre a esa transformación que ha venido a dislocar los mecanismos, las dinámicas y los supuestos que hacían posible la forma de ordenación sociohistórica llamada modernidad y señalando otra ordenación distinta y emergente, pero en continuidad con ella.

De este modo las rupturas y los dislocues que nombran aquellos términos más específicos se recogen y aglutinan en el concepto de posmodernidad de forma flexible y abierta, sin ocultarlos ni amalgamarlos confusamente. Así le ocurriría al cuestionamiento de la dicotomía copia-original, al desdibujamiento del sujeto o a la confrontación con la lógica de la identidad que el posestructuralismo señala; así también a una estética alejada del elitismo, de la enfermiza necesidad vanguardista de innovar y de ser original, que el posmodernismo nombra; así al rechazo del evolucionismo lineal inserto en las idea de modernización y al cuestionamiento de la lógica geopolítica dicotómica –*centro-periferia– que el poscolonialismo alimenta, etc. Sin embargo, aquí tenemos que centrarnos en aquellas rupturas y dislocues que resulten más generales o significativos. Pero además, si no queremos caer en la injusticia que supone reducir la posmodernidad a un fenómeno localista –euroamericano– o meramente reaccionario –limitado a la celebración de la fragmentación y al relativismo o al regusto del lamento por las múltiples pérdidas–, debemos ocuparnos también de las tendencias, dinámicas y referencias que emergen de su incansable energía transformadora y que le ayudan a ir haciendo de nuestro presente un espacio-tiempo lleno de posibilidades y capacidades, aunque no exento de peligros y contradicciones.

Rupturas y dislocues

Si hay algo consensuado respecto a la posmodernidad es que ha puesto fin a la modernidad como formación histórica específica, imaginario concreto y dinámica dominante del *desarrollo, o que al menos así lo narra. Apreciar esta profunda transformación requiere algo más que contemplar los cambios que se están viviendo en cada ámbito de la realidad social, ya sea el desbordamiento por abajo –la politización de las relaciones de pareja, por ejemplo– y por arriba –caso de los diversos transnacionalismos– de la contención moderna de la política en el gobierno estatal; el giro lingüístico y el constructivismo –social– en epistemología; el desplazamiento del valor-de-cambio por el valor-de-signo o el despliegue del posfordismo, la *globalización y el capitalismo financiero en economía; la revolución tecnocientífica que alimenta a la *sociedad del conocimiento; o ya sean las dinámicas global-local, turismo-*patrimonio, por ejemplo, y de hibridación que vienen removiendo a las distintas culturas, etc. Requiere atender aquellos elementos o supuestos que, tomados como sólidos o incuestionables, sostenían las instancias y dinámicas propiamente modernas y cómo se han tornado problemáticos, fragmentarios, descentrados, etc., sin importarnos demasiado si han muerto, desaparecido o aún perviven.

Un eje claramente constitutivo de la modernidad –aunque por ello mismo constituido en y por ella– ha sido la noción de *sujeto autónomo*, esto es, de actor o agente de la historia, hablante del discurso, responsable de la acción, etc. A este respecto es indiferente que se le haya concebido como individuo, actor racional, clase social o Estado-nación. En sus diversas formas, individuales o colectivas, ese sujeto moderno ha ido viendo cómo su solidez y autonomía, que le habían permitido ser eje y motor de los continuos cambios modernos, se iban mutando en una atomización que le descentra y le resta capacidades. A ello contribuían diversos procesos que van desde el desmoronamiento de la estabilidad de la familia nuclear a la quiebra del tratado de Westfalia –manifiesta en las intervenciones "humanitarias", de Bosnia a Irak–, pasando por las críticas feministas y poscoloniales a ese supuesto isomorfismo de los sujetos que no era sino una extrapolación de la posición del varón, blanco, propietario y *paterfamilias*. En este sentido, el vigente proceso de individualización, que aisla y des-capacita a las personas concretas, viene a ser, como los nacionalismos en su histérica reacción ante la pérdida de autocracia, una prolongación tozuda y esperpéntica de las formas modernas. La idea de autor, el modelo burgués o el ideal del humanismo son otros ingredientes básicos de la modernidad que se han visto seriamente afectados por esta quiebra.

El *imaginario moderno*, con el que la modernidad justifica su propia dinámica, su trama cultural y cognitiva, su formación histórica, en definitiva, ha visto desmoronarse sus dos pilares principales. Por un lado, la *representación*, la univocidad de los signos, la legibilidad del mundo, han dejado de darse como supuesto que ha de ser esclarecido –"¿cómo es posible la representación?", ha sido la pregunta moderna por antonomasia–

para hacerse ellas mismas dudosas y problemáticas al aparecer como parte y efecto de una interacción histórica y mutuamente constitutiva de lo dicho, del decir y de quien lo dice. Por otro lado, la suposición de una *razón universal*, inserta e inscrita en el mundo y que podría ser descifrada mediante el riguroso razonamiento científico, se terminó encontrando con que es racionalmente imposible –según el teorema de Goëdel–, con que, reducida a razón instrumental, había sido motor del Holocausto y prueba de la dialéctica perversa de la Ilustración –Escuela de Frankfurt– y con que los "buenos" la habían celebrado lanzándola sobre Hiroshima. Poco más tuvieron que hacer los estudios sociohistóricos de la ciencia para mostrar el espejismo de la razón universal y la enorme cantidad de trabajo social, material e intelectual que requiere la más mínima generalización. Con estos dos pilares se han derrumbado también la noción sólida y referencial de la realidad, la oposición entre esencia y apariencia, la dicotomía público-privado o la separación tajante entre ciencia e ideología. A todo ello ha coadyuvado la omnipresencia de los mundos mediáticos o virtuales.

En la modernidad, el carácter promisorio del futuro ha sido un donador de sentido, un mecanismo de legitimación y una máquina de ordenar los acontecimientos. Por ello, aunque también constituye un pilar del imaginario moderno, el *buen futuro* ha tenido un papel fundamental en las dinámicas más específicamente modernas. Como *utopía* que sitúa la sociedad ideal más adelante en el tiempo, como innovación que otorga valor o como idea de *progreso* continuo, el futuro ha legitimado toda una serie de prácticas típicamente modernas –de la industria al arte, pasando por la ciencia–, a la vez que ha constituido un punto de referencia para la ordenación –histórica y evolutiva– de los acontecimientos. Sin embargo, el futuro ha terminado dejando de ser aval de mejora y orientación en todos los ámbitos: en la estética son muchos los movimientos y momentos –desde el arte *povera* de los sesenta al rock de garaje de los noventa– que han venido a expresar el final de la identificación entre innovación y belleza, entre vanguardismo y arte; en el campo de la teoría, la construcción racional de una sociedad ideal se ha atragantado con el totalitarismo que incubaba, hecho explícito en los fangos del Gulag o en la crisis ecológica; en la práctica política los *nuevos movimientos sociales, surgidos tras las muchas crisis y derrotas de los años setenta, se refieren más a la resistencia, a la pervivencia y a los orígenes que al avance o a la utopía, por no hablar de unas guerras que no se declaran y permanecen a distintas escalas materiales o mediáticas. Más aún, con ese descentramiento del futuro se ha ido esfumando la posibilidad de que la historia, el paso de unas generaciones y acontecimientos a otros, tuviera alguna finalidad o sentido. Con ello también se ha hecho saltar por los aires la *dinámica rupturista* o revolucionaria, principal forma de desarrollo de la modernidad, que consistía en desechar las rigideces del pasado, desvaneciendo su solidez en el aire del futuro y empeñándose en construir nuevos fundamentos sólidos, que posteriormente serían derribados. El agotamiento de las energías revolucionarias y la irrupción de las nuevas tecnologías, que instauran una multiplicidad de distintos presentes y ayudan a ver en éstos la presencia del pasado y del futuro, contribuyen a la quiebra de aquella tensión dinamizadora y de la experiencia moderna de conjugar el deseo de cambio con el miedo a la desorientación.

Emergencias y tendencias

A pesar de tantas quiebras y disloques, la parálisis sólo se produce en quienes son incapaces de caminar sin imágenes estables o se guían por esa divinidad que es el balance-contable. Para los demás se abren vías y posibilidades.

El final del sujeto no implica el final de las subjetividades, de la responsabilidad o de la acción social. Lo que ocurre es que, como claman y reclaman los movimientos sociales subalternos, más que de sujeto, como propiedad natural o esencial, ha de hablarse de *posición-sujeto*, como posición que se logra y ha de mantenerse en medio de antagonismos diversos. En este sentido la tematización que se ha hecho de las *identidades* expresa la forma fragmentada, abierta, inestable y contestada en que hoy se van constituyendo las diversas identidades, personales –subjetividades– o colectivas, y sus distintos accesos a las posiciones-sujeto. La teoría social se ha visto obligada así a hablar de *agencia* más que de acción o actor, pues para alcanzar y mantener esas posiciones-sujeto no sólo se requiere el concurso de individuos, colectividades y relaciones sociales, sino también el de objetos, instrumentos, mediaciones o animales que hacen posible y estabilizan la capacidad de intervención.

Por ello, y dada la colonización tecnológica de emociones, imaginarios y cuerpos, se ha hablado del *cyborg* como forma emergente de la agencia social.

La ruptura del espejo mentalista del representacionismo pone fin al reinado absoluto de la conciencia y, unida a la reflexividad del conocimiento, hace que nuestro imaginario tenga que admitir la interpenetración mutuamente constitutiva entre los diversos integrantes del proceso cognitivo. Con ello se ha ido imponiendo que todo *conocimiento es situado* y parcial. Ello no impide que se pueda argumentar, especialmente en el ámbito científico, que hay perspectivas privilegiadas, aunque ese privilegio pueda tener fecha de caducidad y se sustente sobre razones que, además de empíricas y teoréticas, son políticas. No olvidemos que en los procesos cognitivos, además del conocimiento, lo conocido y el conocedor también quedan material y simbólicamente conformados como tales, de modo que esos procesos se integran en los mecanismos constitutivos y de control de lo existente. Por ello se habla de *articulación*, más que de representación.

La incorporación del futuro y del pasado en un presente continuo, así como el descentramiento de la temporalidad lineal del progresismo y del evolucionismo, son parte y efecto del cruce y de la coexistencia de múltiples temporalidades –cíclicas, lineales, glaciares, instantáneas– y de la ruptura de diferentes fronteras que traen los flujos migratorios, financieros, informacionales, etc. Todo ello se une al imparable desmoronamiento o *implosión de dicotomías* diversas –sujeto-objeto, original-copia, naturaleza-cultura, masculino-femenino, culto-popular– para mostrarnos que las cosas van tendiendo a caracterizarse por su *fluidez*, esto es, por su inestable multiplicidad, su mutua constitución relacional, su naturaleza mestiza o híbrida y la porosidad de sus límites. De este modo la dinámica rupturista queda desplazada por una compleja interrelación entre los distintos presentes posibles.

Independientemente de que se esté de acuerdo o no con algunas de las rupturas o emergencias mencionadas y de que nos guste o no lo que ellas apuntan, todos nos encontramos inmersos de alguna manera en esta profunda transformación social, cultural, política, económica y personal a la que da nombre la posmodernidad.

Bibliografía

ANDERSON, P. (2000): *Los orígenes de la posmodernidad*. Barcelona: Anagrama.

GARCÍA CANCLINI, Néstor (2001): *Culturas híbridas*. Buenos Aires: Paidós.

GARCÍA SELGAS, Fernando; MONLEÓN, J. (eds.) (1999): *Retos de la postmodernidad*. Madrid: Trotta.

HARAWAY, D. (1995): *Ciencia, cyborgs y mujeres*. Valencia: Cátedra.

HARVEY, D. (1998): *La condición de la postmodernidad*. Buenos Aires: Amorrortu.

JAMESON, F. (1996): *Teoría de la postmodernidad*. Madrid: Trotta.

— (2002): *El giro cultural*. Buenos Aires: Manantial.

LYON, D. (1996): *Postmodernidad*. Madrid: Alianza.

Fernando J. García Selgas

Véanse además ALTERIDAD, Centro-periferia, COLONIALISMO Y ANTICOLONIALISMO, DESARROLLO, DIFERENCIA Y DESIGUALDAD, Elites cosmopolitas, Espacio red, ESPACIO-TIEMPO, Espacios locales, Fronteras políticas y religiosas, Global y local, GLOBALIZACIÓN, HIBRIDACIÓN, IDENTIDAD, Lugar y no-lugar, Modernidad, Modernización, MULTICULTURALISMO, Multiculturalismo en los estudios culturales, Nomadismo y turismo NUEVOS MOVIMIENTOS SOCIALES, Multilocal, PATRIMONIO, Pluralismo sincrónico, Poscolonialismo, SABER Y SABERES, Sociedad de la información y del conocimiento, TRABAJO.

R

Racismo y neorracismo

El racismo, en sentido estricto, es una doctrina de raíz biológica que, tal como certeramente señaló Lévi-Strauss (1990: 206), se deja resumir en cuatro puntos: "Uno: existe una correlación entre el patrimonio genético, de un lado, las aptitudes intelectuales y las disposiciones morales, de otro. Dos: ese patrimonio genético, del que dependen esas aptitudes y disposiciones, es común a todos los miembros de ciertos agrupamientos humanos. Tres: esos agrupamientos, llamados 'razas', pueden ser jerarquizados en función de la calidad de su patrimonio genético. Cuatro: esas *diferencias autorizan a las 'razas' llamadas superiores a dominar, *explotar a las otras y eventualmente a *destruirlas."

Esta definición, que recorta con aristas muy precisas el fenómeno del racismo diferenciándolo de otros fenómenos de *exclusión con los que habitualmente suele confundirse —el *etnocentrismo, la *xenofobia—, entraña ciertos riesgos. En primer término, vincula en exceso el racismo con su formulación seudocientífica, cuando, como sabemos, se trata de un fenómeno trágicamente presente en la escena de las relaciones *interculturales. El racismo existió *antes* de que la noción de raza fuese empleada por los científicos para fragmentar y jerarquizar la especie humana y existe, como veremos, aún hoy, *después* de que ese término haya sido desprestigiado y borrado del vocabulario científico. Hay —o al menos ha habido— un racismo científico —un racialismo—, desde luego, pero también un racismo popular que no

es la simple expresión de un programa práctico dictado por eruditos. En segundo lugar, la definición es problemática porque restringe notablemente el grupo de doctrinas y de fenómenos que pueden ser calificados de racistas, dejando fuera de la categoría algunos otros con los que el *definiendum* guarda un evidente aire de familia. Esto es lo que ha llevado a Pierre-André Taguieff, autor del estudio sobre el racismo más citado de los últimos lustros, a calificar definiciones como la de Lévi-Strauss de instancias de la "teoría *modernitaria ultrarrestringida del racismo". Existe un racismo biológico, cierto, y éste puede ser tomado como paradigma —cabe considerarlo el racismo *stricto sensu*—, pero también existió un racismo de raíz religiosa, aunque con un componente biológico asociado fundamental —un protorracismo—, como asimismo constatamos un racismo *étnico-*cultural —el neorracismo—, que es el disfraz que ha adoptado el racismo en la etapa de la *globalización.

Con anterioridad al siglo XIX, el del auge de las teorías racialistas, se dieron ya ciertos fenomenos ideológicos y sociopolíticos que involucraban una "noción genealógica y precientífica de raza, entendida como 'linaje' o 'descendencia' (Aranzadi, 2001: 194)". La noción de "pureza de sangre" contenida en la mitología cristiano-vieja española, que *diferenciaba la calidad de ciertos grupos humanos en virtud de su origen genealógico, remite claramente a la noción de "raza" que comenzará a usarse desde el s. XVIII —Linneo en su *Systema Naturae*, Buffon en su *Discours sur les variétés de l'espèce humaine*— para clasificar variedades biofísicas de la especie humana y, durante todo el s. XIX, para jerarquizarlas en una gradación legitimadora de la dominación de unas por otras. Por otro lado, numerosos especialistas coinciden en que, desde mediados del siglo XX, la doctrina del racismo biológico ha experimentado una mutación: el nuevo racismo no postularía tanto la superioridad "natural" de unos grupos humanos con respecto a otros en virtud de su *diferente patrimonio genético —concepción aún vigente en el racismo popular—, cuanto por su diferente *patrimonio cultural, y ni siquiera proclama siempre una jerarquía moral como la nocividad de que las *fronteras culturales entre los grupos humanos desaparezcan. Las muchas expresiones con las que se nombra al neorracismo son: "racismo diferencialista", "racismo *identitario", "*fundamentalismo cultural", "*etnicismo", "racismo cultural" o, incluso en una antilogía sólo aparente, "racismo sin razas".

¿Qué tienen en común el "racismo" religioso, el racismo biológico y el "racismo" cultural? La *naturalización de lo social, una "metáfora biologizante" (Gallissot et al., 2000: 115) que convierte en absolutas las diferencias. En el plano de las ideas, en cualquier tipo de racismo podemos identificar los siguientes ingredientes:

El *comunitarismo esencialista es la creencia en la existencia de grupos fijos, inmutables —llámeseles linajes, razas o culturas—, dotados de una esencia indestructible o que debe ser salvaguardada. Grupos en los que el individuo desaparece y que determinan por completo su ser —Vacher de Lapouge: l'individu n'est rien; la race et la nation sont tout—. El individuo es un mero portador de los caracteres distintivos del grupo —sean éstos los del linaje, los de la raza o los de la cultura— y la simple pertenencia al grupo le adorna con todos ellos —*estereotipo.

La conciencia racial —Max Weber— o sentimiento de pertenencia a una "raza" —o a una "etnia", o a una "cultura"—: la conciencia de raza no es algo debido a diferencias hereditarias, sino a la creencia de los miembros de un grupo en que esas diferencias existen y obedecen a su "comunidad de origen". "La pertenencia racial, es decir, la posesión de disposiciones parecidas heredadas y transmisibles hereditariamente, realmente fundamentadas sobre la comunidad de origen..., sólo desemboca en una 'comunidad' cuando la misma es experimentada subjetivamente como una característica común" (Weber, citado por Wieviorka, 1992: 40).

El diferencialismo es la creencia en que la diferencia constituye un valor y la homogeneización una pérdida y, por tanto, en que los grupos tienen el derecho —cuando no el deber— de mantener esa diferencia. "Hay siempre así en el corazón del racismo un discurso que valoriza las diferencias, las jerarquiza, las absolutiza y las naturaliza" (Gallissot et al., 2000: 217).

En el plano de la acción social, las actitudes y comportamientos que animan este ideario van desde el prejuicio —la percepción del *otro se basa en el estereotipo y ninguna de las ideas que tenga un racista sobre las víctimas de su racismo es susceptible de modificación por su conocimiento—, hasta la mixofobia —el odio a la *mezcla: las diferencias entre esos grupos son insalvables y deben ser amparadas evitando a toda costa la mezcla— o la xenofobia —el odio al extraño, al que no pertenece al grupo—. Los comportamientos asociados a estas actitudes son la *segregación, la discriminación y la *violencia que, en el extremo, puede llegar al genocidio, a la aniquilación del grupo que se (pre)juzga prescindible.

Es cierto que el término "racismo" corresponde exactamente a las doctrinas y las ideologías que se derivaron de la aplicación del término "raza" al estudio de la diversidad humana —el racismo biológico: el racismo stricto sensu, decíamos—. Hubo un tiempo —todo el s. XIX y las primeras décadas del XX— en que el concepto se reificó y fue el principal objeto de análisis de muchas disciplinas —la "fuerza causal" de la raza—. Sólo después de que se desvaneciese la ilusión de la raza se utilizó esa noción para calificar los comportamientos —y las doctrinas— que la implicaban, denominándolos "racistas". Así parece que caemos en el anacronismo si hablamos de "racismo" religioso y de "racismo" cultural; parece que podemos sólo hablar de "racismo" mientras surge y perdura el mito de la raza en la comunidad científica. Pero aunque el concepto de raza no hubiese sido formulado aún o ya haya sido desterrado de los tratados científicos, los comportamientos y los fenómenos racistas existieron antes y perduran aún después.

Precisamente el racismo surgió como objeto de análisis para la ciencia social tan pronto como la noción de raza fue anulada, cuando se desveló su condición de "mito". En el momento en que se abandonó la idea de la superioridad biológica de unas razas sobre las otras se abordó el análisis de los conflictos entre grupos humanos que generaba esa idea —falsa—. Como hemos dicho, la raza fue una obsesión para los científicos naturales –biólogos, etólogos, antropólogos físicos, genetistas– y los científicos sociales –historiadores, antropólogos, etnólogos– durante todo el siglo XIX y las primeras décadas del XX. Ésa fue la etapa del auge del racialismo: la raza se tomó como el factor determinante de la historia y el racialismo se convirtió en la ideología legitimadora de la explotación, la segregación y el genocidio. Hacia la tercera década del pasado siglo, cuando Europa vió crecer el sentimiento antijudío que llegaría al paroxismo en el programa nazi de aniquilación sistemática, las ciencias sociales iniciaron claramente "el giro que condujo de la explicación por la raza hacia el análisis del racismo" (Wieviorka, 1992: 45). Tras la Segunda Guerra Mundial, al conocerse en detalle los horrores del nazismo, el nuevo objeto de análisis que interesará a los estudiosos de esas mismas disciplinas es el racismo en sus manifestaciones doctrinales y espontáneas: aun cuando no existan las razas, sí perviven el sentimiento de pertenencia, las doctrinas que lo avalan y todos los fenómenos de exclusión relacionados con él.

Desde que se constituyó en uno de los tópicos de las investigaciones sociales, el racismo ha sido abordado desde múltiples perspectivas, casi todas ellas parciales (Wieviorka, 1992: 1.ª parte):

Entre ellas sobresale la perspectiva de las *race relations,* o las relaciones interculturales que se producen entre los grupos, adoptada por el sociólogo norteamericano Robert E. Park –"The Basis of Race Prejudice", 1928– y sus discípulos, quienes analizan el fenómeno comparando el sistema de castas y el sistema meritocrático de las modernas sociedades industriales. Este tipo de explicación ha sido posteriormente adoptado y adaptado por autores como Étienne Balibar e Immanuel Wallerstein (1991).

También cabe mencionar la perspectiva del *prejuicio,* más decantada hacia una explicación de tipo psicológico del racismo. A esta línea se adscriben brillantes estudios como los dirigidos por Gunnar Myrdal –*An American Dilema. The Negro Problem and Modern Democracy,* 1944–, Theodor W. Adorno –*The Authoritarian Personality,* 1950–, Bruno Bettelheim y Morris Janowitz –*Social Change and Prejudice,* 1964– o el hermoso ensayo de Julia Kristeva –*Étrangers à nous-mêmes,* 1988–. Estos análisis pasan del examen de las relaciones intergrupales al del actor racista, su personalidad y sus prejuicios.

Y asimismo destaca la perspectiva de la *ideología.* Otro grupo de autores centraron su análisis del fenómeno considerando la entrada de doctrinas y opiniones racistas en el espacio político. Entre ellos cabe citar el estudio pionero de Hannah Arendt sobre las fuentes del totalitarismo –*The Origins of Totalitarianism,* 1951–, en el que indaga sobre los orígenes del racismo como ideología en tres de sus más ilustres cunas, Francia, Alemania e Inglaterra; los trabajos de Louis Dumont –*Homo hierarchicus,* 1967; *Essais sur l'individualisme,* 1983–, en los que utiliza su clarividente distinción entre holismo e individualismo para explicar la emergencia del racismo, y el análisis de Léon Poliakov sobre el antisemitismo –*Histoire de l'antisémitisme,* 1955 y ss.–, en que la noción de "ideología" es desplazada por la de "mito". Todos estos trabajos apuntan al racismo como construcción social imaginaria.

Junto a estas teorías del racismo, que eligen concentrarse en *uno* de los aspectos que lo constituyen, ha habido algún intento de dar con una explicación *global* del fenómeno. Y aquí nos encontramos con dos tipos de enfoques básicos:

Enfoques biológicos. Desde los años setenta se ha producido un *revival* del determinismo biológico del que se han alimentado algunas investigaciones que rastrean el origen del racismo en el orden biológico, investigaciones deudoras de luminarias como las de Konrad Lorenz en el campo de la etología –I. Eibl-Eibesfeldt– o Edward O. Wilson en el de la sociobiología –W. D. Hamilton, C. Vogel–. Desde esta perspectiva, las doctrinas y los comportamientos racistas se explicarían como manifestaciones de instintos básicos que la especie humana comparte con el resto de especies animales y que asegurarían su supervivencia: la agresividad y el imperativo *territorial.

Enfoques sociológicos. La obra monumental que dedicó Pierre-André Taguieff al tema –*La force du préjugé. Essai sur le racisme et ses doubles*, 1987– ofrece probablemente la visión panorámica más completa de las teorías sobre el racismo y de los diversos aspectos que confluyen en este fenómeno. Con carácter programático, Michel Wieviorka publicó en 1991 *L'espace du racisme*, donde hace, sucesivamente, un recuento de las teorías sociológicas del racismo desde Tocqueville y Weber hasta Poliakov, un análisis de las manifestaciones concretas del racismo y una tentativa de comprensión global del fenómeno, a la que aspira pero en la que confiesa seguir trabajando: "Todo se desarrolla como si el conjunto de las manifestaciones concretas del racismo dependiese de un mismo sistema del que, dada su complejidad, desconocemos todavía las claves" (Wieviorka, 1992: 175).

La explicación del racismo en sus diversas manifestaciones es tanto más urgente y necesaria cuanto que sigue siendo un fenómeno presente en las relaciones interculturales, y ello a pesar de la campaña de descrédito de las teorías racialistas emprendida tras la victoria sobre el nazismo y el descubrimiento de Auschwitz y auspiciada por instituciones internacionales como la UNESCO. El mismo empeño que habían puesto los especialistas de las más variadas disciplinas en construir el mito de la raza en el s. XIX fue el que se dedicó desde las mismas a cancelarlo tras el conocimiento de los horrores de la Shoah. Es a esta época a la que corresponden la Declaración Universal de los *Derechos Humanos, aprobada en la Asamblea General de la ONU el 10 de diciembre de 1948 –precedida en un año por el proyecto de Declaración del Bureau ejecutivo de la American Anthropological Association, un proyecto claramente inspirado por M. Herskovits–, y textos célebres de contenido antirracista como el famoso estudio de Adorno sobre la personalidad autoritaria y los *papers* de Leiris –"Race et civilisation", 1951– y Lévi-Strauss –"Race et histoire", 1952; "Race et culture", 1971– elaborados por encargo de la propia UNESCO. Lamentablemente, como recuerda Michel Crozier en el título de su célebre obra, "la sociedad no se cambia por decreto" y la difusión de esta vulgata antirracista sólo le ha restado plausibilidad al racialismo, que ha quedado marginado de la producción científica respetable, aunque todavía haya reductos y foros en los que sigue siendo mantenido y hasta investigado –¿como el creacionismo?

Por otro lado, son muchos los investigadores que vinculan esta campaña internacional de desprestigio del racialismo a la mutación que ha sufrido éste en las últimas décadas, el neorracismo. La mordaza impuesta a quienes apelaban a la jerarquía racial ha conducido a una eufemización del discurso racista, que no habla ya de "razas", sino de "etnias" –verdadero eufemismo, ya que este término involucra tanto factores físicos como culturales– (véase Stolcke, 1992) o de "culturas". Por añadidura, el nuevo discurso racista ha tomado prestada su retórica del discurso antirracista que restaba toda importancia determinante a

la raza para concedérsela a la cultura. Probablemente Franz Boas, que a partir de cierto momento se convirtió en uno de los apóstoles del antirracismo, nunca imaginó que con su crítica al formalismo clasificatorio de las teorías racialistas y al etnocentrismo de las reconstrucciones evolucionistas estaba dando argumentos nuevos a sus contrincantes. En su discusión del racialismo, Boas adoptó una perspectiva culturalista, pero al tratar a las razas como hasta entonces se había tratado a las culturas –la inestabilidad de los tipos físicos, ambientalismo– y a éstas como hasta entonces se había tratado a las primeras –culturalismo–, condujo por otro camino a la misma conclusión: que las diferencias entre los seres humanos –si no por raza, sí por cultura– son insalvables. De igual modo, el rechazo boasiano del etnocentrismo implícito en las reconstrucciones evolucionistas invocaba la igualdad de todas las culturas: el igual valor, la misma dignidad, el relativismo cultural y el derecho a la diferencia. También opuso al universalismo evolucionista un particularismo diferencialista y, en el extremo, potencialmente mixófobo (Valdés, 2006, caps. II y IV). Argumentos de este cariz fueron los que desplegó el boasiano confeso Claude Lévi-Strauss en 1971 en "Race et culture", su polémica conferencia escrita por encargo de la UNESCO –veinte años después de la políticamente correcta "Race et histoire"–, en la que venía a recomendar la evitación de la mezcla –indiscriminada, incontrolada– para conjurar el peligro de la homogeneización y preservar la riqueza de la diversidad cultural.

Tales son los argumentos de los que se ha apropiado el nuevo racismo diferencialista. Lo que se proclama no es ya el derecho a "dominar, explotar o destruir" a las otras razas por su inferioridad natural, sino el de todos los pueblos a la diferencia, a preservar su esencia étnico-cultural. Con razón ha podido decirse que "racismo y antirracismo se explican mutuamente, se responden y, sin querer, se mezclan" (San Román, 1996: 19). La nueva retórica, que constituye el racismo culto de los líderes de la "nueva derecha" europea, lo que hace es camuflar el horror del viejo racismo a la mezcla, al "caos racial" –la mixofobia–, convirtiéndolo en un "racismo clandestino" (Taguieff); de ahí la sólo aparente antilogía de la expresión "racismo sin razas" a que ya nos hemos referido. El efecto de todo ello es que el racismo popular, que no siempre se nutre de las ideologías, sigue alegando las diferencias de raza, de calidad del patrimonio genético, para justificar la segregación, la discriminación y la violencia con que obsequia a sus víctimas y, además, ha ganado un nuevo argumento, el argumento culturalista, mucho más difícil de erradicar. Éste es el racismo que impera en la etapa de la globalización, un racismo camuflado en un lenguaje culturalista, particularista y diferencialista y que acecha tanto a las nuevas como a las viejas víctimas.

En apretada síntesis, una vez superado el bipolarismo en el orden político mundial, la etapa actual se caracteriza por el carácter definitivamente transnacional del capital financiero y de las operaciones comerciales y bursátiles. La "ruptura de *fronteras" que exige la internacionalización de los procesos económicos se ha producido para todos los factores que intervienen salvo uno, la fuerza de *trabajo. Se han puesto las condiciones políticas, jurídicas y económicas para el intercambio fluido de capitales y mercancías, pero no ocurre así con la *circulación de personas, que sigue siendo severamente restringida por leyes *estatales y tratados internacionales. Ello no ha impedido el incremento acelerado del flujo *migratorio de los países desfavorecidos a los más prósperos –el efecto de "Tercer Mundo a domicilio" del que hablaba Todorov–. Por ende, la situación de crisis del sector asalariado en esos países, la espada de Damocles del desempleo, el notable retroceso de las conquistas laborales y del nivel de vida han perfilado un contexto especialmente propicio para el conflicto y la intolerancia, recrudeciendo las viejas figuras de la exclusión (Margulis, 1997: 7). En un panorama como éste los argumentos del nuevo –y del viejo– racismo encuentran un campo abonado en el que arraigan y crecen libremente. En las últimas décadas, además de en las tradicionales víctimas, la violencia racista ha venido a fijarse en la figura del inmigrante: aquel que –tanto en la retórica culta como en la popular– procede de lejanos países, que no "es" como "nosotros", no come lo que "nosotros", no viste como "nosotros", habla una lengua "extraña", pretende introducir entre nosotros "sus" costumbres y quitarnos "nuestro" trabajo. El racismo culto de los ideólogos de la nueva derecha toma al inmigrante como chivo expiatorio e, invocando el derecho de todas las culturas a diferenciarse, proclama la necesidad de expulsar a los *extranjeros –obviamente, no a todos; no a los ricos– para mantener sin mácula la "esencia *nacional". El racismo popular, sea o no sensible a las proclamas del culto, adopta, sobre todo en este contexto, la forma –no nueva, pero sí *revigorizada por el proceso globalizador– del "racismo de los pequeños blancos", un fenómeno ya estudiado por Tocqueville y Weber: el racismo protagonizado por las clases sociales en situación crítica que ven en los grupos en posiciones más próximas –en este caso los inmigrantes– el reflejo de su propio descenso social y a ellos transfieren su frustración y amenazan con su violencia. En palabras de A. Burgio, dicho racismo "opera una doble traducción de las jerarquías y de los conflictos sociales, *metaforizando* las primeras y *desplazando* los segundos" (Gallissot *et al.*, 2000: 211).

Bibliografía

ARANZADI, Juan (2001): *El escudo de Arquíloco. Sobre mesías, mártires y terroristas.* Vol. 1. Madrid: A. Machado.

BALIBAR, Étienne; WALLERSTEIN, Immanuel (1991): *Raza, nación y clase.* Madrid: IEPALA.

GALLISSOT, René; KILANI, Mondher; RIVERA, Annamaria (2000): *L'imbroglio ethnique en quatorze mots clés.* Paris: Payot.

LÉVI-STRAUSS, Claude; ÉRIBON, Didier (1990): *De cerca y de lejos.* Madrid: Alianza.

MARGULIS, Mario (1997): "Cultura y discriminación social en la época de la globalización". *Nueva Sociedad. Democracia y política en América Latina*, 152: 37-52.

SAN ROMÁN, Teresa (1996): *Los muros de la separación. Ensayo sobre alterofobia y filantropía.* Madrid: Tecnos-UAB.

STOLCKE, Verena (1992): "¿Es el sexo para el género como la raza para la etnicidad?". *Mientras Tanto*, 48: 87-111.

TAGUIEFF, Pierre-André (1988): *La force du préjugé. Essai sur le racisme et ses doubles.* Paris: La Découverte.

VALDÉS, María (2006): *El pensamiento antropológico de Franz Boas.* Barcelona: Servei de Publicacions de la UAB.

WIEVIORKA, Michel (1992): *El espacio del racismo.* Barcelona: Paidós.

María Valdés

Véanse además Acciones afirmativas, ALTERIDAD, *Apartheid,* Comunitarismo, Criollización, CULTURA, DERECHOS HUMANOS, DIFERENCIA Y DESIGUALDAD, Diferencias naturales y diferencias sociales, Diferencias sociales y diferencias culturales, Diferencias sociolingüísticas y des-

igualdad, DISCRIMINACIÓN Y EXCLU-
SIÓN SOCIAL, ESTADO-NACIÓN, ES-
TEREOTIPOS Y ESENCIALIZACIÓN,
Etnicidad, Etnocentrismo y relativismo cul-
tural, EXPLOTACIÓN SOCIAL, Extranje-
ro, FRONTERA, Fronteras económicas,
GENOCIDIO, GLOBALIZACIÓN, HI-
BRIDACIÓN, IDENTIDAD, INDIGE-
NISMO, Integración educativa, Intercultu-
ralidad, Mestizaje, MIGRACIONES, Migra-
ciones y racismo, MINORÍAS, Modernidad,
MOVILIDAD, MULTICULTURALIS-
MO, Nacionalismo, Naturalización, NUE-
VOS MOVIMIENTOS SOCIALES, PA-
TRIMONIO, Segregación, Sujeto inter-
cultural, TERRITORIOS, TRABAJO,
VIOLENCIA POLÍTICA, Violencia políti-
ca. Tipos, Xenofobia y xenofilia.

Relaciones y procesos informales

Las relaciones y procesos informales se
han abordado en antropología fundamentalmente desde dos perspectivas: la *económica
y la *política. El interés por los procesos y relaciones informales viene ligado en origen a
las teorías de la *modernización inspiradas
por la sociología de Weber –Economy and Society–, en las que la mayor "racionalización"
de los procesos y relaciones sociales aparecía
unida a una creciente institucionalización,
burocratización y "formalización" mediante
una regulación asumida crecientemente por
un *Estado-nación delimitado en su *territorio y *centralizado. Escritos como "Social
Change and Economic Modernization in
Two Indonesian Towns: A Case in Point" de
C. Geertz sobre la "economía de bazar" definen formas de producción y distribución
económicas que hoy en día probablemente
consideraríamos en gran medida "economía
informal" con el término de "sector tradicional" de una economía en vías de modernización. En la literatura de las actuales políticas
de *desarrollo se ha pasado a intentar valorar
y canalizar en términos positivos para el crecimiento económico estos procesos relacionales "tradicionales" que se definen ahora como
"capital social" (Portes, 1983).

También en el ámbito político los procesos
informales aparecen como formas que suplen
la deficiente –caso de Estados periféricos mediterráneos como Grecia, Italia, España y
Portugal– o bien incipiente –caso de las co-

munidades políticas tradicionales de las ex-
colonias– consolidación del Estado-nación
occidental prototípico. El patronazgo y el
caciquismo serán sus mayores exponentes y
atraerán el interés de los antropólogos como
Gellner, Pitt-Rivers y Wolf. Este enfoque
desde la teoría de la "modernización" viene
paradójicamente contrarrestado por otro que
ve a las "sociedades primitivas" muy organizadas –en lugar de desorganizadas– en términos de estructuras compuestas de grupos
corporativos, que actúan solidariamente de
forma bastante predeterminada y estable,
mientras serían precisamente las "sociedades
complejas" las que necesitarían una aproximación adicional a la realidad para entender
aspectos de la interacción social no ordenados
por la dinámica de interacción entre grupos
explícitamente instituidos (Banton, 1978;
Barnes, 1990).

A partir de ahí se elaborarán una serie de
herramientas metodológicas, en particular el
análisis de redes sociales, que se aplicarán al
estudio de los procesos políticos y económicos
tanto de las sociedades occidentales política y
económicamente hegemónicas como de las
sociedades de países menos poderosos. Las redes sociales han sido muy útiles en antropología política para mostrar las dinámicas de los
individuos y camarillas en sus estrategias para conseguir poder más allá de los grupos formales y sus dinámicas de interacción (Bailey,
1977). En antropología económica se han convertido en una herramienta muy útil para
abordar el ámbito de la economía informal, a
menudo incrustada –embedded– en relaciones
personales que no son de orden económico o
por lo menos que no se presentan explícitamente como orientadas hacia el beneficio material.

Todo el tema de las relaciones y procesos
informales gira en torno a la tensión entre la
regulación de los ámbitos de relación social
por parte del Estado y las modalidades de acción real de los sujetos antropológicos en su
búsqueda de acceder a recursos políticos y
económicos de diverso orden. En este sentido
las grandes divisiones conceptuales entre lo
público y lo privado, entre comunidad y sociedad o entre "estatus" y contrato, clásicas
del análisis social desde el siglo XIX subyacen a
la reflexión teórica de los últimos cincuenta
años. Sin embargo, quizá sean los conceptos
de "reciprocidad" e "incrustación" los que
han resultado más sugerentes para abordar
estas relaciones sociales menos institucionalizadas y/o reguladas, a pesar de su ambigüedad teórica. Malinowsski –Crimen y

costumbre en la sociedad salvaje–, Mauss –"Essai sur le don"– y Polanyi –"The economy as instituted process"– se ocuparon de ellos.

En muchos casos la distinción entre formal e informal en las prácticas es difícil de observar, creando una zona gris que se estructura simultáneamente a ambos lados de la línea de regulación y plantea preguntas fundamentales sobre las nuevas estructuras de poder, las formas de gobernabilidad y los ámbitos de legitimación (Duffield, 1998; Supiot, 2000). En el ámbito de la economía, determinados conceptos, como el de "capital social" (Coleman, 1988; Fine, 2001), tienden a "promocionar" a la categoría de cuasiformal prácticas económicas particularistas, no reguladas por la ley y basadas en la confianza mutua y en la responsabilidad moral que establecen lazos de sociabilidad previos a las transacciones (Granovetter, 1985). En el ámbito de la política, conceptos como el de "solidaridad" –por ejemplo, intergeneracional– o sobre todo de "sociedad civil", promovidos desde las instancias de gobierno de muchos Estados occidentales, amparan prácticas de protección ligadas a la existencia y al desarrollo de lazos personales también aquí sustentados en criterios morales antes que legales (Gotman, 2001; Pitrou, 2002).

Por tanto, cabe preguntarse si la distinción entre procesos formales e informales no cobra precisamente su pleno –quizá único– sentido de su estrecha articulación en la práctica. En efecto, esto produce un contexto de incertidumbre sobre los ámbitos de responsabilidad que atañen a las personas respecto a sus allegados en sus relaciones afectivas, a los *ciudadanos ante el Estado en sus derechos y deberes, a los empresarios frente a los trabajadores en sus esfuerzos y beneficios recíprocos. En definitiva, la tensión entre la especificidad central a los procesos informales y la abstracción necesaria a la formalización de reglas es quizá un aspecto ineludible de las organizaciones sociales, un aspecto que permite flexibilidad en la distribución de los recursos políticos y económicos y, por tanto, produce formas diversas de *diferenciación.

Bibliografía

BAILEY, F. G. (1977 [1969]): *Stratagems and Spoils. A Social Anthropology of Politics*. Oxford: Basil Blackwell.

BANTON, M. (ed.) (1978 [1966]): *The Social Anthropology of Complex Societies*. London: Tavistock.

BARNES, J. A. (1990 [1954]): "Class and Committees in a Norwegian Island Parish", en J. A. Barnes, *Selected Essays. Models and Interpretations*. Cambridge: Cambridge University Press.

COLEMAN, James S. (1988): "Social Capital in the Creation of Human Capital", *American Journal of Sociology*, 94: 95-120; Issue Supplement: Organization and Institutions: Sociological and Economic Approaches to the Analysis of Social Structure.

DUFFIELD, M. (1998): "Post-modern Conflict: Warlords, Post-adjustment States and Private Protection". *Civil Wars*, 1 (1): 65-102.

FINE, B. (2001): *Social Capital versus Social Theory*. London: Routledge.

GOTMAN, A. (2001): *Le sens de l'hospitalité. Essai sur les fondements sociaux de l'accueil de l'autre*. Paris: Presses Universitaires de France.

GRANOVETTER, Mark (1985): "Economic Action and Social Structure: The Problem of Embeddedness". *American Journal of Sociology* 91 (3): 481-510.

PITROU, A. (2002): "Conclusion: À la recherche des solidarités familiales. Concepts incertains et réalité mouvante", en D. Debordeaux, P. Strobel (eds.), *Les solidarités familiales en question. Entraide et transmission*. Paris: Droit et Société, Maison des Sciences de l'Homme.

PORTES, A. (1983): "The Informal Sector. Definition, Controversy, and Relations to National Development". *Cultures et Développement*, XV (2): 295-315.

SUPIOT, A. (2000): "The Dogmatic Foundations of the Market (Comments illustrated by some examples from labour law and social security law)". *Industrial Law Journal*, 29 (4): 321-45.

Susana Narotzky

Véanse además Centro-periferia, Ciudadano, Comunidad transnacional, DESARROLLO, DIFERENCIA Y DESIGUALDAD, Diferencias naturales y diferencias sociales, Esclavitud, ESTADO-NACIÓN, Migraciones. Redes sociales, Modernización, Relaciones y procesos informales económicos, Relaciones y procesos informales políticos, TERRITORIOS.

Relaciones y procesos informales económicos

En su estudio de la pobreza en Ghana, Keith Hart (1973) acuñó el término de "economía informal" que inmediatamente fue retomado por los economistas de diversas instituciones ocupadas en temas de *desarrollo. Estaba pensado para una conferencia sobre desempleo urbano en África (1971), en la que pretendía mostrar que los pobres de Accra, aunque carecieran de "*empleo" estable, estaban trabajando y, por tanto, no estaban desempleados. Tal como ha descrito este trabajo Hart en un escrito reciente, aún en prensa –"Bureaucratic form and the informal economy"–: "El mensaje principal de la comunicación (Hart, 1973: 4) era que los pobres de Accra no estaban "desempleados". Trabajaban, a menudo de forma eventual, a cambio de ingresos erráticos y generalmente bajos; pero trabajaban sin ninguna duda. Lo que distinguía estos ingresos del autoempleo del empleo asalariado era el grado de *racionalización* de las condiciones de trabajo. Siguiendo a Weber, argumenté que la capacidad de estabilizar la actividad económica gracias a una forma burocrática hacía más calculables y regulares los réditos tanto para los trabajadores como para sus jefes. A su vez, esa estabilidad estaba garantizada por las leyes del *Estado, que sólo alcanzaban hasta un límite en la economía de Ghana. Los ingresos 'formales' provenían de actividades económicas reguladas y los ingresos 'informales', tanto los legales como los ilegales, se situaban fuera del alcance de la regulación." El concepto ha sido muy utilizado tanto por antropólogos como por sociólogos y economistas para describir formas de relación económica no reguladas por el Estado. El ámbito de lo que abarca es muy amplio y refleja en negativo los distintos aspectos de la regulación: 1) actividades delictivas como el robo o el comercio de drogas, 2) actividades que se sitúan fuera del ámbito del mercado y del contrato sobre las que el Estado no se constituye garante de los acuerdos entre las partes como el caso de la economía doméstica y de la ayuda mutua y 3) actividades idénticas a las de la economía regulada pero que escapan a ésta sea por cuestiones fiscales o para evitar someterse a las garantías que para los contratos instituye el Estado, sin que medie contrato explícito entre empleador y empleado –como es la situación de la producción de mercancías en talleres no declarados o de servicios–. La literatura sobre economía informal ha intentado diferenciar estos distintos tipos de "informalidad", pero en la experiencia etnográfica a menudo aparecen articulados.

En efecto, actividades que en sí mismas no constituyen delito y forman parte de relaciones de tipo mercantil, que es el caso de los últimos niveles de las redes de subcontratación en industrias como el calzado, la confección o la construcción, adquieren un elemento delictivo al escapar al control del Estado en lo que respecta a su fiscalidad, pero también a la contratación laboral y a la normativa medioambiental. Además, las relaciones que sustentan el entramado productivo se basan en formas de obligación no contractual, y apelan a un orden moral y a un sentimiento afectivo de pertenencia a grupos preexistentes como pueden ser la familia, los amigos o la *localidad, insertándose en el ámbito de la ayuda mutua o de la reciprocidad generalizada. Ésta es la situación de las pequeñas empresas familiares, en las que la relación laboral se superpone a una serie de relaciones de alianza y de filiación, donde la responsabilidad aparece ligada a cuestiones como el *género y la *edad de un modo específico a cada entorno cultural, pero en general instituyendo la dependencia, la autoridad y la eficiencia sobre modalidades ajenas al contrato (Benton, 1990; Blim, 1990; Yanagisako, 2002). En el caso del trabajo a domicilio, la propia normativa del Estado definió históricamente el "trabajo" protegido como aquel que se realizaba por cuenta ajena y fuera del domicilio, y excluyó de su ámbito regulador el trabajo remunerado dentro del hogar, afectando así de forma particular a muchas tareas realizadas por las mujeres (Martínez Veiga, 1995). A pesar de que la legislación ha intentado posteriormente regular este ámbito laboral, las dificultades para aplicar la normativa la convierten con frecuencia en papel mojado. Para muchas mujeres el trabajo doméstico, que continúa siendo considerado como parte del ámbito privado de la reproducción de las familias y por tanto ajeno a la fiscalidad del Estado, se confunde en el tiempo con las actividades del trabajo a domicilio remunerado. Además, la carga de responsabilidad laboral y el cuidado filial se entrelazan ahí estrechamente, y los ingresos que produce se entienden como una ayuda marginal para la economía doméstica devaluando desde el punto de vista económico esta forma de trabajo (Benería y Roldán, 1987).

Si en un primer momento se entendieron estos fenómenos como parte del "atraso" económico, y por tanto condenados a desaparecer con el "desarrollo" siguiendo las teorías de la *modernización, a partir de los años ochenta se produce un giro en la evaluación de estos procesos informales. Si antes se consideraban un remedio coyuntural a la pobreza de los países del Tercer Mundo, ahora los procesos informales se van a situar en el centro de los sistemas capitalistas de acumulación flexible, según señala Portes.

Varias corrientes académicas en las ciencias sociales concurren en esta transformación. Quizá la más significativa en cuanto a su impacto en el ámbito de las políticas económicas internacionales –Banco Mundial– es la recuperación de dos conceptos provenientes de la antropología económica, uno, y de la socioantropología, otro. Son los conceptos de "incrustación" –*embeddedness*– y "capital social". El primero proviene de la obra de Polanyi y el segundo del trabajo de Bourdieu sobre el capital social; sin embargo, en ambos casos su celebridad va ligada a su re-interpretación por parte de una serie de sociólogos y politólogos de renombre como Coleman, Granovetter, Putnam, Piore y Sabel. En la obra de éstos, siguiendo una perspectiva transaccional de las relaciones sociales en las que éstas se reducen a elementos circunscritos que los actores sociales intercambian, se resalta la importancia de considerar el valor económico de otras relaciones sociales –parentesco, amistad, vecindad– que contribuyen a producir un contexto de confianza, siendo ésta un elemento esencial de la consolidación de los mercados. Lo que vemos aparecer en estas obras es un interés por resaltar los elementos no formales de constitución del espacio de intercambio, tanto para el trabajo como para otros factores de la producción y de la distribución; esto es lo que aquí se denomina "incrustación" de las relaciones económicas.

Estos elementos *no formales producen un desplazamiento del marco de la regulación, alejándolo de la garantía otorgada por el Estado en el derecho, y situándolo en el eje de las obligaciones morales, *culturalmente impuestas y socialmente sancionadas. Este mismo proceso produce una particularización en la medida en que la relación es siempre específica y singular, dificultándose su "ascenso a la generalidad" (Boltanski, 1990), y por tanto la conciencia de una posición estructural, o incluso de una posición de *ciudadanía en términos de abstracción individual en un orden legal de aplicación universal. Las consecuencias para los más débiles de este desplazamiento del marco de la regulación son considerables.

Por otra parte, el modelo económico de la Tercera Italia (Becattini, 1992; Piore y Sabel, 1984), basado en la aparente funcionalidad de la cohesión cultural de la "comunidad" local en donde la "incrustación" de los procesos económicos se revela como la clave del éxito de estas regiones, se convierte en un ejemplo de desarrollo productivo y de flexibilidad en un momento en que el sistema fordista está en quiebra. La idea que va tomando fuerza en los ámbitos de decisión de las políticas del desarrollo es que el entramado de relaciones sociales preexistentes y las obligaciones de orden moral, que establece una cultura para sus miembros, pueden constituirse en elementos fundamentales del entramado productivo capitalista. Son "capital" del mismo modo en que lo son el "capital material" –clásico– y el "capital humano" recientemente elevado a esta categoría de factor económico –distinta a la de trabajo–. Son "capital *social*". En lugar de intentar imponer una nueva "racionalidad" económica que disuelva las estructuras sociales y culturales históricamente situadas en *lugares concretos, el desarrollo capitalista actual promociona al estado de "racional" cualquier relación existente que sea útil para articular el desarrollo con un sistema *global de acumulación flexible. Es sorprendente cómo se parece esta situación a lo que Marx denominó en *El capital* la subsunción formal del trabajo al capital y que veía como una etapa previa a la plena expresión del capitalismo en la subsunción real, que representaba una transformación radical de la composición del capital. Es también interesante resaltar que muchos de los problemas que nos planteamos ahora, respecto a la articulación entre procesos formales e informales y entre sistemas locales y globales de interacción económica y *política, fueron inicialmente planteados en los años setenta en los estudios de la dependencia, del sistema mundo y de la articulación de los modos de producción. Así lo planteó ya E. Wolf en su trabajo *Europe and the People Without History*.

El concepto de "capital social" ha sido muy criticado por su vaguedad definitoria. Además, produce la fetichización de la estructura económica hegemónica mediante la paradójica ocultación del hecho de que el capital es *siempre* una relación social y no un conjunto de elementos o factores agregados. Otro de los aspectos que se critican es la vuelta a una culturalización de la potencialidad no sólo de desarrollo económico sino también de desarrollo democrático de determinadas sociedades. El impacto en las políticas neoconservadoras americanas del libro de Putnam (1993) subraya la idea de que determinadas regiones, por su desarrollo histórico plasmado en sus tradiciones culturales, están mejor preparadas que otras para evolucionar hacia sistemas democráticos y economías competitivas. No sólo se hace patente la orientación evolucionista de esta filosofía política, sino que aparece una clara etnificación de las *diferencias político-económicas, que ha sido objeto de fuertes críticas (Putzel, 1997). Sin embargo, desde el punto de vista de la antropología, quizá lo que resulta más interesante estudiar es el impacto que estos conceptos tienen en su aplicación a través de proyectos de desarrollo concretos en las sociedades que estudiamos. El trabajo de Víctor Bretón sobre capital social y etnodesarrollo, realizado en una zona de los Andes de Ecuador, resulta particularmente revelador. El autor muestra de qué modo las políticas de etnodesarrollo auspiciadas por los organismos internacionales –en este caso se trata del PRODEPINE, un proyecto del Banco Mundial– se basan en el concepto de "capital social" –confianza, reciprocidad, valores compartidos– como constitutivo de recursos endógenos esenciales que deben ser movilizados mediante los recursos exógenos que canalizan los proyectos. En la realidad de la implementación de las ayudas, estos recursos más alternativos y sostenibles, supuestamente ligados a una visión indígena, representan una inversión muy marginal, mientras que el grueso de los recursos implementa políticas económicas típicas de la "revolución verde". Ligado a estas modalidades de obtención de unos recursos orientados al desarrollo *indígena* se observa un proceso importante de etnogénesis –definición de nuevos grupos indígenas–, de ampliación de la *diferenciación interna de las comunidades campesinas y de dinámicas clientelares. Estos procesos llevan a lo que el autor llama "neoindigenismo etnófago", que convierte en interlocutores privilegiados y gestores de los recursos para el desarrollo a determinadas *elites indígenas a través de las Organizaciones de Segundo Grado –asociaciones producto a su vez de modelos de desarrollo anteriores–, en una suerte de nuevo *indirect rule* en el contexto del neoliberalismo *multicultural.

Estas relaciones informales, por tanto, no sólo subsisten como formas de interacción tradicionales o surgen espontáneamente en los intersticios de las relaciones reguladas por el Estado, sino que a menudo son creadas por determinados modos de regulación formal. La literatura feminista de los años ochenta aportó mucha información sobre la produc-

ción de un determinado modelo de familia en relación con las necesidades de regulación de la industria y del Estado a finales del siglo XIX, un momento en que la "Cuestión social" se intentó resolver combinando medidas corporativistas con una ideología de familia jerarquizada (Lewis, 1984; May, 1982; Terradas, 1995). A su vez, este modelo de familia, históricamente gestado en Europa, proponía modalidades específicas de responsabilidad mutua ligadas a criterios de *diferenciación, el género o la edad, como sustento de obligaciones recíprocas. Sobre la base de culturas de la responsabilidad, históricamente constituidas, toman cuerpo las dinámicas de relación informales.

No resulta extraño entonces que un sociólogo como Pahl (1984), cuando analiza la importancia de los sistemas de entreayuda en la isla de Sheppey, muestre que la variante de género es significativa, no sólo para diferenciar el trabajo que realizan hombres o mujeres en estos circuitos de ayuda mutua informal, sino también para determinar la forma de las redes sociales de las que pueden hacer uso. En términos generales, el género es un factor a tener muy en cuenta a la hora de estudiar cómo se conforman los sistemas de obligaciones morales que sustentan las dinámicas informales, y no es casual ni "*natural" que la mayor parte de trabajadores a domicilio sean mujeres.

Bibliografía

BECATTINI, G. (1992): "The marshallian district as a socio-economic notion.", en F. Pyke, G. Becattini y W. Sengenberger (eds.), *Industrial districts and inter-firm cooperation in Italy*. Geneva: International Institute for Labour Studies.

BENERÍA, L.; ROLDÁN, M. (1987): *The Crossroads of Class and Gender. Industrial Homework, Subcontracting, and Household Dynamics in Mexico City*. Chicago: The University of Chicago Press.

BENTON, L. (1990): *Invisible Factories. The Informal Economy and Industrial Development in Spain*. Albany, NY: State University of New York Press.

BLIM, M. (1990): *Made in Italy. Small-Scale Industrialization and its Consequences*. New York: Preager.

BOLTANSKI, L. (1990): *L'Amour et la Justice comme compétences. Trois essais de sociologie de l'action*. Paris: Éditions Métailié.

HART, Keith (1973): "Informal Income Opportunities and Urban Employment in Ghana". *The Journal of Modern African Studies* 11 (1): 61-89.

LEWIS, J. (1984): *Women in England 1870-1950: Sexual Divisions and Social Change*. Sussex: Wheatsheaf Books.

MARTÍNEZ VEIGA, U. (1995): *Mujer, trabajo y domicilio.Los orígenes de la discriminación*. Barcelona: Icaria.

MAY, M. (1982): "The Historical Problem of the Family Wage: The Ford Motor Company and the Five Dollar Day". *Feminist Studies*, 8 (2): 400-408.

PAHL, R. E. (1984): *Divisions of Labour*. Oxford: Basil Blackwell.

PIORE, M. J.; SABEL, Ch. F. (1984): *The Second Industrial Divide*. New York: Basic Books.

PUTNAM, R. (1993): *Making Democracy Work: Civic Traditions in Modern Italy*. Princeton: Princeton University Press.

PUTZEL, J. (1997): "Accounting for the 'Dark Side' of Social Capital: Reading Robert Putnam on Democracy", *Journal of International Development*, 9 (7): 939-49.

TERRADAS, I. (1995): *La qüestió de les colònies industrials: l'exemple de l'Ametlla de Merola*. Manresa: Centre d'Estudis del Bàges.

YANAGISAKO, S. J. (2002): *Producing Culture and Capital: Family Firms in Italy*. Princeton NJ: Princeton University Press.

Susana Narotzky

Véanse además CIUDADANÍA, CULTURA, DESARROLLO, Diferencias naturales y diferencias sociales, Diferencias sociales y diferencias culturales, ELITES, Espacios locales, ESTADO-NACIÓN, Global y local, GLOBALIZACIÓN, INDIGENISMO, Lugar y no lugar, Modernización, MULTICULTURALISMO, Naturalización, NUEVOS MOVIMIENTOS SOCIALES, RELACIONES Y PROCESOS INFORMALES, Relaciones y procesos informales políticos, TRABAJO.

Relaciones y procesos informales políticos

La literatura antropológica sobre patronazgo (Pitt-Rivers, 1971; Gellner *et al.,* 1986; Wolf, 1978) es sin duda la que más ha explorado un tipo de relaciones sociales que pueden denominarse *informales en la medida en que aparecen como sustitutivas, complementarias o intersticiales a las instituciones formales del *Estado-nación *moderno. Estas relaciones se definen: 1) como relaciones de *desigualdad entre personas que detentan recursos económicos o políticos y otras que carecen de ellos, y 2) como relaciones específicas y personales —no impersonales, abstractas y universales que son las propias de la *ciudadanía—. El patronazgo se establece como una relación de dependencia en la que el patrón proporciona medios de subsistencia básicos —por ejemplo, acceso a una parcela de tierra—, seguridad en tiempos de crisis, protección contra peligros y amenazas de otros poderosos o de extraños y, por último, influencia sobre otros poderosos en beneficio del cliente. El cliente a cambio proporciona *trabajo, reconocimiento y deferencia simbólicos —es decir, honor— y, finalmente, apoya a la facción del patrón en la competencia política (Scott, 1986: 38-40). En la medida en que no están enmarcadas en las formas institucionalizadas y reguladas explícitamente por el Estado —es decir, en la legalidad—, estas relaciones sustentan su legitimidad en nociones de justicia o equidad moralmente determinadas.

La tensión entre *explotación —de los clientes por parte de los patronos— y consentimiento —de los clientes hacia los patronos— ha constituido uno de los temas de debate centrales de la literatura sobre patronazgo, y ha girado en torno al significado de lo que constituye la "reciprocidad" de esa relación. Para el caso que estudia del campesinado en el Sudeste asiático, Scott (1976) va a proponer dos principios morales que definen el ámbito de la equidad: la norma de reciprocidad y el derecho a la subsistencia. "La reciprocidad sirve como norma moral central para la conducta interpersonal. El derecho a la subsistencia, de hecho, define las necesidades mínimas que deben ser cumplidas para los miembros de la comunidad dentro del marco de la reciprocidad" (Scott, 1976: 167). Cuando los campesinos sienten que las *elites incumplen alguno de estos dos principios se sienten explotados e injustamente tratados y pueden llegar a la revuelta con el fin de re-instaurar la equidad. En la teoría de Scott, la "comparabilidad" de los valores que se transfieren entre elites y campesinos es el elemento crucial para dirimir la equivalencia de los bienes y servicios intercambiados, pero no se concibe en términos de "identidad" de una sustancia común computable. Ahora bien, esta posibilidad de pensar la equivalencia más allá de una sustancia idéntica y mensurable, como sería el trabajo abstracto de la teoría clásica del valor-trabajo, plantea toda la cuestión de la *méconnaissance* –el desconocimiento– de las relaciones de dominación, tratadas por Bourdieu en *Le sens pratique*. Para éste, la apariencia de reciprocidad, o sea, de equidad en las transferencias entre dominadores y dominados, es precisamente lo que sustenta la posibilidad de explotar a éstos últimos fuera de las relaciones *formales del contrato y del mercado propias del capitalismo. Así lo abordan Silverman y Gilsenan en el trabajo citado de Gellner *et at.* (1986).

La relación de estos procesos informales con el Estado ha sido valorada de varias formas. En un primer momento, siguiendo en ello los postulados weberianos, estas formas personalizadas de práctica política se veían a menudo como pervivencias de un pasado en el que las instituciones burocráticas y universalizadoras –racionales– del Estado-nación no habían conseguido una hegemonía real. A medida que el Estado fuera afianzando su racionalidad e implementándola hasta los lugares más recónditos de su territorio, el uso político de las relaciones personales, la instrumentalización y reproducción del privilegio de acceso a los centros de poder instituidos y legales, perdería peso hasta desaparecer. Ésta es la tesis que Boissevain (1986) ejemplifica con el sistema de patronazgo en Malta.

Estudios antropológicos e históricos recientes sobre la Mafia siciliana y las mafias rusas muestran cómo es muy compleja la relación entre las formas de regulación estatales, la capacidad o voluntad del Estado para implementarlas y la aparición de fuertes organizaciones al margen de la legalidad, basadas en la personalización de la prestación de los bienes que debería proveer el Estado –seguridad, protección, justicia– a sus *ciudadanos (Humphrey, 2002; Schneider y Schneider, 2003). En efecto, la debilidad o quiebra del Estado transforma y acentúa prácticas preexistentes ligadas a la especificidad de las transformaciones históricas de cada caso, más o menos ligadas con prácticas ya consideradas ilegales o criminales. Sin embargo, lo que muestran estas dos situaciones es que existe una densa interrelación entre las formas de regulación del Estado, sus agentes y las modalidades informales y personalizadas de ejercicio del poder de estas organizaciones. Pero también se aprecia la interpenetración de estas redes de manejo del poder con las prácticas económicas tanto de los emprendedores como de los ciudadanos corrientes. Para el ejemplo que describe Humphrey (2002) en Rusia, la proliferación de instancias *territo-

riales de regulación –la federación de Estados, el Estado, la región autónoma, los distritos, las municipalidades– produce una incertidumbre de hecho respecto a la legislación –a menudo contradictoria, por ejemplo, ante la capacidad y legalidad de las actividades comerciales–, así como frente a las instancias responsables de proveer ciertos recursos a los ciudadanos. Esto lleva a la consolidación de "feudos" que proveen una mínima seguridad, los "icebergs" –con frecuencia antiguas empresas estatales o colectivas– cuyos directivos se convierten en auténticos patronos para sus empleados y allegados. A su vez, estas organizaciones se articulan con "mafias" que ofrecen protección –en un contexto altamente precario y depredador– a cambio de tributo. Por lo menos en parte, estas mafias provienen de redes de antiguos criminales, formadas en las cárceles soviéticas. Es significativo que una misma palabra "techo" –cobijo– se emplee para los patronos y los mafiosos.

En cuanto a la corrupción sigue siendo un delito formalmente castigado, pero su práctica es ubicua. Hasta hace poco el pago de sobornos se admitía explícitamente como una "necesidad" en el trato con países del Tercer Mundo, justificado como "costumbre" que mostraba la falta de "racionalidad" económica y política de éstos. Esta práctica, sin embargo, está imbricada con los sistemas políticos y económicos de las democracias occidentales como parte de los procedimientos de financiación de los partidos políticos, así como de instancias de gobierno *local. A menudo, se hace difícil discriminar qué prácticas forman parte de la sociabilidad informal propia del mantenimiento de las redes y qué prácticas pueden definirse claramente como corrupción. El caso del *guanxi* en China –el arte de intercambiar favores y regalos– muestra la ambigüedad de estas prácticas que acompañan habitualmente las transacciones económicas y las gestiones político-administrativas. El intento del Estado chino de definir los límites de la corrupción sancionable en este contexto cambia con frecuencia según las coyunturas (Yang, 1994; Smart, 1993).

Bibliografía

BOISSEVAIN, J. (1986): "*When the Saints Go Marching Out* (Cuando los santos salen de procesion). Reflexiones sobre la decadencia del patronazgo", en E. Gellner (ed.), *Patronos y clientes en las sociedades mediterráneas*. Gijón: Júcar.

GELLNER, E. *et al.* (1986 [1977]): *Patronos y clientes en las sociedades mediterráneas.* Gijón: Júcar.

HUMPHREY, C. (2002): *The Unmaking of Soviet Life. Everyday Economies After Socialism.* Ithaca, NY: Cornell University Press.

PITT-RIVERS, J. A. (1971 [1954]): *The People of the Sierra.* Chicago: The University of Chicago Press.

SCHNEIDER, J.; SCHNEIDER, P. (2003): *Reversible Destiny. Mafia, Antimafia, and the Struggle for Palermo.* Berkeley: University of California Press.

SCOTT, J. (1986): "¿Patronazgo o explotación?", en E. Gellner (ed.), *Patronos y clientes en las sociedades mediterráneas.* Gijón: Júcar.

SCOTT, J. C. (1976): *The Moral Economy of the Peasant. Rebellion and Subsistence in Southeast Asia.* New Haven: Yale University Press.

SMART, A. (1993): "Gifts, Bribes and Guanxi: A Reconsideration of Bourdieu's Social Capital". *Cultural Anthropology*, 8 (3): 388-408.

WOLF, E. (1978 [1966]: "Kinship, Friendship, and Patron-Client Relations in Complex Societies", en M. Banton (ed.), *The Social Anthropology of Complex Societies.* London: Tavistock.

YANG, M. M. (1994): *Gifts, Favors & Banquets. The Art of Social Relationships in China.* Ithaca, NY: Cornell University Press.

Susana Narotzky

Véanse además CIUDADANÍA, Ciudadano, DIFERENCIA Y DESIGUALDAD, ELITES, Espacios locales, ESTADO-NACIÓN, EXPLOTACIÓN SOCIAL, Global y local, Modernidad, RELACIONES Y PROCESOS INFORMALES, Relaciones y procesos informales económicos, TERRITORIOS, TRABAJO.

Revolución técnico-comunicativa

El concepto de *sociedad de la información resalta lo que se considera específico de esta nueva fase de expansión del capitalismo: la integración de todos los soportes para la *información y la *comunicación —escritos, orales y audiovisuales— en un único sistema: el digital. Este sistema tecnológico comenzó a tomar forma en los años setenta del siglo pasado, cuando se desarrollaron el microprocesador, la fibra óptica y las primeras experiencias de comunicación entre ordenadores. Si ésta fue la década de los grandes ordenadores, las de los años ochenta y los noventa se distinguieron por los ordenadores personales de capacidad creciente y la generalización de las redes, respectivamente. Con ello no sólo ha cambiado el sistema tecnológico, sino también las interacciones sociales y organizativas.

Sociedad informacional y aldea global

El término *sociedad informacional* de Castells se refiere precisamente a "una forma específica de organización social en la que la generación, el procesamiento y la transmisión de la información se convierten en las fuentes fundamentales de la productividad y poder, debido a las nuevas condiciones tecnológicas que surgen en este periodo histórico" (2001: 51). Para este autor, las principales características del paradigma tecnológico de la sociedad informacional son tener como materia prima la información, la convergencia creciente de tecnologías específicas en un sistema altamente integrado, la lógica reticular de la interconexión, su flexibilidad y su enorme capacidad de penetración —nuestra existencia individual y colectiva está directamente conformada por el nuevo medio tecnológico—. Esta infraestructura tecnológica ha permitido el *desarrollo de la economía *global, que se basa en la gestión del capital las veinticuatro horas del día y se organiza en un sistema financiero integrado globalmente gracias a las redes informáticas. La información, la tecnología y la ciencia también están organizadas *globalmente y poseen una estructura *asimétrica. Todo ello ha producido un mundo altamente interdependiente y profundamente desigual, en el que se acrecientan las relaciones de dependencia entre el Norte y el Sur.

El proceso seguido por el desarrollo de las comunicaciones se inicia a mediados del siglo XIX, cuando comienza a expandirse por todo el planeta un sistema de comunicación que conquista el *espacio y el tiempo. Inventos como la telegrafía terrestre y submarina y el desarrollo de las agencias internacionales de noticias suponen el punto de arranque de un proceso que culmina en el actual sistema de satelites geoestacionarios, los medios digitalizados y la expansión de empresas gigantes como la CNN, Sony o Thorn-EMI, por ejemplo. En total, unos diez conglomerados integrados verticalmente dominan en el presente el mercado mundial con un cúmulo de producciones comerciales basadas en la publicidad –música, videos, deporte, información, canales comerciales, series de ficción para niños y para adultos, etc.–; la mayoría de ellos tienen su sede en los Estados Unidos. Consecuentemente, los códigos de producción de programas, en el campo de la información de televisión por satelite, por ejemplo, están sometidos a toda una gama de sesgos. Dependen de normas específicas de *mise-en-scène* (Keane, 2001: 31-32).

Con la revolución tecnológica, iniciada a mediados del siglo XIX, se inaugura una nueva fase en las relaciones de proximidad, incluso entre aquellos que se hallan muy lejos. Un siglo después, a mediados de los pasados años sesenta, Marshall McLuhan afirmaría proféticamente en su obra *Understanding media* que los adelantos en los medios de comunicación electrónica iban a convertir al mundo en una "aldea global" (McLuhan, 1993 y 1996; McLuhan y Powers, 1995). Su idea sobre esta última no puede separarse de su concepción de los efectos de los medios de comunicación sobre la forma con que los seres humanos se relacionan entre sí y conciben el mundo. Su concepción parte de dos ideas-fuerza: primera, las diferentes tecnologías inventadas por los seres humanos, incluidos los *media*, son prolongaciones de sus sentidos, instrumentos para exteriorizar sus pensamientos; segunda, las sociedades siempre han estado modeladas más poderosamente por la naturaleza de los medios, a través de los que se comunican, que por el propio contenido de la comunicación.

McLuhan considera tres etapas en la humanidad. La primera es una etapa tribal oral, en la que los sentidos se entienden armónicamente entre sí. La segunda es una edad en la que la invención del alfabeto fonético, primero, y la imprenta, después, marcan la fragmentación del universo sensorial y establecen el predominio del sentido visual, desencadenando un proceso de abstracción y de separación en todas las actividades humanas que se manifiesta, entre otras cosas, en la destribalización y la individualización, el mercado y el *Estado *centralizado, la escisión entre el corazón y la mente, el dinero y la moral. Finalmente, los nuevos *media*, los de la "galaxia Marconi" y la electrónica –teléfono, radio, cine, etc.–, restauran el equilibrio de los sentidos y abren una tercera era, marcada por la simultaneidad, anunciando una sociedad tribal planetaria. Como ha señalado Edgar Morin (1982) de manera muy general, en esta tercera etapa la electrónica impone una nueva

interdependencia que transforma todas las relaciones sociales y recrea al mundo en una aldea global, en la que los seres humanos tienen que aprender a vivir en estrecha relación, y en el que el espacio y el tiempo son abolidos.

Imaginación y *mass-media*

Para Arjun Appadurai (2004), los cambios tecnológicos, especialmente los medios de comunicación electrónica, constituyen junto a la *inmigración uno de los factores culturales determinantes de las mutaciones contemporáneas. Destaca que la transformación de las subjetividades cotidianas que provocan los referidos factores no es sólo un hecho *cultural, sino que está profundamente ligada a la política. Considera que los medios de comunicación electrónica han cambiado decisivamente el amplio campo de los *mass-media* y otros medios de comunicación tradicionales. Y no se trata de una fetichización monocausal de la electrónica, afirma. Lo que permiten esos medios es la construcción de imaginarios de masas y de nuevos mundos imaginados, concepto que define como los múltiples universos que son construidos por imaginaciones históricamente situadas de personas y grupos esparcidos por el globo.

Su afirmación sobre el nuevo y significativo papel de la imaginación en el mundo poselectrónico se basa en tres distinciones. Según la primera, la imaginación ha desbordado el particular espacio expresivo del arte, del mito y del ritual para pasar a formar parte de la actividad mental cotidiana de la gente común de muchas sociedades. Nunca como ahora, señala, tantas personas han llegado a imaginar rutinariamente la posibilidad de que ellas o sus hijos pudieran *trabajar en lugares diferentes de los que nacieron: ésta es la fuente del aumento de las tasas de *migraciones en todos los niveles de la vida social, nacional y global.

La segunda distinción separa nítidamente imaginación y fantasía, y pone en tela de juicio a los críticos de la cultura de masas de la Escuela de Frankfurt. Appadurai considera erróneo presumir simplemente que la comunicación electrónica es el opio del pueblo, porque cada vez hay más pruebas de que el consumo de comunicación de masas origina en todo el mundo resistencia, ironía, selectividad y, en general, impulso para la acción. Al contrario que la fantasía, la imaginación tiene un sentido proyectivo y, en sus formas colectivas, puede convertirse en el carburante de la acción: alienta las ideas de comunidad de barrio y nación, economías morales y gobiernos injustos, salarios más altos y perspectivas de trabajo en el extranjero.

Finalmente, la tercera distinción es la que se establece entre el sentido individual y colectivo de la imaginación. Precisamente son los medios de comunicación de masas los que hacen posible la "comunidad de sentimientos", esto es, el que un grupo comience a imaginar y sentir cosas en conjunto o, por decirlo en pocas palabras, que la imaginación se haya convertido en un hecho social. Algo fundamental y nuevo atraviesa los procesos culturales globales: la imaginación como práctica social. La imaginación ha dejado de ser una mera fantasía, una simple fuga o un pasatiempo de las *elites; se ha vuelto, por el contrario, "un campo orgánico de prácticas sociales, una manera de trabajar –tanto en el sentido de labor como de práctica culturalmente organizada– y una forma de negociación entre sedes de acción –individuos– y campos de posibilidad globalmente definidos... La imaginación está ahora en el centro de todas las formas de acción, es en sí un hecho social y el componente clave del nuevo orden global" (Appadurai, 2004: 48-49).

Las consecuencias que la sociedad informacional y el nuevo contexto comunicativo acarrean en la sociedad y en el campo de la cultura han sido objeto de intensos debates entre los que compartían un enfoque más apocalíptico –teoría de la cultura de masas, crítica, y del imperialismo cultural– y quienes proponían una visión más integrada –teorías de las audiencias activas–. Pero más allá de tales debates, y como destaca Thomson (1998: 228-229), en los últimos años, a través de estudios etnográficos de audiencias, algunos investigadores han demostrado convincentemente que la recepción y apropiación de los productos mediáticos es un proceso social complejo en el que los individuos dan sentido activo a los mensajes que reciben, adoptan frente a éstos actitudes diversas, y los utilizan de manera distinta en el transcurso de la vida cotidiana. Siguiendo a Appadurai (2004: 51), un hecho importante del mundo de hoy es que en todo el globo muchas personas viven en mundos imaginados, y no tanto en comunidades imaginadas; Por eso son capaces de contestar y a veces de subvertir los mundos imaginados por la mente oficial y la mentalidad empresarial que les rodea.

Los medios de comunicación globales no producen simplemente audiencias globales políticamente adormecidas. Al igual que la comercialización de productos como McDonald, Coca-Cola y los programas de televisión norteamericana, que se difunden por todo el mundo, ha acentuado la *diversidad cultural *local, la globalización de los medios de comunicación ha tenido también un particular efecto político: ha contribuido a la expansión de una pluralidad de esferas públicas de dimensiones variables –algunas de las cuales son globales–, gracias a las cuales millones de personas son testimonio a distancia de controversias sobre quién obtiene qué cosas, cuándo y cómo. Gracias al enorme desarrollo de la *aviación transoceánica, Internet o la televisión por satelite, ha podido enraizar por todo el mundo la práctica pública de controlar el ejercicio del poder por medios no *violentos (Keane, 2001).

Según Thomson (1998), una explicación satisfactoria de la globalización de la comunicación y de su impacto debe tener en cuenta dos aspectos interrelacionados: ha de reconstruir históricamente cómo ha tenido lugar el proceso de globalización, y ha de poner en relación las pautas de la comunicación global con las condiciones locales bajo las que se asumen los productos mediáticos. Mientras que la comunicación y la información se difunden a escala global, la apropiación de los productos mediáticos es un fenómeno localizado. Implica, por tanto, a individuos concretos situados en contextos sociohistóricos particulares, que utilizan los recursos disponibles para dar sentido a los mensajes e incorporarlos a sus vidas. A menudo, en el proceso de apropiación, los mensajes se transforman, ya que los individuos los adaptan a contextos prácticos de la vida cotidiana. La globalización de la comunicación no sólo no ha eliminado el carácter local de la apropiación, sino que ha creado en el mundo moderno un nuevo tipo de eje simbólico, que Thomson denomina eje de la difusión globalizada y de la apropiación localizada. A medida que la globalización se extiende, el significado de este eje se incrementa.

Bibliografía

APPADURAI, A. (2004 [1996]): *Dimensôes Culturais da Globalizaçâo*. Lisboa: Teorema.

CASTELLS, M. (2001 [1997]): *La era de la información: economía, sociedad y cultura, Vol. 1, La sociedad red*. Madrid: Alianza.

KEANE, J. (2001): "Cap a una societat civil global?". *L'Espill*, 8-9: 27-33.

McLUHAN, M. (1993 [1962]): *La galaxia Guten-berg*. Barcelona: Círculo de Lectores.

— (1996 [1964]): *Comprender los medios de comu-nicación*. Barcelona: Paidós.

McLUHAN, M.; POWERS, B. R. (1995): *La aldea global*. Barcelona: Gedisa.

MORIN, E. (1982): "Para comprender McLu-han", en E. Morin *et al.* (ed.), *Análisis de Mars-hall Maculan*. Barcelona: Ediciones Buenos Aires S. A., 36-44.

THOMSON, J. B. (1998): *Los media y la moderni-dad. Una teoría de los medios de comunicación*. Barcelona: Paidós.

Josepa Cucó i Giner

Véanse además Centro-periferia, COMU-NICACIÓN, CULTURA, DIFERENCIA Y DESIGUALDAD, Diferencias sociales y diferencias culturales, ELITES, ESPA-CIO-TIEMPO, Espacios locales, ESTA-DO-NACIÓN, Global y local, GLOBALI-ZACIÓN, Información, MIGRACIO-NES, Nacionalismo, Nomadismo y tu-rismo, Sociedad de la información y del conocimiento, TRABAJO, Viajes y siste-mas de movilidad, VIOLENCIA POLÍ-TICA.

S

Saberes y saberes

La certeza de que tenemos que constituir deliberada y definitivamente una "sociedad del saber" o "del *conocimiento" es uno de los clichés más frecuentes en la esfera pública, que ha florecido con particular vigor en los últimos años en las áreas política, periodística y educativa. Esta idea informa decisiones económicas, jurídicas y técnicas cuyas implicaciones sociales y culturales son considerables, abarcando áreas tan diversas –aunque interrelacionadas– como la implantación de sistemas de comunicación, la redefinición de la noción de derechos de propiedad intelectual o la determinación de políticas educativas. Implícitas en este discurso, la solidez y la homogeneidad de una impensada noción de "saber" tropiezan con la creciente interculturalidad de los universos humanos. Aun cuando el modelo occidental institucional de transmisión, en gran medida por medio de la escritura y de la evaluación escolar de saberes formalizados, parece que se está imponiendo *mundialmente, una visibilidad y una legitimidad renovadas caracterizan ahora modalidades de conocimiento y tipos de "saberes" o de competencias que escapan a la ortodoxia del saber instituido. Además, éste se encuentra sometido a una crítica interna aplicada no sólo a las condiciones económicas, sociales y culturales de su producción, sino también a algunos de sus fundamentos epistemológicos y ya no goza de una imagen homogénea.

Las ciencias sociales prestan atención desde hace mucho tiempo a una noción muy general de "conocimiento" considerada en un macronivel, particularmente por medio de contrastadas teorías sociológicas de las ideologías. Entre ellas cabe citar, muy esquemáticamente, las teorías de los marxistas y Karl Mannheim, con una visión de las estructuras sociales como determinantes de sistemas de ideas que impiden ocultamente la objetivación de la verdad, o sobre todo las construcciones de Max Weber y Max Scheler, con una posición en la que ciertas estructuras sociales pueden ser el producto de las ideologías y de sus regímenes de verdad, orientando, pero no necesariamente limitando, las posibilidades y las modalidades de acceso al saber verdadero. Más recientemente, la antropología cognitiva también se ha ocupado de este "conocimiento".

Estas disciplinas han venido acompañando el aumento de la atención explícita al "saber", como se puede ver en la multiplicación de títulos dedicados a este tema a partir de los años sesenta del pasado siglo. Hace menos de veinticinco años, Malcolm Crick (1982) publicó un artículo de síntesis sobre "Antropología del conocimiento", en el que empezaba por reconocer que los títulos de obras que contenían esta expresión eran bastante escasos, a pesar de que esta etiqueta se ajusta perfectamente a una rica tradición que se deriva de los trabajos de Durkheim y Mauss. Apuntaba también que las investigaciones referidas en su recopilación se designan normalmente con etiquetas más familiares, tales como cognitivo, categorías, clasificación, universales, ideología, simbolismo. Crick añadía, por lo demás, que algunos años antes había sugerido que, aunque la antropología semántica no existía entonces como subdisciplina constituida, ésta se enfrentaría a preocupaciones centrales de la antropología y que se podía encarar de la misma manera el campo del conocimiento. De hecho, basta pensar en la dificultad para discriminar "*cultura" y "saber", siendo el segundo tomado a veces como una "modalidad" de la primera. En este sentido, hablar en un plano general de sociedad del saber o del conocimiento es tan absurdo como hablar de sociedad de la cultura. Independientemente de la relativa complejidad de los diversos sistemas que elabora para organizarse a sí misma y para enmarcar sus relaciones con su medio, cualquier sociedad humana sólo puede ser una "sociedad del saber", cuya reproducción y continuidad dependen de la producción/transmisión de saberes particulares, adaptados a contextos y a condicionantes específicos.

Al igual que ocurre con "cultura", también "conocimiento" y "saber" se ven afectados por una falta de rigor en su utilización por las ciencias sociales. Este problema –cuyas implicaciones no se circunscriben a la cuestión de los saberes considerados en situaciones de interculturalidad, que aquí abordamos–, agravado por el hecho de que en inglés, por ejemplo, no existe la distinción que encontramos en las lenguas latinas entre saber y conocimiento, debería motivar un esfuerzo de clarificación conceptual. De hecho, se suele destacar con cierta frecuencia que Robert Merton ya en 1945 observaba, en relación con los diversos tipos de conocimiento, que este término "ha sido concebido tan ampliamente que alude a todo tipo de idea y modo de pensamiento, desde las creencias populares hasta la ciencia. A menudo, ha llegado a ser asimilado al término "cultura", de modo que, no sólo las ciencias exactas, sino también las convicciones éticas, los postulados epistemológicos, las afirmaciones materiales, los juicios sintéticos, las creencias políticas, las categorías de pensamiento, las doctrinas escatológicas, las normas morales, los supuestos ontológicos y las observaciones empíricas, son considerados, de modo mas o menos indiscriminado, como 'existencialmente condicionados'" (Merton, 1973 [1945]: 60).

Para Merton, la cuestión que se deriva de este hecho es comprender si estos distintos tipos de conocimiento tienen todos la misma relación con sus bases sociológicas, siguiendo así la línea de análisis marxista que considera que diversas formas ideológicas no son necesariamente determinadas de la misma mane-

ra por las infraestructuras. Este abordaje desembocó en estudios centrados en la relación de grupos sociales particulares con saberes sectoriales o con ciertos instrumentos técnicos. Formuladas con frecuencia como "creencias populares" o, en la psicología social, representaciones sociales, estas investigaciones adoptaron durante mucho tiempo el esquema clásico de la popularización: una difusión realizada "de arriba abajo", inevitablemente acompañada de una distorsión o de una falta de *información. En los años ochenta del siglo pasado, en el mundo académico británico se hizo habitual la expresión "comprensión pública de la ciencia" –*Public Understanding of Science*– sustituida dos décadas más tarde por "implicación pública con/en la ciencia y la tecnología" –*Public Engagement with/in Science and Technology*– con la intención de atenuar la obliteración de la autonomía de los actores sociales ante el discurso científico hegemónico y, a la vez, la orientación equivocada del análisis de las dinámicas de resistencia/aceptación que éste suscita.

Mientras la sociología mertoniana se centró sobre todo en los aspectos institucionales y profesionales de la ciencia, en el funcionamiento de la comunidad científica, dejando a un lado tanto su actividad –lo que los científicos hacen en los laboratorios y no sólo lo que ellos dicen que hacen– como el contenido de la producción de esta actividad, las diferentes corrientes denominadas "estudios sociales de la ciencia y la tecnología" se han orientado claramente hacia investigaciones de vanguardia que pueden ser muy mediáticas –genética, reproducción asistida, física de partículas…–, a veces con recurso al examen de la "ciencia" según lo hace la etnografía de laboratorio (Latour, 1979). Además de ser áreas en las que se pueden observar los instrumentos y las estrategias, en muchas ocasiones poco preocupadas por la objetividad, que participan de la resolución de controversias (intereses diversos, prestigio relativo de los adversarios, prejuicios éticos, posiciones políticas…), su observación evidencia también las frecuentes divergencias entre la imagen idealizada del saber científico y las modalidades reales de su producción: papel de la intuición, del compromiso, de los contratiempos triviales, del saber hacer práctico… La imagen de un saber científico producido en cierta medida por bricolaje y, a pesar de su formalización explícita, transmitido en parte de manera tácita conduce obviamente a su relativización frente a los saberes comunes. También permite destacar la necesidad de repensar la relación entre los *ciudadanos comunes y los "expertos" de la tecnociencia o, en el ámbito de la crítica *poscolonial, de cuestionar la hegemonía del saber científico occidental en las políticas de "ayuda al *desarrollo".

Pero previamente a estas aportaciones, que no se afirmaron plenamente antes de los años ochenta del siglo pasado, la obra inaugural de Peter Berger y Thomas Luckmann (1966), en la que se considera el saber como factor constitutivo de la realidad social, había invertido la perspectiva tradicional sobre la determinación de lo ideológico por lo social. Centradas en la necesidad de abarcar el saber de la vida cotidiana, las posiciones de estos autores se articularon con una atención creciente a la proliferación de las modalidades de relación individual y grupal con el saber y con la multiplicidad de saberes contextuales. Esto encuentra su traducción en la importancia que ahora se le da a la relativa independencia de la agencialidad de los actores sociales en relación a la estructura: la proximidad entre los abordajes del saber y de la cultura está aquí de nuevo presente. De hecho, es lo que apunta Clifford Geertz a propósito de un intento de definición de una antropología del conocimiento elaborada por Fredrik Barth (Barth, 2002: 1). Tampoco es difícil darse cuenta de que las aproximaciones de estos dos campos se distribuyen de manera bastante semejante entre un polo organizado alrededor de lecturas más esencializadoras y objetificadoras de "contenidos" –y de su transmisión más o menos mecánica–, y otro que reúne visiones más fluidas de realidades que describen como de naturaleza procesual y contingente.

Por encima de todo, las temáticas de la cultura y del saber están ambas atravesadas por la misma relación paradójica entre lo universal y lo particular. Sin embargo, superados los debates sobre la "mentalidad primitiva" y una eventual *variabilidad de las capacidades cognitivas humanas, solamente se puede constatar que éstas se encuentran realizadas en una multitud de instancias de saber particulares, que incluso puede parecer que son radicalmente diversas o incompatibles. Formulada sobre todo en relación a una cultura considerada no más heterogénea que sus bases sociológicas y como una entidad discreta que escapa a un diálogo permanente con elementos exógenos, el interrogante de Merton debe ampliarse por medio del comparativismo o del estudio de situaciones interculturales.

Saberes de *otros y otros saberes

Además de tener una historia corta pero ya compleja y variada debido a las diferentes tradiciones académicas, la etnociencia es un campo disciplinario mal definido, proliferante, que incorpora los estudios sobre las modalidades indígenas de conocimiento y de organización del medio material y social en los más diversos dominios. Desarrollada en los contextos exóticos en los que durante los años sesenta del siglo pasado la corriente conocida como *new ethnography* se esforzaba por elaborar una antropología cognitiva estrechamente ligada a las ideas y los métodos de la lingüística (Tyler, 1969), la etnociencia puede considerarse el estudio de los saberes de otros. En sus avatares más divulgados fuera del mundo académico ha tenido últimamente una marcada orientación instrumental, suscitada por la perspectiva de beneficios financieros y limitada a la identificación empírica –a veces tan poco preocupada por la contextualización social y cultural que no merece ser considerada como una etnografía– de "saberes" cuya eficacia se puede trasladar al mundo occidental. En este ámbito, la etnobotánica y las diversas vertientes de la etnomedicina representan obviamente una parte considerable de un abordaje que viene siendo aplicado cada vez más a lo que en las sociedades occidentales se suele designar como "saberes populares".

El simple paso de la palabra "saber" al plural basta para ampliar y complicar considerablemente su campo semántico. A la nueva categoría gramatical le corresponden connotaciones que, en el sentido habitual o, con cierta frecuencia, también en el discurso de las ciencias sociales, distancian la palabra de las nociones extremadamente generales de ideología, cognición o conocimiento, o incluso simplemente de los saberes declarativos más o menos formalizados y certificados, para colocarla más cerca del dominio de los saberes procedimentales, aplicados, eficaces o, más precisamente, de las técnicas –"acción socializada sobre la materia que moviliza las leyes del mundo físico", según la definición canónica de la etnotecnología, siguiendo a André Leroi-Gourhan–. Más que nada, a la fragmentación y a la pluralidad se encuentra asociada una sospecha de incertidumbre, de imprecisión y aun de falsedad: de hecho, hasta hace bien poco una parte importante de lo que ahora se califica de "saberes populares" en las sociedades occidentales era considerado "folclore" o "creencias", es decir, saberes falsos *a priori*.

En sentido estricto, desde el punto de vista de las ciencias sociales, aceptando incluso el carácter multívoco de las culturas contemporáneas destacado por el debate sobre la *posmodernidad, será abusivo hablar de la variabilidad de los tipos y de los regímenes de saberes dentro de una sociedad en lo que se refiere a diferencias culturales. Sin embargo, aunque sólo sea como metáfora, esta idea suscita un notable eco, como reveló el inflamado debate desencadenado, a finales de los años cincuenta del siglo pasado, por el físico y novelista británico C. P. Snow con su formulación del desconocimiento recíproco y de la difícil comunicación entre los representantes de las "dos culturas", la científica y la literaria. Una dimensión notable de esta controversia tiene que ver con el hecho de que se refiera a dos grandes categorías de "saberes" que, aun sin olvidar las desigualdades sociales que afectan a todos los aspectos de la escolarización, pueden considerarse –o por lo menos sus rudimentos– como más o menos trans-sociales en el mundo occidental –hoy más que hace cuarenta años, debido a la masificación del acceso a todos los niveles de la enseñanza–. Sin embargo, parece que precisamente a partir de criterios sociales se hace la reificación del "saber popular", lo cual correspondería a una cultura de la misma naturaleza. Según indicó Pierre Bourdieu a propósito de la lengua: "las locuciones que comprenden el epíteto mágico de 'popular'" (1983: 98) no son dignas de examen: el análisis crítico de una noción ligada al "pueblo" se identifica como una agresión contra algo que importa defender incuestionablemente. Además, los rasgos sociales del "pueblo" varían según el contexto: toda la población en tiempo de guerra o de mundial de fútbol, determinados grupos en época de elecciones, otros normalmente rurales cuando se habla de "arte popular", otros más urbanos a propósito de la lengua, otros diferentes para la religión o la medicina, etc. Una dificultad suplementaria surge aquí: numerosos estudios han demostrado la existencia de flujos de interpenetración –no necesariamente siempre "de arriba abajo"– entre tipos de saberes habitualmente considerados separados e incluso antagónicos: escolar, erudito, obrero, campesino, los diversos tipos de saberes profesionales (VV. AA., 1985).

La idea de homogeneidad de un grupo social que está implícita en el recurso a la noción de popular es, en consecuencia, falsa. Con todo, el creciente aprecio por el patrimonio etnológico, cultural, inmaterial, etc., hace que los "saberes populares" sean cada vez más identificados como tales y gocen de una valoración derivada de su imagen –que puede ser ilusoria, pero ésta es otra cuestión– de antigüedad o autenticidad. De manera simétrica al argumento publicitario de lo "científicamente demostrado", designar saberes como "populares" o con otros términos próximos e igualmente discutibles: *locales, indígenas, vernáculos…, equivale a sobrentender de golpe que son eficaces, socialmente justos, éticamente correctos y económicamente viables, lo cual no tiene por qué ser necesariamente así. El interés por los saberes subalternos, por sus promotores o determinados científicos sociales, también puede fundamentar una crítica a la "dictadura de la razón", considerada responsable de muchos problemas contemporáneos, y a la incapacidad de las ciencias –incluidas las sociales– para alcanzar un conocimiento real del mundo. Por consiguiente, son saberes que actualmente logran pasar por sabiduría sin problemas, consiguiendo así una legitimidad un tanto contradictoria, precisamente con el estatuto de "populares", es decir, excluidos del repertorio de los instituidos. En consecuencia, su exclusión está cada vez menos marcada. Las situaciones de pluralismo de saberes son inherentes a cualquier sociedad relativamente numerosa, debido tanto a sus dinámicas de evolución interna como a sus contactos con otros universos sociales. Pero ahora adquieren una mayor visibilidad entre nosotros: las personas pueden recurrir, tal como han hecho siempre, al médico y al curandero para resolver el mismo problema, o al hidrogeólogo y al zahorí, etc., pero sobre todo hay más médicos que en algunos casos no dudan en aconsejar una visita a sus competidores –y a la inversa–, y hay hidrogeólogos que buscan agua también con un péndulo.

El mundo occidental muestra en la actualidad una fuerte apetencia por determinadas espiritualidades exóticas, sobre todo en relación a algunas de sus representaciones y prácticas más aplicables en el día a día. Éstas pueden alimentar el desarrollo de terapias "alternativas", mientras se dejan a un lado generalmente los complejos sistemas simbólicos que sostienen esas doctrinas o los modos de vida más o menos ascéticos que pueden estarles asociados. Sistemas alimentarios, determinadas formas de arte, técnicas para el cuerpo forman parte igualmente de la gama de saberes exóticos actualmente importados por Occidente. Se podría decir que los saberes del mundo son para el saber lo que las músicas del mundo son para la música: además de su potencial comercial, son objeto de una curiosidad e incluso de una cierta fascinación, como resultado de los cuales consiguen alcanzar un grado de legitimidad inédito, pero insuficiente para provocar una modificación estructural de la realidad en que son introducidos.

En este contexto, las paraciencias también manifiestan un gran interés en relación a diferentes sistemas exógenos. Se trata de un ejemplo que permite vislumbrar la existencia y la difusión de saberes que, siendo trans-sociales —la distribución de las teorías paracientíficas o de prácticas médicas alternativas, por ejemplo, no se circunscribe a un grupo social único—, no pueden etiquetarse como "saberes de otros". Pero son otros saberes cuya alteridad puede provenir no de su localización social o geográfica, pero sí, sobre todo, de una variable conformidad con el sentido común o de una falta de congruencia con los criterios de validación de su validez empírica por parte de la ciencia instituida. Se puede hablar aquí de "heterosaberes". Así no se trata sólo de designar la alteridad de modalidades de organización, de interpretación de lo real y de acción sobre el saber que escapan a la hegemonía de la norma —lo que necesariamente no impide a esos "heterosaberes" procurar la integración en ella: mientras determinados paracientíficos rechazan totalmente el paradigma científico, alcanzar su reconocimiento es el ideal de la mayoría de ellos—. El objetivo es poner en evidencia su frecuente gran heterogeneidad interna —incluso en la coexistencia, en un mismo individuo, de formas de lógicas diferentes, efectivadas de manera distinta en función de los contextos—. Importa no reducir las situaciones de pluralidad de saberes a una yuxtaposición de entidades reificadas y monolíticas, ligadas entre sí y con el saber dominante por relaciones estables.

Saberes, poderes

En parte debido a su déficit de legitimidad, los saberes heterodoxos son los más abiertos a los efectos de la difusión de saberes inmigrantes en el seno de los ecosistemas culturales de las sociedades occidentales que resultan de los diferentes y crecientes *movimientos poblacionales o de contactos culturales in absentia propiciados por los *medios de comunicación. Esta articulación entre heterogeneidades diversas puede dar origen a ricas y complejas *aglutinaciones. Pero, por otra parte, el dominio de saberes particulares, percibidos como propios de una comunidad, desempeña un papel importante de marcador *identitario, a fortiori en una situación intercultural que puede incentivar el recurso a prácticas distintivas y emblemáticas. Es lo que queda de manifiesto en el hecho de que la categoría de "saberes populares" nunca engloba a la población inmigrante, a pesar de que no existen grandes dudas en cuanto a su posición en la estratificación social. Y es evidente el hecho de que esta población no constituye el depósito al que se va a buscar la mayor parte de los saberes exóticos considerados dignos de interés.

No hay duda de que "saber", como verbo y sustantivo, reenvía a las mismas dimensiones que "poder" —un indicio, en una dimensión trivial de este hecho, lo encontramos en inglés: "sé escribir", por ejemplo, se dice "puedo escribir", I can write—. Cuando se habla de interculturalidad, es posible que nos olvidemos del hecho de que estamos abordando ante todo situaciones de "intersocialidad": una relación más o menos antagónica entre grupos que pueden estar compitiendo por una determinada dominación política. En vez de ser vistas como un enriquecimiento del abanico de posibilidades de elección, las situaciones de pluralismo científico y técnico ligadas a contextos interculturales también pueden ser vividas como la manifestación de una dominación, un imperialismo del saber. Esto puede ocurrir en casos de déficit democrático, muy especialmente en situaciones coloniales o *poscoloniales, donde la coerción ejercida sobre la libertad individual toma más fácilmente la forma de deliberadas políticas normativas e impositivas, eventualmente implantadas por la *violencia física y no sólo por la dominación simbólica. En general, las situaciones que tienen que ver con la determinación de normas de seguridad colectiva son propicias al deslizamiento desde la preeminencia del saber científico a la prepotencia tecnocientífica. Los argumentos de ciertos opositores a la vacunación son un ejemplo de la protesta contra las pretensiones cientifistas y contra la connivencia entre reglas de salud pública e intereses financieros o políticos ocultos. Hace bien poco, la vacunación ha sido considerada en África como instrumento de una conspiración imperialista antimusulmana.

Además, muchos saberes, particularmente los procedimentales y de acción –andar en bicicleta...–, difícilmente se pueden transmitir fuera del contexto social en el que se engendran y efectivan. La escolarización puede ser el medio más eficaz entre los existentes para permitir el acceso de las masas a la alfabetización y para la inculcación de ciertos tipos de saberes, sobre todo declarativos. Al apartar a los niños de las instancias de implantación de los saberes tradicionales, se obstaculiza la incorporación de las dimensiones tácitas de éstos a la vida cotidiana. La relación de desigualdad que normalmente subyace a una situación de contacto cultural puede funcionar como un acelerador de las dinámicas de evolución de un saber –de sus contenidos y de sus formas de presencia en la cultura–. Es lo que ocurre cuando un saber local puede etiquetarse como "tradicional". Este calificativo indica entonces más que la posible naturaleza objetiva de un conjunto de informaciones heredadas del pasado y que conserva su potencial operante en el presente, pasando a connotar, también y principalmente, su valor distintivo.

Una vez identificado como "*patrimonio", un saber entra en el mercado global de los bienes culturales, hoy en día en pleno *boom* (García Canclini, 1982). Igual que ocurre con las formas artísticas, los interrogantes sobre la mercantilización de los saberes sobrepasan con mucho el debate sobre la noción de "indígena" y las cuestiones de propiedad de piezas arqueológicos o de control de rituales religiosos. Uno de los principales problemas prácticos se encuentra en la definición de las modalidades de compensación: ¿cómo identificar los detentores de derechos sobre saberes ancestrales, transmitidos anónimamente en el seno de un grupo y cuyos inventores obviamente son desconocidos? La divergencia entre este hecho y la organización del derecho moderno alrededor de la noción de individuo –o de Estado– ha desembocado en propuestas de definición de derechos intelectuales comunitarios (Shiva *et al.*, 1997). De manera un tanto irónica, la aversión de los juristas frente a otras ambigüedades diferentes de las formuladas por ellos mismos pone en cuestión una buena parte de lo que las ciencias sociales han venido diciendo sobre la *etnicidad: exigencia de definición unívoca de la identidad, objetivación de los *límites espaciales y sociales de lo autóctono, homología entre derechos territoriales y espacio social o determinación de rasgos culturales específicos. Además de

las complejas cuestiones de los derechos de propiedad intelectual, de los dilemas éticos y de los asuntos económicos correspondientes (Brown, 2003), surge aquí un problema subyacente a toda la temática de los saberes: la evaluación de su "verdad" por la ciencia o, con otras palabras, la replicabilidad de su eficacia en un contexto diferente del medio de existencia cultural original, única motivación de eventuales inversiones.

Como es obvio, el asunto es de notable relevancia, particularmente en el área de los saberes etnobotánicos y terapéuticos, y una vez más causa problemas a la antropología. Hace un siglo, Edward Tylor la veía como la "ciencia del reformador", que identificaba el miedo supersticioso con vistas a su erradicación. Desde entonces tiene seguidores para los que la existencia de saberes o creencias "aparentemente irracionales" tiene causas meramente psicológicas. Otros, más numerosos y divididos entre diversas líneas de pensamiento –esquemáticamente: empiristas e interpretativistas–, insisten ante todo en la coherencia de sistemas considerados en contexto. Es posible imaginar un sinfín de maneras de construir socialmente un saber científico o no, de contextualizar su significado, de considerar su grado de verdad desde un punto de vista más pragmático y situado que realista, etc., y los antropólogos ponen menos énfasis en el contenido de los saberes que en su vida como procesos de producción de significado anclados en lo social. Por este motivo pueden mantener una relación incómoda con la evaluación de la eficacia empírica de un etnosaber, lo que resulta problemático cuando, implicados en un proyecto de desarrollo o trabajando para una empresa farmacéutica, disponen de autoridad para conceder reconocimiento institucional y el poder de permitir la producción de beneficios. La premisa relativista, cuyas acepciones, en diversos grados, son transversales al pensamiento antropológico, no se adapta a las exigencias normativas de la razón instrumental y económica de las firmas multinacionales. Y no es más aceptable por las "comunidades" locales que descubren una fuente de ingresos y de relativa autonomía en "su" saber, en especial en un universo *multicultural en el que cada vez se tolera menos ver cómo la pluralidad de los saberes y de las prácticas se traduce en desigualdad o en *exclusión de la *ciudadanía.

Es aquí donde tal vez se puede considerar válida la expresión "sociedad del saber". Su carácter pleonástico resulta obvio, pero también es verdad que nunca en la historia se ha producido una aceleración semejante en la producción de saberes nuevos y en el reciclaje de saberes antiguos, una inmediata valoración económica de la innovación, una mercantilización de informaciones de todo tipo –el consumo de información, más que la producción de saber, lo que, por otra parte, tal vez sea el verdadero rasgo distintivo de este modelo–. El trabajo, la propiedad y la relación con los modos de producción ya no serían los grandes factores constituyentes de la vida social y de las identidades, pasando la capacidad para la acción económica y social a ser determinada por el conocimiento, el saber, el capital intangible. En cierto modo, cualquier ciudadano implicado en una actividad de producción de saber se aproximaría inevitablemente a la figura del "intelectual orgánico" según lo describió Antonio Gramsci, es decir, como agente de producción y organización del saber y de la cultura ligado al poder dominante, lo cual sería en la actualidad más difuso en la sociedad que en otros tiempos.

Se trata de una visión que puede ocultar las relaciones de fuerza subyacentes a la distribución social de la autoridad y la legitimidad. Determinadas fases de la crisis del VIH/SIDA proporcionaron una inusitada posibilidad de ampliación de la base social de producción de consenso, con la implicación en el debate científico global y un relativo empoderamiento de grupos locales, a veces *estigmatizados, como los propios enfermos motivados por su supervivencia. Pero no se produjo ningún *global unleashing* de la producción del saber, por ejemplo, sobre las propuestas de modelos inmunológicos alternativos, y el debate sigue orientado más por la hegemonía que por el diálogo (Bastos, 2002 [1999]).

Con todo, la imagen de la "sociedad del saber" evidencia una vez más el hecho de que la gestión social del saber y de los saberes se encuentra indisolublemente ligada al ejercicio de la ciudadanía. Aunque no estén de acuerdo en todas las premisas y en todos los objetivos, realistas y relativistas coinciden en ver en este punto la necesidad ética y metodológica de reflexividad de los científicos sociales (Bourdieu, 2001). Además de que su saber puede ser él mismo objeto e instrumento de "desarrollo" (Cooper y Packard, 1998), objeto de mercantilización o, más probablemente, resultar implicado en un proceso de este tipo, se encuentra hoy más fragmentado y plural que nunca –¿se podría hablar ahora en singu-

lar del "saber de los antropólogos", al igual que se hacía hace veinticinco años?–. En consecuencia, sólo pueden esforzarse en objetivar su propia inclusión en el mundo social que observan y que contribuyen a producir, participando en la producción de todos los saberes del mundo.

Bibliografía

BARTH, Fredrik (2002): "An anthropology of knowledge". *Current Anthropology*, 43 (1): 1-18.

BASTOS, Cristiana (2002 [1999]): *Ciência, poder, acção. As respostas à SIDA*. Lisboa: Imprensa de Ciências Sociais.

BERGER, Peter; LUCKMANN, Thomas (1966): *The social construction of reality. A treatise in the sociology of knowledge*. Garden City, New York: Anchor Books.

BOURDIEU, Pierre (1983): "Vous avez dit 'populaire'?". *Actes de la Recherche en Sciences Sociales*, 46: 98-105.

— (2001): *Science de la science et réflexivité*. Paris: Raisons d'Agir.

BROWN, Michael (2003): *Who owns native culture?* Cambridge: Harvard University Press.

COOPER, Frederick; PACKARD, Randall (eds.) (1998): *International Development and the Social Sciences: Essays on the History and Politics of Knowledge*. Berkeley: California University Press.

CRICK, Malcolm (1982): "The anthropology of knowledge". *Annual Reviews in Anthropology*, 11: 287-313.

GARCÍA CANCLINI, Néstor (1982): *Las culturas populares en el capitalismo*. La Habana: Ediciones Casa de las Américas.

LATOUR, Bruno (1979): *La vie de laboratoire. La production des faits scientifiques*. Paris: La Découverte.

MERTON, Robert (11977 [1945]): *La sociología de la ciencia. Investigaciones teóricas y empíricas*. Madrid: Alianza Editorial.

SHIVA, Vandana; JAFRI, Asfar; BEDI, Gitanjali *et al.* (1997): *The enclosure and Recovery of the Commons. Biodiversity, Indigenous Knowledge and Intellectual Property Rights*. New Delhi: Research Foundation for Science, Technology and Ecology.

TYLER, S. (1969): *Cognitive Anthropology*. New York: Holt, Rinehart and Winston.

VV. AA. (1985): *Les savoirs naturalistes populaires*. Paris: Éditions de la Maison des Sciences de l'Homme.

Jean-Yves Durand

Véanse además ALTERIDAD, CIUDADA-NÍA, Ciudadano, COLONIALISMO Y ANTICOLONIALISMO, COMUNICA-CIÓN, CULTURA, DESARROLLO, DI-FERENCIA Y DESIGUALDAD, Diferencias naturales y diferencias sociales, Diferencias sociales y diferencias culturales, DISCRIMINACIÓN Y EXCLUSIÓN SO-CIAL, Esfera mediática, Espacios locales, ES-TADO-NACIÓN, ESTIGMA, Etnicidad, EXPLOTACIÓN SOCIAL, FRONTERA, Global y local, GLOBALIZACIÓN, HIBRI-DACIÓN, IDENTIDAD, Información, Interculturalidad, MIGRACIONES, Migraciones. Redes sociales, MOVILIDAD, MULTICULTURALISMO, Nacionalismo, Naturalización, Nomadismo y turismo, PA-TRIMONIO, Plurinacionalidad, Poscolonialismo, POSMODERNIDAD, Racismo y neorracismo, Revolución técnico-comunicativa, Sociedad de la información y del conocimiento, Sujeto intercultural, TERRITO-RIOS, TRABAJO, Traducción, Viajes y sistemas de movilidad, VIOLENCIA POLÍ-TICA, Violencia política. Tipos, Xenofobia y xenofilia.

Segregación

Los diccionarios de la lengua, al explicar el vocablo "segregar", manifiestan que consiste en separar. Espacialmente segregar un barrio es independizarlo *administrativamente en orden a obtener un municipio separado e independiente. En España se ha dado un doble proceso de agregación hasta mediados del siglo XX, y a partir de ahí se ha producido un proceso en el que han predominado las segregaciones; pero esta concepción no es la más usual.

El concepto de segregación se suele aplicar a la percepción espacial de la *separación de grupos sociales con una homogeneidad económica, social, *cultural o *étnica. Dicha separación puede tener manifestaciones diferenciadas. La más generalizada es la segregación horizontal, que lleva a un asentamiento de esos grupos sociales en el espacio urbano, formando unidades con una cierta homogeneidad interna o al menos con una percepción de composición social homogénea y *diferenciada del resto de la ciudad que expresa la concentración de unos individuos con características distintas de la composición media de la población. Esta segregación da origen a barrios o zonas claramente diferen-ciadas que, con frecuencia, coinciden con tipologías urbanísticas y arquitectónicas que tienen también una cierta distinción respecto al resto de la ciudad. Al aludir a esta segregación se suele añadir algún calificativo para reforzar su condición social y urbana. Por eso no es raro que se refiera como segregación social, segregación espacial o segregación urbana.

Segregación vertical

Pero existen otras formas de segregación que no implican la agrupación de individuos socialmente homogéneos y diferenciados del resto en un espacio urbano determinado. Algunos autores apuntan la existencia de una segregación vertical, en la que la distribución de los grupos socialmente homogéneos y diferenciados del resto se reparte por todo el espacio urbano, ocupando de forma diferencial las plantas de los edificios. Lo curioso es que esta ocupación selectiva de las plantas puede variar de una ciudad a otra. Maloutas (2001) hace referencia a las plantas bajas de los edificios de Atenas, pero lo mismo podría aplicarse a las ciudades inglesas en las que las viviendas de los pisos bajos o sótanos, que tienen una entrada diferenciada por el denominado "patio inglés", suelen estar habitados por hogares con una condición social distinguible por su posición inferior.

Esta localización socialmente diferenciada ha dado lugar a una concepción en la que las clases sociales se inscriben de forma distinta en el espacio vertical. Una serie televisiva denominada "Arriba y abajo" –Up and down– trató de recoger lo que suponía a principios de siglo la vida en cada uno de estos lugares del edificio. Pero tampoco se puede generalizar esa división, ya que en otras ciudades y en otras ocasiones los grupos sociales de categorías inferiores o las *minorías étnicas habitaban precisamente el piso superior. En Francia las denominadas chambres de bonne, en las que habitaba la servidumbre, estaban separadas de las viviendas de las clases medias y burguesas y localizadas en la planta superior del edificio a la que, en ocasiones, se accedía por una escalera independiente. Estas viviendas de tamaño reducido, y con frecuencia mal equipadas –un retrete común para una parte o la totalidad de ellas–, han sido readaptadas poco a poco y actualmente son habitadas por jóvenes estudiantes y en general por personas que tienen pocos recursos y viven solas.

En otros países esta diferencia social ligada a la altura desapareció con la implantación

de los ascensores, que contribuyeron a homogeneizar el espacio vertical de los edificios al
terminar con la *discriminación del esfuerzo
físico por acceder a los pisos elevados. Es el caso español en el que todavía puede verse en algunos de los edificios, construidos a finales
del s. XIX en los ensanches, una distinción entre
los pisos inferiores y las plantas más altas que
lleva incluso a una denominación diferenciada. En algunos de estos edificios la primera
planta se denominaba principal y tenía una
configuración distinta que se manifestaba en
techos más elevados, dimensiones mayores y
ventanas o balcones exteriores más adornados.

En ese caso la implantación de los ascensores, junto con el desarrollo del tranvía eléc-
trico y el traslado de los habitantes de los pisos
altos a los barrios obreros de las *periferias,
contribuyó a un cambio en la forma espacial
de la segregación. La segregación vertical se
transformó en segregación horizontal. Los
más desfavorecidos, además de recorrer una
mayor distancia para acceder a su *trabajo, siguieron subiendo pisos, pero esta vez lo hicieron en las viviendas sociales de la periferia,
muchas de ellas de promoción pública, construidas a mitad del siglo XX en las grandes
ciudades, sin ascensor por el encarecimiento
que este equipamiento suponía en el precio
del inmueble.

Ambigüedad de la segregación

La existencia de espacios segregados,
cualquiera que sea su orientación *territorial,
se puede estudiar social y políticamente de
forma diferenciada. Por una parte, hay situaciones de segregación que se consideran de
forma positiva en la medida en que dotan a la
ciudad de un pintoresquismo y de un coloris-
mo que puede incluso atraer a los visitantes.
La presencia de barrios chinos en algunas ciudades se mira de esa forma, como la existencia
de barrios en los que la concentración de ciertos grupos da lugar a manifestaciones culturales, espaciales o comerciales que resultan
atractivas para el conjunto de la población. El
barrio chino de San Francisco es una expresión de esa segregación con consideraciones
positivas por parte de sus habitantes.

En el extremo contrario hay situaciones
de segregación que se consideran de forma
negativa por los efectos que tiene para los habitantes de ese barrio y para el conjunto de la
ciudad.

Finalmente existe una cierta percepción
neutra sobre la segregación, asumiéndola

simplemente como una expresión espacial de
las desigualdades propias de una sociedad
competitiva. Pero la existencia del "efecto barrio" en las zonas segregadas impulsa políticas que eviten su formación y desarrollo.
Dicho efecto supone que en zonas segregadas
socialmente, con predominancia de grupos
con escasos recursos, la segregación contribuye a empeorar sus condiciones de vida.

Otros tipos de segregación se expresan en
espacios distintos del marco residencial. En
gran parte de los sistemas de transporte existe
una diferenciación por clases que recoge la división social existente. Hasta los años sesenta,
los ferrocarriles españoles tenían tres clases
que luego se redujeron a dos: primera y segunda. Los aviones suelen tener con frecuencia dos clases y en los vuelos largos se suele
ampliar a tres las opciones de clase. Esta diferencia no siempre ha venido acompañada de
unas condiciones de transporte mejores que
las justifiquen, de forma que el principal fin es
con frecuencia una separación de los individuos pertenecientes a cada grupo social.

Estas diferencias se extienden de manera
más o menos evidente a otras actividades y
servicios, la sanidad o el deporte. Hasta la cultura tiene manifestaciones y espacios diferenciados, tal como muestra Bourdieu (1979) al
separar la cultura *sabia de la cultura popular.

La segregación viene de arriba

Pero hablar de segregación es sobre todo
referirse a la separación de los espacios residenciales. Más allá de las situaciones concretas de segregación, existen procesos segregacionistas que suponen la formación de
estas unidades urbanas o espacios segregados.
En gran parte de las ciudades actuales, tal como se deduce de los análisis temporales realizados, las clases altas son las que más se
segregan y cuentan con índices de segregación más elevados (Preteceille, 2004), formando barrios y zonas residenciales que pueden
llegar a cerrarse para seleccionar y controlar a
las personas que quieren entrar en ellas. Se
trata de un fenómeno que es más frecuente en
América que en Europa, dando lugar a las
gated cities, en las que se puede llegar a controlar las características de las personas que
habitan en ellas a partir de unos estatutos especiales que fijan la condición de sus residentes y de los que puedan sustituirles. Algunas
de estas ciudades segregadas pueden llegar a
tener una separación física, una vigilancia
privada y un control estricto de sus accesos.

La localización de estos espacios puede cambiar según las ciudades y su proceso de crecimiento y transformación. Burgess (1967) detalla el proceso de formación de las periferias de clase media en las ciudades de Estados Unidos a comienzos del s. XX, dando lugar paralelamente a la formación del *Slum*: las zonas centrales e interiores de las urbes en las que se asentaban los más desfavorecidos. Este autor describió los procesos de formación de estos espacios, tratando de generalizar su pauta en las ciudades americanas de su tiempo, lo que fue posteriormente contestado por el hecho de que dicho modelo no se verificaba igual en otras ciudades de la misma época.

La transformación de la composición social de las ciudades, los cambios en las formas de convivencia y en la valoración del espacio urbano han llevado a variaciones notables en ese espacio de segregación. En casi todas las ciudades de los países industrializados se ha producido en las últimas décadas una cierta inversión de los procesos de segregación y los centros urbanos remodelados se han convertido en un espacio atractivo para las clases medias y altas, conformando un proceso que se ha denominado en inglés *gentrification* cuya traducción sería la de "aburguesamiento" de esos espacios centrales. Este proceso suele venir potenciado por el desarrollo de los hogares constituidos por una pareja o por una sola persona, en los que la dependencia de la cercanía de equipamientos, lugares de trabajo y sistemas de transporte público resulta mayor que para los hogares de mayor tamaño de las periferias. Ese proceso tiende a afirmarse y contribuye a cambiar la fisonomía de una buena parte de los espacios centrales de muchas ciudades, de manera que la variación en la composición social de los mismos supone una transformación en las formas arquitectónicas, los equipamientos y los comercios de dichas zonas.

Factores de segregación

Los procesos de segregación espacial se asientan en la existencia de una diferenciación social y vienen potenciados por diversos factores, entre los que hay que tener en cuenta: el mercado de la vivienda, la localización de los empleos, los sistemas de transporte y la intervención pública a partir de acciones que tratan de contrarrestar este proceso que suele ser considerado de forma negativa en la valoración social y política debido a los efectos que puede llegar a tener.

La sola existencia de una diferenciación social en una ciudad no es por sí misma un elemento necesario para que se produzcan situaciones de segregación ni procesos segregativos. Pero en principio se puede decir que hay una tendencia por la que los individuos tratan de asentarse en los espacios urbanos en los que existe una serie de ventajas frecuentemente ligadas a la localización en ellos de individuos de sus mismas condiciones. Esto puede ser especialmente relevante para los grupos más favorecidos, de forma que el territorio residencial se dota de un valor social en el que intervienen aspectos diferenciados, como pueden ser la centralidad, las condiciones del entorno, en términos de conflictividad, el paisaje, la contaminación y, por supuesto, las características de los habitantes que habitan en ese espacio. A pesar de ello no se puede establecer una relación directa entre el grado de segregación y de desigualdad económica, social y étnica de estos grupos, ya que, como se ha expresado antes, la segregación puede tener muchas expresiones cuya medición unitaria resulta muy difícil.

Las condiciones de localización de los empleos puede condicionar este reparto de los grupos sociales en el territorio. En las ciudades industriales de comienzos de siglo los asentamientos de las clases trabajadoras solían estar cercanos a las fábricas en las que trabajaban; cuando éstas se asentaban en la periferia de la ciudad, el resultado era que los barrios obreros eran los barrios periféricos cercanos a las zonas industriales. En la medida en que la ciudad crecía y estos barrios eran envueltos por ese crecimiento, el carácter periférico de estas localizaciones cambiaba.

En la actualidad los procesos segregativos de la mayor parte de las ciudades de los países desarrollados vienen marcados por el comportamiento del mercado de vivienda, trasladando en parte el valor social de las zonas al precio de las viviendas que se asientan en ellas, de manera que dicho mercado se convierte en un distribuidor de los grupos sociales en el territorio. No es extraño encontrarse con zonas de características similares en cuanto a su entorno y sus oportunidades, pero con precios diferenciados para viviendas de las mismas características, siendo la composición social de esas áreas el único elemento que explica tal variación de precios. Las periferias de una buena parte de las ciudades europeas tienen zonas de composición social diferenciada que se reflejan en la existencia de precios de vivienda distintos y, a veces, tan distanciados como la propia diferenciación social.

Pero estos procesos de segregación pueden venir también condicionados por otra serie de elementos, entre los que hay que considerar de forma especial la facilidad de transporte, la proximidad de los empleos de mayor relevancia y prestigio y la cercanía de ciertos servicios y equipamientos.

La facilidad de transporte ha marcado desde hace mucho tiempo el valor de la vivienda y las características sociales de los espacios residenciales. La facilidad de acceso al trabajo y a los servicios, que algunas condiciones de transporte pueden prestar, induce cierta valoración del espacio circundante y, como consecuencia, un asentamiento en el mismo de los hogares con rentas más elevadas. Esto puede darse por la existencia de autopistas, líneas férreas o estaciones de metro.

La proximidad del asentamiento de los trabajos más valorados suele también influir en la valoración del espacio social, en una mutua interacción que puede explicar asimismo las formas históricas de los procesos de segregación. Las oficinas de mayor prestigio pueden localizarse en los espacios centrales o en los más valorados socialmente, pero a su vez su proximidad reafirma este valor y atrae la localización residencial de los grupos sociales más favorecidos.

La proximidad de ciertos servicios también condiciona los asentamientos de los grupos sociales. Los centros escolares y las universidades han tenido una gran influencia en la formación del valor social del espacio y en la concentración de los grupos sociales más favorecidos. Este proceso puede tener características distintas según se trate de instalaciones públicas o privadas, pero ambas influyen en esa diferenciación social del espacio residencial. La localización de los mejores liceos en las ciudades francesas no es ajena al asentamiento de grupos sociales más favorecidos en su entorno, cuando existen circunscripciones espaciales de extracción de los alumnos. Esto puede extenderse también a la proximidad de las mejores universidades.

Pero la localización de los centros escolares privados de elite también condiciona el asentamiento de los grupos sociales, a partir de los precios de las viviendas de su entorno, en un proceso de interacción similar al que se daba en el caso de la localización de las actividades de oficina. Los centros tienden a establecerse en lugares bien valorados a los que a su vez contribuyen a dotar de su valor social.

Este proceso es extensivo a la localización de otras actividades, en especial a los emplazamientos de ciertos clubes deportivos de elite: golf, hípica, etc.

Bibliografía

BOURDIEU, P. (1979): *La distinction: critique social du jugement*. Paris: Editions Minuit.

BURGESS, E. (1967): "The growth of the city: an introduction to a research project", en R. Park, E. Burgess y R. McKenzie (eds.), *The city*. Chicago: University of Chicago Press, 47-62.

LEAL, J. (2005): "La segregación urbana y el impacto del mercado de viviendas". *Revista Economistas*, 103: 37-51.

MALOUTAS, T.; KARADIMITRIOU, D. (2001): "Vertical social differentiation in Athens: alternative or complement to community segregation?". *International Journal of Urban and Regional Research*, 25, 4: 699-716.

PRETECEILLE, E. (2004): "L'évolution de la ségrégation sociale et des inégalités urbaines: le cas de la métropole parisienne". *The Greek Review of Social Research*, 113: 105-120.

Jesús Leal Maldonado

Véanse además Acciones afirmativas, *Apartheid*, Centro-periferia, Criollización, CULTURA, DIFERENCIA Y DESIGUALDAD, Diferencias sociales y diferencias culturales, Discriminación positiva, DISCRIMINACIÓN Y EXCLUSIÓN SOCIAL, ELITES, ESTIGMA, Etnicidad, Extranjero, Frontera geográfica y administrativa, GENOCIDIO, INTEGRACIÓN, Integración educativa, Mestizaje, MINORÍAS, MULTICULTURALISMO, NUEVOS MOVIMIENTOS SOCIALES, Racismo y neorracismo, TERRITORIOS, TRABAJO, Xenofobia y xenofilia.

Sociedad de la información y del conocimiento

Estamos viviendo una revolución tecnológica –de la *información y la *comunicación– que conlleva una radical transformación sociocognitiva capaz de afectar a prácticamente todos los aspectos de nuestra vida. Emergen nuevos ecosistemas comunicativos en los que se conectan la pantalla televisiva con la del ordenador y la del teléfono o el videojuego y se superponen escritura, grafismo, imagen, voz, música. Las tecnologías y los nuevos medios están cambiando los modos de conocer, de relacionarse, de ver, de aprender; hacen surgir nuevos lenguajes y nuevas formas de economía, de experiencia y de cultura.

El conocimiento y la información son esenciales en múltiples procesos sociales, en particular en los de producción económica, como se refleja, por ejemplo, en que la innovación sea el principal factor de productividad y la educación la cualidad clave de los que Castells llama los nuevos productores del capitalismo informacional: los generadores de conocimiento y los procesadores de información. La revolución tecnológica de la que hablamos se basa en la informatización, en el hecho de que toda señal y todo texto visual o auditivo son traducibles a un sistema digital y reversibles a su forma original. Puede así ser tratado en programas de ordenador y circular por los nuevos canales ultrarrápidos –que permiten realizar también transacciones financieras instantáneas capaces de desplazar enormes riquezas de un punto a otro del globo–. Como toda información, ese registro será clasificado y almacenado conforme a criterios y categorías propios del archivador. Y puede también ser combinado con elementos de cualesquiera otros orígenes y lenguajes digitalizables para formar un nuevo texto compuesto según los estándares del formato y del medio al que se vierte.

Las posibilidades de acceso a la información se abren y multiplican en formas con frecuencia muy atractivas y accesibles, sobre todo para quienes, como los jóvenes, se incorporan fácilmente a los nuevos desarrollos de estas tecnologías. Esto nos obliga a estudiar qué capacidades permiten a los jóvenes utilizar la información de modo que incremente sus recursos cognitivos y creativos, les abra posibilidades sociales, profesionales, etc. Necesitamos comprender los nuevos entornos del conocimiento, difusos y descentrados, en que los jóvenes reciben una mixtura de imágenes, palabras, música, que está desplazando las fronteras entre imaginación y razón, entre *saber e información. Conviene indagar cómo se elaboran los marcos cognitivo-valorativos y las orientaciones que permiten organizar y dar sentido a esos caudales de información, y cómo se critican y reelaboran aquellos marcos que nos vienen dados. A desarrollar estas funciones se habrán de aplicar sobre todo las instituciones de la enseñanza, los medios de comunicación y las asociaciones de usuarios y públicos.

La educación está sometida a una especial tensión que exige una reflexión en profundidad sobre las formas tradicionales de transmisión del conocimiento, así como sobre los contenidos que se imparten en el aula o la hostilidad de la escuela a la imagen y a los medios de comunicación. Las instituciones de la educación parecen a menudo atrincheradas en el modelo lineal de adquisición de conocimientos dosificados en paquetes adscritos a las sucesivas edades, como señalan Martín-Barbero y Rey. Este modelo lineal y secuencial, basado en este libro, no es eterno ni incuestionable. Lejos de una actitud defensiva, el aula debe estudiar sus nuevas funciones y cómo realizarlas: cómo articular las antiguas con las nuevas condiciones del saber, hoy diversificado y difuso; el modelo escolar tradicional con los modos descentrados, plurales, en palimpsesto, en que se presentan ahora los saberes; la alfabetización formal, que seguirá precisando de la escuela, con las múltiples escrituras audiovisuales e informáticas; cómo puede aportar la educación marcos de sentido y valor; cómo introducir a los alumnos en las dinámicas de innovación y los procesos de aprender a aprender. Por su parte, en los últimos peldaños de la formación, las universidades más autoexigentes y con más nivel de investigación son elementos fundamentales de los polos de innovación tecnológica, no sólo por su capacidad de producir conocimiento, sino también por aportar espacios de discusión libre que, junto con el dinamismo de la vida social y cultural de ciertas ciudades, son esenciales para generar innovación.

La mediatización de la política exige comprender mejor los diferentes tipos de géneros, discursos y *constructos* mediáticos, así como las cuestiones relativas a las relaciones entre discurso e imagen; carisma e *identificación. La construcción de la imagen de cada grupo u opción política tiene algo en común con la construcción de la imagen de una marca comercial, pero también con las formas de identificación* con un "nosotros", la representación de los intereses y la tensión social de las voces, los discursos y las opiniones. Son factores decisivos en la presencia y eficacia mediática de las ideas, los líderes o los discursos, de una parte, su frecuencia de aparición, su fuerza, su capacidad de afectar o escandalizar; de otra, su capacidad de enlazar con ciertos rasgos que compongan en la memoria y la imaginación de las audiencias una forma significativa, un marco con sentido. Sin duda los medios son el espacio fundamental para la difusión de imágenes, ideas y puntos de vista, tradicionales o innovadores, así como de propuestas culturales y políticas, por lo que es preciso crear lugares de observación, discusión y elaboración crítica y dialógica de sus producciones. La *ciudadanía está hoy asociada al "reconocimiento recíproco", esto es, al derecho a ser visto y oído, que equivale a existir socialmente, como señala Rey (1998). La construcción visual de lo social implica para los *nuevos movimientos sociales y las *minorías la demanda de hacerse visibles socialmente *en su *diferencia*. Cabe plantearse entre los derechos necesarios para el ejercicio de la ciudadanía el de la crítica de los medios como espacios públicos, esto es, de acceso abierto e igual para todos.

Internet sí es un espacio abierto, igual para todos los que tengan una conexión de cierta calidad e interactivo, por lo que está cambiando las formas de producción, archivo y difusión de cultura y conocimiento, además de las de relación interpersonal. Al ser un espacio vigilado pero difícil de controlar en las sociedades más abiertas, su importancia de cara a la difusión de propuestas políticas, entre otras muchas funciones, es creciente. Junto con los nuevos medios de telecomunicación y telefonía, ha influido poderosamente en la transformación de las relaciones espaciales, permitiendo la comunicación instantánea y plural a cualquier distancia; el intercambio y recombinación de escritos, música, imágenes, y la creación por parte de individuos o colectividades de hipertextos, a su vez potencialmente abiertos e interactivos, con fines que pueden ir de lo práctico a lo lúdico, de la investigación a la delincuencia. Las comunidades que continuamente se crean en la red están produciendo nuevos lenguajes o nuevas formas y usos de los lenguajes comunes. Surgen posibilidades de autoformación inéditas con la facilidad para conectar con actores, lenguajes y saberes, o con centros de formación alejados, pero presentes y activos en nuestro entorno virtual. Los debates sobre una cuestión se incorporan instantáneamente al archivo de los saberes especializados o no –por ejemplo, en la enciclopedia interactiva *wikipedia*–, con lo que las barreras entre espacios de formación y de discusión, o académicos y periodísticos, se empiezan a disolver.

La sociedad de la información no se da sin una hipermercantilización: las relaciones, los saberes, las ideas, los servicios, la atención social básica asumen la forma de mercancías y se someten a las reglas del mercado. El *consumo precisa y realiza una hiperindividualización. Cada uno trata de distinguirse por sus opciones culturales, que se traducen en su estilo de consumo. Así el consumo ha cambiado la relación de prelación entre economía y cultura, ya que es dominando las formas de diferenciación y agrupación simbólico-cultural como las mercancías y las marcas consiguen el dominio económico del mercado. Al igual que los productos, las universidades, los políticos o las organizaciones que luchan por una causa, todos se introducen en el inmenso flujo comunicacional y se hacen visibles en él sólo si adquieren un carácter distintivo, un perfil de identidad al que se asocian algunos rasgos de sentido, vinculados a alguna sensación o emoción. Si la información, la comunicación y el sentido se adaptan al mercado, por su parte los productos de consumo y las marcas se nos presentan como comunicación y como construcciones de sentido.

Los flujos de información y comunicación superponen e *hibridan tradiciones, saberes y prácticas sociales, no en una confusión caótica, como suponen algunos, sino en formatos, géneros y rituales reconocibles, surgidos de otros anteriores o enteramente nuevos. Estamos empezando a conocer los géneros que emergen en la neotelevisión, los foros abiertos en red o los ciberjuegos colectivos y las formas de participación que procuran. Más interesante que entenderlos a partir de formas anteriores de comunicación será ver qué intereses, afectos, objetos, conocimientos e identidades traducen o mueven estos espacios de relación y experiencia, cuyas aplicaciones a la educación, por ejemplo, están por ser exploradas: apenas se están incorporando las narraciones audiovisuales a la escuela, cuando se puede participar en un juego virtual sobre "La caída del imperio romano", pongamos por caso, del que ignoramos qué capacidades cognitivas abre y cuáles cierra o qué resulta traducible de la escritura a la imagen y la oralidad mediática, de la narración histórica al formato del juego, etc. Participar en este mundo supone activar competencias muy diferentes que nos llevan a resignificar, *traducir la experiencia a los nuevos lenguajes y enciclopedias de los que nos hemos apropiado para dar sentido a nuestro mundo y nuestra vida.

La fluidez de la identidad, la flexibilidad, versatilidad y creatividad que se atribuyen al sujeto *posmoderno son exigencias del capitalismo informacional, aunque a menudo se presentan como formas de superar el esencialismo *moderno de la identidad. Allí donde es mayor la erosión de los vínculos sociales y de las plataformas de acción o asociación colectiva, las personas quedan expuestas al sistema económico, que exige capacidad de reeducarse, de adaptarse a nuevas demandas y de crear proyectos y conexiones innovadores y productivos. Aquellos que no tengan estas capacidades, quienes carezcan de la rapidez de movilidad requerida, resultan en mayor o menor grado marginados o excluidos del sistema. Pero, incluso para los integrados en la sociedad del capitalismo informacional, ni el mercado ni las tecnologías satisfacen las necesidades de sentido. Por ello la identidad parece que seguirá siendo un problema y un índice de este déficit de sentido –compañero de la continua generación de inestabilidad y ansiedad– en los actuales procesos de subjetivación.

Bibliografía

BOLTANSKI, L.; CHIAPELLO, E. (2002): *El nuevo espíritu del capitalismo*. Madrid: Akal.

CASTELLS, M. (1996-1998): *La era de la información*. Madrid: Alianza. 3 vols.

LASH, S. (2005): *Crítica de la información*. Buenos Aires: Amorrortu.

LATOUR, B. (2005): "Dialogue sur deux systèmes de sociologie", en D. Trom y C. Lafaye (dirs.), *Le sens de la justice. Actes du colloque de Cerisy*. Paris: Economica.

MARTÍN-BARBERO, J.; REY, G (1999): *Los ejercicios del ver*. Barcelona: Gedisa.

PASCUAL, M. (2006): *En qué mundo vivimos. Conversaciones con Manuel Castells*. Madrid: Alianza.

PEÑAMARÍN, C. (2006): "Il focolare e il mondo. L'imaginazione nei discorsi informativi e pubblicitari". *Versus. Quaderni di studi semiotici*, 100.

REY, G. (1998): *Balsas y medusas. Visibilidad comunicativa y narrativas políticas*. Bogotá: Fescol/Cerec.

Cristina Peñamarín Beristain

Véanse además ALTERIDAD, CIUDADANÍA, COMUNICACIÓN, CONSUMO CULTURAL, DIFERENCIA Y DESIGUALDAD, DISCRIMINACIÓN Y EXCLUSIÓN SOCIAL, Esfera mediática, Espacio de los flujos, Espacio red, ESPACIO-TIEMPO, HIBRIDACIÓN, IDENTIDAD, Información, INTEGRACIÓN, Megalópolis, MINORÍAS, Modernidad, Modernización, MOVILIDAD, Multilingüismo, NUEVOS MOVIMIENTOS SOCIALES, POSMODERNIDAD, Revolución técnico-comunicativa, SABER Y SABERES, Traducción.

Sujeto intercultural

El concepto de sujeto *intercultural se ha formulado en las últimas dos décadas para contraponerlo a la idea, en muchos casos implícita, de un sujeto que se construye a partir de su pertenencia a una única *cultura de referencia. En el pensamiento histórico y social del s. xx era relativamente habitual que se hablara de un sujeto "inglés", un sujeto "obrero", como si cualquier condición social fuera homogénea, estable y monocultural.

El énfasis sobre el sujeto intercultural es una manera de rescatar las experiencias de aquellos que vivieron o viven entre culturas y no solamente en culturas. La teoría de la interculturalidad ha crecido en América Latina en el contexto de una revisión radical de las narraciones históricas nacionales, así como de las construcciones hegemónicas sobre el papel relativo de cada tradición cultural diversa en la propia definición de los sujetos de los pueblos y las *etnias del continente. El debate sobre el sujeto intercultural se relaciona actualmente con otras aproximaciones críticas y de ruptura con el *eurocentrismo, fundador de nuestros *Estados nacionales y que se convirtió en obligatorio en nuestras instituciones académicas. De ahí la intensificación del debate sobre la interculturalidad en el área de la educación. En realidad, la tradición escolar en todo el espacio académico continental fue básicamente monocultural: nuestras escuelas y universidades fueron creadas desde la *colonia para reproducir el *saber –y también el propio concepto del saber– europeo. Para eso fue necesario negar los saberes no europeos de los pueblos originarios de las Américas y de las poblaciones africanas que allí resultaron *esclavizados. Por este motivo, el movimiento de colonización cultural llevado a cabo en América debe entenderse también como un proceso intensamente anticultural.

En este contexto, la teorización y promoción del sujeto intercultural están vinculadas a la crítica *poscolonial motivada por la descolonización y a la reivindicación de la *diferencia cultural no europea. De este modo, la interculturalidad sería el trabajo positivo, productivo y progresivo de asimilación, absorción y convivencia, en el mismo individuo, de los símbolos, valores y horizontes culturales de origen europeo, indígena, africano y asiático. La colonización de América requirió un robustecimiento de los valores europeos en todos los ámbitos de la vida –religiosos, jurídicos, filosóficos, sexuales y económicos– que los nativos y esclavos debían asimilar. Al mismo tiempo, los colonizados se vieron forzados a abandonar sus propios valores y tradiciones culturales. Obviamente, afirmar la interculturalidad no presupone la existencia de *esencias culturales. Cuando hablamos de valores propios queremos decir solamente no europeos, una vez que, obviamente, el proceso de *hibridación cultural ya era habitual entre los pueblos africanos esclavizados y entre las naciones indígenas del continente denominado América por los conquistadores europeos. En consecuencia, el proceso colonial conllevó un proyecto de negación de la experiencia intercultural, tanto para los colonizados como para los colonizadores.

Dada la ambivalencia de la situación colonial latinoamericana, no se cumplieron ni la fantasía colonialista de una asimilación completa de los colonizados ni una protección perfecta de los colonizadores contra la asimilación de aspectos culturales de los pueblos indígenas y africanos. Lógicamente, no estamos hablando de interculturalidad horizontal como una dimensión de la realidad cultural separada de las estructuras históricas de poder –por ejemplo, descubrir que el sujeto inglés o francés también es intercultural–, sino de sujetos interculturales que luchan por la afirmación de aquellas dimensiones de sus experiencias que han sido *negadas, censuradas, descalificadas o reprimidas a lo largo de los últimos cinco siglos.

El actual debate sobre el sujeto intercultural pretende recuperar las múltiples dinámicas de *tránsito cultural –que dan lugar a tránsitos *identitarios–, tanto en la experiencia histórica de nuestros pueblos como en el momento presente. A partir de estos horizontes conceptuales se pasa a proponer la afirmación de la interculturalidad en diversas dimensiones.

Una afirmación del sujeto intercultural pasa por la recuperación histórica de intelectuales subalternos, indígenas o negros, que han ofrecido y aún ofrecen perspectivas propias de lo que ha sido la experiencia de los pueblos latinoamericanos, al igual que propuestas y proyectos para su reformulación individual y colectiva a partir de la descolonización.

Dentro del proyecto de descolonización del saber dominante, diversos investigadores y activistas pretenden recuperar voces censuradas y silenciadas de sujetos, negros e indígenas, que vivieron la interculturalidad bajo el régimen *racista y eurocéntrico de nuestros Estados nacionales. De esta forma, es posible rescatar las figuras de Malinche en México y de Waman Poma en Perú, como testigos interculturales del *genocidio humano y cultural de la conquista española. Y también cabe mencionar a los africanos Ouladah Equiano y Quobna Ottabah Cugoano, llevados a las Américas como esclavos, que han dejado narraciones abolicionistas y críticas con la hipocresía de la Ilustración europea, que apoyó la esclavitud y el genocidio europeo generalizados contra los pueblos no europeos. Otro importante testimonio del genocidio blanco en el s. XX es el conjunto de escritos de Manuel Quintín Lame, líder de los indios guambianos de Cauca, en Colombia. En la actualidad se está produciendo en muchos países un gran movimiento de publicación de textos de líderes indígenas, chamanes, sacerdotes de las religiones de matriz africana y otros representantes de *alteridades negadas que reflejan la experiencia intercultural de aquellos que se han visto sometidos a la *modernidad occidental eurocéntrica y le oponen resistencia, con el apoyo de la subjetividad intercultural que han desarrollado. Como no podía dejar de ser, estos textos de resistencia intercultural configuran discursos híbridos, generados en un *espacio fronterizo cuya mera existencia constituye una afirmación de la dignidad del subalterno latinoamericano frente a los discursos de normativización de las *elites eurocéntricas dominantes.

Una dimensión importante de la afirmación intercultural es la *educación. En varios países latinoamericanos se están desarrollando proyectos de formación intercultural de profesores indígenas, lo que implica una revisión profunda del contenido de los cursos, de los currículos, de los materiales didácticos e incluso de los métodos pedagógicos de vida escolar en la enseñanza primaria, secundaria e incluso en la superior. La educación monocultural, base de la reproducción del eurocentrismo subalternizante en América Latina, deja paso a una práctica educativa intercultural. El monolingüismo obligatorio se sustituye por una enseñanza bilingüe. Están creciendo aceleradamente proyectos de educación superior intercultural en Brasil, Chile, Perú, Bolivia, Colombia, Ecuador, Venezuela, Nicaragua y México. La imagen blanca del sujeto de saber, cristalizada hace siglos y reproducida por las instituciones estatales, se ve desafiada por las imágenes de indígenas y negros que, capaces de transitar simultáneamente por la cultura occidental y por tradiciones indígenas y africanas, empiezan a asumir en la esfera pública papeles de educadores y de sujetos de saber y autoridad.

En el caso brasileño, por ejemplo, la lucha a favor de *acciones afirmativas para negros e indios en las universidades supone un cuestionamiento del saber académico occidental, descalificador y excluyente de las interculturalidades indígenas y africanas. No se trata, pues, simplemente de incluir individuos negros e indígenas en el mismo formato académico establecido, de carácter eurocéntrico e implícitamente racista, sino de transformar el modelo vigente, haciendo que, de ser un sistema monocultural, sea intercultural.

La afirmación de la interculturalidad en América Latina cuestiona el control que la elite intelectual blanca ha tenido hasta el día de hoy sobre las instituciones culturales y científicas, en la medida en que defiende no sólo nuevas dimensiones de la cultura de los pueblos nacionales, sino también nuevos sujetos, no blancos, que pasan a asumir el lugar y la autoridad de los saberes culturales y científicos. En este sentido, el sujeto intercultural configura un sujeto que quiere afirmar su protagonismo y no sólo que le reconozcan que es híbrido culturalmente.

Un ejemplo importante del significado de la lucha por la afirmación de la interculturalidad en América Latina es la Declaración de Cuzco, firmada por la Coordinadora Andina de Organizaciones Indígenas el 17 de julio de 2006, y que lleva por título "Hacia la Construcción de Estados Plurinacionales y Sociedades Interculturales". Al proponer una Agenda Indígena Andina, la Declaración afirma: "Basta ya de que otros nos '*traduzcan' o 'interpreten', o que nuestra 'participación' sea de comentaristas de la agenda de otros –Banco Mundial, BID, CAN, Estados, Ministerios, ONG–. Debe ser al revés: ahora nosotros los invitamos a debatir el sentir y las propuestas de nuestros pueblos."

Declaraciones como ésta recuperan la perspectiva construida por sujetos, hombres y mujeres negros e indígenas, que han reaccionado a siglos de dominación occidental en América Latina. Su interés por buscar la afirmación de un espacio de expresión intercultural no implica necesariamente negar por completo la cultura occidental, sino cuestionar su exclusividad y su pretensión de superioridad como referente en la formación de individuos que cuentan también con otras referencias. Se trata de cruzar éstas en busca de una recíproca fertilización y aceptación. En dirección contraria al sectarismo monocultural, el sujeto asumidamente intercultural aspira a construirse como sujeto dialogante.

Bibliografía

AARUP, Annie (1995): «Defining Intercultural Competence: A Discussion of its Essential Components and Prerequisites», en L. Sercu (ed.), *Intercultural Competence: A New Challenge for Language Teachers and Trainers in Europe*. Aalborg: Aalborg University Press, 41-52.

COORDINADORA ANDINA DE ORGANIZACIONES INDÍGENAS (2006): *Declaración del Cusco. Hacia la Construcción de Estados Plurinacionales y Sociedades Interculturales*. Cusco: Coordinadora Andina de Organizaciones Indígenas. 17 de julio.

DIETZ, Gunther (2003): *Multiculturalismo, interculturalidad y educación: una aproximación antropológica*. Granada: Universidad de Granada.

FRIEDMAN, Jonathan (2001): *Identidad cultural y proceso global*. Buenos Aires: Amorrortu.

FULLER, Norma (ed.) (2002): *Interculturalidad y Política. Desafíos y Posibilidades*. Lima: Red para el Desarrollo de las Ciencias Sociales en el Perú.

GARCÍA CANCLINI, Néstor (2004): *Diferentes, Desiguales y Desconectados. Mapas de la Interculturalidad*. Barcelona: Gedisa.

MIGNOLO, Walter (2003): *Historias Locales/Diseños Globales. Colonialidad, Conocimientos Subalternos y Pensamiento Fronterizo*. Madrid: Akal.

MOREIRAS, Alberto (2001): *A Exaustão da Diferença. A Política dos Estudos Culturais Latino-Americanos*. Belo Horizonte: Editor da UFMG.

QUIJANO, Aníbal (1992): «Colonialidad y Modernidad/Racionalidad», en Heraclio Bonilla (ed.), *Los Conquistados. 1492 y la Población Indígena de las Américas*. Quito: Libri Mundi. Bogotá: Tercer Mundo Editores.

QUINTIN LAME, Manuel (2004): *Los Pensamientos del Indio que se Educó dentro de las Sel-*

vas Colombianas. Cali: Editorial Universidad del Cauca/Universidad del Valle.

WALSH, Catherine; SCHIWY, F.; CASTRO-GÓMEZ, Santiago (eds.) (2002): *Indisciplinar las Ciencias Sociales. Geopolíticas del Conocimiento y Colonialidad del Poder*. Quito: UASB/Abia Ayala.

WALSH, Catherine; GARCÍA LINERA, Álvaro; MIGNOLO, Walter (2006): *Interculturalidad, Descolonización del Estado y del Conocimiento*. Buenos Aires: Ediciones del Signo.

José Jorge de Carvalho

Véanse además Acciones Afirmativas, Aculturación, ALTERIDAD, Ciudadano, COLONIALISMO Y ANTICOLONIALISMO, CULTURA, DESARROLLO, DIFERENCIA Y DESIGUALDAD, Diferencias sociales y diferencias culturales, DISCRIMINACIÓN Y EXCLUSIÓN SOCIAL, ELITES, Esclavitud, ESTADO-NACIÓN, ESTEREOTIPOS Y ESENCIALIZACIÓN, Etnicidad, Etnocentrismo y relativismo cultural, FRONTERA, Fronteras simbólicas, GENOCIDIO, HIBRIDACIÓN, IDENTIDAD, Integración educativa, Interculturalidad, Modernidad, Poscolonialismo, Racismo y neorracismo, SABER Y SABERES, Traducción, Transculturación.

T

Territorios

No hay pueblo sin territorio, bien sea que haya una *circunscripción directa y enraizada o que, en su defecto, se tenga una referencia memorística sobre un territorio de origen y que, a partir de territorios de adopción, como sucede con los *inmigrantes, se representen de alguna manera los territorios dejados.

El territorio es un concepto que aparece en los diccionarios de lengua castellana hacia 1739. Desde entonces numerosas obras se han escrito desde distintas disciplinas y problemáticas acerca de esta noción. Su importancia radica en que el territorio es también la significación cultural del espacio físico, el sustrato que posibilita poner orden, sentido y lógica a las relaciones sociales. El territorio es sin duda una de las expresiones más fuertes de la *espacialización del poder, del saber y de las relaciones de cooperación o de conflicto. Referirnos al territorio no es lo mismo que referirnos a la tierra y, por tanto, no se puede medir ni contar; él es una significación y por ello, para asirlo, lo podemos nombrar y vivenciar como calle, avenida, parcela, huerta, potrero, edificio, comarca, pedanía, *ciudad, casa, parque o plaza, entre otras formas. Por esto el territorio ha sido objeto de definición de varias disciplinas, una de las cuales es la ecología, que ha hecho énfasis en que el territorio constituye un área defendida por organismos similares entre sí con el propósito de aparearse, anidar, descansar y alimentarse.

La geografía social, por su parte, lo define como: 1) escenario de poder, gestión y dominio del *Estado, de individuos, grupos y organizaciones, y de *empresas locales, nacionales y multinacionales, y 2) una superficie terrestre demarcada que conlleva una relación de posesión de individuos o grupos, y que contiene límites de soberanía, propiedad, apropiación, vigilancia y jurisdicción. Por tanto, bien puede ser el territorio de un Estado, de los propietarios de la tierra rural, de los conjuntos residenciales cerrados de las ciudades o de los dominios del mercado de una empresa multinacional (Montañez y Delgado, 1998).

La antropología sostiene diversas posturas. Las más relevantes señalan que: 1) el territorio es una construcción cultural donde tienen lugar prácticas sociales con intereses *distintos, percepciones, valoraciones y actitudes territoriales diferentes, que generan relaciones de complementación y de reciprocidad, pero también de confrontación. Dicha construcción es susceptible de cambios según las épocas y las dinámicas sociales; 2) el territorio es portador de una doble naturaleza. Una lo convierte en un tema para el estudio de una sociedad, en la que el territorio es sólo un medio. Y otra naturaleza, de tipo más cosmogeográfico, que hace que el territorio cobre cuerpo como objeto mismo de estudio; 3) no existe un territorio en sí, sólo hay un territorio para alguien que puede ser un actor social, tanto individual como colectivo, que lo influye desde el planteamiento y el ordenamiento territorial hasta el decoro del hogar o el acceso a los recursos. Además, el uso social del territorio no se puede tomar en abstracto: se concreta en dominios culturales tales como el parentesco, la economía, la salud, la política o la religión, entre otros. Un ejemplo clásico de lo dicho es el papel fundamental que jugaba la distribución de las aldeas bororo en el ordenamiento de su estructura social y la forma en que aquélla fue utilizada por los misioneros para fines evangelizadores. La transferencia de poblados circulares a un pueblo de tipo europeo transformó también la visión del mundo de los bororo y coadyuvó en su cristianización (Lévi-Strauss, 1970). Ello significa que las disposiciones territoriales son garantes de la *identidad social y cultural, y que aseguran su reproducción.

El territorio es multidimensional y multiescalonado. Es multidimensional porque participa de tres órdenes distintos: en primer lugar, de la materialidad de la realidad concreta de "esta tierra", donde el concepto de territorio tiene su origen; en esta medida conviene considerar la realidad *geográfica, esto es, la manera como se registra la acción humana y se transforma por sus efectos. En segundo lugar, participa de la *psiquis* individual. Sobre este plano el territorio se identifica en parte con una relación *a priori*, emocional y presocial del hombre con la tierra. En tercer lugar, el territorio participa del orden de las representaciones colectivas, sociales y culturales.

El territorio es por naturaleza multiescalonado (Di Méo, 1998) porque se ubica en diferentes escalas del espacio geográfico: localidad, región, área del Estado-nación o de las *entidades plurinacionales.

Desde los enfoques expuestos podemos hacer alusión a dos nociones según las cuales se define la materialidad y dinámica del territorio: la territorialidad y la territorialización. Éstas se vuelven indispensables para la apropiación y materialización del territorio por quienes lo legitiman y lo viven desde sus conocimientos y experiencias individuales y colectivas. La territorialización es la estrategia que se utiliza, y el efecto que causa delimitar un territorio: barrios, adquisición de propiedades, creación o recuperación de poblados o el territorio de un Estado, entre otros. La territorialización sugiere un control determinado por una persona, grupo social o *étnico, por un Estado o bloque de Estados. Podemos definir dos tipos de territorialización: una de tipo lineal y otra de tipo zonal. El primer tipo se utiliza para marcar la soberanía espacial y depende de una autoridad centralizada que define los límites y márgenes hacia el exterior, especialmente en el ámbito de los Estados. La territorialización de tipo zonal está referida a la demarcación que se establece en diversos

ámbitos de la vida social y depende de fuerzas orientadas hacia el marcaje de espacios interiores. Así sucede con distintos grupos sociales en las ciudades o también dentro de las instituciones como es el caso de las facultades en las universidades.

La territorialidad, por su parte, la podemos definir como el proceso que se sigue para crear territorio. Esta producción tiene lugar a través de sus expresiones en diversas actividades materiales y simbólicas por parte de un individuo o grupo social que generan sentido de pertenencia y, por tanto, de identidad. La territorialidad se origina en un sistema tridimensional (Raffestin, 1980) compuesto por la sociedad-espacio-tiempo para atender la más grande autonomía posible, compatible con los *recursos del sistema. La territorialidad sería entonces la totalidad de las relaciones biosociales —físicas y sociales— en interacción. Dichas relaciones pueden ser de fuerza y de sentido: la primera más desde lo estatuido y la segunda hacia las relaciones vividas. Podemos decir que dichas relaciones biosociales en interacción se caracterizan por ganancias y gustos equivalentes que producen dos tipos de territorialidades, una inestable y otra estable. Dentro de la primera ninguno de los elementos sufre cambios sensibles a largo plazo, en tanto que en la segunda todos los componentes experimentan cambios en el largo plazo. Entre estas dos situaciones extremas tendremos casos en los cuales uno o dos de los elementos pueden cambiar, mientras que los otros componentes permanecen estables. La territorialidad aparece de esta manera constituida y mediatizada por la exterioridad. La territorialidad se inscribe en el cuadro de la producción, del cambio y del consumo de las cosas. Cada sistema territorial emana su propia territorialidad, que viven los individuos y las sociedades. Esta emanación puede producir efectos *nacionalistas en casos de extrema reivindicación, creando escenarios de regionalismos y por tanto de contrapunteo de poderes entre regiones.

Para comprender la articulación entre territorio, territorialidad y territorialización se debe entender cómo estas nociones se producen casi simultáneamente desde una necesidad, tanto intelectual como material, de acceder a un espacio físico para producir en él. La territorialidad se hace palpable a todas las escalas espaciales y sociales: ésta constituye la *fase vivida* de la fase significada, que es el territorio. En esta medida la realidad sociocultural del territorio se vuelve prueba del acceso a la vez histórico, ideológico, económico y político del espacio. No obstante, en las condiciones del mundo actual las posibilidades de acceso al territorio no siempre se dan en situaciones de normalidad. Se pueden producir también desde condiciones difíciles de rupturas, desplazamientos o emigraciones forzosas: catástrofes, invasiones o guerras. Así sucede en las reestructuraciones y en contextos de acción de la *desterritorialización, o en definiciones que aparecen usualmente opuestas como es el caso de la representación *centro-periferia.

Dadas las condiciones de gran *movilidad y tecnificación del mundo actual, resulta sugerente tener en cuenta además la diferencia entre un territorio de origen y vivencia legítimo y un territorio apropiado a través de los múltiples medios que nos proporciona la actualidad. De ahí que sea sugerente recordar la clásica afirmación que dice: las *fronteras físicas o administrativas* no tienen por qué coincidir necesariamente con las fronteras culturales o de producción socioeconómica. Este discernimiento nos lleva a contemplar un cierto tipo de clasificación del territorio como "territorios imaginados" o "territorios de pacto". El territorio clasificado como imaginado posibilita apropiarnos simbólicamente de un *lugar o de un sitio, sin que necesariamente hayamos estado allí o sólo con que lo hayamos visitado temporalmente. Los medios de comunicación y las posibilidades que ofrece el *turismo son los medios más corrientes en la producción de estos territorios imaginados. No obstante, algunas culturas construyen territorios imaginados por medio de mitologías y ritos ancestrales que le llevan a definir discursivamente lugares y sitios sin haber estado materialmente en ellos.

La clasificación que define en este caso *territorio de pacto* significa que, cuando se unifican política y administrativamente dos regiones sin que coincidan sus acervos culturales, la posibilidad de convivencia no siempre es conflictiva: su territorialidad puede ser pactada a través de los usos y manejos de las identidades colectivas, bien sean sociales o étnicas. Si parte de un Estado, de una provincia o un departamento se juntaran en una región, no podríamos hablar de circunscripciones de fronteras culturales en político-administrativas, debido a la diferencia cultural que habría en ese conjunto, pero sí de una región construida a partir de "territorios de pacto", - categoría clave en los reordenamientos territoriales de territorios en vía de integración, como sucede, por ejemplo, en Europa occidental.

Pero todas estas definiciones de territorio, territorialidad y territorialización con sus consecuentes procesos y dinámicas sociales tienen en cada cultura morfologías y configuraciones precisas. Es en esas estrategias y procesos territoriales donde se elabora el sentimiento básico de posesión y reconocimiento de pertenencia. Este sentimiento se construye tanto desde la representación física, propiamente dicha, como desde una representación más intelectual y espiritual. Para los indígenas yanaconas del sur de Colombia ese sentimiento se expresa a través de la agricultura, actividad desde la cual se concibe la tierra como contexto de acción y lazo emocional, y desde donde se define para ellos el proceso de posesión y pertenencia al territorio (Nates Cruz, 2000). Pero no siempre esos sentidos se establecen en la propia cultura de referencia; también se dan en circunstancias de movilidad y migración poblacional. Éste es el caso de los europeos del Norte que emigran hacia el sur de Europa. Especialmente los británicos asumen esos sentidos de pertenencia del lugar a donde llegan –al sur de Francia, en su mayoría– por medio de la compra del patrimonio local –casas, edificios, pedanías…–, lo que según ellos permite un sentido de pertenencia para instalarse y adaptarse al territorio de llegada (Nates Cruz, 2006). El mismo caso de emigración, pero en circunstancias distintas, es el de los turcos en Berlín, el de los chinos en San Francisco o el de los ecuatorianos en Madrid. En ciertas ocasiones puede tratarse de trabajadores que llegan sin familia y que quieren regresar a sus países de origen una vez que han cumplido sus búsquedas, generalmente económicas. En otras circunstancias, como la de los hispanos en Texas, se busca la reivindicación legítima de los territorios de ocupación. Entre los inuits del Ártico central canadiense, el territorio se concibe como un conjunto de relaciones: entre los lugares y los itinerarios recorridos para acceder a ellos, entre las formas naturales y los usos sociales. Los lugares, los sitios naturales, los campos no son identificados por ellos mismos independientemente de las relaciones materiales o imaginarias que condicionan sus prácticas territoriales (Collignon, 1996).

Resulta accesible abordar el territorio cuando se trata de poblaciones establecidas, pero ¿qué sucede cuando nos enfrentamos a pueblos nómadas? Los tuaregs y los beréberes son nómadas sobre su propio territorio puesto que se acercan y se alejan dentro de sus linderos y límites de referencia. Como ejemplo de movilidad y migración extraterritorial podemos citar el caso de los gitanos y los judíos, diseminados por el mundo. Con respecto a los gitanos podríamos pensar en el reconocimiento internacional de derechos culturales de viajeros: la enseñanza de su lengua, el derecho de viajar o detenerse, etc. (Copains, 2002), es decir, en buscar una medida que sea concebida desde ellos y que posibilite su circulación. De alguna forma, el sentido de los territorios de origen de estos pueblos es la idea de "lugar de sus ancestros"; es eso lo que les da un sentido territorial y una manera bien particular de territorializar el lugar a donde llegan. Lugares como las sinagogas o el reconocimiento de clanes, para el caso de los gitanos, son vitales para mantener la idea de vínculo territorial entre sus pueblos. En estos casos se produce una especie de solidaridad territorial; es decir, aunque no necesariamente formen comunidades o se reconozcan como diáspora, buscan lugares de encuentro y reconocimiento, y a partir de allí saben "quién es quién" y "quién hace qué".

La solidaridad territorial posibilita establecer *redes que, si bien no están estructuradas a la manera de organizaciones sociales conexas, ante el hecho de saberse junto o cerca de los "mismos" permiten que las ofertas y demandas de distintos niveles puedan hacerse antes que nada en el interior de los mismos grupos. A partir de allí –de ese saber de existencia de los "mismos"– se genera el sentimiento básico de posesión y reconocimiento de la territorialidad y territorialización que, en los grupos nómadas, se da más desde la representación intelectual y espiritual que desde la propiamente física. La migración y la movilidad son procesos que de por sí interpelan el concepto tradicional de territorio –como asentamiento fijo–, para hacer que se defina como un género de territorio "portado"; es decir, que llevar consigo para desde allí dar sentido al espacio físico con que se topan en sus travesías o asentamientos temporales.

En todo caso son las mismas poblaciones quienes buscarán su forma de vivir el territorio, pero, al contrario de las poblaciones establecidas o sedentarias, tendrán que preguntarse qué clase de territorio legitiman y, además, qué tipo de mitologías o historias de referencia enseñarán a sus descendientes para mantener viva la idea de un origen territorial o de una reterritorialización de sus nuevos entornos.

Bibliografía

COLLIGNON, B. (1996): *Les Inuit: ce qu´ils savent du territoire*. Paris: L´Harmattan.

COPAINS, J. (2002): "La géographie culturelle de Joël Bonnemaison". *Cahiers d'études africaines*, 167. www.etudesafricaines.revues.org.

DI MÉO, G. (1998): *Géographie sociale et territoires*. Paris: Nathan.

GARCÍA, J. L. (1976): *Antropología del territorio*. Madrid: Taller de Ediciones Josefina Betancur.

LÉVI-STRAUSS, C. (1970): *Tristes Trópicos*. Buenos Aires: Editorial EUDEBA.

MONTAÑEZ GÓMEZ, G.; DELGADO MAHECHA, O. (1998): "Espacio, territorio y región: Conceptos básicos para un proyecto nacional". *Cuadernos de Geografía, Revista del Departamento de Geografía de la Universidad Nacional de Colombia*, VII, 1-2: 120-134.

NATES CRUZ, B. (2000): *De lo Bravo a lo Manso. Territorio y Sociedad en los Andes (Macizo Colombiano)*. Quito: Editorial Abya-Yala.

— (2006): "Productions territoriales et innovation des traditions des natifs face à l'implantation des Européens du Nord. Étude comparée en zones rurales françaises et espagnoles". En prensa.

RAFFESTIN, C. (1980): *Pour une Géographie du Pouvoir*. Paris: Éditions LITEC.

WEBER, M. (1982): *La ville*. Paris: Éditions Aubier.

Beatriz Nates Cruz

Véanse además Centro-periferia, CIUDADANÍA, COLONIALISMO Y ANTICOLONIALISMO, Comunidad transnacional, Comunitarismo, CULTURA, DESARROLLO, Desterritorialización, DIFERENCIA Y DESIGUALDAD, DISCRIMINACIÓN Y EXCLUSIÓN SOCIAL, ELITES, Elites cosmopolitas, Esfera mediática, Espacios locales, ESTADO-NACIÓN, ESTEREOTIPOS Y ESENCIALIZACIÓN, Espacio red, ESPACIO-TIEMPO, Espacios locales, ESTIGMA, Etnicidad, EXPLOTACIÓN SOCIAL, Extranjero, FRONTERA, Frontera geográfica y administrativa, Fronteras económicas, Fronteras políticas y religiosas, Fronteras simbólicas, Global y local, GLOBALIZACIÓN, Globalización y antiglobalización, IDENTIDAD, Integración religiosa, Interculturalidad, Localidades fantasmagóricas y desanclaje, Lugar y no-lugar, Megalópolis, MIGRACIONES, MINORÍAS, MOVILIDAD, Multilocal, Nacionalidad, Nacionalismo, Naturalización, Nomadismo y turismo, NUEVOS MOVIMIENTOS SOCIALES, PATRIMONIO, Pluralismo sincrónico, Racismo y neorracismo, RELACIONES Y PROCESOS INFORMALES, Relaciones y procesos informales políticos, Revolución técnico-comunicativa, SABER Y SABERES, Segregación, Transculturación, Viajes y sistemas de movilidad, Violencia política. Tipos.

Trabajo

Durante largas décadas del siglo XX, cualquiera que fuera el discurso sobre el trabajo y por diferentes que fueran los planteamientos teóricos de fondo, había al menos dos puntos en los que todo el mundo –científicos sociales o gente del común– estaba de acuerdo. El primero era su definición. Por trabajo se entendía toda actividad productiva remunerada y se sobrentendía, además, que en forma salarial. El segundo era su valor. El trabajo –asalariado, se suponía– era considerado como la actividad fundamental en torno a la cual las sociedades se jugaban su cohesión interna y aquella que otorgaba a los individuos un lugar –legítimo– en la sociedad. La Constitución española de 1978 es una muestra de ambos aspectos. No sucede lo mismo hoy en día. Para unos científicos sociales –antes que nada los economistas–, el trabajo sigue teniendo el mismo significado que el precedente: una actividad productiva remunerada. Para otros, hay actividades no remuneradas –y no de menor importancia, como las labores domésticas– que deben ser consideradas también trabajo –productivo–; no hay acuerdo, pues, en su definición. El desacuerdo acerca de su significado se acentúa cuando de lo que se trata de establecer es su valor. En este sentido hay sociólogos muy reconocidos que sostienen que el trabajo ha perdido la centralidad social que un día tuvo (Offe, 1994; Bauman, 2000). Otros, sin embargo, defienden que poco o nada de esencial ha cambiado en las sociedades actuales como para desplazar al trabajo a un segundo plano (Castillo, 1999). No es nada extraño en este contexto que haya autores que se refieran a la situación como de "desorden semántico". La explicación de esta confusión no es simple. El trabajo se encuentra entre aquellas categorías cognitivas de la sociología que operan a un mismo tiempo como categorías del sentido común y conceptos científicos. Sucede, además, que, tanto en uno como en otro caso, se trata de

una categoría cuyo sentido consiste en hacer *razonable*, en el caso de la categoría profana, y *explicable e inteligible*, en el del concepto, un *mismo* orden social, un orden, por definición, socialmente construido, históricamente contingente y políticamente disputado. En estas condiciones "epistemológicas", cuando cualquier científico social pretende decir algo acerca del trabajo, se encuentra no sólo con lo que otros científicos sociales han escrito sobre el tema, sino sobre todo con una categoría común –"profana"– del orden social viva, cargada políticamente y de la que nunca podrá desprenderse del todo. Cualquiera que sea luego la interpretación "científica" final del sentido del trabajo, esa interpretación caerá sobre las agitadas aguas de su polémico significado en el polémico mundo de lo social. Y vuelta a empezar en un proceso sin fin.

En la medida en que el diverso sentido y significado de la actividad que se denomina trabajo varía en función del lugar que se le otorga en un orden social concreto, un orden que es siempre a la vez material y discursivo, parece lógico que la forma más adecuada de precisarlo sea la de explicitar el significado que adquiere en el seno de los diversos modelos históricos de orden social en que se ha insertado. Hay otros modos, como el formulado y defendido por los partidarios de la así llamada historia social como paradigma científico, pero aquí se dejan de lado. Dado que, por otra parte, siendo rigurosos, el trabajo en sentido estricto no ha existido hasta la constitución de la *modernidad, se tomará ésta como eje articulador de nuestra argumentación, que se ordenará en cuatro partes: 1) la arqueología del trabajo o el trabajo en las sociedades premodernas; 2) la invención del trabajo –asalariado– como elemento constitutivo del primer orden liberal –la modernidad–; 3) la transformación del "trabajo" en una actividad asalariada social y políticamente regulada –la "Gran Transformación" polanyana/el "empleo"–, y 4) la conversión de ese empleo en un trabajo flexible, "de-gradado" y polisémico. "Invención", "transformación" y "conversión", sustantivos que expresan movimiento y cambio porque el significado y el valor del "trabajo" es siempre el resultado, inestable, de un proceso de construcción social que implica la relación entre clases y actores sociales.

La arqueología del trabajo

El significado del trabajo en las sociedades premodernas es radicalmente distinto del que llega a alcanzar en la modernidad. En el orden social de las sociedades llamadas primitivas, el trabajo como tal no existe; ni siquiera encontramos un término para designar de un modo específico y separado la actividad de producción. Es la razón por la cual "no puede esperarse... descubrir ni celebración ni desprecio del trabajo" (Chamoux, 1998: 18). En las sociedades premodernas que nos son más próximas social y *culturalmente sí llegan a encontrarse términos cuyo significado o significados hacen pensar en la categoría moderna de "trabajo". No obstante, en modo alguno los significados son asimilables. El significado que esos términos han tenido en el orden social de las sociedades premodernas occidentales puede resumirse en los siguientes rasgos: A) Las actividades que llevan a cabo las clases dominantes –discutir en el ágora, filosofar, orar, guerrear...– no son nunca clasificadas dentro de la categoría "trabajo" o similares. Hagan lo que hagan, esas clases nunca "trabajan". B) La categoría "trabajo" –y similares– no se refiere más que a tipos de actividad considerados en el orden social como de nivel inferior; al igual que sucede con aquellas clases de personas que las realizan: *esclavos, siervos, libertos, artesanos, *extranjeros... C) No obstante, dentro de la clase genérica de quienes "trabajan" llega a establecerse y constituirse en determinados momentos históricos todo un conjunto, por otro lado, variable, de clases específicas que logra conquistar posiciones de cierto reconocimiento social y hasta con algún poder político; el caso más claro es el de los *collegia* romanos y el de los gremios y corporaciones de oficio del Antiguo Régimen en el Occidente cristiano. Nótese, no obstante, el modo en que unos y otros llegan a salvarse de la indignidad social de origen, observando el caso de los gremios: "La participación en un oficio o en una corporación... marca la pertenencia a una comunidad dispensadora de prerrogativas y de privilegios que aseguran al trabajo un estatus social. Gracias a esta dignidad colectiva de la que es propietario el oficio y no el individuo, el trabajador –el oficial– no es un asalariado que vende su fuerza de trabajo, sino el miembro de un cuerpo social cuya posición es reconocida en un conjunto jerárquico" (Castel, 1997). D) En la estricta periferia "laboral" del entramado interno de todos estos órdenes sociales se encuentra siempre la clase de "trabajo" y de "trabajador" que soportan el mayor desdén y menosprecio: el de los "mercenarios que alquilan su trabajo", en expresión de Santo To-

más de Aquino, porque, "pobres" como son, no tienen otro medio para conseguir "su pan cotidiano" que el de trabajar, total o parcialmente, para otros a cambio de un "vil" salario. En la Edad Media y Moderna occidentales aquellos de entre los pobres que se veían obligados a recurrir al "alquiler de su trabajo" se hallaban permanentemente en el *límite del desclasamiento total, amenazados por el riesgo de pasar a formar parte de la creciente marabunta de pobres, miserables y vagabundos que inundaban las *ciudades y que, incansablemente, se desplazan sin rumbo fijo de una a otra.

La invención del trabajo como pieza clave del orden social liberal

En y para el sistema de clasificaciones del pensamiento liberal clásico –y el orden social que contribuye a inaugurar en los ss. XVIII y XIX –no se inventa primero el trabajo y luego se le hace un sitio en el orden social del Nuevo Régimen. El trabajo aparece como una pieza necesaria para hacer posible –pensable– el orden revolucionario. El orden del Nuevo Régimen se hallaba en las antípodas del anterior. Frente a la sociedad jerárquica por voluntad divina, proclamaba una sociedad de seres humanos iguales de cuya asociación surge con carácter inmanente la sociedad misma; frente al hombre inmerso en y sujeto a diversos órdenes jerárquicos, el individuo libre y autónomo; frente a una naturaleza que hay que respetar porque es obra de Dios, una naturaleza concebida como instrumento al servicio de los intereses humanos. La clave de esos tres componentes básicos del nuevo orden estará en el individualismo o, mejor, en la concepción del ser humano como –y su reducción a– un individuo, libre, autónomo, movido por las pasiones y cerrado en sí mismo y de todos los seres humanos como individuos iguales. Ahora bien, partir de los individuos concibiéndolos como seres autónomos, libres y cerrados en sí mismos, convierte en harto problemática una cuestión que en modo alguno se planteaba en el orden del Antiguo Régimen: cómo pensar la sociedad y su constitución permanente. En el Antiguo Régimen esta cuestión ni se planteaba: la sociedad estamental precedía a la existencia de sus miembros. Ahora no, sino que hay que hacerla desde abajo, desde los propios individuos. El trabajo como actividad y el mercado como forma de coordinación social serán la respuesta del pensamiento y del orden liberal al problema. El trabajo, dividido, es lo que pone –debe poner– cada individuo en tanto que miembro de la sociedad y el mercado constituye la institución social que conecta, a través del intercambio, a todos los individuos que trabajan. Así se hace/debe hacerse, según los reformistas del momento, la nueva sociedad ordenada y justa para lograr la *integración social de las inmensas masas de vagabundos que amenazaban permanentemente el orden y el bienestar de la sociedad entera y, antes que nada, de las clases privilegiadas –la "cuestión social" del Antiguo Régimen–, convirtiéndolos en "trabajadores" –individuos integrados y formando parte de la sociedad a través de su trabajo–. Este trabajo no es una actividad productiva cualquiera: es sólo aquella que se realiza en y para el mercado, la instancia de coordinación. En el límite es trabajo asalariado. El desprecio secular que venía acompañando a toda actividad asimilable a este trabajo va a ser sustituido por la atribución de todo un cúmulo de virtudes: origen y causa de la riqueza –nacional– y de la sociedad como tal, origen y causa de la riqueza individual, expresión de la virtud moral, seña de *identidad del buen *ciudadano...

La "Gran Transformación": del "trabajo" (del siglo XIX) al "empleo" (del siglo XX)

El proyecto político liberal de un nuevo orden social tenía la pretensión de poner en marcha una sociedad no sólo ordenada, sino también integrada. No obstante, en la realidad o no lo logró o sólo lo hizo en muy escasa medida. El pauperismo no desapareció con la sociedad de trabajo y de mercado; simplemente cambió de faz. Es más, dio lugar a una nueva cuestión social, la que por excelencia siempre se ha estudiado en los libros de historia: la obrera. Es de ahí de donde surgirá una nueva concepción del trabajo, o si se quiere, una "Gran Transformación" (Polanyi, 1989) del mismo. Si la observación de los hechos permite poner en duda que las clases privilegiadas otorgaran en términos reales al trabajo y a los trabajadores la centralidad que el programa liberal proclamaba y prometía, lo que sí es cierto es que los trabajadores –aunque se tratara sólo o casi exclusivamente de los manuales– se lo tomaron en serio: "Nosotros –escribía el grabador Tomás González, miembro del grupo madrileño seguidor de Bakunin, en 1870– fabricamos los palacios, nosotros tejemos las telas más pre-

ciadas, nosotros apacentamos los rebaños, nosotros levantamos sobre los caudalosos ríos puentes gigantes de hierro y de piedra, dividimos las montañas, juntamos los mares..." (Prieto, 2000: 27). La identificación de los trabajadores con el trabajo será tan fuerte que este trabajo es y será utilizado como sinónimo de aquéllos: los *trabajadores* de la Unión General –de Trabajadores– española, fundada en 1888, serán el *trabajo* de la Confederación Nacional –del Trabajo–, fundada en 1910. Los trabajadores construirán su identidad colectiva y reclamarán el derecho al trabajo en sí mismo, el derecho a realizarlo en buenas condiciones y, por encima de todo, a su reconocimiento en tanto que trabajadores, cuando no el derecho a serlo todo, tomando como punto de apoyo esta especie de sublimación del "trabajo productivo". Los pensadores socialistas, y ante todo y sobre todo K. Marx, les ofrecieron las armas ideológicas –y, en su caso, organizativas– adecuadas para ello. Con ello el movimiento obrero retomaba, por así decirlo, la bandera de la centralidad del trabajo proclamada por el orden liberal –"burgués"–, pero dándole un sentido distinto: si trabajo y trabajador son/habían de ser los pilares sobre los que construir el orden social, las condiciones de trabajo y de vida de los trabajadores no podían ser las que eran (Prieto, 2000). Esas condiciones habían de modificarse lo suficiente como para otorgar a ambos la dignidad pregonada por quienes lo proclamaron en un principio y que entonces era firmemente exigida por los propios afectados, los trabajadores y sus organizaciones. Esa reclamación fue tan constante e intensa que se convirtió en el mayor reto para el mantenimiento de la cohesión social, la versión moderna –y clásica– de la "cuestión social". Así comienza el proceso de la "Gran Transformación", es decir, el de la construcción de la centralidad social real del trabajo. De la mano de los movimientos obreros y de las prácticas del reformismo político el nuevo contenido del significado del trabajo va a desplegarse en cuatro direcciones: a) el reconocimiento social y público del movimiento sindical como actor central en la construcción del orden social –es el primero, porque sin él el resto de los componentes carece de fuerza y consistencia–; b) la protección y mejora de las condiciones de trabajo, en particular las salariales y las temporales –derecho del trabajo–; c) protección y mejora de las condiciones de vida de los trabajadores en aquellos momentos en los que, por circunstancias diversas, no pueden trabajar –seguridad social–, y d) políticas de mercado de trabajo orientadas al mantenimiento, creación de empleo y protección frente al desempleo. A medida que estas dimensiones del trabajo –asalariado– se plasmen en hechos, se irá abandonando el sentido del trabajo –asalariado– como actividad productiva regida exclusivamente por el mercado para ser una actividad regulada, además, por reglas sociales y políticas: el trabajo da paso al empleo. Ésta es la concepción del trabajo que va a mantenerse –en la teoría y en la práctica– en todos los países industrializados desde comienzos del s. XX hasta los años setenta. No es una casualidad ni el resultado ineludible de la evolución del capitalismo: hay detrás, ante todo, actores –movimiento obrero– y discursos –el valor del trabajo y de la igualdad–. Al final de este proceso, el trabajo ya no es una actividad productiva inserta en el mercado sin más, sino una actividad que, por un lado, toda persona ha de realizar y ser así reconocida como miembro pleno de la sociedad y, por otro, otorga derechos y protecciones que no pueden conseguirse de ninguna otra manera. De ahí que sea un trabajo continuado de por vida, seguro, a tiempo completo y con derechos –un buen empleo– y los estados se hallen comprometidos con el pleno empleo –un pleno empleo de buen empleo–. La centralidad de este tipo de trabajo –asalariado– social y políticamente regulado convertirá a la sociedad de trabajo en sociedad salarial.

La conversión del (buen) empleo en un trabajo flexible, "de-gradado" y polisémico

En torno a los años ochenta del siglo pasado la definición y valoración del trabajo hecho empleo empiezan a sufrir múltiples sacudidas económicas, sociales y políticas de signo diverso que afectan a todas sus dimensiones y que terminan, cuando menos, por desestabilizarlas. Uno de los síntomas claros de esta desestabilización es el debate sobre "el fin del trabajo". Aquí se opta por destacar, entre otros, tres movimientos de desestabilización y redefinición del trabajo.

La sustitución de la norma social del "pleno empleo de buen empleo" de la sociedad salarial por la del empleo flexible. Si se presta atención a la definición del trabajo/empleo en la sociedad salarial en cuanto tal, lo más relevante de la etapa que se abre en los años ochenta no es que haya desaparecido prácticamente del horizonte político el pleno empleo, sino que, con el pretendido fin de facilitar la creación de

empleo para hacer frente a una situación de paro masivo, se haya extendido la concepción del empleo "normal" hasta incluir casi cualquier tipo de empleo. Se pretende así que el empleo asalariado temporal, a tiempo parcial o por cuenta propia, sea tan normal –y, por lo tanto, tan políticamente "justo"– como un empleo por tiempo indefinido, a tiempo completo, estable, bien protegido socialmente y con perspectivas de mejora permanente. Ahora bien, es más que dudoso que estas nuevas modalidades de empleo sean como tales un instrumento adecuado para la plena integración social de los ciudadanos concernidos como lo eran las anteriores (Alonso, 2001; Miguélez, 2002): ¿puede un ciudadano adulto con un empleo temporal y a tiempo parcial considerarse un ciudadano pleno? Es más que dudoso –y la prueba es que son los que menos votan–. Esta "de-gradación" de la norma social del empleo se ha visto, además, facilitada por la *crisis de las organizaciones sindicales* y de la *clase trabajadora*. Aunque la crisis del sindicalismo no sea tan grave como a veces se pretende, no hay duda de que éste se ha visto debilitado al menos en dos frentes. Por una parte, sus interlocutores sociales habituales –organizaciones empresariales, gobiernos y, sobre todo, empresas– no tienen tan presentes a los trabajadores en sus políticas como en la etapa anterior. Por otra, la situación del mercado de trabajo y las políticas públicas y empresariales están favoreciendo entre los trabajadores unos comportamientos individualistas que en nada contribuyen a la acción colectiva sindical. Como muy gráficamente ha escrito Bilbao (1993), "la clase obrera ha sido sustituida por el mercado de trabajo". En paralelo, bajo la forma y la figura de la *globalización económica, han reafirmado su presencia el poder y la lógica de los intereses corporativos del "capital". La "de-gradación" del empleo no es así un fenómeno interpretable sólo desde la "estructura política y económica": tiene detrás toda una "infraestructura social".

La feminización del trabajo. Éste es probablemente el fenómeno social con mayor incidencia en la redefinición de la actividad de trabajo. La feminización del trabajo tiene un significado que va mucho más allá del hecho, no menor, de que las mujeres hayan salido masivamente de sus hogares para asentar su presencia en el mercado de trabajo. De sus múltiples caras y dimensiones, aquí sólo se subrayan aquellos dos aspectos que más parecen haber incidido en esa redefinición. Si se entiende la feminización como un movimiento social cuyo objeto consiste en replantear el conjunto de las relaciones sociales a partir de la reivindicación de unas relaciones de género *igualitarias, uno de sus principales efectos es el haber desvelado el carácter androcéntrico de la definición del trabajo que predomina durante la modernidad. El trabajo asalariado, extradomiciliario, continuo –de por vida–, a tiempo completo, protegido sindicalmente y portador de derechos sociales había sido definido/construido de este modo –y el movimiento obrero no fue ajeno a ello– con pretensiones de universalidad. La feminización ha puesto en evidencia dos aspectos relativos a esta forma de definirlo: a) que siempre que quien lo realiza tenga familia –y ésa es la norma–, este trabajo "público" sólo puede mantenerse porque hay quien se ocupa del "trabajo" de su reproducción en el espacio "privado", y b) que esta división de "trabajos" se apoya en una asignación sexuada de los mismos: al varón el "trabajo público", a la mujer el "privado". Cuando la mujer se incorpora masivamente al mercado de trabajo y reivindica hacerlo en las mismas condiciones que los hombres, está poniendo en marcha –y ésta es la segunda dimensión que resaltamos– una redefinición del trabajo/empleo, de los "cuidados del hogar" –que ahora son también "trabajo"–, y de las relaciones entre aquél y éstos, una redefinición que nace del cuestionamiento radical de las relaciones tradicionales entre los sexos y apuesta por un orden sexual estrictamente igualitario (Laufer, Marry y Maruani, 2005).

De la identidad por el trabajo a las identidades complejas. Uno de los componentes fundamentales del orden social de la sociedad salarial es el de la centralidad de la identidad social por el trabajo: el trabajo profesional –con sus regulaciones y protecciones sociales– es la forma en que se integra a hombres y mujeres en la sociedad. No hace falta llegar a una concepción *posmoderna de las sociedades actuales –según la cual, con la desaparición de todo "*centro simbólico", sólo son posibles identidades sociales hechas de retazos– para sostener que esa identidad social por el trabajo ha dejado de ocupar, en posición única, el lugar preeminente que tenía. En particular, es consistente la caracterización que hace Bauman de las sociedades actuales como sociedades de consumo y de la principal identidad de los individuos como consumidores. "En la etapa industrial de la modernidad había un hecho incuestionable: antes que cualquier cosa, todos debían ser sobre todo productores. En –la– "segunda modernidad", en –la– modernidad de consumidores, la primera e imperiosa obligación es ser consumidor; después, pensar convertirse en cualquier otra cosa" (Bauman, 2000: 48). La emergencia del consumo como vector de orden e identidad social no significa que el consiguiente descentramiento del trabajo se traduzca en una relegación material del mismo; al contrario, uno de los efectos del consumismo es la intensificación de la actividad laboral. Por otra parte, el sentido de la transformación del mundo del trabajo en modo alguno se agota en su dimensión consumista: por mucho que cuente en la actualidad dicho aspecto, su rasgo más característico es, antes que nada, el de su fragmentación social. En la actualidad el mundo del trabajo son muchos mundos, todos distintos y, cada vez más, *desiguales: el trabajo es, a la vez, lo uno y lo otro. En el orden social de las sociedades llamadas primitivas el "trabajo" no existía; en el de las sociedades modernas, por obra primero de la revolución liberal, que es su inventor, y luego del movimiento obrero, se convierte, en tanto que actividad productiva asalariada, en una de las paredes maestras de todo el edificio; en el momento actual se ha producido una fragmentación social tal en su significado y en su valoración que lo único evidente es precisamente su polisemia.

Bibliografía

ALONSO, L. E. (2001): *Trabajo y posmodernidad: el empleo débil*. Madrid: Fundamentos.

BAUMAN, Z. (2000): *Trabajo, consumo y nuevos pobres*. Barcelona: Gedisa.

BILBAO, Andrés (1993): *Obreros y ciudadanos. La desestructuración de la clase obrera*. Madrid: Trotta.

CASTEL, Robert (1997): *Las metamorfosis de la cuestión social. Una crónica del salariado*. Barcelona: Paidós.

CASTILLO, Juan José (1999): *El trabajo del futuro*. Madrid: Edit. Complutense.

CHAMOUX, M. N. (1998): "Sens et place du travail dans les sociétés", en J. Kergoat, J. Boutet, H. Jacot *et al.* (dirs.), *Le monde du travail*. París: La Découverte, 15-23.

LAUFER, J.; MARRY C., MARUANI, M. (2005): *El trabajo del género. Las ciencias sociales ante el reto de las diferencias de sexo*. Alzira: Germania.

MIGUÉLEZ, F. (2002): " ¿Por qué empeora el empleo?". *Sistema*, 168-169: 37-52.

OFFE, C. (1994): *La sociedad del trabajo. Problemas estructurales y perspectivas de futuro*. Madrid: Alianza Edit.

POLANYI, K. (1989 [1944]): *La Gran Transformación*. Madrid: Ediciones La Piqueta.

PRIETO, Carlos (2000): "Trabajo y orden social: de la nada a la sociedad de empleo (y su crisis)". *Política y Sociedad,* 34: 19-32.

— (2003): "Teoría social del trabajo", en S. Giner, *Teoría social moderna*. Barcelona: Ariel, 401-430.

Carlos Prieto

Véanse además Acciones afirmativas, *Apartheid*, Centro-periferia, Ciudadano, COLONIALISMO Y ANTICOLONIALISMO, Comunidad transnacional, CONSUMO CULTURAL, CULTURA, Derecho de injerencia, DESARROLLO, DIFERENCIA Y DESIGUALDAD, Diferencias sociales y diferencias culturales, Discriminación positiva, DISCRIMINACIÓN Y EXCLUSIÓN SOCIAL, ELITES, Elites cosmopolitas, Esclavitud, Espacio red, ESPACIO-TIEMPO, ESTADO-NACIÓN, ESTEREOTIPOS Y ESENCIALIZACIÓN, EXPLOTACIÓN SOCIAL, Extranjero, FRONTERA, GLOBALIZACIÓN, IDENTIDAD, INTEGRACIÓN, Integración educativa, Megalópolis, MIGRACIONES, Migraciones. Redes sociales, Migraciones. Teoría macro, Migraciones y economía, MINORÍAS, MOVILIDAD, Modernidad, Nacionalismo, Naturalización, Nomadismo y turismo, NUEVOS MOVIMIENTOS SOCIALES, Pluralismo sincrónico, POSMODERNIDAD, Racismo y neorracismo, Relaciones y procesos informales económicos, Relaciones y procesos informales políticos, Revolución técnico-comunicativa, SABER Y SABERES, Segregación, Viajes y sistemas de movilidad, Xenofobia y xenofilia.

Traducción

La traducción es un trabajo de imaginación epistemológica y de imaginación democrática (Sousa, 2005: 186) presente en las reflexiones y preocupaciones de todas aquellas perspectivas, movimientos y prácticas que se plantean el *objetivo* de construir nuevas y plurales formas de emancipación social. Por ello es a la vez una categoría analítica y una decisión estratégica de importantes consecuencias materiales y políticas. Atañe no sólo a la *relación entre culturas, sino también en-

tre *saberes, comunidades, prácticas sociales, agentes, imaginarios, lenguas…; es decir, lejos de ser un "asunto de sinónimos, sintaxis y color local" (Mohanty, 2002: 192) que opera en una concepción de la cultura igualmente sintáctica y de idioma bien cerrado, la traducción es un procedimiento de inteligibilidad, un asunto de relación social, luego de *comunicación y significación.

La traducibilidad, como propiedad fundamental de los sistemas semióticos, ha sido un ámbito trabajado desde antiguo en una tradición semiótica que entiende que los procesos culturales son procesos comunicativos, caracterizados por implicar procesos de significación (Eco, 1995: 24), y que la significación es un hacer parafrásico que afecta a la producción, y al reconocimiento del sentido (Greimás y Courtés, 1990: 374, 298). Desde esta perspectiva, toda comunicación es o supone traducción ya que "la significación es primordialmente una operación de traducción antes que su resultado" (*opus* cit., 1990: 414). Esta orientación abre un camino analítico que impide ver en la traducción una mera operación de equivalencias, pues las ideas de proceso y acción que implica obligan a pensarla como actividad semiótica de interpretación y producción siempre en movimiento. Si consideramos con Peirce que el sentido de un signo no está dado por su objeto, sino por su interpretante —que es "otro signo que traduce el primer signo" (C.P. 4127, Peirce, 1987)—, el concepto de mediación implicado en la semiosis impele de igual modo a observar la traducción como proceso. La actividad y no el resultado, instrumento a construir y negociar en los procesos de encuentro y conversación, supone entonces un *lugar tercero* en la relación intercultural, la oportunidad de encontrarse *en medio*.

Como actividad de mediación (Latour, 2001: 370), se refiere al "trabajo mediante el que los actores modifican, desplazan y trasladan sus distintos y contrapuestos intereses". Traducir no es, por tanto, el paso de algo a algo —palabra, regla, comportamiento…— ni la expresión de una relación de oposición, sino "desplazamiento, deriva, invención o mediación: la creación de un lazo que no existía con anterioridad y que en cierta medida modifica los dos iniciales" (*opus* cit., 2001: 214).

Estas ideas de transformación, performatividad e imaginación enfrentan ciertos prejuicios que reducen la traducción a práctica de equivalencias. De igual manera, este concepto expresa una ambivalencia que es preciso reflejar: por un lado, su tradicional consideración como dispositivo para la asimilación y, por otro, su consideración de actividad emancipadora.

Es preciso reconocer que la traducción ha servido y sirve como instrumento de homologación y asimilación, que la convierte en práctica de dominación al imponer unos marcos de conmensurabilidad que anulan la posibilidad de pensar otras articulaciones culturales no hegemónicas. Esta operación, que se encuentra en la base del universalismo, hace necesario reparar en los procesos de homogenización y jerarquización para ver cómo operan en tanto fuerzas que intervienen en los procesos de traducción. Pero esta reflexión no debería concluir siempre en la imposibilidad de la traducción y su negación como instrumento de intervención intercultural, del mismo modo que tampoco puede ignorarse para hacer de la traducción una solución mágica.

Podemos considerarla entonces desde una serie de oposiciones fundamentales que el término expresa simultáneamente y que han orientado las discusiones: resultado-proceso; inefabilidad-accesibilidad; confinamiento-extrañamiento; asimilación-heteroglosia; prevención-confianza; certidumbre-sorpresa; estabilidad-variaciones; correspondencia-transformación; equivalencia-transposición; transferencia-desplazamientos; consenso-disenso; armonía-contraposición; simetría-jerarquización; diálogo-conversación.

Si la traducción es, en nuestra propuesta, una conversación siempre en proceso en la que no pueden presuponerse las comunidades que hablan, los contenidos del intercambio y la manera en que se lleva a cabo, pensamos que las preguntas ¿quiénes?, ¿sobre qué?, ¿cómo? son las que permiten organizar y abordar de forma conjunta las pautas descriptivas anteriores.

Respecto a quiénes son los implicados en la traducción, es necesario descartar una humanidad como grupo transcultural homogéneo con experiencias similares que la buena voluntad común y la racionalidad del diálogo social salvaguardan. Es preferible seguir la recomendación de Deleuze (2000: 102) y *ser extranjero en nuestra propia lengua,* ejercer el extrañamiento como disposición ética y táctica que implica a todos los implicados en la conversación, porque (Fabbri, 2001: 309) uno comienza a comprender muchas cosas cuando comienza a explicarlas a otros y para ello es preciso hacer un esfuerzo por pensar nuestras evidencias suspendiendo la familiaridad. De este modo traducir no es cuestionamiento del otro desde la certidumbre y las certezas sino interrogación de *nosotros* mismos. Este extrañamiento obliga a cuestionarnos nuestra identidad interlocutiva y a asumir que, *vistas desde fuera*, las culturas tienen versiones que conviven no sin conflicto. *Desterritorializarnos además permite reparar en la asimetría de la relación comunicativa; quienes intervienen tienen diferentes lenguajes, intereses, modos y objetivos y suponen una identidad social igualmente frágil y artefactual. Como argumento, la igualdad ha sido utilizada como medio práctico de dominación al permitir controlar, repertoriar y sancionar las asimetrías. Una cosa es sostener que los sentidos se gestan en el diálogo social, que su configuración es intersubjetiva, y otra, bien distinta, que el carácter social de las formas de pensamiento, expresión y representación que ponemos en juego en la traducción sea la expresión de un consenso forjado en el diálogo entre iguales. Este *consenso*, que nos sitúa en la pregunta de qué y cómo traducir, versa sobre lo que es innegociable e indiscutible, aquello que bajo ningún concepto puede ser entregado al ejercicio imaginativo y transformador de la traducción, al otro.

Todas las culturas consideran que *ciertos "logros"* o ciertas "heridas" no son discutibles ni pueden ser expuestos al peligro de la discusión, que hay cosas que no son negociables por los implicados. Es preciso decir que todas las cosas pueden ser negociables si consiguen ser traducidas en los términos adecuados, es decir, satisfactorios para todos, que hagan de la traducción una negociación y no una renuncia. Con Sousa Santos (2005: 182) diremos que lo que es intraducible es una decisión que forma parte del proceso mismo de traducción y se va modificando conforme éste se va desenvolviendo. Se trata de identificar lo que nos une y lo que nos separa en una búsqueda que no está dada de antemano y que es doble, en el interior del nosotros y con los otros, ya que el acuerdo sobre qué versión de la propia cultura hay que traducir es algo que también debe dirimirse en el diálogo intercultural. Es necesario señalar que el problema de la *inefabilidad* atraviesa estas decisiones, dada la potencia del mito liberal que diseña un sujeto cuya singularidad y la particularidad de sus pensamientos no son expresables ni intercambiables, y que sostiene la indecibilidad y la imposibilidad de traducir en términos comunes que el otro comprenda. Esto no niega la dificultad de traducir lo que apenas se deja entrever, presuponer, intuir y que exige un esfuerzo de sutileza e imaginación en el que no basta con apelar a un fundamento ético o político; es necesario argumentarlo.

Abandonada la creencia en una racionalidad trascendental, que proporciona criterios de validez de carácter universal que permitan establecer el procedimiento correcto de acuerdo a ciertos principios de inteligibilidad, traducir es un trabajo fundamentalmente argumentativo. Es una argumentación que, frente al consensualismo, Santos (2005: 184) considera una hermenéutica diatópica –realizada desde las tópicas de dos culturas–, en una concepción de la argumentación como modo de interacción, en el que el acuerdo no es punto de partida sino resultado. La conversación deja de ser entonces una presuposición para ser un ejercicio efectivo y constante, en el que lo que una cultura entiende como sus *topoi* es precisamente aquello que debe ser expuesto al conflicto provechoso de la conversación, abandonando su evidencia y naturalidad. Éste es un trabajo exigente, conflictivo e incierto que exige la confianza como esfuerzo ético estratégico.

Bibliografía

DELEUZE, G.; GUATTARI, F. (2000): *Mil mesetas*. Valencia: Pre-textos.

ECO, U. (1995): *Tratado de semiótica general*. Barcelona: Lumen.

FABBRI, P. (2001): *Tácticas de los signos*. Barcelona: Gedisa.

GREIMÁS, A. J.; COURTÉS, J. (1990): *Diccionario de semiótica*. Madrid: Gredos.

LATOUR, B. (2001): *La esperanza de Pandora*. Barcelona: Gedisa.

MOHANTY, Ch. T. (2002): "Genealogías, legados, movimientos", en VV. AA., *Otras inapropiables*. Madrid: Traficantes de sueños, 137-184.

PEIRCE, C. S. (1987): *La logicosemiótica*. Madrid: Taurus.

SOUSA SANTOS, B. (2005): *El milenio huérfano*, Madrid: Akal.

María José Sánchez Leyva

Véanse además Acciones afirmativas, Ciudadano, COMUNICACIÓN, Criollización, CULTURA, Desterritorialización, DIFERENCIA Y DESIGUALDAD, Diferencias sociolingüísticas y desigualdad, Esfera mediática, EXPLOTACIÓN SOCIAL, Global y local, Globalización y antiglobalización, IDENTIDAD, INTEGRACIÓN, Integración educativa, Interculturalidad, SABER Y SABERES, Sociedad de la información y del conocimiento, Sujeto intercultural.

Transculturación

En su formulación literal, el concepto de transculturación fue propuesto por Fernando Ortiz (1983) para referirse, dentro del contexto del Caribe y de la *cultura cubana, a las formaciones culturales que, aun *proviniendo de fuera, son asumidas, recreadas, reactivadas y reinventadas en su lugar de destino. Esta asunción y recreación de los elementos exógenos hace, según Ortiz, que la transculturación se diferencie de la *aculturación, en la que, en su sentido más admitido, la relación es más bien de donación y aceptación consciente o inconscientemente pasiva de algunos elementos de las culturas dominantes en detrimento de los equivalentes de las receptoras. Precisamente el *sincretismo propio de determinadas formas religiosas, bien extendidas en Cuba, en las que se recrean tradiciones cristianas y africanas, es un buen ejemplo de transculturación. Como suele suceder con los términos que incluyen en su composición el vocablo "cultura", su significado profundo depende en buena medida de la forma en que se entienda la cultura. En unos casos, el concepto de transculturación se podrá concebir como una modalidad del contacto cultural, según lo entendía inicialmente Ortiz, o un fenómeno tan general que se puede extender, sin limitación alguna, a lo que sucede en la formación de todos los procesos culturales. Todas las culturas se configuran, en efecto, a través de mezclas que se *localizan espacialmente y se transmiten de generación en generación. Aunque al comentar el pensamiento de Boas sobre el tema se ha insistido más en su propuesta particularista frente a las concepciones evolucionistas, el contenido de la noción de transculturación forma parte importante de sus reflexiones sobre la cultura. Para Boas, las "transculturaciones" son el contrapunto necesario de la existencia de las culturas particulares: la reinterpretación y la *integración creativa de los elementos provenientes de otras culturas, de distintos préstamos culturales, son una condición necesaria para que las culturas funcionen de forma más o menos coherente. El tema ha sido tratado de muchas maneras en la historia de la antropología y aún se sigue discutiendo sobre el significado de lo que García Canclini (1989) llama culturas híbridas.

Sin embargo, si ponemos más énfasis en las dimensiones culturales del comportamiento humano que en la existencia de culturas consistentes y delimitadas, el tema de la transculturación, aunque puede ser relevante desde el punto de vista histórico, posiblemente lo es menos desde una perspectiva comportamental, ya que el origen y la forma de introducción de los rasgos culturales no tienen por qué ser una característica determinante del significado de las conductas de los sujetos sociales. Sólo una visión romántica de la cultura, en la que se preferencia lo autóctono y se etnifican los rasgos culturales, puede encontrar sentido en la disección de las mezclas.

Esta consideración tiene más sentido en el mundo moderno, en el que la influencia de los potentes medios de comunicación actúa como vehículo de constantes transculturaciones (Borja y Castells, 2000). Cualquiera es libre de imitar, con fines pragmáticos, lúdicos o lucrativos, secuencias culturales importadas. El éxito o el rechazo de estas iniciativas dependerá de mil circunstancias, no todas ellas especialmente transcendentes: la extensión reciente del Halloween a algunos países occidentales es buen ejemplo de ello. Más allá de las valoraciones sociales y políticas que cada uno pueda tener sobre este tipo de fenómenos, nadie puede negar los hechos y no tendría ningún sentido recurrir al valor de las tradiciones propias para rechazarlos. La transculturación es uno de los procesos constitutivos de los fenómenos culturales.

Bibliografía

BORJA, Jordi; CASTELLS, Manuel (2000): *Local y global; la gestión de las ciudades en la era de la información*. Madrid: Taurus.

GARCÍA CANCLINI, Néstor (1989): *Culturas híbridas estrategias para entrar y salir de la modernidad*. México: Grijalbo.

HANNERZ, Ulf (1998): *Conexiones transnacionales: cultura, gente, lugares*. Madrid: Cátedra.

HARVEY, Penélope (1996): *Hybrids of modernity, Anthropology, the nation state and universal exhibition*. London: Routledge.

ORTIZ, Fernando (1983 [1940]): *Contrapunteo cubano del tabaco y el azúcar*. La Habana: Editorial de Ciencias Sociales de Cuba.

José Luis García García

Véanse además Aculturación, Criollización, CULTURA, Fronteras políticas y religiosas, HIBRIDACIÓN, Información, INTEGRACIÓN, MIGRACIONES, MULTICULTURALISMO, Sujeto intercultural, TERRITORIOS.

V

Viajes y sistemas de movilidad

Ciertas tecnologías de *movimiento o sistemas de movilidad conectan, literal y virtualmente, a muchas personas en diferentes partes del mundo (Urry, 2000). Estas conexiones tienen en los viajes un punto de articulación interesante. Ya sean viajes de placer u ocio, de negocios, cargados de simbolismo, a través del tiempo o imposibles, lo cierto es que viajar, tanto para los que lo hacen como para los que no, resulta un aspecto constitutivo de las estructuras de la vida social contemporánea.

Los viajes, si bien involucran el movimiento o desplazamiento de personas y/ o cosas a través del espacio y del tiempo, no son, sin embargo, homogéneos ni en sus implicaciones sociales, ni espacio temporales, ni tampoco en los sistemas de movimiento que los habilitan o en las movilidades que encarnan. Desde el *paradigma de la movilidad,* y siguiendo los postulados de Z. Bauman (2004), se invita como propuesta central pensar en cinco clases de movilidades distintas (Larsen, Urry y Axhausen, 2006), producto de diferentes *tipos de viajes.* Éstos, estudiados en sus relaciones, permiten comprender no sólo la naturaleza móvil del mundo moderno, sino también muchas de sus nuevas preocupaciones y riesgos.

En primer lugar, hay que señalar el *viaje físico de las personas* por motivos de *trabajo, de ocio, familiares, de *migración, escapada o deseo. Este tipo de viaje está motivado por razones de copresencia y proximidad, es decir, por la necesidad que tenemos los seres humanos de estar físicamente próximos unos a otros, ya sea por razones laborales, familiares o de ocio o para encontrarnos con determinados paisajes o modos de vida. Este tipo de viaje implica determinados momentos de proximidad física, donde ésta es vista como algo obligado, deseable, apropiado o inevitable (*opus* cit., 2006) y tiene lugar a través del uso de diferentes medios de transporte.

En segundo lugar, está el *movimiento físico de objetos* en la cadena de productores, distribuidores y consumidores, o el viaje de aquellos demandado por la actual situación de mercado. En virtud de ésta, los objetos circulan y son transportados a través de largas distancias para poder ser consumidos e intercambiados en restaurantes, supermercados, plazas comerciales, mercados, etc.

En tercer lugar, está el *viaje imaginativo* que, a través de memorias, textos, imágenes, la televisión o el cine, nos transporta a otros *lugares reales o imaginados (Baerenholdt *et al.*, 2004). Éste es un viaje que normalmente implica el movimiento a través del tiempo, bien hacia el futuro, a partir de narrativas e imágenes, bien hacia el pasado, mediante el recuerdo y la memoria (*opus* cit., 2004). El viaje imaginativo es una forma de movilidad que no necesita, y que muchas veces es sustitutiva, del uso real de medios de transporte y, por ende, del movimiento real y corporal.

En cuarto lugar, debemos señalar el llamado propiamente *viaje virtual*, que hace referencia al tipo de movilidad que se da generalmente en tiempo real en Internet; un tipo de movimiento que trasciende *fronteras geográficas y también *distancias sociales, constituyendo la razón de ser de figuras como los *nómadas digitales (Makimoto y Manners, 1997).

En quinto y último lugar, es fundamental resaltar el *viaje comunicativo o* aquel que tiene lugar entre personas a través del intercambio de *mensajes: cartas, postales, telegramas, faxes, mensajes de telefonía móvil, videoconferencias, etc. Este tipo de viaje comunicativo establecido, a través del movimiento de *informaciones en tiempo real, es muchas veces precedente del movimiento real o desplazamiento físico de las personas en el espacio.

Todas las movilidades apuntadas son en sí mismas una intersección de muchas otras que presuponen y como cualquier tipo de viaje o desplazamiento –físico, virtual o imaginado– constituyen "sistemas". Estos sistemas hacen posible el movimiento: posibilitan "*espacios de anticipación" en los que el viaje puede realizarse y a través de los cuales el mensaje se transmitirá y el paquete llegará a su destino. Los sistemas permiten repeticiones relativamente a salvo de riesgos y, en cierto modo, predecibles de estos movimientos. Los sistemas habilitan la repetición e incluyen en el mundo contemporáneo la venta en red de entradas para cualquier evento –*ticketing*–, el abastecimiento de petróleo, las direcciones, la seguridad, los protocolos, los cambios de estación, los sitios de la red, los puertos o muelles, las transferencias de dinero, los *tours* turísticos o paquetes de viajes, los códigos de barras, el control del tráfico aéreo, los puentes, los horarios, los dispositivos de dominación, los lugares de almacenaje de los equipajes y otros movimientos similares.

La historia de estos sistemas repetitivos es, en efecto, la de los procesos a través de los cuales el mundo natural se ha "domesticado" y convertido en un *lugar seguro, regulado y, en cierto modo, libre de riesgos. Para que la gente pueda moverse y, por ende, mover objetos, textos, agua, dinero, imágenes, es imprescindible que esta naturaleza se haya domesticado. Algunos sistemas de movilidad preindustriales incluían caminar, montar a caballo o en palanquín, viajar en autobús, por canales, en barco, etc. Sin embargo, muchos de los sistemas de movilidad, ahora significativos, datan de la Inglaterra y Francia de las décadas de 1840 y 1850. Su *desarrollo interdependiente moldea el mundo móvil *moderno y conlleva un fantástico "dominio" del espacio físico –"revolución industrial"–. La

naturaleza deviene dramática y sistémicamente movilizada en el siglo XIX europeo. En 1854, Thomas Cook proclamó como lema del periodo: "Permanecer inmóvil en estos tiempos de cambio, cuando todo el mundo está en movimiento, sería un crimen. Un hurra por el viaje –el barato, barato viaje–" (citado en Brendon, 1991: 65, y en Urry, 2000: 57).

El s. XX verá un incremento notorio de otras tecnologías de movilidad; por ejemplo, el coche, los sistemas nacionales de telefonía, el poder del aire, los trenes de alta velocidad, los modernos sistemas urbanos, los ordenadores en red, etc. Del mismo modo, según nos adentramos en el s. XXI, estos sistemas de movilidad están desarrollándose con nuevas características. En primer lugar, estos sistemas se hacen cada vez más complejos, se componen de muchos elementos y se basan en toda una urdimbre de arcanas formas expertas. Las movilidades siempre han supuesto sistemas expertos, pero éstos son ahora muchísimo más específicos, incluso algunos están basados en programas de carreras universitarias completas y el desarrollo de compañías especializadas. En segundo lugar, tales sistemas son cada vez más interdependientes entre sí, de tal modo que los viajes individuales o elementos de comunicación concretos dependen de múltiples tecnologías que necesitan actuar e interconectarse eficazmente entre sí. En tercer lugar, desde los años setenta en adelante los sistemas de movilidad son cada vez más dependientes de ordenadores y programas específicos. Respondiendo a esta dependencia ha habido una generación masiva de sistemas de programación específicos que necesitan estar intercomunicados entre sí para que determinadas movilidades puedan tener lugar. Y cuarto, estas tecnologías han devenido particularmente vulnerables a "incidentes normales", que es casi seguro que ocurran vez en vez, dada la naturaleza claramente inaccesible y móvil de muchos de estos sistemas interdependientes.

Junto a la vulnerabilidad de los sistemas o tecnologías de movimiento que permiten diferentes tipos de viajes, los grupos sociales, individuos y *culturas se sitúan también de modos muy distintos con respecto a los flujos e interconexiones *globales, es decir, tienen accesibilidades *diferenciales a la movilidad de sí mismos o de mercancías, capital o símbolos y al disfrute de la misma y de sus resultados. Este hecho concierne a la cuestión de quienes se mueven o viajan y quienes no y, sobre todo, a la relación de poder respecto a la intervención posible o real en flujos e interconexiones móviles. En el mundo actual, algunas personas o grupos están más controlados que otros, reciben más beneficios de estas movilidades o quedan más atrapados por éstas que otros (Sheller, M. 2004). Pensar en los turistas y los migrantes es un buen modo de hacer estos temas visibles, lo mismo que reflexiones sobre los movimientos norte-sur –ya sea de personas o de *conocimiento–, y especialmente la libertad coercitiva impuesta por la cultura del automóvil como modo predominante de moverse o viajar en las sociedades modernas (Urry, 2004; Thrift, 2004).

Dominando los modos de vida actuales, la movilidad no ha conllevado una accesibilidad de masas a los sistemas o infraestructuras de movilidad –por ejemplo, a la automovilidad– y, sin embargo, ordena y reestructura flujos, tiempos y espacios de acuerdo con sus imperativos. La automovilidad, por ejemplo, más que cualquier otro sistema de viaje, empuja a las personas a habitar en mundos con intensa flexibilidad y a realizar malabarismos en cortos fragmentos de tiempo para poder estar en –o viajar a– los lugares donde se las espera y que espacialmente están habilitados para ser surcados (Urry, 2004). *Globales móviles o *locales inmóviles (Bauman, 2004) en función de su cercanía o lejanía respecto a redes y sistemas de movilidad, lo cierto es que los viajes virtuales e imaginativos implican, frente a la automovilidad, un tipo de "movilidad liviana" (Urry, 2004) que, si bien no provee alternativas obvias a la misma, se añade de manera fundamental a las conexiones sociales entre la gente, en lugares diversos, aumentando el deseo, no siempre satisfecho o consumado, del viaje corporal.

A pesar de la erosión de *fronteras y la creciente interconexión global, facilitadas por la multiplicación y el alcance de los sistemas y tecnologías de movilidad, no hay que olvidar tampoco que la movilidad siempre se sitúa y materializa de un modo específico y en lugar de distinguir, como si de una oposición binaria se tratase, entre "los globales móviles" y los "locales inmóviles", es fundamental subrayar que todo movimiento global tiene lugar a través de la movilización y de la remodelación de la materialidad de lo local. Por ejemplo, según señala Sheller (Urry y Séller, 2004: 21), los lugares de ocio "sólo son contingentemente estabilizados con propósitos de consumo turístico, y estas estabilizaciones requieren un amplio abanico de otras desmovilizaciones y removilizaciones: del trabajo y capital, de migrantes y *ciudadanos, de imágenes e información, de cosas materiales y realidades virtuales".

En el estudio de las diferentes formas de estas movilizaciones, la teoría feminista subraya además la importancia crucial de no estudiar la movilidad como un concepto general que ponga en tela de juicio metafísicas sedentaristas sin más, reclamando que resulta fundamental considerar *su naturaleza de género*. Sugieren autoras, como C. Kaplan (1996), que la movilidad ha sido, por ejemplo, en la modalidad de viajes, una actividad generalmente más practicable para hombres que para mujeres. Pero no sólo es constatable esto, sino que además las maneras de moverse por el espacio real o virtual no se experimentan o viven de igual modo por unos y otras. Argumentando estas últimas afirmaciones existen varios trabajos empíricos que han registrado los movimientos de hombres y mujeres al trabajo, las diferentes experiencias de caminar por espacios similares o la significación del rol que el género tiene en las aventuras de exploradores, viajeros o vagabundos (Cresswell, 2006). Fundamentalmente, también, la teoría feminista ha subrayado la importancia de estudiar la movilidad y el movimiento siempre en relación con aquellos que permanecen, pero no viendo en estos últimos sólo pasividad, sino además interesantes formas de resistencia encarnadas en el deseo explícito de inmovilidad (Greswell, 2006) o en el uso de sistemas de movilidad alternativos a los hegemónicos.

Son algunas las voces que reclaman, dentro del giro de las movilidades, la necesidad de realizar estudios no ya de cada tipo de viaje en sí mismo o por separado, sino de todos ellos en conjunto. Propuestas recientes incluyen, por ejemplo, el concepto de *movilidades transmateriales* (Adey y Bevan, 2004) que, desde el estudio de la combinación fundamental entre viajes o movilidades de naturaleza material y virtual, enfatiza la transmaterialidad de las mismas: es decir, la imposibilidad, en el mundo moderno de la existencia de unas movilidades sin las otras y también el sinsentido de estudiar autónomamente unas y otras.

Bibliografía

ADEY, P.; BEVAN, P. (2001): "Connected mobility?", en Mimi Sheller y John Urry, *Mobile Technologies of the City*. London: Routledge.

BAERENHOLDT, J. O.; HALDRUP, M.; LARSEN, J. *el al.* (2001): *Performing tourist places*. Aldershot: Ashgate.

BAUMAN, Z. (2004): *Modernidad líquida*. Buenos Aires: Fondo de Cultura Económica.

CRESSWELL, Tim (2006): *On the Move: Mobility in the Modern Western World*. London, New York: Routledge.

BRENDON, P. (1991): *Thomas Cook: 150 years of popular tourism*. London: Secker & Warburg.

KAPLAN, Caren (1996): *Questions of Travel: postmodern discourses of displacement*. Durham: Duke University Press.

LARSEN, J.; URRY, J.; AXHAUSEN, Kay (eds.) (2006): *Mobilities, networks, geographies*. Aldershot: Ashgate.

MAKIMOTO, T.; MANNERS, D. (1997): *Digital nomad*. Chichester: John Wiley & Sons eds.

SHELLER, M.; URRY J. (eds.) (2004): *Tourism mobilities. Places to play, places in play*. London, New York: Routledge.

URRY, J. (2004): "The 'System' of Automobility". *Theory, Culture & Society*, 21: 25-39.

URRY, J. (2000): *Sociology Beyond Societies: mobilities for the twenty-first century*. London, New York: Routledge.

THRIFT, Nigel (2004): "Driving in the City". *Theory, Culture & Society*, 21: 41-59.

John Urry
Matilde Córdoba

Véanse además Ciudadano, COLONIALISMO Y ANTICOLONIALISMO, COMUNICACIÓN, CULTURA, DESARROLLO, Diferencias naturales y diferencias sociales, Diferencias sociales y diferencias culturales, Elites cosmopolitas, ESPACIO-TIEMPO, Espacios locales, FRONTERA, Frontera geográfica y administrativa, Fronteras simbólicas, Global y local, GLOBALIZACIÓN, Información, Lugar y no-lugar, MIGRACIONES, Migraciones. Redes sociales, Migraciones. Teoría macro, Migraciones y racismo, Modernidad, MOVILIDAD, Nomadismo y turismo, Pluralismo sincrónico, Revolución técnico-comunicativa, SABER Y SABERES, TERRITORIOS, TRABAJO.

Violencia política

Estos términos parecen requerirse mutuamente, ya que si es difícil imaginar cualquier realidad política ajena a algún grado o tipo de violencia, tampoco es fácil concebir la violencia sin algún atributo de lo que entendemos por política –coerción, *desigualdad, dominación/sumisión, etc.–. Por otra parte, valores, ideologías, percepciones sociales y factores estructurales condicionan o determinan tanto la diferenciación misma entre violencia sin más y violencia política como la legitimidad o ilegitimidad de esta última.

Violencia y política son fenómenos universales pero, como cualquier otro fenómeno sociocultural, sus *formas o manifestaciones han sido diversas a través de la historia de la humanidad. Igualmente lo son sus expresiones concretas a lo largo y ancho del planeta. Max Weber apuntó a esa doble vertiente de los fenómenos sociopolíticos al emplear los términos *poder* y *autoridad*: ubicuo y universal el primero, específica y cambiante la segunda. Ambos como *tipos ideales*, esto es, zonas de encuentro de teoría y realidad, integran entre sus elementos algún grado de violencia, conflicto y desigualdad. También esos ingredientes se encuentran presentes en muy heterogéneas realidades sociales y culturales, si bien con ropajes culturales variados.

Desde la antigüedad, el papel que corresponde a la violencia ha estado muy presente en las distintas concepciones políticas, aunque de modo muy diferente. En el panorama clásico destaca el paradigma platónico de la actividad de gobierno como *arte de tejer*. En el entramado o lienzo que de ella deriva, leemos en el *Político*, hay que integrar hombres con caracteres antagónicos: los que representan la valentía, la osadía, la dureza, la fuerza, que tienen el papel de la urdimbre, con los que simbolizan la mesura, la blandura y la suavidad de las hebras de la trama. Ése es "el fin del tejido de la actividad política: la combinación en una trama bien armada del carácter de los hombres valientes con el de los sensatos" (Platón, 2000: 311 b-c). En suma, la violencia atemperada aparece como ingrediente no ya inevitable, sino deseable de la política, porque, según advierte Platón, mesura sin fuerza o fuerza sin sensatez conducen a lo mismo: a la *esclavitud, bien por debilidad o por acarrear aventuras guerreras insensatas. En la concepción hobbesiana, por el contrario, la violencia se remite a la *condición natural*, a lo presocial y prepolítico; en definitiva, a la "guerra de cada hombre con cada hombre" (Hobbes, 1979: cap. XIII). De esa situación *miserable* –"sin artes, sin *letras, sin sociedad... con continuo miedo y peligro de muerte violenta" (*opus* cit., 1979: cap. XIII) se sale mediante el pacto en virtud del cual los hombres renuncian a parte de su libertad a cambio de seguridad. Pero la violencia no desaparece sino que la asume *Leviatán*, el *Estado, y la utiliza como coacción hacia sus súbditos o como hostilidad y guerra hacia otros *leviatanes*. Éstos se arrogan, según dirá luego Weber, el *monopolio legítimo de la violencia*.

Pese a la disparidad entre esos grandes arquetipos, ya se trate de la *polis* griega o de la *commonwealth* –Estado– *moderna, violencia, coacción o fuerza se conciben como atributos del conjunto, no de las partes. Eran sociedades imaginadas o idealizadas fundamentalmente como totalidad sin fisuras. En cambio, las sociedades contemporáneas, occidentales o no, son y se conciben de modo muy diferente. Además, radicalismo revolucionario, marxismo y anarquismo, de un lado, ultramontanismo, fascismo y nazismo, de otro, han coincidido en conferir un papel central a la violencia en la dinámica política. En la encrucijada de esas ideologías, influida por unas y con evidentes ecos en otras, se sitúa la ya clásica obra de Georges Sorel, *Reflexiones sobre la violencia*. Allí se hace una significativa distinción que refleja precisamente las fracturas de nuestras sociedades: *fuerza* y *violencia*, dice Sorel, se emplean tanto para hablar de *autoridad* como de *rebelión*, cuando sus consecuencias son muy diferentes. De ahí que proponga reservar la primera para la imposición de un orden y la segunda para lo que se dirige a su destrucción. Como ha resaltado I. Berlin, la retórica soreliana ofrece claras influencias y repercusiones en los extremos, izquierdista y derechista, del espectro político europeo de los dos últimos siglos. Frente a los nexos racionales que vinculan la fuerza o la violencia en el *arte de tejer* platónico o en el *pacto* hobbesiano, tenemos aquí la desconfianza o el menosprecio vitalistas hacia las componendas de la política convencional. La moralidad y, a la postre, la razón se decantan a favor de las armas al alcance de los oprimidos: la violencia revolucionaria y trastocadora, encarnada, según Sorel, en el mito de la *huelga general*. Esa exaltación de la violencia, acompañada del descrédito de la política –en tanto que articuladora de enfrentamientos y compromisos entre adversarios, de control de los gobernantes por los gobernados y garantías o derechos de los segundos– encuentra variadas versiones en la última centuria. Así está la doctrina leninista del *centralismo democrático*: un partido, rígidamente jerarquizado, que organiza y canaliza la enorme fuerza de la clase trabajadora y que conduce, en la práctica, a la dictadura del comité central y de su líder. O también hallamos la política tal como la concibe Hitler en *Mein Kampf*: una batalla a muerte entre *visiones del mundo* incompatibles que requieren de sus seguidores la lealtad inquebrantable de un dogma religioso. Los variados terrorismos de las últimas décadas, *etnicistas o religiosos, plantean el ataque a sus objetivos en términos casi idénticos. Pero también la lucha contra ellos parece seguir derroteros semejantes: *lucha* o *guerra* contra el terror, medidas políticas excepcionales en manos de los gobiernos y limitación creciente de los derechos ciudadanos. Esa entronización de la violencia hace asimismo que el juego político se parezca en nuestras sociedades cada vez más a la guerra sucia. Al mismo tiempo, los medios contribuyen a que las confrontaciones políticas adquieran crecientemente el aspecto de duelos deportivos seguidos por masas de *fans*; es decir, lo más parecido a enfrentamientos donde sólo importan victorias o derrotas.

Guerra y violencia

La célebre fórmula de Clausevitz, "la guerra es la continuación de la política por otros medios" –o la inversión de Foucault: "la política es la continuación de la guerra por otros medios"–, recalca bien el encadenamiento entre ambas constantes humanas. Pero, como la política, también la guerra es cambiante. Es más que discutible la pretendida continuidad entre agresividad o violencia humanas y guerra. Hay, en cualquier caso, belicismo en terrenos alejados del enfrentamiento bélico como hay reglas y doctrinas que tratan de deslindar éste del comportamiento agresivo o violento.

Ejemplos de lo primero abundan en una esfera, tan aparentemente alejada de los escenarios guerreros como el lenguaje en general, se refiera o no a la política: *atacamos* o nos *enfrentamos* con un problema; *defendemos* una postura; *dominamos* un tema; *ganamos* o *perdemos* terreno en una discusión. Por supuesto, el lenguaje más especializado (político, económico, deportivo) está impregnado metafóricamente de términos polémicos, belicosos: *lucha, perder/ganar, frente, objetivos, tácticas* y *estrategias, victorias* y *derrotas*. En contraste, desde antiguo las diferentes tradiciones culturales han tratado de amortiguar o aminorar los males de la guerra, si bien con variaciones significativas entre ellas. Así el estratega chino del s. VI a. C., Sun Tzu (2006: 113) advierte de que al enemigo hay que proporcionarle escapatorias que no le hagan actuar como bestia acorralada: "Muéstrale que existe una tabla de salvación y hazle comprender que existe una solución diferente a la muerte. Después cae sobre él." Eficacia pura. En el mundo cristiano, por contraste con el belicismo del Antiguo Testamento, se desarrolló un pacifismo que sólo a partir de la era constantiniana comenzó su declive, para abocar, a lo largo de los siglos, en la institucionalización de la *guerra santa* y la *cruzada*. En el islam, más inclinado desde sus inicios a la guerra que el cristianismo primigenio, hay con todo limitaciones al puro exterminio de los enemigos y significados no estrictamente bélicos de nociones como *yihad*.

Tan importantes como las diferencias entre tradiciones culturales lo son las que se dan a través del tiempo. No es mucho lo que sabemos de la guerra en el mundo denominado tribal o primitivo: la presencia y control *coloniales paralizó o limitó al menos las actividades bélicas en esas sociedades. Pero lo que se conoce apunta en dos sentidos: la guerra en ellas era fenómeno habitual y recurrente, pero ni la tecnología ni los objetivos de las conflagraciones permitían la aniquilación del enemigo. Las sociedades occidentales contemporáneas representan frente a su propio pasado y al mundo primitivo un giro radical por lo que a las nociones de guerra y paz se refiere. Como dice E. Benveniste (1969: 386), "La paz es para nosotros el estado normal que viene a romper una guerra; para los antiguos, el estado normal es el estado de guerra, al cual viene a poner a poner fin una paz." Sin embargo, ni ese tiempo ni esos grupos humanos fueron necesariamente más violentos que los nuestros. Al contrario, como ha mostrado un estudioso de la guerra a lo largo de la historia, John Keegan, las guerras últimas revelan un proceso creciente de *deshumanización* y de violencia. Éste se concreta en tres aspectos: primero, despersonalización de los combates —la lucha tradicional, frente a frente, podía mitigar la virulencia—; segundo, empleo de armas destinadas a dañar y no sólo a matar (napalm, gases, bombas-racimo, etc.); tercero, constreñimiento del combatiente para mantenerlo aferrado al escenario bélico —transformado, habría que añadir, en mera máquina de matar, como refleja de modo excelente el film *Chaqueta metálica*, de Kubrick—. De esta manera la guerra actual no hace más que expresar ese fenómeno general de nuestro tiempo

que es la exacerbación y casi sacralización de la violencia.

Bibliografía

BENVENISTE, Émile (1969): *Le vocabulaire des institutions indo-européennes*. Paris: Les Éditions de Minuit. Vol. I.

HOBBES, Thomas (1979): *Leviatán*. Madrid: Editora Nacional.

KEEGAN, John (1978): *The face of battle*. New York: Penguin Books.

PLATÓN (2000): *Político*, *Diálogos*, *V*. Madrid: Ed. Gredos, 472-605.

SOREL, Georges (2005): *Reflexiones sobre la violencia*. Madrid: Alianza Editorial. Prólogo de Isaiah Berlin.

SUN TZU (2006): *El arte de la guerra*. Madrid: Ed. Martínez Roca.

Enrique Luque Baena

Véanse además Acciones afirmativas, COLONIALISMO Y ANTICOLONIALISMO, Comunidad transnacional, Criollización, DIFERENCIA Y DESIGUALDAD, Discriminación positiva, Esclavitud, ESTADO-NACIÓN, ESTIGMA, Etnicidad, Etnocentrismo y relativismo cultural, Fronteras políticas y religiosas, Fronteras simbólicas, GENOCIDIO, Globalización y antiglobalización, Homofobia y heterofobia, Modernidad, Racismo y neorracismo, Revolución técnico-comunicativa, SABER Y SABERES, Violencia política. Tipos.

Violencia política. Tipos

En el siglo XIX —en Europa sobre todo— y primeras décadas del XX —en otras regiones del planeta, hasta muy avanzado ese siglo— la *violencia política, como amenaza o realidad, se desarrolló a partir de las convulsiones que trajo consigo la transformación de sociedades agrícolas en industriales —desamortizaciones, proletarización del campesinado, predominio de la economía de mercado, surgimiento y auge de las organizaciones obreras, etc.—. La violencia, en suma, aparece entonces claramente articulada en torno a las *desigualdades y quiebras estructurales de las nuevas sociedades industrializadas. Es mucho más difícil, en cambio, atribuir tales causas a la situación que se genera a partir de los últimos decenios de la pasada centuria y sobre todo en los recientes lustros. El siglo pasado alumbró la violencia estatal sin tapujos, encarnada en sistemas políticos tan aparentemente *diferentes como los totalitarismos nazi y soviético. El fenómeno *nacionalista se manifestó también con caracteres muy diferentes de sus iniciales expresiones románticas y decimonónicas: como un rechazo de *Estados consolidados tras siglos de *desarrollo –ETA, IRA, movimiento corso y otros–, un fruto de la desintegración de Estados relativamente recientes –Yugoslavia, URSS– o a consecuencia de la falta de consolidación del Estado en regiones sometidas largo tiempo a la *colonización –India, Sri Lanka y otros países del Sudeste asiático–. En estos casos el papel de los ingredientes *étnico y/o religioso colorea o sirve de vehículo a la violencia política. Por otra parte, los fundamentalismos, de cualquier signo, asociados en muchos casos a actuaciones violentas o terroristas, no se limitan a culturas o países específicos: el *continuum* fundamentalista abarca desde el yihadismo de países subdesarrollados a determinados fenómenos de la pasada década en Estados Unidos –como los que abocaron en la inmolación de la secta davidiana en Waco o a la bomba de Oklahoma–. Igualmente, tanto en el caso de la violencia a cargo del Estado como contra él, tras su desaparición o en su práctica irrelevancia, alguna forma de terror –físico, psíquico o más bien una mixtura de ambos– desempeña un lugar central. Por último, el papel del terror es aún más decisivo en la *globalización de la violencia política. Esto es patente tanto en el caso del llamado terrorismo internacional como de su contrapartida, la guerra contra éste. Todo ello nos permite establecer una tipología tentativa que recoja al menos parte de esa diversidad, ilustrada en cada caso con ejemplos relevantes o cercanos.

Los cuatro tipos de violencia política que se presentan suponen situaciones muy diversas entre sí y conllevan también objetivos o resultados diferentes: anulación de la disidencia y transformación o exterminio del contrario o disidente; derrota final del Estado considerado opresor; mutación de las rivalidades cotidianamente llevaderas en limpieza étnica, o en refriegas fanáticas y periódicas, y triunfo definitivo del credo o ideal propio y amenazado y aniquilación de los que sustentan el definido como enemigo –ya se categorice a éste como *infiel* o *terrorista*–. Sin embargo, esas variadas formas de violencia ofrecen dos notas

en común y estrechamente relacionadas entre sí. Por una parte, se encuentra la ya mencionada exaltación de los medios violentos por sí mismos, al margen o a pesar de los fines que con ellos pueda obtenerse o de las consecuencias que de ellos se sigan. Dada esa preeminencia, cualquier *praxis* política tiende también a deslizarse –en términos sorelianos– hacia la mera *fuerza* o la mera *violencia*. Por otra parte, las distintas formas de la violencia política coinciden también en ritualizar de alguna forma sus variadas manifestaciones –himnos, desfiles, humillaciones pautadas, ceremonias, conmemoraciones, tumultos periódicos, videos de terroristas suicidas o demostraciones de victoria frente al terror, políticos civiles uniformados en escenarios bélicos–. Ello va unido a una indudable delectación, generalizada en nuestras sociedades, por mostrar en imágenes a amplias audiencias el ejercicio mismo de la violencia inexplicada e inexplicable. El abanico es variado: videos o fotos para el recuerdo de ejecución de rehenes, atentados –Torres Gemelas, estación de Atocha–, humillaciones o torturas a presos –Abu Graib– o de palizas entre adolescentes –anunciadas y difundidas en Internet.

Violencia estatal

En el ascenso e instalación del nazismo en Alemania, la violencia no fue meramente un instrumento, sino un objeto de culto ensalzado en los himnos de las formaciones juveniles hitlerianas. A partir de finales de los años veinte, las calles de las principales ciudades germanas se convirtieron a diario en escenarios de ese culto, practicado por los "camisas pardas" contra socialistas, comunistas o cualquier otro enemigo. Las masivas y constantes demostraciones de fuerza dieron resultado y permitieron que Goebbels, bastantes meses antes de la llegada al poder, escribiera en su diario: "Sólo hay que enseñar los dientes a los rojos y pasan por el aro." Llegados los nazis al gobierno, la violencia se convirtió en auténtico terrorismo de Estado. Los distintos cuerpos armados del partido –SS, SA, Cascos de Acero– tuvieron luz verde para actuar ante la pasividad obligada de las fuerzas policiales. El apaleamiento y asesinato de enemigos políticos se pudo realizar entonces con absoluta impunidad. Por otra parte, la lucha contra el crimen organizado derivó muchas veces en la identificación del enemigo con el criminal, concretamente con los judíos –a los que los nazis responsabilizaban de la dirección de organizaciones delictivas–. Además, pronto comenzaron las "purgas" de judíos cantantes, cineastas y artistas en general, así como de científicos y universitarios o el boicot de comercios judíos. A los judíos, dijo Goebbels en uno de sus discursos, había que "exterminarlos como a pulgas y piojos": prohibiciones, palizas, muertes, secuestros, quemas de sinagogas, leyes de Nuremberg sobre pureza *racial y holocausto final siguieron como pura consecuencia lógica. Ni que decir tiene que la violencia estatal no se limitó a enemigos políticos o judíos. Baste recordar la eliminación de la misma avanzadilla de la violencia nazi, las SA, y de sus principales dirigentes en la *noche de los cuchillos largos*, aprovechada también para aniquilar a otros desafectos.

Junto al sistema nazi, el soviético también se distinguió por ritualizar o burocratizar la violencia. En el segundo comenzó pronto con el famoso Gulag. Pese a las diferencias entre la Alemania de Hitler y la Rusia de Stalin, la ritualización de la violencia ejercida contra los tipificados como enemigos sigue pautas semejantes: "Si el método soviético de arresto parece haber sido bastante caprichoso a veces, los rituales que seguían al arresto eran, hacia los años cuarenta, virtualmente inmutables" (Applebaum, 2004: 368). Ocurrían primero en la prisión local; más tarde en el campo. En el primer caso, una vez fichado, fotografiado y tomadas sus huellas dactilares, el preso entraba en una especie de limbo donde se le ignoraba por completo. La fase probablemente estaba destinada a crear confusión y a que el detenido comenzara a percibirse como objeto. A ella seguían otras peores: el registro minucioso del cuerpo, la incomunicación y, si se consideraba útil, la tortura. Una vez en el campo, el proceso continuaba con otros pasos, igualmente ritualizados, que conducían a la transformación de la antigua en la nueva *identidad de prisioneros anónimos. Los destinados a los campos, por otra parte, no respondían a características determinadas de clase, edad o género: cualquiera podía ser considerado enemigo y víctima del Gulag.

El régimen nazi de *guetos y campos muestra también el proceso de transformación de personas corrientes en verdugos sin piedad; quienes estaban a su cargo actuaban de una manera *mecánica*, como *robots*. Eran tremendamente sistemáticos en su trabajo de exterminio, de conducción de las pobres víctimas a los campos, de apresamiento de los huidos. Fue Hanna Arendt (2004: 277) quien resaltó, bien pronto y de forma magistral, ese estilo de la burocracia nazi en su estudio sobre Adolf Eichmann y el proceso judicial que lo llevó a la muerte: "Eichmann decía que, si es preciso hacer algo, más vale hacerlo ordenadamente." Arendt, además, insiste en descartar cualquier sospecha de insania mental de aquellos funcionarios del crimen masivo: "los asesinos no eran sádicos, ni tampoco homicidas por naturaleza, y los jefes hacían un esfuerzo sistemático para eliminar de las organizaciones a aquellos que experimentaban un placer físico al cumplir con su misión" (Arendt, 2004: 156). Tanto soviéticos como nazis desplegaron lo que Primo Levi (2001: 99 y 105) denominó la *violencia inútil* –"dirigida exclusivamente a causar dolor; a veces con un propósito determinado pero siempre redundante, fuera de toda proporción respecto del propósito mismo"–. En ambos casos, el ritual sí que tenía un propósito: "la transformación de los seres humanos en animales".

Violencia contra el Estado

En el ámbito europeo, el fenómeno del nacionalismo ha ido ligado en las últimas décadas no ya a expresiones de mera violencia política, sino a actividades claramente terroristas. Ello ha ocurrido en dos situaciones muy diferentes: en los Estados más antiguos del continente –Reino Unido, España y, en menor medida, Francia o Austria– y en Estados surgidos o expandidos en el siglo pasado –Yugoslavia y el desmembrado imperio soviético–. El caso yugoslavo será examinado en el apartado siguiente. En cuanto al primero, se ilustrará este punto con el fenómeno etarra. ETA surgió a finales de los años cincuenta del pasado siglo como una escisión del Partido Nacionalista Vasco –PNV–, formado, a su vez, a finales del s. XIX –exactamente en 1894–. La ideología de ese nacionalismo decimonónico estaba profundamente impregnada por un catolicismo de muy viejo cuño, adobado, además, por las teorías raciales o racistas de la época y por la añoranza de los fueros abolidos. El lema del PNV, *Jaungoikoa eta Legi Zarra –Dios y ley vieja–*, sintetiza en buena parte su espíritu original. Paradójicamente, ya que se forjó por oposición a todo lo español, la ideología peneuvista era heredera de las viejas obsesiones hispanas por la pureza de sangre de los cristianos viejos frente a los nuevos –esto es, los conversos del Islam o del judaísmo.

ETA comenzó a realizar atentados con consecuencias mortales a finales de los años sesenta y no ha dejado de hacerlo hasta finales de 2006; incluyendo otras formas de violencia y de extorsión, incluso después de proclamada la *tregua permanente* –marzo, 2006–. Por otra parte, el número de muertos a manos de ETA en estos últimos cuarenta años ronda el millar, con muchos más heridos o mutilados con carácter irreversible. La desaparición de la dictadura franquista, marco político en que se desarrolló la organización etarra, no cambió ni sus objetivos secesionistas ni sus procedimientos terroristas. Los estudiosos del fenómeno han tratado de explicar tanto la génesis como la persistencia del mismo atendiendo a factores de índole muy diversa. Recientemente, desde una perspectiva sociológica se ha destacado cómo el aislamiento progresivo de ETA se manifiesta casi exclusivamente en la lucha callejera –*Kale borroka*–, totalmente alejada de las movilizaciones de masas de hace décadas y ajenas a todo tipo de espontaneidad. La causa de tal situación estriba en la *self-fulfilling prophecy* en la que se ha instalado el nacionalismo vasco. Consiste en sostener, contra toda evidencia racional, que *nada ha cambiado con la democracia*. Y, puesto que ello es así, hay que continuar luchando contra el Estado opresor. La inevitable represalia policial a las acciones terroristas se convierte en la prueba que la profecía demanda (Pérez Agote, 2005).

Cabe destacar dos perspectivas desde el ámbito antropológico sobre la violencia etarra y vasca muy diferentes entre sí. La primera ve la violencia etarra, pese a todos sus avatares, como una emanación de la *cultura vasca (Zulaika, 1990). La segunda, por el contrario, considera que el contexto estatal o incluso el que traspasa las *fronteras españolas y los cambios en ellos acaecidos son decisivos para entender tanto los orígenes del fenómeno como sus vicisitudes (Aranzadi, 2001).

Según el primer planteamiento, las tácticas de ETA son, en parte, continuación de la guerra de guerrillas de la época carlista. Partiendo del estudio de la pequeña *localidad –el caserío o *baserria*–, se analiza el tríptico violencia, muerte y religión, dado el enorme peso de lo rural en la sociedad vasca tradicional. Así no es difícil entender que las acciones de los etarras se entiendan como fruto de la defensa frente al mundo exterior: en palabras de un proetarra, "Las *ekintzak*, acciones, de ETA no son políticas. ¿Qué son entonces? Son mera supervivencia. Los etarras son como animales que han de apoyarse fundamentalmente en su instinto" (Zulaika, 1990: 290). En ese contexto, a la animalidad o bestialidad

no se le da un valor peyorativo, sino todo lo contrario. Curiosamente, esa condición del terrorista como bestia o animal, al que sólo cabe exterminar, es compartida, con muy otra valoración claro está, por sectores de la sociedad española. De hecho, elementos policiales o parapoliciales la pusieron en práctica, al margen por completo de la ley, hasta muy avanzados los años ochenta. Por otra parte, el elemento religioso entra en juego con el papel asignado a la virgen *local. Identificada ésta con la madre, por extensión, otros ámbitos –iglesia, lengua, país– adquieren también ese carácter; sobre todo, la tierra o patria. Con todo ello queda vinculado el patriota militante, al que se exige un compromiso de vida y muerte. Resulta patente, además, la directa vinculación del clero católico con la organización terrorista. El alejamiento posterior de ésta respecto a las instituciones eclesiásticas no evitó, sin embargo, que se mantuviera un sentido trascendente y sacramental en la militancia. El ritual etarra, colmado de elementos religiosos y mitológicos, se enraíza también en la tradición vasca –esto es, pocas palabras, sospechas frente al diálogo y exaltación de la acción continua.

La otra perspectiva supone en buena medida el reverso de la anterior. También desde ese planteamiento se resalta la matriz religiosa del terrorismo etarra. Ahora bien, se matiza el excesivo peso que suele atribuirse al factor religioso, ya que fueron otros elementos de mucha importancia en los años sesenta del pasado siglo los que también configuraron la organización desde sus inicios. Se cuestiona igualmente que el fenómeno sea fruto de una discutible *cultura vasca*. Por lo demás, a medida que ETA fue aislándose del conjunto de la sociedad vasca, fueron cambiando igualmente las formas y contenidos de sus rituales públicos: una especie de desplazamiento de lo *sagrado* a lo *profano*. Inicialmente, factores cristianos como el sentido del sufrimiento, de la muerte o el compromiso con el mundo y sus problemas fueron acompañados por el marco ritual tradicional de la Iglesia: en los templos se realizaban los funerales por los mártires y de allí partían las manifestaciones callejeras. Más tarde fueron inventándose rituales plenamente *abertzales* y profanos –festivales de canción vasca, maratones que marcaban fronteras, etc.–. El ritual inicial se ha transformado de ese modo en pura técnica de "propaganda y de control de las instituciones, la prensa, la radio, la educación" (Aranzadi, 2001: 93).

En suma, uno y otro planteamiento muestran posiblemente dos caras de la misma moneda: el enraizamiento de la violencia en lo local y próximo –el *baserria*–. Pero los cambios sociales, culturales y de todo tipo en el entorno estatal, europeo o mundial terminan modificándola.

Violencia en Estados problemáticos

Dos situaciones muy diferentes y de lugares muy distantes, pero con singulares coincidencias, ilustran este apartado. La primera, relativa a la antigua Yugoslavia, abocó a la guerra abierta en determinados *territorios o a la matanza, tortura y limpieza étnica en otros; la segunda, concerniente al Sureste asiático, supone la erupción periódica de violencia destructiva y ritualizada.

Al comenzar la desintegración de Yugoslavia, a mediados de 1991, se pusieron pronto de manifiesto los antagonismos étnicos y religiosos soterrados durante décadas. Particularmente en zonas que históricamente habían supuesto una encrucijada entre Oriente y Occidente. Tal es el caso de Bosnia-Herzegovina, que integraba tres comunidades principales, servios, croatas y musulmanes. Los terceros, mayoritarios en zonas clave, no se distinguían étnica ni lingüísticamente de los primeros –ortodoxos– ni de los segundos –católicos–, pero sí de los campesinos servios sobre todo, por su muy superior nivel de vida. El equilibrio de las tres comunidades se mantuvo a lo largo de la historia gracias a un control externo: primero, el imperio otomano durante siglos y, luego, el austrohúngaro desde finales del s. XIX. Creada Yugoslavia tras la Primera Guerra Mundial, todo el estado y, en particular, Bosnia-Herzegovina atravesaron épocas de relativa armonía étnica y religiosa y fases –concretamente de 1941 a 1945– de auténtica guerra civil. El régimen comunista de Tito supuso el periodo de paz más prolongado de la historia reciente, pero gracias a reprimir la expresión democrática de cualquier tipo de conflicto. Con todo, desde el punto de vista de muchos ortodoxos y católicos, los musulmanes se consideraban herejes peligrosos y, una vez estallado el conflicto, fueron presentados como temibles fundamentalistas –tildados así, curiosamente, por quienes, cristianos, sí eran y actuaron como tales.

Todos esos elementos estuvieron presentes en los acontecimientos de los primeros años noventa del siglo pasado. La guerra servo-croata –los musulmanes formaron parte del segundo bando– no excluyó acuerdos entre los enemigos para repartirse Bosnia-Herzegovina entre ellos sin contar con la mayoría musulmana. Pero aparte de los episodios estrictamente bélicos, lo que se produjo en el territorio bosnio fue una auténtica limpieza étnica. La autoridad política fue sustituida por policías y milicias dedicadas a la corrupción, extorsión o robo y detenciones arbitrarias, así como a conceder a los servios documentos de lealtad a la República. Vecinos y compañeros de trabajo hasta ese momento se convirtieron en horas en agresores y víctimas. Todo ello en una cadena de homicidios, torturas y violaciones que acarreó en menos de un año decenas de miles de víctimas. Aunque estas últimas pertenecían a las tres comunidades, sin duda en la inmensa mayoría de los casos el papel de agresores correspondió a los servios y el de víctimas a los musulmanes. La obsesión decimonónica de los primeros por conseguir un Estado fuerte y grande, identificado con una nación étnicamente pura compartida en gran parte por los croatas, transformó el precario equilibrio anterior en auténtico *genocidio. Los líderes políticos servios –el antiguo comunista Milosevic, con sus réplicas regionales: el psicópata Karadzic y el sanguinario general Arkan– emplearon la maquinaria propagandística para presentar a los *urbanitas musulmanes, frente a la masa campesina servia, como los poderosos frente a los desposeídos. Así el conflicto religioso y étnico, siempre implícito, explotó con la simplicidad de la peligrosa dicotomía de pobres contra ricos. Además, tratando de invertir la historia de la derrota servia frente a los turcos –identificados con los musulmanes bosnios–, se celebraron en Kosovo conmemoraciones que suponían la humillación de los ahora vencidos setecientos años después de la victoria de sus supuestos antepasados.

El estallido de conflictos latentes, donde se transforman de la noche a la mañana vecinos o compañeros en enemigos a muerte, ha sido muy bien analizado por Tambiah (1996). Se trata de un estudio sobre los disturbios étnicos y religiosos que sacuden de forma periódica y con rasgos estandarizados desde hace muchas décadas países como India o Sri Lanka. Desde, aproximadamente, mitad del siglo XX a la actualidad, se han sucedido en países como ésos tres grandes etapas. Una primera tiene lugar durante el proceso de descolonización: guerras de liberación donde las viejas identidades parecen diluirse en torno a la unidad que se fragua en la lucha contra la potencia colonizadora, contra la cual se dirige la violencia y la resistencia. Sigue a ésta una fase *optimista* o de *nation making*: tras la independencia, trata de reforzarse la "soberanía nacional", de crearse una cultura y una identidad "nacionales" y de adquirir una *integración "nacional" como camino hacia el progreso científico, el crecimiento económico y la justicia social; es la fase en que se crean los partidos y coaliciones nacionales. Por último, el reverso de la anterior es la erupción de los conflictos étnicos, que aparecen articulados en torno a la lengua, la raza, la religión o el territorio. A partir de entonces, el Estado, actor principal en los pasos anteriores, queda relegado ahora al papel de simple árbitro entre las distintas identidades. La etnicidad, diluida o encubierta en la fase inicial, se politiza y el conflicto se convierte en crónico. Este conflicto se expresa en auténticos rituales de enfrentamiento: tumultos periódicos, provocados por motivos aparentemente fútiles o ancestrales que se trastocan en serios agravios religiosos, políticos, étnicos, etc. Son rituales que enfrentan a quienes conviven habitualmente como vecinos, colegas de oficio o ciudadanos de una misma nación; que, además, acarrean inevitablemente muertes, saqueos, incendios y destrucción o robo de propiedades públicas o privadas. Se da una amplia variabilidad en cuanto a los bandos enfrentados –sijes, musulmanes, cristianos, hindúes, tamiles o las variadas procedencias regionales–, pero poca por lo que respecta a las pautas de los enfrentamientos. Éstos incluyen siempre elementos tradicionales del *acervo cultural, fundamentalmente mágico-religioso –exaltando a los del propio grupo y mofándose o atacando a los del contrario–. De ese modo el pasado, más o menos mitificado, pero conocido al fin, simbolizado a través del ritual, sirve de algún modo para encauzar y afrontar los retos y conflictos del presente imprevisible, convertidos tanto en endémicos como en reservorio para futuros enfrentamientos.

Violencia y globalización

Son muchos y diversos los grupos terroristas que actúan en el escenario mundial contemporáneo, pero ninguno de ellos ha alcanzado la notoriedad ni sus actividades han tenido las consecuencias de Al Qaeda. Pese a muchas opiniones en contra, buenos conocedores de la misma sostienen que no es ésta la consecuencia lógica de una tendencia inevitable en el islam tradicional, ni siquiera en el islamismo radical. Al contrario, Al Qaeda emergió como esfuerzo desesperado para alterar la ruta del movimiento. Vistas así las cosas, el emblemático 11/S de 2001 no fue más que la expresión de la guerra civil, no ya dentro de *Dar al Islam* –la *casa*, la patria de los musulmanes–, sino en el seno mismo del movimiento yihadista y fruto de una desesperada carrera hacia el precipicio. Pero la torpeza de la reacción de destacados líderes occidentales y la *guerra contra el terrorismo* vino a dar a Al Qaeda fuerzas y protagonismo inesperados.

La guerra interna comenzó con los intentos islamistas y yihadistas, hacia los años setenta del pasado siglo, de instaurar gobiernos teocráticos en países musulmanes. El fracaso en lugares tan señalados como Egipto o Argelia, dada la eficacia y dureza de los aparatos de seguridad estatales, provocó el fraccionamiento de la yihad en dos facciones principales: la de quienes siguieron aspirando a la revolución islámica en países concretos y la *yihad transnacional* –con personajes como Bin Laden o Ayman al-Zawahiri–. La violencia desarrollada contra dirigentes nacionales, considerados serviles a las potencias occidentales, y en los propios países se encaminó a partir de la pasada década contra esas potencias y sus *centros vitales.

Cuatro aspectos son destacables en esa metamorfosis del terrorismo: primero, los factores que desencadenaron la mutación de la yihad de local a global; segundo, la diversidad y los conflictos en el seno de los movimientos yihadistas; tercero, la engañosa apariencia organizativa de este movimiento hacia el exterior; y, por último, las distorsiones, en parte basadas en lo anterior, y los numerosos errores de los responsables occidentales que pretenden estar llevando a cabo una *guerra contra el terrorismo*.

Las guerras del último cuarto de siglo, desde finales de los años setenta, han sido decisivas en el desarrollo del nuevo yihadismo: Afganistán, frente a la ocupación soviética; luego la primera campaña contra Sadam Hussein; más tarde, Bosnia, e Irak de nuevo…Tanto Afganistán como después Bosnia fueron campos de entrenamiento y contacto entre jóvenes de *nacionalidades y lugares diversos. Tras la experiencia de Bosnia, según testimonio de alguno de ellos, también se había producido la catarsis religiosa: la yihad se le mostraba al combatiente como obligación de todo creyente y, por tanto, pilar indiscutible del islam. Afganistán, sin duda, había sido decisiva en tanto que, escribirá posteriormente Zawahiri, "destruyó el mito de un superpoder en las mentes de los jóvenes muyahidíes". Precisamente ése sería el molde con el se trató de desmitificar a la otra superpotencia, la americana. Sin embargo, esos factores internacionales no pueden hacer olvidar aquel otro endógeno ya mencionado: el fracaso o aplastamiento de los movimientos religiosos nacionales. A todo ello hay que añadir la inesperada confluencia en el caldo de cultivo afgano de corrientes tan disímiles e incluso contrapuestas como el salafismo-wahavismo –ritualista y personalista de Bin Laden– y la corriente subversiva, derivada de los Hermanos Musulmanes, a la que pertenecía Zawahiri.

Otro aspecto es el de los conflictos y disparidades doctrinales y estratégicos en el seno del yihadismo en general. Orígenes comunes no han conducido a resultados uniformes. Antes al contrario, el mundo yihadista está repleto de luchas internas. De poner el foco en los países musulmanes y sus gobiernos corruptos, el objetivo del terror es ahora Nueva York, Madrid o Londres. Existe ya una fisura de hondo calado que hace que una de las más acerbas críticas que Al Qaeda ha recibido en los últimos años proceda de la egipcia Yemá al Islamiya, el movimiento yihadista más importante del mundo árabe.

En tercer lugar, uno de los errores más frecuentes es confundir Al Qaeda con una organización piramidal. La realidad es radicalmente diferente: a lo más, una constelación de individuos agrupados en torno a liderazgos indiscutidos, que usan tecnologías de hoy pero cuya solidaridad tiene raíces milenarias, como la *asabiya* tribal o grupal. Precisamente en esa laxa estructura –tradicional y persistente en el mundo árabe– estriba buena parte de su éxito y la clave de su permanente inestabilidad. Salvo casos iniciales y aislados de planificación central –los atentados del 11/S y algunos anteriores–, lo que impera son fracciones semiautónomas, inspiradas por Al Qaeda más que guiadas por ella –Madrid, Londres, Bilbao–. Se da en los atentados terroristas, además, una progresión propia de la era de la globalización: frente al enemigo externo de los primeros, los más recientes muestran una creciente integración del terrorista en la sociedad a la que ataca –inmigrantes recientes en Madrid, nacidos ya en Londres y probablemente nativos de la India en el caso de Bombay–. La vieja distinción entre enemigo interno y externo se diluye así progresivamente.

Por último, hay que destacar la cadena de errores y desaciertos occidentales respecto al surgimiento y desarrollo de Al Qaeda, patentes desde su gestación en Afganistán, donde la política norteamericana favoreció el *flujo de hombres y capitales de países árabes para luchar contra los ateos soviéticos. La infortunada cadena concluye, provisoriamente, en Irak, donde la *marca* más que la realidad Al Qaeda entró en juego gracias a la guerra derivada de la invasión norteamericana.

La reacción frente al terrorismo desde comienzos del presente siglo ofrece, por otra parte, dos características importantes. La primera deriva de la larga etapa de la *guerra fría*: el enemigo se conceptúa como entidad física, equiparable a un bloque o a un Estado, mezclando así realidades virtuales –videos, páginas web– o de difícil ubicación –brumosas imágenes de parajes agrestes– con los medios que utiliza –terror–. Además, esa condición incorpórea o imprecisa del enemigo –"el terrorismo nos rodea" o "el terrorista vive entre nosotros"– sirve de justificación a los Estados que se sienten amenazados bien para implantar medidas de seguridad que se traducen en limitaciones crecientes de los derechos de los ciudadanos a los que se pretende proteger o para emprender aventuras bélicas de resultado más que incierto, como *medidas* o *guerras preventivas*.

Bibliografía

APPLEBAUM, Anne (2004): *Gulag. Historia de los campos de concentración soviéticos*. Barcelona: Debate.

ARANZADI, Juan (1993): "Sangre simbólica e impostura antropológica". *Antropología: Revista de Pensamiento Antropológico y Estudios Etnográficos*, 6: 65-96.

— (2001): *El escudo de Arquíloco. Sobre mesías, mártires y terroristas. Vol. 1. Sangre vasca*. Madrid: A. Machado Libros.

ARENDT, Hanna (2001): *Eichmann en Jerusalén*. Barcelona: Debolsillo.

EVANS, Richard J. (2004): *The coming of the Third Reich*. New York: The Penguin Press.

FLORI, Jean (2004): *Guerra santa, yihad, cruzada. Violencia y religión en el cristianismo y en el islam*. Granada: Universidad de Granada, Universidad de Valencia.

GERGES, Fawaz A. (2005): *The far enemy. Why jihad went global*. New York: Cambridge University Press.

GLENNY, Misha (1996): *The fall of Yugoslavia: The Third Balkan War*. London: Penguin.

GLUCKSMANN, André (2005): *El discurso del odio*. Madrid: Taurus.

KERSHAW, Ian (2002): *Hitler (I). 1889-1936*. Barcelona: Península.

LEVI, Primo (2001): *Los hundidos y los salvados*. Barcelona: Muchnik Editores.

PÉREZ AGOTE, Alfonso (2005): "Self-fulfilling prophecy and unresolved mourning. Basque political violence in the XXI century", en B. Aretxaga, D. Dworkin, J. Gabilondo *et al.* (eds.), *Empire and terror. Nationalism/postnationalism in the new millennium*. Reno: Center for Basque Studies, University of Nevada, 177-198.

TAMBIAH, Stanley J. (1996): *Levelling crowds. Ethnonationalist conflicts and collective violence in South Asia*. Berkeley: University of California Press.

ZULAIKA, Josefa (1990): *Violencia vasca. Metáfora y sacramento*. Madrid: Nerea.

Enrique Luque Baena

Véanse además Centro-periferia, Ciudadano, COLONIALISMO Y ANTICOLONIALISMO, CULTURA, DESARROLLO, DIFERENCIA Y DESIGUALDAD, Diferencias sociales y diferencias culturales, DISCRIMINACIÓN Y EXCLUSIÓN SOCIAL, Espacios locales, ESTADO-NACIÓN, Etnicidad, Frontera geográfica y administrativa, GENOCIDIO, Global y local, GLOBALIZACIÓN, Globalización y antiglobalización, IDENTIDAD, INTEGRACIÓN, MIGRACIONES, MOVILIDAD, Nacionalismo, PATRIMONIO, TERRITORIOS, VIOLENCIA POLÍTICA.

X

Xenofilia y xenofobia

Etimológicamente, xenofobia significa odio al –o terror ante el–, *extranjero, y xenofilia, amistad por –o inclinación hacia–, el extranjero. Este último es, por supuesto, nombrado por el lexema común, *xeno* –de *xenos*–. En su origen –griego: en Homero, por ejemplo– *xenos* designaba una relación de reciprocidad, la de la obligada hospitalidad –con el preceptivo intercambio de dones–, y así aludía tanto al huésped como al que hospeda. Tal relación de amistad –*phylía*– excluía por ello mismo la posibilidad de la composición *xeno-fobia*. El sentido original de *xenos* se degradó progresivamente hacia el de extranjero y mercenario, con un valor cada vez más negativo, de modo que xenofilia casi se convirtió en un contrasentido. Como ha señalado M.-F. Baslez (1984: 18-19), tal "evolución semántica es significativa de la mentalidad del griego, hecha a la vez de hospitalidad y de desconfianza, que combina el deseo de crear lazos y la afirmación de una diferencia".

Nosotros hemos heredado el significado de *xenos* como extranjero y, al dejar en suspenso la carga negativa que llegó a tener para los griegos, podemos componer con ese término los dos polos de la antítesis que nos ocupa. Pero dejar en suspenso no significa suprimir y, de hecho, si observamos la presencia del sustantivo griego en los medios de comunicación o en el habla cotidiana, reconoceremos su asociación más frecuente con el lexema que lo carga negativamente –"yo no soy xenófobo", decimos, o, más comúnmente, hablamos de "brotes de xenofobia y *racismo"–, al punto de que xenofilia ha quedado relegada al museo de los diccionarios. ¿De qué extranjeros hablamos? ¿A qué se debe el uso más habitual de un cultismo sobre el *otro? En fin: ¿es que se odia más al foráneo de lo que se le quiere o acepta? Pero ¿a todos los extranjeros por igual? Por mor de la completitud, es de obligada mención aquí el uso que desde hace algunos lustros viene haciéndose en manuales y publicaciones varias de la expresión híbrida "alterofobia" –puesto que las composiciones lingüísticamente más homogéneas de hetero- y homo- con -filia y -fobia ya estaban, por decirlo así, ocupadas con significados precisos aunque no muy lejanos de los que aquí discutimos–. Tal expresión vendría a recoger, no sólo el contenido circunscrito por xenofobia, sino también el más genérico de *rechazo del otro, donde este otro es cualquiera a quien se perciba –y *estigmatice– como extraño, raro o amenazador. El caso de los gitanos no es único en el vasto catálogo que cada país podría exhibir de sus exclusiones *in*. Y es que la extranjería, como hemos de ver, no sólo es asunto de papeles o *nacionalidad formal, sino ante todo de percepción y de las actitudes y prácticas correspondientes.

Debemos, en general, distinguir dos aspectos en el extranjero/extraño: el de su constitución formal –el ser o llegar a ser del otro– y el de las imágenes o valores asociados a ella –la representación del otro–. Lo primero salta a la vista: tanto si existe un patrimonio cultural como si no, todo grupo social define sus *fronteras fijando quiénes pertenecen a él y quiénes no; la identidad –cultural, *étnica, meramente grupal– es la conciencia de un nosotros excluyente, un nosotros que se opone a los otros –los extranjeros o extraños precisamente–. Ahora bien, que toda sociedad tenga sus extranjeros no prejuzga nada sobre las actitudes que quepa esperar en relación con ellos. Soslayando la falacia naturalista –colegir del ser el deber ser– denunciada por - el empirismo británico clásico, numerosos antropólogos han tendido a dotar a dicha relación de un carácter netamente defensivo-ofensivo: "un extranjero es un hombre-que-no-es-de-la-tribu, y un hombre-que-no-es-de-la-tribu es un enemigo en acto o en potencia" (Davie, 1931: 31). Y lo cierto es que no faltan ejemplos etnográficos abonando la tesis de las relaciones intergrupales como una instancia del principio general hobbesiano de la sociedad como guerra de todos contra todos: el apache conminado desde su más tierna infancia a considerar a las otras gentes como enemigos naturales; el dayak educado en la obligatoriedad de matar al otro antes de que pueda procrear, etc. A ello hay que añadir el rosario de representaciones de los otros como seres de aberrante naturaleza y conducta desordenada: asociales, en suma. Tal concepción del extraño como alguien a quien odiar –xeno-fobia– se ha visto reforzada en las últimas décadas por los aportes de etólogos y sociobiólogos que, mediante un giro de naturalización de lo social, han extrapolado al caso humano los rasgos animales del gregarismo y del instinto –imperativo– territorial. De ese modo la tesis se ha visto beneficiada de un halo de respetabilidad científica que adorna, explicándolos, a los propios informes etnográficos.

Ahora bien, la historia de las relaciones intergrupales –la Historia, sin más– registra un número nada despreciable de casos en los que las mismas se han resuelto sin derramamiento de sangre, y aun con provecho mutuo, lo que exige, sin duda, una actitud o disposición de apertura a las aportaciones del otro y, por ende, una valoración positiva del extranjero. Por otra parte, y a mayor abundancia, se conocen no pocos casos de grupos tradicionalmente nada belicosos –la famosa lista de Marvin Harris dista mucho de ser exhaustiva: los isleños andamán del golfo de Bengala, los shoshoni de California y Nevada, los yahgan de la Patagonia, los mission de California, los semai de Malasia y, si es que los hubo, los tasaday de Filipinas–. En fin, ¿qué decir de los japoneses vencidos en la Segunda Guerra Mundial y eficaces imitadores de las sociedades industriales vencedoras en el conflicto?, ¿o del *malinchismo* en general, por retomar la expresión de Todorov para referirse a toda actitud xenófila –como la de los "afrancesados" españoles– que percibe como superior a la propia la cultura ajena contemplada –la ultrapirenaica ilustrada en el caso–? De todo ello no cabe concluir la negación total –esto es, *lógica*: "vale lo contrario"– de la tesis del talante hostil universal, sino algo mucho más modesto: la constatación de que las actitudes ante el extranjero se despliegan en un amplio abanico que va desde la xenofobia –y sus variantes–, en un extremo, a la xenofilia –con las suyas–, en el otro, pasando por la indiferencia y la curiosidad. El mismo ejercicio de modestia –o de realismo, si se prefiere– demanda la consideración del otro polo, el de los extranjeros: ni se les odia a todos por igual ni por igual se les quiere o emula; raramente se vislumbra al otro como a un todo homogéneo –*inter nos*: el ejecutivo de origen escandinavo o japonés no suele recibir la misma atención y consideración que el "sin papeles" magrebí o éste que el jeque árabe–. Es desde aquí desde donde podemos acercarnos con espíritu verdaderamente científico a los fenómenos de xenofilia y xenofobia en la era de la *globalización. Ello no impide atender a las explicaciones de carácter subjetivista –del tipo de la "personalidad autoritaria" de Adorno y otros, o las sugestivas reflexiones de *penchant* psicoanalítico de Kristeva sobre el odio al extranjero como odio a lo que se rechaza de sí mismo–, que en buena medida marginan los aspectos contextuales de dichos fenómenos, pese a que la perspectiva socioantropológica exige mostrarlos inscritos en –o emergiendo de– un escenario definido.

Caracterizado el nuestro como una fase de hiperaceleración de los cambios internacionales de todo tipo –efecto de la revolución de las tecnologías del transporte y de la *comunicación–, así como de transformación de los patrones de *empleo, un análisis serio de las pautas de xenofilización/xenofobización debería tomar en cuenta –sin afán de exhaustividad ni orden preciso– elementos clave como los siguientes:

a) las dimensiones reales de lo que Enzensberger ha denominado la "gran *migración" o el tránsito de un tipo de flujo poblacional, que afectaba mayormente sólo a las sociedades occidentales, a otro que precisamente se caracteriza por la afluencia cada vez mayor a las mismas de población proveniente de sus antiguas colonias, junto con sus modos de reubicación y dispersión, expectativas y adaptación a entornos que –como los de origen– no son homogéneos;

b) el papel desempeñado por los medios de comunicación en la denuncia o el fomento de las actitudes xenófobas;

c) los fenómenos –no nuevos, pero sí acaso más intensos– de la *multiculturalidad y la *interculturalidad;

d) los procesos de redistribución del trabajo y los modos de asignación del mismo –el fenómeno conocido como "etnificación de la fuerza de trabajo", por ejemplo– entre los grupos tradicionales y los nuevos de las sociedades posindustriales;

e) las formas que adoptan en las mismas la xenofobia –básicamente los modos de exclusión designados como marginación, *segregación, discriminación, los nuevos rasgos que revisten al viejo racismo– y la xenofilia –desde la piedad, la simpatía y la emulación hasta el primitivismo de base romántica o neorrusoniana que impregna los discursos ecologista y tercermundista, ¿altermundista?, y que plantea una suerte de evolucionismo a la inversa;

f) la incidencia de normativas y proclamas políticas en orden a generar o alimentar opiniones públicas potencialmente xenófobas.

En otro lugar (Valdés, 1991: 37) propusimos sendas definiciones de xenofobia y xenofilia que, levemente modificadas y sin ánimo de sentar dogma, bien pueden servirnos para cerrar estas reflexiones. La xenofobia –aversión a los extranjeros– *implica* una jerarquía de los grupos en la que el propio ocupa la posición superior; *consiste* en una actitud –interiorizada y exteriorizada emocionalmente– de defensa de los límites del mismo, excluyendo lo que los sobrepasa, rechazándolo, aislándolo o aplastándolo, y *actúa* como justificación y exclusión –social, pero potencialmente también política– de los otros. En cambio, la xenofilia –simpatía por los extranjeros– *implica* –aunque no siempre– una jerarquía de los grupos en la que –si se presume tal jerarquía– el propio puede ocupar una posición inferior, *consiste* en una actitud de des-

dén de lo propio o al menos de fascinación por lo ajeno y *puede actuar* como justificación de un mimetismo cultural y hasta de una acción política.

Bibliografía

ARDREY, Robert (1983): *La evolución del hombre: la hipótesis del cazador*. Madrid: Alianza.

BALIBAR, Étienne; WALLERSTEIN Immanuel (1991): *Raza, nación y clase*. Madrid: IEPALA.

BASLEZ, Marie-Françoise (1984): *L´étranger dans la Grèce Antique*. Paris: Les Belles Lettres.

DAVIE, Maurice R. (1931): *La guerre dans les sociétés primitives: son rôle et son évolution*. Paris: Payot.

DELGADO, Manuel (1998): *Diversitat i integració. Lògica i dinàmica de les identitats a Catalunya*. Barcelona: Empúries.

ENZENSBERGER, Hans Magnus (1992): *La gran migración*. Barcelona: Anagrama.

HARRIS, Marvin (1978): *Caníbales y reyes. Los orígenes de las culturas*. Barcelona: Argos-Vergara.

KRISTEVA, Julia (1988): *Étrangers à nous-mêmes*. Paris: Fayard.

TODOROV, Tzvetan (ed.) (1988): *Cruce de culturas y mestizaje cultural*. Madrid: Júcar.

VALDÉS, María (1991): "Inmigración y racismo. Aproximación conceptual desde la antropología". *Revista de Treball Social*, 123: 22-45.

María Valdés

Véanse además ALTERIDAD, COMUNICACIÓN, DIFERENCIA Y DESIGUALDAD, DISCRIMINACIÓN Y EXCLUSIÓN SOCIAL, Espacio de los flujos, ESTIGMA, Etnicidad, Etnocentrismo y relativismo cultural, Extranjero, FRONTERA, GENOCIDIO, GLOBALIZACIÓN, Globalización y antiglobalización, IDENTIDAD, INDIGENISMO, INTEGRACIÓN, Interculturalidad, MIGRACIONES, MINORÍAS, MULTICULTURALISMO, Nacionalidad, Naturalización, NUEVOS MOVIMIENTOS SOCIALES, Racismo y neoracismo, Segregación, TRABAJO.

Índice de temas citados

Adaptación y asimilación. Ver Aculturación, CIU-DADANÍA, Ciudadano, COLONIALISMO Y ANTICOLONIALISMO, DISCRIMINA-CIÓN Y EXCLUSIÓN SOCIAL, ELITES, Elites cosmopolitas, Esclavitud, Esfera mediá-tica, Etnicidad, Etnocentrismo y relativismo cultural, EXPLOTACIÓN SOCIAL, Extran-jero, Global y local, INDIGENISMO, Infor-mación, INTEGRACIÓN, Integración edu-cativa, Integración religiosa, Megalópolis, Migraciones. Redes sociales, MINORÍAS MO-VILIDAD, MULTICULTURALISMO, Multilingüismo, Nacionalismo, Naturaliza-ción, Nomadismo y turismo, NUEVOS MO-VIMIENTOS SOCIALES, PATRIMONIO, Pluralismo sincrónico, Plurinacionalidad, Re-volución técnico-comunicativa, Segregación, Sociedad de la información y del conocimiento, TRABAJO, Traducción, Transculturación.

Afinidad. Compatibilidad. Ver Ciudadano, Comuni-dad transnacional, Comunitarismo, DISCRI-MINACIÓN Y EXCLUSIÓN SOCIAL, Etnicidad, EXPLOTACIÓN SOCIAL, Extranjero, IDENTIDAD, Integración edu-cativa, Migraciones. Redes sociales, Naturali-zación, Plurinacionalidad, RELACIONES Y PROCESOS INFORMALES, Relaciones y procesos informales económicos, Violencia po-lítica. Tipos, Xenofobia y xenofilia.

Agencia. Ver Diferencias sociolingüísticas y des-igualdad, DISCRIMINACIÓN Y EXCLU-SIÓN SOCIAL, Homofobia y heterofobia, POSMODERNIDAD, SABER Y SABERES.

Aislamiento. Ver COLONIALISMO Y ANTICO-LONIALISMO, CONSUMO CULTURAL, CULTURA, DESARROLLO, DIFEREN-CIA Y DESIGUALDAD, DISCRIMINA-CIÓN Y EXCLUSIÓN SOCIAL, Elites cos-mopolitas, Espacio de los flujos, Espacios loca-les, GLOBALIZACIÓN, Globalización y antiglobalización, Integración educativa, Inter-culturalidad, Espacio de los flujos, Migraciones. Redes sociales, MINORÍAS, MOVILIDAD, NUEVOS MOVIMIENTOS SOCIALES, TRABAJO, Violencia política. Tipos.

Aldea global. Ver ESPACIO-TIEMPO, Revolu-ción técnico-comunicativa.

Alianza y solidaridad. Ver CIUDADANÍA, COLONIALISMO Y ANTICOLONIA-LISMO, Comunitarismo, CONSUMO CULTURAL, Derecho de injerencia, DE-SARROLLO, DISCRIMINACIÓN Y EX-CLUSIÓN SOCIAL, ELITES, Elites cosmo-politas, Espacio de los flujos, Espacio red, Espacios locales, ESTADO-NACIÓN, ES-TEREOTIPOS Y ESENCIALIZACIÓN, Etnicidad, EXPLOTACIÓN SOCIAL, Extranjero, FRONTERA, Globalización y an-tiglobalización, IDENTIDAD, Interculturali-dad, MINORÍAS, Nacionalismo, Neocolonia-lismo, Nomadismo y turismo, NUEVOS MOVIMIENTOS SOCIALES, Plurinacio-nalidad, RELACIONES Y PROCESOS INFORMALES, Relaciones y procesos infor-males económicos, TERRITORIOS, TRA-BAJO, Violencia política. Tipos.

Alimentación. Ver EXPLOTACIÓN SOCIAL, Global y local, Integración religiosa, Migracio-nes. Teoría macro, Nacionalismo, Neocolonia-lismo.

Anarquismo. Ver ELITES, VIOLENCIA POLÍ-TICA.

Androcentrismo. Ver Diferencias naturales y dife-rencias sociales, Información, TRABAJO.

Antiguo y Nuevo Régimen. Ver ESTADO-NA-
CIÓN, PATRIMONIO, TRABAJO.

Antirracismo. Ver Integración educativa, Racismo y
neorracismo.

Antisemitismo y holocausto. Ver GENOCIDIO,
Integración religiosa, Racismo y neorracismo,
Violencia política. Tipos.

Área cultural. Ver Multiculturalismo en los estudios
étnicos, PATRIMONIO.

Arqueología. Ver PATRIMONIO, SABER Y SA-
BERES, TRABAJO.

Arquitectura. Ver Espacio de los flujos, ESTADO-
NACIÓN, Segregación.

Arte y artesanía. Ver CIUDADANÍA, CONSUMO
CULTURAL, CULTURA, EXPLOTA-
CIÓN SOCIAL, Migraciones. Teoría macro,
Modernidad, Modernización, NUEVOS MO-
VIMIENTOS SOCIALES, PATRIMONIO,
POSMODERNIDAD, Revolución técnico-
comunicativa, TRABAJO, VIOLENCIA
POLÍTICA.

Asociación y asociacionismo. Ver Ciudadano, Comunidad transnacional, Comunitarismo, ESTA-
DO-NACIÓN, Etnicidad, EXPLOTACIÓN
SOCIAL, Globalización y antiglobalización,
Migraciones. Redes sociales, MINORÍAS, Nomadismo y turismo, TRABAJO, Violencia política. Tipos.

Audiencia. Ver COMUNICACIÓN, CONSUMO
CULTURAL, Esfera mediática, PATRIMO-
NIO, Revolución técnico-comunicativa, Socie-
dad de la información y del conocimiento.

Audiovisual. Ver ALTERIDAD, COMUNICA-
CIÓN, CONSUMO CULTURAL, Esfera
mediática, Espacio de los flujos, Localidades
fantasmagóricas y desanclaje, Nomadismo y
turismo, Revolución técnico-comunicativa, Sociedad de la información y del conocimiento,
Viajes y sistemas de movilidad.

Autenticidad. Ver ESTADO-NACIÓN, Etnicidad,
Etnocentrismo y relativismo cultural, Integra-
ción educativa, Migraciones. Redes sociales,
MOVILIDAD, PATRIMONIO, SABER Y
SABERES.

Autoridad y soberanía. Ver CIUDADANÍA,
COLONIALISMO Y ANTICOLONIALIS-
MO, Comunidad transnacional, Derecho de
injerencia, DIFERENCIA Y DES-
IGUALDAD, DISCRIMINACIÓN Y EX-
CLUSIÓN SOCIAL, ELITES, Elites cosmo-
politas, Espacio red, ESTADO-NACIÓN,
FRONTERA, Fronteras políticas y religiosas,
Globalización y antiglobalización, Megalópo-
lis, MIGRACIONES, Nacionalismo, NUE-
VOS MOVIMIENTOS SOCIALES, Pluralis-
mo sincrónico, Relaciones y procesos informa-
les económicos, SABER Y SABERES,

TERRITORIOS, VIOLENCIA POLÍTICA,
Violencia política. Tipos.

Barrio y distrito. Suburbio. Ver Centro-periferia, Co-
munitarismo, CONSUMO CULTURAL,
DISCRIMINACIÓN Y EXCLUSIÓN SO-
CIAL, Espacios locales, ESTADO-NACIÓN,
Etnicidad, Extranjero, Integración educativa,
Integración religiosa, Global y local, Megalópo-
lis, Migraciones. Redes sociales, NUEVOS
MOVIMIENTOS SOCIALES, Relaciones y
procesos informales políticos, Revolución téc-
nico-comunicativa, Segregación, TERRITO-
RIOS.

Bibliotecas y archivos. Ver COLONIALISMO Y
ANTICOLONIALISMO, CONSUMO
CULTURAL, Información, PATRIMONIO.

Biculturalismo y bilingüismo. Ver Integración educativa, Multilingüismo.

Bienes y recursos. Ver CIUDADANÍA, Ciudadano,
COLONIALISMO Y ANTICOLONIALIS-
MO, CONSUMO CULTURAL, CULTURA,
DESARROLLO, Diferencias sociolingüísticas
y desigualdad, DISCRIMINACIÓN Y EX-
CLUSIÓN SOCIAL, ELITES, Elites cosmo-
politas, Esclavitud, Esfera mediática, ESPA-
CIO-TIEMPO, Etnicidad, Etnocentrismo y
relativismo cultural, EXPLOTACIÓN SO-
CIAL, Extranjero, Global y local, Globaliza-
ción y antiglobalización, IDENTIDAD, IN-
TEGRACIÓN, Integración educativa, Inter-
culturalidad, Megalópolis, MIGRACIONES,
Migraciones. Redes sociales, Migraciones.
Teoría macro, Migraciones y racismo, MI-
NORÍAS, MOVILIDAD, Naturalización,
NUEVOS MOVIMIENTOS SOCIALES,
PATRIMONIO, Plurinacionalidad, RELA-
CIONES Y PROCESOS INFORMALES,
Relaciones y procesos informales económicos,
Relaciones y procesos informales políticos,
Revolución técnico-comunicativa, SABER Y
SABERES, Segregación, VIOLENCIA
POLÍTICA.

Bondad. Ver EXPLOTACIÓN SOCIAL, Violencia política. Tipos.

Bretton Woods. Ver ELITES.

Budismo. Ver DIFERENCIA Y DESIGUAL-
DAD.

Burguesía. Ver CIUDADANÍA, COLONIALIS-
MO Y ANTICOLONIALISMO, Información, Nacionalismo, Pluralismo sincrónico,
Plurinacionalidad, POSMODERNIDAD, Segregación, TRABAJO.

Burocracia. Ver CULTURA, Esclavitud, ESTA-
DO-NACIÓN, EXPLOTACIÓN SOCIAL,
Migraciones. Redes sociales, NUEVOS MO-
VIMIENTOS SOCIALES, PATRIMONIO,
RELACIONES Y PROCESOS INFORMA-

LES, Relaciones y procesos informales económicos, Relaciones y procesos informales políticos, Violencia política. Tipos.

Cambio. Ver Aculturación, CIUDADANÍA, Ciudadano, COLONIALISMO Y ANTICOLO-
NIALISMO, CONSUMO CULTURAL,
Contracultura, CULTURA, Derecho de injerencia, DERECHOS HUMANOS, DE-
SARROLLO, Desterritorialización, DIFE-
RENCIA Y DESIGUALDAD, Diferencias
naturales y diferencias sociales, Diferencias sociales y diferencias culturales, Diferencias sociolingüísticas y desigualdad, DISCRIMINA-
CIÓN Y EXCLUSIÓN SOCIAL, ELITES,
Elites cosmopolitas, Esclavitud, Espacio de los
flujos, Espacio red, ESPACIO-TIEMPO, Espacios locales, ESTADO-NACIÓN, ESTE-
REOTIPOS Y ESENCIALIZACIÓN, Etnicidad, Etnocentrismo y relativismo cultural,
EXPLOTACIÓN SOCIAL, Extranjero,
FRONTERA, Frontera geográfica y administrativa, Fronteras económicas, Fronteras políticas y religiosas, Fronteras simbólicas, Global y
local, GLOBALIZACIÓN, IDENTIDAD,
Integración educativa, Integración religiosa,
Localidades fantasmagóricas y desanclaje, Lu-
gar y no-lugar, Megalópolis, MIGRACIO-
NES, Migraciones. Redes sociales, Migracio-
nes. Teoría macro, Migraciones y economía,
MINORÍAS, Modernidad, Modernización,
MOVILIDAD, Multiculturalismo en los estu-
dios culturales, Multilocal, Nacionalidad, Na-
cionalismo, Naturalización, Neocolonialismo,
Nomadismo y turismo, NUEVOS MOVI-
MIENTOS SOCIALES, PATRIMONIO,
Pluralismo sincrónico, Racismo y neorracismo,
Relaciones y procesos informales económicos,
Revolución técnico-comunicativa, SABER Y
SABERES, Segregación, Sociedad de la infor-
mación y del conocimiento, TERRITORIOS,
TRABAJO, Viajes y sistemas de movilidad,
VIOLENCIA POLÍTICA, Violencia política.
Tipos, Xenofobia y xenofilia.

Campo y campesinado. Ver *Apartheid*, Centro-periferia, DESARROLLO, Desterritorialización,
ESTADO-NACIÓN, EXPLOTACIÓN SO-
CIAL, INDIGENISMO, Fronteras económicas, Megalópolis, Migraciones. Redes sociales,
Migraciones. Teoría macro, Migraciones y economía, Migraciones y racismo, MINORÍAS,
Nomadismo y turismo, PATRIMONIO, Relaciones y procesos informales económicos, Relaciones y procesos informales políticos, TERRI-
TORIOS, Violencia política. Tipos.

Capacidad y competencia. Ver Aculturación,
CIUDADANÍA, Comunidad transnacional,
CONSUMO CULTURAL, DESARROLLO,

DISCRIMINACIÓN Y EXCLUSIÓN SO-
CIAL, ESTADO-NACIÓN, ESTIGMA,
EXPLOTACIÓN SOCIAL, Integración edu-
cativa, Interculturalidad, Megalópolis,
MIGRACIONES, Migraciones. Teoría ma-
cro, Nacionalismo, Neocolonialismo, PATRI-
MONIO, Plurinacionalidad, Racismo y neo-
rracismo.

Capital. Ver COLONIALISMO Y ANTICOLO-
NIALISMO, CONSUMO CULTURAL, Derecho de injerencia, DESARROLLO, ELI-
TES, Espacio de los flujos, Espacio red, ESPA-
CIO-TIEMPO, Etnicidad, EXPLOTACIÓN
SOCIAL, Extranjero, Global y local, GLOBA-
LIZACIÓN, Globalización y antiglobalización, Megalópolis, MIGRACIONES, Migraciones. Redes sociales, Migraciones. Teoría macro, MOVILIDAD, Multilocal, Nacionalismo,
NUEVOS MOVIMIENTOS SOCIALES,
PATRIMONIO, Pluralismo sincrónico, Racismo y neorracismo, Relaciones y procesos informales económicos, Revolución técnico-comunicativa, TRABAJO, Viajes y sistemas de
movilidad, Violencia política. Tipos.

Capital humano y social. Ver Comunitarismo, DE-
SARROLLO, Extranjero, Integración educativa, MIGRACIONES, Migraciones. Redes
sociales, RELACIONES Y PROCESOS
INFORMALES, Relaciones y procesos informales económicos.

Capitalismo. Ver *Apartheid*, CIUDADANÍA, Con-
tracultura, DIFERENCIA Y DESIGUAL-
DAD, ELITES, Espacio de los flujos, ES-
PACIO-TIEMPO, ESTADO-NACIÓN,
Etnocentrismo y relativismo cultural, EXPLO-
TACIÓN SOCIAL, Extranjero, GLOBALI-
ZACIÓN, Globalización y antiglobalización,
IDENTIDAD, Megalópolis, MIGRACIO-
NES, Migraciones. Redes sociales, Migracio-
nes. Teoría macro, Nacionalismo, Neocolonia-
lismo, PATRIMONIO, Pluralismo sincrónico,
Plurinacionalidad, Relaciones y procesos infor-
males económicos, Relaciones y procesos infor-
males políticos, Revolución técnico-comunica-
tiva, TRABAJO.

Casta. Ver DIFERENCIA Y DESIGUAL-
DAD, Extranjero, INDIGENISMO, MOVI-
LIDAD, Racismo y neorracismo.

Castigo e impunidad. Ver ESTIGMA, EXPLOTA-
CIÓN SOCIAL, Naturalización, Relaciones y
procesos informales políticos, Violencia política. Tipos.

Categorización y clasificación. Ver CIUDADANÍA,
Ciudadano, COLONIALISMO Y ANTICO-
LONIALISMO, CONSUMO CULTURAL,
CULTURA, DESARROLLO, DIFEREN-
CIA Y DESIGUALDAD, Diferencias natura-

les y diferencias sociales, Diferencias sociales y diferencias culturales, DISCRIMINACIÓN Y EXCLUSIÓN SOCIAL, Elites cosmopolitas, ESPACIO-TIEMPO, ESTEREOTIPOS Y ESENCIALIZACIÓN, Etnicidad, EXPLOTACIÓN SOCIAL, Extranjero, GLOBALIZACIÓN, Globalización y antiglobalización, Integración educativa, Localidades fantasmagóricas y desanclaje, MIGRACIONES, Migraciones. Redes sociales, MINORÍAS, MOVILIDAD, Nacionalidad, Naturalización, NUEVOS MOVIMIENTOS SOCIALES, PATRIMONIO, Pluralismo sincrónico, Racismo y neorracismo, SABER Y SABERES, TRABAJO.

Cibernética. Ver COMUNICACIÓN, CONSUMO CULTURAL, Derecho de injerencia, Espacio de los flujos, GLOBALIZACIÓN, Información, Localidades fantasmagóricas y desanclaje, MOVILIDAD, Nomadismo y turismo, Revolución técnico-comunicativa, Sociedad de la información y del conocimiento, Viajes y sistemas de movilidad, Violencia política. Tipos.

Ciencias naturales y exactas. Ver COMUNICACIÓN, Información, Migraciones. Redes sociales, Nacionalismo, PATRIMONIO, Racismo y neorracismo, SABER Y SABERES.

Ciudad. Ver Centro-periferia, CIUDADANÍA, Ciudadano, Comunitarismo, Elites cosmopolitas, Espacio de los flujos, Espacio red, Espacios locales, EXPLOTACIÓN SOCIAL, Extranjero, GLOBALIZACIÓN, Globalización y antiglobalización, Integración religiosa, Lugar y no-lugar, Megalópolis, Naturalización, Segregación, TERRITORIOS, TRABAJO, VIOLENCIA POLÍTICA, Violencia política. Tipos.

Ciudad-Estado. Ver ESTADO-NACIÓN.

Ciudad global y posmetrópolis. Ver Elites cosmopolitas, Espacio de los flujos, Espacio red, GLOBALIZACIÓN, Megalópolis.

Civilización. Ver COLONIALISMO Y ANTICOLONIALISMO, CULTURA, DIFERENCIA Y DESIGUALDAD, Diferencias sociolingüísticas y desigualdad, Etnicidad, Etnocentrismo y relativismo cultural, Frontera geográfica y administrativa, MIGRACIONES, Nacionalismo, Neocolonialismo, NUEVOS MOVIMIENTOS SOCIALES, PATRIMONIO.

Clase. Ver ALTERIDAD, *Apartheid*, CIUDADANÍA, COLONIALISMO Y ANTICOLONIALISMO, COMUNICACIÓN, CONSUMO CULTURAL, Derecho de injerencia, DESARROLLO, DIFERENCIA Y DESIGUALDAD, Diferencias sociales y diferen-

cias culturales, Diferencias sociolingüísticas y desigualdad, DISCRIMINACIÓN Y EXCLUSIÓN SOCIAL, ELITES, Elites cosmopolitas, ESTEREOTIPOS Y ESENCIALIZACIÓN, ESTIGMA, Etnicidad, Etnocentrismo y relativismo cultural, EXPLOTACIÓN SOCIAL, Extranjero, GENOCIDIO, Global y local, Globalización y antiglobalización, Homofobia y heterofobia, IDENTIDAD, INDIGENISMO, Información, INTEGRACIÓN, Integración educativa, Modernidad, MOVILIDAD, MULTICULTURALISMO, Nacionalismo, NUEVOS MOVIMIENTOS SOCIALES, PATRIMONIO, Pluralismo sincrónico, POSMODERNIDAD, Racismo y neorracismo, Segregación, TRABAJO, Violencia política. Tipos.

Clase media. Ver Comunitarismo, Diferencias socio-lingüísticas y desigualdad, ELITES, Fragmentación de la clase media, GLOBALIZACIÓN, MULTICULTURALISMO, NUEVOS MOVIMIENTOS SOCIALES, Pluralismo sincrónico, Segregación.

Clase obrera y lumpenproletariado. Ver *Apartheid*, COLONIALISMO Y ANTICOLONIALISMO, Derecho de injerencia, Diferencias sociales y diferencias culturales, ELITES, EXPLOTACIÓN SOCIAL, Globalización y antiglobalización, Nacionalismo, NUEVOS MOVIMIENTOS SOCIALES, Pluralismo sincrónico, Segregación, TRABAJO, VIOLENCIA POLÍTICA.

Coerción y control. Ver Centro-periferia, CIUDADANÍA, Ciudadano, COLONIALISMO Y ANTICOLONIALISMO, Comunidad transnacional, Comunitarismo, CONSUMO CULTURAL, CULTURA, Desterritorialización, DIFERENCIA Y DESIGUALDAD, Diferencias naturales y diferencias sociales, DISCRIMINACIÓN Y EXCLUSIÓN SOCIAL, ELITES, Elites cosmopolitas, Esclavitud, Espacio de los flujos, Espacio red, ESTADO-NACIÓN, Etnicidad, EXPLOTACIÓN SOCIAL, Extranjero, Frontera geográfica y administrativa, Fronteras económicas, Fronteras simbólicas, GENOCIDIO, IDENTIDAD, Integración educativa, Lugar y no-lugar, Megalópolis, MIGRACIONES, Migraciones. Redes sociales, Migraciones. Teoría macro, Migraciones y economía, MINORÍAS, MOVILIDAD, Nacionalidad, Nacionalismo, Nomadismo y turismo, NUEVOS MOVIMIENTOS SOCIALES, Pluralismo sincrónico, Plurinacionalidad, Relaciones y procesos informales económicos, Revolución técnico-comunicativa, SABER Y SABERES, Segregación, Viajes y sistemas de movilidad, VIOLENCIA POLÍTICA, Violencia política. Tipos.

Colectivo social. Ver Aculturación, CIUDA-DANÍA, Ciudadano, COLONIALISMO Y ANTICOLONIALISMO, CONSUMO CULTURAL, Contracultura, CULTURA, DESARROLLO, DISCRIMINACIÓN Y EXCLUSIÓN SOCIAL, ELITES, ESPACIO-TIEMPO, ESTADO-NACIÓN, Etnicidad, EXPLOTACIÓN SOCIAL, Extranjero, IDENTIDAD, INTEGRACIÓN, Integración educativa, Interculturalidad, MIGRACIONES, Migraciones. Redes sociales, MINORÍAS, Naturalización, Nacionalismo, NUEVOS MOVIMIENTOS SOCIALES, Pluralismo sincrónico, Revolución técnico-comunicativa, Segregación, TRABAJO, VIOLENCIA POLÍTICA.

Común y compartido. Ver Ciudadano, Comunidad transnacional, Comunitarismo, CULTURA, DERECHOS HUMANOS, ELITES, Elites cosmopolitas, Esfera mediática, Espacio de los flujos, Espacios locales, ESTADO-NACIÓN, Etnocentrismo y relativismo cultural, Extranjero, Fronteras simbólicas, IDENTIDAD, INTEGRACIÓN, Integración educativa, Integración religiosa, MIGRACIONES, Migraciones. Redes sociales, MINORÍAS, Nacionalismo, NUEVOS MOVIMIENTOS SOCIALES, PATRIMONIO, Racismo y neorracismo, RELACIONES Y PROCESOS INFORMALES, Relaciones y procesos informales económicos, Violencia política. Tipos.

Comunidad. Ver CIUDADANÍA, Ciudadano, Comunidad transnacional, Comunitarismo, CONSUMO CULTURAL, Contracultura, CULTURA, DERECHOS HUMANOS, DESARROLLO, Desterritorialización, DISCRIMINACIÓN Y EXCLUSIÓN SOCIAL, ELITES, Elites cosmopolitas, Espacio de los flujos, Espacio red, Espacios locales, ESTADO-NACIÓN, Etnicidad, Etnocentrismo y relativismo cultural, EXPLOTACIÓN SOCIAL, Extranjero, Fronteras económicas, Fronteras simbólicas, Global y local, INTEGRACIÓN, Integración educativa, Integración religiosa, MIGRACIONES, MINORÍAS, MULTICULTURALISMO, Naturalización, Nomadismo y turismo, NUEVOS MOVIMIENTOS SOCIALES, PATRIMONIO, Pluralismo sincrónico, Poscolonialismo, Racismo y neorracismo, RELACIONES Y PROCESOS INFORMALES, Relaciones y procesos informales económicos, Relaciones y procesos informales políticos, Revolución técnico-comunicativa, SABER Y SABERES, TERRITORIOS, TRABAJO, Violencia política. Tipos.

Comunidad idealizada e imaginada. Ver COLONIALISMO Y ANTICOLONIALISMO, Comu-nidad transnacional, Fronteras políticas y religiosas, Plurinacionalidad, Revolución técnico-comunicativa, VIOLENCIA POLÍTICA.

Comunismo. Ver ESTADO-NACIÓN, GLOBALIZACIÓN, Violencia política. Tipos.

Concentración y centralismo. Desconcentración. Ver Centro-periferia, ELITES, Esclavitud, Espacio red, ESTADO-NACIÓN, Etnocentrismo y relativismo cultural, EXPLOTACIÓN SOCIAL, Frontera geográfica y administrativa, Fronteras económicas, Global y local, GLOBALIZACIÓN, Integración educativa, Megalópolis, MULTICULTURALISMO, Nacionalidad, Nacionalismo, NUEVOS MOVIMIENTOS SOCIALES, RELACIONES Y PROCESOS INFORMALES, Segregación, Violencia política. Tipos.

Conciencia y experiencia social. Ver ALTERIDAD, Centro-periferia, CIUDADANÍA, Ciudadano, COLONIALISMO Y ANTICOLONIALISMO, COMUNICACIÓN, CONSUMO CULTURAL, CULTURA, DERECHOS HUMANOS, DISCRIMINACIÓN Y EXCLUSIÓN SOCIAL, ELITES, Esclavitud, Esfera mediática, Espacio de los flujos, Espacios locales, ESTADO-NACIÓN, ESTEREOTIPOS Y ESENCIALIZACIÓN, Frontera geográfica y administrativa, Fronteras políticas y religiosas, Global y local, GLOBALIZACIÓN, IDENTIDAD, INDIGENISMO, Información, Integración educativa, Interculturalidad, Localidades fantasmagóricas y desanclaje, Migraciones. Redes sociales, MINORÍAS, MOVILIDAD, Multilocal, Nacionalismo, Neocolonialismo, Nomadismo y turismo, NUEVOS MOVIMIENTOS SOCIALES, PATRIMONIO, Pluralismo sincrónico, Plurinacionalidad, POSMODERNIDAD, Racismo y neorracismo, Relaciones y procesos informales económicos, Sociedad de la información y del conocimiento, TERRITORIOS, Viajes y sistemas de movilidad, Xenofobia y xenofilia.

Conducta. Ver Aculturación, Ciudadano, COLONIALISMO Y ANTICOLONIALISMO, CONSUMO CULTURAL, Contracultura, CULTURA, Derecho de injerencia, DESARROLLO, Desterritorialización, Diferencias sociales y diferencias culturales, DISCRIMINACIÓN Y EXCLUSIÓN SOCIAL, ELITES, Espacios locales, ESTADO-NACIÓN, ESTEREOTIPOS Y ESENCIALIZACIÓN, Etnicidad, IDENTIDAD, INTEGRACIÓN, Integración educativa, Interculturalidad, Megalópolis, Nacionalismo, PATRIMONIO, Plurinacionalidad, Racismo y neorracismo, Relaciones y procesos informales políticos, TRABAJO, Transculturación, VIOLENCIA POLÍTICA.

Conferencia de Berlín. Ver COLONIALISMO Y ANTICOLONIALISMO, Esclavitud, Frontera geográfica y administrativa.

Configuracionismo. Ver CULTURA.

Conservación. Ver Aculturación, Comunitarismo, CULTURA, DESARROLLO, ELITES, Elites cosmopolitas, Frontera geográfica y administrativa, Integración educativa, MINORÍAS, Nacionalismo, Nomadismo y turismo, NUEVOS MOVIMIENTOS SOCIALES, PATRIMONIO, Racismo y neorracismo.

Conservadurismo y neoconservadurismo. Ver COLONIALISMO Y ANTICOLONIALISMO, ELITES, ESTADO-NACIÓN, Relaciones y procesos informales económicos, VIOLENCIA POLÍTICA.

Constitución. Ver CIUDADANÍA, ESTADO-NACIÓN, TRABAJO.

Constructivismo y deconstructivismo. Ver ESTEREOTIPOS Y ESENCIALIZACIÓN, Integración educativa, MULTICULTURALISMO, POSMODERNIDAD.

Consumo. Ver COLONIALISMO Y ANTICOLONIALISMO, CONSUMO CULTURAL, Derecho de injerencia, DESARROLLO, Desterritorialización, GLOBALIZACIÓN, Globalización y antiglobalización, Lugar y no-lugar, Megalópolis, Migraciones y economía, MOVILIDAD, Neocolonialismo, Nomadismo y turismo, PATRIMONIO, Pluralismo sincrónico, Revolución técnico-comunicativa, SABER Y SABERES, TERRITORIOS, TRABAJO, Viajes y sistemas de movilidad.

Contacto cultural. Ver Aculturación, ALTERIDAD, COLONIALISMO Y ANTICOLONIALISMO, Comunidad transnacional, Comunitarismo, CONSUMO CULTURAL, Diferencias sociolingüísticas y desigualdad, DISCRIMINACIÓN Y EXCLUSIÓN SOCIAL, ESTEREOTIPOS Y ESENCIALIZACIÓN, Etnocentrismo y relativismo cultural, Frontera geográfica y administrativa, Fronteras económicas, Fronteras simbólicas, Integración educativa, Interculturalidad, MIGRACIONES, Migraciones. Redes sociales, MINORÍAS, Nomadismo y turismo, PATRIMONIO, SABER Y SABERES, TERRITORIOS, Transculturación.

Contestación y enfrentamiento. Reivindicación. Ver Aculturación, ALTERIDAD, CIUDADANÍA, Ciudadano, COLONIALISMO Y ANTICOLONIALISMO, Comunidad transnacional, CONSUMO CULTURAL, Contracultura, Derecho de injerencia, DERECHOS HUMANOS, DESARROLLO, DIFEREN-

CIA Y DESIGUALDAD, Diferencias naturales y diferencias sociales, DISCRIMINACIÓN Y EXCLUSIÓN SOCIAL, ELITES, Elites cosmopolitas, ESTADO-NACIÓN, Etnicidad, Etnocentrismo y relativismo cultural, EXPLOTACIÓN SOCIAL, Extranjero, FRONTERA, Frontera geográfica y administrativa, Fronteras económicas, Fronteras simbólicas, Global y local, Globalización y antiglobalización, Homofobia y heterofobia, INTEGRACIÓN, Integración educativa, Integración religiosa, Interculturalidad, MIGRACIONES, Migraciones y economía, Migraciones y racismo, MINORÍAS, MOVILIDAD, MULTICULTURALISMO, Multiculturalismo en los estudios étnicos, Multilingüismo, Nacionalidad, Nacionalismo, Naturalización, Neocolonialismo, Nomadismo y turismo, NUEVOS MOVIMIENTOS SOCIALES, PATRIMONIO, Pluralismo sincrónico, Plurinacionalidad, Poscolonialismo, Racismo y neorracismo, Revolución técnico-comunicativa, SABER Y SABERES, Segregación, TERRITORIOS, TRABAJO, Viajes y sistemas de movilidad, VIOLENCIA POLÍTICA, Violencia política. Tipos.

Conversión religiosa. Ver COLONIALISMO Y ANTICOLONIALISMO, Integración religiosa, Violencia política. Tipos.

Cooperación y reciprocidad. Colectivismo. Ver Derecho de injerencia, DESARROLLO, ELITES, ESTADO-NACIÓN, EXPLOTACIÓN SOCIAL, INDIGENISMO, Integración educativa, MIGRACIONES, Migraciones. Redes sociales, Migraciones. Teoría macro, MINORÍAS, MOVILIDAD, RELACIONES Y PROCESOS INFORMALES, Relaciones y procesos informales económicos, Relaciones y procesos informales políticos, TERRITORIOS, Xenofobia y xenofilia.

Corporación y corporativismo. Ver Ciudadano, ELITES, Migraciones. Redes sociales, Nacionalidad, RELACIONES Y PROCESOS INFORMALES, Relaciones y procesos informales económicos.

Corrupción política. Ver Relaciones y procesos informales políticos, Violencia política. Tipos.

Cotidiano. Ver Aculturación, Ciudadano, Comunitarismo, CONSUMO CULTURAL, Derecho de injerencia, DISCRIMINACIÓN Y EXCLUSIÓN SOCIAL, Espacio de los flujos, ESPACIO-TIEMPO, ESTADO-NACIÓN, EXPLOTACIÓN SOCIAL, Extranjero, Integración educativa, Interculturalidad, Localidades fantasmagóricas y desanclaje, Migraciones. Redes sociales, MINORÍAS, MOVILIDAD, Multilocal, Naturalización, NUEVOS MOVI-

MIENTOS SOCIALES, Revolución técnico-comunicativa, Violencia política. Tipos.

Creacionismo. Ver Racismo y neorracismo.

Crecimiento. Promoción. Ver COLONIALISMO Y ANTICOLONIALISMO, CONSUMO CULTURAL, DESARROLLO, DISCRIMINACIÓN Y EXCLUSIÓN SOCIAL, ELITES, Elites cosmopolitas, ESTADO-NACIÓN, EXPLOTACIÓN SOCIAL, GLOBALIZACIÓN, Globalización y antiglobalización, Integración educativa, Megalópolis, MIGRACIONES, Migraciones. Redes sociales, Migraciones. Teoría macro, Migraciones y economía, Migraciones y racismo, NUEVOS MOVIMIENTOS SOCIALES, Pluralismo sincrónico, Plurinacionalidad, Racismo y neorracismo, Segregación, TRABAJO, Violencia política. Tipos.

Creencia. Ver COLONIALISMO Y ANTICOLONIALISMO, CULTURA, DISCRIMINACIÓN Y EXCLUSIÓN SOCIAL, ESTADO-NACIÓN, ESTEREOTIPOS Y ESENCIALIZACIÓN, Etnicidad, Etnocentrismo y relativismo cultural, IDENTIDAD, Integración educativa, Integración religiosa, Interculturalidad, MINORÍAS, Nacionalismo, Racismo y neorracismo, SABER Y SABERES, Violencia política. Tipos.

Crisis. Ver CIUDADANÍA, Derecho de injerencia, DESARROLLO, DISCRIMINACIÓN Y EXCLUSIÓN SOCIAL, ELITES, Elites cosmopolitas, ESTADO-NACIÓN, Etnicidad, GLOBALIZACIÓN, Neocolonialismo, TRABAJO, Violencia política. Tipos.

Cristianismo y catolicismo. Ver COLONIALISMO Y ANTICOLONIALISMO, CULTURA, ESTADO-NACIÓN, ESTEREOTIPOS Y ESENCIALIZACIÓN, Etnocentrismo y relativismo cultural, Fronteras políticas y religiosas, Integración religiosa, Migraciones y racismo, MULTICULTURALISMO, Racismo y neorracismo, TRABAJO, Transculturación, VIOLENCIA POLÍTICA, Violencia política. Tipos.

Cuantitativismo. Ver DESARROLLO, EXPLOTACIÓN SOCIAL, MOVILIDAD.

Cuerpo. Ver COLONIALISMO Y ANTICOLONIALISMO, Diferencias naturales y diferencias sociales, Diferencias sociales y diferencias culturales, ESTADO-NACIÓN, ESTIGMA, Extranjero, Nacionalismo, PATRIMONIO, POSMODERNISMO, SABER Y SABERES, Viajes y sistemas de movilidad.

Culturalismo. Ver Ciudadano, Comunitarismo, CULTURA, DISCRIMINACIÓN Y EXCLUSIÓN SOCIAL, Nacionalidad, Racismo y neorracismo.

Debilitamiento y degradación. Ver CONSUMO CULTURAL, Derecho de injerencia, DISCRIMINACIÓN Y EXCLUSIÓN SOCIAL, Elites cosmopolitas, Esclavitud, ESTADO-NACIÓN, Etnicidad, EXPLOTACIÓN SOCIAL, GLOBALIZACIÓN, Globalización y antiglobalización, Megalópolis, Migraciones. Redes sociales, Migraciones. Teoría macro, Migraciones y economía, Nacionalismo, Neocolonialismo, NUEVOS MOVIMIENTOS SOCIALES, TRABAJO, VIOLENCIA POLÍTICA.

Declaraciones de derechos y deberes. Ver *Apartheid*, CIUDADANÍA, Esclavitud, MINORÍAS, Plurinacionalidad, Racismo y neorracismo, Violencia política. Tipos.

Democracia. Ver CIUDADANÍA, Comunidad transnacional, Comunitarismo, CONSUMO CULTURAL, Derecho de injerencia, DESARROLLO, DIFERENCIA Y DESIGUALDAD, Diferencias naturales y diferencias sociales, Espacio de los flujos, ESTADO-NACIÓN Extranjero, GLOBALIZACIÓN, MINORÍAS, MULTICULTURALISMO, Nacionalidad, Neocolonialismo, Plurinacionalidad, Relaciones y procesos informales económicos, Relaciones y procesos informales políticos, SABER Y SABERES, Violencia política. Tipos.

Demografía. Ver Espacio red, ESTADO-NACIÓN, INTEGRACIÓN, Megalópolis, Migraciones. Redes sociales, Migraciones. Teoría macro, Migraciones y economía, Migraciones y racismo, MINORÍAS, NUEVOS MOVIMIENTOS SOCIALES.

Dependencia y subalternidad. Ver Aculturación, Centro-periferia, CIUDADANÍA, Ciudadano, COLONIALISMO Y ANTICOLONIALISMO, COMUNICACIÓN, Comunidad transnacional, Derecho de injerencia, Desterritorialización, DIFERENCIA Y DESIGUALDAD, Diferencias naturales y diferencias sociales, Diferencias sociales y diferencias culturales, DISCRIMINACIÓN Y EXCLUSIÓN SOCIAL, Esclavitud, Espacio red, Espacios locales, ESTEREOTIPOS Y ESENCIALIZACIÓN, Etnicidad, EXPLOTACIÓN SOCIAL, Global y local, GLOBALIZACIÓN, Homofobia y heterofobia, Integración educativa, Migraciones. Teoría macro, MINORÍAS, MULTICULTURALISMO, Multiculturalismo en los estudios culturales, Nacionalismo, Neocolonialismo, Poscolonialismo, Racismo y neorracismo, Relaciones y procesos informales económicos, Relaciones y procesos informales políticos, Revolución técnico-comunicativa, SABER Y SABERES, TRABAJO, Viajes y sis-

temas de movilidad, VIOLENCIA POLÍTI-
CA, Violencia política. Tipos.

Deporte. Ver CONSUMO CULTURAL, Espacio
de los flujos, ESTADO-NACIÓN, Neocolonialismo, Plurinacionalidad, Revolución técnico-comunicativa, Segregación, VIOLENCIA
POLÍTICA.

Derecha política. Ver Globalización y antiglobalización, Naturalización, NUEVOS MOVIMIEN-
TOS SOCIALES, Racismo y neorracismo.

Derechos colectivos y sociales. Ver CIUDADANÍA,
Comunitarismo, DERECHOS HUMANOS,
DESARROLLO, DISCRIMINACIÓN Y
EXCLUSIÓN SOCIAL, ESTADO-NA-
CIÓN, MINORÍAS, MULTICULTURA-
LISMO, Nacionalidad, Plurinacionalidad.

Derechos y deberes. Ver ALTERIDAD, *Apartheid*,
CIUDADANÍA, Ciudadano, COLONIA-
LISMO Y ANTICOLONIALISMO, Comu-
nidad transnacional, CONSUMO CUL-
TURAL, DERECHOS HUMANOS,
DESARROLLO, DIFERENCIA Y DES-
IGUALDAD, Diferencias naturales y diferen-
cias sociales, DISCRIMINACIÓN Y EX-
CLUSIÓN SOCIAL, ELITES, Elites cosmo-
politas, Esclavitud, Espacios locales,
ESTADO-NACIÓN, ESTEREOTIPOS Y
ESENCIALIZACIÓN, Etnicidad, EXPLO-
TACIÓN SOCIAL, Frontera geográfica y ad-
ministrativa, Fronteras económicas, Fronteras
simbólicas, Global y local, Globalización y
antiglobalización, INTEGRACIÓN, Integra-
ción religiosa, Interculturalidad, Megalópo-
lis, Migraciones. Redes sociales, Migraciones.
Teoría macro, Migraciones y racismo, MI-
NORÍAS, Modernidad, MOVILIDAD,
MULTICULTURALISMO, Multilingüismo,
Nacionalidad, Naturalización, Nomadismo y
turismo, NUEVOS MOVIMIENTOS SO-
CIALES, PATRIMONIO, Plurinacionalidad,
Racismo y neorracismo, RELACIONES Y
PROCESOS INFORMALES, Relaciones y
procesos informales económicos, Relaciones
y procesos informales políticos, SABER Y
SABERES, TERRITORIOS, TRABAJO,
VIOLENCIA POLÍTICA, Violencia política.
Tipos.

Derechos fundamentales y universales. Ver CIUDA-
DANÍA, DERECHOS HUMANOS, MUL-
TICULTURALISMO.

Derechos históricos y de última generación. Ver CIU-
DADANÍA, Frontera geográfica y administra-
trativa.

Derechos plenos. Ver DISCRIMINACIÓN Y EX-
CLUSIÓN SOCIAL, Nacionalidad.

Derechos de propiedad intelectual. Ver PATRIMO-
NIO, SABER Y SABERES.

Desanclaje y desarraigo. Ver Desterritorialización,
Esclavitud, Etnicidad, Global y local, INTE-
GRACIÓN, Localidades fantasmagóricas y
desanclaje, Multilocal, NUEVOS MOVI-
MIENTOS SOCIALES, TRABAJO.

Desempleo. Ver CONSUMO CULTURAL, DIS-
CRIMINACIÓN Y EXCLUSIÓN SOCIAL,
Etnicidad, MIGRACIONES, NUEVOS MO-
VIMIENTOS SOCIALES, Racismo y neorra-
cismo, Relaciones y procesos informales econó-
micos, TRABAJO.

Destrucción y muerte. Ver COLONIALISMO Y
ANTICOLONIALISMO, Derecho de inje-
rencia, DESARROLLO, Diferencias naturales
y diferencias sociales, DISCRIMINACIÓN Y
EXCLUSIÓN SOCIAL, Esclavitud, ESTA-
DO-NACIÓN, GLOBALIZACIÓN, Globa-
lización y antiglobalización, MIGRACIO-
NES, Migraciones y racismo, Nacionalismo,
Megalópolis, NUEVOS MOVIMIENTOS
SOCIALES, VIOLENCIA POLÍTICA, Vio-
lencia política. Tipos.

Determinismo y linealidad. Ver Comunidad transnacional, CULTURA, DESARROLLO, Etnicidad, GLOBALIZACIÓN, Globalización y
antiglobalización, PATRIMONIO, Pluralismo sincrónico, Racismo y neorracismo.

Dicotomías conceptuales. Ver CIUDADANÍA,
Ciudadano, DESARROLLO, DIFERENCIA
Y DESIGUALDAD, Diferencias naturales y
diferencias sociales, DISCRIMINACIÓN Y
EXCLUSIÓN SOCIAL, Espacio de los flujos,
ESPACIO-TIEMPO, ESTEREOTIPOS Y
ESENCIALIZACIÓN, Extranjero, Global y
local, Modernidad, Modernización, Multilocal,
Naturalización, PATRIMONIO, POSMO-
DERNIDAD, Revolución técnico-comunica-
tiva, SABER Y SABERES.

Diferencialismo. Ver DISCRIMINACIÓN Y EX-
CLUSIÓN SOCIAL, Nacionalidad, Racismo
y neorracismo.

Difusión. Ver COLONIALISMO Y ANTICO-
LONIALISMO, CONSUMO CULTURAL,
DISCRIMINACIÓN Y EXCLUSIÓN SO-
CIAL, ELITES, Esfera mediática, Espacio de
los flujos, ESTADO-NACIÓN, Fronteras
simbólicas, Global y local, Globalización y antiglobalización, Integración educativa, Localidades fantasmagóricas y desanclaje, MINORÍAS,
Nacionalismo, PATRIMONIO, Revolución
técnico-comunicativa, SABER Y SABERES,
Sociedad de la información y del conocimiento.

Diglosia. Ver Diferencias sociolingüísticas y desigualdad, Multilingüismo.

Dignidad e indignidad. Ver Ciudadano, DISCRIMI-
NACIÓN Y EXCLUSIÓN SOCIAL, Elites
cosmopolitas, Esclavitud, ESTADO-NA-

CIÓN, EXPLOTACIÓN SOCIAL, Extranjero, Global y local, MINORÍAS, Nacionalismo, Racismo y neorracismo, Relaciones y procesos informales políticos, TRABAJO.

Dinero y moneda. Entidades bancarias. Ver Ciudadano, COLONIALISMO Y ANTICOLONIALISMO, COMUNICACIÓN, ELITES, Elites cosmopolitas, EXPLOTACIÓN SOCIAL, MIGRACIONES, Migraciones. Redes sociales, Migraciones y economía, Pluralismo sincrónico, Plurinacionalidad, Poscolonialismo, Violencia política. Tipos.

Disciplinariedad y transdisciplinariedad. Ver Comunidad transnacional, CONSUMO CULTURAL, CULTURA, DESARROLLO, Etnicidad, MIGRACIONES, MOVILIDAD, MULTICULTURALISMO, Multiculturalismo en los estudios culturales, Multiculturalismo en los estudios étnicos, Multilocal, Nomadismo y turismo, PATRIMONIO, Poscolonialismo, SABER Y SABERES.

Discurso. Ver CIUDADANÍA, COMUNICACIÓN, CONSUMO CULTURAL, CULTURA, Desterritorialización, Diferencias sociolingüísticas y desigualdad, DISCRIMINACIÓN Y EXCLUSIÓN SOCIAL, Extranjero, GLOBALIZACIÓN, Globalización y antiglobalización, Información, INTEGRACIÓN, Integración educativa, Integración religiosa, Interculturalidad, Nacionalidad, Naturalización, NUEVOS MOVIMIENTOS SOCIALES, PATRIMONIO, Plurinacionalidad, Racismo y neorracismo, Revolución técnico-comunicativa, TRABAJO.

Distancia. Dimensiones espaciales. Ver ALTERIDAD, Centro-periferia, COLONIALISMO Y ANTICOLONIALISMO, CONSUMO CULTURAL, DISCRIMINACIÓN Y EXCLUSIÓN SOCIAL, Espacio de los flujos, ESPACIO-TIEMPO, Extranjero, Fronteras simbólicas, Localidades fantasmagóricas y desanclaje, Megalópolis, MIGRACIONES, Migraciones. Redes sociales, MOVILIDAD, Revolución técnico-comunicativa, Segregación, TRABAJO, Viajes y sistemas de movilidad, Violencia política. Tipos. *Diversidad.* Ver ALTERIDAD, CIUDADANÍA, Ciudadano, COLONIALISMO Y ANTICOLONIALISMO, CONSUMO CULTURAL, DERECHOS HUMANOS, DESARROLLO, DISCRIMINACIÓN Y EXCLUSIÓN SOCIAL, ELITES, Esfera mediática, ESTADO-NACIÓN, ESTEREOTIPOS Y ESENCIALIZACIÓN, Etnocentrismo y relativismo cultural, EXPLOTACIÓN SOCIAL, Fronteras políticas y religiosas, Fronteras simbólicas, Globalización y antiglobalización, Informa-

ción, INTEGRACIÓN, Integración educativa, Integración religiosa, MIGRACIONES, MINORÍAS, MULTICULTURALISMO, Multiculturalismo en los estudios culturales, Multilingüismo, Nomadismo y turismo, NUEVOS MOVIMIENTOS SOCIALES, PATRIMONIO, Pluralismo sincrónico, Racismo y neorracismo, Revolución técnico-comunicativa, SABER Y SABERES, Sociedad de la información y del conocimiento, VIOLENCIA POLÍTICA, Violencia política. Tipos.

Doctrina del espacio vital. Ver GENOCIDIO.

Doméstico. Ver COLONIALISMO Y ANTICOLONIALISMO, CONSUMO CULTURAL, Diferencias naturales y diferencias sociales, DISCRIMINACIÓN Y EXCLUSIÓN SOCIAL, ELITES, Esclavitud, EXPLOTACIÓN SOCIAL, Fronteras económicas, Global y local, Integración educativa, Localidades fantasmagóricas y desanclaje, MIGRACIONES, Migraciones. Redes sociales, Migraciones y economía, Migraciones y racismo, Relaciones y procesos informales económicos, Segregación, TRABAJO, Violencia política. Tipos.

Droga. Ver Contracultura, Derecho de injerencia, NUEVOS MOVIMIENTOS SOCIALES, Relaciones y procesos informales económicos.

Ecología y ecologismo. Ver CULTURA, DESARROLLO, ELITES, Elites cosmopolitas, Espacios locales, Etnocentrismo y relativismo cultural, Lugar y no-lugar, Migraciones. Redes sociales, MOVILIDAD, Neocolonialismo, NUEVOS MOVIMIENTOS SOCIALES, PATRIMONIO, Plurinacionalidad, Relaciones y procesos informales económicos, SABER Y SABERES, Segregación, TERRITORIOS, TRABAJO, Xenofobia y xenofilia.

Economía. Ver *Apartheid*, CIUDADANÍA, COLONIALISMO Y ANTICOLONIALISMO, Comunidad transnacional, Comunitarismo, CONSUMO CULTURAL, Contracultura, Derecho de injerencia, DESARROLLO, Desterritorialización, DIFERENCIA Y DESIGUALDAD, Diferencias naturales y diferencias sociales, Diferencias sociales y diferencias culturales, Diferencias sociolingüísticas y desigualdad, DISCRIMINACIÓN Y EXCLUSIÓN SOCIAL, ELITES, Elites cosmopolitas, Esclavitud, Espacio de los flujos, Espacio red, ESPACIO-TIEMPO, Espacios locales, ESTADO-NACIÓN, ESTIGMA, Etnicidad, EXPLOTACIÓN SOCIAL, Frontera geográfica y administrativa, Fronteras económicas, Fronteras simbólicas, Global y local, GLOBALIZACIÓN, Globalización y antiglobalización, Integración educativa, Megalópolis, MIGRACIONES, Migraciones. Redes sociales, Migraciones. Teoría macro, Migraciones y economía, Migraciones y racismo, MINORÍAS, MOVILIDAD, Nacionalidad, Nacionalismo, Naturalización, Neocolonialismo, NUEVOS MOVIMIENTOS SOCIALES, Pluralismo sincrónico, Plurinacionalidad, Racismo y neorracismo, RELACIONES Y PROCESOS INFORMALES, Relaciones y procesos informales económicos, Relaciones y procesos informales políticos, Revolución técnico-comunicativa, SABER Y SABERES, Segregación, TERRITORIOS, TRABAJO, VIOLENCIA POLÍTICA, Violencia política. Tipos.

Economía mundo. Ver COLONIALISMO Y ANTICOLONIALISMO, Fronteras económicas, Nacionalidad.

Economicismo. Ver Comunidad transnacional.

Edad. Grupos. Ver ALTERIDAD, Ciudadano, CONSUMO CULTURAL, Contracultura, CULTURA, DERECHOS HUMANOS, DIFERENCIA Y DESIGUALDAD, Diferencias naturales y diferencias sociales, Diferencias sociolingüísticas y desigualdad, DISCRIMINACIÓN Y EXCLUSIÓN SOCIAL, Elites cosmopolitas, Esclavitud, ESTADO-NACIÓN, ESTEREOTIPOS Y ESENCIALIZACIÓN, ESTIGMA, Etnocentrismo y relativismo cultural, EXPLOTACIÓN SOCIAL, INTEGRACIÓN, Integración educativa, Migraciones y economía, MINORÍAS, Nacionalidad, NUEVOS MOVIMIENTOS SOCIALES, Plurinacionalidad, RELACIONES Y PROCESOS INFORMALES, Relaciones y procesos informales económicos, SABER Y SABERES, Segregación, Sociedad de la información y del conocimiento, Violencia política. Tipos.

Educación y escuela. Enseñanza y transmisión. Ver Aculturación, COLONIALISMO Y ANTICOLONIALISMO, COMUNICACIÓN, Comunidad transnacional, Comunitarismo, CONSUMO CULTURAL, CULTURA, DERECHOS HUMANOS, DESARROLLO, Desterritorialización, Diferencias sociales y diferencias culturales, Diferencias sociolingüísticas y desigualdad, DISCRIMINACIÓN Y EXCLUSIÓN SOCIAL, Espacios locales, ESTIGMA, Etnicidad, Etnocentrismo y relativismo cultural, Fronteras simbólicas, Globalización y antiglobalización, INTEGRACIÓN, Integración educativa, Integración religiosa, Interculturalidad, Migraciones. Redes sociales, Migraciones y racismo, MINORÍAS, MOVILIDAD, MULTICULTURALISMO, Multiculturalismo en los estudios étnicos, Nacionalidad, Naturalización, PATRIMONIO, Plurinacionalidad, Revolución técnico-comu-

nicativa, SABER Y SABERES, Segregación, Sociedad de la información y del conocimiento, TERRITORIOS, Violencia política. Tipos.

Elección y sufragio. Ver CIUDADANÍA, Ciudadano, ELITES, Esclavitud, Etnicidad, EXPLOTACIÓN SOCIAL, IDENTIDAD, MIGRACIONES, MINORÍAS, Nomadismo y turismo, Plurinacionalidad.

Elites empresariales y financieras. Ver ELITES, Elites cosmopolitas.

Empirismo. Ver Nacionalismo, SABER Y SABERES, Xenofobia y xenofilia.

Empoderamiento. Ver Comunitarismo, DERECHOS HUMANOS, DESARROLLO, Poscolonialismo, SABER Y SABERES.

Empresa y empresariado. Ver COLONIALISMO Y ANTICOLONIALISMO, CONSUMO CULTURAL, Desterritorialización, ELITES, Elites cosmopolitas, Espacio de los flujos, Espacio red, ESPACIO-TIEMPO, ESTADO-NACIÓN, Global y local, GLOBALIZACIÓN, Migraciones. Redes sociales, Migraciones. Teoría macro, RELACIONES Y PROCESOS INFORMALES, Relaciones y procesos informales económicos, Revolución técnico-comunicativa, TERRITORIOS, TRABAJO.

Enajenación y pérdida. Derogación. Ver *Apartheid*, CIUDADANÍA, Comunitarismo, Derecho de injerencia, DISCRIMINACIÓN Y EXCLUSIÓN SOCIAL, ELITES, Elites cosmopolitas, Esclavitud, Espacio de los flujos, ESPACIO-TIEMPO, ESTADO-NACIÓN, ESTIGMA, Etnicidad, EXPLOTACIÓN SOCIAL, Fronteras económicas, GLOBALIZACIÓN, Lugar y no-lugar, Megalópolis, MIGRACIONES, Migraciones. Redes sociales, MINORÍAS, MOVILIDAD, Multilingüismo, Nacionalidad, Naturalización, NUEVOS MOVIMIENTOS SOCIALES, PATRIMONIO, Pluralismo sincrónico, Racismo y neorracismo, Revolución técnico-comunicativa, Violencia política. Tipos.

Endógeno y exterior. Ver COLONIALISMO Y ANTICOLONIALISMO, CONSUMO CULTURAL, Derecho de injerencia, DISCRIMINACIÓN Y EXCLUSIÓN SOCIAL, ESTADO-NACIÓN, Etnicidad, EXPLOTACIÓN SOCIAL, Extranjero, GLOBALIZACIÓN, Globalización y antiglobalización, Integración religiosa, Megalópolis, Migraciones y economía, Nacionalismo, Neocolonialismo, Violencia política. Tipos.

Endogrupo y exogrupo. Ver Etnocentrismo y relativismo cultural.

Enemistad y rivalidad. Ver COLONIALISMO Y ANTICOLONIALISMO, Derecho de injerencia, DIFERENCIA Y DESIGUALDAD,

DISCRIMINACIÓN Y EXCLUSIÓN SO-
CIAL, ELITES, Elites cosmopolitas, Espacio
red, ESTADO-NACIÓN, Etnicidad, Extranjero, Global y local, GLOBALIZACIÓN, Homofobia y heterofobia, MOVILIDAD, Nacionalismo, NUEVOS MOVIMIENTOS
SOCIALES, Pluralismo sincrónico, Plurinacionalidad, Racismo y neorracismo, Relaciones
y procesos informales económicos, Relaciones y
procesos informales políticos, Segregación,
TRABAJO, VIOLENCIA POLÍTICA, Violencia política. Tipos, Xenofobia y xenofilia.

Escuela de Chicago. Ver Comunitarismo, Derecho
de injerencia, ESTIGMA, NUEVOS MOVI-
MIENTOS SOCIALES.

Escuela de Cultura y Personalidad. Ver CULTURA.

Escuela de Frankfurt. Ver CONSUMO CULTU-
RAL, Contracultura, Modernidad, Modernización, POSMODERNIDAD, Revolución
técnico-comunicativa.

Esencialismo. Ver Ciudadano, Comunitarismo,
CULTURA, Diferencias naturales y diferencias sociales, Diferencias sociales y diferencias
culturales, Diferencias sociolingüísticas y desigualdad, DISCRIMINACIÓN Y EXCLU-
SIÓN SOCIAL, ESTEREOTIPOS Y ESEN-
CIALIZACIÓN, ESTIGMA, Etnicidad, Etnocentrismo y relativismo cultural, Fronteras
simbólicas, GLOBALIZACIÓN, Globalización y antiglobalización, IDENTIDAD, IN-
TEGRACIÓN, Interculturalidad, MI-
NORÍAS, MULTICULTURALISMO, Multiculturalismo en los estudios culturales,
Multiculturalismo en los estudios étnicos, Nacionalismo, Naturalización, Nomadismo y turismo, PATRIMONIO, Plurinacionalidad,
Poscolonialismo, Racismo y neorracismo, SA-
BER Y SABERES, Violencia política. Tipos.

Espacio. Ver CIUDADANÍA, Ciudadano, CO-
LONIALISMO Y ANTICOLONIALISMO,
Comunitarismo, CONSUMO CULTURAL,
DESARROLLO, Elites cosmopolitas, Espacio
de los flujos, Espacio red, ESPACIO-TIEM-
PO, Espacios locales, Extranjero, FRONTE-
RA, Frontera geográfica y administrativa,
Fronteras económicas, Fronteras políticas y re-
ligiosas, Fronteras simbólicas, Global y local,
Información, Integración educativa, Integra-
ción religiosa, Megalópolis, Migraciones. Redes
sociales, Migraciones. Teoría macro, MOVILI-
DAD, Multilocal, Naturalización, Nomadismo y turismo, Pluralismo sincrónico, Plurinacionalidad, Revolución técnico-comunicativa,
Segregación, Sociedad de la información y del
conocimiento, TERRITORIOS, Viajes y sistemas de movilidad.

Espacio extraterrestre. Ver Nomadismo y turismo.

Espacio físico. Ver CULTURA, Espacios locales,
Fronteras simbólicas, Global y local, Lugar y
no-lugar, MOVILIDAD, Multilocal, TERRI-
TORIOS, Viajes y sistemas de movilidad.

Espacio rural. Ver Centro-periferia, Comunitarismo, DIFERENCIA Y DESIGUALDAD, Diferencias sociales y diferencias culturales, Elites
cosmopolitas, Espacios locales, EXPLOTA-
CIÓN SOCIAL, Megalópolis, MIGRACIO-
NES, PATRIMONIO, TERRITORIOS, Violencia política. Tipos.

Espacio social y simbólico. Ver Ciudadano, COMU-
NICACIÓN, Comunidad transnacional,
Centro-periferia, DISCRIMINACIÓN Y
EXCLUSIÓN SOCIAL, Espacios locales,
EXPLOTACIÓN SOCIAL, Fronteras sim-
bólicas, IDENTIDAD, INTEGRACIÓN,
Migraciones. Redes sociales, Migraciones y ra-
cismo, SABER Y SABERES, TERRITORIOS.

Espacio urbano e industrial. Ver Centro-periferia,
COLONIALISMO Y ANTICOLONIALIS-
MO, Comunitarismo, Diferencias sociales y di-
ferencias culturales, DISCRIMINACIÓN Y
EXCLUSIÓN SOCIAL, Espacio de los flujos,
Espacio red, GLOBALIZACIÓN, Integra-
ción religiosa, Megalópolis, PATRIMONIO,
Relaciones y procesos informales económicos,
Segregación, Violencia política. Tipos.

Espacios fluidos. Ver Nomadismo y turismo.

Especialización. Ver Elites cosmopolitas, EXPLO-
TACIÓN SOCIAL, Integración educativa.

Espontaneidad y voluntariedad. Ver EXPLOTA-
CIÓN SOCIAL, GLOBALIZACIÓN, Violencia política. Tipos.

Estabilidad y dispersión. Ver Ciudadano, Comunidad transnacional, DESARROLLO, DISCRI-
MINACIÓN Y EXCLUSIÓN SOCIAL,
ELITES, Elites cosmopolitas, Espacio red, Espacios locales, ESTADO-NACIÓN, Etnicidad, GLOBALIZACIÓN, Integración educativa, MIGRACIONES, Migraciones. Redes
sociales, MOVILIDAD, Nacionalidad, Nomadismo y turismo, Pluralismo sincrónico, TE-
RRITORIOS, TRABAJO, Viajes y sistemas de
movilidad, Violencia política. Tipos.

Estado. Ver CIUDADANÍA, Comunidad trans-
nacional, Comunitarismo, Espacio red, ESTA-
DO-NACIÓN, Extranjero, GLOBALIZA-
CIÓN, Globalización y antiglobalización, IN-
TEGRACIÓN, Migraciones. Redes sociales,
MINORÍAS, Nacionalidad, Naturalización,
NUEVOS MOVIMIENTOS SOCIALES,
Plurinacionalidad, Racismo y neorracismo,
VIOLENCIA POLÍTICA, Violencia política.
Tipos.

Estado de bienestar y social. Ver CIUDADANÍA,
Comunitarismo, DISCRIMINACIÓN Y EX-

CLUSIÓN SOCIAL, ESTADO-NACIÓN, INTEGRACIÓN, Nacionalidad.

Estado de derecho. Ver CIUDADANÍA, ESTADO-NACIÓN, Nacionalidad.

Estética. Ver CONSUMO CULTURAL, Contracultura, ESTADO-NACIÓN, Multiculturalismo en los estudios culturales.

Estratificación y movilidad social. Ver Centro-periferia, CIUDADANÍA, Ciudadano, CONSUMO CULTURAL, Contracultura, DESARROLLO, Desterritorialización, DIFERENCIA Y DESIGUALDAD, Diferencias naturales y diferencias sociales, Diferencias sociolingüísticas y desigualdad, DISCRIMINACIÓN Y EXCLUSIÓN SOCIAL, ELITES, Elites cosmopolitas, Esclavitud, Espacios locales, ESTADO-NACIÓN, EXPLOTACIÓN SOCIAL, Fronteras económicas, Global y local, Globalización y antiglobalización, Lugar y no-lugar, Megalópolis, MINORÍAS, Modernidad, MOVILIDAD, Multiculturalismo en los estudios culturales, Nacionalidad, Nacionalismo, Nomadismo y turismo, NUEVOS MOVIMIENTOS SOCIALES, PATRIMONIO, Pluralismo sincrónico, Racismo y neorracismo, RELACIONES Y PROCESOS INFORMALES, Revolución técnico-comunicativa, SABER Y SABERES, Segregación, TRABAJO, Violencia política. Tipos.

Estructura y antiestructura. Desestructuración. Ver COLONIALISMO Y ANTICOLONIALISMO, CONSUMO CULTURAL, DISCRIMINACIÓN Y EXCLUSIÓN SOCIAL, ELITES, Elites cosmopolitas, ESTADO-NACIÓN, Etnicidad, GLOBALIZACIÓN, Globalización y antiglobalización, Integración educativa, MIGRACIONES, Migraciones. Redes sociales, Migraciones. Teoría macro, Nacionalismo, Pluralismo sincrónico, TRABAJO.

Estructural-funcionalismo. Ver DESARROLLO, DIFERENCIA Y DESIGUALDAD, Globalización y antiglobalización, MOVILIDAD.

Estructuralismo. Neoestructuralismo y posestructuralismo. Ver Etnocentrismo y relativismo cultural, MOVILIDAD, MULTICULTURALISMO, Multiculturalismo en los estudios culturales, Poscolonialismo, POSMODERNIDAD.

Estudios culturales. Ver COMUNICACIÓN, CONSUMO CULTURAL, Elites cosmopolitas, Fronteras simbólicas, GLOBALIZACIÓN, MOVILIDAD, MULTICULTURALISMO, Multiculturalismo en los estudios culturales, Poscolonialismo.

Ética. Ver CIUDADANÍA, COLONIALISMO Y ANTICOLONIALISMO, CULTURA, DESARROLLO, ESTEREOTIPOS Y ESENCIALIZACIÓN, EXPLOTACIÓN SOCIAL, Fronteras económicas, IDENTIDAD, Interculturalidad, MINORÍAS, MULTICULTURALISMO, Multiculturalismo en los estudios étnicos, Nacionalismo, Nomadismo y turismo, Plurinacionalidad, Poscolonialismo, Racismo y neorracismo, RELACIONES Y PROCESOS INFORMALES, Relaciones y procesos informales económicos, Relaciones y procesos informales políticos, Revolución técnico-comunicativa, SABER Y SABERES, TERRITORIOS, TRABAJO, VIOLENCIA POLÍTICA.

Etnicismo y etnogénesis. Ver CULTURA, Etnicidad, INTEGRACIÓN, Interculturalidad, MULTICULTURALISMO, NUEVOS MOVIMIENTOS SOCIALES, Racismo y neorracismo, Relaciones y procesos informales económicos, Transculturación, Xenofobia y xenofilia.

Etnografía. Ver Comunidad transnacional, CULTURA, Diferencias naturales y diferencias sociales, Diferencias sociales y diferencias culturales, Diferencias sociolingüísticas y desigualdad, Elites cosmopolitas, ESTEREOTIPOS Y ESENCIALIZACIÓN, Etnocentrismo y relativismo cultural, Fronteras simbólicas, GLOBALIZACIÓN, Globalización y antiglobalización, INTEGRACIÓN, MOVILIDAD, Multiculturalismo en los estudios culturales, Multiculturalismo en los estudios étnicos, Multilocal, PATRIMONIO, Relaciones y procesos informales económicos Revolución técnico-comunicativa, SABER Y SABERES.

Evolucionismo y neoevolucionismo. Ver ALTERIDAD, *Apartheid*, CULTURA, ELITES, ESTEREOTIPOS Y ESENCIALIZACIÓN, Etnocentrismo y relativismo cultural, GENOCIDIO, GLOBALIZACIÓN, Globalización y antiglobalización, INDIGENISMO, Modernidad, Modernización, Nacionalismo, NUEVOS MOVIMIENTOS SOCIALES, PATRIMONIO, POSMODERNIDAD, Racismo y neorracismo, Relaciones y procesos informales económicos, Transculturación, Xenofobia y xenofilia.

Éxito y fracaso. Ver Derecho de injerencia, ESTADO-NACIÓN, Etnicidad, Globalización y antiglobalización, Integración educativa, Migraciones. Teoría macro, Plurinacionalidad, Racismo y neorracismo, VIOLENCIA POLÍTICA, Violencia política. Tipos.

Expolio y robo. Ver Esclavitud, Etnicidad, EXPLOTACIÓN SOCIAL, PATRIMONIO, Violencia política. Tipos.

Expulsión y deportación. Ver Desterritorialización, DISCRIMINACIÓN Y EXCLUSIÓN SOCIAL, Extranjero, GENOCIDIO, Migraciones. Teoría macro, Migraciones y economía, Migraciones y racismo, MINORÍAS, Naturalización, Nomadismo y turismo, Racismo y neorracismo.

Extranjería. Ver *Apartheid*, CIUDADANÍA, Diferencias sociolingüísticas y desigualdad, Espacios locales, Etnocentrismo y relativismo cultural, Extranjero, Fronteras políticas y religiosas, Migraciones y racismo, MINORÍAS, Nomadismo y turismo, Racismo y neorracismo, Xenofobia y xenofilia.

Favor y desfavor. Privilegio. Ver CIUDADANÍA, CONSUMO CULTURAL, ESTADO-NACIÓN, DESARROLLO, ELITES, Extranjero, Megalópolis, Migraciones. Redes sociales, Migraciones. Teoría macro, MINORÍAS, Nacionalidad, Racismo y neorracismo, Relaciones y procesos informales políticos, TRABAJO.

Feminismo. Ver COMUNICACIÓN, Diferencias naturales y diferencias sociales, ESTEREOTIPOS Y ESENCIALIZACIÓN, MULTICULTURALISMO, Multiculturalismo en los estudios étnicos, NUEVOS MOVIMIENTOS SOCIALES, Relaciones y procesos informales económicos, Viajes y sistemas de movilidad.

Fetichismo. Ver PATRIMONIO, Relaciones y procesos informales económicos, Revolución técnico-comunicativa, SABER Y SABERES.

Filosofía. Ver CIUDADANÍA, Comunitarismo, Contracultura, ESTADO-NACIÓN, ESTEREOTIPOS Y ESENCIALIZACIÓN, Etnocentrismo y relativismo cultural, INTEGRACIÓN, Relaciones y procesos informales económicos, Xenofobia y xenofilia.

Fiscalidad y tributación. Ver COLONIALISMO Y ANTICOLONIALISMO, ELITES, Elites cosmopolitas, ESTADO-NACIÓN, EXPLOTACIÓN SOCIAL, Fronteras económicas, Migraciones. Teoría macro, Migraciones y economía, Nacionalidad, Neocolonialismo, Relaciones y procesos informales económicos.

Fobia y transfobia. Ver DISCRIMINACIÓN Y EXCLUSIÓN SOCIAL, Homofobia y heterofobia, Integración religiosa, Racismo y neorracismo, Xenofobia y xenofilia.

Folclore. Ver Frontera geográfica y administrativa, PATRIMONIO, SABER Y SABERES.

Fordismo y posfordismo. Ver GLOBALIZACIÓN, POSMODERNIDAD, Relaciones y procesos informales económicos.

Formalismo. Ver Migraciones. Redes sociales.

Fragmentación. Autonomía e independencia. Ver CIUDADANÍA, Ciudadano, COLONIALISMO Y ANTICOLONIALISMO, Comunidad transnacional, Comunitarismo, CONSUMO CULTURAL, Derecho de injerencia, DESARROLLO, Desterritorialización, DI-

FERENCIA Y DESIGUALDAD, DISCRIMINACIÓN Y EXCLUSIÓN SOCIAL, ELITES, Elites cosmopolitas, Espacio de los flujos, Espacio red, ESPACIO-TIEMPO, Espacios locales, ESTADO-NACIÓN, Etnicidad, EXPLOTACIÓN SOCIAL, Extranjero, FRONTERA, Frontera geográfica y administrativa, Fronteras económicas, Global y local, GLOBALIZACIÓN, Globalización y antiglobalización, IDENTIDAD, Integración educativa, Localidades fantasmagóricas y desanclaje, Megalópolis, MIGRACIONES, Migraciones. Redes sociales, MINORÍAS, Modernidad, Modernización, MOVILIDAD, MULTICULTURALISMO, Nacionalidad, Nacionalismo, Naturalización, Neocolonialismo, Nomadismo y turismo, NUEVOS MOVIMIENTOS SOCIALES, Pluralismo sincrónico, POSMODERNIDAD, Racismo y neorracismo, Revolución técnico-comunicativa, SABER Y SABERES, Segregación, TRABAJO, Viajes y sistemas de movilidad, VIOLENCIA POLÍTICA, Violencia política. Tipos.

Funcionalismo. Ver Comunitarismo, Etnocentrismo y relativismo cultural, Modernidad, Modernización.

Garantía. Ver Derecho de injerencia, ELITES, ESTADO-NACIÓN, Extranjero, Nacionalidad, Nacionalismo.

Gasto e inversión. Ver ELITES, Espacio red, ESPACIO-TIEMPO, EXPLOTACIÓN SOCIAL, GLOBALIZACIÓN, Globalización y antiglobalización, Integración educativa, MIGRACIONES, Migraciones. Redes sociales, Nomadismo y turismo, Relaciones y procesos informales económicos.

Gasto e inversión social públicos. Ver DESARROLLO, ELITES, Elites cosmopolitas, Integración educativa, Migraciones y economía.

Género. Grupos. Ver CIUDADANÍA, CONSUMO CULTURAL, DERECHOS HUMANOS, DESARROLLO, DIFERENCIA Y DESIGUALDAD, Diferencias naturales y diferencias sociales, Diferencias sociolingüísticas y desigualdad, DISCRIMINACIÓN Y EXCLUSIÓN SOCIAL, Elites cosmopolitas, ESTADO-NACIÓN, ESTEREOTIPOS Y ESENCIALIZACIÓN, ESTIGMA, Etnicidad, Etnocentrismo y relativismo cultural, EXPLOTACIÓN SOCIAL, Extranjero, Homofobia y heterofobia, INTEGRACIÓN, MIGRACIONES, Migraciones. Redes sociales, Migraciones y racismo, MINORÍAS, MOVILIDAD, MULTICULTURALISMO, Multiculturalismo en los estudios étnicos, NUEVOS MOVIMIENTOS SOCIALES, Poscolonialismo, Relaciones y procesos informales económicos, TRABAJO, Viajes y sistemas de movilidad, Violencia política. Tipos.

Gestión y cogestión. Ver COLONIALISMO Y ANTICOLONIALISMO, Comunitarismo, Derecho de injerencia, DESARROLLO, DISCRIMINACIÓN Y EXCLUSIÓN SOCIAL, ELITES, Elites cosmopolitas, Espacio de los flujos, Espacio red, Extranjero, Integración educativa, Megalópolis, MINORÍAS, Pluralismo sincrónico, Revolución técnico-comunicativa.

Glocal y glocalización. Ver Espacio de los flujos, ESPACIO-TIEMPO, Global y local.

Gobierno y autogobierno. Ver *Apartheid*, CIUDADANÍA, COLONIALISMO Y ANTICOLONIALISMO, Comunidad transnacional, Derecho de injerencia, DESARROLLO, ELITES, Elites cosmopolitas, Espacio red, Espacios locales, Extranjero, INTEGRACIÓN, Megalópolis, Migraciones. Redes sociales, Migraciones. Teoría macro, MINORÍAS, Nacionalidad, Neocolonialismo, RELACIONES Y PROCESOS INFORMALES, Relaciones y procesos informales políticos, Revolución técnico-comunicativa, TRABAJO, VIOLENCIA POLÍTICA, Violencia política. Tipos.

Guerra. Ver COLONIALISMO Y ANTICOLONIALISMO, ESTADO-NACIÓN, VIOLENCIA POLÍTICA, Violencia política. Tipos.

Guerra civil. Ver ESTADO-NACIÓN, MINORÍAS, Violencia política. Tipos.

Guerra Fría. Ver Derecho de injerencia, Extranjero, ELITES, GLOBALIZACIÓN, Neocolonialismo, Violencia política. Tipos.

Guerra de guerrillas. Ver Derecho de injerencia, Frontera geográfica y administrativa.

Guerra de Vietnam. Ver Multiculturalismo en los estudios étnicos, Neocolonialismo.

Gueto. Ver Diferencias sociales y diferencias culturales, DISCRIMINACIÓN Y EXCLUSIÓN SOCIAL, ESTIGMA, Etnicidad, INTEGRACIÓN, Violencia política. Tipos.

Habitus. Ver CULTURA, Diferencias sociolingüísticas y desigualdad, Extranjero, INTEGRACIÓN.

Herejía e iconoclastia. Ver ESTADO-NACIÓN, Violencia política. Tipos.

Heterosexismo y heterosexualidad. Ver Homofobia y heterofobia.

Hiperglobalismo e hiperglobalización. Ver ESPACIO-TIEMPO, Global y local.

Historia y memoria. Ver Aculturación, *Apartheid*, CIUDADANÍA, Ciudadano, COLONIALISMO Y ANTICOLONIALISMO, Comunidad transnacional, Comunitarismo, CONSUMO CULTURAL, Contracultura, CULTURA, DESARROLLO, Desterritorialización, DIFERENCIA Y DESIGUALDAD, Diferencias naturales y diferencias sociales, Diferencias sociales y diferencias culturales, DISCRIMINACIÓN Y EXCLUSIÓN SOCIAL, ELITES, Esclavitud, Espacio de los flujos, ESPACIO-TIEMPO, Espacios locales, ESTADO-NACIÓN, Etnicidad, EXPLOTACIÓN SOCIAL, Frontera geográfica y administrativa, Fronteras económicas, Fronteras políticas y religiosas, Fronteras simbólicas, GLOBALIZACIÓN, Globalización y antiglobalización, Información, Integración religiosa, Lugar y no-lugar, Migraciones. Redes sociales, Migraciones. Teoría macro, MINORÍAS, MULTICULTURALISMO, Multilocal, Nacionalidad, Nacionalismo, Naturalización, Nomadismo y turismo, NUEVOS MOVIMIENTOS SOCIALES, PATRIMONIO, Pluralismo sincrónico, Poscolonialismo, Racismo y neorracismo, Relaciones y procesos informales económicos, Relaciones y procesos informales políticos, Revolución técnico-comunicativa, SABER Y SABERES, TERRITORIOS, TRABAJO, Transculturación, Viajes y sistemas de movilidad, VIOLENCIA POLÍTICA, Violencia política. Tipos, Xenofobia y xenofilia.

Holismo e integralidad. Ver Aculturación, CULTURA, DESARROLLO, DIFERENCIA Y DESIGUALDAD, Global y local, IDENTIDAD, Integración educativa, Interculturalidad, Multiculturalismo en los estudios culturales, Naturalización, PATRIMONIO, Racismo y neorracismo.

Homicidio y exterminio. Ver COLONIALISMO Y ANTICOLONIALISMO, EXPLOTACIÓN SOCIAL, Migraciones y racismo, VIOLENCIA POLÍTICA, Violencia política. Tipos.

Homogeneidad. Igualdad y similitud. Ver Aculturación, CIUDADANÍA, Ciudadano, COLONIALISMO Y ANTICOLONIALISMO, COMUNICACIÓN, CONSUMO CULTURAL, CULTURA, DERECHOS HUMANOS, DESARROLLO, DIFERENCIA Y DESIGUALDAD, Diferencias naturales y diferencias sociales, Diferencias sociolingüísticas y desigualdad, DISCRIMINACIÓN Y EXCLUSIÓN SOCIAL, ELITES, Elites cosmopolitas, Esfera mediática, Espacio de los flujos, ESPACIO-TIEMPO, ESTADO-NACIÓN, ESTEREOTIPOS Y ESENCIALIZACIÓN, Etnicidad, Etnocentrismo y relativismo cultural, EXPLOTACIÓN SOCIAL, Extranjero, Fronteras económicas, Global y local, GLOBALIZACIÓN, Globalización y antiglobalización, Homofobia y heterofobia, Información,

INTEGRACIÓN, Integración educativa, Integración religiosa, Interculturalidad, Megalópolis, Migraciones. Redes sociales, MINORÍAS, MOVILIDAD, MULTICULTURALISMO, Multilingüísmo, Nacionalismo, Naturalización, Neocolonialismo, NUEVOS MOVIMIENTOS SOCIALES, PATRIMONIO, Pluralismo sincrónico, POSMODERNIDAD, Racismo y neorracismo, Relaciones y procesos informales políticos, SABER Y SABERES, Segregación, TRABAJO, Traducción, Transculturación, Viajes y sistemas de movilidad, VIOLENCIA POLÍTICA, Violencia política. Tipos, Xenofobia y xenofilia.

Homosexualidad. Ver DISCRIMINACIÓN Y EXCLUSIÓN SOCIAL, Homofobia y heterofobia, MINORÍAS, MULTICULTURALISMO, Multiculturalismo en los estudios étnicos, NUEVOS MOVIMIENTOS SOCIALES, Poscolonialismo.

Hospitalidad y asilo. Ver Desterritorialización, Extranjero, Integración educativa, Nacionalidad, Nomadismo y turismo, TRABAJO, Xenofobia y xenofilia.

Huida. Ver COLONIALISMO Y ANTICOLONIALISMO, DISCRIMINACIÓN Y EXCLUSIÓN SOCIAL, Viajes y sistemas de movilidad, Violencia política. Tipos.

Humanidad. Ver CIUDADANÍA, Ciudadano, CONSUMO CULTURAL, Contracultura, CULTURA, DERECHOS HUMANOS, Derecho de injerencia, Diferencias sociolingüísticas y desigualdad, Esclavitud, ESTADO-NACIÓN, ESTEREOTIPOS Y ESENCIALIZACIÓN, Etnicidad, Etnocentrismo y relativismo cultural, Extranjero, GENOCIDIO, Global y local, GLOBALIZACIÓN, Interculturalidad, Megalópolis, Migraciones. Teoría macro, Nacionalismo, PATRIMONIO, Plurinacionalidad, Racismo y neorracismo, TRABAJO, VIOLENCIA POLÍTICA.

Humanización y deshumanización. Ver CIUDADANÍA, Ciudadano, Contracultura, CULTURA, DERECHOS HUMANOS, Esclavitud, ESTEREOTIPOS Y ESENCIALIZACIÓN, Etnocentrismo y relativismo cultural, Extranjero, GENOCIDIO, Global y local, Interculturalidad, TRABAJO, VIOLENCIA POLÍTICA.

Ideología. Ver Aculturación, *Apartheid*, Ciudadano, Comunitarismo, DESARROLLO, DIFERENCIA Y DESIGUALDAD, Diferencias naturales y diferencias sociales, Diferencias sociales y diferencias culturales, Diferencias sociolingüísticas y desigualdad, DISCRIMINACIÓN Y EXCLUSIÓN SOCIAL, ELITES, Elites cosmopolitas, Esclavitud, Espacios loca-

les, ESTADO-NACIÓN, Etnicidad, Fronteras económicas, Global y local, GLOBALIZACIÓN, Globalización y antiglobalización, IDENTIDAD, INTEGRACIÓN, Integración educativa, Interculturalidad, MIGRACIONES, Migraciones. Teoría macro, MOVILIDAD, Nacionalidad, Nacionalismo, Naturalización, Neocolonialismo, Nomadismo y turismo, NUEVOS MOVIMIENTOS SOCIALES, PATRIMONIO, Pluralismo sincrónico, Plurinacionalidad, Racismo y neorracismo, Relaciones y procesos informales económicos, Revolución técnico-comunicativa, SABER Y SABERES, TERRITORIOS, TRABAJO, VIOLENCIA POLÍTICA, Violencia política. Tipos.

Iglesia. Ver ESTADO-NACIÓN, EXPLOTACIÓN SOCIAL, Integración religiosa, NUEVOS MOVIMIENTOS SOCIALES, PATRIMONIO, Violencia política. Tipos.

Igualitarismo. Ver ELITES, Pluralismo sincrónico.

Ilustración. Ver CULTURA, DERECHOS HUMANOS, Esclavitud, ESTADO-NACIÓN, Etnicidad, Etnocentrismo y relativismo cultural, GLOBALIZACIÓN, Modernidad, Modernización, MULTICULTURALISMO, Nacionalidad, Nacionalismo, PATRIMONIO, POSMODERNIDAD.

Imaginación y fantasía. Ver CONSUMO CULTURAL, Espacio de los flujos, ESPACIO-TIEMPO, ESTADO-NACIÓN, Etnicidad, EXPLOTACIÓN SOCIAL, Extranjero, Global y local, MOVILIDAD, Nacionalismo, Nomadismo y turismo, Plurinacionalidad, Revolución técnico-comunicativa, TERRITORIOS, Viajes y sistemas de movilidad.

Imitación. Ver COLONIALISMO Y ANTICOLONIALISMO, CONSUMO CULTURAL, CULTURA, Transculturación.

Imperio e imperialismo. Ver COLONIALISMO Y ANTICOLONIALISMO, CONSUMO CULTURAL, Derecho de injerencia, ELITES, Elites cosmopolitas, ESTADO-NACIÓN, EXPLOTACIÓN SOCIAL, Frontera geográfica y administrativa, GLOBALIZACIÓN, Globalización y antiglobalización, Nacionalidad, Neocolonialismo, NUEVOS MOVIMIENTOS SOCIALES, Revolución técnico-comunicativa, Violencia política. Tipos.

Inclusión. Ver ALTERIDAD, CIUDADANÍA, Ciudadano, CONSUMO CULTURAL, DESARROLLO, Extranjero, Global y local, MINORÍAS, Nacionalidad, NUEVOS MOVIMIENTOS SOCIALES, Plurinacionalidad.

Incrustación. Ver RELACIONES Y PROCESOS INFORMALES, Relaciones y procesos informales económicos.

Indígena. Ver COLONIALISMO Y ANTICO-
LONIALISMO, DERECHOS HUMANOS,
Desterritorialización, ELITES, Elites cosmopolitas, Esclavitud, Espacios locales, Etno-
trismo y relativismo cultural, Globalización y
antiglobalización, INDIGENISMO, INTE-
GRACIÓN, MINORÍAS, MULTICULTU-
RALISMO, Multiculturalismo en los estudios
étnicos, NUEVOS MOVIMIENTOS SOCIA-
LES, PATRIMONIO, Relaciones y procesos informales económicos, SABER Y SABERES.

Individualismo y antiindividualismo. Ver Ciudada-
no, Comunitarismo, DESARROLLO, DIFE-
RENCIA Y DESIGUALDAD, GLOBALI-
ZACIÓN, Nacionalismo, Pluralismo sincróni-
co, Racismo y neorracismo, TRABAJO,
Violencia política. Tipos.

Individualización. Ver DESARROLLO, DISCRI-
MINACIÓN Y EXCLUSIÓN SOCIAL, Es-
fera mediática, ESPACIO-TIEMPO,
EXPLOTACIÓN SOCIAL, Homofobia y he-
terofobia, INTEGRACIÓN, MULTICUL-
TURALISMO, Multiculturalismo en los estu-
dios étnicos, Nacionalismo, POSMODERNI-
DAD, Relaciones y procesos informales
económicos, Revolución técnico-comunicativa,
Sociedad de la información y del conocimiento.

Individuo. Ver Aculturación, ALTERIDAD, CIU-
DADANÍA, Ciudadano, COLONIALISMO
Y ANTICOLONIALISMO, Comunidad
transnacional, Comunitarismo, CONSUMO
CULTURAL, Contracultura, CULTURA,
Derecho de injerencia, DERECHOS HUMA-
NOS, Diferencias naturales y diferencias socia-
les, Diferencias sociales y diferencias culturales,
Diferencias sociolingüísticas y desigualdad,
DISCRIMINACIÓN Y EXCLUSIÓN SO-
CIAL, ELITES, Elites cosmopolitas, Esclavi-
tud, Espacio de los flujos, Espacio red, ESPA-
CIO-TIEMPO, Espacios locales, ESTADO-
NACIÓN, Etnicidad, EXPLOTACIÓN
SOCIAL, Extranjero, Fronteras económicas,
Homofobia y heterofobia, IDENTIDAD, In-
tegración educativa, Interculturalidad, Locali-
dades fantasmagóricas y desanclaje, Lugar y
no-lugar, MIGRACIONES, Migraciones. Re-
des sociales, MINORÍAS, MOVILIDAD,
MULTICULTURALISMO, Multilocal, Na-
cionalidad, Nacionalismo, Nomadismo y turis-
mo, NUEVOS MOVIMIENTOS SOCIA-
LES, PATRIMONIO, Pluralismo sincrónico,
Plurinacionalidad, Racismo y neorracismo,
RELACIONES Y PROCESOS INFORMA-
LES, Relaciones y procesos informales políti-
cos, Revolución técnico-comunicativa, SABER
Y SABERES, Segregación, TERRITORIOS,
TRABAJO, Viajes y sistemas de movilidad,

VIOLENCIA POLÍTICA, Violencia política.
Tipos.

Indumentaria y moda. Ver CULTURA, Espacio de
los flujos, ESTADO-NACIÓN, ESTIGMA,
Migraciones y economía, MINORÍAS, Relaciones y procesos informales económicos.

*Industria y energía. Industrialización y desindustriali-
zación* Ver *Apartheid,* COLONIALISMO Y
ANTICOLONIALISMO, Comunidad transnacional, CONSUMO CULTURAL, Diferencias sociales y diferencias culturales, ELI-
TES, Esclavitud, Espacio de los flujos, Espacio
red, ESPACIO-TIEMPO, ESTADO-NA-
CIÓN, EXPLOTACIÓN SOCIAL, Megalópolis, Migraciones. Teoría macro, Migraciones
y economía, MINORÍAS, Modernidad, Modernización, MOVILIDAD, Nacionalismo,
Neocolonialismo, Nomadismo y turismo,
NUEVOS MOVIMIENTOS SOCIALES,
PATRIMONIO, Relaciones y procesos informales económicos, Segregación, TRABAJO,
Viajes y sistemas de movilidad, Violencia política. Tipos.

Industria de la construcción e inmobiliaria. Ver Espacio de los flujos, Migraciones y economía, Relaciones y procesos informales económicos.

Industria cultural. Ver CONSUMO CULTURAL,
Esfera mediática, Etnocentrismo y relativismo
cultural, PATRIMONIO.

Inferioridad y superioridad. Ver *Apartheid,* COLO-
NIALISMO Y ANTICOLONIALISMO,
Contracultura, DIFERENCIA Y DES-
IGUALDAD, Diferencias naturales y diferen-
cias sociales, DISCRIMINACIÓN Y EX-
CLUSIÓN SOCIAL, Esclavitud, Etnicidad,
Etnocentrismo y relativismo cultural, Globali-
zación y antiglobalización, MINORÍAS, Na-
cionalismo, Poscolonialismo, Racismo y neo-
racismo, TRABAJO, Xenofobia y xenofilia.

Infraestructuras y equipamientos. Ver COLONIA-
LISMO Y ANTICOLONIALISMO, CON-
SUMO CULTURAL, DESARROLLO, Espacio de los flujos, Espacio red, EXPLOTA-
CIÓN SOCIAL, Frontera geográfica y
administrativa, Integración religiosa, Megalópolis, MOVILIDAD, Revolución técnico-comunicativa, Segregación, Viajes y sistemas de
movilidad.

Infravaloración y supravaloración. Ver DESARRO-
LLO, Diferencias naturales y diferencias socia-
les, Elites cosmopolitas, Integración educativa,
Nomadismo y turismo, Pluralismo sincrónico,
Relaciones y procesos informales económicos.

Innovación e invención. Ver Aculturación, Comuni-
dad transnacional, COLONIALISMO Y AN-
TICOLONIALISMO, CONSUMO CUL-
TURAL, CULTURA, Derecho de injerencia,

Diferencias sociolingüísticas y desigualdad, ELITES, Elites cosmopolitas, Espacio red, ESPACIO-TIEMPO, ESTADO-NACIÓN, ESTEREOTIPOS Y ESENCIALIZACIÓN, Etnicidad, EXPLOTACIÓN SOCIAL, Extranjero, Global y local, Globalización y antiglobalización, IDENTIDAD, INTEGRACIÓN, Integración educativa, Integración religiosa, Localidades fantasmagóricas y desanclaje, Megalópolis, MIGRACIONES, Migraciones. Redes sociales, Migraciones y economía, Nacionalismo, Neocolonialismo, Nomadismo y turismo, NUEVOS MOVIMIENTOS SOCIALES, PATRIMONIO, Pluralismo sincrónico, Poscolonialismo, Revolución técnico-comunicativa, SABER Y SABERES, Sociedad de la información y del conocimiento, TRABAJO.

Institución e institucionalización. Ver CIUDADANÍA, Ciudadano, Comunidad transnacional, Comunitarismo, CONSUMO CULTURAL, CULTURA, Derecho de injerencia, DESARROLLO, Desterritorialización, Diferencias naturales y diferencias sociales, DISCRIMINACIÓN Y EXCLUSIÓN SOCIAL, ELITES, Elites cosmopolitas, Esclavitud, Espacios locales, ESTADO-NACIÓN, Etnicidad, EXPLOTACIÓN SOCIAL, Extranjero, GLOBALIZACIÓN, INTEGRACIÓN, Integración educativa, Integración religiosa, Interculturalidad, Localidades fantasmagóricas y desanclaje, MIGRACIONES, Migraciones. Redes sociales, Migraciones. Teoría macro, MINORÍAS, Nacionalidad, Nacionalismo, Naturalización, Neocolonialismo, Racismo y neorracismo, RELACIONES Y PROCESOS INFORMALES, Relaciones y procesos informales políticos, TRABAJO, VIOLENCIA POLÍTICA, Violencia política. Tipos.

Intercambio y distribución. Ver Aculturación, *Apartheid*, Centro-periferia, COLONIALISMO Y ANTICOLONIALISMO, CONSUMO CULTURAL, Derecho de injerencia, Diferencias naturales y diferencias sociales, Diferencias sociolingüísticas y desigualdad, DISCRIMINACIÓN Y EXCLUSIÓN SOCIAL, ELITES, Espacio de los flujos, EXPLOTACIÓN SOCIAL, Extranjero, Frontera geográfica y administrativa, Fronteras simbólicas, Global y local, GLOBALIZACIÓN, INTEGRACIÓN, Integración educativa, Migraciones. Redes sociales, MINORÍAS, MOVILIDAD, Nacionalismo, PATRIMONIO, Pluralismo sincrónico, POSMODERNIDAD, Relaciones y procesos informales políticos, Segregación, TRABAJO, Viajes y sistemas de movilidad, Xenofobia y xenofilia.

Intercambio y distribución económicos. Ver DESARROLLO, ELITES, Elites cosmopolitas, Esclavitud, ESTADO-NACIÓN, Fronteras económicas, Fronteras simbólicas, Global y local, Globalización y antiglobalización, Interculturalidad, Migraciones. Redes sociales, Migraciones. Teoría macro, MINORÍAS, MOVILIDAD, NUEVOS MOVIMIENTOS SOCIALES, Pluralismo sincrónico, Racismo y neorracismo, RELACIONES Y PROCESOS INFORMALES, Relaciones y procesos informales económicos, Relaciones y procesos informales políticos, Revolución técnico-comunicativa, SABER Y SABERES, Viajes y sistemas de movilidad.

Interdependencia y convivencia. Ver Aculturación, Ciudadano, Comunidad transnacional, CONSUMO CULTURAL, Contracultura, CULTURA, Derecho de injerencia, DIFERENCIA Y DESIGUALDAD, DISCRIMINACIÓN Y EXCLUSIÓN SOCIAL, ESPACIO-TIEMPO, Espacios locales, ESTEREOTIPOS Y ESENCIALIZACIÓN, Etnocentrismo y relativismo cultural, EXPLOTACIÓN SOCIAL, Frontera geográfica y administrativa, Fronteras económicas, Fronteras simbólicas, GLOBALIZACIÓN, INTEGRACIÓN, Integración educativa, Interculturalidad, Lugar y no-lugar, Megalópolis, Migraciones. Redes sociales, MINORÍAS, Multilingüismo, Nacionalidad, Nacionalismo, Naturalización, Nomadismo y turismo, PATRIMONIO, Pluralismo sincrónico, Plurinacionalidad, RELACIONES Y PROCESOS INFORMALES, Relaciones y procesos informales políticos, SABER Y SABERES, Segregación, TERRITORIOS, Traducción, VIOLENCIA POLÍTICA, Violencia política. Tipos.

Intraculturalidad. Ver CULTURA, Interculturalidad.

Invasión. Ver COLONIALISMO Y ANTICOLONIALISMO, Espacios locales, ESTADO-NACIÓN, EXPLOTACIÓN SOCIAL, Integración religiosa, Migraciones. Redes sociales, Migraciones. Teoría macro, Migraciones y racismo, Nacionalidad, Violencia política. Tipos.

Islam. Ver Ciudadano, Diferencias sociolingüísticas y desigualdad, Esclavitud, Fronteras políticas y religiosas, Globalización y antiglobalización, Migraciones y racismo, NUEVOS MOVIMIENTOS SOCIALES, VIOLENCIA POLÍTICA, Violencia política. Tipos.

Judaísmo. Ver Violencia política. Tipos.

Justicia e injusticia. Ver CIUDADANÍA, Ciudadano, Derecho de injerencia, DERECHOS HU-

MANOS, DESARROLLO, Esclavitud, ES-
TEREOTIPOS Y ESENCIALIZACIÓN,
EXPLOTACIÓN SOCIAL, GENOCIDIO,
MINORÍAS, Nacionalismo, NUEVOS MO-
VIMIENTOS SOCIALES, Relaciones y pro-
cesos informales políticos, Revolución técnico-
comunicativa, TRABAJO, Violencia política.
Tipos.

Laicismo y confesionalidad. Ver Ciudadano, COLO-
NIALISMO Y ANTICOLONIALISMO, Etnocentrismo y relativismo cultural, Fronteras
políticas y religiosas, Integración religiosa,
MULTICULTURALISMO, Violencia política. Tipos.

Lealtad y confianza. Ver COLONIALISMO Y
ANTICOLONIALISMO, Comunidad transna-
nacional, CONSUMO CULTURAL, Elites
cosmopolitas, ESTADO-NACIÓN, ESTE-
REOTIPOS Y ESENCIALIZACIÓN, Etni-
cidad, EXPLOTACIÓN SOCIAL, Extranje-
ro, Fronteras políticas y religiosas, IDENTI-
DAD, INTEGRACIÓN, Nacionalidad,
Naturalización, Plurinacionalidad, RELA-
CIONES Y PROCESOS INFORMALES,
Racismo y neorracismo, Relaciones y procesos
informales económicos, VIOLENCIA
POLÍTICA, Violencia política. Tipos, Xenofo-
bia y xenofilia.

Legalidad e ilegalidad. Ley y legislación. Ver *Apar-
theid*, CIUDADANÍA, COLONIALISMO Y
ANTICOLONIALISMO, Comunidad transna-
nacional, CULTURA, Derecho de injerencia,
DERECHOS HUMANOS, DIFERENCIA
Y DESIGUALDAD, DISCRIMINACIÓN
Y EXCLUSIÓN SOCIAL, Elites cosmopolitas, Esclavitud, ESTADO-NACIÓN, ESTIG-
MA, EXPLOTACIÓN SOCIAL, Extranjero,
Frontera geográfica y administrativa, Fronteras económicas, Fronteras simbólicas, GENO-
CIDIO, INTEGRACIÓN, Integración educativa, Megalópolis, Migraciones. Redes sociales, Migraciones. Teoría macro, Migraciones y
racismo, MINORÍAS, Nacionalidad, Nacionalismo, Naturalización, Nomadismo y turismo, NUEVOS MOVIMIENTOS SOCIA-
LES, PATRIMONIO, Plurinacionalidad, Racismo y neorracismo, RELACIONES Y
PROCESOS INFORMALES, Relaciones y
procesos informales económicos, Relaciones
y procesos informales políticos, SABER Y SA-
BERES, TRABAJO, Violencia política. Tipos,
Xenofobia y xenofilia.

Legitimación, afirmación y respeto. Ver *Apartheid*,
CIUDADANÍA, Ciudadano, COLONIA-
LISMO Y ANTICOLONIALISMO, Comu-
nidad transnacional, Comunitarismo, CON-
SUMO CULTURAL, DESARROLLO,

DIFERENCIA Y DESIGUALDAD, Diferencias naturales y diferencias sociales, DIS-
CRIMINACIÓN Y EXCLUSIÓN SOCIAL,
ELITES, Elites cosmopolitas, Esclavitud, Es-
pacio de los flujos, Espacios locales, ESTADO-
NACIÓN, Etnicidad, EXPLOTACIÓN SO-
CIAL, Extranjero, Frontera geográfica y ad-
ministrativa, Fronteras económicas, Fronteras
políticas y religiosas, Fronteras simbólicas,
GLOBALIZACIÓN, Globalización y anti-
globalización, IDENTIDAD, INTEGRA-
CIÓN, Integración educativa, Integración re-
ligiosa, Interculturalidad, MIGRACIONES,
Migraciones. Redes sociales, MINORÍAS,
MOVILIDAD, Multilocal, Nacionalidad,
Nacionalismo, Naturalización, Neocolonialis-
mo, Nomadismo y turismo, NUEVOS MO-
VIMIENTOS SOCIALES, PATRIMONIO,
Pluralismo sincrónico, Plurinacionalidad,
Poscolonialismo, Racismo y neorracismo, RE-
LACIONES Y PROCESOS INFORMA-
LES, Relaciones y procesos informales políti-
cos, Revolución técnico-comunicativa,
SABER Y SABERES, TRABAJO, VIO-
LENCIA POLÍTICA, Violencia política.
Tipos.

Lengua. Lingüística. Ver Aculturación, COLO-
NIALISMO Y ANTICOLONIALISMO,
COMUNICACIÓN, CONSUMO CULTU-
RAL, CULTURA, Diferencias sociolingüísti-
cas y desigualdad, DISCRIMINACIÓN Y
EXCLUSIÓN SOCIAL, Esclavitud, Esfera
mediática, Espacios locales, ESTADO-NA-
CIÓN, ESTEREOTIPOS Y ESENCIALI-
ZACIÓN, Etnicidad, EXPLOTACIÓN SO-
CIAL, Extranjero, Fronteras políticas y religio-
sas, Fronteras simbólicas, Global y local,
GLOBALIZACIÓN, Información, INTE-
GRACIÓN, Integración educativa, Integra-
ción religiosa, Interculturalidad, MIGRACIO-
NES, Migraciones y racismo, MINORÍAS,
Multiculturalismo en los estudios culturales,
Multilingüismo, Nacionalismo, Pluralismo
sincrónico, Revolución técnico-comunicativa,
SABER Y SABERES, TERRITORIOS, Tra-
ducción, Violencia política. Tipos.

Lengua escrita. Literatura. Ver COLONIALISMO
Y ANTICOLONIALISMO, Diferencias sociales y diferencias culturales, Diferencias
sociolingüísticas y desigualdad, ESTADO-
NACIÓN, ESTEREOTIPOS Y ESENCIA-
LIZACIÓN, Fronteras simbólicas, Multiculturalismo en los estudios culturales, Pluralismo
sincrónico, Poscolonialismo Revolución técnico-comunicativa.

Lengua oficial. Monolingüismo. Ver Diferencias sociolingüísticas y desigualdad, ESTADO-NA-

CIÓN, GLOBALIZACIÓN, INTEGRA-
CIÓN, Integración educativa, Multilingüismo.

Lenguaje. Ver CIUDADANÍA, COMUNICA-
CIÓN, CULTURA, Diferencias sociolingüísticas y desigualdad, DISCRIMINACIÓN Y
EXCLUSIÓN SOCIAL, ELITES, Esfera mediática, Etnicidad, Información, Interculturalidad, Migraciones y racismo, MINORÍAS, Revolución técnico-comunicativa, Sociedad de la
información y del conocimiento, Traducción,
VIOLENCIA POLÍTICA.

Liberación y defensa. Ver CIUDADANÍA, Ciudadano, COLONIALISMO Y ANTICOLO-
NIALISMO, CONSUMO CULTURAL,
DERECHOS HUMANOS, ELITES, Elites
cosmopolitas, Esclavitud, ESTADO-NA-
CIÓN, Etnicidad, EXPLOTACIÓN SO-
CIAL, Extranjero, GLOBALIZACIÓN, Globalización y antiglobalización, Integración educativa, Interculturalidad, Migraciones. Teoría
macro, MINORÍAS, Naturalización, Neocolonialismo, NUEVOS MOVIMIENTOS SO-
CIALES, Pluralismo sincrónico, Plurinacionalidad, Poscolonialismo, Violencia política. Tipos.

Liberalismo y neoliberalismo. Ver *Apartheid*, CIU-
DADANÍA, Comunitarismo, Derecho de injerencia, ELITES, ESTADO-NACIÓN
Fronteras económicas, Globalización y antiglobalización, Integración educativa, Migraciones. Redes sociales, MINORÍAS, Nacionalidad, NUEVOS MOVIMIENTOS
SOCIALES, Pluralismo sincrónico, Plurinacionalidad, Relaciones y procesos informales
económicos, TRABAJO.

Libertad. Ver CIUDADANÍA, COLONIALIS-
MO Y ANTICOLONIALISMO, Derecho de
injerencia, ELITES, Elites cosmopolitas, Esclavitud, ESTADO-NACIÓN, Integración
educativa, Megalópolis, Migraciones. Teoría
macro, MINORÍAS, Nacionalidad, Nacionalismo, Pluralismo sincrónico, TRABAJO,
VIOLENCIA POLÍTICA.

Libertad de expresión. Ver CONSUMO CULTU-
RAL, DESARROLLO, Plurinacionalidad.

Liderazgo y representación. Ver CIUDADANÍA,
EXPLOTACIÓN SOCIAL, Extranjero, MI-
NORÍAS, Racismo y neorracismo, VIOLEN-
CIA POLÍTICA, Violencia política. Tipos.

Linaje. Ver DIFERENCIA Y DESIGUALDAD,
Diferencias naturales y diferencias sociales, ES-
TADO-NACIÓN, Racismo y neorracismo.

Localización. Deslocalización. Territorialidad. Ver
Centro-periferia, CIUDADANÍA, COLO-
NIALISMO Y ANTICOLONIALISMO,
Comunidad transnacional, CONSUMO
CULTURAL, DESARROLLO, Desterrito-
rialización, DISCRIMINACIÓN Y EXCLU-

SIÓN SOCIAL, Elites cosmopolitas, Espacio
de los flujos, Espacio red, ESPACIO-TIEM-
PO, Espacios locales, ESTADO-NACIÓN,
Etnicidad, EXPLOTACIÓN SOCIAL, Extranjero, FRONTERA, Frontera geográfica y
administrativa, Fronteras políticas y religiosas,
Fronteras simbólicas, Global y local, GLOBA-
LIZACIÓN, Integración religiosa, Localidades fantasmagóricas y desanclaje, Lugar y no-
lugar, Megalópolis, MOVILIDAD, Multilocal,
Nacionalidad, Naturalización, Nomadismo y
turismo, Relaciones y procesos informales políticos, Revolución técnico-comunicativa, SA-
BER Y SABERES, Segregación, TERRITO-
RIOS, Viajes y sistemas de movilidad.

Macrosocial. Ver Elites cosmopolitas, EXPLOTA-
CIÓN SOCIAL, Pluralismo sincrónico.

Mafia y crimen organizado. Ver Esclavitud, EX-
PLOTACIÓN SOCIAL, Migraciones. Redes
sociales, Relaciones y procesos informales políticos, Violencia política. Tipos.

Magia. Ver ESTIGMA, Fronteras políticas y religiosas, Globalización y antiglobalización, Violencia política. Tipos.

Marxismo y neomarxismo. Ver *Apartheid*, Comuni-
dad transnacional, Contracultura, DIFEREN-
CIA Y DESIGUALDAD, Esclavitud,
EXPLOTACIÓN SOCIAL, GLOBALIZA-
CIÓN, Integración educativa, MULTICUL-
TURALISMO, Multiculturalismo en los estu-
dios culturales, Plurinacionalidad, Poscolonia-
lismo, SABER Y SABERES, VIOLENCIA
POLÍTICA.

Mayoría. Ver CIUDADANÍA, COLONIALIS-
MO Y ANTICOLONIALISMO, COMUNI-
CACIÓN, Comunidad transnacional, Comu-
nitarismo, CONSUMO CULTURAL, Con-
tracultura, CULTURA, DERECHOS
HUMANOS, DESARROLLO, DIFEREN-
CIA Y DESIGUALDAD, Diferencias socio-
lingüísticas y desigualdad, DISCRIMINA-
CIÓN Y EXCLUSIÓN SOCIAL, ELITES,
Esclavitud, Esfera mediática, Espacio de los flu-
jos, ESTADO-NACIÓN, Extranjero, Homo-
fobia y heterofobia, Información, INTEGRA-
CIÓN, Integración educativa, Integración reli-
giosa, Migraciones y racismo, MINORÍAS,
MULTICULTURALISMO, Nacionalidad,
Nacionalismo, Nomadismo y turismo, NUE-
VOS MOVIMIENTOS SOCIALES, PATRI-
MONIO, Pluralismo sincrónico, Plurinaciona-
lidad, Racismo y neorracismo, RELACIONES
Y PROCESOS INFORMALES, Revolución
técnico-comunicativa, SABER Y SABERES,
Segregación, TRABAJO, Viajes y sistemas de
movilidad, VIOLENCIA POLÍTICA, Vio-
lencia política. Tipos.

Mecanicismo. Ver Comunidad transnacional, Migraciones. Teoría macro.

Mediación. Ver COMUNICACIÓN, CONSUMO CULTURAL, Desterritorialización, Elites cosmopolitas, Esfera mediática, ESPACIO-TIEMPO, EXPLOTACIÓN SOCIAL, GLOBALIZACIÓN, Información, Migraciones. Redes sociales, Nacionalidad, PATRIMONIO, Sociedad de la información y del conocimiento, TERRITORIOS, Traducción.

Medios de comunicación. Telecomunicaciones. Ver COMUNICACIÓN, CONSUMO CULTURAL, DIFERENCIA Y DESIGUALDAD, DISCRIMINACIÓN Y EXCLUSIÓN SOCIAL, Elites cosmopolitas, Esfera mediática, Espacio de los flujos, Espacio red, ESTADO-NACIÓN, Extranjero, Fronteras simbólicas, Información, Megalópolis, Migraciones. Teoría macro, Migraciones y economía, Multilingüismo, Pluralismo sincrónico, Revolución técnico-comunicativa, SABER Y SABERES, Sociedad de la información y del conocimiento, TERRITORIOS, Transculturación, Transportes, Viajes y sistemas de movilidad, VIOLENCIA POLÍTICA, Violencia política. Tipos, Xenofobia y xenofilia.

Mensaje. Ver COLONIALISMO Y ANTICOLONIALISMO, CONSUMO CULTURAL, Espacio de los flujos, ESPACIO-TIEMPO, Migraciones. Redes sociales, Revolución técnico-comunicativa.

Mercado y mercantilización. Ver CIUDADANÍA, COLONIALISMO Y ANTICOLONIALISMO, Comunitarismo, CONSUMO CULTURAL, DESARROLLO, DISCRIMINACIÓN Y EXCLUSIÓN SOCIAL, ELITES, Elites cosmopolitas, Esclavitud, Esfera mediática, Espacio de los flujos, Espacio red, ESTADO-NACIÓN, Etnicidad, EXPLOTACIÓN SOCIAL, Fronteras económicas, Global y local, GLOBALIZACIÓN, Globalización y antiglobalización, Información, Integración educativa, MIGRACIONES, Migraciones. Redes sociales, Migraciones. Teoría macro, Migraciones y economía, MINORÍAS, MOVILIDAD, Nacionalidad, Nacionalismo, PATRIMONIO, Pluralismo sincrónico, Plurinacionalidad, RELACIONES Y PROCESOS INFORMALES, Relaciones y procesos informales económicos, Relaciones y procesos informales políticos, Revolución técnico-comunicativa, SABER Y SABERES, Segregación, Sociedad de la información y del conocimiento, TRABAJO, Transculturación, Viajes y sistemas de movilidad, Violencia política. Tipos.

Mercancía. Ver COLONIALISMO Y ANTICOLONIALISMO, CONSUMO CULTURAL, DIFERENCIA Y DESIGUALDAD, ELITES, Elites cosmopolitas, Esclavitud, ESPACIO-TIEMPO, Fronteras económicas, Global y local, Migraciones. Redes sociales, MOVILIDAD, PATRIMONIO, Pluralismo sincrónico, Racismo y neorracismo, Relaciones y procesos informales económicos, Viajes y sistemas de movilidad.

Mercantilización y desmercantilización de la vida social. Ver Global y local, Nacionalidad, PATRIMONIO, Relaciones y procesos informales económicos, Sociedad de la información y del conocimiento.

Metodología. Ver Centro-periferia, Comunidad transnacional, CULTURA, DESARROLLO, ESPACIO-TIEMPO, Espacios locales, ESTIGMA, Etnocentrismo y relativismo cultural, GENOCIDIO, INTEGRACIÓN, MOVILIDAD, Multiculturalismo en los estudios étnicos, Multilocal, Nomadismo y turismo, PATRIMONIO, RELACIONES Y PROCESOS INFORMALES, SABER Y SABERES.

Migrante. Ver Aculturación, *Apartheid*, Ciudadano, Comunidad transnacional, DISCRIMINACIÓN Y EXCLUSIÓN SOCIAL, Elites cosmopolitas, Espacios locales, ESTADO-NACIÓN, Etnicidad, Extranjero, Fronteras económicas, INTEGRACIÓN, Integración educativa, Integración religiosa, Interculturalidad, MIGRACIONES, Migraciones. Redes sociales, Migraciones. Teoría macro, Migraciones y economía, Migraciones y racismo, MINORÍAS, MOVILIDAD, Nacionalidad, Naturalización, Nomadismo y turismo, NUEVOS MOVIMIENTOS SOCIALES, Plurinacionalidad, Racismo y neorracismo, SABER Y SABERES, TERRITORIOS, Viajes y sistemas de movilidad, Violencia política. Tipos.

Militarismo y armamentismo. Ver CIUDADANÍA, COLONIALISMO Y ANTICOLONIALISMO, Derecho de injerencia, ELITES, Elites cosmopolitas, ESTADO-NACIÓN, EXPLOTACIÓN SOCIAL, FRONTERA, Frontera geográfica y administrativa, Fronteras económicas, Fronteras simbólicas, GLOBALIZACIÓN, Nacionalidad, NUEVOS MOVIMIENTOS SOCIALES, TRABAJO, VIOLENCIA POLÍTICA, Violencia política. Tipos, Xenofobia y xenofilia.

Mito y desmitificación. Ver Comunidad transnacional, Desterritorialización, DIFERENCIA Y DESIGUALDAD, Espacios locales, ESTADO-NACIÓN, Etnocentrismo y relativismo cultural, EXPLOTACIÓN SOCIAL, Fronteras políticas y religiosas, MINORÍAS, Multilocal, Nacionalismo, Plurinacionalidad, Racismo y neorracismo, Revolución técnico-comunicativa, TERRITORIOS, VIOLENCIA POLÍTICA, Violencia política. Tipos.

Modelo. Ver Ciudadano, Comunidad transnacional, CONSUMO CULTURAL, CULTURA, Derecho de injerencia, DESARROLLO, Integración educativa, DISCRIMINACIÓN Y EXCLUSIÓN SOCIAL, ELITES, Esclavitud, Espacio red, Etnicidad, EXPLOTACIÓN SOCIAL, Extranjero, GLOBALIZACIÓN, Globalización y antiglobalización, Integración religiosa, Interculturalidad, MINORÍAS, MOVILIDAD, Nacionalidad, Nacionalismo, Naturalización, Neocolonialismo, NUEVOS MOVIMIENTOS SOCIALES, Pluralismo sincrónico, Poscolonialismo, Revolución técnico-comunicativa, Segregación, TRABAJO, VIOLENCIA POLÍTICA.

Modernismo. Ver Modernidad, Modernización.

Monarquía. Ver ESTADO-NACIÓN, EXPLOTACIÓN SOCIAL, Fronteras políticas y religiosas, PATRIMONIO, Violencia política. Tipos.

Monismo cultural y monoculturalismo. Ver Comunidad transnacional, Elites cosmopolitas, Etnocentrismo y relativismo cultural, INTEGRACIÓN, Integración educativa, MULTICULTURALISMO.

Multidimensional. Ver DESARROLLO, DISCRIMINACIÓN Y EXCLUSIÓN SOCIAL, EXPLOTACIÓN SOCIAL, MINORÍAS, MOVILIDAD, Multilocal.

Multiétnico e interétnico. Ver ALTERIDAD, Integración educativa, MINORÍAS, Naturalización, NUEVOS MOVIMIENTOS SOCIALES, Poscolonialismo.

Multilateral. Ver Comunidad transnacional, Derecho de injerencia, ELITES, Elites cosmopolitas.

Museología. Ver COLONIALISMO Y ANTICOLONIALISMO, CONSUMO CULTURAL, Neocolonialismo, NUEVOS MOVIMIENTOS SOCIALES, PATRIMONIO.

Música. Ver ALTERIDAD, COLONIALISMO Y ANTICOLONIALISMO, CONSUMO CULTURAL, ESTADO-NACIÓN, EXPLOTACIÓN SOCIAL, Plurinacionalidad, Revolución técnico-comunicativa.

Nación y patria. Posnacional. Desnacionalización. Ver CIUDADANÍA, COLONIALISMO Y ANTICOLONIALISMO, Comunidad transnacional, CONSUMO CULTURAL, CULTURA, Derecho de injerencia, Elites cosmopolitas, ESTADO-NACIÓN, Etnicidad, Fronteras políticas y religiosas, GENOCIDIO, Global y local, GLOBALIZACIÓN, IDENTIDAD, INTEGRACIÓN, Megalópolis, Migraciones. Redes sociales, Nacionalidad, Nacionalismo,

Neocolonialismo, NUEVOS MOVIMIENTOS SOCIALES, Plurinacionalidad, Violencia política. Tipos.

Naturaleza. Ver COLONIALISMO Y ANTICOLONIALISMO, CULTURA, Diferencias naturales y diferencias sociales, Espacios locales, ESTADO-NACIÓN, Etnicidad, EXPLOTACIÓN SOCIAL, Frontera geográfica y administrativa, Fronteras simbólicas, Globalización y antiglobalización, Interculturalidad, Localidades fantasmagóricas y desanclaje, Lugar y no-lugar, MOVILIDAD, Nacionalismo, Naturalización, PATRIMONIO, Plurinacionalidad, Racismo y neorracismo, TERRITORIOS, TRABAJO, Viajes y sistemas de movilidad, VIOLENCIA POLÍTICA.

Naturalismo. Ver Aculturación, *Apartheid*, DIFERENCIA Y DESIGUALDAD, Diferencias naturales y diferencias sociales, ESTEREOTIPOS Y ESENCIALIZACIÓN, Fronteras simbólicas, GENOCIDIO, Integración educativa, Migraciones y racismo, Nacionalismo, Naturalización, Racismo y neorracismo, TERRITORIOS, Xenofobia y xenofilia.

Neoclasicismo. Ver Comunidad transnacional, MIGRACIONES.

Neutralidad. Ver Ciudadano, CONSUMO CULTURAL, ESTEREOTIPOS Y ESENCIALIZACIÓN, MINORÍAS, Pluralismo sincrónico, SABER Y SABERES, Segregación.

Nodos y ejes. Ver Elites cosmopolitas, Espacio de los flujos, DESARROLLO, Megalópolis, TERRITORIOS.

Normalización y desviación. Desregulación. Ver *Apartheid*, CIUDADANÍA, Ciudadano, COLONIALISMO Y ANTICOLONIALISMO, Comunidad transnacional, Comunitarismo, CONSUMO CULTURAL, CULTURA, Derecho de injerencia, DERECHOS HUMANOS, DESARROLLO, Diferencias sociolingüísticas y desigualdad, DISCRIMINACIÓN Y EXCLUSIÓN SOCIAL, ELITES, Elites cosmopolitas, Espacio de los flujos, ESPACIO-TIEMPO, Espacios locales, ESTADO-NACIÓN, ESTEREOTIPOS Y ESENCIALIZACIÓN, ESTIGMA, Etnicidad, Etnocentrismo y relativismo cultural, EXPLOTACIÓN SOCIAL, Extranjero, Fronteras económicas, Fronteras simbólicas, Homofobia y heterofobia, INTEGRACIÓN, Integración educativa, Integración religiosa, Interculturalidad, Migraciones. Redes sociales, Migraciones y racismo, MOVILIDAD, MULTICULTURALISMO, Multilingüismo, Nacionalidad, Nacionalismo, Naturalización, Nomadismo y turismo, NUEVOS MOVIMIENTOS SOCIALES, Pluralismo sincrónico, Plurinacionalidad, Racismo y neorracismo, RELACIONES Y PROCESOS INFORMALES, Relaciones y procesos informales económicos, Relaciones y procesos informales políticos, Revolución técnico-comunicativa, TERRITORIOS, SABER Y SABERES, TRABAJO, Viajes y sistemas de movilidad, VIOLENCIA POLÍTICA, Violencia política. Tipos, Xenofobia y xenofilia.

Ocio y actividades lúdicas. Espectáculo. Ver CONSUMO CULTURAL, Espacio red, MOVILIDAD, Nomadismo y turismo, PATRIMONIO, Plurinacionalidad, Transculturación, Viajes y sistemas de movilidad.

ONG y otras organizaciones sociales. Ver Comunidad transnacional, Elites cosmopolitas, Esclavitud, Migraciones. Redes sociales, Migraciones. Teoría macro, MINORÍAS, NUEVOS MOVIMIENTOS SOCIALES, PATRIMONIO, Plurinacionalidad, Relaciones y procesos informales económicos.

Opinión privada y pública. Ver COLONIALISMO Y ANTICOLONIALISMO, DESARROLLO, DISCRIMINACIÓN Y EXCLUSIÓN SOCIAL, Migraciones y economía, MINORÍAS, Neocolonialismo.

Oportunidades. Ver CONSUMO CULTURAL, DISCRIMINACIÓN Y EXCLUSIÓN SOCIAL, ESTADO-NACIÓN, Globalización y antiglobalización, Integración educativa, Interculturalidad, Nacionalismo, Segregación.

Organicismo. Ver Nacionalismo, Naturalización.

Origen y autoctonía. Ver CIUDADANÍA, Ciudadano, COLONIALISMO Y ANTICOLONIALISMO, CULTURA, DISCRIMINACIÓN Y EXCLUSIÓN SOCIAL, ELITES, Esclavitud, ESTADO-NACIÓN, Etnicidad, Extranjero, INTEGRACIÓN, Integración educativa, Interculturalidad, Migraciones. Redes sociales, Migraciones. Teoría macro, Migraciones y economía, Migraciones y racismo, MINORÍAS, Nacionalidad, Nacionalismo, Naturalización, Neocolonialismo, NUEVOS MOVIMIENTOS SOCIALES, Plurinacionalidad, SABER Y SABERES, TRABAJO, Transculturación, Violencia política. Tipos.

Pacto. Negociación y diálogo. Ver *Apartheid*, Aculturación, Ciudadano, COLONIALISMO Y ANTICOLONIALISMO, CONSUMO CULTURAL, Contracultura, CULTURA, DESARROLLO, DISCRIMINACIÓN Y EXCLUSIÓN SOCIAL, ELITES, Elites cosmopolitas, Esfera mediática, Espacios locales, ESTADO-NACIÓN, ESTEREOTIPOS Y ESENCIALIZACIÓN, Etnocentrismo y relativismo cultural, EXPLOTACIÓN SOCIAL, Frontera geográfica y administrativa, Fronteras económicas, Fronteras simbólicas, Globaliza-

ción y antiglobalización, IDENTIDAD, INTEGRACIÓN, Integración educativa, Integración religiosa, Interculturalidad, MINORÍAS, MOVILIDAD, MULTICULTURALISMO, Multilingüismo, Nacionalismo, Naturalización, Nomadismo y turismo, NUEVOS MOVIMIENTOS SOCIALES, PATRIMONIO, Pluralismo sincrónico, Revolución técnico-comunicativa, SABER Y SABERES, TERRITORIOS, Traducción, VIOLENCIA POLÍTICA, Violencia política. Tipos.

Paisaje étnico global. Ver Nomadismo y turismo.

Paradigma de la movilidad. Ver MOVILIDAD, Viajes y sistemas de movilidad.

Parentesco y descendencia. Familia. Ver Ciudadano, COLONIALISMO Y ANTICOLONIALISMO, Comunidad transnacional, Comunitarismo, CONSUMO CULTURAL, CULTURA, DESARROLLO, DIFERENCIA Y DESIGUALDAD, Diferencias naturales y diferencias sociales, Diferencias sociales y diferencias culturales, Diferencias sociolingüísticas y desigualdad, DISCRIMINACIÓN Y EXCLUSIÓN SOCIAL, Esclavitud, ESTADO-NACIÓN, ESTEREOTIPOS Y ESENCIALIZACIÓN, ESTIGMA, Etnicidad, Etnocentrismo y relativismo cultural, EXPLOTACIÓN SOCIAL, Fronteras simbólicas, GENOCIDIO, GLOBALIZACIÓN, INTEGRACIÓN, Integración educativa, Localidades fantasmagóricas y desanclaje, MIGRACIONES, Migraciones. Redes sociales, MOVILIDAD, Nacionalidad, Naturalización, NUEVOS MOVIMIENTOS SOCIALES, PATRIMONIO, Plurinacionalidad, Racismo y neorracismo, RELACIONES Y PROCESOS INFORMALES, Relaciones y procesos informales económicos, SABER Y SABERES, Segregación, TRABAJO, Transculturación, Viajes y sistemas de movilidad, Violencia política. Tipos.

Participación. Ver CIUDADANÍA, Ciudadano, Comunidad transnacional, Comunitarismo, CONSUMO CULTURAL, DESARROLLO, DISCRIMINACIÓN Y EXCLUSIÓN SOCIAL, ELITES, Elites cosmopolitas, ESTADO-NACIÓN, Etnicidad, Integración educativa, Megalópolis, Migraciones. Redes sociales, Nacionalismo, Pluralismo sincrónico.

Particularismo. Ver Ciudadano, CULTURA, DESARROLLO, Etnicidad, Etnocentrismo y relativismo cultural, Global y local, Interculturalidad, MINORÍAS, MULTICULTURALISMO, Multiculturalismo en los estudios étnicos, Naturalización, NUEVOS MOVIMIENTOS SOCIALES, Racismo y neorracismo, Transculturación.

Partido político. Ver Migraciones. Teoría macro, Relaciones y procesos informales políticos, VIOLENCIA POLÍTICA, Violencia política. Tipos.

Patronazgo y clientelismo. Ver Comunitarismo, EXPLOTACIÓN SOCIAL, GLOBALIZACIÓN, Migraciones. Redes sociales, Nacionalidad, NUEVOS MOVIMIENTOS SOCIALES, RELACIONES Y PROCESOS INFORMALES, Relaciones y procesos informales económicos, Relaciones y procesos informales políticos.

Paz y pacifismo. Ver COLONIALISMO Y ANTICOLONIALISMO, Elites cosmopolitas, ESTADO-NACIÓN, Nacionalismo, Plurinacionalidad, VIOLENCIA POLÍTICA, Violencia política. Tipos.

Periodismo. Ver Esfera mediática, Información, SABER Y SABERES.

Personalidad. Ver CONSUMO CULTURAL, CULTURA, ESTADO-NACIÓN, MIGRACIONES, Nacionalismo, Plurinacionalidad, Racismo y neorracismo, Xenofobia y xenofilia.

Pertenencia. Afiliación. Ver ALTERIDAD, Centro-periferia, CIUDADANÍA, Ciudadano, COMUNICACIÓN, Comunitarismo, CONSUMO CULTURAL, DERECHOS HUMANOS, DESARROLLO, Diferencias naturales y diferencias sociales, DISCRIMINACIÓN Y EXCLUSIÓN SOCIAL, Espacio de los flujos, ESTADO-NACIÓN, ESTEREOTIPOS Y ESENCIALIZACIÓN, ESTIGMA, Etnicidad, Extranjero, Frontera geográfica y administrativa, Fronteras políticas y religiosas, Fronteras simbólicas, IDENTIDAD, INTEGRACIÓN, Integración educativa, Integración religiosa, Interculturalidad, Megalópolis, MINORÍAS, MULTICULTURALISMO, Nacionalidad, Naturalización, Pluralismo sincrónico, Plurinacionalidad, Racismo y neorracismo, Relaciones y procesos informales económicos, TERRITORIOS, TRABAJO, Violencia política. Tipos, Xenofobia y xenofilia.

Pesca y migración. Ver Migraciones. Teoría macro.

Planificación y programación. Proyección. Ver COLONIALISMO Y ANTICOLONIALISMO, DESARROLLO, Diferencias sociales y diferencias culturales, DISCRIMINACIÓN Y EXCLUSIÓN SOCIAL, ELITES, Elites cosmopolitas, Espacio red, Fronteras políticas y religiosas, Integración educativa, Migraciones y economía, MINORÍAS, PATRIMONIO, Pluralismo sincrónico, TERRITORIOS, TRABAJO, Viajes y sistemas de movilidad, Violencia política. Tipos.

Pobreza y precariedad. Ver COLONIALISMO Y ANTICOLONIALISMO, Comunidad transnacional, CONSUMO CULTURAL, CULTURA, Derecho de injerencia, DESARROLLO, Diferencias sociales y diferencias culturales, Diferencias sociolingüísticas y desigualdad, DISCRIMINACIÓN Y EXCLUSIÓN SOCIAL, ELITES, ESTIGMA, Etnicidad, GLOBALIZACIÓN, Integración educativa, Integración religiosa, Migraciones. Teoría macro, Nacionalismo, Neocolonialismo, Relaciones y procesos informales económicos, TRABAJO, Violencia política. Tipos.

Poder y dominación. Ver Aculturación, *Apartheid*, Centro-periferia, CIUDADANÍA, Ciudadano, COLONIALISMO Y ANTICOLONIALISMO, CONSUMO CULTURAL, Derecho de injerencia, Desterritorialización, DIFERENCIA Y DESIGUALDAD, Diferencias naturales y diferencias sociales, Diferencias sociolingüísticas y desigualdad, DISCRIMINACIÓN Y EXCLUSIÓN SOCIAL, ELITES, Elites cosmopolitas, Esclavitud, Espacio de los flujos, Espacio red, ESPACIO-TIEMPO, Espacios locales, ESTADO-NACIÓN, ESTEREOTIPOS Y ESENCIALIZACIÓN, Etnicidad, Etnocentrismo y relativismo cultural, EXPLOTACIÓN SOCIAL, Extranjero, Frontera geográfica y administrativa, Fronteras económicas, Fronteras políticas y religiosas, Fronteras simbólicas, Global y local, GLOBALIZACIÓN, Globalización y antiglobalización, Homofobia y heterofobia, INTEGRACIÓN, Integración educativa, Integración religiosa, Lugar y no-lugar, MIGRACIONES, Migraciones. Redes sociales, Migraciones. Teoría macro, Migraciones y racismo, MINORÍAS, MOVILIDAD, MULTICULTURALISMO, Multiculturalismo en los estudios culturales, Multilocal, Nacionalismo, Naturalización, Neocolonialismo, Nomadismo y turismo, NUEVOS MOVIMIENTOS SOCIALES, PATRIMONIO, Pluralismo sincrónico, Poscolonialismo, Racismo y neorracismo, RELACIONES Y PROCESOS INFORMALES, Relaciones y procesos informales económicos, Relaciones y procesos informales políticos, Revolución técnico-comunicativa, SABER Y SABERES, TERRITORIOS, TRABAJO, Transculturación, Viajes y sistemas de movilidad, VIOLENCIA POLÍTICA, Violencia política. Tipos.

Política. Ver Aculturación, *Apartheid*, Centro-periferia, CIUDADANÍA, Ciudadano, COLONIALISMO Y ANTICOLONIALISMO, Comunidad transnacional, Comunitarismo, CONSUMO CULTURAL, Contracultura, CULTURA, Derecho de injerencia, DERECHOS HUMANOS, DESARROLLO, Desterritorialización, DIFERENCIA Y DESIGUALDAD, Diferencias naturales y diferencias sociales, Diferencias sociales y diferencias culturales, Diferencias sociolingüísticas y desigualdad, DISCRIMINACIÓN Y EXCLUSIÓN SOCIAL, ELITES, Elites cosmopolitas, Esclavitud, Espacio de los flujos, Espacio red, ESPACIO-TIEMPO, Espacios locales, ESTADO-NACIÓN, Etnicidad, EXPLOTACIÓN SOCIAL, Extranjero, FRONTERA, Frontera geográfica y administrativa, Fronteras económicas, Fronteras políticas y religiosas, Fronteras simbólicas, GENOCIDIO, Global y local, GLOBALIZACIÓN, Globalización y antiglobalización, Homofobia y heterofobia, IDENTIDAD, INTEGRACIÓN, Integración educativa, Integración religiosa, Interculturalidad, Migraciones. Redes sociales, Migraciones. Teoría macro, Migraciones y economía, MINORÍAS, MOVILIDAD, MULTICULTURALISMO, Multilingüismo, Nacionalidad, Nacionalismo, Naturalización, Neocolonialismo, Nomadismo y turismo, NUEVOS MOVIMIENTOS SOCIALES, PATRIMONIO, Pluralismo sincrónico, Plurinacionalidad, Poscolonialismo, Racismo y neorracismo, RELACIONES Y PROCESOS INFORMALES, Relaciones y procesos informales económicos, Relaciones y procesos informales políticos, Revolución técnico-comunicativa, SABER Y SABERES, Segregación, TRABAJO, Transculturación, VIOLENCIA POLÍTICA, Violencia política. Tipos, Xenofobia y xenofilia.

Populismo. Ver PATRIMONIO, SABER Y SABERES.

Posesión y propiedad. Ver *Apartheid*, CIUDADANÍA, COLONIALISMO Y ANTICOLONIALISMO, CONSUMO CULTURAL, CULTURA, DIFERENCIA Y DESIGUALDAD, Esclavitud, Espacio de los flujos, Etnicidad, EXPLOTACIÓN SOCIAL, GLOBALIZACIÓN, Integración educativa, MOVILIDAD, Nacionalidad, Nacionalismo, NUEVOS MOVIMIENTOS SOCIALES, PATRIMONIO, SABER Y SABERES, TERRITORIOS Violencia política. Tipos.

Positividad y negatividad. Ver COLONIALISMO Y ANTICOLONIALISMO, EXPLOTACIÓN SOCIAL, GLOBALIZACIÓN, Integración educativa, Migraciones. Redes sociales, Migraciones y economía, Neocolonialismo, Segregación.

Positivismo. Ver PATRIMONIO.

Posmodernismo. Ver ESTEREOTIPOS Y ESENCIALIZACIÓN, Etnocentrismo y relativismo cultural, GLOBALIZACIÓN, POSMODERNIDAD.

Prejuicio. Ver *Apartheid*, Diferencias sociolingüísticas y desigualdad, DISCRIMINACIÓN Y EX-CLUSIÓN SOCIAL, ESTEREOTIPOS Y ESENCIALIZACIÓN, Etnocentrismo y relativismo cultural, Extranjero, Integración educativa, MINORÍAS, Racismo y neorracismo.

Premodernidad. Ver DIFERENCIA Y DESIGUALDAD, EXPLOTACIÓN SOCIAL, Fronteras políticas y religiosas, Localidades fantasmagóricas y desanclaje, Migraciones. Teoría macro, MINORÍAS, MOVILIDAD, Multilocal, TRABAJO.

Presocial y postsocial. Ver CIUDADANÍA, VIOLENCIA POLÍTICA.

Préstamo cultural. Ver Aculturación, CULTURA, Transculturación.

Prestigio. Meritocracia. Ver EXPLOTACIÓN SOCIAL, Integración educativa, PATRIMONIO, Racismo y neorracismo, Segregación.

Prevención. Ver Comunitarismo, Esclavitud, Extranjero, Integración educativa, Violencia política. Tipos.

Primera y segunda modernidad. Ver Modernidad, Modernización, Multilocal, PATRIMONIO, TRABAJO.

Primitivismo y exotismo. Ver COLONIALISMO Y ANTICOLONIALISMO, DIFERENCIA Y DESIGUALDAD, Diferencias sociales y diferencias culturales, ESTEREOTIPOS Y ESENCIALIZACIÓN, Etnicidad, GLOBALIZACIÓN, Nomadismo y turismo, PATRIMONIO, RELACIONES Y PROCESOS INFORMALES, SABER Y SABERES, TRABAJO, VIOLENCIA POLÍTICA, Xenofobia y xenofilia.

Producción económica y tecnológica. Ver COLONIALISMO Y ANTICOLONIALISMO, CONSUMO CULTURAL, DESARROLLO, DIFERENCIA Y DESIGUALDAD, ELITES, Elites cosmopolitas, Esclavitud, Espacio red, ESPACIO-TIEMPO Espacios locales, EXPLOTACIÓN SOCIAL, Global y local, GLOBALIZACIÓN, MIGRACIONES, Migraciones. Teoría macro, Migraciones y economía, Nacionalismo, Nomadismo y turismo, Pluralismo sincrónico, RELACIONES Y PROCESOS INFORMALES, Relaciones y procesos informales económicos, Revolución técnico-comunicativa, TRABAJO, Viajes y sistemas de movilidad.

Progreso. Bienestar y malestar. Ver ALTERIDAD, Ciudadano, COLONIALISMO Y ANTICOLONIALISMO, CULTURA, DESARROLLO, DISCRIMINACIÓN Y EXCLUSIÓN SOCIAL, ELITES, Esclavitud, Espacios locales, ESTADO-NACIÓN, Etnicidad, EXPLOTACIÓN SOCIAL, GENOCIDIO, Global y local, Globalización y antiglobalización, INDIGENISMO, INTEGRACIÓN,

Integración educativa, Megalópolis, MIGRA-CIONES, Migraciones. Redes sociales, Migraciones. Teoría macro, Modernidad, Modernización, Nacionalismo, Naturalización, Neocolonialismo, Nomadismo y turismo, NUEVOS MOVIMIENTOS SOCIALES, PATRIMONIO, Pluralismo sincrónico, Plurinacionalidad, POSMODERNIDAD, Racismo y neorracismo, Relaciones y procesos informales políticos, Segregación, TRABAJO, Violencia política. Tipos.

Propio y extraño. Ver Aculturación, ALTERIDAD, CONSUMO CULTURAL, CULTURA, Espacios locales, Etnicidad, Etnocentrismo y relativismo cultural, EXPLOTACIÓN SOCIAL, Extranjero, Fronteras políticas y religiosas, Globalización y antiglobalización, Homofobia y heterofobia, IDENTIDAD, Multilocal, Neocolonialismo, Nomadismo y turismo, Plurinacionalidad, Racismo y neorracismo, Traducción, Violencia política. Tipos, Xenofobia y xenofilia.

Protección y proteccionismo. Ver CIUDADANÍA, COLONIALISMO Y ANTICOLONIALISMO, Comunidad transnacional, Comunitarismo, CONSUMO CULTURAL, DESARROLLO, DISCRIMINACIÓN Y EXCLUSIÓN SOCIAL, ELITES, ESTADO-NACIÓN, EXPLOTACIÓN SOCIAL, Fronteras económicas, Global y local, Integración educativa, Megalópolis, MINORÍAS, Multilingüismo, Nacionalidad, Nomadismo y turismo, NUEVOS MOVIMIENTOS SOCIALES, PATRIMONIO, RELACIONES Y PROCESOS INFORMALES, Relaciones y procesos informales políticos, Segregación, TRABAJO, Violencia política. Tipos.

Protestantismo. Ver *Apartheid,* COLONIALISMO Y ANTICOLONIALISMO, ESTADO-NACIÓN, Fronteras políticas y religiosas, Integración religiosa, NUEVOS MOVIMIENTOS SOCIALES.

Psicología y psiquiatría. Ver CULTURA, DESARROLLO, DISCRIMINACIÓN Y EXCLUSIÓN SOCIAL, Esclavitud, ESTEREOTIPOS Y ESENCIALIZACIÓN, Etnicidad, EXPLOTACIÓN SOCIAL, Extranjero, Homofobia y heterofobia, Integración educativa, Interculturalidad, Nacionalismo, Plurinacionalidad, Racismo y neorracismo, SABER Y SABERES.

Publicidad. Ver CONSUMO CULTURAL, GLOBALIZACIÓN, Revolución técnico-comunicativa, Violencia política. Tipos.

Público y privado. Ver Ciudadano, COLONIALISMO Y ANTICOLONIALISMO, Comunidad transnacional, Comunitarismo, CONSUMO CULTURAL, CULTURA, DESARRO-LLO, Desterritorialización, Diferencias naturales y diferencias sociales, DISCRIMINACIÓN Y EXCLUSIÓN SOCIAL, ELITES, Elites cosmopolitas, Espacios locales, EXPLOTACIÓN SOCIAL, Homofobia y heterofobia, Información, INTEGRACIÓN, Integración educativa, Integración religiosa, Interculturalidad, Lugar y no-lugar, Megalópolis, MINORÍAS, MOVILIDAD, MULTICULTURALISMO, Plurinacionalidad, RELACIONES Y PROCESOS INFORMALES, Relaciones y procesos informales económicos, Revolución técnico-comunicativa, Segregación, Sociedad de la información y del conocimiento, TRABAJO, Violencia política. Tipos.

Pureza e impureza. Ver CIUDADANÍA, DIFERENCIA Y DESIGUALDAD, ESTIGMA, MOVILIDAD, Multilocal, Nomadismo y turismo, Racismo y neorracismo, Violencia política. Tipos.

Radicalidad. Ver CIUDADANÍA, ESTADO-NACIÓN, Integración educativa, NUEVOS MOVIMIENTOS SOCIALES, VIOLENCIA POLÍTICA, Violencia política. Tipos.

Raza y racialización. Ver *Apartheid,* COLONIALISMO Y ANTICOLONIALISMO, Diferencias naturales y diferencias sociales, Diferencias sociales y diferencias culturales, Diferencias sociolingüísticas y desigualdad, DISCRIMINACIÓN Y EXCLUSIÓN SOCIAL, Esclavitud, ESTADO-NACIÓN, Etnicidad, GENOCIDIO, INDIGENISMO, Integración religiosa, Migraciones y racismo, MINORÍAS, MOVILIDAD, MULTICULTURALISMO, Multiculturalismo en los estudios étnicos, Naturalización, NUEVOS MOVIMIENTOS SOCIALES, Racismo y neorracismo, Violencia política. Tipos.

Razón y racionalidad. Ver Ciudadano, ESTADO-NACIÓN, Etnicidad, MULTICULTURALISMO, Nacionalidad, Nacionalismo, NUEVOS MOVIMIENTOS SOCIALES, RELACIONES Y PROCESOS INFORMALES, Relaciones y procesos informales económicos, Relaciones y procesos informales políticos, SABER Y SABERES, VIOLENCIA POLÍTICA.

Reactivación y reinvención. Ver Aculturación, COLONIALISMO Y ANTICOLONIALISMO, Comunitarismo, Contracultura, Esfera mediática, ESTADO-NACIÓN, Etnicidad, Integración religiosa, Migraciones. Redes sociales, Modernidad, Modernización, MULTICULTURALISMO, Neocolonialismo, Racismo y neoracismo, Transculturación.

Reclusión y detención. Campo de concentración. Ver *Apartheid,* DISCRIMINACIÓN Y EXCLU-

SIÓN SOCIAL, Esclavitud, GENOCIDIO, Violencia política. Tipos.

Red. Ver Comunidad transnacional, CONSUMO CULTURAL, DESARROLLO, DISCRIMINACIÓN Y EXCLUSIÓN SOCIAL, Elites cosmopolitas, Espacio de los flujos, Espacio red, Megalópolis, MOVILIDAD, Multilocal, NUEVOS MOVIMIENTOS SOCIALES.

Red social. Ver Extranjero, Integración educativa, MIGRACIONES, Migraciones. Redes sociales, Nacionalidad, NUEVOS MOVIMIENTOS SOCIALES, RELACIONES Y PROCESOS INFORMALES.

Reduccionismo. Ver Comunidad transnacional, Comunitarismo, CONSUMO CULTURAL, DESARROLLO, DISCRIMINACIÓN Y EXCLUSIÓN SOCIAL, ESTEREOTIPOS Y ESENCIALIZACIÓN, INTEGRACIÓN, Integración educativa, PATRIMONIO.

Reforma y reformismo. Ver ELITES, Esclavitud, ESTADO-NACIÓN, EXPLOTACIÓN SOCIAL, Globalización y antiglobalización, INDIGENISMO, Neocolonialismo, NUEVOS MOVIMIENTOS SOCIALES, TRABAJO.

Región y regionalismo. Ver Centro-periferia, Comunidad transnacional, CONSUMO CULTURAL, DESARROLLO, Diferencias sociolingüísticas y desigualdad, ELITES, Elites cosmopolitas, Espacio de los flujos, Espacio red, Espacios locales, ESTADO-NACIÓN, Frontera geográfica y administrativa, Fronteras económicas, Fronteras políticas y religiosas, Global y local, INTEGRACIÓN, Integración religiosa, Megalópolis, Migraciones. Redes sociales, MINORÍAS, MOVILIDAD, Multilocal, Neocolonialismo, NUEVOS MOVIMIENTOS SOCIALES, Pluralismo sincrónico, Relaciones y procesos informales económicos, Relaciones y procesos informales políticos, TERRITORIOS, Violencia política. Tipos.

Región metropolitana. Ver Centro-periferia, Espacio red, Megalópolis.

Reificación. Ver Diferencias sociales y diferencias culturales, ESTEREOTIPOS Y ESENCIALIZACIÓN, Etnicidad, Fronteras políticas y religiosas, Fronteras simbólicas, MULTICULTURALISMO, NUEVOS MOVIMIENTOS SOCIALES, PATRIMONIO, Racismo y neoracismo, SABER Y SABERES.

Religión y espiritualidad. Ver CIUDADANÍA, COLONIALISMO Y ANTICOLONIALISMO, Comunidad transnacional, Comunitarismo, Contracultura, CULTURA, Desterritorialización, DIFERENCIA Y DESIGUALDAD, DISCRIMINACIÓN Y EXCLUSIÓN SOCIAL, Esclavitud, ESTADO-NACIÓN, ESTIGMA, Etnicidad, Extranjero, Fronteras po-

líticas y religiosas, Globalización y antiglobalización, IDENTIDAD, INTEGRACIÓN, Integración religiosa, Interculturalidad, Migraciones. Redes sociales, Migraciones. Teoría macro, MINORÍAS, MOVILIDAD, MULTICULTURALISMO, Nacionalismo, Naturalización, NUEVOS MOVIMIENTOS SOCIALES, PATRIMONIO, Racismo y neorracismo, SABER Y SABERES, TRABAJO, Transculturación, VIOLENCIA POLÍTICA, Violencia política. Tipos.

Renacimiento. Ver CIUDADANÍA, ESTADO-NACIÓN, Etnicidad.

República y republicanismo. Ver Ciudadano, MINORÍAS, Nacionalidad.

Residencia. Ver Centro-periferia, Ciudadano, Comunidad transnacional, Comunitarismo, DISCRIMINACIÓN Y EXCLUSIÓN SOCIAL, Esclavitud, Espacio red, ESTADO-NACIÓN, EXPLOTACIÓN SOCIAL, Extranjero, INTEGRACIÓN, Migraciones. Redes sociales, Migraciones. Teoría macro, Migraciones y economía, Nacionalidad, Naturalización, Nomadismo y turismo.

Restitución. Ver MINORÍAS, Neocolonialismo, NUEVOS MOVIMIENTOS SOCIALES, PATRIMONIO.

Retorno. Ver Comunidad transnacional, Migraciones. Teoría macro, Nacionalidad, NUEVOS MOVIMIENTOS SOCIALES,.

Revolución Francesa. Ver CIUDADANÍA, DERECHOS HUMANOS, Esclavitud, ESTADO-NACIÓN, Modernidad, Modernización, Nacionalidad.

Riqueza y lujo. Ver DESARROLLO, Elites cosmopolitas, Esclavitud, Espacio de los flujos, ESTADO-NACIÓN, GLOBALIZACIÓN, Globalización y antiglobalización, Integración educativa, Migraciones. Redes sociales, Migraciones y economía, Nacionalismo, NUEVOS MOVIMIENTOS SOCIALES, PATRIMONIO, TRABAJO, Violencia política. Tipos.

Ritual. Ver COLONIALISMO Y ANTICOLONIALISMO, CONSUMO CULTURAL, CULTURA, Diferencias naturales y diferencias sociales, Espacio de los flujos, ESTADO-NACIÓN, EXPLOTACIÓN SOCIAL, Fronteras políticas y religiosas, Integración religiosa, MINORÍAS, Nacionalismo, Plurinacionalidad, Revolución técnico-comunicativa, SABER Y SABERES, TERRITORIOS, TRABAJO, Transculturación, Violencia política. Tipos.

Rol. Ver Comunitarismo, DISCRIMINACIÓN Y EXCLUSIÓN SOCIAL, ELITES, Elites cosmopolitas, Esclavitud, Etnicidad, EXPLOTACIÓN SOCIAL, Viajes y sistemas de movilidad.

Romanticismo y prerromanticismo. Ver Comunitarismo, CULTURA, DERECHOS HUMANOS, ESTADO-NACIÓN, MOVILIDAD, Nacionalidad, Nacionalismo, Nomadismo y turismo, PATRIMONIO, Transculturación, Violencia política. Tipos, Xenofobia y xenofilia.

Ruta y tránsito. Ver COLONIALISMO Y ANTICOLONIALISMO, Elites cosmopolitas, Espacios locales, Frontera geográfica y administrativa, Fronteras económicas, Megalópolis, Migraciones. Redes sociales, MINORÍAS, MOVILIDAD, Nomadismo y turismo, TERRITORIOS.

Sacerdocio y secularización. Ver DIFERENCIA Y DESIGUALDAD, ESTADO-NACIÓN, Integración religiosa, MULTICULTURALISMO, PATRIMONIO, Violencia política. Tipos.

Salud y enfermedad. Medicina. Ver COLONIALISMO Y ANTICOLONIALISMO, Diferencias sociales y diferencias culturales, DISCRIMINACIÓN Y EXCLUSIÓN SOCIAL, ESTADO-NACIÓN, Integración religiosa, Migraciones. Teoría macro, MINORÍAS, SABER Y SABERES.

Secta y sectarismo. Ver Ciudadano, Violencia política. Tipos.

Seguridad. Ver ELITES, ESTADO-NACIÓN, Relaciones y procesos informales políticos, SABER Y SABERES, Viajes y sistemas de movilidad, VIOLENCIA POLÍTICA, Violencia política. Tipos.

Selección. Ver Aculturación, Etnicidad, Segregación.

Sentimiento. Sensorialidad. Ver Ciudadano, COLONIALISMO Y ANTICOLONIALISMO, Comunitarismo, CONSUMO CULTURAL, Esclavitud, ESTADO-NACIÓN, Etnicidad, EXPLOTACIÓN SOCIAL, IDENTIDAD, Integración educativa, MIGRACIONES, Migraciones. Redes sociales, MINORÍAS, Plurinacionalidad, Racismo y neorracismo, Revolución técnico-comunicativa, TRABAJO, Viajes y sistemas de movilidad, Violencia política. Tipos.

Servicios generales y sociales. Ver CIUDADANÍA, Comunidad transnacional, CONSUMO CULTURAL, Derecho de injerencia, DESARROLLO, DISCRIMINACIÓN Y EXCLUSIÓN SOCIAL, ELITES, Elites cosmopolitas, Espacio red, ESTADO-NACIÓN, EXPLOTACIÓN SOCIAL, Global y local, GLOBALIZACIÓN, INTEGRACIÓN, Integración educativa, Integración religiosa, Migraciones. Redes sociales, Migraciones y economía, MINORÍAS, Nacionalidad, Segregación, TRABAJO, Viajes y sistemas de movilidad, Violencia política. Tipos.

Sexismo. Ver DISCRIMINACIÓN Y EXCLUSIÓN SOCIAL, Homofobia y heterofobia, Integración educativa, MINORÍAS.

Sexo. Ver DIFERENCIA Y DESIGUALDAD, Diferencias naturales y diferencias sociales, Homofobia y heterofobia, Naturalización.

Sexualidad. Ver Contracultura, DISCRIMINACIÓN Y EXCLUSIÓN SOCIAL, Esclavitud, EXPLOTACIÓN SOCIAL, Homofobia y heterofobia.

Significación y sentido. Ver Aculturación, Centro-periferia, CIUDADANÍA, Ciudadano, Comunitarismo, CONSUMO CULTURAL, CULTURA, DESARROLLO, Desterritorialización, Diferencias naturales y diferencias sociales, Diferencias sociolingüísticas y desigualdad, DISCRIMINACIÓN Y EXCLUSIÓN SOCIAL, Elites cosmopolitas, Esclavitud, Espacio de los flujos, Espacio red, ESPACIO-TIEMPO, Espacios locales, ESTADO-NACIÓN, Etnicidad, EXPLOTACIÓN SOCIAL, FRONTERA, Fronteras políticas y religiosas, Fronteras simbólicas, Global y local, IDENTIDAD, Interculturalidad, INTEGRACIÓN, Integración educativa, MIGRACIONES, Migraciones. Redes sociales, MOVILIDAD, Multiculturalismo en los estudios culturales, Multilocal, Nacionalidad, Nacionalismo, Naturalización, Nomadismo y turismo, NUEVOS MOVIMIENTOS SOCIALES, PATRIMONIO, Pluralismo sincrónico, Revolución técnico-comunicativa, SABER Y SABERES, TERRITORIOS, TRABAJO, VIOLENCIA POLÍTICA.

Simbolismo y representaciones. Ver *Apartheid*, Centro-periferia, CIUDADANÍA, Ciudadano, COLONIALISMO Y ANTICOLONIALISMO, COMUNICACIÓN, Comunidad transnacional, CONSUMO CULTURAL, Contracultura, CULTURA, Derecho de injerencia, DESARROLLO, Desterritorialización, DIFERENCIA Y DESIGUALDAD, Diferencias naturales y diferencias sociales, Diferencias sociales y diferencias culturales, Diferencias sociolingüísticas y desigualdad, DISCRIMINACIÓN Y EXCLUSIÓN SOCIAL, ELITES, Elites cosmopolitas, Espacio de los flujos, Espacio red, Espacios locales, ESTADO-NACIÓN, ESTEREOTIPOS Y ESENCIALIZACIÓN, Etnicidad, Etnocentrismo y relativismo cultural, EXPLOTACIÓN SOCIAL, Extranjero, FRONTERA, Frontera geográfica y administrativa, Fronteras económicas, Fronteras políticas y religiosas, Fronteras simbólicas, Global y local, GLOBALIZACIÓN, Globalización y antiglobalización, Homofobia y heterofobia, IDENTIDAD, Información, Lugar y no-lugar, Migraciones. Redes sociales, MINORÍAS, MOVILIDAD, Multiculturalismo en los estudios culturales, Multilocal, Nacionalismo, Naturalización, Nomadismo y turismo, NUEVOS MOVIMIENTOS SOCIALES, PATRIMONIO, Pluralismo sincrónico, Plurinacionalidad, Poscolonialismo, POSMODERNIDAD, Racismo y neorracismo, Relaciones y procesos informales políticos, Revolución técnico-comunicativa, SABER Y SABERES, Sociedad de la información y del conocimiento, TERRITORIOS, TRABAJO, Transculturación, Viajes y sistemas de movilidad, VIOLENCIA POLÍTICA, Violencia política. Tipos, Xenofobia y xenofilia.

Simetría y equilibrio. Ver COLONIALISMO Y ANTICOLONIALISMO, CONSUMO CULTURAL, DIFERENCIA Y DESIGUALDAD, ELITES, EXPLOTACIÓN SOCIAL, Frontera geográfica y administrativa, Integración educativa, Migraciones. Redes sociales, VIOLENCIA POLÍTICA.

Sincronismo y simultaneidad. Ver DISCRIMINACIÓN Y EXCLUSIÓN SOCIAL, Pluralismo sincrónico, Revolución técnico-comunicativa.

Sindicato. Organización obrera y de oficio. Ver Comunidad transnacional, ESTADO-NACIÓN, Integración religiosa, Migraciones. Teoría macro, MULTICULTURALISMO, Multiculturalismo en los estudios étnicos, TRABAJO, Violencia política. Tipos.

Sistema. Ver *Apartheid*, COLONIALISMO Y ANTICOLONIALISMO, Comunitarismo, Derecho de injerencia, DESARROLLO, DIFERENCIA Y DESIGUALDAD, DISCRIMINACIÓN Y EXCLUSIÓN SOCIAL, ELITES, Elites cosmopolitas, Esclavitud, Espacio de los flujos, Espacios locales, ESTADO-NACIÓN, EXPLOTACIÓN SOCIAL, Global y local, GLOBALIZACIÓN, Globalización y antiglobalización, INTEGRACIÓN, Integración educativa, MIGRACIONES, Migraciones. Redes sociales, Migraciones. Teoría macro, MOVILIDAD, Nacionalidad, Nacionalismo, Nomadismo y turismo, NUEVOS MOVIMIENTOS SOCIALES, PATRIMONIO, Pluralismo sincrónico, Racismo y neorracismo, Relaciones y procesos informales económicos, Revolución técnico-comunicativa, SABER Y SABERES, TERRITORIOS, Viajes y sistemas de movilidad, Violencia política. Tipos.

Sistema mundo. Ver Migraciones. Teoría macro, Relaciones y procesos informales económicos.

Socialismo y socialdemocracia. Ver ESTADO-NACIÓN, Extranjero, GLOBALIZACIÓN, INDIGENISMO, Nacionalidad, PATRIMONIO, TRABAJO, Violencia política. Tipos.

Sociedad de riesgo. Ver Modernidad, Modernización.

Sociedades complejas y simples. Ver Aculturación, DIFERENCIA Y DESIGUALDAD, ESTADO-NACIÓN, ESTEREOTIPOS Y ESENCIALIZACIÓN, Megalópolis, Nacionalismo, PATRIMONIO, RELACIONES Y PROCESOS INFORMALES.

Sostenibilidad y sustentabilidad. Ver DESARROLLO, Global y local, MOVILIDAD, NUEVOS MOVIMIENTOS SOCIALES, Relaciones y procesos informales económicos.

Subjetivación y cognición. Ver Aculturación, ALTERIDAD, Ciudadano, COMUNICACIÓN, CONSUMO CULTURAL, CULTURA, DESARROLLO, Diferencias naturales y diferencias sociales, Diferencias sociales y diferencias culturales, Diferencias sociolingüísticas y desigualdad, DISCRIMINACIÓN Y EXCLUSIÓN SOCIAL, Esfera mediática, ESPACIO-TIEMPO, Espacios locales, ESTEREOTIPOS Y ESENCIALIZACIÓN, ESTIGMA, Etnicidad, EXPLOTACIÓN SOCIAL, Extranjero, Global y local, Homofobia y heterofobia, IDENTIDAD, Información, Integración educativa, Interculturalidad, MINORÍAS, MOVILIDAD, MULTICULTURALISMO, Multiculturalismo en los estudios culturales, Multilocal, Nacionalismo, Naturalización, Nomadismo y turismo, PATRIMONIO, Plurinacionalidad, Poscolonialismo, POSMODERNIDAD, Racismo y neorracismo, Revolución técnico-comunicativa, SABER Y SABERES, Sociedad de la información y del conocimiento, TRABAJO, Traducción, Transculturación, VIOLENCIA POLÍTICA, Xenofobia y xenofilia.

Sujeto social. Ver CIUDADANÍA, Ciudadano, CULTURA, Información, Megalópolis, Modernidad, Modernización, MULTICULTURALISMO, PATRIMONIO, POSMODERNIDAD.

Sujeto trascendental. Ver ALTERIDAD.

Superespacio. Ver Elites cosmopolitas, MOVILIDAD, Nacionalismo, Nomadismo y turismo, Viajes y sistemas de movilidad.

Sustantivismo. Ver DISCRIMINACIÓN Y EXCLUSIÓN SOCIAL, Extranjero.

Sustitución. Ver Aculturación, CIUDADANÍA, DISCRIMINACIÓN Y EXCLUSIÓN SOCIAL, Globalización y antiglobalización, Nacionalismo, NUEVOS MOVIMIENTOS SOCIALES, Pluralismo sincrónico, Plurinacionalidad.

Tecnología. Ver COLONIALISMO Y ANTICOLONIALISMO, Comunidad transnacional, CONSUMO CULTURAL, Derecho de inje-

rencia, DESARROLLO, Diferencias sociolingüísticas y desigualdad, Esfera mediática,
Espacio de los flujos, ESPACIO-TIEMPO,
ESTADO-NACIÓN, Extranjero, Global y local, GLOBALIZACIÓN, Globalización y antiglobalización, Megalópolis, Migraciones. Teoría macro, MOVILIDAD, Nomadismo y
turismo, Pluralismo sincrónico, POSMODER-
NIDAD, Revolución técnico-comunicativa,
SABER Y SABERES, Sociedad de la información y del conocimiento, TERRITORIOS, Viajes y sistemas de movilidad, VIOLENCIA
POLÍTICA, Violencia política. Tipos, Xenofobia y xenofilia.

Teoría queer. Ver Homofobia y heterofobia.

Teoría transnacionalista. Ver Elites cosmopolitas,
Pluralismo sincrónico.

Territorio de ocupación y destino. Ver Centro-perife-
ria, Ciudadano, Comunidad transnacional,
Desterritorialización, Espacios locales, ESTA-
DO-NACIÓN, Etnicidad, Extranjero, Fron-
teras políticas y religiosas, INTEGRACIÓN,
Integración educativa, Integración religiosa,
MIGRACIONES, Migraciones. Redes socia-
les, Migraciones. Teoría macro, MOVILI-
DAD, Nacionalidad, Plurinacionalidad, Revo-
lución técnico-comunicativa, TERRITO-
RIOS, Viajes y sistemas de movilidad.

Territorio de origen. Ver Comunidad transnacional,
Desterritorialización, ELITES, Elites cosmopolitas, Espacios locales, Extranjero, Megalópolis, MIGRACIONES, Migraciones. Redes
sociales, Migraciones. Teoría macro, MI-
NORÍAS, Naturalización, Plurinacionalidad,
Racismo y neorracismo, TERRITORIOS.

Terrorismo. Ver ESTADO-NACIÓN, EXPLO-
TACIÓN SOCIAL, Globalización y antiglobalización, VIOLENCIA POLÍTICA, Violencia política. Tipos.

Tiempo y duración. Dimensiones temporales. Ver
Aculturación, ALTERIDAD, Centro-perife-
ria, CULTURA, DIFERENCIA Y DES-
IGUALDAD, DISCRIMINACIÓN Y EX-
CLUSIÓN SOCIAL, Elites cosmopolitas,
Esclavitud, Espacio de los flujos, ESPACIO-
TIEMPO, ESTADO-NACIÓN, EXPLO-
TACIÓN SOCIAL, Fronteras simbólicas,
GLOBALIZACIÓN, Globalización y antiglo-
balización, IDENTIDAD, Localidades fantas-
magóricas y desanclaje, Lugar y no-lugar, Mi-
graciones. Redes sociales, MINORÍAS, Mo-
dernidad, Modernización, MOVILIDAD,
Multilocal, Nacionalidad, Nacionalismo, Naturalización, Nomadismo y turismo, PATRI-
MONIO, Pluralismo sincrónico, Plurinacionalidad, POSMODERNIDAD, Relaciones y
procesos informales políticos, Revolución téc-

nico-comunicativa, SABER Y SABERES, Viajes y sistemas de movilidad, VIOLENCIA
POLÍTICA, Violencia política. Tipos.

Tolerancia e intolerancia. Ver DISCRIMINACIÓN
Y EXCLUSIÓN SOCIAL, Extranjero, Fronteras económicas, Integración educativa, Interculturalidad, Migraciones y economía, MI-
NORÍAS, Nacionalismo, Racismo y neorracismo, Relaciones y procesos informales políticos,
VIOLENCIA POLÍTICA.

Totalitarismo y dictadura. Ver *Apartheid*, Comunitarismo, ESTADO-NACIÓN, GENOCIDIO,
Globalización y antiglobalización, Neocolonialismo, Racismo y neorracismo, VIOLENCIA
POLÍTICA, Violencia política. Tipos, Xenofobia y xenofilia.

Trabajador. Ver *Apartheid*, COLONIALISMO Y
ANTICOLONIALISMO, CONSUMO
CULTURAL, DESARROLLO, ELITES,
Elites cosmopolitas, ESTADO-NACIÓN,
EXPLOTACIÓN SOCIAL, GLOBALIZA-
CIÓN, Globalización y antiglobalización, Mi-
graciones. Redes sociales, Migraciones. Teoría
macro, Migraciones y economía, Migraciones y
racismo, Nacionalidad, Nacionalismo, Plura-
lismo sincrónico, Racismo y neorracismo, RE-
LACIONES Y PROCESOS INFORMALES,
Relaciones y procesos informales económicos,
Relaciones y procesos informales políticos,
Segregación, TRABAJO, VIOLENCIA
POLÍTICA.

Trabajo. Condiciones y relaciones. Ver *Apartheid*, CO-
LONIALISMO Y ANTICOLONIALISMO,
Comunidad transnacional, CONSUMO CUL-
TURAL, CULTURA, DESARROLLO, DIS-
CRIMINACIÓN Y EXCLUSIÓN SOCIAL,
Elites cosmopolitas, Esclavitud, Espacio red, Et-
nicidad, EXPLOTACIÓN SOCIAL, GLO-
BALIZACIÓN, Megalópolis, MIGRACIO-
NES, Migraciones. Redes sociales, Migraciones.
Teoría macro, Migraciones y economía, MI-
NORÍAS, Nacionalidad, Nacionalismo, RE-
LACIONES Y PROCESOS INFORMALES,
Relaciones y procesos informales económicos,
Relaciones y procesos informales políticos, Re-
volución técnico-comunicativa, TRABAJO.

Trabajo. División. Ver Comunidad transnacional,
Diferencias naturales y diferencias sociales, ES-
PACIO-TIEMPO, ESTIGMA, GLOBALI-
ZACIÓN, MIGRACIONES, MOVILIDAD,
Nacionalidad, Nacionalismo, TRABAJO.

Tradición y herencia. Ver Aculturación, Centro-pe-
riferia, CIUDADANÍA, Ciudadano, COLO-
NIALISMO Y ANTICOLONIALISMO,
Comunidad transnacional, Comunitarismo,
CONSUMO CULTURAL, CULTURA, Des-
territorialización, Diferencias naturales y dife-

rencias sociales, Diferencias sociolingüísticas y desigualdad, DISCRIMINACIÓN Y EXCLUSIÓN SOCIAL, Esclavitud, Esfera mediática, Espacio de los flujos, ESPACIO-TIEMPO, Espacios locales, ESTADO-NACIÓN, Etnicidad, EXPLOTACIÓN SOCIAL, Frontera geográfica y administrativa, Fronteras políticas y religiosas, Fronteras simbólicas, Global y local, GLOBALIZACIÓN, Globalización y antiglobalización, Integración religiosa, INTEGRACIÓN, Integración educativa, Interculturalidad, Lugar y no-lugar, MIGRACIONES, Migraciones. Redes sociales, Migraciones. Teoría macro, Migraciones y racismo, MINORÍAS, Modernidad, Modernización, MOVILIDAD, Multilocal, Nacionalidad, Nacionalismo, Naturalización, Neocolonialismo, Nomadismo y turismo, NUEVOS MOVIMIENTOS SOCIALES, PATRIMONIO, Plurinacionalidad, Poscolonialismo, Racismo y neorracismo, RELACIONES Y PROCESOS INFORMALES, Relaciones y procesos informales económicos, Revolución técnico-comunicativa, SABER Y SABERES, Transculturación, VIOLENCIA POLÍTICA, Violencia política. Tipos.

Transfronterizo. Cotos Mixtos. Ver Comunidad transnacional, Fronteras políticas y religiosas.

Translocal. Ver GLOBALIZACIÓN, Globalización y antiglobalización, MOVILIDAD, Multilocal.

Transnacional y supranacional. Ver ALTERIDAD, Comunidad transnacional, CONSUMO CULTURAL, Derecho de injerencia, DESARROLLO, Desterritorialización, ELITES, Elites cosmopolitas, Esclavitud, Espacio de los flujos, Espacio red, ESPACIO-TIEMPO, ESTADO-NACIÓN, Extranjero, Fronteras políticas y religiosas, Global y local, GLOBALIZACIÓN, Globalización y antiglobalización, Migraciones. Redes sociales, MINORÍAS, MOVILIDAD, Multilocal, Naturalización, Nomadismo y turismo, NUEVOS MOVIMIENTOS SOCIALES, Pluralismo sincrónico, Plurinacionalidad, POSMODERNIDAD, Revolución técnico-comunicativa, Violencia política. Tipos.

Transporte. Ver COLONIALISMO Y ANTICOLONIALISMO, Elites cosmopolitas, Fronteras simbólicas, GLOBALIZACIÓN, Lugar y no-lugar, Megalópolis, Migraciones. Redes sociales, Migraciones. Teoría macro, MOVILIDAD, Nomadismo y turismo, Pluralismo sincrónico, SABER Y SABERES, Segregación, Viajes y sistemas de movilidad.

Tribalismo y destribalización. Ver Espacio de los flujos, ESTEREOTIPOS Y ESENCIALIZACIÓN, Etnicidad, MOVILIDAD, Nacionalismo, Nomadismo y turismo, Revolución técnico-comunicativa, VIOLENCIA POLÍTICA, Violencia política. Tipos.

Turismo. Ver CONSUMO CULTURAL, Elites cosmopolitas, Extranjero, MOVILIDAD, Nomadismo y turismo, Segregación, Viajes y sistemas de movilidad.

Universales culturales. Ver DERECHOS HUMANOS, Diferencias naturales y diferencias sociales, Diferencias sociolingüísticas y desigualdad, ESTEREOTIPOS Y ESENCIALIZACIÓN, Extranjero, Modernidad, Modernización, PATRIMONIO, POSMODERNIDAD, SABER Y SABERES, VIOLENCIA POLÍTICA.

Universalismo y cosmopolitismo. Ver CIUDADANÍA, Ciudadano, COLONIALISMO Y ANTICOLONIALISMO, DESARROLLO, DISCRIMINACIÓN Y EXCLUSIÓN SOCIAL, ELITES, Elites cosmopolitas, Espacio de los flujos, ESTADO-NACIÓN, Etnicidad, Global y local, GLOBALIZACIÓN, Globalización y antiglobalización, MINORÍAS, MULTICULTURALISMO, Nacionalidad, Nacionalismo, Naturalización, NUEVOS MOVIMIENTOS SOCIALES, PATRIMONIO, Plurinacionalidad, POSMODERNIDAD, Racismo y neorracismo, TRABAJO, Traducción.

Utilitarismo. Ver Ciudadano, PATRIMONIO, Plurinacionalidad, SABER Y SABERES.

Utopía. Ver CIUDADANÍA, ESTADO-NACIÓN, Etnicidad, Nacionalismo, Violencia política. Tipos.

Valores. Ver CIUDADANÍA, COLONIALISMO Y ANTICOLONIALISMO, Comunitarismo, Contracultura, Derecho de injerencia, DESARROLLO, DIFERENCIA Y DESIGUALDAD, Diferencias sociales y diferencias culturales, DISCRIMINACIÓN Y EXCLUSIÓN SOCIAL, ELITES, Espacios locales, Etnicidad, EXPLOTACIÓN SOCIAL, Global y local, GLOBALIZACIÓN, Integración educativa, Interculturalidad, Lugar y no-lugar, Migraciones. Redes sociales, MINORÍAS, Nacionalismo, PATRIMONIO, Plurinacionalidad, POSMODERNIDAD, Racismo y neorracismo, Relaciones y procesos informales económicos, Relaciones y procesos informales políticos, Segregación, Sociedad de la información y del conocimiento, TRABAJO, VIOLENCIA POLÍTICA.

Vecindad. Ver Comunidad transnacional, Comunitarismo, Espacio de los flujos, ESPACIO-TIEMPO, ESTADO-NACIÓN, EXPLOTACIÓN SOCIAL, Extranjero, INTEGRACIÓN, Relaciones y procesos informales económicos, Violencia política. Tipos.

Velocidad. Ver GLOBALIZACIÓN, Globalización y antiglobalización, MOVILIDAD, Nomadismo y turismo.

Víctima y mártir. Ver Aculturación, Ciudadano, Comunidad transnacional, ESTIGMA, EXPLOTACIÓN SOCIAL, GENOCIDIO, Global y local, INTEGRACIÓN, NUEVOS MOVIMIENTOS SOCIALES, Racismo y neorracismo, VIOLENCIA POLÍTICA, Violencia política. Tipos.

Violencia. Ver Ciudadano, COLONIALISMO Y ANTICOLONIALISMO, DISCRIMINACIÓN Y EXCLUSIÓN SOCIAL, ELITES, Esclavitud, ESTADO-NACIÓN, ESTIGMA, EXPLOTACIÓN SOCIAL, Frontera geográfica y administrativa, Globalización y antiglobalización, Homofobia y heterofobia, Integración educativa, Integración religiosa, Migraciones y racismo, MINORÍAS, Plurinacionalidad, Racismo y neorracismo, TRABAJO, VIOLENCIA POLÍTICA, Violencia política. Tipos, Xenofobia y xenofilia.

Virtualidad. Ver CONSUMO CULTURAL, Espacios locales, ESTADO-NACIÓN, Megalópolis, Migraciones. Redes sociales, MOVILIDAD, Nomadismo y turismo, Pluralismo sincrónico, Viajes y sistemas de movilidad, Violencia política. Tipos.

Visibilidad e invisibilidad. Anonimato. Ver DIFERENCIA Y DESIGUALDAD, Diferencias naturales y diferencias sociales, Esclavitud, Etnicidad, EXPLOTACIÓN SOCIAL, Extranjero, Homofobia y heterofobia, IDENTIDAD, INTEGRACIÓN, Integración educativa, Integración religiosa, Localidades fantasmagóricas y desanclaje, Lugar y no-lugar, Migraciones. Redes sociales, MINORÍAS, MOVILIDAD, Multilingüismo, Nacionalismo, Naturalización, Nomadismo y turismo, PATRIMONIO, SABER Y SABERES, Viajes y sistemas de movilidad, VIOLENCIA POLÍTICA, Violencia política. Tipos.

Vivienda. Ver Centro-periferia, DISCRIMINACIÓN Y EXCLUSIÓN SOCIAL, Espacio red, ESTADO-NACIÓN, INTEGRACIÓN, Megalópolis, Migraciones. Redes sociales, Migraciones. Teoría macro, Migraciones y economía, Nomadismo y turismo, Segregación.

Vulnerabilidad y peligro. Ver DESARROLLO, DISCRIMINACIÓN Y EXCLUSIÓN SOCIAL, Elites cosmopolitas, Espacio red, ESPACIO-TIEMPO, ESTADO-NACIÓN, ESTIGMA, Globalización y antiglobalización, MIGRACIONES, Migraciones. Redes sociales, MINORÍAS, Multilingüismo, Nacionalidad, NUEVOS MOVIMIENTOS SOCIALES, PATRIMONIO, Plurinacionalidad, Racismo y neorracismo, TRABAJO, Viajes y sistemas de movilidad, Violencia política. Tipos.

Índice de autores, entidades y organismos citados

Abèlés, Marc. Ver Diferencias naturales y diferencias sociales.

Aberndroth, W. Ver Ciudadanía.

Abril, Gonzalo. Ver Esfera mediática, Información.

Achebe, Chinua. Ver COLONIALISMO Y ANTICOLONIALISMO.

Adey, P. Ver Viajes y sistemas de movilidad.

Adorno, Theodor W. Ver CONSUMO CULTURAL, Esfera mediática, Racismo y neorracismo, Xenofobia y xenofilia.

Agenda 21 de la Cultura. Ver CONSUMO CULTURAL.

Aguirre, Gonzalo. Ver INDIGENISMO.

Al Qaeda. Ver Violencia política. Tipos.

Al-Zawahiri, Aymar. Ver Violencia política. Tipos.

Albera, Dionigi. Ver EXPLOTACIÓN SOCIAL.

Allport, Gordon W. Ver ESTEREOTIPOS Y ESENCIALIZACIÓN.

Allué, Marta. Ver ESTIGMA.

Alonso, L. E. Ver TRABAJO.

AlSayyad, Nezar. Ver Integración religiosa.

Althusser, Louis. Ver DIFERENCIA Y DESIGUALDAD.

Álvarez, Robert R. Jr. Ver Fronteras económicas.

Álvarez Junco, José. Ver ESTADO-NACIÓN.

Amir, Samir. Ver Centro-periferia, Etnicidad, Neocolonialismo.

Anderson, Benedict. Ver ALTERIDAD, Comunidad transnacional, ESTADO-NACIÓN, Etnicidad, Fronteras políticas y religiosas, Plurinacionalidad.

Anderson, Malcom. Ver Frontera geográfica y administrativa.

Anderson, Nels. Ver ESTIGMA.

Anderson, P. Ver POSMODERNIDAD.

Andrade, Mario. Ver COLONIALISMO Y ANTICOLONIALISMO, INDIGENISMO.

Andrade, Roy d'. Ver CULTURA, ESTEREOTIPOS Y ESENCIALIZACIÓN.

Appadurai, Arjun. Ver ALTERIDAD, CONSUMO CULTURAL, CULTURA, DIFERENCIA Y DESIGUALDAD, Elites cosmopolitas, ESPACIO-TIEMPO, Extranjero, Fronteras políticas y religiosas, Global y local, GLOBALIZACIÓN, Neocolonialismo, Nomadismo y turismo, Revolución técnico-comunicativa, PATRIMONIO.

Applebaum, Anne. Ver Violencia política. Tipos.

Aquino, Santo Tomás de. Ver TRABAJO.

Aranzadi, Juan. Ver Etnocentrismo y relativismo cultural, Racismo y neorracismo, Violencia política. Tipos.

Araujo, J. Ver MIGRACIONES.

Ardrey, Robert. Ver Xenofobia y xenofilia.

Arendt, Hannah. Ver GENOCIDIO, Racismo y neorracismo, Violencia política. Tipos.

Argantonio. Ver ESTADO-NACIÓN.

Arguedas, Alcides. Ver INDIGENISMO.

Arguedas, Luis María. Ver INDIGENISMO.

Arkan. Ver *Raznjatovic, Zeljko.*

Armony, Victor. Ver MINORÍAS.

Arthur, John. Ver Multiculturalismo en los estudios étnicos.

Arrighi, Giovanni. Ver GLOBALIZACIÓN.

Ashcroft, Bill. Ver Poscolonialismo.

Asociación Americana de Antropología. Ver DERECHOS HUMANOS, Racismo y neorracismo.

Asociaciones profesionales de antropología. Ver DERECHOS HUMANOS.

ATTAC. Ver Derecho de injerencia, Globalización y antiglobalización, NUEVOS MOVIMIENTOS SOCIALES.

Augé, Marc. Ver ALTERIDAD, Global y local, Lugar y no-lugar, MOVILIDAD, Nomadismo y turismo.

Austin, G. Ver ESTEREOTIPOS Y ESENCIA-LIZACIÓN.

Axhausen, Kay. Ver Viajes y sistemas de movilidad.

Babha, Homi. Ver COLONIALISMO Y ANTI-COLONIALISMO, Elites cosmopolitas, Poscolonialismo.

Baerenholdt, J. O. Ver MOVILIDAD, Viajes y sistemas de movilidad.

Bailey, F. G. Ver RELACIONES Y PROCESOS INFORMALES.

Bajtin, M. M. Ver COMUNICACIÓN, Información.

Baktin, Mikhail. Ver Pluralismo Sincrónico.

Bakunin, Mijaíl. Ver TRABAJO.

Balandier, George. Ver COLONIALISMO Y ANTICOLONIALISMO, Lugar y no-lugar, Nacionalismo.

Baldwin-Edwards, M. Ver Nacionalidad.

Balibar, Étienne. Ver Racismo y neorracismo, Xenofobia y xenofilia.

Banco Central. Ver ELITES.

Banco de España. Ver Migraciones y economía.

Banco Mundial. Ver Derecho de injerencia, Relaciones y procesos informales económicos.

Banks, J. A. Ver Integración educativa.

Banton, M. Ver RELACIONES Y PROCESOS INFORMALES.

Barañano, Margarita. Ver Espacio de los flujos, ESPACIO-TIEMPO, Global y local, Localidades fantasmagóricas y desanclaje.

Barber, Benjamín R. Ver Globalización y antiglobalización.

Barbin, Herculine. Ver ESTIGMA.

Barman, Richard. Ver Diferencias sociolingüísticas y desigualdad.

Barnes, J. A. Ver Migraciones. Redes Sociales, RELACIONES Y PROCESOS INFORMALES.

Barnouw, Erik. Ver CULTURA.

Barozet, E. Ver DESARROLLO.

Barry, P. Ver Nacionalismo.

Barth, Fredrik. Ver Etnicidad, Fronteras simbólicas, MINORÍAS, Naturalización, SABER Y SABERES.

Barthes, Roland. Ver COMUNICACIÓN, CONSUMO CULTURAL.

Bartov, Omer. Ver GENOCIDIO.

Bartra, R. Ver ALTERIDAD.

Basch, Linda. Ver Comunidad transnacional.

Basch, N. Ver Migraciones. Redes Sociales.

Baslez, Marie-Françoise. Ver Xenofobia y xenofilia.

Bateson, G. Ver COMUNICACIÓN.

Bastide, Roger. Ver Aculturación.

Bastos, Cristiana. Ver SABER Y SABERES.

Bauböck, R. Ver Ciudadanía.

Baudin, Louis. Ver INDIGENISMO.

Baudrillard, Jean. Ver ESTEREOTIPOS Y ESENCIALIZACIÓN, Lugar y no-lugar.

Bauman, Zygmunt. Ver Etnicidad, GENOCIDIO, Global y local, Homofobia y heterofobia, IDENTIDAD, Multiculturalismo en los estudios culturales, MOVILIDAD, Nomadismo y turismo, TRABAJO, Viajes y sistemas de movilidad.

Bebel, August. Ver Nacionalismo.

Becattini, G. Ver Relaciones y procesos informales económicos.

Beck, Ulrich. Ver Modernidad, Modernización.

Becker, G. Ver MIGRACIONES, Migraciones y economía.

Bedi, Gitanjali. Ver SABER Y SABERES.

Begley, Anthony. Ver INTEGRACIÓN.

Beidelman, T. O. Ver COLONIALISMO Y ANTICOLONIALISMO.

Bell, Daniel. Ver DIFERENCIA Y DESIGUALDAD, Modernidad.

Benedict, Ruth. Ver CULTURA, Nacionalismo.

Benerría, L. Ver Relaciones y procesos informales económicos.

Bengoa, José. Ver INDIGENISMO.

Benhabib, Seyla. Ver Etnocentrismo y relativismo cultural.

Benjamín, Walter. Ver Esfera mediática.

Bennet, J. W. Ver Etnicidad.

Benoist, Alain de. Ver NUEVOS MOVIMIENTOS SOCIALES.

Benton, L. Ver Relaciones y procesos informales económicos.

Benveniste, Émile. Ver Fronteras políticas y religiosas, VIOLENCIA POLÍTICA.

Béquet, Paul. Ver Fronteras económicas.

Berger, Peter. Ver SABER Y SABERES.

Berlant, Lauren. Ver Homofobia y heterofobia.

Berlin, I. Ver IDENTIDAD, VIOLENCIA POLÍTICA.

Bernand, Carmen. Ver ESTIGMA.

Bernardi, Bernardo. Ver Diferencias naturales y diferencias sociales.

Bernárdez, Enrique. Ver ESTADO-NACIÓN.

Bernstein, Basil. Ver Diferencias sociolingüísticas y desigualdad.

Berque, A. Ver Lugar y no-lugar.

Besalú i Costa, X. Ver Integración educativa.

Bettelheim, Bruno. Ver Racismo y neorracismo.

Bevan, P. Ver Viajes y sistemas de movilidad.

Bilbao, Andrés. Ver TRABAJO.

Bin Laden, Osama. Ver ESTADO-NACIÓN, Violencia política. Tipos.

Bjorlund. Ver GENOCIDIO.

Blair, Tony. Ver ESTADO-NACIÓN.

Blanc-Szanton, C. Ver Migraciones. Redes Sociales.

Blau, Peter M. Ver MOVILIDAD.

Blanco, José. Ver Migraciones y economía.

Blim, M. Ver Relaciones y procesos informales económicos.

Blok, Anton. Ver EXPLOTACIÓN SOCIAL.

Blommaert, Jan. Ver INTEGRACIÓN.

Bloom, D. E. Ver Migraciones y economía.

Bloom, S. Ver MIGRACIONES.

Boas, Franz. Ver CULTURA, ESTEREOTIPOS Y ESENCIALIZACIÓN, Etnocentrismo y relativismo cultural, Racismo y neorracismo, Transculturación.

Bobbio, Norberto. Ver DERECHOS HUMANOS.

Bobbitt, Philip. Ver ESTADO-NACIÓN.

Boissevain, J. Ver Relaciones y procesos informales políticos.

Boltanski, L. Ver Nacionalismo, Relaciones y procesos informales económicos, Sociedad de la información y del conocimiento.

Bonald, Louis de. Ver ESTADO-NACIÓN.

Bonaparte, Napoleón. Ver ESTADO-NACIÓN.

Bonfil, Guillermo. Ver INDIGENISMO.

Bonilla-Silva, Eduardo. Ver Migraciones y racismo.

Bonte, Pierre. Ver DIFERENCIA Y DESIGUALDAD.

Borja, Jordi. Ver Espacio red, Transculturación.

Born, Stephan. Ver Nacionalismo.

Borrillo, Daniel. Ver Homofobia y heterofobia.

Boruchoff, Judith A. Ver Pluralismo Sincrónico.

Bottomore, T. Ver Nacionalidad.

Bourdieu, Pierre. Ver CULTURA, DIFERENCIA Y DESIGUALDAD, Diferencias sociales y diferencias culturales, Diferencias sociolingüísticas y desigualdad, DISCRIMINACIÓN Y EXCLUSIÓN SOCIAL, CONSUMO CULTURAL, EXPLOTACIÓN SOCIAL, Extranjero, Fronteras políticas y religiosas, Homofobia y heterofobia, INTEGRACIÓN, Lugar y no-lugar, Migraciones. Redes Sociales, MINORÍAS, PATRIMONIO, Relaciones y procesos informales económicos, Relaciones y procesos informales políticos, SABER Y SABERES, Segregación.

Bourne, Randolph. Ver GLOBALIZACIÓN.

Bové, José. Ver Globalización y antiglobalización.

Bovero. Ver Modernidad.

Brah, Avtar. Ver Comunidad transnacional.

Branco, Jorge F. Ver PATRIMONIO.

Braudel, Fernand. Ver GLOBALIZACIÓN.

Brecht, Bertolt. Ver COLONIALISMO Y ANTICOLONIALISMO.

Brendon, P. Ver Viajes y sistemas de movilidad.

Bretón, Víctor. Ver Relaciones y procesos informales económicos.

Bringa. Ver GENOCIDIO.

Bromberger, Christian. Ver EXPLOTACIÓN SOCIAL, Fronteras simbólicas.

Brown, Michael. Ver SABER Y SABERES.

Broz, Josip. Ver ESTADO-NACIÓN, Violencia política. Tipos.

Brubaker, Rogers. Ver INTEGRACIÓN, Nacionalidad.

Bruner, Jerome. Ver ESTEREOTIPOS Y ESENCIALIZACIÓN.

Bueno, Gustavo. Ver Etnocentrismo y relativismo cultural.

Bufón, Comte de. Ver Racismo y neorracismo.

Bukharin, Nikolai. Ver GLOBALIZACIÓN.

Burgess, E. Ver Megalópolis, Segregación.

Burgio, A. Ver Racismo y neorracismo.

Burke, Peter. Ver Multilingüismo.

Burton, Richard. Ver COLONIALISMO Y ANTICOLONIALISMO.

Buruma, I. Ver NUEVOS MOVIMIENTOS SOCIALES.

Bush, George W. Ver ESTADO-NACIÓN.

Butler, Judith. Ver Diferencias naturales y diferencias sociales, Homofobia y heterofobia.

Cabral, Amílcar. Ver COLONIALISMO Y ANTICOLONIALISMO, Poscolonialismo.

Cabrera, Luis. Ver INDIGENISMO.

Cadena, Marisol de la. Ver INDIGENISMO.

Calhoun, C. Ver GLOBALIZACIÓN.

Camron, Verney L. Ver COLONIALISMO Y ANTICOLONIALISMO.

Cánovas, A. Ver IDENTIDAD.

Cantón Delgado, Manuela. Ver Integración religiosa.

Capelo, H. Ver COLONIALISMO Y ANTICOLONIALISMO.

Carnero, T. Ver Modernización.

Caro Baroja, Julio. Ver ESTEREOTIPOS Y ESENCIALIZACIÓN, Extranjero.

Carrasco i Pons, S. Ver Integración educativa.

Caruana, Jaime. Ver Migraciones y economía.

Carvalho, José Jorge de. Ver ALTERIDAD.

Casement, Roger. Ver COLONIALISMO Y ANTICOLONIALISMO.

CASMIN. Ver MOVILIDAD.

Castañares, Wenceslao. Ver COMUNICACIÓN.

Castel, Robert. Ver DISCRIMINACIÓN Y EXCLUSIÓN SOCIAL, TRABAJO.

Castells, Manuel. Ver Espacio de los flujos, Espacio red, ESPACIO-TIEMPO, Global y local, Globalización y antiglobalización, Integración religiosa, Localidades fantasmagóricas y desanclaje, Megalópolis, Modernidad, MULTICULTURALISMO, NUEVOS MOVIMIENTOS SOCIALES, Revolución técnico-comunicativa, Sociedad de la información y del conocimiento, Transculturación.

Castelo-Branco, Salwa El-Shawan. Ver PATRIMONIO.

Castillo, Juan José. Ver TRABAJO.

CEPAL. Ver CONSUMO CULTURAL, DESARROLLO.

Certeau, Michel de. Ver CONSUMO CULTURAL, Lugar y no-lugar.

Césaire, Aimé. Ver Poscolonialismo.

Chakrabarty, Dipesh. Ver Poscolonialismo.

Chamba, Martín. Ver INDIGENISMO.

Chamoux, M. N. Ver TRABAJO.

Chase-Dunn, Christopher. Ver Derecho de injerencia.

Chatterjee, Partha. Ver Poscolonialismo.

Chayanov, Alexander V. Ver EXPLOTACIÓN SOCIAL.

Chebel d'Appllonia, A. Ver DISCRIMINACIÓN Y EXCLUSIÓN SOCIAL.

Chiapello, E. Ver Nacionalismo, Sociedad de la información y del conocimiento.

Chiswick, B. R. Ver MIGRACIONES.

Christaller, W. Ver Megalópolis.

Cieza de León, Pedro. Ver INDIGENISMO.

Clausevitz, Carl von. Ver VIOLENCIA POLÍTICA.

Clifford, James. Ver ALTERIDAD, COLONIALISMO Y ANTICOLONIALISMO, ESTEREOTIPOS Y ESENCIALIZACIÓN, MOVILIDAD, Multilocal, Nomadismo y turismo, PATRIMONIO.

Clodoveo. Ver ESTADO-NACIÓN.

Clyde Mitchell, James. Ver MIGRACIONES.

Coalición Canaria. Ver Migraciones. Teoría Macro.

Cohen, Anthony. Ver FRONTERA.

Cohen, Robin. Ver Comunidad transnacional.

Cohn, Bernard. Ver COLONIALISMO Y ANTICOLONIALISMO, ESTEREOTIPOS Y ESENCIALIZACIÓN.

Cohn-Bendit, Daniel. Ver MULTICULTURALISMO.

Colectivo Ioé. Ver Comunidad transnacional.

Coleman, James S. Ver RELACIONES Y PROCESOS INFORMALES, Relaciones y procesos informales económicos.

Collard, Chantal. Ver Diferencias naturales y diferencias sociales.

Collier, Jane. Ver Diferencias naturales y diferencias sociales.

Collignon, B. Ver Espacios locales, TERRITORIOS.

Comaroff, Jean. Ver COLONIALISMO Y ANTICOLONIALISMO, GLOBALIZACIÓN, Globalización y antiglobalización.

Comaroff, John. Ver COLONIALISMO Y ANTICOLONIALISMO, GLOBALIZACIÓN, Globalización y antiglobalización.

Comte, Auguste. Ver CULTURA, Modernidad.

Condominas, G. Ver Espacios locales.

Confederación Nacional del Trabajo. Ver TRABAJO.

Connor, Walter. Ver ESTADO-NACIÓN.

Conrad, Joseph. Ver COLONIALISMO Y ANTICOLONIALISMO.

Consejo de Europa. Ver MINORÍAS, PATRIMONIO.

Cook, Thomas. Ver Viajes y sistemas de movilidad.

Cooper, Frederick. Ver Poscolonialismo, SABER Y SABERES.

Copains, Jean. Ver Neocolonialismo, TERRITORIOS.

Coquio, Catherine. Ver GENOCIDIO.

Cortés, Alberto. Ver DESARROLLO.

Coser, Lewis A. Ver ESTIGMA.

Cosra, Carmen. Ver Contracultura.

Costa, Joaquín. Ver EXPLOTACIÓN SOCIAL.

Could, Steven J. Ver Derecho de injerencia, ESTEREOTIPOS Y ESENCIALIZACIÓN.

Coutés, J. Ver Traducción.

Cowan, Jane K. Ver DERECHOS HUMANOS, Naturalización.

Cresswell, Tim. Ver MOVILIDAD, Viajes y sistemas de movilidad.

Crick, B. Ver Ciudadanía.

Crick, Malcolm. Ver SABER Y SABERES.

Crowley, J. Ver Naturalización.

Crozier, Michel. Ver Racismo y neorracismo.

Cruces, Francisco. Ver Multilocal.

Cruz, R. Ver IDENTIDAD.

Cuadrada, Coral. Ver ESTIGMA.

Cucó, Jopepa. Ver Espacio red, ESPACIO-TIEMPO.

Cultural Survival, Inc. Ver MINORÍAS.

Cunha, Euclides da. Ver INDIGENISMO.

Cunha, Luis. Ver Fronteras económicas.

Cunha, Manuela P. da. Ver Diferencias sociales y diferencias culturales.

Curtis, Perry L. Ver Migraciones y racismo.

Cushman, Dick. Ver Multiculturalismo en los estudios culturales.

Dadrian. Ver GENOCIDIO.

Dahrendorf, Ralf. Ver DIFERENCIA Y DESIGUALDAD.

Darbel, Alain. Ver PATRIMONIO.

Davie, Maurice R. Ver Xenofobia y xenofilia.

Davis, David Brion. Ver Esclavitud.

Day, Sophie. Ver Diferencias sociales y diferencias culturales.

Dayan, Daniel. Ver CONSUMO CULTURAL.

Debarbieux, B. Ver Lugar y no-lugar.

Deleuze, Giles. Ver Desterritorialización, Lugar y no-lugar, Nomadismo y turismo, Traducción.

Delgado, Manuel. Ver Xenofobia y xenofilia.

Delgado Mahecha, O. Ver Desterritorialización, TERRITORIOS.

Dembour, Marie-Bénédicte. Ver Derecho de injerencia, DERECHOS HUMANOS, Naturalización.

Departamento de Antropología de Manchester. Ver MIGRACIONES.

Derrida, Jacques. Ver ESTEREOTIPOS Y ESENCIALIZACIÓN, Información, Poscolonialismo.

Descartes, René. Ver DESARROLLO.

Deutsche Afrika Gesellschaft. Ver COLONIALIS-
MO Y ANTICOLONIALISMO.

Devillard, Marie José. Ver Extranjero.

Dias, Antonio J. Ver EXPLOTACIÓN SOCIAL.

Dicken, P. Ver GLOBALIZACIÓN.

Diemberger, Hildegard. Ver Diferencias naturales y
diferencias sociales.

Dieterlen, G. Ver Nacionalismo.

Dietz, Gunther. Ver Comunidad transnacional, Interculturalidad, INTEGRACIÓN, Integración religiosa.

Doehring, K. Ver Ciudadanía.

Donan, Hasting. Ver FRONTERA.

Donnellu, Jack. Ver DERECHOS HUMANOS.

Douglas, Mary. Ver CONSUMO CULTURAL,
ESTEREOTIPOS Y ESENCIALIZA-
CIÓN, ESTIGMA.

Du Gay, Paul. Ver Multiculturalismo en los estudios culturales.

Dubet, F. Ver Ciudadano, DISCRIMINACIÓN Y
EXCLUSIÓN SOCIAL.

Duffield, M. Ver RELACIONES Y PROCESOS
INFORMALES.

Dumont, Louis. Ver DIFERENCIA Y DES-
IGUALDAD, Etnocentrismo y relativismo
cultural, Nacionalismo, Racismo y neorracismo.

Duncan, Otis. Ver MOVILIDAD.

Durkheim, Emile. Ver CULTURA, Modernidad,
Nacionalismo, NUEVOS MOVIMIENTOS
SOCIALES, SABER Y SABERES.

Duvignaud, J. Ver Lugar y no-lugar.

Eco, Umberto. Ver COMUNICACIÓN, CON-
SUMO CULTURAL, Multilingüismo, Traducción.

Eder, K. Ver IDENTIDAD.

Ehrenreich, Barbara. Ver Pluralismo Sincrónico.

Ehrenreich, John. Ver Pluralismo Sincrónico.

Eibl-Eibesfeldt, I. Ver Racismo y neorracismo.

Eichmann, Adolf. Ver Violencia política. Tipos.

Eisenstadt, S. N. Ver Etnicidad, Nacionalismo.

Ekholm, Kasja. Ver GLOBALIZACIÓN.

Ekmecic, Milorad. Ver ESTADO-NACIÓN.

El País. Ver Migraciones. Teoría Macro, Migraciones y economía.

El-Shohoumi, Nadia. Ver Integración religiosa.

Elias, Norbert. Ver Ciudadano, CONSUMO
CULTURAL, Extranjero.

Engels, Friedrich. Ver GLOBALIZACIÓN.

Enzensberger, Hans Magnus. Ver Xenofobia y xenofilia.

Éribon, Didier. Ver Racismo y neorracismo.

Eriksen, T. Ver Naturalización.

Escobar, Arturo. Ver ALTERIDAD, Espacio de los
flujos.

Escuela de Manchester de Antropología Social. Ver
Migraciones. Redes Sociales.

Esping-Anderson, G. Ver Nacionalidad.

ETA. Ver Violencia política. Tipos.

Etziani, Amitai. Ver Comunitarismo

Evans, Richard J. Ver Violencia política. Tipos.

Fabbri, P. Ver COMUNICACIÓN, Traducción.

Fabian, J. Ver GLOBALIZACIÓN.

Fainzang, Sylvie. Ver Diferencias sociales y diferencias culturales.

Faist, Thomas. Ver MIGRACIONES, Migraciones. Redes Sociales, Nacionalidad.

Falk, Richard. Ver Plurinacionalidad.

Fanon, Frantz. Ver COLONIALISMO Y ANTI-
COLONIALISMO, Poscolonialismo.

Farell, Glen. Ver INTEGRACIÓN.

Favell, Adrian. Ver INTEGRACIÓN.

Favre, A. Ver Ciudadano.

Federico el Grande de Prusia. Ver ESTADO-NA-
CIÓN.

Feierstein, Daniel. Ver GENOCIDIO.

Fein, Helen. Ver GENOCIDIO.

Feixa, Carlos. Ver Contracultura.

Fergurson, Charles. Ver Diferencias sociolingüísticas y desigualdad.

Ferguson, James. Ver Elites cosmopolitas, Global y
local, GLOBALIZACIÓN, Naturalización.

Fernández McClintock, James W. Ver ESTEREO-
TIPOS Y ESENCIALIZACIÓN.

Fernández Miranda, Enrique. Ver Migraciones.
Teoría Macro.

Ferrajoli, L. Ver Ciudadanía.

Ferreira de Castro, José. Ver COLONIALISMO Y
ANTICOLONIALISMO.

Ferrera, M. Ver Nacionalidad.

Feyerabend, Paul. Ver MULTICULTURA-
LISMO.

Fine, B. Ver RELACIONES Y PROCESOS IN-
FORMALES.

Finley, Moses I. Ver Esclavitud.

Fisher, Marcus. Ver Multiculturalismo en los estudios culturales.

Fishman, Joshua. Ver Diferencias sociolingüísticas
y desigualdad.

Fiske, John. Ver CONSUMO CULTURAL.

Flori, Jean. Ver Violencia política. Tipos.

FMI. Ver Derecho de injerencia.

Forde, D. Ver Nacionalismo.

Forsthoff, E. Ver Ciudadanía.

Foucault, Michel. Ver Desterritorialización, ES-
TEREOTIPOS Y ESENCIALIZACIÓN,
ESTIGMA, Homofobia y heterofobia, MI-
NORÍAS, Poscolonialismo, VIOLENCIA
POLÍTICA.

Foucher, Michel. Ver Frontera geográfica y administrativa.

Franco, Francisco. Ver Violencia política. Tipos.

Frank, André Gunder. Ver GLOBALIZACIÓN,
Neocolonialismo.

Fraser, Ronald. Ver ESTADO-NACIÓN.

Frazer, James G. Ver ESTEREOTIPOS Y ESEN-CIALIZACIÓN.

Fredric, Jameson. Ver Multiculturalismo en los estudios culturales.

Freud, Sigmund. Ver Contracultura.

Friedman, Jonathan. Ver Derecho de injerencia, GLOBALIZACIÓN, ELITES, Interculturalidad, Megalópolis, Naturalización, NUEVOS MOVIMIENTOS SOCIALES, Pluralismo Sincrónico

Friedmann, John. Ver GLOBALIZACIÓN.

Friedman, Milton. Ver Derecho de injerencia.

FUNAI. Ver INDIGENISMO.

Galinier, Jacques. Ver INDIGENISMO.

Gallissot, René. Ver Racismo y neorracismo.

Gamio, Manuel. Ver INDIGENISMO.

García, Uriel. Ver INDIGENISMO.

García-Cano, M. Ver Integración educativa.

García Canclini, Néstor. Ver ALTERIDAD, CONSUMO CULTURAL, Desterritorialización, Espacio red, Etnocentrismo y relativismo cultural, Fronteras políticas y religiosas, Fronteras simbólicas, Global y local, Interculturalidad, MULTICULTURALISMO, Nomadismo y turismo, POSMODERNIDAD, SABER Y SABERES, Transculturación.

García Castaño, F. J. Ver Integración educativa.

García García, José Luis. Ver Interculturalidad, PATRIMONIO, TERRITORIOS.

García Gutierrez, A. Ver Información.

García Selgas, Fernando. Ver POSMODERNIDAD.

Gardels, Nathan. Ver ESTADO-NACIÓN.

Garkinkle, Ellen M. Ver Homofobia y heterofobia.

Geary, Patrick J. Ver ESTADO-NACIÓN.

Geertz, Clifford. Ver Multiculturalismo en los estudios culturales, MINORÍAS, PATRIMONIO, RELACIONES Y PROCESOS INFORMALES, SABER Y SABERES.

Geiger, P. Ver Desterritorialización.

Gellner, David N. Ver DERECHOS HUMANOS.

Gellner, E. Ver ESTADO-NACIÓN, RELACIONES Y PROCESOS INFORMALES, Relaciones y procesos informales políticos.

Genovese, Eugene D. Ver Esclavitud.

Gerges, Fawaz A. Ver Violencia política. Tipos.

Geschiere, P. Ver Globalización y antiglobalización.

Gibson, M. A. Ver Integración educativa.

Giddens, Anthony. Ver Esfera mediática, ESPACIO-TIEMPO, Espacios locales, Localidades fantasmagóricas y desanclaje, Megalópolis, Modernidad, MULTICULTURALISMO.

Gide, André. Ver COLONIALISMO Y ANTICOLONIALISMO.

Gil Araujo, Sandra. Ver INTEGRACIÓN.

Gill, Stephen. Ver ELITES, Elites cosmopolitas.

Gilroy, Paul. Ver Esclavitud, Multiculturalismo en los estudios étnicos.

Gilsenan, M. Ver Relaciones y procesos informales políticos.

Glaesser, E. Ver Migraciones y economía.

Gledhill, John. Ver COLONIALISMO Y ANTICOLONIALISMO.

Glenny, Misha. Ver Violencia política. Tipos.

Glick, Nina. Ver Comunidad transnacional, INTEGRACIÓN.

Glick-Schiller, N. Ver Migraciones. Redes Sociales.

Gluckman, Max. Ver Migraciones. Redes Sociales.

Glucksmann, André. Ver Violencia política. Tipos.

Gobineau, Arthur. Ver INDIGENISMO.

Goebbels, Joseph. Ver Violencia política. Tipos.

Goëdel, Kurt. Ver POSMODERNIDAD.

Goffman, Erving. Ver ESTIGMA.

Gogolin, Ingrid. Ver INTEGRACIÓN.

Goldthorpe, J. Ver MOVILIDAD.

Gomis, L. L. Ver Información.

González, Tomás. Ver TRABAJO.

Goodenough, Ward H. Ver CULTURA.

Goody, Jack. Ver COLONIALISMO Y ANTICOLONIALISMO, Diferencias sociolingüísticas y desigualdad, Esfera mediática

Gordon, Milton. Ver Aculturación.

Gosh, Amitav. Ver COLONIALISMO Y ANTICOLONIALISMO.

Gotman, A. Ver RELACIONES Y PROCESOS INFORMALES.

Govers, Cora. Ver FRONTERA.

Gramsci, Antonio. Ver Contracultura, MULTICULTURALISMO, NUEVOS MOVIMIENTOS SOCIALES, Poscolonialismo, SABER Y SABERES.

Granados Martínez, A. Ver Integración educativa.

Granovetter, Mark. Ver Migraciones. Redes Sociales, RELACIONES Y PROCESOS INFORMALES, Relaciones y procesos informales económicos.

Grant, C. A. Ver Integración educativa.

Greimas, Algirdas J. Ver COMUNICACIÓN, Traducción.

Griaule, Marcel. Ver Nacionalismo.

Griffiths, Gareth. Ver Poscolonialismo.

Grillo, Ralph D. Ver MULTICULTURALISMO.

Grin, François. Ver MINORÍAS.

Grossberg, Lawrence. Ver CONSUMO CULTURAL.

Grough, G. J. Ver GLOBALIZACIÓN.

Grüner, Eduardo. Ver Multiculturalismo en los estudios culturales.

Grupo de Investigación Territorialidades. Ver Lugar y no-lugar.

Guarnizo, Luis E. Ver Comunidad transnacional.

Guattari, Félix. Ver Desterritorialización, Lugar y no-lugar, Nomadismo y turismo, Traducción.

Guha, Ranajit. Ver Poscolonialismo.

Guodnow, J. Ver ESTEREOTIPOS Y ESENCIA-LIZACIÓN.

Gupta, Akhil. Ver Elites cosmopolitas, Global y local, GLOBALIZACIÓN, Naturalización.

Gupta, Dipamnkar. Ver DIFERENCIA Y DESIGUALDAD.

Gusfield, Joseph R. Ver Elites cosmopolitas.

Gustavo Adolfo de Suecia. Ver ESTADO-NACIÓN.

Gutenberg, Johannes. Ver CONSUMO CULTURAL.

G-8. Ver Derecho de injerencia.

Habermas, Jürgen. Ver ALTERIDAD, Comunidad transnacional, INTEGRACIÓN, MINORÍAS, MULTICULTURALISMO, Plurinacionalidad.

Hägerstrand, T. Ver Megalópolis.

Halbwachs, Maurice. Ver NUEVOS MOVIMIENTOS SOCIALES.

Haldrup, M. Ver MOVILIDAD, Viajes y sistemas de movilidad.

Hall, E. T. Ver Desterritorialización, Espacios locales.

Hall, Stuart. Ver COMUNICACIÓN, CONSUMO CULTURAL.

Hamilton, W. D. Ver Racismo y neorracismo.

Handler, Richard. Ver ESTEREOTIPOS Y ESENCIALIZACIÓN.

Hannerz, Ulf. Ver ALTERIDAD, ESPACIO-TIEMPO, EXPLOTACIÓN SOCIAL, Extranjero, Frontera geográfica y administrativa, Fronteras políticas y religiosas, Fronteras simbólicas, GLOBALIZACIÓN, Multilocal, Transculturación.

Haraway, Donna. Ver POSMODERNIDAD.

Hardman, Francisco F. Ver COLONIALISMO Y ANTICOLONIALISMO.

Hardt, Michael. Ver Globalización y antiglobalización, NUEVOS MOVIMIENTOS SOCIALES.

Harouel, Jean Louis. Ver Contracultura.

Harris, J. R. Ver MIGRACIONES.

Harris, Marvin. Ver MINORÍAS, Xenofobia y xenofilia.

Harrison, Fray V. Ver Multiculturalismo en los estudios étnicos.

Hart, Keith. Ver Relaciones y procesos informales económicos.

Harvey, David. Ver GLOBALIZACIÓN, Megalópolis, MOVILIDAD, Pluralismo Sincrónico, POSMODERNIDAD.

Harvey, Penélope. Ver Transculturación.

Haskell, T. Ver Plurinacionalidad.

Haya de la Torre, Víctor R. Ver INDIGENISMO.

Heater, Derek. Ver Plurinacionalidad.

Hechter, M. Ver Plurinacionalidad.

Heelas, P. Ver Modernidad.

Hegel, Georg W. F. Ver ALTERIDAD.

Held, David. Ver MOVILIDAD, Plurinacionalidad.

Herder, J. G. Ver CULTURA, DERECHOS HUMANOS, ESTADO-NACIÓN.

Herek, Gregory M. Ver Homofobia y heterofobia.

Hernández i Martí, G. M. Ver ESPACIO-TIEMPO.

Herskovits, Meville. Ver Aculturación, DERECHOS HUMANOS, Etnocentrismo y relativismo cultural, Racismo y neorracismo.

Herzfeld, Michael. Ver ESTEREOTIPOS Y ESENCIALIZACIÓN, INTEGRACIÓN.

Herzog, Werner. Ver COLONIALISMO Y ANTICOLONIALISMO.

Hilberg, Raul. Ver GENOCIDIO.

Hinton, Alexander. Ver GENOCIDIO.

Hitchcock, Robert. Ver Etnocidio.

Hitler, Adolf. Ver ESTADO-NACIÓN, VIOLENCIA POLÍTICA, Violencia política. Tipos.

Hiwatari, Nobuhiro. Ver ELITES.

Hobbes, Thomas. Ver VIOLENCIA POLÍTICA, Xenofobia y xenofilia.

Hobsbawm, E. J. Ver ESTADO-NACIÓN.

Hoffmann, Assis. Ver INDIGENISMO.

Hohlfeldt, Antonio. Ver INDIGENISMO.

Holland, Dorothy. Ver Interculturalidad.

Holquist, Michael. Ver GENOCIDIO.

Homero. Ver Xenofobia y xenofilia.

Hopenhayn, Martin. Ver CONSUMO CULTURAL, DESARROLLO.

Horkheimer, Max. Ver CONSUMO CULTURAL, Esfera mediática.

Howe, Leo. Ver Diferencias sociales y diferencias culturales.

Hugo, G. Ver MIGRACIONES.

Hull, David. Ver ESTEREOTIPOS Y ESENCIALIZACIÓN.

Humboldt, Wilhelm von. Ver Diferencias sociolingüísticas y desigualdad.

Humphrey, C. Ver Relaciones y procesos informales políticos.

Huntington, Samuel. Ver Etnicidad, INTEGRACIÓN.

Hussein, Sadam. Ver Violencia política. Tipos.

Inglehart, R. Ver Plurinacionalidad.

IRA. Ver Violencia política. Tipos.

Iser, Wolfgang. Ver CONSUMO CULTURAL.

Isherwood, Baron. Ver CONSUMO CULTURAL.

Ivens, R. Ver COLONIALISMO Y ANTICOLONIALISMO.

Jafri, Asfar. Ver SABER Y SABERES.

Jakobson, R. Ver COMUNICACIÓN.

Jameson, Fredrick. Ver Modernidad, POSMODERNIDAD.

Janoski, T. Ver Nacionalidad.

Janowitz, Morris. Ver Racismo y neorracismo.

Jaulin, Robert. Ver Etnocidio.

Jefferson, Thomas. Ver ESTADO-NACIÓN.

Jennings, J. Ver Ciudadano.

Johnson, David. Ver Fronteras simbólicas.

Johnston, Hank. Ver Elites cosmopolitas.

Joppke, Christian. Ver Comunidad transnacional, Nacionalidad.

Judah, Tim. Ver ESTADO-NACIÓN.

Judt, Tony. Ver ESTADO-NACIÓN.

Juruma, Mario. Ver INDIGENISMO.

Kafka, Franz. Ver EXPLOTACIÓN SOCIAL.

Kant, Immanuer. Ver Ciudadanía, Plurinacionalidad.

Kaplan, Caren. Ver Nomadismo y turismo, Viajes y sistemas de movilidad.

Karadimitriou, D. Ver Segregación.

Karadzic, Radovan. Ver Violencia política. Tipos.

Kart, Ivan. Ver PATRIMONIO.

Katz, Elihu. Ver Esfera mediática.

Kautsky, Karl. Ver GLOBALIZACIÓN.

Keane, J. Ver Revolución técnico-comunicativa.

Kearney, Michael. Ver Comunidad transnacional.

Keck, M. Ver Elites cosmopolitas.

Keegan, John. Ver VIOLENCIA POLÍTICA.

Kershaw, Ian. Ver Violencia política. Tipos.

Keynes, John M. Ver Comunitarismo.

Khosrokhavar, F. Ver Ciudadano.

Khun, Thomas. Ver MOVILIDAD.

Kilani, Mondher. Ver Racismo y neorracismo.

Kincheloe, Joe. Ver MULTICULTURALISMO, Multiculturalismo en los estudios culturales.

Klöden, Friedrid von. Ver Nacionalismo.

Kluckhohn, Clyde. Ver CULTURA.

Koch-Grünberg, Theodor. Ver INDIGENISMO.

Kolping, Adolf. Ver Nacionalismo.

Kosakaï, T. Ver Extranjero.

Krissman, F. Ver Migraciones. Redes Sociales.

Kristeva, Julia. Ver ALTERIDAD, Etnocentrismo y relativismo cultural, Racismo y neorracismo, Xenofobia y xenofilia.

Kroeber, Alfred. Ver CULTURA.

Kroskrity, Paul. Ver Diferencias sociolingüísticas y desigualdad.

Krotz, Esteban. Ver ALTERIDAD.

Kubrick, Stanley. Ver VIOLENCIA POLÍTICA.

Kuper, Adam. Ver GENOCIDIO, IDENTIDAD.

Kymlicka, Will. Ver Ciudadanía, Comunitarismo, MINORÍAS, MULTICULTURALISMO, Multilingüismo.

La Belle, Thomas J. Ver Multiculturalismo en los estudios étnicos.

Labov, William. Ver Diferencias sociolingüísticas y desigualdad.

Lacan, Jacques. Ver Poscolonialismo.

Laclau, Ernesto. Ver MULTICULTURALISMO.

Lacomba, Joan. Ver Integración religiosa.

Lacoste-Dujardin, Camille. Ver COLONIALISMO Y ANTICOLONIALISMO.

Lahire, B. Ver Nacionalismo.

Lamo de Espinosa, Emilio. Ver MULTICULTURALISMO, Nacionalidad.

Lampher, Louise. Ver Diferencias naturales y diferencias sociales.

Laraña, Enrique. Ver Elites cosmopolitas.

Larsen, J. Ver MOVILIDAD, Viajes y sistemas de movilidad.

Lasch, Christopher. Ver ELITES, Elites cosmopolitas.

Lash, S. Ver Modernidad, Modernización, Sociedad de la información y del conocimiento.

Latour, Bruno. Ver Nomadismo y turismo, Sociedad de la información y del conocimiento, SABER Y SABERES, Traducción.

Laufer, J. Ver TRABAJO.

Law, John. Ver Nomadismo y turismo.

Le Bon, Gustave. Ver INDIGENISMO.

Le Page, Robert. Ver Diferencias sociolingüísticas y desigualdad.

Le Pen, Jean-Marie. Ver ESTADO-NACIÓN.

Le Roy Ladurie, Emmanuel. Ver Localidades fantasmagóricas y desanclaje.

Leach, Edmund. Ver DIFERENCIA Y DESIGUALDAD, ELITES.

Leacock, Eleanor. Ver Diferencias naturales y diferencias sociales.

Leal, Jesús. Ver Segregación.

Lee, R. B. Ver Nomadismo y turismo.

Leeds, Anthony. Ver Diferencias sociales y diferencias culturales.

Leenhardt, Maurice. Ver COLONIALISMO Y ANTICOLONIALISMO.

Lefebvre, Henri. Ver Espacios locales, Megalópolis, NUEVOS MOVIMIENTOS SOCIALES.

Lehvhari, D. Ver MIGRACIONES.

Leiris. Michel. Ver Racismo y neorracismo.

Lemkin, Raphael. Ver GENOCIDIO.

Lenin, Vladimir I. Ver GLOBALIZACIÓN, VIOLENCIA POLÍTICA.

Leopoldo II de Bélgica. Ver COLONIALISMO Y ANTICOLONIALISMO, ESTADO-NACIÓN.

Leroi-Gourhan, André. Ver SABER Y SABERES.

Lespinay, Charles de. Ver GENOCIDIO.

Levi, Primo. Ver GENOCIDIO, Violencia política. Tipos.

Lévi-Strauss, Claude. Ver ESTEREOTIPOS Y ESENCIALIZACIÓN, Etnocentrismo y relativismo cultural, Extranjero, GLOBALIZACIÓN, Racismo y neorracismo, TERRITORIOS.

Lewis, J. Ver Relaciones y procesos informales económicos.

Lewis, Oscar. Ver Diferencias sociales y diferencias culturales, ESTIGMA.

Lieberman, R. Ver Nacionalidad.

Liebes, Tamar. Ver Esfera mediática.

Liebow, Elliot. Ver Diferencias sociales y diferencias culturales.

Liga de Naciones. Ver GLOBALIZACIÓN.

Liga Norte italiana. Ver ESTADO-NACIÓN.

Lindón, A. Ver Espacios locales.

Lindqvist, Sven. Ver GENOCIDIO.

Linneo, Carlos. Ver Racismo y neorracismo.

Lins, Gustavo. Ver ALTERIDAD.

Linton, Ralph. Ver Aculturación.

Lippman, Walter. Ver ESTEREOTIPOS Y ESENCIALIZACIÓN.

Lipsitz, G. Ver COMUNICACIÓN.

Livngstone, David. Ver COLONIALISMO Y ANTICOLONIALISMO.

Lodares, Juan Ramón. Ver Multilingüismo.

Lodoño, Luz M. Ver Derecho de injerencia.

Loomba, Ania. Ver Poscolonialismo.

López Caballero, Paula. Ver Globalización y antiglobalización.

Lorenz, Honrad. Ver Racismo y neorracismo.

Lotean, J. Ver COMUNICACIÓN.

Lotean, I. M. Ver COMUNICACIÓN.

Loury, G. Ver Migraciones. Redes Sociales.

Luckmann, Thomas. Ver SABER Y SABERES.

Lull, J. Ver Esfera mediática.

Lutero, Martin. Ver ESTADO-NACIÓN.

Lutz, Catherine. Ver Derecho de injerencia.

Luxemburg, Rosa. Ver GLOBALIZACIÓN.

Lyon, D. Ver POSMODERNIDAD.

Lyotard, Jean-François. Ver ESTEREOTIPOS Y ESENCIALIZACIÓN.

Mabogunje, A. Ver Migraciones. Redes Sociales.

MacCormack, Carol. Ver Diferencias naturales y diferencias sociales.

Mahler, S. Ver Migraciones. Redes Sociales.

Maine, Henry. Ver Modernidad.

Maistre, Joseph de. Ver ESTADO-NACIÓN.

Makimoto, T. Ver MOVILIDAD, Nomadismo y turismo, Viajes y sistemas de movilidad.

Malgesini, Graciela. Ver Comunidad transnacional.

Malinowski, Bronislaw. Ver Multilocal, RELACIONES Y PROCESOS INFORMALES.

Malkki, Lisa. Ver GLOBALIZACIÓN.

Maloutas, T. Ver Segregación.

Manners, David. Ver MOVILIDAD, Nomadismo y turismo, Viajes y sistemas de movilidad.

Mannheim, Kalt. Ver SABER Y SABERES.

Mantecón, Ana Rosas. Ver CONSUMO CULTURAL.

Marcus, George. Ver Comunidad transnacional, ESPACIO-TIEMPO, Multiculturalismo en los estudios culturales, Multilocal.

Marcusse, Herbert. Ver Contracultura.

Margalit, A. Ver NUEVOS MOVIMIENTOS SOCIALES.

Margulis, Mario. Ver Racismo y neorracismo.

Mariátegui, José Carlos. Ver INDIGENISMO.

Markusen, Eric. Ver GENOCIDIO.

Marqués de Pombal. Ver Esclavitud.

Marshall, T. H. Ver Ciudadanía, Nacionalidad.

Martín-Barbero, Jesús. Ver COMUNICACIÓN, CONSUMO CULTURAL, Esfera mediática, Sociedad de la información y del conocimiento.

Martínez Veiga, Ubaldo. Ver Migraciones, Migraciones y racismo, Redes Sociales, Relaciones y procesos informales económicos.

Martiniello, Marco. Ver MULTICULTURALISMO.

Maruani, M. Ver TRABAJO.

Marwick, M. Ver Globalización y antiglobalización.

Marx, Karl. Ver Centro-periferia, Ciudadanía, EXPLOTACIÓN SOCIAL, GLOBALIZACIÓN, PATRIMONIO, Poscolonialismo, Relaciones y procesos informales económicos, TRABAJO.

Massey, D. Ver Comunidad transnacional, Espacios locales, MIGRACIONES, Migraciones. Redes Sociales

Mathieu, Nicole-Claude. Ver Diferencias naturales y diferencias sociales.

Mato, Daniel. Ver Desterritorialización, Espacios locales.

Mattelart, Armand. Ver COMUNICACIÓN, CONSUMO CULTURAL.

Mattelart, M. Ver COMUNICACIÓN.

Mauss, Marcel. Ver RELACIONES Y PROCESOS INFORMALES, SABER Y SABERES.

May, M. Ver Relaciones y procesos informales económicos.

Maybury-Lewis, David. Ver MINORÍAS.

McLuhan, M. Ver ESPACIO-TIEMPO, Revolución técnico-comunicativa.

McMichael, Philip. Ver ELITES.

Mead, Margaret. Ver CULTURA, Desterritorialización, Extranjero, Nacionalismo.

Medina García, Eusebio. Ver Fronteras económicas.

Meillassoux, Claude. Ver DIFERENCIA Y DESIGUALDAD.

Melucci, Alberto. Ver MULTICULTURALISMO.

Memmi, A. Ver Etnicidad.

Menéndez Pelayo, Marcelino. Ver ESTADO-NACIÓN.

Mengivar, C. Ver Migraciones. Redes Sociales.

Mennecke, Martin. Ver GENOCIDIO.

Merton, Robert. Ver DIFERENCIA Y DESIGUALDAD, Plurinacionalidad, SABER Y SABERES.

Meyer, B. Ver Globalización y antiglobalización.

Michaelsen, Scott. Ver Fronteras simbólicas.

Michigan Militia. Ver Globalización y antiglobalización.

Miguélez, F. Ver TRABAJO.

Mill, John Stuart. Ver Comunitarismo.

Milosevic, Slobodan. Ver Violencia política. Tipos.

Ministerio del Interior de España. Ver Migraciones. Teoría Macro.

Mintz, Sydney W. Ver Esclavitud.

Mitchell, J. C. Ver MIGRACIONES, Migraciones. Redes Sociales, Migraciones. Teoría Macro.

Mohanty, Ch. T. Ver Traducción.

Mol, Annemarie. Ver Nomadismo y turismo.

Molina, Andrés. Ver INDIGENISMO.

Molinié, Antoinette. Ver INDIGENISMO.

Monleón, J. Ver POSMODERNIDAD.

Montañez, G. Ver Desterritorialización, TERRITORIOS.

Moore, Henrietta. Ver Diferencias naturales y diferencias sociales.

Morel, A. Ver Fronteras simbólicas.

Moreras, Jordi. Ver Integración religiosa.

Morin, E. Ver Esfera mediática, Revolución técnico-comunicativa.

Morin, Stephen F. Ver Homofobia y heterofobia.

Morley, David. Ver CONSUMO CULTURAL, Multilocal.

Morris, P. Ver Modernidad.

Mosse, Gerard L. Ver ESTADO-NACIÓN.

Mouffe, Chantal. Ver MULTICULTURALISMO.

Munck, R. Ver DISCRIMINACIÓN Y EXCLUSIÓN SOCIAL.

Muñoz Sedano, A. Ver Integración educativa.

Murillo Ferrol, Francisco. Ver ESTADO-NACIÓN.

Murphy, K. Ver Migraciones y economía.

Myrdal, Gunnar. Ver Racismo y neorracismo.

Naimark, Norman. Ver GENOCIDIO

Naipaul, V. S. Ver COLONIALISMO Y ANTICOLONIALISMO.

Naïr, Sami. Ver Ciudadano, Etnicidad.

Nairm, Tom. Ver NUEVOS MOVIMIENTOS SOCIALES.

Nates, Beatriz. Ver Centro-periferia, Desterritorialización, TERRITORIOS.

Negri, Antonio. Ver Globalización y antiglobalización, NUEVOS MOVIMIENTOS SOCIALES.

Neumann, Roderick P. Ver COLONIALISMO Y ANTICOLONIALISMO.

New York Herald Tribune. Ver COLONIALISMO Y ANTICOLONIALISMO.

Nieto, Y. F. Ver Derecho de injerencia.

Nietzsche, Friedrich. Ver ESTEREOTIPOS Y ESENCIALIZACIÓN.

Norman, W. Ver Ciudadanía.

Norris, P. Ver Plurinacionalidad.

Norton de Matos, J. M. Ver COLONIALISMO Y ANTICOLONIALISMO.

Nugent, David. Ver Neocolonialismo.

Nunberg, G. Ver Información.

Núñez Hurtado, Carlos. Ver DESARROLLO.

O'Neill, Juan B. Ver EXPLOTACIÓN SOCIAL.

Observatório das Actividades Culturais. Ver CONSUMO CULTURAL.

Offe, C. Ver Elites cosmopolitas, TRABAJO.

Ohana, Jocelyne. Ver MINORÍAS.

Okely, Judith. Ver Nomadismo y turismo.

Oliver, Joseph. Ver Migraciones y economía.

OMC. Ver Derecho de injerencia.

ONU. Ver CIUDADANÍA, Derecho de injerencia, DERECHOS HUMANOS, DESARROLLO, Elites cosmopolitas, Esclavitud, GENOCIDIO, MINORÍAS, Neocolonialismo, Plurinacionalidad, Racismo y neorracismo.

Organización Iberoamericana de Juventud. Ver CONSUMO CULTURAL.

Ortiz, Renato. Ver Transculturación.

Ortner, Sherry. Ver Diferencias naturales y diferencias sociales, Diferencias sociales y diferencias culturales.

OTAN. Ver Derecho de injerencia, ELITES.

Overing, J. Ver Diferencias naturales y diferencias sociales.

Packard, Randall. Ver SABER Y SABERES.

Pahl, R. E. Ver Relaciones y procesos informales económicos.

Pais de Brito, Joaquim. Ver EXPLOTACIÓN SOCIAL.

Pallarés, Joan. Ver Contracultura.

Palmer, Alison. Ver Etnocidio.

Papataxiarchis, Evyhymios. Ver Diferencias sociales y diferencias culturales.

Paredes, Rigoberto. Ver INDIGENISMO.

Pareto, Wilfredo. Ver ELITES, Elites cosmopolitas.

Park, Robert E. Ver Racismo y neorracismo.

Parkin, Frank. Ver DIFERENCIA Y DESIGUALDAD.

Parsons, Talcott. Ver DIFERENCIA Y DESIGUALDAD.

Parsons, William. Ver Etnocidio.

Partido Nacionalista Vasco. Ver Violencia política. Tipos.

Partido Popular. Ver Migraciones. Teoría Macro.

Partido Socialista Obrero Español. Ver Migraciones y economía.

Pascual, M. Ver Sociedad de la información y del conocimiento.

Patterson, Orlando. Ver Esclavitud.

Paul-Lévy, F. Ver Espacios locales.

Peach, Ceri. Ver Integración religiosa.

Peirce, C. S. Ver COMUNICACIÓN, Traducción.

Pelayo. Ver ESTADO-NACIÓN.

Pellow, Deborah. Ver FRONTERA.

Peñamarín, Cristina. Ver COMUNICACIÓN, Sociedad de la información y del conocimiento.

Pérez Agote, Alfonso. Ver IDENTIDAD, Violencia política. Tipos.

Pérez Galdós, Benito. Ver ESTADO-NACIÓN.

Pericles. Ver Ciudadanía.

Periódico de Catalunya. Ver Migraciones y economía.

Perlmann, Joel. Ver INTEGRACIÓN.

Perrot, Dominique. Ver Etnocentrismo y relativismo cultural.

Pessar, P. Ver MIGRACIONES.

Peterss, Peter F. Ver MOVILIDAD.

Petit, Michele. Ver CONSUMO CULTURAL.

Pfeil, Fred. Ver Pluralismo Sincrónico.

Phillips, William D. Jr. Ver Esclavitud.

Piccini, Mabel. Ver CONSUMO CULTURAL.

Piccone, Paul. Ver NUEVOS MOVIMIENTOS SOCIALES.

Piedra García, M.ª José. Ver INTEGRACIÓN.

Pinten, Rik. Ver MULTICULTURALISMO.

Piñol, Daniel. Ver ESTIGMA.

Piore, M. J. Ver Relaciones y procesos informales económicos.

Pitrou, A. Ver RELACIONES Y PROCESOS INFORMALES.

Pitt-Rivers, Julian. Ver Relaciones y procesos informales políticos.

Platón. Ver VIOLENCIA POLÍTICA.

Plum, W. Ver Nacionalismo.

Poche, B. Ver Centro-periferia.

Pogge, Paul. Ver COLONIALISMO Y ANTICOLONIALISMO.

Polanyi, Karl. Ver Nacionalismo, RELACIONES Y PROCESOS INFORMALES, Relaciones y procesos informales económicos, TRABAJO.

Poliakov, León. Ver Racismo y neorracismo.

Poma de Ayala, Guamán. Ver INDIGENISMO.

Portes, A. Ver MIGRACIONES, Migraciones. Redes Sociales, RELACIONES Y PROCESOS INFORMALES, Relaciones y procesos informales económicos.

Poulantzas, Nicos. Ver DIFERENCIA Y DESIGUALDAD.

Powers, Bruce R. Ver Revolución técnico-comunicativa.

Prakash, Gyan. Ver Poscolonialismo.

Prat, Joan. Ver ESTEREOTIPOS Y ESENCIALIZACIÓN, ESTIGMA.

Prebisch, Raoul. Ver GLOBALIZACIÓN.

Preisswerk, Roy. Ver Etnocentrismo y relativismo cultural.

Preteceille, E. Ver Segregación.

Pries, Ludger. Ver Comunidad transnacional.

Prieto, Carlos. Ver TRABAJO.

PRODEPINE. Ver Relaciones y procesos informales económicos.

Prytherch, D. Ver Espacio red.

Pueyo, Miquel. Ver Multilingüismo.

Pujadas, J. J. Ver FRONTERA.

Putnam, R. Ver Comunitarismo, Relaciones y procesos informales económicos.

Putzel, J. Ver Relaciones y procesos informales económicos.

Quinn, Naomi. Ver CULTURA, Interculturalidad.

Radcliffe Brown, A. R. Ver CULTURA.

Raffestin, C. Ver TERRITORIOS.

Rao, Raja. Ver Poscolonialismo.

Ratzel, Friedrich. Ver Frontera geográfica y administrativa.

Rauch, Jonathan. Ver Comunitarismo.

Rawls, John. Ver ESTEREOTIPOS Y ESENCIALIZACIÓN.

Raymond, S. Ver Centro-periferia.

Raznjatovic, Zeljko. Ver Violencia política. Tipos.

Redfield, R. Ver Aculturación.

Reich, Robert B. Ver ELITES, Elites cosmopolitas.

Renan, Ernest. Ver ESTADO-NACIÓN.

Renteln, Alison D. Ver DERECHOS HUMANOS.

Rey, G. Ver Sociedad de la información y del conocimiento.

Rey, I. Ver DIFERENCIA Y DESIGUALDAD.

Reynaud, A. Ver Centro-periferia.

Rheingold, H. Ver Nomadismo y turismo.

Rhodes-Livingstone Institute. Ver MIGRACIONES.

Ribeiro, Darcy. Ver INDIGENISMO.

Richards, Thomas. Ver COLONIALISMO Y ANTICOLONIALISMO.

Ricoeur, Paul. Ver ALTERIDAD.

Rivera, Annamaria. Ver Racismo y neorracismo.

Rivera, Diego. Ver INDIGENISMO.

Rivera, José E. Ver COLONIALISMO Y ANTICOLONIALISMO.

Robertson, Roland. Ver Global y local, GLOBALIZACIÓN.

Robins, K. Ver Multilocal.

Rodman, Margaret. Ver Multilocal.

Roediger, T. D. R. Ver Migraciones y racismo.

Roldán, M. Ver Relaciones y procesos informales económicos.

Rol, J. Ver ESTADO-NACIÓN.

Romaní, Oriol. Ver ESTIGMA.

Roosevelt, Theodore. Ver Migraciones y racismo.

Rorty, Richard. Ver Etnocentrismo y relativismo cultural.

Rosaldo, Michelle. Ver Diferencias naturales y diferencias sociales.

Rosaldo, Renato. Ver COMUNICACIÓN, ESTEREOTIPOS Y ESENCIALIZACIÓN.

Rosenbaum, Alan. Ver GENOCIDIO.

Rosón, F. Javier. Ver Integración religiosa.

Ross, Edward. Ver Migraciones y racismo.

Rostov, Walter. Ver GLOBALIZACIÓN.

Rousseau, Jean-Jacques. Ver ESTADO-NACIÓN, EXPLOTACIÓN SOCIAL, Xenofobia y xenofilia.

Roszak, Theodore. Ver Contracultura.

Rubin, Gayle. Ver Homofobia y heterofobia.

Rushdie, Salman. Ver COLONIALISMO Y ANTICOLONIALISMO.

Saavedra, Bautista. Ver INDIGENISMO.

Sabel, Ch. F. Ver RELACIONES Y PROCESOS INFORMALES.

Sahagún, fray Bernardino de. Ver ESTEREOTIPOS Y ESENCIALIZACIÓN.

Sahlins, Marsall. Ver PATRIMONIO.

Sahlins, Peter. Ver Centro-periferia, Frontera geográfica y administrativa.

Said, Edward W. Ver CULTURA, Diferencias sociolingüísticas y desigualdad, Neocolonialismo, Poscolonialismo.

San Román, Teresa. Ver DIFERENCIA Y DESIGUALDAD, ESTIGMA, INTEGRACIÓN, DISCRIMINACIÓN Y EXCLUSIÓN SOCIAL, Racismo y neorracismo.

Sanches, Manuela R. Ver Poscolonialismo.

Sánchez Durá, Nicolás. Ver Etnocentrismo y relativismo cultural.

Sandoval, Salvador. Ver DESARROLLO.

Sannon, C. E. Ver Información.

Santamaría, Enrique. Ver Integración religiosa.

Sarup, Madan. Ver Multiculturalismo en los estudios culturales.

Sartre, Jean-Paul. Ver ALTERIDAD.

Sassen, Saskia. Ver Elites cosmopolitas, Espacio red, GLOBALIZACIÓN, Megalópolis, MIGRACIONES, Migraciones. Teoría Macro.

Sayad, Abdelmalek. Ver Ciudadano, DISCRIMINACIÓN Y EXCLUSIÓN SOCIAL, Extranjero, INTEGRACIÓN, Naturalización.

Scheler, Max. Ver ALTERIDAD, SABER Y SABERES.

Schermerhorn, R. A. Ver MINORÍAS.

Schieffelin, Bambi. Ver Diferencias sociolingüísticas y desigualdad.

Schiffauer, Werner. Ver INTEGRACIÓN.

Schiller, H. Ver Esfera mediática.

Schmidt, Thomas. Ver MULTICULTURALISMO.

Schmilchuk, Graciela. Ver CONSUMO CULTURAL.

Schnapper, Dominique. Ver Ciudadanía, Ciudadano, PATRIMONIO.

Schneider, J. Ver Relaciones y procesos informales políticos.

Schneider, P. Ver Relaciones y procesos informales políticos.

Schoppa, L. Ver ELITES.

Scotson, J. Ver Extranjero.

Scott, J. Ver Relaciones y procesos informales políticos.

Scott, James. C. Ver Aculturación, EXPLOTACIÓN SOCIAL, Relaciones y procesos informales políticos.

Sebreli, Juan José. Ver Etnocentrismo y relativismo cultural.

Segaud, M. Ver Espacios locales.

Sémelin, Jacques. Ver GENOCIDIO.

Senghar, Léopold. Ver Poscolonialismo.

Shapiro, Amy. Ver Multiculturalismo en los estudios étnicos.

Sheller, Mimi. Ver MOVILIDAD, Nomadismo y turismo, Viajes y sistemas de movilidad.

Shiva, Vandana. Ver SABER Y SABERES.

Shore, Chris. Ver INTEGRACIÓN.

Shuetz, Alfred. Ver ALTERIDAD.

Sieyès, Emmanuel J. Ver ESTADO-NACIÓN.

Siguán, Miquel. Ver Multilingüismo.

Sikkink, K. Ver Elites cosmopolitas.

Silva, Cándido M. da. Ver DIFERENCIA Y DESIGUALDAD, INDIGENISMO.

Silverman, Sydel. Ver Relaciones y procesos informales políticos.

Simmel, George. Ver Extranjero, Nacionalismo.

Sjastaad, A. Ver MIGRACIONES.

Slater, D. Ver Centro-periferia.

Sleeter, C. E. Ver Integración educativa.

Smart, A. Ver Relaciones y procesos informales políticos.

Smith, Adam. Ver GLOBALIZACIÓN, Nacionalismo.

Smith, Michael P. Ver Comunidad transnacional.

Snow, C. P. Ver SABER Y SABERES.

Sociedad General de Autores. Ver CONSUMO CULTURAL.

Sociedad de Naciones. Ver MINORÍAS.

Soja, Edward W. Ver Espacio red.

Solé, C. Ver Modernidad, Modernización.

Sombart, W. Ver Centro-periferia.

Sorel, Georges. Ver VIOLENCIA POLÍTICA.

Sorokin, Pitirm. Ver MOVILIDAD.

Sousa, Boaventura de. Ver Global y local, MULTICULTURALISMO, Traducción.

Speke, John. Ver COLONIALISMO Y ANTICOLONIALISMO.

Spencer, Herbert. Ver Modernidad.

Spivak, Gayatri. C. Ver COLONIALISMO Y ANTICOLONIALISMO, ESTEREOTIPOS Y ESENCIALIZACIÓN, Poscolonialismo.

Stalin, Iósiv. Ver GLOBALIZACIÓN, Violencia política. Tipos.

Stanley, Henry M. Ver COLONIALISMO Y ANTICOLONIALISMO.

Stark, O. Ver MIGRACIONES.

Steinberg, Shirley R. Ver MULTICULTURALISMO, Multiculturalismo en los estudios culturales.

Stewart, Frank H. Ver Diferencias naturales y diferencias sociales.

Stewart, Michael. Ver Diferencias sociales y diferencias culturales.

Stocking, George W. Jr. Ver COLONIALISMO Y ANTICOLONIALISMO.

Stockle, Verena. Ver Diferencias naturales y diferencias sociales, DISCRIMINACIÓN Y EXCLUSIÓN SOCIAL, Naturalización, Racismo y neorracismo.

Strathern, Marilyn. Ver Diferencias naturales y diferencias sociales.

Strauss, C. Ver CULTURA.

Streck, B. Ver Nomadismo y turismo.

Sumner, W. G. Ver Etnocentrismo y relativismo cultural.

Sun Tzu. Ver VIOLENCIA POLÍTICA.

Sunkel, Guillermo. Ver CONSUMO CULTURAL.

Supiot, A. Ver RELACIONES Y PROCESOS INFORMALES.

Swaan, A. de. Ver Plurinacionalidad.

Szanton, Cristina. Ver Comunidad transnacional.

Tabboni, S. Ver Extranjero.

Tabouret-Keller, Andrée. Ver Diferencias sociolingüísticas y desigualdad.

Taguieff, Pierre-André. Ver NUEVOS MOVIMIENTOS SOCIALES, Racismo y neorracismo.

Tajfel, Henri. Ver ESTEREOTIPOS Y ESENCIALIZACIÓN.

Tambiah, Stanley J. Ver Violencia política. Tipos.

Taussig, Michael. Ver COLONIALISMO Y ANTICOLONIALISMO.

Taylor, Charles. Ver Ciudadano, Comunitarismo, MULTICULTURALISMO.

Tees, P. Ver Espacios locales.

Temprano, Emilio. Ver ESTEREOTIPOS Y ESENCIALIZACIÓN.

Terradas, Ignasi. Ver Relaciones y procesos informales económicos.

Terray, Emmanuel. Ver DIFERENCIA Y DESIGUALDAD.

Thiong'o Ngugi wa. Ver Poscolonialismo.

Thirft, Nigel. Ver MOVILIDAD, Viajes y sistemas de movilidad.

Thomas, Brinley. Ver Migraciones. Teoría Macro.

Thomas, Dorothy Q. Ver Esclavitud.

Thomas, Nicholas. Ver COLONIALISMO Y ANTICOLONIALISMO, Poscolonialismo.

Thomas, W. I. Ver ESTEREOTIPOS Y ESENCIALIZACIÓN, MIGRACIONES.

Thompson, J. B. Ver Esfera mediática, Revolución técnico-comunicativa.

Thompson, Richard H. Ver DERECHOS HUMANOS.

Tiffin, Helen. Ver Poscolonialismo.

Tilly, Charles. Ver MIGRACIONES, Migraciones. Redes Sociales.

Tito. Ver *Broz, Josip.*

Tocqueville, Alexis de. Ver Comunitarismo, Racismo y neorracismo.

Todazo, M. P. Ver MIGRACIONES.

Todorov, Tzvetan. Ver Racismo y neorracismo, Xenofobia y xenofilia.

Tomlinson, J. Ver Localidades fantasmagóricas y desanclaje, Plurinacionalidad.

Tönnies, Ferdinand. Ver Comunitarismo, Contracultura, Modernidad.

Topinard, P. Ver Etnicidad.

Torres, Carlos A. Ver Multiculturalismo en los estudios étnicos.

Totten, Samuel. Ver Etnocidio.

Touraine, Alain. Ver Interculturalidad, MULTICULTURALISMO, NUEVOS MOVIMIENTOS SOCIALES.

Tuan, Y. F. Ver Centro-periferia.

Tuchman, G. Ver Información.

Tudor, Andrew. Ver Multiculturalismo en los estudios culturales.

Turner, Frederic. Ver Frontera geográfica y administrativa.

Turner, Terence S. Ver DERECHOS HUMANOS, ELITES, Elites cosmopolitas, Pluralismo Sincrónico.

Turner, Victor. Ver Contracultura, ESTIGMA.

Turull, Albert. Ver Multilingüismo.

Tusón, Jesús. Ver Multilingüismo.

Tylor, Edward. Ver CULTURA, MINORÍAS.

UNESCO. Ver MINORÍAS, Naturalización, Nomadismo y turismo, NUEVOS MOVIMIENTOS SOCIALES, PATRIMONIO, Plurinacionalidad, Racismo y neorracismo.

Unión Europea. Ver MINORÍAS.

Unión General de Trabajadores. Ver TRABAJO.

Uriarte, Luis. Ver Fronteras económicas.

Urry, John. Ver MOVILIDAD, Nomadismo y turismo, Viajes y sistemas de movilidad.

Vacher de Lapouge, G. Ver Racismo y neorracismo.

Valcárcel, Luis. Ver INDIGENISMO.

Valdés, María. Ver Racismo y neorracismo, Xenofobia y xenofilia.

Valentine, Charles. Ver Diferencias sociales y diferencias culturales.

Valverde, Amparo. Ver INTEGRACIÓN.

Vargas Llosa, Mario. Ver INDIGENISMO.

Vasconcelos, José de. Ver INDIGENISMO.

Vega, Garcilaso de la. Ver INDIGENISMO.

Verlot, Marc. Ver Integración religiosa.

Vermeulen, Hans. Ver FRONTERA, INTEGRACIÓN.

Verschueren, Jef. Ver INTEGRACIÓN.

Vertovec, Steven. Ver Integración religiosa, MULTICULTURALISMO.

Vicent, J. Ver Neocolonialismo.

Vidal, Humberto. Ver INDIGENISMO.

Vilaltella, J. G. Ver Información.

Villasante, Tomás R. Ver DESARROLLO.

Villermé, L. R. Ver Nacionalismo.

Villota, F. Ver Centro-periferia.

Viriato. Ver ESTADO-NACIÓN.

Vogel, C. Ver Racismo y neorracismo.

Wacquant, L. Ver DISCRIMINACIÓN Y EXCLUSIÓN SOCIAL.

Wagley, Charles. Ver MINORÍAS.

Wagner, Richard. Ver ESTADO-NACIÓN.

Walde, E. Ver Diferencias naturales y diferencias sociales.

Wallace, Anthony. Ver CULTURA, ESTEREOTIPOS Y ESENCIALIZACIÓN.

Wallerstein, Immanuel. Ver GLOBALIZACIÓN, Racismo y neorracismo, Xenofobia y xenofilia.

Walter, Michael. Ver Comunitarismo.

Walton, John. Ver MIGRACIONES.

Ward, Christopher R. Ver Multiculturalismo en los estudios étnicos.

Warne, Frank Julian. Ver Migraciones y racismo.

Warner, Michael. Ver Homofobia y heterofobia.

Warnier, Jean-Pierre. Ver Etnocentrismo y relativismo cultural.

Watson, James. Ver Esclavitud.

Weaver, W. Ver Información.

Weber, Max. Ver DIFERENCIA Y DESIGUALDAD, Etnicidad, Nacionalismo, Plurinacionalidad, Racismo y neorracismo, RELACIONES Y PROCESOS INFORMALES, Relaciones y procesos informales económicos, Relaciones y procesos informales políticos, SABER Y SABERES, TERRITORIOS, VIOLENCIA POLÍTICA.

Weill, K. Ver COLONIALISMO Y ANTICOLONIALISMO.

Weinberg, George. Ver Homofobia y heterofobia.

Weiner, M. Ver Migraciones. Redes Sociales.

Weinreich, Uriel. Ver Diferencias sociolingüísticas y desigualdad.

Weiss, Richard. Ver Migraciones y racismo.

White, Leslie A. Ver CULTURA.

Whitehead, Harriet. Ver Diferencias naturales y diferencias sociales.

Whorf, Benjamin. Ver Diferencias sociolingüísticas y desigualdad.

Wieviorka, Michel. Ver Ciudadano, Extranjero, MINORÍAS, Racismo y neorracismo.

Williams, Raymond. Ver Multiculturalismo en los estudios culturales.

Wliamson, J. Ver Migraciones y economía.

Willis, Paul. Ver Diferencias sociales y diferencias culturales.

Wilson, Edward, O. Ver Racismo y neorracismo.

Wilson, Richard A. Ver Derecho de injerencia, DERECHOS HUMANOS, Naturalización.

Wilson, Thomas. Ver FRONTERA.

Wilson, William Julius. Ver Diferencias sociales y diferencias culturales.

Wimmer, Andreas. Ver INTEGRACIÓN.

Wissmann, Hemann von. Ver COLONIALISMO Y ANTICOLONIALISMO.

Wolf, Eric. Ver COLONIALISMO Y ANTICOLONIALISMO, RELACIONES Y PROCESOS INFORMALES, Relaciones y procesos informales económicos, Relaciones y procesos informales políticos.

Word, Ellen M. Ver ELITES.

Woolard, Kathryn. Ver Diferencias sociolingüísticas y desigualdad.

Wright, Erik Olin. Ver DIFERENCIA Y DESIGUALDAD.

Wright, Susan. Ver INTEGRACIÓN.

Wrigley, Richard. Ver ESTADO-NACIÓN.

Yanagisako, S. J. Ver Diferencias naturales y diferencias sociales, Relaciones y procesos informales económicos.

Yang, M. M. Ver Relaciones y procesos informales políticos.

Yemá al Islamiya. Ver Violencia política. Tipos.

Young, Philip Q. Ver Multiculturalismo en los estudios étnicos.

Zapata, Emiliano. Ver INDIGENISMO.

Zechenter, Elisabeth M. Ver DERECHOS HUMANOS.

Zientara, Benedikt. Ver Frontera geográfica y administrativa.

Zizek, Slavo. Ver Multiculturalismo en los estudios culturales.

Znaniecki, F. Ver MIGRACIONES.

Zolo, Danilo. Ver Plurinacionalidad.

Zulaika, Joseba. Ver PATRIMONIO, Violencia política. Tipos.

Zunz, Olivier. Ver ELITES.

Índice de territorios, grupos y pueblos citados

Afganistán. Ver Derecho de injerencia, Violencia política. Tipos.

África. Ver COLONIALISMO Y ANTICOLONIALISMO, Derecho de injerencia, Diferencias naturales y diferencias sociales, Esclavitud, ESTADO-NACIÓN, Globalización y antiglobalización, Megalópolis, Migraciones. Teoría macro, Migraciones y economía, Migraciones y racismo, MOVILIDAD, Neocolonialismo, NUEVOS MOVIMIENTOS SOCIALES, Relaciones y procesos informales económicos, SABER Y SABERES, Transculturación.

Afrikaans. Ver *Apartheid*, MINORÍAS.

Afroamericanos. Ver COLONIALISMO Y ANTICOLONIALISMO, DISCRIMINACIÓN Y EXCLUSIÓN SOCIAL, Esclavitud, MINORÍAS, MULTICULTURALISMO, Multiculturalismo en los estudios étnicos.

Alemania. Ver COLONIALISMO Y ANTICOLONIALISMO, Espacio red, ESTADO-NACIÓN, GENOCIDIO, Integración religiosa, Migraciones. Teoría macro, Migraciones y economía, Migraciones y racismo, Nacionalidad, NUEVOS MOVIMIENTOS SOCIALES, Racismo y neorracismo, Violencia política. Tipos.

Amazonas. Ver COLONIALISMO Y ANTICOLONIALISMO.

América. Ver COLONIALISMO Y ANTICOLONIALISMO, Esclavitud, Frontera geográfica y administrativa, Megalópolis, Migraciones. Teoría macro, Segregación.

Andamán. Ver Xenofobia y xenofilia.

Angola. Ver COLONIALISMO Y ANTICOLONIALISMO, Neocolonialismo.

Apaches. Ver Xenofobia y xenofilia.

Árabes. Ver ESTEREOTIPOS Y ESENCIALIZACIÓN, Violencia política. Tipos.

Área anglosajona. Ver Comunitarismo, DESARROLLO, ESTADO-NACIÓN, Etnicidad, Migraciones y racismo, MINORÍAS, Nacionalidad.

Arékunas. Ver INDIGENISMO.

Argelia. Ver COLONIALISMO Y ANTICOLONIALISMO, Desterritorialización, EXPLOTACIÓN SOCIAL, Nacionalidad, Neocolonialismo, Violencia política. Tipos.

Argentina. Ver CONSUMO CULTURAL, Espacio red, INDIGENISMO, Xenofobia y xenofilia.

Armenios. Ver Comunidad transnacional, GENOCIDIO.

Asia. Ver COLONIALISMO Y ANTICOLONIALISMO, Comunitarismo, Derecho de injerencia, Megalópolis, Migraciones y racismo, MINORÍAS, Neocolonialismo.

Astures. Ver ESTADO-NACIÓN.

Auschwitz. Ver Racismo y neorracismo.

Australia. Ver COLONIALISMO Y ANTICOLONIALISMO, MULTICULTURALISMO.

Austria. Ver COLONIALISMO Y ANTICOLONIALISMO, Violencia política. Tipos.

Balcanes. Ver Derecho de injerencia, ESTADO-NACIÓN.

Bantú. Ver *Apartheid*.

Bantustán. Ver *Apartheid*.

Belfast. Ver Fronteras políticas y religiosas.

Bélgica. Ver COLONIALISMO Y ANTICOLONIALISMO, ESTADO-NACIÓN, Nacionalidad.

Bereberes. Ver TERRITORIOS.

Berlín. Ver Frontera geográfica y administrativa, TERRITORIOS.

Bizancio. Ver Esclavitud,

Blancos. Ver *Apartheid*, COLONIALISMO Y AN-
TICOLONIALISMO, Migraciones. Teoría
macro, Migraciones y racismo, NUEVOS
MOVIMIENTOS SOCIALES.

Bóer. Ver *Apartheid*.

Bolivia. Ver COLONIALISMO Y ANTICOLO-
NIALISMO, INDIGENISMO.

Bororo. Ver INDIGENISMO, TERRITORIOS.

Bosnia-Hercegovina. Ver GENOCIDIO, Violencia
política. Tipos.

Brasil. Ver COLONIALISMO Y ANTICOLO-
NIALISMO, CONSUMO CULTURAL, Es-
pacio red, Frontera geográfica y administrativa, GLOBALIZACIÓN, Globalización y
antiglobalización, INDIGENISMO, MI-
NORÍAS, Neocolonialismo, NUEVOS MO-
VIMIENTOS SOCIALES.

Bremnes. Ver Migraciones. Redes sociales.

Bretones. Ver NUEVOS MOVIMIENTOS SO-
CIALES,

Bulgaria. Ver Migraciones. Teoría macro.

Cádiz. Ver ESTADO-NACIÓN.

Camerún. Ver COLONIALISMO Y ANTICO-
LONIALISMO.

Canadá. Ver CONSUMO CULTURAL, MULTI-
CULTURALISMO, TERRITORIOS.

Canarias. Ver Migraciones. Teoría macro, Migraciones y economía, Migraciones y racismo.

Caribe. Ver COLONIALISMO Y ANTICOLO-
NIALISMO, Esclavitud, Neocolonialismo,
Transculturación

Cataluña. Ver CONSUMO CULTURAL, ESTA-
DO-NACIÓN, ESTEREOTIPOS Y ESEN-
CIALIZACIÓN, MINORÍAS.

Celtas. Ver NUEVOS MOVIMIENTOS SO-
CIALES.

Chicago. Ver NUEVOS MOVIMIENTOS SO-
CIALES.

Chicanos. Ver MULTICULTURALISMO, Multiculturalismo en los estudios étnicos.

Chile. Ver CONSUMO CULTURAL.

China. Ver COLONIALISMO Y ANTICOLO-
NIALISMO, Esclavitud, Espacio red, Neocolonialismo, Relaciones y procesos informales
políticos, TERRITORIOS.

Chipre. Ver Fronteras políticas y religiosas.

Cingalés. Ver DIFERENCIA Y DESIGUALDAD.

Colombia. Ver CONSUMO CULTURAL, Derecho de injerencia, Desterritorialización, Espacios locales, TERRITORIOS.

Congo. Ver COLONIALISMO Y ANTICOLO-
NIALISMO, Derecho de injerencia, ESTA-
DO-NACIÓN, NUEVOS MOVIMIEN-
TOS SOCIALES.

Corea. Ver COLONIALISMO Y ANTICOLO-
NIALISMO, ELITES.

Cornwall. Ver NUEVOS MOVIMIENTOS SO-
CIALES.

Corsos. Ver Violencia política. Tipos.

Criollos. Ver MINORÍAS.

Croatas. Ver Diferencias sociolingüísticas y desigualdad, ESTADO-NACIÓN, Violencia política. Tipos.

Cuba. Ver COLONIALISMO Y ANTICOLO-
NIALISMO, Transculturación.

Davinianos. Ver Violencia política. Tipos.

Dayak. Ver Xenofobia y xenofilia.

Dinamarca. Ver COLONIALISMO Y ANTICO-
LONIALISMO, Nacionalidad.

Dogo. Ver Nacionalismo.

Dominicanos. Ver Migraciones. Redes sociales.

Ecuador. Ver Derecho de injerencia, Relaciones y
procesos informales económicos.

Ecuatorianos. Ver TERRITORIOS.

Egipto. Ver Violencia política. Tipos.

El Ejido. Ver Migraciones y racismo.

Escandinavia. Ver Nacionalidad.

Escoceses. Ver ESTADO-NACIÓN, NUEVOS
MOVIMIENTOS SOCIALES.

Eslavos. Ver Migraciones y racismo.

España. Ver CIUDADANÍA, COLONIALIS-
MO Y ANTICOLONIALISMO, CONSU-
MO CULTURAL, Esclavitud, ESTADO-
NACIÓN, ESTEREOTIPOS Y ESENCIA-
LIZACIÓN, EXPLOTACIÓN SOCIAL,
Frontera geográfica y administrativa, Fronte-
ras políticas y religiosas, GLOBALIZACIÓN,
INTEGRACIÓN, Integración educativa, In-
tegración religiosa, Migraciones. Redes socia-
les, Migraciones. Teoría macro, Migraciones y
economía, Migraciones y racismo, Racismo y
neorracismo, RELACIONES Y PROCESOS
INFORMALES, Segregación, TRABAJO,
Violencia política. Tipos.

Estados Unidos. Ver *Apartheid*, Centro-periferia,
CIUDADANÍA, COLONIALISMO Y AN-
TICOLONIALISMO, Comunitarismo,
CONSUMO CULTURAL, Derecho de inje-
rencia, Desterritorialización, Diferencias so-
ciales y diferencias culturales, Diferencias so-
ciolingüísticas y desigualdad, DISCRIMINA-
CIÓN Y EXCLUSIÓN SOCIAL, ELITES,
Esclavitud, Espacio red, ESTADO-NA-
CIÓN, EXPLOTACIÓN SOCIAL, Fronte-
ras económicas, Global y local, GLOBALIZA-
CIÓN, Globalización y antiglobalización,
INTEGRACIÓN, Integración educativa,
Migraciones. Redes sociales, Migraciones. Teo-
ría macro, Migraciones y economía, Migracio-
nes y racismo, Modernidad, MULTICULTU-
RALISMO, Nacionalidad, NUEVOS MO-
VIMIENTOS SOCIALES, Revolución
técnico-comunicativa, Segregación, TERRI-

TORIOS, Violencia política. Tipos, Xenofobia y xenofilia.

Europa. Ver CIUDADANÍA, COLONIALISMO Y ANTICOLONIALISMO, Comunidad transnacional, DISCRIMINACIÓN Y EXCLUSIÓN SOCIAL, ELITES, Esclavitud, ESTADO-NACIÓN, Etnicidad, EXPLOTACIÓN SOCIAL, GLOBALIZACIÓN, INTEGRACIÓN, Integración educativa, Integración religiosa, Megalópolis, Migraciones. Redes sociales, Migraciones. Teoría macro, Migraciones y economía, Migraciones y racismo, MINORÍAS, MOVILIDAD, Nacionalidad, Nacionalismo, NUEVOS MOVIMIENTOS SOCIALES, Poscolonialismo, Racismo y neorracismo, Segregación, Viajes y sistemas de movilidad, VIOLENCIA POLÍTICA.

Fang. Ver ESTEREOTIPOS Y ESENCIALIZACIÓN.

Filipinas. Ver COLONIALISMO Y ANTICOLONIALISMO, Xenofobia y xenofilia.

Finlandia. Ver Migraciones y economía.

Flamencos. Ver ESTADO-NACIÓN.

Francia. Ver Centro-periferia, CIUDADANÍA, Ciudadano, COLONIALISMO Y ANTICOLONIALISMO, CONSUMO CULTURAL, DISCRIMINACIÓN Y EXCLUSIÓN SOCIAL, Esclavitud, Espacio red, ESTADO-NACIÓN, Etnicidad, Extranjero, Integración religiosa, Migraciones. Teoría macro, Migraciones y economía, MINORÍAS, Nacionalidad, NUEVOS MOVIMIENTOS SOCIALES, Poscolonialismo, Racismo y neorracismo, Segregación, TERRITORIOS, Viajes y sistemas de movilidad, Violencia política. Tipos.

Gabón. Ver ESTEREOTIPOS Y ESENCIALIZACIÓN.

Galaaditas. Ver Diferencias sociolingüísticas y desigualdad.

Gales. Ver NUEVOS MOVIMIENTOS SOCIALES.

Galicia. Ver ESTADO-NACIÓN, ESTEREOTIPOS Y ESENCIALIZACIÓN, EXPLOTACIÓN SOCIAL, Megalópolis.

Ghana. Ver Relaciones y procesos informales económicos.

Gitanos. Ver DISCRIMINACIÓN Y EXCLUSIÓN SOCIAL, ESTEREOTIPOS Y ESENCIALIZACIÓN, ESTIGMA, INTEGRACIÓN, Integración religiosa, Migraciones y racismo, Nomadismo y turismo, TERRITORIOS, Xenofobia y xenofilia.

Golfo de Bengala. Ver Xenofobia y xenofilia.

Grecia. Ver CIUDADANÍA, RELACIONES Y PROCESOS INFORMALES, Segregación, VIOLENCIA POLÍTICA.

Guinea Bissau. Ver Migraciones. Teoría macro, Neocolonialismo.

Guinea Ecuatorial. Ver COLONIALISMO Y ANTICOLONIALISMO, ESTEREOTIPOS Y ESENCIALIZACIÓN, Neocolonialismo.

Haití. Ver Derecho de injerencia, Migraciones. Redes sociales.

Hawaianos. Ver NUEVOS MOVIMIENTOS SOCIALES.

Hebreos y sefardíes. Ver Comunidad transnacional, DISCRIMINACIÓN Y EXCLUSIÓN SOCIAL, ESTEREOTIPOS Y ESENCIALIZACIÓN, ESTIGMA, Extranjero, GENOCIDIO, Migraciones y racismo, MINORÍAS, NUEVOS MOVIMIENTOS SOCIALES, TERRITORIOS, Violencia política. Tipos.

Herero. Ver GENOCIDIO.

Hindúes. Ver DIFERENCIA Y DESIGUALDAD, Violencia política. Tipos.

Hispanos. Ver DESARROLLO, TERRITORIOS.

Holanda. Ver COLONIALISMO Y ANTICOLONIALISMO, Esclavitud, Espacio red, GLOBALIZACIÓN, Integración religiosa.

Hopi. Ver MINORÍAS.

Huitoto. Ver COLONIALISMO Y ANTICOLONIALISMO.

Hungria. Ver ESTADO-NACIÓN.

Hutu. Ver GENOCIDIO.

Iflissen. Ver COLONIALISMO Y ANTICOLONIALISMO.

Imperio austrohúngaro. Ver ESTADO-NACIÓN, Frontera geográfica y administrativa, Violencia política. Tipos.

Incas. Ver EXPLOTACIÓN SOCIAL, INDIGENISMO.

India. Ver COLONIALISMO Y ANTICOLONIALISMO, DIFERENCIA Y DESIGUALDAD, MIGRACIONES, Neocolonialismo, Violencia política. Tipos.

Indios americanos. Ver *Apartheid*, MINORÍAS, NUEVOS MOVIMIENTOS SOCIALES.

Indonesia. Ver COLONIALISMO Y ANTICOLONIALISMO, Neocolonialismo, Nomadismo y turismo.

Inuit. Ver Espacios locales, Etnocentrismo y relativismo cultural, TERRITORIOS.

Irak. Ver Derecho de injerencia, Violencia política. Tipos.

Irlanda. Ver Migraciones y economía, Migraciones y racismo.

Italia. Ver COLONIALISMO Y ANTICOLONIALISMO, CIUDADANÍA, Comunitarismo, Espacio red, ESTADO-NACIÓN, GLOBALIZACIÓN, Globalización y antiglobalización, Integración religiosa, Migraciones y racismo, RELACIONES Y PROCESOS IN-

FORMALES, Relaciones y procesos informales económicos.

Japón. Ver COLONIALISMO Y ANTICOLONIALISMO, ELITES, Espacio red, Global y local, NUEVOS MOVIMIENTOS SOCIALES, Xenofobia y xenofilia.

Jipis. Ver Contracultura.

Kabylia. Ver EXPLOTACIÓN SOCIAL.

Kachin. Ver ELITES.

Kalahari. Ver Nomadismo y turismo.

Kanak. Ver COLONIALISMO Y ANTICOLONIALISMO.

Kenia. Ver Diferencias naturales y diferencias sociales.

Khumbo. Ver Diferencias naturales y diferencias sociales.

Kosovo. Ver Derecho de injerencia, Violencia política. Tipos.

Kung. Ver Nomadismo y turismo.

Kurdos. Ver Espacios locales.

Latinoamérica y Sudamérica. Ver CONSUMO CULTURAL, Derecho de injerencia, Esclavitud, EXPLOTACIÓN SOCIAL, GLOBALIZACIÓN, INTEGRACIÓN, Migraciones. Redes sociales, Migraciones y economía.

Latinoamericanos y sudamericanos. Ver Migraciones. Redes sociales, Migraciones. Teoría macro, Migraciones y racismo, NUEVOS MOVIMIENTOS SOCIALES.

Liberia. Ver COLONIALISMO Y ANTICOLONIALISMO, Derecho de injerencia.

Libia. Ver COLONIALISMO Y ANTICOLONIALISMO.

Maciceños. Ver Desterritorialización.

Madagascar. Ver COLONIALISMO Y ANTICOLONIALISMO.

Madrid. Ver Espacio red, TERRITORIOS, Violencia política. Tipos.

Magrebíes y marroquíes. Ver Extranjero, Fronteras económicas, Migraciones. Redes sociales, Migraciones y racismo, MINORÍAS, Plurinacionalidad.

Malasia. Ver Comunitarismo, Xenofobia y xenofilia.

Malí. Ver Migraciones. Teoría macro.

Malta. Ver Relaciones y procesos informales políticos.

Manu. Ver Desterritorialización.

Maoríes. Ver NUEVOS MOVIMIENTOS SOCIALES.

Mapuches. Ver INDIGENISMO.

Marruecos. Ver COLONIALISMO Y ANTICOLONIALISMO, Migraciones. Redes sociales, Migraciones y racismo, Nacionalidad.

Masai. Ver Diferencias naturales y diferencias sociales.

Mauritania. Ver Migraciones. Teoría macro.

Mediterráneo. Ver EXPLOTACIÓN SOCIAL, RELACIONES Y PROCESOS INFORMALES.

Melanesia. Ver COLONIALISMO Y ANTICOLONIALISMO, MOVILIDAD, NUEVOS MOVIMIENTOS SOCIALES.

Mestizos. Ver *Apartheid*.

Mexicas. Aztecas. Ver ESTEREOTIPOS Y ESENCIALIZACIÓN.

México. Ver CONSUMO CULTURAL, Fronteras económicas, Globalización y antiglobalización, INDIGENISMO, NUEVOS MOVIMIENTOS SOCIALES.

México D. F. Ver Espacio red, Migraciones. Redes sociales.

Mission. Ver Xenofobia y xenofilia.

Mongolia. Ver Nomadismo y turismo.

Montaillou. Ver Localidades fantasmagóricas y desanclaje.

Moros y moriscos. Ver DISCRIMINACIÓN Y EXCLUSIÓN SOCIAL, ESTIGMA, Migraciones y racismo.

Mozambique. Ver COLONIALISMO Y ANTICOLONIALISMO, Neocolonialismo.

Musulmanes. Ver Ciudadano, CULTURA, ESTADO-NACIÓN, ESTIGMA, Integración religiosa, MINORÍAS, Nacionalidad, Violencia política. Tipos.

Nambikwara. Ver INDIGENISMO.

Namibia. Ver COLONIALISMO Y ANTICOLONIALISMO, GENOCIDIO.

Negros. Ver *Apartheid*, COLONIALISMO Y ANTICOLONIALISMO, Diferencias sociolingüísticas y desigualdad, DISCRIMINACIÓN Y EXCLUSIÓN SOCIAL, Esclavitud, Migraciones. Teoría macro, Migraciones y racismo, MINORÍAS, NUEVOS MOVIMIENTOS SOCIALES.

Nepal. Ver Diferencias naturales y diferencias sociales.

Norte-Sur. Ver Desterritorialización, GLOBALIZACIÓN, Revolución técnico-comunicativa, Viajes y sistemas de movilidad.

Noruega. Ver Migraciones. Redes sociales.

Nueva Bretaña. Ver COLONIALISMO Y ANTICOLONIALISMO.

Nueva Caledonia. Ver COLONIALISMO Y ANTICOLONIALISMO.

Nueva Guinea. Ver COLONIALISMO Y ANTICOLONIALISMO.

Nueva York. Ver Esclavitud, Espacio red, Migraciones. Redes sociales, Violencia política. Tipos.

Nueva Zelanda. Ver NUEVOS MOVIMIENTOS SOCIALES.

Occidente. Ver Aculturación, COLONIALISMO Y ANTICOLONIALISMO, Comunitaris-

mo, Contracultura, Derecho de injerencia, DI-
FERENCIA Y DESIGUALDAD, Diferen-
cias naturales y diferencias sociales, Diferen-
cias sociolingüísticas y desigualdad, ELITES,
Esclavitud, ESPACIO-TIEMPO, Etnicidad,
Etnocentrismo y relativismo cultural, GLO-
BALIZACIÓN, Globalización y antiglobali-
zación, INTEGRACIÓN, Integración reli-
giosa, Interculturalidad, Localidades fantas-
magóricas y desanclaje, MIGRACIONES,
MINORÍAS, MOVILIDAD, Multilocal,
Neocolonialismo, NUEVOS MOVIMIEN-
TOS SOCIALES, PATRIMONIO, Poscolo-
nialismo, RELACIONES Y PROCESOS
INFORMALES, Relaciones y procesos
informales políticos, SABER Y SABERES,
TRABAJO, Transculturación, VIOLENCIA
POLÍTICA, Violencia política. Tipos.
Occitanos. Ver NUEVOS MOVIMIENTOS SO-
CIALES.
OPEP. Ver Migraciones. Redes sociales.
Oriente. Ver Neocolonialismo, Poscolonialismo,
Violencia política. Tipos.
Oriente próximo. Ver Frontera geográfica y admi-
nistrativa, NUEVOS MOVIMIENTOS SO-
CIALES.
Ortodoxos. Ver ESTADO-NACIÓN, Violencia
política. Tipos.
Otomanos. Ver Integración religiosa, Violencia po-
lítica. Tipos.
Pacífico. Ver COLONIALISMO Y ANTICOLO-
NIALISMO, Desterritorialización, Neocolo-
nialismo.
País Vasco. Ver ESTADO-NACIÓN, ESTEREO-
TIPOS Y ESENCIALIZACIÓN, MI-
NORÍAS, Violencia política. Tipos.
Palestinos. Ver Comunidad transnacional.
Panamá. Ver Derecho de injerencia.
Perú. Ver INDIGENISMO.
Pirineos. Ver Frontera geográfica y administrativa.
Polonia. Ver ESTADO-NACIÓN.
Portugal. Ver COLONIALISMO Y ANTICO-
LONIALISMO, CONSUMO CULTURAL,
Esclavitud, ESTADO-NACIÓN, EXPLO-
TACIÓN SOCIAL, Frontera geográfica y ad-
ministrativa, Fronteras políticas y religiosas,
Megalópolis, RELACIONES Y PROCESOS
INFORMALES.
Primer Mundo. Ver GLOBALIZACIÓN, Globali-
zación y antiglobalización, Neocolonialismo.
Prusia. Ver ESTADO-NACIÓN.
Puerto Rico. Ver COLONIALISMO Y ANTICO-
LONIALISMO.
Reino Unido. Ver *Apartheid,* CIUDADANÍA, CO-
LONIALISMO Y ANTICOLONIALISMO,
ELITES, Esclavitud, ESTADO-NACIÓN,
Global y local, GLOBALIZACIÓN, Integra-

ción religiosa, Migraciones. Teoría macro,
MULTICULTURALISMO, Nacionalidad,
NUEVOS MOVIMIENTOS SOCIALES,
Poscolonialismo, Racismo y neorracismo, Se-
gregación, TERRITORIOS, Viajes y sistemas
de movilidad, Violencia política. Tipos.
Rhodesia. Ver COLONIALISMO Y ANTICO-
LONIALISMO.
Ruanda. Ver COLONIALISMO Y ANTICOLO-
NIALISMO, GENOCIDIO.
Rumania. Ver Migraciones. Teoría macro.
Rusia. Ver COLONIALISMO Y ANTICOLO-
NIALISMO, Espacio red, ESTADO-NA-
CIÓN, EXPLOTACIÓN SOCIAL, Pluralis-
mo sincrónico, Relaciones y procesos informa-
les políticos, Violencia política. Tipos.
Sáhara. Ver COLONIALISMO Y ANTICOLO-
NIALISMO.
Sahel. Ver Neocolonialismo.
Salvadoreños. Ver Migraciones. Redes sociales.
Segundo Mundo. Ver Neocolonialismo.
Semai. Ver Xenofobia y xenofilia.
Senegal. Ver Migraciones. Teoría macro.
Senegambia. Ver Migraciones. Teoría macro.
Servios. Ver Diferencias sociolingüísticas y des-
igualdad, ESTADO-NACIÓN, Violencia po-
lítica. Tipos.
Shepey. Ver Relaciones y procesos informales eco-
nómicos.
Shoah. Ver Racismo y neorracismo.
Shoshoni. Ver Xenofobia y xenofilia.
Sicilia. Ver EXPLOTACIÓN SOCIAL, Relacio-
nes y procesos informales políticos.
Sierra Leona. Ver COLONIALISMO Y ANTI-
COLONIALISMO, Derecho de injerencia,
MINORÍAS.
Sij. Ver Violencia política. Tipos.
Singapur. Ver Comunitarismo.
Siria. Ver Neocolonialismo.
Somalia. Ver COLONIALISMO Y ANTICO-
LONIALISMO, Derecho de injerencia.
Sri Lanka. Ver Violencia política. Tipos.
Subsaharianos. Ver Migraciones. Teoría macro, Mi-
graciones y racismo.
Sudáfrica. Ver *Apartheid,* Globalización y antiglo-
balización, MINORÍAS, Neocolonialismo.
Sudeste asiático. Ver Esclavitud, EXPLOTACIÓN
SOCIAL, Extranjero, GLOBALIZACIÓN,
Globalización y antiglobalización, NUEVOS
MOVIMIENTOS SOCIALES, Relaciones y
procesos informales políticos, Violencia políti-
ca. Tipos.
Suecia. Ver COLONIALISMO Y ANTICOLO-
NIALISMO, ESTADO-NACIÓN, Globali-
zación y antiglobalización, Multilocal.
Suiza. Ver Globalización y antiglobalización.
Tailandia. Ver Migraciones. Redes sociales.

Tamil. Ver Violencia política. Tipos.

Tanzania. Ver COLONIALISMO Y ANTICO-
LONIALISMO, Diferencias naturales y diferencias sociales, Neocolonialismo.

Tasaday. Ver Xenofobia y xenofilia.

Taulipang. Ver INDIGENISMO.

Tercer Mundo. Ver Derecho de injerencia,
GLOBALIZACIÓN, Globalización y antiglobalización, Migraciones. Redes sociales, Neocolonialismo, NUEVOS MOVI-
MIENTOS SOCIALES, PATRIMONIO,
Racismo y neorracismo, Relaciones y procesos informales económicos, Relaciones y
procesos informales políticos, Xenofobia
y xenofilia.

Timor. Ver COLONIALISMO Y ANTICOLO-
NIALISMO.

Todas. Ver Etnicidad.

Togo. Ver COLONIALISMO Y ANTICOLO-
NIALISMO.

Trinidad. Ver Migraciones. Redes sociales.

Trobriand. Ver Multilocal.

Tuareg. Ver TERRITORIOS.

Turcos. Ver ESTADO-NACIÓN, GENOCIDIO,
Integración religiosa, Plurinacionalidad, TE-
RRITORIOS, Violencia política. Tipos.

Turdetanos. Ver ESTADO-NACIÓN.

Turquía. Ver COLONIALISMO Y ANTICO-
LONIALISMO, Espacios locales, ESTADO-
NACIÓN, Fronteras políticas y religiosas.

Tutsi. Ver GENOCIDIO.

Uganda. Ver Desterritorialización.

Unión Europea. Ver CIUDADANÍA, DISCRI-
MINACIÓN Y EXCLUSIÓN SOCIAL,
Fronteras económicas, Fronteras políticas y religiosas, Migraciones. Teoría macro, Migraciones y economía, Plurinacionalidad.

Unión de Repúblicas Socialistas Soviéticas. Ver Derecho de injerencia, ELITES, Etnicidad, Extranjero, GENOCIDIO, Violencia política.
Tipos.

Uruguay. Ver CONSUMO CULTURAL.

Valones. Ver ESTADO-NACIÓN.

Vaticano. Ver NUEVOS MOVIMIENTOS SO-
CIALES.

Vietnam. Ver COLONIALISMO Y ANTICO-
LONIALISMO, ELITES.

Waco. Ver Violencia política. Tipos.

Washitaw. Ver NUEVOS MOVIMIENTOS SO-
CIALES.

Washington. Ver Globalización y antiglobalización, NUEVOS MOVIMIENTOS SOCIA-
LES.

Yahgan. Ver Xenofobia y xenofilia.

Yanaconas. Ver TERRITORIOS.

Yugoslavia. Ver ESTADO-NACIÓN, Fronteras
políticas y religiosas, GENOCIDIO, Violencia
política. Tipos.

Zurich. Ver Espacio red.